ŒUVRES

DU COMTE

P. L. RŒDERER.

1851

JOSEPH NAPOLÉON
Roi de Naples et Roi d'Espagne.

D'après le portrait donné par S.M. au Comte Roederer.

Voir Page 26

ŒUVRES

DU COMTE

P. L. RŒDERER,

PAIR DE FRANCE, MEMBRE DE L'INSTITUT,

ETC. ETC. ETC.,

PUBLIÉES PAR SON FILS

LE BARON

A. M. RŒDERER,

ANCIEN PAIR DE FRANCE,

TANT SUR LES MANUSCRITS INÉDITS DE L'AUTEUR,
QUE SUR LES ÉDITIONS PARTIELLES DE CEUX DE SES OUVRAGES QUI ONT DÉJA ÉTÉ PUBLIÉS,
AVEC LES CORRECTIONS ET LES CHANGEMENTS QU'IL Y A FAITS POSTÉRIEUREMENT.

TOME QUATRIÈME.

PARIS,

TYPOGRAPHIE DE FIRMIN DIDOT FRÈRES, FILS ET Cⁱᵉ,

IMPRIMEURS DE L'INSTITUT,

RUE JACOB, 56.

M DCCC LVI.

LETTRES

DU ROI JOSEPH, DE LA REINE JULIE,

DE M. STANISLAS GIRARDIN, DU MARQUIS DE GALLO,

DE M. DESLANDES, ET DE M. RŒDERER.

AVERTISSEMENT DE L'ÉDITEUR.

Je n'insérerai, dans cette collection des lettres du roi Joseph, aucune de celles qui concernent exclusivement l'administration des finances de Naples : détachées des opérations journalières auxquelles elles se rapportaient, leur lecture n'offrirait aucun intérêt.

On trouvera ici fort peu de lettres de mon père, qui, ainsi que j'ai déjà eu occasion de le dire, n'en conservait presque jamais de copie. Ainsi, de toutes celles qu'il écrivit au roi, retiré aux États-Unis, je n'en puis produire qu'une seule, parce que je la trouve rapportée à la page 328, du tome X, des *Mémoires du roi Joseph*.

Mais celles que le roi, pendant son séjour en Amérique, a écrites à mon père, et dont aucune n'est rapportée dans ces *Mémoires*, seront toutes placées ici.

J'ai introduit dans cette collection quelques lettres de Stanislas Girardin, écrites du camp d'Outreau, où il avait accompagné le roi Joseph comme chef de bataillon dans son régiment ; leur liaison avec la situation du prince, et l'intérêt qu'elles offrent, m'ont paru devoir leur assigner cette place.

Je ne reproduirai pas les lettres du roi et de la reine déja imprimées au troisième volume ; je me bornerai à les rappeler à leur ordre de dates.

Je suis touché de l'intérêt que vous me témoignez, mon cher Rœderer ; mais ne croyez pas qu'il m'étonne. Si vous voulez venir déjeuner avec moi, vous me ferez plaisir. Vous ne me saviez pas mauvaise tête parfois ; c'est que j'ai toujours bon cœur.

J. BONAPARTE.

Ce 2e complémentaire.

J. Bonaparte prie le citoyen Rœderer de lui faire l'amitié de venir passer à Morfontaine dimanche et lundi prochain ; il le prie de vouloir bien aussi engager son fils Toni à l'accompagner.

Morfontaine, le 7 vendémiaire.

Lunéville, le 23 brumaire an IX (14 novembre 1800.)

J'ai reçu, mon cher collègue, la lettre dont votre fils était porteur. En vérité, si je n'avais pas le désir de vous être agréable, vous me le donneriez par le prix que vous mettez au souvenir que j'ai eu de votre fils (1). Vous savez

---

(1) (*Note de l'éditeur.*) M. J. Bonaparte m'avait fait attacher à sa mission à Lunéville. Il a bien voulu me faire la même grâce chaque fois qu'il recevait une mission diplomatique : ainsi j'eus l'honneur de l'accompagner à Amiens. Je fus également attaché à la commission dont il était président pour la négociation avec les États-Unis d'Amérique, et aussi à la commis-

cependant que je n'ai rempli qu'un devoir, car il y a longtemps que je vous avais promis de le faire voyager, si l'on me faisait voyager. La conduite et la discrétion de votre fils sont telles que vous pouvez les désirer, et je suis convaincu que j'aurai trop de bien à vous en dire si la négociation se prolonge ; ainsi, je vous en prie, par amour, par impatience de la paix, ne désirez pas que je vous en dise trop de bien.

Recevez, je vous prie, la nouvelle assurance de mon estime et de mon amitié. Je vous prie de vouloir bien me rappeler au souvenir de notre collègue Fleurieu : vous savez que je le respecte autant que vous me l'aviez prédit au commencement de notre négociation.

J. BONAPARTE.

Je ne puis mieux répondre à la missive qui m'a été remise par l'*Angelus* (1), qu'en engageant le Saint-Esprit à venir au milieu de nous ; il est invité à conduire avec lui le *fils*, puisqu'il nous paraît qu'il procède du *père*, car nous l'aimons presque autant que lui. Tous les jours sont bons pour les recevoir, et nous sommes tous les jours en état de grâce.

Je les salue très-religieusement.

Morfontaine, le 17 germinal an IX (7 avril 1801).

Amiens, le 20 frimaire an X (11 décembre 1801).

Mon cher collègue,

Je vous remercie de l'avis que vous me donnez par M. de Sainte-Même ; aidez-le, si vous pouvez.

Votre fils s'occupe ; je n'ai pas encore beaucoup d'ouvrage à lui donner.

Nous continuons à être bons amis. Agréez les nouvelles assurances de mon tendre attachement. Je n'ai pas oublié, avant de partir de Paris, la commission que vous m'aviez donnée pour le premier consul : je l'ai trouvé comme je le désirais, et comme il devait être à votre égard. J'espère que vous pourrez bientôt réaliser votre voyage.

J. BONAPARTE.

sion chargée de négocier le concordat. J'étais alors attaché au ministère des relations extérieures, et placé dans le cabinet de M. de Talleyrand.

(1) (*Note de l'éditeur.*) L'*Angelus*, nom donné dans l'intimité à M. Regnaud de Saint-Jean d'*Angély*.

(*Note de l'éditeur.*) Une lettre écrite par mon père à J. Bonaparte (sans date), et que j'ai insérée à la page 367 du tome III, aurait été placée ici, si je n'avais préféré à l'ordre chronologique la classification par ordre d'intérêt.

Amiens, le 6 nivôse an X (27 décembre 1801).

J'ai reçu, mon cher collègue, votre lettre du 3. Vous ne tarderez probablement pas à partir pour Lyon. Je crois que le premier consul partira dans la décade prochaine, et il m'assura avant mon départ que vous seriez du voyage.

J'ai vu avec peine l'opposition de quelques hommes dont les principes politiques sont tels, qu'ils courraient volontiers les chances d'une nouvelle révolution pour assouvir leur animosité personnelle ; je ne crois pas cette coalition de quelques petits amours-propres froissés plus dangereuse pour la nation que la coalition de l'Europe. Le caractère distinctif des passions haineuses et personnelles, qui n'ont pas pour mobile l'intérêt public dont elles se masquent, est de se trahir par leurs éclats indiscrets. Alors les masses saines s'en détachent, et elles restent isolées comme le squelette de l'homme puissant dont l'injustice, le sang cimentèrent l'autorité, dont la vie fut la mort publique. Mais je deviens tragique, et je voulais seulement vous dire que je ne crois pas cette coalition fort redoutable ; elle est composée de liens des intérêts discordants, et la masse est trompée ; elle ne tardera pas à revenir. Je désire vivement finir ici ; cependant on ne va pas aussi vite que l'on voudrait.

Mille amitiés.

J. BONAPARTE.

(*Note de l'éditeur.*) Une lettre de mon père à J. Bonaparte, en date du 16 nivôse an X (4 janvier 1802), est insérée au tome III, page 491.

Amiens, le 12 pluviôse an X (1er février 1802).

Vous devez me trouver bien coupable, mon cher collègue, vous qui m'avez écrit de si bonnes choses et tant de vérités ; vous ne devez pas concevoir que l'on puisse être aussi paresseux. Mais le cit. Girardin, qui vous aura dit que je devais vous écrire, ne vous aura pas dit, à coup sûr, qu'il s'est sauvé de chez moi *insalu-*

tato hospite, en laissant ma réponse à votre intéressante lettre dans mon écritoire.

Quant à ce que vous me dites, vous avez raison; mais je suis de ceux qui s'abandonnent un peu à la Providence, ou à tout ce qui en tient lieu. Ce que je pourrais vous dire ne vaudra pas ceci : vos deux fils sont ici, ils sont réellement intéressants. Le militaire fait la guerre à son cadet sur ce qu'il travaille, tandis que lui n'a plus rien à faire. J'espère que bientôt ils n'auront plus de reproches à se faire.

Agréez les nouvelles assurances de tout mon attachement.

J. Bonaparte.

———

Amiens, le 6 ventôse an x (25 février 1802).

J'ai reçu votre lettre, mon cher collègue ; elle m'a embarrassé pour l'exécution de la commission que vous me donniez de gourmander vos enfants. J'aime donc mieux vous les adresser l'un et l'autre, persuadé que vous vous en acquitterez encore mieux que moi (1).

Mille amitiés véritables.

J. Bonaparte.

———

Amiens, le 17 ventôse an x (8 mars 1802).

Je vous recommande vivement, mon cher collègue, le citoyen Geffrier, négociant de Marseille, instruit et intéressant. Il est parent de ma femme, et je prends beaucoup d'intérêt à tout ce qui le regarde.

Agréez les nouvelles assurances de toute mon amitié.

J. Bonaparte.

———

Vous vous êtes sauvé hier, mon cher Rœderer, au moment du déjeuner. Girardin prétend que vous saviez trouver à Paris un duplicata de celui que vous nous avez donné il y a quelques jours. Quant à moi, j'ai été tout sot de vous savoir parti. Si vous pouvez venir demain et vendredi, nous serons ici. Amenez avec vous le sénateur Garat, qui m'a promis de faire ce voyage. Je pense ne vous laisser ni à l'un ni à l'autre la possibilité de manquer au rendez-vous, en vous proposant d'y venir ensemble.

Agréez tout mon attachement.

J. Bonaparte.

Morfontaine, le 18 vend. an xii (11 octob. 1803).

———

Au camp d'Outreau, le 17 floréal an xii (7 mai 1804).

Je n'ai pas reçu de vos lettres, mon cher collègue, depuis mon arrivée ici (1). Nous avons été parfaitement accueillis par tout le monde. Je n'ai encore fait qu'entrevoir votre fils. L'armée signe une adresse d'adhésion au vœu du tribunat : il y avait longtemps que différents corps en avaient signé séparément. Nous ne savons pas ce qui se fait à Paris. Le sénat va-t-il s'occuper de la question qui vous occupe depuis si longtemps (2) ?

Rappelez-moi au souvenir de Regnaud, Nizas et Fréville ; je leur écrirai par une autre occasion.

Agréez toute mon amitié.

J. Bonaparte.

———

LETTRE DE STANISLAS GIRARDIN A M. ROEDERER.

Vendredi, 28 floréal an xii (18 mai 1804), au camp d'Outreau.

Vos lettres, mon cher Rœderer, ont été

———

(1) (*Note de l'éditeur.*) M. J. Bonaparte saisit, avec son obligeance ordinaire, l'occasion de nous envoyer passer quelques jours à Paris, mon frère et moi, me chargeant de porter des dépêches au premier consul. — Mon frère, officier de cavalerie, qui était en garnison à Rouen au moment du congrès d'Amiens, était venu m'y voir. — Le général Saint-Hilaire, qui s'y trouvait comme commandant de la division, le prit alors pour aide de camp jusqu'après la bataille d'Austerlitz, où il fut décoré de la Légion d'honneur. C'est de là qu'il partit pour aller rejoindre le roi Joseph, qui l'appela près de lui comme aide de camp en prenant le commandement de l'armée de Naples.

(1) (*Note de l'éditeur.*) J'ai inséré au tome III, page 499, une longue lettre que mon père écrivit au prince le 16 germinal an xii (6 avril 1804). — Le reproche que lui fait ici le prince, de n'avoir rien reçu de lui depuis son arrivée au camp d'Outreau, semble prouver que la lettre de mon père, écrite depuis un mois, ne lui était pas parvenue.

(2) (*Note de l'éditeur.*) L'hérédité impériale avec la faculté d'*adoption*, circonstance qui préoccupait vivement le prince et ses amis. L'empereur tenait infiniment au système d'*adoption*. On voit au tome III, page 516, qu'il disait à mon père : « Le système que j'ai adopté est la garantie de mon indépendance. » — Ces mots, et bien d'autres choses éparses dans le troisième volume, doivent s'ajouter à ce que j'ai dit dans une *digression* (page 526 du même volume) sur l'inquiétude du *pouvoir*, qui préoccupait incessamment l'esprit de l'empereur.

lues avec un vif intérêt et un plaisir extrême; elles contenaient des détails précieux et des anecdoctes curieuses (1). Vous écririez plus souvent, si vous saviez à quel point Joseph aime à vous lire. Les nouvelles données par des mains amies sont un besoin véritable dans la position où nous sommes. Nous avons l'air de nous occuper à faire tourner du matin au soir de pauvres soldats, sur la droite et sur la gauche, tandis que nous pensons à tout autre chose. Le silence des fidèles a été absolu pendant quelques jours, et ces jours ont été bien longs. Un anonyme a seul rendu compte de ce qui se passait; il paraît être à portée d'être bien instruit, et fort initié dans les secrets. Son compte rendu a été peu satisfaisant; et tandis que vous étiez tous tranquilles, nous étions fort inquiets et avions raison de l'être. Hier enfin nous avons eu le résumé des deux conseils, et un extrait détaillé du sénatus-consulte, lu à la famille assemblée par le secrétaire d'État. La connaissance officielle n'en a point encore été donnée à Joseph par le premier consul; il est vrai que, ne lui ayant pas tenu positivement tout ce qu'il lui avait promis, il a besoin de chercher un prétexte pour s'en excuser. Joseph n'est donc pas très-content; il ne peut ni ne doit l'être. La faculté d'adopter dans seize ans laisse entrevoir la possibilité d'en faire usage beaucoup plus tôt; c'est s'écarter d'un système favori, en se réservant la faculté d'y revenir. L'exclusion donnée à deux de ses frères diminue considérablement les avantages de l'hérédité. Ce mode, qui doit assurer la tranquillité publique, commencera par introduire la discorde dans la famille impériale. Cette division doit être un jour la cause de grands troubles. La nation a demandé l'hérédité pure et simple, et non la désignation de deux successeurs ou l'adoption d'un neveu. Mais la toute-puissance consiste à faire tout ce qu'on veut. Le premier consul, en cherchant à consolider la sienne, en commence l'exercice par un acte qui doit tendre à l'ébranler. Si Joseph est consulté, il fera de respectueuses remontrances, parlera de l'intérêt national, se conduira en bon citoyen et en bon

frère; il finira néanmoins par accepter, car il est aujourd'hui intimement convaincu que le pouvoir seul peut lui offrir une garantie devenue nécessaire pour lui et ses amis. Avec de l'esprit de conduite, Joseph peut conserver une bonne position, et même l'améliorer. Fréville vous parlera de Boulogne, de l'armée, de notre flottille, des probabilités de succès, du bon esprit des soldats et des officiers. Il vous donnera sur tous ces objets des détails intéressants, et vous inspirera, sans doute, le désir de venir les vérifier. Joseph sera charmé que vous veniez ici; il sera fort aise de vous y voir; c'est un plaisir que je partagerai bien sincèrement. Je vous offre une chambre, non celle que j'habite au camp, mais celle que j'ai dans une maison voisine. Vous serez fort aise d'avoir fait un petit voyage ici, mais vous ne pourrez l'entreprendre que lorsque tout sera fini... Les amis de Joseph ont besoin d'être là pour stipuler pour lui, et empêcher que les absents n'aient tout à fait tort. Il compte entièrement sur vous; cela prouve qu'il a su vous apprécier; il a raison, car je ne connais pas un meilleur ami que vous.

Votre fils se porte à merveille, son général en est extrêmement content. Je lui ai remis votre petit paquet; il aimerait à en recevoir souvent de semblables. Rappelez-moi, je vous prie, au souvenir de madame Rœderer.

———

Au camp d'Outreau, le 29 floréal an XII
(19 mai 1804).

J'ai reçu votre dernière lettre, mon cher Rœderer. Je vous remercie bien des détails qu'elle contient; M. de Fréville m'acquittera mieux que je ne pourrais le faire moi-même.

Il vous dira ce que nous faisons ici, comment nous sommes devenus militaires depuis que nous couchons dans une baraque... Militaire ou civil, dans une baraque ou dans un château, vous trouverez toujours en moi un ami tout fier de vous avoir apprécié depuis bien longtemps, et de vous avoir estimé ce que vous valez, en dépit des caquetages des sots.

Agréez donc tout mon attachement.

J. BONAPARTE.

———

---

(1) (*Note de l'éditeur.*) Ceci me fait bien regretter de n'avoir pas trouvé la copie de ces lettres; mais, je le répète, mon père n'en gardait presque jamais.

Au camp d'Outreau, le 10 prairial an xii
(30 mai 1804) (1).

J'ai reçu, mon cher Rœderer, votre lettre du 6 et celle du 8. Je ne vous conçois pas, ou vous ne me concevez pas avec vos *monseigneur*; je ne veux l'être pour personne : ce titre et celui d'altesse, sont tous inconvenants. Que l'on appelle chaque chose par son nom, je le trouve bien; je serai grand électeur tant que l'on voudra, sénateur tant que le sénat voudra, citoyen tant que je pourrai, et toujours votre ami. Si vous croyez à la sincérité de mon langage et à la vérité de mon caractère, c'est ainsi que vous devez m'appeler. Les événements extérieurs de l'homme ne changent que les enfants ou les sots : vous savez que je ne puis me classer dans ces deux familles-là.

L'intérêt public doit seul créer de grandes charges publiques; chaque fonctionnaire doit porter le nom de sa charge, mais ni monseigneur ni altesse ne constituent pas les fonctions actuelles que remplissent ceux auxquels on les donne.

Que l'on appelle l'empereur, Votre Majesté Impériale; sa femme encore, par courtoisie française, Votre Majesté Impériale, je trouve cela très-bien : mais il n'y a que cette immense charge-là, cet immense et unique intérêt national, qui peut faire trouver bon les dénominations qui expriment le profond respect qu'on doit à l'homme qui est incommensurablement élevé au-dessus de tous, pour le bien de tous. Il représente seul la majesté nationale, tous les autres ne sont que des infiniment petits; ils ne sont que des éventualités, et des éventualités ne sont rien, tant qu'elles ne deviennent pas des *actualités*. Si vous voulez me grandir pour la possibilité où je suis d'être un jour, il n'y a plus de bornes à l'inégalité à laquelle vous vous condamnez gratuitement.

Donnons donc à chacun le nom des fonctions qu'il remplit actuellement : je serai donc colonel, sénateur, électeur; mais pour vous, je vous le répète, je suis quelque chose de mieux que tout cela. Je m'aperçois que M. de Talleyrand a plus d'esprit que vous, soit qu'il voie

mieux la chose, ou qu'il ait mieux jugé dans cette circonstance de moi. Ne lisez pas ceci en académicien; donnez-moi toujours de vos nouvelles, et croyez que pour vous à mon égard vos preuves sont faites. Quant à moi, je les ferai; elles seront telles que vous ne douterez plus que je ne sois sincèrement votre ami.

J. BONAPARTE.

P. S. Je suis assez occupé pour ne pas vous écrire davantage. Croyez à tout mon attachement.

LETTRE DE STANISLAS GIRARDIN A M. ROEDERER.

Au camp d'Outreau, le 21 prairial an xii
(10 juin 1804).

Votre lettre du 17, mon cher Rœderer, contient une demande à laquelle il ne m'est pas possible de répondre d'une manière positive. Vous voulez savoir l'époque de notre retour : c'est à l'empereur à la fixer. Nous restons ici, parce qu'il le veut; nous en partirons lorsqu'il l'ordonnera. Son arrivée est toujours annoncée et toujours retardée. Nous imaginons qu'il partira lorsque l'affaire de Moreau sera terminée; je ne dis pas jugée, car le jugement en appartient à la postérité. La présence de l'empereur ici est désirée; elle contribuera sans doute à sortir Joseph d'une position devenue tout à fait fausse. Il faut éviter beaucoup d'écueils pour la rendre supportable; il en est d'inévitables. Sa modestie l'a merveilleusement servi dans cette circonstance. L'on reproche à Joseph de n'avoir pas mis d'empressement à prendre et à recevoir les titres qui lui ont été accordés par le dernier sénatus-consulte; mais l'on s'apercevrait facilement que ce reproche n'est pas fondé, si l'on voulait prendre la peine de réfléchir que si l'on eût attaché du prix à vouloir l'en revêtir sur-le-champ, l'on l'eût appelé à Paris pour recevoir son serment de grand électeur, et lui en faire remplir les fonctions. L'on lui a mandé, au lieu de cela, de rester à l'armée; et le ministre de la guerre a continué à lui écrire pour les affaires de service, comme à tout autre colonel. Pouvait-il, ou du moins, devait-il prendre le pas sur le général en chef à Boulogne, et courir le risque, en rentrant au camp, d'être mis aux arrêts par un officier de l'état-major? Devait-il faire le prince pendant quatre heures,

------

(1) (*Note de l'éditeur.*) Bien que cette lettre se trouve déjà insérée au tome III (page 513), je n'ai pas hésité à la reproduire ici, à son rang de date, attendu son importance.

pour être subordonné pendant vingt? Joseph a senti que puisque l'on voulait qu'il fût encore colonel, il ne devait pas sortir de cette ligne, et attendre, pour changer de rôle, l'instant où il prendrait possession de la place de grand électeur. Cette conduite, sans doute, était excellente, puisque c'est à elle qu'il doit le succès prodigieux qu'il a obtenu ici. Elle n'est pas le résultat de mes conseils, mais bien celui de son excellent esprit; c'est lui qui, au milieu de diverses routes, lui fait toujours choisir la bonne. — L'on voulait m'éloigner de la présidence du tribunat, il fallait trouver un prétexte, on l'a saisi. Je n'ai jamais rien écrit à Napoléon qui fût relatif aux titres d'altesse, etc...; mais on l'a supposé. Cette supposition pouvait me nuire, elle a été faite. — Il est désagréable, lorsqu'on ne se mêle de rien, d'être mêlé continuellement dans les caquets, et d'avoir à en redouter les effets. Je conçois facilement que tout cela vous inspire du dégoût; il serait bientôt partagé par tous les gens sensés, si ce caquetage ne devait pas avoir de terme.

Je regrette et regretterai toujours que vous ne soyez pas venu faire un petit voyage ici: vous n'aurez jamais une occasion meilleure et plus agréable de connaître par vous-même l'esprit qui anime les grands rassemblements appelés armées. Vous auriez pris une juste idée de l'état de la grande expédition qui se prépare; il est vraisemblable aujourd'hui qu'elle sera tentée... Le gouvernement anglais est le seul obstacle qui s'oppose encore à l'exécution de projets ambitieux, il faut le renverser. Les vues de nos chefs militaires ne sont plus secrètes: généraux sous un consul, ils veulent être rois sous un empereur. Il existait dans l'ancienne monarchie des barrières contre l'ambition individuelle, il faut les relever, ou la tranquillité publique sera continuellement troublée.

Tous les amis de Joseph pensent qu'il doit habiter le Luxembourg; le passé, le présent, l'avenir s'unissent pour lui en imposer l'obligation; c'est une raison d'État, il faut que madame Julie en soit convaincue. Cela vous sera d'autant plus facile qu'elle veut tout ce qui est bon et tout ce qui est bien.

Adieu, mon cher Rœderer; je vous embrasse et vous aime de tout mon cœur.

Parlez de moi, je vous prie, à madame Rœderer.

Votre fils est en bonne santé; son général est très-content de lui.

———

(*Note de l'éditeur.*) Entre cette lettre et la suivante, l'ordre des dates appelait celle de mon père au prince Joseph, qui est insérée au tome III, page 504, où elle est placée à son ordre d'intérêt.

———

LETTRE DE STANISLAS GIRARDIN A M. ROEDERER.

Au camp d'Outreau, le 26 messidor an XII
(15 juillet 1804).

J'ignore, mon cher Rœderer, s'il convenait aux intérêts de M. Joseph que vous vinssiez ici; c'est une question que je ne veux pas examiner. Le sentiment de délicatesse qui vous l'a fait craindre est très-louable, et M. Joseph a su l'apprécier. Néanmoins, je regrette, et regretterai longtemps, que vous n'y soyez pas venu. Vous étiez positivement dans une position où l'on éprouve le besoin de se rapprocher de ses amis; vous avez voulu fuir des consolations certaines, pour aller chercher d'incertaines distractions: vous avez mal fait par rapport à vous et par rapport à M. Joseph. Il eût été charmé de vous voir, car il vous aime véritablement: c'est l'effet que vous produisez sur ceux qui ont été à portée de vous connaître bien. Vos conversations eussent été agréables à M. Joseph, et lui eussent été infiniment utiles. Vous seul pouviez lui indiquer la nature du terrain sur lequel il est appelé à marcher. Le rôle que l'on lui destine est difficile; il en a tout l'esprit, mais... Mon cher Rœderer, je vous le dis encore une fois, je suis fâché que vous ne soyez pas venu ici; vous eussiez eu un spectacle imposant, instructif pour un observateur; vous eussiez pris des armées une idée exacte; vous eussiez été témoin des égards des militaires envers les hommes civils; vous eussiez été l'objet des honneurs qui sont volontairement rendus aux membres du sénat. Lecouteulx pourra vous en rendre compte, et Jacqueminot vous en dira quelque chose; il a passé deux ou trois jours à Boulogne. Il nous a dit que dans une circonstance principale votre conduite avait été noble et courageuse; il nous a répété le bien que nous pensons de vous, et nous avons trouvé du plaisir à lui entendre faire votre éloge.

J'ai pris, d'après votre dernière lettre, des renseignements exacts sur la conduite de votre fils; ils ont été satisfaisants : c'est un excellent sujet; il n'a pas les défauts de son âge, ni même l'arrogance assez désagréable des jeunes militaires. Il est modeste et sédentaire; et ce qui a contribué à me donner de lui la meilleure opinion, c'est qu'il ne m'a pas témoigné le désir d'avoir de l'avancement, et qu'il trouve qu'il n'est pas injuste de ne lui en point accorder. Si M. Joseph a une maison militaire, il le prendra sans doute (1). Il ne serait pas votre fils, que je le lui recommanderais; votre demande sera donc bien accueillie. M. Joseph est d'ailleurs disposé à saisir toutes les occasions de faire ce qui peut vous être utile ou agréable; je vous le répète encore, il vous aime beaucoup.

J'espère, mon cher Rœderer, avoir bientôt le plaisir de vous embrasser. L'empereur est attendu demain, et vraisemblablement M. Joseph reviendra à Paris presque en même temps que lui.

Adieu. Comptez à jamais sur mon inaltérable amitié.

————

Morfontaine, 13 fructidor an XII
(31 août 1804).

Je reçois votre lettre, mon cher Rœderer. Je vous attends ici; c'est la meilleure réponse que je puis vous faire, celle qui est le plus à mon gré. Répondez en venant. Vous pourriez nous amener Nizas ou Toni. Prompte réponse, s'il vous plaît. Vous connaissez toute mon amitié. J'ai vu hier M. de Talleyrand.

J. BONAPARTE.

————

Paris, le 12 thermidor an XIII (31 juillet 1805) (2).

J'ai causé assez longuement avec l'empereur, mon cher Rœderer, de vous; je lui ai témoigné le plaisir que vous avait donné la nomination de votre fils à la place d'auditeur, que M. de Talleyrand vous avait annoncée. Il m'a dit qu'il n'en était rien; que vous étiez dans le petit nombre d'hommes dont il était assez l'ami pour ne vouloir jamais rien faire pour eux par des intermédiaires; que si vous aviez quelque chose à lui demander, c'était à lui-même qu'il fallait vous adresser. Je lui ai répondu que vous seriez content de cette disposition de son esprit en votre faveur; il ne m'a pas défendu de vous en instruire. Je serai charmé d'avoir de vos nouvelles : j'ai vu madame il y a quelques jours; je suis toujours sur la route de Saint-Cloud. Je vous prie de croire que rien ne pourra altérer les sentiments d'estime et d'affection que je vous ai voués depuis longtemps.

Votre affectionné ami.

J. BONAPARTE.

————

LETTRE DE M. ROEDERER AU PRINCE JOSEPH, A NAPLES.

Paris, le 1er février 1806.

Monseigneur, le départ de M. Miot serait une excellente occasion pour écrire à Votre Altesse Impériale, s'il ne lui portait dans sa tête toutes les nouvelles que nous pourrions écrire, et dans son cœur tous les sentiments que nous pourrions exprimer; il ne me laisse qu'à vous offrir mes respectueuses félicitations. Votre destinée, Monseigneur, paraît enfin fixée, ou du moins dépendre de vous; vous allez enfin entrer dans le plein et libre exercice des belles facultés dont vous êtes doué. Vous avez eu la sagesse de peu vouloir quand vous étiez sans pouvoir; cette sagesse même prouve assez que vous avez une juste idée du pouvoir, et annonce l'usage énergique et modéré tout ensemble que vous en saurez faire. C'est uniquement au soin de l'établir et de l'affermir qu'appartiennent vos premiers six mois; le bonheur public, qui en sera le but, ne peut vous occuper qu'après. Mais je ne crains point pour vous ces six mois; ils seront peut-être une épreuve un peu dure pour votre bonté naturelle; mais c'est un sacrifice nécessaire. Quand une nation est conquise, elle s'attend à de grands désastres; le moment d'une conquête est celui où l'on peut répandre, non, comme dit Machiavel, *le mal par torrent*, mais des rigueurs nécessaires,

————

(1) (*Note de l'éditeur.*) Ce prince le prit en effet pour l'un de ses aides de camp lorsqu'il marcha sur Naples, peu de jours après la bataille d'Austerlitz, où mon frère, alors lieutenant, venait d'être décoré.

(2) (*Note de l'éditeur.*) Cette lettre est déjà insérée au tome III, page 590.

pour distiller ensuite le bien goutte à goutte. La fermeté, la sévérité, la rigidité de votre avénement ne feront que vous attirer du respect et vous garantir la soumission générale, sans éloigner la confiance qu'on a dans votre caractère. Vous pouvez poser, dans ces premiers moments, les bases des plus grandes améliorations et assurer vos finances. Vos États, par leur position, deviennent d'une importance suprême dans le nouveau système qui va gouverner l'Europe. La France a besoin de la Méditerranée. La Russie est un colosse qui, étendant ses bras puissants par la Baltique d'un côté et la mer Noire de l'autre, vers l'Angleterre, tend à nous étouffer entre deux. L'Angleterre a l'argent, la Russie a les hommes, et quels hommes? des dogues, qui mordent le fer rouge prêt à les percer.

Il faut empêcher ces communications, ou prévoir la ruine du système européen. Si nous avions été vaincus à Austerlitz, il ne tenait qu'à l'empereur de Russie de faire le tour de l'Europe avec ses Cosaques; puisque cette meute est éveillée et irritée, il faut lui fermer les passages. Quant à l'Angleterre, il me semble qu'il vaudrait encore mieux s'embarquer sur la Méditerranée que sur la Manche, et aller à Calcutta qu'à Londres.

Vos États, Monseigneur, seront un point de départ pour ce nouveau voyage d'Alexandre, qui au fond ne serait pas aussi difficile que le premier; car il n'y a plus de Darius en Perse, ni de Porus dans l'Inde. Mais à l'égard de l'Angleterre, on aura beaucoup fait quand on aura intercepté ses communications avec la Russie du côté de la Méditerranée. Vous voilà, Monseigneur, au centre des plus grands mouvements du monde; recevez mes vœux ardents pour votre puissance et votre gloire. Je ne vous parle plus de bonheur, c'est un intérêt qui n'entre plus dans votre destinée, et sur lequel il n'appartient pas aux rois de fixer leurs regards.

Daignez toujours compter mon attachement, ma fidélité, mon respect, au nombre de vos propriétés.

A M. ROEDERER, A PARIS.

Au quartier général d'Albano, le 4 février 1806.

J'ai reçu, mon cher Rœderer, votre lettre du 12. L'empereur m'écrit qu'il a donné l'ordre à votre fils de venir me rejoindre; il n'est pas encore arrivé (1).

J'ai lu avec plaisir les nouvelles que vous me donnez. Dites à Regnaud que je crois à tout ce qu'il vous a dit, et que cette croyance m'est fort agréable; à Miot, que je lui donnerai bientôt de mes nouvelles.

D'où Fouché pouvait-il savoir ce qu'il vous a dit? J'ai été jusqu'ici occupé de l'organisation de l'armée, qui avait de grands besoins; sous peu de jours elle sera en mesure d'entrer en campagne. Il pleut beaucoup ici.

Mille hommages à madame, et à vous toute mon amitié.

Votre affectionné,

J. BONAPARTE.

A M. ROEDERER, A PARIS.

Au camp devant Gaëte, le 19 mars 1806.

J'ai reçu vos lettres du 4, mon cher Rœderer. Je vous remercie de tout ce que vous me dites d'aimable.

Je suis ici depuis hier; je retourne aujourd'hui à Naples, où j'ai laissé vos enfants (2), dont je suis très-content.

------

(1) (*Note de l'éditeur.*) En prenant le commandement de l'armée de Naples, ce prince avait demandé mon frère à l'empereur pour aide de camp. L'ordre lui parvint à Vienne après la bataille d'Austerlitz.

(2) (*Note de l'éditeur.*) L'empereur, en prenant possession du royaume de Naples, avait jugé à propos d'y envoyer quatre auditeurs de son conseil d'État. Je fus du nombre. Les trois autres étaient MM. Leblanc de Pomard, Lecouteulx du Molay, et Doazan. — On voit, au tome II des *Mémoires du roi Joseph*, avec quelle bienveillance et quelle sollicitude l'empereur annonçait à son frère l'envoi de ces quatre jeunes gens, et les lui recommandait.

Je ne puis résister au désir de citer les paroles de l'empereur; la part qui m'en revient m'est d'autant plus précieuse, que dans toute ma carrière il m'a été permis de penser que la bonne opinion de S. M. à mon égard ne s'est jamais affaiblie.

« 9 février 1806. — Je vous enverrai deux ou trois « auditeurs, jeunes gens sûrs, et qui pourront vous « être utiles.

« 2 mars 1806. — Je vous ai envoyé cinq ou six « auditeurs, jeunes gens d'une grande probité, qui « ont suivi le conseil d'État depuis un an, et qui ont « du talent.

« 12 mars 1806. — Je ne vous ai envoyé dans l'ad- « ministration que quelques auditeurs, jeunes gens

Les travaux de siége se poursuivent avec vigueur ; cette place est très-forte. La Calabre est entièrement conquise. Naples est aussi tranquille que Paris.

Je désire que vous veniez nous voir avec ou sans ma femme ; j'écris à l'empereur que je le désire ; je lui demande aussi M. Colin, le conseiller d'État.

Mes hommages à madame, mes amitiés à M. de Talleyrand et à Regnaud, Defermon et Boulay.

———

LETTRE DE LA REINE JULIE A M. ROEDERER,
A NAPLES.

Morfontaine, 12 août 1806.

Je vous remercie, Monsieur, des détails rassurants sur ma santé que vous me donnez dans votre première lettre. Beaucoup de personnes parlent différemment ; j'aime à vous croire de préférence, car il vaut mieux espérer que s'effrayer d'avance.

Je ne dirai point au roi que vous avez fait des plaisanteries sur sa promenade favorite ; je serai même assez discrète pour ne pas lui parler de certaines aventures dont vous êtes le héros, et dont le bruit est parvenu jusqu'à Morfontaine. Je savais par le récit qu'on m'en avait fait qu'il y avait une grotte de Pausilippe, qu'on y allait en carrosse, que votre plus grand plaisir était de vous y égarer avec une *ex-belle* princesse de dix-neuf ans retournés, ce qui est bien plus respectable que la passion de Marius. L'on m'avait bien dit que les promenades à la grotte de Pausilippe étaient suspectes ; mais c'est vous qui m'apprenez toute l'étendue de leur signification, et je sais par conséquent à quoi m'en tenir sur les vôtres. J'ai eu la prudence de laisser ignorer tout cela à votre femme ; elle m'a fait le plaisir de passer quinze jours à Morfontaine, j'espère qu'elle y reviendra ; elle est d'une société infiniment aimable.

J'ai reçu hier votre lettre du 2 août, et je vous sais bien bon gré d'être si exact à me donner des nouvelles. Je n'ai ignoré aucune des craintes qu'on a éprouvées à Naples, et

———

* qui apprendront bientôt l'italien, et qui sont
* probes.

* 30 mai 1806. — Je vous ai envoyé des auditeurs ;
* je désire que vous les employiez : ce sont des hom-
* mes sûrs pour la probité. »

j'en ai été fort inquiète ; mais je fais comme vous, j'en ris quand c'est passé.

Je suis fâchée que Méot (1) se néglige ; je vois d'ici M. de Girardin qui maigrit à vue d'œil, et M. Rœderer qui soupire en se rappelant les dîners de Paris. Je ne sais pourquoi vous souhaitez qu'il arrive encore des moineaux à Naples, puisque vous vous plaignez déjà de ceux qui y sont. Au reste, de quelque manière que vous l'entendiez, M. de Fréville ne passera jamais pour un moineau, quoiqu'il ait de commun avec ceux que vous mangez d'être dur et sec.

Je ne puis vous donner des nouvelles de Paris, parce que je vis dans le repos et la retraite de Morfontaine. Madame Rœderer vous met sans doute au courant de ce qui se passe dans la grande ville.

Soyez bien persuadé, Monsieur, de ma sincère estime.

JULIE.

———

LETTRE DE LA REINE JULIE A M. ROEDERER,
A NAPLES.

Morfontaine, 28 décembre 1808.

J'ai reçu, Monsieur, votre aimable lettre. J'ai à la vérité beaucoup regretté de ne vous avoir point vu à Morfontaine cet été ; mais la persuasion où j'étais du plaisir que mon mari avait de vous avoir auprès de lui m'a fait supporter cette privation avec moins de regrets.

Madame Rœderer a bien voulu venir quelquefois partager ma solitude, et la rendre agréable par le charme de sa société.

Je suis édifiée des plaisirs innocents que vous cherchez dans la lecture des belles tragédies de Racine ; c'est sans doute par un retour de conscience que vous aimez ainsi à retremper vos cœurs à la vertu. Il faudrait y avoir déjà fait beaucoup de progrès pour résister à toute l'amabilité des dames de Naples.

Vous vous trompez, ce n'est pas M..... qui m'a parlé de vos amours ; mais je suis instruite, sans chercher à l'être, de vos distractions sentimentales.

Je n'aurais pas cru que madame d'Avella fût la plus agréable dame de Naples ; je pensais que celle sous les lois de laquelle vous soupirez devait l'emporter sur elle par tous les agré-

———

(1) (*Note de l'éditeur.*) Méot était chef du service de la bouche chez le roi.

ments possibles. Mais c'est sans doute par modestie que vous la passez sous silence.

La vertu austère des dames de Naples n'a que faire de se réjouir de mon arrivée : n'ai-je pas prouvé aux femmes et aux maris ma tolérance en amours ?

Adieu, Monsieur ; croyez à mon attachement et à mes sentiments de la plus parfaite estime.

JULIE.

———

A M. ROEDERER.

Vénafro, le 4 janvier 1807.

Je reçois votre lettre du 3. Je ne vois pas d'obstacle à arranger l'affaire du théâtre français comme vous me le proposez.

Je vous envoie des papiers sur lesquels je serais bien aise d'avoir votre avis.

Je serai encore ici jusqu'à samedi : si votre santé et les affaires vous obligent ou vous permettent de venir, vous ne devez pas douter du plaisir que j'ai toujours à vous voir. Je ne vous invite pas trop, pour ne pas mettre votre désir de faire tout ce que je parais désirer aux prises avec votre santé. Tâchez de mettre d'accord une chose et l'autre.

M. l'aide de camp a été mis aux arrêts pour six jours ; vous pouvez lui annoncer qu'ils sont levés.

Nous avons fait une assez belle chasse aujourd'hui ; il y a cent sangliers de moins dans la forêt.

Votre affectionné ,

JOSEPH.

———

A M. ROEDERER.

Persano, le 16 février 1807.

Monsieur, je vous envoie un projet de décret auquel j'ai beaucoup réfléchi ces deux jours. Vous allez dire que je me discrédite moi-même, que je fais de mauvaises affaires. Avant de repousser ce projet, réfléchissez-y jusqu'à mon retour ; vous avez deux jours pour cela. Il importe que nous hâtions les ventes des domaines, et je fais beaucoup de sacrifices pour vendre beaucoup, pour peu d'argent. Vous voyez que je mets l'avarice aux prises avec la peur des événements politiques. Si l'avarice l'emporte dans les calculs de quelques acheteurs, je perdrai ; mais j'aurai tout de suite l'argent dont j'ai besoin. Si la peur triomphe chez d'autres, cette même peur doit les pousser à se défaire de

leurs cédules ; il fallait pour cela diminuer ce qui leur coûte tant à donner, l'argent comptant, qui est la seule monnaie des gens pusillanimes dans les révolutions.

J'ai été content de ce que j'ai vu à Campagna : on m'a beaucoup remercié de ce que j'ai aboli les jeux de hasard. J'en ai rougi pour les princes ; mais comme je sens que je suis et serai toute ma vie plus homme que prince, je me suis intérieurement réjoui de voir des hommes sages et éclairés, qui sentent combien il est important d'éloigner le tison de la paille.

J'ai trouvé ici les coupes de deux ans en retard ; on les réserve pour de plus pressants besoins et pour de meilleures occasions.

Pensez à me présenter à mon retour toutes les dispositions législatives dont vous jugerez avoir besoin pour faire aller les ventes, les finances.

J'ai promené ce matin dans la neige, et ce soir au milieu des violettes.

Agréez mon amitié. Votre affectionné,

JOSEPH.

———

A M. ROEDERER.

Mola, le 30 mars 1807.

Je reçois votre lettre du 28. La commission du Tavolière....

J'ai trouvé à Bari quatre administrateurs des domaines, tous quatre Français, dont l'un âgé de vingt-trois ans, conséquemment échappé à la conscription. Il n'y a pas de bon sens à M. Cavaignac de n'envoyer que des Français venus expressément de Paris dans ces provinces ; il fallait au moins des gens du pays. Vous lui donnerez l'ordre général qu'il y ait de rigueur la moitié de Napolitains dans son administration. Qu'il rappelle et renvoie en France le jeune homme de vingt-trois ans ; il devait être à l'armée, et à coup sûr il ne devait pas être chargé de gérer mes affaires, à un âge où il a encore besoin de tuteur ou de curateur.

Je trouve ici bien des abus, mais bien de la bonne volonté, de la reconnaissance, de la docilité, dans les habitants du pays. Ils sont heureux de trouver un homme raisonnable et juste dans un prince. J'ai été forcé à remplacer l'intendant Ricciardi et bien d'autres. Je réunis les notables, et après les avoir entendus en particulier et en public, je leur dis ce que je pense des administrés, des administrateurs, de moi, du présent et de l'avenir ; cela me réussit assez. Je prends goût à cette vie, et je la prolongerai encore quelques jours.

Adieu, mon cher Rœderer ; je suis très-content du pays, du peuple, et un peu de moi.

Votre affectionné,

JOSEPH.

———

LETTRE DE M. ROEDERER AU ROI (1).

Les bruits dont la ville de Naples a été remplie à mon sujet, immédiatement après l'arrivée de M. Berthier, les paroles que l'empereur vous a écrites à mon sujet, la mauvaise opinion qu'il a de mon travail, la préférence qu'il a hautement témoignée pour le talent d'un homme à qui je ne trouve que le talent d'un spoliateur, sur ce qu'il appelle ma métaphysique, la conviction où j'ai toujours été qu'un ministre non honoré de la confiance de l'empereur ne pouvait être qu'un embarras pour Votre Majesté, et ne pouvait même la servir dans les finances, où le ministre a pour ennemis ceux qui lui demandent et ceux à qui il demande, c'est-à-dire tout le monde ; enfin, Sire, l'exemple du général Dumas, une parole que Votre Majesté m'a dite à Capo di Monte (*Quoi qu'il arrive, jamais je ne remettrai Bisignano aux finances*), tout m'oblige à supplier Votre Majesté de se rappeler que sa bonté pour moi n'est pas engagée à me garder un moment de plus que sa confiance en moi, ou sa déférence pour l'empereur, ne le lui conseilleront. Votre Majesté sait que le sénat ne m'a accordé qu'un congé de neuf mois, à compter du 1ᵉʳ janvier. Me voici au milieu de mon terme. S'il convient à Votre Majesté que j'achève l'ouvrage que j'ai commencé, l'organisation de la comptabilité, l'établissement de la contribution foncière, le timbre et les douanes, je m'engage à livrer à mon successeur toutes ces machines en pleine activité et soumises à un mouvement régulier, avant la fin de mes neuf mois. S'il convient à Votre Majesté de faire sans délai un autre choix, immédiatement après l'adoption ou le rejet de la loi du timbre, je puis demander un congé motivé sur mes intérêts de famille ; j'irai passer deux mois dans mes propriétés, et j'arriverai à Paris pour le moment où expire mon congé, et mon retour n'aura rien que de simple et de naturel.

———

A M. ROEDERER.

Tarente, le 7 avril 1807.

Je reçois votre lettre du 3. Celle qu'elle contenait ne m'explique pas les changements dont vous me parlez. Je ne puis rien dire là-dessus, car il n'est aucun changement dans moi. Je saurai cette énigme à mon retour. Jusque-là j'en aurai beaucoup d'impatience.

Je pars demain ; j'ai employé la journée d'aujourd'hui à voir la ville et le port.

Agréez, mon cher Rœderer, toute mon amitié.

JOSEPH.

———

A M. ROEDERER.

Venosa, le 9 avril 1807.

Voici la réponse au projet de M. Toni (1).

---

(1) (*Note de l'éditeur.*) Cette lettre est sans date ; mais, par la réponse que le roi y fit (de Tarente, le 7 avril 1807), on va voir qu'elle lui assigne la date du 3 du même mois.

Devenu gendre du général Berthier, deux ans après l'époque dont il s'agit, c'eût été chose fort délicate pour moi d'avoir à m'expliquer ici sur ce qui se passa à Naples en cette circonstance ; mais je m'en trouve parfaitement dispensé par la publication des *Mémoires du roi Joseph*, qui renferment une lettre du roi à l'empereur, en date du 15 avril 1803 (tome III, page 336). On y trouve tous les détails de cette pénible affaire.

Au reste, cette lettre de mon père au roi, prouve surabondamment ce que j'ai dit dans une note placée au bas de la page 531, tome III. — En effet, on voit ici que mon père s'attachant à ce que disait le général César Berthier, recueillant dans ses souvenirs toutes les circonstances qui pouvaient se rapporter à la même intention, y rattachant quelques paroles échappées au roi, et combinant le tout, en forma un ensemble qui lui apparut comme une lumière, et aussitôt offrit sa démission, déclarant à S. M. *que sa bonté n'était pas engagée à le garder un moment de plus que sa confiance en lui ou sa déférence envers l'empereur ne le lui conseillerait.* — A quoi le roi répondit, dans la lettre qu'on va lire : « *Il n'est aucun* « *changement en moi. Je saurai cette énigme à mon* « *retour. Jusque-là, j'en aurai beaucoup d'impa-* « *tience.* » — Ce fut quelques jours après son retour que S. M. écrivit à l'empereur sa lettre du 15 avril 1807.

---

(1) (*Note de l'éditeur.*) Chambellan, et chargé à ce titre de l'administration du théâtre français que subventionnait le roi, j'avais proposé un plan d'organisation que S. M. adopta. C'est de ce projet qu'il s'agit ici.

Vous voyez que nous avons affaire à forte partie.

Je reçois votre lettre du 8. Je serai à Naples le 12. Je vous remercie de vos lettres.

Adieu, mon cher Rœderer. Votre affectionné,

JOSEPH.

A M. ROEDERER.

Persano, le 11 avril 1807.

Je serai à Naples le 13. Je suis venu ici pour voir le camp. Je me porte très-bien. Avez-vous beaucoup d'argent, pour l'armée surtout?

Votre affectionné.

JOSEPH.

LETTRE DE LA REINE JULIE AU ROI JOSEPH (1).

Paris, le 14 avril 1807.

Il y a trois jours, mon ami, que je n'ai reçu de tes nouvelles. J'espère être plus heureuse demain.

L'affaire de Larive est terminée; il part dans le courant de ce mois, avec le nombre d'acteurs que tu m'avais indiqué. D'après ce que tu m'avais mandé, j'avais engagé Girardin à s'occuper des conventions déjà arrêtées; il me répondit que ces détails ne le regardaient pas. Pour en finir, j'ai fait écrire par Jame la lettre dont je t'envoie un double, et par laquelle tu auras les conditions qui ont été établies; j'en ai même fait donner une copie à Girardin. J'ai consenti à ce qu'il soit donné à Larive douze mille francs à compte du traitement que tu lui fixeras, et vingt-trois mille ont été répartis entre les autres acteurs. Larive doit leur faire à Naples la retenue de la plus grande partie de cette avance sur leurs traitements. Tu verras le reste dans la copie ci-jointe.

J'ai vu l'impératrice hier soir, qui avait reçu des lettres de l'empereur du 2; il se portait fort bien.

Tes enfants t'embrassent. Adieu, mon ami.

Copie de la lettre mentionnée ci-dessus, écrite par M. Jame à M. Larive par ordre de S. M. la reine de Naples.

Sa Majesté la reine me charge de vous annoncer, Monsieur, que l'intention du roi est que vous vous rendiez à Naples pour y être à la tête du théâtre français. Sa Majesté consent à ce que vous preniez pour régisseur du dit théâtre le sieur Belleval. Vos fonctions seront fixées sur les lieux, ainsi que votre traitement et celui du sieur Belleval. Vous emmènerez avec vous cinq acteurs, dont trois femmes et deux hommes, pour y jouer les premiers rôles; vous êtes autorisé à les engager pour l'espace d'une année théâtrale. Leur traitement sera de onze mille francs pour le rôle de reine, de dix mille pour celui de princesse, de huit mille pour celui de jeune première, de dix mille pour celui de roi, de neuf mille pour celui de second roi et de premier au besoin; ils seront payés sur ce pied à dater du jour de leur arrivée à Naples; jusque-là, en raison de la moitié seulement, depuis le 1er de ce mois. Sa Majesté leur fait don de mille francs chacun pour leurs frais de voyage; elle leur accorde par anticipation, et pour se monter, le quart de leur traitement respectif, dont vous ferez retenue dans le courant de l'année. A cet effet les engagements seront faits triples, pour qu'il en reste un dans mes mains. Sa Majesté permet qu'il vous soit fait une somme particulière de douze mille francs, imputables sur votre traitement. Je suis autorisé à vous faire toutes ces avances dès que les engagements seront pris. Son intention et celle du roi est que vous partiez tous avant le 1er mai prochain. Vous êtes invité à venir vous entendre avec moi pour l'exécution de ces dispositions.

A M. ROEDERER

Naples, le 24 avril 1807.

Monsieur, je désire que vous écriviez au rédacteur du *Journal de Paris*, de ne jamais mettre, le premier, aucun article sur le royaume de Naples. L'article fût-il copié des journaux napolitains, je désirerais qu'avant de le transcrire il attendît qu'il eût été inséré dans un autre journal français.

Votre affectionné,

JOSEPH (1).

---

(1) (*Note de l'éditeur.*) Cette lettre et la note qui l'accompagne furent remises par le roi à mon père, afin que je fusse informé des dispositions qui avaient été faites à Paris pour l'organisation du théâtre français.

(1) (*Note de l'éditeur.*) On lit dans les *Mémoires du roi Joseph* une lettre de l'empereur, en date du 21 juin 1806, qui se plaignait des articles *ridicules* que

LETTRE DE LA REINE JULIE A M. ROEDERER,
A NAPLES.

Paris, 18 mai 1807.

Quoique je n'aie pas répondu plus tôt, Monsieur, à votre lettre sur M. D..., je n'en suis pas moins sensible à vos bonnes dispositions pour lui. On ne doit point être étonné s'il n'a pas fait preuve d'un grand zèle dans une place si subalterne : on sera beaucoup plus content de lui dans une autre plus lucrative, et je compte sur l'assurance que vous m'en avez donnée.

Je savais que le roi et ses ministres travaillaient beaucoup, j'en étais même sûre. Mais tout le monde ne vous rendait pas la même justice, car on prétendait que l'on s'amusait encore plus qu'on ne travaillait. Vous ne voudrez pas croire, Monsieur, que cette calomnie s'étendait jusqu'à vous, et c'est ce qui m'étonnait le plus; il faut, cependant, avouer qu'on est bien revenu sur le compte de tout le monde.

Larive serait déjà arrivé à Naples, sans une grave indisposition qui l'a surpris la veille de son départ; il se désespère de ce contre-temps. Son petit nombre d'acteurs est déjà en route; je désire qu'il puisse le suivre bientôt.

J'ai le plaisir de voir quelquefois madame Rœderer, qui me donne de vos nouvelles, et qui voudrait bien n'être pas si loin de vous.

Recevez, Monsieur, l'assurance de mon attachement.   JULIE.

———

LETTRE DE LA REINE JULIE A M. ROEDERER,
A NAPLES.

Paris, 9 juillet 1807.

Je vous sais bien bon gré, Monsieur, d'avoir pensé au pauvre M....., dont la famille est vraiment intéressante. Ma réponse à votre lettre du 14 finirait là, si je n'avais du plaisir à repasser votre confession générale. Vous êtes bien heureux, Monsieur, de n'avoir pas seulement un seul petit péché véniel à vous reprocher. Convenez pourtant qu'il serait bien commode pour un homme vicieux, par exemple, de pouvoir rejeter ses propres fautes sur les pauvres femmes. Celles de Naples sont donc bien calomniées! Accordez-leur, Monsieur, quelque exception, ne fût-ce que par politesse, en attendant que les nouvelles institutions, et surtout l'exemple des ministres du roi, puissent faire leur effet. Je suis tout à fait de votre avis, que la bonne éducation des femmes contribuera infiniment à celle des hommes, et le roi ne saurait trop faire pour assurer l'une et l'autre. Vous savez mieux que moi l'influence des mœurs sur les événements politiques de tous les temps et de tous les pays.

Vous avez l'air de vous plaindre de trop de travail. On ne succombe pas à ses occupations, et je réponds de votre santé; les hommes en place ne travaillent jamais trop; il en est beaucoup au contraire qui ne doivent leur salut qu'au travail, sans compter le bien qui en résulte. Tant mieux si le roi en donne l'exemple; sa gloire et son vrai bonheur y sont attachés.

Si vous avez bien fêté la prise de Dantzick, vous avez encore de nouvelles réjouissances à faire pour les derniers succès de la grande armée.

J'ai eu la maladresse de lire un des articles de votre lettre à R.....; elle veut vous en demander raison, tâchez de vous défendre. J'ai eu le plaisir de voir madame; elle se porte très-bien.

Soyez assuré, Monsieur, de mon attachement.
                          JULIE.

———

A M. ROEDERER.

Vénafro, 21 septembre 1807.

.....Vous ne m'avez plus parlé de madame Rœderer, qui devait venir ici avec ma femme? Je n'ai pas changé de pensée; et si elle veut venir à Naples, y vivre avec vous, et vous forcer à un bon et régulier ménage, je la nommerai, comme je vous l'ai dit, l'une des dames de la reine. Je serai à Naples le 27. Nous avons lu l'abbé Morellet. Avez-vous jamais écrit à M. de Boufflers?

Votre affectionné,
                          JOSEPH.

———

le *Journal de Paris* insérait sur le royaume de Naples, articles qu'il attribuait très-gratuitement à mon père; car on ne devait assurément pas supposer que ce fût le futur ministre des finances de Naples qui faisait publier en France que l'impôt sur le sel venait d'être supprimé dans ce pays.

On ne voit pas que les plaintes de l'empereur se soient renouvelées; aussi je ne puis concevoir ce qui donna lieu à cette lettre du roi, venant dix mois après celle qu'il avait reçue de Napoléon, lorsque surtout on voit que S. M. avait répondu le 2 juillet 1806, pour repousser vivement les reproches de l'empereur.

A M. ROEDERER, A NAPLES.

Venise, le 5 décembre 1807.

Je reçois votre lettre du 29 novembre. J'apprendrai avec plaisir le résultat de mon décret sur les polices de banque, et la négociation des 100,000 ducats destinés à la solde.

Je suis ici depuis trois jours ; je compte sous peu être de retour à Naples.

J'ai lieu de beaucoup me louer de mon voyage, qui m'a procuré la satisfaction de recevoir de l'empereur les marques les plus touchantes de son affection. Je me suis convaincu aussi qu'il vous estimait et vous aimait beaucoup. Il m'a souvent parlé de vous avec intérêt.

Votre affectionné,

JOSEPH.

A M. ROEDERER, A NAPLES.

Je vous apprends avec plaisir, mon cher Rœderer, que l'empereur vous a nommé grand officier de la Légion d'honneur. Je serai à Naples dans quelques jours. J'ai été très-satisfait de l'empereur (1).

Votre affectionné,

JOSEPH.

Venise, le 7 décembre 1807.

A M. ROEDERER.

Carditello, le 26 décembre 1807.

Je reçois votre lettre. Il est vrai que M. Rœderer est allé à Paris sans ordres, mais il sera puni au retour (2).

Je vous envoie un sanglier. Le temps est beau. Si vous voulez venir ici, vous le pouvez ; mais je ne vous le conseille pas. Je compte être à Naples mardi.

Votre affectionné,

JOSEPH.

LETTRE DE M. ROEDERER AU ROI (1).

Naples, le 3 janvier 1808.

Sire,

Je prie Votre Majesté de ne point désapprouver la confiance respectueuse qui m'amène en ce moment devant elle ; mais je ne puis lui

___

(1) (*Note de l'éditeur.*) La réponse de mon père est insérée au tome III, page 533.

(2) (*Note de l'éditeur.*) Le roi eut à cette époque un motif d'accréditer le bruit de la prochaine arrivée de la reine à Naples. Il fit partir mon frère comme pour aller au-devant de S. M., qu'il devait attendre à Bologne. Après quelques jours d'attente inutile, mon frère pensa qu'il ferait aussi bien d'aller au-devant de la reine jusqu'à Turin : là, après quelques jours, il jugea convenable de s'avancer jusqu'à Lyon. Ce fut alors seulement qu'il commença à s'apercevoir qu'il pouvait bien avoir commis une faute. Mais il n'était pas de caractère à s'arrêter en si beau chemin, et il alla droit à Paris. N'y trouvant personne, il se rendit de suite à Morfontaine, et il dit à la reine, fort surprise de le voir, qu'il avait été envoyé au-devant d'elle, le roi l'attendant à Naples. La reine, qui ne s'attendait à

rien moins, et qui craignait par-dessus toutes choses d'être enlevée à sa vie modeste et tranquille pour aller dans le tourbillon de Naples, tomba sans connaissance. — Plus tard, l'explication apprit à mon frère toute l'étendue de son erreur et de sa faute. La reine le retint quelques jours près d'elle, lui disant qu'après tout, il n'en serait ni plus ni moins auprès du roi. — Lorsqu'il partit, il eut la bonne fortune de rencontrer l'empereur, à Milan, je crois.

Il se présenta franchement pour prendre les ordres de S. M. pour le roi de Naples. L'empereur le reçut, causa avec lui, et le renvoya à Naples. C'était une apparence de mission qui adoucit fort le roi Joseph, et, par suite, la punition qu'il se proposait d'infliger à son aide de camp.

(1) (*Note de l'éditeur.*) J'ai déjà dit que le roi m'avait nommé chambellan, et m'avait, à ce titre, chargé de l'administration du théâtre français. Un incident survint, dont je dus rendre compte à S. M., qui était momentanément absente de Naples.—Je n'aurais nulle mention à en faire ici, si mon père n'avait jugé à propos d'intervenir en écrivant au roi la lettre qu'on va lire. Pour la faire bien comprendre, je crois nécessaire de produire ici celle par laquelle je rendais moi-même compte à S. M. de l'incident dont il s'agit. — Le comédien fut ainsi remis à sa place ; et, à quelque temps de là, et pour le consoler, le roi me chargea de lui remettre de sa part une tabatière d'or, sur laquelle se trouvait son chiffre en brillants. — Voici ma lettre au roi :

Naples, le 2 janvier 1807.

« Sire,

« J'ai l'honneur de remettre à Votre Majesté la copie d'une lettre écrite par le sieur Larive au sieur Verteuil, acteur et régisseur du théâtre français.

« Le reproche que me fait le sieur Larive, d'avoir interverti l'ordre des emplois que doit tenir chaque comédien en vertu de ses engagements, n'est relatif qu'à une seule occasion dans laquelle j'ai agi par ordre spécial de Votre Majesté, en faisant jouer le rôle de Phèdre par mademoiselle Barrière, alternativement avec mademoiselle Léon, comme cela a lieu à Paris pour mesdemoiselles Duchesnois et Georges, tandis que le sieur Larive le destinait à mademoiselle Léon seulement.

taire que la place de commissaire du théâtre français, dont elle a honoré mon fils, est devenue pour moi comme pour lui une source de véritable peine.

Votre Majesté a témoigné plusieurs fois que le talent de Larive lui était agréable. Vos bontés, Sire, autorisent de l'orgueil, mais non pas l'insolence ; et Larive l'a poussée au delà de toute mesure avec les comédiens de Votre Majesté, au dernier point avec mon fils, et fort loin envers moi-même.

A moins que Votre Majesté ne me l'ordonne, je ne prendrai pas la licence de l'entretenir des propos, des procédés, des intrigues même que sa femme et lui se permettent ; et j'avoue, Sire,

---

« La plainte de n'avoir pas répondu aux lettres du sieur Larive ne se rapporte qu'à une seule : c'est celle dans laquelle il me faisait des représentations sur l'ordre de faire alterner mademoiselle Léon et mademoiselle Barrière. J'avais suffisamment répondu à cette lettre, en disant verbalement au sieur Larive que telle était l'intention de Votre Majesté.

« Sire, je devais ces deux explications à Votre Majesté, pour qu'il ne lui restât aucun doute sur la manière dont j'ai exercé l'autorité qu'elle a bien voulu me confier sur le théâtre français.

« L'injonction du sieur Larive à Verteuil *de ne prendre d'ordre pour la direction et l'administration du théâtre français que de lui seul jusqu'à nouvelle disposition*, et l'affectation indécente de me faire remettre cette lettre par un comédien, m'ont paru tellement intolérables, tellement inconciliables avec les égards dus à une personne honorée du titre de commissaire de Votre Majesté et d'officier de sa maison, et tellement propres à autoriser le désordre du théâtre et les manquements des subalternes, que j'ai cru ne pouvoir me dispenser de signifier au sieur Larive que je le suspendais de ses fonctions.

« Sire, j'espère que Votre Majesté daignera approuver la suspension que j'ai prononcée jusqu'à sa résolution. Je lui demande de plus de vouloir bien me dispenser de correspondre à l'avenir avec le sieur Larive pour la direction et l'administration du théâtre, et me borner à lui transmettre les ordres de Votre Majesté lorsqu'elle voudra le faire jouer.

« J'ose répondre à Votre Majesté que l'administration du théâtre ira beaucoup mieux, et que le zèle et la concurrence des bons acteurs ne pourront que gagner à ce que M. et madame Larive perdent une autorité qui n'a été employée qu'à des tracasseries.

« J'espère que Votre Majesté voudra bien reconnaître dans ma modération les ménagements que j'ai cru devoir à un homme dont le talent a le bonheur d'être agréable à Votre Majesté.

« J'ai l'honneur d'être, etc. »

que je me sens très-humilié d'être réduit à m'en plaindre.

Je me borne à dire à Votre Majesté qu'hier, au moment que mon fils me consultait sur la manière dont il devait demander à Votre Majesté de prononcer sur la suspension de Larive, et de la lever dans une forme qui, sans l'humilier, ne lui donnât pourtant pas l'honneur d'une victoire, le régisseur Verteuil est entré, tenant à la main une lettre de Larive qui se remet de sa pleine autorité en fonction, Votre Majesté m'a ordonné de guider mon fils ; j'ai fait plus en ce moment, j'ai répondu pour lui, et j'ai dit que la suspension n'était point levée, puisque le commissaire du roi n'avait point transmis d'ordres de Sa Majesté ; et j'ai cru devoir parler ainsi, parce que quand Votre Majesté a daigné confier à mon fils la place de commissaire du théâtre français, ce n'a pas été pour qu'un comédien le destituât deux fois en quinze jours.

Sire, le talent de Larive a le bonheur de contribuer au noble amusement que Votre Majesté s'accorde quelquefois à la fin de ses travaux de la journée. Nous serions au désespoir, mon fils et moi, d'être pour rien dans les causes ou dans les prétextes qui pourraient éloigner ce comédien de Naples.

Mais mon fils et moi, comblés d'honneurs par vos bontés, y attachons trop de prix pour vouloir les dégrader dans des relations sans convenance.

Dans cette opposition des choses, Sire, je supplierais Votre Majesté de retirer dès ce moment à mon fils l'inspection du théâtre français, si son honneur, si la justice de Votre Majesté, et son autorité même, ne demandaient que la retraite du commissaire du roi ne parût pas être sa condamnation, et ne fît pas le triomphe du comédien.

Vous avez, Sire, le second théâtre français de l'Europe ; votre salle est devenue à peu de frais élégante et décente : vos comédiens sont pleins de zèle et d'émulation, ils se retranchent le nécessaire pour se montrer sur la scène avec des costumes dignes d'un théâtre royal ; ils savent et s'appliquent à jouer les meilleures pièces de notre littérature ; depuis six mois qu'ils sont ici, ils ont tous fait des progrès sensibles. Un entrepreneur intelligent et aisé fait toutes les avances nécessaires pour compléter la troupe, et vient d'y ajouter un sujet distingué.

Ce n'est point à M. Larive, Sire, que ces avantages sont dus. Larive n'a jamais assisté à une répétition; il ne parle aux comédiens que pour leur dire des injures, il les révolte ou les décourage : d'ailleurs, n'ayant jamais joué Racine ni Corneille avec succès, il ne pourrait les conseiller avec fruit que dans les pièces du second ordre, *la Veuve du Malabar, Spartacus, Bayard,* etc. Enfin, ce ne ne sont pas des élèves de Larive, ce sont des élèves de maîtres plus sûrs, le public et les gens de goût, qui jouent avec succès sur votre théâtre.

Ce qui a excité l'émulation des acteurs, du régisseur, de l'entrepreneur, Sire, j'oserai le dire à Votre Majesté, c'est le soin qu'a pris mon fils de tenir toujours présent à l'esprit de toutes ces personnes la volonté, le goût, la munificence de Votre Majesté; de manière que tous ont été animés du seul désir et du seul espoir de vous plaire, et d'arrêter un moment vos regards.

Un tel soin, Sire, a mieux réussi que n'eût pu le faire le plus terrible professeur de déclamation; et ce serait une erreur fort contraire à vos plaisirs, de faire de votre théâtre une école de déclamation qui consisterait en un maître et des élèves. Quelle idée, Sire, que de donner à Votre Majesté un spectacle composé d'élèves, et d'élèves d'un seul maître ! Et pourquoi donc n'auriez-vous pas des maîtres, Sire, autant de maîtres que d'emplois, ayant chacun leur caractère, leur talent propre, leur physionomie ? Un théâtre royal n'est pas fait pour être un théâtre de collége. Quand les premiers talents de France briguent l'honneur de venir ici, leur ira-t-on dire qu'on vient ici à l'école de M. Larive ? Mademoiselle Clairon le dit et le prouve très-bien, les acteurs n'ont de maîtres que leur talent et le public. Mademoiselle Léon, élève de Larive, est ce qu'il y a de moindre ici. Le théâtre de Venise, qui pourtant est formé par une actrice au moins égale en talent à M. Larive, a paru à Votre Majesté audessous du médiocre. Cela prouve, Sire, qu'un grand acteur n'est ni utile comme professeur, ni utile comme entrepreneur; et la raison en est évidente : un grand acteur est jaloux des talents qui peuvent entrer en comparaison avec lui; un grand acteur ne reconnaît de méthode que la sienne, de genre que le sien; un grand acteur préfère les sujets dociles aux sujets inspirés; un grand acteur se croit un grand modèle, et se complaît dans les pâles copies de lui-même plus que dans les plus belles copies de la nature.

Je prends la liberté, Sire, de présenter à Votre Majesté un projet qui satisferait Larive, sans perpétuer ma peine et celle de mon fils.

Larive a témoigné plusieurs fois le désir d'avoir le titre de *premier comédien* de Votre Majesté. Votre Majesté pourrait le lui donner, et lui faire écrire par le grand maréchal ou par le premier chambellan qu'en cette qualité, *lorsqu'il y aura spectacle à la cour* ou *spectacle pour la cour* au théâtre français, il proposera la pièce à jouer, en distribuera les rôles, en fera faire les répétitions, et aura toute l'autorité de directeur sur les comédiens français; le tout sous la seule autorité du grand maréchal ou du premier chambellan.

Cela laisserait le service ordinaire du théâtre français sous l'autorité du commissaire de Votre Majesté, qui, ayant suffi jusqu'à ce jour pour le faire marcher passablement, pourrait suffire encore. La Comédie-Française à Paris n'a point et n'a jamais eu de directeur. Si l'arrangement que je propose avait des inconvénients, Votre Majesté peut être sûre que mon fils s'empresserait de les reconnaître, et de demander lui-même à Votre Majesté de remettre le tout sous la direction de Larive, dès qu'il pourrait se retirer sans déshonneur. Je supplie Votre Majesté de daigner prendre ma peine en considération, et décider, dans sa bonté et dans sa justice, ce que doit faire mon fils.

A M. ROEDERER.

Carditello, le 27 décembre 1807.

Le prince Aldobrandini, frère du prince Borghèse, se rend à Naples pour les affaires de son frère. Je désire le favoriser autant que cela sera possible, et surtout lui faire trouver toutes les facilités propres à la plus prompte expédition. Je vous prie de donner tous vos soins, afin que vous puissiez bientôt me faire un rapport sur cet objet, s'il y aura lieu.

Votre affectionné,

JOSEPH.

LETTRE DE M. ROEDERER AU ROI.

Naples, le 10 janvier 1808.

Sire, je ne m'éveille pas sans avoir de nouveaux motifs de reconnaissance et d'attachement pour Votre Majesté. Il n'est plus personne dans ma famille qui ne soit comblé de ses grâces (1) : il n'est point de ses bontés que je puisse envier pour moi-même; mais il me reste à mériter tant de biens et à les conserver; et cette ambition, Sire, est bien plus forte et bien plus inquiète que n'a pu être celle de les acquérir.

Ma reconnaissance me conduirait à Vénafro, si la nécessité du service n'exigeait ici tous mes moments, à ce renouvellement d'année, où il faut régler une foule de choses. Savoir du plaisir à Votre Majesté, et travailler à ses affaires, me dédommagent de son absence.

LETTRE DE LA REINE JULIE A M. ROEDERER,
A NAPLES.

Paris, le 10 mars 1808.

Je suis bien aise d'apprendre par votre lettre, Monsieur, que la nomination de madame Rœderer à la place de dame du palais vous soit agréable. Je suis fâchée que des affaires qu'elle a encore à terminer ne me permettent pas de vous la mener actuellement, mais j'espère qu'elle pourra bientôt se mettre en route. Je compte partir incessamment. Je me flatte de vous trouver à mon arrivée toujours aussi enchanté de Naples que par le passé.

Agréez, Monsieur, l'assurance de mon estime particulière.

JULIE.

A M. ROEDERER, A NAPLES.

Bologne, le 28 mai 1808.

J'ai promis de faire payer à Lucien deux cent mille francs; il les tirera sur M. Falconnet; préparez-vous à les acquitter : il y aura un mois de temps. Cette somme sera imputée sur le compte de ma maison. J'ai perdu quelques heures ici : je pars à six heures du matin.

Votre affectionné,

JOSEPH.

______

(1) (*Note de l'éditeur.*) Madame Rœderer venait d'être nommée dame du palais.

IV.

A M. ROEDERER, A NAPLES.

Lyon, le 2 juin 1808.

Je n'ai pas eu de vos lettres des 25 et 26. Je n'ai rien de nouveau à vous mander. Votre fils sera parti quand vous recevrez cette lettre.

Vous recevrez un paquet que je désire que vous fassiez remettre à M. Murra; vous l'ouvrirez et l'examinerez avant. Ce paquet, parti de Lyon aujourd'hui, arrivera à Naples dans quinze jours.

Votre affectionné,

JOSEPH.

A M. ROEDERER, A NAPLES.

Bayonne, le 8 juin 1808.

Je vous envoie un décret pour vous autoriser à terminer *brevi manu* toutes les affaires de ma maison, de manière que je n'en entende plus parler. Je ne pense pas que vous ayez des sacrifices à faire pour cela; mais si cela était, vous êtes autorisé à prendre toutes les mesures que je pourrais prendre moi-même pour tout solder, et qu'il ne reste pas de queue d'affaires pour cela.

M. Macédonio a des ressources dont il pourra disposer avec votre approbation. Je ne veux pas qu'il soit chicané, mais finir. Je n'ai pas lieu d'ailleurs d'en être mécontent sous aucun rapport; je suis, au contraire, dans des dispositions d'estime et de confiance à son égard.

La reine a besoin de beaucoup de ressources en partant; mais je ne veux rien qui ne soit conforme à mes sentiments, que vous connaissez.

Votre affectionné,

JOSEPH.

A M. ROEDERER, A NAPLES.

Bayonne, le 9 juin 1808.

Naples restera royaume tel qu'il est : il n'y aura que le roi de changé.

L'ouvrage fait pour le payement des créanciers de l'État sera assuré par un article constitutionnel. La liste civile sera séparée et distincte du trésor public.

Je suis fâché que vous ne m'ayez pas donné vos idées là-dessus. Vous ne me parlez pas encore du départ de votre fils.

Je vais décidément en Espagne; je trouverai ce pays dans un état pire que celui dans lequel j'ai trouvé Naples : les troupes, les magistrats, la maison royale même n'est pas payée depuis neuf mois : nulle ressource d'argent. Dans cet état de choses, tout ce que vous pourrez épargner, après avoir exactement acquitté mes engagements, sans nuire aux caisses des rentes et d'amortissement, me sera très-précieux. Je ne pourrai pas vous avoir pour ministre des finances, puisque vous n'êtes et ne pouvez devenir Espagnol; mais l'empereur, voulant me contenter dans un point qui m'intéresse beaucoup, veut bien vous nommer son ambassadeur près de moi : par ce moyen je pourrai vous conserver honorablement.

Les circonstances imprévues dans lesquelles nous nous trouvons ne nous permettent pas de faire les choses en règle, ni d'attendre des réponses; mais vous connaissez ma situation, celle des affaires, ma délicatesse et mes besoins : d'après ces données, faites tout ce que vous me conseilleriez; supposez mon autorisation, et ne doutez pas de mon approbation, quelles que soient les mesures que vous preniez. La latitude que je vous donne est nécessaire, et n'est pas, j'espère, une preuve nouvelle d'une confiance à laquelle je ne puis rien ajouter.

Si j'ai oublié Bigarré (1), il faut le comprendre dans les 2,000 ducats.

N'oubliez pas de bien terminer pour des affaires qui m'intéressent tant, dont je vous ai tant occupé; faites tout ce que vous pourrez pour cela, et même au delà de ce que j'ai voulu, si vous le pouvez.

Vous devez m'envoyer tous les décrets qu'il est nécessaire que je signe, prêts à l'être. Je suis dans un moment à avoir peu d'instants à donner à Naples, et cependant jamais on n'abandonna avec plus de regret la maison paternelle que je ne me détache de ce beau pays, et d'un peuple que j'ai trouvé si bon pour moi.

Votre affectionné,

JOSEPH.

———

A M. ROEDERER, A NAPLES.

Bayonne, le 9 juin 1808.

J'ai signé les trois projets de décrets que vous m'avez proposés : vous les trouverez ci-joints.

———

(*Note de l'éditeur.*) Aide de camp du roi. (Voir la note à la page 21 ci-après.)

Je suis fort occupé aujourd'hui : je vous écrirai demain. Terminez toutes les affaires, afin que vous puissiez partir bientôt.

Votre affectionné,

JOSEPH.

———

A M. ROEDERER, MINISTRE DES FINANCES, A NAPLES.

Bayonne, le 17 juin 1808.

L'empereur est toujours dans l'intention de vous nommer son ambassadeur à Madrid. Je serais bien aise que vous y soyez le plus tôt possible; mais il faut auparavant que toutes les affaires dont vous êtes chargé soient terminées à Naples. Dès que vous croirez pouvoir abandonner ce pays, vous laisserez le portefeuille au prince de Bisignano, ou à tout autre conseiller d'État que vous jugeriez plus propre à le conserver convenablement jusqu'à l'arrivée du nouveau roi. Vous écrirez que vous faites cette remise d'après mes ordres; mais je n'entends pas nommer un ministre des finances, voulant laisser ce choix à faire au nouveau roi.

Arrangez-vous de manière à ce que M. de Gallo ne paye rien de ce qu'il doit encore; il est fort utile ici, et je juge devoir lui donner cette nouvelle preuve de mon attachement.

Faites en sorte de ne point laisser de queue d'affaires, et de n'avoir plus rien à démêler avec Naples pour toutes nos affaires.

Les abus et les réformes à faire en Espagne seront les mêmes qu'à Naples; tout est à peu près dans le même état, et je compte sur votre assistance pour payer les dettes et mettre les finances de ce pays en bon état. Portez avec vous tout ce que vous jugerez pouvoir vous être utile dans ce but : il faut vous imaginer que ce sont les finances de Naples à recommencer.

Partez le plus tôt possible, venez par le chemin le plus court; mais terminez tout ce que vous avez à faire auparavant à Naples.

Agréez mon sincère attachement.

Votre affectionné,

JOSEPH.

———

A M. ROEDERER, A NAPLES.

Bayonne, le 19 juin 1808.

Je reçois votre lettre du 9. Je suis fâché que

votre fils soit malade, mais il ne le sera plus lorsque vous recevrez cette lettre..........

.... Vous devez vous tenir prêt à partir au premier moment; mais ne laissez rien en souffrance, et que tout soit terminé, et que vous n'ayez plus rien à demander à Naples lorsque vous l'aurez quitté.

Agréez mes amitiés. Votre affectionné,

JOSEPH.

LETTRE DU MARQUIS DE GALLO, MINISTRE DES AFFAIRES ÉTRANGÈRES, QUI AVAIT ACCOMPAGNÉ LE ROI A BAYONNE, A M. ROEDERER, A NAPLES.

Bayonne, le 22 juin 1808.

Monsieur le sénateur,

Je viens d'écrire à M. Cianciulli plusieurs idées qui me paraissent raisonnables dans la douloureuse circonstance de nous séparer des plus adorables et des plus vertueux des souverains. Je crois que les hommages que je propose de mettre aux pieds du roi et de la reine honorent le sentiment dont nous sommes pénétrés, et sont le seul retour que la nation peut montrer à toute l'Europe envers les immenses bénéfices que nous a prodigués le meilleur des rois, et envers les sentiments d'amour et d'intérêt dont il nous honore.

Je prie Votre Excellence de vouloir appuyer ces idées dans le conseil, et d'en faciliter la réalisation. Il ne peut pas échapper à son esprit (ce que je ne dirais pas à M. Cianciulli) que ces idées sont autorisées, et combinent avec les idées supérieures qui dirigent toutes mes démarches.

Je prie même Votre Excellence de faciliter les dispositions qui pourront être nécessaires, afin que les députés qui devront se rendre à Madrid ne manquent point des moyens qui leur seront nécessaires pour remplir leur mission. La nation peut bien supporter cette dépense pour remplir le plus juste, le plus précieux et le plus honorable de ses devoirs.

Faites aussi que le choix tombe sur des personnes qui puissent être les plus agréables à Sa Majesté, et mériter davantage l'honneur de représenter la nation.

Je vous prie, monsieur le sénateur, d'agréer l'expression de mon profond respect et de ma plus haute considération.

Le marquis DE GALLO.

A M. ROEDERER, A NAPLES.

Bayonne, le 22 juin 1808.

Je vous envoie un décret qui m'est proposé par le ministre de la justice, qu'il m'assure être basé sur les principes que j'ai adoptés, et que vous avez vous-même trouvé utile à publier sur-le-champ. Envoyez-le à M. Ricciardi; et, s'il y avait quelque malentendu dans une matière aussi grave, expliquez-vous avec M. Cianciulli, et retenez, s'il le faut, le décret entre vos mains jusqu'à ce que je vous aie répondu sur cet objet.

Votre affectionné,

JOSEPH.

LETTRE DE M. ROEDERER AU ROI DE NAPLES, A BAYONNE.

Naples, le 25 juin 1808.

Sire,

Le meilleur ministre des finances que pût avoir ce pays-ci serait M. Dauchy, qui possède les *connaissances* et a le *caractère* les plus éminemment propres au double service du trésor royal et des contributions, deux parties distinctes, mais qu'il ne convient pas de séparer ici.

Après M. Dauchy, mais à distance, viendrait M. Fréville, qui a les mêmes principes, mais moins de savoir de détail et moins d'expérience.

Parmi les Napolitains, je ne connais que le duc de Carignano de convenable. Mais s'il y a des ministres français dans les autres départements, il défendra mollement la trésorerie. Dans les contributions, il n'aura peut-être pas la fermeté et l'impartialité convenables, étant intéressé à la conservation des priviléges.

M. Zurlo est un homme d'un vrai talent; mais son nom n'est point favorable au crédit.

Un Français sera seul inflexible contre les privilégiés, contre les ministres, contre tous les mendiants de toutes les classes et de toutes les conditions. Un Napolitain fera revivre toutes les vieilles pensions de l'ancienne cour, et emploiera à de lâches faveurs les *140 mille ducats* de rente viagère, que votre successeur pourrait appliquer à l'indemnité des moines des premiers monastères qu'il lui plairait de supprimer.

Ces 140 mille ducats de rente viagère, encore aujourd'hui disponibles, peuvent donner une pension de 120 ducats à 1166 moines dont l'État peut s'appliquer les biens. Ainsi, voilà environ vingt-cinq ou trente maisons de moines des mieux rentées qui peuvent demain être réunies sans exciter la moindre clameur, grâce au crédit du grand livre. Tout tient à ce crédit. Qu'il s'affermisse, les moines viendront au-devant des suppressions jusqu'à concurrence des 140 mille ducats de rente, comme ont fait les religieuses de Naples.

Supprimer des couvents dans des pays paresseux par l'influence du climat, par la fécondité de la terre, la modicité des besoins, c'est fonder le patrimoine royal sur le patrimoine de la paresse. Le point délicat est de supprimer sans faire crier les parties intéressées en obtenant leur aveu; c'est à quoi Votre Majesté a réussi en fondant ici la caisse des rentes, et en se refusant à donner aux protégés et aux créatures de l'ancienne cour la partie de ces rentes qui est constituée en viager, pour la donner aux anciens services civils, militaires, et aux moines de qui vous avez réuni les biens.

Ce système, Sire, ne sera suivi que par un Français à Naples.

LETTRE DE M. ROEDERER AU ROI DE NAPLES,
A BAYONNE.

Naples, le 25 juin 1808.

Sire,

J'ai reçu hier la réponse de MM. Hoppe d'Amsterdam, sur la demande que je leur avais faite de nouvelles remises sur Paris pour ce qu'ils redoivent encore sur l'emprunt. Cette réponse est du 10 courant; comme je l'avais prévu, sire, elle est à peu près négative : ils me disent :

« Nous prenons note de *vos instructions*. « Mais nous serons contrariés dans leur exécu« tion par la rareté des bonnes valeurs sur la« dite place (Paris), qui est la suite de celle « qui existe sur presque toutes les autres par « la nullité des affaires de commerce et de « change. S'il se présente quelque bonne occa« sion de liquider cet objet, nous nous empres« serons d'en profiter. »

Après avoir conféré avec M. Falconnet sur cette lettre et l'avoir rapprochée des précédentes, il nous paraît, à l'un et à l'autre, que si MM. Hoppe ont hésité à confier pour le moment leur signature, ils ne révoquent pas pour cela

la liberté que leurs précédentes lettres m'ont donnée de tirer sur eux le montant de ce qu'ils redoivent.

En conséquence, Sire, je crois pouvoir faire passer dès ce moment 500,000 fr. à la disposition de Votre Majesté, et pour cet effet je transmets à MM. Baguenault et Cie assignation de cette somme sur MM. Hoppe, et je charge MM. Baguenault de la tenir à l'ordre de M. Deslandes, sous l'autorisation de Votre Majesté.

Je me hâte de faire cette disposition, dans la crainte de voir d'autres mains disposer ici de tout, avant que le crédit de votre maison sur le trésor soit soldé.

Voici l'état de ce crédit.

D'après le compte que j'ai remis à Votre Majesté la veille de son départ, il lui revenait pour solde, 167,812 ducats.

Mais Votre Majesté n'ayant pas approuvé la remise de 30,000 ducats supposée faite au ministre de Gallo, et l'ayant bornée à 11,156 ducats, le crédit de sa maison a été relevé à 186,787 ducats.

C'est donc sur cette somme qu'il faut compter.

1808.

22 mai.	Le Trésor royal doit à la maison royale pour solde...................	186,787
25 —	M. Ferri Pisani m'a présenté un bon de................ 3,102	
29 —	Ordre du roi de payer à M. Lucien............: 45,454	
24 —	Ordre d'inscrire M. de Noya pour D^{ts} 3,000 de rente, au compte de Sa Majesté.......... 12,000	174,192
24 juin.	Assignation sur Baguenault pour 500,000 fr. 113,636	
Le Trésor royal redoit à la maison royale.		12,595

Il est bien entendu que ce compte ne concerne que l'arriéré; et que pour le courant je dois compléter pour chaque mois la somme de 100,000 ducats, sur quoi point de difficulté.

Je suis avec le plus profond respect, etc.

A M. ROEDERER, A NAPLES.

Bayonne, le 26 juin 1808.

Si les affaires vous l'auront permis, vous serez parti ou à la veille de partir. Je pense que vous devez venir ici par le plus court chemin. Il sera possible que vous y trouviez encore l'empereur, qui est toujours dans l'intention de vous nommer son ambassadeur auprès de moi. Ne laissez aucune affaire en arrière : dès que vous aurez quitté Naples, je ne veux plus rien avoir à y faire pour tout ce dont vous avez été chargé. Voyez M. Macédonio aussi, et terminez tout, absolument tout, d'une manière ou d'autre. Tout ce que vous ferez je le trouverai bon, pourvu que ce soit définitif.

N'oubliez pas de faire retirer les obligations de M. de Gallo : je suis bien aise de lui donner encore cette preuve de mon intérêt ; il est très-bien ici pour moi.

Est-ce que l'ancienne affaire de Saligni et de Mathieu n'est pas entièrement terminée ? Ils prétendent que non. Girardin est toujours malade, il paraît qu'il s'en retourne à Paris.

Votre affectionné,

JOSEPH.

———

A M. ROEDERER, A NAPLES.

Bayonne, le 30 juin 1808.

Je reçois votre lettre du 20. Cette lettre ne vous trouvera peut-être pas à Naples. Je partirai bientôt pour Madrid, où je vous verrai bientôt.

Votre affectionné,

JOSEPH.

———

A M. ROEDERER, A NAPLES.

Bayonne, le 1er juillet 1808.

Lorsque je vous ai écrit de faire inscrire le maréchal Dumas au grand livre pour 4,000 ducats (1), j'ai pensé que s'il se détermine à quitter Naples et qu'il ait des dettes, occasion-

———

(1) (*Note de l'éditeur.*) La pénurie des finances n'avait pas permis que la liste civile, réglée à cent mille ducats par mois, soit 5,280,000 fr. par an, fût exactement payée. Le roi, en partant, ne jugea pas convenable de se faire reconnaître créancier du Trésor pour le complément arriéré ; mais Sa Majesté en disposa en faveur de ses officiers, sans épuiser le Trésor, en leur assignant des dotations sur le grand livre de la dette publique. Les donataires étaient des généraux français, les colonels de la garde et les aides de camp de Sa Majesté, et aussi quelques seigneurs napolitains. Cette disposition fut l'objet de grandes plaintes du roi Joachim lorsqu'il monta sur le trône de Naples. On le verra avec détail dans les pièces qui suivront cette correspondance. (Pages 45 et suivantes.)

nées par les dépenses qu'il a faites nouvellement pour sa maison, à payer, il pourrait le faire avec ce capital. Il doit vendre ses meubles, puisque je laisse les miens au nouveau gouvernement, gratuitement. Ce calcul ne peut pas être le sien : ce qui est convenable pour moi ne l'est pas pour lui.

Votre affectionné,

JOSEPH.

———

A M. ROEDERER, A NAPLES.

Bayonne, le 2 juillet 1808.

J'ai demandé à l'empereur s'il désirait que vous vous rendiez à Paris avant de venir à Madrid ; il vous laisse le maître de faire ce qui vous conviendra davantage. Je suppose que vous ne serez pas fâché d'y faire un tour après une si longue absence ; ainsi, allez-y, pour peu que cela vous arrange, et arrangez-vous pour y rester le moins possible.

Vous aurez disposé les affaires à Naples pour que je n'aie plus aucune queue d'affaires avec ce pays-là.

Vous connaissez mon attachement pour vous.

Votre affectionné,

JOSEPH.

———

LETTRE DE M. ROEDERER AU ROI DE NAPLES, A BAYONNE.

Naples, le 7 juillet 1808.

Sire,

Je fais mes dispositions pour partir le 12.

Je suis prêt à me rendre à Bayonne, à Madrid, partout où Votre Majesté voudra.

Cependant, Sire, si je ne pouvais me flatter de vous être utile à Madrid de quelques semaines, je serais nécessaire pour ce temps-là aux affaires de ma famille, aux miennes ; peut-être ne serais-je pas inutile aux vôtres. Permettez-moi, Sire, de rappeler à Votre Majesté ma position.

Votre Majesté sait combien les chaleurs de l'été passé m'ont vieilli, et elle avait eu la bonté de me promettre un congé pour le mois de juillet et d'août. Ma santé, mes yeux surtout, ont un pressant besoin des secours et des conseils de l'art. Mes affaires laissées à l'abandon depuis deux ans et demi, celles de mes enfants, qui ont depuis six mois la succession de leur aïeul ouverte à Francfort, demandent quelques soins et quelques arrangements. J'ai à Paris une fille de vingt ans, dont mon absence retarde depuis deux ans l'établissement. Enfin, Sire, permettez-moi de m'en vanter, je n'ai pas le sol avec moi ; il faut que j'emprunte à M. Falconnet de quoi payer mon voyage. Il ne serait guère convenable qu'un sénateur à qui l'empereur a donné 55 mille livres de revenu en France, qui en a 40 mille de patrimoine, et à qui il suffit de quelques semaines pour arranger ses finances, arrivât à la cour du roi d'Espagne comme un vieux courtisan obéré.

J'ajoute, et j'aurais dû commencer par là, que si l'empereur est retourné à Paris, Sa Majesté peut trouver mauvais que je n'aie pas demandé sa permission et un congé au sénat pour aller en Espagne.

Cependant, Sire, toutes ces objections s'évanouiraient si j'avais l'espérance de quelque utilité dès les premiers moments de votre arrivée en Espagne. L'empereur me pardonnerait aisément, le sénat me louerait de mon zèle pour Votre Majesté.

Mais, Sire, cette espérance je ne la conçois pas. L'art de la finance n'a rien à faire en Espagne avant que l'ordre et la soumission y soient rétablies et que les perceptions anciennes aient recommencé, que des administrations organisées par Votre Majesté soient remplies d'administrateurs nommés par elle. Cela ne peut se faire que par Votre Majesté elle-même, par son courage et sa patience, sa fermeté et sa douceur, en un mot, par son caractère. Votre Majesté a daigné m'écrire, le 17 juin, *que les abus existant en Espagne et les réformes à y faire sont les mêmes qu'à Naples, que ce sont les finances de Naples à recommencer.* Eh bien, Sire, à Madrid comme à Naples, c'est à Votre Majesté, à elle personnellement, à elle seule, qu'il appartient de jeter les bases des finances. Dans les monarchies, les bases des finances sont le caractère des rois. Comment a commencé la restauration de Naples ? Sur quels fondements s'est relevé le crédit ? Vous avez commencé, Sire, par rétablir l'obéissance en déployant de la force, en voyageant, en vous montrant où il fallait. Vous avez rétabli les perceptions régulières, et fait cesser des exactions difficiles à réprimer ; vous avez lié des administrateurs aux intérêts de votre service, en leur inspirant de la confiance pour votre

personne : c'est alors seulement que l'industrie financière a pu concourir à vos desseins, et que, secondée par votre caractère, elle a pu fonder l'impôt sur l'abolition des priviléges pour lesquels votre justice a été inflexible ; et sur l'impôt, des moyens de crédit que votre fermeté a aussi garantis, même contre ses propres besoins. Ce que Votre Majesté a fait à Naples, elle sera dans la nécessité de le recommencer à Madrid ; c'est pour cela qu'avant la fin de septembre je ne pourrais utilement lui remettre sous les yeux ses opérations de Naples en matière de finance.

Si Votre Majesté agréait que je passasse le mois d'août et la moitié de septembre en France, je pourrais travailler pour elle à deux choses : la première, serait de lui chercher et de lui choisir quatre bons commis pour travailler sous M. d'Azanza ; car *rien ne se fera*, rien, Sire, quelle que soit la bonne volonté du ministre, s'il n'a sous ses ordres des employés qui entendent des détails auxquels il a fallu consacrer ici une partie de mon temps, et pour lesquels j'ai tenu de véritables écoles ; la deuxième, serait de me charger de négocier un emprunt en Hollande pour Votre Majesté.

Je serai à Lyon, Sire, du 24 au 30 juillet ; j'attendrai là des ordres définitifs de Votre Majesté. Si elle me permet d'aller à Paris, je lui jure d'être le 1er octobre à Madrid. Si elle m'autorise à lui négocier un emprunt, et à enrôler quatre bons employés entendant bien le service d'une caisse des rentes, d'un grand livre, d'une caisse d'amortissement, je la prie de me donner des ordres pour la somme de l'emprunt et pour les traitements à promettre aux employés ; il faudrait promettre 15,000 fr. à chacun, pour avoir des hommes de quelque talent et de quelque expérience.

Quels que soient les ordres que Votre Majesté me donnera à Lyon, je m'y conformerai avec empressement.

Je suis avec le plus profond respect, etc.

P. S. Je joins une collection de toutes les lois et instructions concernant la dette publique.

— — —

A M. ROEDERER, A NAPLES.

Bayonne, le 7 juillet 1808.

J'ai reçu votre lettre du 25. J'ai disposé des

140,000 ducats de rente viagère en autorisant la suppression d'une quantité de maisons religieuses, dont les habitants trouveront à vivre avec les 100,000 ducats que vous avez. Les autres 40,000 sont affectés à l'ordre jusqu'à ce qu'il puisse être dans la possession des biens de Sicile.

L'empereur veut disposer de Ripalda et de quelques autres biens jusqu'à concurrence de 100,000 ducats. Il faut donc les remplacer aux créanciers de l'État ; c'est ce que je désire que vous fassiez si vous êtes encore à Naples. Leur gage restera toujours le même, avec d'autant plus de raison que Ripalda n'a pas pu être vendu.

Votre affectionné,

JOSEPH.

LETTRE DE M. ROEDERER AU ROI DE NAPLES,
A BAYONNE.

Naples, le 14 juillet 1808.

Sire,

Votre Majesté se souvient de la gêne où se trouva la banque lorsqu'elle renvoya quelques généraux : ainsi je n'ai rien à lui dire en ce moment, où il a fallu pourvoir tant de partants, la garde, la maison de la reine, etc., payer des lettres de change pour 200,000 francs et envoyer à Corfou 200,000 autres fr., etc. ; tout cela dans l'espace d'un mois, sans compter le courant, le départ de deux bricks et d'une députation.

Jusqu'à présent, Sire, les services n'ont point souffert.

Une seule chose est en retard, c'est le départ de cent mulets ou chevaux, et de cent hommes d'équipage et autres que M. de Blaniac a ordonné de faire partir, et pour lesquels il faut 200,000 fr. en espèces qui m'ont manqué.

Je doute que cette marche soit économique, et que l'on n'eût pu épargner quelque chose sur 523,000 francs à quoi se montera le voyage de S. M. et celui des équipages. Mais cela ne me regarde point.

Je comptais cette semaine remettre les choses au courant, et fournir de quoi faire partir les équipages, lorsque j'ai reçu les deux lettres dont j'ai l'honneur de vous envoyer copie.

M. Mollien sait très-bien qu'ayant reçu le subside de quatre mois par avance, Votre Majesté a pensé que cet argent n'avait pas été envoyé en poste à Naples pour être distribué goutte à goutte au soldat en quatre mois ; et en effet, Votre Majesté m'a ordonné de payer deux mois de solde au lieu d'un mois et demi en avril et mai, afin de faire jouir promptement le soldat de la munificence de l'empereur.

Cependant, Sire, ce subside est entièrement répété aujourd'hui par ordre de l'empereur ; on ne déduit pas même les 250,000 francs correspondant au mois de juin, et il faut que le trésor napolitain restitue sous quinze jours 500,000 francs, outre les 200,000 francs déjà payés il y a trois semaines et envoyés à Corfou. Ainsi voilà une dépense inattendue de 700,000 fr. qui tombe avec tant d'autres dans le même moment !

Je devais partir après-demain ; mais puisqu'il y a de l'embarras ici, je ne veux pas m'en aller en déserteur. Je vais faire partir 250,000 francs pour Corfou ; vos équipages partiront dix jours plus tard. Votre Majesté ne m'en saura pas mauvais gré ; voilà tout ce que je lui demande.

J'ai reçu hier le paquet que Votre Majesté m'a fait adresser de Lyon. Je ferai demain sa commission pour M. La Murra.

Je ne sais encore à qui laisser le portefeuille. Le prince Bisignano persiste à refuser. Carignano parti, Nolli parti ou partant, Acquaviva m'a refusé. Macédonio n'est pas aussi bien pour Votre Majesté qu'il aurait dû l'être, et ferait languir la contribution foncière. Je tâterai encore M. de Bisignano ; s'il refuse, je m'adresserai à M. Miot. (*Plusieurs lignes manquent ici.*)

.... Je viens d'assurer celle de l'Académie. — Celle de la caisse d'amortissement est achevée. — J'ai soldé avec Falconnet tous les comptes de l'emprunt de Hollande. — J'ai soldé avec les négociants le compte de l'abbaye de Trémiti, qui, valant 13,000 ducats, aura été payée 187,000 ducats en espèces. — Je finis demain de solder le mois de juin à Thibault. — Je prendrai sur le crédit de juillet la dépense du départ des équipages. — J'ai fait au prince Gérace une longue instruction pour le payement de l'emprunt de Hollande. — MM. Hoppe m'ont envoyé des lettres de change que je renvoie, attendu l'assignation que j'ai fournie sur eux à M. Baguenault à la disposition de Votre Majesté. Ainsi votre départ n'a point troublé leur confiance, et l'assignation sera payée.

Il est temps, Sire, d'envoyer ici des pouvoirs

ou un roi. Tout va très-bien à Naples, mais l'obéissance et l'impôt molliraient bientôt en province, si l'on n'avait quelqu'un en position d'y tenir la main.

J'ai remis à madame de Gallo les obligations de son mari. Elle a déterré chez je ne sais quel banquier une obligation de 300 ducats, qui était en émission depuis un mois : elle a été la chercher elle-même et me l'a rapportée, et je l'ai échangée.

Je suis avec le plus profond respect, etc.

LETTRE DE M. ROEDERER AU ROI DE NAPLES, A BAYONNE.

(Cette lettre est sans date, mais elle est évidemment de 1808, après qu'on eut connu la constitution donnée au royaume par le roi, en date de Bayonne.)

Sire,

Il dépend peut-être de Votre Majesté d'adoucir la position des Français qui sont à Naples. Elle ferait cesser leur anxiété en obtenant de l'empereur que les hommes de talent, de science qui mériteraient d'être citoyens de Naples, ne perdissent pas pour cela le droit de cité en France. Le talent, le savoir, la vertu, étant nécessaires à tous les pays, pourquoi ne seraient-ils pas des titres de cité pour tous les pays ? Je me persuade que c'est l'intention de Votre Majesté de ne rien faire perdre à des hommes dont l'acquisition sera un avantage pour le royaume de Naples ; et peut-être ne fais-je qu'exprimer un sous-entendu du statut constitutionnel dont tous les Français de quelque mérite se plaignent. J'ai pris sur moi de l'interpréter ainsi à plusieurs qui m'offraient leur démission. Les militaires ont pris parti pour le civil dans cette affaire. On accuse le marquis de Gallo de vous avoir sollicité de faire ce statut. D'autres y voient moins les adieux du roi de Naples, que les adieux forcés du prince français. Cela, quoi qu'il en soit, rend nos derniers moments ici fort pénibles. Et, bien que la joie des Napolitains ne soit, peut-être, pas aussi générale que le marquis de Gallo a pu le croire, et qu'elle ne se montre avec indécence dans aucun, il suffit aux Français de penser qu'elle est au fond de l'âme du grand nombre, pour qu'ils souffrent beaucoup.

Madrid, le 24 juillet 1808.

Je reçois votre lettre ; vous ferez bien, monsieur, d'aller passer les chaleurs à Paris, et de voir l'empereur avant de venir ici.

Agréez mon attachement.

Votre affectionné, JOSEPH.

Vittoria, le 29 septembre 1808.

J'ai reçu votre lettre, monsieur. Je n'ai pas encore de nouvelles que Sa Majesté l'empereur ait donné d'ordres pour que vous veniez en Espagne, comme il m'avait autorisé à vous l'écrire de Bayonne, comme je fis. J'ai reçu une lettre de votre fils de Naples : quels que soient vos projets sur lui, si vous pensez qu'il puisse être convenablement près de moi, vous pouvez me l'envoyer ; mais consultez en cela son goût, et ce qui est plus convenable pour son sort futur et la vie à laquelle vous le destinez.

Agréez, mon cher Roederer, ma sincère amitié. Nous sommes assez bien ici ; les ennemis viennent d'être culbutés partout où ils se sont présentés.

Votre affectionné,

JOSEPH.

Vittoria, le 1er octobre 1808.

Je profite du départ de M. de Girardin pour vous donner de mes nouvelles. Je suis encore à deviner les raisons qui ont engagé l'empereur à faire envoyer des lettres de créance à M. Laforest, après m'avoir autorisé à vous écrire qu'il vous destinait cette mission. Je conçois encore moins pourquoi il vous refuse la permission de porter l'ordre des Deux-Siciles ; à son arrivée ici j'espère être éclairé là-dessus, et me trouver dans le cas d'éclairer la religion de Sa Majesté Impériale, si elle a été surprise par quelque intrigant haut ou bas.

L'armée est refaite, réorganisée, en état d'agir vigoureusement ; je me porte bien, vous regrette et vous aime beaucoup.

Girardin vous dira mon opinion sur votre fils Antoine, si vos projets ne sont pas de le fixer en France, et s'il est disposé à s'en éloigner tout à fait ; car j'avoue que les positions mixtes, comme celle de M. de Girardin par exemple, sont fort embarrassantes pour lui et pour moi. J'ai reçu, il y a quinze jours, votre longue lettre, que j'ai trouvée bien courte : avis au lecteur.

Girardin voit en noir sur l'Espagne.

Votre affectionné ami,

JOSEPH.

———

LETTRE DE M. ROEDERER AU ROI D'ESPAGNE.

Paris, le 1ᵉʳ novembre 1808.

Sire,

J'ai l'honneur d'adresser à Votre Majesté, 1° le récit de l'audience que mon fils a eue du roi de Naples le 16 septembre ; 2° la copie de la réponse que j'adresse à Sa Majesté (1).

Si j'en juge par ce qu'il m'en a coûté pour surmonter les mouvements qui m'emportaient en écrivant cette lettre, elle est parfaitement respectueuse ; c'est ce qu'elle doit être.

L'empereur ne m'ayant pas accordé la permission de porter la décoration que Votre Majesté a daigné me donner, je me vois toujours réduit à craindre que Naples, et Paris même, ne me tiennent pour condamné par Sa Majesté Impériale sur les accusations de votre successeur, et j'invoque de nouveaux témoignages de votre bonté près d'elle.

M. de Girardin m'a remis la lettre que Votre Majesté a daigné m'écrire, et m'a rapporté ses dispositions pleines de bonté pour mon fils Antoine. Agréez-en ma reconnaissance ; mais, Sire, n'espérant pas que ce jeune homme pût être utile à rien dans un pays dont il ignore la langue, et où l'établissement des Français est un grand embarras pour Votre Majesté, j'avais demandé pour lui à l'empereur, avec l'approbation de la reine, une charge de maître des requêtes, croyant qu'après avoir été quatre ans auditeur et deux ans administrateur de la contribution foncière à Naples, et étant âgé de vingt-sept ans, il pouvait espérer de passer par-dessus les sous-préfectures.

Nous nous sommes flattés que Votre Majesté consentirait qu'il conservât le titre de son chambellan comme roi de Naples, et je lui demande cette faveur.

Daignerez-vous, Sire, protéger les intérêts du fils et ceux du père auprès de l'empereur ? Mon fils établi et ensuite marié, il ne me restera plus d'autre désir à satisfaire que celui d'aller quelquefois à Madrid faire ma cour à Votre Majesté, et mettre à ses pieds mes hommages d'éternel respect et d'éternelle reconnaissance.

———

En marge de cette lettre, la note suivante est écrite de la main de M. Rœderer :

« 9 novembre 1808. Lettre du roi d'Espagne Joseph en réponse à la communication que j'eus l'honneur de donner à S. M. de ma lettre au roi de Naples Joachim en date du 1ᵉʳ novembre 1808. »

A M. LE SÉNATEUR ROEDERER, A PARIS.

Vittoria, le 9 novembre 1808.

Je reçois votre lettre du 1ᵉʳ du courant ; j'ai été bien aise d'apprendre par vous-même, le parti que vous prenez pour votre fils ; je ne suis pas injuste, et je conçois que l'on préfère son pays et sa famille à l'Espagne, surtout lorsque l'emploi que j'offre n'est pas assez important pour que mon bonheur doive en dépendre. M. de Girardin est moins raisonnable que vous (1), aussi il ne sera pas aussi content de moi que j'espère que vous le serez, vous et votre fils, parce que vous êtes raisonnables et qu'il ne l'est pas ; on ne peut pas habiter le même jour deux pays séparés par les Pyrénées.

Votre lettre au roi Joachim est bien écrite, et je l'avoue. *Il tempo è galant uomo* : les Napolitains sentiront que ce proverbe est juste.

Les gens de votre trempe ne doivent pas s'affecter des jugements des sots et des fripons ; et j'ose dire que vous devez être fier de mon

———

(1) (*Note de l'éditeur.*) Les deux volumineuses pièces dont il s'agit ici seront placées à la suite de cette correspondance, pour ne pas en interrompre le cours. La lettre suivante du roi termina cette affaire, dont nous n'entendîmes plus parler ; et lorsque le roi Joachim vint à Paris quelque temps après, il accueillit fort bien mon père.

(1) (*Note de l'éditeur.*) Pour comprendre ce que dit ici le roi, il faut lire, au tome II des *Mémoires de Girardin*, le récit qu'il fait de la conversation qu'il eut à Madrid, à cette époque, avec le roi, qui désirait le conserver près de lui comme premier écuyer, titre qu'il portait depuis la formation de la maison de S. M. en France, comme prince français. Mais Girardin prétendait n'avoir personne au-dessus de lui dans la maison du roi d'Espagne. Il voulait être grand écuyer, et le roi voulait pour cette charge un grand d'Espagne : de là la rupture.

estime comme je le suis de votre amitié. Vous êtes fait pour apprécier les jugements des hommes qui vous ressemblent. Sceptres, bâtons, mitres, etc., ne grandissent pas plus un pauvre sire que les talons rouges de défunte mémoire. Dites toujours à MM. Lacépède, Lagrange, Monge, etc., que j'estime plus leur opinion que toutes les grandeurs que l'aveugle hasard donne, et que je partage avec tant de pauvres princes de tous les siècles. L'empereur envoie aujourd'hui l'autorisation à M. de Lacépède pour que vous portiez l'ordre que j'ai institué. J'espère que vous viendrez me voir, et que je vivrai assez pour vous témoigner combien je vous estime et combien je sais vous distinguer des bas fripons, la honte de tous les partis, que l'empereur connaît comme moi.

J'ai eu une longue conversation avec l'empereur sur votre compte. Je lui ai dit tout ce qu'il devait savoir sur Naples ; son œil d'aigle a tout vu en un instant. Vous savez que je l'aime assez pour avoir été content du plaisir qu'il a éprouvé à rendre justice à un homme que j'aime et qu'il estime aussi bien véritablement. Les hommes en place sourient quelquefois aux intrigants, mais ils n'aiment que les honnêtes gens. Le soleil échauffe aussi le serpent ; il féconde surtout les plantes bienfaisantes.

Votre affectionné ami,

JOSEPH.

BILLET DE LA REINE JULIE A M. ROEDERER.

Morfontaine, 4 janvier 1809.

Monsieur,

Je reçois votre lettre du 31 ; je vois avec plaisir que vous êtes dans l'intention de venir passer quelques jours dans ma retraite ; vous y serez reçu par une personne qui a pour vous le plus sincère attachement.

JULIE.

LETTRE DE M. ROEDERER AU ROI D'ESPAGNE.

Don du portrait du roi.

18 février 1809.

Sire,

La reine a eu la bonté de me remettre votre portrait, et de me lire quelques lignes d'une lettre de Votre Majesté, qui m'ont pénétré de reconnaissance et de vénération, et seront toujours présentes à mon cœur.

Votre Majesté connaît le prix que je mets à un tel gage de son estime et de sa bonté ; mais pour juger de l'impression qu'il m'a faite, il faudrait qu'elle eût vu à quel point ce portrait, que j'ai sous les yeux, est ressemblant, et avec quel bonheur le peintre y a retracé de souvenir l'expression de son caractère.

La reine, Sire, a daigné me communiquer la lettre où Votre Majesté a la bonté de prévenir le désir que j'avais de la suivre à Madrid. L'empereur, Sire, trouve bon que j'aille vous y offrir mes hommages de respect, d'attachement, de reconnaissance. J'ai demandé au sénat, avec l'agrément de Sa Majesté Impériale, un congé de quatre mois. Je suis maintenant aux ordres de la reine, ou à ceux qu'il vous plaira de me donner, Sire, si votre intention est que je parte avant Sa Majesté (1).

Je prie, etc.

LETTRE DE M. ROEDERER AU ROI D'ESPAGNE.

Paris, le 20 mars 1809.

Sire,

J'ai l'honneur d'adresser à Votre Majesté, un travail que l'archevêque de Malines (de Pradt) a fait pour l'empereur, concernant le clergé d'Espagne et l'emploi de ses biens. Il applique les dîmes au trésor de Votre Majesté, et fait précisément les mêmes opérations qui ont eu lieu sur le clergé de France du temps de l'assemblée constituante. Ce travail a été fait en Espagne même, pendant le séjour de l'archevêque avec Sa Majesté Impériale. Il me l'a remis, je le suppose, pour vous être présenté. Je désire fort que le fond du système soit praticable. Il est certain *que la dîme du produit brut* au profit du clergé est incompatible avec une contribution foncière de quelque importance, et incompatible avec les intérêts de l'agriculture ; car le plus inégal et le plus décourageant des tributs, est celui qui se proportionne au produit brut, et ne tient aucun compte du plus ou moins d'avances et de

---

(1) (*Note de l'éditeur.*) Sur la minute de cette lettre se trouvaient ajoutés les mots suivants, qui y ont été rayés :

« L'empereur, Sire, m'a paru souhaiter vivement que V. M. considérât les rapports qui doivent s'établir entre l'Espagne et l'empire, de la même manière qu'elle a considéré ceux qui devaient y unir le royaume de Naples. »

travail que l'agriculteur est obligé de mettre à la terre pour obtenir ses produits.

J'attends, Sire, que Votre Majesté ait dit positivement si elle quitte Madrid et va dans l'Andalousie, ou si elle reste dans sa capitale, pour aller lui offrir mes respectueux hommages, ou différer mon départ jusqu'au temps de son retour à Madrid (1).

Je suis, avec le plus profond respect, etc.

———

A M. ROEDERER, A PARIS.

Madrid, 22 mars 1809.

Monsieur,

Je vous croyais en route, d'après ce que j'avais lu dans les journaux; j'apprends que vous attendez ma réponse à votre lettre pour quitter Paris avant ma femme. Madame Miot nous fait croire cependant qu'elle vous amènera ici avec elle.

Vous avez votre congé, vous ne devez pas l'user à Paris; partez donc; la saison est bonne pour arriver à Madrid.

Il y a ici opéra buffa italien, mais pas de ballets. Il leur manque deux ou trois danseurs et danseuses de première force; il y a assez de danseurs médiocres. Si vous en avez le temps, et que ce ne soit pas une affaire diplomatique,

———

(1) (*Note de l'éditeur.*) Suit le mémoire annoncé, dont copie est annexée à la minute de la lettre ci-dessus.

Voici les titres des chapitres de cet ouvrage très-libéral :

1° Nécessité d'une réforme générale et simultanée dans le clergé d'Espagne.

2° Nombre des membres du clergé d'Espagne.

3° Fortune du clergé d'Espagne.

4° Nécessité de l'abolition de la dîme, de la vente des biens du clergé, et d'un nouvel ordre de subsistance pour le clergé d'Espagne.

5° Du salaire du clergé.

6° Comparaison de la somme des traitements, des pensions du clergé avec le bénéfice résultant de la suppression de la dîme, de la vente des biens du clergé, et de l'extinction d'une partie du casuel.

7° Nouvelle formation du clergé d'Espagne.

8° Nécessité que la réforme soit générale et simultanée, et que les bases en soient posées par l'empereur.

9° Bases du nouvel ordre ecclésiastique en Espagne.

10° Du concordat de l'Espagne avec la cour de Rome.

faites partir avant vous quatre sujets distingués.

Votre affectionné ami,

JOSEPH.

———

A M. ROEDERER, A MADRID.

Madrid, le 12 mai 1809.

Nous ne partirons que demain, à sept heures du matin. Venez dîner ce soir à cinq heures.

Votre affectionné,

JOSEPH.

———

A M. ROEDERER, A PARIS.

Damyel, le 29 juin 1809.

J'ai reçu votre lettre de Bayonne. Je vous remercie des nouvelles que vous me donnez, et je vous prie de continuer.

L'ennemi fuit devant nos troupes; les peuples m'accueillent ici comme en Calabre; plus je m'approche du centre de l'insurrection, plus l'accueil des peuples m'est favorable : ce qui prouve que, vu de plus près, ce gouvernement prétendu populaire au loin, est reconnu pour ce qu'il est, instrument des plus viles et des plus aveugles passions. Je me porte bien, et retournerai à Madrid dès que l'ennemi aura repassé la Sierra-Morena.

Votre affectionné,

JOSEPH.

———

Des verreries de Saint-Quirin, le 18 juillet 1809.

. . . .

... Je pense, ma chère amie, que mes précédentes vous auront fait entendre que ce ne sont pas mes affaires et mes intérêts seuls qui m'ont fait prendre la route de l'Alsace, au lieu de retourner à Paris. J'ai écrit de Strasbourg à l'empereur. J'attendrai ici douze jours ses ordres. Il ne serait pas impossible que j'allasse à Vienne.....

Je crois que la cause de la tristesse extraordinaire de la reine, est un méchant médecin atrabilaire jusqu'à l'extravagance, qu'elle a envoyé à Madrid, et que le roi a nommé médecin de sa maison. C'est un homme qui ne rêve que conspirations, assassinats, empoisonnements : il trouve que les éléments même sont conjurés à Madrid contre les Français. L'air les tue, l'eau les tue ; la chaleur, le froid, tout leur est également contraire. Je ne parle pas d'autres rapports qu'il peut faire, et qui n'intéressent pas la salubrité ou la sûreté du pays. C'est un mauvais esprit, supposé qu'esprit y soit.

———

M. DESLANDES (1) A M. ROEDERER, A PARIS.

Valdemoro, le 5 août 1809.

Monsieur,

Une lettre venant de vos côtés, et marquée n° 3, me donne quelques détails dont Sa Majesté a entendu la lecture avec plaisir ; sa date est du 18 juillet.

Depuis que vous nous avez quitté, la guerre s'est beaucoup rapprochée de Madrid ; les Anglais, au nombre de quarante mille hommes et soutenus par quarante mille Espagnols de l'armée de Cuesta, se sont avancés sur le corps du maréchal Victor, espérant le surprendre et le détruire. Le roi, instruit de la marche de l'ennemi, réunit le corps du général Sébastiani à celui du maréchal Victor, et marcha lui-même avec sa réserve, ce qui lui faisait une armée de quarante mille hommes. L'ennemi n'osa pas l'attendre, et commença à se retirer ; nous le joignîmes dans les journées du 26 et 27 juillet, lui tuant beaucoup de monde, et le suivîmes jusque sous les murs de Talavera de la Reyna, où il prit une position formidable et nous attendit. Le roi n'hésita pas à le faire attaquer. La journée du 28 fut très-sanglante ; Sa Majesté était partout ; nos soldats combattirent comme des lions, en criant *Vive l'empereur, vive le roi!* mais leur courage ne put vaincre les obstacles que la nature du terrain leur offrait partout. Nous restâmes maîtres du champ sur lequel on avait combattu, mais nous ne pûmes enlever les positions supérieures, à quoi était attachée la destruction de toute l'armée anglaise. A la nuit, nos troupes rentrèrent dans la position qu'elles occupaient avant le combat. Nous perdîmes beaucoup de braves gens ; la perte de l'ennemi fut plus considérable que la nôtre ; l'on pouvait voir facilement le ravage que notre artillerie faisait dans leurs lignes. Les rapports des prisonniers et des déserteurs portent leur perte de huit à neuf mille hommes. Mais cette armée ennemie formidable n'était pas la seule que Sa Majesté eût à combattre : une autre armée de trente mille hommes, commandée par Venegas, n'ayant plus trouvé devant elle le corps d'armée de Sébastiani qui lui était opposé dans la Manche, s'avança jusqu'à Aranjuez, s'en empara, et menaça la capitale, qui était tout à fait à découvert. Sa Majesté en reçut l'avis la nuit qui suivit la bataille de Talavera ; elle marcha aussitôt avec le corps de Sébastiani et la réserve vers Tolède, laissant le corps de Victor dans une bonne position pour s'opposer aux mouvements de l'armée anglaise. L'arrivée du roi sauva Madrid ; nous sommes aujourd'hui en marche contre cette armée de Venegas, qui ne nous attendra pas ; demain nous serons à Aranjuez. J'ai pensé que l'intérêt que vous prenez au roi et aux affaires d'Espagne vous rendrait agréables ces détails sur nos opérations militaires. Depuis un mois, Sa Majesté manœuvre contre 120 mille ennemis ; elle les a battus séparément dans plusieurs rencontres, et est parvenue à sauver Madrid, en repoussant à plus de vingt lieues l'armée anglaise et celle de Cuesta ; à présent notre partie va devenir bien belle : le maréchal Soult, avec trois corps d'armée réunis, s'avance par l'Estramadure sur les derrières de l'armée anglaise, qui va se trouver entre deux feux. La destruction de cette armée rétablirait bientôt les affaires d'Espagne. J'espère bien que, sous quelques jours, je pourrai vous donner quelques bonnes nouvelles.

Sa Majesté se porte bien ; elle s'est beaucoup trop exposée à la bataille de Talavera ; nous l'avons bien priée de s'épargner un peu plus.

Veuillez bien, monsieur, agréer le nouvel hommage de mon très-respectueux attachement.   *Signé :* DESLANDES.

———

LETTRE DE M. ROEDERER A M. DESLANDES,
A MADRID.

Paris, 25 août 1809.

Je vous envoie, monsieur, une lettre de madame Delolne (1) pour le roi. Cette pauvre

———

(1) (*Note de l'éditeur.*) M. Deslandes était secrétaire particulier du roi.

(1) (*Note de l'éditeur.*) Madame Delolne était fille

jeune femme perd la tête. Je ne sais ce qu'elle deviendra, si vous n'échangez pas bientôt son mari, qui au reste mérite bien par lui-même qu'on s'en occupe. Veuillez remettre en temps opportun cette lettre sous les yeux de S. M. Madame Delolne vous en prie.

Je lis tous les jours mes gazettes avec un nouvel intérêt, et vous devinez bien pourquoi. Le Tage venge les injures de l'Escaut. Il est heureux pour le roi de n'avoir pu éviter la gloire militaire, et de ne l'avoir pas recherchée. Elle l'a pris à son corps défendant ; c'est ainsi, et uniquement ainsi, qu'il pouvait en acquérir contre un peuple qui est son peuple, dans un pays qui est son pays. Cette gloire, il l'a pure, quoique brillante. Les gazettes ont beau employer les expressions et les tournures les plus ridicules pour rendre compte des événements d'Espagne, ces événements repoussent et rejettent le ridicule sur la malveillance qui voulait les en couvrir. Les faits ont plus d'éloquence que les paroles ; les faits sont que les affaires d'Espagne portent en ce moment des forces aux négociations d'Allemagne, comme les victoires d'Allemagne ont donné des forces au roi pour combattre en Espagne ; que le roi s'acquitte, autant que les circonstances le permettent, envers l'empereur, en se servant lui-même : enfin qu'on est tranquille du côté de l'Espagne, tandis qu'on est inquiet pour le nord de la France. Voilà les faits ; et les gazettes qui exaltent au gré de la police les hauts faits apportés par les gazettes de Naples, ne nous ont jamais rien dit de si positif et de si bon de ce pays-là. Et puis, on parle convenablement en Espagne des victoires qu'on y remporte. On regarde l'empereur, on regarde la France en en parlant ; on a l'air d'en chercher la récompense dans les yeux de l'empereur ; on lui en fait hommage. Le roi se range parmi ses soldats en lui demandant une marque de son contentement. Tout cela est d'un meilleur ton que celui de certains héros qui, en parlant de leurs revues avec autant d'emphase que de leurs exploits, ont l'air de se regarder au miroir et de

---

du général Mathieu Dumas. Elle avait épousé le général Franceschi Delolne, aide de camp du roi, officier général fort distingué et fort estimé. Il tomba dans un parti de guérillas, fut fait prisonnier, et périt dans les prisons.

ne regarder qu'eux. L'empereur, à qui rien n'échappe, verra bien cette différence, et il me semble qu'il a lieu d'être content.

(*Note de l'éditeur.*) Une lettre de mon père à l'empereur, en date du... novembre 1809, lui remettant la réponse aux questions que S. M. lui avait faites sur le royaume de Naples, pendant un dîner à Fontainebleau, le 13 du même mois, est imprimée au tome III, page 561. — Ce travail se trouve inséré ci-après, page 57 et suivantes.

A M. ROEDERER, A PARIS.

Baylen, le 22 janvier 1810.

Vous voyez, par la date de ma lettre, où se trouve l'armée française ; depuis le 20 nous avons franchi les passages si fabuleusement terribles de la Sierra-Morena : les mines dont on nous avait menacés ont éclaté dans quatre endroits, et n'ont fait de mal à personne ; nous n'avons pas perdu vingt hommes. L'armée ennemie est débandée ; 7 à 8 mille hommes coupés, viennent de mettre bas les armes ; nous avons pris trente pièces de canon, beaucoup de magasins : les rapports de tous les instants augmentent ces résultats. Dessoles, Mortier, Sébastiani et Victor commandent les quatre corps qui ont attaqué la Sierra-Morena. Je n'ai pas encore les rapports du maréchal Victor, qui a marché par... Il commande plus de 20 mille hommes.

Je suis bien content des talents et du zèle du maréchal Soult. Je couche ce soir à Andujar, le 25 à Cordoue.

Votre fils est ici ; il a eu affaire à une explosion minée qui l'a respecté.

Agréez mon amitié. Votre affectionné,

JOSEPH.

PIÈCE ENVOYÉE PAR LE ROI A M. ROEDERER, A PARIS.

A traduire et insérer dans la Gazette.

« Séville, le 12 février 1810.

« Gardes nationales,

« Je me complais beaucoup à voir avec quel empressement vous avez répondu à ma voix ; ma confiance en vous sera entière, comme votre bonne volonté.

« Ce n'est pas un simple devoir de bourgeois d'une ville que vous remplissez, vous donnez l'exemple de ce que des hommes doivent faire pour tirer la nation d'une grande crise : dans des circonstances semblables à celles où nous nous trouvons, plus le dévouement est absolu, plus les sacrifices sont courts et passagers.

« Jusqu'à ce que l'armée de ligne puisse être réordonnée, il est essentiel que les gardes nationales veillent dans l'intérieur à l'ordre public et à la garde des établissements même militaires.

« Le peu de troupes de ligne que les circonstances m'ont permis de réunir seront employées dans les places frontières.

« L'ordre rétabli et maintenu dans l'intérieur permettra la réorganisation de l'armée, et alors je ne demanderai aux gardes nationales que le simple service municipal.

« J'ai parcouru presque seul les faubourgs populeux de cette ville, dès les premiers jours de mon arrivée, et je suis disposé à me porter avec la même confiance partout où il y aura des Espagnols à ramener à l'intérêt commun.

« Cette sécurité me vient de ma conscience : vrai dans les moindres circonstances de ma vie, ce n'est pas sur le trône que je changerai. Roi d'Espagne, je veux, plus qu'aucun de vous, son indépendance et sa prospérité; ma gloire et mon bonheur en sont désormais inséparables.

« Mon intention est que, dès aujourd'hui, la tranquillité de cette ville soit sous la sauvegarde de ses citoyens; je veux que, partout où je serai, les gardes nationales partagent le service auprès de moi avec ma garde.

« Le zèle que m'a montré dans son service la garde d'honneur de Séville, m'a été très-agréable. »

———

A M. ROEDERER, A PARIS.

Madrid, le 6 mars 1810.

M. d'Almenara vous donnera de mes nouvelles; celles de nos finances ne sont pas encourageantes : cependant, je compte toujours que vous accompagnerez la reine.

Je me porte bien, malgré des chaleurs qui ne sont pas cependant excessives.

Ne doutez pas de ma sincère amitié. Votre affectionné,

JOSEPH.

———

A M. ROEDERER, A PARIS.

Malaga, le 8 mars 1810.

J'ai écrit à l'empereur, à vous, à la reine, pour que vous veniez incessamment ici. Les affaires se pacifient beaucoup, et ayant votre arrivée, toutes les provinces seront en état de recevoir une organisation définitive. Je compte sur vous pour l'établissement de la partie la plus importante, celle de l'établissement du système des finances.

Vous connaissez mon amitié pour vous. Votre affectionné,　　　　JOSEPH.

———

A M. ROEDERER, A PARIS.

Andujar, le 5 avril 1810.

Vous ne me répondez pas sur la proposition que je vous ai faite, d'un nouveau voyage en Espagne. Je crains que vous ne trouviez aujourd'hui la saison trop avancée, si vous n'êtes pas parti avec la reine. — Si vous êtes à Paris, M. d'Azenza, duc de Santafé, sera bien aise de vous voir. C'est un homme d'un commerce sûr. Je l'ai nommé mon ambassadeur extraordinaire, à l'occasion du mariage de l'empereur. Je lui ai dit que vous le verriez avec plaisir, et que vous aviez beaucoup d'amitié pour moi.

Tout va bien dans les Andalousies.

———

LETTRE DE M. ROEDERER AU ROI D'ESPAGNE.

Alençon, le 22 avril 1810.

Sire,

Je suis plus reconnaissant que je ne puis l'exprimer à Votre Majesté, de sa lettre du 20 mars (1), qui m'appelle près d'elle. Elle m'est arrivée le 2 du courant, au milieu des cérémonies du mariage de l'empereur, après lesquelles Sa Majesté est partie pour Compiègne. Je n'ai pu approcher de Sa Majesté pour prendre ses ordres depuis cette époque, et Votre Majesté se souviendra probablement de la lettre où l'empereur lui écrivait à Naples, au sujet de M. Louis : *« M. Rœderer ignore donc qu'un Français ne sort de mon empire qu'avec ma permission? »* Je crois d'autant plus devoir me conformer à cette maxime, qui, au reste, est de tous les temps, que ce qui est arrivé au maréchal Jourdan, et l'impuissance où il s'est trouvé de vous servir, sont des avertissements de se prémunir

———

(1) (*Note de l'éditeur.*) Cette lettre manque.

contre les reproches d'irrégularités et de manquements. On n'annonce le retour de l'empereur à Paris que pour le 5 de mai ; je solliciterai une audience de Sa Majesté aussitôt qu'il aura lieu. Mais, Sire, cela me mènerait à Madrid justement pour les chaleurs de juillet et août ; et la crainte de succomber à ces chaleurs me fait supplier Votre Majesté de trouver bon, qu'au lieu d'arriver près d'elle, incapable de travail, au mois de juin, j'y arrive dans les trois premiers jours de septembre, ayant l'automne, l'hiver et le printemps devant les mains, pour faire toute espèce de travail dont il lui plaira de me charger. Je ne prévois pas, si j'en juge par les gazettes, qu'une organisation générale de finance puisse se faire avant l'automne, et ainsi je me borne à demander à Votre Majesté, lorsqu'elle fera les lois d'organisation administrative, et la division des provinces (opération préalable à l'impôt), de ne pas dire, comme elle a fait à Naples, que les administrations de provinces et de districts feront la répartition des impôts. Cela est impossible avant quatre ou cinq ans, et il sera temps de le dire alors.

J'ai achevé mon grand travail sur votre gouvernement de Naples. Je n'ai plus à y ajouter qu'un tableau préliminaire, qui fasse connaître l'état où se trouvaient les choses quand Votre Majesté est entrée dans ce pays, tableau nécessaire pour mettre en état d'apprécier votre ouvrage. C'est encore l'affaire d'une quinzaine de jours. Cet ouvrage forme un gros volume in-4º (1). J'ose espérer que Votre Majesté trouvera fidèlement retracées ses pensées et ses volontés ; et ce travail la remettra sur les voies d'amélioration que l'intérêt de l'Espagne la sollicite de pratiquer de nouveau.

Je suis venu passer ici quelques jours, pendant l'absence de l'empereur, et j'ai célébré hier les noces de deux soldats de la garde impériale, mariés en vertu du décret de l'empereur. Un hasard heureux, qui a beaucoup ajouté pour moi à l'intérêt de cette cérémonie, c'est que ces deux hommes ont été blessés en Espagne, en entrant avec Votre Majesté à Madrid

Je suis, etc.

Plombières, le 10 mai 1810.

Monsieur, j'ai envoyé de suite au roi votre lettre, qui était à son adresse. A mon retour à Paris, je vous dirai si je puis partir avant le mois de septembre. Il me sera toujours agréable de faire le voyage avec vous. Le beau temps n'a pas encore rétabli ma santé. Elle est toujours dans le même état. J'espère que les eaux de Plombières me la rendront.

Je vous prie, Monsieur, de dire bien des choses de ma part à madame Rœderer. Soyez assuré de mon attachement.

JULIE.

————

EXTRAIT D'UNE LETTRE DE M. ROEDERER A MADAME ROEDERER.

De Plombières, le 14 juin 1810 (1).

.....Je suis arrivé ici il y a deux jours. La reine d'Espagne avait eu la veille un évanouissement d'une heure et plus. Elle se trouvait très-bien la veille de cet accident, et depuis six ou sept jours elle espérait un grand et salutaire effet de la saison qu'elle a recommencée. Je pense que cette défaillance ne doit point la décourager. C'est tout simplement défaut de forces, et peut-être qu'un bouillon ou une cuillerée de vin de Malaga, pris un quart-d'heure avant, elle aurait continué à se mieux porter. Moi, je l'ai trouvée mieux qu'à Paris, sensiblement mieux. Hier elle était bien : elle s'est promenée longtemps en voiture, même à pied et très-légèrement. J'ai obtenu d'elle qu'elle changeât l'heure de son dîner : elle s'est mise à dîner à quatre heures ; cela lui permet de prendre un bain le soir et de se procurer ainsi un peu de sommeil. Elle a un peu dormi hier, mieux aujourd'hui. Je parierais que ce sera mieux demain. Au reste, sa tête est excellente ; elle est une réunion admirable de qualités solides et éminentes ; la raison et l'esprit, beaucoup de grandeur et de dignité, avec un dégagement parfait de toute vanité ; un fonds de bonté et de douceur qui ne se dément jamais, avec beaucoup de force de caractère ; un discernement et un tact parfaits, sentant tout, le bien et le mal, l'empressement et l'offense ; et n'ayant jamais d'autre arme contre l'offense et le mal, que le mépris, et d'autre expression de son mépris que de petites moqueries piquantes et gaies ; car la gaieté est un de ses dons et serait un de ses avantages, si sa modestie extraordinaire lui permettait l'idée de se faire valoir en quelque chose.

La reine de Hollande est arrivée ici, il y a huit ou dix jours, crachant le sang, ayant la fièvre, et en tout fort malade. La fièvre l'a quittée avant-hier ; hier soir elle était bien, mais elle n'a pu encore se baigner, et M. Court dit qu'elle ne pourra se baigner de douze jours. Elle ne reçoit personne que la reine d'Espagne.

Les deux reines ont ici un train fort modeste, mais décent ; c'est ce qu'il doit être. La grandeur et la mauvaise santé vont si mal ensemble !...

J'ai le projet de rester ici jusqu'au 22, comme je vous l'ai écrit, à moins que mon mal ne soit plus opiniâtre que je ne croyais, ou surtout que la reine n'aille pas aussi bien que je l'espère ; car, bien que je ne sois pas de sa maison, je suis du nombre des gens qui lui appartiennent par l'affection....

LETTRE DE LA REINE JULIE A M. ROEDERER,
A PARIS.

Plombières, le 10 juillet 1810.

J'ai reçu, Monsieur, votre lettre du 29 juin ; je vous remercie des bonnes nouvelles que vous me donnez de mes enfants. Je voudrais pouvoir vous dire que ma santé est entièrement rétablie ; mais, malheureusement, je n'ai pas encore obtenu cet heureux résultat des eaux. Je viens de commencer une troisième saison. Je ne prolongerai pas au delà mon séjour à Plombières.

Achille à Scyros est transformé en chasseur à cheval, guêtres grises et souliers rouges.

Adieu, Monsieur ; je vous prie de faire mes amitiés à madame Rœderer, et d'être persuadé de mon attachement.

JULIE.

LETTRE DE M. ROEDERER AU ROI D'ESPAGNE.

17 octobre 1810.

Je me tenais prêt à partir avec la reine pour Madrid, lorsque j'ai appris avec une grande surprise que l'empereur avait jeté les yeux sur moi pour diriger, sous ses ordres immédiats, l'administration du grand-duché de Berg, et me plaçait au rang de ses ministres. Lorsque M. Maret m'annonça l'intention de Sa Majesté, je crus d'abord qu'elle m'envoyait dans le grand-duché, et cette idée m'affligeait ; mais quand il m'eut fait connaître les circonstances de la destination qui m'était donnée, j'avoue que, malgré la disproportion des objets, je ne pus m'empêcher de voir des rapports entre les vrais sentiments de l'empereur pour Votre Majesté, et cette faveur qu'il accorde de son propre mouvement à un serviteur dont votre bonté, Sire, et votre indulgence ont si souvent fait valoir près de lui le zèle et les faibles talents. Vivant dans une retraite profonde, ne rendant de devoirs qu'à l'empereur, ne faisant ma cour qu'à la reine, m'estimant assez riche de ce que je tiens de Sa Majesté, assez favorisé par sa bonté pour mon second fils, et assez *grand*, Sire, par la certitude de votre bienveillance particulière, et de son estime, que je dois plus à vos témoignages qu'à mes travaux : ce sont vos témoignages, Sire, qui m'ont tenu présent au souvenir de l'empereur ; c'est mon attachement pour votre personne comme pour la sienne qu'il a voulu récompenser. Ce que Sa Majesté veut de moi, c'est probablement ce que j'ai fait à Naples sous vos ordres ; et ce sera peut-être une satisfaction pour Votre Majesté de voir que tandis qu'à Naples on déprécie son ouvrage, Sa Majesté en veut fixer les principes dans le grand-duché de Berg.

La santé de la reine est toujours bien chancelante ; elle fait quelquefois craindre que quelque soulagement qu'elle puisse espérer à Madrid, il lui soit difficile de s'exposer à la fatigue du voyage.

Je suis, etc.

A M. ROEDERER, A PARIS.

Marrac, le 20 juin 1811.

Votre fils vous donnera de mes nouvelles, et de celles de l'Espagne. Il est des faits qui prouvent à quel point la désertion est grande dans les corps, même français. Les Anglais n'épargnent pas l'argent; il faut aussi que la France fasse les sacrifices convenables pour empêcher son ennemi de corrompre des gens qui sont dans le besoin. J'écris à l'empereur dans ce sens, et lui parle de votre fils comme d'un homme qui n'a aucun intérêt à taire la vérité, ou à faire des fables. Il peut se faire que l'empereur vous en parle : dans ce cas, faites-vous instruire par votre fils, qui m'a raconté des choses qui m'ont étonné, et qu'il importe tant que l'empereur sache et que personne ne lui dit.

Mon arrivée ici paraît avoir déjà fait quelque bien sur la frontière.

Je me porte bien. Votre affectionné,

JOSEPH.

LETTRE DE LA REINE JULIE A M. ROEDERER,
A PARIS.

Plombières, le 28 juillet 1811.

J'ai reçu avec beaucoup de plaisir, Monsieur, votre lettre du 22 juillet. Toutes les nouvelles que vous me donnez m'ont fort amusée, même celle du départ de l'amant désespéré, qui laisse à Paris une amante inconsolable. Je ne puis rien vous écrire de bien gai de ce pays-ci; tout le monde y est très-malade cette année, et l'on ne pense guère à s'amuser. Je grimpe tous les jours les montagnes, et, de plus, je monte beaucoup à cheval, d'après l'ordonnance des médecins.

Je suis bien aise que votre fils soit arrivé en bonne santé; j'espère le retrouver encore à Paris à mon retour.

Vous ne me dites rien de madame Rœderer; j'espère que vous profiterez de la première occasion pour m'en parler, et me donner encore des nouvelles de Paris.

Adieu, Monsieur; soyez assuré de mon attachement.

JULIE.

LETTRE DE M. ROEDERER AU ROI D'ESPAGNE.

29 septembre 1811.

Sire,

La lettre pleine de bonté que Votre Majesté m'a fait l'honneur de m'écrire le 17 juillet (1),

nous a pénétrés, mon fils et moi, de la plus vive et de la plus respectueuse reconnaissance. Nous osons espérer qu'elle voudra bien rendre à l'empereur de bons témoignages de la conduite qu'il a tenue pendant les cinq années qu'il a eu l'honneur de servir sous ses ordres. Je sais par expérience avec quelle facilité et quel succès votre indulgence se communique à Sa Majesté Impériale; quelques mots favorables de votre main, Sire, suffiront pour me faire obtenir de l'empereur que la carrière militaire soit rouverte en France à mon fils avec quelque faveur. Votre Majesté a des droits si étendus à notre reconnaissance par les marques de bonté qu'elle nous a données, par celles qu'elle m'a fait accorder par l'empereur, qu'en daignant croire aux sentiments dont nous sommes pénétrés, elle ne fait que se confier à son ouvrage et ne pas le méconnaître. Daignez néanmoins, Sire, nous permettre d'en renouveler à vos pieds la respectueuse assurance.

Je suis, etc.

(*Note de l'Éditeur.*) La pièce suivante a été adressée à mon père par le roi. — S. M. a écrit en marge, de sa main, les mots suivants : « Si la vérité est bonne à lire, il serait bon que cet article fût inséré dans les papiers publics, ou dans le volumineux *Miscellanea* de M. Rœderer. »

Extrait de la Gazette de Madrid, *du 30 décembre 1812.*

Nous avons inséré fidèlement les extraits des gazettes anglaises relatifs aux événements qui ont eu lieu dans la Péninsule depuis la bataille de Salamanque jusqu'à la retraite précipitée des Anglais dans le Portugal, sans relever aucune des erreurs qu'elles contiennent, chacun de nos lecteurs étant à même de les apprécier en les comparant aux faits dont il a connaissance, soit qu'il en ait été témoin ou acteur, soit qu'il n'ait fait que lire les divers articles insérés dans les feuilles qui se publient en Espagne, et plus particulièrement les articles contenus dans les

---

trouvée. Le roi y parlait de mon frère, qui avait depuis peu quitté le service d'Espagne, et était rentré en France à la suite de blessures très-graves, et qui avaient mis sa vie en grand danger. — Dans les recherches auxquelles cette publication m'a contraint, je me suis assuré que plusieurs lettres importantes du roi Joseph manquent dans cette collection, que je croyais absolument complète, sachant avec quel soin mon père les recueillait.

---

(1) (*Note de l'éditeur.*) Cette lettre ne s'est pas retrouvée.

n°ˢ 228 et 245 de la *Gazette de Madrid*. Nous espérons que cette comparaison, que chacun peut faire, donnera la juste mesure de la confiance que méritent les gazettes anglaises précitées.

Lord Wellington fut vainqueur aux Arapiles le 22 juillet, parce que le général français n'attendit pas le roi, qui, avec 15,000 hommes de l'armée du centre, arrivait le surlendemain sur le flanc de l'armée anglaise.

C'est donc à une circonstance fortuite qu'est dû ce succès, et non à la supériorité de l'armée anglaise dans la Péninsule.

Cependant, et lord Wellington, et les gens irréfléchis de l'Espagne, et la gazette de Londres, ont agi et parlé comme s'ils n'avaient pas été frappés de cette vérité.

Ainsi, l'on a vu lord Wellington victorieux s'avancer jusqu'au Duero et s'y arrêter. Il laisse l'armée de Portugal se reformer, et le corps sorti de Madrid occuper tranquillement la province de Ségovie, jusqu'à ce que, après avoir fait expédier, le 29 juillet, à l'armée du Midi, l'ordre de se porter sur le Tage, le roi rentre à Madrid sans inquiétude sur l'armée de Portugal, et dans l'attente de celle du Midi, au-devant de laquelle il se propose de marcher. Le général anglais semble partager l'engouement du vulgaire, et se croire tellement maître du temps, qu'il ne se presse pas de l'employer. Enfin il se décide : et ce n'est que le 12 août qu'il paraît devant Madrid.

La division de dragons du général Treilhard l'arrête tout court à Majudahonda, lui met hors de combat 800 hommes, et lui enlève trois pièces de canon.

Cependant le roi, poursuivant l'exécution de son projet, passe le Tage le 14 août. Ce mouvement de l'armée du Centre était appelé une fuite par les journaux ennemis ! Comment caractériser aujourd'hui celui de lord Wellington rentrant en Portugal ?

Le général anglais, étonné de ne trouver dans Madrid rien de ce qui constitue une capitale, conçoit que les gens sensés sont ou pour le roi, ou avec le roi, et s'aperçoit enfin de la nouvelle faute qu'il a faite en laissant partir tranquillement le roi, la cour nombreuse qui le suit, et les troupes qui l'accompagnent. Il croit la réparer en marchant alors contre l'armée de Portugal.

Le roi apprenant que l'armée du Midi était encore au delà de la Sierra-Morena, et que Valence était menacé par l'expédition tant prônée de Sicile, et débarquée effectivement à Alicante, se dirige vers Almanza, donne la main à l'armée d'Aragon, et paralyse par là tous les projets de l'ennemi.

Dans les premiers jours d'octobre l'armée du Midi se réunit par Murcie à l'armée du Centre, ayant été aussi peu inquiétée par les troupes de Maitland et de Hill que celle du Centre par le corps de lord Wellington.

Le roi, après avoir envoyé, par un de ses aides de camp, l'ordre à l'armée de Portugal de suivre le mouvement de l'ennemi, qui allait être obligé d'abandonner le Nord, ordonne la marche des armées du Midi et du Centre par Cuença, et par Albacète sur le Tage, où elles sont rendues à la fin du mois.

Les 1ᵉʳ et 2 novembre, elles passèrent ce fleuve. Le roi était à Madrid le 3. Le 4, il en repartit à la poursuite du corps de Hill, auquel lord Wellington, éclairé enfin sur les projets du roi, et instruit du mouvement général qui s'opérait sur le Tage, avait prescrit de le joindre à Arévalo.

Lord Wellington, en partant de Madrid, était allé sacrifier 3 ou 4,000 hommes devant le château de Burgos, sans prévoir qu'il ne pouvait pas rester dans le Nord, eût-il pris Burgos et toutes les places, et tous les points retranchés, lorsque l'époque assignée pour le mouvement de l'armée de Portugal serait arrivée.

Cette armée reçut le 19 octobre les ordres du roi, expédiés de Valence le 1ᵉʳ.

L'armée anglaise se retira en toute hâte, et fut sans cesse harcelée et battue par celle de Portugal.

Lord Wellington, arrivé aux Arapiles, pensa d'abord pouvoir s'y soutenir. Il réunissait 80,000 hommes ; mais les Arapiles ne renouvelaient pas les prodiges de la Fable ; elles ne donnaient aucune force au général anglais, que celle qu'il avait.

Ce général avait affaire à des forces égales pour le nombre, mais bien supérieures par la qualité des troupes.

Il s'est retiré en Portugal, il a perdu beaucoup de monde ; surtout il a détruit le prestige qu'un instant de bonheur avait établi.

La vérité reste ; la voici :

Les Anglais ont, et ne peuvent pas avoir plus de 40,000 hommes en Espagne. Les Portugais, les insurgés, les bandes ne peuvent les mettre en état de tenir la campagne tant qu'il y aura de l'unité dans la direction des armées françaises.

La nation veut la paix ; elle sent qu'elle ne peut l'obtenir que par la consolidation du trône du roi, qui a apporté avec lui en deçà des Pyrénées la paix et l'alliance avec la France, la garantie de l'intégrité et de l'indépendance de l'Espagne ; les gens sensés de toutes les classes, prêtres, militaires, cultivateurs, nobles, négociants, sont de cet avis. Quelques têtes exaltées par les idées révolutionnaires de gens repris de justice de tous les temps, de jeunes gens cherchant à faire fortune, des déserteurs de tous les pays, composent en général le parti de l'insurrection. Mais ce parti reçoit surtout de la consistance par les encouragements que lui donne l'Angleterre, et par la terreur qu'il a adoptée comme principe de conduite, et qu'il imprime aux citoyens paisibles. Une victoire comme celle des Arapiles put le faire paraître immense ; les choses rétablies dans leur assiette naturelle, il redevient ce qu'il était.

Aujourd'hui, les journaux anglais accusent Ballesteros, les cortès, la nation, et les ministres anglais.

Toutes ces accusations sont injustes, elles reposent toutes sur un rêve.

Il n'y a point de cortès en Espagne ; les factieux de Cadix ne sont point nommés ni armés par le peuple espagnol ; ils ne peuvent rien ; ils ont pris à contre-pied l'esprit de la nation ; ils professent ou la doctrine de 93, ou celle du dixième siècle.

Ballesteros ! Ballesteros ne pouvait rien contre l'armée du Midi.

La nation espagnole ! La nation ne veut aucune domination étrangère. Elle veut la paix et le gouvernement du roi, qui peut le plus tôt la lui donner.

Les ministres anglais ! Ces ministres ne peuvent pas faire que la France et l'Espagne ne se touchent ; que 200,000 Français ne soient en Espagne ; que 40,000 Anglais se multiplient au point d'égaler les forces françaises.

Ils ne peuvent pas faire, enfin, que la nation espagnole devienne amie de la nation anglaise, qui a été et sera son ennemie tant que l'Espagne sera habitée par des peuples qui veuillent sortir de leur presqu'île et se rappeler de l'Amérique.

Dernière lettre reçue du roi d'Espagne avant la catastrophe.

À M. ROEDERER, À PARIS.

Madrid, 23 février 1813.

Je suis fort reconnaissant, Monsieur le comte, de la lettre que vous m'avez adressée le 28 décembre.

Je vous prie de ne pas douter de mon ancien et constant attachement.

Votre affectionné,

JOSEPH.

LETTRE DE M. ROEDERER AU ROI D'ESPAGNE.

Paris, le 26 février 1813.

Sire,

Entre les tristes circonstances des événements militaires de l'année passée, se présente en première ligne la grande influence qu'ils peuvent avoir sur la guerre d'Espagne et sur la situation de Votre Majesté. Le système défensif de la Péninsule, la force de l'armée destinée à la préserver, l'étendue des secours financiers que la France peut fournir, tout va être subordonné aux pressants intérêts du nord de la France, qui sont ceux de la France entière, de l'empereur, de sa famille, de ses alliés. Les changements opérés dans la constitution, sont aussi des suites des mêmes circonstances qui, au printemps prochain, devant entraîner l'empereur loin du centre de la France, l'ont forcé d'opérer et de prévoir et de prévenir le retour d'un attentat qui, l'an passé, a menacé l'hérédité de l'empire, et l'empereur même. Cette affaire, qui a prêté à rire aux frivoles Parisiens, a profondément affecté les hommes attachés à la dynastie, parce qu'elle est en France le premier exemple d'une conspiration toute militaire, qui rappelle les révolutions opérées par les gardes prétoriennes et les Strélitz.

La campagne prochaine rétablira les affaires qu'un ciel de glace a compromises. L'empereur se présente à ses ennemis avec une artillerie, une cavalerie aussi formidables que celles qui ont été détruites. Son infanterie aussi nombreuse, mais encore faible, n'a besoin que de ménagements pour s'aguerrir et se fortifier.

Votre Majesté soutenant de son côté six mois d'efforts redoublés, on peut prédire qu'à l'automne des négociations de paix seront proposées par des ennemis à qui le printemps de 1814 ne pourrait qu'être funeste, et qu'alors, Sire, Votre Majesté se retrouvera en Espagne dans tous les avantages qui doivent être le prix de sa constance et de son courage.

Je la supplie d'agréer mes vœux et mes espérances pour son bonheur.

Je suis, etc.

———

A M. ROEDERER, A PARIS.

Morfontaine, 30 juillet 1813.

Monsieur,

Je n'ai pas eu de vos nouvelles depuis votre départ de Bayonne. Il est possible que vos lettres aient été m'y chercher. Je serai bien aise de vous voir ici, où je suis arrivé aujourd'hui.

Ne doutez pas, Monsieur, de mon ancien et sincère attachement.

Votre affectionné,

JOSEPH.

———

(*Note de l'éditeur.*) Une lettre de mon père au roi d'Espagne, en date du 2 août 1813, est insérée au tome III, page 576.

Deux lettres du roi à mon père, en date des 10 août et 18 septembre 1813, sont insérées au tome III, page 577.

Deux lettres de mon père au roi et à la reine, en date du 6 octobre et du 18 novembre 1813, sont insérées au tome III, pages 579 et 581.

La réponse de la reine à cette dernière lettre, en date du 23 novembre, est insérée à la page 584.

Deux lettres du roi à mon père, en date des 2 et 3 décembre 1813, sont insérées à la page 584.

Deux lettres de mon père au roi, en date des 3 et 5 décembre 1813, sont insérées aux pages 584 et 585.

———

A M. ROEDERER, A PARIS (1).

Pointe Brèeze, le 26 novembre 1819.

J'ai reçu, mon cher Rœderer, votre petite lettre d'Anvers et la comédie qu'elle m'annonçait. Je l'ai lue dans la soirée même de sa réception. Il est fâcheux que le ridicule qu'elle signale soit aussi commun de nos jours qu'au siècle du

———

(1) (*Note de l'éditeur.*) Ici commence la série des lettres écrites d'Amérique à mon père, par le roi Joseph.

Marguillier. Il faut s'en consoler, en se disant que telle est l'espèce humaine. La résignation est la vertu de l'expérience. Il faut se réjouir des exceptions, et les recevoir comme des bienfaits de la destinée : sous ce point de vue, vous ne devez pas douter du plaisir que m'a fait votre lettre.

Pourquoi ne pas me donner le nom de l'Américain qui vous a parlé de moi ? J'aurais pu vous indiquer quel degré de confiance vous devez avoir à ce qu'il vous a dit de ma manière d'être dans ce pays. Vous ne pouvez pas avoir cru à ma dignité de citoyen américain. J'ai toujours cru plus aux devoirs des individus qu'à leurs droits ; mais je crois encore aux droits des nations, elles seules peuvent délier ceux qu'elles ont lié. En me rappelant l'époque de notre voyage à Anvers, vous me rappelez une époque que vous ne devez pas penser que je puisse oublier, tant que mon devoir me dira de m'en souvenir. Voici la vérité : J'avais acheté, sous le nom d'un citoyen américain, la propriété où je vis aujourd'hui. La législature de l'État du *Jersey*, où est située cette propriété, était alors réunie ; elle en fut instruite, et par un mouvement spontané, et à l'unanimité, elle chargea le gouverneur de l'État de me faire savoir qu'elle était contente de la préférence que j'avais donnée à cet État pour y fixer ma résidence, qu'elle levait à mon occasion les entraves qui jusque-là empêchaient les étrangers d'acquérir des terres : elle fit remonter cette mesure législative à la date de mon acquisition simulée. Le gouverneur de l'État s'acquitta de sa commission en des termes qui durent me flatter beaucoup, puisque je crois les mériter. Cette loi a été, quelque temps après, adoptée en grande partie par l'État de Pensylvanie ; elle le sera probablement par l'État de New-York, et par quelques autres. Pour devenir citoyen américain, il y a des démarches prescrites par les lois, dont je n'ai pas eu occasion de m'occuper, puisqu'il me suffit d'être protégé par elles en ma qualité d'homme et de propriétaire, sans chercher des droits politiques dont je n'ai que faire.—Ce pays est tel que je n'ai pas encore éprouvé un seul dégoût depuis cinq ans ; et il n'est pas un seul jour, durant les dix dernières années que j'ai passées en Europe, qui en ait été exempt. Les théories qui nous ont occupé pendant si longtemps ne sont pas vaines : la liberté, l'égalité légale, sont ici le pain du pauvre comme celui du riche ; ici, je suis encore à savoir qu'il y ait un gouvernement, des magistrats, des agents publics, une police quelconque.

J'espère encore que ma femme et mes enfants viendront ici au beau temps. C'est dans ce pays surtout que l'on a besoin d'une famille : les mœurs domestiques sont le charme de la vie américaine. Il y a bien de grandes assemblées dans les grandes villes, des spectacles publics où tout le monde est admis ; les étrangers sont bien reçus dans un pays qu'ils viennent fertiliser, par des Américains qui hier ou avant-hier étaient eux-mêmes étrangers. Un étranger reçoit un dîner, il est invité à tous les thés de la ville, mais l'intérieur de la famille lui est fermé ; tout homme est profane au sanctuaire intérieur, et l'étranger n'est jamais invité *sans façon*.

J'ai reçu, il y a un an, les lois de Naples, dont je vous remercie. Je voudrais qu'il pût entrer dans vos convenances de m'envoyer un écrit que vous avez rédigé sur l'administration de ce royaume, dont je ne ferais que l'usage que vous voudriez, mais qui, au pis aller, me servirait de renseignement pour une époque et un pays sur lesquels je n'ai pas la moindre note. Si vous trouviez l'occasion de faire la même demande de ma part à MM. de Girardin, Miot, Dumas, Saint-Anastase, tout ce qu'ils pourraient m'envoyer pourrait me servir comme matériaux, puisque je n'ai plus que ma mémoire et les lois que vous m'avez envoyées, ce qui n'est pas assez pour ce que j'en voudrais faire. Parmi les quatre personnes ci-dessus, il en est deux qui pourraient avoir conservé quelques notes sur l'Espagne. Je ne leur écris pas directement, pour ne pas multiplier mes lettres en France, ce qui pourrait leur nuire dans un cas donné, et jamais leur servir.

Je ne vous ai pas parlé de mon séjour plus habituel : c'est un parc de mille acres enceint par la Delaware, qui est plus large que le Rhin à Cologne ; par la Crosswich, plus large que la Seine à Paris ; et deux ruisseaux, tels qu'il les fallait aux bergères de madame Deshoulières. Ma maison est au confluent des deux rivières, élevée sur un plateau qui les domine de cent pieds ; la Delaware coule vers Phi-

ladelphie, et me montre, à trois milles de mon habitation, le premier établissement de Guillaume Penn avant qu'il eût fondé Philadelphie ; à six milles devant moi, est la ville de Trenton, capitale du New-Jersey ; la Delaware en vient ; elle ne commence à être navigable que là. Sur la droite, s'étend la fertile Pensylvanie, cultivée comme un jardin, et parsemée de maisons de campagne des plus heureux cultivateurs du monde. Sur la gauche est New-Jersey, encore en partie sauvage, et le devenant davantage à mesure que l'on s'approche de la mer, dont les terres riveraines sont aussi mauvaises que celles des landes de Bordeaux, et comme elles couvertes d'arbres verts ; mais à mesure qu'on se rapproche de la Delaware, les terres sont meilleures, partagées en une infinité de petites fermes de 4 à 600 acres, plantées de pommiers, et semées de maïs et de grains. Ce pays est sablonneux et peu riche. La Delavare le sépare de la Pensylvanie, où les terres sont fécondes et très-productives. Six fois par jour, les *steamboots* se présentent sous ma maison ; en trois heures, ils vous mènent à Philadelphie, qui est sans contredit la ville la plus régulière, la plus tranquille, la plus commode, la plus belle du monde. En six heures, on est à New-York, la ville la plus bruyante, la plus commerçante, la plus merveilleusement située, sur une baie plus large et plus grande que celle de Toulon, entre deux rivières navigables et immenses, qui la représentent comme une île chargée d'édifices somptueux, et entourée d'une forêt de mâts et de vaisseaux de toutes les espèces.

Je finis une bien longue lettre, en vous demandant des nouvelles de vos enfants. Ma femme m'a écrit, dans le temps, la perte que vous avez faite de madame Rœderer. Elle l'a vivement regrettée.

Je vous prie de ne pas douter de ma sincère amitié.

Votre affectionné,

JOSEPH.

———

LETTRE DE LA REINE JULIE A M. ROEDERER.

Francfort, 12 février 1820.

Monsieur le comte,

Je reçois une lettre de mon mari, qui en contient une pour vous. Je m'empresse de vous

la faire parvenir, et je saisis avec empressement cette occasion pour me rappeler à votre
souvenir, et vous assurer que ni le temps, ni
l'absence, n'ont rien changé aux sentiments que
j'ai toujours eus pour vous. Soyez-en persuadé,
et recevez, Monsieur, l'expression de mon sincère attachement; croyez qu'il est inaltérable.

JULIE.

———

A M. ROEDERER, A PARIS.

Pointe Brèeze, 28 octobre 1823.

Mon cher Rœderer, M. Canet, qui est mon
secrétaire depuis neuf ans, se rend en Europe
pour ses petits intérêts domestiques; je vous
le recommande comme un homme de toute
confiance et d'un commerce sûr : il doit être
de retour ici en mai. On imprime bien des absurdités sur mon compte; les auteurs du *Dictionnaire bibliographique* ne m'y traitent pas
bien. M. de Las-Cases obtient, par le ridicule
qu'il cherche à déverser sur les membres de la
famille de l'empereur, l'absolution pour le
bien qu'il est forcé de dire de l'empereur,
qui n'est plus.

Je voudrais qu'il vous fût possible de m'envoyer les notes que vous aviez sur Naples, et
sur les événements politiques qu'il serait bien
de faire mieux connaître qu'ils ne le sont.
Tout ce que vous confierez à M. Canet me
parviendra sûrement. Mes enfants sont ici.
L'aînée est fort heureuse avec son mari; la
cadette doit retourner en Europe le printemps
prochain. Rappelez-moi au souvenir de votre
famille et de nos amis, et ne doutez pas de
ma constante amitié.

Votre affectionné,   JOSEPH.

———

(*Note de la main de M. Rœderer.*) Cette lettre m'a été
remise par M. Nancrède, dans le mois de mars 1825,
à Paris.

A M. ROEDERER, A PARIS.

Pointe Brèeze, 22 juillet 1824.

Mon cher monsieur Rœderer, M. Nancrède,
le porteur de la présente, est un ancien officier français, qui a fait la guerre de l'indépendance, et qui est devenu citoyen américain. Il
retourne en Europe, et désire faire votre connaissance. C'est un homme éclairé, libéral
dans ses opinions; il m'a montré beaucoup

d'intérêt, surtout lors de la mort de l'empereur, dont il a défendu la mémoire par ses
écrits avec beaucoup de zèle. Vous pouvez lui
remettre ce que vous auriez à me faire parvenir. Je vous ai écrit par M. Canet; il n'avait
pas encore reçu votre réponse lors de son départ de l'Europe ; il est aujourd'hui de retour
ici. Ma fille va bientôt aller rejoindre sa mère.
Quant à moi, je crains bien d'être destiné à
mourir ici, puisque je suis bien décidé à ne
retourner en Europe que lorsque je pourrai
y vivre, ou en citoyen, ou en prince non légitime, c'est-à-dire en prince du choix du peuple.

Ma santé est parfaite. Je désire que la vôtre
et celle de toute votre famille soient aussi bonnes. Je vous renouvelle mon inaltérable amitié
et ma profonde estime.

Votre affectionné ami,   JOSEPH.

———

LETTRE DE LA REINE JULIE A M. ROEDERER.

Bruxelles, le 28 octobre 1824.

Monsieur, j'ai eu bien du plaisir à recevoir
votre lettre et à parler de vous avec Tony. Je
vous l'aurais exprimé plus tôt, si ma santé me
l'avait permis; mais j'ai été presque constamment malade depuis quelques mois. L'assurance du souvenir que vous me conservez,
Monsieur, m'a été bien agréable, et je suis extrêmement fâchée de penser que je ne serai
pas à Bruxelles lorsque vous y viendrez. Je
pars dans trois jours pour l'Italie, où je passerai quelque temps. J'aime cependant à conserver l'espoir qu'à mon retour, je pourrai avoir
le plaisir de vous voir, et de vous assurer moi-
même que mes sentiments pour vous sont toujours les mêmes.

Je pense bien comme vous, Monsieur, sur
l'ouvrage de M. de Las-Cases. Je ne connais
point celui du comte Orloff. Ce que vous m'en
dites m'engage à le lire. Quant au poëme que
je vous ai envoyé (1), j'étais bien persuadée que

———

(1) (*Note de l'éditeur.*) Il s'agit du poëme intitulé
NAPOLÉON, en dix chants. 1 vol. in-8° de 204 pages,
portant cette épigraphe : *Feriunt summos fulmina
montes.* Imprimé chez Thos. H. Palmer, à Philadelphie, en 1823.

La reine, étant à Bruxelles, avait reçu une caisse
remplie de ces volumes, qu'elle attribuait, comme on

vous le liriez avec quelque intérêt ; mais je puis vous assurer que l'auteur n'est point celui que vous supposez. Cet ouvrage est d'un jeune homme de l'Ile de France.

J'espère, Monsieur, que M. Presle aura pu vous voir à votre passage à Paris, et que vous aurez eu la bonté de lui remettre quelques notes qui pourront être utiles à mon mari. Je lui ai déjà adressé des papiers que Tony m'avait remis ; et si vous en avez encore à lui faire parvenir, vous l'obligerez beaucoup.

Je regrette infiniment de quitter Bruxelles sans avoir le plaisir de revoir monsieur votre fils. Veuillez le lui dire lorsque vous lui écrirez, et ne doutez jamais, monsieur, de mon sincère attachement.

JULIE.

A M. ROEDERER, A PARIS.

Pointe Brèeze, 3 septembre 1825.

J'ai reçu, mon cher Rœderer, votre lettre du 24 mai. L'on m'avait déjà représenté les choses à peu près comme vous me les annoncez ; mais il faut que ce soit vous qui me les disiez pour que je puisse les croire.

M. de la Fayette m'a beaucoup parlé dans ce sens. Nous sortions, lorsque je vous ai connu, de la démagogie la plus horrible ; nous avons fait tout ce qu'il fallait pour en tirer la nation et la pacifier avec l'Europe ensanglantée ; aujourd'hui, d'autres soins : la vieille Europe, guérie de la peur qui lui donnait les dehors de la modération, revient à toutes les extravagances de la sainte ampoule, du droit divin, de la distinction de quelques familles du reste du genre humain. On a raison de se réunir tous pour repousser les extravagantes

---

le voit ici, à un jeune homme de l'Ile de France. Elle me fit l'honneur de m'en donner douze exemplaires. Après lecture, je fus convaincu que le roi en était l'auteur. — La reine le niait toujours ; mais, ne pouvant réussir à me persuader, elle me dit en riant : *Pourquoi persistez-vous dans cette idée, puisque je vous dis le contraire ? — Par beaucoup de motifs, madame, répondis-je, dont le principal est votre manière même de nier. Elle ressemble beaucoup plus à un refus d'aveu qu'à une négation sérieuse. — (En riant) : Comme vous voudrez, puisque je ne puis réussir à vous dissuader !* — Je tiens pour très-certain que ce poëme est du roi Joseph ; mon père en était également convaincu.

exigences des siècles de barbarie. Je fais des vœux pour que la raison triomphe, et que l'intérêt du plus grand nombre mette les mutins à la raison. La loi du sacrilége, le tribut d'un milliard levé sur les Gaulois en faveur des Francs (qui n'ont rien conquis), montrent assez la vérité de ce que me disait madame de Staël, en Suisse, en 1814 : « Il n'y a rien de bon à faire avec des gens qui *octroient* des constitutions ! »

Tout pouvoir (quel qu'il soit) qui ne reconnaîtra pas qu'il émane du peuple, ne peut pas exister longtemps par le temps qui court. La liberté, l'égalité sont possibles pour des gens qui les voient depuis dix ans sous leurs yeux régir une grande nation ; car les États-Unis d'Amérique sont, sous tous les rapports, une grande et heureuse nation.

M. de Mélito est ici depuis quelques jours. Je lis avec plaisir l'ouvrage du général Gourgaud ; je suis fâché, pour M. de Ségur père, de l'ouvrage du fils.

Qu'on est malavisé d'être ingrat !

Qu'on est sot de n'être pas droit !

Marmont, Talleyrand, sont-ils heureux ?

J'ai lu votre notice bibliographique ; elle n'est que vraie : vous n'y êtes pas flatté, mais vous n'avez pas à vous en plaindre.

M. de la Fayette vous remettra cette lettre ; il est venu me voir deux fois dans ma retraite. Il m'a montré de l'estime, de l'intérêt ; il m'a bien apprécié. Il m'a raconté la source d'une si fatale erreur : il ne se doutait pas alors des maximes de la sainte alliance. Pour la servir, il fallait avoir l'âme d'un Fouché ; M. de la Fayette ne pouvait qu'en être victime.

On ne peut pas croire qu'à la longue, avec la paix, la liberté, l'égalité ne puissent pas fleurir en Europe, lorsqu'on les voit tellement prospérer dans ce pays-ci, et que tous les ans de nouveaux déserts deviennent des pays policés, et qu'à mille milles de l'Atlantique il y ait plus de civilisation que dans le Vivarais, ou la haute Provence, ou la haute Bourgogne.

Agréez ma constante amitié.

JOSEPH.

A M. ROEDERER, A PARIS.

Pointe Brèeze, 12 mai 1826.

M. de Mélito vous donnera de mes nouvelles ; il vous dira que j'ai lu avec beaucoup de plaisir vos derniers ouvrages. Il vous priera de ma part de continuer à m'envoyer ceux que vous serez dans le cas de publier encore, afin que je les reçoive le plus tôt possible. Il vous soumettra une notice sur laquelle je désire avoir vos observations et votre jugement. Vous me ferez plaisir d'ajouter sur des feuilles détachées et numérotées tout ce vous jugerez qui manque, surtout à l'article de Naples (comme sur les autres, au reste), ayant une pleine et entière confiance en votre manière de voir et en votre judiciaire. Ne craignez pas de critiquer ce qui vous paraîtra le mériter.

J'ai souvent parlé de vous, et je regrette beaucoup que le grand éloignement où je suis de l'Europe ne me permette pas l'espoir de vous revoir ici.

La mort de l'empereur Alexandre éloignera peut-être encore le désir que j'avais de faire un voyage en Italie pour y voir ma mère, et peut-être ramener ma femme avec moi à mon retour en Amérique. J'étais autorisé à concevoir l'espérance que l'empereur Alexandre aurait facilité les moyens d'effectuer ce voyage; mais il est mort, et je ne suis pas fondé, par les offres d'aucun autre prince influent, à concevoir le même projet; car je ne voudrais pas m'exposer à arriver et à repartir le lendemain, ou à être obligé à des séjours forcés, n'importe où ! — Quelles qu'aient été les erreurs politiques d'Alexandre, j'étais fondé à compter sur ses offres, et je ne pense pas qu'il eût voulu s'avilir par un manque de parole gratuit. Il me faisait espérer de me garantir un libre retour aux États-Unis, dès que j'aurais fini mes affaires en Europe : il n'en est plus ainsi. Il est donc probable que je serai longtemps encore sans vous voir, à moins que les apparences ne nous trompent beaucoup.

Je suis, au reste, ici aussi bien que possible; mais j'ai vécu quarante ans en Europe, ma famille, mes amis y sont : à cela près, l'Amérique vaut aujourd'hui pour moi mieux que l'Europe.

Vous verrez, par l'extrait ci-joint, que je ne suis pas reconnu citoyen américain pour y avoir acheté des terres.

Adieu, mon cher Rœderer; je désire que votre santé soit aussi bonne que la mienne. Rappelez-moi au souvenir de vos enfants.

PIÈCE MENTIONNÉE DANS LA LETTRE QUI PRÉCÈDE.

Extrait des journaux de Trenton : *the Emposium of the true American*, du samedi 1er avril 1826.

Nous lisons dans le numéro du *Courrier Français* du 10 janvier, que Joseph Bonaparte (le comte de Survilliers) s'est fait naturaliser citoyen américain. L'assertion n'est pas exacte : c'est en vertu de l'acte de la législature de l'État de Jersey, du 22 janvier 1817, que le comte de Survilliers a pu acquérir des propriétés dans notre voisinage, *quoique étranger*.

Si les feuilles françaises veulent dire qu'il y vit en bon citoyen; qu'il a obtenu, lors de l'incendie de sa maison, les preuves les plus évidentes du plus vif intérêt de la part de ses voisins; que, dans une lettre qu'il crut devoir leur écrire à cette occasion, il appela ce pays le pays le plus heureux de la terre, ce qui devrait faire présumer que ses institutions lui conviennent, les feuilles françaises diraient la vérité.

Nous avons sous les yeux un acte de la législature de l'État de New-York, qui a accordé, il y a quelques mois, à Joseph Bonaparte (le comte de Survilliers) la même faculté de posséder des terres, quoique étranger. Ci-dessous est l'extrait de sa pétition.

« Le comte de Survilliers (Joseph Bonaparte) « n'étant du nombre de ceux qui puissent quit-« ter le sol hospitalier des États-Unis, et ce-« pendant lié à sa patrie par des devoirs que « le malheur rend encore plus sacrés, ne doit « pas profiter des lois qui, avec le titre hono-« rable de citoyen américain, lui offriraient le « droit de posséder des terres. Autorisé à présu-« mer dans la législature de l'État de New-« York autant de bienveillance qu'il en a « trouvé dans d'autres États de l'Union, il la « prie de vouloir bien lui accorder la faculté « de posséder des terres dans l'État de New-« York. »

———

A M. ROEDERER, A PARIS.

Pointe Brèeze, 12 mai 1827.

Mon cher monsieur Rœderer, madame Keating, jeune veuve qui se rend à Paris pour sa santé, vous remettra cette lettre. Elle est la fille d'un des hommes les plus marquants de ce pays, mon ami particulier depuis que je suis ici, et mon plus proche voisin de campagne : c'est M. *Hopkinson*, fils de l'un des signataires de l'acte de l'indépendance américaine, et lui-même l'un des membres les plus éloquents du congrès. Si vous pouvez lui être bon à quelque chose, vous me rendrez grand service, car je suis fort attaché à cette famille, et à madame Keating en particulier. Elle est fort instruite, parle l'italien, l'espagnol et le français. Je désire qu'à son retour elle me porte de bonnes nouvelles de votre famille et de votre santé. La perte de Girardin m'a été bien sensible, et m'épouvante pour mes meilleurs amis. Ménagez-vous assez pour que je puisse vous revoir un jour, et vous renouveler les témoignages de ma sincère et constante amitié.

Votre affectionné,

JOSEPH.

M. le comte Rœderer.

(*Note de l'éditeur.*) Je trouve, au tome X des *Mémoires du roi Joseph*, une seule des lettres que mon père eut l'honneur d'écrire à S. M. en Amérique. La voici. Je le répète encore, mon père ne conservait presque jamais la copie des lettres qu'il écrivait; aussi, n'ai-je pu en produire ici que fort peu.

A M. LE COMTE DE SURVILLIERS, A POINTE BRÉEZE.

Paris, le 2 juillet 1829.

Je saisis avec empressement l'occasion trop rare qui se présente, pour adresser à M. le comte de Survilliers l'hommage de mon fidèle et respectueux attachement. N'est-il donc pas permis de le revoir en Europe? Si l'Italie a des inconvénients, le royaume des Pays-Bas est un séjour agréable à beaucoup d'égards, qui a été tolérable pour l'exil même. Je pourrais espérer de traîner là ma vieille machine, à laquelle il reste pourtant encore la mémoire du cœur. J'ai été très-fâché de rencontrer dans les Mémoires de Girardin beaucoup de choses que le défaut de discernement, plutôt que la malveillance, y a laissé passer; je pourrais répondre que l'intention de Girardin n'a jamais été qu'on y donnât de la publicité : cela prouve qu'il ne faut écrire que ce qu'on veut laisser voir. M. Clary (1) vient d'avoir un avancement que je regarde comme le signe de dispositions plus

favorables dans la maison royale pour la famille de l'empereur. Il est certain que M. Clary ne l'a point obtenu par le désaveu des liens qui l'unissent à votre famille, ni par des soumissions indignes de lui; il le doit à son talent militaire, à ses services et à sa loyauté. Si je n'habitais la campagne, j'aurais plus d'occasions de me rappeler au souvenir de M. de Survilliers; mais je ne viens à Paris qu'accidentellement, quoique j'y aie toujours le même établissement dans la même maison. Je prie son ancienne bonté d'avoir quelquefois présente ma reconnaissance, qui ne finira qu'avec moi.

Pointe Brèeze, 21 septembre 1830.

Mon cher Rœderer,

Je fais des vœux pour que cette lettre vous trouve à Paris. Le général Charles Lallemand vous verra de ma part, et demandera vos avis. Vous pouvez avoir pleine et entière confiance en lui. Il vous dira que j'étais au moment de l'accompagner; mais le nom du duc d'Orléans m'éloigne, et je craindrais d'arriver mal à propos. Vous connaissez le fond de ma pensée; je suis, avant tout, amoureux de l'indépendance et de la gloire de la France : aussi, je ne me permettrai jamais aucune démarche qui pourrait les compromettre en rien. La proclamation du 7 août, par des individus n'ayant pas mission pour cela, me paraît une insulte gratuite à la nation, et je suis prêt à m'y opposer autant que cela sera en mon pouvoir. Dites-moi quelle est votre manière de voir, et celle des personnes que j'apprécie le plus. Que pensent Sieyès, Merlin de Douai, Berlier, Thibeaudeau, qui doivent être de retour à Paris? Voyez-vous encore Boulay de la Meurthe et Defermon? Rappelez-moi au souvenir du général Gourgaud et de vos enfants. Croyez à toute mon ancienne amitié,

Votre affectionné,

JOSEPH.

A M. ROEDERER, A PARIS.

New-York, 29 juin 1831.

Mon cher monsieur Rœderer, j'ai reçu votre lettre du 29 de l'année actuelle et les divers ouvrages que vous m'avez envoyés. Je les ai lus tous avec un très-vif intérêt : celui sur la

---

(1) Le général Marius Clary, neveu de la reine Julie.

propriété industrielle m'a paru lui-même très-ingénieux, et je partage entièrement votre manière de voir.

Quant à la révolution de Juillet, elle a été manquée : tout ce que l'on cherche à obtenir par des moyens factices ne m'a jamais paru de longue durée.

Un Bourbon n'était pas ce que voulait le peuple ; il ne voulait pas davantage que l'on abattît les aigles toutes françaises par une gloire la plus grande qu'ait eue la France. Les petits intérêts et les petites passions de coteries ont usurpé la volonté des masses ; mais il n'y a pas de milieu, ou les coalisés de 1814 périront, ou les masses.

Quant aux *quasi*, ils seront la honte de 1830 et de 1831, et la risée de la postérité. Vous avez vu ma lettre à la chambre des députés, du 18 septembre 1830 ; les événements m'ont rendu prophète.

Les bons esprits doivent défendre les masses de ce qu'elles ne doivent pas vouloir, pour leur bonheur. En général, cependant, leur instinct les mène droit au but. Les masses ont été dignes de la France.

Les gens sages, c'est-à-dire lâches, égoïstes, sont restés dans le juste milieu, entre leur ami et leurs ennemis ; c'est-à-dire, dans la boue non ensanglantée des combats, loin de la poussière olympique des combattants. Ils eussent dû prendre la quenouille et le jupon des Sybarites, car les Françaises les désavoueraient aussi bien que les Polonaises ; car en France on se rappelle encore des héroïnes de Beauvais et d'Orléans, et les femmes aiment les hommes du mouvement et non ceux du juste-milieu.

M. Poinset, s'il a le bonheur de vous rencontrer, sera charmé de vous connaître ; il a lu vos ouvrages chez moi. C'est un Américain cosmopolite, digne de vous apprécier ; c'est un homme d'un esprit très-cultivé : il a été chargé des commissions les plus délicates de son pays, où il est fort respecté. Ajoutez à cela qu'il est beaucoup de mes amis ; ainsi, ayez toute confiance en lui, en ce qu'il vous dira et en ce que vous voudrez bien lui confier. Mes souvenirs à vos enfants et au général Gourgaud.

Votre ami,

JOSEPH, COMTE DE SURVILLIERS.

NOTES DE L'ÉDITEUR

SUR TROIS ÉPISODES RELATIFS AU SÉJOUR ET AU MINISTÈRE DE M. ROEDERER A NAPLES.

PREMIER ÉPISODE :

M. LOUIS, *depuis ministre des finances en France.*

On lit à la page 314 du tome II des *Mémoires du roi Joseph* la lettre suivante de l'empereur au roi, en date du 24 juin 1806 :

« Cette mauvaise tête de Rœderer fait des siennes de toutes les manières. Il veut enlever aux ministres les employés de leurs bureaux. Voici la lettre qu'il écrit au chef de la liquidation de la guerre. Cette démarche ne m'étonne pas de Rœderer, qui n'a pas de tact, ni de sentiment des convenances ; mais elle m'étonne de la part de Dumas. J'ai chargé le ministre Dejean de le tancer. Rœderer veut aussi nous enlever nos comédiens. Et sur qui croyez-vous qu'il jette les yeux ? Ce n'est rien moins que sur Fleury, Talma. Je n'en parle que parce qu'ils ont déclaré qu'ils ne pouvaient écouter ces insinuations sans y être autorisés. M. Rœderer ne sait donc pas qu'aucun de mes sujets ne sortira de France sans mon ordre ? Et ce n'est pas en les débauchant qu'on les résoudra à venir. »

Réponse du roi.

« Naples, le 2 juillet 1806.

« ... Ce n'est pas la faute de Rœderer, ni de Dumas, si M. Louis a reçu des lettres d'eux ; mais bien la mienne, qui les ai chargés de lui écrire pour sonder ses dispositions. Je me réservais d'écrire à Votre Majesté, pour le lui demander, lorsque je saurais si ce voyage était de son goût ; je ne voulais pas le forcer en écrivant directement à Votre Majesté. Je la prie de me l'accorder : n'ayant pas Rœderer pour ministre, il me faut l'abbé Louis pour aider le ministre actuel, qui est un excellent homme, mais qui a besoin d'être aidé par un Français qui soit élevé dans les finances, ou l'administration française de Votre Majesté. — Si elle me donne Rœderer, je renonce à Louis ; mais je demande à Votre Majesté l'un ou l'autre... »

Voici comment les choses se sont passées :

Mon père, qui était depuis fort longtemps lié avec M. Louis, et qui le savait employé dans les bureaux de l'administration de la guerre, dans un poste subalterne et fort au-dessous de sa capacité, conçut dès son arrivée à Naples le projet de l'y faire appeler, pour l'y avoir comme coopérateur, si l'empereur lui accordait l'autorisation d'y être ministre des finances, ou pour le laisser au roi, si l'empereur la refusait. Il le considérait comme un des hommes les plus capables de diriger l'organisation financière du pays ; et le voyant si méconnu et dans un poste si subalterne à Paris, il s'imagina que son absence y serait à peine aperçue, et que par conséquent il était libre et désireux même de quitter. Mais on vient de voir que sur le premier point il se trompait étrangement !

On voit, dans l'extrait qui suit d'une lettre de mon père à madame Rœderer, à Paris, qu'à peine arrivé à Naples il méditait l'appel de M. Louis :

« 25 mai 1806. — ... Je ne puis, ma chère amie, ni rien faire ici ni rien demander en ce moment pour personne, même pour les gens que vous me recommandez. Si je propose un sujet à un ministre, il me répond : « Gardez-le pour vous-même, s'il est bon. » Moi, je ne puis employer personne, ne sachant si j'aurai quelque chose à faire. Cela dépendra de l'empereur, et sa réponse nous apprendra bientôt ce qu'il en sera. J'aurai soin de M. D..., si j'ai le ministère des finances; c'est un bon sujet. Je ne dis pas la même chose de M. M..., à moins que Thirion, dont je connais la probité sévère et la délicatesse, ne dise, sans tergiversation et sans hésitation, qu'il en répond. — *Quelqu'un dont j'ambitionnerais la coopération, ce serait notre dur, mais sage et probe Louis...* »

Mon père ayant proposé au roi de faire venir M. Louis, S. M. l'autorisa à lui écrire, et à lui offrir une position propre à le décider à accepter.

Voici la lettre qu'il lui écrivit, et que je copie sur l'original que l'empereur renvoya à son frère à Naples, comme on vient de le voir. Sans ce renvoi, je ne pourrais produire cette pièce, mon père ne gardant presque jamais de copie de ses lettres.

« Naples, le 9 juin 1806.

« Le roi, mon très-cher collègue en économie politique, désirerait que vous vinssiez ici. Il nous a chargés, M. Dumas et moi, de vous y engager. Il vous ferait conseiller d'État et vous donnerait un département, comme le trésor public, ou une caisse d'amortissement, ou une liquidation générale de droits aliénés et rachetés; de sorte que vous auriez un traitement de 25,000 francs au moins. Il faut vous dire que les conseillers d'État n'ont ici que 15,000 francs, et les ministres 32,000. Je vous désire beaucoup ici, par l'attachement que je porte au roi et à vous. Je puis vous assurer que vous auriez ici le plaisir de faire beaucoup de bien. Le roi a les intentions les plus droites, les plus sages; et les ressources du pays sont immenses. Je dois vous dire, au reste, que c'est du propre mouvement du roi qu'est venue la proposition que nous vous adressons. Il nous a dit qu'il avait souvent parlé de vous à l'empereur depuis qu'il vous a vu à Migneaux, car il m'a rappelé cette première entrevue. Je laisse à M. Dumas le plaisir de vous dire toutes les choses de persuasion que la circonstance peut inspirer. Il vous dira le plaisir que ferait à tous les Français attachés de cœur au roi, la venue d'un homme de lumière

et de probité rigide tel que vous ; il vous dira combien le roi mérite d'être bien servi; il vous dira que vous trouverez ici beaucoup d'amis ; et puis le beau ciel de Naples peut bien aussi fournir deux bonnes lignes. J'appuie d'avance tout ce qu'il vous dira, parce qu'il vous exprimera mieux que moi ce que nous sentons l'un et l'autre. Toutefois, si je ne consultais que mon intérêt personnel, je ne sais ce que je devrais vous dire ; car je pourrais être partagé entre l'impatience de vous voir ici cet été, et la crainte de ne pas vous voir à Paris où je retournerai cet automne, si l'empereur ne m'autorise pas à demeurer ici plus longtemps. Mais ce qui me concerne m'importe moins que ce qui intéresse les personnes que j'aime, et le bien public qui m'occupe toujours un peu.

« Ma femme a dû vous faire lire quelques lignes que je lui ai écrites il y a quelque temps pour vous (1). Je pressentais la bonne intention que le roi a manifestée hier sans aucune provocation. Adieu. Ne prenez pas trop conseil de vos amis de Paris. Pensez à ceux de Naples, et venez. Je vous embrasse d'avance et de tout mon cœur.

« Rœderer. »

Voici les deux réponses que mon père reçut de M. Louis :

PREMIÈRE LETTRE DE M. LOUIS A M. ROEDERER.

Paris, le 21 juin 1806.

« Mon honoré maître,

« Je sens très-vivement le prix de l'intérêt honorable dont votre lettre m'apporte des preuves si flatteuses. J'espère que vous ne douterez jamais de ma reconnaissance.

« Je voudrais déjà être aux pieds du roi pour lui faire l'hommage de mes services, et je ne négligerai rien pour avancer mon départ autant que possible.

« Je regrette de n'avoir pu joindre mon ministre, sans l'agrément duquel mes devoirs ne me permettent pas de disposer de moi avant de vous répondre : mais il est à Saint-Cloud, et je ne veux pas retarder d'un jour ma réponse.

« Malheureusement pour moi, l'empereur, depuis votre départ, a travaillé directement, en présence de notre ministre, avec les chefs

---

(1) (*Note de l'éditeur.*) Lettre du 25 mai 1806, rapportée dans la colonne précédente.

de bureaux. Il en a renvoyé trois : ma besogne personnelle n'a nullement été critiquée, au contraire, et je n'ai pas assisté à ce travail, pénible pour les autres chefs. Il en résulte que notre administration est très-fatiguée, et que je suis obligé de me multiplier. La circonstance n'est donc pas favorable pour quitter mon excellent ministre. Cependant, je ne pense pas qu'il trouve mauvais que j'obtempère aux dispositions d'un roi pour lequel vous savez qu'il a une admiration et un attachement tout particulier. Ce sera donc encore les qualités de Sa Majesté qui me donneront la facilité de profiter de ses bontés.

« Aussitôt que j'aurai pu en conférer avec mon ministre et recevoir son agrément, je m'empresserai de vous en rendre compte, et de vous donner l'époque où je pourrais arriver à Naples.

« Je vais chercher M. de Fréville, pour savoir si nous pourrions partir ensemble.

« Ma reconnaissance pour ce que vous faites en ma faveur égale le dévouement et l'attachement respectueux que vous connaissez à votre serviteur,

« LOUIS. »

SECONDE LETTRE DE M. LOUIS A M. ROEDERER.

Paris, le 26 juin 1806.

« Monsieur le sénateur,

« Je crains fort qu'il ne me soit pas permis de me consacrer tout entier au service du roi, comme ses bontés me le faisaient espérer.

« L'empereur, depuis votre départ, a pénétré jusqu'au fond dans les détails de l'administration de la guerre. Notre ministre n'a pas cru devoir prendre sur lui de me donner son *licet* sans l'en prévenir. Sa Majesté n'a pas trouvé bon que Naples n'ait pas d'abord, et avant tout, songé à elle. Il a demandé les lettres ; il les a lues toutes deux, et il a commenté avec complaisance le mot où vous annoncez de grandes ressources. Clarke a représenté que vous indiquiez des ressources à exploiter, et non de la besogne faite. Il n'en a pas moins gardé votre lettre, pour appuyer les réponses qu'il veut faire au roi.

« Assurément, j'étais loin de soupçonner que je m'exposais à d'aussi vifs regrets en provoquant mon ministre pour lui faire approuver mon départ. J'avais un vif désir de l'avancer. Les revenus du royaume de Naples faisaient l'objet de mes recherches depuis quelques jours, quand j'ai reçu votre précieuse invitation. Ces douanes, intérieures, morcelées, engagées en partie, me présentaient bonne matière pour augmenter les revenus du roi, tout en se faisant adorer des Napolitains, problème dont vous savez combien j'aime à chercher la solution avec vous. J'avais donc le plus grand intérêt à arriver assez tôt pour profiter de vos conversations instructives avant votre départ, que vous m'annonciez comme vraisemblable pour l'automne. Si cet empressement m'a exposé à l'inquiétude de vous avoir déplu en ne faisant pas un usage assez discret de votre bienveillante lettre, vous voyez que j'en suis bien puni ; je le serais trop, si cette circonstance n'ajoutait pas encore à votre confiance dans les droits que vous avez sur ma reconnaissance et sur mon dévouement. Je croyais que c'était la lettre du ministre Dumas que l'empereur avait voulu garder, et je l'en avais aussitôt prévenu par l'estafette d'hier : mais je viens d'être mieux instruit. J'ai sa lettre, et n'ai pas la vôtre ; je m'empresse de vous en rendre compte à tous deux, bien honteux d'avoir si mal répondu aux offres pleines d'obligeance que je vous dois.

« J'espère que vous voudrez bien, en mettant mes respectueux hommages aux pieds du roi, lui garantir ma reconnaissance éternelle. Je serais trop heureux si je pouvais la lui prouver par mes services. Je ne mets rien au-dessus de l'honneur de les lui consacrer sans réserve.

« Il est possible que vous ayez à Naples reçu quelques reproches pour avoir attiré, sans en prévenir, quelques acteurs de Paris, et que vous ayez pensé qu'il fallait les prévenir, même pour un aussi chétif individu que moi. Alors, l'empereur pourrait changer d'avis, car il a dit : *Je l'aurais trouvé bon, si on se fût adressé à moi.* Malheureusement Lacuée, qui est en dénigrement de l'administration de la guerre, s'est avisé de me présenter comme un homme qui était nécessaire. Je me flatte d'être agréable à mon ministre, mais je ne lui suis rien moins que nécessaire ; je serais bien humilié si, depuis quatre ans que j'y suis chargé d'une besogne, elle n'était pas montée en hommes et en habitude de manière à très-bien aller sans moi.

Vous voyez que je ne cache pas mes prétentions. Mais soyez assuré que je n'en ai point
auxquelles je tiens autant qu'à celle de vous
persuader de ma reconnaissance et du dévouement de votre serviteur,

« Louis. »

Pour terminer cet épisode, je vais produire un extrait de deux lettres que mon père écrivit à la même
époque à madame Rœderer :

« 17 juillet 1806. — ... M. Louis s'est un peu amusé
à mes dépens et aux dépens du roi. L'empereur a renvoyé ici la lettre que j'avais écrite à lui, Louis. Je
ne l'avais pas écrite pour qu'elle fût remise à l'empereur. Au reste, cela a fait l'avancement d'un homme
de mérite, et j'en suis fort aise, quoique j'aie à m'en
plaindre... »

« 20 juillet 1806. — ... Je vous ai écrit par M. Lebrun ce que je pensais du procédé de Louis. Je vois
par votre lettre du 29 juin, qui me parvient seulement
en ce moment, que nous nous sommes rencontrés sur
ce sujet. Le résultat de ceci est que Louis m'a fait dire
de nouvelles injures par l'empereur, en récompense
d'une démarche qui le plaçait entre une place de
25,000 francs à Naples et un titre de maître des requêtes à Paris... »

On peut juger par tout ce qui s'est passé depuis
lors si mon père avait bien conseillé le roi, et s'il s'é-
tait trompé sur le mérite de M. le baron Louis, qui
s'est, depuis, illustré comme l'un des plus habiles ministres des finances qu'ait jamais eu la France.

<hr>

SECOND ÉPISODE :

*Audience donnée par le roi Joachim, à son arrivée à
Naples, à l'administrateur des contributions directes
du royaume.*

Lorsque mon père quitta Naples, après le départ du
roi Joseph, je me trouvais encore administrateur des
contributions directes. Je dus rester jusqu'après mon
remplacement par le roi successeur. — Je l'attendis
donc. — Quelques jours après son arrivée, je fus admis
à son audience. Le roi était seul dans son cabinet. —
En le quittant, j'écrivis sur-le-champ ce qui venait de
se passer, pour en remettre le récit exact à mon père,
que j'allais retrouver à Paris. — Voici cette pièce ; je
la fais suivre de la lettre que mon père écrivit en conséquence au roi Joachim. — On a déjà vu, à la page 25,
que mon père envoya copie de ces deux pièces au roi
Joseph en Espagne, le 1er novembre 1808, et la réponse
remarquable que S. M. lui adressa le 9 du même mois.

Le roi de Naples ne répondit pas, et il ne fut plus
question de cette étrange affaire. — Lorsque S. M. vint
à Paris, mon père, je l'ai déjà dit, en fut reçu, ainsi
que par la reine, avec de grands témoignages d'estime
et de considération.

MON AUDIENCE DU ROI DE NAPLES JOACHIM,
LE 16 SEPTEMBRE 1808.

Moi. — Sire, je demande pardon à Votre
Majesté de la persistance que j'ai mise à demander une audience.

Le Roi, très-sévèrement. — Au contraire,
Monsieur, je trouve que vous avez fort tardé à
vous présenter. Il y a longtemps que je voulais vous voir ; je vous l'ai fait dire dix fois.

Moi. — Sire, j'attendais que le chambellan
m'indiquât le moment de me présenter. Je le
lui ai demandé plusieurs fois. Au reste, je n'ai
pas négligé mes devoirs envers Votre Majesté ;
et, le jour de son entrée dans Naples, j'étais
dans le palais à l'attendre avec tous mes anciens camarades les chambellans. Le premier
chambellan actuellement de service près Votre Majesté, peut me rendre ce témoignage ; je
me trouvais dans ce salon, au moment où tous
les officiers de la maison furent présentés à
Votre Majesté, et j'étais dans ce coin-là, dans
un groupe de cinq ou six chambellans. Nous
étions les derniers du cercle, et nous n'eûmes
pas l'honneur d'être nommés à Votre Majesté.

Le Roi. — Ah !

Moi. — Sire, j'ai appris que Votre Majesté
avait demandé des renseignements relativement à l'emprunt de Hollande. J'ai l'honneur
de lui présenter un tableau qui explique les
opérations qui y ont trait.

Le Roi, très-sérieusement. — Oui, Monsieur, j'ai demandé en effet des renseignements sur cette affaire, et n'ai pu en avoir de
satisfaisants. S'il s'agissait de tout autre que
de votre père, je ne le passerais pas comme
cela. Il est incroyable qu'il soit parti sans laisser dans ses bureaux les traces de tout ce
qui s'est fait ; de manière que le ministre ne
peut rien savoir, ni voir où on voulait aller.
M. Miot (1) en a fait autant chez lui : tout est
en désordre, il faut tout recommencer.

Moi. — Je prie Votre Majesté de me permettre de parler un peu longuement.

Le Roi, comme impatienté. — Sans doute.
Parlez.

Moi. — Sire, mon père ne demandera pas
que Votre Majesté lui passe rien de louche relativement à l'emprunt de Hollande. Sa répu-

<hr>

(1) (*Note de l'éditeur.*) M. Miot était ministre de
l'intérieur.

tation de probité ne se sera pas perdue à Naples ; il lui sera facile de donner, de Paris même, à Votre Majesté les éclaircissements qu'elle pourra désirer. Quant au reproche que lui fait Votre Majesté, de n'avoir point laissé de traces de ses entreprises, de manière à ce que son successeur voie clair dans les affaires, je ne sais à quelle partie de l'administration des finances se rapporte cette plainte du prince Pignatelli. Si cela regarde les contributions directes, c'est-à-dire tout d'un coup plus de la moitié des revenus de l'État, me voici. Je suis le chef de cette administration, c'est sous ma surveillance que tout s'est fait ; et, comme j'ai eu l'honneur de l'écrire à Votre Majesté, le roi, son prédécesseur, m'a fait ordonner de rester jusqu'au moment de la répartition de l'impôt de 1809, afin que rien à cet égard ne restât incomplet. C'est moi, Sire, qui ai fait le rapport sur lequel il y a trois jours Votre Majesté a prononcé la répartition de l'année prochaine. Après mon départ, cette administration ne sera pas plus abandonnée qu'elle ne l'est ; rien n'y manque, les lois, les décrets, les instructions, sont imprimés. D'ailleurs, il y a près du ministre un chef de division napolitain fort jeune, mais fort instruit de tout ce qui s'est fait en France pour l'établissement et la perfection de la contribution foncière : il a suivi sous moi tout ce qui s'est fait ici. Il est excellent ; à lui seul il suffirait près du ministre pour conduire cette affaire.

Le Roi. — Comment s'appelle-t-il ?

Moi. — Cicillo Mélé. Il y a en outre trois inspecteurs généraux fort instruits. L'un d'eux est mon cousin. Il est fort laborieux, fort instruit ; il a un zèle singulier.

Le Roi, avec assez de bonté. — Comment s'appelle-t-il ?

Moi. — Louis de Failly.

Le Roi. — C'est bon.

Moi. — Si M. Pignatelli a entendu parler des douanes...

Le Roi. — Précisément, les douanes et le domaine sont en désordre.

Moi. — Eh bien ! Sire, mon père a fait un plan d'organisation des douanes. Le temps lui a manqué pour le mettre à exécution ; mais ce plan existe dans les bureaux, et même il existe une commission nommée par mon père avant son départ, chargée d'examiner ce plan, et de proposer tous les règlements particuliers, toutes les mesures de détail nécessaires à son exécution. Cette commission est peut être réunie à l'heure qu'il est. Elle s'occupe incessamment de ce travail. Les personnes qui la composent, sont expertes dans les douanes ; et quoique cette partie me soit étrangère dans le ministère, je puis dire à Votre Majesté, parce que je l'ai entendu dire à mon père, que ce plan n'était autre chose que le système français, adapté avec beaucoup de soin à ce pays-ci.

Je ne puis répondre aussi pertinemment pour les domaines. M. Cavaignac est brouillé avec le prince Pignatelli. Peut-être que cela met de la difficulté où il n'y en a pas réellement. Je l'ignore.

Le Roi. — Monsieur, je ne sais ; mais il est étonnant qu'on ne puisse voir où tout cela en est. Cela n'arriverait pas, si monsieur votre père avait donné les comptes des finances, comme cela se fait en France, et comme cela se fait dans tous les pays du monde. Je connais M. Rœderer depuis longtemps, je connais sa probité, je le crois aussi pur que moi, etc. ; mais il est bien attaqué ici, il n'y est pas aimé. Il faut qu'il fasse imprimer un rapport complet. Dites-le-lui de ma part. Enfin, lorsque j'étais encore à Paris, et que je demandai un état des finances, on m'envoya des brouillons informes, en me disant que M. Rœderer n'avait pas laissé les papiers nécessaires pour répondre mieux. Je vous avoue que je portai tout cela à l'empereur, en lui disant : « Tenez, voilà ce qui se passe ; voilà l'ordre qu'on vantait tant à Votre Majesté à Bayonne. » Les bras tombaient à l'empereur en voyant cela. Tenez, actuellement vous m'apportez là un compte de l'emprunt de Hollande, j'en ai déjà reçu trois ou quatre, notamment hier un que m'a remis M. Pignatelli ; il est en contradiction avec celui que vous me remettez. Je vais le faire venir, pour qu'il me signe celui qu'il m'a donné. Ceci, c'est le produit de l'emprunt ; ce que je voulais connaître, c'est l'emploi de cet argent. Dans l'état que j'ai reçu à Paris, on portait en masse M. de Girardin pour 25,000 ducats, et une autre personne pour une somme de 200,000. Est-ce que je puis admettre cela comme ça ? Ce n'est point là un compte en règle.

Moi. — Sire, les deux états dont il s'agit,

ne peuvent pas être en contradiction. Celui-ci seulement présente plus de détails pour un article de 300,000 ducats qu'on avait mis en masse dans celui qui fut présenté hier à Votre Majesté, et que je connais pour en avoir vu une copie. J'ai fait mettre ce détail, parce que j'ai cru que c'était sur ce point que portait le doute de Votre Majesté. — Actuellement, je ne sais que dire : n'entendant pas bien ce que Votre Majesté désirait, je n'ai pas le moyen de faire de réponse. Je croyais que Votre Majesté voulait connaître le produit de l'emprunt, j'en avais fait l'état que voici ; et, pour que l'ouvrage fût complet, j'avais demandé l'emploi de ces sommes ; mais on n'a pu me le donner, parce que toutes les recettes s'encaissent en masse, et la dépense se fait sur le produit total des impôts, sans qu'en puisse connaître à quelle dépense a passé tel produit. Le trésorier des recettes doit compte à la cour des comptes et à *Votre Majesté de tout ce qu'il a reçu*, et non le ministre des finances. M. Lamurra donnera en général le compte de tout ce qu'il aura reçu dans l'année ; l'emprunt de Hollande *sera au nombre des branches de recettes*, et le compte en sera connu. M. de Pignatelli, si j'ose le dire à Votre Majesté, sait si peu les affaires, qu'il ne sait pas même faire comprendre dans les bureaux ce qu'il demande. J'ose répéter à Votre Majesté, qu'il y a tous les papiers nécessaires : mon père n'en a emporté aucun. Je puis prouver à Votre Majesté, comme elle est mal servie par le ministre des finances. Un fait important est à ma connaissance, parce qu'il me concerne. Lorsque Votre Majesté demanda l'état des finances, M. de Pignatelli, au lieu de me demander l'état de la perception de la contribution foncière, à moi qui suis le chef de cette administration, préféra le demander à mon inçu à un de mes chefs de division, qui est à la vérité un homme instruit, mais qui, croyant que M. de Pignatelli savait qu'il ne tenait pas les comptes des Calabres, parce que ces deux provinces n'étaient pas encore organisées comme les autres, croyant encore que M. de Pignatelli savait qu'il ne pouvait lui donner le compte du mois courant que le 15 du mois suivant, il lui donna un état qui ne comprenait que la perception au dernier mois près, sans faire mention d'arriéré, ni des Calabres. C'est cet état qui a été adressé à Votre Majesté par son ministre des finances ; c'est un état faux, envoyé de bonne foi par un ignorant. La faute venait de n'avoir pas consulté l'homme qui savait, ou de n'avoir pas fait la question de manière à ce que le chef de division reconnût qu'il ne pouvait pas fournir tout ce qui lui était demandé. Eh bien, Sire, c'est par hasard qu'un de mes employés se rendit chez M. Salicetti, qui lui dit : « Comment vont les affaires ? — Fort bien, monseigneur. — Comment, fort bien ! Vous avez perçu en sept mois 1,700,000 ducats, à-compte sur 7,000,000, et vous dites que cela va bien ! » Cette personne, ne pouvant répondre, vint me prévenir. C'est alors que je sus de quoi il s'agissait, et que je fis moi-même un état complet de la perception. Cet état, que voici, et dont je réponds, se monte à 4,220,000 ducats, au lieu d'un million 700,000 ducats. Et voilà pourtant ce qu'on a envoyé à Votre Majesté. Si je n'étais là , M. de *Pignatelli dirait peut-être que mon père n'a pas laissé de moyens de savoir l'état de la perception*, parce qu'il ignore l'organisation du ministère, et qu'il ne sait ni chercher, ni demander, ni employer les hommes qui l'entourent. Sire, il y a dans le ministère tout ce qu'il faut pour satisfaire Votre Majesté. Le ministre actuel est reprochable de ne pas le faire.

Lorsque le roi prédécesseur de Votre Majesté partit, Sa Majesté autorisa mon père à se nommer un successeur provisoire parmi les conseillers d'État. Sa Majesté désignait M. de Bisignano, qui refusa ; M. d'Acquaviva refusa également. MM. de Carignano et de Nolli, que mon père aurait choisis, étaient à Paris : alors mon père nomma M. de Pignatelli, parce que, comme Votre Majesté le sait peut-être, l'ancienne cour a fait un vide de 800,000 ducats à la banque. Ainsi, il y a sur la place 800,000 ducats de billets qui n'ont point d'autre valeur que le crédit dont jouit la banque ; et, dans le moment actuel, il n'y avait pas de plus importante opération de finance que de maintenir ce crédit en faisant affluer à tout prix de l'argent à la banque ; et mon père jugea que M. de Pignatelli, qui en était le chef, y mettrait seul l'intérêt convenable : voilà pourquoi il le choisit, et non comme financier, car il ne l'est pas plus que le caissier qui compte les écus à la banque.

Le Roi. — J'ai été fort trompé sur ce pays.

A Bayonne, on le vantait sans cesse; il semblait, à entendre dire, que tout était organisé, que toutes les caisses étaient pleines; j'arrive, et la première chose que j'apprends, c'est qu'il est dû 6 millions à l'armée.

Je ne sais comment cela pouvait aller ainsi: quant à moi, je ne prendrais plutôt que la moitié de ma liste civile, que de souffrir cela. J'ai appris hier que M. le général Partonneaux venait de forcer une de mes caisses en Calabre, comme si nous étions en pays conquis. Depuis quand pense-t-on que nous soyons en pays conquis? Je ferai voir, f....., ce que c'est que de piller mes caisses! Je sais bien que ce n'est pas pour lui, que c'est pour les besoins de l'armée; mais cela prouve une désorganisation totale. Les services manquent. Quoi qu'il en soit, je ferai voir à messieurs les généraux, que moi, je n'ai besoin de personne pour commander mon armée, que je sais commander moi-même. Le premier qui me manque, f....., je le casse comme un verre, et je le renvoie en France, et je fais commander par le premier capitaine.

Tenez, je vais vous parler avec toute la franchise dont je suis capable : je désire que monsieur votre père publie un rapport, cela lui est nécessaire, et je serai bien aise qu'il le fasse. Je ne suis pas grand financier; tout ce que je sais, c'est qu'il faut de l'ordre. Il est vrai que je n'ai pas l'esprit du roi, mais je ne sais pas comment il faisait. Il ordonnait des ponts, des chemins, et on prenait l'argent sur tous les autres services; il y avait toujours quelque chose qui souffrait. Pour moi, je ne sais qu'une chose, c'est que je n'ordonnerai pas une dépense que le fonds ne soit fait derrière.

J'ai ordonné qu'on imprimât, en tête de la loi sur la répartition de la contribution foncière, tous les budgets des ministres en entier. Ces messieurs s'y opposaient dans le conseil; mais, par Dieu! j'ai tenu bon. Je veux que mon peuple voie où passe l'argent des impôts. En levant 14 millions, je veux qu'on voie clairement que les besoins de l'État l'exigent. Pour cela, les budgets seront réimprimés tout au long en tête de la loi. Ce serait déjà fait, si on ne m'avait apporté hier un préambule ridicule que j'ai fait changer. Je dois à l'empereur, au pays, et à moi-même, un compte moral de tout ce qu'exige l'ordre que je suis.

Je crois que vous aurez été utiles ici : vous aurez tout préparé, tout disposé, mais il faut tout finir; il n'y avait rien d'achevé. La contribution foncière excite de grandes plaintes.

Moi. — Sire, ces plaintes ne sont pas toutes fondées; tout est prévu pour faire justice à celles qui le sont. On a eu une peine infinie à établir ce qui existe; cet établissement ruinait les priviléges des grands, qui sont si puissants en province. Il fallait d'ailleurs agir en dépit de l'ignorance des agents des communes, et de mille autres difficultés.

Le Roi. — Je sais tout cela, je n'écoute pas beaucoup les plaintes; il faut, je le sais, deux ou trois ans pour que cela aille bien; aussi je répète que vous aurez tout préparé, que je vous aurai beaucoup d'obligation, mais que tout reste à finir. Vous savez tout ce qu'on dit, dans la ville, des dons du roi. Le roi, en effet, a donné prodigieusement. Tous les jours, sans que je le demande, on me donne de tous les côtés un état des dons qu'il a faits; j'en ai dix de gens qui ne se connaissent pas, et tous ces états sont d'accord; ils ne diffèrent pas d'un ducat : il y en a pour 11 millions. Le roi ne le sait peut-être pas lui-même; je veux lui envoyer cet état. Il a donné la veille de son départ des sommes énormes, 200,000 ducats à madame..., 400,000 à une autre personne; il n'avait pas le droit de charger le grand-livre comme il l'a fait; il a donné des rentes à tout le monde, aux dépens des créanciers de l'État; il pouvait, je crois, donner des terres, des maisons, ou plutôt de l'argent de la main à la main, de manière à ce que personne ne le sût : cela fait crier. Vous pensez bien que lorsqu'on me parle de choses de ce genre, je suis le premier à jeter un voile là-dessus; si je partais demain, on en dirait autant de moi. Cependant, il y a des choses qui me font de la peine, je ne puis le cacher : le roi en s'en allant me laisse toute sa maison nommée; il nomme les grands officiers au moment de son départ, les chambellans : tout cela c'est comme des aides-de-camp, il faut des personnes en qui on ait une confiance très-grande; ils sont toute la journée dans mes appartements, je ne les connais pas. Dernièrement, dans un conseil de la maison que j'ai tenu là-dedans, M. le trésorier demandait 60,000 ducats pour compléter le mois de juillet, en disant que le roi lui avait ordonné de prendre 100,000 ducats pour ce mois-là, comme pour les précédents. J'ai défendu au ministre de les lui donner; et j'ai été bien aise, devant quelques-uns de ces messieurs, de lui dire que s'il avait besoin d'argent pour solder quelques dettes de ce mois-là, il m'en donnât un état, et que je le payerais avec de l'argent que j'ai apporté de France, et que j'ai encore là; que je lui ordonnais de montrer la lettre du roi en vertu de laquelle il faisait cette demande; que j'étais sûr qu'il ne l'avait pas, et que s'il l'avait, la signature en était fausse, ou surprise à la religion du roi; qu'il aimait trop ce pays-ci pour vouloir en enlever une si grosse somme; que Sa Majesté n'était pas capable de cette action; qu'on lui faisait tort en parlant comme cela. Cette affaire n'est pas neuve pour vous; vous avez dû entendre parler dans le public de ces 100,000 ducats que le général Lucotte attendait pour les porter au roi Il n'avait pas le droit de les demander. J'étais encore, à la vérité, grand-duc de Berg; mais il était déjà roi d'Espagne.

Je reconnais à la couverture ce que vous tenez là; c'est un rapport de monsieur votre père pour une loi; je le connais, je l'ai sur mon bureau; ce n'est pas un rapport général. J'attends ce rapport, il faut absolument qu'il me l'envoie, et qu'il l'imprime. Adieu, monsieur; quand partez-vous?

Moi. — Ce soir, Sire.

Le Roi. — Je suis fâché de vous perdre, je vous connaissais.

———

Sire,

Votre Majesté a témoigné à mon fils de l'étonnement sur ce que j'étais *parti de Naples sans rendre mes comptes.*

Elle a demandé des éclaircissements sur le produit et l'emploi de l'emprunt fait en Hollande, et notamment sur deux articles de dépense qu'elle a cru être l'un de 25,000 ducats, l'autre de 200,000.

Enfin, Votre Majesté a marqué du mécontentement sur ce que je n'avais laissé, a-t-elle dit, ni mémoires ni instructions sur les opérations commencées en finances.

Mon fils m'a rapporté que ses réponses sur plusieurs points avaient paru satisfaire Votre

Majesté. J'ai donné aussi plusieurs éclaircissements à la reine, qui me fit l'honneur de me mander le lendemain de votre départ. Cependant, je prie Votre Majesté de jeter encore les yeux sur les observations que j'ai l'honneur de lui adresser.

PREMIER OBJET.

Les comptes.

Je ne puis pas présumer que Votre Majesté pense que je sois *comptable,* et que je doive des *comptes de comptabilité.* Vous n'ignorez pas, Sire, qu'aucun ministre n'est *comptable* ni en France, ni en Italie, ni à Naples; qu'aucun ministre ne l'a jamais été, ni pu ni dû l'être. Un ministre dans une monarchie est un serviteur que le roi doit pouvoir à toute minute éloigner des affaires, écarter de la cour, de la ville, de l'État; employer à d'autres fonctions au dedans, au dehors, sans que la comptabilité du ministère, sans que l'activité du ministère même en éprouve un moment d'interruption: c'est par cette raison qu'il existe partout, et qu'il a existé dans tous les temps, sous une forme ou sous une autre, dans le ministère du trésor public, une *comptabilité permanente,* commune à tous les ministères, et *des comptables nommés par le prince et cautionnés.* Mais, quels que soient à cet égard les usages et les lois de tous les temps et de tous les pays, je me borne à dire qu'à Naples les art. 4 et 5 du décret du 14 octobre 1806, et l'art. 8 de la loi du 19 décembre 1807, chargent exclusivement de la comptabilité le trésorier général des recettes, les payeurs généraux et le trésorier général des dépenses; et que cette comptabilité ne regarde point le ministre des finances.

Je pense donc, Sire, que les comptes que Votre Majesté attendait de moi sont des comptes d'ordre, des comptes qui la mettent en état de voir l'origine et l'état des recettes, l'objet et l'état des dépenses du trésor royal; des comptes tels qu'en présente à l'empereur le ministre du trésor public.

Sire, quand je n'aurais laissé au trésor royal aucun compte d'ordre, je n'aurais blessé en cela aucune règle ni aucune convenance, parce que ces comptes se forment à volonté, et que mon successeur pouvait les donner à la première demande de Votre Majesté, dont j'ignorais, comme tout Naples, l'avénement au trône, lorsque je suis parti de la capitale. Les ministres ne tiennent point d'écritures ; les ministres ne peuvent donc que faire faire des comptes dans les bureaux , et les présenter; donc, le ministre en activité, sous l'autorité de qui restent les bureaux, peut toujours fournir des comptes d'ordre. Il n'y aurait donc d'obstacle à la formation d'un compte d'ordre aujourd'hui, qu'autant que j'aurais emmené avec moi les bureaux, ou emporté les écritures ; et il ne serait pas plus difficile à M. de Pignatelli de le présenter à Votre Majesté, qu'à moi de le faire pour le lui remettre. Quand le prince Bisignano a quitté le ministère, le roi ne lui a point demandé de compte d'ordre. J'en ai fait faire un pour savoir dans quel état je trouvais les affaires. Quand M. de Marbois a quitté le trésor public en France, l'empereur ne lui a point demandé de compte d'ordre, et c'est M. Mollien qui l'a fait faire et l'a présenté à Sa Majesté Impériale. Vous verrez, Sire, dans le compte *présenté* (et non *rendu*) par M. Mollien, en septembre 1807, qu'il présente le compte d'une période appartenante à l'administration de M. de Marbois, son prédécesseur; vous lirez, page 4, ces propres paroles : « Le compte que j'ai « présenté l'année dernière pour l'exercice de « l'an XIII *était entièrement étranger à mon* « *administration.* » En un mot, les comptes d'ordre ne se rendent que par le ministre actuellement chargé de l'administration. Cela n'empêche pas que chaque ministre ne soit personnellement *responsable* en cas de prévarication; mais la responsabilité n'entraîne pas la comptabilité.

Mais , Sire, quoique j'eusse pu sans irrégularité ne pas laisser de comptes de l'année commencée, *j'en ai laissé de très-réguliers.*

Je les ai laissés à jour.

Oui, Sire, j'ai laissé au trésor royal des comptes commençant au 1er janvier 1807, c'est-à-dire au second mois de mon ministère, et finissant le 15 juillet 1808, trois jours avant la remise du portefeuille au prince Pignatelli.

Ces comptes sont doubles.

Chaque double est en deux gros volumes in-folio, reliés en maroquin rouge. Le premier volume comprend les recettes et dépenses de 1807; le second, les recettes et dépenses de 1808. (Il est bien entendu que ce sont les recettes et dépenses des caisses du trésor public.)

Avec ces registres, Sire , on peut faire tout autre compte d'ordre, tout autre état que Votre Majesté peut désirer pour satisfaire sa juste curiosité. Vous pouvez y voir par vous-même le produit de chaque contribution et l'emploi de tous les produits, quinzaine par quinzaine et article par article.

Ces registres ont été tenus jusqu'à mon départ et d'après les divisions que j'en ai tracées, par le sieur Duclos, secrétaire du trésor et contrôleur des dépenses. Puisque le prince Pignatelli a laissé ignorer à Votre Majesté l'existence des comptes qu'ils présentent, ou a négligé de lui en expliquer le système et de lui faire voir qu'ils répondent à tout, je suis réduit à vous prier, Sire, de daigner les faire demander au sieur Duclos , avec un mémoire sur la méthode suivie pour leur formation; et puisque les circonstances me mettent dans le cas de parler de ces comptes à Votre Majesté, je prends la liberté de l'inviter à en ordonner la continuation.

Leur institution est mon ouvrage. J'en ai conçu l'idée, non-seulement pour que mon administration fût toujours en évidence, mais aussi pour que le roi eût la facilité de suivre, jour par jour, la marche de toutes les parties de l'administration publique, et d'y mettre ordre quand il y avait lieu. Voici ce que j'ai dit à cet égard dans un discours public que j'ai prononcé à l'installation de la cour des comptes, le 3 février dernier, avec l'aveu de Sa Majesté, qui en a ordonné l'impression dans la gazette officielle :

« Tous les quinze jours le ministre des finan« ces présente au roi l'état des payements faits « à la trésorerie, sur les ordonnances de tous « les ministères. Cet état est formé suivant l'or« dre et les divisions observés dans le décret « qui ouvre un crédit à chaque ministre. Le « ministre des finances présente en regard des « dépenses les recettes aussi détaillées, de « sorte que chaque quinzaine Sa Majesté voit, « sans avoir besoin d'autres rapports, et comme « dans un fidèle miroir, non-seulement com« ment se dépensent les deniers de l'État, mais « aussi comment marchent les affaires publi« ques et les parties principales de chaque ser« vice. L'état de revenus, divisé par branches « de revenus et par province, porte le témoi« gnage de l'ordre et de l'esprit qui règnent « dans les diverses parties de l'État , et de la

« situation de leur commerce. Le tableau des
« dépenses montre comment le service public
« doit se faire et même comment il se fait ; car
« les finances étant l'aliment des parties qui le
« composent, on peut juger de leur vigueur et
« de leur langueur par la distribution qui leur
« est faite. Heureuse institution qui satisfait la
« sollicitude paternelle d'un roi vigilant, en lui
« épargnant des recherches inquiètes et péni-
« bles, lui facilite l'exercice de son pouvoir
« sur tout ce qui importe à l'intérêt de l'État,
« tient tout dans sa dépendance, et appelle
« sans cesse son attention sur toutes les bran-
« ches du gouvernement. »

Ce sont tous ces états de quinzaines qui, inscrits à la suite les uns des autres, composent
les registres dont j'ai l'honneur de parler à Votre Majesté.

Pour que ce tableau des recettes et dépenses
ne cessât jamais d'être sous les yeux du roi,
j'avais fait tenir en double le registre où l'on
portait chaque quinzaine. Tandis qu'un des doubles était dans le cabinet du roi, l'autre était à
la trésorerie pour recevoir, à l'expiration de la
quinzaine, l'état des recettes et dépenses qu'elle
comprenait. Les 4 et 18 de chaque mois, je re-
mettais cet exemplaire au roi, et je retirais celui qui était resté dans son cabinet, pour faire
faire sur celui-ci la même opération à la fin de
la quinzaine suivante.

Cette méthode, que ne permettrait pas en
France la complication du système financier
résultante de la diversité des contributions et de
la multitude des provinces, réunissait toujours
sous les yeux du roi le passé et le présent, l'ensemble et les détails ; elle tenait le roi plus informé de l'état de ses affaires que ne peuvent
le faire en France les états mensuels et som-
maires du ministre du trésor public ; et à la fin
de l'année, Sa Majesté trouvait tout fait, et reconnaissait d'avance les résultats généraux que
présente le premier *compte général* que le ministre du trésor public présente le cinquième
ou sixième mois de chaque année à l'empereur,
pour les recettes et dépenses des caisses du
trésor public pendant l'année précédente, et
qui forme la première partie des comptes imprimés du trésor.

Deux faits m'ont prouvé l'importance que le
roi votre prédécesseur mettait à ce travail : au
commencement de la présente année, l'im-

primeur des têtes du registre et le relieur
m'ayant fait attendre six semaines ce registre,
Sa Majesté m'écrivit une lettre de reproches
qui me fut fort sensible, sur l'interruption des
échanges que je faisais chaque quinzaine dans
son cabinet. Le second fait, c'est que la veille
du départ de Sa Majesté je lui demandai, en
finissant mon travail, si elle ne voulait pas que
je remportasse à la trésorerie l'exemplaire qui
était sur son bureau, pour le faire continuer en
même temps que son double ; Sa Majesté me
répondit : « Je le laisserai ici dans mon cabinet ;
« si, comme on le dit à Naples, je ne dois
« pas y revenir, mon successeur y trouvera vos
« comptes. » Et ce registre est resté dans le
cabinet du roi.

L'emploi des fonds provenant de l'emprunt de Hollande.

Je suis obligé de dire que M. de Pignatelli a
honteusement pris le change ou l'a voulu donner à Votre Majesté, lorsqu'il lui a présenté,
comme le compte du trésor royal relativement
aux fonds provenant de l'emprunt de Hollande,
des comptes particuliers avec des personnes à
qui ont été faits des payements dont le trésorier de la maison du roi a tenu compte au
trésor sur les crédits ouverts à la maison du
roi.

Le trésor royal, Sire, n'a rien payé ni à
M. de Girardin ni à M. Deslandes, ni ne doit
compte d'aucun payement fait à l'un ou à l'autre. Les effets endossés au profit de M. Deslandes par M. Falconnet en assignations sur
l'emprunt de Hollande, les 25,000 francs (et
non pas 25,000 ducats) remboursés sur le
même emprunt à M. Baguenault, qui en a fait
l'avance à M. de Girardin, ces effets et valeurs
ont été payés par le trésor non à M. de Girardin ni à M. Deslandes, mais à M. Thibaud,
trésorier de la maison du roi, pour le compte
du roi, sur les crédits ouverts par le roi au trésor royal, soit pour l'arriéré, soit pour le courant des 100,000 ducats par mois auxquels Sa
Majesté a borné volontairement sa liste civile
pendant son règne, et qu'elle n'a pas excédée
d'une obole. C'est M. Thibaud qui a fourni ses
quittances comptables de ces sommes ; c'est
au profit de M. Thibaud que j'ai délivré mes
ordonnances. Que, par des opérations de cor-

respondance et des virements, le trésor ait originairement remis de l'argent à MM. Deslandes et Girardin, cela est étranger à sa comptabilité lorsque le trésorier de la maison du roi le prend pour le compte de Sa Majesté sur une ordonnance régulièrement délivrée sur un crédit régulièrement ouvert. Du moment que le payeur général du trésor et le trésorier général ont donné cet argent pour comptant à M. Thibaut, MM. Deslandes et Girardin ne peuvent plus être considérés que comme l'ayant reçu du roi, et non du trésor royal; ils en doivent compte à Sa Majesté ou à M. Thibaut, mais non au ministre des finances ni aux payeurs généraux, et le ministre des finances et les payeurs généraux n'en doivent compte à personne.

Il n'y a, Sire, que quatre questions à résoudre pour satisfaire Votre Majesté relativement aux fonds provenant de l'emprunt de Hollande :

La première : Quel a été le produit de l'emprunt?

La deuxième : Le trésorier général des recettes a-t-il fait état dans ses recettes du produit de l'emprunt?

La troisième : A-t-il versé ce produit à la caisse générale des dépenses?

La quatrième : Les payeurs et le trésorier général des dépenses l'ont-ils employé aux dépenses de l'État?

Voilà les quatre questions sur lesquelles Votre Majesté a intérêt d'être éclaircie.

Les réponses, Sire, sont dans le registre rouge dont j'ai parlé si longuement à Votre Majesté, et dans un compte particulier tenu par le sieur Lamurra, trésorier général des recettes.

Le compte du sieur Lamurra fait connaître les frais de négociation qui ont eu lieu tant à Amsterdam qu'à Paris, à Rome et à Naples. Les personnes qui y ont été employées sont : à Amsterdam, M. Hoppe; à Paris, M. Baguenault; à Rome, le marquis Torlonia; à Naples, M. Falconnet. J'ai remis au secrétaire d'État, M. Ricciardi, les pièces originales du traité fait en Hollande, et mon rapport au roi sur le taux auquel on peut prévoir que montera l'intérêt de l'emprunt. M. de Pignatelli assure, m'a-t-on dit, qu'il coûtera plus de 10 pour 100. Je ne les avais évalués qu'à 8. Les circonstances

qui, cette année, ont maîtrisé le cours du change, peuvent avoir haussé considérablement les frais; cependant, je doute encore de l'exactitude des calculs de M. Pignatelli. Le sieur Lamurra peut éclaircir la chose.

Le registre rouge dit tout ce qu'on peut désirer de savoir d'ailleurs. Votre Majesté y verra : 1° que les fonds de l'emprunt ont tous été versés à la caisse des recettes ; 2° que la caisse des recettes les a versés à la caisse des dépenses; 3° que la caisse des dépenses les a employés, comme tous ceux qui sont provenus des revenus de l'État, aux dépenses publiques d'après des ordonnances ministérielles conformes à des crédits ouverts par le roi.

Cela vu, tout est vu; et l'on ne peut même pas aller plus loin, parce qu'à la caisse des dépenses toutes les origines de fonds se confondent, et doivent ne former qu'une masse.

Votre Majesté s'expliquera aisément de quelle manière les noms de MM. de Girardin et Deslandes se trouvent dans la correspondance de la trésorerie, et dans des comptes particuliers (tenus pour l'ordre seulement), sans que la comptabilité doive en faire mention le moins du monde.

Je commence par l'article de M. de Girardin. Il est, comme je l'ai dit, de 25,000 fr. et non de 25,000 ducats : dans l'été de 1807, le roi avait donné ordre directement à M. Baguenault, son banquier à Paris, de payer à M. de Girardin, qui était alors dans cette capitale, la somme dont il s'agit. Je présume que c'était pour les frais d'un voyage fait en Hollande avec M. de Fréville; mais n'importe l'objet: M. Baguenault avait payé les 25,000 fr. sur l'ordre du roi, et Sa Majesté lui redevait cette somme. Mais à la même époque, le trésor royal redevait au roi une somme bien plus considérable sur l'arriéré et le courant de sa liste civile. Sa Majesté m'ordonna de payer M. Baguenault, et en même temps elle ordonna à M. Thibaud, son trésorier, de tenir compte de cette somme au trésor royal, et à moi de l'imputer à M. Thibaud; et c'est ce qui s'est fait; et c'est par cette raison que l'article de M. de Girardin est devenu étranger à la comptabilité.

Ce qui concerne l'article de M. Deslandes est tout aussi simple : M. Deslandes est le secrétaire particulier du roi. Lorsque Sa Majesté est partie pour Bayonne, je lui ai remis un million de francs, ou 222,222 ducats, en lettres de change. Le 24 juin suivant, j'ai mis de plus à la disposition de Sa Majesté 500,000 fr., ou 113,636 ducats, chez M. Baguenault, et j'ai fourni à celui-ci une assignation de pareille somme sur l'emprunt d'Hollande. Mais, comme il ne convenait pas à Sa Majesté d'endosser des lettres de change, ni de fournir des traites en son nom sur M. Baguenault, j'ai endossé les effets remis à Sa Majesté à l'ordre de son secrétaire intime, et j'ai écrit à M. Baguenault de payer sur sa signature, d'après les ordres de Sa Majesté. Mais comme ces opérations étaient étrangères à la comptabilité, que M. Deslandes, ni même Sa Majesté, en son propre nom, n'avaient point de crédit ouvert au trésor royal, les 1,500,000 fr., ou 335,858 ducats, ont été ordonnancés par moi au profit de M. Thibaud, trésorier de la liste civile, lequel, par ordre du roi, en a tenu compte au trésor royal sur le crédit ouvert pour l'arriéré des 100,000 ducats par mois de la liste civile, et en a fourni sa quittance comptable ; et c'est ainsi que le nom de M. Deslandes, et l'opération qui le concerne, sont devenus étrangers à la comptabilité du trésor royal.

Je n'ignore pas, Sire, que, parmi les courtisans les plus comblés par le roi, il s'est trouvé des gens assez ingrats pour dire que j'aurais dû faire des représentations à Sa Majesté contre ces payements, au lieu de les ordonnancer, en partie de mon propre mouvement, comme j'avais fait ; d'autres ont expliqué ma conduite en disant que le roi m'avait fait don des derniers 500,000 fr. qui ont été mis à sa disposition.

Sire, si dans des circonstances plus heureuses pour le roi et pour son peuple, à la suite de longs services que j'aurais eu le bonheur de rendre dans un autre ministère que celui des finances, et qui auraient été couronnés d'un plein succès, Sa Majesté eût ajouté à ma fortune, je me ferais gloire de ses dons. Mais le roi, en me confiant ses finances, en me constituant le gardien et le défenseur de la fortune publique, en me plaçant entre le trône et la cupidité des courtisans et les manœuvres des fripons, m'avait fait l'honneur et la grâce de s'interdire toute libéralité à mon égard. Elle avait daigné reconnaître que le moindre accroissement de ma fortune énerverait mon ad-

ministration, rendrait ma sévérité ridicule et méprisable, ôterait tout crédit à mes opérations sur la dette publique, me rendrait suspect et odieux dans un ministère où la facilité de s'enrichir fait toujours voir un étranger avec envie ; enfin, autoriserait le public à confondre un sénateur français, riche des bienfaits de l'empereur, avec des courtisans affamés ; et un serviteur engagé par l'affection et la reconnaissance, avec ceux qui s'avancent par ambition ou par besoin, et parviennent par intrigue. Je m'étais dévoué, Sire, non pour obtenir, mais pour m'acquitter ; non par intérêt, mais par gratitude. Je me suis quelquefois flatté que le roi, en ne m'affligeant par aucun don, avait aussi bien jugé mon caractère que ma position, et cette justice ajoute encore à ma reconnaissance. Oui, Sire, j'ose espérer qu'il m'a estimé supérieur aux récompenses pécuniaires ; et il est certain que sa confiance et son estime m'ont élevé bien au-dessus.

Sire, j'ai payé les 1,500,000 fr. dont il s'agit, parce que c'était mon devoir.

C'était mon devoir, parce qu'un décret ouvrait un crédit à la maison royale pour un arriéré bien plus considérable, et parce que le roi partait.

En 1806, le roi n'ayant reçu du trésor royal que de faibles à-compte sur ses dépenses, quelquefois 20 ou 30,000 ducats par mois, et en 1807 même n'ayant encore reçu que des à-compte, excepté dans les derniers mois, le 1er janvier 1808, il revenait à Sa Majesté, sur ses crédits mensuels de 1806 et 1807, à raison de 100,000 ducats par mois, une somme de 878,000 ducats. En conséquence, le 1er janvier 1808, cette somme a été et dû être portée, avec les arriérés des autres services publics, dans un état général pour lequel il a été ouvert des crédits aux ministres respectifs ; c'est ce que Votre Majesté peut voir dans l'état numéro 2, qui est à la suite de mon rapport imprimé sur la dette publique. Le 1er mai dernier, il n'y avait que 80,000 ducats de payés sur cette somme, ainsi que l'indique le tableau numéro 3, à la suite du même rapport.

Ainsi, le 1er mai dernier, *le trésor royal redevait au trésor de la maison royale* la somme de 798,000 ducats, pour solde de 1806 et 1807. C'est à compte de cette créance que j'ai délivré les 1,500,000 fr. ou les 335,858 ducats dont il s'agit. Une grande partie du reste a été soldée ou en biens fonds provenant de monastères supprimés par le roi, ou en inscriptions sur le grand livre. Votre Majesté sait que les inscriptions sont rachetables par la caisse d'amortissement avec le produit des biens nationaux dont elle a été dotée ; ce qui fait que, payer en inscriptions, se réduit pour les finances à payer en biens de l'État. Ainsi, une partie de la créance du roi a été payée en biens de l'État, et c'est avec ces biens qu'il a satisfait sa munificence sans charger l'État. Sans doute le trésor ne pouvait s'acquitter avec une monnaie plus avantageuse pour les finances, ni le roi employer son recouvrement d'une manière plus digne de son caractère.

Je ne me fais pas une idée des motifs sur lesquels j'aurais pu m'ingérer à faire des représentations au roi contre l'acquittement d'une partie de sa créance en assignations sur l'emprunt de Hollande.

Cette créance était sacrée, à moins qu'on ne mette en principe que le roi avait été trop heureux de recevoir, en 1806, 30 ou 40,000 ducats par mois, du trésor royal ; principe qu'on n'opposerait pas à l'arriéré du traitement d'un simple officier civil ou militaire.

Cette créance était sacrée, parce que, dans ces temps d'embarras, le roi avait soutenu sa maison, remeublé ses palais, moyennant des emprunts faits à Paris et à Rome sur son crédit personnel, et que ces emprunts restaient à rembourser.

Le roi avait besoin d'une partie de ces fonds pour son voyage ; et sans doute il convenait bien mieux au trésor royal de les fournir en assignations sur la Hollande, que de les tirer de la banque en espèces.

Le payement de cette somme n'exigeait pas une anticipation d'une obole sur le revenu de l'État, et il ne prenait rien même sur le fonds des dépenses courantes.

Le roi, en disposant de cette somme sur l'emprunt de Hollande, avait pourvu à l'acquittement de cet emprunt en remettant pour cet effet des valeurs en biens de l'État à la caisse d'amortissement. Ainsi, le payement même de cette partie de la créance du roi se réduit, comme ce qui lui a été payé en inscriptions et en fonds territoriaux, à une créance sur le produit de la vente des domaines réunis, c'est-à-dire des biens des couvents supprimés par le

roi pour l'acquittement de tous les arriérés. Ainsi, Sa Majesté a suivi la condition de tous les créanciers de l'État, et les biens de l'État ont suivi la destination qui leur avait été donnée lorsque le solide courage de Sa Majesté en a fait la conquête sur les préjugés du pays et sur son vice dominant : la paresse.

En deux mots, Sire, pour le payement de l'arriéré, il n'a pas été pris un écu sur les revenus de l'État, que le roi a augmentés du double, ni ajouté un écu à la dette de l'État, que le roi a réduite de moitié.

Votre Majesté, sans doute, ne voit dans ces circonstances aucune raison pour qu'on eût fait autre chose que ce qui a été fait ; j'offenserais donc en même temps Votre Majesté et son auguste prédécesseur, si je m'excusais de mon empressement à remplir un devoir qui m'était tracé par un décret positif.

TROISIÈME OBJET.

Le défaut d'instructions sur les opérations commencées.

Sire,

Je n'ai jamais présenté un projet de loi, aucun projet de décret au roi, sans le faire précéder d'un rapport ; je n'ai jamais fait une instruction sans la raisonner, ni fait un arrêté sans le motiver. J'ai laissé ces travaux aux chefs des divisions respectives.

Si M. de Pignatelli l'avait bien voulu, il aurait trouvé dans les bureaux l'exposition ou la tradition des principes qui doivent gouverner toutes les parties.

Il m'est impossible aujourd'hui et ici, de recommencer tout le travail de dix-huit mois ; pour le résumer et le compiler, j'aurais besoin de mes minutes et du bulletin des lois ; les caisses où elles sont renfermées ne me sont point encore arrivées, et je n'en ai aucune nouvelle.

En attendant, si Votre Majesté croit que je puisse donner des lumières sur quelque objet que ce soit, je suis à sa disposition ; je répondrai avec empressement à toutes les questions qui pourront m'être proposées par son ordre.

Je retrouve, dans le peu de papiers que j'ai rapportés avec moi, le rapport général que j'ai fait au roi, en conseil d'État, au commencement de la présente année. Ce rapport classe les objets avec assez de méthode, et en fait assez connaître la nature. J'ai l'honneur de l'adresser à Votre Majesté; je désire qu'il la satisfasse. M. de Pignatelli aurait pu se le faire donner aux archives ou par le secrétaire d'État. Mais en général, Sire, on cherchera bien plutôt à intercepter tout ce qui ferait connaître la marche du précédent règne, qu'à le mettre sous les yeux de Votre Majesté.

Du reste, Sire, il est impossible qu'un État éprouve tout à la fois un changement de roi et un changement de ministres sans que les affaires se trouvent quelque temps embarrassées; surtout quand un interrègne, quelque court qu'il soit, sépare les deux gouvernements, et qu'un intérim sépare les ministères. La confusion redouble, si un ministre, taillé tout au plus à la mesure d'*un intérim*, a la malheureuse prétention de se perpétuer dans sa place. Incapable de rendre compte de l'ordre établi, et plus encore de le maintenir, il commencera par crier au désordre, et parviendra bientôt à l'introduire partout, soit en remettant les affaires à des malveillants déclarés contre son prédécesseur, soit en laissant revenir les anciennes routines, et effacer jusqu'aux traces des méthodes salutaires que l'heureuse expérience d'un grand pays leur a substituées.

Mais, Sire, quand le fond des affaires est bon, le prince ne tarde pas à voir d'où vient l'embarras des services, et il y met ordre.

A Naples, Sire, les affaires que vous a laissées votre auguste prédécesseur sont bonnes. Il vous laisse 14 millions de revenus, au lieu de 7 qu'il a trouvés; une dette réduite de 100 millions à 50, et des moyens d'extinction assurés : voilà le fond de vos affaires.

Quelques mois d'essais sur les choses et sur les personnes, quelque malheureux qu'ils puissent être, ne priveront pas Votre Majesté des heureux fruits que les lumières et l'expérience d'un bon ministre des finances sauront recueillir pour elle à la suite.

Je suis avec un profond respect, Sire, etc.

ROEDERER.

(*Note de l'éditeur.*) A l'envoi que fit mon père (le 1er novembre 1808) au roi Joseph des deux pièces qu'on vient de lire, S. M. répondit, le 9 du même mois, la lettre qui se trouve à la page 25 de ce volume. J'y reprends les lignes suivantes, qui se rapportent à la circonstance actuelle :

« … Votre lettre au roi Joachim est bien écrite, je l'avoue. — *Il tempo è galant' uomo;* les Napolitains sentiront que ce proverbe est juste.

« Les gens de votre trempe ne doivent pas s'affecter des jugements des sots et des fripons, et j'ose dire que vous devez être fier de mon estime, comme je le suis de votre amitié. Vous êtes fait pour apprécier les jugements des hommes qui vous ressemblent. Sceptres, bâtons, mitres, etc..., ne grandissent pas plus un pauvre sire que les talons rouges de défunte mémoire. — Dites toujours à MM. Lacépède, Lagrange, Monge, etc..., que j'estime plus leur opinion que toutes les grandeurs que l'aveugle hasard donne, et que je partage avec tant de pauvres princes de tous les siècles... »

Les sentiments exprimés dans cette lettre reçurent une précieuse consécration par le don que le roi fit de son portrait à mon père, ainsi qu'on le voit par les remercîments qu'il en adressa à S. M., par sa lettre du 18 février suivant (page 26). C'est ce portrait que j'ai fait graver pour être placé en tête du présent volume.

TROISIÈME ÉPISODE :

Questions faites par l'empereur à M. Rœderer sur le royaume de Naples.

(*Note de l'éditeur.*) J'ai placé à la page 561 du troisième volume de cette collection, une lettre de mon père à l'empereur, en date du ... novembre 1809, par laquelle il lui fait l'envoi d'un travail dans lequel, en reproduisant les questions que S. M. lui avait adressées sur le royaume de Naples, pendant un dîner à Fontainebleau, il y répond avec plus d'extension et plus de précision qu'il n'avait pu le faire de vive voix, sachant quel prix S. M. attachait à des renseignements d'une nature si grave et si importante.

En produisant la lettre d'envoi de mon père à l'empereur, je disais que, pour ne pas interrompre la série des pièces que je publiais, je produirais ce travail ultérieurement. — C'est ici sa place.

Toutefois, je crois convenable de le faire précéder par l'extrait de trois lettres que mon père m'écrivit à ce sujet, soit pour m'en annoncer l'envoi prochain, soit pour me l'adresser lorsqu'il fut prêt. J'étais alors préfet du Trasimène.

« Paris, le 27 novembre 1809.

« ..... J'ai eu l'honneur de dîner avec Leurs Majestés (*à Fontainebleau*). Tu te rappelles que je t'ai dit que tu devais diriger ton attention vers la solution de quelques questions générales qui sont les faisceaux d'une multitude de questions particulières, et dont la solution est l'expression abrégée d'une multitude d'observations de détail. Par exemple :

quelle est la population du pays? quelle est l'étendue du territoire? dans quels rapports est la population avec le territoire? dans quel rapport a-t-elle été et pourrait-elle être? quels sont les principaux produits du pays, produits naturels, produits industriels? Le pays fournit-il à la consommation du pays en denrées de première nécessité? y fournit-il en objets de commodité et de luxe? où vend-il son superflu? où achète-t-il ce qui lui manque? quel est le caractère général des habitants? sont-ils paresseux ou laborieux? A combien de temps peut-on évaluer le travail journalier de tout âge et de tout sexe dans le pays? quelle classe est la plus disposée à s'affectionner à la France? jusqu'à quel point une autre en est-elle éloignée? quels moyens seraient les plus propres, 1° à bonifier le sort des habitants ; 2° à concilier l'affection à l'empereur? quels sont les moyens de commerce qu'a donnés le gouvernement ancien? État des chemins, des canaux, des ports ; ce qu'il faudrait ajouter, changer dans ces parties. Quelles lois ou prohibitions peuvent favoriser ou contrarier le commerce ?... Eh bien ! toutes ces questions, ou à peu près, l'empereur me les a faites sur le royaume de Naples pendant le dîner, en peu de mots, auxquels j'ai tâché de répondre de même. Toute l'administration d'un pays doit aboutir à ces résultats-là. Je ne puis donc te donner une meilleure instruction sur les objets auxquels tu dois consacrer des recherches, qu'en t'adressant par un prochain courrier les questions que m'a faites Sa Majesté, avec les réponses que je rédige en ce moment pour développer, confirmer ou réformer celles que j'ai faites très-brièvement en dînant. Ce sera un programme de l'empereur lui-même, que tu auras pour guide de tes travaux... »

« Paris, le 21 décembre 1810.

« Je t'envoie les questions que m'a faites l'empereur. Elles te serviront de programme pour ta préfecture. N'oublie pas que toutes les questions particulières en administration doivent toutes tendre à la solution des questions générales de *population* et de *richesse*, parce que c'est ce qui fait *la force* et *le bien-être des peuples*, *l'armée* et la *finance* du prince... »

« Paris, le 4 mars 1810.

« ..... Dans les questions que l'empereur m'a faites sur le royaume de Naples, il n'a pas compris celle-ci : *Dans quelle proportion se trouvent les prolétaires avec les gens qui ont quelque chose ?* Je te conseille de l'ajouter au programme sur lequel tu dois recueillir des notions. Tu m'as souvent entendu dire que le système de la police générale avait été manqué à Naples, parce qu'on avait transporté dans ce pays, où les prolétaires sont aux *possidenti* comme 8 ou 10 sont à 1, le système français, où ces premiers sont aux seconds comme 3 à 1. On fera la même faute en Espagne, quoique j'aie beaucoup réclamé, dans le temps, près du roi. Il faut la police de Charlemagne et d'Alfred dans des pays où la population est ainsi partagée, et qui sort d'une révolution, ou qui est en révolution. Quand la *garde nationale* s'est formée spontanément en France, au moment de la désorganisation générale, elle n'a pas eu pour objet de renverser le trône, mais seulement de conserver les propriétés contre les prolétaires déchaînés par les factions. Dans les pays populeux de l'Italie, anciennement les prolétaires étaient esclaves; on n'avait rien à craindre de gens qu'on tenait sous clef, et qu'on tuait à volonté. Depuis, les prolétaires ont été contenus par le régime féodal. Aujourd'hui, tout cela n'existe plus; il faut y suppléer par un système de police qui oblige ceux qui ont quelque chose à répondre de ceux qui n'ont rien; et qui, par la même raison, soumette ceux qui n'ont rien, sous plusieurs rapports, à ceux qui ont quelque chose (1). J'ai toujours eu en idée de donner sur cela un mémoire à l'empereur; je suis sûr que de ce côté-là j'aurais été bien entendu. Le roi a eu de bonnes raisons pour se borner à imiter la France en beaucoup de points; mais il faut pourtant se conformer aux circonstances locales, et l'empereur ne le trouverait point mal, tout au contraire.

« Je me flatte que quand Sa Majesté ira en Italie, tu seras en état de lui rendre bon compte de ton département sous tous les rapports... »

---

(1) (*Note de l'éditeur.*) Ce système est développé dans une pièce intitulée *Mémoire sur le partage des biens communaux et sur la police municipale du royaume de Naples*, qui sera insérée, ci-après, dans ce volume.

QUESTIONS

CONCERNANT LE ROYAUME DE NAPLES, FAITES PAR L'EMPEREUR A M. LE SÉNATEUR ROEDERER, A FONTAINEBLEAU, LE 13 NOVEMBRE 1809, PENDANT LE DINER (1).

Développements et preuves des réponses faites verbalement à Sa Majesté, à mesure qu'elle faisait les questions.

1. Quelle est l'étendue du territoire du royaume de Naples?

2. Quelle est la population du royaume de Naples?

3. Dans quelle proportion est la population du royaume de Naples avec son territoire?

4. Comparaison de la population du royaume de Naples avec la population de la France, à trois époques différentes, savoir : 1° avant la révolution française; 2° depuis la réunion des Pays-Bas, de la rive gauche du Rhin, de Porentruy et Avignon; 3° depuis la réunion de la Ligurie, de Parme et Plaisance, de la Toscane et de l'État romain.

5. Comparaison de la population présente du royaume de Naples avec son ancienne population.

6. Quels sont les rapports du travail dans le royaume de Naples avec la population? En d'autres mots, quel est le terme moyen du temps employé journellement au travail par les habitants de tout âge et de tout sexe?

7. Quels sont les revenus de l'État dans le royaume de Naples?

8. Quels sont à Naples les rapports des contributions avec la population?

9. Quels sont à Naples les rapports des contributions avec l'étendue du territoire?

10. A quelle somme se monte le revenu que l'État tire du sel à Naples?

11. A combien s'élève l'exportation de l'huile du royaume de Naples?

12. Quelle est la somme assignée aux ponts et chaussées dans le royaume de Naples?

13. Quelle est la population de la ville de Naples?

N° 1.

QUELLE EST L'ÉTENDUE DU TERRITOIRE DU ROYAUME DE NAPLES?

L'étendue du royaume de Naples, réduite en mesures de France, est de 3,992 lieues 92/144 carrées, de 25 au degré.

Observations.

La mesure usitée dans le royaume de Naples est le mille. 144 milles napolitains répondent à 25 lieues de France, de 25 au degré. La superficie du royaume de Naples est de 23,000 milles napolitains (Galanti); donc elle est, comme le dit la réponse, de 3,992 lieues, de 25 au degré.

Tempelman n'évalue le territoire du royaume de Naples qu'à 3,500 lieues carrées; mais Galanti est plus croyable, ayant été plus à portée de se procurer des documents authentiques.

N° 2.

QUELLE EST LA POPULATION DU ROYAUME DE NAPLES?

Suivant l'état formé en 1791, la population se montait à 4,950,533 habitants. Mais d'après celui qui a été formé en 1807, sous le règne du roi Joseph, pour la répartition forcée du sel entre les communes, la population excède 5 millions, je crois, de 40 mille têtes ou environ.

Observations.

Jamais, dans le royaume de Naples, on n'a procédé avec une bonne méthode à la formation d'états de population. On s'est borné à faire des *dénombrements* et *des recensements;* moyens très-imparfaits en eux-mêmes, et qui deviennent encore plus douteux lorsque les

---

(1) (*Note de l'éditeur.*) Je tiens de mon père que, pendant ce dîner, et comme il disait à l'empereur qu'il venait de faire cinq cents lieues dans l'intérieur de son empire, et que cela donnait une belle idée de son immensité, S. M. lui répondit : « Il y a cependant un point où sa limite est trop resserrée; et cela m'étouffe! » — Le roi de Westphalie, qui était présent, lui dit : « Lequel donc? — Strasbourg! répondit l'empereur. — Oh! dit en riant le roi, il y a cent vingt lieues de Paris à Strasbourg. Excusez du peu! » — L'empereur s'anima, et dit : « Et ne voyez-vous pas qu'en douze marches on arrive de Strasbourg à Paris? »

Mon père n'a point écrit cette anecdote (ou bien la pièce aura été égarée); mais je la lui ai entendu raconter plusieurs fois.

habitants du pays, y compris les personnes chargées des dénombrements, ont intérêt à diminuer ou augmenter le nombre des têtes qui composent la population.

En France, les préfets ont eu intérêt à supposer la population des villes de leur résidence plus forte qu'elle n'était, parce que leur traitement était gradué sur cette population. C'était une cause d'exagération ; mais la méthode à laquelle ils ont été ou dû être assujettis, celle de former leurs états sur les naissances, morts et mariages, a garanti ou dû garantir la fidélité des résultats.

Dans le royaume de Naples, où le sel appartenant au roi est distribué par le fisc aux communes, et où la quantité assignée à chacune est déterminée par le nombre de têtes reconnues sur son territoire, les habitants, et par conséquent les magistrats locaux, ont intérêt à cacher une partie de leur population; et comme la méthode du dénombrement se prête à la fraude, il est plus que probable que l'état général de population formé à Naples avec les états particuliers des communes est au-dessous de la vérité. On peut arbitrer qu'elle l'est de 5 pour 100; ainsi, il faudrait ajouter, au nombre porté dans les états, un supplément de 250,000. Ainsi, la population pourrait être évaluée à 5,300,000 têtes.

N° 3.

DANS QUELLE PROPORTION EST LA POPULATION DU ROYAUME DE NAPLES AVEC SON TERRITOIRE?

Le royaume de Naples étant de 3,992 lieues carrées, et sa population de 4,950,533 habitants, le nombre des habitants est d'environ 1,240 1/9 par lieue carrée; ce qui donne un habitant par 3 arpents 1/6.

Observations.

Cette proportion est calculée d'après l'état formé en 1791, état que je crois trop faible d'environ 300,000 têtes, ainsi que je l'ai dit. Ainsi, la population étant supposée d'environ 5,300,000, le rapport de la population au territoire serait d'environ 1,327 habitants 2/3 par lieue carrée, au lieu de 1,240 1/9, et d'un habitant par 2 arpents 19/20 ou environ, au lieu de 3 arpents 1/6.

N° 4.

COMPARAISON DE LA POPULATION DU ROYAUME DE NAPLES AVEC LA POPULATION DE LA FRANCE, A TROIS ÉPOQUES DIFFÉRENTES, SAVOIR : 1° AVANT LA RÉVOLUTION FRANÇAISE; 2° DEPUIS LA RÉUNION DES PAYS-BAS, DE LA RIVE GAUCHE DU RHIN, DE PORENTRUY ET AVIGNON; 3° DEPUIS LA RÉUNION DE LA LIGURIE, DE PARME ET PLAISANCE, DE LA TOSCANE, DE L'ÉTAT ROMAIN.

PREMIÈRE ÉPOQUE.

Avant la révolution française, la population de la France était d'environ 915 habitants 2/3 par lieue carrée. Celle du royaume de Naples étant de 1,240 1/9, la population du royaume de Naples était, proportionnellement au territoire, plus forte que celle de la France d'environ 1/19 (1).

Observations.

Suivant M. Necker, le territoire de la France était, avant la révolution, de 26,951 lieues carrées, et la population était de 24,676,000 habitants. Ainsi, c'était environ 915 habitants 2/3 par lieue carrée, de 25 au degré. La lieue carrée étant de 3,916 arpents, il y avait donc 1 habitant par 4 arpents 1/4.

Le royaume de Naples est, comme on l'a vu, de 3,992 lieues carrées, et sa population de 4,950,533 habitants; c'est donc environ 1,240 habitants 1/9 par lieue carrée, et 1 habitant par 3 arpents 1/6.

DEUXIÈME ÉPOQUE.

Depuis la réunion des Pays-Bas, de la rive gauche du Rhin, de Porentruy et Avignon, la population de la France s'est élevée de 915 habitants 2/3 par lieue carrée, ou 1 habitant par 4 arpents 1/4, à 979 habitants par lieue carrée, ou 1 habitant par 4 arpents. La population du royaume de Naples montant à 1,240 habitants 1/9 par lieue carrée, ou 1 habitant par 3 ar-

---

(1) (*Note de l'éditeur.*) Ce chiffre, porté dans le manuscrit de mon père et dans deux copies qui ont été faites sous ses yeux, est évidemment erroné. Voici la preuve et la rectification de cette erreur :

La population napolitaine étant par lieue carrée de............................... 1,240 habitants.

Et celle de la France n'étant que de   915

L'excédent par lieue carrée en faveur de la population napolitaine est de................................. 325

C'est-à-dire un peu plus de 26 pour 100.

pents 1/6, on voit que la proportion de la population napolitaine avec son territoire, à l'époque dont il s'agit, est seulement de 1/29 plus forte que celle de la population française, au lieu de 1/19, qui est la proportion de l'époque précédente (1).

Observations.

Les réunions dont il s'agit dans cette deuxième époque ont ajouté à la superficie de la France, qui était de...................... 26,951 lieues.

Ci..................................... 3,692

Ce qui la porte à....... 30,643

Ces réunions ont ajouté à sa population, qui était de.................................. 24,676,000 hab.

Ci............................ 5,348,666

Total.............. 30,024,666

Le territoire a donc été accru d'environ 1/7, et la population d'environ 1/5. Le nombre des habitants étant donc (depuis les réunions dont il s'agit) de 30,024,666, et la superficie de 30,643 lieues carrées formant 120,997,988 arpents, il y a environ 979 habitants 4/5 par lieue carrée, ou environ 1 habitant pour 4 arpents, au lieu de 915 habitants 2/3 par lieue carrée, ou environ 1 habitant par 4 arpents 1/4, ce qui formait la proportion de l'époque antérieure.

TROISIÈME ÉPOQUE.

Depuis la réunion de la Ligurie, de Parme et Plaisance, de la Toscane et de l'État romain, les proportions sont encore changées entre la population de la France et le territoire; mais il est impossible en ce moment de les déterminer. L'on sait, ou l'on croit savoir, que la population des sept départements des Apennins, de Gênes, de Montenotte, du Taro, de l'Arno, de la Méditerranée, de l'Ombrone, monte à 2,343,157 habitants. Mais il n'a encore été fourni, ou du moins publié, aucune notion sur l'étendue de leur territoire. Quant à l'État romain, on n'a que des notions vulgaires et surannées, non-seulement de son ter-

ritoire, mais aussi de sa population. On peut seulement conjecturer que la réunion des différentes provinces d'Italie rapproche de quelque peu la proportion de la population française de celle de la population napolitaine.

N° 3.

COMPARAISON DE LA POPULATION PRÉSENTE DU ROYAUME DE NAPLES AVEC SON ANCIENNE POPULATION.

Quoique la population du royaume de Naples soit proportionnellement plus forte d'un *vingt-neuvième* (1) au moins que celle de France, cependant en la comparant à ce qu'elle a été, et par conséquent à ce qu'elle pourrait être, on la trouve très-faible.

Galanti, le dernier écrivain qui ait publié des détails sur le royaume de Naples, dit que 1,240 habitants par lieue carrée, ou (pour me servir des mêmes mesures que lui) de 216 habitants par mille napolitain, sont un véritable état de *dépopulation*. « *Questo, per noi, è un stato di vera spopolazione.* »

« Telle est, ajoute-t-il, la fécondité de notre « territoire, que ce ne serait pas une merveille « de voir la population s'élever au double de « ce qu'elle est, c'est-à-dire à 432 têtes par « mille carré » (ou 2,480 par lieue carrée, de 25 au degré). On voit dans les anciens monuments que, sous les républiques qui existaient dans le pays avant la conquête des Romains, la population a été de 521 têtes par mille carré, ou environ 3,004 par lieue carrée, ce qui la faisait monter à 12 millions d'habitants pour tout le royaume. Aujourd'hui encore elle est de 521 têtes par mille (ou 3,400 par lieue) dans la Terre de Labour, l'ancienne Campanie (*Campania Felice.*)

Ces deux faits prouvent en faveur de la division des propriétés; car avant la conquête elles étaient toutes d'une étendue très-bornée, et la Terre de Labour est encore aujourd'hui la province du royaume où il y ait le moins de ces grands fiefs et de ces immenses domaines, où la négligence du propriétaire est le moindre des obstacles qui s'opposent à la fructification de la terre.

---

(1) (*Note de l'éditeur.*) Même remarque qu'à la note précédente. Dans le cas actuel, la population napolitaine étant par lieue carrée de..... 1,240 habitants.
Et celle de la France étant portée à 979
L'excédent en faveur de la population napolitaine est de.......... 261
Soit à peu près de 21 pour 100.

---

(1) (*Note de l'éditeur.*) Voir les rectifications de ce chiffre à la colonne précédente.

L'abolition des moines, le partage des communes, la réduction des majorats et fidéicommis aux termes nécessaires pour le maintien d'une constitution monarchique, un système de douanes qui favorise le commerce, ces seules circonstances peuvent élever la population du royaume d'un quart en sus dans moins de six années.

N° 6.

QUELS SONT LES RAPPORTS DU TRAVAIL DANS LE ROYAUME DE NAPLES AVEC LA POPULATION ? EN D'AUTRES MOTS : QUEL EST LE TERME MOYEN DU TEMPS EMPLOYÉ JOURNELLEMENT AU TRAVAIL PAR LES HABITANTS DE TOUT AGE ET DE TOUT SEXE ?

Il ne s'agit ici que du travail des arts et métiers, c'est-à-dire de l'agriculture, et des arts mécaniques.

Entre les personnes qui se sont le plus occupées de statistique, aucune, que je sache, n'a cherché à découvrir quelle était la somme du travail d'une nation.

Cependant on peut assurer que le travail d'une nation est la mesure de ses *qualités morales,* de son *bien-être,* et surtout de *sa force.* Ce n'est pas assez de dire et de répéter, sans cesse que l'habitude du travail est le préservatif de tous les vices, une préparation à toutes les bonnes qualités; il faut ajouter que le travail étant le principe de toutes les richesses, est, par cette raison, un titre à toutes les jouissances; il faut ajouter, surtout, que le travail *accroît* la population et la fortifie; il l'accroît en offrant aux jeunes gens des deux sexes des moyens de se marier; il la fortifie en donnant au corps un salutaire exercice. Il tend donc à donner *beaucoup* de soldats et de *bons* soldats, ce qui constitue la force d'une nation.

Un peuple laborieux trouve dans son sein des défenseurs pour lui et pour ses alliés; et entre les peuples laborieux, les plus féconds en soldats sont les peuples agricoles.

L'agriculture étant celui des arts qui brave le plus les intempéries, qui donne au corps le plus de mouvement, qui exerce le plus à la marche, au port des fardeaux, aux soins et à l'usage du cheval, est, par ces raisons, celui qui dispose le mieux à l'état de fantassin ou de cavalier. La Suisse fournit des troupes à toute l'Europe.

Un peuple fainéant ne fournit point de soldats, ou du moins point de soldats volontaires, et point de braves. Un peuple fainéant craint non-seulement les périls de la guerre, mais aussi, et avant tout, les fatigues de la guerre et même celles de la paix. Le premier pas vers le sentiment de la gloire des armes et de l'orgueil de l'état militaire, c'est cette indifférence pour la fatigue, que l'habitude seule du travail peut donner.

Les deux Castilles, séjour priviligié de la paresse en Espagne, ne donneront des soldats que quand elles auront de nombreux cultivateurs. Le royaume de Naples, excepté la Terre de Labour, n'en donnera lui-même que quand les produits, qui aujourd'hui sont presque tous les fruits à peu près spontanés d'une terre prodigue, comme je le montrerai dans un moment, seront multipliés par une culture laborieuse et soutenue.

Je viens à la question. Il n'est pas aisé de dire avec certitude quel est le terme moyen du travail journalier de tous les habitants d'un pays, à moins de s'être occupé de longue main à rassembler les éléments d'un pareil calcul. Ils consisteraient à savoir : 1° combien chaque ville et chaque village renferme d'habitants occupés à la culture et aux arts mécaniques; 2° combien d'heures par jour chaque profession agricole ou manufacturière occupe ceux qui s'y sont dévoués. Dans les questions envoyées aux préfets en France, on a fait beaucoup de questions inutiles, comme de savoir *combien d'œufs pondaient les poules de chaque village,* et l'on n'a point demandé le nombre des travailleurs, et *le temps qu'ils donnaient au travail.* Dans le royaume de Naples, c'est bien pis. Là on n'a fait jusqu'à présent ni les questions oiseuses ni les questions importantes. Mais il n'est pas impossible d'évaluer par approximation le travail du royaume de Naples, par la nature de ses produits et par la nature de ses consommations, et de juger que la population, pour s'y procurer toutes les denrées et subsistances nécessaires à sa consommation, n'y a besoin que d'une faible partie du travail nécessaire aux habitants de la France, pour subvenir aux leurs. En effet, deux circonstances s'offrent à l'attention de tout observateur : la première, c'est que les besoins des habitants du royaume de Naples sont moins étendus que ceux des habitants de la France, et qu'ils consomment moins, proportionnellement, que les Français. La deuxième, c'est que les consommations napolitaines sont des produits, pour la plupart, spontanés de la terre; et que la terre prodigue au plus faible travail toutes les consommations qui en exigent.

D'abord, tout ce qui appartient au vêtement et à l'ameublement est fort peu de chose dans un pays chaud où tout vêtement incommode, et où la mollesse des siéges et des couchers étoufferait. On se contente de très-peu de nourriture dans un pays où le climat abat les forces digestives, et fait du sommeil le premier des besoins. Là, on ne connaît pas la nécessité du chauffage.

Ensuite, quelles sont les productions naturelles du pays, et en quoi consiste la consommation des habitants ?

Les principales productions du pays consistent en blé, en vin, en huile, en sel.

Viennent ensuite la soie, la laine, le chanvre, le coton, la manne, la réglisse, la cire.

Le blé ne coûte qu'un labour très-léger.

Un cep de vigne couvre 15 toises de terrain de ses rameaux suspendus aux arbres environnants. Quelques coups de bêche au pied de cette vigne en sont toute la culture.

Ce sont des forêts d'oliviers qui fournissent l'huile dans plusieurs provinces. Les oliviers plantés ne coûtent d'autre peine que la plantation, qui, une fois faite, dure cent cinquante ou cent soixante années.

Il y a dans le royaume deux espèces de sel: du sel de mer qui s'obtient par l'évaporation; du sel fossile.

La soie est l'ouvrage des vers à soie; la cire est l'ouvrage des mouches à miel. Des mûriers qui n'exigent aucune culture nourrissent les vers; les forêts et les champs nourrissent les mouches à miel.

Les moutons donnent la laine, et des déserts qui produisent un peu d'herbe nourrissent les moutons.

La manne, la réglisse sont deux productions absolument spontanées.

Le chanvre et le coton exigent seuls du travail et du soin; mais la culture du coton n'a de développement que depuis deux ans : elle paraît être subordonnée à l'état de guerre maritime, et devoir finir avec elle; et, quoi qu'il

en soit, ces deux cultures, comparativement aux autres, sont de peu d'étendue (1).

Les denrées dont le détail précède suffisent à toutes les consommations du pays. Le blé nourrit tous les habitants, la laine les habille, l'huile d'olive les éclaire, le vin les abreuve.

Pour subvenir aux mêmes besoins en France, il faut acheter ou remplacer les productions napolitaines par une bien autre somme de travail et d'industrie. La culture du blé coûte des travaux infinis. Les bestiaux et les engrais que la culture du blé exige, entraînent la culture des prairies artificielles. La laine est le produit de prairies, dont les plus négligées exigent des clôtures soignées, des irrigations annuelles. L'éclairage en France est fourni, non par des forêts d'oliviers où le travail de l'homme n'est pour rien, mais par de vastes cultures de graines huileuses de différente espèce. La boisson consiste ou en vin, produit d'un nombre infini de ceps de vigne, dont chacun exige dans l'année plusieurs labours et des sarclages; ou en bière, qui est une boisson tout artificielle.

Le chauffage, quoiqu'il soit fourni par des forêts où l'homme n'a rien à faire, le chauffage seul exige en France plus de travail pour l'exploitation, la division, le transport par eau et par terre des bûches qui se consomment sous nos cheminées, que la production de toute l'huile d'olive nécessaire à la consommation et à l'éclairage du royaume de Naples.

Si les produits de la terre n'attestent à Naples que peu de travail agricole, la manière dont se distribuent les revenus entre les habitants atteste l'absence presque totale du travail manufacturier.

Le clergé, les moines et les hôpitaux ont possédé, jusqu'au règne du roi Joseph, un *quart des revenus nets;* ce quart, ils le consommaient ou le distribuaient en aumônes à des fainéants. La même chose s'est toujours pratiquée en Espagne; de là, et non de la religion, est venu dans le pays l'ascendant des moines sur le peuple. Dans un pays où 100,000 moines mettent tous les jours le pot-au-feu pour 500,000

______

(1) Cependant, des calculs faits récemment à Paris, portent à une somme de 20 millions la valeur des cotons que la France aura tirés cette année au royaume de Naples. Cette estimation a été faite par le sieur Richard; j'ignore sur quels éléments.

fainéants, les moines ont à leurs ordres ces 500,000 défenseurs (1).

Un autre quart du revenu appartient aux grands seigneurs, qui en emploient la plus grande partie à payer des administrations parasites, des secrétaires, des maîtres d'hôtel, des chapelains, des valets de chambre, des laquais sans nombre, des cuisiniers, des cochers, et une foule de gens de peine (*facchini*) pour servir tous les autres. Les laquais sont une classe de fainéants qui remplit les grandes maisons de Naples, comme les moines remplissent les couvents. La valetaille est la principale dépense des grands propriétaires à Naples.

L'autre moitié du revenu territorial appartient aux bourgeois (*burgensatic*); de cette moitié encore une grande partie sert à payer des valets inutiles; car c'est aussi la manie des riches bourgeois, d'avoir beaucoup de gens inutiles à leur service.

La portion du revenu des nobles et des bourgeois qui est employée en objets de luxe, passe presque entièrement à l'étranger, qui fournit seul toutes les marchandises fines en draperies, chapellerie, soieries, étoffes de coton, bijouterie.

Le gouvernement, lui-même, a toujours consacré au payement d'une multitude d'oisifs une somme égale au tiers de celle qu'il dépensait pour payer des services actifs; les pensionnaires de l'État, les administrations honoraires des hospices, les *exuberati*, *pensionati*, *giubilati* de toutes les administrations publiques, les enfants, les veuves des giubilati sont innombrables à Naples et dans tout le royaume.

En résultat, les revenus du pays n'ont jamais payé dans le pays d'autre travail manufacturier que celui qui est nécessaire pour mal meubler, mal vêtir les habitants, dont un tiers couchent à l'air et sont presque nus.

La grande plaie du royaume de Naples, comme celle de l'Espagne, est la paresse. Aussi, quand le roi Joseph, avec environ 30 millions de biens des moines, a racheté l'État d'une dette d'environ 250 millions, on a dit, avec raison, qu'il avait dégagé le patrimoine de l'État avec celui de la paresse, et déchargé le trésor du poids d'une dette en déchargeant le pays du poids d'un vice.

N° 7.

Les revenus *certains* de l'État, en 1808, lorsque le roi Joseph a quitté le royaume de Naples, étaient de 61 millions de francs.

Il ne fallait pas moins que l'envahissement de quelques provinces par l'ennemi, les ravages de quelque descente, ou des fautes d'administration très-graves, pour faire tomber les revenus au-dessous de cette somme, le gouvernement restant tel qu'il était. Les améliorations commencées ou décidées après discussion, notamment une nouvelle organisation des douanes de province, à l'instar de celles que j'ai organisées dans la capitale, la liberté de la mer, ou seulement la protection du cabotage avec la France, auraient pu élever ce revenu de 61 à 71 millions de francs dès cette même année 1808 (1). Mais ces améliorations, et même la parfaite conservation de ce qui était fait, sont devenus presque impossibles lorsqu'un changement simultané de roi et de ministère, et un interrègne de plusieurs semaines, ont offert aux anciens abus, aux anciennes idées, aux anciennes habitudes, une occasion favorable pour attaquer les principes français sur lesquels marchait la nouvelle organisation.

------

(1) (*Note de l'éditeur.*) Ce qui est dit ici, et surtout ce qui va être dit dans la réponse de mon père à la onzième question de l'empereur, sur l'exportation de l'huile, est la justification complète de ce que j'ai dit au tome III de cette collection (note 2 placée au bas de la page 528) sur les causes qui privaient les finances de ressources immenses, qu'on ne peut guère évaluer à moins de 18 à 20 millions par an; car il ne suffit pas d'évaluer les droits de sortie des denrées de première nécessité, il faut y ajouter les droits qu'eussent payés les objets manufacturés achetés avec le produit de la vente de ces denrées, objets que ne produisait pas ce royaume privé d'industrie manufacturière, et qu'il tirait de l'étranger. Mais l'empereur, qui avait ses motifs particuliers, affectait de ne pas vouloir tenir compte de ces faits et de cette situation, pour se ménager le moyen de se plaindre de l'administration des finances de Naples.

------

(1) On comptait à Naples, à l'arrivée du roi Joseph, 64,000 moines ou religieuses. Quand il est entré en Espagne, on y en comptait 110,000.

N° 8.

QUELS SONT A NAPLES LES RAPPORTS DES CONTRIBUTIONS AVEC LA POPULATION?

Les revenus *certains* de l'État en 1808 étaient de 61 millions. Dans cette somme, le produit des taxes d'exportation était à peine compté pour un million, attendu les circonstances qui empêchaient tout commerce extérieur. Cependant il convient de déduire ce million de la somme des contributions payées par le royaume, puisque ce sont les étrangers qui payent les taxes imposées à la sortie des marchandises qui leur sont destinées.

Les contributions du royaume étant donc de 60 millions, et le nombre des habitants étant de 5 millions, la contribution de chaque tête est de 12 francs.

En France, elle paraît être de 27 à 30 francs par tête.

N° 9.

QUELS SONT A NAPLES LES RAPPORTS DES CONTRIBUTIONS AVEC L'ÉTENDUE DU TERRITOIRE?

Les contributions étant de 60 millions, et le territoire de 3,992 lieues carrées de 25 au degré, chaque lieue carrée paye 15,030 fr. 06 cent.

En France, la lieue carrée paye environ 24,000 fr. Cependant les produits en France ne s'obtiennent de la terre qu'au prix du travail et à l'aide d'immenses capitaux. A Naples beaucoup de produits sont spontanés, et la culture des autres exige très-peu de frais et de travail.

Les Napolitans sont manifestement le peuple de l'Europe le plus ménagé par l'impôt, puisque c'est celui à qui l'État demande le moins, celui qui a le plus de revenu net disponible, et celui dont le revenu coûte le moins d'avances et de travail.

N° 10.

A QUELLE SOMME SE MONTE LE REVENU QUE L'ÉTAT TIRE DU SEL A NAPLES?

Dans l'aperçu des revenus de 1808, le produit du sel n'a été porté que pour 5,280,000 fr., quoique la mise à exécution d'un décret du 11 juin 1806, promît un revenu plus considérable.

Ce décret, du 11 juin 1806, rendu sous le ministère du prince Bisignano, établit uniformément dans le royaume, la ville de Naples exceptée, la distribution forcée du sel par voie de répartition sur les communes et ensuite sur les habitants ; jusqu'à cette époque, trois provinces seulement avaient été assujetties à cette espèce de capitation. Le dénombrement et les rôles ne purent être faits que pour le 1er septembre 1808, et de cette époque a commencé la nouvelle perception.

La loi assigne 10 livres 10 onces de sel à chaque tête d'habitant, non compris les enfants âgés de moins de 3 années.

Comme la consommation excède les 10 livres 10 onces données par la répartition forcée, des magasins appartenant à l'État fournissent le supplément sur la demande des consommateurs, et au même prix que le sel forcé. Mais la contrebande réduit à très-peu de chose le débit du sel, qu'on est libre d'acheter ou de ne pas acheter ; et c'est parce que les côtes sont très-mal gardées, qu'on a étendu à toutes les provinces la distribution forcée.

Le prix du quintal est de 13^{lt} 2^s 3^d ; ainsi la livre revient à 2^s 7^d $\frac{47}{100}$.

L'exécution du décret du 11 juin 1806 promet un revenu net de 6,500,000.

C'est à cette somme que l'ont évalué M. Zurlo, dernier ministre des finances du roi Ferdinand, aujourd'hui ministre de l'intérieur, et le marquis de Turris, administrateur des sels.

Ce produit paraîtra faible, surtout si l'on considère, 1° les frais de perception qu'il nécessite, et qui sont de 30 pour 100 ; 2° les vexations attachées au mode de sa perception ; et 3° le produit que l'on obtient en France par une méthode tellement douce et tellement économique, que ni le commerce ni le consommateur ne se sont presque aperçus de l'établissement de l'impôt.

Dans le plan que j'avais eu le bonheur de faire agréer au roi (sauf la discussion au conseil) pour l'organisation des douanes, la taxe du sel devait, en 1809, se percevoir comme en France par la régie des douanes ; et je n'avais pas été des derniers en France à soutenir que l'impôt sur le sel, tel qu'il est établi aujourd'hui, serait une des contributions les plus douces et les plus profitables (1).

____

(1) Vers le milieu de l'an VII, il s'agissait, dans les

Voici les calculs que j'ai faits sur le revenu que le trésor de Naples pourrait retirer de la vente du sel, si la vente était faite dans le royaume comme à Paris :

La consommation de 5 millions d'habitants, à 16 livres de sel par tête, serait de 80 millions de livres, ou 800,000 quintaux.

Le quintal se vendant comme à Paris 15 liv. 10 s., ou 3 s. 1 d. la livre environ, c'est-à-dire à 5 deniers

---

deux conseils législatifs de France, d'établir l'impôt du sel, à sa fabrication et à l'entrée des rivières. Un grand nombre de membres s'écriaient qu'on rétablissait les gabelles. Voici ce que j'imprimai à cette occasion dans le *Journal de Paris* du 16 pluviôse :

« Si l'opinion particulière du membre de l'assem-
« blée constituante, sur le rapport de qui elle a pro-
« noncé la suppression de la ferme générale, pouvait
« être de quelque poids dans la discussion engagée
« relativement à l'impôt proposé sur le sel, je dirais
« que je n'en connais aucun, entre les impôts indirects,
« qui tende moins au rétablissement des vexations de
« la gabelle. Il n'a rien de commun avec nos impôts
« indirects, puisque ses frais de perception sont très-
« modiques, que ses moyens de garantie contre la
« fraude sont bornés à la surveillance des marais sa-
« lants et salines, et aux entrées de la France ; et
« qu'ainsi, il n'y a ni visites à la circulation, ni visites
« domiciliaires à craindre pour les particuliers, et
« qu'il n'y a pas même lieu à l'établissement d'un seul
« employé dans toute la France, ailleurs que sur les
« lieux de la fabrication et aux entrées. Cela est un peu
« différent des impôts, qui placent partout une senti-
« nelle, et imposent à toute heure une sujétion au ci-
« toyen. Je n'en connais pas de plus simple et de plus
« doux que celui dont l'avance est faite par le pre-
« mier acheteur de la marchandise imposée, qui s'est
« fait rembourser par les marchands, qui s'en font
« rembourser à leur tour par le consommateur. La
« *perception* de ce genre d'impôt se fait par peu
« d'hommes, et sa *répartition* se fait ensuite de gré à
« gré par le mouvement naturel et doux du com-
« merce, et selon les demandes des consommateurs.

« L'impôt sur le tabac, que Mirabeau appelait le
« meilleur des mauvais impôts, est bien loin d'offrir
« les mêmes facilités de perception, et surtout les
« *mêmes produits que l'impôt sur le sel à la fabrica-*
« *tion*. La raison en est sensible : c'est que le tabac est
« de plus de valeur que le sel sous un moindre vo-
« lume, et qu'ainsi la contrebande en est plus facile,
« ce qui défend d'élever à un certain point la taxe de
« fabrication. C'est aussi parce que le tabac n'étant
« qu'une consommation de fantaisie ou d'habitude, la
« taxe tend à faire baisser la consommation. Il n'en
« est pas ainsi de la taxe du sel, objet de première
« nécessité, de consommation générale, et de peu de
« valeur sous un grand volume. »

---

la livre de plus qu'aujourd'hui, le produit brut de la vente serait de.................... 12,400,000 liv.

Les frais de fabrication sont, par quintal, à la saline de Barletta..................... 1 s. »

Les frais de transport par mer et de conservation dans les dépôts......... .. 1 s. 3 d.
                                                    ————
                                                    2 s. 3 d.

Ce qui reviendrait à 1/4 de denier par livre pesant.

Les frais de 800,000 quintaux seraient donc de.................... 90,000
                                                    ————
Le produit serait donc de......... 12,310,000 liv.

Déduisant 20 pour 100 de ce produit, pour la contrebande qu'il serait impossible d'éviter, ou....... 2,462,000
                                                    ————
Le produit effectif serait de...... 9,848,000 liv.

Tel serait le résultat auquel on parviendrait en remettant la perception de l'impôt à une régie de douanes assez bien organisée pour mettre obstacle, *autant qu'il est possible*, aux versements frauduleux.

———

N° 11.

A COMBIEN S'ÉLÈVE L'EXPORTATION DE L'HUILE DU ROYAUME DE NAPLES ?

Si l'on veut répondre d'un mot à cette question, on ne peut y faire qu'une réponse inexacte :

Si Votre Majesté veut savoir :

A combien s'élève aujourd'hui cette exportation ? ma réponse doit être : *Probablement à rien.*

S'il s'agit de savoir à combien elle s'est élevée sous le règne du roi Joseph, ma réponse sera positivement : *A rien ;* et je dirai à cette occasion que, dans les plus secrètes pensées du roi, dans les moments de la plus grande pénurie d'argent, et malgré la séduction d'offres très-avantageuses à ses finances(1), je n'ai pas

---

(1) (*Note de l'éditeur.*) Voir au tome III, page 526 et suivantes, ma *digression*, dans laquelle j'expose les motifs qu'avait l'empereur de déprécier l'administration des finances du royaume de Naples, dépréciation favorisée par l'affectation persistante de ne vouloir jamais tenir compte de la privation absolue de l'importante ressource des douanes, par suite de l'état de guerre.

vu un moment Sa Majesté hésiter dans la fidélité avec laquelle elle s'était promis de se conformer aux intentions de Votre Majesté Impériale, qui avait interdit tout commerce soit avec des bâtiments anglais, soit avec des bâtiments neutres qui avaient souffert les visites anglaises, soit avec les bâtiments américains qui, depuis l'embargo des États-Unis, étaient tous réputés anglais. Le roi a vu enrichir la Sicile et la cour de Palerme par l'achat continuel que l'Angleterre y a fait des grains et des huiles que le royaume de Naples lui refusait, malgré l'avilissement où ces denrées y étaient tombées par leur surabondance; et il s'applaudissait de ce sacrifice comme d'une marque de dévouement et de reconnaissance qu'il avait le bonheur de donner à Votre Majesté.

Si la question peut s'entendre de cette manière : A combien pourrait s'élever, cette année, l'exportation de l'huile si le commerce maritime cessait d'éprouver des obstacles? je répondrai : Probablement de 80 à 100 millions, parce qu'il se trouve, ou du moins il doit se trouver dans les citernes du royaume le superflu de plusieurs années accumulées (sauf le dépérissement qui a pu s'opérer par le temps).

Si la question a simplement pour objet de savoir quel est le terme moyen des exportations annuelles que peut faire en huile le royaume de Naples? on peut répondre de 25 à 30 millions au moins. Mais il faut dire sur quelles bases porte ce calcul, purement conjectural :

1° Il n'y a jamais eu dans le royaume de Naples de travail monté dans l'administration pour faire connaître la balance du commerce; et l'on sait, d'ailleurs, à quel point sont imparfaits les moyens qu'on emploie et qu'on peut employer, en France même, pour connaître avec certitude celle du commerce de France.

2° L'exportation des huiles n'a jamais été libre dans le royaume de Naples. Pour pouvoir en exporter, de quelque point du royaume que ce fût, même des extrémités de la Calabre, il a toujours fallu demander une permission dans la capitale à un tribunal nommé *la sommaria*, et y payer le droit de traite, qu'on peut évaluer en général au quart de la valeur de la marchandise. Comme cette gêne exposait continuellement le commerce à perdre la faveur

des circonstances et les occasions de vendre et de charger, et que, d'un autre côté, le littoral était fort mal gardé par la police des douanes, le commerce avait pris l'habitude de faire des exportations clandestines. Quelle en était la valeur ? C'est ce que les notions douanières et commerciales ne peuvent apprendre. Si la somme de toute exportation ou importation frauduleuse est difficile à apprécier dans un pays aussi bien gardé que la France; on ne peut s'en faire une idée raisonnable dans un pays où la surveillance était aussi indolente que celle du royaume de Naples.

3° Lorsqu'il y avait la moindre inquiétude à Naples sur la consommation de l'huile, *la sommaria* refusait toute permission de sortie, jusqu'à ce qu'une longue surabondance eût rassuré les esprits. Alors il se faisait des exportations extraordinaires et très-considérables. Les intermittences désordonnées, et dont les résultats ont été mal recueillis, rendent très-difficile la réduction à un terme moyen.

Au défaut de notions douanières ou commerciales, on est obligé de recourir à l'opinion générale qu'on a des produits et de la consommation du royaume. Or, l'opinion commune à Naples est que le royaume fournit en huile d'olive le double de la consommation des habitants, qui comprend l'huile qu'on mange, celle qu'on brûle généralement pour l'éclairage, celle qu'on emploie en savon. Quelle est donc la quantité d'huile que consomme le royaume de Naples pour ces trois usages?

D'après un relevé fait en 1805, époque où les rues de la ville de Naples n'étaient pas, comme aujourd'hui, éclairées par des réverbères, cette capitale, composée de 400,000 habitants, consommait 120,000 quintaux d'huile par an, ou 30 livres par tête. En évaluant la consommation du reste du royaume sur celle de Naples, elle serait de 1,380,000 quintaux. La consommation totale du royaume serait donc de 1,500,000 quintaux. Si l'on double ce produit pour avoir le superflu susceptible d'exportation, il sera de pareille quantité de 1,500,000 quintaux, lesquels, à 20 francs le quintal, font 3,000,000 de francs.

Mais je répète que cette évaluation est toute conjecturale, et qu'une bonne organisation des douanes, où l'on établirait un service particulier pour la formation de bons états d'importation et d'exportation, peut seule faire cesser l'ancienne ignorance de l'administration dans les matières sur lesquelles il lui importe le plus d'être instruite. Après avoir organisé, et très-fortement, la douane de la ville de Naples, j'ai laissé dans les bureaux et à une commission spéciale le plan sur lequel je croyais devoir organiser le reste; me trouvant heureux en cette circonstance d'avoir été à l'assemblée constituante un des commissaires qui ont le plus contribué à la réformation des *traites anciennes*, et à la fondation du système actuel des douanes impériales.

N° 12.

QUELLE EST LA SOMME ASSIGNÉE AUX PONTS ET CHAUSSÉS DANS LE ROYAUME DE NAPLES?

Dans l'état des dépenses projetées par le ministre de l'intérieur pour l'an 1808, le chapitre des ponts et chaussées est porté pour 1,188,000 francs. Cette somme est partagée à peu près par moitié entre l'entretien des ponts et chaussées anciens et la construction des nouveaux. Voici les articles qui composent le chapitre dont il s'agit :

1° Pour le traitement des employés..	35,200 f.
2° Entretien et conservation des ponts et chaussées existants..............	572,000
3° Chemin de la Pouille............	88,000
4° D'Ignazza jusqu'à Naples........	44,000
5° De Sora à Saint-Germain........	26,400
6° De Vénafro à Popoli............	35,200
7° De Caserte, y compris les deux branches de Secondigliano à Casoria, et de Casoria à Lavola.............	52,800
8° De Calabre..................	176,000
9° De Secondigliano jusqu'à la place Napoléon......................	88,000
10° Des Studi à la place Napoléon...	70,400
Total.......	1,188,000 f.

N° 13.

QUELLE EST LA POPULATION DE LA VILLE DE NAPLES?

La population de la ville de Naples est de 400,000 âmes.

Cette population a été reconnue par un dénombrement fait en 1805.

Elle est aussi constatée par deux perceptions qui peuvent servir de contrôle au dénombrement, et se contrôler réciproquement; savoir : la perception établie sur la vente du sel en magasin, et la perception établie aux entrées sur les grains et farines. Par ces perceptions on connaît la consommation; par la consommation, la population.

EXTRAITS

DES LETTRES ÉCRITES PAR M. ROEDERER A MADAME ROE-DERER, PENDANT SON VOYAGE DE PARIS A NAPLES, ET PENDANT SON SÉJOUR DANS CETTE VILLE, EN 1806, 1807 ET 1808.

Lyon, le 15 avril 1806.

Je suis arrivé hier soir, ma chère amie, ou plutôt ce matin entre minuit et une heure; ainsi il s'en faut de quelques minutes que je n'aie fait la route en trois jours. J'ai laissé derrière moi le maréchal Pérignon et M. Férino. Je les attends ce soir. Ils ont cassé, et, je crois, couché en route. Pour moi, je n'ai jamais tant dormi que depuis trois jours, sans avoir quitté ma voiture, qui, par conséquent, est loin d'être rude. J'ai rattrapé hier ici le général Saligny, qui a continué sa route ce matin. Je passe la journée ici à voir la ville, en attendant l'arrivée de mes compagnons de voyage.

En arrivant à Nevers, j'ai trouvé un bon dîner servi chez M. Lebrun; on allait se mettre à table quand j'y suis descendu, et j'ai passé là deux heures assez agréables. Vous vous rappelez bien qui est ce M. Lebrun, c'est celui qui m'a donné asile à une fameuse époque (1).

Pendant que j'étais là à dîner, les gens étaient à l'auberge. Là, Antoine, pris de je ne sais quel vertige, se prit à dire mille abominations contre ce voyage, qu'il faisait malgré lui : il a dit à la maîtresse de l'auberge, en parlant de moi : *Je voudrais qu'il étouffât dans sa voiture, je sauterais bien vite sur ses louis.* Leroi le reprit. Gentil, qui était dans une pièce voisine, me redit cela hier. Je chasse tout à l'heure ce misérable, qui n'est pas encore levé. Il faudra ne le laisser entrer à la maison que pour en retirer ses effets, après qu'ils seront visités.

Je vous embrasse tendrement, ma chère

(1) (*Note de l'éditeur.*) Le 28 août 1793. — Voir la *Notice de ma vie pour mes enfants*, dans le troisième volume, page 285.

amie. Saligny n'est pas trop sûr que la nomination de Dumas au ministère de la guerre, à Naples, plaise à l'empereur s'il ne l'a pas consentie d'avance.

———

Lyon, le 16 avril 1806.

... Je suis resté à Lyon encore aujourd'hui 16, parce que mes compagnons n'y sont arrivés qu'hier ; étant partis cet après-dîner, j'ai voulu qu'il y eût de l'intervalle entre eux et moi pour que nous fussions sûrs d'avoir tous des chevaux aux postes.

Obligé, ou de les attendre à Turin, ou de m'y faire attendre, j'ai mieux aimé achever de bien voir Lyon, et je l'ai vu fort en détail.

———

Turin, le 22 avril 1806.

Je suis arivé ici hier soir, ma chère amie, sans aucun accident. Nous avons passé le mont Cenis par un fort beau temps, ce qui n'a pas empêché qu'il n'ait fallu démonter nos voitures et nous faire passer en traîneaux. Ce trajet, qui n'est qu'une chose un peu pénible pour un homme, n'est pas une plaisanterie pour une femme, pour peu qu'elle soit délicate et peureuse. Il y a plus de neige en ce moment qu'il n'y en a eu de l'hiver. On dit pourtant qu'on en sera quitte dans dix ou douze jours, si le temps se soutient au beau.

Il n'y a que trois jours que madame de Gallo est partie d'ici ; elle va directement à Naples ; elle s'est dite malade sans l'être. Il paraît qu'elle attendait ici une réponse du roi de Naples ; ce qu'il y a de sûr, c'est qu'elle et son mari, sont partis immédiatement après l'avoir reçue.

Je me trouve ici dans une chambre qu'on m'a dit avoir été souvent celle de madame Rolland (1). Comme tout ce pays-ci me la rappelle beaucoup, j'ai un véritable regret de passer si près d'elle sans la voir. Ce sera pour mon retour, quand j'aurai fait mes trois ou quatre mois de métaphysique à Naples, selon les intentions de l'empereur. J'ai écrit ce soir à Victorine combien il me manque de l'avoir vue.

Offrez à la reine mes respects quand l'occasion s'en présentera. J'aurai l'honneur de lui écrire de Naples, dès que je serai arrivé.

Parlez de moi à madame de Talleyrand, à qui je suis très-sincèrement attaché, et dont l'amitié m'a été extrêmement sensible...

———

Florence, le 28 avril 1806.

Nous voici à Florence, ma chère amie ; jusqu'à présent les chaleurs ne nous ont pas incommodés en Italie ; rien n'est ici plus avancé que ne l'étaient les Tuileries le 13, jour de notre départ. Ce matin, la terre était gelée et très-dure. J'ai, hier, eu le plaisir de rencontrer Rœderer, que vous aurez vu avant de recevoir cette lettre. Hier, a passé ici madame Tallien, qui retourne à Paris. Elle a été comblée des bontés du roi à Naples. Demain, passe le cardinal Maury allant à Paris, où on le dit mandé par l'empereur, qui, ajoute-t-on, le place au sénat. La reine d'Étrurie est à Livourne, où l'on donne des fêtes à l'occasion d'un spectacle dont on fait l'ouverture. M. de Beauharnais l'accompagne. Nous restons demain ici pour voir les principales beautés de cette ville et pour faire réparer nos voitures, qui toutes, hormis ma berline, qui est aussi solide que douce, ont beaucoup souffert du passage des Alpes et plus encore des Apennins. Rœderer a reçu une marque de la bienveillance particulière du roi dans cette commission qui le mène à Paris (1). Dites-lui de m'instruire de la réception qu'on lui aura faite aux Tuileries, supposé qu'il ait le bonheur d'y être reçu, et que sa mission le lui procure.

J'ai vu M. et madame de Gallo, à Bologne, avant-hier soir. Ils voudraient n'arriver à Naples que quand leur ancien maître n'y aura plus un pouce de terre. Dites à madame de Talleyrand que j'ai remis la robe dont elle m'avait chargé à madame la marquise. Le premier mot qu'elle m'a dit en me recevant a été de me demander comment se portait madame de Talleyrand ; sur quoi son mari a diplomatiquement ajouté : *Et Madame Rœderer ?* Donnez-moi aussi des nouvelles de madame Talleyrand, je vous en prie.

Donnez-moi des nouvelles de la reine de

———

(1) (*Note de l'éditeur.*) Elle était fille du premier mariage de madame Rœderer.

(1) (*Note de l'éditeur.*) Mon frère portait à l'empereur des drapeaux pris sur l'ennemi.

Naples ; dites-moi au vrai comment va sa santé. Vous savez bien que, royauté à part, je m'y intéresse vivement. Offrez-lui en toute occasion mes hommages de respect et de dévouement.

J'ai vu le général Junot à Parme. Je lui ai parlé de l'abbé de Lajeard. Il m'a dit : « Je ne crois pas qu'il parle trop volontiers de moi ; il m'a fait une chose qui n'est pas d'un bon ami, j'en ai la certitude : cela ne m'empêchera pas de l'obliger si je puis. » — J'ai insisté pour savoir de quel genre était le grief de M. Junot ; il m'a dit derechef : « *Pas grand'chose, mais de ces choses qui ne sont pas d'un bon ami, et j'en ai la certitude.* »

Un courrier de l'empereur, que j'ai rencontré quelques heures après Rœderer, m'a dit qu'il avait manqué de se noyer en venant de Reggio à Naples. Il ne savait pas que c'était mon fils. Grondez-le de son imprudence.

Je vous embrasse l'une et l'autre.

P. S. J'ai lu *Madame de Maintenon* ; c'est un livre fait pour prouver le peu que peut valoir une mère, et tout ce que peut valoir une gouvernante (1). Louis XIV y est très-misérable ; et puis l'esprit de madame de Genlis me paraît ne pas ajouter beaucoup de charme à celui de madame de Maintenon. Enfin, il y a des choses cent fois répétées qui n'auraient pas dû être dites ; le style est presque toujours commun, et quelquefois trivial. Je ne parle pas de la cafardise, ni de l'affectation de répéter sans cesse un mot qui, du temps de madame de Maintenon, ni du nôtre, n'était en usage que dans les relations diplomatiques, celui de *souverain*. On disait alors, le prince, le roi, le monarque.

Cet ouvrage ne sert qu'à jeter de la confusion dans les idées qu'on a du règne de Louis XIV, et de la lumière sur l'esprit de l'intrigante dont la plume n'a jamais été conduite que par des vues personnelles. Je vous demande pardon de parler ainsi de votre amie.

J'ai trouvé à Lyon *l'Imagination* de l'abbé Delille et ses *Bucoliques*.

Bonsoir. Vous ne vous plaindrez pas de n'avoir pas de mes nouvelles.

------

(1) (*Note de l'éditeur.*) On sait que madame de Genlis avait été gouvernante des enfants de M. le duc d'Orléans.

Faites observer à M. de Talleyrand, en lui disant mille choses de ma part, que nous n'allons pas mal vite pour des sénateurs. Je compte que nous aurons fait la route en dix-huit jours.

Naples, le 13 mai 1806.

Nous sommes arrivés le 7 au soir à Naples, ma chère amie. Le roi n'y était pas encore revenu de son voyage en Calabre, où il prenait possession du cœur de ses sujets, qui l'ont fêté comme ils auraient fait un prince éprouvé par vingt ans de bon règne, tant les espérances qu'a portées avec elle sa bonne renommée sont établies dans les esprits. J'ai été, mais seul, au-devant de lui à son palais de Caserte, qui est le Versailles de ce pays-ci. J'en ai été reçu avec toute la bonté qu'il m'a toujours témoignée. Il est revenu dimanche (avanthier) à Naples, où des fêtes fort brillantes l'attendaient. Il a été reçu avec les démonstrations de contentement les plus vives et les plus générales. J'étais loin de me figurer un tel accueil. Les personnes du pays les plus considérables et les plus misérables se sont données à lui, et rien n'est plus certain ; car, d'après les démarches des uns et des autres, l'ancienne cour, si elle revenait, n'aurait pas assez de mitraille pour punir les pauvres, ni assez de potences pour pendre les grands.

Je crois vous avoir écrit de Rome que j'avais rencontré à Sienne le cardinal Maury, qui va à Paris... Non, je me rappelle que je ne vous ai point écrit de Rome, faute de temps. Je vous dirai donc qu'en arrivant à Sienne, à neuf heures du soir, nous apprîmes que le cardinal Maury était arrivé à sept heures dans la même auberge que nous. Je demandai si je pouvais le voir : on me répondit qu'il était couché. Je lui écrivis un petit mot pour lui marquer le regret que j'avais de passer si près de lui sans pouvoir le féliciter de son retour en France. On lui remit ma lettre ; il se leva tout aussitôt, et vint en bonnet de nuit et en robe de chambre me faire une visite. Nous nous embrassâmes ; il me dit beaucoup de choses obligeantes et flatteuses, et je ne fus pas en reste. Le rapprochement qui s'opère, à la première rencontre, de deux constituants du parti le plus opposé, prouve que leurs inimitiés étaient mêlées de beaucoup d'estime réciproque ; autrement, ils n'oublieraient pas si vite, en se retrouvant, qu'ils se sont quittés les armes à la main, pour se souvenir uniquement qu'ils étaient d'un même corps, et qu'ils avaient, même les plus opposés, beaucoup du même esprit. Nous avons causé avec tant de confiance, qu'à trois heures du matin nous étions encore ensemble. Il est excellent à entendre sur l'empereur, et sur tout ce qu'il a vu de sa famille. Il me paraît qu'on peut se fier tout à fait à lui. Il a vu Victorine à Lucques chez la princesse Élisa; il m'en a dit beaucoup de bien. Nous avons beaucoup parlé de MM. de Boufflers et Morellet. Il ira probablement vous voir; vous ferez bien, s'il y va, de lui proposer un dîner avec nos amis communs, et d'ailleurs peu de monde, comme il convient à une veuve qui, en l'absence de son mari, ne peut se permettre que des plaisirs modestes.

Toute la colonie de Paris se porte bien; ministres, auditeurs, militaires de ma connaissance, grands officiers de la maison du roi, tout va et tout concourt de son mieux au service de Sa Majesté. Méot (1) surtout, le divin Méot, s'est surpassé en Calabre; jamais ce pays n'a vu un tel talent.

Nous sommes logés au palais. Le roi nous a reçus solennellement avant-hier, en présence des nombreux princes et ducs de sa capitale. Sa réponse à mon discours leur a fait grand plaisir.

Embrassez pour moi Rœderer, qui vous le rendra pour moi aussi. Il paraît que la reine ne viendra qu'en automne : il est trop tard à présent, à cause des chaleurs.

La fameuse voiture est arrivée ici sans qu'il y manquât un clou ; c'est sans contredit la meilleure et la plus belle qui soit à Naples.

Je vous prie de me rappeler au souvenir de nos amis, de Colchen, de M. de Boufflers, de Morellet et Louis. On est étonné ici de ne pas voir arriver Fréville; on lui tient une place toute prête.

Je désirerais que vous y fussiez aussi; car il est difficile que je trouve ici une plus aimable société, et même impossible que je l'y cherche. Je vous embrasse.

(1) (*Note de l'éditeur.*) Méot etait chef du service de la bouche chez le roi Joseph.

Naples, le 25 mai 1806.

Je ne puis, ma chère amie, ni rien faire ni rien demander en ce moment pour personne, même pour les gens que vous me recommandez. Si je propose un sujet à un ministre, il me répond : « Gardez-le pour vous-même, s'il est bon. » Moi, je ne puis employer personne, ne sachant si j'aurai quelque chose à faire ; cela dépendra de l'empereur, et sa réponse nous apprendra bientôt ce qu'il en sera. J'aurai soin de M. ..., si j'ai le ministère des finances ; c'est un bon sujet. Je ne dis pas la même chose de M. ..., à moins que Thirion (1), dont je connais la probité sévère et la délicatesse, ne dise, sans tergiversation et sans hésitation, qu'il en répond. Quelqu'un dont j'ambitionnerais la coopération, ce serait notre dur, mais sage et probe Louis.

J'ai reçu une lettre très-aimable de l'abbé Morellet. J'ai mis ses demandes sous les yeux du roi, qui n'a pas fait de réponse. Lorsqu'il s'agira de former la maison et de faire des pages, je m'entendrai avec M. de Jaucourt pour remettre sous les yeux de Sa Majesté la demande de M. d'Aligre. On a parlé ici plusieurs fois d'établir une bibliothèque française dans le palais. Lorsque le moment de décider quelque chose sera venu, je reparlerai de l'agence littéraire de notre cher abbé, dont les témoignages d'attachement ont été très-bien reçus du roi.

Dites à M. de Boufflers que Pompéia se fouille et se découvre tous les jours ; mais que ce travail va s'accélérer, parce que M. Salicetti a obtenu du roi la permission de faire une fouille pour son propre compte, à la charge de livrer à Sa Majesté tous les morceaux qu'elle aura jugé dignes d'entrer dans ses cabinets ; le reste sera pour M. Salicetti, qui fera les frais des fouilles. Salicetti, avant d'avoir obtenu la concession, et peut-être pour y disposer plus sûrement la bonté du roi, m'a proposé devant Sa Majesté, étant à dîner, de m'associer à son entreprise, si le roi l'autorisait. J'y ai consenti, et nous avons cimenté ce marché après-dîner. Une demi-heure après, il a eu l'autorisation ; de sorte que me voilà courant la chance de perdre mille écus, et d'avoir

(1) (*Note de l'éditeur.*) Général d'artillerie de marine, neveu de mon père.

quelque jour de quoi garnir notre maison de jolis vases et de jolies statues. Les jaloux disent que nous savons où était la rue des orfévres, et que nous allons chercher des *lingots antiques*. Mais les savants nous vengent de ces calomnies en prouvant qu'il n'y avait point d'orfévres à Pompéia, qui était une petite ville ; et que, d'ailleurs, les habitants ont eu le temps d'emporter avec eux les bijoux et les métaux précieux.

Une chose que je ne trouverai pas à Pompéia et dont j'ai grand besoin, ce sont des verres de lunettes au n° 12 ; moi, qui n'en ai jamais cassé de ma vie, j'en ai cassé deux ici sur trois que j'avais en tout. Je vous prie de m'en envoyer une demi-douzaine de chez *Lerebours*, opticien, demeurant sur le Pont-Neuf, vis-à-vis la statue (défunte) d'Henri IV. Mais bien vite, je vous en prie.

Je vous dirai, pour vous prouver mes hautes connaissances en fait de voitures, que ma berline de voyage ayant été un peu lavée et brossée ici, est devenue la voiture de parade du roi, et que c'est incontestablement ce qu'il y a de mieux à Naples.

J'ai écrit ces jours derniers à la reine, et j'aurai cet honneur demain, au retour d'un bal que donne au grand théâtre la noblesse de ce pays-ci, qui n'est pas mince, quoique plate.

Toute la colonie française se porte très-bien ; cependant il paraît que les arrivants payent tous un petit tribut. J'en ai été exempt. La chaleur ne m'incommode en aucune manière, et j'entends dire, très-froidement, par tout le monde, qu'on étouffe de chaleur.

Il se trouve ici une petite madame de,…, un peu bossue, et même pas si peu, qui fait beaucoup de train partout où elle est, et se désole, en faisant beaucoup de train, de ne pouvoir pas faire grand bruit dans le monde : elle fait la sémillante avec la plus mauvaise grâce du monde ; et elle se croit pétillante d'esprit en décochant force lieux communs et vieux bons mots. Cela nous fera aimer les *duchesses* et les *principesses* de Naples.

On attend impatiemment, je veux dire patiemment, M. et madame de Gallo, qui craignent de se compromettre avec la cour de Palerme. Leur lenteur a tout à fait mauvaise grâce, et ne plaît pas.

Le roi a nommé onze chambellans ; ce sont tous ducs ou princes. Je crois qu'un frère de madame de Gallo est du nombre.

Mille amitiés à M. de Boufflers ; je lui promets quelque chose de Pompéia. Je vous embrasse de tout mon cœur. Je présume que Rœderer est en route pour revenir.

Naples, le 1er juin 1806.

J'ai reçu hier, ma chère amie, votre lettre du 18 mai, qui m'apprend que vous m'avez écrit peu de jours après l'arrivée de mon fils ; je n'ai pas reçu cette lettre-là ; elle sera toujours bien venue. Nous attendons Rœderer.

Je vous écris par M. de Blaniac, qui va chercher la reine ; je vous dirais de tâcher de la suivre ou de l'accompagner, si j'avais la certitude de ce que je ferai cet hiver. Je suis dans l'attente de la réponse de l'empereur au roi, qui lui a demandé son agrément pour me faire ministre des finances, comme je vous l'ai écrit dans ma dernière. Si l'empereur approuve ma nomination, je donnerai avec plaisir une preuve de mon attachement au roi en consacrant un an, un an et demi, peut-être deux, à établir dans ses États un système de finance honorable et profitable à son règne et avantageux à ses peuples, et, dans ce cas, je vous attendrai ici cet automne au plus tard. Si cela ne convient point à l'empereur, je retournerai au mois d'octobre à Paris.

Le marquis de Gallo et sa femme sont ici d'hier.

Mes collègues partent demain matin. Le roi a nommé le jeune Ségur et le jeune Clary pour les accompagner jusqu'à Rome. Sa Majesté nous a fait à tous trois des présents : au maréchal Pérignon, un très-beau sabre d'une fabrique du roi, en acier fin, et des étoffes de sa fabrique de soie ; au général Férino, une épée d'acier de la même fabrique, et des étoffes pour habit d'homme et de femme, aussi de sa fabrique de soie ; à moi, les antiquités d'Herculanum et de Pompéia, de son imprimerie, et aussi, des velours de ses fabriques.

Hier, à neuf heures du soir, le Vésuve a commencé une des plus belles éruptions qu'on ait encore vues. Il a jeté toute la nuit une gerbe de flammes et de pierres enflammées, de 100 toises au moins de large, et de 4 à 500 toises d'élévation. Je vous écris à cinq heures du soir ; depuis onze heures, la lave coule du côté de Pompéia. Toute la matinée le volcan a fait un bruit semblable à une batterie de gros canon qu'on entend d'une demi-lieue. En ce moment la clarté du jour empêche de voir la flamme à travers l'épaisse fumée qui monte perpendiculairement, et en gros flocons roulés, au-dessus du gouffre, et qui ressemble à un panache d'une lieue de haut en grosses plumes frisées et argentées au-dessus. On est très-impatient de voir arriver la nuit, pour jouir de la beauté de ce spectacle. On se tient pour sauvé d'un tremblement de terre quand le volcan jette aussi abondamment en lave et en aigrettes; mais les habitations qui sont au pied du Vésuve, du côté du midi, ne sont pas sans danger. Au reste, on n'a ici aucune frayeur de ce phénomène : toute la ville ira ce soir au pied du Vésuve; le peuple de Naples n'y regarde même pas: si le volcan grondait sans éruption, ce serait autre chose; on craindrait le tremblement de terre, et alors les lazzaronis jetteraient de beaux cris, car, comme le dit Montesquieu, en parlant d'eux : « Il n'y a pas d'hommes qui craignent autant le malheur, que les gens que le malheur de leur condition devrait rassurer. »

Le régiment du prince d'Isembourg arrive ces jours-ci; ainsi mes deux fils vont avoir leurs deux cousins.

Le roi a donné avant-hier une petite fête aux femmes de ses ministres, chambellans et sénateurs. Il y avait là beaucoup de diamants, et peu de beauté, moins encore de grâces et d'élégance. Le peu de Françaises qui sont ici, sont encore ce qu'il y a de mieux. C'est la première fois que le roi a reçu des femmes : il a aboli l'usage qui voulait qu'elles lui baisassent les mains. Il a fait asseoir tout le monde, hommes et femmes, selon l'usage de l'ancienne cour *dans les maisons de campagne;* et nous étions aussi dans une maison de campagne, appelée *la Favorite,* près de *Portici,* sur le bord de la mer, sous le Vésuve, et qui pourra bien être au moins échaudée de l'éruption, si elle dure et se tourne un peu à droite.

Je vous embrasse de tout mon cœur. Toni se rappelle à votre souvenir. Nous vous désirons beaucoup dans ce pays-ci; il y fait beau, charmant, de quatre heures du soir à dix heures du matin.

Bien des amitiés à M. de Boufflers et à l'abbé Morellet.

— — —

Naples, le 14 juin 1806.

J'ai reçu, ma chère amie, vos lettres des 18 et 24 mai, et du 3 du courant. Peu de jours après avoir écrit cette dernière, vous devez en avoir reçu une de moi qui y répond. Je vous disais : *Si l'empereur consent à ce que je sois ministre, venez cet automne; s'il ne veut pas, j'irai vous retrouver au mois d'octobre.* Aujourd'hui je puis vous dire positivement que j'irai vous retrouver cet automne à Paris. L'empereur ne veut pas que je sois ministre ici, et je m'y attendais; il était tout simple de penser que, m'ayant jugé bon à être enterré à Paris, il ne devait pas me croire bon à ressusciter à Naples. Sa Majesté Impériale permet, cependant, que je passe quelque temps près du roi, et ce quelque temps conduit justement au mois de septembre. Je ferai, en revenant, le tour de la Suisse, que je n'ai jamais vue; et puis j'irai profiter à Paris, et dans ma sénatorerie, du nouvel avis que m'a bien voulu donner l'empereur en me mettant de nouveau de la cendre sur le front: *Memento, homo, quia pulvis es, et in pulverem reverteris.* Vous savez le latin et votre religion, ce qui me dispense de vous dire que ces paroles signifient : *Homme, ne va pas t'oublier à la cour de Naples. Je te dis que tu es poussière, c'est-à-dire un homme inutile, et que tu retourneras en poussière.* —Grand merci, mon maître; je savais cela, mais je vous sais toujours gré de me l'avoir rappelé.

Actuellement, il est nécessaire de faire cesser toutes les espérances qui s'étaient établies sur l'idée de ma nomination à quelque ministère. Je ne puis plus rien pour personne. Tous les ministères regorgent. Les Français ne servent à rien, s'ils ne savent la langue; ils servent peu, même la sachant, parce qu'ils ne connaissent pas le pays; en troisième lieu, les appointements de ce pays-ci sont extrêmement modiques. On a un secrétaire qui écrit très-bien pour vingt-cinq louis par an; un intendant de province sera payé 6,000 francs, sur quoi il paye ses bureaux; un ministre coûte 30,000 fr., et pas plus. Cela posé, il n'y a rien à faire ici pour tout homme qui aurait seulement l'ambition d'une place de cent louis. Les chefs de division, dans les bureaux du ministère, n'ont pas plus de 3,000 fr. Je vous prie, ma chère amie, de dire cela à M. d'É..., à madame D..., à M. J..., si vous le rencontrez, à M. le P..., etc. Je ne puis rien pour personne.

Le Vésuve dont je vous ai annoncé l'éruption, après six jours de feu, a continué jusqu'à avant-hier à jeter une épouvantable quantité de cendres qui ont abîmé quinze lieues de vendanges et de récoltes ; c'est un vomissement plus désastreux que celui de la lave et du feu, parce que le vent porte la cendre à des distances incroyables. C'est la cendre qui a encombré Pompéia et même Herculanum. Elle s'élève d'abord de la bouche du Vésuve en gerbe grosse comme dix fois notre maison et dix fois plus haute ; ensuite, le vent la courbe et la fait descendre comme un rideau sur dix, quinze, vingt lieues de l'horizon. On a dessiné ici tous les phénomènes jour par jour, et l'on va les graver.

Le roi m'a fait présent de la collection des gravures d'Herculanum et de Pompéia et des papyrus déroulés, le tout d'une très-belle reliure.

Les fouilles de Pompéia entreprises pour M. Salicetti et moi sont commencées. On a découvert la tête d'une maison assez considérable : on en a débarrassé toute la superficie ; on commence à vider l'étage supérieur. Ce n'est pas là que sont les richesses ; il faut arriver au rez-de-chaussée. On dit pourtant que nous avons déjà force lampes de terre et trois chaudrons de fer, les premiers qu'on ait retirés de ces ruines de Pompéia ; de sorte que voilà l'origine du chaudron fort relevée, et il est certain qu'il n'y a dans ce pays-ci ni prince, ni duc qui soit plus ancien que les chaudrons. Il y en a un pour le roi, un pour M. Salicetti ; j'espère que je ferai manger à M. de Boufflers de la saourkrout cuite dans le troisième.

Je suis étonné que Rœderer ne revienne pas. J'imagine qu'il attend et doit attendre les ordres de l'empereur. Au reste, il ne m'a pas écrit une seule fois.

Toni et Gentil se portent bien, moi au mieux ; nous vous embrassons tous.

M. Girardin vous offre mille hommages.

Naples, le 17 juillet 1806.

Je profite, ma chère amie, du départ de M. le colonel Lebrun pour vous donner de mes nouvelles, et surtout vous en demander des

vôtres ; voilà bien longtemps que je n'en ai reçu ; peut-être en dites-vous autant des miennes. Mais je vous dirai que j'ai été extraordinairement occupé ; nous avons espéré qu'il serait incessamment possible d'établir en ce pays un bon système de contribution, et je me suis mis à en faire un. Malheureusement le moment n'est pas venu : il faut retirer le sabre, et remonter à cheval. Le roi n'a pas encore assez de sûreté pour régner et gouverner ; il faut de nouveau commander et vaincre. Toni est en mission dans la Pouille ; je l'aimerais autant ici ; mais il n'y a point de trouble de ce côté-là, quant à présent. Rœderer ne fait que le chemin de la tranchée de Gaëte ici, et d'ici à la tranchée de Gaëte. L'événement du siège sera décidé sous peu de jours. Nous nous portons tous très-bien, et Gentil aussi. Le général Saligny a été le seul Français malade, mais il se rétablit très-bien, et a repris son service près du roi. Nous sommes dans les plus fortes chaleurs ; heureusement elles ne me portent point à la tête, au contraire. Écrivez-moi. Je vous embrasse de tout mon cœur.

P. S. J'ai lu la lettre de M. de Boufflers au roi. Elle lui a fait beaucoup de plaisir. Il a fait prendre le nom de M. Olivier par son capitaine des gardes, pour le placer dans sa garde. Quelques jours après, j'ai présenté ce jeune homme à ce capitaine de la garde (le général Mathieu) et au ministre de la guerre. Mille tendres compliments à M. de Boufflers.

M. Louis s'est un peu amusé à mes dépens et aux dépens du roi. L'empereur lui a renvoyé ici la lettre que j'avais écrite, à lui Louis ; je ne l'avais pas écrite pour qu'elle fût remise à l'empereur. Au reste, cela a fait l'avancement d'un homme de mérite, et j'en suis fort aise, quoique j'aie à m'en plaindre.

Naples, le 20 juillet 1806.

Lorsque je vous ai écrit dernièrement, ma chère amie, par M. le colonel Lebrun, notre position était assez mauvaise ; elle a bien changé par la prise de Gaëte.

Cette ville s'est rendue avant-hier à neuf heures du soir, et il était temps. C'est une belle chose qu'un siége ! J'ai vu commencer celui-là, et j'ai été à la tranchée, et j'ai vu des bombes tomber pas trop loin de moi, et j'ai fait comme tant d'autres qui, n'en ayant pas fait davantage, sont tout étonnés de vivre encore. Rœderer, avec un autre aide de camp du roi, sont entrés les premiers dans la ville par la tranchée, deux heures avant que la place fût occupée par nos troupes; mais il n'y a pas merveille à cela, puisque la capitulation était faite. Le jeune Ségur (1), qui se charge de ma lettre, a beaucoup brillé dans ce siége; on ne lui reproche qu'une chose, c'est de lever toujours la tête quand des grenadiers la baissaient à l'approche de la bombe. Ce n'est pas sa faute s'il rapporte cette tête-là à Paris. Au reste, toute la jeunesse du palais est comme cela : c'était à qui monterait le premier à l'assaut, si l'assaut avait eu lieu.

Je vous ai écrit par M. Lebrun ce que je pensais du procédé de Louis. Je vois par votre lettre du 29 juin, qui me parvient seulement en ce moment, que nous nous sommes rencontrés sur ce sujet. Le résultat de ceci est que Louis m'a fait dire de nouvelles injures par l'empereur, en récompense d'une démarche qui le plaçait entre une place de 25,000 fr. à Naples, et un titre de maître des requêtes à Paris.

Je vous ai écrit, il y a quelque temps, quelques mauvais propos sur les grandeurs de ce pays-ci, et puis je n'ai pas voulu les confier à la poste; je les confie à M. de Ségur (2), qui ne me démentira pas s'il vous parle de Naples. Ce jeune homme est très-aimable, très-bien élevé, très-brave : si vous voyez monsieur son père, vous pouvez lui en faire beaucoup de compliments de ma part.

Je vous embrasse de tout mon cœur, ma chère amie. Je serai fort aise de retourner à Paris dans le mois de septembre ou d'octobre. J'aurai fait pour ce temps-là tous les travaux nécessaires pour mettre les finances du roi en bon ordre; car c'est à moi qu'il a confié le soin de les arranger, et j'espère y réussir de manière à faire envie à ceux qui me déprécient.

---

(1) (*Note de l'éditeur.*) Il s'agit ici du général comte Philippe de Ségur, pair de France, fils du comte de Ségur, ancien ambassadeur de France à la cour de Catherine II, et, depuis, grand maître des cérémonies de l'empereur Napoléon Ier.

(1) (*Note de l'éditeur.*) La pièce dont il s'agit ici, et dont il ne reste qu'un fragment, est rapportée ci-après, page 92.

J'écrirai incessamment à M. de Boufflers et à l'abbé Mórellet.

———

Naples, le 28 août 1806.

Je ne vous ai pas écrit, ma chère amie, depuis la lettre que vous a remise M. de Ségur, parce que je n'ai pas eu le temps. Cela paraît incroyable, rien n'est plus vrai. Au reste, quand je vous écris, je vous en donne pour deux ou trois fois d'un autre; je ne fais pas comme les maris vulgaires, qui se mettent tous les jours petitement à leur petit devoir; moi, quand je m'y mets, je m'y mets bien.

Je vous dirai pour nouvelle que M. de Jaucourt est parti la nuit dernière. Il paraît qu'il n'a pas l'intention de revenir ici, au moins comme premier chambellan; ce pays-ci ne lui plaît pas, quoiqu'il soit sûrement celui des Français qui ait le mieux réussi dans le monde. Au fond, il ne plaît qu'à ses habitants; et les Français qui sont particulièrement attachés à la personne du roi, disent tous les jours que sans cet attachement ils s'en iraient bien vite. C'est le plus beau pays du monde; mais les volcans et les brigands s'y font craindre partout : il y a une nombreuse population, beaucoup de villages, mais pas un où quelques maisons ne soient soutenues par des poutres ou des arcs-boutants, après avoir été ébranlées par des tremblements de terre. A Naples, les rues sont pleines de la plus infâme canaille. On p... partout dans les palais. Les femmes, les princesses, les duchesses et marquises (le reste ne compte pas), sont du plus mauvais ton. On déteste les Français; on ne leur donne pas à dîner une fois dans l'année. Tout cela fait que les Français se déplaisent ici; mais il ne faut pas le dire.

Toni a donné la nuit dernière une fort jolie fête dans son *palais*; car tout est *palais* ici. Il avait dix-huit princesses, trente-huit duchesses, dix-huit marquises, et tout ce qu'il a pu réunir de dames françaises. Il avait dix pièces de plain-pied fort bien éclairées, et fort bien meublées (comme on meuble ici); il a eu toute la cour, excepté Sa Majesté, comme de raison. On a dansé jusqu'à cinq heures du matin. Les uns disent que c'est la marquise de... qui était l'objet de la fête; d'autres, que c'est une princesse de... Je n'en sais rien..............

Toni a fait toutes ses invitations à tant de grandes dames avec beaucoup de grâce, et tout le monde s'est intéressé à sa fête ; on s'est piqué de ne pas lui faire un refus : au reste, il a pris toutes les belles manières. Il avait fait préparer une pièce garnie d'une toilette, de rouge, de gants, d'éventails, et de trente-six paires de souliers de taffetas blanc. On prétend que c'est moi qui ai donné cette fête-là ; la vérité est que je n'y suis pour rien, que je lui ai dit tout ce qui pouvait l'en détourner ; que je ne lui en paye pas un sou ; que j'ai failli à n'y point aller, parce que le roi m'emmena hier à six heures du soir à la campagne, et que je n'en suis revenu qu'à minuit, après son coucher, pour qu'il ne fût pas dit que je boudais. Au fond, cela n'est pas cher, et c'est une bonne leçon donnée à la ladrerie napolitaine. Il n'y a ici que madame de Gallo qui fasse quelques frais pour les Français ; j'excepte les jeunes femmes qui ont des amants.

Comme mon temps de séjour ici est fini, je me dispose à retourner à Paris. Je partirai d'ici à huit ou dix jours. Quand vous verrez M. de Jaucourt, dites-lui que la princesse ... a failli se trouver mal au bal de Toni quand je lui ai annoncé le départ de son adorateur ; heureusement elle donnait le bras à madame de S..., qui est plus facile à consoler du départ d'un Français, et qui a soutenu la princesse.

Je vous embrasse de tout mon cœur, et mes fils aussi.

P. S. Si vous voulez faire quelque chose de bien, vous irez porter la lettre incluse à l'abbé Morellet. Ce que les insultes de Geoffroy auront produit de plus clair à son égard, c'est une pension de 3,000 fr. que j'annonce à l'abbé dans ma lettre, à la condition qu'il sera le correspondant et l'agent littéraire du roi à Paris.

Faites mille compliments à M. de Boufflers, et aussi à Colchen. Tout ce qu'il m'a recommandé en partant pour ma santé, m'a très-bien servi ; je ne me suis pas mal porté un jour.

Je r'ouvre ma lettre pour vous dire que l'empereur consent que je sois employé ici. Je pense que cela n'empêchera pas mon voyage, mais pour un mois seulement.

———

Maison royale de Capo di Monte,
le 5 septembre 1806.

Je ne sais encore quand, ni à quelles conditions je serai ministre. Mais si je le suis, je vous prie de dire à M. de Talleyrand que je ne prends d'engagement que pour le temps nécessaire pour établir ici un système de contributions analogue à celui de la France, et mettre de l'ordre dans les finances ; c'est-à-dire l'espace d'un an. Passé ce temps, je veux ma liberté, mon repos et pouvoir retourner en France. En conséquence, je suppose que l'empereur ne voudra pas me priver de ma sénatorerie. Comme je ne veux ici ni terres, ni marquisats, ni duchés, ni coûter au roi de Naples plus que ne vaudront mes services, ni qu'il soit chargé de me tenir compte des services que j'ai rendus à la France ou à l'empereur, je crois qu'au moins je ne dois pas être ruiné, ni privé du seul témoignage que j'aie reçu du contentement de l'empereur pour le zèle et le dévouement que je lui ai montrés.

Je n'ai pas le temps de vous en dire plus. Je vous embrasse. Si l'on m'ôte ma sénatorerie, je pars, et retourne aussitôt en France.

———

Naples, le 7 octobre 1806.

Je ne sais, en vérité, que vous dire sur ma position ici. L'empereur a écrit au roi : *Vous pouvez garder R., puisqu'il a votre confiance.* Cela ne dit pas, vous pouvez le faire ministre, surtout après une autre lettre qui avait dit : Je ne veux pas qu'il soit ministre, ou l'équivalent. A la vérité, cette lettre, *Vous pouvez garder R.,* vient en réponse à plusieurs lettres par lesquelles le roi demandait à l'empereur de m'employer ici comme ministre des finances, et de me conserver ma sénatorerie : le roi entend que c'est un consentement sur les deux points. Pour moi, je ne sais qu'en penser ; mais je m'en suis rapporté au roi, qui a bien voulu me dire qu'il me jugeait utile à la restauration de ses affaires, et qu'il me ferait ministre. Je lui ai demandé, il y a quinze jours, la permission d'aller deux mois en France ; il m'a répondu que les affaires avaient trop besoin d'un prompt secours. Dans l'explication que j'ai eue avec Sa Majesté sur ce sujet, je lui ai fait connaître le fond de mon âme.

J'ai voulu qu'il sût que je déteste ce pays

ci; que mon intention n'était ni de m'y établir, ni d'y établir ma famille; que nous étions
à ses ordres et à son service tant qu'il voudrait,
mais par pur attachement à sa personne, et
sans nous lier par aucune propriété, ni par
aucune alliance avec les Napolitains. Je lui en
ai dit la raison principale : c'est que ni mon
second fils, ni ma fille, ni moi, n'avions aucune
considération à attendre dans un pays où il
n'y a qu'une classe de personnes considérée,
celle des princes et des ducs. Je ne veux fonder ma famille que dans un pays où il y ait un
tiers état, parce qu'elle serait déplacée dans
un autre rang, et qu'elle sera distinguée dans
celui-là. Ici, le roi peut décorer et enrichir des
militaires; les militaires sont susceptibles de
tous les honneurs; ils sont les conquérants, et
partout les conquérants prennent place à côté
des conquis du premier rang; partout ils s'in-
corporent avec la première noblesse du pays :
tout cela est dans l'ordre. Mais, mon second
fils et moi, ne sommes pas venus ici les armes
à la main. Je n'y suis donc soutenu que par la
faveur du roi. Son estime même ne suffirait
pas pour m'y soutenir; il ne faut pas moins
que sa faveur. Si je n'étais pas sans cesse vu à
ses côtés, à sa table, au théâtre, ou vis-à-vis de
lui dans sa calèche, je ne serais plus aperçu
de personne. Mon existence ici est donc très-
précaire. Je n'y ai d'amis que dans les Français. Être ministre est une occasion de servir
le roi que j'aime, et dont la position me fait
beaucoup souffrir; mais c'est aussi un moyen
sûr de me mettre en butte à toutes les jalousies, à toutes les haines napolitaines; c'est
aussi m'exposer beaucoup à perdre la bienveillance du roi, car je ne puis ni me promettre
de faire toujours bien, ni espérer que ce que
j'aurai fait, même de bien, ne lui soit pas quelquefois présenté comme très-mal. Les titres et
les biens que le roi me donnerait, peut-être,
n'empêcheraient pas ma chute; et puis, je ne
veux ni titres ni biens; je ne suis pas venu
ici pour faire ma fortune. La seule satisfaction que je puisse avoir du côté des Napolitains, c'est de me montrer avec encore plus
de mépris pour leurs dépouilles que pour leurs
personnes. S'ils ont la hauteur de la naissance, j'aurai celle du désintéressement. Ils
mendient les emplois les plus subalternes,
ils verront à quel point je méprise les pro-

fits de l'emploi le plus élevé... J'ai dit à
peu près ces choses-là au roi; je lui ai dit :
« Vous n'avez pas assez de richesses pour
« faire la fortune des gens qui croient avoir le
« droit de devenir grands et riches par vos bon-
« tés et vos largesses. Je désire qu'au moins
« vous m'exceptiez de ceux qui ont été ame-
« nés vers vous par l'ambition et la cupidité.
« Votre Majesté sait que je n'ai jamais désiré
« ni plus d'argent, ni de meilleurs emplois de
« l'empereur. Je tiens à ne pas paraître ici
« différent de ce que j'ai été en France... D'a-
« près tout cela, sire, je ne prends d'engage-
« ment que pour le temps nécessaire à l'éta-
« blissement d'un nouveau système de finance.
« Neuf mois suffiront pour le mettre en acti-
« vité. Je m'engage pourtant à un an, quinze
« mois, s'il est impossible de réussir plus tôt;
« mais si tout est en marche au mois de juin,
« c'est au mois de juin que j'irai voir mes af-
« faires, et tâcher de marier ma fille. » Je ne
vois que de l'avantage pour le roi, comme
pour moi, à ce marché, qui lui épargnera, et à
moi, l'embarras d'une disgrâce si je viens à lui
déplaire, et qui lui garantit d'ailleurs que je
n'entreprendrai et ne ferai pour son service
que des choses d'une utilité si évidente et
d'une exécution si facile, qu'elles se soutiendront d'elles-mêmes quand je les quitterai.

J'ai dit au roi que je désirais qu'il voulût
bien s'assurer près de l'empereur que je ne serais point dépouillé de ma sénatorerie en restant ici, et je lui ai dit à peu près ce que je
vous ai écrit : « Croyant servir l'empereur en
« vous servant, je ne crois pas devoir perdre
« ce que j'ai acquis par mes services passés.
« Je ne veux pas paraître en disgrâce, parce
« que je donne une nouvelle preuve de dé-
« vouement. Si l'empereur me dépouillait
« d'un revenu de 20,000 fr., Votre Majesté se
« croirait obligée de m'en dédommager; je ne
« veux pas vous être à charge. Ce n'est pas à
« vous à payer les services rendus à l'empe-
« reur. Je serais fort humilié si vous vous
« croyiez obligé de me payer, avec le prix de
« mes services, comme à tout autre ministre,
« une indemnité équivalente pour mes sacrifi-
« ces. Il n'y aurait plus de proportion entre mon
« utilité et le poids de mon traitement, etc. »
Tout cela s'est traité il y a quinze jours;
depuis, je n'ai plus entendu parler de rien qui

concernât le ministère des finances. Je travaille cependant à un nouveau système de *contribution foncière*, qui est en discussion au conseil d'État. J'assiste à tous les conseils du roi. Je vais tous les jours dîner avec Sa Majesté à sa maison de campagne de *Capo di Monte*, où je ne couche pas, parce que je ne veux pas y introduire de valet étranger, et que pourtant je ne puis être servi par ceux du roi. Et voilà ma vie. Quand la contribution foncière sera établie, je présenterai un nouveau système de contributions indirectes, que je crois utile, et j'espère que le conseil l'adoptera. Cela fait, si le roi oublie qu'il m'a retenu ici pour me faire ministre, je m'estimerai très-heureux. Les affaires pourront marcher sur les nouveaux plans, pourvu que les directeurs soient avertis de prendre mes avis. Que les finances marchent, et mon but sera atteint. Si, comme je le crois, cela se peut sans que je sois ministre, la chose ne sera que mieux pour moi. Mais c'est assez parler de cette affaire.

Je ne suis point content de l'abbé Morellet : lorsque j'ai demandé pour lui la place de correspondant littéraire du roi, c'est que j'avais compris qu'il la désirait. Sa lettre du 1er mai 1806 portait ce que voici : « Si notre littérature « avait mieux à vous fournir, et si je n'étais pas « si vieux, *je vous proposerais de me faire* « *donner un emploi de chargé des affaires lit-* « *téraires de Sa Majesté le roi des Deux-Siciles,* « *à Paris.* Mais, comme je vous l'ai dit dans ma « chanson, ma quatre-vingtième année est « sonnée, etc. »

Je vois que j'avais mal compris (1).

Je ne sais pas pourquoi je n'ai pas encore perdu l'espérance d'aller cet automne à Paris. Je vais faire une nouvelle tentative pour cela.

Madame Miot est arrivée avant-hier bien portante, et pas trop gaie. M...... ne lui a pas

---

(1) (*Note de l'éditeur.*) Mon père n'avait pas mal compris ; car l'abbé Morellet accepta réellement la *charge des affaires littéraires de Sa Majesté le roi des Deux-Siciles, à Paris;* il l'a bien et dûment remplie, comme on le voit par le supplément ajouté par le libraire Ladvocat aux *Mémoires* de cet académicien (Paris, 1822). La première lettre est du 1er mai 1806 ; la dernière est du 7 avril 1808. J'en ai tous les originaux, qui étaient adressés à mon père. On voit, à la page 70 de ce volume, qu'un traitement de 3,000 liv. était attaché à cette fonction.

plus fait qu'à vous l'honneur d'aller la voir. Je puis vous dire que j'ai tout fait pour être bien ici avec lui; que j'ai dit en toute occasion du bien de lui à tout le monde, et surtout au roi, qui n'en était pas toujours content. D'ailleurs, parfait chambellan, sans bassesse avec le roi, quoiqu'il ne se refuse pas une certaine insolence avec les petits, et fort poli avec la noblesse des deux sexes et de tous les âges. Il est fort regretté ici d'une princesse d'A..., qui est assez aimable, mais qui n'est plus un enfant.

Je suis fort aise de vous savoir à Morfontaine. La reine est, à mes yeux, un ange de vertu et de bonté. C'est un grand chagrin pour moi de voir qu'il faut renoncer à la voir cet hiver, à moins d'aller en France. Parlez lui de mes sentiments pour elle ; vous les connaissez, ainsi vous saurez très-bien les exprimer.

Je joins un petit mot pour M. de Boufflers.

J'ai longtemps espéré Fréville ; on lui avait, en effet, donné une place assez chétive; mais Miot, qui se contente plus facilement pour ses amis que pour lui-même, avait répondu au roi qu'elle lui conviendrait. Le roi en a disposé, voyant qu'il ne venait pas; mais il lui en donnera une plus convenable quand il viendra. J'ai lieu de croire qu'il le fera conseiller d'État, directeur général de la contribution foncière; ce qui le conduit droit au ministère des finances, s'il s'attache à plaire au roi, s'il évite les disputes âcres, s'il met un peu de liant dans ses discussions. J'ai plusieurs fois essayé de tourner les yeux du roi sur cette destination.

Je vous embrasse tendrement et de tout mon cœur.

Mes enfants vous embrassent...

Le roi a beaucoup de bonté pour Rœderer, ainsi que pour moi. Je puis dire qu'il n'a pas varié un moment.

Portici (maison royale à 2 lieues de Naples), le 25 octobre 1806.

Depuis la lettre que vous m'avez écrite de Morfontaine le 13, vous aurez reçu, ma chère amie, plusieurs lettres de moi, tant pour vous que pour nos amis; j'espère qu'elles vous auront trouvée à Morfontaine même, et je souhaite que vous ayez fait les commissions dont elles vous chargeaient pour la reine. Elles ne vous auront laissé aucune incertitude sur mes intentions relativement au ministère qui m'était annoncé, donné, et pour lequel le roi jugeait que je ne pouvais prendre un délai de deux mois.

Maintenant, j'ai à vous dire que je n'ai plus entendu parler de ministère depuis ce temps-là, si ce n'est avant-hier, que M. Girardin me dit que le roi jugeait les affaires trop embarrassées en ce moment pour que son amitié lui permît de m'en mettre le poids sur le corps d'ici à trois mois. D'après cet avis, où je reconnais toute la bonté du roi pour moi, je m'occupe d'enrayer quelques réformes de finances que Sa Majesté avait ordonnées sur ma proposition, et que je n'avais proposées que parce que je croyais être chargé de l'exécution. Je ne veux pas que des idées salutaires avortent dans des mains incapables ou dirigées par de mauvaises intentions, et que le mauvais succès puisse m'être imputé. J'espère que mardi cela sera fini au conseil d'État; alors je demanderai au roi de profiter de l'été de la Saint-Martin pour aller à Paris, où vous savez que j'ai des affaires. Je ne présume pas que je sois refusé. Je compte donc avoir le plaisir de vous voir dans le mois prochain.

Vous saurez, avant d'avoir reçu ma lettre, que le premier aide de camp du roi, M. le colonel Bruyères, a été assassiné en revenant de la grande-armée. Cet événement est arrivé vers Gaëte. Lorsque la nouvelle en est venue, Rœderer était en mission dans la Calabre, ou du moins à l'entrée de la Calabre; jugez de l'impression qu'a faite sur moi la mort de ce malheureux jeune homme! J'ai passé trois jours d'autant plus cruels que les plus grands dangers sont du côté de la Calabre, et que Rœderer a la manie de ne jamais prendre d'escorte, ni même de valet. Enfin il vient d'arriver bien portant.

Toutes les désolations de Regnaud sont le résultat de quelques plaintes portées à Paris par des mécontents de qui l'on n'était pas content. Dans le fait, on est ici en guerre, et on ne doit pas s'attendre à trouver dans cet état de choses des délices et des voluptés sans quelque mélange. Mais les prétentions de la plupart des Français qui viennent ici sont sans bornes. Il semble qu'il faille tenir compte à tous de sacrifices immenses, tandis que la plupart sont fort loin d'en avoir fait. Madame Miot, au reste,

pense comme vous sur le compte du personnage dont vous me parlez. Elle n'en est pas plus contente que de M....., qui n'a pas été la voir avant son départ de Paris.

Mettez-moi à genoux devant la reine, sur son petit tabouret, même plus bas. Je n'ai pas eu l'honneur de lui écrire depuis quelque temps, dans l'espérance de la voir arriver. Ç'aurait été pour moi un grand bonheur. J'espère que la bonne saison aura un peu rétabli sa santé. Vous pouvez dire combien je m'y intéresse...

———

Naples, le 5 novembre 1806.

Je pars lundi 10 pour Paris. Le roi en est prévenu. M. de Girardin devait m'accompagner; son voyage est différé de quelques semaines. Le roi m'a dit qu'il l'enverrait quand j'aurais assez avancé les affaires qui me rappellent en France pour que nous pussions revenir ensemble à Naples. Comme il n'est guère possible de voyager de nuit dans les Apennins ni dans les Alpes, je compte n'être pas moins de seize ou dix-huit jours en route. Je passerai par Gênes pour voir votre fille; c'est un petit détour. Je ne sais encore si Sa Majesté me donnera mon fils aîné pour m'accompagner une partie de la route : elle m'a dit, il y a quinze jours, que son intention était de l'envoyer à la grande-armée; ce serait une occasion de faire ensemble le chemin de l'Italie. Toni reste ici. Il va être administrateur des contributions directes sous le prince de Bisignano, ministre des finances, et le meilleur des humains. Le roi m'avait parlé, il y a quinze jours, de joindre à cette place une charge de la cour, et de le faire écuyer, ou chambellan, ou préfet du palais.

Il paraît qu'il n'est plus question de cela. Mon ambition, comme vous savez, ne s'est jamais élevée si haut, ni pour moi, ni pour mes enfants. La naissance de Toni le condamne à s'occuper de devenir homme d'État plutôt qu'homme de cour : quoique les hommes de cour se croient souvent en droit de rire des hommes d'État, et que les hommes d'État (dans les cours) se croient toujours obligés de saluer les hommes de cour, je préférais pour Toni le rang où il peut se placer par son mérite, à celui où l'on pourrait le juger déplacé, par sa naissance, dans ce pays-ci... Mais la bonté du roi voulant l'élever de deux manières, elle pouvait tout, même contre les préjugés de ce pays-ci, parce que l'élévation des Français ne tire pas à conséquence aux yeux des Napolitains. D'ailleurs, Toni aurait su se maintenir, et ce n'est pas chose difficile avec ce qu'on appelle les seigneurs de Naples, en qui l'orgueil même a quelque chose de bas, parce qu'il est accompagné d'un fond de lâcheté dont il est impossible de se faire une idée. Mon fils aîné, lui, est au premier rang des emplois de faveur. Les aides de camp du roi sont, après les capitaines des gardes, les mieux placés. Ils ne reçoivent d'ordre que du roi, l'accompagnent partout, couchent à la porte de sa chambre. Cela est au-dessus de l'envie des Napolitains, qui laissent sans dispute aux seuls Français le droit de se battre pour le roi. Mais ces places si belles sont fort enviées par les militaires français, précisément parce qu'il y a des occasions où le dévouement est nécessaire. Les officiers généraux trouvent mauvais que de simples lieutenants, comme Rœderer, aient l'honneur d'être aides de camp du roi. Je ne sais ce qui résultera de tout cela pour ce jeune homme. Il se conduit bien, à une très-bonne contenance, et toute la réserve qu'il doit avoir ; mais ce n'est pas sans chagrin qu'il se voit lieutenant à vingt-sept ans, après huit ans de service et plusieurs campagnes où il a fait son devoir avec honneur, et toujours au moment d'être déclaré au-dessous (par son grade) d'une place où la bonté du roi l'a seule appelé... J'ai, comme vous voyez, un peu de chagrin moi-même pour ce qui le regarde. Je ne puis cacher que j'en ai aussi pour ce qui regarde Toni ; car ce jeune homme, humilié de ne pas être à la cour, où il voit son frère placé, et flatté de l'espérance que le roi m'avait donnée pour lui, n'a pas, peut-être, tenu assez secrète une nomination qui paraissait décidée, et il souffre beaucoup de l'idée que cette affaire est manquée. Quant à ce qui me concerne personnellement, je puis dire que le roi m'a comblé. Il m'a constamment montré de l'amitié (je dis le mot, tout inconvenant qu'il peut paraître), non-seulement dans l'intimité, mais en public, devant toute la noblesse et ses seigneurs ; il n'eût pu en faire autant si j'eusse été ministre, et c'est de toute manière une preuve de bonté que de ne m'avoir pas employé sous ce titre. Il n'est

pas en son pouvoir de faire pour moi plus ni mieux qu'il n'a fait ; car il a fait plus et mieux, de beaucoup, que je n'aurais cru pouvoir demander si j'avais moi-même réglé mon lot. La considération qu'il m'a montrée restera sur mes enfants, et ce sera encore un avantage pour eux qui subsistera, et dont ils jouiront après mon départ.

Les affaires ont beaucoup gagné dans ce pays-ci aux victoires de la Saxe. De plus, d'heureuses captures ont débarrassé les provinces des principaux chefs de brigands qui les infestaient.

Je vous écrirai de la route et en partant, Je vous embrasse tendrement, ma chère amie, et me réjouis de vous voir.

Naples, le 14 novembre 1806.

Je comptais, ma chère amie, partir lundi 10, comme je vous l'avais écrit. Dimanche, le roi m'a fait appeler dans son cabinet, où je l'ai trouvé avec M. de Girardin. Sa Majesté a eu la bonté de me dire que les victoires de l'empereur, le pressentiment de la paix qui en serait la suite nécessaire, amélioraient beaucoup sa situation, et se faisaient déjà sentir dans ses finances ; qu'ainsi, la crainte qu'il avait eue de me voir succomber sous un fardeau que les circonstances passées devaient rendre accablant, avaient cessé ; qu'il désirait que je prisse le ministère des finances ; que Toni serait chambellan ; que vous seriez dame de la reine ; que j'irais vous chercher quand le départ de Sa Majesté serait fixé, vers le printemps. Le roi m'a dit que si je retournais à Paris sans avoir été ministre, ayant été annoncé sous ce titre à Saint-Cloud et à Paris, l'empereur ayant consenti à ce que je le fusse, cela pourrait me nuire dans l'opinion. J'ai répondu à Sa Majesté que je la priais de ne considérer que le bien de ses affaires ; que j'avais été traité par elle avec tant de bonté, tant de distinction, tant de considération, j'osais même dire avec tant d'amitié, que je pouvais me montrer avec avantage non-seulement à Paris, mais dans toute l'Europe ; que telle avait été ma position à sa cour, qu'en devenant ministre je ne m'élevais pas, mais qu'au contraire je descendais, parce qu'il était impossible au roi de Naples de continuer les faveurs dont il comblait un sénateur français sans fonctions près de lui, de les continuer au ministre des finances de Naples sans faire le désespoir des autres. Il serait même, ai-je ajouté, impossible au ministre de continuer à partager sans cesse le plaisir et l'honneur de la société du roi, parce qu'il ne pourrait le faire sans négliger ses devoirs. J'ai donc prié le roi de ne prendre aucunement en considération mon intérêt personnel ; et j'ai fini en lui disant : « Si Votre Majesté pense que je sois en état d'établir dans ses États un bon système de finances, je suis à ses ordres, comme j'y ai toujours été. »

Le roi a paru content, et m'a dit qu'incessamment les nominations seraient faites. En attendant, je ne sais que répondre à toutes les questions des Napolitains. J'avais pris congé d'eux ; ma voiture était chargée, et mes malles sont encore là toutes faites... Le roi m'a dit, entre autres choses qui me font plaisir, que la reine vous aimait : et elle n'aime pas tout le monde, a-t-il ajouté. Il a été plein de bonté dans ce qu'il m'a dit pour Toni et pour Rœderer. S'il ne l'a pas fait préfet (Toni), c'est qu'il a trouvé cette place équivoque, et il veut élever Toni à la plus honorable. Je vous écrirai tout aussitôt qu'il y aura quelque chose de fini... J'ai reçu hier une lettre du cardinal Maury ; elle est fort aimable. Je lui répondrai lorsque j'aurai pu parler au roi de l'objet qui l'intéresse.

Je vous embrasse de tout mon cœur. Tirez-vous comme vous pourrez des questions de nos amis à mon sujet.

———

Jeudi, 20 novembre 1806.

Je reçois en ce moment votre lettre du 6 avec celle de M. de Boufflers, qui s'y trouvait jointe.

Il paraît que vos désirs vont être satisfaits. Le roi m'a dit, il y a dix jours, que vous seriez dame de la reine, Toni chambellan ; et les choses se disposent pour que je sois ministre des finances. Serez-vous heureuse quand tout cela sera arrivé ? Je ne suis pas en peine que vous ne réussissiez à la cour de la reine ; je ne suis pas aussi sûr de réussir au ministère : j'y ferai de mon mieux.

Je vous écrirai quand il y aura quelque chose de fait... Si je reste ici, je désire vivement que vous y veniez plus tôt que plus tard. Le roi m'a promis la liberté d'aller vous chercher au mois de mars. Tout le monde voudrait voir ici la reine. Les soirs, nous mourons d'ennui. Le jour, on a les affaires, le beau temps et la promenade. Après cela, il faudrait un peu de société.

Je vous déclare qu'en prenant ici le ministère, je ne crois pas, comme vous, que ce soit un avantage si nécessaire à ma considération. L'amitié dont le roi m'a donné des témoignages publics et continuels m'a placé, non-seulement ici, mais en France et ailleurs, à un rang supérieur à celui d'un ministre. Je serai ministre pour m'acquitter envers le roi ; et nullement pour mon avantage personnel. Vous êtes bien bonne de croire qu'il faille avoir été ministre pour pouvoir se montrer dans le monde. Je ne sais qui vous met ces choses-là dans la tête.

———

Naples, le 24 novembre 1806.

Hier, ma chère amie, je vous ai appris par plusieurs lettres, dont la dernière était, je crois, datée du 30, que j'étais ministre des finances. Je vous le répète aujourd'hui en rectifiant la date : c'est hier 23 que j'ai été nommé, et je suis en fonctions. Je quitte le palais du roi, et vais m'établir dans l'hôtel des finances. Je vous répète que ceci me fait descendre et non monter. Mais descendre pour être utile me convient beaucoup. Toni viendra loger avec moi. Je n'ai rien de nouveau pour lui.

Je vous embrasse tendrement.

Offrez mes hommages et mon respect à la reine, et faites-lui part de ma nomination. Elle a été un peu injuste envers moi dans une de ses lettres au roi ; mais comme Sa Majesté était mal pour moi par intérêt pour vous, je lui dois encore de la reconnaissance pour sa très-grande erreur.

———

Naples, le 30 novembre 1806.

Je vous envoie, ma chère amie, deux lettres que je vous ai écrites le 14 et le 20 courant, et que j'ai retenues par réflexion, ne voulant rien hasarder et ne voyant rien finir. Aujourd'hui, il y a du positif. Le prince de Bisignano a donné hier sa démission du ministère des finances. Le roi l'a acceptée par une dépêche que

Sa Majesté m'a montrée hier soir, et qui a dû être envoyée ce matin. Elle dit au ministre de me remettre le portefeuille. Toni a été nommé, hier, administrateur de la contribution foncière, sous mes ordres. J'aurai le jeune Pommard, excellent sujet, pour les contributions indirectes. Je souhaite que vous soyez contente et heureuse de tout cela. Je puis vous dire que l'intérêt que vous m'avez paru mettre pour vous-même à ma nomination, le désir et l'intérêt qu'y avait Toni, m'ont fortement touché, et ont puissamment concouru, avec le désir que j'ai de m'acquitter envers le roi, à prendre une détermination contraire à mon intérêt personnel, et peut-être plus préjudiciable à ma considération que n'eût été le repos et la retraite.

La situation des affaires n'est pas brillante. Je ne puis répondre que de mon zèle. Puisse-t-il n'être pas infructueux ! Je désirerais bien que vous fussiez ici. Si tout ceci s'était fini il y a deux mois, je n'aurais pas à supporter votre absence pendant tout l'hiver. Je compte toujours aller vous chercher à la mi-février, pour revenir à la mi-mars. Vous savez que j'ai des affaires à arranger.....

Je suis fâché que le neveu de M. Lecouteulx soit parti hier. Je l'aurais fait travailler utilement pour lui et pour le roi. La maladie du pays l'a gagné, et cela ne m'étonne pas.

Cependant, voici le moment d'être à Naples. Aujourd'hui, 30 novembre, les arbres sont encore verts, la température si douce, qu'on ne pourrait souffrir le feu ; et l'on dit que cela va comme cela jusqu'en février, où il survient quelques giboulées.

Je vous embrasse de tout mon cœur.

Naples, le 10 décembre 1806.

Comme vous avez vivement désiré que je fusse ministre des finances, ma chère amie, vous avez souscrit d'avance à me pardonner quand je serais en retard de vous écrire. J'ai compté là-dessus. Je ne vous dirai pourtant pas que je suis accablé, que je ploie sous le faix, ni autres belles choses comme cela, qui vont si bien à des ministres des finances dans tous les pays du monde, mais, surtout, dans ceux où les finances, comme ici, souffrent tout à la fois de la guerre intestine et de la guerre extérieure. Je trouve assez de bienveillance, même dans les Napolitains, pour que les difficultés ne l'emportent pas sur ma bonne volonté ; et je me sens les moyens et l'espérance de répondre à la confiance du roi, ce qui n'est pas une petite jouissance, quand on est traité par lui comme il me traite, et quand on l'aime comme je l'aime. Je vous avouerai donc que si depuis quinze jours je ne vous ai pas écrit, c'est moins le poids que la distraction des affaires qui m'en a empêché, et je me confie en votre indulgence.

Je vous répète que j'aurais un grand plaisir à vous voir ici, et que je vous y désire vivement. Les Français n'ont pas beaucoup d'amis entre les Napolitains ; ceux que je vois à la cour, et je n'en vois point ailleurs, ne sont pas plus francs et plus sincères que ceux que je trouverais à la ville. J'ai beaucoup à me louer de leurs politesses et de leurs égards ; mais c'est avec vous et avec les Français, que vous pourriez quelquefois réunir, que je jouirais de l'amitié. Venez le plus tôt que vous pourrez, et, en attendant, écrivez-moi un peu plus souvent que vous ne faites, car il ne tiendrait qu'à moi de me plaindre à mon tour.

..... Le roi n'a pas voulu que je quittasse son palais, ni que je prisse ma maison avant votre arrivée. Cela pourrait être à mes yeux une hostilité pour vous ; car je suis si bien traité ici par Sa Majesté et, à son exemple, par tout le monde, qu'il me serait pardonnable de prévoir avec tristesse le moment d'en sortir.

J'ai écrit hier à la reine. Je sais qu'elle a pris feu pour vous contre moi, lorsque je ne sais quelle raison retardait les longues épîtres que je vous écrivais avec tant d'abandon, et de confiance, et de plaisir. Elle m'a rangé sans façon entre les petits mauvais maris, frivoles et volages, amants de toutes les femmes qui ne sont pas leur femme. Voilà une de ces injustices honorables, dont je puis dire que..... je n'ai mérité, ni cet excès d'honneur, ni cette indignité.

Ce qu'il y a de piquant, c'est que ....., qui est parti plein de passion pour une belle princesse ....., à qui il écrit, à qui il envoie des livres, qu'il recommande sans cesse au roi, aura sûrement retrouvé à Paris, et près de la reine même, toute la considération qui est due au mari le plus soumis et le plus rangé. Voilà comment va la justice de la justice même ; car c'est ainsi que j'appelle encore la reine, malgré ce que Sa Majesté a daigné écrire de mal pour moi. Dites à M. de Boufflers de vous traduire (et en vers, pour lui épargner la peine de traduire en prose) ce vers latin : *Dat veniam corvis, vexat censura columbas.* — Le roi espère le posséder ici quand vous y serez. Il en parle souvent, et toujours avec beaucoup de plaisir. Si vous voyiez tous le beau temps que nous avons, si vous voyiez qu'on passe les journées avec les fenêtres ouvertes, et que le soir il suffit de quelques bougies pour avoir trop chaud dans un appartement fermé, si vous voyiez un ciel pur et doux, pas moins que le *fond de mon cœur*, si vous entendiez dire, enfin, aujourd'hui 10 décembre, que le temps sera aussi beau et aussi doux que cela pendant tout le mois de janvier, je vous assure qu'à moins de mauvaise humeur, vous seriez fort contente d'être ici. Je vous y désire de tout mon cœur. Ne vous lassez pas de l'entendre, et ensuite ne négligez rien pour répondre à mon désir.

Je vous embrasse tendrement.

———

Naples, le 21 décembre 1806.

J'ai reçu hier, ma chère amie, la lettre que vous m'avez écrite le 7 décembre. J'appris en même temps, par une lettre de madame Saligny, du 11, que vous étiez arrivée de la veille à Morfontaine. Je ne sais plus à quoi se rapporte la première partie de votre lettre, attendu que j'ai oublié de quoi je vous parlais dans celle à laquelle vous répondez. Je vois plus distinctement ce que vous pensez de la nouvelle de ma nomination au ministère, et je savais d'avance que cette nomination vous ferait plaisir. Je vois avec beaucoup de joie la disposition où vous êtes de venir ici promptement. Le roi m'a flatté que vous y viendriez avec la reine, et que j'irais vous chercher toutes deux au printemps. Mais j'ai appris hier, qu'il avait donné des ordres pour qu'on préparât, sans retard, les appartements de Sa Majesté. Cette hâte supposerait qu'elle peut être ici dans un mois ou six semaines. Si cela était, je désirerais que vous obtinssiez de Sa Majesté, de l'accompagner ou de la suivre immédiatement et comme partie de sa maison ; car enfin,

je suis las de me trouver ici, comme un *enfant* abandonné. D'ailleurs, il sera bon pour vous d'arriver ici avec cette marque de la faveur de la reine et comme dame de son palais. J'espère que, cette fois, la parole donnée sera tenue. Quoique Toni ne soit point nommé chambellan et que le roi ne m'en ait point reparlé, je tiens la chose pour faite. . . . .

. . . .

Venez, venez ; voilà ce que je vous demande. Ici, point d'hiver ; un temps doux comme en France, au mois de mai ; un beau soleil ; voilà la saison présente. On regarde un peu de feu vers le soir, c'est-à-dire à sept ou huit heures. A neuf, il fait trop chaud dans l'appartement, et on laisse éteindre.

Je vous embrasse tendrement, et vous prie de parler de moi à nos amis.

———

Naples, le 1er janvier 1807.

J'ai reçu, ma chère amie, la lettre que vous m'avez écrite de Morfontaine le 14 décembre. J'espère que vous aurez aussi reçu celles que je vous ai écrites. Mais je vous prie de ne pas mesurer votre exactitude sur la mienne, parce que vous n'avez pas les mêmes excuses que moi pour ne pas écrire souvent...

Le roi a nommé ce matin deux chambellans. Toni n'est pas du nombre. — Rœderer est depuis huit jours malade d'un rhume accompagné de fièvre.

On nous annonce le retour de M. de Jaucourt ; on dit que c'est par ordre de l'empereur. Écrivez-moi ce que vous en savez.

Les nouvelles ici ne sont pas à la paix. Je n'espère pas de voir ici la reine ni vous avant la pacification générale ; et ce qui arrive à Toni me rappelle au moins désagréablement ce qui vous est déjà arrivé, et me fait craindre ce qui peut vous arriver encore.

Je vous embrasse tendrement.

———

Carditello (maison royale), le 1er février 1807.

J'ai reçu, ma chère amie, vos deux lettres en faveur de M....., protégé de madame de Genlis et de beaucoup d'autres ; j'ai vu, de plus, M. ....., et il y a de quoi se vanter, car il fait peur. C'est un de ces hommes de mérite qui, ayant fait banqueroute en France, sont persuadés que le royaume de Naples est comme le royaume des cieux, destiné à venger les injures de l'autre monde. Il faut à M..... un *bon* emploi, il le faut à Naples et non en province. A-t-il jamais travaillé en finances, en administration? Nullement; mais tout cela s'apprend si aisément! tout cela est su d'avance par un homme de mérite qui a été dans le commerce, et qui a fait faillite, et qui est protégé!... Vous allez conclure de ceci que je ne veux rien faire de M..... Je ne raisonnerai pas aussi juste que vous : je veux revoir ce M.....; je veux m'informer de lui; je veux faire, malgré ma répugnance, tout ce que la raison pourra me permettre. Dans quelque temps je vous en parlerai. En attendant, j'ai lu la lettre de madame de Genlis au roi. Sa Majesté me l'a fait lire haut, à son jeu, pour que les princesses et les duchesses de Naples vissent si elles écrivaient mieux que les comtesses de France. Tout le monde est convenu (tout bas, par respect) qu'il n'y avait pas d'enjôleuse en Italie qui sût mieux son métier. Cela n'empêche pas que son monsieur ..... ne soit le plus laid des hommes, moi compris. Quoi qu'il en soit, Sa Majesté est prévenue des désirs passionnés de madame de Genlis; et si M..... peut être employé utilement, le roi se souviendra de l'intérêt qu'y prend la gouvernante de ses enfants (1), et je vous promets, à vous, de le lui rappeler.

Vraiment, M. de Jaucourt a lieu d'être content du roi. Il conserve 12,000 fr. d'appointements et le titre de chambellan. La place de premier chambellan, qu'il occupait, est remplie depuis son départ par le prince Gerace, qui en a le titre avec les fonctions. Rien ne nous annonce ici le retour de M. de Jaucourt. On l'y reverrait avec plaisir; mais on n'y pense plus. Je parierais que, depuis quatre mois, son nom n'a été prononcé ni à la ville ni à la cour. A la cour, on n'a de mémoire que pour ses ennemis, et M. de Jaucourt n'en a point laissé; je lui rends cette justice.

Je vous ai déjà annoncé que Toni n'était point chambellan. Je puis vous dire aujourd'hui qu'il ne le sera point; le roi me l'a dit,

et ceci est une parole sur laquelle je compte. Si vous êtes sage, si vous voulez aller au-devant d'un nouveau chagrin et de plusieurs peut-être, vous verrez dans le sort de mon fils celui de ma femme. Ce jeune homme, au reste, me contente beaucoup; il travaille avec zèle; il a beaucoup de talent et de sagesse dans les affaires. Il aura servi le roi, réellement servi. Il est le plus assidu dans mes bureaux; il ignore encore le changement du roi à son égard; je le lui dirai le plus tard que je pourrai.

Le général Dumas m'a dit que sa femme et vous, étiez en arrangement pour faire partir à frais communs un fourgon. Ne vous pressez pas. Le roi est toujours le même pour moi : moi, je lui suis chaque jour plus attaché; mais le sort de ma famille n'est pas de se fixer à Naples. En révoquant pour Toni une promesse qui a été publique, on le repousse dans une classe méprisée ici, celle des gens de loi, vile poussière auprès des gens de cour. Je m'estimerais heureux aujourd'hui que le roi ne l'eût pas désigné pour chambellan; au moins on ne dirait pas qu'il a été reconnu indigne de marcher sur la ligne des ducs napolitains. Si vous saviez ce que c'est que cette ducaille! Il y a ici quatre ou cinq maisons considérables; le reste est ce qu'on peut voir de plus ignorant, de plus mal élevé, de plus lâche et de plus gueux. Il y a des chambellans du roi qui me demandent une place dans les bureaux des finances à 3 ou 400 fr. d'appointements par mois. Certes, on a raison de penser que mes enfants ni moi ne sommes du rang de ces gens-là, car ils ne sont pas du nôtre. Mes enfants, moi, mon père, mon aïeul, avons eu l'honneur de l'utilité et du désintéressement au suprême degré; nous n'avons jamais rien demandé à personne. Mon second fils est un homme de talent, mon fils aîné est un brave; et au reste ils ont trois générations de noblesse et du bien, ce qui est quelque chose partout. Ils vivront honorablement en France, et je finirai ma vie avec eux...

M. de Girardin vous dira, mieux que je ne puis faire par une lettre, le fond de ma pensée sur les honneurs de cour, sur la vie de Naples, sur le plan que je puis et dois raisonnablement former pour mes enfants et moi-même. Le roi me comble de bontés et d'amitiés. Je ne veux pas prévoir le moment où je m'en séparerai :

______

(1) (*Note de l'éditeur.*) Madame Dannery, qui depuis a été surintendante de la maison de la Légion d'honneur de Saint-Denis. Elle était alors gouvernante des princesses, filles du roi de Naples.

je me flatte toujours que je ne m'en séparerai jamais, mais je conserverai toujours mon existence et mes intérêts de famille en France. Je le dois à mes enfants et à moi-même.

Je vous embrasse tendrement.

———

Naples, le 14 février 1807.

Je vous écrivais il y a quelque temps, ma chère amie, que Toni n'était pas chambellan; et depuis, croyant le départ de M. de Girardin très-prochain, je vous écrivais ce que le roi m'a dit à ce sujet, et je vous conseillais de prendre votre parti.

Aujourd'hui, je vous annonce que Toni est chambellan, qu'il l'est avec une attribution très-agréable, celle de diriger le théâtre français : que, le même jour où le roi m'a donné cette nouvelle marque de bonté, il a donné à Rœderer le commandement d'une compagnie d'artillerie légère, qu'il est chargé de former, et qui sera uniquement sous ses ordres, comme s'il en était le colonel; le tout, sans préjudice à sa qualité d'aide de camp de Sa Majesté.

Ainsi vous voyez que ma face paternelle a dû se dérider, comme mon cœur a dû s'ouvrir à ces faveurs qui comblent mes enfants de satisfaction. Toni porte sa nouvelle dignité et sa clef avec plus de tête et de sang-froid que je n'aurais espéré. Je dois à la vérité de dire que son administration des contributions directes ne l'a jamais plus occupé, et qu'il se partage, en homme fait, entre les vanités et les choses solides, entre les devoirs substantiels et les devoirs frivoles. J'espère qu'il ne donnera pas de regret au roi, et ne sera au-dessous d'aucun de ses emplois....

Quand M. de Girardin sera revenu, je demanderai aussi un congé. Ainsi, chassez-le bien vite. C'est toujours le meilleur homme qu'on puisse connaître et le meilleur ami qu'on puisse avoir.

Si vous trouvez occasion de faire savoir à madame Delambre (madame de Pomart) combien son fils travaille utilement ici aux affaires de l'administration, je serai bien aise que vous le fassiez; c'est une parente de madame Regnaud. Ce jeune homme est un sujet fort distingué...

Je vous embrasse tendrement. M. de Girardin vous dira le reste.

P. S. Je vous envoie une lettre du 1ᵉʳ février, afin que vous sachiez toute mon histoire. Je suis heureux ici, puisque vous voulez savoir comment je m'y trouve. Je veux dire que j'y réunis tous les avantages que j'y peux désirer : la bienveillance du roi au plus haut degré, le bonheur de mes enfants, des occupations que j'aime, l'espérance d'être utile aux intérêts du roi, un beau climat, un printemps éternel qui ne finit ni en février ni en janvier, d'anciennes connaissances, un véritable ami, c'est de Girardin que je parle, voilà mes jouissances; et puis, il me manque l'habitude du pays, des mœurs, du langage des habitants; et puis, je n'ai point de livres et point de liberté; et puis, le ressouvenir des jouissances qu'on trouve en France, de mes amis, de mes propriétés, de mes affaires, m'assiége bien souvent; enfin, vous n'êtes pas ici, et c'est un vide que rien ne peut remplir. Il n'est point de parfait bonheur. Ce que je vous dis là n'est pas une vérité neuve, mais jamais je n'ai été aussi bien posé pour la reconnaître et la sentir, et elle est vraiment neuve pour moi.

Bonsoir.

———

Naples, le 4 avril 1807.

Vous m'aviez promis de m'écrire lorsque M. de Girardin serait arrivé, espérant, me disiez-vous, qu'il vous apporterait un volume de moi. Vous avez reçu le volume, et je n'ai reçu de vous, depuis un mois et plus, qu'une lettre dont M. de la Greca était porteur. Je trouve cela très-mal.

Rœderer vient de recevoir un brevet de capitaine de l'empereur; j'espère que le roi va le faire chef d'escadron.

Toni est toujours sur sa chaise longue, d'une blessure qu'il s'est faite à la jambe.

Je me porte constamment bien, quoique travaillant à l'excès, surtout depuis trois semaines que le roi est absent et que je vis sans distraction. J'ai pris ce moment pour faire plusieurs ouvrages qui demandaient du calme et de la réflexion; c'est-à-dire des lois et règlements de finances.

Voyez-vous la princesse Caramanica? A-t-elle été vous voir?

Je vous embrasse de tout mon cœur.

———

Au Belvéder, le 20 avril 1807.

Je profite du départ de M. le colonel Marie, aide de camp du roi, pour vous écrire, ma chère amie; c'est un très-aimable et très-bon jeune homme. Il va chercher sa femme qui est de Metz, et l'amie de madame Daumont. — J'ai reçu la lettre que vous m'avez écrite par M. Dumas, qui est arrivé avant-hier en bonne santé. Vous me dites que la reine ne veut nommer ses dames qu'à Naples; et M. de Girardin me dit, de plus, que la reine lui a dit qu'elle avait besoin de l'approbation de l'empereur. Cela m'a paru d'autant plus remarquable qu'elle écrit au roi qu'elle a promis de mettre mademoiselle Dumas ou mademoiselle Dupuis au nombre de ses dames, et je ne vois pas là d'approbation de l'empereur.

Tenez-vous toujours en garde contre les espérances trompeuses. Au reste, tenez toujours pour certain, et dites en toute occasion, que je vais à Paris au mois de septembre, et que j'en ai la promesse du roi; le sénat ne m'a, d'ailleurs, donné qu'un congé de neuf mois, à compter du 1ᵉʳ janvier dernier; et, enfin, mon engagement avec Sa Majesté n'a été que d'établir ici un système de finances, et j'avance beaucoup. Au reste, un voyage en France ne sera pas, j'espère, un adieu au royaume de Naples. Voyez beaucoup M. de Girardin, pour régler ce que vous avez à faire et à dire relativement à Naples.

Madame la princesse de Bénévent m'a écrit la plus jolie lettre du monde; elle me charge de lui envoyer des robes de cette étoffe qui ressemble à du tulle. Je n'en ai trouvé que trois de l'ampleur qu'elle demande; je les ai fait partir hier par M. Récamier. J'en ai commandé hier cinq autres à la fabrique qui est ici dans la maison même du roi; il y en aura une pour vous. Sa Majesté a pris hier les deux qui restaient et qui n'étaient que pour robes rondes, et les envoie je ne sais à qui.

Je vous embrasse tendrement. Mille choses à M. de Boufflers.

Naples, le 2 mai 1807.

... Je suis accablé d'ouvrage. J'espère que je pourrai respirer dans quelques jours; autrement je tomberais malade. Le roi travaille à un point qu'on ne peut se figurer; de ma-

nière qu'il faut suivre sa course, et en même temps fournir la mienne.

Je vous embrasse de tout mon cœur.

Mademoiselle Dumas est *nommée* dame de la reine par la reine. C'est une personne très-bien élevée.

———

Naples, 14 juin 1807.

Voilà bien longtemps, ma chère amie, que je ne vous ai écrit; mais vous prenez bien votre revanche.

J'ai été malade la semaine passée, et je ne suis pas encore tout à fait bien. Le travail me tue. Je commence heureusement à voir clair dans mon affaire. Tout paraît encore un peu dans le chaos, mais avant peu il y aura de l'ordre; le moment où l'ordre se prépare est plus difficile à passer que les temps de désordre même. Donnez-moi de vos nouvelles, je vous en prie, et de nos amis. Envoyez ceci à Fougeroux.

———

LETTRE DE M. ROEDERER A M. FOUGEROUX (1), MENTIONNÉE DANS LA LETTRE PRÉCÉDENTE,

Naples, le 14 juin 1807.

J'ai reçu, monsieur, vos lettres et vos journaux. Je vous remercie.

J'ai lu avec beaucoup de plaisir, ces jours derniers, un article de M. Villeterque sur les Mémoires de Laharpe. Ce morceau est bien écrit, bien pensé. Faites-en, je vous prie, compliment de ma part à l'auteur. M. Pillet me paraît dédaigner un peu le théâtre et le journal. Depuis longtemps je ne vois rien, ou du moins, ne remarque rien de sa plume. En ce moment, je lis (feuille du 6) le compte qu'il rend du *Curieux*. Il y dit qu'*au total* cette pièce paraît faite pour rester au répertoire. *Au total*, était l'expression favorite de M. Correncez. Il dit aussi que le style est *passablement correct*, et *la versification* TRÈS-*élégante*. Comme l'élégance est plus que la correction, que la parfaite correction, je ne comprends pas comment la versification peut être *très*-élégante, et le style n'être que *passablement* correct; à moins qu'on ne mette une différence entre *style* et *versifi-*

———

(1) (*Note de l'éditeur.*) M. Fougeroux était le chef des bureaux du *Journal de Paris*, dont mon père et M. le duc de Bassano étaient propriétaires.

cation, différence que je ne sens pas. Le fait est que cela est écrit avec négligence...

Il y avait avant-hier un article piquant, mais convenable, sur l'arrivée de Chateaubriand ; il nous a fait rire.

Soyez assuré de mon attachement et de mon estime particulière.

———

Naples, le 6 août 1807.

Je profite pour vous écrire, ma chère amie, du départ de M. de Tascher, aide de camp du roi, neveu de l'impératrice, le meilleur jeune homme qu'on puisse connaître, et un des plus braves. Il y a longtemps que je ne vous ai donné de mes nouvelles, parce que, si je ne me trompe, vous m'avez un peu découragé par votre exemple. C'est aussi parce que je ne puis, à la lettre, vous écrire que de mes nouvelles, c'est-à-dire, Je me porte bien ou pas bien, toute autre correspondance ayant des inconvénients. M. de Girardin, qui est arrivé ici en fort bonne santé, quoique ayant fait une chute de dix pieds de haut avec sa voiture, m'a remis votre lettre, ainsi que M. Marie, quinze jours auparavant. Il fait, dit-on, assez chaud à Paris pour que vous vous portiez bien. Pour moi, il fait assez chaud ici pour que je me portasse fort mal, comme il arrive plus ou moins à tout le monde, si je n'étais, comme vous savez, un Hercule qui résiste à tout, et à qui rien ne résiste. La chaleur est cette année bien plus forte que l'an passé. Nous avons encore un mois à passer dans la fournaise.

Nous avons, enfin, un théâtre français. Ce qui nous est arrivé avec Larive est fort passable ; madame Barrière est bonne, et aurait peu de chose à faire pour être excellente. Malheureusement, Larive la traite mal, et l'éloignerait tout à fait, si le roi ne l'avait jugée, comme nous tous, le seul talent distingué de la troupe. Larive ne joue point, et ne veut jouer qu'à la cour et pour la cour. Personne n'en est fâché, excepté le roi, qui a beaucoup de bienveillance pour lui et de la prévention pour son talent. Je lui trouve le double défaut d'être faible et d'être dur, d'être froid et violent. Ce à quoi on a bien réussi dans le choix des femmes, c'est à les envoyer laides. A cet égard, on a trouvé la perfection. Je n'excepte pas mademoiselle Ribou, quoiqu'elle ait beaucoup de succès dans les coulisses, et qu'elle ait fait les joies de M. de ..... avant et après vingt autres. Madame Barrière est fort dans le genre de mademoiselle Duchesnois et, je crois, la vaut bien. Mais qu'elle est laide ! et qu'elles sont laides !

Je vous dirai, qu'excepté pour le théâtre, une fois par semaine, le reste du temps je ne sors pas des affaires. Quoique demeurant chez le roi, je ne suis presque plus de la cour. Je ne peux plus suivre Sa Majesté dans ses voyages. Au reste, il travaille tant lui-même, qu'il n'y a presque plus de cour.

J'avance dans mon entreprise. J'espère que les finances du roi seront bientôt en bon ordre, et un nouveau système de contribution bien en train. La fermeté du roi m'a aplani beaucoup d'obstacles. J'espère que j'en sortirai sans déshonneur, et que Sa Majesté ne se repentira pas de sa confiance.

Je vous embrasse de tout mon cœur.

Faites mille tendres compliments de ma part à M. de Boufflers. Le roi a été indisposé ; il se porte très-bien. Mes enfants se portent aussi très-bien. Je suis content de Failly ; il travaille beaucoup, et avec beaucoup d'intelligence.

———

Naples, le 19 septembre 1807.

Quelques jours après vous avoir écrit (c'est, je crois, par M. Tascher) qu'au milieu des malades que l'extrême chaleur multipliait tous les jours, je restais debout, ferme comme un roc. Je n'ai pas eu fermé ma lettre, que je me suis repenti de cette jactance. Trois jours après, j'étais au lit comme un autre, et fort mal à mon aise. J'ai été quinze jours dans cet état ; j'en suis revenu il y a quinze autres jours, mais avec une fluxion sur les yeux, dont je ne suis pas encore tout à fait guéri. Je n'ai pas été un seul moment en danger. Mon mal était une irritation extrême dans tout le système nerveux. Rien ne passait ; je ne pouvais avoir un moment de sommeil ; des envies de vomir et même des vomissements lorsque j'avais bu quelque lavage que ce fût. Les Napolitains voulaient qu'on me donnât l'émétique. Paroisse, le chirurgien du roi, a eu le bon esprit de résister à ce conseil. Il m'a baigné, trempé en dedans, en dehors ; et j'ai été rétabli, sans prendre l'ombre d'une médecine. Tout cela venait d'un excès de travail pendant une extrême chaleur. Pendant les chaleurs de ce pays-ci, il faut se soumettre, laisser les affaires difficiles, ne rien faire, et ensuite se reposer encore; car le feu de l'air qu'on respire travaille tellement dans le sang et sur les nerfs des désœuvrés mêmes, qu'on est toujours fatigué. Ces chaleurs dont je vous parle, elles durent encore au moment où je vous écris. Les Napolitains, eux-mêmes, sont étonnés de l'ardeur et de la longueur de cette saison. Heureusement elle ne peut plus aller bien loin.

Mon mal d'yeux ne m'a pas empêché de reprendre le travail. J'ai employé les yeux des autres. Le roi vient de faire une grande opération de finances, qui fixe pour jamais la réputation de probité qu'il mérite si bien. Il a assuré la libération de la dette de l'État, et le payement des rentes d'une manière qui satisfait tout le monde au delà des espérances. Il doit environ 300 millions de francs; le 31 décembre 1808, il n'en devra plus que 88, qui seront ensuite progressivement amortis. Je regarde comme un bonheur d'avoir concouru à cette opération, et d'avoir rencontré des moyens de seconder ses intentions. Depuis longtemps son excellent esprit s'était fixé sur les bases où tout devait s'appuyer; je n'ai fait qu'élever et aligner quelques pierres là-dessus; mais c'est assez pour moi. J'aime autant et mieux la réputation de bien prendre et de bien seconder les vues du roi, que celle de lui faire adopter les miennes.

Je vous parle beaucoup de moi, ma chère amie, et cependant ce serait plus le cas que jamais de vous parler de vous, ou de nous. M. de Blaniac est parti il y a trois jours, pour aller chercher la reine et épouser mademoiselle Henric.

Le roi m'a beaucoup parlé des dames du palais qui pourraient être convenables à nommer dans ce pays-ci. Il ne m'a pas dit un mot de vous. M. de Girardin ne m'en a point parlé non plus. Je n'ai pas cherché l'occasion de lui demander ce qu'il pouvait savoir des dernières intentions de la reine à votre égard. Je ne sais douter des paroles données que quand elles sont tout à fait révoquées. Je suis très-sûr de n'avoir pas mérité la révocation de celles qui vous concernent, et les bontés constantes du roi m'affermissent dans cette conviction. Ainsi, je suis peut-être fondé à croire votre nomina-

tion sous-entendue dans tout ce que m'a dit Sa Majesté; vous pourrez me dire bientôt, si je me suis trompé.

La mort de M. C. rend mon voyage en France plus nécessaire que jamais. Monthermé ne me paye plus, Alençon non plus; il paraît que le *Journal de Paris* est tombé de moitié. Si Saint-Quirin allait s'embrouiller avec les héritiers de M. C., il ne me resterait plus rien de net dans mon bien, c'est-à-dire dans le patrimoine de mes enfants (1). Sans le voyage de l'empereur, qu'on annonce pour la fin d'octobre ou le commencement de novembre, j'aurais demandé au roi la permission d'aller passer octobre et novembre en France; l'empereur venant, je ne puis y songer.

Guaita est ici depuis quelques jours. Son régiment est dans l'État romain. Failly est un excellent sujet, d'une rare instruction pour son âge, et fort appliqué.

...La comédienne que vous m'avez recommandée de la part de la reine, a beaucoup de talent et une voix admirable. Mais quelle laideur! Mademoiselle Desgarcins, mademoislle Duchesnois et elle, auront été à peu près également bonnes à entendre et à ne point regarder.

J'ai reçu la brochure de l'abbé Morellet. Je l'ai remise au roi, qui l'emporte aujourd'hui dans sa voiture pour la lire sur la route du comté de Molise, où il va faire une tournée. Hier soir, Sa Majesté est tombée sur l'article C.........; il y a eu une dissertation entre plu-

---

(1) (*Note de l'éditeur.*) On voit à quel point les affaires de mon père souffraient de son absence. — On voit, d'ailleurs, à la page 67 de ce volume, que le traitement des ministres à Naples n'était que de 32,000 francs; et à la page 22, qu'avant de quitter Naples pour rentrer en France, mon père dut emprunter de l'argent, pour faire son voyage, au banquier Falconnet. A cette occasion, je ne puis me refuser à reproduire quelques-unes des paroles que mon père écrivait au roi Joachim, dans sa grande lettre du 1er novembre 1809 (voir page 53 de ce volume): « *Je m'étais dévoué, Sire, non pour obtenir, mais pour m'acquitter; non par intérêt, mais par gratitude. Je me suis quelquefois flatté que le roi, en ne m'affligeant par aucun don, avait aussi bien jugé mon caractère que ma position; et cette justice ajoute encore à ma reconnaissance. Oui, Sire, j'ose espérer qu'il m'a estimé supérieur aux récompenses pécuniaires, et il est certain que sa confiance et son estime m'ont élevé bien au-dessus.* »

sieurs puristes napolitains sur les remarques de l'abbé. . . . .
. . . .

Je vous écris un peu longuement pour un homme qui n'a repris la plume que depuis cinq jours, et qui a les yeux rouges. Je pense que c'est parce que j'y trouve du plaisir ; sans cela, je serais impardonnable , car je n'en fais pas autant pour les affaires du roi.

Je vous embrasse de tout mon cœur.

———

Naples, le 1er octobre 1807.

Depuis ma dernière lettre, où je vous faisais la touchante histoire de ma maladie, j'en ai recommencé une autre, non pas une autre lettre, non pas une autre histoire, mais une autre maladie; et j'en suis revenu comme de la première , ayant beaucoup souffert et n'y pensant plus. Cette fois, j'ai été pris de maux de nerfs, qui m'ont tourmenté comme un rhumatisme. Je ne savais comment me poser, et je souffrais à jeter les hauts cris. Mais ce n'est pas de cela qu'il s'agit. Voici le point: Le roi m'a écrit de Vénafro le 21, veille du jour où je suis retombé malade, ce que voici : « Vous ne m'avez plus parlé de madame Rœ- « derer, qui devait venir ici avec ma femme. « Je n'ai pas changé de pensée, et si elle veut « venir à Naples, je la nommerai , comme je « vous l'ai dit, l'une des dames de la reine. « Je serai à Naples le 27. Nous avons lu l'abbé « Morellet. Avez-vous jamais écrit à M. de « Boufflers? — Votre affectionné, JOSEPH. »

J'ai répondu au roi, au milieu de la plus diabolique douleur que j'ai sentie de ma vie, que vous seriez comblée d'apprendre cette bonne nouvelle. Je n'ai eu que le temps de remercier Sa Majesté et de me mettre au lit, où je n'ai cessé de souffrir qu'hier. Je ne sais si vous aurez le bonheur d'accompagner la reine....

Quoi qu'il en soit, me voilà assuré de vous voir ici, si vous voulez y venir. La question qui regarde M. de Boufflers, signifie : *lui avez-vous jamais écrit que je le verrais avec beaucoup de plaisir?* Je répondrai à cela que, pour faire une invitation à M. de Boufflers, j'ai attendu que le roi dît et fût en position de dire quel sort il pourrait lui faire. Pour un voyage, peut-être, M. de Boufflers ne voudrait-il pas venir si

loin. Cependant s'il venait, il serait bien plus sûr que son sort y serait fixé d'une manière avantageuse.

Le roi lit toujours avec plaisir ce que m'écrit l'abbé Morellet.

Je vous embrasse, ma chère amie, de tout mon cœur.

———

Portici , le 13 octobre 1807.

Je reçois avec beaucoup de joie la nouvelle que vous me donnez par votre lettre du 5. Vous devez avoir reçu la copie que je vous ai adressée de ce que le roi m'a écrit sur le même sujet. Mais je suis charmé du concours des deux volontés de qui la chose dépendait. Je ne suis pas surpris que vous ayez réussi à plaire à la reine. Ce n'est pas sans raison que je vous ai tant aimée et que je vous aimerai toujours. Cependant la bienveillance de la reine, qui est pleine de tact sur tous les points, me flatte extrêmement pour vous.

Je ne comprends pas un mot à ce que vous me dites de cette dame et de sa pension. Je suppose que c'est une Napolitaine, pensionnée par l'ancienne cour, qui demande la continua- tion et les arrérages de sa pension. Si c'est cela, elle ne prend pas le bon chemin en ve- nant à moi. Je ne puis payer de pensions que celles qui sont au grand livre, par décret du roi; et le roi ne rend de décret d'inscription que sur le rapport d'un *comité de liquidation*, à la tête duquel est le marquis d'Acquaviva, à qui il faut adresser ses titres. Si cette dame est en règle, il faut que je le sache, et je la ferai payer. Si elle n'y est pas, il faut qu'elle s'y mette; et je doute que le roi ait décrété rien pour elle, parce qu'étant assailli ici de réclamations de cette nature, notamment de celles de la princesse de Belmonte, qui est connue de la reine, il a suspendu toutes les liquidations de pensions. Mais donnez-moi une petite note sur l'affaire de cette dame, et son nom bien écrit; je saurai où les choses en sont. Votre lettre suppose que vous m'en avez parlé antérieurement; il faut que votre lettre se soit perdue en chemin ou égarée pendant ma maladie, car je n'ai aucun souvenir de cela.

Quand on organisera les douanes, je parlerai au roi de M. P., selon les ordres de la reine;

mais la place qu'il demande exige beaucoup d'expérience. S'il ne connaît pas les douanes, il faudra commencer par une place moins importante, ou suivre une autre route. Mais je ferai, d'une manière ou de l'autre, ce qui pourra être agréable à Sa Majesté. Assurez-l'en, ainsi que de ma respectueuse reconnaissance.

Je vous embrasse tendrement.

————

Naples, le 21 décembre 1807.

J'ai reçu, ma chère amie, votre lettre du 5, et celle dont vous avez chargé M. Cavaignac le 27 du mois passé, et, j'en suis honteux, deux ou trois autres plus anciennes auxquelles je n'ai pas répondu; il est toujours bien entendu que c'est faute de temps. Je n'ai pas oublié que, dans une de ces lettres, vous me marquez le désir d'avoir une parure de corail. J'en ai commandé une à la Torre, qui est la fabrique de ce pays; mais on ne m'a apporté que de vilaine drogue. Le corail qui reste là n'est que le reste des anciennes pêches, qui ont cessé depuis deux ans. On me fait venir de Livourne ce que je n'ai pu trouver ici. Je vous l'enverrai dès que je l'aurai reçu.

Vous vous êtes chagrinée mal à propos, je puis vous l'assurer. Il y a des raisons plus flatteuses que chagrinantes pour qu'on diffère jusqu'à votre arrivée à Naples...

Le roi est revenu depuis trois jours à Naples, très-bien portant, enchanté de l'empereur, qu'il a trouvé plus étonnant que jamais par la grandeur de ses vues et de son esprit; et de qui tout annonce qu'il a reçu le plus tendre accueil.

Vous savez probablement que l'empereur, sur le compte favorable que le roi lui a rendu de mes efforts pour répondre à sa confiance, s'est exprimé sur mon compte avec estime et bienveillance, et m'a nommé grand officier de la Légion d'honneur. J'ai donc reçu comme récompense ce que je n'aurais dû, il y a quatre ans, qu'à ma place dans le conseil; j'ai reçu, comme une distinction, la faveur qui alors me serait venue comme à tant d'autres; enfin je tiens ma récompense de la bonté des deux frères; il y a quatre ans, elle eût été la faveur d'un seul. Je trouve que j'ai beaucoup gagné à attendre. Je n'avais rien demandé. Le roi a

agi de son propre mouvement; et c'est une autre circonstance qui me touche profondément et m'attache toujours davantage à sa personne. Quoique je puissse me rendre cette justice que je fais tout ce dont je suis capable pour son service, je ne me dissimule pas qu'il faut du caractère au roi pour me soutenir comme il fait contre les ennemis que me fait ici la rigidité de mes principes. En revanche, la reine m'a un peu trop maltraité, et je ne sais pas trop pourquoi. Si c'est pour vous faire plaisir, j'en serai reconnaissant, au lieu de m'en plaindre. J'attends le jour de la justice avec toute la constance d'un sage et d'un juste. Je vous embrasse tendrement.

Écrivez-moi un peu plus souvent.
Mille choses à M. de Boufflers.

————

Naples, le 10 janvier 1808.

Enfin, vous voilà contente! Le roi vient de vous nommer dame de la reine; je vous félicite de ce nouveau témoignage de sa bonté. Dites-moi ce que nous pourrions désirer de plus qu'il n'a fait pour toute ma famille; trouvez-moi des bontés plus constantes et qui s'étendent plus loin. Chaque jour je me dis : Il faut crever, ou réussir à bien arranger ses affaires : je réussirai, je l'espère. L'attachement et la reconnaissance me donneront les forces nécessaires. Je suis, je crois, en assez bon train, et je me flatte d'avoir bientôt des résultats heureux.

Rœderer a été mis aux arrêts à son retour de Paris (1). Le roi lui demanda combien de jours il y avait passés; il répondit: « Six jours. » « Eh bien, » dit Sa Majesté, « vous passerez six jours dans votre chambre; allez vous coucher. » Il était alors dix heures et demie du soir, et le bal venait de commencer. C'était le jour de l'an, où il y avait un grand cercle, et spectacle au théâtre du palais. Cette petite punition était bien méritée. Le roi l'a pourtant encore abrégée de deux jours.

Je suis très-souffrant des yeux; aussi je n'écris plus guère. Je dicte, ce qui me coûte beaucoup, n'ayant jamais pu prendre cette habitude.

————

(1) (*Note de l'éditeur.*) J'en dis le motif à la p. 14 de ce volume.

Offrez en toute occasion les hommages de mon respect et de mon dévouement à la reine; je sais bien maintenant ce qui lui a donné de l'humeur contre moi. Il n'y avait, ma foi, pas de sujet.

Je vous embrasse tendrement.

P. S. J'oubliais de vous dire que je n'ai point parlé au roi de votre nomination; qu'elle est de son propre mouvement, ou plutôt sur la demande que la reine lui aura faite, à ce que je présume. Ainsi, vous devez des remercîments à Leurs Majestés, et point à moi. Je n'ai pas changé de principes sur les honneurs de cour, en ce qui regarde ma famille : c'est un grand avantage et une grande fortune que d'en être revêtu; mais c'eût été un grand ridicule que d'y prétendre, surtout dans un pays où il n'y a pas de nom qui ne soit précédé d'un titre de prince ou de duc. La bonté du roi, celle de la reine, nous auront seules élevés à ces hauts rangs, et nous tiennent lieu de haute origine : ils en ont cent fois plus de prix à mes yeux.

Naples, le 17 janvier 1808.

Je vous adresse, ma chère amie, votre brevet de nomination, avec une lettre du prince Gerace, premier chambellan, pour *Votre Excellence.* Vous répondrez gracieusement, selon votre coutume, au prince; je ne vous parle pas du roi, car je m'attends à recevoir ces jours-ci vos remercîments pour Sa Majesté. Les paquets joints contiennent les brevets de mesdames Blaniac et Magnitot.

Je me flatte que vous apprenez l'italien de manière à briller dans ce pays-ci, et que vous répondrez en italien au prince Gerace au moins aussi bien qu'il vous répondrait en français.

Je vous prie de faire une consultation à M. Damours sur mes yeux. Cet oculiste demeure, je crois, rue de Seine. Je joins ici un petit mémoire que je voudrais bien que vous lui remissiez vous-même, afin qu'il y prît intérêt. L'été dernier m'a vieilli de dix ans, et je crois que ce mal d'yeux est un premier à-compte sur les infirmités de la vieillesse; cependant écoutons l'oculiste. Lorsque la reine m'a écrit fort sèchement qu'on n'était pas malade à Naples pour trop travailler, elle ne connaissait ni le climat, ni les Français, ni moi, ni les faits. Je ne prétends pas à la couronne du martyre;

je ne dirai pas non plus que j'aie passé les nuits ainsi que les jours au travail; mais je dirai que quand les chaleurs arrivent dans ce pays-ci, tous les habitants discontinuent plus ou moins le travail, parce que tout travail épuise; au lieu que les Français conservant toute l'activité de leurs habitudes et de leur tête au milieu de cette chaleur qui suffit pour accabler, continuent à travailler comme ils font pendant les autres saisons, et que cela leur fait beaucoup de mal, surtout quand ils sont âgés comme moi. Je puis ajouter, sans exagérer, que j'ai travaillé cet été plus que moi-même je ne suis accoutumé de faire; que je n'ai jamais donné moins de dix ou douze heures par jour à mon ministère, et que le reste du temps où je ne travaillais pas aux affaires, les affaires me travaillaient. Enfin, que voulez-vous? je crois et je dis, sans m'en plaindre, qu'*en été* le travail me tue; et je ne trouve pas juste qu'on me réponde : *Tué, soit, mais tué par le travail, non.* Tout le monde ici s'est étonné que le roi ne soit pas tombé malade en été, tenant trois et quatre fois par semaine des conseils de cinq et six heures, et travaillant, en outre, avec les ministres. Cependant il est jeune et d'une force extraordinaire; mais il ne recommencerait pas impunément une seconde année. Le climat est ici délicieux huit mois de l'année, il l'est surtout en hiver; il est trop chaud pendant les quatre autres mois; mais quand on sait s'y conduire, quand on veut bien se résigner à consulter les Napolitains, et à se conformer à leurs usages pour le boire, le manger, le sommeil, surtout quand on se résout à ne pas travailler, ou à ne travailler que fort peu pendant ce court intervalle, on se porte fort bien. L'été, il faut être Napolitain à Naples, ou l'on s'y tue; voilà tout le mal que j'y vois. Il n'est pas sans remède, et pour vous autres femmes le remède est tout trouvé : votre vie habituelle est justement calculée sur la température des étés de Naples. Voilà beaucoup de commérage, ce me semble. Il faut que je finisse, comme de coutume, par vous embrasser.

P. S. Toni rêve depuis trois mois qu'il est amoureux de mademoiselle de ..., et ne parle que de l'épouser. Ce serait une belle personne à montrer à Naples; mais je crains que cela ne déplaise au roi, qui veut qu'on se marie à Naples.

Je ne puis dire assez de bien de Failly. Mademoiselle Dumas se marie avec le général Franceschi de Lonne, aide de camp du roi.

———

Naples, le 26 avril 1808.

Il y a un siècle que je n'ai de vos nouvelles, ma chère amie ; mais aussi, voilà bien long-temps que je ne vous ai écrit moi-même. Vous avez appris l'arrivée de la reine ; c'est la seule nouvelle intéressante que j'eusse pu vous écrire. Sa Majesté se porte bien. Elle est habituelle-ment à Caserte avec ses enfants et sa famille. L'air est là très-bon, et un peu de liberté est nécessaire pour la reposer. Madame Dannery, qui me paraît fort contente et fort attachée à ses élèves, m'a dit que vous aviez été malade plus sérieusement que je n'avais cru. Vous avez bien fait de ne pas vous hasarder par le froid, qui vous est si contraire, même quand vous vous portez bien. Et puis il faut absolu-ment que j'aille à Paris cet été passer deux mois ; j'en ai demandé la permission au roi, et c'est chose accordée. Ma santé a trop souf-fert pour que je ne fuie pas les chaleurs de juillet et août comme on fuit la mort. D'ail-leurs, j'ai laissé toutes mes affaires en l'air. Depuis un an, il est mort quatre personnes avec qui j'ai des intérêts mêlés... Enfin, mes enfants sont héritiers dès ce moment de leur grand-père..... Tout cela prouve à quel point les absents ont tort. Je ne puis laisser à l'aban-don le bien de mes enfants et le mien.. J'ai besoin de deux mois, et mes affaires ici (je veux dire celles des finances) ont déjà une marche assez assurée pour pouvoir se passer de moi au moins pendant deux mois ; attendez-moi donc à Paris. J'irai vous chercher...

La reine a eu la bonté de me parler de vous avec intérêt.

Madame Dannery est fort heureuse ; il me paraît qu'elle ne déplaît point à Leurs Majes-tés. Elle a des manières simples, nobles et réservées, qui me paraissent excellentes pour sa place.

———

Naples, le 19 juin 1808.

J'ai reçu hier, ma chère amie, votre lettre du 6 courant. J'attends d'un jour à l'autre ma permission pour partir d'ici. Le roi nouveau n'est point encore annoncé positivement à Na-ples ; on ne sait même point encore officielle-ment le changement du roi Joseph. Mais j'ai sa promesse de ne point rester ici longtemps, même d'en partir très-prochainement.

Je ne sais si je passerai à Verceil, où l'on a saisi votre parure de corail, quoique la boîte fût cachetée du cachet du roi. Écrivez à M. Co-lin que vous payerez tout ce qui est exigé, et faites venir la boîte. Je crois cette parure plus belle que celle que le roi a eu la bonté de me donner pour vous. Puisqu'on demande 15 pour 100 du prix d'estimation, estimez cela 400 fr.

La reine est toujours ici. J'ai l'honneur de lui faire ma cour tous les jours. Elle est tou-jours la même, et c'est incontestablement une des personnes les plus raisonnables de ses royaumes présents et passés.

Mon fils aîné part le 20 pour Bayonne et Ma-drid. Le roi, avant son départ, lui a donné une rente perpétuelle au grand livre de 2,000 du-cats, ou 8,800 francs. Sa Majesté n'a rien pro-noncé encore sur Toni. On ne dit rien non plus des autres ministres français, Miot et Salicetti. Je ne sais s'ils restent, s'ils vont en Espagne, s'ils retournent en France.

Failly est nommé par le roi inspecteur géné-ral de la contribution foncière, avec 125 ducats d'appointements par mois, c'est-à-dire 550 fr., ou 6,600 fr. par an. C'est un bon sujet, très-instruit, très-appliqué.

Le roi m'a donné jusqu'au dernier moment des preuves de sa confiance et de son conten-tement. C'est un bonheur pour moi d'avoir ré-pondu à son attente. Les résultats de son gou-vernement seront très-honorables pour lui. Il a eu de la fermeté dans toutes les grandes choses, de la constance dans toutes les entre-prises utiles ; il aura jeté ici les fondements d'une prospérité et d'une grandeur nouvelles. Son successeur aura beau jeu.

Je vous embrasserai bientôt, ma chère amie. Je voudrais sortir d'Italie avant la fin de juin, à cause de la grande chaleur ; heureusement elle est supportable cette année. Amitiés à toutes les personnes qui se souviendront de moi.

———

Naples, le 7 juillet 1808.

La reine, ma chère amie, part dans deux heures très-probablement pour Madrid ; cependant, elle attendra à Lyon des nouvelles ultérieures, qui seront réglées sur le degré de tranquillité dont jouira l'Espagne.

Je compte partir le 12. J'attendrai aussi à Lyon des ordres pour aller ou à Madrid ou à Paris. Ma pauvre santé, mes pauvres yeux, mes pauvres affaires, me disent d'aller à Paris. Je souhaite que l'empereur et le roi ne disent pas autrement. Je voudrais passer en France les mois d'août et de juillet. La chaleur de ce climat-ci m'a presque tué l'an passé. Je crois que n'étant pas bien rétabli, faute de repos, ce serait bientôt fait de moi à Madrid. Si l'on m'accorde deux mois de congé, je serai content, et je retournerai avec joie partout où il plaira au roi de m'appeler, à l'empereur de m'envoyer.

Je ne sais ce que vous et Toni devenez dans tout ceci. Certainement vous n'êtes plus dame du palais de Naples, ni lui chambellan. Il ne sera ni chambellan ni administrateur des contributions directes en Espagne; je me confie aux bontés de l'empereur pour ce jeune homme, qui est actuellement rompu aux affaires les plus difficiles, et n'a pas un supérieur, même au conseil d'État, pour la contribution directe. Il aurait, je crois, quelques titres à devenir maître des requêtes; mais tout dépend de l'empereur. Quant à vous, s'il arrivait que l'empereur me nommât, comme le roi me l'a écrit trois fois, son ambassadeur à Madrid, il n'y aurait pas, ce me semble, de compatibilité à ce que vous fussiez dame du palais de Madrid. Mais, je ne sais pas pourquoi, je ne me fais pas à l'idée que l'empereur m'accorde une si haute distinction. J'ai eu quelquefois la présomption de me croire capable des places les plus difficiles, je n'ai jamais eu celle de me croire digne des plus élevées; vous savez bien que je vous parle avec vérité.

J'ai fait ce que j'ai pu ici; il est de fait que j'ai réussi à y mettre de l'ordre, à y préparer l'abondance, même à la faire un peu sentir. Mais si l'empereur me rend ce témoignage, comme le roi me l'a rendu; si l'on place mon second fils de manière qu'il n'ait point à envier son aîné, qui reste aide de camp du roi; si vous n'êtes pas malheureuse, je serai très-content de ces deux ans et demi passés à Naples, et où il n'est pas passé un nuage d'une seconde entre la bonté du roi et moi.

Je vous embrasse, ma chère amie. Madame Dannery vous a écrit aujourd'hui.

Ne parlez à personne de l'ambassade,

———

Naples, le 14 juillet 1808.

Je pars le 17, ma chère amie, pour aller en France avec la permission de l'empereur et celle du roi. Naples attend son nouveau roi et ses nouveaux ministres. Je désire bien, pour la conservation de l'ouvrage du roi, que le ministre des finances soit Dauchy, ou Fréville, ou le baron de Nolli. Il y a de très-bonnes choses de commencées, mais il faut achever et maintenir....

Je passerai par la Suisse, que je n'ai jamais vue. J'irai par la Franche-Comté à la verrerie de Saint-Quirin, pour savoir où en sont mes affaires et la succession de mes fils. J'y serai peu de jours, et me rendrai de là à Paris.

La reine est partie depuis quatre jours. Madame Dannery est fort contente. Rœderer doit être à présent près du roi; Toni reste encore un mois ici.

Je vous embrasse.

———

Naples, le 18 juillet 1808.

Je pars décidément samedi 23, ma chère amie; je vais en droite ligne à la verrerie, où je donne rendez-vous à M. Des.... pour mes affaires. Je cours grand risque de ne pas le voir de longtemps, s'il n'y vient pas. Je ne prévois pas que je doive être à Paris avant le 20 août; mais je me dépêcherai tant que je pourrai. Rœderer a été fait colonel en arrivant à Bayonne et commandeur de l'ordre du roi. Toni est chevalier. Toni a écrit au roi pour lui demander des ordres; il ne veut pas rester ici. Si le roi ne le prend pas en Espagne, j'aurai recours aux bontés de l'empereur pour ce jeune homme, qui est devenu très-fort en administration.

Je vous embrasse de tout mon cœur,

———

Rome, le 26 juillet 1808.

Je suis ici depuis hier, ma chère amie; j'y passe encore la journée de demain. De là, je vais passer un jour avec mon ancien camarade Dauchy, à Florence; de là, à Milan, où je serai un jour tout au plus. Je passerai ensuite le

Simplon ; je verrai, en courant, quelques villes de la Suisse....

.... Je crains que le roi ne m'ait écrit à Lyon : j'ai fait savoir au courrier de l'estafette que je n'y passais pas, et qu'on vous renvoyât mes lettres à Paris.... Toni et Failly sont venus avec moi jusqu'à Rome. Ils retournent après-demain.

NOTES ÉPARSES

SUR LE ROYAUME DE NAPLES, SES MŒURS, SON CLIMAT, ETC.

FRAGMENT SUR NAPLES (1).

Boutade.

.....Gratter, cela est naturel comme d'avoir des puces et des poux : les princesses et les duchesses viennent là s'établir à côté d'une petite table (2); elles mangent des huîtres et des oursins avec un morceau de pain, et puis Son Excellence le prince ou le duc, marchande d'abord sur le nombre des huîtres dont on lui fait le décompte, et ensuite sur le prix. C'est là que sont les tables ouvertes de ce pays-ci. On fait des *piques-niques* de cette manière qui coûtent jusqu'à 48 sols ou 50 de France par tête. C'est à peu près comme si les dames de Paris allaient souper sur le quai de la Féraille, non avec les racoleurs, qui étaient gens de bonne mine, mais avec les marchands de vieux tournebroches.

Voilà la grandeur de ce pays-ci.

Du reste, il y a de l'esprit et de l'instruction à l'avenant. N'ayez pas peur d'entendre jamais un mot fin ou piquant : on a des mots de mépris, qui se distribuent comme de raison de haut en bas. Une princesse du livre d'or sait bien jeter un mot de dédain sur une princesse plus moderne, et la duchesse tombe de son haut sur la marquise. En revanche, la marquise se gardera bien d'apprendre à lire, de peur d'être confondue avec une bourgeoise.

Ce qu'il y a de plus respectable dans les duchesses et les princesses, ce sont les mœurs : chaque aide de camp du roi a, a eu, et aura... Chaque militaire logé par billet chez une dame de qualité, s'y loge de toute manière, lui et ses dépendances. Elle ne saluera pas la femme d'un citoyen, mais...

Voilà Naples, ou le beau monde de Naples comme on le voit tous les jours, et comme il est d'habitude.

Un jour de gala, tout cela est différent. On sort ce jour-là du garde-meuble des habits de livrée bien chamarrés, avec des plumets pour des chapeaux ; le suisse a un baudrier superbe et une épée d'une toise (que n'a-t-il un balai plutôt, pour balayer le vestibule et la cour !) C'est à cette parade que ces gens-là dépensent d'immenses revenus qu'ils ne savent pas administrer, et dont leurs gens d'affaires mangent les trois quarts : chaque duc a son ministre des finances et ses conseillers. Allât-il nu-pieds, il ne rabattrait rien de cela.

Je termine ce tableau en vous disant qu'un duc est commissaire de police ; que d'autres ducs sont commis des finances avec crachats et cordons ; qu'un duc ne répugne à rien, qu'à être noble dans sa vie privée et dans sa conduite (1).

---

(1) (*Note de l'éditeur.*) Cette pièce, dont le commencement manque, est mentionnée dans une lettre de mon père à madame Rœderer, en date du 20 juillet 1806. (Voir dans ce volume, page 69.)

(2) (*Note de l'éditeur.*) Sur le quai de San-Leucio, au bord de la mer.

(1) (*Note de l'éditeur*) On ne s'étonnera pas de cette boutade, lorsqu'on saura que, dans ce royaume de cinq millions d'habitants, il y a 163 princes et 279 ducs ; total, 428. — Je prends ces chiffres dans un ouvrage manuscrit de l'abbé d'Expilly, intitulé *Discours géographique, historique, généalogique, héraldique et chronologique du royaume de Naples*, 1 vol. in-folio, 1756 ; je déposerai ce volume à la Bibliothèque impériale, pour en assurer la conservation. — Dans la proportion des populations respectives, il y aurait en France 3,182 ducs !

Il a donc fallu descendre bien bas pour y recruter un tel nombre d'individus à décorer de ces titres ! Il n'est donc pas surprenant que la plupart de ceux qui les portent s'adonnent, pour pouvoir vivre, aux emplois les plus subalternes.

Combien y avait-il de ducs en France, lorsque Mazarin, qui en prodiguait les brevets, disait : « *J'en feral tant, qu'il sera honteux de l'être, et honteux de ne l'être pas ?* » — Je n'ai pu le vérifier ; mais, certes, le chiffre n'approchait pas de celui de Naples !

Dans l'*État général de la France*, par le comte de Waroquier, on voit qu'en 1789, il n'y avait en France que 39 duchés-pairies ;

27 ducs héréditaires non pairs ;
24 ducs à brevets.   } Total : 90.

Et, cependant, ils sont tous gens de bonne mine, portant bien leur chapeau, leur épée, saluant d'une manière convenable, et annonçant une bonne naissance, malgé leur mauvaise éducation. Ils sont polis et le sont décemment, quoique hauts dans l'occasion et bas au besoin. Je vous répète que je ne sais pas ce que c'est qu'un seigneur dans ce pays-ci.

Je dirais que, sans doute, c'est dans leur terre que ces messieurs sont grands seigneurs, et que c'est pour être courtisans à Naples qu'ils s'y font petits; je dirais cela, s'il n'était connu qu'ils ne vont jamais dans leurs terres. Ils ont 10,000 jusqu'à 20,000 vassaux qu'ils ne voient jamais. On n'a point de maison de campagne, on n'habite point de château dans ce pays-ci. Les Calabres sont toujours infestées de brigands. Autour de la ville de Naples, on craint ou une excessive chaleur ou un air pestilentiel; car il faut vous dire que ce pays-ci est plein de lieux charmants, fort célébrés par les anciens et par les modernes; quand vous les voyez au mois de mai ou de juin, et que vous dites, Ce lieu est charmant, j'y viendrai souvent, on vous dit : Gardez-vous-en bien ! dans dix jours d'ici, vous seriez sûr d'y prendre la fièvre pour un an !...

M. de Montrond, le frère de celui que vous connaissez, esprit du même genre, revient de Bénévent, dont il avait été prendre possession pour M. de Talleyrand. On lui demandait hier combien Son Altesse pourrait mettre d'hommes sur pied; il répondit : Plus de 20 mille, mais pas une personne assise, car il n'a pas un fauteuil.

———

Une des raisons de ne pas travailler, c'est que les maisons sont comme des fournaises jusqu'à deux ou trois heures du matin. On n'y peut dormir. Cela fait qu'on court, qu'on joue la nuit. Les rues sont toujours fréquentées en été : les guitares, les chansons, les sérénades, la musique solitaire à sa propre fenêtre, occupent jusqu'à trois heures. Aussi, les gens de bonne compagnie dorment jusqu'à dix heures du matin. Le peuple, au moins celui des villes, se lève très-tard. Il commence à travailler quand la chaleur va recommencer. A midi, une heure, il faut se coucher et se reposer. Les maisons commencent alors à s'échauffer.

———

Entre les raisons qui sont ici pour la banque, c'est qu'elle sert à garder en dépôt l'argent des particuliers; avantage immense dans un pays où la chaleur oblige à tenir toujours ses portes ouvertes, où l'on ne sait pas faire une serrure, où tous les valets sont voleurs à un point qu'on ne peut exprimer.

———

La noblesse de Naples n'a rien de noble.

En France, l'armée française présente aujourd'hui un nombre immense de nobles sans origine : la noblesse de Naples offre des origines, des titres de noblesse, et pas un noble.

Ce sont tous marchands d'huile et de jus de réglisse, dont aucun n'a porté les armes, dont le père n'a pas porté les armes, ni l'aïeul; dont les fils pleurent, pleurent à la lettre, quand on leur propose d'aller à Foggia avec une compagnie.

Ont-ils du moins de la fortune? Non. Tout ce corps de noblesse n'a que le titre de quelques propriétés dont les revenus sont à leurs créanciers; et ils n'en restent possesseurs apparents qu'à la faveur d'une longue suite de décrets de surséance contre de malheureux créanciers. Toute cette prétendue noblesse est nue le jour où la justice pourrait avoir un libre cours.

———

A Naples, jamais un effort : un effort, c'est un supplice. Jamais de travail extraordinaire.

———

Les gens de ce pays-ci sont bas et fourbes. Ils sont bas avec nous, parce qu'ils ont besoin de nous pour les défendre. Ils sont fourbes, parce qu'il est toujours humiliant d'être protégé par l'étranger.

Dans ce pays des conservatoires, des grands théâtres et des castrats; dans cette patrie des Guglielmi, des Cimarosa, des Paisiello; dans cette terre classique de la musique, on n'entend pas un chant qui soit d'accord dans les cabarets; il n'y a pas deux cloches d'accord dans un clocher. Les gens qui crient l'eau à la glace dans

———

La qualification de *prince* n'y est même pas mentionnée, parce qu'elle n'appartenait, en France, qu'aux membres de la famille royale. Toutefois, elle était aussi portée, comme *titre étranger*, par des Français autorisés, et le nombre en était fort restreint.

les rues, semblent des gens qui crient au feu. Rien ne ressemble aux cris de deux lazzaronis qui se disputent; et quand on attelle des chevaux de poste à votre voiture, vous croyez entendre des cris de sauvages enragés (1).

————

Les grands appartements sont au deuxième étage, plutôt au troisième qu'au premier. — Pourquoi? Parce qu'on a d'autant plus d'air qu'on est dans un lieu plus élevé.

On ne va point à la campagne, parce qu'on a peur de ses vassaux, ou des barbaresques, ou des ennemis.

————

Les maisons, même en ville, sont presque sans meubles, parce qu'on a partout peur de l'ennemi.

————

Les meubles sont mauvais, parce qu'il faut qu'ils soient secs dans un climat brûlant.

————

Les Italiens ont tous les plus grands salons et en plus grand nombre qu'ils peuvent, pour que, quand une chambre est chaude, on passe dans une autre.

————

La cour du roi de Naples est le lieu de la terre où l'on se moque le plus des courtisans. Le roi lui-même s'en mêle. Cela n'empêche pas qu'il n'y ait ici beaucoup de courtisans.

————

On demandait devant le roi lequel était le mieux placé, du courtisan qui chasse avec le roi et l'accompagne au spectacle, ou du ministre qui a beaucoup de pouvoir. Je répondis : C'est le courtisan, parce que dans les plaisirs on se moque des affaires, et dans les affaires on ne se moque pas du plaisir.

————

(1) (*Note de l'éditeur.*) Les postillons ne montent en selle qu'après avoir fait prendre le galop à leurs chevaux, par des cris sauvages. Ils courent à côté d'eux, en tenant de la main gauche la bride et la crinière, ayant le pied gauche dans l'étrier, et tenant la selle de la main droite. Il semble que leurs chevaux ne pourraient donner le premier coup de collier que moyennant toutes ces précautions. C'est leur manière de les *entraîner*.

INFLUENCE DU CLIMAT SUR LES MŒURS.

Entre les causes qui rendent les peuples du Nord plus laborieux que ceux du Midi, et les peuples des climats tempérés, tels que le nord de la France et l'Angleterre, plus laborieux que les peuples du Nord et du Midi, il faut compter les suivantes :

Dans le Midi on a toujours trop chaud, l'air étouffe, le travail tue.

Dans le Nord, on a toujours si froid qu'il faut toujours se chauffer.

Dans les climats tempérés, le travail réchauffe, est nécessaire pour réchauffer huit mois de l'année, suffit pour cela, et réchauffe pour ainsi dire sans échauffer.

Ainsi là, dans le travail, se trouve toujours un plaisir physique; au lieu qu'ailleurs s'y rencontre toujours une peine, et quelquefois un supplice.

————

Le roi a dégagé six millions de revenus en prenant des biens de moines, c'est-à-dire qu'il a dégagé le patrimoine de l'État, en y employant le patrimoine de la paresse; il a déchargé le trésor du poids d'une dette, en déchargeant le pays du poids d'un vice.

————

AU ROI D'ESPAGNE.

Sire,

L'honorable décharge que Votre Majesté m'a donnée de l'administration de ses finances de Naples, me semble toujours m'avoir laissé ou avoir rendu plus pressant un autre devoir à remplir envers elle. Je vous ai rendu, Sire, un compte journalier des revenus et des dépenses de votre trésor. Mais je me sens obligé à vous en rendre un de la gloire de vos travaux, autre trésor plus précieux que le premier, qui doit suivre votre personne dans ses nouveaux États et accompagner votre nom dans l'avenir. Je ne me sentirai acquitté des engagements que j'ai pris avec elle lorsqu'elle m'a chargé de l'administration de ses finances dans le royaume de Naples, que quand j'aurai pu présenter à Votre Majesté le tableau de ce qu'elle a fait et de ce qu'elle a conçu pour leur amélioration; retracer l'état où elle les a trouvées, l'état où elle les a laissées, l'état où pouvaient les élever les opérations commencées ou résolues. Lorsque je considère la satisfaction que Votre Majesté doit retirer du souvenir de son ouvrage, et l'utilité dont ce souvenir peut être pour le pays soumis maintenant à sa bienfaisante autorité, il me semble que l'honneur que j'ai eu de participer à l'exécution de vos volontés, et la reconnaissance, me font une loi de rassembler tous les éléments de ce tableau, et de les mettre sous les yeux de Votre Majesté (1).

L'empereur ne peut mieux connaître que par vous, Sire, tout ce qu'il peut lui importer de savoir concernant cette partie de son empire.

Votre successeur même ne peut avoir un guide plus sûr dans la recherche des vices et des abus de l'administration, et des améliorations dont elle est susceptible.

Enfin, le pays même ne peut être mieux informé de tout ce que demandent ses vrais intérêts, que par celui qui en a fait une si constante étude, et qui a porté dans cette étude les lumières les plus sûres et les affections les plus paternelles. Vos connaissances et vos vues pour ce pays sont un des heureux produits du pays même, qui doivent y retourner, qui sont une de ses richesses propres, une de ses propriétés. Si Votre Majesté les eût écrites, son autographe serait réclamé dans tous les temps, dans tous les pays, par le royaume qui les a inspirées. Quand on sait qu'elle les porte dans son esprit, il semble qu'on a le droit de désirer au moins qu'elle les écrive.

En faisant la conquête d'un royaume dont vous alliez occuper le trône, votre première pensée a dû être qu'il fallait rendre forte une nation qui vous avait mal résisté; et cette pensée, fort éloignée du romanesque, a naturellement amené celle de rendre la nation napolitaine laborieuse; car c'est le travail qui donne du nerf et du bonheur aux nations, et c'est le bonheur qui fait servir la force à la conservation de l'État.

---

(1) (*Note de l'éditeur.*) J'ai déjà dit que l'ouvrage annoncé ici n'avait point été terminé. Ce morceau, et quelques-uns de ceux qui suivent, sont extraits des matériaux qui avaient été préparés par mon père. Ce sont les seuls fragments qui présentent quelque ensemble.

BUT QUE S'EST PROPOSÉ LE ROI; OBJETS QU'A DU SE PROPOSER, EN CONSÉQUENCE, L'ADMINISTRATION DES FINANCES.

De l'esprit de détail;
des théories;
de l'esprit de méthode.

Il est devenu ordinaire de regarder comme vulgaire un ministre qui, dans son travail, aurait de la méthode, des principes, et de la connaissance des détails. Et, malheureusement, il n'y a rien de moins vulgaire que la réunion de ces avantages. Des ignorants tranchants ont appelé les hommes qui en sont doués: ou des théoristes et métaphysiciens, ou des praticiens minutieux, et des commis de bureaux. S'élever ainsi au-dessus des ministres et planer si haut par-dessus les ministères, est devenu vulgaire depuis la révolution, parce que, la violence plus que le savoir étant nécessaire en temps de révolution pour faire marcher les affaires, il n'est pas un homme *énergique* qui ne se soit cru en état de faire un excellent ministre.

Malheur à qui se noie dans les détails! mais malheur à qui les ignore!

Il y a des gens qui parlent de la méthode dans le travail, comme de la symétrie dans les jardins français. Et comme ils veulent qu'on suive dans les jardins des allées tortueuses et qu'on cherche des aspects de fantaisie, ils veulent qu'on marche dans les affaires suivant les caprices de l'esprit ou de la paresse; ils appellent cela l'allure du génie.

Honni soit le pédantisme qui professe les doctrines dans les affaires! mais honni soit mille fois le ministre qui va sans principes, soit qu'il les ignore, soit qu'il les méconnaisse!

Dieu nous préserve de ministres qui ne sont plus à eux, pour qui tout se confond lorsque les choses ne sont pas à la minute, lorsqu'un rouage se dérange! mais, loin de nous ceux qui ne connaissent pas l'art de ménager le temps, l'espace, les hommes; d'imprimer un mouvement régulier aux affaires, d'y assujettir les subalternes, et de savoir toujours ce qui se passe aux plus longues distances de lieux et de fonctions!

Il s'agissait, pour moi, non pas d'administrer les finances, mais de fonder l'administration; il fallait, pour fonder, connaître les hommes et les choses:

Les choses, parce qu'elles sont ou fournissent la matière de l'impôt ;

Les hommes, par deux raisons et sous deux rapports : parce que c'est à des hommes qu'on demande les choses, et parce que c'est par des hommes qu'on les demande et qu'on les exige ; et, enfin, parce que c'est par des hommes qu'on multiplie les choses.

MOTIFS.

Administrer les finances d'un État n'est pas autre chose que faire percevoir ou recevoir les revenus publics et payer les dépenses publiques, ou, en deux mots, faire marcher les recettes et les dépenses suivant les lois et les règles établies ; d'assurer cette marche par des agents déterminés, dont l'organisation, c'est-à-dire dont les fonctions et les rapports, sont aussi établis par des lois préexistantes.

Pour réussir dans cette administration, il ne faut que bien connaître les lois et en suivre l'exécution : le ministre a besoin de savoir, et fort peu d'art ; de la fermeté, et fort peu de courage. S'agit-il du mouvement des choses ? c'est dans la loi que doit être le talent de sa distribution. S'agit-il de l'action des hommes ? c'est dans la loi que sont leurs règles, les peines, les récompenses qui les attendent ; en deux mots, leurs obligations et leurs mobiles. C'est la loi qui, répondant à tout, répond de tout ; il ne s'agit pour l'administrateur que de répondre de l'exécution de la loi, c'est-à-dire d'être un juge intègre et sévère à l'égard de ses subordonnés, et un économe clairvoyant à l'égard des affaires.

Corriger, améliorer des institutions de finance existantes, est autre chose. Instituer ou réformer un système de finances tout entier, est encore bien autre chose.

PLAN.

1.

Objet et motifs de l'ouvrage.

Faire connaître à l'empereur, au roi actuel de Naples, aux Napolitains, à l'Espagne : 1° ce qu'a trouvé le roi Joseph en arrivant à Naples ; 2° ce que Sa Majesté a fait ; 3° ce qu'elle avait le projet d'y faire.

2.

But que s'est proposé le roi à Naples.

Rendre la nation meilleure et plus heureuse.

Objets qu'a eus l'administration des finances pour remplir les vues du roi :

1° *Administrer ;* 2° *fonder l'administration* des finances ; le tout par des moyens d'accord avec le but du roi.

3.

Études préliminaires qu'il a fallu faire pour remplir cet objet.

Études physiques,
    économiques,
    historiques,
    politiques,
    morales.

4.

État des finances au 1er janvier 1806.

État des revenus.
État des dépenses. } État général.

Observations particulières sur ces revenus et sur ces dépenses.

Vices des uns et des autres sous les rapports moraux, politiques, économiques.

. . . .
. . . . *(Non terminé.)*

MÉMOIRE

SUR LE PARTAGE DES BIENS COMMUNAUX ET SUR LA POLICE MUNICIPALE DU ROYAUME DE NAPLES.

(1808.)

Le ministre de l'intérieur avait deux grandes opérations à faire, l'une sur les choses, l'autre sur les personnes. La première, pour la facilité de l'impôt, pour l'incitation au travail, pour l'ordre public, qui se mesure presque toujours sur l'intérêt qu'a le pays à travailler, et sur l'habitude du travail ; la seconde, pour l'ordre public et la sûreté générale immédiatement.

Je veux parler de la division et du partage des biens communaux ; je veux parler aussi d'un système de police nationale.

Ni l'une ni l'autre n'ont été faites ; mais la première de ces opérations a été ordonnée par une loi de Joseph Ier ; il y a même eu quelques dispositions prescrites pour l'exécution. Le travail est le vrai régulateur des mœurs sociales, en ce qu'il enchaîne tous les hommes, les uns aux autres, par des liens volontaires ; la première origine de la richesse, puisque nulle jouissance ne s'obtient que du travail : ce qui tend à augmenter le travail est donc d'une haute utilité.

La terre est ce qui offre ou demande le plus de travail aux hommes ; mais il faut qu'ils aient la propriété de la terre pour y placer leur travail. L'esprit de propriété est donc le plus grand mobile du travail. Le partage de la terre entre un grand nombre d'hommes tend à introduire l'esprit de propriété et la propriété. Les communaux sont immenses à Naples comme en Espagne (1).

Le partage des biens des communes était donc ce qu'il y avait de plus favorable au travail à Naples ; c'était donc ce qu'il y avait de plus favorable à la richesse du pays et à la civilisation des habitants. Venait, ensuite, l'abolition de la féodalité, qui dégageait les colons d'assujettissements honteux et décourageants ; venait, ensuite, la réduction des majorats, les majorats nuisent à la richesse et au travail en ce qu'ils empêchent les ventes ; les ventes sont des occasions de travail nouveau, ou des moyens souvent nécessaires d'un travail antérieur. Tout homme qui a besoin de vendre n'a plus de quoi améliorer la terre ; elle languit donc tant qu'il a besoin de vendre et qu'il ne vend pas. Celui qui achète le fait toujours avec l'intention d'améliorer, et presque toujours avec les moyens nécessaires. Donc, quand les majorats, comme à Naples et en Espagne, tiennent enchaînés hors de la circulation de vastes domaines, une portion considérable des domaines du pays, ils portent un préjudice considérable au pays, surtout quand les seigneurs sont notoirement ruinés.

Le roi a ordonné le partage des communaux, il n'a pas été consommé. Je ne sais pas ce qui en a empêché ; je ne sais même ce qui a été fait pour cela.

Je passe à la police nationale.

On a fait à Naples ce qui a été fait en France : une police municipale, une police de sûreté, une police générale.

On a laissé les deux premières dans l'état de débilité où les mœurs françaises permettaient de la réduire en France, et où la civilisation parfaite, la proportion des propriétaires intéressés à l'ordre avec les prolétaires enclins au désordre, la police naturelle qui s'établit par le travail d'une nation laborieuse, industrieuse, les avaient réduites depuis longtemps (1).

On a cru suppléer, à Naples, au défaut d'organisation municipale, en donnant beaucoup de force à une police générale, en créant un ministre pour cet objet, en lui laissant un vaste arbitraire.

Erreur.

Les anciens contenaient leurs prolétaires par l'esclavage ; les Chinois, par l'autorité patriarcale, qui place sous le pouvoir du plus vieux de la famille de nombreux enfants mineurs, majeurs, pères de famille eux-mêmes ; les modernes, par le gouvernement féodal.

Nous n'avons ni ne voulons l'esclavage.

Nous n'avons ni ne voulons l'autorité patriarcale, heureux d'avoir le système de l'autorité paternelle en vigueur.

Nous ne voulons plus du système féodal.

Mais il nous reste une organisation d'un autre genre ; c'est l'organisation des prolétaires en milice, sous l'autorité d'une discipline énergique administrée par des propriétaires.

Ce sera, sous quelque rapport, la féodalité de la propriété, au lieu d'être celle de la seigneurie.

C'est le système d'Alfred en Angleterre,

Même de Charlemagne en France.

Les dizainiers, les centainiers étaient cela (2).

On peut y soumettre le prolétaire sans l'avilir. Il ne faut pas lui dire, Je t'enrégimente pour t'empêcher de faire le brigand ; il faut lui dire : Je t'enrégimente pour que tu concoures avec nous à réprimer les brigands.

L'expérience enseigne une vérité bien importante pour les législateurs, et pourtant bien peu remarquée : c'est que le brigandage est à peu près inévitable dans tout pays où le brigand trouve des asiles ; et que la police la plus active, la plus dispendieuse, la plus redoutable, s'y trouve continuellement en défaut, comme

---

(1) Quelle fraction du territoire total ? Voir la description du royaume de Naples.

---

(1) En France, il y a cinq propriétaires pour un prolétaire, et à Naples il y a dix prolétaires pour un propriétaire.

(2) (*Note de l'éditeur.*) On a vu à la page 339, du tome III, que mon père combattit l'intention qu'avait le premier consul d'appliquer ce système à la France. Ici, il le croit nécessaire à un peuple conquis, non civilisé, rendu indisciplinable par des institutions *carlovingiennes*, et par des habitudes invétérées de brigandage.

les chiens les plus propres à la chasse du renard dans les cantons où ils ont beaucoup de terriers. Et qu'au contraire, le brigandage est absolument inconnu dans les pays et dans les temps où il n'y a point de refuge pour les brigands, encore qu'il n'y ait ni espionnage, ni embuscade, ni service monté sur les voies publiques pour poursuivre et saisir les malfaiteurs.

Dans le royaume de Naples, en tous les temps, il y a eu des brigands malgré les armigeri des seigneurs, les scorta des procaci, les cavallari. Pourquoi? C'est qu'il y avait diversité d'intérêts entre une contrée et une autre, diversité de seigneurie, et partout opposition et inimitié secrète entre le seigneur et le vassal, entre les agents du seigneur et les colons. Ainsi, les colons étaient les refuges naturels des hommes poursuivis par les soldats du seigneur, très-peu zélés d'ailleurs, et très-indifférents à l'ordre public.

En France, longtemps après la révolution de 1789, il y a eu des brigands dans l'Ouest, malgré la soumission du pays. Il ne s'est même pas encore passé une année sans qu'il se commît un vol de diligence par des troupes armées, dans la Mayenne, la Sarthe, ou l'Orne. Pourquoi? C'est que les guerres civiles partageant les esprits, l'ennemi de l'ordre, des agents du gouvernement, le voleur des deniers publics est l'ami, le soldat, l'agent des mécontents, et trouve chez eux asile, protection, faux témoignages pour le défendre contre les accusations et le justifier contre les témoins.

En Suisse, il n'y a point de gendarmerie, et pourtant on la parcourt en pleine sécurité, sans crainte d'y rencontrer un voleur ni un assassin.

Les cantons ont des intérêts particuliers, sans doute; mais ces intérêts sont identiques en ce qui concerne le respect des propriétés, des lois, du gouvernement, parce que dans tous la propriété est divisée, dans tous la propriété est sur la même ligne, et aucune tyrannie féodale ne fait la honte et le malheur des uns et le privilége des autres; et la distinction des intérêts locaux, qui n'en est ni l'opposition, ni la division, ni la diversité, ne sert qu'à y fortifier la police municipale, c'est-à-dire la défiance de tout ce qui vient errant et sans affaires d'un canton dans un autre. Nulle part la liberté du voyageur n'est plus respectée, parce que dans les auberges des grandes routes ne

se trouvent de malfaiteurs, quand ils n'ont pas d'autres asiles pour le besoin. Là où des malfaiteurs n'ont pour se sauver que d'aller d'auberge en auberge, ils sont bientôt pris. Mais un canton n'admet pas sans peine, et sans beaucoup d'informations et de vérifications préalables, le citoyen d'un autre canton parmi ses propres citoyens. Là, on présume, en général, que l'on ne peut être mieux nulle part que dans sa terre natale; que si on s'y trouve mal, c'est qu'on y a mal fait, et que la quitter quand on y est bien est une légèreté condamnable. Cette coutume est fort blâmée par les amis de la *Société universelle*, qui confondent tous les hommes de toutes les nations, de toutes les villes, de tous les villages, qui dissout même les liens de la famille pour tout unir à la famille du genre humain, confusion incompatible avec toute organisation publique (1). C'est le système contraire qui fait la base de la garantie de l'ordre et de la sûreté publique en Suisse, chaque canton se considérant comme une famille, comme un tout homogène, où chacun est garanti par tous et doit concourir à la garantie de tous; quand ces principes sont devenus un sentiment et sont passés en habitudes, comment concevoir qu'un seul homme donne refuge au malfaiteur connu et déclaré?

———

Le meilleur baromètre que l'on puisse avoir de l'état politique et de l'état moral d'un pays, c'est le dénombrement exact des différentes classes des habitants qu'il renferme.

Y a-t-il dans un pays très-peu de propriétaires (possidenti) et beaucoup de prolétaires? ce pays est ou difficile à contenir et à civiliser, ou bien les prolétaires sont en servitude, soit absolument comme les anciens esclaves, soit partiellement comme les vassaux dans le gouvernement féodal, ou comme les enfants dans

---

(1) Sans doute il faut éviter l'esprit de nation trop exclusif, l'esprit de province, l'esprit de cité, l'esprit de famille trop concentrés; mais il ne faut pas oublier que la société du genre humain, pour être organisée, doit être société de nations; les nations, sociétés de provinces; les provinces, sociétés de communes principales, ayant sous elles des communes subordonnées; et, enfin, les communes, des sociétés de familles. Si on supprime ces divisions et l'esprit qui doit les reconnaître et les maintenir, si l'on prétend faire une société d'individus, on fait l'anarchie.

le gouvernement patriarcal. Dans tous les cas, le peuple n'a ni morale ni bonheur. Je pourrais ajouter, ni force ; car la force vient des citoyens et non des esclaves.

Un pays où il y a beaucoup de propriétaires et peu de prolétaires, peut être plus ou moins fort, suivant que la masse des propriétés est foncière et agricole, ou manufacturière : les pays agricoles donnent plus de soldats que les pays de fabrique, et les donnent meilleurs. Je me borne à présenter ces deux exemples à l'appui de la proposition.

On s'est peu occupé jusqu'à présent, et l'on s'est occupé sans succès de faire de ces dénombrements par classes.

La division en classes serait un premier objet d'examen et de difficulté. Combien en ferait-on ? Quelles circonstances détermineraient cette division ?

ANGLETERRE.

Classement de Grégoire King.

En Angleterre, Grégoire King a formé, au commencement du dix-huitième siècle, une table des habitants de l'Angleterre classés suivant leur rang : Lords spirituels, lords temporels, chevaliers, baronnets, etc. ; les classes sont au nombre de vingt-six ; la dernière comprend les pauvres et habitants des cabanes. Il y a dans ce travail beaucoup de confusion. D'abord, le dénombrement de chaque classe est fait par famille ; dans chaque famille sont compris les domestiques, et le nombre en est déterminé selon les classes. Ainsi, on ne voit pas en quel nombre sont les domestiques dans le royaume. En second lieu, les classes sont désignées en général par une qualité publique, soit charge ou dignité ; et, cependant, parmi ces classes, se trouvent celle des grands propriétaires et des petits ; or, cette division peut rentrer dans celle des lords, des baronnets, des écuyers et des officiers militaires ou de marine, car la plupart de ces personnes sont propriétaires, et un grand nombre sont grands propriétaires.

Dénombrement d'Arthur Young.

Arthur Young a aussi essayé, dans son *Voyage au Nord*, tom. IV, pag. 364 (édition anglaise), un dénombrement de plusieurs classes ; mais il paraît que son classement est incomplet.

(*A vérifier.*)

Dénombrement de M. Grellier.

M. Grellier a fait une table des classes productives et non productives, dans le *Monthly Magazine*, vol. X, pag. 27.

Nota. Il y a une grande diversité d'opinions en Angleterre sur la population du pays. Qu'elle existe entre des personnes qui ont écrit à des distances de temps très-éloignées, comme un siècle, cela n'est pas surprenant, soit à cause des changements que la population peut avoir éprouvés dans l'intervalle, soit à raison de la différence des méthodes employées à la recherche de la vérité ; mais on peut regarder comme très-probable, et surtout comme générale, l'opinion manifestée par M. Pitt (1), et admise par tous les orateurs du parlement lorsqu'il s'agit du traité de commerce de 1783. Elle porte la population de la *Grande-Bretagne à huit millions* d'âmes ; en déduisant la population de l'Écosse, qu'on évalue 1,500,000 âmes, il restera pour l'Angleterre et le pays de Galles 6,500,000 âmes. (*Nota.* L'Irlande renferme de 4 à 5 millions d'habitants. Il semblerait que M. Desaert ne considère pas l'Irlande comme partie de la Grande-Bretagne (2)).

Arthur Young estime plusieurs classes comme il suit :

Personnes employées dans les manufactures	1,600,000
Idem, dans les fermes	2,800,000
Mendiants	1,000,000
Matelots et soldats	400,000
Domestiques ; on peut les évaluer à	400,000
	6,200,000

Considérant toutes ces personnes comme prolétaires, si la population de l'Angleterre, y compris l'Écosse, est de 8 millions d'habitants, il y aurait en Angleterre un peu plus de 3 prolétaires pour un propriétaire ou *possident*.

ESPAGNE.

En Espagne on a fait plusieurs essais de dénombrement par classes. Mais le nombre des classes a été très-limité. Dans le tableau fait en 1788 (*Voyage d'Espagne*, par Laborde, tom. IV, pag. 23), on ne se proposait qu'un objet : c'était de savoir dans quelle proportion

---

(1) *Tableau de M. de Baert*, t. IV, p. 152.
(2) Appendice du *Tableau de la Grande-Bretagne*, t. I, p. 443.

était la population respective des ordres de l'É-tat, le clergé, la noblesse, le peuple. Cependant on y a distingué les domestiques. Une telle division est très-peu instructive.

En 1802, il fut publié à Madrid un état qui se trouve dans le Mémorial littéraire de cette même année (1). Il paraît que la seule vue qu'on se soit proposée dans cet état, c'est de connaître la partie de la population qui ne se reproduit point, c'est-à-dire la masse du clergé régulier et séculier, comparée au reste.

FRANCE.

En France, M. Mcheau a fait un ouvrage bien conçu, où l'analyse de la société est assez exactement présentée, et une bonne division n'est pas autre chose qu'une table analytique de la société. Mais les informations ont manqué pour l'exécution. Au reste, je ne vois pas qu'il ait essayé la division en classes ouvrières et oisives; en classes dont le travail produit, et celles dont le travail conserve et perpétue, et celles dont le travail préserve et garantit : il n'a pas non plus divisé en propriétaires et non propriétaires; et les propriétaires en différentes classes, soit à raison de l'étendue des fortunes, soit à raison de la nature des propriétés. Toutes ces divisions sont nécessaires pour faire connaître l'état d'un pays, soit d'une manière absolue, soit par comparaison avec d'autres pays.

ROYAUME DE NAPLES.

Je ne connais aucun dénombrement par division dans le royaume de Naples.

Seulement on sait que la capitale contient 400,000 personnes; c'est entre le douzième et le treizième de la population du royaume. Cette disproportion entre la capitale et le reste de l'État est sans exemple en Europe. Elle tient à Naples à de grandes circonstances, et elle est elle-même une des grandes et influentes circonstances du pays.

Le ministre des finances doit avoir une opinion faite, et surtout une opinion juste, sur les avantages et les inconvénients d'une si grande capitale, pour régler en conséquence une multitude d'opérations et de taxes qui peuvent ou favoriser et accroître, ou conserver ou affaiblir sa population.

---

(1) *Voyage d'Espagne par Laborde*, t. IV, p. 26 et 27.

On sait que le clergé séculier était composé de......

  Le clergé régulier, { Moines......
         { Religieuses.....

Ce nombre était à la masse de la nation comme.....

On sait que la noblesse......

On sait que les gens de justice étaient à Naples......

TABLEAUX ET ÉTATS

DE DÉNOMBREMENT DE POPULATION PAR CLASSES.

Toute société est susceptible d'autant de divisions différentes qu'il y a de rapports sous lesquels on peut considérer les membres de la société. Mais l'essence de toute division est d'être générale, et de comprendre tous les individus.

Ainsi, les rapports naturels donnent une division.

1° DIVISIONS PHYSIQUES OU NATURELLES DE SEXE, D'AGE, D'HABITATION, DE MARIAGE OU CÉLIBAT, DE FORCE.

 1° En hommes et femmes;
 2° Une autre en enfants, adultes, vieillards;
 3° Mariés et célibataires:
 4° Urbains, villageois, isolés;
 5° En état de porter les armes, hors d'état, etc.;
 6° Habitant telle et telle province, ou le nord, le midi, etc.

Rapports de société civile (travail) en hommes de travail et en oisifs, avec la subdivision des travaux.

La subdivision du travail peut être faite dans différentes vues.

1° Travail { 1° productif;
    { 2° conservateur (arts et métiers);
    { 3° de service personnel et domestique;
    { 4° de garantie (gouvernement, administration).

2° Travail corporel, travail d'esprit.

3° Travail aidé de combinaisons mécaniques, ou de force, aidée d'un simple instrument.

2° DIVISION DES PROPRIÉTAIRES, SUIVANT LA MESURE DES FORT RICHES, MÉDIOCRES, PAUVRES; OU SUIVANT LA NATURE DE LEURS BIENS, PROPRIÉTAIRES FONCIERS, CAPITALISTES FERMIERS, OU CAPITALISTES MANUFACTURIERS.

Autres rapports de la société (moyens de subsistance).

1° Propriétaires { 1° territoriaux;
      { 2° de capitaux employés à la terre;
      { 3° de capitaux employés en manufactures;
      { 4° de capitaux placés sur soi en talents.

2º Propriétaires de fortunes à différents degrés.

Prolétaires.
1º Domestiques ;
2º Journaliers de l'agriculture;
3º Journaliers de l'industrie manufacturière ;
4º Mendiants.

Autres rapports de la société civile par rangs et distinctions.

Clergé,

Noblesse
haute,
moyenne,
petite.

Tiers état.
Vivant noblement.
Bourgeoisie.
Plèbe.
Canaille.

Autres rapports civils par religion.

Catholiques,
Protestants,
Juifs, etc.

. . . . *(Non terminé.)*

———

Sire,

La grande maladie du royaume de Naples, celle à laquelle tiennent toutes les autres, c'est la paresse. Le mouvement extraordinaire de la capitale ne doit pas faire illusion sur cette vérité : ce mouvement a pour cause la multitude des hommes qui se partagent peu d'occupations, et non l'activité de ces hommes mêmes.

La paresse est un effet naturel de la fertilité de la terre, qui produit presque sans travail ; du climat, qui, pendant trois mois de l'année, abat les forces au point de laisser à peine sentir des besoins qui pourraient ranimer les forces ; mais les couvents ouverts à la paresse, redoublent la paresse, et autorisent, pendant toute l'année, ce goût d'oisiveté que la chaleur du climat excuse pendant trois mois.

La féodalité, qui réunissait les terres du pays et concentrait les richesses en un petit nombre de mains, qui faisait consommer d'immenses revenus en dépenses de pure ostentation, et peuplait d'immenses palais d'une foule de valets fainéants, ajoutait aussi son influence aux causes naturelles d'éloignement pour le travail.

La culture des terres, dit Montesquieu (*Esprit des Lois,* liv. XIV, chap. VI), *est ce qui donne le plus de travail aux hommes ; plus le climat les porte à fuir le travail, plus la reli-*

gion et les lois doivent y exciter. Ainsi, les lois des Indes, qui DONNENT LES TERRES AUX PRINCES ET ÔTENT AUX PARTICULIERS L'ESPRIT DE PROPRIÉTÉ, *augmentent les mauvais effets du climat, c'est-à-dire la paresse naturelle.*

Le monachisme, ajoute-t-il (*Esprit des Lois,* liv. XIV, chap. VII), *y fait les mêmes maux..... Pour vaincre la paresse du climat, il faudrait que les lois cherchassent à ôter tous les moyens de vivre sans travail ; mais,* DANS LE MIDI DE L'EUROPE, *elles font tout le contraire ; elles donnent à ceux qui veulent être oisifs des places propres à la vie spéculative, et y attachent des richesses immenses. Ces gens qui vivent dans une abondance qui leur est à charge, donnent avec raison leur superflu au bas peuple ; il a perdu la propriété des biens, ils l'en dédommagent par l'oisiveté dont ils le font jouir, et il parvient à aimer la misère même.*

Lorsque Votre Majesté a réuni aux revenus de l'État tant de contributions honteusement aliénées à des créanciers sous le nom d'*arrendamenti fiscali,* et, que pour dédommager ces créanciers, elle a réuni au domaine de la couronne des biens de moines, elle a attaqué la maladie nationale pour guérir la plaie de la royauté ; elle a réintégré le patrimoine de la couronne avec le patrimoine de la paresse ; elle a fait la cure des finances en commençant celle de la morale publique ; elle a rendu deux services à la fois à la nation napolitaine.

Lorsque Votre Majesté a aboli la féodalité et les priviléges en matière de contributions, lorsqu'elle a borné sa noblesse aux prérogatives nécessaires pour l'intéresser à la conservation de la prérogative royale, et la mettre en état d'ajouter quelque chose à l'éclat de la couronne ; elle a encore attaqué le mal qui afflige son royaume : elle a rétabli l'esprit de propriété dans la nation, en dégageant la propriété des servitudes et des inégalités qui accablaient les propriétés roturières ; elle l'a rétabli dans les familles nobles, en divisant entre les frères et les sœurs des biens qui étaient autrefois le partage des aînés exclusivement. Aujourd'hui, Sire, Votre Majesté abolissant les couvents qui servaient d'asiles aux filles exhérédées par la féodalité, Votre Majesté ne fera qu'assurer l'exécution de ses lois et consolider son ouvrage.

———

La grande maladie du royaume de Naples (et probablement de l'Espagne), c'est la paresse. Preuves de la paresse : dans les ateliers, tous les jours les boutiques et ateliers fermés de midi à quatre heures. Dans les plaisirs : impuissance de soutenir un spectacle de quelque intérêt, qui exige quelque attention. De là, le mélange de conversation et d'attention au spectacle ; de là, l'indifférence pour les grandes et belles compositions, pour l'accord et l'harmonie de toutes les parties ; cette passion pour les morceaux de mélodie ; — délégation du travail et des appointements partout ; on mendie en France le pain ; ici, le repos.

CAUSES PHYSIQUES.

La durée du travail de la nation, c'est-à-dire de cinq millions d'habitants, répartie sur toutes les têtes, n'est pas d'une demi-heure par jour pour chacune. Elle est de trois à quatre en France (de tels calculs n'ont pas encore été faits par les faiseurs de statistiques ; il n'en est pas de plus important). C'est la terre seule qui travaille à Naples ; l'homme ne fait rien que recueillir, consommer et vendre. La richesse du pays consiste en blé, en vin, en huile, en laine, en soie. L'huile s'obtient sans culture d'un arbre qui ne coûte que dix minutes à planter, et dure trente ou quarante ans. Les moutons font la laine : des déserts couverts d'herbe sans culture nourrissent les moutons. La soie se fait par des vers, la cire par des mouches : des mûriers nourrissent les vers à soie ; les forêts, les champs nourrissent les mouches. La vigne donne le vin ; on la taille, on ne la laboure point. Un cep couvre quinze toises de terrain. Le blé, le coton seuls coûtent du labour ; mais que ce labour est facile ! C'est affaire d'une saison. La manne est une production spontanée. La réglisse est une autre production, non-seulement qui vient d'elle-même, mais encore qui atteste l'inculture du pays.

Ces produits, presque spontanés de la terre, se distribuent en deux parts : l'une paye l'oisiveté du pays, l'autre le travail étranger.

La chaleur de trois mois de l'année impose la paresse pendant ces trois mois, et dispose à l'habitude de la paresse pendant les neuf autres mois. La fécondité de la terre, qui donne, sans travail, de quoi faire vivre dans le pays un homme sur cinq arpents, et de quoi payer, en outre, le travail d'un autre homme au dehors, est une autre cause naturelle de paresse.

Dans un pays chaud, on a peu de besoins ; on n'a pas besoin d'être logé, chauffé, éclairé, vêtu. La beauté du ciel, la chaleur de la température dispensent de toutes ces précautions : peu de besoins, peu de raisons de travailler.

CAUSES POLITIQUES ET MORALES.

Les institutions qui auraient pu corriger ou tempérer les effets du climat en ont éprouvé l'influence ; après l'avoir éprouvée, elles l'ont redoublée. Tous les revenus de l'État, tous les revenus des particuliers ne soudoient que la paresse au dedans, et ne payent de travail qu'au dehors.

La facilité de la pêche sur le littoral, et de la chasse dans la montagne, habituent au jeu de hasard.

Les moines, les prêtres ont un tiers des revenus. Les nobles et leurs valets, autres fainéants qui vivent sous l'habit de livrée comme les autres sous l'habit monacal, et dans les antichambres comme les autres dans leur couvent, sans rien faire, ont un autre tiers des revenus.

Les pensionnaires de l'État, *exuberanti, pensionisti, jubilati,* les enfants, les veuves des *jubilati,* ont moitié du reste ; *exuberanti* est un *titre* dans ce pays-ci.

Dans un pays où l'on vit d'appointements, on s'habitue aisément à demander sa vie. Il faut bien demander sa vie, quand on ne peut la gagner. L'habitude de demander les places, parce que c'est le seul moyen d'en avoir, conduit naturellement à celle de demander l'aumône. Demander l'aumône est un métier que tout le monde fait ; et parce que tout le monde le fait, il est si peu honteux de le faire que tel qui fait l'aumône à la ville, la demande à la cour, aux ministres, au roi.

———

A M. RICCIARDI (1).

Naples, 20 juillet 1808.

Je vous prie, monsieur, de mettre dans votre bibliothèque un recueil complet de mémoires sur tous les établissements de charité de l'Europe. Il est assez mal en ordre, il n'est pas relié, je n'ai plus le temps de le rendre

(1) (*Note de l'éditeur.*) M. Ricciardi était secrétaire d'État.

plus présentable ; mais c'est pour sa substance que je vous l'offre, non pour un ornement de bibliothèque.

Si j'ai jamais la folie d'écrire sur le royaume de Naples, je dirai que la maladie de ce pays-ci est la paresse : le climat, la fécondité de la terre, la favorisent ; ce serait une raison pour que les institutions publiques la combattissent, et, au contraire, elles aggravent le mal. Les institutions ennemies du travail dans ce pays-ci, sont : 1° la féodalité et les anciens priviléges en matière d'impôts ; 2° le monachisme ; 3° votre système de *secours publics*, d'*hospices*, d'*hôpitaux*, de *lieux pieux*. Et voilà ce que l'on a absolument méconnu ici, même le nouveau gouvernement. La féodalité a été attaquée, les priviléges abolis, le monachisme est entamé de manière à succomber bientôt ; mais vos préjugés nationaux, en matière de charité publique, n'ont seulement pas été soumis à l'examen.

Comme vous êtes le seul homme éclairé que j'aie eu le bonheur de connaître à Naples, je vous invite, si vous en avez le loisir, à vous appliquer à cette partie. Les chapitres v, vi et vii du livre XIV de l'*Esprit des lois* de Montesquieu, et le chapitre xxix du livre XXIII, me paraissent dire tout ce qu'il faut pour un homme de tête et de savoir. Mais certainement la comparaison de ce qui se fait dans toute l'Europe pour l'administration des secours publics, les précautions que l'on prend pour qu'ils ne servent pas d'aliment à la fainéantise, les moyens dont on use pour qu'ils servent même à accroître la masse du travail national, seule base de la propriété publique, sont bons à étudier et à répandre.

Vous verrez plusieurs volumes rompus et liés ; c'est qu'ils étaient mal reliés, et j'ai rétabli les feuilles dans leur véritable ordre.

Recevez les nouvelles assurances de mon attachement et de ma considération la plus distinguée.

Les hommes, les femmes, tout le monde se déshabille, se couche à trois heures après midi jusqu'à six.

Les charrons, charpentiers, menuisiers, sont curieux à voir travailler. S'ils taillent une pièce de bois, ils la tiennent d'une main sur l'établi, au lieu de l'assujettir par un *valet*, et ne taillent que de l'autre main. Souvent deux jeunes garçons tiennent la pièce avec leurs mains. L'ouvrage se fait, mais à force de temps et à force de bras.

Je suis toujours étonné de l'assiduité des valets et cochers de ce pays-ci. En deux ans, je ne crois pas qu'un valet ou un cocher se soit jamais écarté d'un quart d'heure. Ils suivent partout, se trouvent partout où vous êtes, restent partout où vous restez. Ils sont trente heures de suite dans l'antichambre ; ils passent cinq heures à la porte de votre loge au spectacle, dans un corridor ; il ne leur faut qu'une chaise ou un banc de bois. Ils arrivent, se posent, et dorment. Exigez ce service d'un Français ! En revanche, vous ferez retourner toute votre maison par un Français ; vous la ferez frotter, nettoyer, meubler, démeubler en deux heures. Ici, un valet ne prend pas un balai une fois dans l'année ; on fait nettoyer par un faquin, et comment nettoye-t-on ! Les pavés sont partout sales. On voit des tas d'ordures dans tous les coins ; on balaye sous les chaises sans les déranger ; les escaliers des plus grandes maisons sont moins propres que nos écuries ; on p... sur les escaliers à tous les étages. Partout, la paresse et la malpropreté

Entre les raisons qui sont ici pour la banque, c'est qu'elle sert à garder en dépôt l'argent des particuliers ; avantage immense dans un pays où la chaleur oblige à tenir toujours ses portes ouvertes, où l'on ne sait pas faire une serrure, où tous les valets sont voleurs à un point qu'on ne peut exprimer.

La noblesse de Naples n'a rien de noble. La France, l'armée française présente aujourd'hui un nombre immense de nobles sans origine : la noblesse de Naples offre des origines, des titres de noblesse, et pas un noble.

Ce sont tous marchands d'huile et de jus de réglisse, dont aucun n'a porté les armes, dont le père n'a pas porté les armes, ni l'aïeul ; dont les fils pleurent, pleurent à la lettre, quand on leur propose d'aller à Foggia avec une compagnie.

Ont-ils du moins de la fortune ? Non ; tout ce corps de noblesse n'a que le titre de quelques propriétés dont les revenus sont à leurs créanciers, et ils n'en restent possesseurs apparents qu'à la faveur d'une longue suite de décrets de surséance contre de malheureux créanciers. Toute cette prétendue noblesse est nue, le jour où la justice pourrait avoir un libre cours.

——

Une des raisons de ne pas travailler, c'est que les maisons sont comme des fournaises jusqu'à deux ou trois heures du matin ; on n'y peut dormir, cela fait qu'on court, qu'on joue la nuit. Les rues sont toujours fréquentées en été ; les guitares, les chansons, les sérénades, la musique solitaire à sa propre fenêtre, occupent jusqu'à trois heures : aussi les gens de bonne compagnie *dorment* jusqu'à dix heures du matin ; le peuple, au moins celui des villes, se lève très-tard ; il commence à travailler quand la chaleur va recommencer ; à midi, une heure, il faut se coucher et se reposer ; les maisons commencent alors à s'échauffer.

——

La moitié des Français travaille pour avoir du pain, l'autre moitié pour avoir de quoi se procurer du plaisir.

A Naples, le but de tout travail est de ne rien faire. La fainéantise, ou, si l'on veut, le repos, est la marchandise la plus achalandée du pays. On se retranche le plaisir, on se retranche le pain pour le *far-niente*.

Un homme obtient une place : il donne la moitié des appointements à un substitut qui en remplit les fonctions ; celui-ci délègue la moitié des fonctions à un troisième, qui lui rend le quart du traitement ; et ce troisième subdélègue à quatre ou cinq autres qui ne coûtent presque rien, et ne font presque rien.

Le maître d'hôtel fait faire la moitié de son ouvrage par le valet de chambre, celui-ci par le laquais, le laquais par trois faquins.

Un cocher a son palfrenier payé par le maître ; le palfrenier payé, fait panser les chevaux par des sous-palfreniers qu'il paye.

Un cuisinier a deux marmitons qu'il paye ; ceux-ci en ont d'autres qui ont des faquins.

Ce qu'on ambitionne dans une place, c'est le moyen de n'y faire que le moins possible.

On a dans les bureaux les chefs, les employés, les *exubérants*, les subsidiaires, les surnuméraires, les jubilés ; sous tous ces titres on gagne de l'argent. Le grand secret de l'économie n'est pas ici la division du travail, c'est celle du repos.

Un Français vous dira : Donnez beaucoup à faire et beaucoup à gagner ; le Napolitain dit : Donnez-moi à gagner de quoi payer ceux à qui je donnerai à faire.

Un ministre, à Naples, évite difficilement la visite des importuns qui ont quelques écus à donner aux gens qui gardent ses portes. On leur dit : « Le ministre travaille ; » ils n'écoutent point. On leur dit : « Le ministre est pressé de se rendre au conseil. » Rien ! « Il va travailler avec le roi… » Pas davantage. Mais qu'on dise, à quelque heure du jour que ce soit, « *Dormi*, il dort, » à ce mot le solliciteur se retire, il ne trouve pas de réplique.

——

PARESSE DE NAPLES.

Lorsque j'ai dit que les employés, et même les domestiques de tout grade, déléguaient toujours leur service à un employé ou serviteur qu'ils prenaient à leur gage, ou qu'ils payaient sur leur salaire, je n'ai point prouvé peut-être par ce fait la paresse nationale, mais seulement la paresse de tout ce qui a de l'aisance ; et l'on peut m'objecter que la délégation du travail ne prouve pas qu'il y ait une moindre somme de travail à Naples qu'ailleurs. Si l'on voit tous les hommes chargés d'un service s'en décharger sur d'autres, on voit en même temps une masse égale d'hommes sans état qui se chargent du travail des hommes en titre de service. En un mot, le travail se fait ; et il n'importe qu'il se fasse par les uns ou par les autres. Je réponds : 1° que l'usage de déléguer l'ouvrage dont on est chargé est en soi un signe de paresse, puisqu'il suppose un sacrifice d'argent, une certaine indifférence à l'accomplissement d'un devoir, un sacrifice parfait de l'honneur de bien faire. En France, un employé tend toujours à réunir des emplois aux siens, à se charger de faire ce qu'un prédécesseur faisait faire par des subalternes, à la condition de réunir leur traitement. C'est un signe de cupidité, dira-t-on ; oui : mais aussi d'activité. Si cette méthode est une preuve d'activité, la méthode contraire est une preuve de paresse.

Je réponds : 2° que l'ouvrage ne se fait pas,

ne se fait qu'à demi, ne se fait que mal, ne se fait jamais à propos, par la méthode de la délégation.

Le temps nécessaire pour la transmission physique de l'ouvrage à faire, et pour celle de l'ouvrage fait, pour le renvoi à la correction, pour le renvoi de l'ouvrage corrigé, est souvent plus long que le temps nécessaire pour faire l'ouvrage. Aussi les affaires ne finissent-elles jamais.

L'intérêt de celui qui délègue l'ouvrage étant de dépenser le moins qu'il est possible, réduit aussi la tâche qu'il impose au moins possible ; il tronque, il mutile les questions, il élague des accessoires nécessaires, il élude des difficultés importantes. Si l'employé entend mal ce qu'on lui a demandé, il l'explique encore plus mal ; et si le subdélégué entend encore plus mal ce qu'on lui explique mal, ou mal ce qu'on lui explique bien, l'ouvrage se fait tout de travers, ou ne se fait pas, ou se fait d'une manière si vague qu'il ne signifie rien.

Le subdélégué ne devant retirer qu'un modique salaire de son ouvrage, et ne pouvant en retirer aucun honneur, le fait négligemment.

Le fait de tous les moments, le fait dans toutes les affaires, est que tout traîne à Naples ; et qu'un Napolitain, à qui vous ordonnez quelque chose, vous a répondu dix fois, *Lesto, subito,* avant de remuer.

RAPPORT DES PRODUCTIONS AVEC LE TRAVAIL.

Je crois que tous les produits du royaume de Naples peuvent s'obtenir par moins de cinq quarts d'heure de travail journalier par tête de tout âge, de tout sexe.

La nature de ces produits prouve ou, du moins, autorise cette opinion.

Ce sont des choses provenant beaucoup plus du travail de la nature que du travail de l'homme.

J'en ai fait ailleurs le détail.

En France, des produits territoriaux de semblable nature et de même valeur coûtent plus de trois heures de travail par tête. Le vin est un exemple frappant de cette vérité.

On demandera, peut-être, à quoi il sert de connaître les rapports de la quantité du travail d'un pays avec ses produits ? Un peu de réflexion fournira la réponse :

C'est par le travail d'une nation qu'on peut juger de ses vertus et de son bonheur. La nation (libre) qui travaille le plus est, à coup sûr, la plus sage et la plus heureuse.

Entre les qualités qui résultent de l'habitude d'un travail énergique et soutenu, les gouvernements doivent placer les qualités militaires.

Un peuple fainéant ne fournit point de soldats.

Dans la vie du soldat, c'est la fatigue plus que le péril qui est redoutable. Un peuple oisif la craint, à cause de la fatigue et du péril. Un peuple laborieux la souhaite comme un moindre travail, et comme un repos.

La Suisse donne des soldats à l'Europe entière. Naples n'en donnera à Naples que quand il y aura plus à travailler comme habitant que comme soldat.

Cette observation est neuve. — Ce serait une raison de craindre qu'elle ne fût erronée. Mais je la crois juste.

Ce n'est pas le mal-être, la misère qui fait préférer la vie de soldat à la vie indépendante ; c'est l'habitude du travail qui, faisant mépriser la fatigue du soldat, permet d'en ambitionner la gloire. D'un peuple de mendiants, vous ne ferez pas un soldat ; de 50,000 lazzaroni de Naples, on ne ferait pas un soldat ; parmi les paysans de la Terre de Labour, on en fera des milliers. Le travail de la terre est celui qui, ayant le plus à braver les intempéries et donnant le plus de mouvement au corps, a le plus de rapport avec l'état de soldat.

Un peuple agriculteur est plus propre à donner des soldats qu'un peuple manufacturier. Le fermier est cavalier né. Tous les paysans sont habitués à porter des fardeaux et à la marche.

On ne conçoit la gloire des armes, on n'éprouve l'orgueil de l'état militaire, que quand on n'est pas effrayé des fatigues du service.

Les provinces d'Espagne qui fournissent le plus de soldats et les meilleurs sont les provinces laborieuses ; les deux Castilles, où il y a tant de fainéants et tant d'orgueil, n'en fournissent point.

Je ne dis pas que l'habitude du travail dans une nation suffise pour y faire naître le goût de la vie militaire ; je dis que ce goût ne peut naître que là où règne l'habitude du travail. L'habitude du travail est la condition générale et nécessaire ; les conditions accessoires, les véhicules sont la force de l'exemple, celle des traditions du pays, une certaine possession de gloire militaire, de certaines distinctions de familles, de certaines espérances qui mettent en jeu l'imagination, l'ascendant d'un chef dont le génie subjugue tout, dont la gloire entraîne tout.

NAPLES ET LA SUISSE.

Sous un ciel toujours pur, toujours azuré, teint de rose ou de pourpre du côté où se lève ou se couche le soleil ; légèrement vaporeux ; dans une température à peu près également douce pendant dix mois de l'année ; dans une atmosphère qui, pendant les mois de la grande chaleur, se charge de volupté en même temps que de feu ; devant une mer calme semée d'îles charmantes, qui ont été habitées comme des lieux de délices par les hommes les plus puissants, les plus grands de l'antiquité, chantées par tous les poëtes amants du plaisir, visitées, célébrées par tous les voyageurs ; au milieu des plaines les plus riches, des montagnes les plus pittoresques, des cultures les plus variées, des plantations les plus élégantes, toutes ornées de festons, de guirlandes, comme des jardins ornés pour un jour de fête ; dans des vallées où l'on voit trois récoltes se préparer, se mûrir l'une au-dessus de l'autre en même temps, et faire place à d'autres dans une même saison ; où les landes même et les terres les plus disgraciées de la nature annoncent par la vigueur d'une végétation parasite combien peu les terres, fécondes en produits utiles, ont demandé de travail aux bras de l'homme, sont couvertes d'arbrisseaux toujours verts, de genêts, de lauriers, de myrtes ; où des bois d'orangers et de citronniers vous offrent tous les jours de l'année, sur la même tige, sur la même branche, la fleur de la plus suave odeur, et le fruit de la forme et de la couleur la plus pure, de la saveur la plus parfumée ; au sein de l'abondance de toutes les choses nécessaires à la vie, de toutes les substances qui servent à la nourriture de l'homme, — mes yeux sont un moment enchantés ; mon imagination n'est jamais attachée, mon cœur jamais content. Voilà ce que j'éprouve à Naples.

J'arrive en Suisse : des brouillards, des pluies, des neiges pendant deux mois de l'année ; des glaces éternelles au-dessus de vos têtes ; une humidité perpétuelle ; des sites variés, pittoresques, mais des rochers affreux, des monts pelés et inaccessibles ; des arbres immenses, mais les plantes de culture grêles et faibles ; partout une nature qui, sans être rebelle au travail de l'homme, semble au moins mal soumise et ingrate de ses soins. Et cependant, j'éprouve un bien-être, un plaisir, un charme particulier.

D'où vient ce contraste ?

C'est qu'à Naples je vois le luxe des plantes, et ne vois que la misère des hommes et des animaux. Tout ce qui végète est plein de vigueur, tout ce qui vit est misérable. Pas un homme dans les campagnes qui ne soit en haillons ; pas un cheval qui ne soit maigre ; pas un mulet qui ne soit écorché jusqu'au vif.

On ne sait là pour qui la terre est si prodigue. Cette richesse de la nature, qui n'empêche pas la pauvreté des hommes, semble avoir quelque chose d'étranger et de dur, partage ordinaire de la richesse.

En Suisse, vous n'avez pas besoin de demander si vous êtes dans un canton catholique ou dans un canton protestant. Êtes-vous assailli de mendiants partout où vous vous arrêtez ? en avez-vous aux portières de votre voiture dans toutes les montées, à toutes les descentes ? Vous êtes dans un canton catholique. — Ne voyez-vous que des hommes bien vêtus, des enfants tenus avec propreté, des chevaux bien nourris ? Vous êtes dans un pays protestant.

Est-ce que le catholicisme appauvrit un pays ? Ce n'est pas la question qu'il faut faire ; cette question importe peu, parce que la pauvreté du pays n'est pas la même chose que la pauvreté des habitants. L'habitant d'un pays très-riche peut être très-pauvre ; tel est le sort des Napolitains. L'habitant d'un pays pauvre peut être riche, tel est le sort des Suisses en général. La pauvreté ou la richesse des habitants dépend essentiellement de leur travail ; mais la somme du travail d'un pays dépend de l'intérêt que les hommes peuvent avoir à y travailler. Il y a un grand intérêt au travail dans un pays, quand les propriétés y sont divisées de manière que la grande masse soit propriétaire.

Comme la terre est la source la plus générale et la plus certaine de production, la division de la propriété territoriale entre des gens qui aient besoin de travail est, aussi, la cause la plus générale de travail. Il y a aussi grand intérêt au travail dans tout pays où le travail donne un produit, et où les lois défendent tout autre moyen de vivre que le produit du travail ou le droit de la propriété.

Dans les cantons catholiques de la Suisse, les propriétés sont divisées comme dans les protestants ; mais le catholicisme, qui permet des moines mendiants, qui rend la mendicité honorable en apprenant qu'il y a des moyens de vivre autres que le travail, peut diminuer le travail et la richesse générale ; mais certainement il favorise la gueuserie particulière et la pauvreté individuelle.

———

Pourquoi y a-t il toujours des brigands et des voleurs à Naples, et maintenant dans le royaume d'Italie, quoiqu'il y ait une gendarmerie ? Et pourquoi il n'y a jamais ni voleurs ni brigands en Suisse, quoiqu'en Suisse il n'y ait point de gendarmerie ?

C'est qu'en Suisse il n'y a point de refuge, d'asile pour les brigands, et qu'il y en a en Italie.

Mais si la gendarmerie sait épier, poursuivre et atteindre les coupables, qu'importe leur refuge ?

Atteindre les coupables quand il y a des refuges partout, est impossible.

Mais pourquoi les brigands trouvent-ils des asiles dans le royaume de Naples et en Italie, et n'en trouvent-ils point en Suisse ?

C'est parce qu'il y a en Suisse unité d'intérêts, unité de mœurs, unité de parti ; et qu'à Naples il y a intérêts anciens et intérêts nouveaux ; mœurs du pays, mœurs des Français ; parti du vaincu, parti du vainqueur.

———

L'espace de Reggio à Paris est, pour un militaire français, comme une longue rue de sa ville natale, où il est sûr de rencontrer à chaque pas des gens de connaissance.

Sans être militaire, quand je suis venu de Naples à Paris j'ai rencontré plus de gens de connaissance que je n'en vois à Paris dans le

même espace de temps. A Rome, la princesse d'Avella ; à Florence, M. Lucien Bonaparte, M. Dauchy, M. de Gérando ; à Parme, le maréchal Pérignon, mon collègue ; à Milan, le général Pully ; à Lausanne, madame de Staël, MM. Mathieu de Montmorency, B. Constant, Camille Jordan ; à Strasbourg, une parente ; à la Verrerie de Saint-Quirin, ma propriété.

———

A Naples, le seigneur épuise le colon qui travaille, pour payer des valets qui ne font rien.

———

Que faut-il entendre par ces mots : Le roi ou le prince *est aimé ?* le prince ou le roi *n'est point aimé ?*

Dialogue entre madame de Staël et moi, à Lausanne, le   août 1808 :

Madame de Staël. — Le roi était fort aimé à Naples ?

Moi. — Demandez-vous si le roi était aimé de beaucoup de monde ou de tout le monde ? du monde de la cour, ou de celui de la ville ? de la populace, de la nation ? des femmes, des hommes, du civil, de l'armée, des prêtres, des gens de bien, des fripons ?

Et puis, qu'est-ce qu'aimé ? comment aimé ? N'est-ce pas respecté, considéré ?

═══

VOYAGE EN ESPAGNE EN 1809.

EXTRAITS DE LETTRES ÉCRITES PAR M. ROEDERER A MADAME ROEDERER, ET NOTES DIVERSES ÉCRITES SUR UN AGENDA DE POCHE.

Alençon, le 9 avril 1809.

Je pars demain, espérant être à Bordeaux le 13, y passer deux jours, et me trouver à Bayonne le 18, ainsi que j'ai eu l'honneur de le dire à la reine...

———

Bordeaux, le 13 avril 1809.

Je suis arrivé ici ce matin sans aucun accident, et très-bien portant. La route est couverte de troupes et de chevaux revenant d'Espagne, sans compter les mulets...

———

Bordeaux, le 16 avril 1809.

...On trouve ici que les affaires d'Espagne ne

vont point mal. Je pars demain à trois heures du matin, me préparant à l'ennui de soixante lieues de sables...

———

Bayonne, le 19 avril 1809.

Je suis arrivé hier, 18, ponctuellement, à Bayonne. M. Lagarde, commissaire général de police dans le Portugal, me précédait seulement de deux heures, quoique parti de Paris dix jours avant moi. Il est probable que je le rencontrerai aujourd'hui, car nous sommes logés dans le même hôtel... Je compte passer ici la journée d'aujourd'hui et celle de demain. On dit qu'il y a maintenant des relais de poste pour les *voitures* jusqu'à Madrid; mais c'est un *on dit*. Je me lève, et n'ai encore connaissance de rien. Je ne puis même encore savoir si j'ai ici des lettres de Paris ou de Madrid, car les bureaux de la poste ne s'ouvrent que dans deux heures.

Il faut faire une grande diligence pour venir de Bordeaux à Bayonne en trente-six heures, quoiqu'il n'y ait guère que cinquante-quatre lieues, que l'on compte pour soixante-six. Il n'a pas cessé un moment de pleuvoir depuis que je suis parti de Bordeaux. Figurez-vous ce que c'est que ce beau temps pour égayer des landes et des sables, où les chevaux enfoncent toujours jusqu'au-dessus du sabot. On voit partout des amas de pierres disposées pour former une chaussée sur toute la ligne de Bordeaux à Bayonne; il y en a même quelques parties déjà de faites; le reste est tracé, mais il faut au moins un an ou deux, avec de grands efforts d'hommes et d'argent, pour achever. Ce sera, au reste, un des plus beaux et des plus respectables monuments de la grandeur impériale, que cette nouvelle route. Elle résoudra aux trois quarts le problème si souvent agité de savoir par quels moyens on pourrait donner de la valeur aux landes. Le chemin fait, les défrichements, les plantations, les colonisations en seront bientôt l'ornement et la récompense. C'est une immense province que l'empereur aura conquise pour quelques millions; mais on ne parlera pas de cette conquête, parce qu'elle ne sera fructueuse que pour ses successeurs et pour sa mémoire .. (1).

————

(1) (*Note de l'éditeur.*) Sur un petit agenda de poche, on lit les notes suivantes :

Bayonne, le 21 avril 1809.

J'ai reçu ici, ma chère amie, deux lettres de vous, et je vous en remercie. Je comptais partir ce matin, je ne partirai qu'après-demain; je ne serai pas moins de onze jours en route, peut-être plus. Mon fils (1) m'a envoyé deux de ses gens en courrier pour m'accompagner. Ils sont partis de Madrid le 14, ils ont rencontré madame de Mélito à douze lieues de cette capitale, où elle ne sera arrivée que le 13 ou

————

19 avril, à Bayonne. — J'ai reçu la visite de M. Lagarde. Je l'ai vu tous les jours. Il m'a dit que l'on avait surpris sur l'estafette de Naples, une lettre où Regnaud de Saint-Jean-d'Angély disait au roi Joachim, après beaucoup de félicitations sur les merveilles de son règne, qu'il y avait telle circonstance qui pourrait rendre précieux pour la France ce talent de gouverner et de commander qui le signalait en même temps...

Un autre jour : Qu'il ne savait pourquoi l'empereur avait la bonté de regarder Fouché comme nécessaire à la police; qu'elle allait sans ordre ni méthode; qu'elle ne marchait que par Desmarets.

Une autre fois : Fouché est fou; il dit à tort et à travers des extravagances; il s'est fait, on ne sait pourquoi, le prôneur de Murat; c'est ce qui l'a mis mal avec toute la maison impériale. Il parlait un jour à l'impératrice (Joséphine) du divorce; elle lui dit : « Mais il n'est pas sûr que l'empereur ayant une autre femme, il en eût des enfants. » Il répondit : « *Madame, on lui en fera.* » L'impératrice a écrit cela à l'empereur.

J'ai vu à Bayonne M. de la Serre, négociant, à qui j'ai été adressé par M. Grammont, de Bordeaux. Il m'a dit : « Sans l'affaire du 2 mai, la France aurait pris tranquillement possession de l'Espagne. »

Une autre fois : M. de Cabarrus rappelle les contributions au trésor royal; mais M. le général Kellermann a fait un décret qui les applique à son armée, attendu l'impuissance du gouvernement espagnol pour subvenir à ses besoins.

Une autre fois : Le maréchal Bessières a fait frapper ici 200,000 fr. de lingots apportés d'Espagne.

Une autre fois : Il faut que les généraux permettent la contrebande des denrées coloniales : depuis peu, le sucre a baissé de 20 sous par livre à Madrid.

Le consul m'a dit, le jour de mon arrivée, qu'il avait vendu pour plus de 800,000 francs de laine, et versé le prix au trésor public. Il en a vendu pour plus de 100,000 francs pendant mon séjour.

M. de la Serre m'a dit, à Bayonne, que l'on ne voyait point d'ordres des ministres du roi, mais uniquement ceux des militaires; que le général Belliard était roi de Madrid.

————

(1) (*Note de l'éditeur.*) Le colonel Roederer, aide de camp du roi d'Espagne.

le 16. Vous voyez qu'on ne fait pas diligence dans ce pays-ci. Jusqu'à Valladolid la route est à peu près sûre. De là à Madrid, il y a quelque danger, que l'on prévient en prenant une forte escorte.

J'ai trouvé ici M. Lagarde. Nous faisons ensemble la route de Madrid avec des mules; la poste va jusqu'à Burgos, mais va mal,

J'ai dîné hier chez mon collègue le général Hédouville, qui commande ici l'armée de réserve à la place du maréchal Kellermann, que j'ai rencontré à Angoulême (1). . . . .

. . . Le roi a eu la bonté de donner, ou peut-être prêter à Rœderer, une maison d'un *grand* pour m'y recevoir. Il n'y manque rien que la vaisselle, qui est sous les clefs de notre ami Fréville pour le compte de Sa Majesté Impériale.

Rœderer m'annonce que je rencontrerai en route MM. Clary et Colonna; je ne sais où ils vont.

Tout ce qui arrive d'Espagne s'accorde à dire que le roi est fort aimé à Madrid, et que l'on a grande confiance en lui dans toutes les parties soumises où l'on a eu occasion d'éprouver sa justice et sa bonté.

<hr>

Bayonne, le 22 avril 1809.

Je pars la nuit prochaine. Nous formons une caravane de cinq voitures. Il se confirme que la route est à peu près sûre jusque vers Valladolid; plus loin, 50 hommes d'escorte ne sont pas de trop. Il faut douze jours au moins pour arriver à Madrid. Madame de Mélito en aura été quinze ou seize. Quelle peine et quelle dépense qu'un semblable voyage! Il faut mon dévouement pour l'entreprendre. Le médecin de la reine est de la caravane. Le temps continue à être affreux; les montagnes qu'on voit de Bayonne sont couvertes de neige. J'ai bravé les averses pour voir le château de Marrac, théâtre de tant d'événements, laboratoire de tant d'autres. Cela ressemble assez à ma sénatorerie.

On n'a aucune nouvelle du maréchal Soult; mais il ne faut pas parler de ce qui peut inquiéter (1). Faites mille compliments de ma part à M. de Boufflers. Je vous écrirai de tous les lieux où je le pourrai.

<hr>

Briviesca, le 26 avril 1809, à 4 heures
après midi.

Me voici à quarante-deux lieues de Bayonne, je parle de lieues d'Espagne, qui en valent près de soixante de France. Demain je dîne et couche à Burgos. Jusqu'ici les routes sont aussi sûres que le chemin de Paris à Bordeaux. J'ai rencontré MM. Clary et Colonna entre Vittoria et Mondragone : il paraît qu'ils vont chercher la reine. Entre Valladolid et Madrid il se confirme qu'il faut de bonnes escortes; mais nous avons trouvé semé sur la route qu'on avait assassiné les femmes de madame de Mélito. Or, je sais leur arrivée à Madrid en bonne santé. En vérité, le danger n'est jamais aussi dangereux qu'on le dit, ni qu'on le voit. J'en pense ce que Montaigne pensait du mal, *qui*, disait-il, *n'est jamais si mal qu'on le craignait*. J'ai vu à Bayonne un homme qui s'est dit médecin de la maison de la reine; il voyage dans une berline qui nous précédait il y a deux jours, mais qu'une grande méprise a ensuite fait marcher après. Arrivant à la première auberge où nous sommes descendus en Espagne, nous avons trouvé ce pauvre médecin tout effaré; une grande femme d'environ trente ans, que je ne connais pas, tout en convulsions; un jeune officier de dragons, aussi de la carrossée, encore fier d'avoir tiré son sabre sur le grand chemin, et qui avait l'air de tirer de là de grands avantages sur le cœur de la suivante de la dame, qui est une assez jolie fille... A peine sommes-nous descendus de voiture, qu'on paraît tout émerveillé de nous voir en vie : Comment, messieurs, nous dit-on, vous n'avez pas été attaqués, pillés, tués en route? — Mon Dieu, non! nous n'avons rien vu qui pût nous donner la moindre alarme. — Ah! monsieur, dit la dame, nous avons été attaqués

<hr>

(1) (*Note de l'éditeur.*) Sur un petit agenda de poche, on lit ce qui suit :

Le général Hédouville m'a dit : « Le roi se fait aimer; on prend confiance en lui : quand on a à se plaindre des généraux, on les menace de se plaindre à lui. »

(1) (*Note de l'éditeur.*) Dans un petit agenda de poche, on lit ce qui suit :

A Miranda, nous avons remarqué des maréchaux forgeant à froid des fers de mule, ayant nu le bras qui tenait le marteau, la veste passée dans le bras qui tenait le fer.

par quatre ou cinq brigands armés de fusils, là-haut sur la montagne; et, sans le sabre de monsieur... Le médecin nous confirmait très-gravement ce récit, et la soubrette de même, en lorgnant son libérateur. — Alors je vis, nous vîmes tous que la carrossée avait pris pour cinq brigands cinq hommes du pays postés sur la montagne pour escorter les voyageurs, et à qui le sabre du militaire avait coupé la parole lorsqu'ils étaient venus s'offrir, suivant l'ordre qu'ils avaient reçu. Nous rassurâmes tout le monde en leur disant que les cinq hommes, et quatre autres, en outre, nous avaient escortés sur la montagne, et que nous en avions été très-contents, ce qui était vrai. Sans notre explication, il serait parti par la poste suivante cinq ou six lettres pour la France, qui auraient annoncé qu'on pillait et qu'on tuait sur la route de Bayonne à Burgos, qui est fréquentée comme le chemin de Saint-Cloud, et aussi sûre pour le moment.

M. de Fréville entre dans ma chambre; il retourne à Paris; je lui remets votre lettre, et vous quitte pour causer avec lui.

Mille compliments à vos abbés (1) et à M. de Boufflers. Le commandant de la place où je suis est l'oncle de madame Regnaud, lieutenant-colonel de cavalerie, qui m'a établi par billet de logement dans une bonne maison.

Burgos, le 27 avril 1809 (2).

Me voici à Burgos, ma chère amie. Je vous ai écrit hier soir de Briviesca, où j'ai rencontré M. de Fréville, avec qui j'ai passé deux heures. Il s'est chargé de faire partir ma lettre de Vittoria. Je lui ai remis la vôtre. Il me paraît fort content de retourner en France. Le quartier général du maréchal Mortier est ici depuis quelques jours, et il y est lui-même depuis hier. Burgos mérite d'être vu. Jusqu'à présent rien ne prouverait à un sourd qu'il est sorti de

France. Tout ressemble à nos provinces, excepté le langage : de bonnes auberges par-ci, par-là ; de mauvaises partout. Nous avons vécu très-bien jusqu'à présent, et pas trop cher. L'aspect du pays en Biscaye est très-agréable; il devient plus triste en Castille, mais nous ne sommes pas encore assez avant dans la Vieille-Castille pour en parler. La seule chose qui soit remarquable, ce sont les roues des voitures : elles sont fixées à l'essieu; c'est l'essieu qui tourne, et non la roue sur l'essieu, mais avec l'essieu. Cet usage est dans plusieurs des États-Unis. La construction des roues est, aussi, différente des nôtres depuis Bayonne jusqu'ici: ce sont des planches jointes par des traverses de fer, sciées en rond et cerclées de fer. Cela est, dit-on, fort solide : j'en doute. Je m'en vais parcourir Burgos, et voir la cathédrale. Je suis logé, par billet de logement, chez le frère du ministre de la police de Madrid. J'y suis très-bien. J'ai trouvé dans ma chambre un portrait du roi, copié à Madrid sur celui de Naples; cela m'a annoncé que j'étais chez des amis. Cela m'a fait sortir mon portrait du roi : toute la famille est venue pour le voir avec un empressement extrême. Entre les nombreux enfants sont deux filles : l'une passable, l'autre jolie. Elles ne pouvaient se lasser de revoir la figure du roi, qu'elles paraissent n'avoir pas oubliée (1).

Valladolid, le 1er mai 1809 (2).

Vous voyez, ma chère amie, que nous avançons. Nous sommes arrivés à Valladolid hier d'assez bonne heure, pour voir la ville, qui est belle et l'a été bien davantage il y a deux ou trois siècles, et pour aller voir ensuite jouer

------

(1) (*Note de l'éditeur.*) L'abbé Morellet et l'abbé Lajeard.

(2) (*Note de l'éditeur.*) Sur un agenda de poche, on lit ce qui suit :

Burgos, le 28. — Nous avons trouvé dans l'église de Saint-Paul un agent de l'empereur (décoré), faisant peser les laines. — Nous avons vu les nos 12,000; il nous a dit qu'ils allaient à 14,000 balles, qui valent 14 millions. — Il y a des laines à Santander, et, en outre, celles de Burgos.

(1) (*Note de l'éditeur.*) Sur un agenda de poche, on lit ce qui suit :

A Burgos, logé chez dor. Andreas del Castillos, beau-frère du ministre de la police à Madrid. — J'ai trouvé chez lui un portrait du roi. Cela m'a engagé à lui montrer celui que j'avais. Pendant deux jours, ce portrait n'a fait que la navette de ma chambre à la sienne, tant il était jaloux de le montrer à toutes les personnes qui venaient chez lui.

(2) (*Note de l'éditeur.*) Une lettre de mon père à madame Rœderer, en date de Burgos, le 29 avril 1809, est rapportée au tome III, pages 556 et suivantes. Elle contient le récit d'un dîner donné par le général Thiébault, où mon père se trouva avec le général Lassalle.

le Festin de Pierre en espagnol. C'est la pièce originale d'où Molière a tiré plutôt qu'imité la sienne, qui ensuite a été mise en vers par Th. Corneille. Vous vous doutez bien que l'original est plus beau que les copies, comme tous les originaux. Ici, don Juan va vraiment souper avec le commandeur dans son caveau sépulcral; et le commandeur le fait asseoir à sa table, qui est servie par deux figures de femmes, comme lui, de marbre blanc, faisant partie de son mausolée. Sur ce mausolée, il est, lui, à genoux, les mains jointes sur la poitrine, comme il convient à un Espagnol qui était, de plus, commandeur de Malte. C'est peut-être comme cela que nos neveux auraient vu le chevalier de Boufflers, s'il eût été fidèle à l'ordre, ou que l'ordre lui eût été fidèle. Les figures servent donc à souper à don Juan : il n'y a que deux plats, mais ils sont bons : l'un est un plat de crapauds, l'autre un plat de couleuvres. Don Juan jette tout cela à son valet qu'il a forcé de venir avec lui, et le valet se bat avec la couleuvre. Don Juan veut s'en aller, étant fort ennuyé de ce souper, et attendu par ses maîtresses. Mais le commandeur le retient pour lui faire payer la carte; et c'est alors qu'en lui serrant la main, il le met à la glace et le fige de manière que le jeune homme tombe roide mort sur le plancher, après des contorsions dont nos acteurs tragiques n'ont pas seulement l'idée.

Jusqu'à présent toutes les notes que m'a données M. de Girardin sont exactes. On ne manque de rien pour vivre, même dans les villes brûlées, où il n'y a plus que quatre ou cinq vivants. Partout de la viande, de l'excellent pain, et des œufs; tout cela se trouve, pour des gens qui payent, même à Torquemada, où nous avons couché en voiture.

Jusqu'à présent les chemins sont admirables, comme me l'a dit l'abbé Lajeard; mais c'est parce qu'il n'y a jamais passé d'autres voitures que l'artillerie française, le commerce étant presque nul, et se faisant entre les provinces espagnoles à dos de mulets.

Ces chemins sont gâtés vers Bayonne, excellents du reste; mais il y a beaucoup de lacunes d'ici à Madrid. Le froid ne nous quitte pas; depuis que je suis parti de Paris, je n'ai pas eu un jour sans pluie. Nous marchons enveloppés de pelisses, comme en Russie.

Tout le monde nous rassure ici sur la route de Valladolid à Madrid. Il paraît qu'on a donné la chasse aux brigands, et qu'il suffit d'une faible escorte pour les tenir en respect et les éloigner de la route. Vous verrez que ces dangers, tant annoncés, sont les *bâtons flottants* sur l'eau.

Je pourrais vous écrire des choses plus sérieuses que ce que vous venez de lire. Ce pays-ci donne beaucoup à penser; sa conquête n'est pas une affaire ordinaire.

J'ai trouvé sur toute la route les troupes françaises en bon état et en bon ordre. Je n'ai vu aucune apparence de vexations ni d'indiscipline. Le mal fait, est le fruit de la guerre. Le pays soumis me paraît traité avec assez de douceur. J'ai vu à Burgos le général Thiébault, qui s'entend à merveille avec les magistrats du pays. Il a fait et planté une jolie promenade dans la ville; et l'on achevait il y a deux jours, au milieu de cette promenade, un monument de forme antique, dans lequel il a fait replacer les figures et les attributs qui composaient le monument élevé au Cid et à sa femme dans une église de Burgos, qui a été détruite par nos troupes. Les Espagnols savent bon gré au général Thiébault du soin qu'il a pris de réunir et de remettre sous leurs yeux les débris de ce monument.

Je pense que vous ne m'oubliez pas quand vous avez occasion de parler de moi à la reine, et quand vous trouverez occasion de faire entendre à madame Saligny que si je n'ai pas été la voir avant mon départ, ça été par la crainte d'éveiller en elle des idées affligeantes, ce qui est la vérité.

Je commence à penser comme madame de Ponte-Corvo; vraiment, on voit toujours la même chose en voyage : devant soi la grande route; à droite et à gauche un fossé, des bornes, des arbres alignés; plus loin des terres labourées, des prés, des bois, des plaines ou des montagnes. C'est toujours la même chose.

Au reste, ce voyage me ruine. En cela il diffère des autres voyages. Pour moi, toujours semblable à moi-même, je vous embrasse tendrement (1).

---

(1) (*Note de l'éditeur.*) Sur un agenda de poche, on lit ce qui suit :

30 avril, arrivé à Valladolid. Logé chez la comtesse

Valladolid, le 2 mai 1809. ·

Je vous envoie, ma chère amie, un dîner militaire avec le général Lasalle (1). Son ton et son langage m'ont paru très-piquants. Peut-être l'ai-je mal rendu, et alors mon récit sera assez plat. Peut-être aussi faut-il, pour y trouver quelque sel, avoir devant les yeux le personnage lui-même, avec ses grandes culottes à la mameluk, et sa pipe et ses moustaches.

Au reste, j'ai dicté cela par désœuvrement. Que faire quand on voyage à petite journée ? Quel voyage que ce voyage d'Espagne ! C'est une ruine ! et un ennui tuant !

Je remets ceci à un officier de corsaire, qui le mettra à la poste à Bordeaux. Cela ne mérite pas le port.

Baloria. Elle était à Madrid le 2 mai, et pendant le siége. Elle était persuadée que c'est le 2 mai qui a causé l'insurrection d'Espagne.

1er mai. — J'ai vu, parcouru tous les appartements, même meublés, de la maison du roi, sans avoir rencontré autre personne que des ouvriers. Pas un portier, pas une sentinelle qui annonce qu'on est là chez Sa Majesté. On est venu requérir le lit où je couche pour le palais du roi, qu'on meuble pour le maréchal Mortier, en diligence.

2 mai. — J'ai été faire visite au général Dufraisse, gouverneur. Il m'a dit que la garde impériale avait gaspillé les subsistances et fourrages du pays ; que ce corps était dans l'indiscipline ; que s'en étant plaint au maréchal Bessières, il lui avait répondu : *La garde impériale ne vous regarde point.*

Le général Dufraisse m'a dit aussi : *Dans ce pays-ci, je vois beaucoup de gens occupés à détruire, personne à conserver ni à reconstruire. Si l'Espagne est une conquête destinée à être rendue, c'est conséquent de la ravager. Mais si on veut qu'elle soit le royaume d'un prince de la famille impériale, il faut s'y conduire autrement.*

L'intendant, a-t-il ajouté, ne fait rien, n'aide à rien. Je suis obligé de lever des contributions par des soldats. L'intendant devrait faire entendre aux habitants qu'ils feraient mieux de contribuer volontairement, ou lever lui-même la contribution ; car je ne suis pas mes soldats des yeux, et les contributions ainsi levées ne le sont ni avec douceur ni avec économie.

Le directeur de la poste française par estafette m'a dit qu'il avait péri dix-huit courriers ; et qu'aujourd'hui aucun ne marchait exactement, tous ayant un prétexte de péril. Dans le fait, ils se servent aussi de la circonstance pour faire un commerce de contrebande.

(1) (*Note de l'éditeur.*) Ce récit est imprimé au tome III, page 556 et suivantes. ·

Je ne pars qu'après-demain, pour attendre un corps de lanciers polonais qui vont à Madrid et me serviront d'escorte. J'aurai été un mois en route, sans pouvoir aller plus vite. Je vous embrasse tendrement. J'oublie de vous parler de M. de Girardin ; vous savez bien que vous ne risquez rien à lui dire que je l'aime, et que je pense souvent à lui.

Valladolid, le 3 mai 1809. ·

J'ai été hier voir le palais de l'inquisition, l'université, la bibliothèque royale ; j'ai fini la journée par le spectacle.

On lit au-dessus de la porte de l'Inquisition ces paroles de l'Écriture : *Exurge, Domine, et judica causam tuam :* Levez-vous, Seigneur, et jugez votre cause. Et plus bas : *Sancta Inquisitio,* La sainte Inquisition. Nous étions conduits par un Espagnol qui a passé trois mois sous les verrous de cette maison, parce qu'un moine, qui allait faire la cour à sa femme, avait trouvé le *Contrat social* dans sa bibliothèque, avec quelques volumes de Voltaire.

La maison sert maintenant de caserne. Un sergent westphalien a été chercher les clefs des lieux secrets que nous voulions voir. Il nous a conduits, avec un de ses soldats et deux chandelles, dans le lieu où l'on donnait la torture : cette pièce paraît être au rez-de-chaussée, mais on n'y parvient que par un escalier intérieur qui descend d'une salle du premier étage, où la sainte inquisition tenait ses séances. Il n'y a aucune ouverture qui communique avec le dehors ; il n'y a nul accès à l'air ni à la lumière ; la chambre paraît être au centre de la largeur du bâtiment, de sorte qu'elle est comme un puits, enfermée d'une double enceinte de murailles qui empêche les cris des patients d'être entendus dans les cours, et ne laisse monter les plaintes que par l'ouverture qui donne dans l'appartement du tribunal.

Nous sommes descendus, un à un, par un escalier de 15 pouces de large, consistant en deux rampes de chacune 15 marches ; ce cachot peut avoir 12 pieds carrés. L'escalier tombe dans un angle, et descend le long d'une des faces ; sur la face à gauche est une estrade élevée d'environ 4 pieds ; sur cette estrade est un banc de bois couvert en cuir, et divisé comme pour former trois siéges distincts ; devant ce banc une table de bois et puis une balustrade en bois; sous la rampe de l'escalier, pareille estrade et pareille disposition de siéges, de table et de balustrade : on monte sur les deux estrades par un petit escalier de bois de 6 à 7 marches.

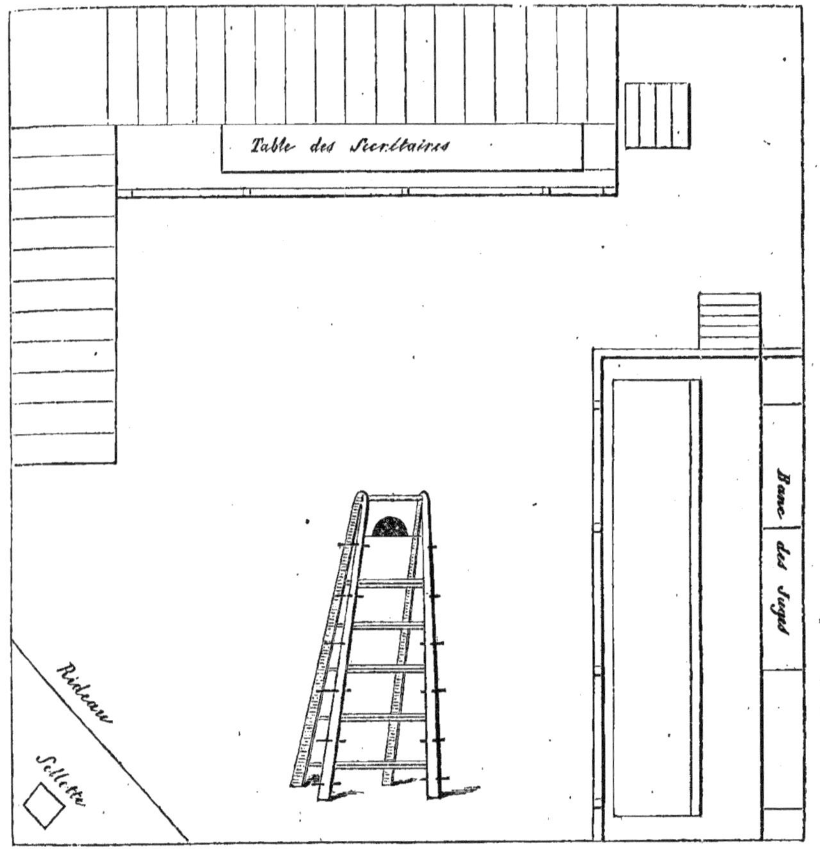

Sur la face parallèle à la première rampe de l'escalier, sont attachés deux rangs parallèles et verticaux de huit anneaux, chacun à 8 pouces de distance l'un de l'autre; ces anneaux sont de fer, d'environ 3 pouces de diamètre. A terre, devant ces anneaux, est une espèce d'échelle double, dont les échelons sont carrés et à vive arête; elle a environ 6 pieds de longueur; elle est couchée sur terre sur toute sa longueur, la partie la plus large tournée du côté du mur. A la tête de l'échelle, au lieu d'un dernier échelon ou de cheville servant de charnière, est une planche épaisse d'environ 4 pouces, dans laquelle est une incrustation suffisante pour y loger la tête du patient; une mentonnière de cuir fort est attachée d'un côté, et se boucle de l'autre pour assujettir la tête du patient; il paraît que cette machine servait à deux sortes de tortures.

Pour la première, on couchait le patient tout de son long sur les traverses anguleuses de l'échelle, et on lui prenait la tête dans la planche dont j'ai parlé : on serrait ensuite tout son corps sur les arêtes des traverses, au moyen d'une seule corde que l'on passait par-dessus son corps de droite à gauche et de gauche à droite, entre des chevilles, comme on le voit au modèle. Le patient était ainsi pris dans un lacet qu'on serrait à volonté, pour l'appuyer plus ou moins fortement sur les arêtes des traverses, suivant le degré jusqu'où l'on voulait porter la torture.

Il paraît que la seconde espèce de torture était d'attacher les jambes du patient en l'air, en les attachant aux anneaux scellés dans le mur, et suivant le degré de tourment que l'on voulait infliger.

Cet horrible spectacle a été un peu tempéré par la manière dont les deux soldats qui nous conduisaient nous expliquaient, moitié en allemand, moitié en français, et nous démontraient même l'usage de la machine; l'un d'eux s'est ajusté sur la fatale échelle, a logé sa tête dans le creux destiné à recevoir la tête des patients; mais quand son camarade a voulu attacher la mentonnière, il y a eu dispute sur la manière dont elle devait être attachée, et cette dispute était assez p'aisante, entre deux soldats protestants, venus du fond de la Westphalie au centre de l'Espagne.

L'angle que forme le mur, le long duquel descend la rampe inférieure de l'escalier, avec le mur où sont attachés les anneaux, est masqué par une tringle sur laquelle roule un rideau qui sert à masquer un siége de bois, sans dos, mobile, et sur lequel peut s'asseoir une seule personne : il parait que ce coin était destiné à cacher un accusé à un autre, ou quelque personnage qui voulait entendre sans être vu : j'aurai occasion à Madrid de prendre des informations sur l'usage de cette horrible alcôve.

Je joins ici un dessin grossier de cette prison, et de la machine qu'on y emploie (Voir à la page précédente).

L'université occupe un grand édifice bien construit; toutes les facultés y sont réunies. Nous avons été conduits dans les salles des divers exercices, des diverses facultés, par un professeur en droit, homme de sens, homme éclairé, qui paraît avoir de l'estime pour les lois françaises et pour la nation; il nous a dit que, cette année, il y avait peu d'écoliers en théologie; ce peu était de douze cents.

La bibliothèque royale est située dans le palais archiépiscopal, édifice très-vaste, dont la face principale, qui est d'une architecture gothique, n'est pas sans élégance. Cette bibliothèque contient plus de 30,000 volumes; elle contient des collections précieuses, entre autres, celle de tous les actes des cortès, en un grand nombre de volumes in-folio manuscrits. Il y a, comme de raison, beaucoup de théologie et de jurisprudence, mais aussi beaucoup de richesse en histoire et en antiquités. Tous les grands ouvrages de philologie s'y trouvent,

des livres d'économie politique, et en ce genre ce sont presque tous des livres français. J'y ai remarqué l'*Ordre naturel et essentiel des sociétés politiques*, de Mercier-Larivière, le *Compte rendu* de M. Necker, son ouvrage sur la *législation et le commerce des grains*.

———

Valladolid, le 4 mai 1809.

Rœderer est arrivé hier ici, envoyé par le roi pour éclairer ma marche. Nous partons à midi, sous l'escorte de 200 hommes à cheval, dont 130 lanciers polonais. Ce serait assez de 30 pour écarter les brigands...

Je serai cinq ou six jours pour faire les trente lieues d'ici à Madrid, à cause de l'escorte. Je ne vous écrirai qu'à mon arrivée.

———

Madrid, le 12 mai 1809.

Je suis arrivé avant-hier, ma chère amie, très-bien portant. Rœderer, qui est venu audevant de moi jusqu'à Valladolid, a gagné en route une fluxion qui le retient au lit et le fait beaucoup souffrir; mais cela n'a pas de suite... Je ne dirai pas qu'on vienne de Paris à Madrid sans péril, puisqu'un officier de notre escorte qui a voulu la précéder de quelques heures, a été assailli de quatre coups de fusil, dont un a traversé son chapeau; un autre a porté sur sa giberne, le troisième lui a traversé la jambe.

Je ne dirai pas non plus qu'on vienne ici sans dépense, car j'ai déjà dépensé 8,000 francs, sans compter les 6,000 que m'a coûté ma voiture, qui est à demi ruinée.

Je ne dirai pas non plus que je vive ici pour rien, car j'ai trouvé mon fils dans une maison où il y a douze domestiques à nourrir et à payer, et que je ne voudrais pas renvoyer parce qu'ils seraient sur le pavé. Ce sont tous les anciens domestiques de l'émigré à qui appartenait la maison, lequel fait à présent la guerre au roi en Andalousie. Cependant mon fils ne pourra soutenir ce train quand je retournerai en France.

J'ai eu l'honneur de passer hier la soirée avec le roi. Sa Majesté se porte très-bien, et soutient sa position avec courage. Je n'avais aucune idée de la magnificence de son palais. Tous les genres de grandeur et de luxe y sont réunis :

architecture, peintures, sculptures, dorures, marbres, tapis, pendules, glaces, tout y est au plus haut degré de beauté.

De Bayonne à Madrid on rencontre bien des ruines; pas un visage qui vous sourie, et pas une plainte qui s'adresse à votre pitié. Ils ne veulent ni de notre amitié, ni de notre compassion. Passant à pied dans un village où des lanciers polonais qui escortaient la caisse du payeur de l'armée exerçaient leur métier ordinaire, je crus entendre qu'un Espagnol rangé le long d'un mur, en ligne avec beaucoup d'autres, m'adressait la parole, sans geste, sans mouvement, sans éclat de voix, enveloppé comme les autres dans son manteau; je m'arrêtai, et priai une personne qui parlait français et espagnol de lui demander ce qu'il disait : à peine daigna-t-il répéter ces paroles en espagnol : *Seigneur, je dis qu'on pille ma maison.* Je lui fis répondre que j'allais en informer le commandant de la troupe. Il ne remercia point et ne murmura point. Par où prendre, comment gagner des gens qui ne tiennent pour la plupart qu'à leur paresse et à leur manteau héréditaire, haillon que le plus effréné pillage ne leur disputera jamais? Et quelle confiance prendre en ceux qui, perdant quelque chose, contiennent leur colère et semblent la mettre en réserve pour un moment propice à la vengeance? Les sentiments sont profonds dans ce pays-ci; il ne faut pas se flatter légèrement d'y obtenir de la confiance, ni se confier aux moyens ordinaires d'y imposer la soumission. Mais tout cela, heureusement, ne nous regarde, ni vous, ni moi, gens de petite fortune qui n'avons à régler qu'un petit ménage : le mien, celui de Madrid, me ruinera pour peu qu'il dure. Je vous embrasse.

———

Aranjuez, le 15 mai 1809.

Je vous écris, ma chère amie, de ce beau palais dont nous a tant parlé l'abbé Lajeard. Il y a une grande richesse en tableaux, et toujours de l'horlogerie et des bronzes en profusion. Ce que l'art a produit de plus beau en ce genre est ici.

Le roi est ici pour huit jours; j'y suis venu avec Sa Majesté. Le maréchal Jourdan, le général Dessolles, M. Ferri, M. Miot, sont du voyage.

Jusqu'à présent la chaleur ne se fait pas beaucoup sentir : il y a ce matin du feu dans toutes les chambres...

L'Espagne est un beau pays, où il est fort aisé de faire beaucoup de bien; mais en France, le bien est tout fait.

... Je reçois votre lettre du 7. M. ... est à son ordinaire un méchant brouillon. Lorsque je l'ai rencontré, je lui ai demandé s'il allait chercher la reine, et j'ai ajouté : Je crois que vous aurez de la peine à l'arracher de Paris. Où est le mal de cela?

———

Aranjuez, le 18 mai 1809.

Comme il arrive quelquefois aux estafettes d'être arrêtées par des partis, je vous envoie un duplicata des lettres que je vous ai adressées avant-hier...

... Je serais bien aise de suivre pendant huit jours la nouvelle fabrication des glaces à Saint-Quirin, que je n'ai pas encore vue, et pour laquelle j'ai pris à Saint-Ildephonse des idées importantes dont je voudrais faire l'essai.

Je serais très-fâché que la reine eût pris en mauvaise part les paroles fort simples que j'ai dites à M. .... Elles sont fondées sur une opinion que j'ai plus que jamais : c'est que les choses ne sont pas encore assez bien assises en Espagne pour que la reine puisse s'établir tranquillement à Madrid; c'est que le roi n'est pas assez riche pour qu'elle puisse s'y établir convenablement; c'est que les excessives chaleurs de l'été vont commencer, et que la santé de la reine ne lui permet pas d'arriver au milieu des ardeurs d'un soleil qui dévore. Telles sont mes opinions. Et comme la reine voit toutes ces circonstances aussi bien que moi, et que le roi même ne se les dissimule pas, j'ai bien pu dire à son neveu qu'il aurait de la peine à déterminer Sa Majesté à quitter Paris. Sa Majesté doit croire que je n'ai jamais l'intention de faire ou de dire rien qui puisse lui déplaire. Si je n'ai pas obtenu d'elle cette confiance, je renonce à l'obtenir jamais de personne. Je vous prie de revenir sur cet objet avec la reine à la première occasion, et de lui offrir mes respects.

———

D'Aranjuez, le 20 mai 1809.

... Je viens de recevoir une lettre de M. de Girardin. Je ne lui répondrai que dans quelques

8.

jours. Il est regretté ici de toutes les personnes qui ont de l'attachement pour le roi, soit Français ou même Espagnols; soit jeunes, soit vieux; soit de l'écurie, soit de la chambre. Je ne me serais pas fait une idée de cette considération, si je ne l'avais pas vue. Miot est très-affligé de son départ; je savais bien à quel point M. de Girardin est estimable, mais je ne croyais pas que dans une cour on pût autant estimer. C'est une preuve que celle-ci n'est pas encore corrompue.

... Je vois que la chaleur est à Paris de 16 à 18 degrés. Or, elle n'est pas de 6 à 8 ici. Je vous écris au coin du feu, et, depuis que je vous ai quittée, je n'ai pas passé un seul jour sans me chauffer.

———

Aranjuez, le 23 mai 1809.

Hier, ma chère amie, on a célébré ici la fête de la reine. Le roi a fait servir par Méot une table de cent cinquante couverts aux officiers des différents corps de sa garde, et on a distribué aux soldats triple ration. Le soir, tout ce monde-là était fort gai; et comme les dîners avaient été servis en plein air dans une des belles allées d'Aranjuez, on n'a pas manqué d'espace pour danser; et toute cette jeunesse s'est mise à danser, quoiqu'il ne s'y trouvât pas une seule femme, non plus qu'au château. Nous sommes ici comme dans un couvent.

Le roi va demain à Tolède, et je l'accompagnerai. Je crois qu'il n'y passera que vingt-quatre heures, après quoi Sa Majesté retourne à Madrid.

Rœderer y est resté jusqu'à présent, étant à peine guéri de sa fluxion sur les yeux. Le général Dessolles est toujours avec nous. C'est une société très-agréable. Offrez mes respects à la reine.

———

Madrid, le 29 mai 1809.

... Mon intention est toujours de partir dans les huit ou dix premiers jours de juin. Les chaleurs commencent à se faire sentir, et je ne veux pas faire l'essai de celles du mois de juillet. Je ne sortirais pas de cette épreuve.

Le roi a été d'Aranjuez à Tolède. Il a été très-bien reçu dans cette ville et dans tous les villages du chemin de Tolède à Madrid (1).

———

(1) (*Note de l'éditeur.*) Sur un feuillet volant, on lit ces mots :

Le peuple témoigne de l'empressement pour le voir, et, ce qui est mieux encore, il témoigne du plaisir après l'avoir vu. De Tolède à Madrid, il y a environ vingt lieues de France, en plaine. C'est un pays très-bien cultivé et riche. Le retour du roi à Madrid a donné lieu dans cette capitale à des empressements affectueux : les spectacles l'ont plus applaudi que de coutume. Il s'est rencontré plus de monde sur son passage qu'à l'ordinaire ; enfin, hier dimanche, le cercle du Midi a été extrêmement nombreux. Il y avait affluence d'Espagnols distingués, et tous ceux qui ont eu l'occasion de parler au roi lui ont dit quelque chose de flatteur, ou exprimé un sentiment de confiance. Les nouvelles d'Allemagne, celles des Asturies qui sont maintenant dégagées, la bonne position de l'armée d'Andalousie, et les avantages du général Saint-Cyr dans la Catalogne, contribuent sûrement beaucoup aux bonnes dispositions que l'on montre au roi; mais il est certain que sa vie laborieuse, ses opérations sur la dette publique, son respect pour les engagements des rois ses prédécesseurs, sa sévérité pour les moines, qui sont détestés ici de tous les gens de bon sens (dont en vérité le grand nombre m'étonne), l'arrestation de soixante brouillons que le roi a pris dans toutes les classes et qu'il a fait conduire à Bayonne, tout cela fait que l'on se courbe volontiers devant son autorité : car la force est nécessaire pour soumettre, et elle seule soumet ici; mais c'est quelque chose de faire qu'ensuite la nation se plaise dans sa soumission, et juge qu'il n'y a rien de mieux à faire que d'y rester. — La fluxion de mon fils est très-opiniâtre. Il ne fait pas de service et garde sa chambre.

Mesdames Marie, Lucotte, Michel, sont arrivées bien portantes. Je n'ai encore vu aucune de ces dames, car il ne vient point de femmes chez le roi ; je n'ai vu qu'une fois madame de Melito, et chez elle. Elle habite une petite maison du prince de la Paix qui est d'un luxe étonnant, même pour les gens de Paris.

———

« M. d'Azenza me dit, en visitant à la suite du roi un bel hôpital de Tolède bâti par le précédent archevêque, qu'on fit dans le temps sur cet édifice une épigramme en forme d'inscription, destinée à y être appliquée, dont le sens était : *Cette maison est destinée moins à loger les pauvres qu'à en faire;* ou : *Cette maison fera plus de pauvres qu'elle n'en logera.* »

Je n'écris point encore à M. de Girardin. J'essaye en toute occasion de ranimer les sentiments passés. C'est toujours sans succès ; ils sont usés, ou du moins je le crains. On m'a répété tout ce qui a été dit à Fréville à son occasion.

Madrid, le 1er juin 1809.

Je viens de faire mes arrangements, ma chère amie, pour partir lundi ou mardi, c'est-à-dire le 5 ou le 6 ; et le roi trouve bon que je ne m'expose pas aux chaleurs qui, heureusement, n'ont pas encore commencé, mais qui n'en seront que plus redoutables, parce que rien n'aura préparé à leur violence. J'espère, au reste, que la reine permettra que j'aie l'honneur de l'accompagner cet automne ; et le roi m'a autorisé à l'espérer, si l'empereur y consent. Tout va assez bien ici ; il n'y a pas d'enthousiasme, mais une bienveillance réelle et un fonds d'estime pour le roi. Les victoires de l'empereur portent coup jusqu'en Andalousie, et je pense qu'elle se rendra plus tôt qu'on n'eût pu l'espérer sans ces avantages, qui ont passé toutes les espérances. Mais il n'y a encore rien à faire en finance, ni même en administration. Il faut que la conquête soit achevée par la force, avant de commencer celle du bon gouvernement et de la persuasion.

Je viens de voir la procession de la Fête-Dieu. Je m'attendais à une cérémonie merveilleuse : nos processions de petites villes valent mieux que cela en France. Il semble que la cour et les grands aient laissé la religion à la canaille dans ce pays-ci : je le crois, ce pays-ci beaucoup plus près de la réformation qu'il ne paraît l'être, et bien plus près que Naples.

Madrid, le 5 juin 1809.

Je pars ce soir, ma chère amie, avec mon fils. Nous allons directement à la verrerie de Saint-Quinin, où je serai à portée de demander à l'empereur ses ordres, soit pour aller lui rendre compte en Allemagne de ce que j'ai vu en Espagne, soit pour retourner à Paris.

Le roi a permis que mon fils m'accompagnât.

Valladolid, le 10 juin 1809.

Le plus ennuyeux et le plus dangereux du chemin est passé. Nous n'avons pas aperçu de brigands ; mais nous avons rencontré des gens qu'ils ont attaqués et molestés, et passé sur le lieu de plusieurs assassinats. Les brigands n'attaquent que les hommes isolés ; il faut peu de force pour leur imposer. Parmi les voyageurs militaires chacun a sa recette pour assurer les chemins : l'un s'en chargerait, s'il avait seulement cent hommes sous ses ordres ; un autre n'en demanderait que soixante, mais il voudrait en sus le droit de brûler les villages voisins du lieu du délit, etc. Le vrai remède est la conquête du royaume entier, le rétablissement des autorités nécessaires, le renouvellement des magistrats, une bonne gendarmerie, et des finances pour payer tous les gens qu'on emploie. Jusque-là il faut voyager en caravane, comme nous faisons : cela n'est pas aussi ennuyeux qu'on pourrait le croire. La composition et la marche de la nôtre mériterait d'être décrite. En avant, une avant-garde de huit ou dix hommes de troupes à cheval ; ensuite soixante hommes d'infanterie sur deux lignes ; entre eux une centaine de prisonniers de guerre espagnols ; ensuite, le général de brigade Maupetit avec ses aides de camp à cheval et ses valets, et ses chevaux caparaçonnés. Ensuite le colonel du 63e d'infanterie ; c'est lui qui commande l'escorte et la conduite des prisonniers ; c'est un brave et agréable homme ; c'est lui qui est entré le premier à Madrid, qui a préservé du pillage la maison du duc de Campo-Alange, et à qui les papiers publics ont attribué ce beau trait de préserver de la brutalité des soldats et de respecter la fille du vieux duc, et, de plus, de refuser la dot de je ne sais combien de millions offerte pour l'épouser : trait tout entier d'imagination, mais dont notre colonel aurait été capable si l'occasion s'en était présentée.

Le colonel est toujours à pied ou à cheval, suivi d'un trompette qui règle la marche. A côté du colonel, des officiers à cheval qui ont l'attention de voir si le convoi se suit bien, qui font avancer les traîneurs ou arrêter toute la marche s'il y a des accidents. Vient la modeste voiture du colonel, attelée de quatre mules. Ensuite la voiture du prince d'Isembourg, dans laquelle est une petite fille de treize ans, dont la mère suit dans une mauvaise calèche à une place, conduite par un mauvais cheval espagnol. La voiture du prince est attelée de quatre chevaux alezans fort efflanqués, normands, dit le prince ; allemands, selon moi. Derrière la voiture du prince, deux torches ou flambeaux attachées avec des courroies, comme pour faire des visites : ce qu'il y a de certain, c'est qu'on ne s'en sert pas pour éclairer la route. Sur le siége de devant, deux valets ; aux deux portières, un jokey à cheval et un piqueur roide qu'on appelle écuyer. Derrière, un hussard à cheval menant deux chevaux de main caparaçonnés. Ensuite un dragon tenant en main le cheval arabe du prince, cheval blanc taché de gris, longue queue, toujours flamboyante. Ensuite un valet à cheval avec, deux autres chevaux de main caparaçonnés.

Après la voiture du prince, celle de la maman, et les chevaux de Son Altesse, arrive ma calèche, suivie de celle d'un capitaine de corsaire qui a fait avec moi le voyage de Bayonne à Madrid, et qui revient par la même occasion. C'est un homme des plus amusants, qui est en habit de hussard, a de grosses moustaches, et a soin que notre dîner soit toujours le moins mauvais possible (1).

Après sa calèche vient celle de mon fils, où est mon secrétaire ; mon fils a un valet à cheval, et moi un autre. Après nous, le vice-consul de Hollande en calèche. Après lui, M. le commissaire ordonnateur Boileau ; ces deux messieurs sont de grands amateurs de tableaux et de médailles, et connaisseurs. Après eux, deux carrosses espagnols de prisonniers d'État que le ministre de la police de Madrid a expédiés à Bayonne.

Après eux les caissons (bien garnis) du général Maupetit ; ensuite le caisson du prince d'Isembourg, rempli de tableaux et de médailles. Ensuite, huit ou dix autres caissons ; ensuite, une petite charrette qui me porte une caisse de cent livres de quinquina et vingt-cinq bouteilles de Malvoisie de trente ans, que le roi m'a données ; plus, un officier malade ou blessé, qui est toujours en querelle avec le voiturier, qui veut le verser dans un fossé, et accompagné de deux voltigeurs résolus à fusiller le voiturier s'il verse leur officier. Ensuite, cinq ou six voitures de roulage.

Enfin, une arrière-garde de dragons commandés par un chef d'escadron.

Il y a environ cent cinquante hommes à cheval, ou militaires ou employés, qui vont et viennent au milieu de tout cela.

Jugez la bonne chère qu'on trouve quand on arrive dans un village en si bonne compagnie ! et les bons logis !

Je vous embrasse.

———

Palenzuela, le 12 juin 1809.

Nous voici, ma chère amie, à neuf lieues de Burgos, c'est-à-dire à quinze lieues, si nous comptons en lieues de France. Nous coucherons demain à Burgos, si les chevaux du prince d'Isembourg peuvent marcher jusque-là. Burgos est à moitié chemin de Madrid à Bayonne ; mais les gîtes sont moins mauvais de Burgos à Bayonne qu'ils ne l'ont été jusqu'ici. Si vous voyiez comment nous sommes logés, couchés, nourris ! cela fait pitié. Malheur à ceux qui ne sont pas suivis d'un bon caisson, bien pourvu ! mais surtout malheur à ceux qui sont sensibles au malaise et aux contrariétés ! Quand ma santé ne souffre pas, tout va bien pour moi, et je me porte à merveille. Il n'en est pas de même de Roederer, qui depuis mon arrivée dans ce pays-ci a les yeux gros comme des œufs et rouges comme l'écarlate. Je trouve cependant que depuis deux jours la rougeur diminue. Au reste, la chaleur n'est pour rien dans cette incommodité, car il fait constamment froid, excepté de

<hr>

(1) (*Note de l'éditeur.*) Dans un petit agenda de poche, on lit ce qui suit sur M. Desmolands :

« M. Desmolands connait beaucoup la Romana.

« A été voir madame Monthermoso à Vittoria ; a des lettres pour son mari.

« A prêté 100,000 fr. pour l'armée au général Thévenot.

« A des lettres pour le maréchal Jourdan.

« Je le crois d'Anjou, vendéen. Il a accepté la capitulation. A fait des armements en course ; heureux, d'accord avec le maréchal Soult, à Hambourg. Soult a gagné pour sa part 7 à 800,000 fr. A dépensé 12,000 fr. pour avoir des nouvelles du maréchal Soult, en Portugal. A envoyé deux courriers ; parle de *ses officiers*. En a un en route. A été à Memel dans le cours de la guerre. A acheté *l'Atalante*. Il avait la promesse de Soult pour commander la frégate de la Corogne. Il avait un crédit de 300,000 fr. chez Basterèche à Bayonne, chez Cabarrus, et, je crois, *Chardon*. A un projet qui doit coûter 30 millions aux Anglais, qu'il désire faire agréer au roi. A loué des mules, à condition de 24 fr. par jour de retard à Bayonne. Il a fait une course à Bilbao récemment. Il revient de Saint-Sébastien. »

midi à trois heures. Le vent est plein nord; nous tenons la voiture toujours fermée, ma pelisse sur nos pieds, et nous n'avons pas trop chaud.

Nous avons rencontré ce matin sur la grande route M. de Nisas avec 40 ou 50 hommes, tant à pied qu'à cheval : il se rend à Madrid. Je n'ai eu que le temps de l'embrasser et de lui donner des nouvelles de sa femme, car, de part et d'autre, nous étions obligés de suivre la marche de notre caravane.

..... J'écris ma lettre dans un village d'étape, où il ne passe point de courrier. Elle ne partira que de Burgos. Je vous écrirai de là une autre lettre.

P. S. J'espère que la reine ne songe pas à partir avant l'automne, car j'ai promis au roi d'accompagner ou suivre Sa Majesté.

———

Burgos, le 13 juin 1809.

Je viens d'envoyer à l'estafette, ma chère amie, la lettre que je vous ai écrite hier de Palenzuella. Nous sommes arrivés à Burgos sans entrevoir une bande de brigands à cheval qui a infesté le pays ces jours passés, mais auxquels on a fait la chasse depuis deux jours.

Il y a deux heures, nous avons été joints par M. Alexandre Girardin, qui vient, a-t-il dit, de la *Corogne*, dépêché par le maréchal Soult vers l'empereur. Il est à franc étrier, et sans escorte. Le capitaine corsaire dont je vous ai parlé a aussi reçu un courrier du maréchal Soult, daté *de Lugo,* lequel voyageait avec M. de Girardin. Lugo est en Galice (Espagne). Un aide de camp du roi, M. Bigarré, que nous croyions perdu, même pendu, a aussi fait route avec M. de Girardin de la Corogne à Valladolid, d'où il a pris la route de Madrid, pour porter à Sa Majesté les premières nouvelles qu'elle ait pu apprendre, depuis plus de deux mois, du maréchal.

Communiquez ce que je vous écris là, sans retard, à M. Stanislas. Son frère se porte à merveille.

Il n'a rien dit de plus que ce que je vous écris La poussière du grand chemin et la multitude qui entoura nos voitures, n'étaient pas propres à nous obtenir des détails, tout avides que nous en étions.

J'espère que nous ne ferons pas de séjour

ici, et que demain nous continuerons notre route. Le temps s'est fort échauffé cette après-dînée.

Je vous embrasse.

———

Vittoria, le 15 juin 1809.

J'ai lieu de croire que M. A. Girardin donnera à madame Salligny de bonnes nouvelles de monsieur son frère. Je n'ai cependant pas eu le temps de lui faire une seule question.

J'espère être à Bayonne le 18; ainsi, j'aurai fait la route en quatorze jours. J'ai ou j'aurai gagné cinq jours en me séparant de la caravane, pour me contenter de cinq hommes d'escorte, c'est-à-dire de cinq dragons, que m'a donnés ce matin le commandant de Brivieska, qui se trouve être l'oncle de madame Regnaud de Saint-Jean-d'Angély, et bon et obligeant au suprême degré.

Je suis bien aise de revoir bientôt la France et de me rapprocher de vous.

———

Note écrite à Mondragone, le 16 juin 1809.

A cent toises au-dessus de Mondragone, du côté de Vittoria, est une forge où l'on fabrique du fer avec deux sortes de minerais, l'un venant du côté de Bilbao, à huit lieues de la forge; l'autre, des environs. La première est de la meilleure qualité, et rend en fer un tiers de son poids; l'autre donne un fer dur.

Dans cette fabrique, on ne coule point le fer en gueuse; on le coule dans une petite fosse, et on en fait une masse qui se divise ensuite pour se forger.

Un grand fourneau de cémentation est à côté de la forge. On y fait d'une seule chauffe cent milliers d'acier. Les frais sont de 5 sous pour 10 livres pesant, ou 2 liards par livre.

On y fait de l'acier de deux qualités, l'un dur pour la France, l'autre doux pour l'Espagne. On le vend 10 sous la livre; la qualité en paraît excellente.

———

Bayonne, le 18 juin 1809.

Je viens d'arriver à Bayonne, ma chère amie, très-bien portant et sans malencontre. J'y resterai quatre jours pour faire arranger ma voiture, expédier mes effets que je veux renvoyer à Paris avec Leroy, M. Marchand et un valet de chambre de mon fils, et des chevaux et mules qui conduiront le tout. J'ai laissé tout cela en arrière sous la grande escorte que j'ai quittée à Vittoria, et j'ai gagné sur eux quatre jours. Les yeux de mon fils ont aussi besoin de repos. Je prends la route de Toulouse, Montpellier, Genève, Besançon, Plombières et Nancy, pour me rendre à la Verrerie. Je ne garde qu'un habit uniforme et du linge; mon fils en fait de même ; nous emmenons chacun notre courrier, et par ce moyen nous irons légèrement et sans beaucoup de dépense; les courriers courront l'un après l'autre, et l'un se reposera tandis que l'autre courra...

Le roi m'a fait présent d'une grande caisse de quinquina qui en contient près de cent livres, de vin de Malvoisie de trente ans, de huit tableaux des premiers maîtres de l'école espagnole : ce ne sont pas leurs chefs-d'œuvre, mais ce sont pourtant des tableaux de prix.

M. Marchand et mons Leroy conduiront tout cela en droiture à Paris. Je vous recommande de ne rien laisser déballer avant mon retour, et de faire mettre les caisses sous clef dès qu'elles arriveront.

Le roi n'a pas borné sa munificence à ces présents. Sa Majesté m'a donné de plus une plaque de son ordre en diamants, une croix en rubis, et une croix de la Légion d'honneur en diamants.

Ces dons-là sont non-seulement des actes de sa bienveillance, mais ils en sont aussi un aveu public et durable; c'est ce qui en fait le véritable prix.

Je vous embrasse tendrement.

————

Bayonne, le 21 juin 1809.

Je viens de recevoir votre lettre du 16. Je pars demain à quatre heures du matin. J'ai été obligé d'attendre du bagage, des chevaux et un valet de mon fils, qui viennent seulement d'arriver à la suite du prince d'Isembourg, le plus prudent des princes anciens et modernes. La vérité est pourtant que, cinq heures après que mon fils et moi cûmes passé la Puebla, un parti de 100 à 150 hommes, échappés de l'armée battue à Santander par le général Bonnet, ont enlevé un poste de 11 hommes, ce qui fit rétrograder et séjourner le reste de la caravane. Enfin tout est arrivé sans difficulté. Je

n'attends plus de vos nouvelles qu'à Strasbourg ; cependant vous pourriez risquer une lettre à Genève.

Je vous embrasse de tout mon cœur.

Je verrai demain soir madame Dessolles, votre consœur, et, dans trois jours, madame de Frégeville.

————

Bayonne, le 22 juin 1809.

Je vous envoie, ma chère amie, par M. de Tascher, une gazette de Bayonne, qui rapporte une victoire du général Suchet. On ne peut pas savoir à Paris, où l'on croit l'Aragon soumise, mais où la conduite du duc... a soulevé les esprits, que le duc de Montebello avait apaisés; même conciliés, on ne peut, dis-je, savoir à Paris à quel point cette victoire, très-honorable par le talent qu'y a déployé le général, est en même temps utile au roi et aux affaires d'Espagne. Sans ce succès de 6,000 hommes contre 22,000, le roi n'avait plus de sûreté à Madrid, et il aurait fallu probablement rétrograder. Ne perdez pas un moment pour aller en féliciter madame Suchet, et faire hommage de cette nouvelle à la reine. J'espère qu'elle arrivera assez tôt pour devancer le courrier.

J'envoie, de plus, une version de cette nouvelle pour le *Journal de Paris*. Il faut l'envoyer sans délai, parce qu'il serait dangereux qu'on imprimât ce qui est dans le *Journal de Bayonne*, et qui est opposé à un article que je viens de lire dans le *Journal de Paris* du 18, lequel est de main de *maître*. Il est dit dans cet article que *l'Aragon est la plus soumise des provinces d'Espagne*. Il ne faut donc pas dire aujourd'hui qu'il s'y est trouvé 22,000 insurgés. La vérité est que les 22,000 combattants étaient en partie des insurgés, et en partie des régiments anglais, commandés par le général Black. Le général de cavalerie qui a été fait prisonnier est un général anglais, ainsi que les trois colonels et les cinq lieutenants-colonels. Le général Hédouville ne veut pas qu'on avoue qu'il y a des Anglais dans cette affaire ; moi, je ne voudrais pas qu'on dît *des insurgés*, puisque l'empereur dit que l'Aragon est soumise. Je crois que la *Gazette de Bayonne* va être arrêtée, et corrigée de manière qu'il n'y sera question ni d'insurgés ni d'Anglais, et conformément à la version que je vous envoie. Il n'y a que le général Suchet qui perdra à tout cela; car il est un peu différent pour lui d'avoir battu des troupes réglées et anglaises, ou d'avoir battu des paysans. Au moins il est juste que madame Suchet sache la vérité, et la reine aussi.

———

Lyon, le 3 juillet 1809.

J'ai reçu hier, ma chère amie, quatre lettres de vous... Je pars demain pour Genève... je compte voir Genève et Ferney dans la journée du 7, arriver le 8 à Colmar, le 9 à Strasbourg, le 10 à la Verrerie.

J'ai vu hier *Hamlet*, joué par Talma; c'était sa dernière représentation. La pièce ne vaut pas mieux à Lyon qu'à Paris. Si *Hamlet* n'était timbré, on ne pourrait faire cinq actes d'un sujet sans action, où il ne s'agit que de savoir comment on devinera (non comment on découvrira) si le père d'Hamlet a été tué ou empoisonné, ou s'il est mort naturellement; mais Lyon est dans l'ivresse, et cela répond à tout.

Madame de Staël et son cortége ordinaire sont ici pour voir jouer Talma. Je ne l'ai pas vue. Madame Récamier y était aussi il y a huit jours, très-brillante, très-accompagnée, ayant souvent à dîner Talma et sa femme, *qui ne joue pas;* j'ai compris qu'il est à sa troisième femme, ou trente-sixième, et que celle-ci ne se montre pas sur la planche.

Je vous embrasse de tout mon cœur.

———

Modon (Pays de Vaud), le 8 juillet 1809.

. . . .

Nous avons rencontré aujourd'hui à Lausanne toute la maison Falconnet de Naples, et M. Portalès qui a épousé l'aînée. Nous avons dîné ensemble; ils seront à la fin de ce mois à Paris. C'est une famille charmante de toute manière.

Les yeux de Rœderer vont passablement depuis deux jours. Mais il a fallu ralentir notre marche, ce qui heureusement nous retient dans le plus charmant pays de la terre. Nous couchons demain à Morat, après-demain à Berne, le jour suivant à Strasbourg, et, enfin, le lendemain à la Verrerie.

Je vous embrasse tendrement.

———

Verreries de Saint-Quirin, le 18 juillet 1809.

Nous sommes arrivés ici, ma chère amie, il y a déjà deux jours. Les yeux de mon fils se guérissent. Moi, je souffre beaucoup du bras droit, de la suite d'une chute que j'ai faite il y a trois mois à Bordeaux, et dont je n'avais pas prévu que je dusse me ressentir si longtemps et si vivement...

J'ai reçu, le 15, à Strasbourg quatre lettres de vous; j'en ai trouvé autant ici. J'ai reçu hier celle que vous m'avez écrite le 12. Il paraît que vous m'attendiez au plus tard dans cette semaine. Je pense que mes précédentes vous auront fait entendre que ce ne sont pas mes affaires et mes intérêts seuls qui m'ont fait prendre la route de l'Alsace, au lieu de retourner à Paris. J'ai écrit de Strasbourg à l'empereur. J'attendrai ici douze jours ses ordres. Il ne serait pas impossible que j'allasse à Vienne. La souffrance de mon bras me fait désirer vivement d'en être dispensé..........

Je crois que la cause de la tristesse de la reine est un méchant médecin, atrabilaire jusqu'à l'extravagance, qu'elle a envoyé à Madrid et que le roi a nommé médecin de sa maison. C'est un homme qui ne rêve que conspirations, assassinats, empoisonnements. Il trouve que les éléments même sont conjurés à Madrid contre les Français. L'air les tue, l'eau les tue, la chaleur, le froid, tout leur est également contraire. Je ne parle pas d'autres rapports qu'il peut faire, et qui n'intéressent pas la salubrité ou la sûreté du pays. C'est un mauvais esprit, supposé qu'esprit y soit.

Je vous embrasse de tout mon cœur.

(Rentré à Paris dans les premiers jours d'août 1809.)

———

NOTE.

Une personne digne de foi m'a dit avoir vu entre les mains de M. Ouvrard un *traité de société,* fait entre lui et le prince de la Paix en 1795 (ou environ), pour faire à profit commun la traite des piastres d'Espagne.

C'est une prévarication infâme. Un premier ministre, qui accorde ou fait accorder un privilége à un particulier pour en partager le profit, vole l'État de tout le profit qu'il fait, puisque le concessionnaire eût pu payer à l'État tout ce qu'il donne à cet associé.

Il n'y a pas d'excuse pour cette conduite :

L'affaire est utile à l'État, dira le prévaricateur. — Eh bien ! elle l'eût été plus encore.

En supposant qu'il fût possible à un ministre, en s'intéressant dans une entreprise, d'assurer à l'État un profit qui autrement serait douteux, la probité sans doute ne s'opposerait pas à ce qu'il s'y intéressât ; mais la délicatesse s'y opposerait encore.

BULLETIN.

Bayonne, le 20 juin 1809.

1. De Madrid à Bayonne, toutes les terres qui étaient cultivées avant l'entrée des Français en Espagne l'ont été cette année comme les années précédentes, et la récolte de Madrid à Bayonne sera d'une abondance extraordinaire. Encore que l'exportation par mer ne soit pas présumable, cette abondance n'est pas moins une richesse qui, un jour ou l'autre, aura sa valeur, et qui, en attendant, préservera le gouvernement du danger d'une disette ou même des appréhensions de disette, appréhensions toujours fâcheuses pour l'autorité, et qui sont des levains de révolte plus puissants qu'aucun autre.

2. J'ai remarqué sur toute la route, à partir de Guadarama, que les commandants des postes et garnisons établis dans les villes et villages étaient animés d'un esprit très-conservateur. Ils veillent sur les troupes qui passent et qui ne sont pas, en général, animées du même esprit, étant nécessairement occupées de leurs besoins du moment, auxquels les circonstances n'ont pas toujours permis de pourvoir.

3. Entre les commandants qui m'ont paru mériter des éloges particuliers, je citerai celui de Guadarama, celui de Brivieska, qui est l'oncle de madame Regnaud de Saint-Jean d'Angély, et qui a fait payer à des voituriers de notre caravane un dédommagement pour du blé coupé en vert dans le champ d'un particulier qui est venu se plaindre de ce dommage ; — celui de Mondragone ; celui de Tolosa.

4. Au haut de la montagne d'Ernani (Biscaye) est un poste composé moitié de Français, moitié d'Espagnols (troupe bourgeoise). Ces Espagnols font excellemment leur service. Tous les jours ils font des arrestations. Ce poste existait déjà il y a deux mois, et le chef est un propriétaire qui a servi.

5. Le général Dufresse et le général Thouvenot, mais plus encore celui-ci que le premier, paraissent fort occupés de la tranquillité publique et de la sécurité des habitants. Le général Thouvenot a, je crois, rencontré le vrai moyen d'assurer les routes, en établissant des gardes bourgeoises, c'est-à-dire en obtenant un service volontaire des Espagnols, en reconnaissance de ce qu'il ne les pille, ni ne les laisse piller.

6. On ne m'a pas parlé à Burgos du général Thiébault aussi favorablement qu'il y a deux mois. Je pense que le roi pourrait charger son ministre de la police de demander à son beau-frère, don Andreas del Castillo, des détails sur le général Thiébault...

7. Les routes ne sont pas plus infestées de brigands qu'il y a deux mois. Le passage dangereux est la contrée de Santa-Maria de la Nieve, Coca, etc. Quand on a passé Vittoria, on voit aller et venir les gens du pays, sans inquiétude, sans caravane, sans précaution. Là, tous les chemins sont couverts de voitures et de mulets qui annoncent du commerce et de la confiance. Ce seul aspect du pays m'a déterminé à quitter la caravane que j'avais suivie depuis Madrid, et à venir à Bayonne avec quatre soldats seulement, que j'ai placés sur mes voitures ; de sorte que j'ai fait, en treize jours, le chemin pour lequel la caravane en aura mis vingt-deux.

8. Le prince d'Isembourg fait partie de cette caravane. Il a dans sa voiture une petite fille de treize ans ; au-dessus, un singe dans une cage ; derrière, deux torches qui ne sont point incendiaires, et que le soleil a tout ployées et à demi fondues. Son Altesse a la goutte, ou du moins marche comme s'il l'avait. Elle est suivie d'un caisson qui renferme des médailles, des tableaux, des livres et manuscrits précieux, des dessins. Il a, entre autres, 139 dessins originaux de la *Flora peruviana*.

9. Le capitaine (corsaire) Desmolands, le même qui avait été à Madrid offrir ses services à Sa Majesté, et qui croit avoir été éliminé ou froidement reçu par M. O'ffarill, a reçu, entre Burgos et Vittoria, sur le grand chemin, une lettre du maréchal Soult qui l'appelle en toute diligence. Cette lettre lui avait été remise par un courrier qu'il avait expédié depuis trois mois au maréchal, et qui est revenu avec

M. Alexandre Girardin, que le maréchal a envoyé vers l'empereur.

M. A. Girardin court à franc étrier, en casque doré; il s'est arrêté à ma voiture tout le temps nécessaire pour me dire qu'il ne pouvait rien dire; mais un bâtiment, venu de la Corogne à Bayonne en vingt-sept heures, avait appris ici la marche du maréchal longtemps avant que M. de Girardin y arrivât.

10. Le général ... a fait partir un grand nombre de chaloupes chargées d'indigo, de sucre, café et autres denrées coloniales, pour Bayonne, où il a chargé un négociant de les lui vendre; mais on fera, à l'arrivée, des difficultés pour laisser entrer le convoi, l'empereur ayant défendu l'introduction de denrées coloniales sans sa permission directe.

Le maréchal ... a fait aussi des expéditions de quinquina et autres marchandises. Le convoi du général ... provient, non de captures faites en mer, mais de magasins de Gijonne.

11. Une dame espagnole, partie, avec une femme de chambre et deux domestiques, de Madrid, il y a environ quinze jours, a suivi sans escorte et sans aucune précaution la route d'Aranda. De Vittoria, elle pouvait marcher avec moi; elle a été plus brave que moi, et a voulu aller seule. Tous nos muletiers pensent, et moi comme eux, que cette dame a des papiers qui lui servent de sauf-conduit contre les brigands. Cela peut mériter attention; car s'il y a des gens de Ferdinand qui donnent dans Madrid des passe-ports propres à préserver des brigands, ils ont donc des intelligences avec les brigands. Cette dame est la femme d'un prisonnier qu'elle dit être à Dijon, et qu'elle va joindre.

En arrivant à Bayonne, elle est allée à la campagne pour trois jours, à trois lieues de la ville. Le commissaire général de police, à son retour, essayera de savoir sur quoi est établie la confiance avec laquelle elle a voyagé. Je ne sais si un peu de dépit ne m'aveugle pas, mais je trouve suspecte une femme qui est plus brave que moi, surtout quand je me vois plus brave que le prince d'Isembourg.

12. Les prisonniers de guerre ont été très-bien traités par le colonel du 63e, qui a commandé l'escorte sous laquelle a marché la caravane. Les prisonniers d'État (la junte) ont aussi été traités avec beaucoup d'égards; je crains toutefois qu'ils n'aient jeté de mauvaises semences sur la route: à la faveur de la liberté dont ils ont joui, ils ont passé toutes leurs soirées avec les prêtres du lieu où ils ont séjourné.

13. Les prisonniers d'État précédemment arrivés à Bayonne, et distribués dans plusieurs villes du midi, se sont aussi loués des procédés de leurs escortes. J'ai su cela de négociants à qui ils étaient recommandés.

14. Je me suis informé ici de la quantité de laines vendues par le commissaire du gouvernement. Depuis deux mois elle est presque entièrement arrêtée. Je joins ici un état qui montre ce qui est vendu, ce qui est *en vente*, objet différent de ce qui est *à vendre*. Le produit de la vente consommée est d'environ 900,000 fr.

15. Le général Avril écrit au général Hédouville que Santander est à l'abri de toute attaque. Le général Bonnet a tué à l'ennemi 2,000 hommes, fait 4,000 prisonniers. Le reste s'est retiré sur Espinosa.

16. — Du 21 juin. Il vient d'arriver au commissaire général de police de Bayonne une lettre du ministre de la police de Madrid, qui l'invite à faire arrêter et à retenir en dépôt les deux voyageuses dont il est question n° 11. Il paraît que ce sont des demoiselles qui se sont émancipées avec leurs amants. Cependant il reste toujours à éclaircir comment elles ont voyagé sans escorte et sans crainte. Le commissaire de police les a fait arrêter hier à la campagne où elles étaient allées : il les interrogera aujourd'hui.

17. M. le colonel Tascher est arrivé hier soir à Bayonne. Il a voyagé sans escorte, mais il rapporte qu'un poste vient d'être égorgé à la Puebla, village entre Miranda et Vittoria. Une remarque importante à faire, c'est que les postes qui passent sur les chemins les plus dangereux sont les plus mal montées en chevaux; et la raison en est simple, c'est que les brigands les prennent, ou que les maîtres de poste craignent qu'on ne les prenne. Cependant, la sûreté des courriers et militaires qui vont seuls, voulant aller vite, exige qu'au moins ils aient pour eux le moyen d'échapper aux brigands. Ne pouvant les combattre, il faut pouvoir les fuir. Si les maîtres de poste entre Ségovie et Valladolid manquent de moyens ou de volonté pour avoir de bons chevaux, la vigilance du

ministre, ou quelque sacrifice du gouvernement, suffiraient pour mettre la chose en règle.

18. On tient ici pour certain que le général Saint-Hilaire est mort ; il y a même des gens qui assurent que le maréchal duc de Rivoli est à Strasbourg pour faire soigner ses blessures. Cela paraît cependant mériter confirmation. Bayonne est en général aussi espagnol que français, et l'on y exagère beaucoup les mauvaises nouvelles. Ce qu'on sait le mieux à Bayonne, ce sont les nouvelles de l'Espagne. On les sait mieux et plus vite qu'à Madrid, parce qu'on a les deux voies pour en recevoir, celle de mer et celle de terre, et surtout parce que la correspondance de l'intérêt privé est toujours plus active que celle du gouvernement. Il serait utile au roi d'avoir à Madrid un homme sûr qui correspondît en son nom avec quelque négociant de Bayonne, et fît passer sa correspondance au roi.

19. Le courrier de la malle arrivée d'hier a été attaqué et dévalisé près de la Puebla. Quatre dragons qui l'escortaient ont été fort maltraités. Le prince d'Isembourg, informé du fait, a rétrogradé pour faire renforcer l'escorte sous laquelle il marchait. La garnison de Vittoria s'est mise en campagne.

OPUSCULES.

PARAGRAPHE PREMIER.

BIOGRAPHIES, PORTRAITS, NOTICES, ESQUISSES, ÉLOGES, ANECDOTES, BONS MOTS, ETC., CONCERNANT DES PERSONNAGES AVEC LESQUELS L'AUTEUR A EU DES RELATIONS.

AIGUILLON (LE DUC D',)
GOUVERNEUR DE LA BRETAGNE.

Veut-on prendre une idée du langage d'un roi étranger à la chose publique, inconsidéré, faible, avec un courtisan attaqué par la clameur publique? qu'on lise l'écrit que je vais rapporter. C'est une lettre de Louis XV au duc d'Aiguillon. Le parlement de Rennes venait d'arrêter d'itératives remontrances au sujet de l'affaire de Bretagne : le duc d'Aiguillon, qui y était chargé d'inculpations graves, avait écrit au roi ; il lui avait demandé d'envoyer sur les lieux un commissaire de son conseil pour examiner sa conduite : il offrait sa tête, s'il était reconnu coupable ; mais il demandait une satisfaction éclatante du parlement, s'il était disculpé. C'est la réponse de Louis XV à cette lettre que je vais transcrire :

« Mon cousin, je ne suis pas étonné que « vous ayez eu toutes les plus jolies femmes, « tant vous avez de ténacité et d'activité dans « vos affaires. Que n'ai-je toujours été de mê- « me ! Mais votre style ampoulé ne me fera pas « changer (1). Vous me demandez un membre « de mon conseil pour aller examiner votre « conduite en Bretagne ; c'en serait le plus an- « cien (2) qui irait lui-même, s'il était plus « jeune et moins timide.

---

(1) *Nota.* Le roi avait ordonné de garder le plus profond silence sur toute l'affaire de Bretagne.

(2) C'est lui-même que le roi désigne ici.

« Servez-moi avec probité, avec zèle et acti- « vité, et je continuerai à vous protéger. »

J'ai vu cette lettre en original, écrite de la main même du roi.

(*Note de l'éditeur.*) Le portrait de Barrère est inséré au tome III, page 272.

BEAUMARCHAIS.
1.

L'envie et la persécution demandent comment il se fait que Beaumarchais soit rayé de la liste des émigrés?

La justice et la raison demandent comment il se fait qu'il y ait été inscrit?

Que les détracteurs de cet homme racontent ce qu'ils voudront de sa conduite privée ; le public, qui ne peut et ne doit le juger que par ce qu'il a fait pour le public, n'a droit ni de demander ni même d'écouter sa justification sur le reste, n'ayant pas eu le droit d'écouter les délations odieuses dont il a pu être l'objet.

Beaumarchais sera toujours cher aux amis du talent ; ses premiers Mémoires sont des chefs-d'œuvre de dialectique, où la gaieté fortifie le raisonnement ; son *Eugénie* est le drame le plus *pathétique* qui ait été fait depuis le *Père de famille* ; son *Tarare*, le seul poëme de morale hardie qui ait jamais été mis sur la scène lyrique ; le *Mariage de Figaro* est la comédie la plus *plaisante* qui ait été faite depuis Regnard, et le *Barbier de Séville*, la plus *comique* qui ait été faite depuis Molière.

Beaumarchais, non-seulement nous a donné de bonnes productions, mais il a rassemblé et multiplié les productions de plusieurs grands hommes, à une époque où ces grands hommes n'eussent osé les multiplier eux-mêmes. Non-seulement il a fait des éditions complètes de Rousseau et de Voltaire, mais il les a mises à la portée de tout le monde, en en faisant dans tous les prix et pour toutes les fortunes.

Les ouvrages, ainsi que les actions publiques de Beaumarchais, respirent tous la liberté et le courage. Il n'est pas de ceux qui ont célébré la liberté en saltimbanques depuis qu'elle est établie; mais il est un de ceux qui l'ont conquise. Qui ne voudrait s'être tû comme lui depuis la révolution, et avoir fait ce qu'il a fait avant? Nous l'avons vu, pendant quinze ans, simple particulier, secouant toujours quelque préjugé ou quelque abus en puissance.

Comme imprimeur et libraire, il a réprimé les libraires; comme auteur dramatique, les acteurs; comme plaideur, le tribunal qui devait le juger, et le gouvernement même qui avait institué ce tribunal.

Croyez-vous qu'en ébranlant le parlement Maupeou, il n'ébranla pas le despotisme dont ce parlement était l'ouvrage?

Le prologue de *Tarare* est une véritable *déclaration des droits*; le rôle entier de Figaro, une leçon d'égalité. Figaro, sans doute, est un peu intrigant, mais il est homme de tête. Tarare est un peu aventurier, mais il est homme de cœur. Et comment être plébéien dans un pays de nobles, et se mettre en position de montrer de la tête et du cœur, si un peu d'intrigue et d'aventure n'aident à sortir du pair?

Me promenant un jour dans le jardin de Beaumarchais, au boulevard Saint-Antoine, je vis courir une jolie levrette. Je l'appelai, elle ne se fit pas attendre. Elle avait un collier sur lequel je lus ces mots singuliers : *Beaumarchais m'appartient*. Sans connaître autrement Beaumarchais, je l'ai toujours aimé de cœur depuis ce jour-là. Je me suis dit souvent : Il y a dans ces deux mots bien du respect pour la liberté et pour la condition d'être sensible. Ils me semblent exprimer que des êtres de cette espèce, à quelque distance que la nature les ait placés

l'un de l'autre, ne peuvent s'appartenir qu'à un titre égal, celui de l'affection mutuelle; et je pense que celui qui les écrit sur le collier de sa chienne, n'attacherait pas de collier au cou d'un homme.

(Journal d'économie publique, t. I, p. 57,
10 fructidor an IV — 27 août 1796.)

2.

LETTRES DE BEAUMARCHAIS A M. ROEDERER.

« Paris, 20 juin 1791.

«Avant de répondre, monsieur, à la lettre que vous m'avez écrite sur le directeur du spectacle de Metz, j'ai voulu m'assurer de ce qui s'était passé entre ce directeur et l'agent des auteurs lorsqu'il vint à Paris. Je ne puis donc mieux faire que de vous adresser, monsieur, la réponse que j'ai reçue de M. Framery, notre agent, à ce sujet. Vous y verrez combien les nouvelles réclamations de cet homme sont peu fondées. J'y joins une réponse imprimée de ce même agent littéraire et dramatique à quelques mémoires très-virulents qu'il avait reçus de différents directeurs de spectacles; lisez-la, monsieur, vous connaîtrez la question dans toute son étendue. Au style près, plus ou moins décent, tous ces directeurs prétendent la même chose, qui est de *continuer à jouer les pièces des auteurs vivants sans rétribution pour eux*. Surtout, aucun ne veut compter de l'intégrité de ses recettes, ce qui annonce une mauvaise foi universelle. Car, qu'y a-t-il de plus juste que de leur donner une portion de la recette, telle qu'elle est adoptée par les théâtres de la capitale, en prélevant leurs frais, avant que l'auteur entre en partage? Il n'y a pas de règle plus parfaitement juste; elle s'applique à la plus forte comme à la plus modique recette. Par elle, chaque auteur est égal en droit à tous les autres, quoiqu'ils puissent différer tous en mérite et en production de recette. Ce n'est point un financier qui a fait adopter cette mesure commune, c'est un homme juste et désintéressé : c'est moi. Mais nul fripon au monde ne veut compter avec personne; ils veulent cacher leur brigandage : c'est le secret de la comédie, tout le monde le sait; mais le temps est venu d'en faire enfin justice. Quant au directeur qui vous a remis le mémoire que j'ai l'honneur de vous renvoyer, comme il est bien le maître de ne pas jouer nos pièces, .s'il trouve nos conditions trop dures, il n'y a tort pour personne ; et la municipalité qui le protége ne doit pas trouver plus étrange de nous voir demander le payement des pièces que le prix de tout accessoire qui sert à les représenter. Les gens de lettres sont pauvres, et doivent s'en honorer ; mais il est bien plus juste qu'ils vivent de leurs ouvrages que d'être, comme autrefois, réduits à ramper sous toutes les puissances pour obtenir quelque pension. Je ne doute pas, monsieur, que vous ne soyez de mon avis.

« Recevez les salutations du cultivateur Beaumarchais. »

3.

« 22 floréal an V. — 11 mai 1797.

« Le suffrage d'un homme de votre mérite est aussi encourageant que flatteur ; mais j'ai six ans de plus que quand j'ai fait la *Mère coupable*, et, en gagnant de l'âge, j'ai perdu la douce tranquillité nécessaire à ce genre d'amusement. Je vous aurais prié, dès la première représentation, d'accepter un exemplaire de l'ouvrage, pour vous soumettre les idées de mon discours préliminaire ; mais j'ai craint qu'en votre qualité de journaliste, vous ne pensassiez que je voulais par là vous engager d'en dire quelque chose. Non ; j'ai eu plus que je n'osais espérer. Je ne croyais pas le public d'aujourd'hui de force à prendre du plaisir à un ouvrage aussi sévère. Tout n'est donc pas perdu, puisqu'il commence à consentir qu'on lui parle comme à des hommes. Aujourd'hui que tous nos journaux ont chacun rendu compte, à leur manière de sentir, de l'effet que l'ouvrage a produit sur eux, et que tout est dit là-dessus, je vous envoie un exemplaire et un pour Adrien Lezai, pour vous remercier tous les deux de l'extrême plaisir que me font vos excellentes productions. Je vous donne peu pour beaucoup ; mais l'intention ici doit remplir l'intervalle.

« Salut, estime, attachement.

« BEAUMARCHAIS. »

4.

Beaumarchais était fils d'un horloger. Je ne sais quel fat, homme de qualité, s'avisa, pour l'en faire souvenir, de lui présenter une montre de prix qu'il faisait admirer, et de la lui donner à juger comme à un homme qui devait être fort connaisseur : *Voyons*, dit Beaumarchais en la recevant ; il l'ouvre, la laisse tomber et la brise : *Mon père m'avait bien dit*, s'écria-t-il, *que je ne serais jamais qu'un mauvais horloger !*

5.

Beaumarchais ayant rencontré Mirabeau dans son jardin du boulevard Saint-Antoine, que tout le monde allait voir, lui dit : *Je suis charmé de voir ici M. le comte de Mirabeau : c'est une preuve qu'il a oublié toutes les injures qu'il m'a dites !*

BERNARDIN DE SAINT-PIERRE.

Richard (1), qui s'intéressait à Bernardin de Saint-Pierre, avait parlé à M. de Vergennes et à M. de Sartines, pour lui obtenir une pension, en raison de ses services dans la marine et les affaires étrangères ; ils avaient promis, il ne s'agissait que d'avoir un mémoire de Saint-Pierre. Richard va le voir, à la rue de la Reine Blanche, quartier désert, plus éloigné que le jardin des Plantes. Il l'engage à venir à Versailles. Saint-Pierre refuse ; il insiste. Rien. Il lui propose de venir au moins dîner chez M. d'Angivilliers, qui, ainsi que Madame, avait une grande envie de le voir... Nouveau refus... Cependant Saint-Pierre se reprend, et dit à Richard : *Mon Dieu, monsieur, puisque ces personnes ont tant de bonté pour moi, je vous prie de leur demander une seule chose qui me rendrait très-heureux : ce serait de faire paver ma rue, afin que les honnêtes gens qui viennent me voir ne soient pas crottés comme vous voilà !*

BONAPARTE.

Avant-hier, le premier consul était attendu aux Italiens ; et il avait en effet projeté d'aller

---

(1) (*Note de l'éditeur.*) Richard, vieux chevalier de Saint-Louis qui venait souvent voir mon père, et qui avait la manie des tableaux. Il en avait garni l'escalier de la maison où il habitait, rue Montmartre : il y en avait depuis le rez-de-chaussée jusqu'au cinquième ou sixième étage, où il logeait. Les fenêtres étaient également recouvertes de débris de vieux vitraux.

voir les *Sabines*. Une garde nombreuse était rassemblée pour le recevoir. Une personne en redingote grise survient; elle demande pourquoi cette troupe? On lui répond qu'on attend le premier consul. — *Voilà bien du bruit pour peu de chose!* répond l'inconnu. On trouva ce propos impertinent; quelques personnes s'écrièrent : « Il faut arrêter cet homme-là... » C'était Bonaparte qui était venu à pied et sans suite.

(7 avril 1800.)

ÉLISA BONAPARTE.

(Madame Baciocchi, sœur de Napoléon.)

1.

Voici la personne de la famille que j'aime le plus.

Elle est d'une taille ordinaire; mince, maigre; point de gorge; les bras menus, la jambe et le pied jolis; une figure bien faite; profil antique; des cheveux noirs, des yeux noirs; la peau assez blanche; la bouche assez grande, de belles dents; une extrême mobilité dans la physionomie; son état le plus habituel est un air vif et un peu dur. La décence, la bonté, quelquefois l'air de l'ennui et de la contrainte, quand elle est avec des personnes qu'elle connaît peu. L'air gai, ouvert, spirituel avec ses amis, quand elle s'amuse. Elle passe brusquement d'une physionomie à l'autre, comme d'une idée, d'une affection, à l'idée, à l'affection contraire.

La mobilité de sa figure n'est pas son seul charme, c'est aussi la force de son expression; c'est le mélange de diverses expressions. Souvent les rires et les larmes se mêlent.

Elle aime passionnément la tragédie. Elle sait par cœur des fragments des plus beaux rôles de Racine et de Voltaire; elle affectionne les rôles des situations héroïques; elle les débite assez bien, quoique avec un peu d'accent méridional. Elle a ce goût de commun avec le premier consul et Lucien, qu'elle aime beaucoup. Cela pourrait faire douter s'il est naturel et caractéristique, ou communiqué.

Dans la même seconde elle souffre, elle crie, elle pleure et elle rit, et console ceux qui l'entourent.

Je n'ai vu personne qui se livrât plus franchement à ses premiers mouvements et qui ga-

gnât moins à les réprimer. Je n'ai vu personne qui réunît à tant de mouvement, tant de prudence, et à tant d'abandon tant de réserve : c'est qu'elle a réfléchi, c'est qu'elle a des principes; les principes dispensent des petits calculs qu'exigerait chaque circonstance. Les principes sont pour la vie morale ce que les *comptes faits* sont pour le ménage.

2.

21 nivôse an x. — 11 janvier 1802.

Je retouche à son portrait chaque fois que je l'ai vue : c'est pour la voir toujours, c'est pour la montrer à ceux qui ne l'ont pas aussi bien connue.

Elle ne m'a pas encore paru aussi malade. Elle a été quelquefois plus souffrante, jamais aussi abattue : son œil est devenu fixe, et sa physionomie, jusqu'à présent si mobile, n'éprouve plus qu'une longue habitude de douleur. Elle sortait autrefois de crise par un sourire, par un mot gai qui consolait tout le monde; elle n'en sort aujourd'hui que pour plaindre ceux qui la voient, de l'ennui qu'elle croit leur causer. On sent à ses discours, à ses regards, qu'elle n'a plus de confiance dans sa jeunesse, dans sa force, dans son courage. Elle n'a plus l'aimable prétention d'être au ton de tout le monde; elle s'occupe du soin plus touchant encore de ne gêner celui de personne. Elle était attentive à se rendre à la société dans ses moments de calme : elle tend aujourd'hui à la fuir ou à l'éviter.

Elle disait hier dans le salon : *Je m'en vais : j'empêche tout le monde de s'amuser; j'attriste tout le monde.*

Jusqu'à son dernier moment, elle pensera plus aux autres qu'à elle-même; elle ne craindra la douleur que pour les témoins, et sa mort que pour ses amis.

(*Note de l'éditeur.*) Madame Baciocchi, fort bien rétablie de cette maladie, fut depuis princesse de Piombino et grande-duchesse de Toscane. — La lettre suivante est la seule qu'elle écrivit à mon père.

3.

« Les gazettes vous ont donné des nouvelles de *cette pauvre chère dame*. Il n'y a point eu de gazettes qui aient appris à cette pauvre chère dame des nouvelles de ses amis : au moins aurait-elle cherché quelque article, dans le *Jour-*

nal de Paris, de son écuyer : pas plus de *Journal de Paris* que de lettres.

« Après avoir bien grondé contre le conseil d'État qui ne vous laissait pas le temps de m'écrire, je reçois une charmante lettre. Vous êtes aussi aimable en écrivant qu'en parlant : votre souvenir m'est cher. J'ai des droits à votre amitié, et j'y compte; comptez sur la mienne, et pour la vie. Qu'allez-vous faire à vos Verreries? Revenez... nous monterons à cheval; toute la faculté, soit de Montpellier, soit de Paris (observez que c'est la première fois que les graves docteurs sont d'accord) m'ont ordonné cet exercice. Il me faut un écuyer aimable, gai et plein d'esprit : j'ai fait mon choix, et je m'y tiens. Allons, quittez vos Verreries pour le bois de Boulogne.

« Il faut vous parler de ma santé : le voyage m'avait fait du bien; les eaux et les bains de Baréges m'ont fait beaucoup de mal. Je n'y suis restée que douze jours. J'ai été à Carcassonne, voir Barthez, qui m'a donné une longue consultation; de là je suis passée à Montpellier pour mon plaisir : cependant j'y ai encore consulté Fouquet.

« Je suis retournée à Paris bien malade; j'avais des écrits des plus fameux de la Faculté; j'ai été assez souffrante les premiers jours. Après bien des courses, bien des peines, l'on est parvenu à me rétablir. Du lait de chèvre seul, sans pain, sans eau; l'on ne me permet que six tasses de lait; je m'en trouve très-bien, à part un peu de faiblesse. Et j'ai été si loin chercher le remède qui était bien près !

« J'ai vu M. de Boufflers; je l'ai trouvé aussi aimable qu'avant mon départ. Je n'ai point lu l'article dont vous me parlez, mais je suis assurée d'avance qu'il est charmant. Toute ma famille est de retour à Paris, excepté Joseph, qui chasse. Bonaparte se porte bien; il est à la Malmaison. Je vais au Plessis après-demain. Vous seriez bien aimable d'y venir passer quarante-huit heures, à votre retour.

« Croyez à l'amitié de cette bonne chère dame.

« Élisa BACIOCCHI.

« Paris, le 8 vendémiaire. »

———

BORDA.

Charles Borda est mort avant-hier d'une hydropisie de poitrine, à l'âge de soixante-quatre ans.

Un grand nombre d'excellents mémoires, consignés dans le recueil de l'Académie des sciences et de l'Institut, attestent la profondeur de sa science, l'éminence de son talent; et plusieurs établissements nationaux attestent l'étendue de ses services.

Il est le fondateur de nos écoles de constructions navales. Un roi en a signé les règlements; un ministre a eu l'honneur des projets; c'est Borda qui a fait les projets et les règlements.

C'est à Borda que la marine française a dû l'égalité de marche de ses vaisseaux; c'est sur ses plans qu'ont été établies des constructions uniformes : avantage immense, d'où résulte un grand accord et une grande force dans les manœuvres, soit d'attaque, soit de défense, et le seul que l'Angleterre ait eu à nous envier dans cette partie.

Borda est l'inventeur d'un instrument astronomique, d'un très-petit rayon, qui donne la mesure des angles avec une précision fort supérieure à celle qu'on pouvait espérer des instruments d'un rayon plus étendu. On s'en est servi pour la mesure du méridien.

Il est aussi l'inventeur des règles employées pour la même opération; règles qu'il a su soustraire aux influences atmosphériques, par la combinaison des métaux qui entrent dans leur composition.

C'est à lui qu'est dû le nouveau système des poids et mesures; depuis très-longtemps, il ne cessait de s'en occuper, quand l'assemblée constituante a pris cet objet en considération.

Borda était au premier rang entre les géomètres; il avait pris cette place de bonne heure : il est entré fort jeune à l'Académie des sciences.

On raconte qu'environ un mois avant sa réception, s'étant présenté pour entrer dans l'artillerie, il fut refusé comme incapable par l'examinateur Lecamus, qui méconnut le savoir et le talent d'un jeune homme dont les démonstrations étaient autres que les siennes. Mais, soit égard pour l'examinateur dont il était devenu le confrère, soit respect pour la vérité, Borda a toujours dit que cette anecdote n'était qu'un conte.

Borda joignit au talent qui agrandit la science,

celui qui sait l'appliquer. Il tendait naturellement à s'élever toujours vers la lumière, mais il s'arrêtait avec plaisir où le demandait l'utilité. C'était un de ces génies qui savent ployer leurs ailes lorsqu'il est devenu moins nécessaire à la société d'acquérir de nouvelles connaissances, que de jouir de celles qu'elle possède.

Au reste, Borda avait une grande variété de connaissances, et une grande étendue d'esprit. Il voyait les rapports des objets les plus éloignés les uns des autres. Il n'y avait pas de conversation où il ne jetât un mot saillant, pas de discussion où il n'apportât de la lumière. Cette sorte d'universalité paraît caractériser les hommes supérieurs dans tous les genres; et peut-être le secret en est-il dans le soin de réduire de bonne heure toutes ses idées, de faire qu'elles occupent peu d'espace dans l'entendement, qu'elles s'y rangent comme d'elles-mêmes, chacune à la place qui lui convient, et qu'elles conservent entre elles assez de jeu pour se combiner facilement. C'est la confusion des idées qui encombre l'esprit, c'est leur désordre et non pas leur abondance.

La société de Borda était douce et aimable. Il avait dans le caractère cette gaieté franche et naïve qui n'appartient qu'aux âmes pures et aux esprits droits. Il sera pleuré par l'amitié et par les sciences.

L'Institut national, dont il était un des plus illustres membres, a assisté à son inhumation.

(*Journal de Paris*, du 17 février 1799.)

FEU LE MARÉCHAL DE BROGLIE.

J'ai connu le maréchal de Broglie. Il était gouverneur de Metz quand j'entrai au parlement de Metz; et comme j'allais tous les hivers à Paris, et qu'il venait tous les étés à Metz, je le voyais plus souvent que mes collègues. Il me parlait avec confiance et à son aise.

Il était dévot et frondeur : il parlait mal de la cour, et plus mal des philosophes, parce qu'ils frondaient comme lui la cour.

Il était fort en lieux communs contre les deux partis; il était égoïste : il aurait voulu être seul frondeur en France.

Il méprisait beaucoup toutes les innovations. Il méprisait fort les nouvelles tactiques. Il m'a parlé un jour fort au long, à moi, homme de robe, de M. de Menil-Durant et de son antagoniste le baron de...., de *l'ordre mince et de l'ordre profond*, etc.

Il parlait beaucoup, très-vite, sans se reprendre d'une syllabe, sans s'arrêter d'une seconde, sans hausser, sans baisser la voix. Il parlait assez bien, jamais mieux, jamais mal. En parlant il se regardait souvent au miroir, et avait toujours affaire à sa coiffure.

On ne le quittait jamais sans être pénétré de sa droiture, de sa franchise, de ses vertus domestiques, de sa dévotion, de ses bonnes intentions, de sa médiocrité, sans s'étonner de l'idée qu'il avait de sa supériorité. En général, il méprisait beaucoup et n'admirait point. Il était habituellement familier, souvent altier, toujours entier.

LE PRINCE DE BROGLIE (1).

« Alençon, le 29 mars 1815.

« Maintenir avec le plus grand soin la tranquillité publique; prévenir toute espèce d'opération qui ne tendrait qu'à ramener, d'une manière plus ou moins éloignée, le souvenir heureusement effacé, dans toutes les têtes sages, de ces partis qui ont trop longtemps agité les départements voisins; engager les propriétaires que les proclamations, les ordonnances avaient réunis à Alençon, à se rendre, aussitôt que les événements nous ont été connus, chacun dans leur domicile, pour y maintenir, par leur présence et l'exemple de leur soumission, l'ordre public, vraie base du bonheur de l'État et du maintien de l'honneur national; en donner moi-même l'exemple : tels ont été les principes qui m'ont constamment dirigé dans le peu de jours que j'ai été chargé de commander le département de l'Orne. M. le colonel Cavalier a pu juger, mieux que personne, par nos relations fréquentes pendant cet intervalle, avec quelle fidélité mes actions ont répondu à ces principes, qui m'avaient déjà constamment dirigé pendant les longues années que j'ai habité ce département.

« DE BROGLIE. »

---

(1) (*Note de l'éditeur.*) M. le prince de Broglie commandait dans le département de l'Orne lors du retour de Napoléon de l'île d'Elbe, en 1815.

NOTE ÉCRITE PAR M. ROEDERER SUR LA PIÈCE
PRÉCÉDENTE.

Ce 4 avril. Lu à l'empereur après son lever, en ajoutant, d'après le rapport du colonel Cavalier, que le duc de la Trémoille avait essayé sans succès d'engager M. de Broglie dans le mouvement qu'il veut faire dans l'Ouest. L'empereur m'a répondu : *C'est bien : il est fils du maréchal de Broglie? — Oui, Sire. — C'est celui que j'ai vu à Alençon? — Oui, Sire. — Ce n'est pas une famille de courtisans? — Non. A Metz, on disait que la maxime de la famille est : Aimez vos femmes et vos châteaux.*

LETTRE DE M. ROEDERER AU PRINCE DE BROGLIE, EN
LUI RENVOYANT SA LETTRE CI-DESSUS, APRÈS LA
CHUTE DE NAPOLÉON.

« Paris, le 27 octobre 1815.

«Prince, dans les circonstances présentes, je crois ne pouvoir ni garder ni supprimer l'écrit que j'ai l'honneur de vous renvoyer, surtout à cause de la note que j'ai mise en tête le jour même où j'en ai fait usage. Je présume que vous n'avez point été inquiété ; mais je puis vous assurer, prince, que c'est surtout à moi qu'a été utile cet écrit, où vous tracez si dignement les règles que l'honneur doit se prescrire dans l'exercice de l'autorité en temps de révolution.

«Veuillez agréer cet hommage, ainsi que les sentiments respectueux avec lesquels j'ai l'honneur d'être, prince,

« Votre très-humble et très-obéissant
serviteur,

« ROEDERER.»

LORD BROUGHAM (VISITE DE).

1.

Le 2 février (1835) (1), lord Brougham est venu me voir. Il était accompagné de M. Fergusson, membre de la chambre des communes.

Après divers sujets de conversation, est ve-

(1) (*Note de l'éditeur.*) C'était l'époque à laquelle mon père venait de publier sa *Lettre d'un constitutionnel aux constitutionnels,* qui excita de grandes clameurs. Il était fort naturel que cet écrit formât le fond des conversations de son auteur avec l'illustre étranger, très-familiarisé avec les formes et les usages du gouvernement constitutionnel. — C'est ce qui arriva dans l'occasion dont mon père fait ici le récit animé.

nue une discussion à l'occasion du nouveau *cabinet* du roi d'Angleterre. Voici comment elle s'est engagée :

Moi. — Je crains bien, milord, que notre ami, M. Dupin, n'ait étendu fort au delà de votre opinion quelques paroles que vous lui avez dites sur le conseil du cabinet du roi d'Angleterre. C'est un vrai malheur pour nous et pour lui...

Lord Brougham. — Quelles paroles?...

Moi. — Les papiers publics ont répandu que vous aviez dit devant lui : Le roi d'Angleterre ne se mêle jamais dans les débats de ses ministres. — A cela, M. Dupin doit avoir répondu : Les choses n'iront bien en France que quand elles se passeront ainsi. — M. Dupin pourrait avoir raison, si notre roi avait cent cinquante ans de dynastie incontestée sur sa couronne ; mais, comme il n'en a que quatre, et que sa royauté chemine sur une ligne fort étroite entre la république et le carlisme, il me paraît qu'il ne faut pas moins que l'œil d'un intérêt personnel et héréditaire pour éviter toute déviation : car un précipice borde son chemin à droite et à gauche.

Lord Brougham. — Il y a du vrai, il y a du faux dans ce que vous venez de dire....

M. Fergusson. — Je trouve que M. le comte a raison.

Lord Brougham. — Certainement, le roi Louis-Philippe n'est pas dans la position de Guillaume ; mais il n'est pas obligé pour cela de tout voir et de tout savoir, jusqu'aux plus petites minuties de l'administration, les places inférieures des sous-préfectures et autres moindres...

Moi. — Le roi est dans la position de Guillaume III, et non dans celle de Guillaume aujourd'hui régnant. Guillaume III ne laissait ses affaires à la discrétion de personne. Il commença par faire la guerre à tous ses ennemis ; et quand il déposait son épée, c'était pour régler ce qui était à faire par la plume.

M. Fergusson. — M. le comte a raison.

Lord Brougham. — Vous ne vous figurez pas comment se tient un conseil du cabinet chez nous. Les ministres, sans sujétion aucune, les uns levés et se promenant, les autres assis, se jettent leurs paroles sans ordre. Ils se raillent, ils se disent des choses piquantes, ils s'en disent de sérieuses ; tout cela, sans suite et comme au hasard. C'est comme cela que se conçoivent les idées neuves et les idées utiles. La présence d'un roi, si bon qu'il soit, a toujours quelque chose de gênant, et restreint toujours l'activité de l'esprit.

Moi. — Louis-Philippe n'a certes pas le ton de la domination. En France, la légèreté des esprits et des habitudes ne permettrait pas d'espérer de bonnes décisions d'un conseil qui se tiendrait *le pied levé*, comme vous venez de représenter celui du cabinet d'Angleterre. C'est dans la *solitude* que les Français inventent. Il leur faut un tapis vert pour discourir. — Observez d'ailleurs, milord, que quand votre roi a besoin de ministres, il les trouve bien caractérisés, wighs ou torys, suivant qu'il veut l'un ou l'autre. Chez nous, il n'est peut-être pas un seul Français capable d'affaires qui n'ait plus ou moins versé à droite ou à gauche alternativement.

Lord Brougham. — Ici, monsieur le comte, je veux vous accabler. (Il dit ce dernier mot en riant.)

Moi. — Accablez-moi, milord ; mais asseyez-vous, je vous prie, pour que vous tombiez sur moi de moins haut.

Lord Brougham (assis). — Oui, je vous accable. Vous venez de dire que, dans le conseil du cabinet en Angleterre, les ministres sont homogènes et de même sentiment : c'est une grande erreur. Il n'y en a jamais deux de la même nuance ; et, par exemple, quand j'en ai fait partie un moment, j'étais libéral, même libéral un peu *ultrà*, n'est-ce pas vrai? ajoute-t-il en se tournant vers M. Fergusson.

M. Fergusson. — Oh! oui, oui!

Lord Brougham. — Eh bien! venaient ensuite deux membres libéraux purs... (il les nomme); ensuite un autre qui était moins favorable à la réforme... (il le nomme); ensuite un autre à peu près opposé... Vous voyez donc, monsieur le comte, qu'en Angleterre il y a des nuances comme en France, et cela n'empêche pas le conseil du cabinet de se tenir hors la présence du roi.

Moi. — Milord, pardonnez-moi de vous dire que je ne me sens point accablé par cette observation. Dans votre cabinet, dites-vous, il y a des nuances; je n'en doute pas. Mais ces nuances sont marquées entre deux points extrêmes, dont aucune n'approche. Aucune de vos nuances ne mène au rappel de l'ancienne maison qui régnait en Angleterre; aucune nuance ne va jusqu'à la république. En France, les nuances qui séparent les hommes et les opinions se perdent dans deux couleurs tranchées : l'une est la couleur de la république, l'autre la couleur de l'ancienne monarchie. La république, l'ancienne maison de France, sont là présentes, menaçantes, en hostilités toujours flagrantes...

M. Fergusson. — C'est vrai. M. le comte a raison!

Lord Brougham. — Au reste, il n'y a pas de meilleures et plus respectables personnes au monde que le roi, la reine, et toute cette famille.

Moi. — Eh bien! milord, persuadez-vous bien qu'ils sont nécessaires à notre conservation; nécessaires de leur personne, de tout ce qu'il y a d'aimable et d'intéressant en elles, comme de ce qui est constitutionnel dans la royauté. Le roi est la clef de la voûte, non-seulement comme roi, mais comme individu sage, expérimenté, sachant mieux qu'aucun de nous ce qui convient et ce qui plaît à la France. Persuadez-le surtout à votre ami Dupin; faites qu'il s'attache plus au roi, qu'il s'identifie davantage avec cet excellent prince; qu'il prenne plus de confiance dans ses lumières, dans ses intentions, et qu'il le seconde de ses puissantes facultés. Il dînera ici samedi avec vous et le baron Louis. Travaillons tous à le déprévenir de sa *présidence réelle* du conseil du cabinet... etc...

Cela a été entendu ainsi, etc.

2.

Aujourd'hui 13 février (1835), M. Fergusson m'est venu dire de la part de lord Brougham qu'il avait écrit à M. Dupin une longue lettre dans le sens où je désirais qu'il lui parlât. Et en effet, M. Dupin a dit hier soir à son bal, à M. Fergusson, qu'il avait reçu la lettre. Elle porte en substance qu'il y a une grande différence entre les deux pays, et que l'exercice du pouvoir royal doit y être différent. M. Fergusson est pleinement dans ces idées.

Il paraît que les deux amis anglais regardent M. Dupin comme un rare talent, accompagné de droiture et de probité.

———

CHAMFORT.

Entretien entre un des auteurs du journal (de Paris) et un ami de Chamfort.

1.

Est-ce que vous ne défendrez pas Chamfort contre Delacroix ? — Ma foi, je n'en sais rien. — N'étiez-vous pas de ses amis ? — J'en étais, certainement. — Et vous l'abandonneriez ! — N'a-t-il pas été *terroriste ?* — Oui, jusqu'à la menace ; non, jusqu'aux actions. Il croyait nécessaire de paraître terrible, pour éviter d'être cruel. Il s'est arrêté, quand il a vu la férocité frapper avec les armes que le patriotisme alarmé ne voulait que montrer. Le confondriez-vous avec les hommes de sang ? — Non ; mais je ne le mettrai pas non plus au rang des esprits sages qui ont prévu les conséquences des déclamations incendiaires, ni des âmes courageuses qui ont travaillé à empêcher les fureurs populaires, ni même des âmes sensibles qui en ont constamment gémi. N'est-ce pas lorsque la terreur l'a atteint lui-même qu'il a cessé d'applaudir au terrorisme ? — C'est bien avant ; et il ne s'est pas borné au silence, il a frappé sur le terrorisme, dès qu'il l'a vu cruel, comme il l'avait fait sur le despotisme dans tous les temps, et sur le modérantisme quand il l'a cru dangereux. Ignorez-vous qu'il fut mis en arrestation pour avoir refusé à Hérault-Séchelles d'écrire contre la liberté de la presse ? N'avez-vous pas entendu citer ce mot qui lui échappa au sujet de *la fraternité*, que les tyrans proclamaient sans cesse : *Ils parlent*, dit-il, *de la fraternité d'Étéocle et Polynice ?* Ce fut lui qui, entendant déplorer l'indifférence du public pour les chefs-d'œuvre de la scène tragique, l'expliqua en ces mots : *La tragédie ne fait plus d'effet depuis qu'elle court les rues.* Ce fut lui qui dit de Barrère, à la naissance de son pouvoir : *C'est un brave homme que ce Barrère, il vient toujours au secours du plus fort. C'est un ange que votre Pache*, dit-il un jour à un ami de celui-ci ; *mais à sa place je rendrais mes comptes.* Ce furent ces discours et cent autres que ceux-là supposent, qui indisposèrent les décemvirs contre lui. On sait qu'au moment de son arrestation, il fit ce qu'il put pour se tuer ; remis en liberté, ses amis lui reprochaient d'avoir tenté de se donner la mort : *Mes amis*, répondit-il, *du moins je ne risquais pas d'être jeté à la voirie du Panthéon.* C'est ainsi qu'il

appelait cette sépulture depuis l'apothéose de Marat. Quelque temps après sa délivrance, un des amis qui lui ont fermé les yeux, Colchen, le félicitait d'être échappé à ses propres coups ; Chamfort lui répondit : *Ah ! mon ami, les horreurs que je vois me donnent à tout moment l'envie de me recommencer.* Ne voyez-vous pas dans ces paroles les sentiments d'une âme sensible et courageuse ? — Je me plais à les reconnaître en lui ; mais pourquoi donc cet emportement de paroles, ce débordement d'invectives et de menaces contre les mêmes castes, contre la plupart des mêmes individus que Marat et Robespierre proscrivirent depuis ? — Vous l'avez dit : parce que Chamfort n'était pas un esprit sage ; j'ajouterai même qu'en politique il n'était pas un esprit éclairé. Il avait vu les abus et les vices attachés à l'ancien régime ; il leur avait juré la guerre : et il croyait nécessaire de la faire à outrance, sans précaution, comme sans mesure ; voilà son erreur. — Mais n'y a-t-il pas eu du mauvais cœur dans sa conduite, et au moins de cette méchanceté qui se plaît à nuire pour peu que la justice y autorise ; de cette méchanceté qui n'est pas celle du scélérat, mais celle de l'homme dur et violent ? — Nullement ; et ce qui le prouve, c'est qu'il a cessé ses emportements dès qu'il a vu qu'on prenait à la lettre les discours des Marat et des Robespierre ; il voulait faire peur et non faire du mal, puisqu'il s'est arrêté dès qu'il a vu qu'on faisait mal pour faire mal et encore pour faire peur. — Mais n'a-t-il pas voulu satisfaire des vues personnelles ? N'est-ce pas son intérêt qui lui a conseillé de flatter les partis dominants ? — Son intérêt n'a été pour rien dans sa conduite. Toujours Chamfort s'y montra supérieur ; disons plus : il en fut toujours l'ennemi. Non-seulement il s'attacha à la révolution, mais même il poursuivit avec passion jusque sur lui-même tous les abus, ou ce qu'il croyait être les abus de l'ancien régime. Il se déchaîna contre les pensions jusqu'à ce qu'il n'eût plus de pensions ; contre l'Académie, dont les jetons étaient devenus sa seule ressource, jusqu'à ce qu'il n'y eût plus d'Académie ; contre toutes les idolâtries, toutes les servilités, toutes les courtoisies, jusqu'à ce qu'il n'existât plus un seul homme qui osât se montrer empressé à lui plaire ; contre l'opulence extrême, jusqu'à ce qu'il ne lui restât plus un ami assez riche pour le mener en voiture ou lui donner à dîner. Enfin, il se déchaîna contre la frivolité, le bel esprit, la littérature même, jusqu'à ce que toutes ses liaisons, occupées uniquement des intérêts publics, fussent devenues indifférentes à ses écrits, à ses comédies, à sa conversation. Il s'impatientait d'entendre louer son *Marchand de Smyrne* comme une comédie révolutionnaire; il s'indignait même qu'on se crût réduit à tenir compte de si faibles ressources pour servir une si grande cause. *Je ne croirai pas à la révolution*, disait-il souvent en 1791 et 1792, *tant que je verrai ces carrosses et ces cabriolets écraser les passants.* Voici une anecdote qui le caractérise: Le lendemain du jour où l'assemblée constituante supprima les pensions, nous fûmes, lui et moi, voir M... à la campagne. Nous le trouvâmes, et sa femme surtout, gémissant de la perte que le décret leur faisait éprouver; et c'était pour leurs enfants qu'ils gémissaient. Chamfort en prit un sur ses genoux: *Viens,* dit-il, *mon petit ami; tu vaudras mieux que nous. Quelque jour tu pleureras sur ton père, en apprenant qu'il eut la faiblesse de pleurer sur toi, dans l'idée que tu serais moins riche que lui.* Chamfort perdait lui-même sa fortune par le décret de la veille. Si Chamfort, comme on voit, ne passait rien aux autres, il ne se passait rien non plus à lui-même. Il fut misanthrope, peut-être, mais non pas inhumain; il haïssait les hommes, mais parce qu'ils ne s'aimaient point; et le secret de son caractère est tout entier dans ce mot qu'il répétait souvent: *Tout homme qui à quarante ans n'est pas misanthrope, n'a jamais aimé les hommes.* On lui a reproché d'avoir été ingrat envers des amis qui l'avaient obligé pendant leur puissance, et l'on s'est fondé sur son ardeur à poursuivre les abus dont ils vivaient. La belle raison! La preuve que Chamfort ne fut point ingrat, c'est qu'il resta attaché à ses amis dépouillés d'abus, comme il l'avait été, quand ils en étaient revêtus. — A ce compte, il n'y aurait qu'à admirer dans Chamfort; et ce que vous appelez le défaut de sagesse de son esprit, ne serait que la faculté de s'émouvoir trop vivement pour le bien et contre le mal! — Vous allez maintenant trop loin. La morosité de Chamfort, sa misanthropie furent des défauts sérieux; il irrita souvent des gens qu'il aurait pu ramener; il affligea des

hommes honnêtes par des jugements inconsidérés. Il provoqua sans le vouloir, il autorisa des passions perverses, et arma des hommes atroces de maximes violentes et de raisonnements spécieux; et quand il avait lancé un mot piquant ou accablant sur quelque homme que ce fût, il ne revenait plus sur l'opinion qu'il en avait donnée, non qu'il fût arrêté par la crainte méprisable de déprécier un mot saillant, mais plutôt parce qu'il voulait se faire craindre d'un ennemi qu'il croyait trop blessé pour ne pas être irréconciliable : c'est ainsi qu'il resta toute sa vie le détracteur de la Harpe, parce qu'il l'avait été un jour; il s'obstina à soutenir que cet excellent littérateur, dont il honorait d'ailleurs le patriotisme, ne savait pas le latin, parce qu'il l'avait surpris autrefois je ne sais dans quelle erreur sur le sens d'un mot de Tite-Live. Ces travers sont inexcusables, mais je ne puis pour cela passer condamnation sur des reproches qui attaquent le fond de son cœur. — Je vous entends; mais, après tout, à quoi bon célébrer Chamfort? Qu'a-t-il fait pour la révolution? Il n'a pas imprimé une seule ligne pour en hâter ou en arrêter la marche, suivant les circonstances, non plus que pour l'éclairer. — Comptez-vous pour rien une foule de mots saillants qui ont passé mille fois dans toutes les bouches? Sa réponse à des aristocrates qui, après le 14 juillet 1789, se demandaient douloureusement *ce que devenait la Bastille :* Messieurs, *elle ne fait que décrottre et embellir?* Ces autres paroles sur la manière de faire la guerre à la Belgique : *Guerre aux châteaux, paix aux chaumières!* paroles qui, pour être devenues l'adage du vandalisme et de la tyrannie en France, n'en étaient pas moins justes et politiques relativement à des ennemis étrangers et des agresseurs cruels? Cette prédiction malheureusement démentie par M. Pitt, mais qui devait lui servir de leçon, et fournira à l'Angleterre un éternel reproche contre lui : *L'Angleterre ne fera pas la guerre à la France, elle aimera mieux sucer notre sang que de le répandre?* Enfin, cette réflexion décisive sur des projets de loi proposés à l'assemblée constituante pour réprimer la licence des écrits calomnieux : *Toute loi sera inutile contre la calomnie, parce qu'elle ne coûte guère et qu'elle se vend bien?* Chamfort imprimait sans cesse, mais c'était dans l'esprit de ses amis. Il n'a rien laissé d'écrit, mais il n'aura rien dit qui ne le soit un jour. On le citera longtemps ; on répétera dans plus d'un bon livre des paroles de lui, qui sont l'abrégé ou le germe d'un bon livre... Ne craignons pas de le dire : on n'estime pas à sa valeur le service qu'une phrase énergique peut rendre aux plus grands intérêts. Il est des vérités importantes qui ne servent à rien, parce qu'elles sont noyées dans de volumineux écrits, ou errantes et confuses dans l'entendement ; elles sont comme un métal précieux en dissolution ; en cet état, il n'est d'aucun usage : on ne peut même apprécier sa valeur. Pour le rendre utile, il faut que l'artiste le mette en lingot, l'affine, l'essaye, et lui imprime sous le balancier des caractères auxquels tous les yeux puissent le reconnaître. Il en est de même de la pensée ; il faut, pour entrer dans la circulation, qu'elle passe sous le balancier de l'homme éloquent ; qu'elle y soit marquée d'une empreinte ineffaçable, frappante pour tous les yeux, et garante de son aloi. Chamfort n'a cessé de frapper de ce genre de monnaie, et souvent il a frappé de la monnaie d'or ; il ne la distribuait pas lui-même au public, mais ses amis se chargeaient volontiers de ce soin ; et, certes, il est resté plus de choses de lui, qui n'a rien écrit, que de tant d'écrits publiés depuis cinq ans et chargés de tant de mots. — Je me rends, citoyen ; mais que puis-je faire de mieux pour la mémoire de Chamfort que d'écrire notre entretien et de le publier ? Y consentez-vous ? — Volontiers.

(Journal de Paris, du 28 ventôse an III. — 19 mars 1795.)

2.

NOTES ÉPARSES

SUR

CHAMFORT,

SUR LE LIVRE DE SES MAXIMES ET PENSÉES,
ANECDOTES, ETC.

Chamfort a plus observé le monde que la société ; plus les effets que les causes de ce qui s'y passe ; et, entre les effets, il a été plus frappé des ridicules, des bizarreries ou des absurdités, que des vices et des désordres ; et entre les ridicules, ceux des manières, du ton, du langage, ne le frappaient pas moins que celui des mœurs, de l'esprit ou du caractère.

Il était lui-même très-soigneux d'éviter le ridicule ; il regardait comme un malheur d'y tomber ; il mettait de l'importance à l'éviter. Il tenait cette faiblesse de la contagion du grand monde : On ne saurait croire, disait-il, combien il faut d'esprit pour n'être jamais ridicule. — L'art de la plaisanterie, dit-il ailleurs, préserve du malheur, toujours fâcheux pour un honnête homme, d'être faux ou pédant. Comment un honnête balancerait-il entre la fausseté et la pédanterie ? et comment est-il fâcheux d'être pédant ou d'être réputé tel, quand il faut blâmer, censurer, sous peine de fausseté ? Et comment la raillerie sauve-t-elle du reproche de fausseté, quand elle prend la place de la censure rigoureuse et de l'indignation énergique ?

La crainte du ridicule est souvent une cause de ridicule, parce qu'elle est une cause de gaucherie.

La crainte du ridicule de ton et de manières fait souvent tomber dans un ridicule d'esprit et de mœurs.

C'est la crainte d'un ridicule qui jette dans un autre. C'est par ses efforts pour ne pas ressembler au provincial à Paris, que le provincial s'y fait remarquer ; c'est pour n'être pas bourgeoise de Paris à Versailles, qu'une bourgeoise s'y fait moquer ; c'est surtout quand on se moque d'un ridicule qu'on a voulu éviter, qu'on court risque d'être souverainement ridicule soi-même.

Ce sont les prétentions qui rendent ridicules, non les mœurs ni les manières simples ou familières : elles peuvent être bizarres, et ne sont pas ridicules.

La dame de petite ville se moque quelquefois, non de la femme, mais de la dame de village ; mais la dame de grande ville se moque bien plus de la dame de petite ville, et surtout de la sotte confiance avec laquelle celle-ci se moque de la villageoise ; et tandis qu'elle rit ainsi de la première devant une dame de Paris, celle-ci rit de toutes, et surtout de celle qui lui parle, en attendant qu'elle vienne, à son tour, s'exposer à la risée d'une ancienne femme de Versailles, à qui elle racontera le tout à Paris.

Est-on soi, on est rarement ridicule ; est-on ridicule par accident, il faut braver la plaisanterie, élargir et tendre sa poitrine devant elle, recevoir ses traits, sûr de les émousser en les recevant de face.

Chamfort a mieux connu les principes du grand monde; la Bruyère, mieux les caractères des hommes du monde; Montaigne, Vauvenargues, mieux la société civile; Pascal, la Rochefoucauld, Vauvenargues, mieux la nature humaine.

Chamfort a saisi, indiqué et fortement censuré le ridicule ou l'odieux des principes reçus dans le monde. — La Bruyère a *saisi*, *peint*, *fait sentir* le ridicule et l'odieux, mais surtout le ridicule non-seulement des principes, mais des mœurs des gens du monde.

Chamfort marque au fer chaud, mais c'est souvent la même marque qu'il imprime à la même chose. — La Bruyère peint, il peint tout ce qu'il montre avec les couleurs propres, et il n'y a rien qu'il ne peigne.

Vauvenargues fait plus de réflexions, Chamfort plus d'observations; l'un a plus pris en lui-même, l'autre sur autrui.

Les réflexions de Vauvenargues sont souvent des aveux modestes; les observations de Chamfort sont toujours des censures amères. On peut dire de la Rochefoucauld ce que je dis de Vauvenargues.

« Nous sommes consternés de nos rechutes, dit Vauvenargues, et de voir que nos malheurs mêmes n'ont pu nous corriger de nos défauts. »

« Quelque vanité qu'on nous reproche, dit-il encore, nous avons besoin quelquefois qu'on nous assure de notre mérite. »

« Nous plaisons plus souvent, dit la Rochefoucauld, dans le commerce de la vie, par nos fautes que par nos bonnes qualités. »

« La vanité est si ancrée dans le cœur de l'homme, qu'un goujat, un marmiton, un crocheteur, se vante et veut avoir ses admirateurs. Ceux qui écrivent contre la gloire veulent avoir la gloire d'avoir bien écrit, et ceux qui le lisent veulent avoir la gloire de l'avoir lu; et moi, qui écris ceci, j'ai peut-être cette envie, et peut-être que ceux qui le liront l'auront aussi. » (*Pensées de Pascal*, ch. XXIV.)

On ne trouve jamais de ces confessions dans Chamfort. Les vices qu'il censure, les ridicules qu'il relève, il ne les a jamais vus que dans les autres. C'est moins l'amour de la vérité qui l'a conduit dans ses recherches utiles, que la haine des choses et des personnes qui ont offensé ses regards. Il a plus écrit par humeur que par philosophie.

« C'est la plaisanterie, » dit Chamfort, « qui doit faire justice de tous les travers des hommes et de la société. C'est par elle qu'on évite de se compromettre, c'est par elle qu'on met tout en place (il faut : à sa place), sans sortir de la sienne. C'est elle qui atteste notre supériorité sur les choses et sur les personnes dont nous nous moquons, *sans que les personnes puissent s'en offenser*, à moins qu'elles ne manquent de gaieté ou de mœurs. La réputation de savoir bien manier cette arme donne à l'homme d'un rang inférieur, dans le monde et dans la meilleure compagnie, cette sorte de considération que les militaires ont pour ceux qui manient supérieurement l'épée. J'ai entendu dire à un homme d'esprit : « Otez à la plaisanterie son empire, et je quitte demain la société. C'est une sorte *de duel où il n'y a pas de sang répandu*, et qui, comme l'autre, rend les hommes mesurés et plus polis. » (*De la société.*)

Pascal et Chamfort s'accordent à regarder la plaisanterie qui offense comme mauvaise; mais ils diffèrent dans les motifs qu'ils en donnent. Chamfort veille davantage sur la perfection de la plaisanterie, sur le succès du plaisant, sur la sûreté qu'elle donne à l'homme de mérite dans la société (1). Pascal est plus occupé de l'amélioration du cœur, de la sûreté de la conscience, de la satisfaction de l'homme de bien (2).

3.

Toute l'attention, toute la philosophie de Chamfort paraissent s'être tournées uniquement vers ces vues : échapper au ridicule, se dérober aux liens du mariage, se soustraire à

---

(1) « C'est une règle excellente à adopter sur l'art de la raillerie et de la plaisanterie, que le plaisant et le railleur doivent être garants du succès de leur plaisanterie à l'égard de la personne plaisantée; et que quand celle-ci se fâche, l'autre a tort. » (Chamfort, *Pensée* 79.)

(2) « L'homme aime la malignité, mais ce n'est pas contre les malheureux, mais contre les heureux superbes. L'épigramme de Martial sur les borgnes ne vaut rien, parce qu'elle ne les console pas, et ne fait que donner une pointe à la gloire de l'auteur. Tout ce qui n'est que pour l'auteur ne vaut rien : *Ambitiosa recidet ornamenta*. Il faut plaire à ceux qui ont les sentiments humains et tendres, et non aux âmes barbares et inhumaines. » (*Pensées de Pascal*, ch. XXXI.)

l'autorité des gens de fortune, à la domination des gens en puissance, à celle des hautes naissances, à celle des gens de lettres.

4

Chamfort est plein de plaisanteries fines et piquantes ; mais la Rochefoucauld est plein d'idées grandes et profondes ; Vauvenargues, d'idées élevées ; Pascal, d'idées sublimes.

Chamfort est plaisant, gai, piquant ;

Vauvenargues plus élevé ; la Rochefoucauld plus profond ; Pascal grand, fort, sublime.

5

L'expression de Chamfort est toujours juste, exacte, souvent forte ; la contexture de sa phrase est toujours correcte, même élégante ; mais toutes ses pensées ont la même forme, et son ton ne varie que de l'amertume à la gaieté.

— Quelle différence entre lui et la Bruyère ! Il n'est point de tours dans la langue, point de mouvements dans le style, que la Bruyère n'ait employés avec succès. Il n'est point de ton qu'il n'ait pris avec intérêt. Il sait être pathétique, piquant, par sa gaieté ou son humeur.

Chamfort marque son empreinte à l'emporte-pièce ; la Bruyère fait un tableau où il répand de la richesse, de la variété.

6

Il affectait un profond mépris pour les chiens, parce qu'il les trouvait serviles et rampants, et beaucoup d'estime pour les chats, parce qu'il leur trouvait un caractère plus libre et non moins d'attachement.—Un jour, pendant qu'il discourait sur ce sujet, son chat saute sur les genoux de la personne à qui il parlait, et cette personne s'aperçoit que le chat a les ongles rognés jusqu'au vif : c'était une précaution de Chamfort contre la liberté des griffes.

7

Ducis lui laissait voir quelque désir d'avoir le cordon noir. — « *Eh ! mon ami*, lui dit Chamfort, *tu ne l'auras pas plutôt qu'il faudra le porter !* »

8

Chamfort disait à Rulhière : « *Je n'ai jamais fait qu'une méchanceté.* » — Rulhière répondit : « *Quand finira-t-elle (1) ?* »

---

(1) (*Note de l'éditeur.*) Mademoiselle Arnould appelait plaisamment Chamfort : *Don Brusquin d'Alga-*

9

Il disait dans ses derniers temps : « *La Révolution est comme un chien perdu que personne n'ose arrêter.* »

10

FRAGMENT D'UNE LETTRE DE M. BAUDIN (*des Ardennes*) A M. ROEDERER, SUR CHAMFORT.

....Chamfort réunissait ce qu'il y avait de répréhensible dans l'épicurien comme dans le cynique ; c'est combler la mesure, et tel était le caractère, telle fut la conduite de Chamfort. Il avait les goûts, les besoins et les habitudes d'Aristippe ; il aimait les délices ; il avait recherché les grands, s'était assis à leur table, avait aspiré aux faveurs de la fortune ; comme Diogène aussi, dont il avait adopté dans ces derniers temps la malpropreté rebutante, qui n'est pas la simplicité philosophique ; il s'irritait contre le protectorat dans les jours de la puissance des protecteurs, et il les déchirait de fureur lorsqu'ils étaient renversés. C'était une offense dont il conservait le ressentiment aigre, que d'avoir été appelé *mon cher Chamfort* par Condé. Pourquoi, lorsque les préjugés reçus marquaient une distance qui n'était alors contestée de personne, s'irriter d'une expression qui ne rappelait pas cette distance d'une manière outrageante ? ou plutôt pourquoi, quand on est si jaloux de *l'égalité*, ne pas se borner à vivre avec ses égaux ? La vérité est que Chamfort n'en voulait point ; il avait une prétention à la supériorité qui le rendait ennemi de toutes les distinctions qui n'étaient pas en sa faveur. S'il eût vécu sous un prince ami des lettres, et, ce qui eût été bien plus essentiel pour Chamfort, ami des gens de lettres, vous ne l'eussiez pas vu, comme Boileau, s'estimer heureux d'approcher du trône, s'applaudir des bienfaits qu'il en eût reçus, et les payer de flatteries : il eût envié la couronne de son bienfaiteur, comme il était jaloux du mérite de ses concurrents ; et l'homme qui décriait le citoyen la Harpe, qui méconnaissait la perfection des vers du citoyen Delille, n'eût pas été souper cordialement avec Molière et la Fontaine, dont il a fait l'éloge, et dont Boileau le Satirique était l'admirateur et l'ami. Le courroux de Chamfort *contre les carrosses qui écrasent les passants* n'était point l'indignation de *l'honnête homme à pied* contre *le faquin en litière* : il aurait fort goûté *l'autre façon d'aller*, comme l'âne du meunier, et je lui rends la justice qu'il n'aurait pas voulu *écraser les passants*, mais il se serait plu beaucoup à les humilier.

Cet amour-propre insupportable, qui le dominait et faisait son tourment, rendait sa société fatigante, pour ne rien dire de plus. Il choisissait d'abord dans

---

rade, parodiant ainsi le titre du roman : *Don Guzman d'Alfarache*, et caractérisant en même temps la brusquerie du personnage.

un cercle ceux qu'il jugeait dignes de l'écouter ; tout le reste était écrasé d'un mépris insultant. Il craignait, avec une affectation marquée, de mésallier sa conversation, et s'affranchissait sans scrupule sur ce point des bienséances les plus indispensables. Cette conversation, à laquelle les seuls privilégiés brevetés par lui pouvaient prendre part, n'était qu'une déclamation véhémente et outrée, non pas telle que celle de Juvénal, auquel on sait gré de tonner contre le vice, ni telle encore que celle du *Misanthrope* de Molière, auquel on pardonne d'être brusque et bourru parce qu'on aime sa droiture : les diatribes de Chamfort ne décelaient qu'un *frondeur mécontent*, et c'est, de toutes les espèces de déclamateurs, la moins faite pour intéresser. Vous avez cité de lui quelques traits qui ont réussi par leur précision et leur énergie ; il en est d'autres qui caractérisaient... la sottise, car je ne trouve point de terme qui convienne mieux, par exemple, à celui-ci : Le 2 septembre 1792, à quatre heures, en bien dînant, quand tout s'agitait à Paris pour aller repousser les Prussiens à Châlons, il s'écriait avec un ris sardonique : *Ah! oui*, ON DIT *qu'il y a des Prussiens!*

S'il s'est arrêté sur la doctrine des poignards, ce ne fut qu'après l'avoir trop accréditée ; et peut-on pardonner à un homme de lettres de n'avoir pas invariablement soutenu que le crime non-seulement ne fut jamais nécessaire à l'établissement de la liberté, mais qu'il en a retardé les progrès !

Le détachement de Chamfort, que vous peignez sous des couleurs favorables, n'était au fond que le dépit d'un enfant mal élevé, qui, ne pouvant obtenir les joujoux qu'il désire, met en pièces ceux qu'il avait déjà. De plus, ce détachement n'était pas si absolu qu'il l'eût empêché de se ménager le crédit de l'estimable citoyenne Rolland, et d'obtenir la place très-utile de garde de la Bibliothèque nationale, à laquelle, au surplus, il avait droit par ses connaissances littéraires. Ses services en révolution se bornent à quelques écrits pour l'évêque d'Autun, dont il était le coloriste ; son mérite en littérature est incontestable, mais ne le placera jamais au premier rang.....

———

(17 germinal an III. — 6 avril 1795.)

LETTRE DE M. DE CHATEAUBRIAND A M. ROEDERER.

« Un malheureux banni recommande à l'indulgence de M. Rœderer le petit ouvrage qu'il a l'honneur de lui envoyer. — CHATEAUBRIAND (1). » (*Sans date.*)

———

(1) (*Note de l'éditeur.*) Lorsque mon père publia ses deux volumes de *Mémoires pour servir à une nouvelle histoire des règnes de Louis XII et de François Ier*, il en adressa un exemplaire à M. de Chateau-

LORD CORNWALLIS.

Prévention pour les choses de son pays : à Amiens, les gens de la suite du général Cornwallis faisaient venir de Londres leur viande et leurs pommes de terre. C'est ce que faisait autrefois M. de la Luzerne... (*Il tirait toutes choses de Paris pendant qu'il était ambassadeur à Londres.*)

———

D'ALEMBERT.

Suard et Devaines doutent que jamais d'Alembert ait eu mademoiselle de l'Espinasse. Ils m'ont dit que souvent elle le traitait fort mal, et au point d'humilier ses amis. Dupont (de Nemours) m'a dit que d'Alembert passait pour impuissant, et qu'on a quelque temps fait courir ce mot sur sa liaison avec mademoiselle de l'Espinasse : *Elle fait ce qu'elle peut pour réhabiliter la réputation de d'Alembert, qui n'a pas même effleuré celle de mademoiselle de l'Espinasse.* — (*Nota.*) L'amant de mademoiselle de l'Espinasse était le comte de Mora, Espagnol.

———

LE GÉNÉRAL DESAIX.

I

Le général Desaix est né à Saint-Flour, il y a trente-huit ans. Il a été élevé à l'École militaire. Il était né noble ; et cette remarque n'est pas inutile, car, après nous être guéris des préjugés qui dégradaient ce qu'on appelait les plébéiens, il faut guérir de celui qui a proscrit ce qu'on appelait les nobles. Il était, avant la Révolution, officier au régiment de Bretagne. Il a servi, depuis le commencement de la guerre, sans interruption. Il était d'une simplicité de caractère admirable. Il aimait la guerre comme art ; il s'échauffait en racontant les actions où il s'était trouvé ses yeux : alors devenaient étincelants de génie. Ceux qui conversaient avec lui familièrement éprouvaient une surprise agréable en l'entendant passer subitement du récit d'une bataille à des sujets d'histoire naturelle. Jamais il ne s'est mêlé

briand, en l'accompagnant d'un billet calqué, ou à peu près, sur celui que je viens de rapporter. Alors les positions respectives étaient devenues inverses : M. de Chateaubriand étant en grande faveur, et mon père en grande disgrâce.

d'aucune de ces intrigues qui ont souillé la révolution. Il a combattu uniquement pour la gloire du nom français. Il ignorait jusqu'aux dénominations de ces époques trop multipliées dont se glorifiait chaque parti. Il souriait aux prétentions de ces sectes, dont chacune attachait à son triomphe passager le salut de la république. Il connaissait en revanche tous les champs de bataille, toutes les belles manœuvres, tous les actes d'héroïsme qui illustreront les premières années de la république. Après l'armistice de Léoben, le général Desaix partit de l'armée du Rhin, et se rendit à Milan auprès du vainqueur de l'Italie, pour visiter les lieux où trois armées autrichiennes avaient été ensevelies. A son arrivée, Bonaparte fit mettre à l'ordre de l'armée ces deux lignes : « Le général en chef avertit l'armée d'Italie, « que le général Desaix est arrivé de l'armée « du Rhin, et qu'il va reconnaître les positions « où les Français se sont immortalisés. »

L'expédition d'Égypte n'avait pas eu lieu lorsqu'il recevait cet honorable suffrage ; et c'est après avoir acquis dans cette autre carrière tant de nouveaux droits à la considération des braves, que ce guerrier mourant regrettait de n'avoir *point assez fait pour vivre dans la postérité.* Ce furent ses dernières paroles. L'histoire, loin de les confirmer, les recueillera, pour relever, par ce témoignage d'une rare modestie, un talent supérieur, un caractère sans tache, une bravoure réunie à tous les dons du génie.

(*Journal de Paris* du 3 messidor an VIII. — 22 juin 1800.)

2.

(*Note de l'éditeur.*) Mon père avait une estime particulière pour le général Desaix. Aussi, indépendamment de l'article qu'on vient de lire, il avait recueilli un assez bon nombre de renseignements sur son héros ; il avait commencé à les mettre en ordre, mais il ne termina pas cette notice, qui offre néanmoins assez d'intérêt pour l'ajouter ici.

Desaix est né à ....., près de Riom, département du Puy-de-Dôme, en 1768.

Il était d'une famille noble, et l'on a bien fait de remarquer cette circonstance. Elle servira à entretenir une salutaire horreur pour les proscriptions.

Il a été élevé à l'école militaire d'Effiat, en Auvergne.

Il en est sorti en 1784, pour rejoindre à Grenoble le régiment de Bretagne, corps distingué par sa bravoure et sa discipline.

Il s'est dévoué à la révolution, malgré les préjugés d'une partie de sa famille, à laquelle il ne resta pas moins attaché.

En 1792, il fut aide de camp du général Victor de Broglie, bon citoyen, et qui mourut victime de son nom.

Adjudant général au mois de mai de la même année.

Il fut blessé le 21 août 1793, à Lauterbourg : une balle, qui lui passa au travers de la joue, lui cassa trois dents.

Pendant la campagne de l'an III, en Allemagne, tandis que l'armée bloquait Mayence *d'un côté*, Wurmser, qui était sur le haut Rhin à la tête d'un corps de troupes considérable, cherchait à passer ce fleuve pour envahir le département du Haut-Rhin. Il avait fait d'immenses préparatifs dans ce dessein, et les circonstances politiques semblaient favoriser cette invasion. Mais le général Desaix, qui lui était opposé, sut si bien lui en imposer par des mouvements de troupes judicieusement combinés, qu'il fit échouer son projet, et que le général autrichien, quoique connu par son caractère entreprenant, n'osa pas seulement en tenter l'exécution.

Dans la campagne de l'an IV, Desaix eut d'abord le commandement du centre de l'armée du Rhin, et de la réserve de cavalerie. Il décida, par sa bravoure et son habileté, l'affaire de la Rehbach, du 26 prairial. On sait qu'elle fut le prélude et le présage des grandes victoires qui signalèrent cette campagne.

Il commanda le passage du Rhin, qui eut lieu le 6 messidor dans la nuit, et il fut exécuté avec une extrême audace.

Il eut part à toutes les batailles qui furent données à la suite.

Dans les marches de l'armée jusqu'au Necker, du 23 messidor au 4 thermidor, aux combats d'Esslingen et de Canstadt, du 3 thermidor, il eut le commandement de l'aile gauche de l'armée du Rhin.

Il était au passage du Leck et à la bataille de Friedberg, le 7 fructidor.

Ce fut lui qui eut la principale part au combat de Geisenfeld, du 15, où l'ennemi fut repoussé.

La marche triomphante de l'armée, des bords du Rhin à ceux du Danube, s'arrêta le 24 fructidor; et alors commença cette belle retraite, où le soldat par son tranquille courage, et Moreau par son habileté, ont mérité d'être à jamais cités dans l'histoire de l'art militaire.

Il eut une grande part à la victoire de Biberach, du 11 vendémiaire an v, qui coûta à l'ennemi 5,000 prisonniers, 18 pièces de canon et 2 drapeaux.

Desaix repasse le Rhin à Brisach, et vient prendre le commandement en chef du fort de Kehl, à la fin de l'an IV.

Le 2 frimaire, les troupes françaises firent une sortie qui fut fatale aux Autrichiens : on leur fit 700 prisonniers, on leur prit 7 pièces de canon et 2 obusiers, et on encloua 15 bouches à feu, faute de chevaux pour les ramener.

Ce fut dans cette affaire que le général Moreau reçut une balle morte à la tête, et que le général Desaix eut un cheval tué sous lui et une forte contusion à la jambe.

Ce ne fut qu'après 115 jours d'investissement, et 50 jours de tranchée ouverte, qu'il rendit Kehl à une armée nombreuse, fière d'avoir forcé son ennemi à la retraite, commandée par un prince à qui sa naissance donnait un pouvoir magique sur des soldats ployés à la plus rigoureuse discipline, et qui avait déployé tout l'appareil d'un grand siége contre des retranchements informes et un fort, mal bâti en terre, et avoir perdu plus de 6,000 hommes.

La longue résistance de Kehl a puissamment contribué aux succès de l'armée d'Italie et à la prise de Mantoue.

Desaix fut de l'expédition d'Égypte avec Bonaparte.

Il eut une grande part à la prise de Malte.

Il contribua au succès des batailles de Rahhmânyéh, Chébr'keïs et des Pyramides; il a seul commandé la campagne de la haute Égypte, et en a fait la conquête.

A l'occasion des premières victoires de l'armée d'Égypte, Bonaparte lui fit présent d'un poignard d'un beau travail et enrichi de diamants, sur lequel sont gravés ces mots : *Prise de Malte. Bataille de Chébr'keïs. Bataille des Pyramides.*

Le 27 thermidor an VII, après la conquête de la haute Égypte, Bonaparte lui envoya un beau sabre, sur lequel il avait fait graver : *Conquête de la haute Égypte.* «Recevez-le, je « vous prie, » lui écrivit Bonaparte, « comme « une preuve de mon estime et de la bonne « amitié que je vous ai vouée. »

Je l'ai vu une seule fois dans ma vie ; c'était le 12 ventôse an VI; il s'agissait alors d'une descente en Angleterre. Bonaparte devait la conduire. Desaix venait de faire une tournée sur les côtes de l'Ouest par ordre du gouvernement; il arrivait de Brest, où il avait été chargé de voir et de suppléer les dispositions faites pour la descente. La conversation s'établit bientôt sur l'état de la marine française, dès lors déplorable. Desaix indiqua plusieurs causes de la dégradation où elle était tombée. En voici une qui me frappa, et qu'en rentrant chez moi j'écrivis en marge d'un chapitre de *l'Esprit des lois*, où Montesquieu explique pourquoi la marine des Anglais est supérieure à celle des autres nations :

« Il faut reconnaître franchement, me dit-il, « la funeste méprise où l'on est tombé, il y a « quelques années, en soumettant le corps de « la marine au même régime que l'armée de « terre. C'est le principe de l'égalité même « qui sollicitait quelques distinctions pour la « marine. Quelque peu que le gouvernement « fasse pour nous autres généraux, il fait assez; « notre récompense est toujours dans nos suc- « cès : nous avons pour spectateurs de nos « batailles tous les habitants des pays que nous « défendons; leurs bénédictions se mêlent aux « chants de la victoire; nous avons sous les « yeux leurs propriétés conservées, leurs fem- « mes et leurs enfants préservés; nous jouis- « sons de la reconnaissance de tous : qu'avons- « nous besoin de plus pour la gloire et pour le « bonheur? Il n'en est pas de même d'un ami- « ral : il combat, et personne ne le voit que les « combattants mêmes; il a pour détracteurs et « l'ennemi auquel il fait face, et souvent des « envieux auxquels il commande. Prend-il un « vaisseau, une flotte entière? l'État entier « jouit de cet avantage, et pas un seul indi- « vidu ne lui dit : *Je vous dois la possession de « mon champ, de ma maison, ma vie, celle « de ma femme, celle de mes enfants.* S'il est « vaincu, peu de gens déposent de sa vaillance; « peu de gens écoutent ceux qui en parlent, « personne ne prend la peine de le consoler.

« Ainsi, pour qu'il y ait quelque égalité entre
« la condition du général d'armée et l'amiral,
« il faut que le gouvernement fasse pour celui-
« ci ce que les citoyens font pour le premier;
« il faut qu'il lui tienne lieu d'opinion publi-
« que, ou, pour mieux dire, il faut qu'il offre
« sans cesse le marin à l'attention publique,
« qui le cherche moins, l'observe moins, le juge
« moins bien que le général; en un mot, il faut,
« pour l'égalité, que le marin ait des distinc-
« tions; et ici, comme en bien d'autres cir-
« constances, l'égalité absolue serait une vé-
« ritable lésion de l'égalité de droit. »

Ce langage m'a frappé non-seulement par sa
justesse et sa profondeur, mais aussi par le désintéressement de celui qui le tenait, puisque
Desaix était général dans l'armée de terre, et
plus encore pour la noblesse de caractère et la
hauteur d'esprit qui s'élevaient au-dessus d'un
préjugé partagé par le gouvernement d'alors,
qui était un enfant de tous les préjugés nouveaux, et n'était pas un enfant ingrat.

Ne croyez pas que je compose en ce moment
ce discours pour plaire à la douleur publique :
je l'imprimai, tel qu'on vient de le lire, dans
le *Journal de Paris* du 12 ventôse an VI (2 mars
1798), le lendemain du jour où je l'entendis.
Je ne fais que le transcrire aujourd'hui. Je ne
nommais pas Desaix ; je le désignais seulement
par ce mot : un *général illustre*, et je ne signai
point.

5

NOTES ÉPARSES SUR DESAIX.

Ami des sciences, des arts et des lettres.
Bonne éducation.

Il aimait les contes de revenants, comme
tous les héros aiment ce qui tient à l'imagination.

Enfant sur la gloire, il était jaloux, étant
général, de n'être pas capitaine.

Il avait 2,000 fr. de patrimoine : il ne l'a ni
diminué, ni augmenté.

Il voit venir 300 ennemis : il court sur eux
presque seul ; il est fait prisonnier.

Il envoie attaquer une redoute : ses soldats
reviennent, disant qu'ils ne peuvent. Il saute
par delà le fossé, et l'ennemi lui rend les armes.

Il aimait passionnément la musique.

Il disait à Denon en Égypte : « Mon ami,
combien nous aurons de choses à nous dire le
reste de notre vie ! »

Il donne quand il a peu, et même quand il
n'a rien. « *Donne-lui 50 sequins*, disait-il à un
de ses officiers. — *Mais nous n'avons pas le
sou ! — En ce cas, donne-lui-en 25 !* »

DROUOT.

1

Plombières, 3 août 1828.

Le général Drouot, le Phocion du siècle,
aujourd'hui, 3 août, à Plombières, m'a fait une
visite. Après avoir parlé de mes occupations
habituelles à l'occasion d'une comédie historique que je travaillais à mettre au net (*le
Budget de Henri III*), il me parla aussi de ses
occupations, et me dit : « Depuis 1814 j'aurais
été bien malheureux si je n'avais pas su aussi
m'en faire une ; j'ai brûlé, il y a trois mois, six
mille pages de manuscrits, je n'en ai gardé que
trois ou quatre cents qui me restent encore.
C'était le récit des événements dont j'ai été témoin : il s'agissait, pour la plus grande partie,
des événements militaires. — Je me persuade,
lui répondis-je, que les trois ou quatre cents
pages qui vous restent contiennent la substance
de ce que vous avez sacrifié. — Ce n'est pas
tout à fait cela. J'ai brûlé ce qui, depuis la
même époque, a été écrit par d'autres avec autant de vérité et d'exactitude que j'aurais pu
en mettre, et plus de talent. — Je me hâte de
vous demander, mon général, le titre de ces
écrits-là ; que je me les procure. — D'abord
les 19 volumes du général Mathieu Dumas;
ensuite 4 volumes de Jomini ; 4 de Pelet ; l'ouvrage de ..., aide de camp de l'empereur
Alexandre, souvent plus honorable à nos armées que les écrits de nos historiens français;
l'ouvrage de Ségur, quoique d'un style un peu
romanesque ; celui de Gourgaud, plein de bonnes choses, quoique mêlé d'amertume et d'injustices pour M. de Ségur, à qui on ne peut
contester d'être un brave officier.

« Il faut ajouter l'ouvrage de M. Fain, qui
est excellent. »

Telle fut la réponse du général Drouot.

2

Notes éparses, dans un agenda de poche, sur le général Drouot.

Plombières, le 1er août 1830.

J'ai reçu à neuf heures le *Moniteur* des 29 et 30 juillet, nos 210 et 211, qui ne contenait que sept lignes pour annoncer l'existence d'une commission provisoire nommée pour la sûreté des personnes et des propriétés.

Étant la seule personne à Plombières qui reçût le *Moniteur*, il en fut pris sur-le-champ cinq copies qui se répandirent dans la ville.

2 août. — On annonce le retour de M. de Bonneval, colonel des cuirassiers de la garde, qui nous avait quitté la veille et avait été arrêté à Nancy. Il est revenu prisonnier sur parole du général Drouot, commandant la garde nationale à Nancy. — *Sept heures du soir.* Le soir j'ai reçu et lu au même moment à haute voix, sous les arcades, le *Moniteur* du 31 et le *National.* Il y avait un grand concours autour de moi. Lorsque je lus l'article du *National* portant que le duc de Chartres était arrivé à Montrouge, une jeune femme s'est écrié : *C'est un joli garçon, cela ne gâte rien !* On rit.

Le 3. Parti de Plombières à huit heures et demie du soir.

Le 4. Arrivé à Nancy à dix heures et demie. Tous les clochers de la route que nous avons vus, depuis le lever du soleil, portaient le drapeau tricolore. — Le général Drouot est nommé commandant de la 5e division militaire.

A une heure et demie. — J'ai été chez le général Drouot; il était sorti. Rentré chez moi, je lui écris pour lui demander un moment d'entretien. Au moment que ma lettre partait, il est venu à mon hôtel.

Visite du général Drouot... vingt minutes... embrassements... détails de santé. — *Le général :* « J'ai été quarante-huit heures sur pied à la Ville... Je n'aurais pas cru pouvoir aller jusque-là... mais deux heures de plus m'auraient tué. J'ai éprouvé une prostration de forces absolue. M. le lieutenant général (*le duc d'Orléans*) vient de m'adresser des lettres de commandant de la 5e division militaire; j'ai refusé. Ce serait la chose impossible de faire ce service. — Mes regrets fondés sur l'utilité de ses conseils. — *Le général :* A quelle heure dînez-

vous? — A quatre heures. — Si après votre dîner vous voulez venir à mon ermitage, nous causerons. — De grand cœur. » — J'ai reconduit le général jusqu'au bas de l'escalier. Tous les gens de l'hôtel y étaient assemblés pour le voir. On lui a ouvert les deux larges battants vitrés qui ferment le vestibule, et il est monté dans sa voiture.

Le même jour, 4, à cinq heures et demie, la maison du général hors la ville.

C'est une jolie habitation, d'une modestie parfaite. On entre dans une petite cour d'environ vingt-cinq pieds, où il y a une remise et une écurie. On passe de cette cour dans un long jardin potager d'environ sept ou huit toises de largeur et d'une trentaine de longueur, divisé en carreaux cultivés en potager. L'allée du milieu conduit de la porte d'entrée de la cour à la porte du milieu de la maison, qui a trois croisées sur chaque face. C'est une maison toute socratique : partout des estampes représentant ou la vie ou la mort de l'empereur, et d'autres sujets patriotiques, tels que le jeu de paume de 1789.

Notre conversation reprise sur les affaires du temps.

Le duc d'Orléans lui a envoyé, il y a trois jours, un de ses aides de camp pour l'engager à venir à Paris; il a refusé, alléguant l'impossibilité physique de faire le voyage de Paris. Il me l'a fortement alléguée sur mes objections, et m'a *donné sa parole d'honneur* de la vérité.

Je lui ai parlé des prétendants qui allaient se présenter :

1° Les républicains, qui veulent un président. Il a compté cela pour peu. Il me dit : *Niaiserie de...!*

2° Les bonapartistes. Il n'a rien observé pour cela.

3° Les orléanistes, qui veulent le duc d'Orléans roi. Il m'a dit: *Vous en oubliez un : le duc de Bordeaux.*

On vint lui annoncer un officier venant de Metz. Je suis allé me promener dans le jardin pendant cette audience. « Nous en étions au duc de Bordeaux, » ai-je dit. — Le général me dit nettement: *J'ai fait serment à la Charte; la Charte m'engage au duc de Bordeaux.*

———

(*Note de l'éditeur.*) Une méprise, qui ne pouvait être réparée par un *erratum*, m'oblige à placer ici un *carton*. Je saisis cette occasion pour réparer l'omission qui a été faite de huit articles, bien qu'il doive en résulter une interversion dans l'ordre de leur placement.

I

BAUDIN DES ARDENNES.

Camus, et d'autres amis de Baudin, s'occupent du soin de rassembler ses ouvrages. Ils se proposent d'extraire de ses discours au corps législatif toutes les choses d'un intérêt général et durable, et ils en trouveront beaucoup de ce genre. Le discours qu'il avait commencé sur la résolution relative aux négociations de paix, et dont on a lu des fragments à la tribune, n'aurait pas été le moins intéressant de ses écrits. Il devait y rassembler un grand nombre d'anecdotes propres à dévoiler des factieux qui, depuis quelque temps, ont eu le secret de se donner une importance qui leur était refusée par leur caractère et leur peu de talent. A la dernière séance de l'Institut où il est venu, il a dit à plusieurs de ses confrères, au sujet de ces factieux : *Je leur arracherai le masque, et même la peau !*

(*Journal de Paris*, du 13 brumaire an viii, — 4 novembre 1799.)

II

D'UNE MACHINATION CONTRE BOISSY-D'ANGLAS.

Boissy-d'Anglas nous a adressé avant-hier soir une lettre que le défaut de temps nous a empêché de faire connaître, et que le défaut d'espace nous empêche de publier tout entière. Nous en imprimerons du moins les principaux détails ; ils sont propres non-seulement à faire connaître ses ennemis, mais encore à montrer ce que sont les petits hommes, les petites âmes, les petits esprits, dans les grandes places, et à faire voir comment tel, qui n'eût été qu'un tracassier dans son ménage, et dans la société un trigaud, devient dans un corps considérable un machinateur dangereux.

« Hier matin, dit Boissy, au moment où la séance allait s'ouvrir, le représentant du peuple Bailleul, le *Journal des hommes libres* à la main, parcourait rapidement les corridors du conseil des Cinq-Cents, la salle des conférences, les vestibules, etc., et, se glissant au milieu de quelques députés que le froid réunissait autour des poêles, leur annonçait la grande découverte d'un contrat de constitution de rente passé, tout nouvellement, en faveur

des enfants de Boissy-d'Anglas, au nom de *Louis-Stanislas-Xavier*, autrefois *Monsieur*, aujourd'hui prétendant au trône de France.

« On peut imaginer l'effet que produisait une pareille nouvelle, même sur ceux qui sont les moins disposés à ajouter foi aux discours de Bailleul. — *Cela ne se peut pas*, disaient les uns ; *cela est impossible*, disaient les autres. — *C'est encore un mensonge de Louvet ou de Poultier. — Le fait est certain*, répliquait Bailleul en souriant, et il montrait le *Journal des hommes libres. — On cite le notaire qui a reçu l'acte ; vous voyez que l'accusation est positive. — Très-positive*, répétaient à la fois deux ou trois personnes qui paraissaient avoir un grand désir de la trouver telle. — *Quand je vous disais, il y a quelques jours, à la Bibliothèque*, poursuivait un autre, *que plus de cent députés avaient leur lettre de grâce dans leurs poches et le prix de leur trahison assuré, vous leviez les épaules, vous me traitiez de fou ; eh bien ! avais-je tort ? Oh ! vous en découvrirez bien d'autres ; je suis sûr que, si ou compulsait tous les dépôts publics de Paris, on verrait que Henry Larivière, Lanjuinais, Dumolard, Pastoret, etc., n'ont pas été plus maltraités que Boissy-d'Anglas, et on sentirait la nécessité d'une grande et prompte mesure.— Il faut convenir*, murmurait tout bas un assistant, *que c'est une étrange manière de conspirer que de le faire par-devant notaire*. Et tous d'ajouter : *Il faut mettre Boissy en jugement. Certainement Drouet ne fut pas aussi coupable. — Il n'est pas temps*, répliqua, dit-on, Bailleul ; *il n'est pas temps.* Et il rentra dans la salle, où la séance venait de s'ouvrir... »

Boissy nous apprend ce qui donna lieu à ce mouvement. Il était autrefois officier dans la maison de *Monsieur*. En 1790, sa charge fut supprimée, et comme *la fortune ennemie* pouvait bien forcer un prince *à supprimer* ses officiers, mais à les payer, non, *Monsieur* passa à Boissy-d'Anglas, *au commencement de 1791, chez Gondouin, notaire*, rue des Quatre-Fils, un contrat de 55,000 livres, portant 10 pour 100 d'intérêt, en viager sur la tête de ses quatre enfants. Notez que la charge avait coûté 50,000 livres, et qu'il y avait cinq années de rentes arriérées.

Plût au ciel que la sottise, l'ignorance, la vanité, la cupidité, le besoin de places et d'argent, la crainte de châtiments mérités, ne tramassent jamais de conspiration plus dangereuse que celle dont Boissy-d'Anglas est capable.

(Journal de Paris, du 30 frimaire an v. — 20 décembre 1796.)

III

FROCHOT.

Quand le citoyen Frochot a été présenté au premier consul avec quelques autres préfets, le premier consul leur a dit : « Un des motifs qui m'ont fait nommer le citoyen Frochot à la préfecture de Paris, c'est qu'ayant été maltraité par la Révolution il n'est pas moins resté constamment attaché à ses principes, et qu'étant devenu administrateur de son département après y avoir été longtemps persécuté, il n'y a persécuté personne. »

(Journal de Paris, du 20 ventôse an viii. — 11 mars 1800.)

IV

D'UN ORDRE DU DIRECTOIRE CONCERNANT LA FAYETTE.

C'est un fait très-certain et très-honorable au directoire qu'il a autorisé le général Bonaparte à réclamer la liberté de la Fayette et de ses compagnons.

Mais la justice oblige de dire aussi que le général Bonaparte y était personnellement très-disposé. Il était digne du grand capitaine et du citoyen généreux qui termine avec tant de gloire la révolution française de donner son appui au guerrier patriote qui l'a commencée avec tant de zèle, et des intentions si pures et si nobles.

Quelques mauvais esprits, unis à de plus mauvais cœurs, s'occupent déjà de la destinée à venir de la Fayette, comme d'un sujet d'inquiétude. *Rentrera-t-il en France? Peut-il y rentrer? La réclamation officieuse, mais non officielle, de sa liberté, n'est pas, ne peut pas être un rappel dans sa patrie, d'où le repoussent les lois contre les émigrés? Il a un parti en France!...* Déplorables soucis! La Fayette n'est ni émigré, ni réfugié. Il est *contumace*, et la constitution assure au contumace la liberté de se représenter quand il lui plaît ; elle anéantit même à son retour toute procédure formalisée contre lui, tout jugement rendu, exécuté contre son effigie et sur ses biens. Cette vérité n'est point inutile à rappeler, parce qu'elle doit avoir plus d'une application.

Quant au parti de la Fayette, il est absurde d'en parler aujourd'hui comme d'un parti distinct de celui de la constitution républicaine.

L'exemple du sort que lui ont fait éprouver deux têtes couronnées n'est-elle pas la plus forte leçon de républicanisme qui puisse être donnée à tout Français qui s'est montré en 1789 ami de la liberté? N'est-il pas évident, pour tout homme qui a pris à la Révolution la part la plus louable, qu'il est criminel aux yeux de tous les rois? Comment donc croire que la

victime même qui nous sert d'exemple et de leçon méconnaisse jamais une vérité que nous lisons dans chaque ligne de sa malheureuse histoire!

Il y a longtemps que nous l'avons dit, et c'est un grand malheur que le gouvernement n'ait pas voulu l'entendre : les vrais amis, les amis nécessaires de la république, sont les constitutionnels de 1789. Les circonstances actuelles prouvent incontestablement que leur cause est commune avec les républicains irréprochables, et les plus défiants révolutionnaires commencent enfin à regretter de s'en être si longtemps séparés.

Au reste, convenons-en franchement, s'il est dû de la confiance et de l'estime aux hommes qui ont commencé la Révolution par de nobles motifs et dans des vues utiles, c'est à ceux qui la terminent, qui mettent en état de réparer les désastres qu'elle a entraînés, de jouir des bienfaits qu'elle a promis; c'est à ceux-ci qu'en appartient la gloire. Clore une révolution est plus difficile que de la commencer; vaincre tous ses ennemis est plus difficile que de les provoquer; ramener et attacher toutes les passions à l'ordre est plus difficile que de les déchaîner toutes contre quelques désordres, et d'abandonner quelques abus à leurs désordres mêmes. Les premiers constitutionnels, j'ose le dire, n'ont eu que des intentions pures; mais nous devons tous être modestes, et tout nous dit de l'être.

Si la république française, si l'opinion décernent en ce moment d'autres couronnes que celles qui sont dues à Pichegru, à Moreau, à Hoche, à l'immortel Bonaparte, c'est sur la tête de madame de la Fayette qu'il faut les poser toutes. Cette femme est l'honneur de son sexe et de son siècle; elle est une des plus précieuses possessions de la république française; c'est elle qu'elle peut offrir en exemple à toutes les épouses, à toutes les mères. Puissent les dépositaires de l'autorité nationale mettre assez de prix aux mœurs et aux vertus domestiques pour honorer dignement celle qui en est l'impérissable modèle.

(Journal de Paris, du 13 floréal an v. — 2 mai 1797.)

V

MOTION

FAITE DANS LA CHAMBRE DES COMMUNES
DU PARLEMENT DE LA GRANDE-BRETAGNE,
En faveur de la Fayette et de ses compagnons
d'infortune.

Voici enfin ces débats dont nous avons déjà donné un extrait. Nous osons assurer qu'on ne trouve d'exemple, dans aucune de nos assemblées nationales, d'une discussion aussi vive et en même temps aussi décente, d'un débat où la logique des deux parts ait été aussi pressante, les mouvements aussi variés et aussi véhéments, et où il y ait eu plus d'urbanité dans les formes. Le parti de la cour et celui de l'opposition y déploient le talent convenable à leur rôle. On y voit M. Pitt s'imposant une réserve prudente, mais, par la dignité de son langage, élevant cette réserve au-dessus des soupçons de fausseté et de perfidie. On y voit d'un autre côté M. Fox se laissant aller à toute l'impétuosité de son caractère, mais en homme sûr de la justesse de son esprit : on ne sait ce qu'on doit admirer davantage en lui, son abandon ou sa retenue.

Après une lecture réfléchie de ce débat, il nous est resté dans l'esprit qu'à tort on accusait le cabinet de Saint-James de la détention de la Fayette. Il nous semble clair, d'après les déclarations de M. Pitt, que cette réponse de l'empereur à madame de la Fayette : *J'ai les mains liées,* ne peut se rapporter qu'à des demandes qui lui auront été faites par le prétendant. Ce n'est, en effet, qu'au prétendant qu'il pouvait convenir d'avoir la Fayette et ses compagnons d'infortune en réserve pour exercer sur eux un grand acte de justice royale ; c'est aussi ce prétendant seul qui, par ses rapports de parenté avec l'empereur, avait une espèce de titre pour exiger de lui une grande victime au nom de leur commune famille ; c'est enfin au prétendant seul que l'empereur a pu croire qu'il devait une telle condescendance. Je ne conçois pas trop ce qui a pu empêcher, sinon les ministres du roi d'Angleterre, au moins quelque orateur de leur parti, de faire au moins entrevoir cette vérité.

On s'accorde généralement, à Londres et à Hambourg, à dire que M. Lally-Tollendal est le traducteur du débat que nous annonçons. S'il est permis de prononcer sur ce point d'après l'élégance, la douceur et l'harmonie du style, ce qu'on dit n'est pas douteux.

(Journal de Paris, du 19 messidor an v. — 7 juillet 1797.)

VI

LE GÉNÉRAL MALO.

Le général de brigade Malo est traduit en jugement pour avoir injurié gravement un membre du directoire. Une destitution peut être une injustice ; mais, quoi qu'on en dise, dans une république, et surtout dans le militaire, ce n'est point une flétrissure qui autorise ou excuse des outrages envers l'autorité qui destitue. Dans la république l'honneur doit être dans la vertu qui respecte les lois, et non dans cet amour des honneurs et des distinctions de rang et de grades qui fait qu'on tient à sa place et point à la patrie. Boulay a été fort mal entendu sur ce sujet. Mais qu'y faire ? Montesquieu a eu le même malheur ; témoin les querelles que lui ont faites Voltaire et tous les amis du baron d'Holbac.

(Journal de Paris, du 8 fructidor an v. — 25 août 1797.)

VII

TALLEYRAND.

L'arrêté qu'on va lire est important sous les rapports de la politique et de la religion. Il a pour objet un bref de sécularisation donné par l'autorité ecclésiastique et sanctionné par l'autorité civile.

Cette mesure n'est pas nouvelle dans l'histoire ; il n'y a pas d'État en Europe qui n'en offre des exemples. Ils ont tous eu pour motifs des circonstances particulières, qui excitaient la cour de Rome à se départir des maximes d'invariabilité qui sont dans l'essence des institutions qu'elle préside. Mais dans l'exemple actuel il y a cela de particulier que les motifs de la condescendance du chef de l'Église se trouvent moins dans les conséquences de la faveur qu'il accorde que dans les événements qui l'ont précédée.

Un citoyen distingué par des services éminents rendus à son pays, éloigné par les circonstances, par la nature même des services qu'il a rendus à l'État et à l'Église, de la carrière à laquelle il a été voué dans son enfance, s'est cru, *par le fait,* hors de cette carrière, dans une époque où personne en Europe ne savait plus distinguer le point qui détermine la limite de tous les droits.

La religion a été rétablie en France, et son empire s'est consolidé en Europe. Les anciens rapports qui existaient entre le pouvoir religieux et le pouvoir politique ont été renoués, et de ce moment il a été reconnu que tout citoyen qui n'était pas un homme privé, qui tenait à l'État par des services rendus et par des services à rendre, qui était enfin particulièrement attaché au gouvernement par une place importante, ne pouvait convenablement s'affranchir seul de la dépendance individuelle qui le soumettait, comme ecclésiastique, aux divers degrés de la hiérarchie romaine.

Telle est la considération qui a motivé le recours au chef de l'Église.

Arrêté du 2 fructidor an X.

« Les consuls de la république, vu le bref du pape Pie VII, donné à Saint-Pierre de Rome le 29 juin 1802 ;

« Sur le rapport du conseiller d'État chargé de toutes les affaires concernant les cultes, le conseil d'État entendu, arrêtent :

« Le bref du pape Pie VII, donné à Saint-Pierre de Rome, le 29 juin 1802, par lequel le citoyen Charles-Maurice Talleyrand, ministre des relations extérieures, est rendu à la vie séculière et laïque, aura son plein et entier effet.»

(*Journal de Paris*, du 4 fructidor an x. — 22 août 1802.)

VIII

TURGOT.

Il y a, disait Turgot, *dans la nature humaine, deux passions qui sont bien bêtes :* LA PEUR, *qui jette toujours dans le danger ;* LA VANITÉ, *qui jette toujours dans le ridicule. Les autres passions font assez bien leurs affaires.* — Je tiens ce mot de M. Dupont de Nemours.

———

I

DUPONT DE NEMOURS. — LA ROCHEFOUCAULD. — CONDORCET.

Aujourd'hui (7 *germinal, an* VII —27 *mars* 1796), Dupont de Nemours, qui part avec toute sa famille pour l'Amérique septentrionale, qui part à peu près ruiné, et par le besoin de réparer ses affaires, mais avec la noble ambition de fonder une colonie et ensuite une république, me disait : *Mon ami, je n'ai plus que cette ressource : je vais régner pour vivre !*

2

CONSPIRATION D'ORLÉANS.

En travaillant, ces jours derniers, à remettre en ordre des papiers que la Commune du 10 août m'a rendus bien brouillés, bien souillés, bien dépouillés des plus intéressants, j'ai retrouvé plusieurs lettres qui m'ont été écrites par la Rochefoucauld (*le duc*) et Condorcet. Je vais en publier deux qui me paraissent propres à jeter du jour sur le caractère, les principes et la conduite de ces deux hommes si dignes de regrets, et sur leurs rapports mutuels dans les derniers temps de leur existence.

Voici la lettre de Condorcet ; elle est de la fin d'avril 1791, peu de jours après [le projet de voyage du roi à Saint-Cloud, époque où les patriotes sentirent la nécessité de se réunir contre la cour.

« Je suis tout prêt à me rendre demain aux Jacobins, pourvu que M. R. veuille bien m'en procurer les moyens. En qualité d'ancien confrère, je n'ai pas besoin de présentation, mais seulement d'un nouveau billet. Je le prie de se charger de cet arrangement. Je crois que M. de la Fayette ira aussitôt que son affaire sera finie (*il avait donné sa démission de la place de commandant général, et les sections le pressaient de la reprendre*). Il ne faut pas qu'on dise qu'il s'est refait jacobin pour rester général. J'espère M. de la Rochefoucauld ; il est vrai que l'on a chez lui beaucoup d'aversion pour les jacobins, et cela ne doit pas étonner ; *on n'est pas à portée de suivre* les *mouvements*, les *séparations*, les *réunions*, les *élévations* et les *chutes du parti populaire*.

« On a prétendu que … devait être présenté par le duc de Chartres ; cela avait refroidi mon zèle, car les prétentions royales de cette plate famille ne peuvent que nuire à la bonne cause. Mais j'ai appris que c'était un *quiproquo*, et que le futur monarque n'en était encore qu'à la dignité de piqueur *du chapitre* (*il était* CENSEUR, *c'est-à-dire huissier chargé d'inscrire ou de nommer les causeurs*), et que nous en serons quittes pour être inscrits sur son registre, ce qu'on peut tolérer pour le bien public. »

On voit dans cette lettre ce que Condorcet, à qui l'aristocratie en 1789 et la démagogie en 1793 ont reproché d'être de la faction *d'Orléans*, pensait et du *père* et du *fils*, et de *toute la famille*.

On y voit ce que Condorcet, à qui l'on a reproché son jacobinisme outré, pensait des jacobins. C'était à ses yeux une assemblée méprisable, *un chapitre*, une confrérie, mais une réunion nécessaire contre la cour, plus méprisable encore et alors bien plus dangereuse.

Voici maintenant la lettre de la Rochefoucauld ; elle est du 1er de l'an 1792, de huit mois postérieure à celle de Condorcet.

Pour bien l'entendre, il faut savoir quelques faits antérieurs.

Le Rochefoucauld, dans le temps de la révision, s'était retiré des jacobins, croyant qu'il était temps d'arrêter le mouvement et de briser les instruments de la Révolution. Condorcet, au contraire, avait cru plus nécessaire alors que jamais d'y rester, considérant la *révision* comme le rajeunissement de la tyrannie.

Il était dans cette idée lorsqu'on le nomma à la législature ; ses *opinions* à la tribune, ses articles dans la *Chronique*, s'en ressentirent. Convaincu que la tyrannie allait recommencer une vie de plusieurs siècles, qu'une insurrection nouvelle était nécessaire pour la renverser, il parut accorder à plusieurs opinions violentes et tyranniques du parti populaire l'appui de son nom et de son talent ; il croyait cette complaisance nécessaire pour le retenir à la cause de la liberté; c'était d'ailleurs une de ses opinions, que les erreurs du peuple et sa tyrannie ne pouvaient être que passagères.

La Rochefoucauld prit de l'humeur; quelques injures qui lui furent dites dans le *Patriote* l'irritèrent: persuadé que Brissot n'écrivait que d'accord avec Condorcet, il rompit avec celui-ci; mais le souvenir, peut-être même le sentiment toujours vif d'une amitié de trente années, au sein de laquelle s'étaient communiqués tant de bons principes de morale et de politique, oppressait l'âme de la Rochefoucauld; il avait un besoin continuel d'exhaler ses plaintes contre Condorcet, et il ne laissait échapper aucune occasion de soulager ce besoin. Il s'adressait de préférence aux personnes qu'il savait être alors liées avec celui-ci, et j'étais du nombre. A l'époque où il m'écrivit la lettre qu'on va lire, l'assemblée législative venait de faire son décret contre les prêtres insermentés, que depuis seulement on appela tous indistinctement *réfractaires*, et qu'on poursuivit indistinctement comme tels. Condorcet paraissait avoir traité ce décret avec indulgence dans la *Chronique;* et moi, convaincu qu'en ma qualité d'administrateur du département de Paris, je n'avais autre chose à faire qu'à travailler à l'exécution des lois, j'avais refusé de me joindre au directoire du département, dont la Rochefoucauld était président, pour demander au roi de refuser sa sanction. La Rochefoucauld avait le cœur gros de ces circonstances, lorsqu'il m'écrivit la lettre qu'on va lire.

Il faut dire encore (et j'en suis fâché, puisque c'est parler de moi) que cette lettre répond à un billet dont j'avais accompagné l'envoi de diverses brochures dont j'étais l'auteur, que j'avais publiées *avant* et depuis la révolution, et qu'il m'avait demandées. Je lui observais que je n'avais pas attendu le 14 juillet 1789 pour mériter le titre qu'on donnait en 1792 aux *antiréviseurs*, parmi lesquels je m'honore d'avoir été, le titre d'*enragé;* et qu'ainsi je n'étais pas du moins un enragé de commande ou de circonstance. Voici la lettre :

« Je m'empresse de remercier mon cher collègue, car (tout *enragé* qu'il est) je suis un de ses défenseurs de son présent. Je sais qu'il

a toujours aimé la liberté; et comme, quoi qu'en puisse dire le *Patriote français* et quelques autres, je l'ai toujours aimée aussi, je suis toujours disposé à pardonner, même ce que je crois leurs erreurs, à ses véritables amis. Mais cet amour, ainsi que l'autre, se modifie d'après les caractères, et je conviens que la *rage* n'est pas le mien, et que je la crois non pas utile, mais très-nuisible. Je pense avec Voltaire, qui en valait bien un autre,

Que les cœurs opprimés ne sont jamais soumis.
Que le vrai Dieu... est un Dieu qui pardonne.

« *Je pense que la liberté appartient à tous; que l'inquisition, la violence et l'injustice n'appartiennent à personne, et sont incompatibles avec la liberté.*

« Si je vois des gens que je crois de bonne foi soutenir d'autres principes, je les plains. Si ce sont des hommes éclairés, leur bonne foi a pour moi besoin de plus de preuves. S'ils ont soutenu longtemps ces principes, et s'ils les abandonnent en continuant de les croire bons, je les méprise. Voilà ma profession de foi, je la fais depuis vingt-cinq ans, et j'en ai quarante-huit.

« J'ai déjà lu plusieurs des morceaux que vous m'envoyez. Mais je ne connaissais pas celui de 1788, et je le lirai avec intérêt. Concourons tous au bien, mon cher collègue, c'est le souhait du bon an pour les bons citoyens, et rendez toujours justice à mon sincère attachement.   « La Rochefoucauld.

« 1er janvier 1792. »

On peut juger par cette lettre que si Condorcet avait trop bonne idée du parti populaire, la Rochefoucauld n'en avait pas une assez mauvaise, ou n'était pas assez occupé de l'esprit de la cour et de la position où les manœuvres du château mettaient la liberté publique.

Mais on voit en même temps quelle force de morale, quelle habitude de vertu, quelle inflexibilité de principes éloignait la Rochefoucauld de toute condescendance aux tyrannies populaires, même alors qu'il pouvait paraître nécessaire de les opposer à une tyrannie plus dangereuse. Les maximes qu'énonce sa lettre sont d'éternelle vérité; les accusations d'aristocratie trop souvent répétées contre ceux qui les professent, doivent enfin s'évanouir devant elles. Tous les hommes honnêtes doivent concourir aujourd'hui à les remettre en honneur, soit qu'ils aient cru nécessaire ou excusable de les oublier un moment, soit qu'ils y aient été fidèlement attachés. Condorcet, s'il existait encore, les scellerait de son sang.

Condorcet, la Rochefoucauld, votre mémoire est également chère aux amis de la liberté ! Le respect public réunira vos images, malgré le dissentiment qui vous a séparés au terme inattendu de votre carrière ; les mêmes hommages seront rendus à vos ombres réconciliées. Votre marche dans les voies de la révolution n'a pas toujours été la même, mais vos vues ont été pareilles ; tous deux vous avez servi votre patrie, tous deux vous avez péri pour elle. Vous la servirez encore l'un et l'autre. En ce moment même elle vous appelle. Apparaissez au milieu de nous ; ombre de Condorcet, humiliez de votre rire méprisant ces valets d'habitude qui ont l'impudeur de s'avouer royalistes ; ombre de la Rochefoucauld, accablez de vos paroles augustes ces persécuteurs qui ont l'hypocrisie de se dire patriotes, et ces prédicateurs de tyrannie qui se vantent de popularité.

(Journal de Paris, des 2 et 3 prairial an III. — 21 et 22 mai 1795).

3.

(*Note de l'éditeur.*) Quinze mois après la publication de cet article, mon père dut reprendre la plume pour traiter la même question, M. Dupont de Nemours, qu'il aimait et estimait, ayant reproduit dans un journal l'ancienne accusation de conspiration contre le duc d'Orléans, conspiration qu'il supposait toujours existante et agissante. Voici la réfutation de cette assertion, que publia mon père dans son *Journal d'économie publique, de morale et de politique*, le 6 septembre 1796 (20 pluviôse an IV). Je n'en retranche que les phrases déjà insérées dans le précédent article, et dont la répétition serait inutile.

A la page 304 du tome III de cette collection, j'ai placé le récit que fait mon père d'une conversation qu'il eut quatre ans plus tard avec le premier consul, qui l'interpellait sur ce qu'il pensait de l'existence de la *faction d'Orléans*. — Mon père, on le voit, était fort bien préparé pour répondre à cette interpellation, et pour affirmer, comme il le fit, que, dans sa conviction, s'il y avait eu une *conspiration d'Orléans, le duc n'en était pas*.

4.

Une lettre, insérée dans le *Journal de Paris* du 18 thermidor, assure que la *faction* d'Or-

léans n'est qu'une *fiction*, rien de plus, rien autre chose. Elle ajoute qu'une secte de républicains l'inventa contre une autre, pour la faire servir à une accusation de royalisme.

Nous sommes absolument de cet avis ; et le déclarer, c'est répondre à ceux qui nous ont attribué la lettre dont nous venons de parler, quoiqu'elle fût signée d'un E, et que notre usage soit de signer, et souvent en toutes lettres, tous les articles dans lesquels nous attaquons quelque opinion accréditée ou quelque personnage puissant.

Dupont (de Nemours), que nous avons vu aveugle, pendant l'assemblée constituante, sur des intrigants qui le trouvaient, à la vérité, trop chaste pour l'initier dans leurs desseins secrets, Dupont a trouvé le moyen de voir cette faction d'Orléans que nous ne voyons pas : il a écrit contre la lettre du *Journal de Paris* dans *l'Historien* du 25 thermidor ; il y dépose, dit-il, cette vérité *qu'il pourrait prouver*, savoir, que la faction d'Orléans est *présentement en activité, et seule en activité* contre le gouvernement ; et il ajoute, que les jacobins n'ont jamais été autre chose que la faction d'Orléans.

Depuis longtemps nous trouvions important pour la morale, pour la réconciliation générale, ou du moins pour l'oubli des anciennes animosités, de dissiper toute erreur sur ce sujet. L'article de Dupont ne fait qu'ajouter à l'intérêt de cette entreprise : le fantôme que son imagination trompée a indiqué, des passions méchantes ne manqueraient pas de le faire servir à leurs desseins.

Nous pensons que la faction d'Orléans a toujours été *faction* sans action ; que, toujours peu nombreuse et toujours subalterne, elle a beaucoup espéré et rien entrepris ; que longtemps les jacobins ont été très-étrangers aux vues de cette faction, dont, au reste, le duc d'Orléans lui-même n'a jamais été... que l'imagination seule peut se figurer encore la faction d'Orléans ; que la haine, la vengeance peuvent seules avoir intérêt à y faire croire ; que sa supposition ne peut servir qu'à ceux qui ont besoin d'un cadre odieux, pour y placer un ennemi incommode, et pour y pousser traîtreusement des complices malheureux, sans abandonner le reste du parti. L'un en a besoin pour y placer Babeuf, l'autre pour y placer Sieyès et Condorcet, tous les ennemis de la liberté, pour y placer indistinctement tout ce qui a été jacobin ; comme s'il n'y avait pas eu les jacobins de Bailly, de la Fayette, de la Rochefoucauld, avant qu'il existât des jacobins de Robespierre ! comme si les jacobins féroces qui ont ravagé la France n'avaient pas immolé, pour premières victimes, ceux-là même qui avaient eu le malheur de regarder une société populaire comme nécessaire à la liberté ! erreur, ou plutôt imprudence qui a été commune à toute la France, et que j'avoue avoir partagée.

Non, Babeuf n'est pas de la faction d'Orléans ; c'est un maratiste. Non, quoi que disent les ennemis de Condorcet, et quoi que fassent les gens qu'on dit être amis de Sieyès, ni Condorcet ni Sieyès n'ont jamais été de cette faction. Non, tous les membres de la première société populaire qui s'est formée en France, n'ont pas été complices ou agents de cette faction ; non, cette faction n'a présentement aucune existence.

Veut-on bien juger de ce qu'on dit aujourd'hui d'elle et de ses prétendus membres, et de son identité avec tout ce qui a jamais tenu à la société des jacobins ? Qu'on lise la lettre que je vais transcrire : elle est de Condorcet ; je puis en montrer la minute, qui est toute de sa main. On verra si tous les jacobins de 90 et 91, si Condorcet en particulier, étaient des *orléanistes* ; et on pourra conclure des imputations fausses qui se répètent aujourd'hui contre cet homme dont les talents, l'âme excellente, les travaux utiles et la fin tragique mériteront l'intérêt de la postérité, que bien d'autres faussetés se rencontrent encore dans ce qu'on dit de la faction d'Orléans. Voici cette lettre. — *(Elle est rapportée dans l'article précédent.)*

On voit dans cette lettre, comme je l'ai déjà observé ailleurs, ce que Condorcet, à qui l'aristocratie en 1789, et la démagogie en 1793, et l'une et l'autre en 1793, ont reproché d'être de la faction d'*Orléans*, pensait et du *père* et du *fils*, et de *toute la famille*.

On y voit ce que Condorcet, à qui l'on a reproché son jacobinisme outré, pensait des jacobins. C'était, à ses yeux, une assemblée méprisable en soi, un *chapitre*, une *confrérie*; mais il les regardait comme une réunion nécessaire contre la cour, plus méprisable encore, et alors bien plus dangereuse ; et il croyait le sort de la liberté attaché à l'existence de cette

société. Son opinion était aussi, comme on voit, celle de la Fayette et du respectable la Rochefoucauld, et de bien d'autres qui ne doivent point étonner après ceux-là.

C'est ainsi que tous les jacobins ont été des furieux ; que tous ont été des orléanistes ; que Condorcet l'a été, que Sieyès l'est encore : ce qui prouve jusqu'à l'évidence qu'il existe *présentement* une faction d'Orléans, et qu'elle est en pleine activité !

Écrivains qui vous êtes imposé l'honorable tâche de guider les hommes à la vertu et à la raison, et de réduire les scélérats au silence, donnez l'exemple du respect pour la justice et pour la vérité. Instruisez le procès du crime comme font les tribunaux ; jugez chaque prévenu séparément et avec circonspection. Confondre des accusés sous un titre odieux, pour tout condamner en masse, c'est proscrire et non pas juger ; c'est effrayer la probité sans confondre le crime ; c'est révolter tous les cœurs droits sans punir les cœurs pervers.

(Journal d'économie publique, de morale et de politique, du 20 pluviôse an IV. — 6 sept. 1796.)

FIÉVÉE.

1.

Paris, le 24 nivôse an IX (14 janvier 1801).

LE SECRÉTAIRE D'ÉTAT AU CITOYEN ROEDERER.

Le premier consul désire, mon cher Rœderer, que le citoyen Fiévée fasse un relevé, article par article, des inculpations qui se trouvent contre lui dans la conspiration anglaise, et qu'il mette en marge explication ou réponse.

J'ai répété, en faveur du détenu (1), ce que vous avez dit si bien au consul Lebrun. On m'a dit que j'étais *un Chouan*. J'ai, en conséquence, insisté davantage. Cette manière convient à cet homme excellent, qui ne cesse d'être juste que quand la justice commande d'être sévère.

H.-B. MARET,

---

(1) (*Note de l'éditeur.*) M. Fiévée était alors détenu au Temple. Ce fut sur l'intercession de mon père qu'il fut rendu à la liberté ; et ce fut sur le rapport suivant, demandé par le premier consul, qu'il reçut une mission. Plus tard, il fut nommé préfet, et en remplis-

2.

RAPPORT FAIT AU PREMIER CONSUL PAR
M. ROEDERER.

27 ventôse an x (18 mars 1802.)

Le citoyen Fiévée a du coup d'œil et du tact en politique, plutôt que des connaissances positives.

Il observera très-bien l'état et la marche de l'esprit public en Angleterre. Il jugera moins bien du mouvement de l'administration et du gouvernement.

Quant aux intentions qu'il portera dans un voyage en Angleterre, je suis persuadé qu'elles seront franches, pleinement conformes aux vues du premier consul et aux intérêts de la France. Je l'ai vu, en plusieurs occasions, s'indigner de la facilité qu'ont les Français à accorder aux Anglais quelque prééminence.

Je crois qu'il ne négligera aucune occasion de faire valoir son pays et son gouvernement.

Je crois surtout qu'il tiendra tous les engagements qu'il aura pris, parce qu'il est loyal, et parce qu'il n'est pas au monde un homme de quelque esprit qui ne mette plus de prix à la confiance du premier consul qu'à tout autre succès.

Fiévée est un homme d'environ trente ans. Il était imprimeur au commencement de la révolution.

Il a du talent pour écrire; il l'a appliqué alternativement aux affaires publiques et à des productions littéraires. Il a travaillé à la *Gazette de France*.

Il a imprimé plusieurs pamphlets, notamment sur les événements du 18 fructidor et du 30 prairial.

Il a imprimé deux romans assez bons, et fait des comédies assez jolies pour le Vaudeville et la Comédie italienne.

Son dernier ouvrage est intitulé : *Du 18 brumaire opposé au système de la terreur.*— C'est le meilleur de ses ouvrages. Le but en est louable, et plusieurs morceaux très-bien faits.

Il a voulu venger les armées de l'imputation d'avoir vaincu par terreur.

Il a voulu aussi établir qu'après le bouleversement de toutes les idées politiques, l'art de

gouverner ne pouvait renaître que de celui de commander dans les armées. Il montre, chap. VIII, comment la guerre d'Italie fut une étude continuelle de gouvernement, étude dont l'expédition d'Égypte ne fut que le complément.

Il jette, enfin, une idée utile : c'est que le gouvernement n'a pas moins à se défendre des prétentions de ceux qui l'ont servi, qu'à se préserver des ressentiments de ceux qu'a blessés la révolution.

Tout cela paraît fort juste. Du reste, l'ouvrage renferme beaucoup de paradoxes, et des choses offensantes pour bien des gens attachés au gouvernement, et donne une idée assez juste des autres écrits politiques de l'auteur. L'on y voit qu'il a toujours été opposé au gouvernement, quel qu'il fût, depuis 1789, et qu'il ne fait grâce de rien à aucune assemblée, pas même à l'assemblée constituante; aussi, a-t-il toujours été compté par l'opinion publique entre les ennemis de la révolution.

Les lettres de Dupéron, imprimées dans la conspiration anglaise, prouvent que les conspirateurs comptaient sur lui, et qu'il a consenti à travailler pour eux, en l'an VII. Mais je crois qu'il ignorait à quel parti tenait Dupéron, et qu'il entendait seulement s'engager à miner un gouvernement contre lequel beaucoup de bons citoyens ont conspiré. Je dois seulement observer que cela a confirmé le public dans l'idée qu'il avait antérieurement des principes de Fiévée.

Je crois, en résultat, que Fiévée aime le gouvernement actuel et le premier consul. Ses mœurs, son langage annoncent un homme loyal, et je pense qu'on peut compter sur son dévouement; mais sa chaleur à déprimer indistinctement toutes les choses et tous les hommes qui ont eu quelque part à la révolution, lui a fait beaucoup d'ennemis. D'ailleurs, il ne s'est jamais occupé d'administration; sa vie a été purement littéraire.

C'est un écrivain dont je crois que le gouvernement peut très-utilement employer la plume et le talent pendant quelque temps, et qui, après s'être réconcilié par ses écrits avec les hommes de la révolution, et acquis quelques connaissances d'administration, pourra être employé avec distinction.

------

sait les fonctions à Nevers lorsque arrivèrent les événements qui renversèrent le trône impérial, en 1814.

FONTENELLE.

Je me suis quelquefois demandé où s'arrêteraient les coups, si jamais une puissance suffisante se mettait en tête de punir, comme complices des assassins de 1793, tous les hommes qui, par leurs écrits ou leurs actions, auraient eu part à la révolution française ; et cette curiosité est, je crois, assez bien motivée par les furieuses menaces de quelques écrivains du jour, et par les petites décisions de quelques imberbes qui se déclarent les vengeurs de l'humanité et de la religion, contre la philosophie, confondant la révolution de 89 et celle de 1792, avec la contre-révolution de 1793, les *révolutionnaires* avec les assassins, les *réformateurs* avec les *révolutionnaires*, les hommes probes, éclairés et *sages*, avec les hommes probes, éclairés et *passionnés*, et avec les hommes sans probité, sans lumières et sans humanité.

J'ai cru reconnaître que ces redoutables juges accuseraient sans hésitation les législatifs de tout le sang versé par les conventionnels ; les constituants, de toutes les fautes commises et de tous les faux principes avancés par les législatifs ; les notables, de toutes les entreprises des constituants ; les hommes éclairés qui se trouvaient dans l'ancien clergé, dans la pairie, dans les parlements, au conseil, des propositions des notables ; les économistes, les encyclopédistes et les philosophes, de toutes les idées raisonnables des pairs, des évêques, des magistrats : qu'ainsi des partisans de Robespierre, on irait à ceux de Brissot ; de ceux de Brissot, à ceux de Mirabeau ; de ceux de Mirabeau, à ceux de d'Espréménil ; de ceux de d'Espréménil, à ceux de Malesherbes, de la Rochefoucauld, de Turgot ; de ceux-ci, à ceux de d'Argenson, de Voltaire et de Rousseau.

Assurément cette marche est grande, et parcourt bien du terrain. Mais pourquoi s'arrêterait-on à Rousseau et à Voltaire ? Je viens dénoncer un autre coupable. En relisant hier mon Fontenelle, je suis tombé sur un morceau qu'il a intitulé *Ma république*, et certes, je n'ai rien retrouvé là de la fadeur pastorale qui a été si souvent reprochée à ce philosophe bel esprit. Loin de là : j'y ai trouvé la révolution tout entière, comme vous allez voir.

Ouvrez avec moi le tome V de l'édition de Bastien, page 443.

D'abord, voici bien l'abolition de la noblesse à l'article 5, qui est ainsi conçu : *Il n'y aura ni nobles, ni roturiers.*

Voici, ensuite, les magistratures électives.

A l'article 7. *Chaque ville aura ses magistrats du premier ordre* (pour la police et les procès civils) ; *ils seront élus à la pluralité des voix de tous les pères de famille, non dans une assemblée, mais par des billets qu'on ira prendre dans les maisons.*

Les magistrats du second ordre (qui jugeront en dernier ressort les procès criminels, et ordonneront des édifices publics, des fêtes, des spectacles), *seront choisis par les trois ministres, entre les quatre plus anciens juges de chaque ville.*

Les magistrats du dernier ordre, ou ministres de l'État (voici bien notre directoire), *ne seront que trois, et en leurs personnes résidera la souveraineté. Les choses passeront entre eux à la pluralité des voix ; ils pourront déposer ceux du second ordre ; ils disposeront de la paix et de la guerre.* A la délégation de la souveraineté près, notre constitution ne dit pas autre chose.

Pour l'élection d'un des trois, les villes enverront chacune un député ; et tous ces députés choisiront dans le corps des conseillers d'État. Voilà bien le corps électoral du directoire, c'est-à-dire la législature.

Article 8. *Les trois chefs de l'État distribueront toutes les charges de l'armée, selon l'ancienneté des soldats, ou leurs belles actions. Les troupes ne seront payées que par des trésoriers qu'ils enverront.* Voilà encore d'autres attributions du directoire.

Article 10. *On érigera des statues aux grands hommes, en quelque espèce que ce soit* (voilà le Panthéon), *même aux belles femmes. On pourra même, pour une plus grande ressemblance, conserver leurs figures en cire dans un palais magnifique fait exprès* (voilà Charlotte Corday chez Curtius).

Article 11. *Les filles n'auront rien en mariage.* Ceci n'est pas encore institué ; mais cette loi viendra, ou les mœurs républicaines ne viendront pas. Je l'ai déjà dit à Cambacérès, qui n'a pas voulu m'entendre.

Suite de l'article 11. *Les femmes pourront répudier leurs maris, sans en pouvoir être répudiées. Mais elles seront un an après sans se remarier*. Voilà le divorce ; pas comme le nôtre, mais c'est toujours le divorce.

Article 12. *Donner souvent des spectacles au peuple, opéras, comédies, et quelques-uns aussi d'une espèce nouvelle* (le Zodiaque au Champ-de-Mars), *comme de représenter au vrai, et sur des mémoires que des savants donneraient* (la direction générale de l'instruction publique), *un triomphe de Romains, un sacrifice, etc.; faire remarquer en même temps au peuple le ridicule de tout ce qui serait opposé à ses mœurs et à son gouvernement.*

Enfin, voulez-vous un peu de loi agraire? En voici : Article 2. *Un homme qui offrira de cultiver les terres d'un autre mieux qu'il ne les cultive, y sera reçu, en payant au propriétaire le revenu qu'elles lui produisaient.* Monmoro a aussi dit cela, en 1793.

Je conclus donc que le procès doit être fait et parfait à Bernard de Fontenelle comme à un démagogue, digne prototype de Marat et de Chaumette, ainsi que Diderot, Rousseau, et autres scélérats du même genre.　　R.

(Journal de Paris, du 23 vendémiaire an v.
— 14 octobre 1796.)

GARAT.

1.

Élocution. — Nous déplorions, à un souper où était M. Garat, la difficulté que bien des gens avaient à s'énoncer dans la conversation : *J'ai connu des gens*, dit M. Garat, *à qui le don de la parole était tellement refusé, que non-seulement ils ne disaient jamais tout ce qu'ils voulaient dire, mais même que souvent ils disaient le contraire. Dans mon pays*, ajouta-t-il, *j'ai beaucoup vécu avec un chirurgien, homme de beaucoup d'esprit et de mérite, possédant son art dans la plus grande perfection... Eh bien! cet homme parlait si mal, qu'il ne pouvait jamais faire entendre sa pensée...* Ici M. Garat s'arrêta un moment; puis, reprenant avec beaucoup de sang-froid et de réflexion : *Et ce qu'il y avait*, dit-il, *de particulier dans cet homme, c'est ce qu'il écrivait de même.* — Nous éclatâmes tous de rire à ces derniers mots, et nous fûmes un quart d'heure à rire avant que M. Garat eût compris qu'il venait lui-même de nous donner l'exemple d'un homme qui disait le contraire de ce qu'il voulait dire.

2.

Pendant l'assemblée constituante, on parlait devant Garat des menées de la reine : *Quoi!* répondit-il, *vous croyez qu'elle serait insensible aux beautés de la constitution?*

———

MADAME DE GENLIS.

1.

LETTRE DE MADAME DE GENLIS EN FAVEUR D'UN HOMME QUI SAIT A PEINE LIRE ET ÉCRIRE.

Supposé qu'il n'y ait *point de place* à donner à cet homme, madame de Genlis m'invite *à en inventer* une, c'est-à-dire à trouver le moyen de faire payer par le roi, ou plutôt par le peuple, un homme inutile! Et puis, fiez-vous aux auteurs qui déclament contre l'abus de la faveur, et contre l'abus des deniers publics, et contre les ministres qui ruinent les finances pour plaire aux femmes! J'ai succombé au désir de plaire à madame de Genlis (parce que la reine s'est mise de la partie (1)). M... a été placé. — Voilà pourtant à quoi on est exposé quand on a dans sa vie une occasion de communiquer directement ou indirectement avec madame de Genlis.

LETTRE DE MADAME DE GENLIS.

« Je sais, monsieur, vos bontés pour M...; je dois avant tout vous remercier de cette bienveillance, qui m'est d'autant plus précieuse que je la dois à l'amitié de madame Rœderer. Ce témoignage d'intérêt ne saurait être infructueux pour l'honnête homme qui l'a reçu. Il n'y a *point de place!* Eh bien, monsieur, inventez donc quelque moyen d'employer utilement le mérite modeste et la vertu malheureuse! Pardonnez cette sollicitation qui serait étrange avec tout autre; mais il me paraît simple de vous demander une chose qui ne soit pas commune; il est, du moins, naturel de l'attendre de vous.

« Le vif et tendre intérêt que je prends à mad... et à son intéressante et charmante fa-

———

(1) (*Note de l'éditeur.*) Voir dans ce volume les lettres de la reine Julie des 18 mai et 9 juillet 1807. Ceci est écrit à Naples.

mille me ferait attacher un prix inestimable à cette grâce.

« Daignez, monsieur, me pardonner cette importunité, et ne pas douter de ma reconnaissance.

« J'ai l'honneur d'être, monsieur, votre très-humble et très-obéissante servante. — D. GENLIS.

« 12 février 1807. »

2.

Fragment.

... Ses personnages principaux sont tous des caractères forcés ou manqués. Alphonse n'est qu'un jeune homme très-ordinaire. Herminie est une Hermione, une amazone, une fanfaronne ; elle prend toujours un parti extraordinaire, y tient comme un homme d'État à un coup d'État, etc.

Si les personnages principaux sont mauvais, il faut convenir que les accessoires, dont on ne montre que les dehors, sont bien peints.

Le talent de madame de Genlis a été jusqu'à bien peindre quelques profils ; elle n'a fait que des caricatures des personnages qu'elle a voulu peindre de face et en attitude.

L'action est aussi désordonnée que les personnages sont bizarres : on passe tout son temps sur les grands chemins. Les événements marchent à coups de fouet de poste. Il faut avoir la carte générale de France pour suivre les acteurs et l'action.

Cette action, ou plutôt ce mouvement, prend tant de temps, qu'il n'y a rien pour les développements. Jamais on ne s'arrête sur une situation : rien qui en tire ce qui doit en sortir ; pas un trait d'âme. Madame de Genlis est toujours à côté de ses acteurs, comme un conducteur de diligence pressé qui dit : Allons, dépêchons, partons ; il faut arriver..... chez mon libraire.

3.

Suivant madame de Genlis, Bellegarde, Grammont et Bassompierre lisaient alternativement à Henri IV le *manuscrit* de l'*Astrée* du marquis de d'Urfé, qui n'était pas encore imprimé, et dont il accepta la dédicace. (*Histoire de Henri le Grand*, tome II, page 367.)

Madame de Genlis se trompe, le premier volume de l'*Astrée* avait paru depuis quelque temps quand Bassompierre le lisait au roi :

« Nous lui lisions, dit Bassompierre, le livre de l'*Astrée*, qui lors était en vogue. » (*Mémoires de Bassompierre*, tome I, page 144.)

(*Note de l'éditeur.*) Vérification faite dans le *Manuel du libraire* de Brunet, les trois premières parties de l'*Astrée*, dédiée à Henri IV, ont paru en 1610. — Henri IV est mort le 14 mai de la même année ; par conséquent ce pouvait être sur l'édition imprimée, que la lecture se faisait.

NOTICE BIOGRAPHIQUE
SUR
MADAME HELVÉTIUS.

Madame Helvétius est née en 1719, au château de Ligneville, en Lorraine.

Elle était fille du comte de Ligneville, alliée à la maison de Lorraine, parente de la reine Marie-Antoinette.

M. Helvétius la vit chez madame de Graffigny, si connue par ses *Lettres péruviennes*. Il fut frappé de sa beauté, et de la dignité avec laquelle elle supportait sa mauvaise fortune. Il lui offrit sa main, et l'épousa après avoir quitté sa place de fermier général.

Madame Helvétius l'aima passionnément ; elle l'aima toute sa vie.

Elle en eut deux filles, madame d'Andelau et madame de Mun.

Elle habita longtemps les terres de son mari, et plus ordinairement celle de Voré.

Alors son occupation habituelle était de visiter les pauvres et les malades, accompagnée d'un chirurgien et d'une sœur de la Charité.

On sait qu'Helvétius fut persécuté pour son livre de l'*Esprit :* un homme en crédit écrivit à sa femme pour l'engager à obtenir du philosophe une rétractation déshonorante. Elle repoussa sa proposition, en femme courageuse, résolue à s'expatrier, s'il le fallait, plutôt qu'à faire fléchir la conscience de son mari.

Une femme du monde disait, en parlant de madame Helvétius et de son mari : « Ces gens-là ne prononcent point comme les autres les mots de mon mari, ma femme, mes enfants. »

La mort de son mari fit passer en d'autres mains les terres où elle avait répandu ses bienfaits. Elle se retira à Auteuil, avec à peu près 20,000 fr. de rentes.

Elle prit alors la résolution de ne plus aller

dans le monde, et de fonder une maison aussi agréable que pouvait le permettre la modicité de son revenu.

Elle n'était plus assez riche pour aller chercher le plaisir chez les autres : elle trouva qu'elle l'était plus qu'il ne fallait pour en offrir chez elle. Elle renonça à ses nombreuses connaissances, et s'attacha des amis.

Des trésors nécessaires à sa bienfaisance, il lui restait sa bonté ; elle la répandit sur les animaux. Rendre plus heureuse un être sensible, était pour elle un besoin.

Sa maison était devenue depuis dix ans un assemblage de petites républiques d'animaux, dont elle était la providence.

On eût dit, à la voir causer avec ses chiens, ses chats, ses oiseaux, qu'elle avait avec eux des intelligences particulières ; elle avait, en effet, celles de la bonté avec la reconnaissance.

Quand elle parlait de leurs empressements, de leurs caresses, de leurs expressions d'amour pour elle, quelquefois on eût cru entendre la Fontaine, peut-être avec un charme de plus ; car il peignait le caractère des animaux, elle peignait ce qu'il y avait de bon dans leur âme.

Elle jugeait tout, elle agissait en tout par son cœur. Elle aima la révolution, parce qu'elle relevait, ennoblissait, rendait plus heureuse la partie la plus nombreuse et la plus honnête de la nation. Elle la détesta sans retour dès qu'elle vit qu'elle pillait et qu'elle massacrait.

Elle aima, en 1789, les hommes célèbres qui, de la France, firent une nation. Depuis, elle n'aima que celui qui, de cette nation, fit la grande nation.

Cette femme, qui aimait tant, disait sans cesse : *Je n'aime pas les femmes*, et elle disait vrai. C'est qu'elle les avait trouvées vaines et peu capables d'aimer, si ce n'est de cet amour intéressé, qui est l'amour proprement dit.

Elle se moquait des belles qui se font une affaire de leur beauté, comme d'un état à remplir. Sa beauté n'était pour elle ni une domination ni une servitude.

Elle se moquait des femmes beaux esprits et surtout des femmes auteurs ; elle était très-ignorante, et se vantait de l'être : persuadée que l'esprit des femmes doit être tout dans leur âme, comme l'âme des hommes dans leur esprit.

Elle se moquait des prétentions nobiliaires.

Le maréchal de B..., son parent, lui reprochait un jour de ne pas connaître sa famille, de ne pas prendre le deuil d'un parent illustre : « *Je ne sais si j'étais de sa famille,* » répondait-elle au maréchal ; « *mais saurait-il s'il était de la mienne ?* »

Soit abondance de sentiments, soit franchise naturelle à ceux qui se sentent bons, elle disait tout ce qui lui venait par la tête ; aussi, est-elle célèbre par son ingénuité.

Quoiqu'elle ne sût rien et ne réfléchît à rien de ce qu'elle disait, elle plaisait toujours et instruisait quelquefois. Sa maison a toujours été remplie d'hommes distingués. Laroche, Cabanis, Gallois, lui ont fermé les yeux. M. Franklin la venait voir tous les jours. L'abbé Morellet passa, pendant dix ans, trois jours de la semaine chez elle. M. Turgot l'aima tendrement. Chamfort, un des hommes de ces derniers temps qui avaient le plus d'esprit, et de qui l'on cite le plus de mots heureux, prenait un plaisir extrême à sa conversation. Souvent elle jetait, au milieu de discussions profondes auxquelles elle ne semblait point prendre part, des exclamations, des mots d'âme qui déroutaient bien des sophismes, avisaient de bons principes, et servaient à bien poser la question.

Quoique bonne et ingénue, ou plutôt parce qu'elle était bonne et ingénue, madame Helvétius disait quelquefois des choses très-piquantes. On pourrait dire d'elle mieux que de Boileau, non *qu'elle fit*, mais qu'elle

Dit, sans malignité, d'assez grandes malices.

Elle a été la plus heureuse des femmes, parce qu'elle est celle qui a le plus aimé ; elle sentait son bonheur, elle le vantait sans cesse, et encore, quelques jours avant sa mort, en disant *Voilà mes amis.*

Son dernier mot a été pour Cabanis, qui baisait et pressait ses mains déjà froides, en l'appelant ma bonne mère. Elle répondit : *Je la suis toujours.*

Elle est morte dans sa quatre-vingtième année, dans sa maison d'Auteuil, le 25 thermidor.

Elle a été inhumée dans son jardin. « *Vous ne savez pas,* » disait-elle un jour en s'y promenant avec Bonaparte, « *combien on peut trouver de bonheur dans trois arpents de terre.* »

Ceux qui hériteront de ce jardin pourront

dire, en se rappelant celle qui en fit ses délices, et les amis qui s'y entretinrent si souvent avec elle, et les grands hommes qui ont été l'y visiter : « Vous ne savez pas de combien de souvenirs doux et mélancoliques trois arpents peuvent être peuplés. »

(*Journal de Paris*, du 22 août 1800.)

(*Note de l'éditeur.*) Le portrait d'Isnard est au tome III, page 273.

JOUBERT ET MOREAU.

SUR LA MORT DE JOUBERT ET LES DANGERS COURUS PAR MOREAU.

Nos généraux ne sont-ils pas trop prodigues de leur vie ? La patrie, en pleurant un héros, ne trouvera-t-elle pas quelque chose d'immodéré dans sa bravoure ? Un général doit sans doute son exemple à son armée, mais il lui doit aussi son génie. Une armée française a plus besoin d'être dirigée qu'excitée ; lui conserver son chef, c'est la conserver elle-même. Un général n'a le droit de braver la mort que dans les occasions rares où il peut juger son dévouement plus utile que sa prudence, et la patrie ne lui doit compte d'un trait de bravoure, que quand c'est en même temps un trait de génie.

N'est-il pas excusable de rappeler ces principes, et d'élever les doutes qui les amènent, quand on considère et le guerrier que la république vient de perdre, et celui qui a manqué de tomber à côté de lui dans la même action, et tous ceux qui nous restent ?

Ah ! si l'on trouvait quelque chose d'accusateur dans cette hésitation à approuver un dévouement toujours digne d'admiration, et quelque chose d'ingrat dans ces réflexions dictées par la crainte de perdre nos dernières ressources, je dirais : Ce n'est pas seulement l'excès de la bravoure que je crains dans nos généraux, c'est un excès d'honneur qui, peut-être, les rend trop sensibles à la calomnie qu'ils voient attachée à leurs actions, lorsqu'ils tournent leurs regards vers la patrie qu'ils défendent. Dans ces derniers temps, tous nos fidèles héros, Moreau et Joubert eux-mêmes, ont été indignement accusés de trahison : qui osera assurer que, dans la certitude de la vic-

toire, ces âmes généreuses n'aient pas mieux aimé affronter la mort que la vie, et que cette préférence ne soit entrée dans les calculs des puissances qui soudoient en France la calomnie ?

(*Journal de Paris*, du 11 fructidor an VII. — 2 août 1799).

JÉRÔME LALANDE.

SUR LES RÉCLAMATIONS FAITES CONTRE LALANDE PAR DES GENS QU'IL AVAIT DÉSIGNÉS COMME ATHÉES.

Si Cartouche ou Desrues avaient déposé en face de la justice, ou écrit dans un testament de mort, que j'étais un de leurs complices, ou seulement que c'étaient mes principes sur le vol et l'assassinat qui les avaient entraînés dans le crime, et qu'ils citassent à l'appui de leur accusation des paroles claires et précises prétendues écrites de ma main ou sorties de ma bouche devant témoins, je me hâterais d'inonder les journaux de mes réclamations : j'en couvrirais les murs de Paris, de la France entière ; je défierais tous les prétendus témoins de se présenter à la justice ; je solliciterais le ministère public de me poursuivre, afin d'avoir le droit de les appeler et de les confondre s'ils confirmaient l'accusation, ou de confondre mes accusateurs s'ils la contredisaient... Et qui pourrait se plaindre de mes démarches ? Qui aurait le droit de les blâmer ? Prétendrait-on que j'excite un scandale gratuit ? que je me tourmente sans sujet ? que j'aie l'ambition de faire du bruit ? que je trouble la société pour faire parler de moi ? Non, sans doute ! Les gens de bien approuveraient, partageraient mes efforts pour conserver mon honneur.

Mais, si un homme écrit, dans un livre distribué sous le manteau, l'équivalent de cette phrase : *Mon opinion est que l'opinion de M... sur tel point de métaphysique ou de morale est telle...* ; si cet homme ne cite rien de moi qui puisse justifier son opinion ; si le public avait vu dans mes écrits des opinions opposées à celles que cet homme m'attribue ; si ce même homme avait déclaré entachés de l'opinion qu'il supposerait, d'autres hommes vivants ou morts, qui auraient hautement professé une opinion contraire, qui seraient morts martyrs de cette opinion ; si le livre où je me trouverais cité pour mon opinion, en vertu de l'opinion de mon dénonciateur, était donné et non vendu, donné clandestinement et non publié; si, enfin, ce livre était en opposition avec toutes les idées reçues, avec toutes les institutions accréditées, avec toutes les passions du temps, avec tous les intérêts du moment, de sorte que la publicité même de l'opinion dénoncée et de ses sectateurs ne fût dangereuse que pour ceux qui passeraient pour l'avoir embrassée; si l'auteur était d'ailleurs connu pour être attaqué de la manie de conscription antireligieuse, sans s'embarrasser si les conscrits répondront, oui ou non, à ses appels, et même sans faire d'appel; alors, certes, je regarderais comme un scandale inutile de publier sur les toits l'offense que j'aurais reçue dans un livre ignoré; je me garderais de toute démarche qui pourrait lui donner de la publicité; j'éviterais de provoquer par mon exemple, si peu imposant qu'il soit, une longue suite de réclamations qui seraient fort indifférentes au public, et par conséquent fort ennuyeuses, si le scandale de leur objet ne faisait illusion sur le peu d'importance de leur auteur.

LE COMTE DE LAURAGUAIS.

1.

Revoyant, après la terreur, Lauraguais que j'avais beaucoup vu avant la révolution, je lui demandai ce qu'il pensait des hommes célèbres du temps? — *De qui parlez-vous?* — *De Sieyès, par exemple?* — *Caverne!* — *Chénier?* — *Taverne!*

2.

Ma femme lui demandait, en 1788, si mademoiselle Arnould était riche? — Il répondit: *J'ai dépensé cent mille livres de rentes pour lui en faire soixante mille. Elle n'a jamais pu en faire plus de vingt.*

LAVOISIER.

Le Lycée des arts a célébré, le 15 de ce mois, la fête funèbre annoncée en l'honneur de Lavoisier.

Nous ne rapporterons de cette fête que quelques mots de la notice lue par Fourcroy, sur la vie et les ouvrages de ce savant.

Lavoisier est né à Paris le 16 août 1743. A vingt-trois ans, il fait un mémoire sur le meilleur moyen d'éclairer une grande ville : ce mémoire est couronné par l'Académie des sciences. A vingt-cinq ans, il est reçu membre de ce corps.

Après avoir composé sur une foule de questions d'intérêt public des mémoires qui font partie de la collection de l'Académie, il est fixé à la chimie, par la découverte des *fluides élastiques*, qui devait changer la face de cette science, et lui donner sur toutes les sciences physiques une influence nouvelle. Lavoisier répète les expériences de Black, de Cavendish, de Macbride et de Priestley; il en fait de nouvelles; il étend les observations et les multiplie; il perfectionne et les procédés et les instruments chimiques; il perfectionne même l'art de raisonner en chimie, et le soumet à une précision jusqu'alors connue aux seuls mathématiciens. Bientôt il a constaté ou détruit les observations de ceux qui l'ont précédé, rempli les vides qu'ils ont laissés, uni tous les faits importants, et créé un corps complet de doctrine où tout s'accorde et se tient.

Lavoisier consacra son temps, sa fortune, fit servir ses amis même, au progrès de la chimie. Il a souvent réuni, dans son magnifique laboratoire, les hommes les plus célèbres et les plus éclairés de l'Europe entière dans les sciences physiques et mathématiques. Ces réunions ont produit un résultat mémorable pour les sciences physiques, celui de faire adopter par les physiciens la manière de raisonner des géomètres, et de leur faire contracter l'habitude de la précision et de l'exactitude.

Cette école a duré de 1776 à 1792, et sa plus grande activité a été de 1780 à 1788. C'est dans cette période, à jamais fameuse par une grande révolution politique, que s'est opérée une révolution non moins complète dans la chimie. Les théories anciennes ont été renversées. La doctrine vague et incertaine du phlogistique a disparu. La doctrine pneumatique a été solidement instituée, et avec elle l'école française, qui s'est chargée de la maintenir et de la répandre. Quarante mémoires de Lavoisier, renfermés dans les vingt volumes de l'Académie qui répondent à la période de 1772 à 1793, attestent ses travaux. Les *Éléments de chimie*, qu'il a publiés en 1789, rassemblent et toutes ses découvertes et tous les procédés auxquels il les doit, ce qui n'est pas moins précieux; car, perfectionner la *méthode*, qui est l'instrument de toutes les connaissances, est peut-être plus utile encore que d'enrichir une science particulière. Cet ouvrage renferme une nomenclature nouvelle, qui a été convenue avec plusieurs chimistes français; et il n'est pas inutile d'observer que, dans l'avertissement qui est à la tête du livre, Lavoisier rend ce témoignage important au principe de Condillac, qu'en chimie, comme en toute autre science, l'art de bien raisonner *se réduit à parler correctement une langue bien faite.*

Lavoisier, par un phénomène qui prouve peut-être combien les sciences *bien apprises* laissent d'espace libre dans l'entendement, et s'y attirent les unes les autres, au lieu de s'exclure, réunit à ses occupations volontaires diverses fonctions publiques dans lesquelles il montra une égale capacité. Il fut administrateur éclairé dans les fermes; il fut régisseur des poudres, en même temps que membre de l'Académie; il fut membre de l'assemblée provinciale de l'Orléanais, administrateur de la trésorerie nationale, associé aux travaux du comité des contributions publiques de l'assemblée constituante, comité pour lequel il a fait (à ma prière) son excellent travail sur les richesses territoriales de la France. Il a été membre du bureau de consultation; commissaire pour l'établissement des nouvelles mesures. Exact, assidu, attentif partout où il était appelé, comme s'il n'eût pas eu d'autre affaire. Il avait toujours ou une vue neuve à proposer, ou une vue fausse à combattre, ou une manière démonstrative de justifier la chose établie; et sa modestie, qui semblait défendre de remarquer tant de mérite, n'était pas moins étonnante que son mérite même.

A ces avantages d'un esprit supérieur, Lavoisier joignit les plus touchantes qualités de l'âme. Il assistait en secret une foule de malheureux; il aidait de ses conseils et de son argent les jeunes gens sans fortune qui se vouaient aux sciences. Simple et pur dans ses mœurs, modéré, sage dans ses passions, régulier dans toute sa conduite, il fut ami fidèle, bon parent, bon époux.

Sa mort est un des crimes de l'affreuse tyrannie qui avait juré la perte de tout homme de mérite, et réduit ses amis et ses admirateurs à l'impuissance de le défendre.

(Journal de Paris, du 19 thermidor an IV.
— 6 juillet 1796).

ADRIEN LEZAY,

1.

(*Note de l'éditeur.*) La pièce qui suit est la réponse que mon père fit au premier consul, qui lui avait demandé des renseignements sur M. de Lezay, avec lequel il le savait fort lié. Cette réponse détermina le premier consul à se l'attacher immédiatement. Il lui donna une mission, puis le fit préfet. Il en remplissait les fonctions à Strasbourg à l'époque (1814) où survinrent les événements qui renversèrent le trône impérial.

Ce fut à M. de Lezay que mon père adressa la lettre fort remarquée : *Sur Chénier et sur l'usage de la satire.* Je m'attache à cette circonstance pour la placer à la suite de cette notice, bien que peut-être elle dût figurer plus convenablement ailleurs; mais je ne puis m'astreindre à suivre les règles ordinaires de classement dans ces sortes de publications. Cet écart des règles n'est pas sans motifs : *Je suis trop pressé pour perdre du temps à ces combinaisons, si raisonnables, si logiques, si convenables que je les reconnaisse.*

2.

Adrien Lezay a été officier au régiment du Roi.

Il était à Gœttingen à l'époque de la loi contre les émigrés. Il est rentré immédiatement après le 9 thermidor an II (27 juillet 1794).

Il a publié alors un écrit intitulé *les Ruines*; ouvrage de jeune homme : beaucoup de phrases comme tout le monde en faisait à cette époque.

Lorsque l'on commença à discuter la constitution de l'an III, il écrivit sur les projets qui avaient quelque vogue, et dans un très-bon sens.

Il attaqua le jury constitutionnaire, proposé alors par Sieyès, et devenu, depuis, le sénat conservateur. Il imprima son article dans le *Journal de Paris* et le signa.

Benjamin Constant écrivit, en l'an IV, un ouvrage intitulé *De la nécessité de se rallier au Gouvernement.* Il fondait cette nécessité sur ce que le gouvernement pouvait toujours *déchaîner la terreur.* Adrien Lezay lui répondit par un autre écrit, intitulé *De la nécessité où est le Gouvernement de se rallier à l'opinion publique.*

En l'an V, à une époque où il était du bon ton de détester ce qu'il y avait de bon comme ce qu'il y avait de mauvais dans la révolution, il fit *pour la révolution* l'ouvrage intitulé *Des causes de la révolution et de ses résultats.* Je le joins ici. Il renferme des morceaux fort remarquables par la force du style et de la pensée.

La loi de fructidor, an V, l'obligea de sortir de France, parce qu'il n'était pas rayé de la liste des émigrés. Il alla en Suisse, où il se fit aimer et considérer du parti français. Il y composa et publia un projet de constitution pour la république helvétique. Cet écrit est plein d'amour pour la liberté.

Il paraît que pendant ce séjour en Suisse, le patriotisme d'Adrien Lezay s'est un peu exalté, et que ses idées se sont exagérées dans la société de madame..., qui lui fut utile dans son exil.

Quand le 18 brumaire arriva, Adrien Lézay fut incertain sur ce qu'il devait en penser en Suisse. — Le premier consul eut la bonté de lui accorder une *surveillance;* il vint à Paris. Malheureusement, les obligations qu'il avait eues en Suisse à madame.. l'ayant ramené dans sa maison, il y entendit les grands orateurs de l'opposition.

Entendant des déclamations et ne voyant pas les choses, ayant toute sa vie remué beaucoup d'idées et jamais manié d'affaires, il se laissa aller à quelques préventions; mais, taciturne par nature, et ennemi de tous les orateurs de madame..., il ne communiqua point avec eux : il écrivit pour lui seul des observations, dans lesquelles se fait sentir un peu d'amertume. Une méprise de la police l'ayant fait conduire au Temple, ses papiers, seuls confidents de sa pensée, furent saisis; mais il fut reconnu en même temps qu'il était étranger aux trames qui avaient éveillé le zèle de la police : le premier consul ne voulut pas qu'un citoyen fût puni pour des opinions métaphysiques qu'il n'avait communiquées qu'à son propre papier, et Lezay fut libre.

Il quitta Paris, passa six mois à Metz chez le préfet, et s'y occupa de l'étude de l'administration.

La mort de son père l'appela en Franche-Comté, où il est resté depuis dix-huit mois. Il s'y est attaché à l'agriculture, et a conçu pour son perfectionnement des vues qu'il a cru pouvoir présenter au premier consul, à Lyon.

Il est vivement animé du désir de voir prospérer le premier des arts; son zèle égalerait à cet égard son intelligence, s'il trouvait l'occasion de l'exercer.

Depuis dix-huit mois, les craintes que lui avait fait concevoir la concentration du pouvoir en France se sont évanouies à l'aspect des travaux du gouvernement; il est de ceux qu'anime aujourd'hui le désir de voir assurer la conservation du premier consul par un ordre de choses qui rende inutile à ses ennemis tout attentat sur sa personne, et en même temps assure l'éternelle conservation de son ouvrage. Il est un de ceux qui ambitionnent de voir garantir le présent par des précautions pour l'avenir, et l'avenir par l'influence et l'ascendant du temps présent.

Il n'appartient pas moins au gouvernement par son caractère que par ses opinions. C'est une âme et un esprit très-élevés. Il se passionne pour tout ce qui a de la grandeur.

Dans l'audience que le premier consul voulut bien accorder à Adrien Lezay, il lui fit cette question avec bonté : *Peut-on compter sur vous?* — Voici ce que m'écrivit à ce sujet Adrien Lezay :

« Le premier consul, dans l'audience qu'il « m'a donnée, m'a demandé si *l'on pouvait « compter sur moi?* Puis, sans attendre ma réponse, il a ajouté : *Des hommes dont je fais « grand cas, m'ont parlé de vous avec estime.* »

« En demandant de l'emploi au premier con« sul, je m'engageais, si j'entends bien la va« leur des choses, je m'engageais plus que par « des paroles. La parole d'honneur était dans « ma démarche.

« Si le gouvernement m'emploie, il peut « compter sur moi; il peut encore compter « sur moi s'il refuse de m'employer, entendez « bien ceci.

« Le gouvernement qui a déjà sauvé peut « seul assurer le salut de la France. Je lui dois « ma rentrée, je lui dois ma radiation; à ces « titres, toutes mes actions lui sont engagées.

« Cela n'empêche point mes jugements d'al-

« ler sur bien des choses et sur bien des per-
« sonnes. Je souhaite la consolidation de l'or-
« dre, et tout ce qui me parait y répugner me
« répugne.

« La police, qui aime mieux justifier que re-
« connaître une méprise, m'ayant fait mettre
« au Temple, insinua au premier consul que
« j'avais écrit en faveur du gouvernement qui
« m'avait proscrit, contre celui qui m'avait rap-
« pelé. Si le premier consul avait cru la police,
« il aurait dû me faire passer du Temple aux
« Petites-Maisons. Lorsque j'appris cela, je
« souhaitai vivement qu'il vit la totalité du ca-
« hier dont la police avait tiré quelques frag-
« ments.

« Du reste, il sait maintenant que je veux le
« servir, et il sait que si je puis le servir, c'est
« par ma vérité. Comment pourrais-je le servir
« autrement ? Un grand homme n'a jamais be-
« soin de flatteurs, mais le plus grand homme
« a toujours besoin d'hommes vrais.

« Si je revois le premier consul, je veux en-
« core lui parler de l'enseignement de l'agricul-
« ture. Ne croyez point qu'il faille que la science
« soit fixée ; elle ne le sera jamais tout entière.
« En attendant que l'on enseigne ce que l'on
« en sait, faudra-t-il attendre qu'elle soit à sa
« dernière perfection en Angleterre pour la
« commencer en France ? On ne sait pas com-
« ment agit le plâtre, mais on sait qu'il a d'ex-
« cellents effets ; que faut-il davantage ? On sait
« que les prairies artificielles valent mieux que
« les jachères ; faut-il attendre pour les mettre
« en vigueur qu'on sache quelle serait la meil-
« leure culture possible de ces prairies ? »

Les mœurs privées d'Adrien Lezay sont plus
qu'irréprochables : elles sont pures, douces,
nobles et modestes. Le cœur et la tête remplis
d'idées de bien public, d'améliorations agricoles et manufacturières. Je crois qu'il ferait
beaucoup de bien dans une préfecture, qu'il y
serait très-utile et très-aimé.

3.

Adrien Lezay me disait un jour, où nous
éprouvions le besoin d'argent : *Vraiment, un
homme n'est complet que quand il a cinquante
louis dans sa bourse !*

4.

LETTRE

DE

RŒDERER A ADRIEN LEZAY,

SUR CHÉNIER, ET SUR L'USAGE DE LA SATIRE.

Voici, mon cher Adrien, cette satire de
Chénier, dont les journaux vous ont tant parlé
dans votre solitude. C'est en grande partie une
compilation d'hémistiches connus de tout le
monde. Mais elle est d'une assez bonne contexture, et ces hémistiches sont bien choisis.
Ils sont de Boileau, de Voltaire et de Gilbert.
On voit que l'auteur a fait de passables études,
et c'est un mérite par le temps qui court. Il
déploie même, dans ce qui est de lui, un certain talent, non de poëte, mais de rimeur, qui
n'est plus commun aujourd'hui. L'ouvrage est
sans verve, mais il est assez correct. Il est injurieux, et point satirique ; il insulte, et ne
marque rien du sceau du ridicule ; il offense,
et ne nuit pas ; mais il a quelquefois de l'harmonie, et ne manque pas de facilité. N'eût-il
que le mérite de rappeler nos bons écrivains,
de donner l'envie de les relire, de remettre
dans la pensée une foule de vers bien frappés,
il mériterait quelque éloge. Ce mérite, il l'a
éminemment. J'ai vu des lecteurs s'interrompre en le lisant, pour réciter ces vers de Voltaire sur les cabales :

Barbouilleurs de papier, d'où viennent tant d'intrigues,
Tant de petits partis, de cabales, de brigues ?
. . . .
Çà, que prétendez-vous ? — De la gloire. — Ah ! gredin,
Sais-tu bien que cent rois la briguèrent en vain ?
. . . .
Je ne m'attendais pas qu'un crapaud du Parnasse
Eût pu, dans son bourbier, s'enfler de tant d'audace.

Ou ceux-ci, sur la vanité :

Qu'as-tu, petit bourgeois d'une petite ville ?
Quel accident étrange, en allumant ta bile,
A sur ton large front répandu la rougeur ?
D'où vient que tes gros yeux petillent de fureur ?
Réponds donc. — L'univers doit venger mes injures ;
L'univers me contemple, et les races futures
Contre mes ennemis déposeront pour moi.
— L'univers, mon ami, ne pense pas à toi ;
L'avenir encor moins, etc.

C'est bien quelque chose que de ramener
les esprits à la lecture des écrivains qui ont illustré notre siècle et le précédent, et de rendre à leurs tableaux tout leur intérêt, en re-

produisant les ridicules et les vices qu'ils ont voués au mépris des honnêtes gens.

L'auteur, qui a constamment pris l'injure pour le trait satirique, vous dit des injures, mon cher Lezay. Pour moi, il m'accable d'éloges. Je m'en fâcherais presque, si je n'étais obligé de l'acquitter sur l'intention ; pour se croire en droit de me donner, ou, si vous voulez, de me rendre une patente de sottise, il assure que Lezay n'est qu'un Rœderer, c'est-à-dire que Rœderer est un Lezay, et qu'en *tout lieu on m'appelle un Montesquieu.*

Certes, mon cher Adrien, je consentirais de bon cœur à être pour M. Chénier ce qu'il est pour moi, si beaucoup de gens avaient en effet la bonté de reconnaître en moi l'élève de Montesquieu et le maître de Lezay. Il faut croire que Chénier aura entendu dire dans les coulisses de quelque théâtre qu'il avait existé un Montesquieu, mais que c'était un pauvre homme dont il était impossible de citer un hémistiche : comment, sans cette méprise, aurait-il fait l'injure au public de supposer qu'on m'appelle *en tout lieu, Montesquieu?*

Il serait curieux de savoir quel fruit Chénier recueillera de sa satire. Cette connaissance ne serait peut-être pas inutile aux arts et à la morale ; et s'il devait arriver qu'un ouvrage composé pour nuire à cinquante personnes, ne nuisît qu'à son auteur, ce serait une petite satisfaction bien permise, que celle de jouir d'avance de sa confusion.

Il me semble d'abord que dans la république on est moins disposé à rire que dans la monarchie, et que les mœurs y sont plus graves ; c'est déjà un désavantage pour le poëte satirique, dont l'arme est le ridicule. Je me persuade qu'Horace aurait moins réussi du temps des Gracques que sous le règne d'Auguste, et que Boileau aurait moins d'éclat aujourd'hui que du temps de Louis XIV.

Dans la monarchie, où le gouvernement se réserve le maniement des affaires, l'emploi des hommes, la direction des mœurs, il ne reste aux écrivains que le droit de provoquer le rire ou plutôt la risée, tantôt sur les écarts du goût en matière littéraire, tantôt sur les écarts de l'opinion et des mœurs. Mais dans la république, où chacun prend part aux affaires, calcule les obstacles que certaines mœurs ou certaines opinions opposent à la prospérité

publique, veille sur tous les hommes pour discerner ceux qu'il doit appeler aux affaires publiques, ceux qu'il doit en exclure, le public ne s'occupe des erreurs de goût qu'autant qu'elles se mêlent aux erreurs de principes, et pour relever les unes avec les autres ; il se soucie peu des travers qui déplaisent dans le commerce de la société particulière ; et c'est très-sérieusement, qu'il considère les vices et les vicieux qui nuisent à la société générale. Pour ceux-ci, ce n'est pas à leur côté ridicule qu'on s'attache, c'est à leur côté dangereux ; on ne s'amuse pas à rire à leurs dépens, on s'occupe à les empêcher de vivre aux dépens de l'État. Ce n'est pas comme des objets de divertissement qu'on les regarde, c'est comme des ennemis funestes qu'on les poursuit. Là, l'épigramme, la satire, la comédie cèdent la place aux accusations directes, solennelles, véhémentes ; et c'est aux pieds des divinités puissantes qui veillent au destin de l'empire, et non devant les génies qui l'égayent, que les coupables sont traduits et enchaînés par l'éloquence ou la poésie.

L'impuissance du ridicule est encore plus sensible dans les temps de révolution. A ces époques marquées par des désastres sans nombre, toutes les âmes sont meurtries de trop de coups, tourmentées de trop de poisons, pour se prêter à recevoir des impressions gaies, même du spectacle des méchants humiliés. On détourne d'eux ses regards. Les âmes douces veulent les oublier, les âmes violentes conspirent leur perte, personne ne veut en rire : et comment rire de ce qui fait horreur !

Voilà, ce me semble, des circonstances qui, dans ce moment-ci, contrarient le succès de toute espèce de satire. Mais combien d'autres s'opposeraient au succès de celles de Chénier, quelque talent qu'il eût pu y mettre !

Il est d'abord contre la bienséance, qu'un homme appelé à faire des lois, fasse des vers ; qu'un homme qui, depuis quatre ans, n'a su placer dans aucune discussion une seule idée, dans aucune loi une seule parole, un homme connu pour ne savoir rien, n'étudie rien ; qu'il soit au théâtre, quand il devrait être à la tribune, et travaille pour le Parnasse, quand il devrait travailler pour la patrie. Est-il donc l'élu des muses, ou l'élu du peuple français ? Son engagement avec la nation est-il donc si peu honorable, qu'il ait besoin de trouver un dédommagement dans un autre? Les occupations que cet engagement lui impose, sont-elles donc si faciles, et son génie si supérieur, qu'il ait besoin de verser sur des occupations étrangères le superflu de ses talents? Son âme est-elle donc si élevée, que les honneurs du théâtre et les applaudissements des cafés ne diminuent rien de son zèle pour ses devoirs? Les abus sont-ils si complétement réformés, les désastres si exactement réparés, les institutions utiles tellement multipliées, ou du moins les questions d'intérêt public sont-elles si bien éclaircies, et le bonheur général si certainement prêt à renaître, que nos législateurs n'aient plus rien à faire pour le peuple, et le peuple plus rien à demander à ses législateurs, si ce n'est des chants, des tragédies et des satires? N'en doutez pas : toutes ces réflexions se présentent à presque tous les citoyens, dès le premier mot qui leur apprend l'existence de la satire de Chénier.

Les esprits éclairés vont plus loin. Ils trouvent une véritable dégradation du caractère de législateur, dans la publication d'une satire. Ils s'offensent de voir celui que la nation a placé dans un poste honorable, au milieu d'une phalange d'élite, pour s'opposer avec elle aux ennemis de la patrie, s'engager dans un indigne pugilat pour le seul intérêt de sa vanité; provoquer, comme écrivain, des outrages, dont ensuite il se fait un prétexte, comme législateur, pour provoquer, au nom de l'intérêt public, des lois favorables à ses vengeances personnelles.

Plusieurs philosophes ont regretté que les législateurs modernes ne pussent être environnés des prestiges religieux qui ont donné à la plupart des anciens législateurs une si grande autorité, et que l'homme chargé de la destinée de ses semblables, ne pût paraître en commerce avec le ciel, en intelligence avec les dieux, dieu lui-même. Ce sont là des erreurs sans doute. De vains prestiges forment un lien passager; il n'y a que la sagesse qui le rende durable. Mais ce qu'il y a de vrai dans cette opinion, c'est que le législateur ne peut assez s'assurer du respect public; il ne suffit pas que ses mœurs soient bonnes, il faut qu'elles soient belles, augustes, imposantes. « La grande âme du législateur, dit Rousseau, est le vrai mira-

cle par lequel il doit prouver sa mission, » et sans doute la dignité est un des signes qui manifestent la grandeur. Or, où est la dignité de l'homme qui se commet dans des attaques au moins imprudentes, et dont l'imprudence le conduit toujours à l'injustice?

Eh! quel danger n'est-ce pas, dans un gouvernement populaire, de donner occasion aux citoyens de fouiller dans la vie de leurs législateurs et de leurs magistrats! Montesquieu dit, je crois, quelque part, que la plaisanterie devrait être interdite aux rois, parce qu'elle tombe de trop haut. La loi ne devrait-elle pas, chez nous, interdire la satire aux législateurs, dans la crainte qu'elle ne donne occasion de remarquer souvent qu'elle vient de trop bas?

Des peuples anciens ont voulu que leurs législateurs fussent étrangers au pays auquel ils donnaient des lois, ou s'en exilassent ensuite, afin que ces lois ne fussent point souillées de l'empreinte de leurs passions. Que penser d'un pays où le législateur ose donner un essor public à toutes les siennes, où il se multiplie par sa vanité, où il veut fournir plusieurs carrières en même temps, où il s'engage dans une multitude de combats inutiles, où il s'expose à toutes les chances imaginables de disgrâces, d'humiliations, de défaites, et où par conséquent il se condamne au sentiment de tous les genres d'inimitié, et se prépare le besoin de tous les genres de vengeance?

On se souvient de toutes les insultes que Chénier, à l'abri de l'inviolabilité de la tribune, a vingt fois répétées, avec une lâcheté toujours nouvelle, contre des hommes qui n'avaient d'autre tort envers la patrie que de mépriser ses vers; on se souvient de l'attention qu'il a eue de choisir, pour des déclamations violentes, le moment, les circonstances où elles étaient d'un danger capital pour ses ennemis; on se souvient de ses attaques réitérées contre la liberté d'écrire, uniquement en haine de quelques écrivains moqueurs à qui ses plus rudes hémistiches n'avaient point imposé; et tous ces souvenirs confirment dans l'idée qu'aux fonctions législatives ne doivent point être associées les entreprises poétiques.

Enfin, dans un gouvernement populaire, le public, avant d'écouter une satire, regarde de tout près celui qui la présente, et ceux qu'elle attaque. Dans la monarchie, où l'on ne veut que rire, on ne demande pas au poëte qui fait rire, d'où lui vient sa mission, ni aux dépens de qui elle s'exerce ; mais, dans la république, l'opinion ne veut ni repousser des hommes utiles et chers à la patrie, ni en adopter qui lui soient à charge ou odieux. Elle exige dans la satire le poids de la censure, et dans le poëte satirique l'autorité du magistrat. Elle veut qu'il soit non-seulement irréprochable, mais considéré ; que ceux qu'il attaque soient non-seulement indifférents, mais méprisés et haïs. Dans des temps de bouleversement général, de désastres, elle exige plus encore : elle exige que le nom du poëte satirique ne s'associe au nom d'aucun des auteurs des calamités publiques, et le nom des personnes qu'il attaque à celui d'aucune victime ; elle ne souffre pas qu'un lâche spectateur de tous les crimes, qu'un vil complaisant, un honteux apologiste des plus exécrables scélérats, insulte aux malheureux échappés à leurs coups. Et ce n'est pas tout encore : elle veut qu'aucun intérêt personnel ne perce dans l'écrit du poëte, et qu'il soit une pure inspiration d'un esprit heureux, échauffé par un cœur honnête.

Quel sera donc le sort de Chénier ? Qu'a-t-il été sous le gouvernement révolutionnaire ? pour qui, contre qui, dans quelles vues écrit-il aujourd'hui ?

Je tiens, vous le savez, pour injuste l'opinion qui place Chénier entre les premiers ministres de la terreur, entre les prédicateurs de la spoliation et de l'assassinat, et l'accuse d'un fratricide. Mais qui pourrait trouver Chénier irréprochable ? Personne, et je veux lui accorder cet éloge de dire que sa conscience n'est pas assez corrompue pour le juger tel. Il n'a été ni ambitieux ni cupide, mais il a été d'une vanité sans mesure. Il n'a point été vénal et rampant, mais faible et pusillanime ; point absurde, mais ignorant ; point méchant, mais colère et vindicatif ; point féroce, mais fanatique. Il n'a point fait de crimes, mais il a professé tous les mauvais principes qui les ont fait commettre tous. Il n'a point été l'émule de Marat, mais il a été son apologiste. Il n'a point été l'assassin de son frère, mais il a été l'ami de ses assassins. Cet homme est du nombre de ceux qui devaient et pouvaient faire oublier leur existence politique par leur silence ; ou qui avaient besoin, pour se la faire

pardonner, de placer entre leurs juges, ou, si l'on veut, entre leurs accusateurs et eux, l'autorité d'actions honorables, d'ouvrages utiles, et surtout une confession franche, authentique de leurs fautes et de leurs torts. Ceux de Chénier ne sont pas des crimes ; mais les provocations, les attaques d'une vanité maladroite, insolente et persécutante, réussissent aisément à les faire qualifier ainsi. Une satire était le dernier ouvrage qui dût sortir de sa plume. Quelque talent qu'il y eût montré, elle ne pouvait que nuire à son nom, et son nom ne pouvait que nuire à sa satire.

Et contre qui a-t-il la maladresse d'écrire ? Contre des hommes qui sont pour la plupart les plus zélés défenseurs de la liberté, les plus utiles amis de la république ; contre des écrivains qui tâchent de consoler du passé, et concourent à l'amélioration de l'avenir ; contre des hommes qui tous ont été persécutés, dépouillés, proscrits, et privés des objets de leurs plus vives affections.

Et en l'honneur de qui s'oublie-t-il ainsi ? en honneur des hommes infâmes qui ont professé tous les principes de Robespierre, s'ils n'en ont pas commis tous les crimes ; qui ont été ses rivaux, plutôt que ses ennemis ; qui n'ont été moins cruels, que parce qu'il les a vaincus ; qui ont tout fait pour être ses successeurs, après avoir été ses victimes ; qui ont fait trembler la convention, même après qu'elle se fut relevée de son premier abaissement, et ont ajouté à l'opprobre de sa première terreur, l'opprobre plus grand d'une rechute ; qui ont cherché à rétablir dans la législature, tout ce que la patience publique pouvait encore souffrir du régime révolutionnaire, et qui, effrayés aujourd'hui de quitter une place d'où ils sont trop heureux de n'avoir pas été chassés, se consument en vains efforts pour s'y maintenir.

C'est pour eux, c'est pour lui même, c'est pour leur élection, c'est pour la sienne, que Chénier a fait sa satire ; c'est pour écarter les hommes dignes du choix du peuple, qu'il a mêlé ses injures et ses calomnies à toutes celles des Louvet et des Bailleul ; c'est par un calcul d'intrigue, par une combinaison de cabale, qu'il s'est déclaré saisi d'un saint enthousiasme. Comment serait-il plus heureux dans de tels calculs, qu'il ne l'est en inspirations ? Tout le monde les pénètre, voit les hommes qui en sont les objets, et les compare. Outre le plaisir que chacun trouve naturellement à détruire les calculs où la présomption l'a compté sans son aveu, on trouve ici l'intérêt de réprimer une prétention dangereuse, d'humilier une ambition insolente, de favoriser le mérite modeste, et de venger le malheur. Chénier n'a pas vu qu'en rassemblant dans ses *vers électoraux*, les noms de ses amis et ceux des hommes qui le méprisent, il ne faisait autre chose qu'avertir les gens de bien de veiller sur les menées des premiers, de les repousser, et d'appeler les seconds. Sa satire est une liste de candidats qu'il a sottement formée en faveur de tous ceux qu'il a insultés, et une liste d'exclusion pour ceux qu'il a vantés. Soit dit en passant, mon cher Adrien, j'espère que la première ne vous sera pas inutile; et peut-être que ces méchants vers auront autant servi ceux qui désirent vous voir dans la carrière législative, que le font vos talents, vos études constantes, votre noble caractère, votre amour sincère pour la république. En m'y voyant inscrit, je me flatterais aussi de quelques suffrages, si je n'étais plus affermi que jamais dans la résolution où vous me connaissez depuis longtemps, de n'exercer de ma vie aucune fonction publique, et si je ne comptais saisir l'occasion qui s'offrira bientôt de ne laisser au public aucun doute à cet égard.

De tous les effets que produira la satire de Chénier, ceux que je viens d'indiquer sont encore les moins fâcheux pour lui; il s'en est déjà déclaré de plus graves, qui deviendront plus graves encore. Il s'est attiré des imputations accablantes de la part d'André Dumont; et la vaine espérance de les affaiblir, l'a engagé dans une nouvelle attaque plus inconsidérée que la précédente contre son collègue. Il est impossible de s'abandonner à un plus honteux emportement, de se déchaîner avec plus de violence, de rugir avec plus de fureur, de se dégrader davantage par les convulsions de la haine et de l'envie de nuire. L'issue de ce combat n'est point douteuse aux yeux des gens sensés. Toute la France dit que si André Dumont a été *terrible* dans ses missions, ç'a été pour éviter d'être *cruel*, ou de crainte qu'on envoyât des hommes cruels à sa place. On cite de lui de mauvais discours, tels qu'étaient ceux de ce temps-là; mais point de mauvaise

action, et on en rapporte un grand nombre de très-bonnes. Nous avons entendu, vous et moi, une foule de gens très-dignes de confiance, lui rendre d'honorables témoignages. Mais André Dumont eût-il été coupable à cette époque de renversement général, où tant d'âmes fortes défaillirent, où tant d'esprits éclairés s'égarèrent, sa conduite toujours pure, toujours courageuse depuis le 9 thermidor, lui mériterait encore l'estime des gens de bien. Si ce n'était l'innocence qu'il fallût honorer en lui, ce serait le repentir et les bonnes actions qui l'auraient suivi. A ce titre même, les gens de bien lui devraient leur appui; et, sans doute, ils s'empresseraient de prouver que les retours à la vertu trouvent toujours leur récompense, au moins dans l'oubli des écarts qui en ont éloigné.

En voilà bien long, mon cher ami, sur un sujet bien mince au fond, mais qui s'engrenne dans quelques intérêts de morale et de politique. J'ai laissé volontiers mon esprit chercher quel devrait être dans les mœurs républicaines le caractère de la satire et du poëte satirique, et aussi quel devrait être parmi nous, dans le moment actuel, le sort d'un ouvrage satirique dont l'auteur manque aux devoirs de sa place, par cela seul qu'il s'en distrait, dégrade la dignité de ses fonctions en se commettant dans des querelles particulières, oublie le respect qu'il se doit à lui-même en provoquant des représailles qui lui font perdre la raison, et jusqu'à la probité; d'un homme qui, élevé par un fanatisme aveugle aux fonctions de législateur et de constituant, n'a jamais présenté une vue dans une discussion, consacré un jour à l'étude dans ses indécisions, opposé un acte de courage à un péril public, ni une vertu au débordement des crimes; d'un homme qui a eu la faiblesse de prêter sa voix et sa plume à la tyrannie, qui a été l'apologiste du plus effroyable assassin qu'ait porté la terre, qui, depuis la renaissance de la liberté, s'est montré constamment l'ennemi de la presse; d'un homme qui écrit non-seulement pour exhaler les plaintes et exercer les vengeances de sa vanité blessée, mais aussi pour aider une ambition funeste à la chose publique, celle de rester législateur, lui et ses amis, encore moins dignes que lui d'une si haute fonction; d'un homme qui ose porter ses coups sur des citoyens purs dont plusieurs font l'espérance de la patrie, dont la plupart ont été accablés par la tyrannie qu'il a partagée, ou du moins soufferte dans un honteux silence. Tout cela, mon cher ami, m'a paru bon à observer, et peut-être jugerez-vous que le tableau que j'en ai tracé ne serait pas inutile à montrer. Adieu, continuez à cultiver vos talents, et votre âme, plus belle encore que vos talents.

(*Journal d'économie publique, morale et de de politique* , n° XIII, du 10 nivôse an V — 30 décembre 1796.)

3.

(*Note de l'éditeur.*) M. Sainte-Beuve, dans sa notice sur mon père, parle de cette lettre. Voici ce qu'il en dit :

« Rœderer n'avait pas été favorable au système qui amena le 13 vendémiaire, c'est-à-dire au dessein qu'avait la Convention de se proroger par les deux tiers de ses membres dans les nouveaux conseils. Il en résulta pour lui une polémique très-vive avec les journalistes, membres ou partisans déclarés de la Convention, tels que Poultier, Louvet, et Marie-Joseph Chénier. La Satire de celui-ci contre Rœderer est connue ; la réponse de Rœderer l'est moins : il l'adresse, sous forme de lettre, à son jeune ami Adrien de Lezay, que Chénier avait mêlé d'un bout à l'autre dans la même Satire. Ce n'est pas à nous de réchauffer aujourd'hui ces personnalités éteintes ; seulement, que ceux qui lisent encore la Satire de Marie-Joseph Chénier dans les œuvres du poëte, avant de s'en autoriser et de la citer contre Rœderer, sachent bien que celui-ci y a répondu sans colère et avec supériorité ; il examine les droits de Chénier à l'exercice de la censure, ce que pourrait être la satire en des temps de calamité générale, et ce qui fait qu'à de pareilles époques l'arme de l'épigramme et du ridicule est fort émoussée. Il n'y parle pas le moins du monde en auteur irrité, mais en homme public qui, sans se défendre de l'amertume, s'attache à dire avant tout des choses graves et justes. »

LUSIGNEM.

Lorsqu'on apprit à Hambourg la révolution du 18 brumaire, la plupart des Français qui s'y trouvaient manifestèrent une grande joie de cet événement. Lusignem, dans un cercle où était Rivarol, s'écria : *Enfin, nous pouvons maintenant espérer de retourner à Paris !* Celui-ci reprit aussitôt :

« Lusignem dans *Hambourg* finira sa carrière,
« Et jamais de Paris ne verra la barrière. »

Lusignem est parti ce matin pour Paris. Il ne restait plus à Hambourg (3 germinal), des constituants, que M. d'Aiguillon, que la goutte retient au lit.

(*Journal de Paris*, germinal an VIII. — avril 1800.)

NOTICE

DES

OBSERVATIONS DE LAMOIGNON-MALESHERBES

SUR L'HISTOIRE NATURELLE DE BUFFON,
ET ANECDOTES SUR MALESHERBES.

1.

D'Alembert disait de Buffon qu'il avait fait le roman et non pas l'histoire de la nature. Condillac, dans son *Traité des animaux*, a combattu, avec avantage, la partie de l'*Histoire naturelle* qui concerne l'âme des bêtes. Charles, en répétant les expériences de Newton, Rochon, dans ses mémoires d'optique, ont victorieusement combattu cette erreur, avancée par Buffon, que nous voyons les objets renversés, et que c'est le jugement rectifié par le toucher qui les redresse. Voltaire s'est joué, comme on le sait, du système de l'inondation totale du globe. Malesherbes, avec non moins de titres, a aussi attaqué le *Pline français*, sur une grande partie des idées répandues dans la *Théorie de la terre*, et sur les vues préliminaires de l'histoire naturelle.

Les titres de Malesherbes, pour se présenter à cette attaque, ne sont pas contestables : Buffon fut plus que lui grand écrivain ; Malesherbes fut plus que Buffon doué de l'esprit philosophique. Buffon eut l'imagination tournée vers le grand et vers le beau ; Malesherbes dirigea son esprit tout entier vers le vrai et l'utile. Malesherbes fut observateur attentif et pénétrant de la nature ; Buffon s'en est cru quelquefois l'auteur. L'un peut être compté entre les savants naturalistes; l'autre, entre les grands poëtes d'histoire naturelle.

Qu'on nous permette à ce sujet quelques réflexions. Il est difficile d'avoir éminemment le talent d'écrire, et surtout d'en avoir quelque temps étudié l'art, sans être tenté d'en abuser dans les sciences. Elles renferment des détails quelquefois si arides, il est si doux de plaire, d'attacher, d'entraîner, que ce plaisir fait souvent oublier à l'écrivain le devoir du logicien et du savant. Content de marcher avec majesté, on manque le but, on ne le cherche plus, on n'y regarde point: plaire suffit; instruire n'importe que comme moyen de plaire. On ne tend plus au vrai, mais au beau, au risque de se méprendre sur l'un et sur l'autre, par cela seul qu'on les sépare. On se hasarde sur ce qu'on ignore; on se dissimule des choses qu'on sait, mais qui nuiraient à l'effet. De là, peut-être, la plupart des erreurs des livres éloquents en histoire naturelle; de là aussi l'appréhension, néanmoins peu raisonnable, d'un grand nombre de vrais savants pour les grands écrivains qui s'appliquent aux sciences; de là, peut-être, quelques erreurs de Buffon, et la sévérité de Malesherbes à son égard.

On vantait devant un naturaliste célèbre un ouvrage d'histoire naturelle, où il y a certainement un grand nombre de pages intéressantes et bien écrites : « Ah! dit-il, si ce livre était un poëme, on le lirait comme Virgile; on partagerait les aimables sentiments de l'auteur, sans recevoir son absurde physique : mais ces absurdités enseignées par la dialectique, en même temps qu'embellies par l'éloquence, sont un poison pour les sciences. Je maudis le talent qui ne répand que l'erreur, comme en agriculture je maudirais le semoir le plus parfait, s'il ne semait que l'ivraie. »

Mais venons aux observations de Malesherbes.

Il attaque, d'abord, la méthode suivie par Buffon pour l'exposition de son histoire naturelle; il montre le vice de ses divisions et les bizarres associations d'individus qui en résultent. Il justifie les méthodes antérieures, en donne la théorie, fait voir comment elles concourent toutes à l'instruction, et préparent toutes à la division la plus convenable des objets de la nature. Il venge l'illustre Linné de l'injuste blâme qu'a jeté sur lui Buffon. Il

prouve que Buffon n'avait pas lu ou entendu le grand homme qu'il critique. Il réfute en métaphysicien lumineux et en dialecticien habile, une théorie extrêmement fausse du même auteur sur la nature de la vérité. Il montre que Buffon, en attachant une juste importance au talent de généraliser les idées, n'en attache pas assez au danger d'abuser de cette faculté, en négligeant dans les sciences les connaissances de détail, en s'y contentant d'idées vagues et confuses qui sont de véritables obstacles aux connaissances.

Malesherbes établit, ensuite, que ce que Buffon appelle *ma théorie de la terre,* est le système de Bernard Palissy, fortifié par le consul de Malliet et par Bourguet. Il donne à ce sujet une notice fort piquante sur la vie, les travaux et les ouvrages de Palissy, ce simple potier de terre, qui, de l'observation des grands témoignages de l'histoire du globe recélés dans les entrailles de la terre, s'est élevé sans effort et sans prétention à cette grande théorie, qu'un autre a ensuite revêtue de toute la pompe et de toute la magnificence de ses paroles.

Buffon a établi que les planètes faisaient autrefois partie du soleil; qu'une comète les en a détachées, en leur imprimant le mouvement de rotation qu'elles ont encore. Malesherbes prouve que Wiston et Leibnitz ont établi ce qu'il y a de vrai dans ce système, c'est-à-dire le principe de la rotation; mais il croit que Buffon s'est trompé, en rapportant l'origine des planètes au soleil, et en reprochant à Leibnitz de n'avoir *su s'élever à cette idée;* il censure l'injustice de ce reproche à l'égard du philosophe, dont il montre, en peu de mots d'une forte logique, toute la supériorité d'esprit, assez attestée d'ailleurs par l'immensité de ses connaissances et la diversité de ses travaux. « Grand historien, dit Malesherbes,
« grand jurisconsulte, grand théologien, grand
« politique, poëte même de réputation, Leib-
« nitz ne s'en tint pas aux sciences connues
« parmi les hommes; et semblable à Alexandre,
« qui trouvait les bornes du monde trop étroi-
« tes pour son ambition, Leibnitz s'est ouvert
« une route inconnue....; il imagina.... cette
« langue universelle, philosophique, systéma-
« tique et raisonnée, dans laquelle, après avoir
« posé quelques suppositions aussi simples que
« celles de l'algèbre, le rapport qui est entre

« les signes et la liaison des signes entre eux
« seraient correspondants au rapport et à la
« liaison des idées, et les règles de la syntaxe
« seraient une expression des règles de la lo-
« gique ; projet dont l'audace prouverait un
« des génies les plus élevés qui aient existé,
« quand même l'exécution en serait démon-
« trée impossible…. Tel est l'homme à qui ON
« reproche de n'avoir pas acquis un assez
« *grand degré de généralité*, et qu'ON vou-
« drait qui se fût *élevé à l'idée* de M. de Buf-
« fon. »

Malesherbes relève une foule d'erreurs et
d'inexactitudes dans les preuves produites *sur
la production des couches ou lits de la terre.*
Les notions de Buffon sur les sables, les cail-
loux, les argiles, les charbons de terre, etc.,
sont toutes défectueuses.

Buffon a avancé que le niveau de la Méditerranée est plus bas que celui de l'Océan ; ce
qui l'a conduit à penser qu'il serait dangereux
de percer l'isthme de Suez. Malesherbes ne
trouve dans ce que dit Buffon, rien qui prouve
sa thèse, et il faut convenir que celui-ci n'a
pas sur ce sujet sa clarté ordinaire.

L'ouvrage de Malesherbes renferme encore
d'autres critiques, dont les bornes de cette
feuille ne nous permettent point de parler, et
qui toutes paraissent aussi judicieuses au fond
que polies dans la forme. Au reste, ces critiques n'empêchent pas l'auteur de louer dans
Buffon la justesse d'esprit, le discernement, la
sagacité, le talent d'exprimer avec clarté et
intérêt tout ce qu'il veut dire ; Malesherbes, ce
noble ami de la vérité, ne pouvait pas être le
détracteur du talent.

Le portrait de Malesherbes est à la tête de
son ouvrage, et il est ressemblant. La voilà
bien cette figure où tant de bonté est peinte,
et où l'on s'habitue si aisément à trouver la
renommée d'esprit et de grandeur, qui est le
juste partage de cet excellent homme. Quelques personnes lui trouvent un air commun.
Faut-il les en plaindre ou les en féliciter ? Ont-
elles le malheur d'être insensibles à la physionomie de l'homme de bien, ou le bonheur de
n'en jamais voir d'autres, quoique les figures
de sots et de fripons soient celles qu'on rencontre partout ?

Combien cette fidèle image de Malesherbes
rappellera de souvenirs chers et douloureux à
ceux qui l'ont connu ! Quand mes yeux s'y attachent, il me semble jouir encore du peu de
moments où j'ai eu le bonheur de le voir et de
l'entendre, et bientôt après l'idée de sa mort
me saisit et m'oppresse.

Ce fut en 1787 que j'eus accès près de lui ;
voici à quelle occasion : Le jour qu'il réussit à
faire rendre l'état civil aux protestants, le roi
lui fit compliment de ce succès ; chose étrange,
que je tiens de Malesherbes lui-même, sorte
d'aveu que le peu de bien dont un roi peut
être l'auteur, dépend bien moins de sa volonté
que de causes étrangères ! Le roi lui ajouta :
« Vous vous êtes fait protestant ; à présent,
« moi, je vous fais juif : occupez-vous du sort
« des juifs. » L'Académie de Metz, dont j'étais
membre, venait alors de proposer, pour sujet
de prix, cette question : *Quel est le moyen de
rendre la nation juive plus utile et plus heureuse* (1)? Cette circonstance, jointe à ce que
j'habitais une ville de synagogue, où j'avais
été à portée d'observer le caractère des juifs,
fit naître à Malesherbes la curiosité de m'entendre sur ce sujet. Je fus invité, de sa part, à
aller le voir ; il me chargea de l'examen de plusieurs questions relatives aux usages de ce peuple ; et je le revis fréquemment pendant les con-

---

(1) L'établissement des Français en Égypte et en
Syrie pourrait être une époque heureuse pour la nation juive ; recevoir et accueillir les juifs à Jérusalem
serait peut-être un moyen de les rendre plus utiles
et plus heureux, et de résoudre le problème. Les
juifs, dispersés dans trois parties du monde, pourraient, en formant là une colonie florissante, aider
puissamment aussi à la colonisation de l'Égypte par
les Français. Les juifs sont accusés de plusieurs
vices ; mais ces vices viennent de l'oppression où ils
gémissent, et ils ont des vertus qui nous manquent
dans notre civilisation et dans notre puissance. Fils
dociles, époux fidèles, pères tendres, ils professent
l'égalité, exercent l'hospitalité et la fraternité envers
tous les leurs ; ils sont sobres, laborieux, économes,
réglés, patients, industrieux ; il n'y a pas d'hommes
sur la terre qui dépensent moins et qui fassent plus,
qui connaissent mieux les prodiges de l'épargne et
ceux du travail. Négociants par essence, affiliés à
toutes les nations, ils peuvent servir près de toutes
et contre toutes. Riches en capitaux, ils peuvent en
offrir à qui leur rendra leur terre originaire. On peut
dire du peuple juif ce qu'on a dit du sexe : *Ses vertus
sont de lui, ses vices sont de nous.* Le conquérant de
l'Égypte sait trop bien évaluer les hommes pour méconnaître les avantages qu'il peut retirer de ce peuple
dans l'exécution de ses vastes desseins.

férences qu'il eut avec G..., juif de Bordeaux, et C. B..., juif d'Alsace, les deux plus considérables individus de leur nation en France. Je me rappelle, à cette occasion, une anecdote d'après laquelle on peut juger que Malesherbes, qui saisissait si bien la difficulté de toutes les affaires, savait aussi en saisir le côté plaisant. G... et C. B... se disaient descendants de deux tribus différentes; en conséquence, leur doctrine et leurs mœurs étaient souvent en opposition. G... menait la vie d'un homme du monde; C. B..., rigide observateur des moindres rites institués par Moïse, s'abstenait des mets défendus, ne mangeait avec aucun chrétien, se gardait de la moindre occupation les jours du sabbat, etc. Malesherbes tenait beaucoup à ce que les juifs pussent dîner et souper avec des chrétiens; quand il demandait à G..., Cela se peut-il? G... répondait : Oui; quand il faisait la même question à C. B..., celui-ci répondait : Non. Un jour qu'il essayait d'argumenter contre C. B... sur ce sujet, celui-ci entreprit de lui prouver que les maximes du juif de Bordeaux étaient dissolues, et prêcha sa doctrine en rigoriste enthousiaste. Il impatienta extrêmement Malesherbes, comme on peut le croire. Le lendemain, j'allai le voir; il me raconta cette séance, et finit par ces mots : *Le roi m'a dit qu'il me faisait juif, et voilà C. B... qui veut me faire janséniste; je ne sais plus auquel entendre.*

Étant ministre de Paris, il alla un jour faire la visite des prisons de Vincennes. Un prisonnier refusa de venir lui parler. Malesherbes monte à sa chambre. Le prisonnier ne l'eut pas plutôt aperçu, qu'il lui tourne le dos, et crie qu'il ne veut pas le voir; que les ministres sont des scélérats à pendre, etc. *Monsieur,* lui dit Malesherbes, *ce que vous dites là est bon pour moi; mais je vous demande grâce pour les autres.* Ce discours étonna le prisonnier, et le calma. Il se retourna vers Malesherbes, et répondit à toutes ses questions. Malesherbes finit par lui dire : *Vous êtes mal, on vous placera demain dans une meilleure chambre.* Peu après, il le mit en liberté.

Il nous raconta un jour, au citoyen Target, à Lacretelle l'aîné qu'il aimait beaucoup, et à moi, une anecdote qui prouve à quel point la magistrature française s'était rendue redoutable au citoyen. Voyager était un des grands plaisirs de Malesherbes; mais voyager en simple particulier, dégagé du désir de se faire voir, et du soin de se cacher. Il voyageait vêtu d'une redingote grise, accompagné d'un seul domestique, dans la chaise de poste la plus simple, s'appelait M. Guillaume, et jamais autrement. Arrivé dans une auberge, il restait à la cuisine tant qu'on ne l'en chassait pas : c'était là, disait-il, qu'il apprenait une foule de choses qui font connaître les mœurs du pays, et qu'on n'apprendrait pas ailleurs. Il voyageait ainsi dans le midi de la France en 17... Se trouvant dans le ressort du parlement de Grenoble, il descend un soir dans une auberge. On le place dans la meilleure chambre. A peine y est-il établi, qu'un avant-courrier annonce l'arrivée d'un conseiller au parlement de Grenoble qui va à Paris, et qui passera la nuit dans la maison. Aussitôt l'aubergiste monte près de M. Guillaume; il lui annonce, en lui demandant toutefois mille pardons, qu'il faut déloger, et se contenter d'une petite chambre où on va le conduire, attendu que celle où il se trouve est ordinairement celle que M. le conseiller a la bonté d'occuper lorsqu'il va dans ses terres. Il ajoute que M. le conseiller serait très-fâché d'être placé dans une autre, et que lui aubergiste serait au désespoir de le mécontenter. « Fort bien, dit M. Guillaume; mettez-moi où vous voudrez; » et on le conduisit dans une autre chambre. Le conseiller arrive, et prend possession de son logement. On l'informe du déplacement de M. Guillaume. Il a la bonté de vouloir le remercier de sa complaisance, et le féliciter de son savoir-vivre; il va le trouver. M. Guillaume, sans humeur et sans affectation, assure qu'il se trouve fort bien, et est fort aise qu'il en soit de même de monsieur. La conversation s'engage. M. le conseiller demande des nouvelles de Paris; s'informe de ce qu'on dit de M. le duc ... « Ce qu'on en dit est faux, répond M. Guillaume, il m'a assuré, il y a six jours, *lui-même,* que... » Le conseiller est un peu surpris de ce *lui-même.* « Sauriez-vous par hasard, reprend-il, si madame la duchesse de ... est à Paris? — Elle y était sûrement il y a huit jours, car j'ai dîné avec elle.» L'étonnement du conseiller redouble. « Croit-on, dit-il après un moment de silence, que M. le chancelier reste longtemps en place? Je vais à Paris pour le voir. — On ne parle pas de sa retraite, et je pourrai vous servir près de lui, si vous en avez besoin. — Quoi! monsieur, vous connaîtriez... — Monsieur, c'est mon père. — Votre père! Quoi! M. Guillaume, vous seriez... — Je suis bien véritablement M. Guillaume; mais on ajoute ordinairement à ce nom celui de Lamoignon de Malesherbes. — Ah! monsieur... vous ne pouvez pas demeurer dans cette chambre; reprenez celle que vous occupiez avant moi... Je suis au désespoir... Du moins ce n'est pas moi que vous devez accuser... — Monsieur, je n'accuse personne. Seulement, je vous l'avoue, il m'a paru que vous étiez fort redouté du maître de cette auberge, et c'est un malheur dont je vous plains. »

Peu de gens, dans l'ingratitude générale, ont remarqué, ou se souviennent, que l'auteur le plus direct, le plus immédiat, de ce qu'il y a eu de grand et de bon dans la révolution française, c'est Malesherbes.

C'est lui qui, en 1771 et 1775, au milieu des débats de la cour et des parlements, osa dire le premier, dans des remontrances de la cour des aides, dont il était premier président, qu'au roi n'appartenait pas le pouvoir illimité qu'il prétendait, qu'aux parlements n'appartenait pas l'opposition aux volontés du roi; il réclama les *états généraux*, et ces mots, qui retentirent dans toute la France, amenèrent la fin des prétentions des parlements et de la cour, les deux assemblées des notables, les assemblées provinciales, faibles images, mais puissantes préparations d'une assemblée nationale, et enfin une assemblée nationale.

Ce qui avait dès longtemps disposé l'opinion à recevoir l'idée d'une assemblé nationale, et à en faire profit, c'était la prédominance des idées philosophiques qui s'était établie, moins par les écrits que par l'agrégation et le concert des écrivains philosophes, pour la composition de l'*Encyclopédie*. Peu de gens le savent aujourd'hui, mais beaucoup en ont rendu autrefois le témoignage à Malesherbes: ce fut par sa protection que cette entreprise se forma, fut autorisée par le gouvernement, et eut même, en commençant, l'appui du chancelier d'Aguesseau, à qui Malesherbes persuada finement que l'*Encyclopédie* aiderait les jésuites à écraser les jansénistes, que le chancelier n'aimait pas.

Un autre fait, dont il existe un témoignage irrécusable, c'est que Malesherbes avait proposé au roi, en 1788, de donner lui-même une constitution libre à la France, et de la présenter à la sanction du peuple avant de convoquer une assemblée nationale. Cette idée fut rebutée; et Malesherbes, qui avait voulu combler Louis XVI d'un bonheur et d'une gloire inconnus sur les trônes, ne se vengea de cet absurde mépris, que par le dévouement qui lui a coûté la vie.

Malesherbes était tellement attaché au bien public, qu'il ne se tenait compte à lui-même que des travaux d'un intérêt général; il comptait pour rien le bien qu'il faisait dans la vie privée; là il était vertueux par instinct, par habitude, et sans croire qu'il le fût. On lui parlait un jour de ses titres à la vénération de la postérité; il répondit avec bonhomie: *J'aurai, peut-être, à l'avenir quelque considération, si l'on fait ce que j'écris, et si l'on n'écrit pas ce que je fais.*

(Journal de Paris des 22 et 23 frimaire
an VII. — 12 et 13 décembre 1798.)

2.

Fragment.

Un intérêt particulier ramène vers les illustres morts qu'a tués la révolution. Il semble que nous ayons à nous acquitter des hommages dont leur vieillesse aurait été l'objet s'ils n'avaient été arrachés à l'existence, et à rendre à leur ombre des devoirs qui suppléent les honneurs de la sépulture dont ils furent privés. Nous recueillons avec respect leurs moindres écrits, leurs moindres pensées; nous donnons du prix à l'imperfection même de ces productions qui, comme leur vie, n'ont point été achevées, et nous avons plus de plaisir peut-être à y trouver des motifs de regrets, que nous n'en aurions à y trouver des motifs d'admiration... (*Feuillets manquants*).

. La mort de Malesherbes a porté coup *à la terreur*. Sa décapitation fut un de ces crimes qui retournent sur le crime. Les cœurs honnêtes sentirent de la honte à vivre lorsqu'il périt. On voulait s'offrir à la hache pour ne pas vivre avec ses bourreaux. Les esprits égarés revinrent à la justice, quand ils virent les brigands cesser d'en respecter jusqu'au moindre simulacre; les scélérats les plus endurcis se troublèrent, quand ils virent la révolte des esprits les plus fascinés et la chute de la plus pure vertu. Nulle passion, nulle perversité ne suffit pour justifier, dans la conscience d'aucun de ces monstres, l'assassinat d'un homme consacré au respect universel. Ceux qui ne le détestaient pas comme un crime en frémirent comme d'un sacrilége ; et bientôt, par leur chute, ils offrirent aux peuples asservis la consolation de penser qu'il y a pour la plus féroce tyrannie des limites impossibles à franchir avec impunité.

———

1.

MARAT (1).

Mes alarmes sont extrêmes. On a abattu à tous les théâtres le buste de Marat ; je tremble que tout à l'heure on ne le dépanthéonise. Dépanthéoniser Marat ! Si cela arrive, tout est perdu. La patrie éplorée demande que Marat reste au Panthéon, qu'il y reste seul, qu'il y reste à jamais. Marat suffit pour remplir cette vaste enceinte. Nul ne peut trouver place à côté de Marat. Ce n'est pas trop de ce bel édifice, de cette magnifique colonnade, de ce dôme imposant, pour attester à la postérité le degré d'abjection où la France fut plongée pendant une année, et quels honneurs elle fut capable de décerner à l'inventeur de la dictature révolutionnaire, au promoteur de cent mille assassinats (2). Et quand il serait possible de dépanthéoniser Marat, le serait-il de démaratiser le Panthéon ?

Convient-il bien de consacrer un temple à la cendre des grands hommes, et d'appeler ce temple la réunion des dieux ? (car le mot Panthéon n'a pas d'autre sens.) Quelle idée servile, que de diviniser des hommes, et de se consacrer à leur adoration ! L'adoration est un sentiment imbécile, quel qu'en soit l'objet. L'adoration des morts dispose à adorer les vivants : il est si naturel de se mettre à genoux aujourd'hui devant l'homme dont on prévoit qu'il faudra demain adorer la cendre ! Il est si naturel aussi à l'orgueilleux qui peut aspirer à devenir un dieu après sa mort, d'aspirer à le devenir de son vivant ! Robespierre eût-il osé exiger l'adoration du haut de son trône, si Marat n'en eût été environné dans sa tombe au Carrousel ? Ne jouons pas avec la raison humaine, *cette fière raison dont on fait tant de bruit*, et qui est si fragile.

D'ailleurs, est-il utile à la morale et à l'instruction publique de rassembler dans une seule cité les ossements de tous les morts illustres ? Quelle sera la puissance de tant de monuments entassés les uns sur les autres ? Ils se disputeront tous l'attention, et aucun ne pourra, par cette raison, s'emparer de l'âme et la passionner ; ils surchargeront l'esprit de souvenirs confus, aucun ne l'échauffera de souvenirs vivifiants. Laissez à chaque vertu, à chaque grande action, au moins l'espace qui lui est nécessaire pour répandre l'éclat dont elle brille, et inspirer le recueillement qui peut porter à l'imiter.

C'est sur le lieu même où une grande action a été faite, où une grande vertu a été déployée, qu'il faut ériger le monument destiné à les conserver ; c'est là que la pierre, que le marbre, ont une éloquence sublime, dont l'art ne peut les douer. La colonne élevée à Turenne dans le champ de gloire où un boulet l'a frappé, imprime bien d'autres sentiments que ce monument si somptueux dont Pigalle a enrichi un temple de Strasbourg.

Et d'ailleurs, l'instruction, les encouragements à la vertu, ne doivent-ils pas être répandus sur toute la surface de la république ? Les morts illustres appartiennent-ils à Paris seul ? Est-ce à Paris qu'il faudra venir, de Bayonne et de Dunkerque, chercher le feu sacré de la vertu ? On répète sans cesse qu'on ne veut point faire de capitale dans la république, et sans cesse on travaille, sans s'en apercevoir, à en faire une énorme aux dépens de la France entière. Est-il une spoliation plus cruelle pour les départements, que d'en enlever les cendres chères aux cœurs vertueux ?

Les anciens plaçaient les tombeaux des grands hommes dans les lieux qu'ils avaient

———

(1) (*Note de l'éditeur.*) Le portrait de Marat est inséré au tome III de cette collection, page 273. L'article qu'on va lire et les suivants en sont le complément.

(2) Robespierre et ses complices ne sont que les exécuteurs testamentaires de Marat. Les cent cinquante mille têtes qu'ils ont abattues ne sont qu'un à-compte sur les trois cent mille auxquelles il avait taxé la France.

Ils ont fait comme David, qui n'apporta à Saül les prépuces de trois cents Philistins, que parce que Saül les avait demandés.

illustrés; ils élevaient leurs monuments en plein air, dans les champs, sur les grands chemins surtout. C'est sur les grands chemins que Varron les aimait, *parce que*, disait-il, *ils rappellent aux passants ce qu'il y a dessous*.

Au lieu de dépanthéoniser Marat, législateurs, instituez une solennité qui, chaque année, amène, au moins une fois, le peuple français en longs habits de deuil sur son tombeau, pour y frémir des barbaries qu'il a fait commettre, et éloigner à jamais la possibilité de leur retour.

Il importe moins de célébrer les grandes actions, ou les éclatantes prospérités des peuples, par des fêtes annuelles, que de consacrer leurs fautes et leurs malheurs par des deuils publics. Si la Saint-Barthélemy eût été célébrée parmi nous par trois jours de deuil annuel, nous n'aurions pas vu récemment une Saint-Barthélemy de quinze mois.

Si quelques législateurs abusés, égarés un moment, ont loué Marat, se croiront-ils pour cela intéressés à le venger ou à le défendre? Détrompés par une trop fatale expérience, balanceront-ils entre sa dégradation et la restauration des principes? Leur est-il possible de parler franchement, fortement, puissamment d'humanité et de justice, tandis que la mémoire de Marat sera l'objet d'un culte insensé? Veulent-ils laisser la raison rentrer dans ses droits, ou veulent-ils s'en réserver une distribution arbitraire et calculée? Le moyen de se préserver de la censure qu'ils appréhendent trop peut-être, est de placer entre eux et leurs ennemis, non l'autorité des décrets, ni la puissance des baïonnettes, mais, au contraire, une confession franche, un aveu sincère de leurs erreurs : c'est là ce qui les rendra respectables et chers à la France, et fera trouver dans les espérances d'un heureux avenir l'oubli du passé.

(*Journal de Paris*, du 18 pluviôse an III. — 6 février 1795.)

2.

On crie partout et on vend : *Les crimes et forfaits de Marat*. L'on crie partout et l'on ne vend pas : *Les grands services de l'ancien comité de salut public*. La place du Carrousel est déblayée du tombeau de Marat, et l'on rencontre des tombereaux qui voiturent ses bustes à l'égout Montmartre. Quelques gens se fâchent de cette cérémonie; mais ce n'est pas pour Marat, c'est pour l'égout. Ils en craignent l'encombrement et l'infection. On ne voit plus Collot, ni Barrère, ni Billaud, à la convention. Ils débutent dans leur apologie par crier *à l'ingratitude nationale!* Ils reconnaissent donc que l'opinion nationale a prononcé sur leur existence.

Les derniers *honneurs* qu'on rend en ce moment à Marat, ceux qui attendent les ministres de ses volontés et de son culte, sont une grande leçon pour l'imbécile vulgaire et pour les grands jongleurs qui se croient de grands politiques. Le peuple voit à quelle honte et à quels regrets expose une adoration servile; et le reste de nos tyrans voit ce que devient une puissance fondée sur la déception et l'imposture.

(*Journal de Paris*, du 25 pluviôse an III. — 13 février 1795.)

3.

On assure qu'on va étayer le dôme chancelant du Panthéon français. La nécessité de prendre très-promptement cette précaution paraît démontrée par un écrit de Boulland, architecte...

Les amis des arts s'inquiètent de l'ébranlement d'un si bel édifice. Comment ne voit-on pas que, depuis l'apothéose de Marat, le grand vice de ce monument n'est pas son inconsistance, mais son indélébile souillure?

(*Journal de Paris*, du 30 messidor an IV. — 18 juillet 1796.)

DE LA MORT DU GÉNÉRAL MARCEAU.

Si j'avais reçu de la nature le moindre talent pour le théâtre, je voudrais y mettre *la Mort du général Marceau*, soit en drame, soit en ballet d'action. Je ferais peut-être un mauvais poëme, mais je donnerais du moins un spectacle utile et touchant. Je montrerais le pouvoir que donnent, sur l'ennemi le plus farouche, la bravoure, l'humanité, le désintéressement, le respect pour l'ennemi vaincu et désarmé, le ménagement pour le territoire envahi; tous avantages qui ont rendu Marceau respectable à l'armée autrichienne. Je ne répugnerais même point à montrer les généraux, officiers et soldats autrichiens cédant à d'honorables regrets, et les unissant à ceux des troupes françaises.

Je ne chercherais point à contenir je ne sais quel sentiment pacificateur qui pourrait naître à la vue de ce spectacle; du moins je me plairais beaucoup à célébrer, à montrer en scène cette portion de l'esprit chevaleresque qui adoucissait autrefois la férocité de la guerre, en écartait tous les malheurs inutiles, mettait une sorte de police jusque dans ses ravages, sans affaiblir en aucune manière l'attaque ou la défense légitime.

La mort de Marceau m'a rappelé celle de Bayard, et voici ce que je lis dans l'histoire :

« Quand il prenoit prisonniers, les traictoit tant humainemens que merveille, et de rançon tant doulcement, que tout homme se contentoit de lui... Quand il fut près de mourir de sa blessure... vint le voir le marquis de Pescaire (officier espagnol), et lui dit : « Pleust à Dieu, seigneur de Bayard, qu'il m'eust cousté une quarte de mon sang, et vous teinsse en santé mon prisonnier... , estant néanmoins assuré que l'empereur, mon maistre, en ses guerres n'avoit point de plus grand ne plus rude ennemi que vous. Tels piteux et lachrymables regrets faisoit le marquis de Pescaire et plusieurs autres capitaines, sur le corps du bon chevalier sans peur et sans reproche; et croy qu'il n'y en eut pas six de toute l'armée des Espagnols, qui ne le vinssent veoir l'un après l'autre, etc. »

Voilà l'histoire du général Marceau : autant vaut cette façon de faire la guerre, que celle des flibustiers.

(Journal de Paris, du 15 vendémiaire an v
— 6 octobre 1796).

MARMONTEL.

1.

Il y a dans la salle à manger du baron de Staël un portrait de Marmontel. Ce portrait est fort ressemblant, mais les yeux en sont trop saillants. Pendant un dîner où était l'abbé Arnaud, quelqu'un s'écria, en considérant ce portrait : *Voilà des yeux pleins de génie!* — *Oui*, dit l'abbé, *c'est pour cela qu'on les a faits hors de la tête!*

2.

Un citoyen qui, dit-il, a défendu la mémoire de Dubelloy, peu respectée par M. de la Harpe, et qui, par cette raison, doit être un homme de lettres, fait revivre aujourd'hui dans un journal une épigramme faite par l'abbé Arnaud contre Marmontel, pendant leurs querelles au sujet de Gluck et de Piccini; mais il la mutile indignement. Voici comme il la donne :

> Ce Marmontel *si gros*, si long, si lent, si lourd,
>   Qui ne déclame pas, mais beugle,
>   *Juge de peinture en aveugle*,
>   *Et de musique comme un sourd*.
>   Ce pédant à *fâcheuse mine*,
>   De ridicules tout bardé,
> Dit qu'il a *pour les vers* le secret de Racine :
> Jamais secret ne fut, *à coup sûr*, mieux gardé.

Marmontel n'était point *gros*. Il avait une très-belle figure, et point une *fâcheuse mine*. *Juge de peinture en aveugle*, n'est point français. *Juge de musique comme un sourd*, n'est point français. *Qu'il a* POUR LES VERS *le secret de Racine*, offre un sens dégoûtant.

Puisqu'on a réveillé le souvenir de cette épigramme, il est juste de la donner telle qu'elle a été faite. La voici :

> Ce Marmontel si long, si lent, si lourd,
>   Qui ne parle pas, mais qui beugle,
>   Jugeant la peinture en aveugle,
>   Et la musique comme un sourd;
>   Ce pédant à sotte doctrine,
>   De ridicule tout bardé,
> Dit qu'il a le secret des vers du grand Racine :
> Certes, jamais secret ne fut si bien gardé!

Cette épigramme n'empêche pas que le nom de Marmontel ne soit à jamais cher aux lettres et à la philosophie. Il fut un des écrivains les plus élégants de son siècle; il y a dix fois plus d'idées, d'esprit et d'instruction dans ses *Éléments de littérature*, que dans le *Cours* de M. de la Harpe. Celui-ci fait bien *voir* les beautés et *sentir* les défauts des ouvrages qu'il juge : Marmontel fait *voir* les défauts et *sentir* les beautés. La critique de Marmontel échauffe en même temps qu'elle éclaire; elle excite le génie en épurant le goût : celle de la Harpe refroidit, inspire la crainte des fautes, et n'ajoute rien aux moyens du succès. Marmontel est le guide de l'homme de goût qui crée ; la Harpe, celui de l'homme de goût qui juge et ne veut que juger. Marmontel était doué d'une sensibilité profonde, qui a fait le charme de tous ses écrits. Ses derniers *Contes moraux* sont pleins d'intérêt, et d'un style enchanteur. La meilleure épigramme ne peut rien contre la mémoire d'un pareil écrivain ; au reste, voici sa réponse à l'abbé Arnaud. Le bon temps que celui de ces épigrammes !

Sur l'air : *L'avez-vous vu, mon bien-aimé ?*

> L'abbé Fatras,
> De Carpentras,
> Demande un bénéfice ;
> Il en aura,
> Car l'Opéra
> Lui tient lieu de l'office.
> Monsieur d'Autun,
> Qu'il en ait un !
> C'est un devoir
> De le pourvoir.
> On veut le voir
> Venir le soir,
> Précédé de sa crosse ;
> Et le matin,
> Chez sa catin,
> Arriver en carrosse.
> Pour *Armide*, il a tant trotté,
> Pour *Alceste*, il s'est tant crotté,
> Que c'est pitié
> De voir à pied
> Ce grand apôtre de coulisse,
> Comme un sergent de milice.
> L'abbé Fatras, etc.

(*Journal de Paris*, du 28 prairial an IX. — 17 juin 1801.)

3.

J'ai lu en entier les Mémoires de Marmontel. Il n'y a guère que les deux premiers volumes qui répondent à ce titre ; car quand l'auteur raconte les commencements de la révolution, il est historiographe de France, et non historien de lui-même. Il n'est pas vrai, comme bien des gens le disent, que cette partie soit absolument mauvaise ; elle est pleine de détails vrais et d'observations justes, mais l'auteur n'a pas tout vu.

Il est évident pour moi que tout ce qui regarde les temps antérieurs à la Convention a été rédigé dans la vue de remplir le devoir de la place d'historiographe, et c'est le seul monument que Marmontel ait laissé de l'existence qu'il avait sous ce titre. Sa lettre sur le sacre de Reims est au-dessous du médiocre : ce n'est rien. Ce qu'il dit des commencements de la révolution est quelque chose. La politique était chose trop compacte et trop profonde pour les yeux de Marmontel ; il était accoutumé à pénétrer dans les mœurs des boudoirs et des coulisses : aussi, peint-il très-bien des caractères de femmes ou d'hommes du monde, ce qui diffère peu des femmes. Mais quand il veut nous représenter l'âme d'un politique, d'un conspirateur ou d'un grand citoyen, d'un factieux ou d'un homme d'État, le burin s'émousse dans ses mains, et nul trait ne ressort.

Dans la partie qui concerne Marmontel, et qui seule constitue proprement ses Mémoires, deux sentiments distincts m'ont frappé, et je les ai conservés après la lecture : le premier, c'est que l'auteur a su rendre la pauvreté aimable, intéressante, noble, en lui donnant de l'esprit et de l'âme ; et le second, c'est qu'il rend la grandeur parfaitement ridicule et méprisable quand il la trouve sans mœurs, sans raison, sans esprit. Je lui sais gré de ces deux effets : il est bon de montrer, par de doubles exemples, que l'esprit et la raison sont les maîtres du monde ; que partout où pénètre leur lumière, il y a de l'intérêt, et que l'oripeau ni le pouvoir ne peuvent en tenir lieu.

J'ai remarqué avec plaisir que Marmontel, en parlant mal de la révolution, même en plaidant pour la liberté du culte catholique, avait été conséquent ; qu'il n'avait rétracté ni eu besoin de rétracter les principes de sa philosophie, pour se déchaîner contre les horreurs commises par des scélérats qui n'avaient pas plus de rapport avec la philosophie qu'avec l'Évangile, où la doctrine dite des *sans-culottes* est expressément établie. Je conclus de là que si tous les confrères de Marmontel avaient, comme lui, poussé leur carrière jusqu'au fort de la révolution ; comme lui, sans se démentir plus que lui, et en se conformant aux principes professés par eux durant toute leur vie, ils auraient eu horreur de ce qui se passait en 92, en 93, même avant et depuis. Il me paraît donc que ses Mémoires sont un témoignage en faveur des philosophes du dix-huitième siècle, et contre les crimes qui en ont déshonoré la fin, et contre les calomniateurs qui veulent les en charger.

Il me paraît, au reste, que le prodigieux succès de ces Mémoires, que tout le monde lit et dont tout le monde parle, est une forte preuve du peu de succès qu'ont obtenu, *hors de leur parti*, les détracteurs jurés de la raison humaine, gens bien plus odieux que ne sont ridicules les chevaliers de la perfectibilité. L'intérêt qu'inspirent ces Mémoires tient en très-grande partie à celui que le dix-huitième siècle, et les hommes qui l'ont honoré, continuent d'inspirer aux gens sensés du dix-neuvième. Il y a de quoi rire à voir tant d'efforts répétés tous les matins par tant de fripons déguisés, sous tant de prétextes divers, pour nous faire rougir du dix-huitième siècle; il y a, dis-je, de quoi rire à les voir si parfaitement inutiles. (*Extrait d'une lettre à M. de V...*)

(23 frimaire an XIII. — 19 décembre 1805.)

———

MERCIER.

1.

Il y a, dans l'Institut national, un homme qui s'avise de faire, dans les plus méprisables journaux, des portraits plus méprisables encore de ses plus estimables confrères; et si l'on faisait le sien, il serait impossible qu'il restât membre de l'Institut. C'est un homme fameux par l'habitude qu'il a prise de ne rien dire, de ne rien écrire, de ne rien faire qu'au rebours de la raison et de sa conviction; et il faut qu'il ait bien contracté cette habitude, puisque l'état qu'il exerce depuis deux ans est celui qu'il s'est le plus attaché à déshonorer pendant dix ans par ses écrits, et qui, s'il vous décline son nom, ce n'est jamais que renversé (1). — Il est cependant conséquent en deux points; car il ne renverse son nom que quand il signe ses sottises. Il garde l'anonyme quand il écrit des injures.

2.

Le citoyen Mercier prépare un dictionnaire néologique, qui sera composé de trois mille

mots nouveaux, dont pas un n'a le tort d'avoir été employé par un bon écrivain. L'impression de cet ouvrage est à moitié faite; il ne tardera pas à paraître.

(*Journal de Paris*, du 15 prairial an IX. — 4 juin 1801.)

———

MIRABEAU.

1.

Mirabeau disait à l'abbé Maury : *Mon cher abbé, vous périrez infailliblement par la corde ou par quelque mal immonde.* — *Cela pourrait m'arriver*, répondit l'abbé, *si j'embrassais vos opinions ou votre maîtresse.*

2.

Mirabeau tirait souvent sa bourse de sa poche, et disait, en faisant sonner l'or : *En temps de révolution, un homme avisé doit toujours avoir cent louis dans sa poche !*

3.

(*Note de l'éditeur.*) Dans le tumulte de la fin d'une séance, mon père, pressé de faire mettre à l'ordre du jour une affaire importante dont il était rapporteur, écrivit à la hâte au président (Mirabeau) pour la lui rappeler, et en reçut à l'instant la réponse écrite sur son billet même.

BILLET DE M. ROEDERER.

« Le comité de l'imposition prie monsieur le président de mettre à l'ordre du jour de demain matin la *relute* générale du décret du timbre.

« Roederer. »

RÉPONSE DE M. DE MIRABEAU.

« Je demande au comité, et au très-cher secrétaire, ce que c'est que la *relute* ? Est-ce la joute de Jacob ? Gare le desséchement du nerf ! Au reste, il sera fait comme Rœderer désire. »

4.

CORRESPONDANCE DE MM. DE MIRABEAU ET ROEDERER.

(*Note de l'éditeur.*) Voici en quels termes M. Sainte-Beuve s'exprime au tome IX de ses *Causeries du lundi*, au sujet des deux premières lettres qui vont suivre (nos 5 et 6) de cette correspondance :

« Rœderer, qui aimait la discussion, n'admettait

<hr>

(1) (*Note de l'Éditeur.*) Il signait habituellement Reicrem.

« pas le travestissement de son opinion ; et l'on va
« voir avec quelle vigueur et même avec quelle roi-
« deur il releva Mirabeau, un jour qu'il croyait avoir
« à se plaindre de lui. Je cite ces lettres, parce qu'on
« y voit se dessiner un trait de son caractère, et en
« même temps l'estime qu'il inspirait... Mirabeau
« s'empressa de lui donner toute satisfaction par une
« lettre écrite de l'Assemblée. »

5.

M. ROEDERER A M. DE MIRABEAU (1790).

« L'on vient de m'apprendre que M. de Mirabeau avait dit ce matin à l'assemblée, au
sujet des folies de M. d'Espréménil, qu'elles
avaient *découvert le secret de ceux qui ne
veulent point d'assignats.*

« Je ne veux pas d'assignats pour plus de
200 millions ; et M. de Mirabeau sait très-bien,
du moins je m'en flatte, que le *secret* de mon
opinion n'est pas dans des vues malhonnêtes,
ou contraires à la révolution. Ce n'est pas non
plus dans de pareilles vues qu'il faut chercher
les motifs de l'opinion de M. l'abbé Sieyès, de
M. de la Rochefoucauld, et de plusieurs autres.

« L'amitié, au défaut de la justice, aurait dû
retenir M. de Mirabeau, lorsqu'il s'est senti entraîné à employer un moyen que nous avons
souvent blâmé d'un commun accord, d'un
moyen dont M. de Mirabeau lui-même a manqué d'être la victime, celui d'attirer les orages
sur la tête des personnes qui ont une opinion
particulière. L'amitié aurait dû lui faire sentir
que sa phrase était à la fois une dénonciation
et une calomnie pour M. Sieyès et pour moi,
qui, ecclésiastique et magistrat, pouvons être
aisément soupçonnés, et même accusés sans
soupçons, de vouloir faire revivre l'ancien régime.

« Ma liaison avec M. de Mirabeau ne peut
qu'accréditer l'idée qu'il a surpris mon *secret ;*
je tiens cette liaison pour rompue, afin qu'elle
ne m'expose pas au même danger pour la suite. »

6.

RÉPONSE DE M. DE MIRABEAU, ÉCRITE PENDANT
LA SÉANCE.

« Je vous réponds, mon cher Rœderer, par
écrit, afin que vous puissiez montrer ma réponse. Je n'étais point à l'assemblée lorsque
d'Espréménil a fait ses lubies ; je suis arrivé

quand on en était aux couteaux. J'ai fini l'insurrection par une malice qui n'a fait que faire
rire. J'ai dit, non pas la phrase que l'on vous
a répétée, mais une qui peut aisément être
travestie ainsi, et dont je ne me rappelle pas
les mots, mais seulement pour les gens de
mauvaise foi qui ne voudraient pas se rappeler
que j'ai dit en toutes lettres, hier, *que rien n'é-
tait si simple que d'avoir deux opinions dans
une si grande question d'économie politique,*
et qui, par conséquent, voudraient douter que
j'ai parlé, et surtout entendu parler, du secret
de ceux *qui ne veulent pas la vente des biens
nationaux, et non de ceux qui ne veulent pas
d'assignats...*

« Je ne sais pas trop ce que j'écris dans ce
tumulte, mon cher Rœderer ; mais ce que je
sais, c'est qu'il suffit que l'abbé Sieyès et vous,
soyez d'un avis pour que je sois sûr, même
sans examen, que l'on peut honnêtement et
raisonnablement avoir cet avis. L'abbé Sieyès
est un homme de génie, que je révère et que
j'aime tendrement. Je ne puis pas vous parler
de vous ; mais j'espère qu'il est assez connu
combien je vous estime et vous aime, et combien je m'en honore. Croyez, mon cher Rœderer, que, sous tous les rapports, dans l'assemblée nationale, mon amitié sera plus sévère en
votre faveur que la vôtre ne l'exigerait de moi.
Et si vous trouvez cette explication aussi loyale
et aussi sensible que je désire qu'elle le soit en
effet, dites-moi bien vite que vous ne pensez
plus à la fin de votre lettre, échappée à un
juste moment d'humeur ; et que vous serez
plus fidèle à mon assignation ordinaire, demain, qu'à nos assignats. Je vous prie de communiquer ma lettre à notre cher maître (*Sieyès*),
si vous lui avez montré la vôtre. *Vale, et me
ama.*

« MIRABEAU l'aîné. »

7.

RÉPONSE DE M. ROEDERER.

« Votre billet est très-aimable. Vous êtes un
très-bon guérisseur du mal que vous faites.
Mais pourquoi faites-vous du mal ? pourquoi
user votre amabilité à compenser vos torts ?
pourquoi ne pas vous en réserver le mérite
tout entier ?

« Votre affaire vient demain ; il ne conviendrait pas que je dînasse avec vous. Décidé,

comme je le suis, à parler, s'il est nécessaire, dans cette affaire, je veux éviter tout prétexte de récusation. Les noirs m'appellent le *spectre* de la liberté; je veux me réserver de leur apparaître pour votre cause. »

8.

RÉPLIQUE DE M. DE MIRABEAU A M. ROEDERER.

1790.

«Certainement non, ma lettre n'est pas aimable; elle doit même n'être pas nette, si le fond de mon cœur n'était pas pour vous autres si notoirement pur; car j'étais abasourdi, et de la méchanceté et du bruit; et je ne me suis pas même rappelé à temps les mots par lesquels j'ai fini, que la Marck m'a remis dans la mémoire, et qui tranchent la question; je veux dire ceci : NOUS AVONS LEUR AVEU; or, de qui avions-nous l'aveu, si ce n'est des noirs les plus enragés? Mon cher Rœderer, eh bon Dieu! ne nous divisons pas, pauvre si petite poignée de bons et inflexiblement bons citoyens que nous sommes. Votre scrupule est de trop sous tous les rapports, mon cher ami. 1° L'affaire ne vient pas demain; 2° si ce ridicule et inique motif de récusation avait le sens commun, il porterait sur le jeudi de demain, comme sur tous les autres jeudis. Enfin, mon ami, j'aurais l'imagination assombrie et le cœur malade si vous ne veniez pas, vous et notre cher maître (*Sieyès*), à qui j'ai envoyé un ambassadeur patricien pour toucher son cœur ARISTOCRATIQUE, qui n'a pas pu se refuser à ce puissant magnétisme. Allez, mon cher, dites que vous viendrez, et que si vous êtes leur spectre, vous serez mon sylphe. »

9.

M. DE MIRABEAU A M. ROEDERER.

« Vous souvenez-vous, mon cher Rœderer, que le scrupule de jeudi passé ne me trouva résigné que sur votre parole que le jeudi actuel verrait tout rentrer dans l'ordre accoutumé? Je vous somme de votre parole, et d'autant que nous avons bien des choses à nous dire.

« *Vale, et me ama.*

« 7 octobre 1790. »

10.

Lettre de Mirabeau à la suite de la séance du 2 octobre 1790, où j'ai parlé au sujet de la journée du 6 octobre 1789. Le Moniteur a fort écourté mon discours. Je ne sais s'il est mieux dans une autre feuille.

«Recevez, non pas mes remerciments, mon cher Rœderer, car je ne puis pas vous remercier d'avoir été juste, mais la tendre expression de mon amitié pour le rôle de collègue fidèle et d'ami zélé que vous avez si bien joué aujourd'hui à l'Assemblée, et mon compliment sur la manière ingénieuse dont vous avez ennobli l'étrange absence du duc d'Orléans. Il m'est très-doux de vous avoir vu vous distinguer si honorablement dans une cause qui m'intéressait, et où la tiédeur des uns et l'effervescence des autres pouvaient allanguir votre verve et gêner votre amitié. J'espère, mon cher ami, que vous voilà délivré de toute *exoine*, et que nous boirons ensemble jeudi du *Montrachet!*

« *Vale, et me ama.* »

11.

M. DE MIRABEAU A M. ROEDERER.

1790.

« Jamais, non jamais je n'eus telle honte : j'atteste l'abbé Sieyès que ce matin, au moment où je suis apparemment sorti de ma léthargie, une rougeur plus que cramoisie m'a couvert le visage, en me rappelant que j'avais dû dîner hier avec et chez un des hommes que j'aime et que j'estime le plus, et (ce qui, pardonnez, mon cher Rœderer, mais, malgré moi, ceci ajoute beaucoup à mes regrets) avec une des plus belles dames du monde. Que vous dirai-je maintenant, si ce n'est, après le serment de ma honte et de mes regrets, que j'ai été puni d'avance, et que je le serai jusqu'à ce que vous et la belle des belles, c'est-à-dire madame Rœderer, car elle seule ne se reconnaîtrait pas, non-seulement m'aient pardonné, mais admis, après pénitence, à ma revanche?... Ces malheureux Liégeois m'ont enlacé à mon insu, j'ai totalement oublié le jour, et je soutenais qu'aujourd'hui était samedi. Voilà, mon cher Rœderer, la vérité pure et ma pénible confession. Grondez-moi, battez-moi, mais aimez-moi. »

12.

M. DE MIRABEAU A M. ROEDERER.

« C'est vous, mon cher Rœderer, qui vous

êtes chargé, au nom du comité des impositions, de donner des idées sur la proposition infâme de ce stupide Lavenue, qui veut tout platement imposer les rentes viagères et constituées sur le trésor public. Il m'importe, mon bon ami, à moi qui ne suis pas étranger aux déclarations honorables que l'assemblée nationale a faites sur la foi publique, et qui, d'un autre côté, veux suivre pour vous les mouvements de mon esprit et de mon cœur, de savoir en substance ce que vous proposerez; car je veux être votre auxiliaire, et surtout, plutôt redresser les erreurs dans lesquelles on tombe à ce sujet, que donner dans l'oratoire. Les bonnes gens croient qu'il s'agit là d'imposition, et non d'une banqueroute; cela rassure leur conscience : il faut éclairer leur esprit pour épurer leur cœur. Je vous envoie, mon cher, le peu de lignes que je jetai à la hâte à la lecture du procès-verbal, et je demande à votre loyauté et à votre amitié de me donner les principaux jalons de votre théorie.

« *Vale, et me ama.*

« 25 octobre. »

13.

M. DE MIRABEAU A M. ROEDERER.

« Voulez-vous bien, mon très-cher collègue, me faire repasser mon ébauche de discours sur les rentes, auquel j'ai quelque chose à ajouter, et qui peut m'être nécessaire demain? car je suis loin de penser, comme vous autres, qu'il faille laisser dormir et couver ces erreurs destructives de tout crédit. Il faut, au contraire, provoquer le combat et triompher. C'est en fait de principes que le mot d'Ajax est beau : *Jupiter, rends-nous le jour, et combats contre nous!*

« Bonjour, mon très-cher collègue. »

14.

M. DE MIRABEAU A M. ROEDERER.

« Vous serez bien aimable, mon bon ami, de me faire copier, ou le mémoire de M. Necker, ou l'extrait que vous ferez de ce mémoire. Je vous supplie de hâter aussi, le plus possible, la communication de votre *ultimatum*, et de m'avertir du jour fixe où vous parlerez. Quant à mon travail, il est entièrement à vos ordres quand vous voudrez; mais, mon bon et cher collègue, tâchez de me donner les éclaircisse-

ments que je vous demande avant jeudi, jour sacré auquel vous m'avez promis de ne plus manquer.

« *Vale, et me ama.* »

15.

(*Note de l'éditeur.*) J'extrais d'un manuscrit non terminé, de mon père, le passage suivant, qui se rapporte à la dernière lettre qu'il reçut de Mirabeau, et qui s'y trouve inséré :

« La mauvaise condition faite à la place de procu-
« reur général syndic du département de Paris, et au
« directoire, n'était sentie par personne; Mirabeau
« même ne l'avait pas aperçue. Frappé de l'idée que
« c'était la première des places électives de France
« nommées par le peuple, et le poste avancé d'une
« opposition redoutable pour la cour, il l'avait am-
« bitionnée dans sa gloire. Voici une lettre qu'il m'é-
« crivit sur le bureau de l'assemblée nationale, et
« qu'il m'envoya par un huissier à la place que j'oc-
« cupais, au côté gauche de cette assemblée. Il prouve
« tout à la fois l'idée qu'il avait des fonctions du pré-
« sident et du procureur général syndic du départe-
« ment, celle qu'il avait des deux personnes qui fu-
« rent nommées à ces places par la première élection,
« celle qu'il avait de lui-même. Je présume que les
« lecteurs verront avec plaisir une copie exactement
« figurée de cette lettre, et je l'offre ici calquée sur
« l'original. Voici la lettre dont il s'agit :

16.

M. DE MIRABEAU A M. ROEDERER.

« Il faut, mon ami, réunir nos forces pour que vous soyez du département; car, tout utile que vous ayez été, et surtout que vous puissiez l'être, tout homme fort, et très-fort, que vous sachent les dix ou douze hommes de l'assemblée en état de vous étudier, qui font l'opinion, vous ne pouvez pas vous dissimuler qu'en général vous n'avez pas de faveur; que les machinateurs vous poursuivent avec d'autant plus d'âcreté, qu'ils ont voulu vous avoir, et que vous vous êtes prononcé contre eux avec plus de courage dans l'assemblée que qui que ce soit sans exception; qu'enfin, et surtout, vous avez pour Paris le péché originel de les avoir mulctés dans les impositions. Vous ne pouvez pas vous exagérer à quel point vous avez été travaillé à cet égard.

« La première chose à faire, c'est une lettre où vous exprimiez votre estime pour la part qu'a dans la révolution ce Paris ruiné par et pour elle; où vous réfutiez l'inculpation d'avoir voulu l'écraser, et où vous mettiez de grands aperçus sur la nécessité de substituer une existence naturelle et prospère à l'existence artificielle et désastreuse que lui ont ravie nos très-justes réformes. Soyez sûr, mon très-cher, que cette démarche sera décisive.

« Il faut, ensuite, que vous me donniez un jour de la semaine où je vous fasse dîner avec trois électeurs à moi, et que personne ne le sache.

« Il faut, enfin, que vous ne tranchiez pas sur *la monnaie* comme vous le faites ; car vous faites tort à lui et à vous (*sic*) ; les chances maussades qu'il rencontre tiennent à des choses que la roideur ne vaincra pas.

« Mon cher, ne perdez pas de vue que si nous sommes au directoire, l'abbé (*Sieyès*), vous et moi, que nous sachions ne pas nous séparer, la chose publique est sauvée, et le grand brûlot des intrigues perverses échoué. L'homme aux grandes et nerveuses conceptions, aux hautes et vigoureuses pensées, devrait s'apercevoir enfin que les affaires se font moins avec le génie qu'avec les hommes ; il devrait s'apercevoir que j'ai suivi le plan qui lui a donné tant d'humeur et de méfiance, avec un succès et une égalité de marche, de mesure et de volonté qui devrait lui inspirer quelque confiance. Soyons une fois solidaires ; et vous verrez à quoi se réduiront les bâtons flottants sur l'onde. Le respect humain m'empêcherait peut-être de parler ce langage, si j'étais en mauvaise position ; mais mon terrain et ma cabane sont aussi solides que terrain et cabane puissent l'être dans un tremblement de terre. Croyez donc que c'est à la chose dans vous, et à vous dans la chose, que je pense, et liez-vous enfin indissolublement à un homme qui prise trop la gloire et le talent pour que vous ne le retrouviez pas toujours et à la bonne besogne et à vous aimer. »

« Cette lettre de Mirabeau fut cause de mon accep-
« tation de la place de procureur général ; elle me
« persuada de deux choses : qu'il était possible d'y
« faire beaucoup de bien ; que cela m'était plus fa-
« cile qu'à beaucoup d'autres.

« Mirabeau mourut ... mois après cette lettre.
« Plût à Dieu qu'il eût vécu jusqu'au 10 novembre
« 1791, jour de mon élection à la place de procureur
« général syndic ! On n'aurait pas pensé à moi. Mi-
« rabeau, dans cette place, eût pu donner aux af-
« faires publiques une direction que je n'avais ni la
« puissance de leur imprimer, ni même la présomp-
« tion de leur tracer ; et moi j'aurais échappé aux
« malheurs qui m'ont assailli... Mais j'en aurais,
« comme tous les Français, essuyé d'autres. »

———

<h3 style="text-align:center">I.
MONTESQUIOU.</h3>

Montesquiou est mort il y a deux jours, d'une fièvre maligne. Il n'était âgé que de cinquante-sept ans ; ainsi sa mort est prématurée. Il laisse de profonds regrets à ceux qui l'ont connu, même à ceux qui n'ont connu que ses ouvrages. C'était un esprit sage, éclairé et parfaitement net ; c'était, de plus, un excellent citoyen. Je sais bien ce que la défiance a dit de son patriotisme ; mais je sais aussi ce que la confiance en aurait obtenu pour la patrie ; et je dois déposer aux pieds de la liberté les motifs de la conviction que j'ai toujours eue de son sincère attachement à la république.

Dès longtemps avant la révolution, il cultivait les lettres, il cherchait la société des hommes éclairés ; il a eu une grande part à la fondation du Lycée : c'est de la confédération des gens de lettres, c'est des lettres, en un mot, que nous sont venues les premières idées de liberté et les premiers sentiments d'égalité.

Montesquiou fut grand officier de la maison d'un prince avant la révolution ; mais alors ce prince était en opposition avec la cour. Il s'y réunit depuis, et Montesquiou donna sa démission.

Montesquiou, avant la révolution, disputa son nom à des usurpateurs ; mais il disputa avec plus d'ardeur son titre de citoyen, il y a un an, à des ennemis qui, dans une section, voulaient le lui ravir. C'est plus qu'un droit, c'est un devoir du citoyen de défendre la propriété que la loi lui garantit. Il est agent de la loi, quand il a recours à ses ministres contre l'usurpateur ou le spoliateur. Au reste, voici une anecdote relative au procès qu'il a soutenu au sujet de son nom : Quelqu'un lui ayant demandé auquel de ses ancêtres s'attachait la prétention de ses adversaires, Montesquiou le montra sur sa généalogie. Après l'examen, la personne lui dit : «Monsieur le marquis, voilà un parchemin glorieux. » — «*Oui*,» répondit-il, «*c'est un assez bon titre contre la vanité des autres.* » Ce mot, plein de raison et de finesse, montre que, dans cette affaire, il résistait à la vanité des usurpateurs, et ne donnait rien à la sienne.

Montesquiou a été membre de l'assemblée constituante, de cette assemblée dont il a été plus facile de rappeler les fautes que de faire oublier les services; et il y a toujours voté avec le parti national.

En 1792 et 1793, il a commandé une armée de la république, et il a fait la conquête de la Savoie.

Forcé de sortir de la république en 1793, pour avoir voulu épargner Genève, dont un aveugle ressentiment avait juré la destruction, au lieu de se rendre près du prince auquel il avait été attaché, et qui, dès lors, se croyait roi de France, il alla s'établir dans une république de la Suisse; et là, il s'acquit l'estime et l'amitié de citoyens qui ont honorablement figuré dans la révolution helvétique.

Montesquiou, rentré en France, a fait des écrits excellents sur l'administration des finances. Plusieurs sont insérés dans le *Journal d'économie publique;* le plus considérable est imprimé à part, sous ce titre : *De l'administration des finances dans une république.* On y voit un véritable zèle pour le gouvernement sous lequel l'auteur vivait ; on y voit aussi un talent très-propre à le servir.

J'atteste, et j'entends toutes les personnes qui ont vécu familièrement avec lui depuis son retour de Suisse, dire comme moi, qu'il blâmait et modérait, autant qu'il était en lui, tout mouvement de réaction, et qu'il disait souvent : « Le vainqueur qui ne veut pas pardonner provoque à de nouveaux combats, et compromet la victoire. »

Il partagea avec beaucoup de bons citoyens l'honneur d'être rejeté des élections de l'an V. Il fut déclaré terroriste dans sa section. Cette offense, qui ne le préserva pas d'être traité de royaliste aux élections de l'année suivante, prouve que les royalistes connaissent mieux leurs ennemis que les républicains ne connaissent leurs amis, ou qu'en général on est plus disposé à nuire qu'à rendre justice.

Montesquiou a quelquefois parlé avec humeur de quelques magistrats de la république, jamais de la république qu'avec un vif intérêt ; et de ces magistrats dont il parlait avec humeur, il ne souffrait pas qu'on en parlât avec menace.

Je l'ai vu combattre avec chaleur, et blâmer avec amertume, non-seulement toute idée de contre-révolution, mais encore tout projet capable de compromettre la constitution. Et les gens devant qui il se montrait ainsi républicain, paraissaient être assez puissants pour détruire la république, et le succès de leurs manœuvres ne paraissait pas éloigné ; c'était vers le 18 fructidor.

Il disait habituellement : « Rien n'est si facile que de faire aimer et respecter la république. » Eût-il parlé ainsi, s'il ne l'eût aimée et respectée lui-même ?

Les habitudes de sa vie privée attestent aussi son goût naturel pour ce gouvernement.

Jamais je ne lui ai entendu dire un mot qui annonçât le moindre regret de l'existence qu'il avait avant la révolution. Rien n'annonçait en lui un homme tombé ou même volontairement descendu de haut ; et pourtant, il était un de ceux à qui la révolution avait fait perdre le plus d'honneurs, de pouvoirs et de richesses.

A son retour de la Suisse, il se logea à un cinquième étage, à la rue de la Révolution, et il n'a jamais dit : « Je suis mal logé. »

Ensuite, ne pouvant louer le magnifique hôtel qu'il avait fait bâtir à la rue Plumet, il prit le parti d'aller habiter l'entresol placé au-dessus de la loge de son portier ; et il montrait les appartements du fond, aux personnes qui avaient quelque envie de les louer, comme s'il ne les avait fait bâtir que pour cela.

Son caractère, enfin, avait besoin des mœurs républicaines. Montesquiou était prompt, franc, ferme dans ses discours ; avec cette manière de s'exprimer, qui dans la monarchie est quelquefois appelée brusque et rude, il devait être plus à l'aise dans la république.

En voyant, en 1787 et 1788, sa manière de s'entretenir au Lycée avec tous les hommes de quelque mérite, je me suis persuadé qu'il ne mesurait, dans les personnes d'un rang inférieur au sien, que le mérite. S'il était quelquefois dédaigneux, c'est qu'il parlait à un sot; dur, c'est qu'il parlait à un méchant. Avec un homme de bien et de talent, il avait le ton de la parfaite égalité; avec les hommes supérieurs, et je ne sais s'il en était beaucoup dont il ne fût l'égal, il avait le ton de la déférence; avec tout le monde, celui de la dignité tempérée par la simplicité.

Dans ce temps-là, je me suis dit : Patricien du premier ordre, il cherche dans le plébéien, l'homme. Donc, s'il fût né plébéien, il n'eût considéré de même que l'homme dans le patricien. Exempt de hauteur, malgré sa haute origine, il eût été exempt de bassesse, d'envie et de malveillance, dans un rang obscur : dans cette âme réside le pur sentiment de l'égalité.

Et, depuis la révolution, me rappelant ces souvenirs, je n'ai pas été étonné de le trouver au ton de tout le monde, sans avoir changé le sien.

Au reste, Montesquiou n'avait besoin ni de faste, ni de titres, ni de pouvoir, pour se faire distinguer dans la société, ni d'être distingué par la multitude, pour être heureux. Il aimait les livres, il lisait tous les romans nouveaux, les trouvait tous assez bons, parce qu'il pleurait à la lecture de tous, sans se douter que le secret de son attendrissement était presque toujours en lui, non en eux. Il aimait tendrement ses amis, ses enfants, sa femme, et en était aimé de même. Il les aimait en homme qui trouve en eux, non-seulement ses plus chers intérêts, mais encore ses plaisirs, ses amusements, ses occupations. Il n'y a point de place, point d'accès pour la vanité dans les âmes remplies de sentiments si doux ; ces sentiments sont donc encore de bonnes cautions de l'amour de la liberté et de respect pour l'égalité. Celui qui connaît tous les intimes besoins de la nature humaine, ceux du cœur et de la pensée, doit en respecter tous les droits.

Je n'aurais pas donné publiquement ces éloges à Montesquiou vivant. Si je l'avais fait, l'envie n'aurait pas manqué de dire qu'il sollicitait quelque emploi par ma plume, et la calomnie se serait aussitôt déchaînée contre lui. Aujourd'hui, sûr qu'aucun honnête homme ne peut contester les témoignages que je rends à sa mémoire, je ne m'informe pas s'il est des gens à qui ils puissent déplaire. Je crois devoir à l'honneur d'un bon citoyen d'empêcher la haine ou la prévention de séparer son nom de ceux des fondateurs de la liberté française ; je crois devoir à l'intérêt et à l'honneur de la république, d'attacher le nom d'un citoyen distingué

par l'esprit et le caractère, à la colonne où sont inscrits tous ceux qui l'ont aimée et servie.

(*Journal de Paris*, du 12 nivôse an VII. — 1er janvier 1799.)

2.

SUR UN ARTICLE DU CITOYEN DULAURE CONTRE MONTESQUIOU.

Je reçois chaque jour des réclamations, et contre l'article de Dulaure, inséré dans le journal du 21 de ce mois, et contre mon silence sur cet article. L'on m'adresse aussi des réponses dont on me demande la publication. Je ne puis ni faire usage des réclamations, ni imprimer les réponses.

Si le citoyen Dulaure n'avait mêlé des insinuations injurieuses pour moi, aux injures qu'il dit à Montesquiou, j'aurais pu craindre que l'insertion pure et simple de son article ne parût être un aveu de ma part de tout ce qu'il contient contre celui-ci, et une rétractation de ce que j'ai dit à son honneur. Mais comme on ne peut croire ni que j'avoue les injures que m'adresse obliquement le citoyen Dulaure, ni que je me sente trop accablé pour y répondre, j'ai pensé qu'on n'attribuerait mon silence sur Montesquiou qu'à mon indifférence pour son détracteur.

J'avouerai pourtant qu'une espérance assez douce s'était placée dans mon esprit, malgré cette indifférence : c'était de voir des représentants, qui figurent honorablement parmi les républicains, se rappeler que Montesquiou a partagé avec eux son asile en Suisse, et démentir le reproche de persécutions que lui fait le citoyen Dulaure. Mais, quoique cette attente ait été trompée, je ne vois pas de motif pour répondre à ses imputations.

D'ailleurs, que répondre à un homme qui, pour toute preuve d'incivisme, allègue que Montesquiou l'a mal reçu ?

A un homme qui suppose, sans preuve, que Montesquiou a *dû* le bien recevoir ?

A un homme qui suppose que Montesquiou a *pu* le bien recevoir dans un pays où lui-même n'était pas trop bien établi ?

Que répondre à l'homme qui fait un crime d'avoir défendu des titres, dans un temps où il fallait des titres pour n'être pas opprimé ?

A l'homme qui déclare lâche le noble qui n'a pas pris les armes contre son pays ?

À l'homme qui ne voit que du vil intérêt dans l'abdication des priviléges, faite par une minorité dont était Montesquiou ?

Que répondre à l'homme qui ne veut pas qu'un membre de l'Académie française, ami des lettres, soit présumé ami de la liberté, parce que, dans l'Académie, était le cardinal de Rohan ; et qui n'a d'autre titre, lui, pour être cru patriote, que d'avoir été membre de cette convention où pourtant nous avons vu *Marat ?*

Que répondre à l'homme qui, se plaignant du silence des journalistes à l'égard des républicains souffrants ou morts pour la patrie, tourne ses plaintes contre l'écrivain qui, des premiers ou plutôt le premier, a écrit en faveur des 73 et des 21, au nombre desquels était Dulaure (1), et consigne ces mêmes plaintes dans le journal où les articles de biographie républicaine et philosophique sont les plus fréquents ; dans le journal, où non-seulement on a célébré les héros républicains, mais encore où l'on a provoqué en leur honneur les hommages du théâtre ; témoin un article sur la mort du général Marceau, qui a donné naissance à deux ouvrages dramatiques, représentés trente fois à Paris ?

Que répondre à l'homme qui, ayant été injustement proscrit par Marat, comme contre-révolutionnaire, accuse de royalisme, sans motif et sans preuve, un citoyen excellent, de l'esprit et du caractère le plus distingués ?

Que répondre à l'homme qui, ayant été défendu, ainsi que ses compagnons d'infortune, par un écrivain qu'il n'a jamais vu, accuse cet écrivain de défendre, pour le plus misérable intérêt, un ancien collègue avec qui il s'honore d'avoir travaillé à la fondation de la liberté ?

Que répondre, enfin, à l'homme qui n'a pas appris du malheur à respecter l'innocence injustement soupçonnée, et à estimer le courage qui travaille à la faire reconnaître ?

(Journal de Paris, du 26 nivôse an VII. —
15 janvier 1799.)

---

(1) Voyez la brochure intitulée *De l'intérêt de la Convention et de la République, concernant les proscrits.* Cette brochure, qui a paru peu après le 9 thermidor, est de moi ; j'ose dire qu'elle a servi la justice et la liberté.

3.

AUX PETITS-FILS DE MONTESQUIOU.

J'ai composé cet ouvrage pour le Lycée ; je le fais imprimer pour vous. S'il est vrai que j'aie fidèlement peint votre aïeul, je dois un nouveau tribut à sa mémoire et à la patrie : c'est de mettre son portrait dans les mains de ceux qui sont appelés les premiers à l'imiter.

4.

ÉLOGE HISTORIQUE DE MONTESQUIOU.

Anne-Pierre de Montesquiou est né à Paris, le 17 octobre 1739.

Son père, Pierre de Montesquiou, lieutenant général des armées du roi, était un homme de bien.

Sa mère, Gertrude-Marie-Louise Bombarde de Beaulieu, était une femme de tête.

« Je recommande particulièrement à mon « fils, » disait Pierre Montesquiou dans son testament, « de ne s'éloigner jamais du res- « pect et de la soumission qu'il doit à sa mère. « Cette mère tendre lui donnera de bons con- « seils, tant pour sa fortune, que pour sa con- « duite dans le monde. »

Montesquiou perdit son père à treize ans ; ainsi, c'est à sa mère qu'il a dû son éducation.

Il était, dans sa jeunesse, silencieux et froid. Sa mère se félicita d'avoir un enfant doué d'attention, plutôt que de paroles ; et quand elle lui vit un esprit froid, bien qu'actif, elle jugea que cet esprit aurait de la force.

Elle lui fit donner ce qu'on appelait alors une éducation classique ; elle plaça près de lui un instituteur familier avec les principes et les méthodes de l'université.

On s'attacha, non à lui épargner le travail, mais à le lui faire aimer ; non à diminuer pour lui la peine d'apprendre, mais à la lui faire surmonter ; non à ménager ses forces, mais à les accroître ; non à borner et à réduire les choses qu'il devait savoir, mais à lui faire une habitude et un besoin de toujours apprendre : en un mot, on ne s'occupa point d'abréger son éducation, mais on le mit en état d'y travailler toute sa vie.

Aussi, en entrant dans le monde, Montesquiou entra dans la carrière des lettres. Ces deux carrières, que les jeunes gens sans talent regardent comme opposées l'une à l'autre, furent la même pour lui. En cultivant la société, il cultivait son esprit : elle fournissait à son talent des anecdotes, des événements ; c'étaient pour lui des sujets de jolis contes, ou de chansons agréables. Les objets qui intéressaient son cœur, il les chantait ; ceux qui égayaient son esprit, il les chantait : tout servait à son talent, son talent servait à tout.

Il porta du monde, dans les camps, cette aimable habitude.

Dès l'âge de douze ans, il était entré au service. En 1761 il fit, sous le maréchal de Soubise, la campagne d'Allemagne, en qualité de maréchal des logis surnuméraire de son armée.

Dans cette campagne il acquit de la gloire, et pourtant n'oublia pas ses amis.

Voici quelques vers d'une épître qu'il écrivit de Hanovre au poëte Desmahis, le spirituel auteur de l'*Impertinent :*

> Sur les tristes bords de la Leine,
>   Si loin de vous, chèr Desmahis,
> Je songe quelquefois aux rives de la Seine,
>   Toujours je songe à mes amis.
> Avec cent mille fous, courant après la gloire,
>   Lorsque je viens en ces climats
>   Porter la mort et le fracas,
> Dans l'espoir d'arriver au temple de Mémoire,
> A ce temple, qu'on voit toujours dans le lointain,
>   Et que l'on cherche à l'aventure,
>   Par une route bien plus sûre,
> Apollon et l'Amour vous mènent par la main.
>
> . . . .
>
>   Quand pourrai-je me retrouver
>   Dans cette retraite chérie,
>   Qui serait ma seule patrie,
>   Si l'on pouvait se préserver
> De tous les préjugés qui gouvernent la vie ?
> Que cet espoir est loin au gré de mon envie !...

C'est avec cette facilité, cet aimable mélange de philosophie et de sentiment, de raison et de bon cœur, que Montesquiou faisait des vers dans le Hanovre, et à vingt ans.

Mais ce qui, dans ceux-ci, nous paraît être plus remarquable que le talent, c'est le témoignage qu'ils rendent du caractère de l'auteur, à cet âge où il est si ordinaire de n'avoir point de caractère, et de ses mœurs, dans un rang où il était si difficile d'en avoir de bonnes. Pour en comprendre la valeur, il faut se rappeler ce qu'était ce Desmahis pour qui Montesquiou avait une amitié si tendre. C'était l'homme de son temps le moins dupe des titres et des noms. On a retenu de lui ces vers énergiques :

> Ces petits insectes titrés,
> Qui, de leur figure enivrés,
> Chez vous, d'une course rapide,
> Apportent, dans des chars dorés,
> Des sens flétris, une âme vide,
> Et de grands noms déshonorés...

C'est ainsi qu'il parlait des grands sans mérite. Si l'application de ces vers n'eût été détournée fort loin de Montesquiou, par ses mœurs, son esprit et son caractère, eût-il aimé Desmahis, et Desmahis l'eût-il aimé ?

La nature avait donné à Montesquiou la puissance de la pensée, en lui donnant celle de l'attention ; son éducation lui en avait fait contracter l'habitude : un événement fâcheux lui en fit connaître le prix.

Étant en Espagne, il perdit tout à coup la vue, et s'en crut privé pour jamais.

Réduit alors à ne rien voir qu'en lui-même et dans ses souvenirs, il sentit combien il avait été sage de recueillir, de conserver les tributs payés à sa pensée par le sens dont il ne devait plus rien espérer ; il sentit combien il avait eu raison d'acquérir des idées, au lieu de multiplier sans mesure ses sensations ; d'approfondir ses impressions, au lieu de les effacer par de continuelles distractions ; de s'enrichir de sentiments, au lieu de s'appauvrir par l'excès des jouissances. Il est un âge, et c'est celui où se trouvait alors Montesquiou, où la nécessité passagère de se retirer en soi-même, de faire connaissance avec ses pensées, de vivre avec elles, décide pour la vie l'habitude de cultiver son esprit, parce qu'on a découvert, dans ce commerce de soi avec soi-même, des plaisirs inconnus dans toutes nos autres relations, et auxquels il n'est plus possible de renoncer quand on les a une fois goûtés. Montesquiou fit des vers pendant la privation momentanée de sa vue ; et cette raison eût suffi pour qu'il continuât à en faire quand il l'eut recouvrée.

Dès avant son départ pour l'Allemagne, le 16 avril 1760, âgé de vingt ans, il s'était marié à Jeanne-Marie Hocquart de Montfermeil. Une chose singulière dans ce mariage, c'est qu'il fit rentrer dans la famille des Montesquiou les terres et châteaux de ce nom qui, depuis longtemps, en étaient sortis. Ce fut l'aïeul maternel du jeune époux qui les lui donna en dot, et l'on voit par le contrat qu'il y comprit spécialement *les droit, place et prééminence de chanoine honoraire dans l'église cathédrale d'Auch, appartenant de toute ancienneté aux seigneurs de Montesquiou.* Ainsi, le même acte rendit Montesquiou propriétaire de l'ancien domaine de sa maison, le fit époux et chanoine.

Ce dernier titre n'est pas étranger à son histoire littéraire. C'est sans doute à son influence qu'il faut attribuer quelques chansons un peu libres qui sont échappées à la gaieté de Montesquiou : telle est sa chanson sur l'*Incarnation,* dont nous n'avons garde de parler ; tels sont aussi ses couplets à une *Marie* le jour de sa fête, couplets que tout le monde sait par cœur, et qu'on a attribués au chevalier de Boufflers, alors abbé de moines : comme s'il eût été de la destinée de ces vers, faiblement pieux, de ne pouvoir circuler, dans ces temps pervers, que sous le nom d'un homme d'Église.

Mais ce qui fit surtout absoudre Montesquiou de cette petite licence, ce furent les agréables productions qui se multiplièrent sous sa plume. Il a fait un grand nombre de pièces fugitives en vers. L'espace où nous sommes renfermés ne nous permet pas d'en donner une exacte notice.

Le morceau le plus étendu qu'il ait fait en ce genre, est un poëme de cinq à six cents vers, intitulé *l'Amour platonique.* Ce morceau est plein de détails gracieux, et écrit avec une facilité charmante.

Plusieurs épîtres d'amour, de galanterie, d'amitié surtout, se font distinguer dans son recueil. C'est dans le genre de l'épître que le poëte, homme du monde, a de l'avantage sur l'homme de lettres, pour la grâce des tours et la finesse de l'expression ; il semble que les lettres, qui ne sont que la conversation soignée, participent plus nécessairement que tout autre écrit à cette variété de tours et de mouvements, à cette convenance et à cette aisance de manières, qui ne peut s'acquérir que dans la longue habitude du monde poli.

C'est en ce genre aussi que Montesquiou a excellé. Voici quelques vers d'une épître adressée par lui à madame de Montesson. Après quelques félicitations délicates sur un événement heureux pour son cœur, il essaye de la peindre ; et il finit ainsi son portrait :

Dans une aimable et douce oisiveté,
Vous ne m'offrez qu'une femme charmante ;

N'affectant point la sensibilité,
Mais bonne amie, attentive, indulgente,
Et sans esprit pour la méchanceté.

Après les épîtres de Montesquiou, nous placerons ses chansons : il en a fait dans tous les genres, depuis les couplets joyeux dont nous avons parlé, jusqu'à la romance.

Ce genre de poésie, maintenant peu en vogue parmi nous, mais qui reprendra faveur dès que des circonstances plus calmes auront rendu l'esprit français à sa naturelle vocation, méritait la prédilection du poëte de société, et méritera peut-être un jour celle du poëte citoyen et ami de la morale. Les chansons, par l'avantage qu'elles ont d'ajouter au plaisir de l'esprit le charme du sens qui répond le plus vivement à l'imagination, par la facilité avec laquelle elles se mêlent à toutes les occupations comme à tous les plaisirs de tous les âges et de toutes les conditions, par le privilége qu'elles ont de faire entendre cent fois, et sans lasser, ce que le discours ne ferait pas écouter une seule fois peut-être, peuvent avoir une puissante influence sur les mœurs publiques. Si jamais les chansons de Montesquiou sont imprimées, et si les chansons reprennent faveur, on verra qu'il a ajouté à la gloire de ce genre, et ce genre aura ajouté à la sienne.

Ses ouvrages de théâtre consistent en quatre comédies qui n'ont été jouées qu'en société.

La première est, *la Vendange de Tugny,* en un acte et en vers, représentée à Tugny, le 27 septembre 1766. C'est un *divertissement* plutôt qu'une comédie.

La seconde est, *le Minutieux,* en prose et en trois actes. Le caractère du Minutieux y est plus plaisant que comique, parce que l'auteur s'est plus attaché à le montrer distrait des choses sérieuses par des minuties qui y sont étrangères, qu'occupé minutieusement des détails et des accessoires de ses plus grandes affaires. Mais il y a dans la pièce un caractère de jeune personne très-aimable par sa candeur, sa sensibilité, ses mouvements et sa retenue tout ensemble. D'ailleurs, le tissu de l'ouvrage est une jolie intrigue, bien conduite, bien dénouée : le ton de la pièce est d'une vérité parfaite.

La troisième comédie de Montesquiou est, *l'Heureux Contraste ;* elle est en vers et en un acte. Le sujet en est agréable. Deux couples d'amants se trouvent réunis à la campagne; un homme gai et une femme inquiète, d'un côté; une femme légère et un homme inquiet, de l'autre. Les torts réciproques des amants amènent des confidences; l'amant gai guérit l'amant inquiet; la femme sensible corrige l'amante tourmentée, et la pièce finit par un double mariage. Cet ouvrage présente des mœurs aimables, que font ressortir des moyens ingénieux; les traits de sensibilité y sont mêlés à des saillies gaies : le style en est fin et enjoué, tendre et délicat.

Le dernier ouvrage dramatique de Montesquiou est aussi le plus considérable. C'est, *les Joueurs*, comédie en vers et en cinq actes.

L'auteur a composé cette pièce pendant son procès contre les usurpateurs de son nom.

Ce procès prend beaucoup de place dans l'histoire de Montesquiou, telle que tout le monde la sait. C'est qu'en général on ne compose l'histoire des hommes les plus distingués que de leurs actes publics, faute de connaître ou de pouvoir entendre l'histoire de leurs pensées. La vérité est que ce procès occupa très-peu Montesquiou.

Il cita en justice des hommes qui avaient pris son nom, parce que ce nom était une propriété, parce qu'elle se détériorait par le partage avec des faussaires qui, non contents de l'avoir usurpée, avaient encore le tort plus grand d'en abuser.

Ce fut pendant ce procès, et pour répondre aux instances de l'abbé Arnault qui le sollicitait de publier sa généalogie, que Montesquiou lui dit ce mot si spirituel et si philosophique : « Mon cher abbé, les titres ne sont bons que « contre la vanité des sots. »

Eh! si la cause de Montesquiou eût été celle de la vanité nobiliaire; si elle n'eût pas été la cause sacrée de la propriété, eût-elle eu pour défenseur le jurisconsulte éclairé et éloquent, que son zèle pour l'égalité et la justice a élevé à la première magistrature de la république?

Mais, ce qui ne laisse aucun doute sur l'indifférence de Montesquiou pour ce qui pouvait intéresser la vanité dans ce procès, c'est la composition des *Joueurs* pendant ses plaidoiries; composition à laquelle on pourrait ajouter celle d'une chanson très-gaie, très-piquante, faite quelques heures avant le jugement, à a suite d'une nuit passée en société dans les amuse-

ments les plus bruyants. La vanité inquiète ne laisse point la liberté d'esprit que ces ouvrages supposent : il n'est aucune passion qui bride le talent autant qu'elle le fait.

Nous regrettons de ne pouvoir donner une notice des *Joueurs*, et bien plus encore qu'ils ne soient connus ici que d'un très-petit nombre de personnes. C'est un ouvrage digne de notre scène comique; il renferme deux scènes d'un talent supérieur.

Entre les ouvrages dramatiques de Montesquiou, nous n'avons pas compté plusieurs divertissements composés pour des fêtes données tantôt à sa mère, tantôt à sa femme : ces sortes d'ouvrages sont ordinairement sans effet hors des circonstances qui les ont fait naître. Cependant nous nous y arrêterons un moment, comme à une partie, non de ses ouvrages, mais de ses plaisirs et de sa vie intérieure; et il nous sera doux, peut-être, de remarquer ce bon usage de l'esprit qui se répand au sein de la famille, et en resserre les liens, en augmentant les plaisirs du cœur, et en accroissant, par les souvenirs qu'ils laissent, l'intérêt des affections mutuelles.

Le 23 juin, anniversaire de la naissance de madame de Montesquiou, il lui donna à Maupertuis une fête dont voici le commencement :

Le lieu de la réunion était une partie du parc plantée en jardin chinois, et où se trouve une maison chinoise : on y conduit le soir madame de Montesquiou; à son arrivée, le Chinois, censé propriétaire du jardin, se présente à elle, et lui adresse le discours suivant, qui nous a paru être une vive peinture des sentiments et des mœurs de toute la famille, car le Chinois était Montesquiou lui-même :

« Madame, je n'ai pu refuser à mes jeunes « voisins (il montrait ses enfants) mon secours, « ma maison et mon jardin, pour célébrer votre « anniversaire. Le grand empire où je suis né « doit son étonnante durée et sa splendeur aux « mêmes vertus que je retrouve en eux. Le res- « pect filial poussé jusqu'à l'adoration, cette es- « pèce de culte qu'il est si doux de rendre à « ceux qui nous présentent l'image sensible de « la Divinité bienfaisante; voilà quelle est la « première loi, voilà quelles sont les mœurs « du peuple chinois. En les voyant empreintes « dans leur cœur, j'ai cru revivre dans ma « chère patrie, dont je n'avais songé dans cet

« asile qu'à me retracer le tableau. La nature,
« sans doute, est partout la même ; mais pour-
« tant je me persuade que dans votre pays,
« plus que dans le mien, une mère adorée doit
« principalement ce grand avantage à ses ex-
« cellentes qualités. Ce qui souvent chez nous
« est le fruit de l'habitude et de nos insti-
« tutions, doit toujours être parmi vous l'effet
« d'un sentiment éclairé. La première femme
« qui inspira à la Chine cette tendre vénéra-
« tion, que la religion et les lois ont consa-
« crée, vous ressemblait sans doute, madame ;
« ainsi, votre fête a droit d'en être une dans
« mon habitation, et c'est avec transport que
« je partagerai la joie et la sensibilité que vo-
« tre présence va y répandre. »

A ce discours ont succédé des couplets, des
offrandes, des jeux, des danses analogues à
cette ingénieuse et touchante fiction.

Forcés de nous réduire à la citation de très-
petits fragments des ouvrages de Montesquiou,
nous préférons ceux qui le montrent dans sa
famille et montrent sa famille autour de lui :
heureux de pouvoir le faire revivre un moment au milieu de ceux pour qui il eût voulu
renaître.

Voici donc des vers qu'il adressa à madame
de Montesquiou, la femme de son fils aîné, à
la suite de diverses représentations de ses pièces et d'autres encore où elle avait joué :

De vos talents, de vos grâces naïves,
La renommée a-t-elle assez parlé ?
Du spectateur, ou séduit, ou troublé,
N'a-t-on pas vu les émotions vives
   Passer en un moment
Du désespoir à la joie, à l'ivresse,
Et tous les cœurs chérir également
Et leur erreur et leur enchanteresse ?
De tout cela je ne parlerai pas.
J'écouterai : j'applaudirai tout bas.
Sur son bonheur il faut être modeste,
Et si le cœur se tait, en pareil cas,
De son silence il est payé de reste.
Mais, n'en déplaise à vos admirateurs,
J'en sais plus qu'eux : je connais l'âme pure
D'où s'élevaient ces accents enchanteurs ;

. . . .
. . . Lui devoir tout ce qu'on exprime,
Ne cherchant rien que dans son propre cœur,
Y trouver tout, la grâce, la candeur,
La vertu douce et la vertu sublime ;
Dans ses tableaux n'oubliant aucun trait,
Représenter Galatée, Émilie,

Lisette, Rose, Annette, Mélanie,
En ne montrant jamais que son portrait ;
Eh bien ! voilà, grâce aux jeux de Thalie,
Ce qu'on a vu, ce qu'à peine on croirait.
Pour vos amis, ce n'est plus un mystère ;
Vous le voyez : je suis dans le secret,
N'osant parler, et ne pouvant me taire.

Les ouvrages de Montesquiou ont fait peu
de bruit dans la littérature, parce qu'ils n'ont
pas été imprimés. Mais ils s'en ont fait beaucoup
dans le monde, où ils étaient regardés comme
une propriété exclusive.

Alors un préjugé, altier en apparence, humble et prudent en effet, interdisait à ce qu'on
appelait un homme de la cour de donner ses
ouvrages au public, et de se placer dans la ligne
des écrivains. Il importait à la grandeur dénuée
de talent, que l'avantage de la naissance passât
pour supérieur à tous les autres, dispensât de
toute gloire personnelle, en tînt lieu, et défen-
dît même d'entrer dans une carrière où la critique pouvait atteindre, et la comparaison ra-
baisser un homme qui devait être au-dessus de
toute critique et de toute comparaison. C'était
compromettre, disait-on, la dignité du rang,
que de prétendre à la gloire des talents, que de
s'exposer aux critiques des gens de goût, à la
rivalité des gens de lettres. Le duc de la Rochefoucauld, l'un des aïeux de celui qui nous
donne aujourd'hui un bon livre en huit volumes sur l'Amérique, prétendait bien n'avoir
pas fait un livre en publiant *ses Maximes*. Montesquiou, par égard pour l'infirme vanité des
gens de sa classe, céda au préjugé qu'elle avait
établi, et dont au reste la littérature, la philosophie, et surtout la liberté, ne se plaignaient
pas.

Cependant, les gens de lettres les plus distingués (et Montesquiou en avait plusieurs pour
amis), connaissaient ses poésies. Voltaire chantait quelquefois, et rappelait souvent la chanson
de l'*Incarnation*. Il écrivit un jour à madame de
Beauvau : « Je viens de passer deux jours fort
« agréables avec M. de Montesquiou. Je ne sais
« si vous avez à la cour beaucoup de gens aussi
« aimables ; mais vous conviendrez au moins
« que nous n'avons pas vu d'homme du monde
« faire si bien des vers. »

L'opinion de Voltaire était celle de tous les
membres de l'Académie française, et Montesquiou fut appelé dans cette compagnie.

Il y fut reçu le 5 juin 1784, à la place de l'ancien évêque de Limoges.

L'hommage qu'il rendit à ce vertueux prélat, « dont l'âme pure avait, » comme le dit Montesquiou, « porté à la cour, conservé au milieu des honneurs, rapporté dans sa retraite « toute la simplicité des mœurs antiques ; » cet hommage, plein d'expressions touchantes et de mouvement, ne peut avoir été inspiré que par cette profonde vénération pour la vertu, qui est une vertu elle-même.

Qu'il me soit permis de rappeler ici la réponse qui fut faite à Montesquiou par le directeur de l'Académie. C'était alors Suard. Ses éloges suppléeront la faiblesse des miens.

Il commença par remarquer le discours même que venait de prononcer Montesquiou, et le présenta comme un titre littéraire.

Il loue ensuite son amour pour les lettres, « sentiment, » dit-il, « plus rare qu'on ne « pense ; mais, » ajoute-t-il, « quelque pré- « cieux que soit pour elle ce titre, l'Académie « attend de vous davantage. Elle sait que si les « muses ont des charmes pour vous, elles ont « encore moins de rigueurs.

« On connaît de vous, Monsieur, plusieurs « pièces de vers, ouvrages de société, nés des « circonstances et du moment, et qui ont eu « le mérite rare de survivre aux circonstances « qui les ont fait naître ; des épîtres et des con- « tes, où une galanterie toujours ingénieuse, « un badinage toujours décent, une imagina- « tion toujours raisonnable, réunissent les bien- « séances de la société et celles du goût ; des « chansons où l'esprit et la gaieté ont toujours « cette grâce naïve et piquante qui convient à « ce genre, je dirais presque, national.

« ... Vous avez fait des comédies où vous « avez peint les mœurs de la société avec le « coup d'œil fin de l'observateur et l'art du « poëte. Le dialogue en est ingénieux et natu- « rel, et la peinture des travers et des vices... « y fait bien sentir le prix de la raison et de la « vertu. »

Lorsque Montesquiou devint membre de l'Académie française, il y avait treize ans qu'il était premier écuyer du frère du roi.

En 1786, il fit concourir tous les avantages attachés à ces deux titres, pour l'accroissement et l'affermissement du Lycée, où nous parlons en ce moment de lui.

Pilatre de Rosier en avait jeté les fondements en 1779. Il avait fait, d'un cabinet de physique et d'histoire naturelle, un rendez-vous d'amateurs des sciences, sous le nom de *Musée*. Au commencement de 1786, Montesquiou donna une autre existence à cet établissement. Sous le nom de *Lycée*, sous la protection alors nécessaire des deux frères du roi, avec l'appui du ministre de Paris, le concours de quelques capitalistes, celui de plusieurs hommes de lettres distingués, il devint une école publique du premier rang, où les plus illustres instituteurs déployèrent leurs talents devant les élèves les plus en état de se passer de maîtres.

Les vues judicieuses apportées à la formation de cet établissement ont été exposées par Montesquiou dans le programme de l'an v, avec le bonheur d'expression qui lui était ordinaire.

« Les fondateurs ont voulu, » dit-il, « qu'au « milieu des grands monuments consacrés aux « sciences et aux beaux-arts dans la capitale de « l'empire français, un établissement modeste, « qui ne portât ombrage ni à l'avidité spécula- « trice, ni à la médiocrité jalouse, s'élevât, non « pour ajouter à l'éclat des sciences et des arts, « mais pour le réfléchir ; non pour créer des « chefs-d'œuvre, mais pour propager le senti- « ment de ceux que la France possède, ré- « pandre le goût des connaissances utiles dans « la société, et la faire profiter des leçons des « grands maîtres. »

C'est sur ces principes que le Lycée est devenu, pour les habitants de Paris, une école intermédiaire entre les hautes classes de l'université et les académies, un supplément à toutes les éducations de province ; c'est ainsi qu'il est devenu, pour les femmes, un refuge contre l'ignorance, sans leur offrir un théâtre propre à l'étalage du savoir et des aliments de pédanterie ; pour les hommes de lettres les plus isolés, un moyen d'acquérir, dans le commerce des femmes, cette urbanité si nécessaire aux esprits éclairés ; car si la richesse de l'esprit n'a pas, comme toute autre richesse, le défaut d'endurcir le cœur, elle a du moins celui de nuire souvent à la douceur du ton et des manières.

C'est à peu près à l'époque de 1786 que finit, pour Montesquiou, la vie purement littéraire. En 1786 commença, pour lui, comme pour tous les esprits éclairés qu'appelait la philosophie, pour toutes les âmes hautes qu'appelait la liberté, l'étude des affaires publiques.

Ici, il s'offre à nous dans une nouvelle carrière. Ce ne sont plus des fleurs qui se rencontrent sous ses pas; ce sont des épines, quelquefois des précipices; et il marche sous un ciel toujours orageux. Son but n'est plus le plaisir de quelques amis; c'est le bonheur d'un grand peuple. Ici, le talent a besoin des sûretés de la logique, des précautions de la prudence, de l'étendue des vues : il ne suffit même plus du talent, il faut du caractère.

Mais les forces de Montesquiou sont augmentées comme ses occupations; sa raison s'est agrandie comme les circonstances. Sa jeunesse a suffi à la poésie : les affaires publiques n'accableront point sa maturité. Nous avons vu l'esprit aimable; nous allons voir l'esprit solide : nous avons vu l'homme de lettres, l'homme de société; voici l'homme public et le citoyen.

Entre les diverses branches des intérêts publics dont les esprits s'occupèrent durant l'assemblée des notables, chacun en choisit une, et Montesquiou embrassa la réformation des finances.

Il avait déjà surpris plusieurs fois des administrateurs, par la netteté et la sagesse de ses vues, lorsque les états généraux furent convoqués; il y fut député par le corps électoral de Paris. A son entrée, sa part dans le travail fut marquée par la voix publique : on le nomma à la commission des finances.

Nous ne pouvons donner ici qu'une idée très-générale de ses travaux.

C'est lui qui a ouvert les discussions de finances par un rapport étendu sur un discours de M. Necker, prononcé le 24 septembre 1789, à l'assemblée. Ce rapport ajoutait des vues nouvelles à celles du ministre, et il fut présenté vingt-quatre heures après le discours qui en était l'objet.

Un mois après, Montesquiou exposa, dans toute leur étendue, les résultats des travaux de la commission. C'étaient des tableaux raisonnés de toutes les parties de la dépense et du revenu publics, ainsi que de la dette nationale, et des vues pour la réduction des dépenses.

Vint ensuite un plan de travail pour la discussion méthodique et régulière de ces dépenses.

Quelque temps après, un projet de réduction.

Le 13 mars 1790, un autre rapport sur un nouveau mémoire du ministre des finances, pour l'administration du trésor public.

Le 27 août suivant, un rapport sur la dette publique.

Le 29 octobre, un projet d'ordre pour la distribution des sommes destinées à la libération de l'État.

Le 10 mars 1791, un rapport sur l'organisation du trésor public.

Enfin, le 9 novembre, peu avant la fin de l'assemblée constituante, un compte des opérations qu'elle avait faites en finances, un tableau de la situation où elle avait trouvé les affaires, de celle où elle les laissait à ses successeurs.

On voit que Montesquiou a été le principal organe de la commission des finances; qu'il a fait tous les rapports généraux de cette commission; qu'il a ouvert toutes les discussions; qu'il les a presque toutes closes; qu'il a tracé la ligne que l'assemblée devait suivre dans ses délibérations, et lui a fourni ses principaux motifs de décision; et, qu'enfin, il a couronné tous ses travaux par un rapport où tous ceux de l'assemblée sont retracés, pour lui servir de témoignage contre les détracteurs qu'elle devait avoir lorsqu'elle ne serait plus.

Le mérite qui a toujours le plus frappé dans les rapports de Montesquiou, c'est la clarté, la netteté, et, comme l'a dit Garat, cette élégance que comportent aussi les affaires. L'ordre de ses discours était si analytique, son style si simple et si pur, ses réflexions si justes et si précises, que l'attention, au lieu d'être une fatigue pour l'assemblée, était un besoin et un plaisir. Aussi, les applaudissements qui interrompaient souvent les discours de Montesquiou, ceux qui les suivaient toujours, témoignaient, par leur unanimité et leur vivacité, que la reconnaissance n'y avait pas moins de part que l'admiration.

Mais le mérite de la clarté tenait, en Montesquiou, à un autre mérite que, peut-être, on n'y a pas assez distingué. Être clair dans les discussions, c'est être sincère dans ses opinions, droit dans ses vues; c'est défier la mauvaise foi, la malveillance, l'intérêt personnel. L'ordre des pensées témoigne aussi qu'on veut l'ordre des affaires; qu'on le veut durable; que, sans l'ordre, on croit toute surveillance insuffisante, toute attention inutile. L'ordre des pensées témoigne, enfin, l'amour de la justice, de cette justice encore plus productive en finance que la spoliation n'est ruineuse, et c'est beaucoup dire. Eh! sans la justice des sentiments, comment obtiendrait-on toujours la justesse des idées et celle des expressions?

La clarté des ouvrages politiques de Montesquiou atteste donc déjà la loyauté de son caractère; mais il l'a d'ailleurs assez montrée dans plusieurs actes de sa vie politique, et dans des écrits particuliers qui appartiennent plutôt à sa conduite qu'à ses ouvrages, et se rapportent à la liberté plutôt qu'à l'administration.

Quand M. Necker proposa à l'assemblée constituante l'établissement de commissaires de la trésorerie, et demanda qu'elle levât la défense faite à ses membres d'accepter aucune place du gouvernement, l'intention du roi étant de prendre dans son sein les membres de la commission proposée, Montesquiou s'opposa à la révocation du décret: «Il faut défendre,» dit-il : «ceux même qui pourraient prétendre «à ces places, des dangers d'une ambition que «peuvent leur inspirer tantôt les circons-«tances, tantôt leurs talents mêmes... C'est «l'ambition que vous avez voulu bannir; c'est «là le noble intérêt dont vous avez fait le sa-«crifice, et qu'on doit regarder comme le don «patriotique des vertus et du talent.» Voilà bien ce désintéressement qui fut le principe d'une des plus honorables imprudences de l'assemblée constituante. Qui doit en retirer plus d'estime que Montesquiou? Pour qui le sacrifice était-il plus grand que pour lui, puisque ses talents le portaient des premiers aux grandes places? Et qui marqua mieux que lui la persistance à s'en exclure?

La malveillance se souvient, peut-être, que le projet présenté par Montesquiou, pour la distribution des sommes affectées au payement des dettes de l'État, fut rejeté, parce qu'il proposait le remboursement de deux emprunts publics. Ces emprunts étaient onéreux. Mais on avait sourdement répandu que Montesquiou était intéressé à en faire hausser les effets. Rien n'était plus faux, mais surtout rien n'était plus indifférent.

Quand il apprit quel motif secret avait fait rejeter, sans délibération, un projet mûri par des discussions multipliées de deux comités dont il n'était que le rapporteur, il imprima une lettre où il discute les motifs réels et les motifs apparents de la délibération, avec une telle force de logique, où il se défend avec une telle dignité de ton et de langage, où il critique avec une sévérité si décente l'assemblée qui s'est laissé égarer, que cet écrit est un modèle d'apologie et de censure tout à la fois.

Le projet rejeté n'était pas son ouvrage; Montesquiou n'était que l'organe d'une commission dans laquelle se trouvaient deux hommes dont les noms auraient fermé la bouche à la malveillance : c'était la Rochefoucauld, c'était le clairvoyant et rigide Camus. Montesquiou eut la fierté de ne pas les nommer pour sa justification; il prouva que l'opération proposée était bonne, et s'en tint là.

S'adressant ensuite à l'assemblée, il lui dit: «Si l'intérêt individuel était le moteur des pen-«sées d'un homme public, l'homme serait mé-«prisable; mais la pensée resterait entière; car «il faudrait examiner encore si l'intérêt public «n'est pas d'accord avec l'intérêt particulier, «et prendre garde de se nuire à soi-même dans «l'espoir de nuire à un autre.

«Vous avez jugé une affaire publique, en «ne croyant juger qu'une affaire particulière, «et vous les avez également mal jugées toutes «deux.»

C'est ainsi que Montesquiou, parlant pour lui-même, parlait encore pour la chose publique, et y ramenait ceux qui, en l'accusant de l'avoir oubliée, s'en étaient eux-mêmes écartés. C'est ainsi que l'accusé, fort de sa conscience, réprime souvent l'accusateur.

Après le départ du roi pour Varennes, Montesquiou fut chargé, avec deux autres commissaires, d'aller visiter les places de la Meuse, de la Moselle et des Ardennes. A son retour, il rendit compte de sa mission à l'assemblée. Son rapport fut rendu inexactement dans un papier public : il écrivit à ce sujet au rédacteur. Sa lettre montre à quel point il était dès lors en butte aux partis, et indifférent à leurs clameurs.

«Aux yeux des prêtres, dit-il, j'étais un blas-«phémateur : j'avais dit que l'assemblée cons-«tituante était invoquée par tous les citoyens «comme la providence de cet empire. Nos ré-

« publicains me trouvaient trop favorable au
« système monarchique, parce que je deman-
« dais du secours pour le pouvoir exécutif.
« Leurs adversaires m'accusaient d'attaquer la
« constitution, parce que j'assurais que le pou-
« voir exécutif n'inspirait pas la confiance né-
« cessaire, parce que je proposais d'autoriser
« le ministre des affaires étrangères à négo-
« cier, au nom de l'assemblée nationale, parce
« que j'avais parlé avec franchise du dénû-
« ment de nos places, etc. »

Montesquiou répond froidement, mais fortement, à toutes ces censures.

Ce fut à la suite de cette mission que le frère
du roi lui écrivit pour lui demander la démission de la place de son premier écuyer. La réponse de Montesquiou est d'un homme ferme
dans ses principes, et indépendant de tout intérêt personnel. Elle fut désapprouvée par les
âmes faibles, qui subordonnent tous les devoirs
et tous les droits à la reconnaissance, comme
si les bienfaits achetaient jusqu'à la conscience
de ceux qui les reçoivent; elle fut louée par les
âmes nobles, qui savent que ce qu'on doit
d'abord à un bienfaiteur, c'est le respect de
soi-même.

A toutes les époques critiques ou décisives
pour la liberté et l'égalité, on a toujours vu
Montesquiou en première ligne entre les hommes qui ont honoré la révolution par les plus
beaux sacrifices.

On n'a peut-être pas oublié encore la séance
royale du 23 juin 1789, où le roi ordonna aux
députés des trois ordres de délibérer séparément dans leurs chambres respectives.

On se souvient peut-être aussi que, malgré
cette défense, cinquante membres de la noblesse vinrent le surlendemain prendre leur
place à l'assemblée nationale. Montesquiou
était du nombre; et, ce qui est moins connu,
c'est dans sa maison à Versailles que se sont
assemblés ces cinquante membres immédiatement après la séance royale, et qu'ils ont pris
la résolution effectuée deux jours après.

Dans la nuit du 4 août, Montesquiou vota
l'abdication des priviléges.

Dans la séance du 18 juin 1790, il vota l'abolition des titres et des distinctions héréditaires.

Et, plus grand dans toutes ces circonstances
que ceux qui faisaient les mêmes sacrifices avec
enthousiasme ou avec ostentation, il les faisait

avec cet extérieur calme et serein, marques
assurées d'un contentement intime qui ne sera
suivi ni de regrets ni de murmures.

Tel a été Montesquiou dans sa carrière législative. Au sortir de celle-là, il est rentré dans
celle des armes, et a été chargé de plusieurs
négociations : c'est là que l'attendaient la persécution et le malheur.

Le 12 avril 1792, il fut nommé au commandement de l'armée du Midi; le 25, il était
rendu à son poste. Ce jour était celui où la
France déclarait la guerre à l'empereur, et où
la rupture avec le roi de Sardaigne éclatait par
le rappel de notre ambassadeur. L'armée du
Midi devait être opposée à l'empereur et au
roi de Sardaigne; le général nommé pour la
commander, Montesquiou, la chercha et ne
la trouva pas : elle n'existait que de nom. Point
d'armes, point de vivres, point d'effets de cam-
pements, point d'officiers généraux, point d'é-
tat-major, point de soldats rassemblés.

Montesquiou écrit, se plaint, travaille lui-
même à la formation de son armée. Enfin, au
milieu du mois d'août, il lui a donné l'existence.

Le 17 septembre, il reçoit l'ordre d'entrer
en Savoie; le 21, il y a pénétré; le 23, il l'occupe tout entière.

C'est un événement remarquable par ses circonstances que cette invasion de la Savoie.

Avant d'y faire entrer ses troupes, Montesquiou leur fit prêter, avec une grande solennité, le serment de respecter les citoyens dé-
sarmés, les femmes, les vieillards, les enfants
et les propriétés, et d'être généreux envers les
ennemis qui leur rendraient les armes.

Aussi, les habitants du pays tendirent-ils les
bras à nos soldats. La marche de l'armée française était un triomphe; le peuple des campagnes, celui des villes accouraient au-devant
d'elle; des applaudissements, des cris de joie
suivaient tous ses pas; la cocarde tricolore
était partout arborée; le peuple bénissait la
modération du vainqueur : il était deux fois
conquis.

Le même jour précisément où Montesquiou
occupait la Savoie, il était dénoncé, accusé,
destitué à la convention nationale, comme coupable d'en avoir différé, de ne vouloir pas en
faire l'invasion, malgré les ordres qu'il avait
reçus.

Les nouvelles qui vinrent le lendemain firent suspendre le décret; les nouvelles subséquentes le firent révoquer. Mais Montesquiou, instruit du décret de destitution, demanda sa retraite, non avec humeur, mais avec dignité; non par ressentiment, mais par la conviction qu'il lui serait impossible de faire le bien, ayant des ennemis puissants et des détracteurs accrédités.

Vergniaux, qui lui avait inspiré beaucoup d'estime par son caractère, et d'admiration par son talent, lui écrivit une lettre très-pressante pour l'engager à retirer sa démission. « Vos « accusateurs, dit-il à Montesquiou, ont agi « par patriotisme ou par des passions particuliè- « res. Dans ce premier cas, vous leur devez « votre estime; dans le second, votre mépris; « dans les deux, vous devez vos services à la « république. »

. Montesquiou céda, et conserva son commandement.

Alors il fut chargé d'une expédition sur Genève. Ici la perversité l'attendait encore.

Genève, intimidée par les menaces d'un ministre français, autrefois l'un de ses citoyens, avait demandé aux Suisses une garnison pour sa sûreté. Ce ministre lui fit un crime des troupes appelées par la crainte de ses menaces. La mission donnée à Montesquiou fut de demander à Genève la sortie des Suisses. Il l'obtint par la persuasion et par la fermeté de son langage; et il fut convenu, dans un traité signé entre la république et lui, que, dans cinq semaines au plus tard, le départ des troupes suisses aurait lieu. Ce traité fut envoyé au gouvernement français pour obtenir son acquiescement et la ratification de la convention nationale.

Il n'était pas encore conclu, que déjà le gouvernement, satisfait des négociations de Montesquiou, l'avait chargé de renouer l'ancienne amitié de la France avec les Suisses. Il était important de s'assurer de leur neutralité dans la guerre qui allait embraser l'Europe. La destruction du régiment des gardes suisses, le licenciement de plusieurs autres corps, avaient aigri les cantons. On ne permettait plus à nos voyageurs de s'y arrêter. L'ambassadeur de France n'y avait plus de correspondance générale ni particulière; les députés de Berne avaient même proposé son renvoi dans la diète. Il était nécessaire de mettre un terme à cette mésintelligence.

Les Suisses étaient gagnés d'avance à Montesquiou par la confiance qu'il avait inspirée à Genève et en Savoie. Ses négociations, à peine entamées, obtiennent un plein succès. La Suisse, rassurée par les assurances qu'il donne de la bienveillance de la république française, et par son zèle à la seconder, désarme; et, des Alpes au Rhin, Montesquiou laisse la France sans ennemis.

La correspondance de Montesquiou, comme général et comme négociateur, est un modèle. Toujours précis et clair avec le conseil exécutif, il est remarquable par la sévérité décente de ses représentations, par la justesse de ses idées, par la justice de ses principes; il l'est par la belle simplicité de son langage avec les négociateurs étrangers, par cette franchise mêlée d'égards, cette fermeté mêlée de douceur, qui convenait si bien au général et au négociateur d'une grande république. Bien des gens s'étonnent, en lisant cette correspondance, de voir un homme de la cour de France prendre si juste le ton du républicain; c'est que le ton du républicain est le ton naturel des hommes d'esprit.

Montesquiou, dans sa double négociation, avait sans doute assez bien servi sa patrie; mais alors déjà ce n'était plus la patrie qu'il fallait servir, c'étaient les partis. L'esprit perturbateur allait prédominer, les principes de la justice et de la modération allaient être méconnus. La conduite de Montesquiou avait été utile à la chose publique, mais son caractère ne pouvait que nuire aux prétentions particulières.

Déjà des contrariétés s'étaient fait sentir à lui dans ses négociations avec la Suisse. A cette époque, il venait de perdre sa femme; il avait demandé une seconde fois sa retraite, implorant le repos et la liberté pour la douleur que lui causait cette perte. On l'avait refusé. Sa retraite ne contentait pas l'inimitié; il fallait sa perte.

Le traité fait avec Genève ayant été présenté à la convention, il fournit le prétexte qu'on attendait. Montesquiou fut accusé d'avoir fait une transaction honteuse en accordant cinq semaines aux Suisses pour sortir de Genève, et d'avoir enchaîné la valeur de nos soldats devant l'aristocratie genevoise. Le décret d'accusation est aussitôt prononcé que proposé. Le décret d'accusation était alors un arrêt de mort.

Pour apprécier toute la justice de celui-ci, il suffira de savoir que, quelques jours après qu'il fut rendu, le traité qui en était le prétexte fut ratifié par la convention. Il cessa de paraître honteux, et le délai accordé aux Suisses cessa de paraître trop long, dès que le coup eut été frappé sur Montesquiou.

Le 13 novembre 1791, au matin, étant au quartier général devant Genève, un homme attaché à son sort par cette estime qui, comme il le dit, console les bons de la haine des méchants, demande à lui parler. Il avait devancé le courrier porteur du décret; il lui annonce qu'il n'a pas une heure pour s'échapper. En effet, une heure après entre dans la cour une voiture en poste, d'où descendent deux inconnus qui se font conduire chez l'officier général commandant sous Montesquiou, et bientôt il apprend que des ordonnances sont en mouvement.

Alors il ne doute plus qu'on ne veuille l'arrêter comme un vil criminel. Il monte à cheval, prend un bateau sur le bord du lac, et, au bout de deux heures, il est à l'abri des recherches.

A peine a-t-il touché terre, qu'il écrit au président de la convention une lettre éloquente contre ses accusateurs. C'est l'écrit le plus animé qui soit sorti de la plume de Montesquiou; c'est même le seul où il y ait de la véhémence. Il se défend moins qu'il n'accuse; il saisit corps à corps l'implacable ennemi de Genève qui venge sur lui sa haine trompée; il imprime sur son front, malgré le masque dont il se couvre, le sceau de l'iniquité; il le perce, malgré la puissance dont il est plastronné, *et le livre à l'indignation des gens de* bien, qui ne devait pas toujours être impuissante et muette.

A la fin de sa lettre, Montesquiou expose la règle de conduite qu'il s'est imposée, et à laquelle il a été fidèle.

« Dans quelque lieu que je me retire, dit-il,
« je ne cesserai de faire des vœux pour mon
« pays. Jamais je n'aurai de rapports directs
« ni indirects avec ses ennemis. J'en trouverai
« moi-même partout où la révolution française

« est haïe; mais partout où la vertu malheu-
« reuse et persécutée a des amis, je trouverai
« des consolateurs. »

Cette lettre fut lue; elle ne fut point écoutée. Voilà donc Montesquiou au delà de ces frontières, vers lesquelles il n'y a plus de retour! Le voilà hors de sa patrie, chargé d'une proscription, confondu, par l'inimitié, avec ces ennemis de la république qui sont aussi les siens; laissant en otage à ses persécuteurs ce qui lui reste de plus cher au monde, sa mère et ses enfants; n'emportant enfin, pour consolation, que les souvenirs d'une bonne conscience, et pour soutien dans ses besoins, que la patience et le courage.

Heureusement, il ne sera point réduit à fuir vers les ennemis de sa patrie, comme vers un moindre danger. Cette Helvétie, qu'il a préservée de la guerre, lui donne un asile.

Il obtient la liberté de s'établir à Bremgarten, près de Zurich. C'est là qu'il a vécu solitaire pendant trois années, suivant d'un œil inquiet la destinée de sa famille, pleurant les amis que chaque jour lui enlevait, et se désolant de la marche de cette révolution dont il n'avait pas prévu l'égarement.

Enfin arriva cette époque du 10 thermidor, où la terreur se retourna contre ses agents, où une émulation de justice, qui dégénéra ensuite en condescendance aveugle pour des ressentiments cruels, succéda à l'émulation de fureur et d'atrocité qui avait produit la terreur.

Alors Montesquiou se rapprocha de la France, pour être plus à portée de demander la liberté d'y revenir, je dirais volontiers, pour solliciter sa liberté; car, pour un Français tel que lui, qui ne peut revoir son pays, le monde entier est une prison, toute l'Europe est une Sibérie.

Pendant son séjour à Genève, il composa divers écrits sur les finances, dont l'embarras *était alors extrême.*

C'est là aussi, et dans le même temps, qu'il composa son *Poëme au lac Léman,* ouvrage de plus de deux cents vers, dont malheureusement il n'a donné de copie à personne, et dont je n'ai pu me procurer que des fragments. A peine l'espérance a lui dans son âme, et déjà, rendu à ses goûts et à ses habitudes, il rentre dans les plaisirs de l'esprit comme dans ses plaisirs les plus naturels, et dans l'exercice de ses talents, comme dans sa véritable noblesse.

Il y a de très-beaux vers dans son *Poëme au lac Léman*.

Voici ceux que l'auteur adresse au peuple français, en parlant de l'appui qu'il parut donner au régime de la terreur :

Peuple, le sort du monde était dans tes décrets,
Si de tes corrupteurs les troupes sacriléges,
T'enivrant d'un pouvoir mis pour eux dans tes mains,
Ne t'avaient, pas à pas, entraîné dans leurs piéges,
Et fait subir le sort de tous les souverains.
Que t'ont dit ces pervers pour te conduire au crime,
Pour s'emparer de toi, pour régner sous ton nom ?
Que tes ordres sacrés rendaient tout légitime :
C'est là ce que Narcisse avait dit à Néron.

L'auteur fait ensuite le tableau des crimes qui ont signalé ces temps désastreux. Mais il reconnaît qu'un petit nombre de scélérats, sous le nom usurpé de peuple français, en ont été seuls coupables :

De toutes ces horreurs, que l'avenir vous lave,
Français ! Non, ce n'est point ce peuple aimable et
          brave,
Dont la Meuse et le Rhin attestent les hauts faits,
Qui combat en héros l'ennemi qui le brave,
Qui, longtemps opprimé, ne fut jamais esclave :
Non, non, ce n'est pas lui que souillent ces forfaits.
C'est lui qui les punit ; j'aime à le reconnaître
A sa noble fureur, aux traits qu'il a lancés
Le jour où sa justice, en foudroyant un traître,
A vengé l'univers. Mais ce n'est point assez :
Il faut qu'un peuple libre, enfant de la victoire,
Dompte ses passions, comme il poursuit sa gloire.

Ici commence un morceau contre les réactions, que Montesquiou regarda toujours comme funestes, et qu'il eut toujours en horreur.

Après le 10 thermidor, deux de ses anciens collègues, qui sont aujourd'hui premiers magistrats de la république, dont l'un avait été son ami particulier, et à qui je puis attester qu'il a été constamment attaché, entrèrent au comité de salut public. Ils accueillirent les réclamations de Montesquiou, et, d'après leur vœu, elles furent portées et favorablement présentées à la convention, le 18 fructidor de l'an III.

Enfin, après trois ans de proscription, un décret rend à Montesquiou la liberté de rentrer en France, à la charge de se justifier devant un conseil de guerre, des faits militaires qui, dit-on, lui ont été imputés.

Montesquiou accourt à Paris. Il cherche le tribunal qui doit le juger ; ce tribunal n'existe pas. Il cherche l'acte d'accusation sur lequel il doit se justifier ; il n'en existe point. Il cherche les membres de la convention qui ont été nommés pour le rédiger, et chacun dit : « Je ne sais rien à votre charge. »

C'est ainsi qu'a fini la persécution contre Montesquiou ; mais l'injustice ne finit pas avec elle, ni surtout le malheur. Il revoit sa famille ; mais une partie de ses amis ne sont plus, d'autres le méconnaissent parce qu'il a servi la république. Il est rentré dans son pays ; mais ses biens, confondus par la loi avec ceux des ennemis de la patrie, sont vendus ; et, de sa fortune passée, il ne lui reste qu'une maison devenue inhabitable par sa grandeur, et des dettes. Il a recouvré ses droits de citoyen, mais des passions odieuses lui en défendent l'exercice : en l'an V, il est rejeté des élections comme *terroriste ;* en l'an VI, il est repoussé des assemblées primaires comme royaliste : preuve cruelle qu'alors la patrie n'était pas tout à fait affranchie du joug des factions, mais preuve honorable que Montesquiou fut toujours étranger à toutes.

Ces disgrâces n'empêchèrent point Montesquiou de travailler pour la chose publique. Dans tout le cours de l'an IV et de l'an V, il n'a cessé de faire d'excellents écrits sur les finances ; plusieurs ont enrichi l'*Historien ;* d'autres, le journal d'*Économie publique*. A la fin de l'an V, il a publié séparément un ouvrage considérable, sous ce titre : *Du gouvernement des finances de France, d'après les lois constitutionnelles, et d'après les principes d'un gouvernement libre et représentatif*. L'objet de cet ouvrage était, comme il le dit, de montrer « que les principes de l'administration « des finances, qu'on regarde comme un dé- « dale sur la foi de ceux qui veulent en gar- « der les avenues, sont les plus simples du « monde ; que le mérite de les présenter est « aussi facile que celui de les entendre. . . . . « . . . . J'aurai atteint, dit-il, le but que je me « propose, non pas si j'ai donné une grande « idée de mon habileté, mais si j'ai amené « quelques-uns de nos représentants à moins « douter de la leur. »

Montesquiou voulait que la science des finances pût être à la portée de tous les citoyens. Le prix qu'il ambitionnait de ses longues études dans cette partie n'était pas de montrer son savoir, mais de faire qu'on pût s'en passer. Il avait travaillé à se rendre inutile, comme tant d'autres à se rendre nécessaires.

L'esprit de Montesquiou ne s'est pas borné aux sciences politiques, il a aussi affronté les hauteurs des mathématiques. Le citoyen Garat possède un ouvrage d'Euler, en marge duquel Montesquiou a écrit des notes pleines de justesse et de précision.

Dernièrement, en parlant de l'illustre Borda, nous remarquions qu'il avait su allier les hautes sciences avec une grande pureté de goût en littérature, et nous cherchions d'où certains esprits tirent ainsi l'éminente prérogative de l'universalité. En voyant aujourd'hui Montesquiou commentateur d'Euler, nous pourrions étendre la question, et demander comment deux hommes, partis de deux points aussi opposés que Borda et Montesquiou, viennent à se rencontrer réciproquement dans leurs domaines, et à s'y plaire ensemble? Le secret de cette étendue de l'esprit n'est-il pas dans l'habitude prise de bonne heure de bien déterminer toutes ses idées et de les réduire à leurs moindres termes, afin qu'elles occupent peu d'espace dans l'entendement, qu'elles s'y rangent chacune à leur place, s'y retrouvent facilement, et conservent assez de jeu entre elles pour se rejoindre et se prêter à de nouvelles combinaisons? N'est-il pas permis de penser que ce qui engorge l'esprit, c'est la confusion des idées, et jamais leur abondance? Et le phénomène que nous observons sur le géomètre et sur l'homme du monde, écrivain politique et poëte agréable, ne viendrait-il pas de ce qu'entre mille différences il y avait au moins cela de commun à l'un et à l'autre, qu'ils avaient été contraints de réduire leurs idées à la moindre expression, l'un par la force des méthodes mathématiques, l'autre par la nécessité d'être très-court pour se faire écouter, et très-clair pour se faire entendre, d'un monde également distrait et parleur?

On voit, par l'ensemble de ce qui précède, que, dans toute la vie de Montesquiou, il y a toujours eu quelque chose de littéraire. Il a écrit, non-seulement comme homme de lettres, mais comme législateur, comme militaire, comme négociateur, comme citoyen.

Et toujours avec distinction, et toujours avec un parfait accord entre ce qu'il a dit et ce qu'il a fait, entre ce qu'il a dit et ce qu'il a pensé, entre ce qu'il a dit et pensé dans un temps et ce qu'il a pensé dans un autre. Dans tous ses ouvrages, on a vu l'homme aimable, l'honnête homme, le bon citoyen; comme dans sa conduite on a toujours vu quelque chose de l'homme de talent, et remarqué quelques paroles du bon écrivain; preuve de plus des secrets liens qui unissent les belles qualités de l'esprit à la beauté du caractère.

Nous avons vu par les écrits de Montesquiou qu'autant il portait d'agréments dans la société, autant il portait d'intérêt et de charme dans sa famille. Par l'heureux accord de ses goûts et de ses principes, c'était pour sa famille qu'il avait le plus d'esprit et de talent. Il n'a rien écrit de plus ingénieux et de plus touchant en prose que son discours à sa femme, dans la fête chinoise dont nous avons parlé. Les vers les plus délicats qu'il ait faits sont ceux qu'il a adressés à sa bru.

Montesquiou était adoré de ses enfants, et je me sers de ce mot *adoré*, parce que c'est celui qu'ils emploient quand ils parlent de leurs sentiments pour lui.

J'ai vu un de ses fils entrer chez lui pendant une conversation qui l'affectait tristement; son visage s'éclaircit aussitôt. C'est là une de ces choses qui disent beaucoup et qui ne mentent point.

Au commencement de la maladie dont il est mort, sa tête a été entreprise. Son fils aîné était absent. Il revient. Montesquiou le revoit, il recouvre toute sa raison, et elle ne l'a plus quitté qu'avec la vie.

Je ne voudrais d'autre preuve de la tendresse de Montesquiou pour ses enfants et de ses enfants pour lui, que l'étonnante ressemblance de manières, de langage, même d'écriture, qui était entre son fils aîné et lui. L'instinct ne nous porte à imiter que ceux que le cœur nous dit d'aimer et à qui nous savons être chers.

Il y a des gens plus caressants pour leurs amis que n'était Montesquiou, mais qui ne se refusent pas une sanglante épigramme contre eux. Montesquiou était cordial dans son commerce intime, et il ne croyait pas à ces *bons cœurs* qui ne savent pas contenir la méchanceté de l'esprit.

Voici un trait de sa délicatesse en amitié :

Étant à Zurich, pendant son exil, un citoyen de cette ville, de qui il avait reçu beaucoup de marques d'estime et d'attachement, Paul Ustéry, aujourd'hui membre du corps législatif helvétique, vint l'inviter à venir voir une collection très-précieuse qu'il avait reçue depuis quelques jours de Paris : c'était un recueil complet des écrits publiés en France sur les affaires publiques depuis la révolution. Ustéry était enchanté de cette possession. Montesquiou va le voir. Au premier coup d'œil, il reconnaît sa collection, qu'il avait formée lui-même avec beaucoup de soin, et qui avait été vendue à l'encan avec son mobilier. La crainte de troubler le plaisir d'Ustéry arrêta sur ses lèvres l'exclamation que la surprise y avait portée, et il lui a toujours laissé ignorer à qui avait appartenu cette propriété.

Maintenant, il n'est personne ici, je pense, qui ne puisse faire le portrait de Montesquiou, et l'opposer à ceux où la malveillance l'a plus d'une fois défiguré.

Dans le monde, on lui a reproché d'être tranchant ; il l'était dans la discussion, jamais dans la conversation. Dans la discussion même, il l'était, non sur le fond des questions, mais sur les inutilités dont on les embarrassait ; il l'était par la force de sa logique, non par orgueil de caractère. Il tranchait dans le verbiage : trancher ainsi, c'est élaguer. La logique prudente a inventé ce mot *tranchant* pour désigner celui qui coupe avec orgueil un nœud qu'il faudrait ouvrir ; mais la vanité verbiageuse a profité de ce mot pour l'appliquer à l'esprit net et au logicien de bonne foi. Dans des discussions délicates, j'ai vingt fois entendu Montesquiou dire à une longue suite de phrases indifférentes : *Qu'importe ?* Mais quand on en était à la difficulté, il disait : *Voyons* ; et, à ce point, il avait toute l'attention, toute la réserve qui convient à l'ami sincère de la vérité.

Au reste, cette sévérité de logique qu'on a reprochée à Montesquiou à l'égard des autres, il l'exerçait sur ses propres ouvrages : il en rejetait tout ce qui avait, disait-il, le défaut de s'y faire remarquer. Il regrettait d'avoir laissé passer une phrase brillante dans son dernier ouvrage sur les finances, parce qu'une femme d'esprit célèbre, mais à qui l'on ne reprochera pas un pareil scrupule, l'avait relevée avec

éloge. Il pensait que dans un ouvrage de raisonnement (et il ne faudrait pas étendre plus loin cette opinion), toute phrase qui retenait sur elle-même, par trop d'éclat, l'attention qu'elle devait uniquement conduire au but indiqué, est presque aussi reprochable que celle qui l'arrête par l'obscurité. Et, sans doute, l'ouvrage de raisonnement le mieux fait est celui d'où la vérité que l'on cherche sort incontestable, d'où chacun peut tirer le moyen de la démontrer, et dont personne ne peut citer un mot. La parure appartient à l'art de charmer. Une lumière toujours égale est l'attribut de l'art d'instruire. En ce genre, c'est assez plaire que de soulager la fatigue d'apprendre.

Quelques hommes de la révolution ont accusé Montesquiou d'être haut.

Qu'il me soit permis de répéter ici ce que j'ai déjà répondu à ce sujet.

« S'il était quelquefois dédaigneux, c'est qu'il parlait à un sot ; dur, c'est qu'il parlait à un méchant. Avec un homme de bien et de talent, il avait le ton simple et franc de la parfaite égalité ; avec les hommes supérieurs, et je ne sais s'il en était beaucoup dont il ne fût l'égal, il avait le ton de la déférence ; avec tout le monde, celui de la dignité tempérée par la simplicité.

« Le voyant ainsi en 1787 et 1788, je me suis dit : Patricien du premier ordre, il cherche dans le simple citoyen l'homme. Donc, s'il fût né plébéien, il n'eût considéré que l'homme dans le patricien. Exempt de hauteur, malgré sa haute origine, il eût été exempt de bassesse, d'envie et de malveillance dans un rang obscur. Dans cette âme réside le pur sentiment de l'égalité.

« Et, depuis la révolution, me rappelant ces souvenirs, je n'ai pas été étonné de le trouver au ton de tout le monde, sans qu'il eût rien changé du sien. »

Des ennemis envenimés, sans l'accuser de hauteur de caractère, se sont fondés sur la hauteur de sa fortune passée pour l'accuser d'incivisme, de haine pour la liberté et l'égalité.

Ceux qui n'ont eu d'autre raison à donner de leur défiance à son égard, sinon qu'il était descendu de trop haut, ont prouvé qu'ils plaçaient, eux, bien bas le titre de citoyen ; Montesquiou, en l'acquérant, ne crut pas descendre.

Je le dirai pourtant, et d'après ses aveux, il

a été deux jours dans sa vie où il a trouvé très-doux, très-glorieux, d'être noble, très-noble ; deux jours où, selon lui, il n'existait pas une âme honnête et élevée qui n'eût payé bien cher la noblesse, ne la possédant pas, et ne se réjouît vivement de la posséder................ Et ces jours ont été ceux où il a été possible d'en faire librement un honorable sacrifice à la patrie, et une abdication solennelle en reconnaissance des droits du peuple français : en un mot, ç'a été le 4 août 1789 et le 15 juin 1790.

J'ajouterai que l'honneur même de la double abdication des titres et des priviléges lui parut être un grand privilége. C'en était un grand, en effet ; et c'est par cette raison, sans doute, que quelques gens voudraient poursuivre aujourd'hui ceux qui l'ont faite, comme très-coupables envers ceux qui l'ont reçue.

Au reste, je le jure aux pieds de la liberté, Montesquiou disait habituellement : Rien n'est si facile que de rendre la république respectable et chère. En eût-il parlé ainsi, s'il ne l'eût aimée et respectée ?

Il trouvait tout projet de renversement fou et odieux ; il trouvait très-ridicules les dédains que quelques gens affectaient pour elle ; preuve qu'il la jugeait forte, et très-près d'atteindre à la grandeur qui lui est réservée.

S'il m'est permis d'esquisser, à mon tour, le portrait de Montesquiou, je dirai, sans recherche, ce qui m'a frappé en lui.

Clair, simple, facile, élégant dans tout ce qu'il a écrit pour le plaisir de la société, éminemment lumineux dans ce qu'il a écrit pour instruire ; .

Noble, sensible, délicat dans sa vie privée ; juste, droit, modéré, franc et ferme dans tous les actes de sa vie publique ;

Toutes ses qualités semblent se réunir en ces trois mots, qui assurément n'exagèrent pas son mérite : esprit net, cœur droit, caractère franc.

Et, peut-être, les exprimerait-on d'une manière plus simple encore, et plus propre à révéler aux instituteurs de la jeunesse le secret des esprits distingués et des cœurs excellents : c'est que Montesquiou avait *la puissance de l'attention*. C'est de cette puissance que viennent l'étendue de l'esprit et la force du talent ; c'est d'elle que viennent nos meilleures incli-

nations morales ; c'est parce que Montesquiou en fut doué, qu'il eut de bonne heure des goûts purs ; c'est parce qu'il sut bien regarder et bien voir, qu'il sut bien choisir les objets de ses affections, qu'il sut aimer les hommes d'esprit, sa famille et sa patrie ; c'est parce qu'il voyait clairement ce qui était honnête et beau, et qu'il y tendait toujours, qu'il était toujours franc et ouvert ; c'est la pureté de ses goûts, fruit de la netteté de son esprit, qui assurait l'admirable clarté de son style dans les affaires. Les rhéteurs se sont trop mis en peine pour nous enseigner l'art d'être clair. La clarté est un don du caractère bien plus que de l'art. On est aisément clair quand on est toujours vrai ; aisément vrai, quand on est toujours pur ; aisément pur, quand on a l'habitude de cette attention qui veille sur nos véritables intérêts, toujours liés à la raison et la justice. Le bien s'explique assez de lui-même à notre intelligence, et les mots s'offrent aisément aux idées qui naissent de notre conscience.

La dernière année de la vie de Montesquiou a appartenu à sa famille, à l'amitié, aux lettres. La lecture des livres nouveaux, et surtout des romans, consolation ordinaire des âmes douces et pures ; le respect filial, car sa vénérable mère lui a survécu ; l'amour paternel, nourri du plaisir de voir deux fils héritiers de ses excellentes qualités ; une amitié vive pour quelques hommes de lettres et pour ceux de ses anciens collègues qu'il avait vus avec lui dans la ligne du patriotisme, particulièrement Emmery et Dupont ; enfin, un attachement particulier pour une femme intéressante avec qui il s'était mis depuis six mois en communauté de malheurs et de courage, étaient les adoucissements d'une existence que le poids de ses dettes, bien plus que le renversement de sa fortune, rendait quelquefois très-pénible.

Montesquiou était d'une taille au-dessus de la moyenne ; il était maigre ; sa figure, sans être belle, avait de quoi plaire ; sa physionomie, noble et franche, annonçait plutôt la bonté que la douceur. Il avait la voix creuse, même un peu rauque, depuis deux ans. C'est principalement parce que la douceur et la flexibilité manquaient à sa voix, que quelques personnes ont refusé ces qualités à son caractère, tant il est vrai que l'organe de la parole ajoute ou retranche à la puissance du discours ! Il avait eu beaucoup de grâces dans sa jeunesse ; depuis sa jeunesse, il avait ce maintien noble qui est la grâce de l'âge mûr.

Il est mort à Paris, le 9 nivôse dernier (le 29 décembre 1798), d'une fièvre maligne.

Peu de jours avant sa mort, et en parlant de sa mort même, il dit à son fils aîné et à sa bru : *Pourquoi faut-il que je trouble votre bonheur ?*

La veille, il disait à une femme de ses amies, auteur du roman d'*Alphonse*, qui venait de paraître : *Je serai donc le seul qui ne le lirai pas !*

Le lendemain de sa mort, ses amis le pleurèrent ; les indifférents le louèrent ; ses ennemis s'étonnèrent de tant l'estimer, et se repentirent de ne l'avoir point aimé.......... Une voix s'éleva contre lui (1), mais elle fut la seule. Elle resta glacée dans le silence général, et Montesquiou fut vengé :

M. DE MAUREPAS ET LE CARDINAL DE FLEURY.

..... Voici une anecdote que je n'ai lue nulle part, et que je n'ai entendu raconter que par Chamfort.

Lorsque M. de Maurepas fut nommé, pour la première fois, chef du conseil du roi, il s'éleva une dispute entre lui et le cardinal de Fleury sur la préséance. Le roi leur assigna à chacun une place qui laissait la question indécise. Mais le prêtre, encore plus vain que le patricien, voulut affecter la prééminence aux yeux du public, et il imagina dans cette vue un singulier expédient. En sortant du conseil, il proposa à M. de Maurepas d'aller ensemble faire une visite et de le mener dans sa voiture. M. de Maurepas accepte, et ils descendent ensemble. La voiture du cardinal s'ouvre, il s'y jette le premier, et prend le fond : c'était un *vis-à-vis.* — *Pardonnez-moi, M. le comte,* dit-il à M. de Maurepas étonné ; *le devant de ma voiture m'incommode. — En ce cas, monseigneur,* répond le jeune ministre, *veuillez monter dans la mienne ; le devant de la* MIENNE

---

ne m'a *jamais fait mal.*» — Ils allèrent chacun dans la leur.

(*Journal de Paris,* du 5 prairial an VI. — 24 mai 1798.)

M. DE MONTLOSIER.

1.

10 juin 1833.

Le 6 de ce mois, M. Pasquier a fait appeler par un huissier, avant l'ouverture de la séance, M. de Montlosier dans le cabinet du président. M. de Montlosier s'y est rendu. A son retour, un quart d'heure après, il m'a dit : «Le président m'a appelé au sujet de ma lettre à «M. Dupin, qui est mon ami, à qui j'ai pu et «dû dire ma pensée sur une affaire aussi important que de mettre les prêtres dans l'éducation primaire. Il m'a paru avoir la prétention de me faire une espèce de mercuriale ; «il m'a dit qu'il n'était point parlementaire «d'accuser la chambre des pairs devant l'autre chambre ; que mon écrit était une protestation... Je lui ai répondu que je voyais bien, «depuis longtemps, que nous ne marchions «point ensemble, et lui ai dit qu'il fît ce qu'il «voudrait. En attendant, j'entends que ma «lettre soit distribuée, non pas à tous les «pairs, mais à tous ceux à qui je l'ai destinée.» Et alors un huissier étant venu lui parler, il lui a donné ses ordres, et sa lettre a été distribuée à l'instant sous bande à l'adresse nominale des membres à qui l'auteur l'a destinée.

M. de Montlosier est dans la persuasion que M. de Sainte-Aulaire, le duc Decazes et les doctrinaires, sont d'accord avec le pape pour remettre les prêtres dans le gouvernement civil. Cette opinion est la cause de sa chaleur contre tout ce qui peut faire présumer cette intention. Il ne faut pas oublier que Montlosier, homme très-pieux, est aussi tout dévoué au roi, qu'il a prédit à Charles X le sort qui serait le prix de sa faiblesse pour les prêtres, et que l'événement l'a justifié. La chambre des pairs est blessée de sa lettre à Dupin. Le président a lieu de l'être de sa courte explication publiée hier. — Je crois les soupçons de Montlosier sans fondement ; mais ses craintes, quoique exagérées, ne sont peut-être pas sans excuse. Un zèle sincère pour l'intérêt du roi est le prin-

---

(1) (*Note de l'éditeur.*) Ce passage fait allusion à un article de Dulaure contre M. de Montesquiou, qui fut imprimé, quelques jours après sa mort, dans les journaux. Mon père y avait déjà répondu, comme on le voit dans l'article qui précède cet *éloge.*

cipe de sa chaleur; et l'on ne peut méconnaître l'accent d'un honnête homme, à ces paroles qui terminent sa *courte explication :*

« De Dieu j'ai reçu la vie ; du roi, ma dignité « de pair. Tant que je pourrai être utile, je « les prie de me les conserver. Quand je ne le « pourrai plus, qu'ils reprennent ce qu'ils « m'ont donné. Je désire que le roi sache que « dans ce cas leurs bienfaits, qui m'ont été « doux, ne me seront plus ni agréables ni né- « cessaires. »

2.

LETTRES DE M. DE MONTLOSIER A M. ROEDERER.

« Je remercie monsieur le comte Rœderer de son attention obligeante relativement à la constitution des jésuites. Je le remercie en- core plus de son ouvrage sur François Ier et Louis XII. Je le prie de permettre que mon li- braire, en mon absence, lui fasse parvenir un exemplaire de mon *Mémoire à consulter.* Je ne prétends pas par là m'acquitter, mais seule- ment donner à monsieur le comte Rœderer une marque de mon souvenir et de tous mes sentiments comme son ancien collègue.

« Le comte DE MONTLOSIER.

« Paris, ce 22 février 1826. »

3.

« J'avais manqué, le dernier samedi, d'aller voir et faire mes adieux à mon savant et ho- norable collègue, M. le comte Rœderer. Je comptais m'en dédommager aujourd'hui ; j'ap- prends qu'il est parti. Je le prie d'agréer mes regrets. J'avais un grand désir de le remer- cier de sa dernière brochure, qui m'a fait beaucoup de plaisir. Je voulais lui dire aussi combien j'avais mis d'attention à divers écrits tout *petillants* d'esprit sur les affaires du temps. Je dis petillants, parce que la vivacité et l'éclat des formes font quelque diversion au détriment de la réflexion qui voudrait s'at- tacher au fond des choses. Je prie mon savant et honorable collègue de recevoir mes remer- cîments de tout ce qu'il m'a montré de bien- veillance dans le cours de cette session. Je le prie de me continuer ses bontés, et je lui pré- sente tous mes hommages.

« Le comte DE MONTLOSIER.

« Ce 31 mai 1834. »

3.

« Mon cher ancien et nouveau collègue,

« Vous êtes trop bon de penser à moi. Tou- tes les marques de bonté que mes concitoyens voudront bien me donner me seront agréa- bles ; je les accepterai avec reconnaissance ; mais, depuis le commencement de ma carrière politique, il y a un pacte fait avec moi-même de ne rechercher aucune faveur et de ne pas même m'en occuper. Je rechercherai toujours votre estime ; veuillez me la conserver, ainsi que tous vos bons et honorables sentiments. — Agréez mes remercîments et mes hommages.

« Le comte DE MONTLOSIER. »

4.

Vera incessu patuit dea.
On reconnaît la déesse à sa démarche.

« J'ai reconnu M. le comte Rœderer à son esprit : il abonde dans les quatre brochures, surtout dans les deux dernières. — Quelquefois trop. — Cet amas de brillantes bluettes dé- range l'attention, et le sujet en exige beau- coup.

« Je ne suis pas tout à fait de l'avis de mon noble collègue sur les impôts indirects, no- tamment sur le sel. On ne paye pas trop quand on paye à son moment, à son heure, et si l'on veut. — J'ai dans ce moment quarante ou- vriers à Randane pour faire mes foins... Soyez tranquille... Je vous réponds qu'ils me font payer le sel qu'ils mettent dans leur soupe.

« Adieu, noble et respectable collègue : puis- sé-je vous voir et vous recevoir en Auvergne !

« Comte DE MONTLOSIER.

« Ce samedi 19. »

LE COMTE LOUIS DE NARBONNE.

On attribue à Louis de Narbonne ces deux vers :

. . . . Et ce froid Saint-Lambert
Qui des quatre saisons fit un si long hiver.

FRANÇOIS DE PANGE.

Nous n'avons point parlé, dans le *Journal de Paris,* de la mort de François de Pange, et l'on nous a reproché notre silence. Nous sa- vons que François de Pange était un des esprits les plus éclairés, les plus courageux et les plus polis de ces hommes d'élite, que le zèle d'une réformation nécessaire a jetés dans une révolution malheureuse, et que le pressentiment des crimes qu'elle amenait à sa suite a bientôt opposés au débordement de ses excès.

Nous savons aussi qu'il avait dans les manières et dans le langage cette finesse et cette grâce, qui prouvent tout à la fois l'habitude des affections douces et celle des idées précises, la beauté de l'âme et la sagacité de l'esprit. Il ne disait que des choses dignes d'être écrites ; il n'écrivait que des choses dignes d'être faites.

C'est dans le *Journal de Paris* de 1792 qu'il a consigné la plupart de ses écrits sur la révolution ; et c'était dans ce journal que le public devait s'attendre à trouver la première notice de sa vie et les premiers regrets de sa mort.

Mais, au fond, nous le connaissions très-peu. A l'exception de son amitié pour l'infortuné Chénier (André), nous ne connaissons rien de sa vie ; et la vie d'un homme dont les dehors étaient si aimables et si nobles, les écrits si sages et si élégants, doit avoir été remplie de détails d'un grand intérêt. Comment écrire à son sujet, ne pouvant rien apprendre à ceux qui l'ont connu, ni les égaler dans l'expression de leurs sentiments ?

Nous sommes du nombre des amis de la vertu et du talent qui ont le droit de demander l'éloge de François de Pange, sans avoir le droit de l'entreprendre ; nous l'attendons de ses amis. Plusieurs d'entre eux qui nous ont reproché notre silence sont dignes de le peindre ; et s'ils ne l'ont pas fait, c'est que, sans doute, l'amitié est elle-même arrêtée par une réserve involontaire, quand il s'agit de retracer l'existence d'un homme qui, par ses qualités, appartenait non-seulement à l'amitié, mais encore à la raison, à la vertu, à la patrie.

(Journal d'économie publique, t. I, p. 154,
30 fructidor an IV — 16 septembre 1796.)

PORTRAIT DE M. PANOPTIC.

M. Panoptic est un grand garçon, assez mal découplé, à la tête petite, une oreille en avant, et qui a le nez pointu.

Sa vie se partage entre deux occupations : demander tout ce qui se passe et le dire partout. Questionneur à outrance, rien ne l'arrête :

il prête l'oreille à tout, demande explication de tout ; il veut tout percer, tout découvrir. Il sait les nom, prénom et surnom, l'âge, les qualités, la naissance de tout homme dont il se peut que l'on parle dans le monde ; il sait les nom, prénom, surnom, l'âge et la famille de toutes les femmes qui ne sont connues que sous le nom de leurs maris.

Il sait l'histoire de toutes les familles, et des anecdotes à propos de tous les noms ; il connaît l'intérieur de toute maison où il a été trois fois, et a quelques notions sur toutes les personnes qu'il y a vues.

Il est le premier instruit du tableau qui vient d'être ou qui va être exposé au salon ; de la pièce nouvelle dont les comédiens ont entendu la lecture ou qu'ils ont mise à l'étude ; du succès de la pièce nouvelle qu'on vient de jouer ; du triomphe ou de la chute du nouvel acteur ou de la nouvelle actrice.

Il sait toujours ce qu'on dit de plus nouveau du peintre, du poëte, du comédien dont il est question, et ce qu'ils ont dit ou fait eux-mêmes de plus remarquable dans les jours précédents ; il est sûr que le peintre, le poëte ou le comédien dont on parle a toujours déjeuné chez lui le matin, ou au moins la veille.

Il sait, tout aussi bien, les jugements qu'on porte de leurs ouvrages. Il a recueilli toutes les opinions, il cite les paroles des connaisseurs, il a compté toutes les voix. Il sait toujours, six mois avant tout le monde, quel est ou quel sera le sort d'un ouvrage.

Dans les affaires politiques, c'est encore mieux que dans les arts. Il a l'oreille à tout ce qui se passe ; il interroge, il questionne ; il dit quelque chose qu'il croit savoir à quelqu'un qu'il sait être dans le secret ; il attrape quelquefois un détail indifférent, mais il le répétera en citant la personne de qui il le tient, à quelqu'un de qui il arrachera aussi quelque chose ; et souvent il a le bonheur de s'entendre dire : *Cela n'est pas vrai, cela n'a pas le sens commun*, et de pouvoir répéter que M. un tel lui a dit : *Telle chose n'est pas vraie*.

En rapprochant beaucoup de choses que tout le monde sait, il forme des soupçons. En les présentant à des personnes instruites comme des opinions établies, il en fait rejeter la plupart ; et en ajoutant ce qu'il ramasse avec ce qui lui reste, il tient l'affaire.

Il entre chez vous : il s'empare de la conversation ; si l'on y jase, il coupe la conversation pour vous dire une nouvelle ; si l'on parle d'une nouvelle, il est le seul qui la sache à fond. Il est devenu insupportable à toutes ses anciennes connaissances, qui l'éloignent autant qu'il est possible.

Mais comme il sait tout, il est bien venu des gens curieux, et il se croit estimé et recherché. Mais quand les gens curieux qui n'ont voulu que le mettre à contribution s'aperçoivent qu'ils payent tribut, et qu'en apprenant la gazette d'hier, ils fournissent la matière de la gazette de demain, la porte se ferme... Mais il y a toujours d'autres curieux.

Panoptic n'est pas sans mérite ; il aurait pu arriver dans le monde comme homme de lettres ou comme homme public, s'il n'avait voulu y arriver comme homme du monde. Mais il a fait sa principale étude des choses que les gens nés dans le monde savent sans avoir besoin de l'apprendre ; et, s'étant habitué au métier peu délicat de dire tout ce qui se passe dans le monde pour prouver qu'il est homme du monde, il est devenu incapable de l'élévation nécessaire pour atteindre aux succès littéraires, et de la discrétion qu'exigent les affaires.

PARNY.

Pour être juste envers Parny, il ne faut pas dénigrer l'Institut. Parny est le premier dans son genre, mais son genre n'est pas le premier des genres. D'ailleurs, comme disait Dupont (de Nemours), le poëte érotique a droit à tant de récompenses dans le boudoir, qu'on a pu encore cette fois différer celle qui lui est due au Parnasse.

(*Journal de Paris*, du 13 vendémiaire an VIII. — 5 octobre 1799.)

PERREGAUX.

Les administrateurs du département ont écrit à Perregaux pour le féliciter d'avoir été le premier à payer son contingent dans l'emprunt forcé. C'est une attention digne de l'administration. Mais Perregaux ne méritait pas moins ; il est un des banquiers dont les opérations rapportent le plus d'argent à la république, parce que ses capitaux sont surtout consacrés au service de l'industrie ; il est le principal banquier des manufactures ; il en a soutenu un grand nombre par ses avances, et l'intérêt qu'il en retire est au taux le plus modique. J'en parle avec une parfaite connaissance. Ainsi, non-seulement Perregaux paye ses contributions, mais encore il donne le moyen d'en payer à une multitude de citoyens, qui sans lui ne pourraient ni payer l'impôt, ni payer leurs créanciers, ni soutenir leur famille. Les produits de fonds ainsi placés ne sont rien moins qu'éblouissants, mais ils ne feront que s'accroître avec la prospérité et la gratitude des manufacturiers ; et tandis que les fortunes fondées sur les malheurs publics s'écrouleront, la sienne déposera de la pureté de son origine par la solidité de ses appuis.

(*Journal de Paris*, du 12 fructidor an VII. — 29 août 1799.)

LA ROCHEFOUCAULD-LIANCOURT.

Liancourt n'est point, comme l'a dit un papier public, en Angleterre à intriguer ; il est tantôt à Hambourg, tantôt à Altona, à *travailler*. J'ai en ce moment, sous les yeux, un manuscrit de lui, très-intéressant, et qui va être publié. C'est une traduction abrégée de l'*Histoire des pauvres en Angleterre*, composée par Morton Eden, en 3 volumes in-8°. Je puis vous assurer que nous n'avons en France aucun ouvrage aussi instructif sur la misère, la mendicité, et les moyens de les prévenir.

(*Journal de Paris*, du 14 brumaire an VIII. — 5 novembre 1799.)

ÉLOGE

DE

M. PILATRE DE ROZIER,

Lu à la séance publique de la Société royale des sciences et arts de Metz, le 25 août 1785,

PAR M. RŒDERER,
Conseiller au parlement, membre de cette Société.

I.

EXTRAIT DES AFFICHES DES ÉVÊCHÉS ET LORRAINE, DU 8 SEPTEMBRE 1785.

Suite de la séance publique de la Société royale de Metz.

. . . .

. . M. Rœderer a terminé la séance par la lecture du Prospectus d'un Musée, sous la direction de la *Société royale*; et par l'éloge de M. Pilatre de Rozier.

. . . .

Nous nous proposons de donner dans ces feuilles un extrait des différents ouvrages dont nous venons de parler, ainsi que le prospectus du musée. Nous croyons devoir commencer par l'*Éloge de M. Pilatre de Rozier*, que son peu d'étendue nous permet de rapporter en entier. Le public a déjà prononcé sur ce discours d'une manière flatteuse pour l'auteur : cependant, en l'offrant à la lecture, nous croyons devoir annoncer un fait dont nous sommes instruits : c'est que M. Rœderer n'a eu qu'un temps très-court pour le composer, et qu'il le regarde plutôt comme une esquisse des principaux traits qui pourraient servir à l'éloge de notre compatriote, que comme son éloge même. Il avait été chargé par la Société royale de demander à Paris des instructions sur les travaux de M. Pilatre de Rozier, pendant ses dernières années; mais tous les papiers de ce jeune savant étaient sous les scellés, et ces scellés n'ont été levés que le 14 août; de sorte que M. Rœderer n'a reçu que cinq jours avant la Saint-Louis, les matériaux dont il avait besoin, et qu'il n'a pu en faire usage : il n'a même composé à la hâte le morceau qu'on va lire, que pour épargner à la Société royale le regret de voir passer la séance publique de la Saint-Louis, sans avoir jeté quelques fleurs sur la tombe du jeune Messin, dont les sciences déplorent la perte.

Pour entendre le début de l'auteur, il faut ne pas perdre de vue que la lecture de l'éloge dont il s'agit, a suivi immédiatement celle du prospectus du musée.

ÉLOGE DE M. PILATRE DE ROZIER (1).

La Société royale se fait un devoir de déclarer qu'en formant le projet du musée qu'elle propose au public, elle a pris pour modèle, en plusieurs points, le musée institué dans la capitale par M. Pilatre de Rozier. Elle annonce aussi qu'elle a résolu de placer le buste de ce jeune savant dans la salle qu'elle destine à la lecture. Elle croit devoir cet honneur au fondateur du premier musée établi en France, à la première victime de l'aérostation. Elle se plaît d'autant plus à le lui décerner, que sa naissance dans les murs de cette ville, fait de lui un objet d'affection particulière pour les Messins. Le nom de M. Pilatre doit d'ailleurs être toujours cher aux sciences par l'étonnante passion qu'il montra pour elles, par le prodigieux courage et la rare aptitude qu'il porta dans leur étude, et enfin par son généreux dévouement pour leur avancement et leur gloire.

La Société royale s'était empressée, dès 1783, d'encourager les talents qui se développaient en lui, en l'adoptant au nombre de ses membres; elle l'aura été également de consacrer sa mémoire par un monument public, et par là elle aura vengé Metz du reproche qu'on fait à tous les pays, de méconnaître le mérite des hommes qu'ils ont vus naître; et de cet autre, particulier aux habitants de cette ville, de n'avoir pour les sciences qu'une froide estime.

Qu'il me soit permis de hasarder quelques réflexions sur les droits de M. Pilatre aux regrets de son siècle et de la postérité.

J'avouerai d'abord sans peine qu'il n'a pas occupé un rang entre les savants du premier ordre : mais je crois pouvoir ajouter qu'il ne lui a manqué que de vivre encore quelque temps pour l'obtenir, et emporter la reconnaissance publique qui balance à se déclarer.

Des expériences faites avec autant de courage que de sagacité et d'attention, avaient découvert à M. Pilastre les véritables qualités du gaz méphitique, et lui en avaient fourni une théorie nouvelle qu'il avait rédigée; j'ai vu, l'hiver dernier, entre ses mains, des épreuves de son ouvrage dont le gouvernement a ordonné l'impression, et qui sans doute ne tardera pas à paraître. Il avait imaginé aussi un masque propre à préserver de tout danger les hommes contraints à se plonger quelquefois dans ce fluide empoisonné. Le temps n'a pas encore prononcé sur ces découvertes; mais quelque peu d'importance qu'on puisse y attacher, du moins elles attesteront toujours l'intrépidité, le zèle et les vues de M. Pilatre.

Il est peu d'hommes qui aient le pur amour

---

(1) (*Note de l'éditeur*.) « Pilatre de Rozier (J.-Fr.), né à Metz en 1758, mort en 1785..... Enthousiaste de la découverte de Montgolfier... il fit plusieurs ascensions en aérostat, et tenta enfin de franchir la Manche en ballon, en y employant un procédé nouveau. Il s'éleva de Boulogne le 15 juin 1785; mais le feu prit à l'aérostat, et il périt. » (Extrait du *Dictionnaire universel* de Bouillet.)

des sciences ; c'est à la gloire des savants qu'on aspire presque toujours : elle est ordinairement le but des travaux, l'objet des recherches ; M. Pilatre a été du petit nombre des âmes vraiment nobles, fortes, qui aiment les sciences pour elles-mêmes. Il n'était sans doute point insensible à la gloire, mais il semblait n'en vouloir que pour la rapporter aux sciences, et donner plus d'autorité aux découvertes utiles qu'il se sentait capable de faire ; il n'en voulait que pour disposer l'attention publique à les recevoir et à les accueillir. Il avait reconnu que les découvertes utiles, mais peu brillantes, sont longtemps négligées, que le public est tardif à en prendre possesssion, à moins que leur auteur ne leur attire les regards par un nom imposant ; et qu'ainsi, l'intérêt des sciences elles-mêmes contraint à l'ambition de la gloire ceux qui leur rendent le culte le plus désintéressé. — « J'ai fait, me disait-il un jour, des expériences importantes sur les gaz, j'ai inventé un masque antiméphitique ; je suis resté ignoré, et ma découverte a été négligée. Maintenant que j'ai navigué dans les airs, j'ai des honneurs et des pensions, et l'on daignera peut-être profiter de mon utile invention. »

M. Pilatre veillait davantage aux intérêts des sciences qu'à ceux de sa renommée ; il calculait souvent jusqu'où pouvaient aller ses découvertes, jamais jusqu'où pouvait aller sa gloire ; il savait bien où il y avait une vérité importante à conquérir, mais non où il y avait des suffrages à se concilier. Tous ceux qui ont vu de près M. Pilatre confirmeront ce que j'en dis ; ils n'auront sûrement pas oublié l'aimable et franche modestie de ce jeune savant ; elle était mêlée à la plus intéressante candeur, elle était celle du talent qui s'ignore, du mérite inoccupé de lui-même. Il ne courait point au-devant des éloges ; il ne les fuyait pas ; il les recevait sans en être enivré et sans en rougir : tels sont sans doute les caractères de la modestie, car la rougeur de l'homme qu'attaque la louange décèle un orgueil qui veut se dissimuler et qui perd contenance ; comme la fuite de ceux qui semblent la craindre n'est souvent qu'un raffinement de vanité, ils ne se dérobent aux regards que pour qu'on remarque qu'ils s'y sont dérobés ; ils ne se cachent que pour qu'on voie qu'ils se sont cachés ; rarement même n'ont-ils pas eu soin de s'échapper

au moment où ils étaient les plus sûrs d'être aperçus. L'homme vraiment modeste craint surtout d'attirer la louange sur sa modestie.

L'été dernier, Paris et Versailles ont vu M. Pilatre donnant à un souverain étranger le spectacle de la plus belle expérience aérostatique qui eût encore été faite, réunissant sur lui les regards de la famille royale, honoré, comblé de ses attentions les plus touchantes et les plus flatteuses ; il embrasse tendrement ses amis en s'élevant aux nues, et il redescend tendre au milieu d'eux. Je l'ai vu dans sa gloire, comme nous sommes dans la vie commune ; pourtant cette gloire était sa première, et il n'avait pas encore trente ans.

C'était vraiment pour l'honneur de l'aérostation que M. Pilatre hasardait sa vie. J'ai toujours été frappé d'une expression qui se rencontre dans le rapport qu'il a publié de l'expérience du mois de juillet 1784 ; elle m'a paru découvrir la véritable situation de son âme pendant sa course aérienne. — « Je fus longtemps, dit-il, au-dessus d'une longue chaîne de nuages, mais je sortis enfin de cette scène *ennuyeuse*. » — Ennuyeuse ! Un homme frappé d'ennui au-dessus des nuages ! Il n'est donc pas vrai que cette élévation, si peu faite pour l'homme, lui procure des plaisirs inconnus et des délices nouvelles ? Il n'est donc pas vrai que la situation de l'âme dans ces navigations soit une extase, comme on l'a dit ? Ces jouissances tant exaltées ne sont donc que celles de l'amour-propre, et leur peinture n'est qu'une exagération ou un mensonge de la vanité qui vante ses propres plaisirs ? M. Pilatre, dont les récits furent exempts de cette exagération, le fut donc de la vanité qui en est le principe chez ses rivaux. Il ne cherchait donc que la gloire de l'aérostation ou ses progrès.

Ah ! s'il était possible au moraliste de connaître la situation de l'âme de tous ces navigateurs pendant la durée de leurs voyages, comme il l'est au physicien de connaître l'état du baromètre à différentes hauteurs, on ne tarderait sans doute pas à constater que, dans le monde physique comme dans le monde moral, la plupart des hommes qui s'élèvent dans une sphère supérieure à celle où ils ont été jetés, n'ont d'autre plaisir à attendre de leur élévation que celui d'être montés aux yeux de leurs égaux, et de descendre plus grands au milieu d'eux. M. Pilatre nous a dit leur secret.

Le signe auquel on peut le mieux reconnaître si un savant aime les sciences avant les honneurs, c'est l'affection qu'il éprouve en apprenant qu'un rival lui enlève la gloire d'une découverte qu'il poursuivait lui-même, ou a triomphé d'une difficulté qu'il tâchait de surmonter. Qu'on juge M. Pilatre sur cet indice, on reconnaîtra bien la pureté de l'intérêt qu'il donnait à l'aérostation. Depuis deux mois, il attendait à Boulogne un vent favorable pour passer en Angleterre, dans son ballon, lorsque M. Blanchard lui enleva l'honneur d'avoir, le premier, franchi la mer sans y toucher. M. Pilatre vole à l'endroit de sa descente ; il est le premier à le féliciter. Il revient avec lui à Paris dans la même voiture ; il l'annonce et l'installe pompeusement dans son musée ; il inscrit son nom dans le tableau des fondateurs de cet établissement ; en un mot, il rend les plus grands honneurs à M. Blanchard, et se montre envers lui tellement supérieur à l'envie, que peut-être il mérita de lui en inspirer.

La passion de M. Pilatre pour les sciences, ne fut pas le seul titre de succès qu'il trouva en lui-même. Son courage prodigieux, était une autre qualité qui lui présageait la plus grande gloire. Ce n'était point ce courage du cœur, qui se précipitant à travers les dangers, évite leur aspect par sa rapidité même, mais ce courage d'esprit qui considère les périls de tout près, qui les soumet au calcul, qui en mesure toute l'*imminence*, et qui s'y expose tranquillement, les étudiant même encore au moment d'y succomber ; en un mot, ce courage qui appelle autour de la témérité, et semble lui soumettre la prudence, la raison, la sagesse, et toutes les qualités qui la condamnent. C'est de cette espèce de courage que les sciences ont besoin ; quelques savants en ont donné l'exemple, mais aucun n'a porté ce mérite aussi loin que M. Pilatre ; et nous n'aurions peut-être ni l'émétique, ni l'inoculation, si ceux qui ont fait ces utiles présents à l'humanité, avaient été obligés d'en faire sur euxmêmes les premiers essais.

C'était une chose étonnante que la tranquillité d'esprit qu'annonçait la contenance de M. Pilatre dans toutes ses entreprises. Toutes ses facultés étaient présentes et libres aux expériences les plus périlleuses : il faisait de la manière la plus simple les choses les plus extraordinaires : son âme ne sembla jamais exaltée : jamais l'enthousiasme ne parut l'avoir gagné : on voyait que son courage empruntait toute son énergie de sa raison et de son caractère. Quand il descendait dans des cuves remplies d'air méphitique pour épier l'action de ce poison sur lui-même, on eût dit qu'il allait l'observer sur un objet indifférent. Il faisait, il ordonnait toutes les dispositions de ses voyages aériens comme si c'eût été un autre qui eût dû les faire : au moment de son départ, il veillait encore sur tout ce qui l'environnait, et personne ne travaillait pour lui qu'à son commandement ; en un mot, il s'élevait dans les airs comme pour aller se bercer dans les nuages.

Enfin, la préparation de l'esprit de M. Pilatre n'était pas moins favorable que son caractère à son essor dans les sciences. Une des qualités de son esprit était de bien réduire ses idées : c'est par le talent de bien réduire ses idées qu'on les met à l'aise dans l'entendement, qu'on leur fait gagner de l'espace, qu'on leur procure du jeu entre elles ; tandis que les idées mal dirigées se gênent, s'embarrassent, se croisent dans les plus larges têtes, qui souvent se trouvent ainsi surchargées de richesses dont le jugement ne saurait disposer.

Cette qualité de l'esprit de M. Pilatre, lui venait de la manière dont il avait étudié : il avait passé ses premières années, occupé aux travaux de la pharmacie, chez M. Thirion ; et alors c'était, pour ainsi dire, à la dérobée, qu'il prenait dans les livres de ce chimiste quelques notions de physique et de chimie (1). A mesure que ces idées entraient dans sa tête, elles y prenaient forcément un long repos, et s'y dégageaient de tout accessoire inutile ; ensuite, elles s'y déposaient lentement, elles s'y plaçaient, s'y établissaient à l'endroit où elles y occupaient le moins d'espace, et dans la position où elles donnaient aux idées voisines et en recevaient le plus de force et de lumière : ce n'était qu'après cette disposition qu'il en recevait d'autres auxquelles la méditation l'avait déjà préparé, et qui venaient ensuite comme d'elles-mêmes

____

(1) Je ne parle ici que des premiers temps que M. Pilatre a passés chez M. Thirion ; car dès que ce savant eut remarqué les dispositions de son élève, il l'encouragea et favorisa son développement.

se ranger à leur place, prendre possession de son esprit et s'y fixer pour jamais.

Depuis longtemps M. Pilatre recueillait les fruits de cette façon d'étudier : chez lui une connaissance nouvelle était aussitôt dirigée qu'acquise ; il lui était redevable aussi d'une élocution nette et facile, et d'une méthode de démonstration très-lumineuse : car on a beau distinguer le don de la parole de celui de la pensée, le discours n'est embarrassé que chez ceux dont les idées sont en désordre.

Telle était la préparation de M. Pilatre aux grands travaux et aux grands succès ; telles étaient, pour l'agrandissement des sciences, les dispositions de cet homme heureusement organisé. On ne peut y méconnaître une puissante force d'ascension vers les hautes découvertes ; et si les espérances que donnait M. Pilatre ne sont pas seules des titres à l'immortalité, sa catastrophe lui a sans doute acquis le privilége d'obtenir les regrets dus aux talents reconnus. Sa gloire doit recevoir quelque accroissement de son malheur, et emprunter quelque chose de l'intérêt que sa mort inspirera toujours. Une grande estime pour M. Pilatre doit se mêler éternellement à l'effroi que causera le souvenir de sa chute, et aux larmes que coûteront aux siècles les plus reculés, cette première expérience d'une nouvelle et terrible manière de mourir.

3.

EXTRAIT D'UNE LETTRE DE M. ROEDERER A M. LE COMTE DE CARAMAN, LIEUTENANT GÉNÉRAL, A METZ.

« ...Hier, à une séance publique du musée de Paris, qui s'est réuni au premier musée de M. Pilatre de Rozier, au Palais-Royal, nous avons eu un spectacle intéressant. La séance commença par un long et ennuyeux discours, pendant lequel le public eut le loisir de remarquer, entre les membres du musée, rangés devant une table, une petite figure noire montée sur un corps de quatre pieds de haut, la tête moutonnée en laine bien crépue ; derrière elle était une autre personne inconnue, qui lui parlait de temps en temps. Le président du musée lui adressait aussi, de temps en temps, la parole avec un air de respect... C'était un roi d'Afrique âgé de vingt ans, couronné de-

puis un an par son père, reconnu par ses peuples, et ensuite envoyé en Europe sur un bâtiment français qui était allé sur les côtes d'Afrique pour y commercer. C'était le capitaine de ce vaisseau qui se trouvait derrière le monarque : il s'appelait Landolff. Nous apprîmes tout cela par un mémoire que lut M. Moreau de Saint-Méry, sur les États d'*Ouaires*, voisins du Bénin. Ces premiers sont ceux du prince. Les auditeurs furent vivement touchés du récit d'une circonstance de son voyage. Le capitaine Landolff tomba à la mer : les matelots avaient à peine aperçu cet accident, que déjà le jeune roi d'*Ouaires* était à la nage, et tenait par les habits le navigateur à qui il était confié. Mais les femmes rirent beaucoup d'apprendre que, tandis que Sa Hautesse les contemplait au musée de Paris, cinquante femmes bien belles et bien noires, soupiraient de son absence au fond de son sérail. Quelques instants après ce récit, on fit des expériences d'électricité ; le prince les vit avec étonnement, mais avec intelligence.

« Est-ce que l'Afrique voudrait aussi se mêler d'avoir des lumières, et que les connaissances de l'Europe seraient destinées à percer dans cette dernière retraite de la barbarie ? Il me semble, M. le comte, que nous pouvons espérer cette révolution, et sa probabilité fait regretter de n'être pas venu au monde cinquante années plus tard : nous aurions peut-être vu l'Amérique gouvernant l'Europe, et l'Afrique cessant de vendre des hommes, que, jusque-là, nous ne cesserons pas d'acheter. Si la raison est destinée à faire le tour du monde, ce sera sans doute à la suite des princes : et malheur à ceux qui resteront accroupis dans leur luxe et leur mollesse !

« M. Pilatre de Rozier a fait, dans la précédente séance publique, une expérience qui prouve que le gaz inflammable n'est point un poison. Il en a avalé deux pintes, qu'il a expirées ensuite, et qu'il a enflammées à la sortie de sa bouche. — Cette expérience lui a donné lieu de se plaindre d'un *professeur de chimie de Metz*, qui avait nié la possibilité d'avaler du gaz inflammable. Il l'attend pour la lui prouver,

« Paris, le ... décembre 1784. »

POISSON ET LAGRANGE.

Les papiers publics ont parlé, il y a quinze jours, de la sanction donnée par l'illustre Lagrange à une méthode qui lui fut proposée par un élève de l'École polytechnique ; mais nous n'en avons rien dit, parce que nous savions que l'anecdote n'était pas exactement telle qu'on la rapportait. Quand on cite un prodige tel qu'un enfant de seize ans offrant une idée neuve en mathématiques à un homme tel que Lagrange, et le prodige encore plus grand qu'un grand maître tel que Lagrange, accueillant et célébrant un changement fait à sa méthode par un élève de seize ans, il faut dire précisément le fait. Or, le voici tel que le citoyen Guyton, directeur de l'École, le rapporte :

« Le citoyen Lagrange, dans sa leçon du 15 pluviôse, expliquant sa théorie des fonctions analytiques, donna le développement du binôme de Newton. Un élève, le citoyen Poisson, fit quelques changements à la méthode que le citoyen Lagrange avait suivie. Rentré avec ses camarades dans les salles de travail, il les soumit à leur discussion : ils furent d'abord jugés sévèrement ; après un plus mûr examen, le jugement fut plus favorable ; on convint d'en faire part au citoyen Lagrange. Le citoyen Poisson rédigea une note qui lui fut envoyée. A la leçon suivante, du 25 pluviôse, le citoyen Lagrange lut la note du citoyen Poisson, l'expliqua, nomma son auteur, et annonça qu'il en ferait usage. »

Quelle distance entre le citoyen Lagrange et ce professeur d'Allemagne qui mourut en chaire suffoqué, d'un argument rétorqué !

(Journal de Paris, du 15 ventôse an VII.
— 5 mars 1799.)

RAPP,

AIDE DE CAMP DU PREMIER CONSUL, ET M. C. DE ...

OU

LE VIEUX MARQUIS ET LE JEUNE COLONEL.

Dialogue historique.

Le vieux marquis. — Vous êtes colonel, monsieur ?

Le jeune colonel. — Oui, citoyen.

Le vieux marquis — Hélas ! monsieur, moi j'étais né colonel.

Le jeune colonel. — Moi, citoyen, je le suis devenu.

Le vieux marquis. — Je descends d'un maréchal de France.

Le jeune colonel. — Je suis fils de mes actions.

Le vieux marquis. — J'avais pour moi les services de mes aïeux.

Le jeune colonel. — J'ai pour moi les miens.

(Journal de Paris, du 29 ventôse an IX. —
28 février 1801.)

RÉAL.

Le 31 mai 1792, Réal était substitut du procureur de la commune. Ce jour, la commune prit un arrêté, qui chargeait Henriot d'arracher de vive force, du sein de la convention, les vingt et un membres que la proscription avait dévoués à la mort, je crois même de dissoudre la convention.

Réal seul refusa de signer et d'approuver cet arrêté. Henriot n'en investit pas moins la convention ; il se disposait à exécuter la délibération, lorsque les citoyens de Paris, alarmés pour la représentation nationale, se rassemblèrent et cernèrent le rassemblement même, sans savoir à la vérité ce qu'il fallait faire, sans être conduits par aucun guide, éclairés par aucune lumière.

Cependant Barrère, inquiet à la tribune de la convention, ou feignant de l'être, proposa à l'assemblée la fameuse promenade qui devait constater, selon lui, la parfaite liberté dont jouissaient les représentants du peuple. La convention sort ; les bataillons de Henriot s'entr'ouvrent, malgré lui, pour la laisser passer : à ce moment, des émissaires de la commune viennent lui rapporter que tout est perdu ; que l'assemblée a franchi l'enceinte que formaient autour d'elle les patriotes de Henriot ; que par ce moyen elle se trouve réunie aux Parisiens accourus pour sa défense, et qu'ainsi on va se saisir de Henriot et de ses principaux adhérents. Grand effroi dans la commune ; grande consternation. Réal prend alors la parole :

« Citoyens, dit-il à ses collègues, il est très-probable que votre repentir trop tardif vous sera inutile, et qu'une rétractation de vos ordres sera superflue. Cependant l'ordre donné à Henriot m'inspire une telle horreur, la plus faible possibilité d'un attentat commis sur la représentation nationale m'épouvante tellement, que je n'hésite point à partager vos périls, si vous voulez faire cesser absolument ceux de l'assemblée; je vais signer votre délibération, si vous voulez la révoquer; je consens à périr avec vous, si vous défendez à Henriot de faire périr personne. » — La peur, qui bouche l'esprit aux lâches, leur ouvre les oreilles. Réal est écouté, applaudi; il signe l'arrêté criminel, et l'ordre de ne point l'exécuter est expédié à Henriot.

Je tiens ce beau trait d'Achille Duchâtelet, ce guerrier citoyen et homme d'esprit qui, blessé par le feu autrichien en défendant la liberté de son pays, jeté ensuite dans un cachot avec tant d'autres victimes, lassé enfin par la tyrannie, qui n'avait pu vaincre son courage, s'est donné la mort.

(Journal de Paris, du 20 pluviôse an III.—
8 février 1795.)

RIOUFFE.

M. Riouffe a de l'esprit, du savoir; il a de la gaieté et de l'élévation dans le caractère, de la délicatesse dans l'âme; de la gentillesse, de la grâce, de l'élégance dans le discours. Il saisit très-bien le ridicule. Il contrefait d'après nature. Il raille poliment et agréablement. Il se pâme en écoutant de beaux vers ou de passable musique. Il s'élève avec un grand orateur, avec un grand poëte. Il sent une grande pensée, une grande action, en morale, en politique. Il sent et dit à propos un bon mot, un mot brillant. Mais il est persuadé qu'il n'y a pas beaucoup d'hommes qui réunissent les mêmes qualités au même point. Il est persuadé aussi que les connaissances positives, les talents d'exécution, la précision de l'esprit, ne sont que des signes de médiocrité. Aussi, fautil que vous ayez bien du mérite à ses yeux, si dans la conversation sérieuse il n'est pas tranchant, et si dans une discussion il ne reçoit pas vos objections et vos doutes d'assez haut pour que vous sentiez l'infériorité de votre position, quelle que puisse être l'égalité de vos moyens. Vous le serrez, vous lui mettez l'argument sur la poitrine, vous l'appliquez sur sa bouche de manière à la lui fermer, n'importe! il vous prie de retourner aux éléments de la

chose : c'est par là que vous auriez dû commencer ; il faut absolument que vous retourniez au collége avant de pouvoir discuter avec lui. Si vous insistez, il va vous prendre par la main et vous y reconduire.

Si dans ce que vous lui dites il y a une force qu'il ne puisse méconnaître, il y trouve de la sécheresse, et se rejette dans les vérités de sentiment : si vous touchez les vérités qui affectent l'âme, il vous rappelle à la précision. S'il dispute contre ce qui est juste, il invoque ce qui est beau. S'il dispute contre ce qui est beau, il invoque ce qui est juste.

S'il s'agit de choses de métier que vous pratiquiez tous les jours et qu'il ignore, malheur au métier ! Ce métier est inférieur, misérable ! il ne sait pas tout ce qui s'y rapporte, parce qu'il ne charge pas sa tête de semblables puérilités. Il ne voudrait pas être supérieur dans un genre médiocre. S'il est des choses que vous sachiez mieux que lui, ce sont celles qu'un homme distingué ne doit pas savoir.

Il a de l'ambition ; il pourrait prétendre à la considération, mais il incline beaucoup pour l'importance. Il se ferait volontiers courtisan, si l'on pouvait l'être en ne faisant la cour qu'à un seul homme, et en voulant imposer à tous les autres.

Il n'est pas un homme de parti violent, il n'est pas intolérant, il n'est pas médisant, il n'est pas méchant, il n'est pas puissant, et il a une foule d'ennemis : c'est qu'il est suffisant, et que les gens médiocres sont innombrables.

ROBERJOT.

Roberjot est né à Mâcon en 1753 ou 1754. Ses parents, ou des illusions de jeunesse, et il en est sans doute d'aussi indépendantes de la volonté que les hasards de la naissance, l'engagèrent d'abord dans l'état ecclésiastique.

Il devint curé de sa ville natale. Le bien qu'il pouvait faire dans cette fonction, le fit passer quelque temps sur les erreurs qu'il y fallait prêcher. Il était l'ami des pauvres, le consolateur des malheureux ; il soutenait les bons, et ramenait les méchants.

Ce n'était pas en patron qui veut des clients, ni en bienfaiteur qui veut des louanges, que Roberjot s'occupait des misérables ; c'était en sincère ami de l'humanité : il ne faisait pas seulement l'aumône à tel ou tel pauvre, il recherchait encore les moyens de faire cesser la pauvreté ; il n'était pas le curé de sa paroisse uniquement, il était celui de tous les lieux où il y a de la misère.

Cependant sa raison se fatigua de la théologie, et la secoua.

La révolution vint ; il l'embrassa.

Il put devenir citoyen ; il quitta l'habit de prêtre.

La décence, la modestie, la bonté, toutes les vertus qu'il avait pratiquées comme homme d'Église, il les pratiqua comme citoyen.

Il fit plus : il en acquit, il en montra de nouvelles. En quittant l'Église pour la morale, il voyait ses devoirs s'accroître, et non finir.

La liberté naissante avait besoin d'apôtres ; il le fut. La morale avait besoin d'appui contre la licence ; il en servit.

Roberjot pensait que ces deux missions n'en faisaient qu'une, et que la liberté et la morale sont inséparables. C'est ce que savaient très-bien les patriotes de 89, au nombre desquels il était ; c'est ce que méconnurent trop longtemps ces *patriotes* tardifs, qui crurent, depuis, racheter par leurs excès la honte de leurs retards.

Pendant l'assemblée constituante, il fut nommé président de l'administration de son département. Il remplit très-bien cette fonction, à laquelle il était particulièrement propre.

Convaincu alors que rien ne sied mieux au citoyen, et surtout au magistrat, que d'être père de famille, il se maria.

Il fut nommé suppléant à la convention en 1792.

Il y entra vers le milieu de 93.

Dans cette année, il fut envoyé en mission près de l'armée de Sambre-et-Meuse ; il veilla à ses besoins et échauffa son zèle.

Après la conquête de la Belgique, il y organisa les autorités publiques, et travailla lui-même à la sécurité particulière. Il rappela dans leur domicile les manufacturiers fugitifs, tous les hommes utiles. Il ranima le travail par la confiance ; la richesse et les mœurs, par le travail.

Il entra en Hollande avec l'armée française ; fut ministre plénipotentiaire de la république, à la Haye.

Il fut ensuite envoyé à Hambourg : ce fut pendant cette mission que, rappelé à ses habitudes philanthropiques, il rédigea ses utiles mémoires sur les établissements de charité de Hambourg, mémoires qui ont été imprimés, il y a quelques mois, dans la collection relative *aux établissements d'humanité*, publiée par ordre du ministre de l'intérieur.

Étant à Hambourg, il fut nommé ambassadeur de la république française près de la république batave.

Enfin, de cette fonction il passa à celle de ministre plénipotentiaire à Rastadt, qui a été sa dernière.

Roberjot avait des connaissances variées ; il avait fait une étude particulière de l'économie publique, des intérêts du commerce et des manufactures ; digne occupation d'un sincère ami de l'humanité, occupation plus propre aussi qu'on ne croit à former un négociateur, s'il est vrai que la diplomatie doive être la science des intérêts respectifs des nations, et non l'art de l'intrigue et de la fraude.

Il joignait à ses connaissances un esprit sage et une âme douce.

Il était impossible d'envoyer au congrès, d'où l'Europe attendait la paix, un ministre dont le caractère personnel témoignât mieux le désir que la république française avait de la conclure.

Il faisait le bonheur de sa femme, elle faisait le sien. Il était aussi bon père que bon époux.

Ministre de paix en Allemagne, sous la garde du droit des gens et de la morale universelle, confiant dans la foi de soldats autrichiens qu'il croyait être préposés à la sûreté de la légation française, sans armes, sans défense, au bruit des coups portés à ses collègues, il a été assassiné et tué dans les bras de sa femme, sur le grand chemin, par ces mêmes soldats autrichiens qui devaient servir d'escorte à la légation, et en vertu d'ordres plus lâches et plus atroces que leurs coups.

(Journal de Paris, du 24 floréal an VII.
— 13 mai 1797).

(*Note de l'éditeur.*) Le portrait de *Robespierre* est au tome III, page 265. Le parallèle de Robespierre et de Danton est au même volume, page 271.

M. DE SÉGUR,

CONSEILLER D'ÉTAT, GRAND MAÎTRE DES CÉRÉMONIES.

Impromptu.

Cette plaisanterie fut faite à l'Académie française dans le mois de janvier 1806. L'on discutait alors le mot *action*. Je ne sais comment il arriva que quelqu'un prononça le mot *incarnation*; et je dis tout bas à mes voisins, qui étaient MM. de Ségur et de Boufflers, que l'*incarnation* était l'*action* que j'aimais le mieux. C'est sur ce mot que M. de Ségur fit l'impromptu que l'on trouve dans cette chemise :

> Rœderer, en fait d'action,
> Aime assez l'incarnation.
> Mais, différent de son divin modèle,
> Il lui faut commencer cette action si belle
> Par la résurrection.

M. DE SÉMONVILLE.

21 juin 1835.

Sémonville nous dit sans cesse en particulier, à l'occasion de nos discussions de lois : *Vous faites de la bouillie pour les chats !*

Il paraît obsédé d'idées d'instabilité, plutôt par appréhension que par désir.

Ceux qui connaissent le besoin et l'habitude qu'il a du mouvement des affaires, ne conçoivent pas ses idées de retraite. Une retraite pour lui serait une sépulture, si elle n'était un acte de prudence. On ne sait qu'en dire et qu'en penser.

Il est certain que M. de Sémonville parle de se retirer, et de transmettre, s'il se peut, la place de grand référendaire à Mounier, qui est dans le besoin. Sémonville a choisi Versailles pour sa retraite, et y a acheté une maison.

Sa femme est revenue de Nice il y a quelques semaines, pleine de terreurs causées par le républicanisme du Midi.

SIEYÈS.

1.

On parlait à Sieyès du mépris qu'affectent éternellement ses détracteurs pour ce qu'ils appellent *les grandes théories :* — *Les théories,* dit-il, *sont la pratique des siècles ; et leurs pratiques sont la théorie du moment qui s'écoule.*

2.

La convention, dans une de ses séances, venait de passer, sur cinq ou six motions différentes, cinq ou six fois *à l'ordre du jour.* Sieyès dit : « *Quand passera-t-elle au jour de l'ordre ?* »

3.

Après que l'abbé Poule, son assassin, fut acquitté au tribunal criminel, Sieyès dit à son portier : «*Quand M. l'abbé Poule se présentera pour me voir, vous lui direz que je suis sorti.*»

4.

En 1792, nous regardions jouer des marionnettes en plein air, aux Champs-Élysées, Sieyès, Girardin et moi. Cela me rappela que, quelques jours auparavant, un joueur de marionnettes était venu me demander au département une somme de . . . pour marionnettes *nationales* et *patriotiques,* jouées en 1789 par ordre de la commune. Je racontai ce fait : « *Il serait plaisant,* dit Sieyès, *que toute la révolution eût été jouée par ordre comme ces marionnettes ; mais si cela est, elle ne l'a pas été de même à crédit.* »

5.

DU NÉOLOGISME DE SIEYÈS (1).

Ré-totale, pour gouvernement qui régit toutes les actions et s'empare de tous les droits des hommes, par opposition à *Ré-publique* ou gouvernement qui ne régit que la chose publique, et n'exerce que la portion de droits dont les citoyens ont fait la mise dans un commun dépôt.

Le mot de *monachisme,* ou gouvernement monacal, exprime mieux l'idée de Sieyès que la *ré-totale.*

Légisférer, porter des lois, par analogie avec *législature* ou *législateur,* corps, individu qui porte des lois. *Législaturer* avait plus d'analogie. Cependant il y a ce défaut dans légisférer et législaturer, que comme législature est composé de *legis-latura,* porteuse de loi, il faudrait dire *legem-ferer* par analogie à *legem-*

---

(1) (*Note de l'éditeur.*) Ceci est écrit par mon père sur un exemplaire de l'*Opinion de Sieyès sur plusieurs articles des titres IV et V du projet de constitution de l'an III.* Dans son discours, M. Sieyès emploie les mots nouveaux dont il s'agit.

ferere. Dans la vérité, nous manquons d'un mot qui signifie *faire des lois.*

6.

Il paraît une brochure intitulée *Notice sur la vie de Sieyès, membre de la première Assemblée nationale et de la Convention, écrite à Paris en messidor, deuxième année de l'ère républicaine.*

Cette notice n'appartient pas moins à l'histoire de la révolution qu'à celle de Sieyès. Elle offre un tableau fidèle et animé des hommes et des passions qui ont agité et dominé l'assemblée constituante, des monstres et des fureurs qui ont tourmenté et opprimé la convention. Elle est aussi le tableau des opinions politiques de Sieyès, l'abrégé de ses vues, l'indication de ses travaux. Les hommes qui savent fouiller les grandes pensées y trouveront une suite importante de textes à méditer. Du reste, c'est une apologie de Sieyès contre ses détracteurs.

Cet ouvrage est évidemment de Sieyès lui-même, quoiqu'il ne parle de lui qu'à la troisième personne. On ne peut y méconnaître sa main. Le caractère de son esprit est tout entier dans son style, et ce caractère n'est pas la roideur, comme le disent ses détracteurs, mais la force. On y voit aussi son âme, plutôt fière et haute qu'ardente et expansive ; plus capable de mépriser que de haïr. L'envie et la médiocrité trouveront qu'il a parlé de lui-même avec un peu d'orgueil ; qu'elles s'apaisent : tout autre qui aurait pris la défense de Sieyès en aurait parlé avec respect, et aurait mis plus de véhémence dans l'attaque de ses ennemis.

Dans le fait, nous sommes instruit que Sieyès n'a rédigé cette notice qu'à l'occasion d'une histoire de sa vie, rédigée l'an dernier en allemand, et imprimée en Suisse à la tête de ses ouvrages, qu'une Société de patriotes français, forcés par la tyrannie à fuir leur patrie pour lui conserver leurs services, a traduite en allemand l'année dernière, dans la vue de propager la liberté en Allemagne, et de préparer ainsi sa rentrée en France, si la tyrannie parvenait à nous en faire perdre les souvenirs. Sieyès n'avait d'abord eu l'intention que de corriger cette histoire inexacte, d'en faire une espèce de compte rendu de sa vie politique. Ce n'est qu'en remaniant l'ou-

vrage d'autrui qu'il en fait son propre ouvrage, et l'envie doit être avertie que son principal changement a consisté à supprimer des éloges.

L'écrit, au reste, est dédié à la calomnie ; dérision accablante de la part d'un homme qui n'a qu'à se laisser voir la plume à la main pour faire taire ses calomniateurs, puisqu'ils n'ont pu jusqu'à présent s'exercer avec avantage que sur son silence.

La publication d'un écrit de Sieyès dans le moment présent n'est pas seulement une nouvelle littéraire, c'est aussi une bonne nouvelle politique. Elle atteste la liberté de la presse, même pour les hommes de talent et de vertu ; elle dépose de l'affermissement de l'ordre public ; elle annonce que le moment de la restauration nationale est près d'arriver. Dès que Sieyès a consenti à faire quelque chose pour sa considération qui faisait assez pour lui, c'est qu'il a sans doute entendu la voix de la république, qui le réclame avec tous ses avantages ; dès qu'il consent qu'on parle de lui, c'est qu'il croit possible de nous parler de nous-mêmes, de nos droits oubliés, et de nos devoirs méconnus. Le moment de rétablir les principes, et même d'en parler, n'est pas encore venu pour tout le monde, peut-être ; mais il l'est pour Sieyès. L'autorité de son talent, la force de ses pensées, la rectitude de ses vues, lui permettent de franchir cette barrière que la pusillanimité plutôt que la prudence a placée à l'extrémité de la carrière au-devant des écrivains médiocres ou malintentionnés. Il suffira qu'on le voie dans cette carrière pour qu'on puisse l'ouvrir à tous sans inconvénient. Législateurs, si Sieyès n'écrit pas maintenant, c'est parce que vous aurez encore quelque chose à faire pour la sûreté de la raison et de la justice ; s'il n'avance pas, c'est que la liberté aura rétrogradé ; son silence désormais ne peut être qu'un appel à votre courage contre des factieux, des tyrans, des oppresseurs de la patrie.

Certaines gens vont murmurer à la vue de l'écrit de Sieyès, comme ils ont déclamé contre le silence prudent qui nous l'a conservé. Ce sont ceux qui craignent de voir la constitution de 1793 organisée et en activité. Ces gens sont de deux sortes : ceux qui ne veulent pas de gouvernement, ceux qui en veulent un monarchique. Les premiers se montrent avec imprudence ; il n'est pas inutile de signaler les seconds, qui sont plus dissimulés. On les reconnaît au soin qu'ils mettent à éloigner toute discussion relative à l'organisation de la constitution : tantôt ils demandent un gouvernement provisoire ; tantôt ils proposent de remettre à une autre assemblée l'établissement de tout gouvernement, alléguant ou la constante effervescence de la convention, ou son épuisement et sa faiblesse, qui, selon eux, vont jusqu'à l'impuissance ; ou enfin ses inévitables distractions au milieu des crises publiques. Ils considèrent que si la convention fait les lois organiques de la constitution, nous aurons certainement une constitution républicaine, et c'est ce qu'ils appréhendent ; au lieu que si on appelle une autre assemblée pour les faire, on ouvre des chances au royalisme, et c'est ce qu'ils désirent ; ils dissimulent, dans cette vue, que la convention tire une grande fortune et une force toujours croissante du souvenir de sa faiblesse même ; qu'elle tient une grande rectitude des écarts où l'a jetée la tyrannie ; que, rentrée dans les bonnes voies, elle y restera plus sûrement que ceux qui n'en ont jamais connu d'autres ; qu'elle seule peut faire fructifier ce qu'elle a institué de sage ; qu'elle seule peut réparer ce qu'elle a fait de mal ; qu'elle seule peut mesurer avec exactitude l'étendue de ses fautes, et apprécier les ressources qu'elles nous ont laissées ; qu'elle seule connaît les ménagements avec lesquels il faut éconduire les abus qu'on ne peut renverser tout d'un coup, et les moyens les plus sûrs de renverser ceux qu'il serait trop long d'éconduire.

Ces gens-là se prévalent du décret qui a repoussé Barrère lorsqu'il proposa d'organiser la constitution ; ils feignent d'oublier que quand un homme méprisé proposait aux Athéniens une chose utile, les Athéniens lui disaient : *Fais-la proposer par un autre.* Ils feignent de ne pas voir que le temps n'était pas venu d'accepter la motion de Barrère, par cela seul que Barrère la faisait ; et qu'il eût été absurde d'entreprendre l'organisation d'un gouvernement républicain, sous l'influence des chefs d'une faction tyrannique. Ils dissimulent qu'à ce moment où ces hommes expirent, le motif du décret s'évanouit, et rien

n'empêche plus de proclamer cette importante vérité : Que la seule garantie d'une révolution républicaine, c'est l'activité d'une constitution républicaine, et qu'il n'y a de gouvernement vraiment révolutionnaire que celui qui mettra en vigueur les principes de la révolution.

Pour tous les ennemis du système républicain, l'écrit de Sieyès, les écrits que celui-là fait espérer de lui, et de tous les hommes de talent qui le suivront dans la carrière, sont un grand sujet d'alarmes. Ils voient la constitution devant eux ; ils voient qu'il ne faut qu'une étincelle pour lui donner la vie et le mouvement ; ils voient le peuple français attendre avec impatience qu'elle s'anime ; ils doivent tous redouter les nouveaux Pygmalions qui s'en approcheront le flambeau à la main.

(*Journal de Paris*, du 24 pluviôse an iii.
— 12 février 1795.)

7.

Vous l'aviez bien dit : les royalistes voient d'un mauvais œil la notice de Sieyès. Hier, au café B....., tandis que je lisais l'éloge qu'en fait votre journal, un homme connu par son royalisme est venu me présenter joyeusement un autre papier public qui, me dit-il, *étrillait joliment mon ami Sieyès !* Je lus l'article ; *joliment !* c'était le mot. En effet, on ne parlait pas plus *joliment* de Sieyès dans l'OEil-de-Bœuf en 89. Cependant, à la fin de l'article, on l'accuse d'avoir brûlé le temple d'Éphèse, d'avoir été un Érostrate nouveau. Ceci n'est plus si joli ; c'est de cette éloquence qui était à l'usage de Maury, lorsqu'il voyait l'ancien édifice royal, la distinction des ordres, les privilèges, etc., tomber sous les coups de Sieyès.

On ajoute qu'il n'a rien mis à la place de ce qu'il a détruit. Autre locution des Maury et des Cazalès, qui ont toujours compté pour rien et le principe de la nouvelle division de la France, division sans laquelle elle serait maintenant démembrée ; et les principes du régime administratif et municipal, lesquels subsistent encore, malgré le renversement de tant d'institutions du même temps ; et la déclaration des droits, qui seule nous rappelle et nous rallie en ce moment aux principes de l'ordre social ; et tant d'autres principes qui, établis par Sieyès, ont servi de texte à nombre de discours, et fait la fortune de vingt orateurs.

(*Journal de Paris*, du 26 pluviôse an III. — 14 février 1797.)

8.

LETTRE DE M. SIEYÈS A M. ROEDERER.

18 mars. — Je vous rends, monsieur le comte, le fatras à prétentions philosophiques de M. de C... (1). Quel charlatan! Est-ce que vous avez pu le lire jusqu'au bout? — Recevez mes remercîments, avec la nouvelle assurance de mon ancien et inviolable attachement.

SIEYÈS.

9.

LETTRE DE M. SIEYÈS A M. ROEDERER,

Bruxelles, le 1er juin 1823.

Monsieur le comte,

Je vous prie d'accorder un moment d'audience à mon neveu, Aug. S***, qui vous porte cette lettre. Je l'ai chargé de mettre sous vos yeux deux documents officiels et positifs qui ruinent de fond en comble le roman calomnieux qu'il a plu à M. de Las Cases de construire contre moi dans son ouvrage de Sainte-Hélène. Si le général Gourgaud se propose, comme je l'entends dire, de réfuter une partie des erreurs entassées dans cet ouvrage, vous pouvez me rendre service en lui offrant l'occasion de corriger, sur des preuves aussi évidentes, l'odieux mensonge qui me regarde. Vous ne me refuserez point de me rendre ce bon office. N'ai-je pas été assez libellisé dans tout le courant de la révolution, et faut-il qu'on s'acharne encore sur un vieillard proscrit, et mourant en terre étrangère?

J'éprouve quelque consolation à vous renouveler, comme ancien ami et collègue, l'expression des sentiments que vous m'avez toujours connus pour vous.

SIEYÈS.

(*Note de l'éditeur.*) D'autres lettres de Sieyès, et d'autres articles sur lui, seront placés ailleurs.

---

(1) (*Note de la main de M. Rœderer.*) Chateaubriand. Il s'agit de son ouvrage en 2 volumes, sur la révolution.

SOTTIN,

MINISTRE DE LA POLICE SOUS LE DIRECTOIRE.

Le soir, le 18 fructidor an v (4 septembre 1797), Sottin entre dans le cabinet de Rewbell, où étaient réunis ses deux collègues, et d'autres conspirateurs de cette journée. Il demande à tout le monde : *Eh bien! eh bien! Carnot est-il tué?* — Rewbell lui répondit sévèrement : *Citoyen, ce n'est pas un jour comme aujourd'hui qu'il est permis à un ministre de la police de s'enivrer!*

MADAME DE STAEL.

1.

Madame de Staël, inquiète, après le 19 fructidor, de la malveillance connue de Sottin (*ministre de la police*) pour elle, s'en plaignait avec Benjamin Constant devant Talleyrand, ministre des relations extérieures. *Si Sottin me faisait arrêter*, dit-elle, *que faudrait-il faire?* Talleyrand ne répondait rien, ne donnait ni ne laissait espérer aucune marque d'intérêt. Elle en fut offensée, et reprit vivement, en s'adressant à Benjamin: *S'il me faisait arrêter, il faudrait recourir non à ceux que j'ai obligés, mais à ceux qui m'ont déjà servie. Il faut plus compter sur le souvenir des services rendus que sur celui des services reçus. Vous irez donc chez Chénier, à qui nous avons l'obligation du retour de M. de Talleyrand en France.*

2.

Madame de Staël sortant de chez le consul Cambacérès, ce consul fit signe à Carion de Nisas de la conduire; elle le remarqua : *Vous ne vouliez pas*, dit-elle, *me donner la main?* Il répondit, en offrant sa main : *Ah madame! de bien bon cœur, jusqu'aux frontières.*

TALLEYRAND.

1.

Talleyrand disait un jour de lui-même qu'il était un mauvais sujet manqué.

2.

Moreau de Saint-Méry étant en Amérique, en 1793, avec Talleyrand, Beaumetz et autres patriotes réfugiés, leur faisait sans cesse valoir son amour pour le travail. Un jour il disait à Talleyrand : « *Ce n'était pas assez pour moi de travailler quatorze heures par jour. J'ai voulu m'en ménager quelques-unes de plus ; et pour cela, je me suis débarrassé de tout soin domestique et de toute affaire de détail.* » Il disait ces mots, enfermé avec Talleyrand et une table, dans un paravent qui le séparait du reste de la salle. Au même moment survient son fils, qui lui crie derrière ce paravent : « *Papa, où mets-tu le papier pour ma tante aller aux commodités ?* »

Talleyrand s'est mis en tête de raconter cette anecdote à Moreau de Saint-Méry, de la mettre sur le compte d'un autre, et de faire que Moreau de Saint-Méry la racontât lui-même.

3.

Talleyrand disait un jour de Démeunier, qui parle toujours de lui, qu'il avait fait le mot *moi* de deux syllabes : en effet, il prononce *mo-a*.

4.

Talleyrand a dit de Lacretelle l'aîné, qui, en sollicitant la délivrance de son frère, finissait toujours ses visites par des discussions générales, et rapportait des espérances vagues fondées sur l'acquiescement donné à ses principes, *qu'il attendait la liberté de son frère du progrès des lumières.*

5.

Je demandais à Talleyrand, chez madame Bonaparte, le nom d'une femme assez jolie qui se trouvait près de nous. Il me répondit : *Je ne sais pas.* Un moment après, il reprit ainsi : *Est-ce que vous demandez le nom des femmes avec qui vous couchez ?* Je me mis à rire. — *Il faut bien vous garder de cela*, ajouta-t-il sérieusement ; *cela amène des longueurs qui ne finissent pas : il faut apprendre qui est le père, qui est la mère, et toute la famille !*

6.

BILLET ÉCRIT SOUS LA DICTÉE DE M. DE TALLEYRAND.

« Mon cher père,

« M. de Talleyrand vous prie de passer aux relations extérieures, aujourd'hui à quatre heu-

res. Il dit que cet après-dîner il serait trop tard.

« Dites-moi, je vous prie, si vous viendrez ?

« Ant. Rœderer,

« Ce 23 fructidor an x (10 septembre 1803). »

Sur ce billet même M. Rœderer a écrit les mots suivants :

« Mariage de M. de Talleyrand avec madame Grant, par-devant le maire de la 1re municipalité. — C'était pour m'inviter à assister ce soir à son mariage avec madame Grant, chez le citoyen Duquesnoy, maire de la municipalité. En effet, le mariage a été fait à sept heures du soir, ce jour, chez Duquesnoy, à Mousseaux. L'amiral Bruix et moi avons été témoins, Beurnonville et Sainte-Foix l'ont été pour madame Grant. Le prince de Nassau-Siegen l'a été honoraire.

« Le lendemain, les mariés ont dû faire célébrer leur mariage par le curé d'Épinay, à Épinay. »

7.

BILLETS DE M. DE TALLEYRAND A M. ROEDERER.

« On m'annonce des dissentiments tels, que je crois qu'il faut que je remercie avant d'avoir lu l'ouvrage (1) ; et il me semble que je ne dois pas même parler du plaisir que j'ai eu à reconnaître l'écriture du billet qui y était joint.

« 7 mai. »

8.

« Au moment de mon départ, je cherchais un livre qui pût m'intéresser et m'instruire pendant mon voyage ; je vous remercie de me l'avoir envoyé (2).

« Talleyrand.

« 25 mai. »

TURENNE.

Plusieurs journaux ont parlé de l'étrange

---

(1) (*Note de l'éditeur.*) J'ai quelques motifs de penser que ce billet se rapportait à l'envoi de la brochure intitulée *Lettre d'un constitutionnel à un constitutionnel.*

(2) (*Note de l'éditeur.*) Ce billet se rapporte à l'envoi de *la Société polie.* — J'ai imprimé au tome III, page 279, une lettre importante de M. de Talleyrand à mon père. Il y a d'autres billets du prince, mais tout à fait insignifiants.

destinée qui a placé les restes de Turenne au Muséum d'histoire naturelle, entre les pongos et les orang-outangs. Les uns ont regardé cette translation comme un outrage fait à ce grand homme; d'autres, plus ridicules, ont essayé de le justifier par les principes de l'égalité. En voici l'histoire :

Le citoyen Desfontaines, professeur de botanique au Jardin des Plantes, passant par Saint-Denis, il y a trois ans, apprit que des autorités révolutionnaires délibéraient sur le dernier supplice et les dernières ignominies auxquelles on pourrait condamner cette momie d'aristocrate, encore trop vivante pour eux. Il se rendit au lieu du débat. Il représenta que le corps de Turenne pourrait servir à des démonstrations d'histoire naturelle; il le demanda pour le Muséum du jardin des Plantes : et voilà le héros sauvé des mains des barbares, comme le cadavre d'un criminel est sauvé de la voirie, pour passer sous le scalpel de la chirurgie. Telle est la cause de la translation de Turenne au Muséum. Ce n'est donc point pour l'enseignement de l'histoire naturelle qu'il est là; c'est parce que l'histoire naturelle l'a réclamé, quand la raison, la justice, la reconnaissance publique, l'abandonnaient; elle lui a donné asile, elle n'a pas prétendu l'avilir.

Maintenant qu'on sait comment Turenne est venu au Muséum, on demande pourquoi il y est resté, et pourquoi il y est encore?

C'est parce que les professeurs du Muséum n'ont osé offrir ces restes précieux au gouvernement; ils ont été retenus par la crainte de manquer de respect et à Turenne, et au gouvernement même qui, ayant donné récemment des preuves non équivoques de considération pour la valeur et le talent militaires, se plaira sans doute à honorer en ce héros, les héros qui font aujourd'hui la gloire et le salut de la république.

(Journal de Paris, du 9 fructidor an IV. —
26 août 1796.)

VAUBLANC.

Nommé député, le 24 vendémiaire, par l'assemblée électorale de Seine-et-Marne, à la séance du matin, Vaublanc a été condamné le 26 par une commission militaire. D'après l'article 111 de la constitution, qui déclare que les députés, depuis l'instant de leur nomination jusqu'au trentième jour après l'expiration de leurs fonctions, ne peuvent être mis en jugement que dans les formes prescrites par les articles suivants, son jugement est nul; et c'est faire grâce à ceux qui l'ont rendu, de le qualifier simplement de *nul*, car c'est un véritable attentat à la garantie des députés. Mais il faut oublier tout le mal qui ne peut se réparer.

En outre, tout jugement de contumace s'anéantit par la présence du condamné devant les juges que la loi lui assigne. Vaublanc, en sa qualité de député, a pour seul jury d'accusation compétent, le corps législatif. Il s'y présente, son jugement est donc anéanti. Son affaire me paraît se réduire à ce peu de mots. Il ne peut avoir contre lui, aux yeux de quelques gens, que la justice de sa cause et ses talents.

(Journal de Paris, du 9 fructidor an IV. —
27 août 1796.)

M. VILLEMAIN.

Distinction des pairs en quatre classes.

M. Villemain m'a appris dernièrement (février 1835), qu'on distinguait les pairs en trois classes : les pairs à carrosse, les pairs à cabriolet, et les pairs à parapluie. M. Gilbert des Voisins m'a appris, depuis, qu'il fallait ajouter une quatrième classe, dont il faisait partie, celle des pairs en omnibus. Il disait assez gaiement, qu'ils s'étaient rencontrés cinq pairs dans un omnibus.

M. Villemain n'était pas de si bonne humeur quand il parlait des pairs à parapluie. Voici à quelle occasion : il arrivait à la chambre au milieu de la séance; la veille, il n'y était pas venu du tout... Je lui dis quand il entra : «*Messieurs de l'Académie française, vous prenez bien vos aises. La cour des pairs ne vous importe guère quand vous avez séance à l'Académie : c'est là que vous allez de préférence.* — «*Eh mais*, répond M. Villemain, c'est tout «*simple, je suis secrétaire perpétuel, c'est là mon* «*majorat, à moi! il faut que je le desserve. Il* «*vous est fort aisé d'être exact à la chambre,* «*à vous, pair à carrosse! Moi, qui ne suis qu'un* «*pair à parapluie, je n'ai pas mes aises pour y* «*venir...*» Il prit sa place à peu de distance de moi, et je lui fis cette réponse :

A M. VILLEMAIN.

Heureux le jeune pair qui, vêtu d'un frac noir,
     Et muni de son parapluie,
  Tantôt sur le pavé, tantôt sur le trottoir,
     En courant excite l'envie
        Du vieux pair qu'on charrie
     Vers un trop pénible devoir,
Et qu'attend au retour un char drapé de noir !
     A la porte du sanctuaire
Restent le parapluie et le frac débonnaire.
Le jeune pair entré, s'assied sur le tonnerre,
     Et répand des paillettes d'or,
     Comme ce dieu dont la tendresse
     En fit pleuvoir sur la maîtresse
     Qu'il ne possédait point encor.

M. Villemain se récria sur le *char drapé de noir*. Je lui répondis : Voilà ce que c'est d'exciter l'envie avec votre parapluie !

Quand il vit les *paillettes d'or*, il m'assura que je me moquais de lui. Mais il me rendait plus de justice au fond de l'âme.

VOLTAIRE.

1.

Je tiens de madame de Villette que quand Voltaire comptait ses doubles louis, ce qu'il faisait souvent, il disait : *Un ami, deux amis, trois amis*, etc.

2.

Faute à corriger : *Dictionnaire philosophique*, au mot *Esprit* :

« Ce qu'on appelle esprit est tantôt une comparaison naturelle, tantôt une *illusion* fine. Lisez : *allusion*. »

Idem, au mot *Épopée* : « image du Très-Haut qui *réglas* la terre. » Lisez : qui *régla*.

3.

QUE L'ART DES VERS FAIT PASSER BIEN DES CONTRE-SENS ET DES NON-SENS.

(1799.)

Je soutins un jour à l'Institut que l'art des vers faisait passer bien des contre-sens et des non-sens.

Je donnai pour exemple des contre-sens les vers d'Orosmane à Zaïre, dont je fis l'analyse : *Cruellement blessé...,* M. Ginguené me contesta qu'il y eût contre-sens. Voici les vers dont il s'agit :

Cruellement blessé, mais trop fier pour me plaindre,
Trop grand, trop généreux pour m'abaisser à feindre,
Je viens vous déclarer que le plus froid mépris
De vos caprices vains sera le digne prix.

Après avoir dit qu'il est *cruellement blessé*, il déclare un *froid mépris*. Cela n'est pas d'accord.

Après s'être plaint d'être *cruellement blessé*, il dit qu'il est trop fier pour se *plaindre*. Cela n'est pas d'accord.

Après avoir dit qu'il est *cruellement blessé*, il ajoute qu'il est *trop grand pour feindre*.

Et c'est après ces mots qu'il feint *un froid mépris*. Cela n'est pas d'accord.

Entre ces deux déclarations qu'il ne veut pas se plaindre, et qu'il ne veut pas feindre, on trouve une plainte et une feinte.

La logique n'admet entre ces déclarations que le silence.

Le papier inclus est l'analyse que je fis à la séance de l'Institut.

Elle est imparfaite. Je n'ai pas saisi la réponse de M. Ginguené.

Ajoutez à la critique des quatre vers, qu'il y a encore une contradiction entre ces mots *généreux* et une déclaration de *froid mépris*. Il n'est pas trop généreux à un amant d'outrager l'objet de son amour par le *froid mépris*.

Enfin, il n'y a pas de générosité à ne pas *s'abaisser à feindre*.

La générosité ne consiste pas à s'abstenir d'un acte d'abaissement. Elle serait plutôt dans l'effort de dissimuler et de vaincre son ressentiment.

4.

OROSMANE A ZAÏRE.

Cruellement blessé, mais trop fier pour me plaindre,

Traduction.

Donc trop fier pour montrer que je suis blessé,
Donc trop fier pour ne pas feindre.

Trop grand, trop généreux pour m'abaisser à feindre,

Traduction.

Donc trop généreux pour feindre et trop fier pour ne pas feindre.

Je viens vous déclarer que le plus froid mépris
De vos caprices vains sera le digne prix.

Traduction.

Donc je m'abaisse à feindre, car, *cruellement blessé*, je vous assure d'un froid mépris.

————

X... — Y...

X..., courtisan subalterne. Y..., courtisan de première ligne. Celui-ci étudie et pénètre la passion dominante; il lui soumet tous ses principes, il l'enhardit, la caresse, la sert par tout moyen, fût-elle dangereuse et blâmable. Le premier observe les goûts accessoires, les petites habitudes; il épie les petites fantaisies, les petits caprices, et y conforme son langage, son ton, ses manières. Y..., en servant la passion dominante, se dispense de flatter les petites fantaisies; souvent même il les fronde ou s'en moque, et par ce moyen il se ménage une apparence de liberté et les honneurs de l'indépendance. X..., en se ployant à toutes les vanités, en montrant une souplesse prodigieuse dans les petites choses, se réserve de dire, mais bien secrètement, à quelques *amis*, sa pensée, ou plutôt la leur, sur les grandes; et il se croit en droit de prétendre aux honneurs d'une grande pureté d'âme et de principes, si les circonstances peuvent donner du prix à ce mérite.

X..., dans ses petits soins, est servile, mais il sauve pourtant les apparences de la servilité; il a dans le maintien une certaine noblesse, et dans le langage un air de sincérité qui lui donnent de la grâce. C'est un heureux effet de sa souplesse même, qui lui permet d'être un peu ce qu'il veut paraître et de paraître ce qu'il a intérêt d'être. Ne jamais hasarder une opinion en public, et chuchoter à l'oreille de chacun l'opinion qui plaît à celui qui l'entend, voilà le système qu'il a suivi dans les affaires publiques.

X... est l'homme du monde qui a toujours le mieux connu toutes les raisons, même les raisons honnêtes, de se ranger au parti dominant. Il avait d'excellentes raisons pour être contre la cour en 1789; il en avait d'excellentes en 1803 pour être contre la république.

Y... est le courtisan des affaires; l'autre, celui des petitesses.

Y... est le courtisan du cabinet; X... le serait de la chambre: celui-ci tient le milieu entre le directeur ou le corrupteur de conscience, et le valet de chambre pédicure.

Dans les affaires de la Révolution, X... a été muet en public, et de l'avis de tout le monde en particulier. Il n'a pris un parti que depuis que sa fortune est assurée par la noblesse de son nom. Dans le cours de la Révolution, pour jouer un rôle il fallait payer de sa personne et répondre de son langage. Depuis la contre-révolution, son nom, qui est ce qu'on appelle *bon*, sans être illustre, paraît chargé seul de répondre pour son langage et pour sa personne.

Ingrat: demandez à madame de...

Ignorant: faites-le causer.

Patelin et moqueur: patelin en face, moqueur le dos tourné.

————

SUPPLÉMENT AUX BIOGRAPHIES.

—

BAUDIN (DES ARDENNES).

Baudin (des Ardennes), membre du conseil des Anciens, est mort subitement ce matin.

Ainsi, le même jour qui nous annonce le retour d'un grand citoyen nous en ravit un autre! Larmes de l'amitié et de la douleur, coulez entre celles de la joie et de l'admiration!

(*Journal de Paris*, du 23 vendémiaire an VIII. — 15 octobre 1799.)

(*Note de l'éditeur.*) La mort subite de cet excellent citoyen a été attribuée au saisissement que lui fit éprouver la nouvelle du débarquement de Bonaparte à Fréjus. L'illustre amiral Baudin était son fils.

————

LE CHEVALIER DE BOUFFLERS.

4

Le chevalier de Boufflers entrait chez madame de Staël; elle lui demanda pourquoi il n'était pas de l'Académie. Après un moment de réflexion, il répondit par ce quatrain :

Je vois l'Académie où vous êtes présente;
Si vous m'y recevez, mon sort est assez beau:
Nous aurons à nous deux de l'esprit pour quarante,
  Vous comme quatre, et moi comme zéro.

(*Journal de Paris*, du 12 prairial an IX. — 1er juin 1801.)

2

Une dame vient de faire paraître un roman dans lequel il est impossible de ne pas reconnaître l'intention qu'elle a eue d'y faire elle-même son portrait sous le nom de son héroïne. Elle ne s'y ménage ni les compliments, ni les expressions d'admiration. On en parlait hier devant M. de Boufflers, qui dit : « *Ils sont tous ainsi dans cette famille (celle de l'auteur); et ce qui fait qu'elle déplaît par les éloges qu'elle se donne, c'est qu'on est sûr qu'ils sont en déduction de ceux qu'ils accordent aux autres.* »

(23 décembre 1802.)

(Additions à l'article Chamfort.*)*

1

Chamfort ne s'est jamais présenté dans les sections pour y exercer ses droits de citoyen, et l'on a dit que c'était dans la crainte d'être obligé de présenter son acte de baptême... Voici une anecdote que je tiens de lui, mais à laquelle il était intéressé.

Un étranger, qui se trouvait chez mademoiselle de l'Espinasse avec d'Alembert et beaucoup d'autres personnes distinguées, s'impatientait d'entendre un impitoyable parleur. Il prend d'Alembert en particulier. *Savez-vous, lui dit-il, ce que c'est que cet homme qui force ainsi tout le monde à se taire et à l'écouter? C'est un misérable bâtard de...,* — *Monsieur,* reprend d'Alembert, *vous vous adressez mal; j'ai le malheur d'être dans le même cas que ce monsieur.* L'étranger, étourdi, va se jeter près de mademoiselle de l'Espinasse, sur le sopha où elle était assise. *Que je suis maladroit et malheureux! lui dit-il. Voici ce qui vient de m'arriver avec M. d'Alembert.* Et il lui raconte l'aventure. *Que je vous plains, monsieur! lui* répond mademoiselle de l'Espinasse; *je suis dans le même cas que M. d'Alembert.* Ce qui complète la singularité de cette anecdote, c'est que Chamfort, qui nous la racontait, à M. de Talleyrand et à moi, aurait pu dire, à celui de qui il la tenait, la même chose que d'Alembert avait dite à l'occasion du parleur, et mademoiselle de l'Espinasse à l'occasion de d'Alembert. Chamfort était fils d'un chanoine de la Sainte-Chapelle. Il a constamment fait mystère de sa naissance, excepté à un ou deux amis.

2

Se promenant sur le port d'Amsterdam avec le comte de Choiseul et le comte de Vaudreuil, qui admiraient l'activité des crocheteurs et l'habileté des charpentiers : « *Qu'est-ce, leur dit-il, qu'un gentilhomme français, en comparaison de ces hommes-là!* »

3

Vaudreuil, Choiseul-Gouffier reprochaient à Chamfort, qui était pauvre, de ne pas leur confier ses besoins. « *Je vous promets, leur dit-il, de vous emprunter cent louis à chacun, quand vous aurez payé vos dettes.* »

DIDEROT.

Il n'est pas, ce nous semble, inutile en ce moment, et ce n'est pas chose plus ennuyeuse qu'une autre, de parler des philosophes et des grands écrivains qui ont été l'honneur de notre siècle. La Révolution a comme interrompu leur renommée, et les passions qui ont été allumées par cette Révolution ont peut-être ébranlé leur autorité. Leur autorité, leur renommée sont des propriétés nationales qui intéressent la gloire de la république et sont nécessaires à sa prospérité. L'instruction de cette jeunesse qui fait l'espérance de la patrie demande que les grands noms soient remis en honneur. La génération qui va nous remplacer dans la société ou ignore absolument les noms d'Helvétius, de d'Alembert, de Diderot, de Rousseau, de Montesquieu, de Voltaire, ou ne les a entendu citer qu'entre les injures calomnieuses des ennemis de la liberté ou les éloges plus calomnieux encore des amis de l'anarchie. Attachons l'attention sur les anecdotes de leur vie, sur les mots heureux de leurs conversations, les jugements dont ils ont été les objets, et, par la connaissance de leur personne, amenons, s'il se peut, à l'étude de leurs écrits. Vous avez parlé de Rousseau, parlons aujourd'hui de Diderot.

Il faut d'abord rappeler que c'est Diderot qui a fait le plan de l'*Encyclopédie*, plan qui est un ouvrage immortel ; qu'il a été le principal rédacteur, l'un des principaux auteurs de ce grand travail ; que les articles de sa composition qu'il y a insérés sur les arts mécaniques, la grammaire, la politique, la morale et la philosophie, réunis sous le titre général de *Mélanges*, formeraient seuls plus de trois volumes in-quarto, et qu'il y aurait peu de lectures plus variées, plus agréables et plus instructives. Il faut ajouter que la belle collection de ses œuvres, que le citoyen Naigeon vient de publier, forme 15 volumes in-8° ; qu'elle renferme, outre trois romans, dont un (*la Religieuse*) est un chef-d'œuvre, un exposé fidèle et abrégé de toute la philosophie ancienne ; une vie de Sénèque, qui est en même temps un beau morceau d'histoire et de philosophie ; un volume de mélanges de mathématiques ; deux volumes sur la peinture, à l'occasion des salons de 1765 et 1767 ; deux volumes de philosophie morale, riches de pensées et d'élégance ; enfin, son théâtre et son discours sur la poésie dramatique, qu'on peut compter au nombre des meilleurs morceaux de la littérature française.

La vie de Diderot, dit madame Necker, *n'était qu'un rêve continuel*. Quel rêveur, que l'auteur du plan de l'*Encyclopédie*, que l'homme qui a fait, en une page de sa lettre sur les sourds et muets, tout le *Traité des sensations* de Condillac ; dans une lettre de douze pages à madame de Forbach, une grande partie d'*Émile* ; dans une note de dix, un *Traité des femmes* aussi complet, et surtout plus animé que celui de Thomas, aussi vrai et plus voilé que celui de Saint-Lambert ! Quel rêveur que l'homme qui a tout su, tout embrassé, depuis l'art de faire des épingles jusqu'à l'art de remuer des passions au théâtre ; qui n'a jamais touché un sentiment sans l'animer, ni une idée sans la peindre !

Diderot, dit madame Necker, était né avec du talent, mais il ne put jamais fixer sa pensée à retourner ses écrits, *et aussi ses écrits sont restés médiocres*. Madame Necker pouvait dire de quelques-uns qu'ils étaient restés *imparfaits*, mais médiocres !

Mais voici ce qu'elle disait, à lui, dans une lettre : « Vous avez peint le génie des poëtes d'après nature ; chacun de vos mots est un éclair, et chaque phrase un tableau. »

« Je continue, lui écrit-elle une autre fois, de m'amuser infiniment de la lecture de votre *salon* : je n'aime la peinture qu'en poésie, et c'est ainsi que vous avez su nous traduire tous les ouvrages, même les plus communs, de nos peintres modernes. »

Ailleurs elle dit : « Je suis enchantée de ses *salons* : je n'avais jamais vu dans les tableaux que des couleurs plates et inanimées ; son imagination leur a donné pour moi du relief et de la vie. »

Ce qu'a dit Devaisnes au sujet de la *Religieuse* peut servir de réponse à madame Necker : « Cette production, dit-il, est une preuve de plus de la beauté du talent de Diderot. Elle a la pureté de celles qu'il n'a point tourmentées ; les personnes qui ont eu le bonheur de vivre dans son intimité savent que lorsque l'imprimeur, le temps, le pressaient, il faisait toujours bien ; que lorsqu'il composait rapidement et sans ratures, rien ne troublait la netteté de ses idées, et n'altérait le charme de sa diction ; que ses défauts naissaient de ses corrections, et que la perfection, qui quelquefois a prévenu ses vœux, s'est constamment refusée à ses efforts. »

Observons, toutefois, que, dans ce que disent madame Necker et Devaisnes, il ne s'agit que des ouvrages purement littéraires et d'imagination qui sont sortis de la plume de Diderot. Devaisnes ne voulait parler que de ceux-là ; madame Necker a l'air de compter pour rien les autres. La vérité est que les ouvrages philosophiques de Diderot, ouvrages où la pensée est toujours si abondante, si pressée, et souvent si neuve, sont aussi d'un ordre, d'une contexture et d'un style excellents ; et ce genre de mérite, dans ce genre de production, ne peut être que le fruit et la récompense de la méditation avec le travail, et de la correction la plus sévère après la composition.

« La réputation de Diderot n'existe plus, écrivait madame Necker : les hommes dont les idées ne se répandent point dans la société, n'ont que l'apparence du génie ; ce sont des monstres assez beaux, mais qui ne peuvent avoir de postérité. »

« Il en est, continue-t-elle, des idées comme des arts ; toutes les découvertes utiles sont bientôt connues et mises en usage dans la société, mais les bizarreries s'anéantissent et tombent dans l'oubli comme les ballons. Diderot était le Garrick de la philosophie ; son plus grand talent consistait dans la pantomime. »

Il serait difficile de concevoir qu'il n'existe plus de réputation pour l'inventeur, le rédacteur, et le principal auteur de l'*Encyclopédie ;* et madame Necker aurait plus de peine que tout autre à le persuader, après avoir montré, comme elle l'a fait, un profond respect pour les moindres écrits de Diderot.

« Je conserverai vos feuilles volantes, lui écrivait-elle un jour, comme si j'étais la postérité même. »

Il ne serait pas plus aisé à madame Necker de faire perdre à Diderot sa réputation de génie. .

« Je me lasse enfin, monsieur, lui écrivait-elle une autre fois, de n'avoir aucune relation avec vous ; car la société d'un homme de génie étend notre existence et nous fait sentir notre propre grandeur : vous avez en particulier l'avantage inestimable d'élever les autres jusqu'à vous, de les échauffer, et de leur donner jusqu'à la hardiesse et peut-être la force de vous combattre. »

Il n'est pas aisé non plus de comprendre ce que dit madame Necker, sur les véritables signes auxquels on peut reconnaître le génie. D'abord, il n'y a pas d'hommes qui aient moins l'*apparence* du génie que ceux dont les idées ne se répandent point dans la société. Ensuite, on conçoit très-bien que beaucoup de gens doués de quelque talent, et même des charlatans, se donnent l'apparence du génie, en répandant dans la société, ou des idées grandes qu'ils ont prises à autrui, ou de petites idées qui sont à eux. Enfin, il n'est pas vrai que toutes les découvertes utiles soient aussitôt mises en usage que mises au jour, ni que les bizarreries tombent toujours comme les ballons : il y a des sottises malheureusement qui ne finissent jamais, et des vérités qui ne sont que trop longtemps à percer. Bacon a été *recommencé* en France, et l'a été par Diderot, avant d'y avoir été fidèlement traduit. Combien d'années se sont écoulées entre Newton et les perfectionnements qui ont résulté de ses découvertes dans l'art de la navigation ? Les découvertes du génie ne vont pas immédiatement du gé-

nie au vulgaire. Le génie les livre au talent et au savoir ; c'est à ceux-ci à les livrer au public. Diderot a jeté dans son plan de l'*Encyclopédie,* des idées de génie pour la formation d'une langue universelle. Le moment de leur éclat n'est pas venu, mais il approche ; ce sera celui d'une nouvelle gloire pour ce philosophe.

Que penser, au reste, de cette injurieuse qualification *de mime* de la philosophie que madame Necker donne à Diderot, dans le secret de son cabinet, en même temps qu'elle l'accable de louanges dans ses conversations et sa correspondance ? On trouve peu nécessaire de la discuter pour un homme tel que Diderot, surtout quand on peut opposer au registre des pensées de madame Necker le registre de ses révérences.

Diderot parlait avec une chaleur extraordinaire, et s'échauffait par l'impression même de sa voix. Sa conversation dégénérait d'ordinaire en discours. J'ai ouï dire par Suard, que quand Diderot commençait à parler, il se redressait d'abord dans son fauteuil ; ensuite, il s'avançait sur le bord du siège ; un peu après, il se trouvait debout ; un peu après, il enlevait sa perruque de dessus sa tête, et la tenait d'une main, le bras tendu, tandis qu'il gesticulait de l'autre ; enfin, il la posait sur la table voisine ou sur la cheminée ; tout cela sans s'en apercevoir et sans s'interrompre.

« Au retour de Russie, dit madame Necker, M. D. dédommageait de la longue privation de sa société, en parlant de cet intervalle ; car il multiplie le temps par ses pensées ; il le rend présent par la vivacité de ses récits ; et quand on se les rappelle, on croit avoir vécu, dans un quart d'heure, les seize mois d'absence de cet homme extraordinaire. »

Diderot voulant faire un ouvrage qui pouvait compromettre son repos, confiait son secret à un ami qui, le connaissant bien, lui dit : *Mais vous-même, me garderez-vous bien ce secret ?* Et en effet, ce fut Diderot qui le trahit.

Diderot disait que les hommes jouaient toujours avec des dés pipés ; c'est-à-dire que tout ce qui leur plaît ou leur déplaît se montre toujours sous une face trompeuse ; ce qui exige de la raison un examen continuel et profond.

Dorat avait donné un de ses drames à revoir à Diderot. Diderot écrivit : *Dans le second acte, il ne faut rien ; pas de paroles. Dans le troisième, peu de discours et beaucoup d'action ; quant au quatrième, oh! c'est là qu'il faut déployer toute la force de l'éloquence. Ces quatre actes faits, je n'ai pas besoin de dire comment doit être le cinquième, il suivra de lui-même.*

M. de Pezay apporta ces conseils si utiles à son ami Dorat : « *Mon ami*, lui dit-il en lui « serrant la main, *votre pièce est faite, je vous « la rapporte; tenez.* » Cette anecdote et les deux précédentes, sont rapportées par madame Necker.

En voici quelques autres qui ont été recueillies par Chamfort :

Diderot était lié avec un mauvais sujet qui, par je ne sais quelle mauvaise action récente, venait de perdre l'amitié d'un oncle, riche chanoine, qui voulait le priver de sa succession. Diderot va voir l'oncle, prend un air grave et philosophique, prêche en faveur du neveu, et essaye de remuer la passion, de prendre le ton pathétique. L'oncle prend la parole, et lui conte deux ou trois indignités de son neveu. —Il a fait pis que tout cela, reprend Diderot. — Et quoi? dit l'oncle. — Il a voulu vous assassiner un jour dans la sacristie, au sortir de votre messe; et c'est l'arrivée de deux autres personnes qui l'en a empêché. — Cela n'est pas vrai, s'écria l'oncle; c'est une calomnie ! — Soit, dit Diderot; mais quand cela serait vrai, il faudrait encore pardonner à la vérité de son repentir, à sa position, et aux malheurs qui l'attendent, si vous l'abandonnez.

On demandait à Diderot quel homme était M. d'Épinay : « C'est un homme, dit-il, qui a mangé deux millions, sans dire un bon mot et sans faire une bonne action. »

« J'ai ouï dire à Diderot (c'est toujours Chamfort qui parle) qu'un homme de lettres sensé pouvait être l'amant d'une femme qui fait un livre, mais ne devrait être le mari que de celle qui sait faire une chemise. Il a à faire mieux que tout cela, continue Chamfort : c'est de n'être ni l'amant de celle qui fait un livre, ni le mari d'aucune. »

Diderot, âgé de soixante-deux ans, et amoureux de toutes les femmes, disait à un de ses amis : « *Je me dis souvent à moi-même : Vieux fou, vieux gueux, quand cesseras-tu donc de t'exposer à l'affront d'un refus ou d'un ridicule ?* »

Madame Necker rapporte qu'il disait à un père avare, pour l'engager à bien élever son fils : « *Votre fils est un coffre-fort; si vous ne lui donnez pas de la solidité, tout votre argent s'échappera, puisqu'il sera le dépositaire de cet argent que vous accumulez.* »

Madame Necker raconte encore qu'il disait un jour : « *J'ai été marié quarante-six ans, sans comprendre qu'il est plus aisé de réformer son propre caractère, que de corriger celui des autres.* »

Lebreton, chez qui les derniers volumes de l'*Encyclopédie* s'imprimaient clandestinement par l'ordre exprès du ministère, mutilait les articles de Diderot, lorsque le philosophe en avait renvoyé les épreuves. Diderot ne s'aperçut que très-tard de cet abus de confiance. Il en témoigna toute son indignation à Lebreton; il ne se rappelait jamais cette circonstance, sans frémir des excès auxquels le ressentiment peut porter l'homme le plus honnête, du caractère le plus doux. C'est le citoyen Naigeon qui atteste ce fait.

Le portrait de Diderot, qui est à la tête de la belle collection de ses œuvres, ressemble à Marmontel. C'est le cas de dire avec Mercier, que *la peinture ne fait pas le tour des objets.*

Les amis des lettres et de la philosophie désirent vivement *la vie de Diderot.* Le citoyen Naigeon l'a promise. Il y travaille depuis vingt ans; ainsi *la vie de Diderot* sera aussi celle du citoyen Naigeon. Honneur au grand homme dont les travaux et les qualités peuvent occuper tous les talents, toutes les affections, en un mot, l'existence entière d'un admirateur honnête et éclairé !

(*Journal de Paris*, des 16 et 18 fructidor an VI. — 2 et 4 septembre 1798.)

———

URBAIN DOMERGUE.

Dans le compte que François (de Neufchâteau) a rendu des travaux de la classe de littérature à la séance publique de l'Institut, il a fait honneur à Domergue de plusieurs étymologies que Roubaut et Court-de-Gébelin lui avaient probablement dérobées, car elles sont dans leurs livres. Il a cité aussi beaucoup de vers de ce profond grammairien. Les gens de goût ont surtout remarqué une heureuse traduction de ce vers de Virgile :

Formosi pecoris custos, formosior ipse.

La voici :

Berger d'un BEAU TROUPEAU, je suis plus BEAU MOI-MÊME.

(*Journal de Paris*, du 20 vendémiaire an VIII. 12 octobre 1799.)

FABRE (DE L'AUDE).

Quand on n'a pas vu sur la liste de la commission des Cinq-Cents le nom de Fabre (de l'Aude), on a pensé que le gouvernement le réservait à quelque mission de confiance. C'est un homme d'une probité parfaite, infatigable au travail, très-versé dans les affaires de finances, patriote excellent ; c'est le membre du conseil qui a parlé avec le plus de force contre l'emprunt forcé ; il est l'auteur du projet de remplacement proposé par Thibault. On lui a l'obligation d'avoir empêché le système proposé, concernant les forêts nationales, de prévaloir. Quant à ses mœurs domestiques, il n'y a qu'un mot à en dire : Époux d'une femme respectable, il en a eu vingt enfants.

(*Journal de Paris*, du 26 brumaire an VIII, 19 novembre 1799.)

LES GIRONDINS (FRAGMENTS SUR).

. . . Guadet et Vergniaux, plus éloquents. Brissot et Gensonné, plus calculants. Fonfrède et Ducos, plus caustiques. — Les premiers plus impétueux, les seconds plus tacticiens. — Les premiers plus soigneux de leur éloquence ; les autres, de leurs affaires. — Les premiers plus avides de gloire, les autres plus avides de succès.

Ducos était de l'avis de la loi contre les gens suspects.

Fonfrède repoussa les sections, qui se plaignaient de la tyrannie naissante.

Guadet et Vergniaux plus francs, plus découverts dans leurs moyens. — Les autres plus suivis dans les leurs. — Les premiers comptant plus sur l'éloquence ; les autres plus sur les manœuvres secrètes.

Ils ne voulaient pas des ressources du crime ; ils ignoraient celles de la vertu éclairée.

Vergniaux et Guadet différaient dans leur éloquence. — Guadet d'un vol toujours égal,

toujours soutenu. — Vergniaux s'élevant avec moins de facilité, mais à une plus grande hauteur. — L'un planant sur les objets à une égale distance ; l'autre les saisissant.

L'un avait trop de bile ; l'autre trop de flegme. — L'un une chaleur trop constante ; l'autre une indifférence trop générale et trop ordinaire.

. . . Défiant en ses forces pour mener de grandes affaires, Vergniaux fut, par cette raison, accusé de paresse, d'indolence, et de peu de chaleur pour son parti...

. . . Comme orateur, Vergniaux avait une excellente méthode, une belle ordonnance, une forte logique, de grands et beaux mouvements, une élocution élégante, riche, noble, forte, soutenue. — On retenait en entier le plus long de ses discours, tant il y mettait d'intérêt, d'unité, d'ordre, de clarté. La vigueur de sa logique, la variété de ses tours et de ses mouvements, la propriété de ses expressions, la beauté de ses images, étaient d'accord avec le sujet, la situation et le caractère de l'auteur.

. . . Brissot plus intrigant, Gensonné plus négociateur. — Gensonné plus de morale, Brissot plus de connaissance des hommes. — Gensonné plus de consistance, l'autre plus de fécondité.

Tous manquant des ressources du génie, de celle de l'expérience, supplément du génie. — Tous aimant la liberté de toute la puissance de leur caractère...

. . . Mais, après tout, leur courage, pour avoir été impuissant, n'en est pas moins estimable ; leurs vues, pour avoir été mal assurées, n'en étaient pas moins pures et patriotiques. Leur but n'en était pas moins la liberté... Leurs talents, pour avoir été mal éclairés, n'en étaient pas moins brillants et moins recommandables. Nous faudra-t-il donc écouter les clameurs des gens qui veulent voir en eux des fédéralistes, des conspirateurs, des traîtres ?

GOULARD.

Goulard, ex-constituant, s'est jeté ces jours passés dans la Seine : il avait été député de Lyon. Il a eu une grande part à la loi des douanes, dont il a été le rapporteur. La révolution l'avait ruiné, et il n'en aimait pas moins ses principes. Après la ruine de ses propriétés à Lyon, il s'était fait fabricant de chapeaux à Paris; on dit que cette entreprise ne lui a pas réussi. L'an passé, celui de ses anciens collègues qui écrit cet article le rencontra plusieurs fois. Chaque fois, Goulard lui serra les mains avec une vivacité extraordinaire, exprimant le plaisir de le voir par un sourire, et peignant une situation malheureuse par les larmes qui roulaient en même temps dans ses yeux. C'était un homme de bien, un bon citoyen, un esprit éclairé, modeste, et trop peut-être, si pourtant c'est l'être que de ne point vouloir solliciter de place. On assure qu'il a fini de pauvreté; cette fin ne serait pas indigne de cette assemblée constituante, où les patriotes oublièrent toute autre fortune que la liberté.

(*Journal de Paris*, du 30 pluviôse an VII,
— 18 février 1799.)

LE GÉNÉRAL HOCHE.

Plusieurs papiers publics annoncent qu'il a été tiré un coup de pistolet, à Rennes, sur le général Hoche, et qu'heureusement les balles ne l'ont point atteint.

On ne manque pas d'attribuer cet assassinat aux prêtres schismatiques, aux chouans, et aux Anglais : langage de parti; calomnies d'ennemis de la paix intérieure et extérieure.

Ce coup peut avoir été tiré par un *Anglais*, point par les *Anglais*; par un *prêtre*, point par les *prêtres*; par un *chouan*, point par les *chouans*. Il l'a été par un assassin, voilà le fait. Son pays, sa condition n'y font rien.

Mais on a besoin de refaire la chasse aux *chouans* et aux *prêtres*, et de continuer la guerre avec les *Anglais!* Quand tant d'intérêts demandent du trouble et des proscriptions, que serait-ce que la punition d'un ou deux assassins? Comment se bornerait-on à punir un coupable, quand tout invite à sévir contre des milliers de suspects? Comment se renfermerait-on dans les règles étroites d'une justice vulgaire, quand la justice révolutionnaire offre (à tous ceux qui l'administrent) tant de ressources pour le *salut public?* (de leurs rapines et de leur existence particulière.)

S'est-on attendu, quand on a pacifié la Vendée, qu'il n'y resterait pas un homme méchant et vindicatif? Est-ce sous la condition qu'il ne se commettrait de cent ans un crime dans tout le pays, qu'on y a proclamé l'amnistie? Les assassinats qui se commettent journellement à Paris et dans les environs, sont-ils un signe de contre-révolution, ou un motif de mettre Paris en état de siége? Non sans doute! Eh bien! cessez donc de montrer toute la Vendée, tout le Calvados, toute la chouanerie, comme coupables ou complices d'une assassinat. Ne nous donnez pas cet assassinat pour un acte de guerre civile; ne ressuscitez pas la guerre civile, sous prétexte qu'elle pourrait bien renaître.

Non, la chouannerie n'est point rétablie. Mais il y a des gens qui voudraient bien qu'elle le fût, ou du moins que l'on crût qu'elle l'est, et qui ne négligeraient rien pour répandre des appréhensions à cet égard. La vérité est que les habitants des contrées pacifiées ne demandent que paix et repos. Le cri général est également contre les chouans et les jacobins. On fait généralement grand cas de Hoche; on rend justice à son humanité et à sa sagesse. C'est parce qu'il s'est concilié les respects de la chouannerie, et non parce qu'il l'a battue, qu'on a attenté sur sa vie. Ce que les ennemis de la république détestent le plus, ce ne sont ni les républicains furieux, ni les scélérats qui se disent les républicains : ce sont les hommes qui, comme Hoche, font des amis à la constitution et au gouvernement par toute la douceur, toute la modération compatibles avec une inflexible fermeté. Une circonstance bien remarquable dans l'assassinat de Hoche, c'est que le général sortait d'un spectacle où l'on avait joué, après la tragédie de *Charles IX*, *l'Intérieur des comités révolutionnaires*, c'est-à-dire d'un spectacle donné dans un très-bon esprit, où deux tyrannies opposées sont successivement exposées à l'indignation des citoyens.

Puisse ce pacificateur de la Vendée, qui a entendu sans effroi les balles homicides siffler à ses oreilles, ne pas plus s'alarmer pour la patrie que pour lui-même, et continuer à juger ce qui la regarde avec autant de sang-froid, qu'il met d'indifférence à ce qui ne regarde que sa vie.

(*Journal de Paris*, du 5 brumaire an V. —
26 octobre 1796.)

NOTES EXACTES SUR LA FAYETTE, ET SES COMPAGNONS D'INFORTUNE, LATOUR-MAUBOURG ET BUREAU-DE-PUZY.

Par un Américain résidant à Vienne. (*Prudente fiction.*)

Lorsque la Fayette, Latour-Maubourg et Bureau-de-Puzy étaient au pouvoir de la Prusse, ils avaient fini par obtenir toutes les consolations dont la captivité est susceptible : des livres, de l'encre, du papier ; la faculté de correspondre, sous l'inspection des commandants, avec leurs parents et amis ; la permission de se voir entre eux, celle même de recevoir quelques visites.

Aussitôt que le roi de Prusse les eut remis à l'Autriche, en déclarant qu'*il ne voulait plus être chargé de l'odieux de cet emprisonnement,* le sort des prisonniers a changé au point que les cachots de Magdebourg, en comparaison de ceux d'Olmutz, ont paru être un séjour de liberté et de bonheur.

A Olmutz, on a commencé par supprimer toute correspondance extérieure avec les trois prisonniers, et même toute relation intérieure de l'un à l'autre. On a également supprimé la promenade ; on les a privés d'air, de mouvement, d'écriture, de livres, et de tout commerce avec les vivants.

La Fayette était parti de Prusse, ayant déjà plusieurs de ses parents assassinés sous la tyrannie de Robespierre, sachant sa femme arrêtée, arrachée à ses enfants, et traînée du fond de l'Auvergne dans les prisons de Paris, par ordre de Robespierre. A toutes les questions qu'il ne cessait de faire sur ces objets si chers, on ne répondait que par un silence insultant. On interceptait toutes les lettres qui annonçaient que sa femme et ses enfants étaient vivants.

Bureau-de-Puzy manifestait des inquiétudes aussi vives et aussi inutiles sur la destinée d'une jeune épouse avec laquelle le plus tendre amour l'avait uni, sept mois avant qu'il fût enseveli dans des cachots.

Bientôt la santé de la Fayette est tombée dans un état si déplorable, que le médecin de la prison, ne pouvant résister au cri de sa conscience, a déclaré que c'était tuer ce prisonnier que de le priver d'air et de mouvement : ce n'est pas le premier médecin dont la probité et la compassion soient venues au secours de la Fayette. On n'a pas cru pouvoir braver un

avis donné si formellement ; et, en se réservant de déplacer ce médecin si peu complaisant pour les vœux des geôliers, et si compatissant aux maux des captifs, on s'est cru, cette fois, obligé d'accorder au prisonnier quelques promenades, sous l'escorte d'un caporal ou prévôt, et d'un soldat.

C'est dans une de ces promenades que la Fayette a tenté son évasion, secondé par un médecin nommé Bolman, et par un Américain nommé Huguet. On sait combien il s'en est peu fallu que cette entreprise ne fût couronnée du succès le plus complet. Les deux principales causes qui l'ont fait échouer font honneur à la générosité de la Fayette : il n'a pas voulu que sa délivrance coûtât la vie à un seul de ses geôliers. On s'est contenté de mettre en fuite le soldat, d'intimider le cocher, et de terrasser le prévôt. Ainsi, l'alarme a été promptement donnée à Olmutz. Un cheval s'étant cabré et renversé, la Fayette s'est trouvé séparé de ses libérateurs. Il n'a pu supporter l'idée que peut-être ils étaient arrêtés. Il est revenu sur ses pas pour chercher à s'instruire de leur sort. N'apercevant personne, il n'a plus eu d'autre but que de gagner la frontière, et d'écrire de là, qu'il offrait de se mettre en prison si l'on voulait rendre la liberté à ses libérateurs. Lui-même a été repris au milieu de ces sollicitudes, et reconduit à la citadelle d'Olmutz, lié et garrotté, dans une calèche découverte.

On a commencé par l'enfermer dans le corps de garde, où on l'a déshabillé nu, et fouillé comme on fouille les ouvriers des mines de diamants ; on l'a reconduit ensuite dans sa prison, d'où l'on avait ôté le peu de meubles qu'il avait.

Il était dans un état déplorable, les reins brisés, un bras foulé, une main abîmée par le prévôt, qui, en se débattant sous lui, lui avait mangé un doigt. Il s'oubliait lui-même ; l'inquiétude, qu'il ne pouvait contenir sur le sort de ses libérateurs, aggravant ses maux, lui causait une fièvre violente. Le général d'Arcot, digne geôlier des cachots d'Olmutz, arrive, et, pour première consolation, lui adresse ces mots : *Les deux coquins qui ont osé vous enlever sont pris, ils seront pendus sous votre fenêtre ; et s'il n'y a pas de bourreau, je leur en servirai.*

Ce propos, très-digne en effet d'un bourreau, perce le cœur du malheureux la Fayette. Sa fièvre redouble, son état empire, la blessure de sa main s'envenime. On lui refuse quatre jours un médecin. Le cinquième, on lui en amène un, qu'on avait choisi digne du lieu, et qui, pour toute réponse aux plaintes d'un homme tremblant de fièvre et presque perclus, lui répète, avec brutalité : *Vous n'êtes pas bien malade.*

A partir de ce moment, l'insolence et la barbarie du major, commis à la garde de la Fayette, ont surpassé tout ce qu'on peut exprimer. On n'a plus laissé les domestiques arrêtés avec lui, le servir ; et l'on n'en a pas moins gardé au cachot ces étrangers, prisonniers d'État. On lui a ôté ses couverts de table, et il n'a plus mangé qu'avec ses doigts. La porte de sa chambre ne s'est plus ouverte qu'aux lâches qui venaient l'insulter, et aux bourreaux qui voulaient le tourmenter.

Les seuls restes d'humanité qu'il ait pu entrevoir au milieu de toutes ces indignités, il les a trouvés dans la commission d'officiers qui a été chargée de l'interroger.

L'interrogatoire a duré quinze heures, en cinq fois différentes ; sensible aux procédés de la commission, sans cesse préoccupé du danger de ses libérateurs, la Fayette a évité, dans ses réponses, tout ce qui pouvait aigrir. Il a protesté, avec le plus de ménagement possible, contre une autorité à laquelle il ne pouvait reconnaître aucun droit sur sa personne. Interrogé sur ses titres, il a répondu : *Citoyen des États-Unis de l'Amérique.* Où il comptait fixer son domicile ? *En Amérique.* Pourquoi il avait voulu s'évader ? *Parce que son arrestation était injuste, et sa situation désagréable.* Il commence par nier tout ce qui est relatif aux deux amis qui s'étaient dévoués pour lui, craignant de proférer un seul mot qui les compromît. Mais au milieu de l'interrogatoire, on lui a prouvé leur arrestation, et montré leurs aveux écrits de leur main. Alors toutes ses réponses n'ont plus été qu'un plaidoyer perpétuel pour disculper ses libérateurs. La commission s'est retirée. La Fayette a cessé de voir des hommes, et est retombé, sans distraction, dans les mains de ses persécuteurs.

Dans le court instant de liberté dont il avait joui, il avait appris que sa famille vivait ; que

Robespierre avait, ainsi que ses complices, subi la peine de ses crimes, que la justice et l'humanité avaient reparu en France.

Bolman et Huguet ont enfin été jugés après sept mois de la plus cruelle détention, et mis en liberté.

La Fayette, le moins robuste des trois, et à qui la délicatesse de sa poitrine rend le défaut d'air mortel, est tombé dans une langueur qui, jointe aux peines de son cœur, si industrieusement entretenues, a fait craindre aux uns, et espérer aux autres un danger imminent pour sa vie.

L'arrivée imprévue de sa femme et de ses filles a opéré en lui une résurrection miraculeuse. Mais cette arrivée, ce qui l'a précédée, accompagnée, suivie, a résolu un grand problème. C'est désormais une vérité évidente, que l'empereur est cruellement compromis par ceux de ses officiers qui règlent le sort des prisonniers d'Olmutz. Madame de la Fayette s'est présentée, avec deux de ses filles, au gouvernement français, et lui a dit : *Je viens vous demander un passe-port pour aller obtenir la liberté, ou partager la prison de mon mari.* Le gouvernement français lui a accordé ce passe-port, que la justice et l'humanité réclamaient pour elle. Une fois sortie de France, madame de la Fayette a senti que le succès de ses demandes dépendait de la célérité de sa marche ; qu'il fallait tomber subitement au milieu de Vienne sans y avoir été attendue de personne, et s'adresser directement à l'empereur. Annoncée à Vienne, voyageant sous son nom, elle eût été arrêtée à la frontière d'Autriche, ou du moins renvoyée ; elle a donc pris un passe-port américain. Grâce à cette précaution, elle a franchi la frontière fatale, a couru nuit et jour avec ses deux filles, et est descendue à Vienne, chez un des principaux personnages de la cour. Elle était arrivée le 9 octobre. Le 10, l'empereur l'admet dans son cabinet, et lui accorde une audience particulière. Madame de la Fayette a été dans cet entretien tout ce qu'on peut être, en plaidant une cause si chère. L'empereur parut se laisser toucher d'abord : *Pour la liberté à présent,* dit-il, *je ne le puis ; cela ne dépend pas de moi seul... C'est une affaire très-compliquée... Pour la permission de le joindre, comment pourrais-je vous la refuser ?... Je ferais, à votre place, ce que vous fai-*

tes... Je vous respecte... Je le plains. Il est très-
bien traité; j'en ai donné l'ordre positif. Votre
présence sera une grande consolation pour lui;
j'en suis bien aise; lorsqu'il sortira, vous vous
trouverez tous réunis pour voyager ensemble.

Madame de la Fayette a insisté avec respect, mais avec force; a demandé si sa présence et celle de ses deux filles ne simplifiaient pas beaucoup cette affaire; s'il y avait rien de moins compliqué que de rendre à une femme son mari, à des enfants leur père, aux États-Unis une famille qui leur appartient, et qui, morte désormais à l'Europe, n'aspirait plus qu'à aller fixer son séjour et passer sa vie au milieu de ses concitoyens d'Amérique : elle a remercié l'empereur du premier bienfait qu'il lui accordait, en étendant sur elle le sort de son mari; mais elle a ajouté que, par respect même pour ce prince, elle se flattait que ses fers ne tarderaient pas à être brisés. Étendant ensuite sa sollicitude sur une classe de victimes que la tyrannie croit pouvoir opprimer impunément, parce que personne ne demande compte de leur oppression, madame de la Fayette a imploré au moins la liberté de ses malheureux domestiques, si étonnés de se voir transformés en prisonniers d'État; elle a observé qu'au moins l'affaire de ceux-là n'était pas compliquée, et qu'il devait répugner à l'empereur, qu'en son nom, on dévouât, de sang-froid, aux tourments et à la mort, des créatures humaines, qu'on ne haïssait même pas, et auxquelles il n'y avait pas moyen de faire un reproche. *«J'ai les mains liées,»* répéta l'empereur, avec l'expression du regret et de la sensibilité. Madame de la Fayette a fait une dernière demande pour être autorisée à solliciter tous les adoucissements intérieurs qu'exigerait la santé de son mari. *Sans doute,* a répondu l'empereur, *vous le trouverez fort bien traité. S'il y a quelque chose à demander, adressez-vous au commandant, vous en serez contente.* — *A Votre Majesté même,* a répondu madame de la Fayette; *j'ai le besoin, j'ai le droit de lui écrire directement. — Oh! très-volontiers,* a dit l'empereur avec l'accent de l'estime et du respect qu'inspire la vertu. Eh! quelle vertu, dans ce moment, était au-dessus de celle de madame de la Fayette?

Elle sort sinon heureuse, du moins soulagée, pleine de consolation pour le présent, d'espérance pour l'avenir. Elle court annoncer à ses filles qu'elles vont être prisonnières, et toutes deux se jettent avec ravissement au cou de leur mère, qui leur a obtenu une telle faveur. Elle va faire entendre aux ministres le cri de la justice et de la douleur; elle en trouve plusieurs qui lui paraissent entendre ce langage; elle leur remet un mémoire d'une raison, d'une clarté, d'une force irrésistibles. Partout l'on ne se pique pas de repousser tout ce qui est fait pour entraîner le cœur, et pour soumettre la conscience des hommes; elle recueille des vœux et de la bienveillance; partout elle trouve l'opinion établie, que ce qui *lie les mains de l'empereur,* est la haine de Pitt, et son insatiable avidité des maux d'un homme auquel il ne peut pardonner l'indépendance de l'Amérique, et qu'il craint de voir y retourner.

Le 15 octobre 1795, madame de la Fayette, après avoir été plus d'un an dans les cachots de Robespierre, après avoir vu périr sur l'échafaud sa mère, sa grand'mère, sa sœur, son oncle, sa tante, vient immoler à son mari, dans la citadelle d'Olmutz, sa liberté à peine recouvrée. L'instant de la réunion, l'instant où la Fayette vit entrer, dans cette obscure prison, cette famille adorée, sur laquelle on refusait, depuis un an, de lui dire un seul mot, est plus aisé à concevoir qu'à dépeindre. Sa première question est sur le sort de ses libérateurs, pour lesquels il tremble encore. Il apprend leur salut, et commence à renaître lui-même. Mais quelle révolution se fait dans les idées et dans le cœur de madame de la Fayette! Quelle différence entre ce qu'on lui avait annoncé, et ce qu'elle voit, entre ce que l'empereur croit, et ce qu'on fait à son insu!

Ce mari qu'elle *devait trouver bien traité,* elle le trouve dans un dépérissement affreux, exténué, mourant faute d'air depuis un an entier, à peine couvert de lambeaux, manquant de tout, privé de toute communication, même avec ses compagnons d'infortune; les ordres sont qu'ils ignorent l'existence les uns des autres; et, pour se prémunir contre la possibilité d'un mouvement d'humanité, on n'y nomme point les prisonniers par leur nom; on les désigne par des nombres 1, 2, 3. Malade, faible, crachant le sang, la Fayette est privé de ses domestiques, captifs aussi, mais dont la vue et les soins pourraient apporter quelque soulagement à leur maître.

Ce commandant, dont madame de la Fayette devait être contente, il n'est pas seulement insensible, il est invisible ; elle n'a aucun moyen de parvenir jusqu'à lui.

Mais ce n'est pas tout. Est-il un homme, on ne dit pas généreux, mais humain, qui ne s'attende que madame de la Fayette et ses filles vont être à Olmutz des objets de respect et d'attention ? Et qu'un sacrifice si noble à la suite de tant de souffrances, un emprisonnement volontaire après une si longue prison, le dévouement conjugal, la piété filiale, le courage, l'innocence, l'infortune vont émouvoir tous les cœurs ? Eh bien ! à Olmutz, madame de la Fayette et ses filles ont été non-seulement reçues sans ménagement et retenues prisonnières, elles s'y attendaient ; mais une fois passées sous le fatal guichet, elles ont été traitées en *criminelles*, fouillées jusqu'à l'indécence. On leur a dérobé leur argent, enlevé leurs effets, ôté leurs couteaux, leurs ciseaux, jusqu'à leurs aiguilles et leurs couverts de table ; elles sont réduites, comme la Fayette, à manger avec leurs doigts. Pour logement, on a ajouté au réduit qu'habite la Fayette, un réduit encore plus étroit et plus obscur, dans lequel un soldat prenait de temps en temps quelques heures de sommeil sur un grabat. C'est là, c'est sur ce même grabat, que la touchante mère et ses deux filles couchent, et sont ensevelies tout le temps qu'elles ne passent pas avec le prisonnier. Elles n'ont pu obtenir la permission d'entendre la messe : connaissant leur piété, l'on a joui de ce moyen de plus de les tourmenter.

Madame de la Fayette a demandé à écrire à l'empereur, invoquant la permission formelle qu'il lui en avait donnée : on lui a ri au nez. On l'a repoussée avec dédain, avec insulte : on lui a montré un mépris égal pour les ordres du souverain et pour les supplications de ses victimes.

Ces révoltants détails, la conduite, les discours de l'empereur, prouvent, jusqu'à l'évidence, qu'une cause secrète et toute-puissante s'oppose à la liberté de la Fayette. Quelle peut être cette influence cachée ? On ne peut en douter longtemps, et il est impossible de méconnaître ici la haine de l'Angleterre, l'acharnement de Pitt qui persécute jusqu'au tombeau le libérateur de l'Amérique ; qui redoute

en lui un ardent ennemi du parti anglais à Philadelphie ; qui le voit enfin comme un homme dont la mort seule peut le venger des maux qu'il lui a faits, et qu'il peut encore lui faire.

(*Journal d'économie publique*, du 30 fructidor
an iv. — 16 septembre 1796.)

LA HARPE.

1.

Le citoyen la Harpe nous a fait annoncer une critique de ce que nous avons dit des Grecs et des Romains, à l'occasion de la traduction élégante qu'il nous a donnée de Xénophon. Nous invitons le citoyen la Harpe à remplir les espérances qu'on nous a données de sa part. Nous pensons qu'il n'y a qu'à profiter pour nous et pour le public aux observations qui nous viendront de cet excellent littérateur.

(*Journal de Paris*, du 13 floréal an iii. —
2 mai 1795.)

2.

Un papier public rapporte que le ministre de la justice, convaincu de l'innocence de la Harpe dans cette rixe de vendémiaire, dont le premier provocateur, ou plutôt le seul auteur, a été, comme nous le montrerons à la suite, le lâche qui voudrait aujourd'hui unir sa cause à celle du général Bonaparte, comme si la résistance aux vendémiairistes égarés n'avait pas été aussi légitime, aussi nécessaire que leur provocation a été criminelle. Le ministre de la justice, disons-nous, convaincu de l'innocence de la Harpe dans cette affaire, a fait au directoire un rapport très-favorable, duquel il résulte que le mandat d'arrêt décerné contre lui devait être annulé. Ce rapport était appuyé d'un mémoire de Chénier, signé de plusieurs hommes de lettres. Le directoire a *passé* sur le tout *à l'ordre du jour*.

Passer à l'ordre du jour, veut dire que ce jour-là il y avait des choses plus pressées à examiner au directoire.

Et, en effet, qu'y avait-il de si pressé à demander la levée d'une lettre de cachet du vieux régime ? Quelle différence y a-t-il aujourd'hui entre une lettre de cachet signée Saint-Florentin, et une lettre de cachet signée de tel *comité* ou de telle *commission* que la constitution ne reconnaît plus ? Faudrait-il un jugement pour les contumaces de vendémiaire, s'il n'y avait une loi qui ordonnât précisément la révision des contumaces? Mais où est la loi qui réserve les mandats d'arrêt, même les actes d'accusation rédigés à la même époque?

Quelle inquiétude raisonnable peut avoir la Harpe? Qui pouvait avoir intérêt à l'inquiéter? Son dégoût pour la politique, son goût toujours croissant pour les ouvrages d'imagination, le rendent cher aux lettres, et peu dangereux même pour un gouvernement qu'il n'aimerait pas; les amis du goût le réclament. L'écrit qu'il vient de publier contre le vandalisme, quoique loué à outrance par l'écrivain qui, sous le nom de Fréron, a loué Marat, qui, sous son propre nom, a loué Collot-d'Herbois, et applaudi au massacre des fermiers généraux; cet ouvrage, dans lequel l'apologiste trouve surtout une *manière large* qui nous a paru un peu *longue*, attache l'attention sur les talents du citoyen la Harpe, et l'intérêt sur sa perplexité, qui, au fond, est le seul malheur de sa situation (1).

(Journal de Paris, du 29 thermidor an iv. —
16 août 1796.)

(*Note de l'éditeur.*) Ces deux articles témoignent, certainement, d'une grande bienveillance de la part de mon père pour M. de la Harpe. Une vive querelle s'éleva plus tard entre eux. Ce n'est pas ici le lieu d'en faire connaître l'origine et les motifs; mais je vais produire quelques notes que mon père avait préparées pour riposter aux attaques. Avant tout, je dois dire que, plus de trente ans après avoir écrit le premier des deux articles ci-dessus, mon père s'occupant à mettre quelque ordre dans ses papiers le trouva sous sa main, et y ajouta les mots suivants : « Cet ar« ticle modeste et poli fut, pour le sot orgueil de la « Harpe, comme un piége où il fut pris : il se crut un « personnage tellement considérale, tellement re« douté, qu'il regarda toute espèce de ménagement « comme au-dessous de lui. Il prit un ton de maître : « on verra ce qu'il lui en arriva. »

3.

Vous me reprochez d'être le chef des philosophes; dites-moi qui me reconnaît pour tel? Vous seul, sans doute! — Loin d'être le chef, je suis un disciple, mais un disciple fidèle des mêmes maîtres que vous avez trahis. Et pour-

quoi les quitterais-je? ne sont-ils plus estimés que de moi? Leurs ouvrages se vendent-ils au rabais chez Morin? Sont-ils le rebut de ce qui reste d'hommes de lettres des anciens corps littéraires? Sont-ils de vils déserteurs de leurs principes? Ont-ils demandé du sang et fait des hymnes de sang? Ont-ils écrit, pendant qu'on égorgeait les prêtres, qu'enfin ils étaient bien démasqués, et que tous nos maux venaient de la messe? Ont-ils loué, après le 2 septembre, l'immortelle commune du 10 août, qui était aussi celle du 2 septembre? Ont-ils encensé Dorat-Cubières et harangué Léonard Bourdon? Ont-ils porté le bonnet rouge? Ont-ils été en vendémiaire de vils jacobins prêchant à une assemblée primaire sa souveraineté, qu'il disait être celle du peuple? Ont-ils provoqué la sédition la plus désastreuse de la révolution? Ont-ils été mauvais maris et vils libertins dans leurs maisons, vils parasites, et plus vils ingrats dans les maisons d'autrui?... Non, je ne sache rien de ce genre sur leur compte; et, à moins que M. de la Harpe ne se charge de nous révéler ces turpitudes, je n'y croirai pas.

4.

J'ai réclamé vos critiques, et vous me déclarez la guerre. Je voulais m'instruire près de vous, vous voulez me perdre.

Je vous demandais le secours de la littérature pour la philosophie; vous voulez opprimer la philosophie. Je vous croyais soldat de Voltaire, vous vous faites général des troupes d'Espagne.

Vous avez des talents, de la célébrité; mais vous faites un métier lâche, et vos talents ni votre célébrité ne vous serviront de rien. Je me défendrai; je vous attaquerai, et je vaincrai;

Je sortirai égratigné de ce combat; vous resterez sur la place, écorché.

5.

Les érudits supposent que vous n'avez si mal entendu la lettre de Brutus à Cicéron, que parce que vous n'entendez pas la langue de Brutus. Je crois, moi, que votre défaut est bien plutôt de ne pas entendre son langage dans quelque langue que ce soit.

Il est nécessaire d'écrire vite pour écrire à propos.

Il est des cas où l'on doit sacrifier l'amour-

---

(1) *De la guerre déclarée par nos derniers tyrans à la raison, à la morale, aux lettres et aux arts.* Discours prononcé à l'ouverture du Lycée républicain, le 31 décembre 1794, par le citoyen la Harpe; in-8° de 45 pages.

propre d'auteur pour être utile comme citoyen,

Il faut savoir courir les risques d'un solécisme pour faire un acte de patriotisme.

Il y a des gens qui ne servent à rien, pour n'avoir rien voulu publier que de parfait. (Chamfort disait en 1789 que s'il avait encore son *Marchand de Smyrne* en portefeuille, il le jetterait au feu.)

Une erreur de grammairien, ou une erreur de dates, touchent beaucoup plus certaines gens que les erreurs de sens.

On est quelquefois si court et si plat !

Le temps ne fait rien à l'affaire, est une réponse très-bonne à faire à l'homme qui présente un ouvrage futile. Rien ne le pressait de le publier. — *Da veniam scriptis quorum non gloria*, etc.

Que si l'auteur d'un journal consacré à l'intérêt public fait par hasard des morceaux littéraires, et y laisse des fautes de style, ou des inadvertances, c'est qu'il est pressé de faire ces ouvrages pour s'occuper d'autre chose.

Je suis tombé dans une erreur de date ! eh bien ! est-ce dans un ouvrage de chronologie ? Non, c'est dans un écrit politique. Mais cette erreur fait-elle quelque chose au sens ? Rien du tout. Pourquoi donc tant de bruit ?

Je pourrais vous dire que c'est une faute d'impression. Mais non ; je ne suis pas honteux de vous dire que cette faute est toute de moi.

Je pourrais vous dire que c'est une inadvertance, et vous demander si jamais vous n'en avez commis ?

Et je vous ajouterai que j'ai lu mon extrait à Volney, qu'il l'a entendu, et que, par inadvertance aussi, lui, professeur d'histoire, a laissé passer mon anachronisme.

Mais non, je vous avouerai, et sans honte, que quoique ayant lu, et *devant témoins*, je suis fâché de ne pouvoir vous dire et *par-devant notaire*, les *Hommes illustres* de Plutarque, et notamment la vie de César, je suis très-peu familier avec l'histoire, surtout avec les dates ; soit défaut de mémoire, soit peu de confiance dans ce qu'elle raconte.

Oui, citoyen, j'estime peu l'histoire. Je ne crois pas qu'il y ait d'histoire fidèle. — Je ne sais point le grec, et pas assez de latin pour lire avec plaisir les historiens latins, et je ne crois pas aux traductions fidèles ; donc je ne vois dans l'histoire que pauvretés falsifiées.

Savez-vous ce qui m'est arrivé en fait de traduction ? Chamfort soutenait que vous ne saviez pas le grec, et il le prouvait par je ne sais quel passage de Démosthène que vous aviez altéré ; il soutenait que vous ne saviez pas le latin, ayant toujours sur le cœur une de vos traductions, où vous dites qu'on *assembla les étapes*, pour dire que l'on convoqua l'assemblée du peuple.

Chamfort, me direz-vous, était, comme on sait, le détracteur de tous ses confrères de l'Académie française ; eh bien, elle a été vengée de lui par Morellet, un de ses anciens confrères ; et Morellet a établi, dans une longue dissertation, que votre traduction de la lettre de Brutus à Cicéron était pleine de contre-sens ! A qui croire ?

6.

Lettre supposée écrite aux auteurs du Journal de Paris *par un Allemand.*

C'est un diable de langue, citoyens, que cet langue française ! Personne peut donc la bien parler ? Cet monsieur de la Harpe qui là enseigne à tout le monde, et qui soutient que pas un philosophe, *sans exception*, ne la savé parler ! J'ai cru que, puisqu'il n'était pas un philosophe, rien n'avait empêché lui de la savoir. — Hier, je admirais, dans un papier public qu'on nomme *le Rédacteur*, des phrases de son plume que je trouvais bien parfaitement excellentes ; et voilà que mon maître de langue français, il m'assure que dans trois petits lignes il y a quatre grands fautes. — J'ai encore de la peine à croire mon maître, malgré le gros écu par leçon que je donne à lui.

La prudence veut que je m'informe ; mais comme je ne connais personne qui save mieux la langue française que M. de la Harpe et mon maître, je pense que je dois me adresser au public en général. — Voici la phrase de M. de la Harpe avec les petites notes de mon maître :

« Si jamais (n° 121 du *Mercure*) la révolu« tion a dû paraître *bien affermie*, c'est sur« tout depuis le triomphe général et solennel « *remporté* sur la superstition (par Chaumette « et le père Duchesne), et c'est là le seul moyen « par lequel elle *pourra* se maintenir... L'ha« bitude la plus contraire à un gouvernement « libre était certainement l'influence du sacer« doce et des idées religieuses... Les philoso-

« phes n'ont cessé, avec raison, de le répéter :
« Le sacerdoce et la royauté *sont naturelle-*
« *ment alliés...* dans le traité qu'ils ont fait
« entre eux: le premier s'était chargé d'aveu-
« gler les hommes pour les asservir au *second,*
« sous la condition de partager les dépouilles...
« et les clefs de l'autre monde, que portaient
« les prêtres, étaient en effet celles du trésor
« des nations, qu'ils ouvraient pour les rois et
« pour eux... Nous les avons heureusement
« fermés aux uns et aux autres; et quand les
« charlatans à sceptres et à couronnes sont
« tombés, les charlatans à étoles et à mitres
« ont dû descendre de leurs tréteaux et jeter
« leur masque. »

Dans les six premières lignes (je copie ici mon maître), il y a quatre fautes contre la langue.

1° L'on ne dit pas *remporter un triomphe :* un *triomphe remporté* est un barbarisme. Il fallait dire : La victoire remportée, etc.

2° C'est un contre-sens de dire que le *triom-phe remporté* est le seul *moyen* par lequel la révolution *pourra* se maintenir. Il est absurde de dire que la révolution pourra se maintenir à *l'avenir* par le seul *moyen* d'un fait passé... Un fait passé peut bien être un principe, une cause de conservation actuelle, mais non pas un *moyen.*

3° C'est un contre-sens de dire que l'*in-fluence* du sacerdoce était l'*habitude* la plus contraire à un gouvernement libre. L'influence ne peut être une habitude que dans ceux qui l'exercent; c'est donc littéralement l'habitude d'influence qu'avait le sacerdoce, que l'auteur déclare l'habitude la plus contraire à un gou-vernement libre. Mais que fait à un gouverne-ment libre, ou qui veut l'être, l'habitude plus ou moins enracinée du sacerdoce? Ce n'est pas son habitude, c'est sa puissance qui peut être contraire au gouvernement. Ce que l'au-teur a voulu dire, c'est que *l'habitude de souf-frir l'influence du sacerdoce* est la plus con-traire aux gouvernements libres. Cette proposi-tion a du sens; mais ce n'est pas là ce qu'il a dit.

4° Il y a un solécisme dans cette phrase où, en parlant du sacerdoce et de la royauté, l'au-teur dit : Le *premier* (le sacerdoce) *s'était chargé* d'aveugler les hommes pour les asser-vir au second (à la royauté). La royauté, dit-on, est du féminin.

Ce qu'il y a de parfaitement correct et de parfaitement pur dans le morceau de M. de la Harpe, c'est le sens. C'est pour cela sans doute qu'il l'a défiguré par le style. Au reste, l'incor-rection est un accident qui lui arrive ordinai-rement lorsqu'il se mêle d'écrire, même de traduire de la politique. Ce qui prouve qu'il ne suffit pas, pour être exact, d'entendre les langues qu'on traduit et celles dans lesquelles on écrit; et qu'il faut, de plus, entendre le lan-gage de la chose dont il s'agit.

Chamfort citait souvent une plaisante mé-prise du même M. de la Harpe, traduisant un passage de Salluste qui signifie : *On convoqua le peuple.* M. de la Harpe dit : *On assembla les étapes.* — Un autre membre de la ci-de-vant Académie française (Morellet) a fait un volume de 60 pages pour relever le plus briè-vement qu'il est possible les principaux con-tre-sens qui se trouvent dans la traduction de la belle lettre de Brutus à Cicéron, faite par le même littérateur, à qui sans doute il apparte-nait bien plus de surpasser l'un et l'autre que de les traduire.

Signé : Faucon.

7.

Delessart priait M. de la Harpe à dîner : « Volontiers, monsieur, lui répond la Harpe; vous seriez le premier ministre chez lequel je n'aurais pas dîné ! »

SUR UNE COLLECTION DE PORTRAITS D'HOMMES
CÉLÈBRES DANS LA RÉVOLUTION.

Un imprimeur étranger, que nous croyons Suisse, quoiqu'il se dise de Leipsick, a entre-pris une collection, intitulée *Portraits de quelques personnes célèbres dans l'histoire de la révolution française,* peints par eux-mêmes, ornés de dessins de Bréa, gravés par Lips.

Nous n'aimons pas à nuire aux imprimeurs et libraires; mais nous ne voulons pas non plus les servir aux dépens du public.

Ce n'est pas d'ailleurs nuire aux entrepre-neurs d'un ouvrage de longue haleine, et sur-tout à des entrepreneurs étrangers, de les pré-venir que de bénins auteurs les exposent à se ruiner.

Au reste, le titre annonce assez de lui-même les principales critiques dont est susceptible l'ouvrage dont nous parlons.

Si nous disons qu'il est écrit en style barbare,

le titre ne vous l'avait-il pas dit d'avance? *Portraits de quelques personnes peints par* EUX-MÊMES !

Si nous disons que de six portraits gravés qui sont contenus dans ce numéro, il n'en est qu'un seul, celui d'Isnard, qui ait de la ressemblance, ce titre ne vous en avait-il pas prévenus ? Les *portraits* sont *ornés* de dessins, qui ne sont donc pas des portraits.

Ce que l'auteur appelle des *portraits peints par eux-mêmes*, consiste en de courtes notices sur les personnes, et *en morceaux extraits de leurs ouvrages.*

Les notices sont très-bizarres, et d'ailleurs, pour la plupart, dictées par l'esprit de parti. Les morceaux choisis sont mal choisis, et ne sont bons, pour la plupart, qu'à justifier ce que l'esprit de parti a fait dire dans la notice.

Entre les choses bizarres qu'on dit de Sieyès, on assure que Sieyès ne défendra ses opinions que *quand la raison aura quelque prépondérance dans les discussions humaines, s'il vit encore;* cela veut dire qu'il ne défendra ses idées que quand le progrès de la raison aura rendu leur défense inutile, si elles sont bonnes, ou impossible, si elles sont mauvaises.

En parlant de Chénier, il présente, comme éloge, des traits qui sont autant d'épigrammes. Il dit, par exemple, que Chénier *a beaucoup de courage, surtout dans les occasions qui demandent de la* REPRÉSENTATION, c'est-à-dire dans tout ce qui ne demande pas *d'action.* — Il dit que Chénier *a commencé une nouvelle époque de l'art dramatique;* c'est justement ce dont l'accusent ceux qui déplorent la perte du goût.

On croirait que ce sont les gens du parti opposé à celui de Chénier et Sieyès qui ont fait ces notices, c'est-à-dire les Boissy-d'Anglas et autres, si on ne lisait une notice aussi peu exacte sur Boissy-d'Anglas lui-même. On lui reproche de n'avoir pas su résister à la flatterie, après avoir su résister à la fureur populaire, et de n'avoir pas vu que les honnêtes gens étaient des scélérats.

Il n'est pas étonnant que les auteurs de ces *portraits* s'adressent à des étrangers pour en faire les frais.

(Journal d'Économie publique, de Morale et de Politique, du 10 vendémiaire an V. — 1er octobre 1796.)

Nous avons recueilli un grand nombre d'anecdotes relatives à des hommes qui ont figuré dans la révolution, et qui ne sont plus, tels que Mirabeau, Condorcet, Vergniaux, Chamfort et autres. Nous avons aussi rassemblé plusieurs mots mémorables, qui leur sont échappés dans leurs conversations familières sur les affaires publiques, et qui sont également propres à caractériser ces hommes et les époques où ils ont vécu. Nous croyons utile de conserver à l'histoire ces précieux restes de leur existence. En conséquence, nous nous proposons d'en déposer trois fois par décade quelque parcelle dans ce journal, où l'histoire pourra les retrouver.

Nous invitons les personnes qui ont vécu avec ces morts illustres à enrichir notre recueil des mots remarquables qu'elles ont entendus, ou des anecdotes qu'elles ont recueillies. Il doit être doux aux amis du talent et de la liberté de consacrer, par la publicité, tout ce qui intéresse la gloire des martyrs de la philosophie, de l'éloquence et du civisme; le patriote doit aussi sentir combien un mot heureux prononcé par un homme considéré, peut avoir d'utilité; il est telle parole qui suffit pour jeter la lumière dans les obscurités les plus profondes; telle autre pour trancher les difficultés les plus compliquées; telle autre pour calmer les discussions les plus échauffées, ou échauffer les esprits les plus indifférents. Enfin, il importe à la philosophie de recueillir même les fautes ou les erreurs des hommes célèbres par leurs vertus ou par leurs lumières; car leurs fautes et leurs erreurs sont une leçon d'indulgence pour les âmes dures, de modestie pour les esprits présomptueux, de réserve pour les caractères ardents. Nous espérons donc qu'aucun citoyen ne voudra laisser perdre un genre de richesse si précieux, et que nous réclamons au nom de l'intérêt public (1).

(Journal de Paris, du 18 ventôse an III. — 9 mars 1795.)

---

(1) (*Note de l'éditeur.*) Cet appel n'a produit aucun résultat.

OPUSCULES.

PARAGRAPHE DEUXIÈME.

THÉATRE.

§ I. — DE LA REPRÉSENTATION DE PIÈCES NOUVELLES ET ANCIENNES.

QUINTIUS CINCINNATUS,

Tragédie en 3 actes, par Arnault.

Le but de l'auteur a été de mettre sur la scène la popularité hypocrite qui, dans les républiques, cache si souvent l'ambition du pouvoir suprême. Spurius Mélius, riche citoyen de Rome, a fait venir des grains dans un temps de disette; il les distribue au peuple pour le gagner et s'ouvrir un chemin à la tyrannie. Cincinnatus, qui, de sa retraite, a pénétré les projets de Mélius, accourt à Rome, et l'accuse devant le sénat. Mélius se défend et menace, Cincinnatus est nommé dictateur. Il donne ordre d'arrêter Mélius. Celui-ci résiste, et provoque le peuple à la sédition. Servilius, général de la cavalerie, le tue au milieu de ses clients. Tel est le fond de la pièce.

On voit que les deux grands ressorts de la terreur et de la pitié sont étrangers à ce sujet. Tout son intérêt consiste dans un danger public, et dans le développement de deux grands caractères politiques mis en opposition l'un avec l'autre : celui d'un conspirateur populaire, et celui d'un vrai citoyen, jaloux de la liberté de son pays.

Cette espèce de dangers et de caractères excitent, attachent, sans doute, la sollicitude civique, l'amour inquiet de la patrie, qui, chez les peuples libres, est un sentiment de l'âme. Mais, il faut le dire, ce sentiment, toujours moins profond, moins intime, moins

pur, moins généreux que ceux dont la nature elle-même a mis le principe dans notre sein, donne moins de prise aux arts d'imitation, et ne touche point, dans le fond de l'âme, aux principes de la terreur et de la pitié.

Tout le monde a une famille, des amis, des objets d'amour; tous les sexes, tous les âges, toutes les conditions partagent ces intérêts. Tout le monde ne sent pas de même qu'il a une patrie; un sexe entier le sent faiblement, la vieillesse né le sent plus, la jeunesse ne le sent point encore : nul n'a toujours l'intérêt public également présent à son esprit. L'amour de la patrie est un sentiment acquis et non inné; ce n'est pas un don de la nature, c'est un bienfait de la patrie même; et, comme tout ce qui vient de la main des hommes, il est moins également réparti que ce qui vient de la nature. Il suffisait que l'amour de la patrie fût moins général pour qu'il réussît moins au théâtre que les affections de la nature. Remarquez qu'au théâtre le poëte et l'acteur ne font que la moitié de l'ouvrage : c'est l'action des spectateurs les uns sur les autres qui l'achève. Dans un spectacle vide, dans un spectacle où les applaudissements sont interdits, les spectateurs sont difficiles à émouvoir, et l'art n'y réussit pas toujours. Le mélange des hommes et des femmes dans nos spectacles, ce mélange qui lui-même donne déjà des émotions vives aux uns et aux autres, y rend nécessaire l'unanimité des impressions entre les deux sexes pour le succès de la tragédie. Toujours les hommes refuseront de sentir ou seront impuissants à sentir des émotions que les femmes n'éprouveront que faiblement à côté d'eux.

C'est par ces raisons, sans doute, que chez les Grecs, en qui la passion de la liberté était pourtant si exaltée, les malheurs domestiques ont seuls occupé la scène dramatique avec un éclat durable. C'est aux mêmes vérités qu'il faut, sans doute, attribuer le peu de succès ou l'instabilité des succès qu'ont obtenus à nos théâtres plusieurs ouvrages très-estimables, comme scènes d'histoire, et comme tableaux de politique. Ce sont ces vérités qui expliquent sans doute pourquoi *Cincinnatus* n'a obtenu qu'un de ces succès d'estime qui semblent avoir plutôt consacré l'ouvrage au plaisir de la lecture qu'aux applaudissements du théâtre.

A considérer cet ouvrage en lui-même, on trouve que l'auteur a réuni à tout ce qui était important et difficile dans son entreprise, la peinture fidèle et énergique des mœurs de ses personnages, et de beaux développements de leurs talents et de leurs vues, dans une opposition de discours et de conduite habilement ménagée entre eux; ces mérites distinguent éminemment la pièce de *Cincinnatus.*

Les défauts qu'on lui reproche étaient faciles à éviter, et sont faciles à corriger; par exemple, on s'accorde à trouver la catastrophe trop brusque. Il semblerait naturel que Mélius, pour agiter le peuple, après avoir été menacé de l'exil par le sénat, eût exécuté le dessein qu'il avait annoncé de mettre secrètement le feu à sa propre maison, et d'y brûler la subsistance de Rome, pour en accuser la malveillance des sénateurs, et intéresser le peuple à lui confier le pouvoir suprême. Cet incendie eût rassemblé les citoyens alarmés dans la place publique; ce serait alors que Mélius se serait présenté au milieu d'eux pour accuser le sénat, qu'il les aurait facilement poussés à la fureur par une harangue séditieuse, et que Servilius, pour éviter une explosion funeste, lui aurait donné la mort. L'action acquérait par cet incident plus de vivacité et d'intérêt, la catastrophe plus de vraisemblance et de naturel. Le caractère du conspirateur eût été mieux marqué, le zèle du peuple en sa faveur mieux mo-

tivé, le péril du sénat et de la liberté plus imminent, la nécessité de poignarder le traître plus évidente, le courage de Servilius plus glorieux. Jeu de mots à part, on peut dire que l'embrasement de la maison de Mélius était nécessaire pour échauffer l'action, et il était nécessaire de l'échauffer avant d'y mettre fin.

Il paraît aussi que l'auteur, malgré les ressources de son talent, dont il a su tirer un si grand parti dans *Marius*, a craint ici de se renfermer dans celles de son sujet, et ç'a été là le principe d'autres fautes.

Il a craint que ce sujet ne fût trop aride, et, désespérant de le féconder, il a voulu l'étendre; de là sans doute le rôle de cette Émilie qui, après avoir inutilement figuré entre les autres personnages de la pièce, se poignarde après la mort de Mélius, son père; ce qui fait une seconde catastrophe à laquelle l'unité de l'action ne permettait pas de s'attendre.

Mais, nous le répétons, l'ouvrage peut se passer de quelques beautés et porter quelques défauts. Au reste, le poëte qui, dans une grande occurrence, a su faire parler et agir un Romain tel que Cincinnatus, d'une manière si digne de lui et de Rome, qui a su rassembler dans les discours et la conduite de Mélius ce que les conspirateurs les plus habiles de tous les temps, même du nôtre, nous ont jamais fait voir de plus audacieux et de plus astucieux, celui-là fait aisément disparaître des fautes qui déparent des ouvrages estimables, et plus aisément encore il les fait oublier par de nouvelles productions qui lui procurent de plus éclatants succès.

« Vous avez su faire ce que d'autres n'ont pas fait, lui a dit Ducis après la première représentation de la pièce : ce dont tout le monde est capable, vous le ferez plus aisément qu'un autre. »

Ces paroles, qui nous reviennent trop tard à la mémoire, disent mieux que nous tout ce que nous avons voulu dire et du talent de l'auteur et de son ouvrage.

(*Journal de Paris*, du 24 germinal an III. —
13 avril 1795.)

ABUFAR.

Hier, on a donné au théâtre de la République la première représentation d'*Abufar* ou *la Famille arabe,* tragédie de *Ducis.* Voici le sujet de la pièce :

Un chef de famille arabe, Abufar, a recueilli dans le désert un enfant qu'il a vu naître, et dont la mère a péri en lui donnant la vie. L'esprit de famille, qui appartient aux mœurs arabes, a fait craindre à Abufar que l'orpheline ne fût traitée chez lui en étrangère, s'il faisait connaître sa naissance ; et il l'a fait passer pour sa fille.

Deux autres enfants composent la famille d'Abufar : Odéide, sa fille, et Faran, son fils ; enfin, un jeune Persan, Pharasmin, que les hasards de la guerre ont fait tomber comme prisonnier entre ses mains, mais qui est traité par lui plutôt en ami qu'en captif, est réuni à cette famille.

Faran, devenu amoureux de Saléma (c'est le nom de l'orpheline), épouvanté d'un amour qu'il croit être incestueux, a déserté la maison de son père, ce qui est une grande offense à l'autorité paternelle chez les Arabes ; il est absent, ses sœurs n'espèrent plus le revoir, son père ne le veut plus.

Cependant Pharasmin et Odéide ont pris l'un pour l'autre des sentiments tendres ; mais ces sentiments n'ont pas encore eu l'occasion ou le temps de se découvrir.

C'est dans cette situation que l'action commence.

Abufar rend la liberté à Pharasmin : l'idée d'un départ amène entre celui-ci et Odéide la déclaration de leur amour mutuel.

D'un autre côté, le bruit de la mort de Faran se répand ; Saléma, dans sa douleur, laisse échapper qu'au moins elle *n'a plus à rougir d'une exécrable flamme ;* elle aimait aussi Faran, qui l'ignore. Mais Faran revient après de longs voyages. Son père offensé ne le reconnaît plus ; le fils désolé fait pénétrer dans l'âme paternelle les accents étouffés de l'innocence condamnée et du respect filial repoussé. Abufar le reçoit dans ses bras, mais il met un prix au retour de sa tendresse : c'est que Faran se fixera dans la tribu par les liens sacrés de l'union conjugale. A cette proposition, l'amour de Faran pour Saléma s'inquiète, se tourmente. Il refuse. Abufar insiste ; il va plus loin, il exige que son fils propose la main de sa sœur à Pharasmin. *De laquelle ?* s'écrie vivement Faran. *De Saléma,* répond le père...

A ce mot, la jalousie s'allume dans l'âme de Faran. Un entretien qu'il a avec Saléma ; et dans lequel leur amour mutuel se montre à chaque mot sans pourtant se déclarer, échauffe encore et sa passion et sa jalousie.

Cependant la peuplade accourt vers Abufar ; des étrangers, des ennemis veulent asservir les Arabes... « Aux armes ! » s'écrie Abufar ; et il confie à Pharasmin le soin de la défense commune. En ce moment la jalousie de Faran éclate. Il s'oppose au choix d'un étranger pour sauver son pays ; sa fureur l'emporte, il se précipite sur Pharasmin : son respect pour son père et pour la foi jurée à l'étranger, plus encore les bras de son père, l'arrêtent ; Abufar le désarme ainsi que Pharasmin, et les sépare.

A l'emportement de Faran succède un accablement profond. Son cœur est rendu tout entier au supplice d'un amour ardent et sans espoir. Il se résout à quitter de nouveau son pays, sa famille. Il s'excuse près de Pharasmin, qui n'a vu dans ses emportements qu'un ami absent, et qui le console. Faran l'engage, au nom de son père, à épouser sa sœur, lui recommande l'honneur de sa nouvelle patrie, le bonheur d'Abufar, celui de ses sœurs, celui de *Saléma...* de Saléma !... Pharasmin lui apprend que c'est Odéide qu'il aime, et dont il est aimé... A ce mot, le tourment de la jalousie cesse ; mais celui de l'amour sans espoir reste encore ; un nouvel entretien de Faran avec Saléma l'irrite et le porte au désespoir : là les deux amants s'abandonnent à l'expression de leur amour ; leur langage, d'abord contraint, s'anime par degrés ; il s'échauffe, il devient brûlant ; les amants en sont à ce point où tous les genres d'expression manquent à la fois : alors le souvenir des liens de famille qui les unissent et les séparent, vient les frapper d'effroi et de remords... Mais Abufar, instruit par Pharasmin du feu que nourrit Faran pour sa sœur, accourt vers eux ; il les trouve abîmés dans la douleur. Il leur apprend que Saléma n'est point sa fille, et il l'unit à Faran. Tel est le fond de la tragédie d'*Abufar.*

Il n'est point de pièce au théâtre où des mœurs plus touchantes et plus saintes soient peintes avec plus de fidélité et d'intérêt ; où le langage de la vertu soit plus naturel, et, si l'on peut parler ainsi, plus nécessaire ; où l'autorité paternelle se déploie avec plus de dignité, où l'amour filial, la tendresse fraternelle s'épanchent avec plus de charme. Sans doute ce mérite sera cher à la morale, qui depuis longtemps n'a reçu du théâtre que le vain secours de déclamations dont elle est lasse. Mais ce qui fait l'intérêt dominant de la pièce, c'est l'amour, c'est la jalousie. C'est l'amour, c'est la jalousie effrénée et coupable, mis aux prises avec les mœurs les plus douces et les plus pures, et placés par leur opposition même dans les situations les plus violentes.

Ces deux passions s'expriment et agissent dans la pièce avec toute l'ardeur du climat qui leur a donné naissance. Tous leurs mouvements ont une énergie, une véhémence particulière. Leur repos, leur abattement, leur épuisement même ont quelque chose de plus profond que dans des passions ordinaires. Leur langage a toute cette richesse ou plutôt cette force, tour à tour irrésistible et pénétrante, que l'imagination prête dans l'Orient aux passions que le climat allume.

Malgré les beautés de style et de situation qui éclatent éminemment dans cet ouvrage, il n'a pas eu un succès complet. Disons franchement ce qui nous a paru nuire à son effet.

D'abord l'exposition du sujet ne commence qu'au second acte. C'est seulement là qu'on apprend l'amour de Pharasmin et d'Odéide, de Saléma et de Faran. On est encore dans l'ignorance du sujet et des personnages auxquels on doit s'attacher, quand déjà l'intérêt devrait se faire sentir à l'âme, et l'entraîner vers le but.

2° Le poëte laisse ignorer jusqu'à la fin de la pièce que Faran n'est point frère de Saléma, et cette ignorance empêche de prendre intérêt à leur amour, soit que le cœur conçoive mal l'amour mutuel d'un frère et d'une sœur, soit que nos mœurs s'en offensent : quelle raison a pu empêcher l'auteur de mettre le spectateur dans sa confidence ? L'objet de la tragédie n'est point de ménager un moment d'étonnement à la fin d'une pièce, ou d'exciter la curiosité pendant son cours ; c'est de remuer la terreur ou la pitié par des situations pathétiques. Or les situations ne sont pas moins pathétiques quand le spectateur connaît l'erreur qui les produit, que quand il les ignore.

S'intéresse-t-on moins à Oreste et à Iphigénie qui ne se reconnaissent pas, et frémit-on moins pour eux, parce qu'on les connaît ? S'intéresse-t-on moins à la jalousie d'Orosmane et au coup qu'il prépare à Zaïre, parce qu'on sait qu'elle n'est point infidèle ? L'âme du spectateur n'est que plus émue quand il voit tant de souffrances qu'il pourrait faire cesser d'un mot, et qu'il prévoit une catastrophe effrayante qu'il serait si facile d'éviter. Ici l'instruction du spectateur était plus qu'utile, elle était nécessaire, puisqu'il fallait ou faire taire les scrupules de sa morale, ou vaincre sa répugnance à partager un amour de frère à sœur.

3° Il n'y a pas unité d'intérêt. Il semble que l'auteur ait voulu en faire deux parts, en donnant à Pharasmin l'amour, à Faran la jalousie. La déclaration du premier à Odéide est un chef-d'œuvre ; mais à quoi bon une telle déclaration pour un amour qui, dans le cours de la pièce, n'amène pas un seul incident qui s'y rapporte ?

4° L'intérêt, au lieu d'aller toujours en croissant dans l'espace de deux actes qui lui est réservé, s'affaiblit dès le commencement du quatrième, par l'éclaircissement qui apprend à Faran que sa jalousie est sans fondement, que Pharasmin aime Odéide et non pas Saléma. Faran a occupé le spectateur à deux titres : comme amant sans espoir, et comme amant jaloux... Tout à coup le jaloux disparaît, il ne reste que l'amant ; ce n'est plus assez pour le spectateur, à qui l'on a montré davantage.

Enfin, il y a des longueurs dans les plus belles scènes ; il y a des scènes et des incidents qui eux-mêmes sont des longueurs. Par exemple, la guerre pouvait être supposée sans être proclamée, etc.

On peut observer aussi qu'il y a trop de détails propres aux mœurs arabes. Il semble que quand un poëte met sur la scène des mœurs étrangères, il n'en doit montrer que ce qui est nécessaire à son sujet : le reste occupe aux dépens du sujet même. Et d'ailleurs ce qui ne s'explique pas très-bien, et de soi-même, aux yeux d'un peuple léger et frivole, court risque d'exciter le rire là où le poëte est le plus en droit d'espérer des larmes.

Nous parlerons du jeu des acteurs lorsqu'une représentation plus calme aura permis une marche plus sûre et un essor plus libre à leur talent.

(*Journal de Paris*, du 25 germinal an III. — 14 avril 1795.)

DE LA TRAGÉDIE D'OSCAR.

1.

Avant-hier, le théâtre de la République a donné la deuxième représentation de la tragédie d'*Oscar*, par Arnault.

La scène se passe en Écosse, et au troisième siècle, c'est-à-dire au temps et au pays des Bardes ; les mœurs étaient pures, mais ardentes ; l'imagination remplie d'images douces, mais toujours disposée aux passions violentes.

Malvina, épouse de Dermid, est séparée de lui depuis plusieurs années Dermid est prisonnier d'un roi scandinave qui a envahi son pays. Oscar, ami de Dermid, a délivré sa patrie du tyran étranger ; mais, ignorant le sort de Dermid, il s'est mis à sa recherche ; il arrive sans avoir pu le découvrir ; il annonce à Malvina l'inutilité de ses efforts pour le découvrir.

Malvina et Oscar ont conçu dès longtemps un amour mutuel ; mais cet amour est un secret qu'ils se sont caché à eux-mêmes.

Oscar, à peine arrivé, veut fuir Malvina ; Malvina le retient, et le presse de goûter le repos au sein de l'amitié.

Un vieillard qui, prisonnier avec Dermid, s'est échappé avec lui de sa prison, arrive. Il apprend que Dermid a péri dans un naufrage au moment de revoir sa patrie, et qu'en périssant il a fait demander à Oscar, au nom de l'amitié, d'épouser Malvina, et de venger son fils.

Le vœu de Dermid devient celui du pays entier. Les Bardes pressent Oscar et Malvina de l'accomplir. Les amants s'avouent leurs sentiments ; ils y cèdent, autant qu'au vœu de Dermid. Leur union doit être célébrée le lendemain... Mais on annonce le retour de Dermid et de son fils, jeune enfant renfermé dans la même prison que lui.

La jalousie s'empare d'Oscar. Il va à la rencontre de Dermid ; il le trouve arrêté dans une épaisse forêt, où son fils reposait sur un tombeau.

L'amitié se fait sentir à son cœur ; il embrasse son ami ; il lui demande la mort ; il lui déclare son amour. Dermid s'afflige ; mais, à quelques paroles qui rappellent ses droits d'époux, Oscar rentre en fureur ; il tire son épée ; un combat s'engage. Oscar, pressé par le remords, semble fuir ; mais ils se rejoignent ; ils se perdent dans l'épaisseur de la forêt. Bientôt on apprend que Dermid n'est plus.

Oscar égaré revient sur la scène. Il a le sentiment d'un crime ; il n'en a pas le souvenir.

Il ne sait s'il a tué Dermid ; mais il sait qu'il est mort. Dans un rêve affreux, il l'a vu expirant, et se donnant la mort.

Cependant, les Bardes pressent de nouveau l'union d'Oscar et de Malvina (ils croient que Dermid s'est tué lui-même). A ce moment, on apporte le sabre trouvé dans le flanc de Dermid ; c'est celui d'Oscar, qui le reconnaît ; Malvina approche de lui son fils, dont il va devenir l'appui ; l'enfant, qui dans la forêt s'était réveillé au bruit du combat, et avait vu frapper son père, s'écrie... *Fuyons ! il a tué mon père...* L'effroi est général. Oscar se donne la mort. Tel est le fond de la pièce. Nous parlerons demain des détails de la composition et du jeu des acteurs.

2.

Oscar n'a pas obtenu un de ces succès qui comblent les vœux d'un jeune poëte et font le tourment de ses rivaux ; mais l'auteur a pu remarquer qu'il lui était facile de l'obtenir. S'il a observé l'impression que sa pièce a faite, il a dû voir combien il pouvait espérer de gloire de développements plus complets ; le fond de l'ouvrage est grand, neuf, hardi. C'est à la marche de l'intérêt, à son unité, à son progrès, d'en assurer l'effet.

Je soupçonne que le défaut de la pièce est de promettre de l'amour dans les premiers actes, et de ne présenter que de la jalousie dans les deux derniers.

L'intérêt est non pas divisé, mais rompu ; il n'y a pas deux actions croisées, mais deux actions successives : ce que la première a mis dans l'âme du spectateur est perdu pour la seconde ; dans la seconde, rien ne ramène à la première.

Il me semble que, dans la tragédie, l'objet est la *pitié*, et le moyen la *terreur*. Il faut un intérêt pour s'attacher à un événement tragique ; c'est la pitié qui le donne. La terreur, qui fait jouer dans l'âme, au plus haut point, le ressort de la crainte, tandis que la pitié fait jouer celui de l'espérance, n'est qu'un moyen de l'intérêt.

Quels sont les sentiments propres à inspirer l'intérêt ? Ce sont non-seulement les sentiments naturels et profonds, mais aussi les bons sentiments, ceux dont la nature humaine s'honore; et l'amour est le premier de tous.

La jalousie effrénée ne peut, par elle-même, offrir qu'un odieux spectacle; elle est bonne au théâtre, parce qu'elle place l'amour dans des situations terribles; mais il faut toujours qu'elle ramène à l'amour.

Que la terreur fasse le ressort d'une pièce, rien de mieux; mais après qu'elle a tourmenté l'âme du spectateur, faites que la pitié ouvre un passage aux larmes. Faites-nous frémir, sans doute, mais pour nous faire pleurer ensuite, et non pour nous avoir fait frémir.

Les amis de l'auteur font espérer qu'à une prochaine représentation d'*Oscar*, un nouveau cinquième acte remplira à cet égard le vœu de l'art, ou plutôt celui du cœur; et que l'on reverra l'amour malheureux dans le sentiment du crime commis par la jalousie. Il est en effet nécessaire de rendre quelque intérêt à Oscar, de le remettre en scène avec Malvina, de ramener en un mot de la terreur au pathétique, si l'auteur veut soulager le spectateur, qu'oppresse le meurtre affreux commis par Oscar.

Du reste, les hommes en état de juger l'expression des passions humaines dans leurs écarts comme dans leurs élans, ont dû concevoir une grande estime pour le talent d'Arnault, en voyant la scène où Oscar, accourant au-devant de son ami, partagé entre l'amitié et l'amour, l'embrasse, lui demande la mort, et finit par la lui donner.

Cette scène était d'une extrême difficulté, non que l'action ne soit très-conforme à la nature des passions qui la déterminent, mais parce qu'elle semble étrangère à nos mœurs, qui ne nous permettent guère de passions aussi violentes. Il fallait au poëte un grand talent pour éviter d'y devenir *horrible*, au lieu d'y être *terrible*; Arnault a échappé au danger. Qu'il ajoute au rôle de Dermid, quelques vers qui fassent voir en lui, par Oscar, un possesseur jaloux, au moins inquiet de Malvina; surtout que le jeu des acteurs se-

conde bien l'intention de l'auteur, et cette scène, déjà admirable, sera une des plus belles du théâtre.

Le style de la pièce mérite d'être remarqué. Nous ne nous bornerons pas à dire qu'elle renferme de très-beaux vers; un tel éloge ressemblerait trop à ceux qu'on accorde quelquefois à certains poëtes ordinairement barbares, aussi étrangers à l'harmonie qu'aux convenances, lesquels, réservant la terreur pour la tribune, n'inspirent au théâtre que la pitié : la pièce d'Arnault est une longue suite de beaux vers, de vers harmonieux et passionnés, dont la couleur rappelle sans cesse et les temps et les lieux de l'action, et dont le mouvement, toujours d'accord avec celui de l'âme, semble noter pour l'acteur la manière de les prononcer.

Nous terminons, en observant qu'*Oscar* annonce dans l'auteur de *Marius*, non pas peut-être plus de talent, mais un autre talent que celui dont il avait fait preuve jusqu'à présent. Le genre politique qu'on appelle, je ne sais pourquoi, *admiratif*, lui a valu de nombreux applaudissements; il est sûr d'en recueillir bien davantage dans le genre passionné, qui est bien plus fécond, bien plus conforme à la nature de l'homme, bien plus propre aux mœurs d'un peuple paisible, sensible et policé.

(*Journal de Paris*, des 18 et 19 prairial an IV. — 6 et 7 juin 1796.)

HAGARD, ENFANT DE SON PÈRE.

Hier, au théâtre du Vaudeville, on a joué avec succès, *Hagard, enfant de son père*, parodie d'*Oscar, fils d'Ossian*.

Cette parodie, un peu trop longue, nous a paru d'un fort bon genre.

La médiocrité sur la scène tragique a trop réussi à décrier la bonne parodie, parce que la médiocrité envieuse a trop souvent produit la mauvaise, sur la scène comique.

Il me semble qu'on devrait distinguer deux espèces de parodies: celle qui *travestit* pour *ridiculiser*, celle qui travestit pour *critiquer*.

La parodie qui *travestit* le grand, le beau, le vrai tragique, qui mutile un bel ouvrage pour le traduire en ridicule, a un objet méprisable. Elle est moins la parodie que l'abus de la parodie. Au reste, elle ne fait pas grand mal aux bons ouvrages. Ce n'est pas aux dépens de la pièce travestie que rit le spectateur, mais aux dépens des personnages qui en contrefont les sentiments; et il n'y a rien de moins contradictoire que de rire de sentiments contrefaits, et de pleurer de sentiments vrais.

La parodie qui *critique*, qui fait ressortir les défauts d'une tragédie, ses invraisemblances, ses inconvenances, qui provoque le rire sur des choses pour lesquelles ou par lesquelles le poëte avait mal ou mal à propos sollicité des larmes; la parodie de ce genre est très-utile à l'art dramatique. L'homme de goût peut s'en servir pour donner au jeune poëte et à l'acteur tragiques des leçons animées, frappantes, telles qu'aucune instruction, aucune critique ne peuvent les donner. Ce genre est la comédie appliquée aux ridicules qui peuvent gâter la tragédie; et pourquoi ne s'exercerait-elle pas sur ces ridicules, comme sur ceux qui gâtent la société?

La parodie d'*Oscar* paraît avoir eu pour objet de relever les fautes d'*Oscar*, et non de le déprimer. Elle finit même par des couplets flatteurs pour Arnault.

L'acteur qui joue le rôle d'Hagard imite Talma plutôt qu'il ne le contrefait. Il est même bon de l'avertir qu'il l'imite au point d'être quelquefois touchant comme lui. Est-ce un hommage que l'acteur parodiste veut rendre à l'acteur tragique, ou est-ce un tour qu'il joue aux auteurs de la parodie?

(Journal de Paris, du 5 messidor an IV. —
23 juin 1796.)

AUX AUTEURS DU JOURNAL.

En rendant compte, il y a quelques jours, de la parodie d'*Oscar*, vous avez oublié de dire que le public ayant demandé le nom des auteurs, l'acteur qui avait joué *Hagard* a nommé Radet, Desfontaines et Barré, et a pris pour les nommer une forme assez étrange; voici ses paroles:

« Messieurs, les auteurs de la parodie d'*Ha-* « *gard*, sont *messieurs* Barré, Desfontaines et « Radet. »

Il a paru plaisant que cet acteur portât le goût ou l'habitude de la parodie jusque sur le titre de *citoyens*, et qu'il s'avisât d'affubler d'un sobriquet les auteurs mêmes qui sont l'honneur de son théâtre.

Quelqu'un à qui je faisais hier cette observation, me répondit qu'il était revenu *fort à la mode* de remplacer le titre de citoyen par celui de monsieur. Je répliquai que dans les lieux publics, et au théâtre, les hommes du public doivent se conformer, non à la mode, qui est la fantaisie de quelques-uns, mais aux mœurs et aux lois, qui sont la volonté de tous.

Notre conversation avait lieu dans un café, et mon adversaire venait de lire le *Journal de Paris*. Voyez, me dit-il, ce journaliste, qui, dans sa lettre à une femme, lui dit : *Madame*, et non pas *citoyenne*. — Ceci, repartis-je, est autre chose. Les citoyens, dans la république française, sont les membres de l'État. Être membre de l'État, c'est avoir un droit politique. Le titre de citoyen est donc un titre politique. Mais une femme n'est que membre de la famille, elle n'a aucun droit politique dans l'État. Elle ne doit donc porter aucun titre politique.

A Rome on disait les *citoyens* romains, et les *dames* romaines, *matronæ*.

Ce n'est pas parce que les femmes sont *au-dessous* des hommes, qu'elles doivent avoir un autre titre; c'est parce qu'elles sont *au-dessus*. *Dame* veut dire *maîtresse*, *dominatrice*. Le mot vient de la même origine que *domaine*. Nous sommes le domaine des femmes.

Mais autrefois ne disait-on pas le président et la présidente, le comte et la comtesse? — Oui, mais on ne disait pas mon médecin et ma *médecine*, mon avocat et mon *avocate*. Et pourquoi la différence? c'est qu'autrefois les emplois publics s'obtenant toujours par faveur ou par argent, c'était madame qui les obtenait pour monsieur; madame en était aussi capable que monsieur, et souvent les exerçait au moins par moitié avec monsieur. Mais dans les professions où il fallait payer de sa personne, comme celles de jurisconsulte et de médecin, le titre du mari ne passait point à la femme. Or, le devoir de *citoyen* est de ceux pour lesquels il faut payer de sa personne.

Mais on disait autrefois le roi et la reine. — Abus qui donna lieu à mettre en principe *qu'il n'y avait qu'une majesté en France*, de sorte que le parlement refusa toujours le titre de *majesté aux reines*.

Ici un plaisant se mêla de la conversation : Parbleu, dit-il, en s'adressant à mon interlocuteur, que nous parlez-vous encore de *citoyennes* ? Les plus zélés républicains n'ont-ils pas réhabilité le *madame*, quand ils ont applaudi à *Notre-Dame-des-Victoires* et à *Notre-Dame-de-bon-Secours* (1)? Eh morbleu ! soyez *citoyens*, et laissez-nous nos *dames*.

(*Journal de Paris*, du 11 messidor an IV. — 29 juin 1796.)

———

REPRISE

DES REPRÉSENTATIONS DE L'AMI DES LOIS.

L'interdiction des représentations de la pièce de *l'Ami des lois*, lors de sa première mise au théâtre ; les persécutions auxquelles les artistes qui l'ont jouée ont été en proie, persécutions portées à un tel excès que leur salle a été détruite et leurs personnes incarcérées pendant un temps considérable, persécutions qui auraient privé la nation de ses modèles dans le genre de la comédie, si le bon esprit des membres de cette société précieuse ne les avait avertis à temps que leur force était dans leur union, et le charme de leur exécution dans l'ensemble de leurs talents respectifs : toutes ces circonstances, en fixant l'attention sur cette pièce, ont attiré avant-hier un monde considérable à la première représentation de la reprise.

Le succès n'a pas répondu à l'attente générale. Tous les spectateurs, même ceux de partis, ont paru étonnés du calme qu'ils éprouvaient. Cette contradiction entre les deux succès, qui n'est qu'apparente, s'explique naturellement par une simple observation : la pièce est la même, les acteurs sont les mêmes ; mais la situation des spectateurs est changée.

A l'époque de la première représentation, l'auteur montrait un grand courage. Il mettait en scène les intrigants qui régnaient alors, il développait la bassesse de leurs motifs et l'horreur de leurs principes. Aujourd'hui que justice se fait de tous ces malveillants, il est impossible que l'intérêt soit encore le même ; le froid (car c'est le mot propre) qu'éprouvent les spectateurs, ne peut donc rien dérober, ni au mérite de l'auteur, ni à celui des acteurs : c'est le sort commun de toutes les pièces de circonstances, quel qu'en soit d'ailleurs le mérite.

(*Journal de Paris*, du 20 prairial an III. — 8 juin 1795.)

———

AUX AUTEURS DU JOURNAL DE PARIS.

Le gouvernement, dit-on, vient de défendre aux acteurs du théâtre de la Cité de jouer *Turlututu*, et l'*Intérieur des comités révolutionnaires*.

Bravo pour la première ! Une pièce dont tout le mérite est dans de plates allusions, par lesquelles on traîne les gouvernants dans la boue, est indigne d'être jouée devant des hommes raisonnables et amis de la paix. On doit moins s'étonner de voir cette pièce défendue, que de l'avoir vue jouée deux fois. Ici le gouvernement a raison.

---

(1) (*Note de l'éditeur.*) Ces dernières paroles font allusion à l'article suivant, inséré au *Journal de Paris* un mois avant. Cet article est de mon père, bien qu'il soit signé A. L. — On peut voir, à la page 288 du tome III de cette collection, l'espèce de rapports que mon père avait eus momentanément avec Tallien, à la fin de l'an II (1794), aussitôt après la Terreur, dans l'intérêt du rétablissement de l'ordre. Ce fut par l'intermédiaire de madame Tallien que ces rapports s'établirent. Ce fut elle qui y amena son mari. — Mon père ne l'a jamais oublié. Et l'on va voir qu'il saisit une occasion qui se présenta de la venger d'une horrible calomnie :

« *Au rédacteur du journal.*

« Paris, le 13 prairial an IV.

« Quelques plaisants de vos confrères ont imprimé avec affectation un prétendu bon mot sur madame Tallien. Je vous prie de leur dire qu'un mot atroce n'est jamais plaisant, mais qu'un plaisant est quelquefois atroce.

« Apprenez leur que les hommes généreux ont le courage d'attaquer un coupable puissant, jamais celui d'outrager une femme.

« Et rappelez à la mémoire trop peu fidèle de ces folliculaires, que celle qu'ils outragent aujourd'hui arracha des victimes à la mort, brisa les fers de milliers de Français, inspira le 9 thermidor ; et les malheureux l'avaient nommée : *Notre-Dame-de-bon-Secours*, longtemps avant que les ingrats l'eussent appelée : *Notre-Dame-de-Septembre.*   A. L. »

(*Journal de Paris*, du 15 prairial an IV, 3 juin 1796.)

Mais que lui importe l'*Intérieur des comités révolutionnaires?* Qu'y voit-on? Des égorgeurs aussi ineptes, aussi fripons qu'ils sont féroces; un tableau aussi vrai que terrible, des atrocités commises par ces magistratures hideuses. Quel que soit le parti qui domine aujourd'hui, quel que soit celui qui dominera demain, le vol et l'assassinat seront toujours des crimes, parce que les principes de la loi naturelle sont immuables.

Pourquoi donc le gouvernement s'oppose-t-il à la représentation d'une pièce où la vertu et le vrai patriotisme sont mis en opposition avec le crime et l'anarchie? Est-ce pour faire oublier les fureurs révolutionnaires? Des siècles n'y suffiront pas. Est-ce pour tranquilliser leurs auteurs? mais ce n'est pas trop punir des scélérats qui ont couvert la France de deuil et de ruines, que de leur présenter sans cesse l'image de leurs forfaits.

Le fait est que nos exclusifs ont voulu qu'on cessât de les jouer. Pour y parvenir, ils ont assimilé à une pièce ridiculement injurieuse pour le gouvernement, celle de l'intérieur des comités révolutionnaires, qui ne peut déplaire qu'aux brigands. Mais le gouvernement doit-il autoriser cette confusion de toutes les idées, et se faire soupçonner de prendre quelque intérêt à ceux qui ont de bonnes raisons pour mettre leurs crimes sur le compte du patriotisme?

Salut fraternel.   MESSIN.

(*Journal de Paris,* du 18 fructidor an v. — 4 septembre 1797.)

THÉATRE FRANÇAIS DE LA RÉPUBLIQUE.

TRAGÉDIE D'OPHIS,

PAR NÉPOMUCÈNE LEMERCIER.

Avant-hier a été donnée, sur ce théâtre, la première représentation de la tragédie d'*Ophis*.

Ophis, guerrier brillant et généreux, à la tête des armées de Créops, son père, roi de Memphis, combat, loin de son pays, tous les ennemis qu'il rencontre. Toujours il en triomphe, et toujours ses triomphes étendent ses entreprises:

Sa pensée accomplit les rêves de sa gloire.

Tolus, son frère putné, ambitieux du trône, et amoureux de Naïs, épouse d'Ophis, vient de faire assassiner Créops; et, instruit du retour d'Ophis, à qui la naissance défère la couronne, il a résolu de le faire mourir lui-même, à son entrée dans Memphis, en empoisonnant la coupe qui doit lui être solennellement présentée au milieu des honneurs dont son retour sera l'occasion. C'est à ce moment que l'action de la pièce commence.

Un des conjurés révèle au grand prêtre d'Isis, Amostris, le projet d'empoisonner Ophis, et fait connaître, dans Tolus, l'auteur de ce projet, ainsi que du meurtre de Créops. Déjà de funestes présages, des cris sortis du tombeau de Créops, avaient averti Amostris du crime qui se tramait:

Les sphinx étaient émus, leurs yeux d'airain pleu-
[raient.

Amostris ordonne à Néthos (c'est le nom du conjuré) de verser dans la coupe qu'il doit présenter à Ophis, au lieu de poison, un breuvage assoupissant, dont Hermès a donné le secret aux prêtres d'Isis, et qui

Prête au froid du sommeil tous les traits de la mort.

Tolus vient pressentir les dispositions d'Amostris; Amostris jette de l'effroi dans son âme, en lui laissant voir ce que ses communications avec Isis lui ont appris. Il sait que

L'assassin de Créops, pour régner sur Memphis,
Veut plonger au tombeau le premier de ses fils.

Tel est le fond du premier acte.

Dans le second, Usbal, complice de Tolus, le rassure et l'affermit dans son coupable dessein. Il lui montre dans Ophis un rival qui lui ferme l'accès du trône,

Et l'époux de Naïs enlevée à ses feux.

Tolus reprend sa fureur; mais, rendu à lui-même, il éprouve des inquiétudes et des remords; il exprime la situation de son âme par ce vers qui s'adresse à son frère:

Si tu n'étais pas né, je serais vertueux.

Cependant Naïs apprend le retour de son époux; elle accourt; elle veut qu'on la conduise à sa rencontre; elle est ivre d'amour, de gloire et de joie; elle appelle le peuple, les prêtres, la nature entière, à célébrer l'arrivée de son époux... Des complices de Tolus la retiennent sous de vains prétextes, et bientôt Usbal vient lui apprendre la mort d'Ophis à l'entrée de Memphis. Il lui dit que,

Par d'invisibles coups, les dieux l'ont renversé.

Naïs tombe dans le désespoir; Tolus survient; il accourt, dit-il, pour partager ses maux. Naïs croit un moment à sa douleur, et lui dit avec confiance :

Eh bien! c'en est donc fait, et je n'ai plus d'époux!
Que de peines pour moi, que de larmes pour vous!

Mais bientôt ses yeux sont frappés de l'affreuse vérité; Tolus lui offre le trône, et lui montre le désir d'obtenir sa main; quelque ménagement, quelque art qu'il mette dans son discours, elle est saisie de cette idée :

Tolus est de sa mort habile à profiter;

et elle fait dans le soupçon un progrès si rapide, qu'enfin sa conviction éclate en ces mots :

Il périt par un crime, et c'est toi que j'accuse!

Tolus est troublé, mais il veut effrayer son accusatrice; il mêle, avec une vérité dont on ne peut trop louer et l'auteur et l'acteur, l'effroi et la menace; il demande à Naïs quels sont ses indices? Elle répond : Tes feux. — Ses témoins? — Ta pâleur. Il reprend :

Si jamais ce soupçon s'échappe de ta bouche!...

Elle répond :

Garde pour châtiment cette crainte farouche!

Cette admirable scène finit le second acte.

Au troisième, Ophis est placé sur l'avant-scène, étendu, voilé, sur un lit de mort. Tolus est tourmenté; ses yeux sont retenus, comme malgré lui, sur son frère. Usbal le rassure :

Jamais de ce trépas vous n'aurez à répondre;
On peut s'en étonner, mais non pas vous confondre.
. . . .
Sa mort est nécessaire, elle est donc légitime.

Naïs demande qu'on la laisse seule près des restes de son époux, qu'elle veut arroser de ses larmes. On se retire. Ophis renaît; Naïs croit que c'est un songe; il parle, il serre dans ses bras son épouse... Il retombe; elle l'agite, le dispute à la mort. Ses craintes sont dissipées; le sommeil a cessé. Amostris survient; après

avoir instruit Ophis du crime de son frère, il l'oblige à descendre dans la sépulture de ses pères, et à s'y cacher jusqu'au moment de la vengeance. Ce moment doit être celui où Tolus viendra au temple d'Isis pour s'y faire couronner.

Au quatrième acte, Ophis sort du tombeau, où, dans sa juste colère, il était descendu à regret; mais il en sort dans des dispositions bien différentes de celles qu'il y avait portées; il est tombé dans une profonde mélancolie; il a vu ses pères dans la tombe pressés :

Un grand sénat de rois, muets, froids, immobiles...
Un triste diadème ornant leurs fronts livides,
Que d'une lampe, au loin, éclaire la pâleur.

Il ne veut plus ni combattre, ni se venger, ni punir, ni régner. Il veut fuir, chercher avec Naïs une paisible retraite.

Cependant Tolus paraît sur la scène. Il vient, dévoré de remords, implorer l'ombre de son père sur son tombeau. Ophis apprend ainsi que Tolus a aussi ordonné la mort de Créops. La fureur le saisit; il s'avance vers le parricide, dans les ténèbres; il lui crie :

... Crains les dieux, toi qui frappas mon père.

Il est près de lui plonger son épée dans le sein; mais le fer s'échappe de ses mains, il s'éloigne en s'écriant :

Jamais, jamais Ophis n'égorgera son frère.

Tolus se croit obsédé par un songe affreux, ou plutôt il se croit poursuivi par le remords. Usbal vient à lui; c'est ce monstre qui, par son ordre, a tué Créops. Ophis ne l'entend pas, il s'écrie d'une voix terrible :

... Crains les dieux, toi qui frappas mon père.

Usbal veut le ramener; Tolus répète encore :

... Crains les dieux, toi qui frappas mon père.

Cependant l'épée d'Ophis frappe ses yeux... Il la relève... Il en conclut qu'Ophis est vivant. Naïs, qui survient, voit dans les mains de Tolus l'épée de son époux; elle s'écrie :

Barbare, cette épée,
Dans son sein malheureux, ta main l'a donc trempée!

Il vivait! s'écrie Tolus; et ses doutes sont éclaircis. Il a vu Ophis descendre dans les sépultures souterraines; c'est là que sa rage veut qu'on le cherche et qu'on l'immole.

Dans le cinquième acte, Néthos qui a soulevé Memphis, mais qui a été vaincu par Tolus, paraît chargé de fers; il raconte à Naïs sa défaite. Usbal descend avec quelques soldats dans le souterrain qui recèle Ophis, dont il a promis la mort à Tolus. Le grand prêtre y descend lui-même pour en ramener Ophis; celui-ci désarme Usbal, et à la voix d'Amostris les soldats reconnaissent leur légitime roi. Cependant le bruit s'était répandu dans l'armée qu'Ophis était vivant, et le peuple de toutes parts criait à Tolus : *Ton frère!* Tolus était près de jurer que son frère n'était plus, lorsque Ophis et Amostris paraissent. Le peuple et les soldats se rangent de leur côté. Ophis condamne Tolus à vivre, Tolus se tue. Ophis content de posséder Naïs, toujours frappé des idées qu'il a rapportées de la sépulture de ses pères, n'ambitionnant qu'une retraite, abdique le pouvoir suprême.

Tel est le fond de la tragédie d'*Ophis*. Elle est de l'auteur d'*Agamemnon*. Le public l'a entendue avec cet intérêt particulier qui atteste et les espérances qu'il avait apportées et les jouissances qu'il a reçues. S'il était permis à l'amitié et à l'estime d'être plus difficiles que l'opinion publique, nous croirions ne pouvoir pas dissimuler que des défauts importants nous ont frappé dans cet ouvrage ; mais, outre que les applaudissements donnés au citoyen Lemercier nous avertissent de discuter nos critiques avec nous-même avant de les hasarder, nous devons dire que la grandeur des accessoires, la vérité, la beauté de plusieurs développements hardis, la force et la richesse du style, en commandant toujours l'attention, à la représentation de cette pièce, désarment à tout moment la critique, ou la répriment.

(Journal de Paris, du 4 nivôse an VII. —
24 décembre 1798.)

ADDITION A L'ARTICLE SUR OPHIS (1).

L'intérêt tombe tout à fait au commencement du quatrième acte, lorsque Ophis déclare

---

(1) (*Note de l'éditeur.*) Dans une des dernières lignes de l'article qui précède, mon père annonce l'intention de *discuter ses critiques avec lui-même avant de les hasarder ;* voici ce qu'il avait écrit dans cette vue. Il ne l'a pas publié, par déférence pour l'auteur.

au spectateur, et ensuite à sa femme, qu'il a fait de profondes réflexions, et qu'il ne veut plus régner.

C'est comme s'il disait au spectateur : Vous aviez la bonté de vous intéresser à l'expulsion d'un usurpateur, au châtiment d'un double parricide, à la réclamation de l'héritier légitime du trône, à la conservation de l'épouse qu'il chérit, à sa vengeance. Eh bien, cette bonté est de trop, je ne me soucie plus de tout cela ; rentrez comme moi en vous-mêmes, et reconnaissez la vanité de vœux que vous formiez pour moi. Il est inutile de dire combien ce soin que prend le principal personnage, de refroidir lui-même le spectateur, doit produire d'effet ; le témoignage de l'expérience le dit assez. De ce moment, il circule dans la salle un air glacé dont chacun se ressent.

L'auteur trouvera peut-être exagéré le commentaire que nous avons fait du monologue d'Ophis, et il nous dira : Vous supposez qu'il renonce à sa femme, tandis qu'il ne renonce à régner que pour en mieux goûter la possession dans la retraite ; vous supposez qu'il renonce à la vengeance, alors que son âme n'est que plus disposée à l'horreur du crime. Je réponds : Peu m'importe la distinction qu'il peut mettre entre toutes ces choses. Le fait est que moi, je les tiens toutes pour liées ensemble ; et je suis convaincu que si Ophis ne règne, n'a la suprême puissance, il ne pourra ni punir son frère, ni s'en venger, ni se soustraire à ses fureurs, ni dérober sa femme à son farouche amour, ni se retirer. En vain distinguerait-il lorsque tout se confond aux yeux des spectateurs, et que tout se confond par la nature des choses.

L'auteur dira-t-il que les motifs d'Ophis sont si moraux, si purs, si religieux, et le montrent si dignes du trône, que le désir qu'il montre de s'en éloigner, ne fait qu'ajouter au désir de l'y voir monter? Je répondrai : Ce n'est pas au mérite des personnages que s'intéresse le spectateur à la scène tragique, c'est au mérite malheureux; il ne s'intéresse pas même au mérite malheureux s'il est patient; il le veut courageux, énergique dans le malheur, et le veut entreprenant ou désespéré, frappant son ennemi, ou se frappant lui-même.

Et la raison de ce phénomène est très-simple ; on va à la tragédie pour être ému et non pour réfléchir, pour avoir du plaisir et non pour acquérir de la sagesse. Or, pour être ému, il faut avoir à craindre quelque grande douleur pour un personnage intéressant. Donc, dès qu'il vous dit : Je suis insensible, il n'y a plus de motifs de s'intéresser pour lui. Et quand même son insensibilité serait moins profonde qu'il ne croit, et quand la catastrophe devrait le trouver susceptible des plus déchirantes douleurs, il suffit qu'il n'ait ni crainte ni espérance en attendant l'événement, et qu'il n'en communique aucune au spectateur, pour que celui-ci attende froidement ce qui doit arriver.

TRAGÉDIE DE CLOVIS,

PAR M. LEMERCIER (NÉPOMUCÈNE).

Le fond de cet ouvrage est tiré de Grégoire de Tours. L'abbé de Vertot l'a réduit à des termes fort précis dans sa *dissertation* sur la question : *Si le royaume de France a été, depuis l'établissement de la monarchie, un État héréditaire ou un État électif. (Mémoire de l'Académie des inscriptions.)*

Mais les fictions de l'auteur n'appartiennent pas aux mœurs du temps de Clovis. Il fait de Clovis un hypocrite de nos jours, de son ministre un courtisan et un scélérat de nos jours. C'est Bonaparte qu'il a voulu peindre sous le nom de Clovis, et Talleyrand sous celui d'Aurelle.

Clovis n'eut pas besoin d'hypocrisie, ni de l'aide d'un ministre artificieux et d'une complaisance aveugle. Clovis fit tuer le père par le fils, et ensuite le fils, pour prendre ses États ; tout cela se faisait alors sans finesse. Les princes de la première race *étaient*, dit Montesquieu, *meurtriers, injustes et cruels, parce que toute la nation l'était... Les Francs*, dit-il plus loin, *souffraient des rois meurtriers, parce qu'ils étaient meurtriers eux-mêmes. Ils n'étaient point frappés des injustices et des rapines de leurs rois, parce qu'ils étaient ravisseurs et injustes comme eux. (Espr. des lois, liv.* XXXI, *chap.* 11.)

PHŒDOR ET WALDAMIR,

PAR DUCIS.

Phœdor et Waldamir pouvaient fournir le sujet d'un roman, non d'une tragédie.

Un roman peut, par ses descriptions, rendre très-sensibles les circonstances d'un climat étranger. Il peut le faire d'une saison excessivement rigoureuse. Il peut faire connaître en détail les mœurs extraordinaires de ses personnages. Il vous transporte sur la scène entre les personnes ; il vous montre les influences qui doivent réagir sur celles-ci ; il vous prépare à tous les effets qui doivent en résulter.

Mais tout cela ne peut entrer dans une pièce. Quand au lieu d'exposer l'action il faut exposer toutes ces circonstances, faire la topographie du lieu de la scène, en faire connaître la température, on fatigue le lecteur, qui veut entendre de la poésie dramatique et non de la poésie descriptive. Et encore on n'a pas dit la moitié de ce qu'il fallait dire ; car on n'a pas encore mis dans la tête du spectateur l'effet que doit produire tout cela, joint aux circonstances de la solitude, du désert et de l'exil sur des jeunes cœurs. Et c'est déjà un grand effort de l'art du discours, même quelquefois des discussions, de rendre présent le lecteur à toutes ces circonstances, et de faire qu'il y reste toujours placé avec les personnages. Le poëte laisse donc en suppositions et en sous-entendus une foule de choses, faute desquelles on ne se place pas dans le point de vue nécessaire pour considérer ses personnages. Qu'arrive-t-il ? On les juge d'après soi, non d'après leurs circonstances ; et dans tout ce qu'ils disent, on ne trouve que des contre-sens, ou des exagérations, ou des extravagances.

De là, la nécessité pour le poëte tragique, de prendre ses sujets dans des mœurs qui nous soient familières, et sous des influences de climat qui nous soient connues. Comment nous identifier avec des passions que les lois de la nature physique nous rendent presque étrangères ? Donnez-nous des passions que nous puissions concevoir et partager. Ce n'est que par retour sur notre propre intérêt que les infortunes exposées au théâtre nous intéressent. S'il faut que le sable brûle sous mes pieds pour que je comprenne l'amour de . . . pour Soléma, ou que mon corps transi soit toujours prêt à geler pour entendre les fureurs de Phœdor, je ne vous entends pas.

Les tragédies ne peuvent se passer de l'illusion des noms, des mœurs, des habits.

La question entre trois individus sans parents, sans famille, sans patrie, dans un désert, se réduit à une question de plaisir physique... (*Le surplus manque.*)

———

LETTRE DE CHRISTOPHE LEROND,

AUX AUTEURS DU JOURNAL,

Sur *Mysanthropie et Repentir.*

Il y a, citoyens, des choses bien bizarres. Le jour même où le jeune homme dont il est question dans votre feuille d'hier (14 pluviôse) renonçait à la main d'une jeune fille qui n'avait pas pleuré à la représentation de *Misanthropie et Repentir*, mon fils m'a déclaré qu'il voulait rompre avec sa fiancée, parce qu'elle y avait trop pleuré. Il m'a donné pour raison, qu'une fille de dix-sept ans, qui *entendait* assez bien tous les *sous-entendus* de cette pièce, pour s'y intéresser avec passion, était trop *entendue* pour lui. Une dispute assez vive s'est engagée entre nous sur ce sujet; et, je l'avoue, je suis demeuré convaincu que mon fils avait raison. Comme il est frais émoulu de l'école, il me cita cent fois ce vers, qui explique, dit-il, les émotions que les spectateurs éprouvent à la vue d'une pièce pathétique : *Haud ignara mali, miseris succurrere disco;* et il en tirait cet argument : Ceux qui pleurent tant à *Repentir et Misanthropie*, connaissent donc et le repentir, et la faute qui en est le sujet; ils ne sont donc pas tout à fait innocents. Or, quand on épouse une femme de dix-sept ans, on ne demande pas si elle est *vertueuse*, on la veut *innocente.*

En y réfléchissant, citoyens, je trouve que mon fils a raison. Comment le sentiment du repentir pourra-t-il être partagé par une âme parfaitement pure, ce qui n'a jamais dû approcher l'idée de la faute? Comment la dégradation et la résignation d'une épouse coupable seront-elles conçues par un cœur neuf qui ne conçoit pas ce que c'est que d'être coupable? Comment une jeune vierge comprendra-t-elle et cette secrète offense que peut essuyer un

mari, et la douleur qu'il peut en ressentir, et le remords qui doit suivre la faute dans l'âme de la coupable, et la peine que l'opinion inflige tant à la femme qui s'oublie, qu'à l'époux qui pardonne, et enfin la multitude des causes qui se réunissent en cas pareil pour les séparer, et s'opposer à jamais à leur réunion?

Misanthropie et Repentir est certainement une des pièces les plus morales et les plus pathétiques du théâtre; mais, après tout, elle a pour but de faire réfléchir les femmes sur des fautes qui n'appartiennent pas à tous les âges, ni même également à tous les états de la société.

Si l'on pouvait mesurer au baromètre la différence d'impressions que doivent recevoir des femmes de différents âges, à la pièce dont il s'agit, on verrait sûrement les filles de douze à quinze ans, au *très-sec;* celles de quinze à dix-huit, au *variable; la pluie* commencerait aux jeunes femmes de vingt à vingt-cinq ans, et *la grande pluie*, à celles de vingt-cinq à trente-cinq. En appliquant le baromètre aux femmes de tout âge, partagées suivant les fortunes, celles du paradis seraient au *variable;* celle des galeries, à *la pluie;* celles des premières et secondes loges, à *la grande pluie;* quant à celles des loges à l'année, elles seraient à *la tempête.*

Cette météorologie serait la censure de nos mœurs, mais elle serait l'éloge de notre nature, qui, dans le désordre, tend toujours à rentrer dans l'honnêteté; et elle serait le triomphe de la pièce, puisqu'il serait prouvé qu'elle opère en raison des torts et des mauvaises habitudes des femmes qui l'écoutent.

Mais, citoyens, j'oublie ce qui m'a fait prendre la plume. Voici ce dont il s'agit : Je vous prie de demander, par votre journal, l'adresse de la famille disgraciée par le jeune homme dont il est question dans votre feuille d'hier; mon fils veut s'y faire présenter, et connaître la jeune fille qui ne pleure pas à *Misanthropie et Repentir;* j'offre en échange l'adresse de celle que mon fils a jugée y avoir trop pleuré. Sa demeure est rue des Grands-Hurleurs, entre un marchand de musique et un marchand de romans.

Signé : Christophe LEROND.

(*Journal de Paris*, du 17 pluviôse an VII. — 5 février 1799.)

(Sur l'*Auteur dans son ménage*.)

Sans doute, citoyens, les critiques vétilleuses, amères, dénigrantes, fussent-elles justes au fond, nuisent au talent, qu'elles découragent, et affaiblissent l'amour de l'art, qu'il faudrait au contraire échauffer. Mais les complaisances outrées, les louanges excessives ne nuisent pas moins à l'un et à l'autre; et, de plus, elles nuisent beaucoup au journal qui en prend l'habitude, parce que le public, malin de sa nature, aime presque autant la critique un peu mordante, que l'éloge le mieux mérité.

Je vous avoue que je ne suis nullement de votre avis sur la pièce de *l'Auteur dans son ménage*. Il y a dans cet ouvrage une scène où un mathématicien et le poëte, qui est le principal personnage, ont une dispute vive sur la prééminence de leur talent. Vous dites que cette scène « est pleine de chaleur, de verve, « de vérité de nature, et du plus excellent co- « mique. »

On n'en dirait pas autant avec justice de quatre scènes, depuis Molière; on ne dirait pas même de Molière *du plus* excellent, parce qu'il n'y a ni *plus*, ni *moins* dans l'*excellent*, et qu'il n'y a point de comparatif dans le superlatif.

A moi, cette scène m'a paru tout à fait mauvaise; d'abord, elle fait du mathématicien un déclamateur aussi emporté que le poëte, ce qui assurément n'est pas la *vérité de nature*, ce qui d'ailleurs fait évanouir tout le *comique* dont la situation et les caractères étaient susceptibles. Le comique pouvait résulter là d'une forte opposition entre la sécheresse du mathématicien, la dureté de ses monosyllabes et la véhémente abondance du poëte. Le comique consiste à donner à chaque caractère son ridicule; il n'y avait pas moins de contresens à faire le mathématicien emporté, qu'il n'y en aurait eu à faire le poëte modéré.

J'ajouterai que le poëte tire toute son *argumentation* de l'influence de l'auteur dramatique sur les spectateurs au théâtre; or, l'acteur est pour moitié dans les effets dramatiques. A ce sujet le poëte dit, en se tournant vers les loges: Voyez telle femme qui pleure, voyez telle autre qui rit... Il est tout à fait hors des convenances que le théâtre mette ainsi les spectateurs en jeu. Ces licences-là ont été justement renvoyées aux théâtres de la foire, où le public exige moins d'égards.

Il y a une scène vraiment comique dans cet ouvrage, et dont on pourrait dire une partie des choses que vous appliquez à l'autre; c'est celle où le poëte, célébrant à son bureau les douceurs et les devoirs de l'hymen, renvoie durement sa femme qui a un mot à lui dire; ces hémistiches au *céleste hymen...* coupés par ces mots, *Au diable ma femme!* sont du vrai comique; et je suis bien aise d'avoir à louer aussi, en critiquant des éloges que je crois outrés.

Citoyens, l'intérêt des auteurs, celui des acteurs, celui du goût, celui des lettres, demandent que la critique se réveille de son trop long assoupissement. Les louanges, à force d'être répétées, ne louent plus. Les acteurs, les auteurs, à en croire les journaux, ne reçoivent jamais moins que les applaudissements *universels*, c'est-à-dire, de l'univers, dans leurs salles de soixante pieds carrés. Jamais un acteur n'a mal joué, jamais un auteur n'a fait une faute contre la langue, si l'on en juge par le silence de la critique. Il n'en était pas ainsi autrefois. Aussi les journaux et les spectacles, qui tombent tous aujourd'hui les uns sur les autres, se faisaient-ils valoir mutuellement. On lisait le journal, parce qu'on avait été à la pièce nouvelle et qu'on en voulait voir un jugement motivé. On allait au spectacle, parce qu'on avait lu le journal. Allons, citoyens, un peu de guerre littéraire, pour aiguiser l'esprit des gens à talents et la curiosité de vos lecteurs!

Un de vos abonnés, ci-devant habitué du café Procope.

(*Journal de Paris*, du 11 germinal an VII. — 31 mars 1799.)

DON CARLOS, INFANT D'ESPAGNE,

PAR FRÉDÉRIC SCHILLER.

Traduit de l'allemand par Adrien Lezal.

Cette pièce, trop étendue pour être représentée sur nos théâtres, est moins une tragédie qu'une histoire tragique en action. Mais cette histoire est si fidèle, le fond en est si intéressant, les caractères y sont si fortement prononcés, l'action en est si vive, le style si naturel et si éloquent, que la lire, c'est la voir et l'entendre.

Le lieu de la scène est en Espagne, à la cour de Philippe II, ce sombre tyran, qui établit l'inquisition religieuse dans les Pays-Bas, qui épousa Élisabeth de Valois, la fiancée de don Carlos, son fils, et le fit mourir sous ses yeux, pour avoir aimé cette princesse, et formé le projet de soulever la Flandre opprimée.

Ces événements forment le sujet de la pièce. Un personnage principal les conduit, c'est le marquis de Posa. Posa est passionné pour la liberté, comme Carlos, son ami, l'est pour la reine; il a conçu l'idée d'une révolution pour les Pays-Bas; il veut que la malheureuse passion de Carlos serve au salut de ce peuple; il nourrit cette passion, non pour faire de l'amant un heureux, mais un héros, pour l'élever à la plus haute vertu par le plus haut amour. En un mot, il veut former un nouvel empire par un jeune homme, et élever ce jeune homme par une femme : dans cette vue, il se sacrifie lui-même, se dévoue aux fureurs du tyran, et y succombe sans pouvoir y soustraire Carlos. Voilà l'idée la plus abrégée que nous puissions donner de l'objet de l'ouvrage.

Schiller y a réuni, ou plutôt l'histoire y a réuni, et Schiller y a représenté toutes les passions qui peuvent échauffer et élever le cœur des hommes : l'amour dans toute son ardeur, l'amitié dans son héroïsme, l'amour de la liberté, de la patrie, de l'humanité dans toute leur grandeur, en opposition avec la jalousie effrénée d'un vieux tyran, la servilité de ses courtisans, sa cruauté envers ses peuples, et sa profonde abjection devant des prêtres encore plus sanguinaires que lui.

L'ouvrage de Schiller a été composé en 1787. C'est un fruit de cet amour de la liberté, qui prit alors un si prodigieux accroissement dans toutes les parties éclairées de l'Europe.

C'est aussi à l'amour de la liberté que nous en devons la traduction; c'est pour nourrir et fortifier encore en lui-même cet amour malheureux auquel l'exil n'a pu donner atteinte; c'est pour en réveiller en nous l'enthousiasme, qu'Adrien Lezay s'est appliqué à nous transmettre les beaux tableaux de Schiller. Dans ses notes sur le texte, et dans son discours préliminaire, se montre cet amour pour la républi-que, qui s'est si bien signalé avant le 18 fructidor, et depuis, dans l'apologie de la constitution helvétique. Citons quelques passages de son discours préliminaire.

« Cette pensée de Posa d'élever son ami à la vertu par le plus haut amour, fut donc bien belle, et l'on ne comprend pas comment l'orgueil des femmes ne se l'est pas appropriée... Courber des caractères très-élevés pouvait avoir quelque éclat à leurs yeux, au moins l'hommage venait-il de haut; mais courber ces pygmées que l'on n'atteint qu'en se baissant, c'est, à mon avis, ou bien magnanime, ou bien humble... A qui s'en prendre de cette dégradation? A la condition de l'État monarchique, qui, détruisant tout à la fois la vie publique et la vie domestique, détruit les deux raisons de la grandeur de l'homme : l'action et la méditation... N'appartenant plus désormais qu'à son ménage et à sa patrie, passant nettement et sans intermédiaire de la vie domestique à la vie publique, l'homme formera son caractère dans l'action et son esprit dans la retraite; tiré de son ménage par les affaires, il viendra se reposer des affaires dans son ménage, y rentrera plein de souvenirs, en sortira plein de desseins. »

(Journal de Paris, du 2 complémentaire
an VII. — 18 septembre 1799.)

THÉATRE DU VAUDEVILLE.

MONSIEUR GUILLAUME.

Le vertueux Lamoignon de Malesherbes, ministre philosophe, voyageait souvent incognito pour consulter l'opinion publique, étudier les hommes et échapper à l'ennui de l'étiquette. Il se faisait alors appeler M. Guillaume, et n'avait pour toute parure qu'une perruque ronde et une modeste redingote. Un jour, dans une auberge du Languedoc où il venait de s'installer sans se faire connaître, il fut forcé de céder son logement à un conseiller du parlement de Toulouse, qui voyageait avec toute la morgue parlementaire, et qui était redouté dans toute la généralité. Cet orgueilleux robin, ayant pris des informations sur l'espèce d'homme qu'il déplaçait, daigna le mander pour le remercier de sa complaisance; il poussa même la bonté jusqu'à l'inviter à souper. M. Guillaume accepta l'offre, et une longue conversation s'établit entre les deux convives. Le conseiller, toujours *protecteur*, toujours *poliment insolent*, accabla de questions le *bon homme*, que, par cela même, il croyait honorer; mais quelle fut sa surprise lorsque celui-ci lui parla du maréchal de Richelieu, comme d'un égal; du chancelier de France, comme d'un proche parent; et enfin du roi, comme d'un monarque qui lui accordait toute sa confiance! Le petit magistrat, changeant tout à coup de couleur et de maintien, demanda humblement à l'inconnu si le nom qu'il prenait n'était pas supposé. « Je « suis véritablement M. Guillaume, lui répon- « dit le philosophe; mais à Paris et à Versailles « on a coutume d'ajouter à ce nom celui de « Lamoignon de Malesherbes... » A ce mot, le conseiller confus s'épuisa en politesses et en excuses de tous les genres. « N'en parlons plus, « reprit Malesherbes; vous ne me connaissiez « pas, vous ne m'avez point offensé; mais je « vois que vous n'êtes pas merveilleusement « aimé dans la province, et cela me fâche pour « vous. Adieu, monsieur; j'examinerai l'affaire « qui vous attire à Paris, et si votre cause est « juste, je vous appuierai auprès du roi; ne « comptez pas sur moi si elle ne l'est pas. »

C'est cette anecdote, rapportée il y a plusieurs mois dans un numéro de notre journal (1), qui a fourni le sujet du vaudeville en un acte joué avant-hier pour la première fois, sous le titre de *Monsieur Guillaume*, avec le plus brillant succès. Un épisode ingénieux, mais que le défaut d'espace nous empêche d'analyser, supplée à la faiblesse du fonds, et fait une véritable comédie de ce qui n'eût fourni qu'une scène à des auteurs ordinaires. C'est, nous osons le dire, un des meilleurs ouvrages de ce théâtre.

Parmi les couplets redemandés, nous avons retenu les suivants. Malesherbes reproche à un jeune homme de s'être marié sans le consentement de son père :

> Époux imprudent, fils rebelle,
> Vous aurez des enfants un jour,
> A l'autorité paternelle
> Vous prétendrez à votre tour;
> Mais, monsieur, ce pouvoir suprême,

Ce pouvoir, le plus saint de tous,
De quel droit l'exercerez-vous,
Quand vous l'avez perdu vous-même?

Le couplet suivant fait allusion à la destinée de Malesherbes :

> Le magistrat irréprochable,
> L'ennemi constant des abus,
> Le philosophe respectable,
> L'ami des talents, des vertus,
> Honorant la nature humaine
> Par son austère probité,
> *Quelque part que le sort le mène,*
> *Il marche à l'immortalité.*

On n'a pas moins applaudi celui-ci :

> Déloger quelqu'un est un droit
> Qu'ici-bas l'un l'autre s'arroge;
> On est actif, on est adroit,
> Et tour à tour on se déloge;
> L'égoïsme, ce grand ressort,
> Donne à tous la ruse et l'audace;
> Mais, après maint et maint effort,
> Chacun se retrouve à sa place.

Les auteurs ont été demandés et nommés : ce sont les vrais conservateurs du Vaudeville, c'est-à-dire les citoyens Barré, Radet, Desfontaines et Bourgueil. La pièce a été parfaitement jouée, surtout par le citoyen Vertpré, chargé du rôle de M. de Malesherbes.

(*Journal de Paris*, du 14 pluviôse an VIII. — 3 février 1800.)

PINTO,

COMÉDIE HISTORIQUE, PAR NÉPOMUCÈNE LEMERCIER.

Le reproche qu'on peut faire à *Pinto* n'est pas d'avoir présenté une conspiration sous son aspect comique, c'est d'avoir mêlé le comique à l'héroïque; ce n'est pas le genre qui est blâmable, c'est le mélange des genres. Le joueur est de sa nature un personnage tragique : il ruine ses amis, sa famille; il se condamne à l'infamie ou à la mort. Mais il fait aussi mille choses ridicules. C'est un sujet qui peut fournir *Béverley* ou *le Joueur* de Regnard. Si vous en faites un *Valère*, n'y mettez rien de Béverley. De même une conspiration a un côté odieux et un côté ridicule; le poëte peut choisir arbitrairement l'un ou l'autre; mais si vous voulez d'une conspiration tirer une pièce comique, ne montrez point l'action principale,

---

(1) (*Note de l'éditeur.*) Voir à la page 105 de ce volume.

n'en montrez rien; n'en montrez que les accessoires ridicules. En tout, si vous voulez provoquer le rire, gardez-vous d'élever et d'échauffer l'imagination.

(*Journal de Paris* du 15 germinal an VIII. — 5 avril 1800.)

COMÉDIE DU PREMIER VENU,

Comparée au *Mariage de Figaro*.

On a comparé *le Premier venu* au *Mariage de Figaro*. Rien ne se ressemble moins. La marche du *Premier venu* est rapide, les incidents sont très-multipliés, mais successifs; le fond de l'action est très-simple; celle du *Mariage de Figaro* est très-compliquée. Il y a beaucoup de facilité, de vivacité et de naturel dans le style du *Premier venu*; dans le style du *Mariage de Figaro*, il y a beaucoup de traits profonds et beaucoup de jargon. Il y a beaucoup de plaisant et peu de comique dans *le Premier venu*, beaucoup de comique et de plaisant dans *Figaro*. Dans *Figaro*, l'homme vicieux est ridicule par ses vices sans l'être par ses manières, ce qui est éminemment moral; dans *le Premier venu*, il n'y a de ridicule que celui des habits et des accents. Dans *Figaro*, il y a un intérêt de cœur pour la comtesse et le petit page; un intérêt de mépris pour le comte, et d'estime pour le courage de Figaro. Dans *le Premier venu*, il n'y a que l'intérêt de la curiosité. Le personnage de Figaro est plus spirituel et plus honnête que le jockey du *Premier venu*; le premier a de l'amour, le second n'a que de la cupidité. *Le Mariage de Figaro* a du *vis comica*, l'autre n'a du comique que la gaieté.

J'estime beaucoup le poëte qui, voulant mettre un vice sur la scène, compte assez sur le ridicule qui y est attaché, et sur le talent de le saisir, pour dire : Je te laisserai environné de tout ce qui peut faire illusion en ta faveur, ou imposer à la critique ta grandeur, ta magnificence, ton esprit, tes grâces; et je défie tous ces avantages de te sauver du ridicule : je veux que tu sois atteint de sa verge sous l'abri qui semble t'y dérober : je veux..... (*Feuillet égaré.*) C'est ainsi que Molière a montré *le Misanthrope*.

LETTRES

DES

CITOYENS LEREBOURS, FIÉVÉE, ET AUTRES,

SUR LE MORAL DES COMÉDIES,

Notamment sur *la Petite Ville* et *Duhautcours ou le Contrat d'union*, par Picard.

I.

SUR LA PETITE VILLE.

J'ai vu hier *la Petite Ville* au théâtre de la rue de Louvois. Il y a de la gaieté et du mouvement dans cette comédie; mais c'est le seul éloge que je puisse lui donner.

Que l'auteur ait voulu représenter ce qu'il y a de ridicule dans les *mœurs* des petites villes, l'esprit minutieux, tracassier, jaloux de quelques-uns de leurs habitants, on ne peut qu'applaudir à son intention. Le *ridicule du vice* est l'objet de la comédie, c'est même ce *ridicule seul* qui constitue le *comique*; tout autre n'est que *plaisant*. Mais l'exécution de Picard répond-elle à l'intention? Je ne vois dans la conduite des habitants de sa *Petite Ville* rien qui appartienne plus aux mœurs d'une petite ville qu'à celles des bourgeois des grandes. Deux jeunes gens arrivent dans celle-ci : on les croit riches, garçons, de bons partis. Une dame qui a une fille à marier leur offre un logement dans sa maison; mais bientôt on lui fait accroire que le plus riche des deux est marié, et elle trouve le moyen de les mettre à la porte. Ce trait aurait pu tout aussi bien arriver à Paris qu'à Romorantin. Une autre dame de la ville recueille chez elle les deux voyageurs; mais c'est une jeune veuve qui a un amant prêt à l'épouser. Cet amant, inquiet et jaloux, exige qu'elle les éconduise aussitôt; ceci pouvait arriver à Paris dans le plus bel hôtel du faubourg Saint-Germain, comme à Senlis ou à Meaux. Une fille de trente-cinq ans se croit un enfant de quinze. Elle a la tête perdue par les romans; elle lorgne tous les jeunes gens qui arrivent dans une auberge, vis-à-vis laquelle est sa demeure, et elle donne un rendez-vous à l'un de nos voyageurs : cela n'est pas plus dans les mœurs de Poissy que dans celles de Bordeaux. Ainsi, dans la peinture que Picard nous fait des mœurs d'une petite ville, il n'y a rien qui les caractérise.

Quel est donc le ridicule qu'a peint l'auteur?

Le ridicule des manières, des habits, du langage.

En toute chose, il n'y a de ridicule que l'affectation, que la prétention manquée ; or, l'affectation, la prétention n'est pas le ridicule général des petites villes, mais seulement de quelques personnes. Avoir de vieilles manières, des habits d'une vieille forme, et employer des mots surannés, n'est pas ridicule, pourvu que cela ne soit pas accompagné de prétentions. Il est misérable de se moquer d'une personne, parce que la taille de sa robe ou de son habit est un peu plus longue ou un peu plus courte que celle des habits et des robes de Paris. Ce qui est aujourd'hui à la mode en province, était, il y a deux ans, à la mode à Paris. Ce qui sera dans deux ans l'objet de votre risée en province, c'est la mode que vous suivez aujourd'hui à Paris comme la loi suprême du goût. Tandis que l'homme de la banlieue de Paris va niaisement se moquer des habits de province, l'habitant du faubourg se moque des habits du Parisien de Pantin ou de Montmartre ; et le bourgeois de la rue Saint-Denis se moque de la *mise* du citoyen du Marais ; et le faubourg Saint-Germain se moque de tous les autres. Et tous ces moqueurs-là sont tous très-moquables.

Si l'auteur pouvait observer les spectateurs, il verrait que les personnages de sa pièce qui paraissent les plus ridicules sont ses deux Parisiens, qu'il n'a pourtant mis sur la scène que pour faire ressortir le ridicule des provinciaux.

Toute comédie doit avoir un but moral. Or, je demande à quoi sert de corriger les *modes* et les *manières* des petites villes ? Je demande comment on peut réussir à faire que les modes y soient aussi mobiles qu'à Paris ? Je demande surtout à quoi bon les rendre ridicules aux yeux de la capitale ? Est-ce pour augmenter l'impertinence des gens de Paris qui vont en province ? Est-ce pour autoriser le clerc de notaire ou le courtaud de boutique qui va tous les ans passer huit ou dix jours dans sa petite ville, à se moquer de son père, de sa mère et de ses cousins ? Est-ce pour persuader à toutes les filles de boutique de Paris qu'elles sont des créatures privilégiées entre toutes les femmes de la nature humaine ? Oh ! s'il est un ridicule qui ait besoin d'être châtié, c'est celui des badauds de Paris, qui se croient de grands

personnages en province, et regardent comme disgraciés par la nature et par la société les bonnes gens qui n'ont pas justement la tournure qui se fait distinguer à Tivoli ou sur le boulevard du Temple.

Pour moi, je blâme beaucoup la pièce de Picard ; je le dis hautement, et je signe mon nom en toutes lettres.

LEREBOURS.

P. S. On dira que je porte bien mon nom ; mais j'en fais gloire, et je vous préviens que je suis de la famille des *marchands de lunettes*, ce qui fait que je vois aussi clair qu'un autre.

(*Journal de Paris*, du 5 prairial an IX. —
25 mai 1801.)

2.

AU CITOYEN LEREBOURS (1).

Avec du goût, il est impossible de ne pas être difficile ; et quand on est difficile, et qu'on se met à juger, on devient toujours un peu sévère. C'est ce qui vous est arrivé en donnant votre avis sur *la Petite Ville*. Vous n'accordez à cette comédie que de la gaieté et du mouvement, soit ; mais il fallait peut-être aussi convenir que cette gaieté peut être avouée par la bonne compagnie : et comme celle-là est devenue très-rare, on doit savoir gré à l'auteur qui la rencontre. Le public ne demande pas davantage, souvent il demande moins ; le reste est discuté par les gens de lettres, qui rient comme les autres, quoiqu'ils aiment assez, par contre-coup, savoir s'ils ont ri suivant les règles.

Mais ce n'est pas là l'objet de ma lettre.

Vous avez posé un grand principe, et les grands principes me font peur, surtout quand je vois que s'ils étaient suivis à la rigueur, ils réduiraient à un bien petit nombre de pièces notre répertoire dramatique. Vous avez dit :

Toute comédie doit avoir un but moral. C'est positif ; et je vois *Amphitryon*, *l'Étourdi*, *le Légataire*, *les Folies amoureuses*, *le Distrait*, et beaucoup d'autres comédies déclarées telles, qui n'ont pas de but moral.

Comme une comédie est un fait, il n'y a

---

(1) Cette réponse est du citoyen Fiévée, auteur de *la Dot de Suzette*.

pas de comédie dont on ne puisse tirer une moralité; mais je crois que nous aurions bien peu de pièces de théâtre auxquelles on pût donner le nom de comédie, si on ne l'accordait qu'à celles qui ont un but moral.

S'il était indispensable qu'une comédie eût un but moral, comme ce ne pourrait être que pour l'instruction du public, je ne vois pas pourquoi on en dispenserait les tragédies, dont on ne peut tirer que des moralités; les opéras, les opéras-comiques et les vaudevilles, dont on ne tire rien que du plaisir, quand on en tire.

Êtes-vous bien convaincu que toute comédie doit avoir un but moral?

Dans ce cas, persuadez-le au public, pour qu'il s'abstienne des anciennes pièces qui n'en ont pas, et aux auteurs, pour qu'ils n'en fassent plus sans but moral. On veut de la morale partout, ce qui n'est pas gênant, depuis que la morale n'est plus qu'un objet de conversation; mais au théâtre, est-ce indispensable, et y va-t-on bien sérieusement pour entendre de la morale?

J'ai connu bien des gens qui n'y allaient que par désœuvrement; d'autres, uniquement pour leur plaisir; et le plus sûr résultat de ce désœuvrement et de ce plaisir, est de former le goût. Il faudrait donc poser en principe de rigueur, qu'une comédie doit toujours être bien écrite. Tout autre principe, qui ne fléchirait pas, suivant les circonstances, nous imposerait trop de privations.

FiévéE.

(Journal de Paris, du 7 prairial an IX. —
27 mai 1801.)

5.

LEREBOURS, A L'AUTEUR DE LA LETTRE INSÉRÉE
DANS LA FEUILLE DU 7 PRAIRIAL.

Oui, j'ai dit que toute comédie doit avoir un but moral, et j'ai cru que c'était une vérité généralement reconnue. Les comédies de Molière, de Regnard, de Destouches, de Piron, de la Chaussée, etc., l'Avare, le Tartufe, le Misanthrope, le Dissipateur, le Joueur, la Métromanie, etc., c'est-à-dire le fond du répertoire de la Comédie-Française, ont évidemment un but moral. Vous pensez qu'il y aurait bien peu de pièces de théâtre auxquelles on pût donner le nom de comédie, si on ne l'accor-

dait qu'à celles qui ont un but moral; et vous en citez plusieurs qui vous paraissent n'avoir pas eu un tel but. Je ne puis avouer le fait. L'Étourdi a pour but de corriger de l'étourderie; le Distrait, des distractions; les Folies amoureuses, des amours surannées; le Légataire, du célibat. Entre les pièces que vous citez, Amphitryon est la seule qui paraisse avoir été faite sans but moral : mais aussi a-t-elle été blâmée et n'est-elle pas louable.

Vous croyez que si la comédie devait avoir un but moral, on ne pourrait pas dispenser de cette règle la tragédie, les opéras-comiques et les vaudevilles! Sans doute, vous répondrais-je, et je suis bien loin d'être effrayé de cette conséquence. Le principe général est que le théâtre doit être une école des mœurs : et le fait est très-conforme au principe; car la tragédie, l'opéra-comique, le vaudeville ont reconnu cette obligation.

La tragédie ne doit-elle pas toujours représenter le crime puni? Souffrirait-on celle qui le montrerait triomphant, ou seulement heureux? Quant à l'Opéra-Comique, je m'en rapporte à la devise de Santeuil, que je lis encore sur la toile de ce théâtre : Castigat ridendo mores. Quand on écrivit pour la première fois ces trois mots sur la toile des Italiens, ils jouaient beaucoup de farces qu'on n'oserait y représenter aujourd'hui. Aujourd'hui donc l'engagement de ce théâtre avec le public est aussi formel et mieux observé que jamais. Le fait et le principe sont donc également en ma faveur.

Vous demandez si l'on va bien sérieusement au théâtre pour entendre de la morale? Non, on ne va pas au spectacle pour entendre des sermons: aussi ne dis-je pas aux écrivains qu'ils y fassent entendre de la morale; je leur dis de se proposer un but moral, afin que l'utilité y sorte de l'amusement.

Cette maxime, qui ne peut être dangereuse pour la morale, ne l'est pas davantage pour le plaisir. Je m'en rapporte à la devise Castigat, etc. Vous savez qu'elle est l'ouvrage d'un chanoine qui tenait beaucoup au ridendo.

Dire que la comédie peut être dispensée d'avoir un but moral, est très-dangereux pour la morale, sans être profitable au plaisir.

Au reste, soutenir que la comédie n'est pas obligée d'avoir un but moral ne suffit pas pour justifier la comédie de *la Petite Ville*; car je l'ai accusée, non-seulement de n'être pas morale, mais, de plus, de blesser la morale; et sûrement vous ne voulez pas soutenir que le théâtre puisse offenser la morale. J'ajouterai une observation à celles de ma dernière lettre pour appuyer mon opinion : c'est que cette pièce, représentée dans une *petite ville*, ne peut qu'y révolter ou humilier les personnes formées, inspirer à la jeunesse un mépris pour père, mère, parents, voisins, et exciter en elle un désir malade de venir se *former* à Paris. Représentée à Paris, cette pièce ne peut qu'ajouter à l'impertinence des provinciaux qui s'y trouvent, entretenir leur éloignement pour leur ville natale, et fortifier dans les plus minces bourgeois de la capitale, la ridicule idée qu'ils sont une espèce privilégiée dans la nature humaine. Je trouve très-pernicieux tout ce qui tend à dégoûter un grand nombre d'hommes de leur existence, à placer pour d'autres un titre d'orgueil dans des circonstances qui, par elles-mêmes, n'ont rien d'ennoblissant, à livrer les premiers au mépris des seconds pour des défauts aussi indifférents que ceux des manières; et surtout à faire affluer dans la capitale une population parasite, tandis que la politique doit travailler à renvoyer en province une foule de gens qui y seraient mieux placés.

LEREBOURS.

(*Journal de Paris*, du 9 prairial an ix. — 29 mai 1801.)

4.

AU CITOYEN LEREBOURS,

Sur *la Petite Ville*, de Picard. (Voy. la feuille du 5 prairial.)

Oui, citoyen, tout ce que Picard nous montre *en bloc* dans sa *Petite Ville* peut être vu *en détail* dans notre grand Paris; mais si je suis d'accord avec vous sur ce point, je suis loin d'adopter vos conclusions.

Les ridicules, les vices même, qui sont *propres* à une *petite ville*, y étant réunis, et presque sans mélange, lui donnent un caractère de localité à peu près fixe, et conséquemment facile à saisir; tandis que ces mêmes ridicules, ces mêmes vices, étant épars dans un vaste espace, où ils se trouvent confondus avec d'autres éléments (multipliés à l'infini et continuellement en action), n'ont que peu de part

à la physionomie vague et changeante de la *grande ville*, ou plutôt n'y sont pas même aperçus.

La maman qui cherche un gendre, la petite fille qui ne dit que « Oui, ma mère; » le gentillâtre qui ne se bat qu'avec des célibataires, la demoiselle de trente-cinq ans qui se croit un enfant, le vieux militaire qui ne parle que de kiosques et de points de vue, enfin, tous ces originaux comiques ne portent pas isolément le cachet de leur *petite ville*, mais, présentés ensemble et dans le même cadre, ils composent cette physionomie locale dont je viens de parler, et c'est là précisément ce qui fait illusion et plaisir dans la pièce de Picard.

(*Journal de Paris*, du 10 prairial an ix. — 30 mai 1801.)

5.

AU CITOYEN LEREBOURS.

Vous n'avez pas tort, certainement, car vous raisonnez principes en maître; c'est dommage seulement que les principes et l'expérience ne soient presque jamais d'accord.

Vous prétendez que *le Distrait*, *le Légataire*, *l'Étourdi*, etc., ont pour but de corriger; ainsi soit-il; mais j'affirme que si Destouches eût cru pouvoir corriger de la distraction, qui n'est ni un vice du cœur, ni une passion, ni un travers de l'esprit, mais seulement une situation, il n'aurait pas ensuite fait *le Glorieux*; car vouloir corriger ce qui ne peut l'être, c'est annoncer qu'on ne connaît pas les hommes; sans cette connaissance on ne fait pas de bonnes comédies, et *le Glorieux* en est une. Que voulait Destouches en traitant *le Distrait*? Peindre un caractère, et il y a beaucoup de caractères qui, n'étant que des situations, n'offrent point de moralité, mais qui pourtant sont propres à la comédie. Ne retranchons rien de son domaine, il n'est déjà pas trop étendu.

Vous avez cru que dire que *toute* comédie *doit* avoir un but moral, n'était que répéter une vérité généralement reconnue. Erreur de mots, à mon avis; ce n'est réellement qu'une vérité de convention, et ces vérités-là sont plus exigeantes que les autres, puisqu'elles prétendent s'asservir jusqu'à l'expérience.

Vous avouez qu'*Amphitryon* n'a pas de but moral; vous ajoutez que cette comédie a été blâmée et n'est pas louable; d'accord pour les moralistes; mais *Amphitryon* n'en est pas moins une comédie applaudie par les anciens et par les modernes.

Faut-il citer *les Ménechmes*, qui n'offrent ni but moral, ni moralité? C'est pourtant aussi une comédie reconnue telle depuis des siècles.

Descendrons-nous aux *Fausses Confidences* de Marivaux, auquel on accorderait plus de talent, si de mauvais imitateurs n'avaient gâté un genre dont il tirait bon parti? On aime cette comédie quand elle est bien jouée, et l'on ne peut en tirer d'autre moralité, sinon qu'une femme qu'on agite violemment peut faire, le soir, une sottise dont elle ne se doutait pas le matin.

Que dirons-nous des *Étourdis*, sinon que les jeunes gens emploient mille ruses pour tirer de l'argent de leurs parents, et que ces parents payent encore leurs dettes, en leur pardonnant? Cela n'est pas moral; mais pourtant cela est si vrai, qu'on le voit avec plaisir au théâtre comme dans le monde.

Mais le but moral même de nos meilleures comédies est resté si douteux, que *le Misanthrope* mettait J.-J. Rousseau en colère, parce qu'il y voyait la vertu livrée au ridicule, tandis que l'homme le plus vertueux de la cour de Louis XIV répondait à ceux qui prétendaient que Molière l'avait voulu jouer sous le nom d'Alceste: *Je voudrais lui ressembler.* Comment espérez-vous que le public saisira tout à coup l'intention morale d'une comédie, quand Rousseau en doutait, et que le plus sage des courtisans n'y voyait pas le ridicule que Molière, a-t-on dit longtemps après, y avait attaché? Moi, je reste convaincu que, dans *le Misanthrope*, Molière n'a eu d'autre intention que de peindre un caractère très-théâtral.

N'outrons rien. On a mis la vérité dans un puits; cela ne fait rien si le puits se trouve entre tous les extrêmes. L'art dramatique est né de la joie des vendanges, on voulait rire; le goût a perfectionné les moyens comiques, mais on veut rire encore, ce qui est très-moral. Je ne suis pas fou des gens qui rient beaucoup, mais je fais grand cas des gens qui rient bien.

C'est par désespoir que la morale s'est glissée dans la comédie; il fallait bien qu'elle se glissât quelque part; on n'en voulait plus dans les sermons. Cette manie de morale a perdu le drame, parce que les auteurs de ce genre, oubliant sans cesse de faire parler les personnages suivant leur situation, les arment de sentences que ceux-ci jettent violemment à la tête du parterre; le parterre, tremblant, lève les mains pour se garantir, et applaudit, tout fier de n'en être pas atteint.

Résumons. Une action dramatique qui amuse, est bonne; une action dramatique qui amuse et instruit, est meilleure; celle qui ne fait qu'amuser, reste comédie; celle qui ne ferait qu'instruire, n'aurait pas de nom. Aussi, lorsque les comédiens italiens demandèrent à Santeuil une inscription pour leur toile, il fit comme ceux qui composent des compliments pour les fêtes, ou des vers pour les grands: il ne s'arrêta pas au bon, il alla jusqu'au meilleur, et ce meilleur est incontestablement: *Castigat ridendo mores.* Mais si les Italiens, par respect pour leur toile, n'eussent alors donné que des comédies à but moral, leur salle déserte eût rendu le *Castigat* inutile.

Il y aurait peut-être un peu de cette méchanceté qui amuse, à observer que du moment qu'un chanoine, qui composait des cantiques, se chargeait d'une inscription pour un théâtre, il était indispensable qu'il la fît morale. Il savait peut-être aussi que l'inscription qui est sur la toile, ne prouve plus rien quand la toile est levée.

Je discute avec vous sur la comédie; je vous attaque sur la tragédie.

« Ne doit-elle pas *toujours*, dites-vous, représenter le crime puni? Souffrirait-on celle qui le montrerait *triomphant*, ou seulement *heureux?* »

Votre diminutif de *triomphant* est trop fort, car il augmente. La tragédie n'a jamais montré le crime *heureux*, parce que jamais le crime n'a été heureux, qu'il ne peut l'être, ou il n'y aurait pas de remords. Mais le crime est quelquefois triomphant aux yeux des hommes, et la tragédie se permet de le montrer ainsi. Le crime triomphe dans *Mahomet*, dans *Britannicus*. Dans *Zaïre* et autres tragédies, il n'y a pas de crimes et il y a bien des punitions; tout cela n'est pas moral, et tout cela est vrai. Dira-t-on que de *Zaïre* il faut tirer, pour moralité, qu'on ne doit jamais tuer sa maîtresse, soit; mais c'est un avertissement de police encore plus qu'un conseil moral ; aussi ne permet-on le meurtre, même au théâtre, qu'à ceux qui sont au-dessus de la police.

Je ne connais qu'une tragédie vraiment morale, c'est *Bérénice*. On estime *Titus*, mais on ne va pas le voir : voilà les hommes. Encore faut-il rendre cette justice à Racine, qu'il n'a pas fait Bérénice pour prêcher, mais par complaisance.

C'est parce que vous admettez que *le théâtre e t l'école des mœurs*, que vous concluez que *la Petite Ville* blesse la morale : moi je dis tout simplement que *la Petite Ville* est une comédie, parce que je ne fais pas au théâtre plus d'honneur que le public ne lui en fait, et que je vois qu'il n'y va chercher que des émotions. A la rigueur même, je soutiendrais qu'un père de famille qui rentre chez lui après avoir bien ri à une comédie sans but moral, porte dans son ménage un sentiment d'aménité plus efficace, que lorsqu'il revient d'un drame bien moral.

Et si l'auteur de *la Petite Ville* avait voulu faire rire la grande à ses propres dépens, que dirions-nous ? N'y a-t-il pas à Paris des mères qui prêchent la modestie à leurs filles en leur mettant du rouge, et la décence en découvrant ce qu'on appelle leur poitrine ? Dans ce qui forme une société à Paris, les caquets ne circulent-ils pas avec une rapidité merveilleuse ? N'y voit-on pas des filles qui ne renoncent jamais à l'espoir d'épouser ? N'embrasse-t-on pas, quand ils entrent, ceux qu'on déchire quand ils sortent ? Il n'y a pas jusqu'aux trente-trois plats de dessert au thé de madame l'une, humiliés par les trente-cinq qui étaient à celui de madame l'autre, qu'on ne puisse mettre en comparaison avec le beau bal donné par un ministre, et qui pourtant était moins beau que celui donné par le ministre dont on est un peu la coterie ; c'est partout de même. Les hommes ne se corrigeront pas ; mais c'est leur apprendre à se supporter, que de les faire rire de petits détails auxquels ils attacheraient trop d'importance, s'ils ne craignaient le ridicule : même en discutant, rions aussi, pour qu'on ne se moque pas de notre discussion.

FIÉVÉE.

(*Journal de Paris*, du 12 prairial an IX. — 1er Juin 1801.)

6.

RÉPLIQUE A LA LETTRE DU CITOYEN FIÉVÉE (1).

Eh ! oui, vraiment ; *dire que* TOUTE *comédie* DOIT *avoir un but moral, n'est que répéter une vérité de convention ;* je suis bien, à cet égard, de l'avis du citoyen F. Une seule chose pourtant m'embarrasse, c'est qu'il établit une différence entre les vérités de convention et les vérités reconnues : il me semble que la vérité dont on convient est celle qu'on reconnaît, et qu'il n'y a d'exceptions que pour ces maximes fondamentales qui s'appuient sur un sentiment ou un principe antérieur à leur existence même. Mais voilà de grands mots qui peuvent commencer ou finir une grave discussion, et il ne s'agit ici que de comédie. Doit-elle instruire ? ne doit-elle qu'amuser ? et, dans l'impossibilité où souvent elle se trouve d'atteindre ce double but, doit-elle se borner à faire rire ? Y a-t-il sur tous ces points des vérités démontrées ? On cite des exemples, mais que prouvent-ils ? Chacun les ajuste à sa manière, et si cela dure, nous n'aurons plus même de vérité de convention sur un art, où après tant de siècles et tant de chefs-d'œuvre, tout doit être à peu près convenu.

Que voulait Destouches en traitant *le Distrait ?* demande le citoyen F. Je ne remarquerai pas que c'est Regnard qui a fait *le Distrait*, et qu'ainsi Destouches n'a rien à démêler dans cette affaire ; mais je répondrai pour Regnard, qu'il n'a point voulu peindre un caractère, comme le dit le citoyen F., mais un ridicule. La distraction commence par l'insouciance, se développe par l'inapplication, et s'accroît par l'habitude de ne point fixer sa pensée : lorsqu'elle est parvenue à ce dernier degré, elle est presque un caractère, du moins pour le théâtre, où les travers habituels de l'esprit sont, de tous les traits caractéristiques, ceux qui offrent la plus abondante moisson aux auteurs comiques. C'est par les situations qu'on les met en action, et c'est sans doute ce qu'entend le citoyen F., en disant qu'il y a beaucoup de caractères qui ne sont que des situations ; mais alors *le Distrait* offre une moralité, et cet exemple ne serait pas heureusement choisi pour nous prouver les avantages de la comédie qui se borne à faire rire.

---

(1) Cette réplique est du citoyen Villeterque.

Les mêmes observations peuvent s'appliquer au *Misanthrope*. Ce caractère, car c'en est un, n'est qu'un travers de l'esprit; il est ridicule, lorsqu'il commence; il est plaisant, lorsqu'il n'est pas soutenu; et il ne doit échapper ni aux rires de la bonne comédie, ni aux plaisanteries du moraliste, parce que l'amour de la vertu, qui semble l'excuser, le rendrait le fléau de la société, s'il en devenait le modèle.

Amphitryon, *les Ménechmes*, etc., que le citoyen F. a raison de citer, prouvent bien plus en faveur de sa thèse pour le rire. Ces deux pièces et plusieurs autres du même genre, qui se rapprochent un peu de la comédie ancienne, n'ont aucun but moral, et l'on y rit beaucoup. C'est une excellente chose que la gaieté, et je suis même persuadé que le peuple qui rit le plus est toujours le meilleur; jamais les Grecs ne furent si bonnes gens, qu'à l'époque où ils riaient des premières comédies d'Aristophane. Je serais donc tout à fait de l'avis du citoyen F., s'il m'était bien démontré que la comédie qui veut toujours faire rire, peut être préférée sans danger à celle qui veut toujours instruire. Malheureusement l'expérience dit le contraire, et nous allons recommencer cette expérience; car aujourd'hui une opinion quelconque est décidée lorsqu'elle a les rieurs de son côté.

L'art dramatique est né de la joie des vendanges, on voulait rire; le goût a perfectionné les moyens comiques, mais on veut rire encore, ce qui est très-moral. Cette réflexion serait très-plaisante à souper; mais le lendemain, elle ne prouve pas plus que si on disait : L'art de faire des tourtes à la franchipane est né de l'art de broyer le gland, on voulait manger; *la Cuisinière bourgeoise* a perfectionné les moyens, mais on veut manger encore, ce qui est très-nourrissant. Soit, répondrait-on; mais puisque nous avons des tourtes, pourquoi nous ramener au gland? Nos estomacs ne pourraient le digérer. Et nous en sommes à ce point pour tout ce qui n'a pour objet que d'exciter la gaieté. Ce qui faisait rire aux éclats les premiers rieurs de la création sociale ne nous suffirait plus.

Je voudrais bien savoir, par exemple, comment le parterre du Théâtre-Français écouterait cette scène, jadis si amusante, *les Grenouilles* d'Aristophane. On applaudissait à tout rompre, lorsqu'à la fin du premier acte Bacchus, en traversant le Styx dans la barque de Caron, était accueilli par un concert bruyant, dont il se montrait fort importuné.

Les Grecs eux-mêmes, quoique plus près de l'art dramatique *né de la joie des vendanges*, ne rirent pas longtemps de ces bouffonneries. Chacune des causes du rire semble être un champ où l'on ne moissonne qu'une fois; on passe à un autre, et bientôt on arrive à celui du voisin. Il faut offenser, mordre, blesser, pour faire rire. La gaieté qui commence touche de près à la critique, et, pour se renouveler, elle finit par la satire, qui ne ménage plus rien; les ridicules, les vices même ne suffisent plus, il faut immoler des hommes, et c'est ce qui arriva à Athènes. Les Cratinus, les Eupolis, les Aristophane, toujours pour faire rire, mettaient leur gaieté sous la sauvegarde de la malignité publique. Cette fièvre de rire, avec ses doux accès et ses aimables redoublements, porta le trouble dans les familles, la discorde dans toutes les classes de la société, et prépara la ciguë que Socrate fut forcé d'avaler pour la plus grande gloire de la comédie qui fait rire sans avoir un but moral.

C'est pousser les choses un peu loin, dira-t-on; mais c'est qu'aussi la gaieté, sans entraves, les pousse très-vite : elle dévore ses moyens, il faut sans cesse lui en offrir de nouveaux. On se lasse bientôt des plaisanteries d'un mauvais genre, qui cependant font beaucoup rire, mais plutôt encore de celles qui sont de meilleur goût, et dont on ne rit pas longtemps; on ne peut se dissimuler que, même avec une large dose de bonté d'âme, on rit plus volontiers de ce qu'on désapprouve, que de ce qu'on applaudit.

La gaieté qui fait rire est donc, au théâtre, condamnée à la malignité qui offense; et, comme l'appétit vient en mangeant, elle finit toujours par la méchanceté qui veut nuire. Ce n'est donc pas sans raison qu'on a exigé d'elle un but toujours moral; cette direction utile émousse les traits qui ne sont que dangereux. Forcée d'instruire, elle ne peut se permettre ce que la morale n'autorise pas. Plus circonscrite, la gaieté même s'anime devant les obstacles qu'elle n'ose franchir; elle s'égare dans trop d'indépendance : elle s'éteint quand elle s'oublie.

Le *Castigat ridendo mores* du chanoine Santeuil n'est que le texte de la loi que l'Aréopage publia pour mettre un terme aux écarts de l'ancienne comédie grecque ; et les membres de l'Aréopage n'étaient pas des chanoines obligés, comme le citoyen F. le remarque en parlant de Santeuil, de faire des inscriptions morales dont on ne se souvient plus quand la toile est levée.

Le Provincial (Villeterque).

(*Journal de Paris*, du 13 prairial an IX, — 2 juin 1801.)

7.

LEREBOURS AU CITOYEN PICARD,

Sur sa comédie de *Duhautcours*, ou *le Contrat d'union*.

Très-bien, citoyen Picard ; à merveilles ; ceci est de la bonne comédie ; l'odieux et le ridicule du vice, réfléchis l'un sur l'autre, ressortant l'un par l'autre, *ridiculum acri :* voilà le vrai comique, et ce qu'on trouve dans votre pièce du *Contrat d'union*. Enfin, votre talent est entré dans sa force, en marchant vers un but moral ! N'est-il pas vrai que l'aspect d'un vice à démasquer et d'un crime à punir, échauffe bien autrement la verve et féconde autrement l'esprit, que le plaisir de rire aux dépens de quelques mauvaises manières ? N'est-il pas vrai qu'à ce rire du bout des lèvres, qu'excitent de petits ridicules sans conséquence, vous préférez cette gaieté joyeuse, intime, qui naît du fond de la conscience, à la vue des ridicules du vice ? Jouissez du plaisir du talent honoré, et du plaisir de l'homme de bien : votre pièce va faire rougir et pâlir une foule de coquins.

J'ai cru remarquer hier, malgré les applaudissements qui ont été donnés à votre ouvrage, que beaucoup de mots excellents n'avaient pas été sentis ; il ne faut pas que cela vous étonne ; la plupart de vos spectateurs étaient les mêmes gens qui rient à gorge déployée aux *lazzi* sur la *bouillotte aux cinq sols*, sur les sottises de *notre endroit*. Vous en méritez d'autres ; ils ne vous manqueront pas. Votre ouvrage débauchera les amis les plus délicats de la Comédie-Française ; d'hier vous avez pris rang entre les talents qu'ils estiment le plus ; j'espère qu'à la première représentation de votre pièce nouvelle, où je me trouverai, je ne serai plus, à l'égard de vos spectateurs, ce que j'étais encore hier relativement à la plupart d'entre eux.

LEREBOURS.

(*Journal de Paris*, du 20 thermidor an IX. — 8 août 1801.)

8.

ARTICLE DU CITOYEN FABIEN PILLET.

Inséré dans la feuille du 20 thermidor an IX, sur le même sujet (la comédie de *Duhautcours*).

La comédie a pour but la correction des ridicules et des vices ;

> Mais il est des objet que l'art judicieux
> Doit offrir à l'oreille et reculer des yeux.

Il nous semble que là où commencent les droits de notre justice criminelle, finissent ceux de l'auteur comique. Or un agent de banqueroutes, un banqueroutier frauduleux, des faussaires *éhontés*, ne sont point seulement des hommes vicieux ; ce sont de vrais criminels que les lois doivent atteindre, et qui figureraient mieux au carcan que sur le théâtre ; donc la prétendue comédie représentée avant-hier pour la première fois... Mais cette façon *d'argumenter* sent par trop les bancs de l'école ; donnons d'abord une idée du fond de cette pièce ; nous la critiquerons ensuite, s'il y a lieu.

Durville, riche banquier, conseillé par le fripon Duhautcours, a résolu d'assurer sa fortune par une banqueroute frauduleuse. Il fait signer à sa femme une séparation de biens qui la met à l'abri de toute poursuite ; et le lendemain d'une fête superbe qu'il a donnée dans sa propre maison, il déclare sa faillite, et présente son bilan. Duhautcours s'est fait d'avance inscrire au nombre des créanciers (pour 60,000 fr.), sous le prétexte de ne leur inspirer aucun soupçon de complicité, et ce fourbe consommé donne le mot à trois agents subalternes pour qu'ils produisent aussi des titres de convention. Tous les porteurs de créance se réunissent chez Durville ; Duhautcours parle en faveur du soi-disant infortuné, et, se donnant un faux air de générosité, propose à l'assemblée un sacrifice de 80 pour 100 ; ce beau trait ne séduit ni ne trompe personne, et les vrais créanciers, stimulés par l'un d'eux (Francval, négociant de Marseille), s'obstinent à exiger tout ou rien.

Ce Francval fait plus. Il est si intimement convaincu de la scélératesse de Duhautcours, qu'il se charge de payer tous ses compagnons d'infortune, et qu'il annonce l'intention de poursuivre au criminel le banqueroutier et ses fauteurs. A ce mot de criminel, un des coquins subalternes est tellement effrayé, qu'il oublie un moment son rôle de *sourd*, et qu'il découvre ainsi une bonne partie de l'imposture. Premier encouragement pour Francval. Duhautcours le prend à part, et a la maladresse de lui proposer des arrangements particuliers, dans l'espoir de lui fermer la bouche; Francval s'y refuse avec mépris, et ne veut pas même d'un remboursement total, qui l'isolerait des autres créanciers. Duhautcours, déconcerté, annonce ce contre-temps à Durville, et l'engage en même temps à prendre la fuite : celui-ci, tourmenté par ses remords, se révolte à cette proposition, et s'emporte violemment contre son soi-disant ami. Duhautcours, piqué, parle alors de la créance qu'il a entre les mains, et dont aucune contre-lettre ne détruit la validité. Un trait aussi affreux achève de dessiller les yeux du malheureux banquier; il n'ose avouer son crime à son épouse, qui est sa complice sans le savoir, mais il lui donne 800,000 fr. pour qu'elle paye tout, et qu'elle lui évite ainsi un procès déshonorant. Ce retour à la probité fléchit (un peu trop facilement peut-être) la sévérité de Francval, qui, dès ce moment, se charge des affaires de Durville. Duhautcours revient, muni de son titre qu'il veut faire valoir; mais Francval le paye en billets, que ce fripon, chargé de dettes, a signés à diverses époques; puis, il lui montre un décret de prise de corps, fondé sur ce que ce coquin reste encore débiteur d'une forte somme. Celui-ci se retire confus, et Durville, corrigé, abandonne sa maison de banque à un neveu estimable, qu'il marie à la fille du généreux Francval.

Tel est le fond de la comédie, en cinq actes et en prose, qui vient d'être représentée pour la première fois au théâtre de Louvois, et qui a pour titre *Duhautcours, ou le Contrat d'union*. A ce corps d'intrigue, l'auteur a lié fort habilement un épisode qui y répand de l'intérêt et de la variété; mais les bornes de ce journal ne nous permettent pas d'analyser les accessoires. Il nous suffira de dire que, parmi les personnages épisodiques, on a remarqué un marchand de modes, assez semblable à celui qui est maintenant en renom chez nos petites maîtresses, et que ce rôle n'a pas peu contribué au succès des deux premiers actes. Mais revenons à notre première proposition : il en résulte, selon nous, que la pièce nouvelle n'est point du domaine de Thalie, malgré tous les grains de gaieté qu'on s'est efforcé d'y semer; c'est un drame, un bel et bon drame dans toute la force du terme; encore sous ce titre l'ouvrage n'est-il pas à l'abri de toute critique; le plan est savamment conçu; le caractère du fripon et celui de Francval sont dessinés de main de maître, et forment une admirable opposition; la morale est forte et hardie, mais le style nous a paru prolixe; le dialogue manque quelquefois de *vis comica*; les tableaux sont frappants de vérité, mais la couleur en est sèche et le dessin en est roide; enfin, pour parler sans métaphore, cette pièce est une leçon frappante, mais trop directe, trop dure, et quelquefois même révoltante. Après une représentation de ce genre, l'âme du spectateur reste douloureusement oppressée, et semble fatiguée d'humiliation; car ces détails hideux de la perversité humaine, présentés sans réserve, sans ménagement, et multipliés à l'excès pendant deux grandes heures, ont quelque chose d'humiliant, de fatigant pour ceux même des spectateurs qui sont le plus étrangers au commerce et à ses abus; nous n'en dirons pas la raison précise, il est des effets qu'on ne saurait s'expliquer à soi-même : mais ne suffit-il pas que celui-ci ait été presque général, pour que nous soyons autorisés à en faire l'observation? Quoi qu'il en soit, cette production neuve et hardie nous paraît d'un ordre supérieur, et fera époque au théâtre. Ses plus grands défauts tiennent à son sujet; mais la marche de son intrigue et le caractère de ses deux principaux personnages, sont des beautés qu'on ne peut s'empêcher de reconnaître, et qui lui garantissent le succès le plus durable.

L'auteur a été demandé et amené sur la scène; c'est le citoyen Picard (1). Il a été couvert d'applaudissements.

---

(1) Le citoyen Picard n'est pas le seul auteur de la pièce. Il a écrit dans les journaux qu'il avait eu pour

(*Note de l'éditeur.*) Les deux articles qui précèdent et celui qui va suivre sont liés entre eux. Le premier est de mon père, et l'autre de Fabien Pillet; ils parurent le même jour dans le *Journal de Paris*, et sont contradictoires.—L'article de Fabien Pillet a provoqué, de la part de mon père, celui qu'on va lire :

9.

LEREBOURS, AUX AUTEURS DU JOURNAL.

Je lis souvent avec plaisir les articles de votre feuille qui concernent les spectacles, et j'ai vu avec peine, dans celle du 20, que je n'étais pas d'accord avec l'auteur, sur la nouvelle pièce de Picard.

L'article commence par une proposition qui me paraît fausse. Je crois que le but de la comédie n'est pas, comme le dit l'auteur, de corriger les ridicules et les vices, mais de corriger le vice par le ridicule; en d'autres mots, de montrer le ridicule du vice.

Ce qui distingue la comédie du drame, c'est que le drame n'en montre que le côté odieux, et que la comédie en montre tout à la fois l'odieux et le ridicule. Le drame fait naître l'indignation contre le vice; la comédie inspire le mépris pour lui. Et c'est par cela que la comédie, sans autant parler de morale que le drame, a un effet plus moral. En effet, l'indignation n'est dans l'âme qu'un état passager, et le mépris est un état permanent. Avec le temps, l'indignation transige; le mépris, jamais.

L'auteur de l'article dit que la pièce de Picard est *un bel et bon drame*; si l'on n'y riait pas, il aurait raison. Mais on y rit, et aux dépens du vice, et c'est une comédie. La scène de l'assemblée des créanciers est pleine de *bon comique*. La scène de Duhautcours avec Francval qu'il veut jouer, mais qui se trouve plus clairvoyant que le premier n'est artificieux, et qui finit par refuser plus que le coquin ne voulait offrir, est de l'*excellent comique*.

L'auteur dit que les héros de la pièce *figureraient mieux au carcan qu'au théâtre*. Je suis de son avis, et je souhaite de bon cœur au carcan tous les modèles et toutes les copies de Duhautcours. Mais de ce qu'ils seraient mieux au carcan qu'au théâtre, il ne s'ensuit pas qu'ils

soient déplacés au théâtre. Ils sont si bien, si nombreux, si impunis, si importants dans la société, qu'il faut bien que le théâtre ne répugne pas à les recevoir. Le théâtre est fait précisément pour les coquins, que les lois n'atteignent pas; et l'expérience a prouvé que les banqueroutiers frauduleux sont dans ce cas. La morale publique est si relâchée, l'opinion si corrompue par la cupidité, les gens de bien si écartés par le faste, la licence et l'insolence des coquins enrichis de leurs dépouilles, qu'il faut bénir mille fois l'audace du talent qui les châtie et les abaisse devant le mépris général.

Je suis fâché, je le répète, de me trouver en opposition avec le citoyen F.·P.; mais c'est une destinée, sans doute, attachée à mon nom; il faut que je loue quand les autres blâment, et que je blâme quand les autres louent.

LEREBOURS.

(*Journal de Paris*, du 22 thermidor an IX. — 10 août 1801.)

PROSERPINE.

Depuis quelque temps on s'est mis à juger les pièces jouées à l'Opéra d'après les mêmes principes que les pièces du Théâtre-Français; on confond ainsi deux genres fort distincts, et ce ne peut être qu'au préjudice de l'un et de l'autre. On va chercher au Théâtre-Français les plaisirs de la sensibilité, de l'esprit, de la raison; ce qu'on doit demander à l'Opéra, ce sont les plaisirs, les enchantements, les voluptés de l'imagination. La tâche de la tragédie, proprement dite, est de passionner; celle de la tragédie lyrique est de charmer. L'une, pour aller à l'âme du spectateur, part de l'âme du poëte : l'autre, pour saisir l'imagination, s'adresse à tous les sens, et emprunte le secours du poëte, du peintre, du musicien, du pantomime. La première ne parle qu'un langage, ne dispose que de la parole; l'autre a de plus le langage d'action, l'expression musicale, l'éloquence magique des décorations : c'est donc de l'intérêt qu'il faut demander à la scène française; et c'est de la magie qu'il faut demander à la scène lyrique.

Quinault avait mis la mythologie sur le théâtre de l'Opéra, et il a rempli la destinée de ce théâtre; voyez ce que nous avons gagné à chan-

---

collaborateur un de ses amis, qui désirait garder l'anonyme.

ger de système : on nous a donné *Phèdre*, *Sémiramis*, *Andromaque* sous le titre d'*Astyanax*, *l'Orphelin de la Chine* sous le titre de *Tamerlan*, etc.; et ces pièces, qui n'ont eu qu'un médiocre succès à l'Opéra pendant quelque temps, ont fait moins de plaisir depuis au Théâtre-Français. A l'Opéra, les paroles ont paru refroidies par la lenteur du chant ; et aux Français, la pièce a ensuite paru dépouillée de sa pompe naturelle, parce qu'on y portait des yeux encore éblouis de la magnificence de l'Opéra.

L'administration de l'Opéra a donc très-bien fait de revenir au principe de Quinault, et à Quinault lui-même, lorsqu'il a été question de donner à M. Paësiello un poëme sur lequel il pût exercer son beau talent. C'est à M. Célérier, alors directeur, que l'on doit l'heureux choix de *Proserpine*, ainsi que les premières idées et les premiers dessins qui ont été suivis pour établir convenablement cette pièce. Le sujet de *Proserpine* n'a pas beaucoup d'intérêt; mais Quinault a bien prouvé que ce sujet était susceptible d'un charme infini. Les plus heureux contrastes naissaient de tout ce qui appartient à l'aimable déesse des moissons, à l'innocence de sa fille, et de tout ce qui caractérise le dieu des enfers et les enfers mêmes. C'était un tableau charmant à offrir que celui de Pluton, à qui l'Amour inspire l'idée de suspendre les tourments des coupables voués par le destin à d'éternels supplices, et qu'il revêt du pouvoir d'ajouter encore du bonheur au suprême bonheur qui remplit l'Élysée! Quel spectacle que le séjour de la félicité, animé d'une félicité jusqu'alors inconnue!

La musique de Paësiello, digne en tout du poëme, concourt à son effet; l'ambition du musicien ne l'a point séparé du poëte ; Paësiello paraît avoir composé sous la dictée de Quinault. Sa musique n'étonne point, elle entraîne; elle occupe l'âme, sans provoquer l'admiration; et c'est en cela surtout qu'elle est admirable. Des accents et point d'éclats de voix, voilà le caractère du chant; de la mélodie et point de fracas, tel est le caractère des accompagnements. L'orchestre, subordonné à la puissance naturelle de la voix, l'aide, l'anime, et ne la couvre jamais. La voix, toujours subordonnée au sens et à l'action, ne fait qu'y ajouter le charme d'une expression harmonieuse. Les

musiciens paraissent avoir toujours pensé que, pour se faire entendre des Parisiens, il fallait commencer par les faire taire à force de bruit; Paësiello, en introduisant ici une bonne méthode d'exécution, prouvera peut-être qu'un secret plus sûr pour se faire entendre, c'est de se faire écouter.

On lui a reproché de trop nombreuses répétitions : il en est plusieurs qui, je crois, seraient difficiles à justifier. Telle est celle de *séparons-nous*, que dit Proserpine à ses compagnes, lorsqu'elle les invite à ramasser des fleurs pour sa mère. Mais il en est d'autres aussi qui sont nécessaires et qui sont charmantes : telles sont celles du duo de Pluton avec Proserpine, dans le second acte. Elle demande sa liberté; il sollicite sa tendresse : quand on prie, quand on implore, on se répète; et ce qu'il y a de remarquable dans les répétitions de ce morceau, c'est que chacune est d'un mouvement plus animé que celle qui précède, ce qui sauve la monotonie, et produit l'effet convenable à la situation. La musique de cette scène est d'ailleurs ravissante. Le chant de Pluton est sur un ton incertain, mêlé de volupté et d'âpreté, qui sied admirablement à une passion si nouvelle pour son cœur, et dont il essaye pour la première fois l'expression.

La musique de la scène où Cyané, compagne de Proserpine, essaye en vain de dire à Cérès le nom du ravisseur de Proserpine, est sublime. On sent la puissance du dieu qui arrête la parole sur ses lèvres, lorsqu'elle est près de l'accuser.

Toutefois l'ouvrage de M. Paësiello n'est pas sans imperfection. On peut en citer une qui provient sans doute de son peu de familiarité avec la langue française. Dans le chœur lointain qui commence la IV° scène du premier acte, Proserpine et les Nymphes chantent : *Dans ces lieux pleins d'attraits le plaisir nous rassemble.* Il y a une espèce de roulade sur ce mot *plein*, de sorte qu'on entend quatre fois de suite cette nasale *ein*, *ein*, *ein*, *ein*. Les musiciens qui connaissent le vice de notre langue, ne s'arrêtent jamais sur une semblable syllabe. Le poëte peut aisément remplacer ce vers.

Lulli et Quinault firent la gloire de l'Opéra du temps de Louis XIV. Quinault encore et Paësiello le feront briller d'un nouvel éclat sous le grand consulat de Bonaparte.

(Tome III, page 117, des Opuscules.)

II. — PERSONNEL DES ACTEURS, CONSEILS, ETC.

ODÉON.

Des capitalistes veulent, dit-on, établir, à l'ancien Théâtre-Français, un spectacle appelé *l'Odéon*, où ils feront représenter les chefs-d'œuvre des plus grands maîtres, par les artistes les plus distingués de chaque spectacle. Un pareil établissement serait bien nécessaire. Le moment est critique, surtout pour l'art de la comédie. Nos *manières* sont tout à fait changées depuis quatre ans. Quel acteur aura le talent de retrouver les *mœurs* et les *caractères*, au milieu de *manières* nouvelles ? Quels sont ceux qui saisissent les caractères dans leurs traits propres, et ne sont pas simples copistes de certaines formes, de certains individus, en qui on a cru les reconnaître ? — J'ai vu jouer le *Misanthrope*, comme le *Grondeur*; le *Tartufe*, comme le *Cafard*; le *Dissipateur*, comme le *Vieux libertin*; l'*Inconstant*, comme le *Volage*, etc. J'ai vu des copistes de certains hommes mal définis, et si j'excepte le *Glorieux*, point les originaux de certains caractères. Espérons en l'Odéon !

(*Journal de Paris*, du 29 messidor an IV. — 17 juillet 1796.)

AUX RÉDACTEURS DU JOURNAL DE PARIS,

AU SUJET D'UN PROFESSEUR D'ART DRAMATIQUE, ET RÉPONSES DES RÉDACTEURS.

(Ces réponses sont de M. Rœderer.)

Vous aimez les lettres; permettez-moi quelques réflexions sur un art que j'idolâtre ; et pour me répondre il ne vous en coûtera, si vous voulez, qu'un monosyllabe, à la fin de chaque alinéa.

D. — Thalie et Melpomène nous firent-elles, dans le dernier siècle, la réputation la plus incontestable? Ont-elles porté notre langue dans les pays les plus lointains, et forcé nos ennemis même à l'adopter ?

R. — Puisque l'auteur nous demande une réponse, article par article, nous répondrons sur la première question : Oui.

D. — Est-il vrai que nos auteurs, nos acteurs pour la plupart, et nos amateurs, aient perdu de vue toutes les finesses de l'art dramatique, et que la connaissance de ses règles soit utile à la gloire des uns et au plaisir des autres ?

R. — Oui. La révolution a été funeste à toutes les finesses et à toutes les délicatesses.

D. — Est-il vrai que l'univers littéraire ait les yeux sur nous, et brûle de voir ce que nous allons faire pour ramener le goût, l'ordre, la décence, où règnent la barbarie, le désordre, l'immoralité ?

R. — Oui ; nous croyons que les amis de la liberté, dans tous les pays, et tout ce qui compose la république des lettres, s'inquiètent de ce que nous allons faire pour honorer notre nouvelle existence.

D. — Est-il vrai que dans une république naissante, et dans un pays surtout où le théâtre est le seul prône du peuple, il soit bien nécessaire que rien d'impur ne découle de cette première source d'instruction ?

R. — Oui ; mais le théâtre ne doit pas être le seul prône, ni même le principal prône du peuple, dans une république représentative.

D. — Pensez-vous qu'à travers nos mille et un professeurs, un professeur dramatique fût de trop, et figurât mal ?

R. — Nous pensons qu'il figurerait bien entre le petit nombre des mille et un professeurs qui sont de trop, et nous en dirons les raisons.

D. — Pensez-vous que le théâtre, ce livre immense, fermé dès les premières pages par la médiocrité, et sans cesse ouvert pour le génie, ne demande pas un homme tout entier ?

R. — Autre chose est un homme tout entier, autre chose, un homme de génie. Ce ne serait point assez d'un homme médiocre tout entier, pour enseigner l'art, s'il était enseignable ; ce serait trop d'un homme de génie. Et comment fonder sur l'existence et le dévouement d'*un homme de génie*, un établissement d'enseignement quelconque ? S'il se trouve aujourd'hui, est-on sûr de le remplacer demain ? Y aurait-il beaucoup de chaires en France, pour quelque art ou quelque science que ce fût, s'il était écrit au-devant : *On ne monte ici qu'avec du génie ?* Et le génie de la représentation théâtrale peut-il se développer ailleurs qu'au théâtre, et s'enflammer autrement que dans l'action de la scène ? Et l'homme de génie théâtral, est-ce à l'école ou au théâtre qu'il est désirable de le voir ? est-il bon d'en faire un régent, quand il peut être grand artiste ?

D. — Pensez-vous que chez un peuple jaloux de se montrer grand et magnifique en tout, il ne soit pas ridicule d'opposer l'économie à l'établissement d'une chaire de plus ?

R. — Il y a quelques centaines de demandes aux comités chargés de l'instruction publique, qui finissent par cette exclamation : *Qu'est-ce que la dépense d'une chaire de plus ?*

D. — Pensez-vous enfin, les gens de goût pensent-ils que cette chaire dramatique soit nécessaire à l'art, à notre gloire, à nos plaisirs ? C'est ici que je demande un oui ou un non bien prononcé.

R. — Nous prononçons bien nettement : Non ; et nous osons avancer que l'art du théâtre, différent des autres arts d'imitation, tels que la danse, la peinture, la sculpture, la musique, n'est pas susceptible d'enseignement.

Il y a, dans ces derniers arts, une partie physique, matérielle de convention, qui ne peut être sue sans avoir été apprise, et sans laquelle le talent d'imiter est absolument nul ; il n'en est point ainsi dans l'art dramatique : au théâtre, il suffit de savoir parler, marcher, sentir, comme on parle, comme on marche, comme on sent dans la société. Le matériel de l'art n'est pas autre chose que l'habitude de la vie commune. Quant à l'habileté de l'exécution, elle est le produit de beaucoup de connaissances morales que rien ne supplée, de beaucoup d'observations faites sur les mœurs, les caractères, les passions des hom-

mes, et leurs expressions dans diverses circonstances, observations dont rien ne peut tenir lieu. Et ces connaissances ces observations ne peuvent être elles-mêmes que le fruit d'une grande sagacité d'esprit en ce qui concerne la comédie, et d'une sensibilité profonde en ce qui concerne la tragédie. A ces avantages que l'art ne donne pas, il faut ajouter une grande flexibilité de ton et de manières, et le talent de l'imitation ; avantages qui ne sont non plus que des dons de la nature.

Le véritable maître de l'acteur comique, c'est l'Avare, le Misanthrope, le Tartufe, qui se rencontrent dans la société. Le véritable instituteur de l'acteur tragique, c'est le père, le fils, l'époux, l'amant malheureux et passionné, qui s'offrent si souvent à nos regards.

S'il est nécessaire de faire précéder ou d'accompagner l'étude des originaux de quelques instructions qui avertissent les yeux de l'artiste des choses qu'il doit observer, des différences qu'il doit saisir, donnez à l'acteur comique la Bruyère, la Fontaine et Molière ; donnez à l'acteur tragique *l'Histoire de l'homme*, de Buffon, celle des *Hommes illustres*, de Plutarque, *la Nouvelle Héloïse*, et Racine.

Non-seulement l'art du théâtre ne s'enseigne point par des professeurs, mais même il ne s'acquiert point par l'imitation des grands maîtres. Ses modèles ne sont point au théâtre. Le modèle de l'acteur dramatique, comme son maître, c'est l'homme et non pas le comédien, c'est le personnage imité et non l'imitateur. Ceux-là seuls recommenceront Lekain et Préville, qui, au lieu d'imiter leur jeu au théâtre, imiteront ce qu'ils ont fait avant d'y monter, c'est-à-dire qu'ils travailleront à saisir et à imiter la nature. Dans tous nos théâtres de Paris, on ne voit que copies de copies. Ici c'est la copie de mademoiselle Contat ; là, celle de madame Dugazon ; ailleurs, c'est la copie de Molé ou de Fleury... Eh ! si mademoiselle Contat est une actrice charmante, c'est parce qu'elle n'a copié aucune autre actrice, mais bien les femmes originales qu'elle a observées dans la société. Jeunes actrices, faites comme elle ; ayez assez d'esprit pour observer comme elle, de facilité et de grâce pour imiter comme elle ce que vous avez observé ; alors vous serez mademoiselle Contat, ou vous prendrez place à ses côtés.

D.—*Bon!* va finement s'écrier la malignité, l'auteur des questions veut être professeur ! — Eh ! pourquoi pas ? Mais que la chaire échappe à la futilité, qu'un artiste profond y fasse des efforts pour ramener les beaux jours de Thalie et de Melpomène, mes vœux seront comblés, et je le signe.   CAILHAVA.

R. — Nous pensons que la chaire qui conviendrait au citoyen Cailhava, celle à laquelle il conviendrait, serait un journal répandu dans lequel il exercerait une critique sévère, et sur les acteurs et sur les spectateurs ; car il faut corriger, éclairer et le parterre et le théâtre en même temps, si l'on veut ramener le bon goût dans nos spectacles. Un bon article inséré dans une gazette, sur le jeu de tel ou tel acteur, pour le louer ou le reprendre, est la meilleure leçon qu'on puisse donner sur l'art du théâtre. Cette chaire, nous l'offrons au citoyen Cailhava, et nous serons fort aises qu'il veuille bien l'occuper quelquefois.

(*Journal de Paris*, du 1er fructidor an IV. — 18 août 1796.)

SUR UNE REPRÉSENTATION DU CID.

J'ai assisté hier (12 prairial) à l'ouverture du théâtre de la République ; on a joué *le Cid* et *l'École des Maris.* La salle était pleine ; ce qui prouve que si l'on aime les salles nouvelles, on ne craint pas les anciennes pièces. J'ai été charmé, je dois le dire, de voir les beautés du grand Corneille senties enfin par le public, et dignement exprimées par les acteurs. La révolution a trempé nos âmes ; les choses fortes et grandes ont sur nous plus d'empire qu'autrefois ; et Corneille va devenir pour nous un poëte nouveau.

Vanhove a joué le rôle de don Diègue avec beaucoup de vérité. Au lieu de la monotonie ou des éclats de voix qu'on reprochait à sa *diction*, il a fait sentir, par la variété de ses tons et le pathétique de ses inflexions, la fierté de l'Espagnol et le désespoir de l'impuissant vieillard ; il a joint la noblesse à la chaleur. Talma a montré dans Rodrigue une parfaite intelligence de son rôle, en même temps que les ressources de son talent ; il sait marquer de leurs nuances les trois caractères réunis dans son rôle, celui de fils, de guerrier et d'amant.

Tout ressort, tout se fait sentir dans son jeu franc, noble, fort et doux. Il a produit un effet prodigieux dans la scène II du deuxième acte, où il provoque le comte au combat. Cependant nous croyons que s'il a été un moment hors de la vérité dans la pièce, c'est à ces vers : *Sais-tu que ce vieillard fut la même vertu, la vaillance et l'honneur de son temps ?* LE SAIS-TU ?... *Cette ardeur que dans les yeux je porte, sais-tu que c'est son sang ?* LE SAIS-TU ? Talma a dit ces *le sais-tu ?* comme s'ils signifiaient : de bonne foi, ne sais-tu pas que, etc. Ce n'est pas là le sens du mot. L'interrogation est d'un jeune homme impétueux et irrité ; elle veut dire : Tu l'as oublié, je vais te l'apprendre. C'est ce qu'indiquent assez les réponses du comte : *Peut-être... que m'importe ?* c'est ce que marque parfaitement la réplique de Rodrigue : *A quatre pas d'ici je te le fais savoir.* Rodrigue veut un combat, et fait un défi ; Talma prend le ton d'un homme qui demanderait une explication, et se contenterait d'une excuse.

La citoyenne Fleury est admirable dans la partie pathétique de son rôle. Un peu plus de hauteur serait nécessaire pour justifier ses démarches contre son amant. Il est, au reste, malheureux pour elle et pour la pièce que don Fernand, par la faiblesse et la précipitation de son jeu, ait entièrement empêché l'effet de la scène V du quatrième acte, où Chimène doit passer successivement du besoin de la vengeance à la douleur d'apprendre la mort de son amant, et revenir ensuite de cette douleur au besoin de la vengeance, quand elle apprend que la nouvelle de cette mort est fausse. Cette scène a besoin d'être étudiée par l'acteur qui joue le rôle du roi. Il faut des intervalles, des repos, un jeu muet ; et tout cela a manqué hier.

L'École des Maris a réuni sur la scène comique les plus aimables talents : les citoyennes Mars, Mézerai, Devienne ; et des talents consommés : Grandménil et Dugazon. Cependant il y a à redire à Grandménil, dans *l'École des Maris.* Il a tous les mouvements d'un jeune homme : ses jambes et ses bras sont dans une activité qui fait perdre aux prétentions de son personnage beaucoup de leur ridicule, et lui donnent plus l'air d'un Scapin que d'un barbon.

Je ne vous dirai rien, citoyens, des changements avantageux qu'on a faits à la salle et du magnifique lustre qui l'éclaire. Au spectacle, moi, je regarde le théâtre et les acteurs. Le décor et le mobilier, du reste, m'importent moins qu'un mot bien dit et qu'un silence bien placé.

Je vous invite, citoyens, à ne rien passer aux hommes de talent. C'est par la critique qu'on les encourage, parce que c'est par la critique qu'on les perfectionne; et vous-mêmes ne trouvez-vous pas bon qu'on vous réveille quelquefois?

Salut et estime :

Le vieil amateur du café Procope.

(*Journal de Paris*, du 13 prairial an vII. — 1ᵉʳ juin 1799.)

SUR LES THÉÂTRES.

Je ne connais que par tradition la célébrité de Dufrêne et de Lekain, de mademoiselle Gaussin, de mademoiselle Clairon et de mademoiselle Dumesnil. Quelque défiant que je sois pour les vieillards, toujours portés à louer le passé aux dépens d'un monde qui leur échappe, je crois que ces acteurs atteignaient à cette perfection de goût dont j'entends si souvent parler, sans qu'on nous l'ait jamais bien définie.

Si l'on voulait cependant être juste envers les contemporains, ne faudrait-il pas comparer les circonstances dans lesquelles vivaient leurs prédécesseurs? car nous chargeons souvent les acteurs de reproches qu'ils auraient le droit de nous adresser.

Hier, par exemple, j'assistais à la représentation de *Phèdre*, qui, n'en déplaise à bien des gens, est pour moi le chef-d'œuvre de la scène française. Mademoiselle Raucourt était assurément la même que dans ce qu'on appelle les beaux jours du théâtre. Saint-Phal, Vanhove, mademoiselle Fleury et madame Thénard, faisaient un ensemble qui, à une confidente près, se trouve assez rare aujourd'hui. Je n'ai point remarqué cependant ces impressions profondes que produisaient autrefois *Phèdre*, *Hippolyte* et *Aricie*.

A quoi donc attribuer cette différence des anciens acteurs et des nouveaux, des modèles et de leurs émules? C'est que les premiers, déployant leurs moyens, dans des temps de calme, de prospérité publique, trouvaient les

cœurs disposés à la sensibilité, et à cette bienveillance universelle qui compose notre plus bel apanage. Froissés depuis par le malheur, usés par les secousses révolutionnaires, la mémoire remplie de spectacles affreux, nous avons perdu cette délicatesse, et, si on peut le dire, cette finesse d'âme qui peut seule assurer le triomphe des beaux ouvrages de la scène française. Il ne faut pas oublier ce mot de Chamfort, dit en 1793 : « On ne prend plus d'intérêt à la tragédie, parce qu'elle court les rues. »

D'ailleurs, les esprits éclairés sont en moindre nombre que jamais. Depuis dix ans les études littéraires ont été interrompues; et les anciens acteurs vous diront que les jeunes élèves de l'Université étaient les meilleurs juges de l'ancien parterre.

De l'affermissement de l'ordre social, du retour de notre antique splendeur, du sentiment intime de notre sûreté, dépend donc la régénération du théâtre; car il y a une liaison étroite entre nos mœurs, nos goûts, nos plaisirs, et notre situation politique. Pour m'attendrir sur les infortunes d'*Andromaque* ou de *Mérope*, d'*Iphigénie* ou de *Zaïre*, il faut non-seulement que je n'aie pas à gémir sur les miennes, mais même que je n'en aie pas le moindre souvenir, et j'ai besoin de toute la plénitude d'une heureuse existence.

. . . .

(*Journal de Paris*, du 29 germinal an vIII. — 19 avril 1800.)

AU CITOYEN LAFON,

ACTEUR DU THÉÂTRE DE LA RÉPUBLIQUE.

Vous ne savez pas, citoyen, ce que c'est que le café Procope; vous êtes trop jeune pour l'avoir vu dans sa splendeur. C'était le rendez-vous de tous les auteurs et de tous les amateurs de la Comédie-Française, quand elle était à la rue des Fossés-Saint-Germain des Prés; c'est-à-dire dans le beau temps des Lekain, des Préville, des Clairon, des Dangeville, etc. On jugeait là, avec autant de goût que de savoir, et la pièce nouvelle, et l'acteur nouveau. Là, une discussion bien nourrie avait lieu à l'occasion de chaque nouveauté; et, quoiqu'il n'y eût ni secrétaire ni sténographe pour recueillir les débats, ni président pour poser la question, ni sonnette pour faire faire silence, ni boules noires ou blanches pour rendre le décret, une opinion prédominait bientôt, s'établissait par-dessus toutes les autres, et était transmise par la conversation aux hommes qui devaient en profiter. L'intérêt que je prends à vous, citoyen, le plaisir que m'ont fait vos débuts, le plaisir, plus grand encore, qu'ils me font espérer, me fait désirer que vous recherchiez et que vous découvriez quelques-uns des vieux amateurs qui fréquentaient ce café. Je dirai d'eux, à peu près comme Mairan des gens de son pays : *Ils radotent* maintenant un peu, mais *nous avions* tous de l'esprit et de l'instruction; et si vous pouvez en dénicher un, avec un peu de patience, vous en tirerez encore bon parti. Je m'offrirais sans façon, si je ne vivais habituellement à la campagne, et si je n'étais devenu en même temps asthmatique, ce qui nuit à la déclamation, et étique, ce qui me donne des bras plus propres à exécuter les mouvements du télégraphe, que les gestes d'Orosmane et de Tancrède.

A propos de Tancrède, je vous dirai que notre Lekain avait pris de ce beau rôle une autre idée que vous. Tancrède est un amant passionné, malheureux, désolé, voilà le fond du rôle; mais c'est un amant fier, noble, magnanime, qui surmonte sa douleur, son ressentiment, et se dévoue, sans autre but, sans autre espérance, pour l'objet qui lui déchire le cœur. C'est donc l'amant héroïque qu'il faut montrer, et non l'amant désolé. Les spectateurs supposent assez sa douleur; c'est par la magnanimité qui l'accompagne, non par les éclats où elle peut s'emporter, que cette douleur devient plus pathétique. Tenez-vous pour averti, citoyen, que le spectacle le plus touchant n'est pas celui de la douleur qui s'exhale, mais celui de la douleur qui se contient. Lisez, à ce sujet, une observation de Smith dans sa *Théorie des sentiments moraux*, traduction de madame Condorcet, tome I, page 97 et suivantes. Lisez aussi, à la page 40, le passage qui commence ainsi : « Nous sommes aisé-
« ment fatigués des bruyants éclats d'une dou-
« leur qui veut exciter notre intérêt par les
« soupirs, les larmes, les gémissements; mais
« nous gardons tous nos égards et tout notre
« respect pour cette douleur silencieuse et

« noble qui, malgré la réserve des manières,
« se découvre dans l'altération des traits et
« dans l'abattement des regards, etc. »

Votre jeu a été noble partout où il a dû l'être; mais il a été trop véhément. Trop de fureur, pas assez de mépris dans ces vers : *Quel est cet Orbassan, quel est ce téméraire?* Trop d'accent, trop de geste, trop de mouvement dans le cours de la pièce. Encore une fois, c'était trop l'amant malheureux, pas assez l'amant héroïque.

Vous avez été un peu trop applaudi, et pas assez secondé. Vos camarades devraient avoir plus de bonne volonté pour vous, et le public moins d'enthousiasme; vous en vaudriez mieux, et bientôt. Je désire qu'on ne vous gâte point d'un côté, qu'on ne vous décourage point de l'autre, et que vous preniez l'essor qui convient à vos talents. Étudiez bien l'esprit de vos rôles, consultez les gens de goût qui ont les vieilles traditions. Je retourne à ma campagne; j'espère vous revoir l'hiver prochain au-dessus de l'envie et au-dessus de l'éloge.

Le vieux habitué du café Procope.

(*Journal de Paris*, du 2 prairial an VIII. — 22 mai 1800.)

———

Le citoyen Lafon, continuant ses débuts, a rempli, avant-hier, le rôle le plus difficile du théâtre, celui d'Orosmane dans la tragédie de *Zaïre*. Écouté froidement dans le premier et dans le troisième acte, il a obtenu et mérité dans les deux derniers les applaudissements de l'enthousiasme. Il est juste de dire que depuis Lekain ce rôle n'avait pas été joué avec autant de sensibilité; mais le citoyen Lafon, admirable dans certaines scènes, a-t-il toujours soutenu le caractère élevé de son personnage? C'est ce que nous ne pensons pas. Il nous semble que son pathétique a quelquefois manqué de *vigueur*. Il a peint avec beaucoup d'âme l'amour et la douleur; mais il n'a pas mêlé à ces sentiments cette *âpreté sauvage*, cette sorte de *férocité* qui distinguent essentiellement Orosmane des autres amants de tragédie. Quelquefois, surtout dans les premières scènes, il a *chanté ses vers*, et a désagréablement appuyé sur leurs finales; nous croyons aussi qu'il n'a pas suffisamment nuancé cette belle tirade si abondante en transitions :

Il fut un temps, madame, où mon âme charmée,
Écoutant sans rougir des sentiments trop chers, etc.

et qu'il n'a pas trouvé l'accent de la nature en s'écriant : *Zaïre, vous pleurez !* Mais il a dit avec beaucoup d'âme et de vérité :

Qui moi ! que sur mon trône une autre fût placée ?
Non, je n'en eus jamais la fatale pensée.
Pardonne à mon courroux , à mes sens interdits ,
Ces dédains affectés, et si bien démentis !...

Il n'a été ni assez sombre, ni assez énergique, en prononçant ces mots si célèbres par la manière dont ils étaient dits par Lekain :

Le voilà donc connu ce secret plein d'horreur !...

Mais on l'a justement applaudi lorsque, parlant de Nérestan, il s'écrie :

C'est là ce Nérestan, ce héros plein d'honneur !...
Ce chrétien si vanté qui remplissait Solyme
De ce faste imposant de sa vertu sublime!!!

Peut-être, dans tout le reste de la pièce, a-t-il trop souvent employé la ressource des *sanglots*, moyen attendrissant, mais peu digne d'un cœur comme celui d'Orosmane. Il nous semble que ses pleurs eussent produit bien plus d'effet s'il ne les eût versés qu'à la suite de *combats intérieurs*, et par une sorte d'explosion. Voltaire a senti cette vérité, puisqu'il fait dire à son héros, au milieu du cinquième acte :

Voilà les premiers pleurs qui coulent de mes yeux.

Quoi qu'il en soit, le citoyen Lafon vient de donner une nouvelle preuve de ses belles dispositions. Nous avons dû parler de ses défauts, mais les difficultés que son rôle offre continuellement nous forcent de convenir qu'il a pu, sans honte, y rester éloigné de la perfection ; il sait inspirer un vif intérêt dans une tragédie qui est l'écueil de nos plus célèbres acteurs ; ce succès nous paraît assez glorieux pour un débutant : quel espoir ne donne-t-il pas aux amis de l'art dramatique ?

Madame Petit-Vanhove, dans le rôle de Zaïre ; le citoyen Monvel, dans celui de Lusignan ; et le citoyen Saint-Phal, dans celui de Nérestan, ont été vivement applaudis ; madame Petit, surtout, n'a rien laissé à désirer.

(*Journal de Paris*, du 26 prairial an VIII. —
15 juin 1800.)

Le 29 prairial, je suis revenu de la campagne exprès pour voir le citoyen Lafon dans le rôle d'Orosmane. Depuis que Bonaparte fait la guerre, je me crois si sûr d'avoir la paix, que je prends tant que je puis des à-compte sur les jouissances qu'elle doit amener, étant d'ailleurs trop vieux pour espérer de la goûter longtemps. Je n'ai pas été content du citoyen Lafon. J'ai vu dans toute la pièce l'élève de Dugazon, et je n'ai vu Orosmane que par moments.

Je voudrais savoir d'abord pourquoi il a adopté une prononciation aussi bizarre ? A tous les mots qui finissent par un *E muet* ou par un *R*, on dirait qu'il y a derrière lui un écho qui répète sa dernière syllabe, et qui en exagère même le son. L'*R* est sans contredit une des consonnes les plus dures de la langue française. Pourquoi le faire sentir par une espèce de roulement ? et pourquoi faire répéter ce roulement par un écho ? Depuis vingt années, on adoucit autant qu'il est possible dans le chant les *E muets :* pourquoi faire entendre au Théâtre-Français tous les *E muets* comme le son *eu ?* Il résulte de cette prononciation que tous les vers que débite le citoyen Lafon sont allongés d'une, de deux, de trois syllabes ; et ce qu'il y a de pis, c'est qu'il lie les syllabes qu'il ajoute à celles qu'il faut prononcer, par une espèce de hoquet qu'il est extrêmement pénible d'entendre. Par exemple, voici comme il prononce les vers suivants :

De tous mes sentiments, tel est le caractère—*reu.*
Je veux avec excès vous aimer et vous plaire—*reu.*
Si d'un égal amour—*rreu* votre cœur est épris,
Je viens vous épouser—*rreu ;* mais c'est à ce seul prix.

Le premier acte est celui où ce défaut de prononciation s'est le plus fait sentir ; mais c'est celui qui a été le mieux joué. A la suite, l'acteur n'a été que très-rarement dans son rôle. La fameuse scène du quatrième acte, qui commence par ce vers :

Il fut un temps, madame, où mon âme charmée, etc.

a été jouée à contre-sens. Voltaire a voulu faire sentir dans cette scène l'orgueil concentré du maître offensé ; l'acteur a représenté l'agitation d'un amant éperdu. Quand il a assuré Zaïre

. . . . Que le plus froid mépris,
De ses caprices vains serait le digne prix,

il était en convulsion. Aussi, quand Zaïre répond :

Tu m'as donc tout ravi, Dieu témoin de mes larmes !

il est encore trop agité pour entendre ce vers qui doit l'adoucir, et amener de sa part ces vers plus animés et plus doux, où l'espoir qui renaît se déclare par un reproche tendre, en un mot, où l'amant reparaît :

... Il est trop vrai que l'honneur me l'ordonne, etc.

Ce retour, cette gradation ont été perdus pour le spectateur ; et ce mot, *Zaïre, vous pleurez !* qui termine le couplet, ce mot qui suppose l'attendrissement produit dans Zaïre, par le ton adouci d'Orosmane, et annonce que l'âme d'Orosmane s'ouvre tout à fait à l'espérance, ce mot a été sans effet. Il devait être le plus animé de la scène ; mais tout ce qui précède avait été dit avec tant d'agitation, que ce mot a paru froid.

En revanche, toute la fin de la scène :

Quel caprice étonnant que je ne conçois pas, etc.,

a été rendu avec l'accent de la passion la plus tendre et la plus vive. Mais encore ce n'est point à genoux qu'Orosmane doit parler à Zaïre ; cette posture n'est point dans les mœurs d'un soudan.

Ce qui a été surtout joué hors de toute vraisemblance, c'est la dernière scène. Orosmane a récité ses vingt derniers vers en sanglotant. Outre que sangloter fatigue les oreilles, que les sanglots prolongés sont ridicules, et que les sanglots d'un homme sont presque toujours hors de nature, ici ils sont en opposition directe avec la situation d'une âme tout à coup éclairée sur la plus affreuse méprise, qui se voit elle-même avec horreur, qui ne connaît plus qu'un intérêt, celui d'adoucir le sort des malheureux qu'elle a faits ; qu'un devoir, celui de venger Zaïre ; qui, enfin, est résolue à la mort. Les sanglots, ainsi que les larmes, sont l'effet d'une convulsion dans laquelle l'âme est sans force, sans volonté ; les sanglots et les larmes sont la dernière puissance des âmes faibles dans la douleur ; les malheureux qui pleurent ne se tuent point, et, par cette raison, les Orosmane qui se tuent en pleurant ne font point pleurer les spectateurs.

Voltaire avait clairement indiqué le ton de ce morceau, en le faisant précéder *d'une longue pause*. Cette pause marque la révolution qui s'opère dans l'âme d'Orosmane, et annonce la terrible résolution qui s'y fixe.

Lafon jouera probablement très-bien *Zaïre* quelque jour ; mais ce sera dans quelques années, s'il étudie les passions et ses rôles. Il a tout le talent nécessaire pour mériter la sévérité des amis de la scène tragique.

Madame Petit a joué Zaïre avec tout le charme qui appartient à la passion virginale de ce beau rôle ; elle a dans la voix un accent, dans ses mouvements une expression qui ravissent. Elle rappelle les vers charmants de Voltaire à mademoiselle Gaussin. Cependant, nous devons dire que, dans deux scènes des derniers actes, elle est sortie de son rôle d'une manière très-sensible. Lorsque Orosmane, après lui avoir accordé la journée entière pour se recueillir sur sa situation, la fait rappeler se croyant trahi par elle, elle revient d'un air mécontent, et parle au soudan sur le ton du reproche. Ce ne doit pas être là un seul instant l'air, le ton de Zaïre. Elle ne peut jamais être mécontente d'être rappelée par son amant. Si elle cesse un moment de l'adorer, son rôle perd tout son intérêt. La seconde circonstance où madame Petit me paraît encore hors de son rôle, c'est la scène du cinquième acte, où elle se rend au rendez-vous que lui a donné son frère ; elle semble trop impatiente de le revoir, et trop occupée de la crainte que l'entrevue ne manque. Ce n'est plus qu'une chrétienne, une sœur ; elle a tout-à-fait oublié qu'elle était amante, et elle refroidit beaucoup l'intérêt.

Citoyens, la crainte d'être long fait peut-être que je suis dur ; je pourrais, comme un autre, empâter un peu de critique dans beaucoup de fades éloges ; mais il faut aller au fait, quand on n'a à sa disposition que peu de place et peu de temps. Et puis, entre nous, j'ai peur de radoter aussi quelquefois, et il me semble qu'il vaut encore mieux être modérément brutal que poliment ennuyeux.

Le vieil habitué du café Procope.

(*Journal de Paris*, du 6 messidor an VIII. —
25 juin 1800.)

————

17.

SUR UN ABUS QUI A LIEU EN ITALIE.

Les Syracusains, après avoir vaincu les Carthaginois, leur dirent : *Nous vous imposons, pour seules conditions de paix, d'être bons et justes, et de ne plus faire de sacrifices de sang humain.*

Les Français ne pourraient-ils pas de même dire aujourd'hui aux peuples de l'Italie : *Nous vous imposons de ne plus mutiler des hommes,* et faire graver cette° condition sur la porte de leurs spectacles et de leurs conservatoires de musique ?

(*Journal de Paris*, du 6 thermidor an IV. — 25 juillet 1796.)

SUR LES MÉMOIRES D'HIPPOLYTE CLAIRON.

Le nom d'Hippolyte Clairon rappelle les nobles plaisirs et le doux éclat qui signalèrent les beaux jours du siècle des lumières et de la philosophie de ce grand siècle, qui est le nôtre, et qui finit. Il rappelle la perfection de l'art dramatique, les charmes du théâtre et la gloire des lettres. Il s'associe au souvenir de Voltaire, qui le célébra si souvent avec reconnaissance, à celui de Corneille et de Racine, dont les ouvrages, psalmodiés de leur temps et hurlés de nos jours, ne rencontrèrent qu'à l'époque où vécut mademoiselle Clairon, une grande réunion de talents dignes d'eux. Ce nom, cité par Diderot dans ses discours sur la poésie dramatique, cité dans l'*Encyclopédie* entre les modèles de tous les genres qui y sont indiqués, s'unit même au souvenir du mouvement imprimé aux esprits par le sentiment de la dignité humaine qui s'éveilla il y a quarante ans en France; mouvement que secondèrent si puissamment au théâtre, non-seulement les auteurs dramatiques, mais encore les acteurs, par l'accent qu'ils mirent à un grand nombre de vers brillants de liberté, qui jusque-là s'étaient écoulés et perdus dans la foule.

On ne peut arrêter sa pensée sur cette actrice célèbre, sans ressentir la curiosité de savoir le secret de son talent et quelque particularité de sa vie ; de démêler ce qui la distingua des autres actrices au théâtre, ce qui la distingua d'une autre femme dans la vie privée. On se flatte de trouver dans ses opinions sur les diverses parties de l'art du théâtre, dans ses jugements sur la manière dont cet art s'exerce aujourd'hui, dans la tradition des idées, des affections, du mouvement qu'elle mettait dans ses rôles, les moyens d'opérer la renaissance du premier des plaisirs publics qui appartiennent à une nation civilisée. On pressent qu'on rencontrera dans son existence privée de ces traits qui constatent la haute dignité des grands talents et l'inséparable alliance de la noblesse du caractère avec la distinction de l'esprit.

Telles sont les impressions que nous avons éprouvées en mettant la main sur le livre que nous annonçons au public; telles sont aussi, nous osons le croire, celles de nos lecteurs en lisant cette annonce. Voyons si l'écrit qui en est l'objet y répond.

On peut y distinguer deux parties, dont l'une est l'histoire de la personne, l'autre la tradition de l'actrice; dont l'une, par conséquent, appartient à la morale, l'autre à l'art dramatique.

Dans la partie qui concerne l'art, l'auteur rend compte des circonstances qui ont fait éclore son talent, et des études qui l'ont formé. Destinée aux occupations d'une simple ouvrière, contrainte par sa mère à un travail purement manuel, d'où elle devait tirer sa subsistance, elle aperçoit un jour, par la fenêtre de la chambre où elle était comme emprisonnée, mademoiselle Dangeville prenant une leçon de danse; elle s'essaye à l'imiter. Les mouvements, les attitudes, la physionomie, elle copie tout, et dès ce moment elle peut se dire à elle-même: *Et moi aussi je suis actrice!* Quelque temps après, une amie la conduit à la Comédie-Française; on jouait *le Comte d'Essex* et *les Folies amoureuses.* Elle revient la tête si remplie de ce spectacle, qu'elle en paraît stupide. Elle ne dit pas un mot pendant le souper, et sa mère, impatientée, la chasse en lui disant: *Va te coucher, grosse bête.* Quel fut l'étonnement de la famille le lendemain, quand cette *grosse bête* se mit à réciter de mot à mot presque tout le rôle d'Élisabeth et deux tiers de la petite pièce, variant son ton avec tant de justesse suivant les rôles, les jouant tous avec tant de vérité, imitant les acteurs avec tant de perfection, qu'il semblait les voir et les entendre sur la scène !

Dès lors, plus d'obstacle de la part de sa mère au désir qu'avait H. Clairon d'entrer au théâtre. Elle débuta à la Comédie-Italienne, à l'âge de douze ans. Bientôt elle fut engagée à Rouen, où elle joua pendant trois ans. Elle revint à Paris, joua six mois à l'Opéra, et enfin débuta à seize ans à la Comédie-Française. Elle y eut un succès prodigieux ; mais elle ne se contenta pas des applaudissements du parterre : le vrai talent a besoin de se sentir assuré dans sa marche et dans ses développements. H. Clairon voulut connaître le secret des succès qu'elle devait à son seul instinct, et elle commença les sérieuses études, qui nourrirent et soutinrent son talent pendant vingt années sur la scène française.

Il n'est pas inutile de présenter le tableau des connaissances qu'elle jugea convenables d'acquérir, et des motifs qui la décidèrent pour chacune. La danse lui parut nécessaire pour disposer le corps aux mouvements de la scène ; le dessin, pour indiquer de bonnes attitudes ; le chant, pour accoutumer la voix aux inflexions et aux modulations diverses qu'exigent les divers rôles et les diverses situations ; la langue, pour assurer l'intelligence des expressions et la prononciation des mots ; la versification, pour apprendre à respecter l'harmonie des vers ; la géographie, la mythologie, et surtout l'histoire, pour faire connaître les usages des pays et les mœurs des personnes représentées au théâtre. H. Clairon ne se borna pas à ces études, elle s'attacha à celle des grandes passions, pour en saisir le caractère et en distinguer les nuances. Ce fut par cette étude qu'elle parvint à ne pas confondre (nous nous servons de ses expressions) « l'ironie avec « le dédain, le dédain avec le mépris, la cha- « leur avec l'emportement, l'impatience avec « la colère, la crainte avec l'effroi, l'effroi « avec la terreur. » Elle fit plus encore, elle s'appliqua à la pénible analyse des grandes douleurs, pour mieux s'en pénétrer. Belle leçon pour tous ces demi-talents qui prétendent ne reconnaître d'autre règle que leur instinct, qui craignent de se refroidir en s'éclairant, et accusent d'insensibilité tous les esprits qui observent les phénomènes de la sensibilité, comme si on pouvait les observer autrement que sur soi-même, et analyser les sentiments sans les avoir éprouvés. Répétons donc, pour l'intérêt de plus d'un art et l'honneur de plus d'un talent, que H. Clairon étudiait les grandes

douleurs de l'âme, pour s'en mieux pénétrer, pour se les approprier, ou plutôt, comme elle le dit, pour s'y abandonner tout entière et leur livrer toute son existence. Les larmes qu'elle répandait sur la scène étaient la suite de ses recherches profondes dans le malheur des personnages. Elle avait réellement tiré de ses études le triste avantage de se rendre, comme elle le dit, l'être le plus misérable de la terre, et ce fut là son principal secret pour ne jamais se trouver au-dessous de l'intérêt des rôles dont elle se chargeait.

On sent combien un talent tel que le sien, affermi par de tels travaux, avait de sûreté dans sa marche. Aussi H. Clairon, toujours forte du sentiment de ses rôles et de ses moyens d'exécution, osa s'affranchir de la gêne des traditions, et prendre pour modèles les personnages qu'elle avait à représenter, au lieu de copier les actrices qui avaient essayé de les copier avant elle. Mademoiselle Gaussin avait joué avec succès Rodogune, et en avait fait une femme tendre ; H. Clairon, plus fidèle à la vérité, osa la représenter en femme altière et cruelle, étonnée et mécontente de se trouver sensible ; et elle força les spectateurs à l'applaudir à son tour. Elle s'est ainsi convaincue « qu'en s'armant de patience, de respect et de « raison, on peut quelquefois tenir tête au public, et n'être pas de son avis. »

Ce n'est pas seulement par ses études qu'H. Clairon a travaillé à la perfection de son talent, c'est aussi par ses habitudes privées. Elle s'est imposé la contrainte de la dignité dans sa vie intérieure, pour en avoir la facilité et le naturel au théâtre. « L'acteur tragique, dit-elle, doit « s'approprier, dans sa vie habituelle, le ton, « le maintien dont il a le plus besoin sur la « scène... Si je ne suis qu'une bourgeoise pen- « dant vingt heures de la journée, quelques « efforts que je fasse, je ne serai qu'une bour- « geoise dans Agrippine. » En société on l'appelait quelquefois par dérision *la Reine de Carthage*, et elle s'en félicitait. Elle crut que ses mœurs devaient être non-seulement nobles et belles, mais encore honnêtes et bonnes. « Je « suis chargée, » dit-elle un jour au maréchal de Richelieu, « de représenter ce que l'uni- « vers a de plus respectable ; je ne puis être « tout à la fois Sémiramis et Marion Delorme. » Témoignage irrécusable des rapports qui existent entre le beau et l'honnête, et de leur mutuelle dépendance.

La manière dont se déclara le talent d'H. Clairon, les moyens par lesquels il se perfectionna, sont de nouvelles preuves de cette vérité, que le talent est un don de la nature, et que la perfection est le prix de l'étude, de la réflexion et des bonnes mœurs. Il est utile de la répéter cette vérité, pour éloigner de la carrière les sujets sans talents, et y préserver les talents de la honte d'avorter. Il est utile de la répéter pour épargner à l'art le vain appareil des écoles, le long cortége des professeurs : ces écoles, ces professeurs tiennent lieu de vocation à la jeunesse, attirent et enhardissent la médiocrité, enchaînent ou étouffent le talent. Tous les maîtres du monde ne donneraient pas de l'intelligence à l'automate, de la sensibilité au marbre ; et le talent n'a pas besoin d'autre éveil pour se déclarer que le spectacle même, d'autre école pour se développer que les théâtres de province, et d'autres maîtres que ceux dont les leçons composent les éducations soignées, et éclairent les esprits cultivés. C'est dans un triste réduit, dans une espèce de prison où la pauvreté et la dureté de sa mère confinaient H. Clairon, enfin c'est par la fenêtre qu'elle a reçu l'étincelle qui a embrasé son âme, et fait éclater son talent. C'est dans un sombre atelier que Lekain fut de même frappé du besoin de s'élancer sur la scène tragique. C'est dans la culture de leur esprit, tantôt par le travail solitaire, tantôt par le commerce des hommes de lettres, que l'une et l'autre trouvèrent les instructions dont leur talent pouvait se nourrir. Et, au contraire, mademoiselle Dubois et mademoiselle Raucourt, toutes deux élèves de l'art, toutes deux enseignées par mademoiselle Clairon elle-même, n'ont jamais pu, comme elle le dit, devenir que ses singes.

A la suite de quelques détails sur les avantages physiques qui paraissent nécessaires à l'acteur tragique, tels que l'*organe*, la *force*, la *mémoire*, l'*extérieur*, H. Clairon trace ses principaux aperçus sur quelques-uns de ses rôles, et particulièrement sur les caractères de Monime, d'Hermione, de Roxane, de Pauline, de Phèdre, des deux Électres, de Rodogune. Dans cette partie l'auteur fait l'application des connaissances et du jugement dont elle a indi-

qué la nécessité. Quand on l'a lue avec attention, et que l'on considère tout ce que la représentation d'une tragédie exige de ces connaissances, et tout ce que les connaissances peuvent ajouter à la meilleure tragédie, on doute si la distance qui sépare le grand acteur du poëte, est aussi grande que la différence de leur considération. Supposons qu'après avoir lu les réflexions d'H. Clairon sur Monime, Hermione et Roxane, nous puissions voir représenter ces rôles par elle, que nous notions avec exactitude, et dans un style digne de l'action, le jeu de l'actrice ; que nous fondions ensuite ses réflexions générales avec la peinture de sa pantomime, et avec les tragédies mêmes auxquelles chaque chose appartient ; qu'aurons-nous fait par ce travail ? Des trois pièces, nous aurons fait trois poëmes. Otez d'un poëme tous les détails de lieux, de temps, de figures, de mouvements, pour n'en laisser subsister que les discours, remettant la représentation du reste à l'acteur et au décorateur, de ce poëme vous en faites une pièce de théâtre : ainsi à une pièce de théâtre ajoutez la description exacte de ce que le décorateur et l'acteur sont chargés de représenter, vous en faites un poëme. L'acteur est donc véritablement un poëte d'action. Il n'ajoute pas moins au poëte dramatique que le poëte dramatique à l'historien. Si le poëte dramatique rédige toutes les paroles du héros, l'acteur en note le ton et l'accent, il note des silences souvent plus éloquents que les paroles, il exécute des mouvements que ni les paroles ni le silence ne peuvent suppléer, il parle enfin ce langage d'action, qui exprime en un seul temps, et peint tout à la fois, aux yeux, la pensée et le sentiment dont la parole est réduite à exposer successivement les différentes parties. L'acteur qui remplit bien les intentions du poëte, est, ce semble, dans son enthousiasme, peu au-dessous de celui-ci ; mais celui qui sait ajouter aux conceptions de l'ouvrage, les fortifier, les embellir, les rectifier quand elles ne s'accordent point avec la vérité historique ou morale, est véritablement l'émule du poëte, et marcherait son égal si le talent de l'action n'avait besoin d'être averti par celui du discours, et s'il ne venait toujours à sa suite.

Le lecteur sera sûrement curieux de savoir ce que pense H. Clairon de la scène tragique d'aujourd'hui. Nous allons le satisfaire. Il ne la trouvera pas aussi indulgente que les journalistes, dont on peut regarder les faibles critiques et les éloges outrés comme une des causes de la dégradation de nos théâtres. « Les « acteurs d'aujourd'hui, dit H. Clairon, sem- « blent prouver, par leur conduite, que, quel- « que peu qu'ils fassent et qu'ils vaillent, on « doit en être reconnaissant; que c'est pour « eux que la comédie est faite. De mon temps « nous étions persuadés que c'était nous qui « étions faits pour elle : nous nous disputions « à qui montrerait plus de zèle, et ferait plus « d'efforts ; et quoique les premiers sujets « d'alors n'eussent pas le quart des émolu- « ments qu'on prodigue aux derniers qu'on y « voit aujourd'hui, autant qu'il m'est permis « de m'y connaître encore, le public était « mieux servi..... Qu'ai-je vu, dit-elle ailleurs, « à la représentation des ouvrages de nos « grands poëtes ? La bassesse des halles ou la « démence des petites maisons ! Nul principe « sur l'art ; nulle idée de la dignité des per- « sonnages : chacun joue son rôle à sa guise.., « Point d'unité dans le ton, point de noblesse « dans le maintien. J'ai vu des héros se jeter « à plat-ventre et marcher sur les genoux (1); « j'ai vu pousser l'oubli de la décence au point « de paraître sous la simple enveloppe d'un « taffetas couleur de chair, dessinant exacte- « ment le nu depuis les pieds jusqu'à la tète ; « j'ai vu, sous le nom des personnages les plus « imposants de l'antiquité, de chétives filles de « journée, pliées en deux, tapant du pied..... « j'étais assourdie de piailleries, de beugle- « ments, et, pour m'achever, le parterre criait : « *Bravo !....* On joue Mérope en insouciante, « Hermione en petite maîtresse, Monime en « dévergondée..... Il ne m'appartient pas de « décider si le public et les acteurs d'aujour- « d'hui se trompent, ou si le public et les ac- « teurs de mon temps se trompaient; mais il « doit m'être permis d'assurer qu'il n'y a pas « vestige de ressemblance entre les uns et les « autres. »

S'il est vrai qu'on ne puisse être mieux jugé

que par ses pairs, il ne faut pas s'étonner, d'a- près ce qu'on vient de lire, de la chute du théâtre qui s'est décoré du titre de Théâtre-Français par excellence.

Nous avons parlé de l'artiste : parlons de la personne. Dès que H. Clairon brilla sur la scène, elle eut une suite nombreuse de jeunes fats et de vieux libertins. C'est au temps de ses débuts que se rapporte l'aventure de cet amant malheureux, dont on a déjà tant entretenu le public. Mal venu près de H. Clairon, il prit le parti de lui faire savoir qu'il allait mourir, et demanda à la voir, ce qu'elle refusa. Bientôt après, il lui fit savoir qu'il était mort à onze heures du soir, une heure après le refus qu'on lui avait rapporté ; et pendant trois ans il re- vint tous les soirs à onze heures précises, an- nonçant sa présence, tantôt par des gémisse- ments, tantôt par des coups de fusil, tantôt par des battements de mains. H. Clairon ra- conte toute cette aventure très-sérieusement, avec beaucoup de détails, et elle en cite de nombreux témoins. Ce n'est pas un conte qu'elle a voulu faire, c'est une histoire qu'elle croit écrire.

Cette partie de ses Mémoires a été traitée trop légèrement par les journalistes; elle nous paraît digne de beaucoup d'attention; mais ce que nous y trouvons de remarquable, n'est pas le revenant, c'est H. Clairon, c'est cette femme si éclairée et si raisonnable, cette illus- tre interprète de Corneille et de Racine, qui, pendant trois ans de sa vie, est tellement frap- pée d'un songe ou dupe d'un revenant encore en vie, que, devenue sexagénaire, elle est tou- jours convaincue de son apparition ! Comment une telle déception a-t-elle pu s'opérer ? Si H. Clairon dans sa jeunesse avait eu un caractère faible, ou de la coquetterie, nous dirions : Elle a pu ressembler un moment à ces femmes qu'une fausse pitié ou un vain amour-propre empêchent toujours de *désespérer* une bonne fois l'amant qu'elles ne veulent pas rendre heureux. Elles ne savent pas dire clairement qu'elles n'aiment point; elles paraissent ou capables de céder à la compassion, ou déso- lées de céder à la contrariété de quelque cir- constance impérieuse ; elles laissent à l'amant cette mesure d'espérance nécessaire pour irri- ter son désir et en faire un affreux tourment. Nous dirions : Qui désire, espère; l'espérance

---

(1) Et nous aussi, dans *Mustapha et Zéangir,* en 86 et 87 ; et cela à la Comédie française, à ce spectacle qui rebuta Talma, dont les talents sont, en ce moment, la seule ressource de la tragédie.

est toujours pour moitié dans le désir ; c'est donc la faute de l'objet aimé, si l'amant meurt d'amour. Faire mourir de désir est une manière de tuer qui n'a point de nom, mais qui, sans doute, a son remords... Et qui sait si ce revenant, dont mademoiselle Clairon fut obsédée, n'était pas un remords logé dans son imagination ?... Mais ces réflexions ne peuvent lui être appliquées. Elle fut toujours d'un caractère trop décidé pour nourrir, par faiblesse, une passion qu'elle ne partageait pas ; et l'art de retenir dans ses chaînes un esclave méprisé, ne fut jamais possible à qui eut, comme elle, le pouvoir de charmer tant d'hommes distingués. Ce qui nous paraît le plus probable, c'est que l'amant malheureux ne perdit point la vie, mais perdit tout respect de lui-même, et s'abaissa aux derniers artifices qu'il put imaginer pour toucher le cœur de celle qu'il aimait, ou s'en venger. Mais dans cette supposition encore, il faut déplorer, avec madame Deshoulières, le sort du plus bel attribut de la nature humaine : *de cette fière raison dont on fait tant de bruit.*

Pendant vingt ans que H. Clairon fut l'honneur du Théâtre-Français, elle éprouva beaucoup de tracasseries de la part de ses camarades, et l'on voit, avec peine, le nom de Préville entre ceux des ennemis qui lui rendirent la carrière pénible. En ..., elle conçut le dessein de faire rendre l'état civil aux comédiens ; ce qu'elle dit de leur excommunication civile et religieuse est d'une précision et d'une logique qui ne laissent rien à répliquer. Sa réclamation fut portée au conseil ; ce fut une jalousie de théâtre, ce fut une comédienne envieuse, qui fit manquer le succès. L'abolition de cette barbarie était réservée à la révolution, et c'est l'auteur même de cet article qui a fait à l'assemblée constituante la motion sous laquelle elle a succombé.

H. Clairon éprouva aussi de sanglantes injustices de la part des gentilshommes de la chambre, et reçut des offenses de ce duc de Richelieu qui eut toute sa vie le double tort de rendre le vice aimable aux esprits légers, et les grâces désagréables aux esprits sérieux. On prendra une juste idée du caractère et de l'esprit de mademoiselle Clairon dans un morceau intitulé *la Robe*, ou *la Visite du maréchal de Richelieu.* C'est une vérité de fait en France, que la plaisanterie a prise sur tout, et que rien n'a prise sur elle ; mais cette vérité n'est pas sans exception : il faut voir, dans l'entretien de H. Clairon avec le maréchal, comme elle émousse par sa raison et surmonte par sa fierté les plaisanteries insolentes du grand seigneur. A chaque mot qu'elle dit, il devient plus petit, et l'on voit que le dernier degré de petitesse où puisse se trouver réduit un homme, est celui où parvient un fat déconcerté.

« L'impératrice de Russie lui fit offrir « 40,000 fr. d'appointements par an, une « maison meublée, un carrosse, un couvert « pour six personnes, soir et matin. » Elle refusa ; et cependant la modicité de son traitement « la réduisait en France à l'alternative de « manquer de pain ou de s'avilir pour en avoir.»

Elle fut peinte par Carle Vanloo. Louis XV fit faire le cadre du tableau : ce cadre et une pension de mille livres sont les seules faveurs qu'après vingt ans de service elle ait reçues de ce prince, qui donnait une pension de 8,000 livres à mademoiselle Hennel pour avoir dansé dix ans à l'Opéra, et de bien plus fortes à tant de courtisans qui n'avaient pas encore autant fait que mademoiselle Hennel.

Mademoiselle Clairon fut attachée dix-sept ans au comte de Val... Cette liaison fut pour elle une source de bonheur et de tourments. Elle éprouvait tour à tour des infidélités, des absences, et de ces empressements qui font oublier tous les torts passés, et rendent plus cruels ceux qui succèdent. De plus de quinze cents lettres qu'elle a écrites au comte dans le cours de sa liaison avec lui, aucune ne s'est retrouvée. Mais elle en publie une qui est postérieure à leur rupture, et celle-là peut faire juger des sentiments qui dictèrent toutes les autres. L'objet de cette lettre est de donner des conseils au comte sur la conduite qu'il doit tenir dans ses affaires, dans la société, dans ses rapports avec sa mère. La raison, l'amitié, la noblesse des sentiments se font sentir à chaque ligne, et des souvenirs tendres y ajoutent le plus doux intérêt. H. Clairon avait été sollicitée vivement par Val... de l'épouser. Elle le dépeint comme le plus séduisant des hommes, et cependant elle l'avait refusé. Elle donne les raisons de son refus dans un morceau qui, peut-être, est le plus intéressant du livre. Il est intitulé *Réflexions sur les mariages d'inclination*, ou *Pourquoi j'ai refusé de me marier.* Il est remarquable par la rigidité des principes, par le désintéressement et la noblesse des vues, par l'éloquence du style. C'est un plaidoyer que l'auteur a fait contre elle, contre les plus chers intérêts de son cœur, en faveur des pères de famille et des mœurs. Cet ouvrage pourra être éternellement opposé aux illusions des jeunes gens toujours disposés à se laisser aller à des engagements inconsidérés, et aux sophismes des femmes qui font de la séduction un moyen de fortune ou de considération. C'est un chapitre de morale excellent, et qui n'a pas perdu son utilité par l'abolition des distinctions héréditaires; car il subsistera toujours des différences d'éducation et de mœurs entre certaines familles, et il convient à la morale qu'elles ne soient pas méconnues dans les établissements conjugaux.

Le hasard avait mis H. Clairon en relation avec le margrave d'Anspach. Après s'être retirée du théâtre et séparée du comte de Val..., elle alla chez ce prince, et y passa dix-sept ans. Elle fut à sa cour la protectrice toute-puissante des talents et des vertus. Mais ce qui est plus étonnant, c'est qu'en même temps qu'elle enseignait le prince à gouverner ses sujets, elle enseignait la princesse, par ses leçons autant que par son exemple, à gouverner le prince; il semble qu'elle n'ait consenti à recevoir l'empire qu'elle exerçait que pour le remettre à celle à qui le rang le déférait, et à qui la maladresse l'avait fait perdre. Après dix-sept ans d'étroite amitié, le prince oublia ce qu'il devait à son âge, à sa dignité, il se dégrada dans de méprisables amours. H. Clairon le quitta, et lui fit ses adieux dans une lettre sévère et haute, où la vérité qui humilie et punit, n'était pas plus épargnée que la vérité qui éclaire et corrige.

Cette lettre ne fut pourtant pas la dernière qu'elle écrivit au margrave. En 1791, lorsqu'il annonça le projet d'abdiquer son pouvoir, de remettre ses États au roi de Prusse, et d'oublier ses devoirs pour devenir la propriété d'une femme étrangère, H. Clairon lui adressa les représentations les plus fortes, lui rappela les nobles sentiments qu'elle lui avait connus. Peine perdue; le margrave abdiqua; maintenant, inutile aux hommes, et peut-être odieux à lui-même, il vit, si c'est là vivre, retiré en Angleterre avec la femme qui l'a subjugué.

Nous voudrions donner encore à nos lecteurs quelques détails propres à faire connaître plus particulièrement ces Mémoires, mais il faut finir, et nous en avons assez dit pour donner une juste idée de leur auteur.

H. Clairon aura offert le rare assemblage d'une imagination forte et d'une raison solide, d'une âme très-sensible et d'un haut caractère. Son talent n'a point eu de jeunesse, son esprit point de caducité. Son cœur s'est ouvert à des sentiments qui pouvaient être étrangers à l'ordre social, mais il a toujours été fermé aux idées et aux habitudes qui pouvaient y donner la plus légère atteinte. Excellente actrice dès l'âge de vingt ans, femme de tête dans la société à quarante, écrivain distingué à soixante, toujours en possession de l'estime publique et de la sienne, destinée à une longue célébrité, elle peut regarder avec orgueil dans le passé et dans l'avenir.

(Journal de Paris des 26 et 28 brumaire
an vii. — 16 et 18 novembre 1798.)

III. — MUSIQUE, MUSICIENS.

ORATORIO D'HAYDN.

3 nivôse an ix. — 24 décembre 1800.

Depuis un mois on ne parlait que du fameux Oratorio, du fameux Haydn. L'admiration devait être sans bornes, malgré des annonces sans mesure. Des mots nouveaux ont été inventés pour en parler, la *tombée des banquettes* a effrayé. Pour 200 mille francs de robes neuves ont été faites chez madame Germont; pour autant de bonnets. Malheureusement pour les robes, le vêtement des femmes ne commence

qu'au-dessous de la ceinture et à la hauteur
des devants de loges ; il ne reste pour les montrer que la porte des loges, et pour les regarder que les corridors.

N'importe, il est reconnu que ce concert
aura été *un monument* élevé dans nos oreilles,
bien supérieur en solidité à tous les monuments que Ruggieri a élevés pour nos yeux en
feux d'artifices.

D'ailleurs, à la *création* du monde, le vaudeville va faire succéder la *récréation* du
monde.

Les marchands auront vendu. et les ouvriers
travaillé.

Et les journaux auront ménagé, aux citoyens
qui n'auront pu y entrer, la satisfaction de s'en
moquer. Tout cela est à merveille.

SUR UNE LETTRE

Que les Artistes français qui ont concouru à l'exécu-
*tion de l'*ORATORIO *d'Haydn, ont écrite à ce compo-*
siteur, en lui faisant hommage d'une médaille d'or.

Au nom de Dieu, messieurs les musiciens,
un peu de *mesure* dans vos expressions ! Nous
respectons tous l'enthousiasme qui vous transporte, lorsque vous exécutez *la Création du*
monde ; nous le partageons même, lorsque
vous faites l'air, la terre, la mer, la lumière,
l'homme, la femme, à grands coups d'archet,
de cor et de trombone. Il est juste que chacun
de vous soit, dans cette affaire, aussi échauffé
que le fut Dieu lui-même, puisque, faits à son
image, vous travaillez à son exemple. Mais
quand c'est fini, quand vous êtes descendus de
la voûte azurée, et remis de votre œuvre des
sept jours, vous serait-il égal de parler comme
nous, et de ne pas croire que Haydn et vous,
avez réellement fait le monde ? Eh ! quoi donc,
vous nous parlez des merveilles de votre musique, avec plus de pompe qu'aucun poëte
n'en a mis à chanter la création même !

Ma foi, messieurs, avec votre médaille d'or,
avec votre ADMIRATION, votre RESPECT, votre
ENTHOUSIASME pour LE SUBLIME AUTEUR DE
L'IMMORTEL OUVRAGE DE LA CRÉATION DU
MONDE (c'est-à-dire d'une partition de musique), et pour les TRACES LUMINEUSES *dont il*
embellit le présent et enrichit l'avenir, en éten-

dant LES ROUTES IMMENSES DE L'HARMONIE, *et*
en prouvant qu'elles n'ont pas de bornes, avec
votre enthousiasme et votre respect, et votre
admiration, et votre médaille d'or pour le
compositeur Haydn, je ne vois pas ce que vous
avez mis en réserve dans vos nobles âmes, pour
les héros qui s'immolent à la patrie, pour les
génies qui éclairent l'humanité, et même pour
l'auteur de la création et le père de la nature.

Encore une fois, messieurs de la musique,
de la mesure, de la mesure ! Ne dégoûtez pas
de l'éloge. C'est la monnaie de l'opinion publique pour les grandes choses, pour les choses utiles, importantes, difficiles, périlleuses.
A l'exemple d'Haydn, réservez vos cantiques
pour les grandes œuvres, et non pour d'autres
cantiques. Ne confondez pas tous les genres
de mérite et tous les genres de gloire ; et puisque avec vos notes et vos instruments vous savez si bien débrouiller le chaos, tâchez de n'y
pas retomber lorsque vous avez la main à l'é-
critoire.

Je vous salue avec respect,

Jean-Jacques DIAPASON.

(*Journal de Paris*, du 6 thermidor an IX.
— 25 juillet 1801).

C'EST A QUI GATERA LE MIEUX LA MUSIQUE
DES GRANDS MAÎTRES.

On se plaint avec raison de la *mode*, presque
toujours ennemie du *goût* quand elle ne l'est
pas des mœurs, qui fait dénaturer dans tous
les spectacles de Paris, l'exécution des plus
beaux et des plus célèbres ouvrages de la scène
lyrique. L'intention dramatique des Gluck, des
Sacchini, des Piccini n'est plus comptée pour
rien. Bientôt, si cela continue, pour prendre
une idée de ces maîtres, il faudra les *lire*, et
renoncer à les entendre. Le mouvement et la
couleur de leurs morceaux les plus parfaits
sont tout à fait négligés ou méconnus. Les
comédiens semblent ignorer que le mouvement
des airs en fait le caractère ; et, par exemple,
l'air national, *Allons, enfants de la patrie*,
chanté avec le mouvement qui lui est propre,
est un chant guerrier ; en ralentissant ce mouvement, on en fait un chant religieux ; en le
pressant, on en fait un chant burlesque.

Et quel spectacle mérite le plus de reproches à cet égard, dans quel spectacle nous sont venues les réflexions assez fâcheuses que nous exprimons? C'est à l'Opéra. Depuis que les absences de *Laïs*, *Chéron* et *Rousseau*, ont laissé le champ libre à *Lefèvre*, à *Bourgeois*, à *Leroux*, on ne reconnaît plus rien aux morceaux qui sont en possession de charmer les amateurs. Ces jours passés, *Lefèvre* a chanté, dans *Iphigénie*, de telle manière, que Gluck lui-même aurait méconnu son ouvrage. L'orchestre n'est pas non plus irréprochable. Quand *Rey* le conduit, la pièce finit une demi-heure plus tôt que quand c'est *Rochefort*; lequel des deux a le mouvement juste? ou le mouvement vrai est-il entre l'un et l'autre? C'est ce que nous laissons à décider.

Il est temps que le Conservatoire de musique fasse revivre les traditions des auteurs, dans des solennités musicales, où les vrais amis des arts, et les théâtres jaloux de succès honorables, puissent aller se raccorder.

(*Journal de Paris*, du 28 thermidor an IV. — 15 août 1796.)

BOUTADE.

Il existe certainement une conspiration contre les oreilles, non pas précisément pour les couper, non pour les assourdir, mais pour les empêcher d'entendre.

DES CONTORSIONS QUI FONT RIRE, DANS LES CÉRÉMONIES DESTINÉES A FAIRE PLEURER.

Avez-vous lu *le Spectateur?* vous souvient-il de cette scène des eaux de Bath, où des *siffleurs* qui prétendent siffler gravement une certaine sonate, ont devant eux un *grimacier*, qui, par des contorsions de tout genre, travaille à les faire rire, et à leur faire manquer le prix du *sérieux*, c'est-à-dire un fromage de *Chester?* Eh bien! nous avons eu dernièrement au Lycée des arts, un spectacle à peu près semblable, mais assurément moins assorti au temps, au lieu, à la circonstance, et surtout à l'objet même pour lequel il a été donné.

Nous voulons parler du hiérodrame exécuté en l'honneur de Lavoisier, le 18 de ce mois.

Les amis de Lavoisier n'ont pu voir sans une vive impatience, et les indifférents sans un insurmontable rire, le compositeur de la musique, placé à la tête de son orchestre, entre les deux coryphées qui avaient à exprimer les sentiments les plus douloureux, frapper des pieds, battre des mains, se tourner à droite, à gauche, se ployer en deux, se tordre en tout sens, justement comme s'il avait défié ses acolytes de garder leur sérieux, et qu'il eût voulu gagner une gageure considérable.

Les coryphées, Chénard et Laïs, n'ont pas perdu contenance; mais ils ont toujours été en péril imminent de rire au milieu de leurs soupirs et de leurs sanglots; et malgré la musique, le poëme, et le souvenir de Lavoisier, le péril de Chénard et de Laïs a été le seul intérêt de ce spectacle.

Comment le musicien habile, qui n'a rien négligé dans son art pour honorer Lavoisier, n'a-t-il pas vu qu'il ne devait pas faire spectacle dans le spectacle? Et si ses mouvements étaient nécessaires pour faire marcher son orchestre (ce que n'avouera pas son orchestre), comment ne s'est-il pas arrangé pour être vu des musiciens sans l'être du public?

L'intérêt de l'artiste nous invitait à taire ces réflexions; mais l'intérêt de l'art nous impose de les publier. Il est trop absurde et pourtant trop ordinaire de voir le musicien se mettre au-devant du poëte, qu'il devrait se contenter de suivre et de faire valoir : que sera-ce, s'il veut encore se mettre au-devant des acteurs, et figurer dans nos fêtes et sur nos théâtres? La musique doit être au poëme ce que l'expression est à l'action : elle doit se faire entendre; c'est à l'action seule à se faire voir. Que la musique nous émeuve par ses accents; mais qu'elle laisse à la représentation dramatique le soin des gestes et le jeu des figures.

(*Journal de Paris*, du 22 thermidor an IV. — 9 août 1796.)

DÉCOUVERTE

D'UN NOUVEL INSTRUMENT DE MUSIQUE.

C'est un principe heureusement reconnu en musique et solennellement consacré aujourd'hui, que la voix humaine n'a pas été donnée à l'homme pour *chanter*, mais seulement pour *résonner* ou *raisonner*. L'homme n'est plus qu'un instrument *résonnant* en musique, comme il n'est qu'un animal raisonnable en histoire naturelle. Grâces au ciel, un chanteur, une cantatrice, ne sont plus obligés de disputer d'accent et d'expression avec l'acteur tragique ou comique : c'est avec le violon et le hautbois qu'ils sont entrés en concurrence ; ce n'est plus les mouvements de l'âme qu'ils doivent peindre et exprimer, ce sont les vibrations de la corde sonore, et l'on sait combien elle doit en produire de centaines par secondes dans le grave et dans l'aigu. Plus de paroles qui empêchent l'essor du talent : si le chanteur se croit encore obligé envers le poëte à la déplorable indulgence d'en prononcer quelques-unes, du moins il sait si bien en estropier la prosodie, il en fait si complétement disparaître toutes les articulations, il a l'art de les broyer, de les moudre d'une manière si insensible entre des milliers de petites notes, qu'heureusement il n'en laisse rien reconnaître ; on peut espérer que bientôt nous serons débarrassés tout à fait de ces paroles qui toujours fatiguent un peu la musique, et que l'acteur lyrique pourra enfin s'élever sans aucune contrariété à la dignité d'*instrument d'orchestre*. Assez et trop longtemps le mauvais goût, d'après Fontenelle et Rousseau, a osé dire aux notes sans accents, sans expression et sans paroles : *Sonate, que me veux-tu?* Le moment est venu pour la *sonate* de prendre sa revanche, et de demander à son tour aux paroles : *Poëme lyrique, que me veux-tu?* Il faut que tout soit *sonate* en musique, et qu'on ne distingue plus le chant de l'harmonie que par la distinction de *sonate vocale* et *sonate instrumentale*.

Le plaisir inexprimable que me cause, ainsi qu'à tout véritable amateur, le chant fredonné substitué au chant d'expression, m'a fait désirer depuis longtemps de voir inventer quelque instrument qui approchât de la voix humaine perfectionnée, telle qu'elle est aujourd'hui.

Ces jours derniers, je ruminais quelques idées à ce sujet, lorsque le hasard me fit relire, pour la centième fois, la description de ce clavecin inventé par un jésuite pour faire chanter des chats. On sait qu'il choisit un certain nombre de ces animaux, d'après la beauté de leur voix ; il les arrangea, suivant la gradation de tons, dans de petites loges, placées à côté les unes des autres ; des touches arrangées comme le clavier d'un clavecin, faisaient lever de petites bascules au bout desquelles étaient, au lieu de peau ou de plumes, des pointes de fer très-aiguës, lesquelles allaient piquer les chats, dont la voix était indiquée par la position de la touche. De cette manière, le révérend Père les faisait miauler en parties, et il en tirait de merveilleux accords. Cet instrument, bon pour imiter le chant français de ce temps-là, m'a fait naître l'idée que je cherchais, et qui convient pour le temps présent. Je l'ai exécutée ; elle a réussi au delà de toutes mes espérances, et je me donne maintenant le plaisir d'entendre de l'excellente musique tout à mon aise sans sortir de chez moi. Rien de plus simple ; et je m'étonne que l'esprit ait tant de peine à trouver ce qui est si près de lui. Je désirais un instrument qui imitât dans tous les temps les voix chevrotées qui nous ravissent ; eh bien ! à la place des chats du Père jésuite, j'ai mis trois octaves de chèvres des mieux choisies et des mieux accordées. Avec cet instrument, j'ai exécuté dernièrement, à la satisfaction d'un grand nombre d'amateurs, tous les airs de *M. de la France* dans *l'Épreuve villageoise*. Dès que j'aurai obtenu le brevet d'invention que je sollicite, et ma patente, j'ouvrirai au public une salle de musique que je fais construire suivant les règles de l'acoustique, trop négligées jusqu'à présent, et je retiens d'avance une petite place dans le *Journal de Paris*, pour annoncer mes concerts.

Signé : Vicanonissimo.

(*Journal de Paris*, du 3 thermidor an VI. — 21 juillet 1798.)

IV. — L'ART DRAMATIQUE.

THÉATRES.

On pose mal la question, quand on demande par quels moyens on pourrait ramener le goût du théâtre en France.

Jamais il n'a été plus vif.

Sous l'Empire on a vu les spectacles réduits à 7. Ils sont maintenant 26.

Pour parler le langage industriel qu'on étend aujourd'hui à tout, nous dirons que la somme destinée par les amateurs à la jouissance du théâtre étant la même, il est nécessaire, quand 26 spectacles se la disputent, ou que tous aient un moindre dividende que quand ils n'étaient que 7, ou que quelques-uns en ayant un très-fort, d'autres n'en aient qu'un très-faible, d'autres rien.

La question du moment est de savoir pourquoi les deux grands théâtres nationaux sont abandonnés ; nous parlons des *Français* et de l'*Opéra*.

Ce sont deux questions qui se résolvent par des réponses différentes. Bornons-nous aujourd'hui à ce qui regarde les *Français*. Pourquoi sont-ils délaissés ?

Pour une raison commune à la comédie et à la tragédie : c'est que les mœurs ou plutôt les manières et le ton de nos pièces anciennes ne sont plus d'accord avec les manières et les mœurs et le ton actuels de la société ; et c'est surtout pour la tragédie que la discordance est sensible.

Nous avons perdu depuis trente ans une grande partie de nos habitudes de respect. Trois grandes illusions se sont évanouies ; et pour peu qu'on y regarde, on verra qu'elles étaient le charme de nos plus beaux ouvrages de théâtre.

AUX AUTEURS DU JOURNAL DE PARIS,

SUR UN PRINCIPE DE L'ART DRAMATIQUE.

Citoyens, à la première représentation de l'*Effort surnaturel*, dont vous rendez un compte fort judicieux, je faisais une réflexion que vous communiquerez, si vous le voulez, à vos lecteurs.

C'est que nous voulons toujours avoir quelque attachement à partager, lorsque nous allons au théâtre : soit l'amour proprement dit, soit l'amour filial ou paternel, soit l'amour de la patrie, soit enfin l'amitié, mais toujours un sentiment d'affection. Le plaisir du théâtre découle tout entier de notre disposition (si bien observée par Smith) à sympathiser avec les affections tendres.

Cette disposition est très-honorable à la nature humaine ; voilà pourquoi il me paraît bon d'en offrir la remarque aux poëtes dramatiques, dont le soin doit être de tourner au profit des mœurs les bons penchants du cœur humain.

Cette disposition est aussi un besoin très-impérieux, et c'est pour cela que les poëtes dramatiques ne peuvent le méconnaître sans s'exposer à des disgrâces. Toutes les pièces tragiques où l'on n'a montré que des méchants et des haines, ont imprimé de l'*horreur*, et non cette *terreur* exigée par les maîtres de l'art, et qui n'est jamais séparable de la pitié, car elle en est tour à tour la cause et l'effet. Toutes les pièces comiques dont l'intérêt a consisté à se défendre d'aimer, ou de montrer son amour, n'ont jamais eu qu'un faible succès, et souvent n'en ont eu aucun. Quel intérêt prendre au personnage qui ne veut intéresser personne ? Comment échauffera-t-il le spectateur, ne négligeant rien pour refroidir la scène ? L'auteur de l'*Effort surnaturel* aurait dû se faire ces questions avant de traiter son sujet ; il aurait vu qu'il n'est pas possible de faire une pièce d'intrigue, avec des dispositions et des incidents qui ne peuvent mener qu'à une rupture.

Pour que la femme qui fait l'effort de déplaire à son amant, ne déplût pas aussi au spectateur, il aurait fallu que l'amour fût plus fort que son dessein, qu'elle ne réussît qu'à se faire aimer davantage, à mesure qu'elle voulait l'être moins, et que, sa passion se mon-

trant toujours plus que son artifice, cet artifice ne servît qu'à rendre sa passion plus touchante et plus vive.

Aimer est une loi de la nature.

Faire que les hommes s'aiment mutuellement, que les sexes surtout s'enchaînent d'un
pur et constant amour, est la grande loi de
toute société.

Resserrer les liens des affections naturelles
et sociales, par le tableau varié de ces affections, est la loi fondamentale du théâtre.

L'ennui, l'inexorable ennui, prend possession du parterre, et y distribue les sifflets ou
les bâillements, dès que la haine ou l'indifférence, ou leurs combinaisons, prenant
pour elles-mêmes possession du théâtre, ne se
bornent pas à exalter des sentiments d'amour
par les contrariétés, ou à les faire sessortir
par le contraste.

(*Journal de Paris*, du 28 ventôse an VI.
— 10 mars 1798.)

SUR LE DRAME.

Une lettre de Lachabeaussière à Arnault,
insérée dans *les Veillées des Muses*, condamne
le genre du drame, genre dont Arnault a fait
l'apologie. « Je ne vois rien, dit Lachabeaussière, dans les pièces appelées drames, qui
diffère, par le but et par les moyens, de la
tragédie ou de la comédie. » Quel est, continue-t-il, le *but* de l'une? de *peindre* des passions exaltées, et d'*effrayer* ou d'*attendrir* sur
leurs résultats. Quel est le but de l'autre? de
corriger par le ridicule, et de montrer *les dangers* des vices, des penchants vicieux, ou même
des erreurs, par le tableau de *leurs effets*. Le
drame a-t-il un autre but? La terreur et la pitié sont les *ressorts* de la tragédie; le ridicule,
la plaisanterie et *la vérité* sont ceux de la comédie. Le drame en fait-il jouer d'autres? »

Nous hasarderons quelques réflexions sur ce
passage :

Peindre les passions, n'est pas *le but*, mais
est un des moyens de la tragédie. *Effrayer* ou
attendrir sur leurs résultats, n'est pas non
plus son but, c'est son objet.

Corriger le ridicule, montrer *les dangers*
des vices, des penchants ou des erreurs, *par le
tableau de leurs effets*, n'est pas davantage le

but de la comédie. Corriger le ridicule, serait
peu faire contre le vice; même ce serait peut-
être le servir, car l'affranchir du ridicule ne
serait que le rendre plus dangereux. Montrer
les dangers des vices par le tableau de leurs
effets, appartient plus à la tragédie qu'à la comédie.

La terreur et la pitié sont les *ressorts* de la
tragédie, cela est incontestable. Mais peut-on
dire que le ridicule, la plaisanterie et la vérité
soient ceux de la comédie?

D'abord la *vérité* n'est point un ressort; c'est
une condition nécessaire du discours comme
de l'action, de la tragédie comme de la comédie.

Ensuite la *plaisanterie* n'est point non plus
un ressort de la comédie : c'est tout au plus
un ressort de la conversation et du dialogue.
Par cette raison, elle peut quelquefois être
auxiliaire du comique; mais le plus souvent
elle ne servirait qu'à le refroidir et même à le
détruire. Avec la plaisanterie on peut faire
des pièces *plaisantes* sur des ridicules de manières : on ne peut en produire de *comiques*
qu'en attaquant les ridicules du vice, et en les
faisant ressortir par l'art de l'expression, et
surtout par l'art des situations. Nous voyons
au théâtre une foule de pièces pleines de plaisanteries, et qui sont tout au plus plaisantes
sans être le moins du monde comiques, et
beaucoup de pièces comiques où il n'y a pas
une plaisanterie. Le poëte plaisant met la plaisanterie dans la bouche de ses interlocuteurs;
le poëte comique l'inspire à tous ses spectateurs sans faire rire ses personnages. L'un
donne au public quelques plaisanteries à répéter; l'autre lui donne le sentiment qui crée
à la fois les plaisanteries heureuses et les bons
principes.

Le *ridicule* du vice, ou, pour parler exactement, le sentiment du ridicule du vice, nous
reste donc pour unique *ressort* de la comédie.

Il me semble qu'on présenterait plus nettement les principes de l'art dramatique, si l'on
disait :

La tragédie et la comédie ont un *but* commun : c'est de rendre les hommes meilleurs.

Leur *objet* est différent. Celui de la tragédie
est d'inspirer l'*horreur* du crime, l'*admiration*
et l'*enthousiasme* de la vertu. Celui de la comédie est de montrer le côté ridicule des vices,

de leur imprimer le sceau du ridicule, et de montrer à tout homme qui a des penchants vicieux, non pas indéfiniment les dangers du vice, mais le danger auquel expose le ridicule du vice, celui de tomber dans le mépris général.

Les *ressorts* de la tragédie sont la terreur et la pitié; le *ressort* de la comédie est le sentiment du ridicule.

En partant de ces principes, on répondra autrement que le citoyen Lachabaussière à ces deux questions : Le drame a-t-il un autre but que la tragédie et la comédie? le drame fait-il jouer d'autres ressorts?

Un autre *but?* Non. Mais un autre *objet* et un *autre ressort?* Oui.

Entre l'*horreur du crime* et l'*enthousiasme pour les vertus héroïques,* d'une part, et le *mépris* du vice, de l'autre, existe un troisième sentiment qui concourt à l'amélioration de l'homme, c'est la *haine du vice et de l'erreur,* et l'*amour des vertus sociales et de la vérité.* Ainsi, entre la comédie qui rend le vice ridicule, et la tragédie qui rend le crime horrible, on conçoit le drame, qui rend le vice et les faux préjugés odieux; entre la tragédie qui élève aux vertus sublimes, et la comédie qui ne montre la vertu que raisonnable et exempte des ridicules du vice, on conçoit le drame, qui rend la vertu aimable, intéressante, facile, et la vérité sensible et frappante.

Voilà pour l'*objet;* voici pour les *ressorts :*

Entre la *terreur* et la *pitié,* d'un côté, et le *sentiment du ridicule,* de l'autre, il y a l'aimable inquiétude, les douces alarmes; il y a cet intérêt qui naît d'agréables sympathies et des aversions opposées, qui appartient aux délicatesses des âmes cultivées plutôt qu'aux intérêts immédiats et universels de la nature humaine; il y a enfin ces émotions trop faibles, trop fugitives pour entrer dans la tragédie, et ces larmes délicieuses qui se mêlent souvent au rire naïf provoqué par les choses plaisantes, et se refusent au rire amer et vengeur que provoque le vrai comique. On conçoit donc entre la comédie qui fait rire aux dépens du vice caractérisé, et la tragédie qui fait sortir les larmes de l'effroi qu'inspire le crime, et de l'admiration qu'inspire l'héroïsme, le drame qui fait rire et pleurer, espérer et craindre pour la vertu simple, aimable, tou-

chante, en entretenant une salutaire aversion pour ces travers, ces erreurs, ces défauts sans caractère qui produisent des fautes sans enfanter des crimes, et font souvent le malheur de la société sans pouvoir y être signalés par un nom odieux.

Le drame est, ce me semble, à la tragédie et à la comédie ce que le roman sentimental est aux autres romans.

Le Philosophe sans le savoir, Eugénie, le Père de Famille, la Mère coupable, ne sont ni des tragédies ni des comédies; ces pièces en diffèrent par l'*objet* et par le *ressort;* ce sont des *drames,* c'est-à-dire des ouvrages dramatiques du genre le plus étendu, du genre qui embrasse presque l'universalité de ces mœurs humaines, dont les passions tragiques et les ridicules comiques ne sont que les extrêmes. Je crois donc que si le drame devait être proscrit, ce serait par d'autres raisons que celles du citoyen Lachabeaussière; mais jusqu'à présent je n'en connais pas de bonnes, et je m'en tiens à la maxime : *Tous les genres sont bons, hors le genre ennuyeux.*

(1er volume des *Opuscules,* pages 390 à 395.)

Comment se dissimuler qu'aucune pièce de la Chaussée, de Mercier, de Sedaine, de Diderot, aucun des *drames* de Beaumarchais, drames qu'il ne faut pas confondre avec ses comédies, aucun drame de Kotzebue même, malgré le prodigieux éclat de leur succès dans la nouveauté, ne sont point restés au théâtre, bien que toujours indiqués au répertoire; que tout ce qui a été fait dans le système ossianique est voué à l'oubli; au lieu que les comédies gaies de Piron, de Beaumarchais, d'Étienne, de Colin d'Harleville, de Picard même, surnagent dans le naufrage de cette foule de drames romantiques qui ont été hasardés depuis un siècle, et que plusieurs pièces de Dancourt, un grand nombre de celles de Régnard, un plus grand nombre de celles de Molière, quelques-unes de Boursault même, enfin l'*Avocat patelin,* en un mot toutes les pièces qui font rire aux dépens de vices auxquels le poëte arrache le masque, jouissent encore des honneurs de la scène, et restent en possession de divertir les bons esprits et les honnêtes gens? Tant il est vrai que la gaieté est un des éléments principaux du caractère national. À Rome, le poëte satirique, le poëte comique, avaient seuls l'autorité du *ridiculum acri*. En France, les femmes l'exercent tous les jours, en toutes choses, l'exercent toutes dans leur cercle, en toute occasion, et de toutes les manières. Elles ont besoin de la gaieté de leurs justiciables mêmes pour exercer leur justice suprême; elles ne laisseront pas perdre un moyen si nécessaire au soutien de leur puissance.

SUR LE PRINCIPE DE LA TRAGÉDIE (1).

(*Note de l'éditeur.*) Cet article est de mon père. Il est inséré au premier volume de ses opuscules, page 346 et suivantes.

D'où naît l'attrait de la scène tragique? Quelle est la condition essentielle de la tragédie? Quel est le principe de la tragédie? On a beaucoup agité ces questions, qui, bien entendues, n'en font qu'une. Les a-t-on bien éclaircies? Il me semble que non, et c'est ce que nous allons voir.

Mais sont-elles de quelque importance? Je le crois. Déterminer le genre d'affections que le spectateur va chercher et qui lui plaisent le plus à la scène tragique, c'est désigner au poëte son but et lui indiquer ses sources, c'est donner au talent une sage et heureuse direction, c'est assurer ses succès. Les littérateurs se sont plus occupés jusqu'à présent de l'art de traiter un sujet que de l'art de le choisir; ils ont plutôt exposé les procédés des grands maîtres dans leurs ouvrages, que saisi le secret de leurs inspirations. Ils enseignent le jeune écrivain à conduire sa plume et non son esprit, à imiter quelque modèle, nullement à le devenir; et, faute de lui découvrir les véritables caractères qui distinguent le grand et le beau du bizarre et du ridicule, ils le laissent dans l'alternative ou d'imiter toujours, ou de s'égarer dans ses hardiesses. Il faut enfin remonter aux principes; leur source est dans cette science qu'on a jugée jusqu'à présent si étrangère, même si opposée au goût, et surtout à la pratique des beaux-arts : la science de l'entendement. Réduite aujourd'hui à la théorie des

deux grands phénomènes de la nature humaine, le sentiment et la pensée, elle semble s'unir d'elle-même avec les talents destinés aux plaisirs de l'un et de l'autre; elle ne demande qu'à les seconder, qu'à les enrichir, qu'à les assurer dans leur marche, et n'a plus rien d'ailleurs qui puisse les effaroucher. Déjà elle a rappelé la morale à des lois physiques, évidentes et sensibles; elle doit y rappeler de même les beaux-arts : et il sera, je crois, bientôt démontré qu'il n'y a rien d'arbitraire dans ce qu'on a appelé le domaine de l'intelligence; que ce domaine fait partie de celui de la nature, et qu'il n'y a qu'une seule et même science, celle de ses lois.

Voyons donc ce qu'on nous enseigne relativement au principe de la tragédie.

On a d'abord cru le trouver dans ces beaux vers de Lucrèce :

Suave, mari magno, turbantibus æquora ventis,
E terrâ magnum alterius spectare laborem,
Non quia vexari quemquam est jucunda voluptas,
Sed quibus ipse malis careas quia cernere suave est.

Marmontel oppose à cette opinion l'exemple des enfants, qui se plaisent aux récits terribles ou touchants, sans se douter que les dangers ou les malheurs qui en font le sujet puissent les atteindre. Il y oppose aussi notre répugnance pour tout spectacle trop horrible, quoique le sentiment de notre sûreté doive nous être d'autant plus doux que le malheur représenté est plus grand. Il ajoute enfin que notre intérêt et notre plaisir se proportionnent toujours à nos affinités avec le malheureux qui souffre, quoique le sentiment de notre sûreté doive être d'autant plus vif, que notre condition diffère davantage de celle de ce malheureux.

Il y a au moins une de ces objections qui est bonne, c'est la seconde; et elle suffit pour autoriser à nier que l'intérêt de la tragédie ait pour cause le sentiment de notre sûreté à la vue du malheur d'autrui.

Suivant Marmontel (1), le principe de la tragédie est le plaisir que l'âme éprouve à être émue, « à l'être vivement, sans aucun des pé- « rils dont nous avertit la douleur. Ainsi, la « sûreté personnelle est bien une condition,

---

(1) Cet écrit a été imprimé dans *les Veillées des Muses*, en 1795 ou 1796.

(1) *Éléments de littérature*, au mot TRAGÉDIE.

« sans laquelle le spectacle tragique ne serait
« pas un plaisir, mais ce n'est pas la cause du
« plaisir qu'on y éprouve : il naît de l'*attrait*
« naturel qui nous *porte* à exercer toutes nos
« facultés et du corps et de l'âme, c'est-à-dire
« à nous éprouver vivants, intelligents, agis-
« sants et sensibles. »

Cette opinion ne me semble pas plus juste
que la précédente, et elle est plus dangereuse
pour l'intérêt de l'art.

Pour la discuter aussi clairement qu'il est
possible, il faut d'abord la rendre plus claire
elle-même. Nous traduirons donc en termes
plus précis cette locution : Que le plaisir qu'on
éprouve au spectacle tragique, naît de l'*attrait
naturel qui nous porte à nous éprouver vivants*, etc. Il est difficile de prendre une idée
juste d'un plaisir *qui naît d'un attrait*, et d'un
attrait qui nous *porte*, et qui nous porte *à nous
éprouver vivants*. L'auteur a, je crois, voulu
dire : *Le plaisir qu'on éprouve au spectacle
tragique, naît du besoin que nous avons d'exercer toutes nos facultés, et de nous sentir vivants,
intelligents, agissants et sensibles.* C'est à cette
opinion que je vais essayer de répondre.

Nous sommes tous sollicités à l'exercice de
nos facultés, non comme à un plaisir, mais
comme à un moyen d'obtenir le plaisir attaché
à *certaines* sensations, et parce que nous sommes sollicités au plaisir qui résulte d'un *certain*
exercice de nos facultés. Il n'y a point de sensation indifférente : indifférence et sensation
sont deux mots qui impliquent contradiction ;
toute sensation est donc de peine ou de plaisir. Ainsi, quand on désire une sensation, c'est
une sensation de plaisir, et non pas le plaisir
d'une sensation. S'il y avait un plaisir attaché
à toute sensation, il y aurait donc du plaisir
dans toute douleur ; on pourrait donc désirer
la douleur, ce qui est absurde à imaginer. C'est
donc une supposition erronée, que celle du besoin indéfini d'exercer nos facultés. Si ce besoin n'existe pas, le plaisir de nous *éprouver*
vivants, intelligents, agissants et sensibles, ne
peut être qu'un plaisir de réflexion, ne peut
être produit que par un retour fait sur nous-
mêmes, et par la connaissance ou la certitude
que nous acquérons des facultés auxquelles
nous devons nos jouissances et les objets qui
en peuvent être l'occasion. Or, les impressions
que nous fait la tragédie, les émotions qu'elle

nous cause, en un mot le plaisir qu'elle nous
donne, sont trop subites, trop rapides, trop
indépendantes de tout retour sur nous-mêmes,
pour qu'on puisse les rapporter à la réflexion.
Elles sont aussi trop diverses pour appartenir
au seul contentement de nous éprouver sensibles. Ce sont d'ailleurs les personnes les
moins capables de réflexion qui éprouvent le
plus vivement les émotions du théâtre ; telles
sont les femmes, les jeunes gens. Enfin, pour
éprouver le plaisir de s'éprouver *sensible*, il
faut qu'on ait *senti* quelque chose ; ce qu'on
a senti est-il de la peine ou du plaisir ? Si c'est
de la peine, comment expliquer le plaisir de
sentir le contraire du plaisir ? Si c'est du plaisir, ce plaisir attaché à une *sensation déterminée*, est celui dont il faut découvrir la source
et la nature, au lieu de chercher péniblement
celles de cet autre plaisir inconnu, innommé,
incertain, que vous supposez attaché à toute
sensation.

Une preuve que le plaisir de nous éprouver
vivants et sensibles n'entre pas essentiellement
dans le plaisir que nous trouvons à la scène
tragique, c'est le fait que Marmontel a opposé
à la première opinion dont nous avons parlé.
« Il arrive, dit-il, que si la situation est trop affreuse, l'image trop ressemblante, le spectacle trop horrible, l'âme y répugne et ne peut
le souffrir.» N'est-il pas évident que si tout notre plaisir au spectacle tragique était de nous
trouver vivement sensibles, plus les impressions seraient fortes, quel qu'en fût le genre,
plus elles nous plairaient ?

D'autres phénomènes observés par Smith
dans sa *Théorie des sentiments moraux*, concourent à la même preuve. Les principaux sont
renfermés dans la section seconde de la première partie de son ouvrage, que le poëte dramatique ne peut trop méditer. Dans cette
section, Smith examine en moraliste les différences que nous mettons tous entre les sentiments et les affections que nous remarquons
dans les autres. Non-seulement il fait voir qu'il
en est avec lesquelles nous sympathisons, et
d'autres pour lesquelles nous avons de l'antipathie ; mais, en outre, il marque le degré de
sympathie et d'antipathie qui regarde chacune
séparément. Il remarque entre autres choses
que « nous prenons peu de part aux peines et
« aux plaisirs physiques, quoique ce soient les

« plus réels, et que, par cette raison, nous
« trouvons quelque *chose d'efféminé et de mal*
« *séant à jeter les hauts cris pour une douleur*
« *du corps, quelque insupportable qu'elle soit,*
« Il en est tout autrement, continue l'auteur,
« des peines qui tirent leur origine de l'imagi-
« nation... Notre imagination se moule, en
« quelque sorte, sur l'imagination de la per-
« sonne qui souffre des peines morales : au
« lieu que, dans les maux physiques, notre
« corps ne peut se mouler sur son corps......
« On regarde, en général, la perte d'une jambe
« comme un malheur infiniment plus grand
« que la perte d'une maîtresse : l'un serait ce-
« pendant un sujet très-ridicule de tragédie,
« tandis que l'autre a été la matière des plus
« beaux ouvrages du théâtre...... Philoctète
« crie et tombe en faiblesse par l'excès de ses
« souffrances..... Ce n'est pas alors sa douleur
« physique qui nous attache, ni sa blessure
« qui nous intéresse : c'est sa solitude, c'est
« son abandon, c'est la cause de son mal-
« heur. » Smith range entre les passions pour
lesquelles nous n'avons que de l'antipathie, et
que par cette raison il appelle *insociales* ou *in-*
sociables, la haine « dont les expressions tou-
« tes nues, dit-il, ne font haïr personne, ex-
« cepté celui qui s'en sert;..... car il semble
« que l'intention de la nature ait été de rendre
« plus difficile et plus rare la communication
« de ces passions odieuses et farouches qui
« obligent les hommes à se fuir les uns les au-
« tres. » Il regarde la vengeance comme un
sentiment avec lequel nous ne sympathisons
qu'à certaines conditions. « Quoique les hom-
« mes sentent vivement les injures qu'on
« fait aux autres, et qu'ils méprisent celui qui
« reçoit tranquillement une injure, il n'est pas
« vrai que nous en ayons d'autant plus de res-
« sentiment, que la personne offensée en
« marque davantage. Au contraire, plus elle
« joint de modération au courage, plus nous
« sommes indignés contre l'agresseur. »

Il résulte de ces observations, et de mille
autres auxquelles je renvoie le lecteur, que
notre intérêt pour les diverses situations où
nous pouvons considérer des hommes, se proportionne, non à la gravité de leur peine ou
à l'intensité de leurs affections, mais à la nature de ces affections, et aux dispositions secrètes qui nous déterminent à les partager di-

versement. Il y a donc des causes naturelles et
propres à chaque sujet, qui déterminent l'effet
dont il est susceptible au théâtre comme dans
la vie sociale. Quand nous allons chercher des
impressions au théâtre, c'est donc certaines
impressions convenables à notre nature que
nous voulons, et non toute espèce d'impression ; c'est donc le plaisir d'être affecté d'une
certaine manière, et non le plaisir impossible
à concevoir d'être affecté d'une manière quelconque. La question est donc de savoir quelle
est cette manière d'être affecté qui peut constituer le plaisir de la tragédie, et elle demeure
tout entière.

Ce qui me paraît avoir embarrassé Marmontel dans la recherche du *principe de la tragé-*
die, c'est la difficulté d'accorder ensemble les
deux idées suivantes : 1° que la tragédie donne du plaisir, puisqu'elle a de l'attrait ; 2° que
le spectacle tragique ne présentant que des sujets de peine, le plaisir que nous y trouvons
ne peut pas nous venir immédiatement de ce
spectacle même. C'est, sans doute, pour sortir de cette difficulté qu'il s'est dit : « Le poëte
tragique ne verse dans l'âme du spectateur
que de la douleur ; c'est donc en lui-même
que le spectateur trouve le plaisir. » L'erreur est
de croire que la tragédie n'offre que des tableaux douloureux, comme nous le verrons
tout à l'heure.

L'opinion de Marmontel, ai-je dit, non-seulement est erronée, mais même contraire à
l'intérêt de l'art. Je fonde ce dernier reproche
sur les conséquences qu'il en a tirées lui-même : « C'est, dit-il, cet exercice modéré de la
« sensibilité naturelle qui rend les enfants si
« avides du merveilleux qui les effraye; *c'est*
« *ce qui fait courir une populace grossière au*
« *lieu du supplice des criminels...* Il est donc
« de l'essence de la tragédie, reprend-il plus
« bas, 1° de nous présenter nos semblables
« dans le péril et dans le malheur; 2° de nous
« les présenter dans *un péril qui nous effraye*
« *et dans un malheur qui nous touche;* 3° de
« donner à cette imitation une apparence de
« vérité qui nous persuade assez *pour être*
« émus, comme nous nous plaisons à l'être,
« jusqu'à la douleur exclusivement. De là toutes
« les règles *sur le choix du sujet,* sur les mœurs
« et les caractères, etc. »

De ces trois réceptes, le second est vague,

parce que la question est de savoir ce qui caractérise le malheur *touchant* et théâtral; c'est sur ce point qu'il y a nombre de méprises; c'est sur ce point qu'il fallait porter la lumière. Non-seulement Marmontel laisse subsister l'arbitraire dans le choix des sujets, mais de plus son principe que la tragédie tire le plaisir qu'elle donne de l'exercice de la sensibilité, ce principe avec lequel il explique l'empressement de la populace pour voir des exécutions capitales et l'amour des enfants pour le merveilleux, tend à donner une fausse direction à cet arbitraire, et à multiplier des méprises déjà trop communes.

S'il était vrai que le même motif fît courir le peuple grossier à la Grève, et l'homme délicat à la tragédie, il s'ensuivrait que les deux spectacles pourraient être de même *nature*, et ne devraient différer que par leur intensité de force et leur degré d'action sur la sensibilité des spectateurs; de sorte que la tragédie pourrait emprunter à la Grève ses tableaux en les adoucissant, et que les gens délicats, devenant forts, verraient avec plaisir les exécutions sanglantes, comme les esprits grossiers les verraient avec peine, en devenant plus délicats. Ainsi, il n'y aurait rien de si raisonnable que d'essayer, comme on l'a fait, les plus affreux spectacles sur la scène tragique. En effet, qui peut dire, dans des temps de révolution surtout, que l'homme qui était délicat hier, n'est pas fortement trempé aujourd'hui? Qui peut dire que l'habitude d'un spectacle atroce ne lui tiendra pas lieu de la force d'organes nécessaire pour le supporter? Ainsi, plus de bornes aux innovations, plus de garantie au goût et même à la bienséance; l'horreur est confondue avec la terreur, la terreur est séparée de la pitié.

Au fond, rien n'est plus faux que l'opinion dont il s'agit. La Grève n'est point, comme on l'a dit, la tragédie des gens du peuple; ce sont des motifs essentiellement différents qui font courir le peuple et les gens du monde à ces deux spectacles si différents. C'est le malaise de la compassion qui conduit les spectateurs à la Grève; c'est le charme de la sympathie avec des sentiments aimables, qui fait courir à la tragédie. On cède à un besoin, en regardant un malheureux condamné; on cherche une jouissance dans la contemplation des infortunes de la scène tragique. Les supplices infligés par la loi, sont des maux positifs et extrêmes, au lieu que les douleurs représentées sur la scène ne sont ordinairement que des privations de plaisir; les malheurs du théâtre ne sont, la plupart du temps, que la perte d'un grand superflu de bonheur. A la Grève, on vient compatir à un malheur sans remède; on n'y apporte ni crainte ni espérance : au théâtre, on vient jouir des alternatives d'espérance et de crainte qui précèdent le dénoûment. Aux exécutions des coupables, l'idée de la vie est la seule qui se présente en opposition avec celle de la mort; au théâtre, à l'idée d'extrême malheur est toujours opposée celle de suprême félicité. Ainsi, le champ où peuvent jouer la crainte et l'espérance est immense au théâtre, et très-borné au spectacle d'une exécution sanglante. Il n'y a donc rien de commun entre l'attrait du théâtre et celui de la place publique; et il ne faut pas croire qu'on pût transporter impunément à l'un, même sous la forme la plus adoucie, ce qui appartient à l'autre.

On doit déjà entrevoir, dans ce qui précède, le secret du plaisir que nous éprouvons à la tragédie, et qui en fait l'attrait.

Ce secret, quel est-il? C'est cette image de félicité suprême que la tragédie met toujours en opposition avec celle de malheur extrême, et sur laquelle jouent la crainte et l'espérance.

J'en produis d'abord une preuve physique, et celle-là pourrait dispenser de toute autre.

N'est-il pas vrai que la tragédie qui réussit le plus sûrement et résiste le plus au temps, n'est pas celle qui oppresse, étouffe, suffoque, mais celle qui fait le mieux pleurer; de sorte qu'on pourrait définir le plaisir de la tragédie, *le plaisir des larmes après la terreur?* Eh bien! demandez au physiologiste d'où vient le plaisir des larmes? Il vous dira : C'est l'effet d'une légère convulsion produite par l'opposition d'idées heureuses et de sentiments pénibles, dont les unes contractent, tandis que les autres dilatent; comme le rire est une convulsion produite par le contraste du sérieux et du bizarre réunis dans une même action ou dans une même personne. C'est dans cette double observation qu'est le secret de la tragédie et de la comédie. La cause physique et immédiate des larmes, montre bien pourquoi toutes, même les plus amères, ont quelque douceur, et sont le soulagement des grandes afflictions; et pourquoi les grandes joies ont aussi leurs larmes, et ces larmes un peu d'amertume. Je puis donc conclure de ce phénomène, que la tragédie nous intéresse par les idées de plaisir et de bonheur qu'elle mêle aux sentiments de peine et de malheur qu'elle nous communique; et il me semble voir naître de là un principe très-propre à éclairer le poëte dans le choix de son sujet, et à faire repousser de la scène tragique une foule de situations et d'actions qu'on a essayé d'y introduire. Mais assurons-nous encore de la vérité du principe, avant d'en tirer les conséquences.

Je dis donc que ce qui nous intéresse à la scène tragique, n'est pas le *plaisir* de nous sentir émus par le *malheur* des personnages principaux, mais bien celui de partager les sentiments doux et heureux dont la contrariété fait leur malheur : le charme de Zaïre est dans la pureté, la vivacité de son amour, et non dans le sentiment des obstacles qu'elle rencontre et des dangers auxquels il l'expose. Ce n'est pas parce que l'amour nous fait prévoir ou craindre une catastrophe, que nous aimons de préférence la tragédie dont l'amour est le sujet; c'est parce que le pressentiment ou la crainte de la catastrophe, nous fait plus vivement ressentir et partager l'amour, qui est la plus générale, la plus intime et la plus voluptueuse des passions. En un mot, le principe de la tragédie n'est pas de faire *plus* sentir l'existence, mais de la faire *mieux* sentir, c'est-à-dire, de faire sentir ce qu'elle a de meilleur, de plus doux, de plus intime, de plus secret, de plus ignoré de nous-mêmes : car l'étonnement que nous cause un sentiment nouveau, entre aussi, mais comme accessoire, dans le plaisir que nous cause la tragédie.

Comment expliquer autrement les préférences nationales pour certains sujets? Comment expliquer l'intérêt presque exclusif que nous donnons aux tragédies d'amour, nous dont les mœurs nous font incliner toujours vers les sentiments tendres; et la préférence que les Grecs, dont les mœurs étaient moins efféminées que les nôtres et les esprits plus superstitieux, donnaient aux sujets héroïques, politiques et religieux (1)? Si l'importance des catastrophes nous touchait seule, pourquoi des préférences de siècles et de nations pour quelques-unes des passions qui les amènent plutôt que pour d'autres? L'ambition n'amène-t-elle pas des scènes aussi sanglantes, des situations aussi pénibles, que l'amour maternel, et l'amour maternel que l'amour?

Une autre preuve que ce sont les images de bonheur qui font le charme de la tragédie, et que l'opposition du malheur ou de la crainte ne sont qu'un moyen de rendre ces images plus sensibles, c'est la répugnance générale pour la *tragédie bourgeoise*, même pour celle dont l'objet principal est un intérêt d'amour. Non-seulement nous voulons de l'amour au théâtre, parce que c'est la plus chère de nos passions, mais de plus nous voulons de l'amour et des malheurs réunis dans des personnes élevées. Nous demandons dans la tragédie des princes, des princesses; nous demandons même qu'on les prenne de préférence dans l'antiquité, ou au moins dans des temps qui ne soient pas les nôtres; et plus ils sont célèbres, plus aussi ils ont d'intérêt pour nous. Qu'on ne dise pas que c'est notre vanité qui se plaît à voir des hommes élevés par leur rang au-dessus de nos têtes, abaissés par le malheur à notre niveau. Cette opinion est évidemment fausse; car notre vanité vengée et satisfaite, nous ferait trouver du plaisir à leur malheur; et au contraire, plus ils sont élevés, plus ils nous affligent, parce que leur chute est plus sensible, et que leur condition habituelle contraste davantage avec celle où leur mauvaise fortune les fait tomber. Pourquoi donc, au théâtre, s'intéresse-t-on aux puissants malheureux, de préférence aux autres hommes? Sont-ils plus sensibles? leurs douleurs sont-elles plus vives, leurs qualités plus honorables? Nullement. Mais leurs malheurs

---

(1) Dans les pays où les mœurs sont rigoureuses, comme les républiques, ou même les monarchies en temps de troubles, l'énergie des âmes étant le premier besoin et le premier intérêt de chaque individu, on trouve un vif plaisir à voir des pièces héroïques sans amour. Mais qu'est-ce que cela prouve? C'est qu'on cherche toujours, en tout pays, le spectacle des sentiments dont on tire le plus d'avantage et de plaisir. Et toujours c'est dans un *grand* personnage, c'est dans la grandeur qu'on aime à les contempler.

font sentir plus vivement les idées de puissance et de grandeur que tout retrace autour d'eux; idées qui alors plaisent d'autant plus à l'imagination, que la pitié a pris la place de cette envie secrète dont il n'est pas aisé de se défendre, quand on voit tant d'avantages exempts de tout mélange d'infortune. Dans la tragédie bourgeoise, au contraire, on ne voit que les malheurs de sa propre condition; la crainte et l'espérance ne jouent sur aucune de ces grandes circonstances d'une haute félicité, qui donnent tant d'intérêt à la tragédie proprement dite. Je ne voudrais, au reste, que cette distinction de la *tragédie proprement dite*, et de la *tragédie bourgeoise*, pour être autorisé à conclure que les idées de bonheur élevé et de grandeur, entrent nécessairement dans la première. Puisqu'on donne un nom particulier à la tragédie où ces idées n'entrent pas, elles sont donc essentielles à la tragédie proprement dite.

Qu'on ne cherche pas à expliquer, par nos habitudes de servilité, notre préférence pour celle-ci sur la tragédie bourgeoise. Les Athéniens, en pleine démocratie, ne représentaient que des personnages des temps héroïques. Ce n'était pas même assez pour eux que des chefs de guerriers et de rois; ils faisaient souvent descendre les dieux sur leur théâtre, et toujours c'étaient les dieux qui exerçaient leurs propres passions sur les hommes et par les hommes; l'intérêt s'agrandissait par la fiction qui agrandissait ainsi les personnages, tant il est vrai qu'à la tragédie nous allons chercher des images de bonheur.

Enfin je pourrais encore donner, en témoignage de cette vérité, et la préférence que nous donnons à la tragédie en vers sur la tragédie en prose, quoique celle-ci soit plus naturelle que l'autre, et l'approbation que nous donnons à la pompe du style, à la déclamation des acteurs, comme aux accessoires ordinaires des sentiments élevés que nous sommes portés à supposer à des personnages éminents.

J'ai exposé le principe. Voyons les conséquences qu'il fournit à l'art.

Toutes les conséquences pourraient être ramenées à une interprétation plus claire et plus précise de la maxime, que *les ressorts de la tragédie sont la terreur et la pitié*.

Dans les théories, et plus encore dans la pratique, on a toujours paru croire que ces deux ressorts pouvaient être divisés, et qu'il suffisait d'employer l'un des deux; comme si la règle accordait l'alternative de la pitié ou de la terreur, au lieu d'en prescrire la réunion et la combinaison. Commençons donc par rétablir son véritable sens, et disons que le ressort de la tragédie est dans l'union de la terreur et de la pitié; de la terreur et de la pitié, naissant l'une de l'autre, et se fortifiant réciproquement; de la terreur partagée, sympathique, excitée par des dangers qui menacent des têtes intéressantes, et qui soient de nature à nous intéresser par eux-mêmes.

La terreur proprement dite, celle qui ne naît pas de la pitié, est l'effet de l'horreur qui refoule l'âme tout entière sur elle-même, et qui la désorganise. C'est un mal physique, violent, une convulsion générale, une décomposition commencée. Cette terreur ne permet ni affections, ni attendrissement pour autrui; elle est la plus personnelle des passions.

La terreur de la pitié, c'est la *crainte extrême* pour un objet qu'on aime et pour un sentiment qui plaît; mais crainte qui admet l'espérance, et la suppose même comme aliment. La terreur proprement dite, c'est l'*excès de la peur de tout pour soi-même*, de cette peur qui ne laisse point de place ni de temps à l'espérance.

Représentez quelques monstres révolutionnaires, tramant, préparant, accomplissant quelqu'une des grandes atrocités qui les ont signalés; montrez les assassins plus que les victimes, et vous rétablirez pour un moment au théâtre *la terreur de* 93. Il y aura loin d'une telle terreur à un plaisir. Au contraire, montrez une victime de cette terreur, et laissez peu voir ses assassins; que cette victime soit intéressante par ses vertus, et que ses douleurs naissent d'une passion touchante, plus que du sentiment de son péril personnel, et vous produirez la terreur de la pitié, la terreur que demande la scène tragique.

Mais si la pitié est nécessaire à la terreur, la terreur ne l'est pas moins à la pitié. Éprouver la pitié, c'est souffrir dans un autre. La pitié est un admirable phénomène de l'imagination qui nous transporte dans notre semblable, et nous fait partager sa peine : mais ce phénomène a des bornes qu'il faut connaître. La pitié n'a pas la vertu de nous identifier complétement avec l'être souffrant, ni même de nous faire partager longtemps sa souffrance. Nous sympathisons plus avec le plaisir qu'avec la peine ; nous partageons les petites joies, nous ne prenons de part qu'aux grands chagrins ; notre plaisir à voir les personnes contentes égale souvent leur plaisir, jamais notre pitié ne nous fait éprouver une peine qui approche de celle dont elle est le partage. C'est d'ailleurs une vérité d'expérience journalière, que l'âme recule à l'aspect d'une cause de chagrin personnel. Il est donc naturel que l'imagination n'embrasse pas très-vivement l'image de la douleur des autres, et ne s'y attache pas avec obstination. Mais cette faiblesse de notre sympathie avec la douleur, est rachetée en nous par notre extrême sympathie avec la crainte et l'espérance. Sans partager vivement et durablement la douleur de nos semblables, nous pouvons nous identifier complétement et durablement avec eux, tant qu'ils ne font que la craindre, ou quand ils espèrent en sortir ; nous nous associons tout entiers à leurs appréhensions comme à leurs espérances ; nous nous traînons avec les malheureux pendant des années dans la route de l'infortune, et nous y restons tant qu'il y a de la ressource, quoique disposés à nous éloigner quand le mal sera sans remède. Admirable loi de la nature, qui a voulu que la pitié nous rendît serviables, sans faire peser éternellement sur chacun de nous la souffrance de tous, qui nous enchaîne à tous les malheurs, tant qu'ils ne sont pas désespérés, et nous en dégage au moment où elle n'offre à ceux même qui en sont frappés d'autre ressource que l'oubli ! C'est dans cette loi de la nature qu'est renfermée celle qui, au théâtre, rend la terreur nécessaire à la pitié ; et si l'on remonte à l'origine de la sympathie qui nous a fait partager si vivement les grandes craintes, on verra pourquoi elle a tant de puissance à la scène. Deux causes principales nous disposent à partager les grandes craintes ou la *terreur* : la première, c'est que toute crainte est toujours mêlée avec de l'espérance, et qu'*espérer, c'est jouir*; la seconde, c'est que la grande crainte applique à l'importante étude des dangers auxquels notre nature nous expose, et apprend à l'esprit les moyens de s'y

soustraire, ou prépare l'âme à la force de les supporter. Or, quelles ressources n'a pas la scène tragique pour seconder ces deux causes ? L'art du poëte peut réunir en un spectacle de trois heures, tous les sentiments et toutes les situations que le cours ordinaire des choses répand sur une longue suite d'années.

Dire que la pitié ne peut se passer de la terreur au théâtre, c'est dire qu'elle ne peut se passer d'espérance, puisqu'il y en a toujours de mêlée à la crainte ; c'est dire d'où la scène tragique tire le plaisir qu'elle nous donne ; c'est dire enfin pour quelles souffrances elle doit intéresser notre pitié.

Toutes celles qui ne sont pas en opposition avec une grande félicité et n'en réveillent pas l'idée, n'appartiennent pas à la tragédie, parce qu'elles n'offrent pas d'espace aux mouvements de la crainte et de l'espérance, et qu'il n'y a aucun plaisir à les contempler. Le poëte doit donc choisir ses sujets dans les contrariétés qui blessent les sentiments les plus chers et les plus douces affections du cœur, et préférer les plus fortes et les plus vives.

Entre ces sentiments et ces affections, l'amour se présente le premier ; viennent ensuite l'amour paternel et maternel, l'amour filial, l'amitié, l'amour de la patrie...

Je mets l'amour au premier rang, parce qu'il est la source du premier de nos plaisirs physiques ; parce que, dans nos mœurs, il est aussi le principe des plus douces voluptés morales, souvent même des plus grands avantages civils et politiques ; parce que c'est le sentiment le plus général, le plus universel, celui qui occupe le plus durablement l'imagination, qui affecte le premier la jeunesse, qui reste le plus profondément dans les souvenirs de la vieillesse, qui est le plus également partagé par les différents sexes, comme par les différents âges et les différentes conditions. Il n'en est pas de même de l'amour de la patrie ; tout le monde ne le ressent pas au même degré : un sexe entier le sent faiblement, la vieillesse ne le sent plus, la jeunesse ne le sent point encore. L'amour de la patrie est un sentiment acquis par l'expérience et la réflexion, c'est-à-dire par la pensée et l'habitude : ce n'est pas, comme l'amour, une création de la nature, c'est l'ouvrage de la patrie même ; et, comme tout ce qui vient de la main des hommes, il est moins également réparti que les bienfaits de la nature.

Je l'ai déjà remarqué ailleurs : il suffirait que l'amour de la patrie fût moins général que l'amour, pour qu'il excitât moins d'intérêt au théâtre ; et c'est ici le lieu de remarquer que le poëte et l'acteur n'y font que la moitié de l'ouvrage : ce qui l'achève, c'est l'action que les spectateurs exercent les uns sur les autres. Dans un spectacle vide, dans celui où les applaudissements sont interdits, les spectateurs sont fort difficiles à émouvoir, et l'art n'y réussit pas toujours. Dans un spectacle où la moitié des spectateurs sont indifférents, l'intérêt est très-refroidi pour l'autre moitié. Si donc les femmes, comme nous l'avons dit, peu sensibles à l'intérêt public, sont par cette raison froides spectatrices d'une pièce patriotique, il sera difficile que les hommes s'y passionnent. Au théâtre, les femmes sont obstacle à l'effet, quand elles n'y contribuent pas. Comme leur seule présence dans un spectacle d'amour en augmente l'impression, elle suffit aussi pour distraire d'un autre spectacle : d'ailleurs, leur besoin étant d'inspirer l'amour, c'est d'amour qu'elles veulent voir occupés les hommes rassemblés avec elles.

Quel mal y a-t-il d'ailleurs à faire de l'amour la passion dominante de la tragédie? Aimer est une loi de la nature. Faire que les hommes s'aiment mutuellement, que les sexes surtout s'enchaînent d'un pur et constant amour, est la grande loi de toute société. Pourquoi ne serait-ce pas une loi fondamentale de la scène tragique de resserrer les liens des affections naturelles et sociales, par le tableau animé de ces affections?

L'amour est donc la condition nécessaire de l'intérêt; mais elle ne suffit pas toujours, ou du moins il est toujours possible de la fortifier. Non-seulement la pitié est excitée à différents degrés par différentes espèces et par différents degrés de souffrances, mais de plus elle l'est en raison des qualités des personnes qui les éprouvent. Les peines étant semblables entre divers individus, l'âme compatit davantage à celles des individus qui plaisent. Le poëte tragique veut-il donc exalter la pitié? Il faut d'abord que l'intérêt qui anime son héros naisse de sentiments agréables, et de plus que ce héros soit intéressant par lui-même. Quoi-

que la première de ces conditions puisse ordinairement suffire à l'intérêt, étant très-bien remplie, il y a un grand avantage à les réunir. Phèdre personnellement n'inspire pas un grand intérêt, mais son amour en inspire un prodigieux. Tancrède, Bayard, Gustave, le comte d'Essex, intéressants par leur amour, le sont encore par leur caractère et leurs circonstances ; et, sans être offerts au spectateur avec autant d'art et de talent que Phèdre, ils ont aussi la puissance de charmer.

Quand le poëte rend son héros très-aimable, il n'a pas besoin, pour intéresser en sa faveur, de le tourmenter autant que s'il en avait fait un homme commun. Les plus légères souffrances de ceux qui nous intéressent, nous émeuvent aussi fortement que les angoisses de ceux qui nous sont indifférents. On peut tirer les effets les plus pathétiques des seules délicatesses d'une âme élevée et généreuse.

N'avez-vous jamais remarqué l'intérêt qu'un acteur qui plaît, ajoute par cela seul à un rôle aimable? l'embarras qu'il jette en vous quand il joue un rôle odieux? votre résistance à l'intérêt qu'un acteur ordinairement mauvais, ou ordinairement chargé de rôles odieux, devrait néanmoins inspirer quand il joue par hasard très-bien un rôle très-intéressant? D'où viennent ces dispositions de votre âme? De l'influence des idées accessoires que réveille la vue de l'acteur. Mais si les idées que réveille l'acteur ont tant d'influence sur vos affections à la représentation de la tragédie, combien n'en doit pas avoir la composition du principal personnage?

Un autre phénomène de la scène tragique, c'est qu'à mérite égal entre deux pièces, celle dont le héros ne se montre qu'au troisième acte, a de l'avantage sur celle où il se montre dès la première scène. Pourquoi? C'est que le héros dont on parle beaucoup, qui est annoncé par beaucoup d'éloges, ou de faits qui l'honorent, de qui tous les personnages sont occupés, excite plus l'intérêt que celui dont on ne voit pas tous les titres de considération. Il aurait beau faire et beau dire, il ne donnerait pas de lui-même au spectateur une idée aussi avantageuse, et ne ferait pas autant sentir son importance, que le peuvent des interlocuteurs qui parlent de lui.

Quelles sont les qualités propres à inspirer le

plus d'intérêt en faveur du héros d'une tragédie, et le mieux disposer à la sympathie qu'il excite par ses affections ?

On peut, je crois, les réduire à deux espèces principales : à celles qui imposent le respect et l'admiration (qui n'est pas autre chose que le respect mêlé à l'étonnement), à celles qui inspirent l'affection ; ou, pour me servir des expressions de Smith, on peut les réduire aux vertus douces, gracieuses, *aimables*, telles que la tendre condescendance, l'indulgence, la bonté, l'humanité ; et aux vertus imposantes et *respectables*, telles que le renoncement à soi-même, et cet empire sur nos passions qui soumet leurs mouvements à ce qu'exigent notre honneur et notre dignité (1). J'ajouterais cependant à ces conditions celles d'un rang élevé. L'élévation est ce qui nous touche le plus dans la condition des hommes, comme la bonté est ce qui nous charme le plus dans les qualités du cœur, et la noblesse jointe à la force dans celles du caractère. L'élévation de rang semble appeler la richesse et le pouvoir, ces deux grands moyens de plaisir ; la bonté suppose l'affection générale, qui est le meilleur supplément de la richesse et du pouvoir ; la noblesse et la force du caractère ou nous élèvent au-dessus de ces avantages et nous consolent de leur privation, ou nous promettent la gloire, qui est une préparation et une garantie de toutes les jouissances, et en est souvent, pour les imaginations vives, l'anticipation et l'abrégé. En réunissant toutes ces qualités dans le héros, vous multipliez les points par où peuvent arriver à lui des contrariétés ; et dans le spectateur, les points par où peut arriver l'intérêt.

C'est avec beaucoup de raison que la Harpe refuse d'admettre l'*admiration* entre les ressorts de la tragédie, et de l'égaler à la terreur ou à la pitié. Le genre si mal appelé *admiratif* n'a jamais tiré une larme des yeux du spectateur. L'admiration n'est qu'un ressort de la pitié et de la terreur ; ce n'est que comme leur soutien ou leur auxiliaire qu'elle doit entrer dans la tragédie. Mais observons ici que cette fonction suffit pour introduire avec succès sur la scène, et comme accessoires du sujet, tous

les intérêts patriotiques, toutes les affections civiques, qui ne peuvent que difficilement fournir par elles-mêmes des sujets de tragédie. Le poëte peut embellir son héros d'un zèle ardent et d'un dévouement généreux pour la patrie ; en tirant néanmoins l'intérêt de la pièce d'une passion tendre. C'est dans l'amour de Tancrède pour Aménaïde qu'est l'intérêt de la pièce de Voltaire ; mais quand Tancrède, injustement banni de sa patrie, dit en y rentrant, *A tous les cœurs bien nés que la patrie est chère!* cet amour pour la patrie intéresse plus vivement à son amour pour Aménaïde.

Tous les principes que je viens de déduire de la théorie de l'entendement, je pourrais les justifier par l'histoire entière de la scène tragique. Je montrerais que les succès des ouvrages qui l'ont occupée ont toujours été proportionnés à leur plus ou moins de conformité avec ces principes ; je montrerais même que les meilleures critiques de la littérature peuvent être toutes ramenées à ce court énoncé du système de l'art. Mais si le système est juste, cette petite addition de travail se fera d'elle-même dans l'esprit de ceux qui m'auront lu ; et je ne veux pas, pour le plaisir d'écrire, donner à personne la peine de lire ce que chacun peut penser.

Le principe du plaisir que l'on trouve à la tragédie, n'est-ce pas d'y puiser ce sentiment de force et de résignation dont l'homme a tant de besoin dans le cours de la vie ?

« La tragédie, dit M. de Rochefort dans sa préface du *Théâtre de Sophocle*, avait un objet bien plus important et bien plus réel (que la punition du vice et la récompense de la vertu), dont il fallait entretenir l'esprit des spectateurs, surtout chez une nation où le peuple frivole et léger se persuadait aisément, dès qu'il se voyait heureux, que rien ne pouvait le dépouiller de son bonheur. Il fallait, dans ces assemblées solennelles où la religion et le plaisir faisaient accourir tous les citoyens, leur offrir le tableau des grandes révolutions de la vie humaine, et leur apprendre à les prévoir et à les supporter. »

VOLTAIRE ET RACINE.

Racine a fait des tragédies parfaites ; mais

---

(1) Voyez la *Théorie des sentiments moraux*, chap. v, sect. 1, part. I.

Voltaire a mis plus de variété dans le choix de ses sujets. Il a peint des mœurs modernes et nationales; il a choisi des modèles convenables aux mœurs françaises dans sa chevalerie (*Tancrède*). Il a choisi des sujets à la fois touchants et instructifs (*Mahomet, Alzire*). Il a donné plus de pompe au théâtre; et c'est certainement ajouter à l'effet, et par conséquent aider à la force. Il a sans doute fait des digressions, des allusions étrangères au sujet; mais en cela même il a produit un grand effet. Il a rendu la tragédie plus populaire, parce qu'il l'a fait parler aux affections dominantes; plus utile, parce qu'il en a tiré des leçons. Il est bien vrai que les réflexions, les allusions refroidissent ordinairement l'intérêt de l'action dramatique; mais cela n'est pas toujours vrai, puisque l'on va toujours aux tragédies de Voltaire. Quelquefois aussi ils suppléent l'intérêt, quelquefois même ils ajoutent au plaisir; souvent c'est une distraction qui vient à propos et donne un petit relâche à l'esprit; souvent c'est l'expression très-fidèle du retour que nous faisons naturellement sur nous-mêmes au milieu de nos plus fortes sensations.

Racine a donné des plaisirs plus purs au goût et au cœur. Voltaire en a donné de plus variés, de plus nombreux, parce qu'il s'est en même temps adressé au goût, à l'âme, à l'esprit, à l'imagination.

Racine est le premier poëte tragique de la littérature. Voltaire est le premier poëte tragique de la nation.

Je sais bien qu'il ne faut pas appeler national ce qui plaît davantage à la multitude : Mercier, Rétif seraient nos premiers écrivains. Aussi j'appelle ici national ce qui plaît au plus grand nombre d'hommes, sans déplaire aux hommes d'un goût délicat.

Mais je crois aussi que l'on ne doit pas regarder les gens de lettres précisément comme l'élite de la nation, comme la représentation de l'esprit et de la sensibilité nationale; leurs plaisirs, comme les plaisirs de tous les esprits, même distingués : leurs règles, comme les règles de tout le monde. Certes, il y a de l'esprit, de l'âme et du goût dans une foule de gens qui ne connaissent ni les règles du théâtre, ni ne dissertent sur les ressorts qu'on y peut faire jouer. Malheur aux arts qui ne s'exercent que pour les artistes. Les artistes et les arts sont faits pour tout ce qui pense, et tout ce qui sent.

V. — MÉLANGES.

DE LA CRITIQUE.

Depuis quelque temps des critiques fameux travaillent à nous relever de notre mauvais goût en littérature, et surtout au théâtre. Personne ne leur rendra-t-il le service de les relever de leur mauvais ton dans la critique?

C'est un contre-sens de prendre un mauvais ton pour venger le bon goût.

Le bon ton dans la société, le bon ton dans la discussion, le bon ton dans la critique, n'est pas autre chose que le bon goût dans les créations littéraires.

Une dame célèbre disait un jour (c'est madame de Staël, en me disant que, la veille, madame . . . . ., aujourd'hui marquise, lui avait demandé une place dans sa voiture pour la ramener chez elle) : *Je n'aime pas la pauvreté, parce qu'elle est de mauvais goût.* Elle aurait pu dire tout aussi justement : *J'aime l'opulence, parce qu'elle est de bon goût.* Le mauvais ton, le mauvais goût font partie l'un de l'autre. Mais revenons à la critique.

Je vois bien que, dans le siècle passé, l'âge, de nombreux et beaux ouvrages, la haute célébrité, ne préservaient pas des rigueurs du parterre le poëte le plus illustre à qui il échappait une pièce médiocre. Mais les hommes de lettres, les critiques, même les satiriques, respectaient sa gloire, et ménageaient l'orgueil qui avait fait la force de sa jeunesse, et qui pouvait être devenu une des faiblesses de son vieil âge.

Sur l'*Agésilas* de Corneille, Boileau se contenta de dire :

> J'ai vu l'Agésilas,
> Hélas !

Corneille donna ensuite son *Attila,* qui fut sifflé :

> Un clerc pour quinze sous, sans craindre le holà,
> Peut aller au parterre attaquer Attila.

Alors Despréaux se contenta de doubler ainsi son épigramme :

> Après l'Agésilas,
> Hélas!
> Mais après l'Attila,
> Holà !

Ce *holà* équivoque, qui pouvait s'adresser aux critiques comme au poëte, qui était ou pour celui-ci la traduction du *Solve senescentem*, ou pour les autres une défense d'attaquer le poëte, pouvait servir d'avertissement à Corneille, si son amour-propre ne se refusait pas à l'écouter, ou d'approbation s'il était trop affligé de l'avertissement. On sait que le grand homme y fut trompé, et qu'il prit le *holà* pour un éloge. Il n'en fut pas de même du public. Ainsi, Boileau en avait assez fait pour mettre en sûreté l'intérêt de l'art et celui du goût.

Il y a du bon jugement dans le jugement de Boileau sur l'*Attila;* mais il y en a bien plus encore dans la forme de ce jugement.

> (*Journal de Paris*, du 8 floréal an IX.
> — 28 avril 1801.)

QU'IL NE FAUT PAS DONNER LA SURINTENDANCE DES SPECTACLES AUX MINISTRES, MAIS A UN GENTIL-HOMME DE LA CHAMBRE.

Différence d'un gentilhomme de la chambre à un ministre.

Ils ont cela de commun qu'il faut à l'un et à l'autre sa maîtresse, son poëte, son acteur.

Le gentilhomme de la chambre vit vieux.

Le ministre change tous les 18 mois.

Le gentilhomme est un.

Le ministre a sous lui des commis, à cha-

cun desquels il faut sa maîtresse, son poëte et son comédien.

Si le gentilhomme de la chambre abuse du pouvoir, personne ne s'en effraye.

Si le magistrat, si le ministre abuse, tout le monde est effrayé.

Si les comédiens résistent au gentilhomme, l'autorité n'est pas compromise.

S'ils résistent au ministre, c'est une immense affaire.

Un gentilhomme n'a rien de mieux à faire que de s'occuper de la comédie.

Le ministre y perd beaucoup de temps, et déconsidère ses grands travaux par l'attention qu'il donne aux petits soins du théâtre.

Le gentilhomme de la chambre agit toujours au nom du chef de l'État, et par cette raison il est obéi quand il commande, et le chef de l'État est un objet de reconnaissance quand il récompense.

Le ministre responsable est toujours en butte aux réclamations, aux déclamations, aux surprises, aux sollicitations. On ne sait pas plus gré au chef de l'État de ce qu'on obtient de lui, que de ce qu'on obtient du tribunal. C'est tout au plus justice, jamais faveur : il en coûte plus à l'État, et il y a moins de reconnaissance.

Quand un ministre fait recevoir une pièce ou un acteur, et que le public siffle l'une ou l'autre, il est clair qu'il siffle le ministre.

SUR L'OPÉRA,

EN 1802 OU 1803, PENDANT MA DIRECTION DE L'INSTRUCTION PUBLIQUE.

1.

L'Opéra doit coûter plus d'argent au trésor public qu'autrefois. Il y avait moins de sujets; ils étaient moins payés. Le gouvernement donnait les décorations et les habits des opéras nouveaux. Il y avait une plus forte recette par les loges à l'année, qui produisaient 140,000 fr., et aujourd'hui 20,000.

Le prix des places était plus élevé, moins de billets donnés.

2.

J'avoue qu'il est possible de s'ennuyer à

l'Opéra; mais je pense qu'il est difficile de ne pas s'y amuser souvent, même de ne pas s'y plaire quand on s'y ennuie, et de se plaire autant à tout autre spectacle. Il a une certaine variété qui diversifie les sensations, les mêle aux sentiments :

...... Les vers, la danse, et la musique,
De cent plaisirs divers font un plaisir unique.

Et puis, il y a là un certain air de grandeur à laquelle on s'habitue, et d'où l'on a peine à descendre. De là vient qu'il attire de loin, que les souvenirs qu'il laisse suivent longtemps et rappellent souvent. On peut parler de la Comédie française comme d'une belle chose; on parle de l'Opéra comme d'une grande.

La magnificence est souvent ennuyeuse. Les rois sont *condamnés* à la magnificence, a dit Delille. Il a raison; mais ce n'est pas là le plus grand de leurs supplices, ce n'est pas le moins ambitionné. La magnificence est un ennui, mais elle est le signe de tous les plaisirs; elle appelle les empressements de tous les arts qui les procurent.

SUR LE THÉATRE DE LA RÉPUBLIQUE.

Article qui n'est point technique.

Hier, j'ai été au théâtre de la République. Avant de vous parler de la sensation que la salle a faite sur moi, je dois vous dire que depuis dix ans je n'avais pas été au spectacle. Mon enthousiasme pour la révolution m'en a d'abord distrait; ensuite la prison, qui a récompensé mon enthousiasme, m'en a séparé; pendant ce temps-là et depuis, la tragédie s'est mise à courir les rues, et la comédie s'est établie en permanence chez les gens de fortune : voilà, je crois, de bonnes excuses. Mais enfin la curiosité m'a pris ces jours passés, et voici comment.

Depuis quelque temps j'entendais les amateurs de spectacle parler avec enthousiasme, non pas des pièces anciennes ou nouvelles qui se jouent sur nos théâtres, non pas des acteurs qui les jouent, mais des changements qui se sont faits dans quelque salle, de ceux qui sont projetés pour une autre, du décor des loges, de l'éclat de l'illumination, etc. Depuis le siècle de Louis XIV jusqu'à la république, on n'a

pas autant remanié les théâtres qu'on l'a fait depuis trois ans à Paris. Un spectacle est-il moins fréquenté? on s'en prend au plafond enfumé, aux peintures déchirées, et on appelle, au lieu de poëtes, au lieu d'acteurs de talent, l'architecte, le peintre et le lampiste. Un jeune poëte étant venu consulter un vieux littérateur de mes amis sur une comédie nouvelle, il reçut de lui de fort bons conseils; il en paraissait fort reconnaissant et fort disposé à en profiter. Mais il lui écrivit le lendemain le billet que voici : « J'ai bien réfléchi, mon honorable maître, sur vos excellents conseils; je pourrais bien en faire usage, mais la peine de refaire n'est pas proportionnée avec l'intérêt que le public donne à une pièce bien faite. Il m'est venu une idée plus propre que la perfection de ma comédie à attirer du monde à sa représentation : c'est de m'établir chez le citoyen Lange, et de faire un *lustre* d'un nouveau goût, pour le moment où elle sera mise au théâtre : c'est l'affaire de quinze jours, et mon succès est infaillible. Conservez-moi votre bonté pour un autre temps, et votre amitié toujours. » Je réfléchissais sur la bizarrerie du goût dominant, sur ses causes, sur ses effets. Je me disais : Il est impossible de ne pas voir que le goût du spectacle est tombé, et de s'en dissimuler les raisons. D'abord, cet ancien parterre de la Comédie française, où il y avait un goût si pur et si délicat, était composé, pour la plus grande partie, de jeunes gens qui sortaient de leur collége, pleins des beautés littéraires de l'antiquité, et de passion pour le premier des beaux-arts. Il y a eu une lacune dans les études nationales pendant la révolution; jusqu'à ce que les écoles centrales l'aient remplie, peu ou point de spectateurs passionnés et de juges délicats au parterre. Et puis les jardins, les Tivoli, les Idalie, les Frascati, les Élysée, ces lieux où les entrepreneurs ont le talent de vendre fort cher, aux femmes débraillées et aux fainéants, le plaisir sot et corrupteur de se donner en spectacle les uns aux autres, ont achevé la ruine des spectacles dramatiques, où il faut porter ce que tout ce monde-là n'a pas, un peu d'esprit ou un peu d'âme. Il est donc tout simple qu'au théâtre maintenant ce soient les architectes qui se chargent d'attirer les spectateurs. A qui appartient-il de disputer le public aux *jardinistes*, si ce n'est aux peintres de jardins, aux décorateurs de théâtre, aux architectes de spectacle? Voilà les arts qui doivent maintenant être en concurrence.

Je me disais tout cela, et je déplorais la triste situation de l'art dramatique, et je m'attristais, lorsqu'il me vint dans la pensée que sans doute, dans cette émulation des artistes, l'art de construire des salles de spectacle avait dû gagner en proportion de ce que l'art dramatique avait perdu en intérêt. On parlait alors partout et sans cesse de la nouvelle édition *corrigée et diminuée* du théâtre *de la République;* et me voilà en chemin pour y aller.

J'arrive. Je me place au milieu de l'orchestre. La pièce venait de commencer. Au lieu de regarder les acteurs, comme de raison, je leur tourne le dos, et je regarde la salle; et je vois là où je cherchais des spectateurs, j'y vois un demi-cercle de grosses et de grandes et froides colonnes de marbre, serrées si près les unes des autres que deux personnes peuvent à peine trouver place dans l'intervalle. Au-dessus de ces colonnes, un entablement; au-dessus de l'entablement, un rang de spectateurs, derrière lesquels est en retraite un autre rang demi-circulaire de petites colonnes qui portent le dôme.

Comment donc, dis-je à mes voisins, il y a ici autant de colonnes que de spectateurs! — Citoyen, ne vous plaignez pas, me dit d'un air contristé un grand homme sec et pâle, mine poétique, œil ambitieux d'immortalité; ah! si le dôme du Panthéon avait été soutenu comme cette corniche!

Ce chagrin me fit rire. « Mais, citoyen, lui répondis-je, ces grandes colonnes ne portent rien que deux rangs de spectateurs. — N'importe, reprend le poëte; dans une république, il faut à tout un air de solidité : et d'ailleurs, quel poids plus précieux que des hommes? — Précieux, je le veux bien, répondis-je; mais vous les traitez comme la chose la plus lourde; nos Français ne sont pas de plomb. Eh! quand on imagina, il y a quarante ans, de construire des loges sans appuis apparents, tout le monde applaudit à l'art qui cachait ses moyens, dissimulait ses soins pour la solidité, donnait aux salles de l'air, de la grâce; et jamais personne n'a eu, que je sache, l'inquiétude de voir ces loges descendre au milieu du parterre.

Pourquoi nous ramener à l'enfance de l'art? Que, dans les premières salles qu'on a bâties, on ait multiplié les piliers, cela se conçoit; mais qu'après avoir appris à s'en passer, on les recommence, on les redouble, on les grossisse, on s'en fasse honneur, il y a, ce me semble, de quoi se plaindre. Tous ces piliers de cathédrale sont vainement masqués sous la forme des colonnes ioniques : cette construction est un véritable retour vers le gothique, qui, au reste, gagne dans toutes les parties de l'architecture; car c'est aujourd'hui le gothique qui est à la mode dans le bâtiment, et l'on dit, Donnez-moi du gothique, comme il y a vingt ans on disait : Fi, cela est gothique! Mais revenons à nos colonnes. Il est vrai, continuai-je, que si celles-ci ne portent rien, en revanche elles ne portent sur rien : si elles ne portent que l'air, en revanche c'est l'air seul qui les porte. C'est une colonnade aérostatique. — Quoi! me dit mon interlocuteur, vous ne voyez pas ce massif qui porte les colonnes? — Quoi! dis-je à mon tour, vous ne voyez pas ce vide qui porte le massif? — Oh! ce vide est hors de la chose. — Moi je le vois dessous, et non dehors. — Oui; mais il faut supposer... la fiction veut... — Justement: votre colonnade porte sur une fiction, sur une supposition; et voilà ce que j'appelle une colonnade en l'air.

Mais, aérostatique ou posée, il importe peu. Voici ce qui m'occupe davantage.

Je demande s'il n'est pas bizarre que, dans un lieu où il importe aux plaisirs du public et à l'intérêt des entrepreneurs de rassembler, sans gêne, le plus de monde qu'il est possible dans le plus petit espace possible, on donne un quart des places à d'inutiles colonnes?

Je demande si une salle de spectacle doit réunir les citoyens, ou les tenir divisés en coteries, qui s'observent, s'épient, et s'égayent ensuite aux dépens les unes des autres, au lieu d'apprendre là à se connaître mutuellement, à se contenir, à se respecter?

Je demande s'il est bien, pour la morale et pour la république, qu'un lieu public mette de si épaisses cloisons entre les sociétés particulières?

Je demande si ces observatoires, d'où chacun pourra s'amuser des ridicules du voisin, sont bien favorables à l'attention que demande la scène?

Je demande si les acteurs ne sont pas refroidis par l'aspect de tant de marbre, où ils devraient rencontrer des yeux attentifs, émus, ou riants?

Je demande si ces spectateurs, qui sont tous séparés les uns des autres par un mur de marbre, seront aussi susceptibles des émotions de peine et de plaisir, que si le contact immédiat communiquait leurs impressions comme l'électricité?

Je demande, en un mot, si ces cloisons qui séparent les loges, ne conviendraient pas mieux à une ménagerie qu'à un spectacle? si ces colonnes qui sont là sans rien payer, soutiendront le spectacle comme les spectateurs qui auraient laissé un écu à la porte? et enfin, si ces colonnes qui ne pleurent ni ne rient, soutiendront l'intérêt comme des spectateurs qui, riant ou pleurant, exercent les uns sur les autres une partie de l'action que l'acteur exerce sur tous?

Mais je m'arrête, et la bonne foi veut que je déclare ce qui m'est arrivé hier. Je faisais toutes les lamentations qu'on vient d'entendre devant un homme de très-bonne tête et qui voit bien les choses... Il me coupa la parole, et me dit : « Quoi ! ne voyez-vous donc pas ce qui va arriver? Un beau jour Talma jouera *Otello*, Molé *le Vieux Célibataire*, mademoiselle Contat *la Mère coupable*; il y aura foule, on sera partout étouffé... Chacun dira : Ah ! si pour jouir de ces beaux talents, si pour sourire à cet habitué du Luxembourg, frémir à la vue de cet Africain, pleurer à mon aise devant cette mère tant et si peu coupable, et si admirablement représentée, j'étais commodément à la place de ces froides et grosses colonnes, que je serais heureux ! Cela sera rapporté aux entrepreneurs, qui le rendront aux architectes, qui manderont les menuisiers, et feront scier dans ces colonnes de marbre des ouvertures au moyen desquelles elles deviendront des loges. C'est ce qu'on a vu à l'Opéra, où il n'y avait pourtant que quatre colonnes et tant de places vides ! » Ainsi, nous allons voir cette colonnade en l'air se réduire, comme à l'Opéra, à des tronçons de colonnes qui seront aussi en l'air, séparés les uns des autres, suspendus par magie comme la pierre du tombeau de Mahomet. Ainsi ces colonnes ne seront plus là que pour prouver que, le jour où on les a construites, on ne son-

geait pas à la commodité des spectateurs, et que, quelques jours après, on ne songeait plus à leur goût et à leur bon sens...

Voilà, citoyens, l'exposé naïf de mes idées sur la salle de la République. Je vous prie de les publier. Je les crois utiles à l'art, sans être préjudiciables à l'artiste, auteur du plan que je critique. Il y a du talent, du savoir et du goût dans ce plan. La faute de l'auteur est d'avoir trop séparé son art de la destination spéciale de la chose à laquelle il l'appliquait.

(Journal de Paris, du 1er jour complémentaire an VI. — 17 septembre 1798.)

AVIS.

L'on me prévient en ce moment qu'un inconnu va demander de ma part des billets de spectacles aux entrepreneurs des différents théâtres qui, je ne sais pourquoi, ont la complaisance d'en donner. — Je les préviens que jamais je n'en demande ni n'en accepte, et les prie de faire arrêter et punir quiconque leur apporterait de prétendues lettres de moi pour cet objet.

(Journal de Paris, du 10 germinal an VII. — 8 avril 1799.)

(*Note de l'éditeur.*) C'est par erreur que l'article suivant ne se trouve pas inséré à sa place, à la page 234 de ce volume.

DE FALKLAND.

THÉÂTRE DE LA RUE FEYDEAU.

Il y a un goût étroit, superficiel, sans intimité, sans conscience, qui n'est proprement qu'une traduction du goût d'autrui, qui ne juge rien que par comparaison, ne rapporte rien qu'aux modèles qu'il a entendu louer, et ne voit rien au delà. Si Racine n'avait pas peint l'amour; Molière, l'avarice et l'hypocrisie; si surtout ils n'avaient pas été admirés, il n'y aurait, pour les gens bornés à cette espèce de goût, aucun moyen de juger une expression d'amour, ou une saillie de ridicule. Ce n'est pas la belle imitation de la nature qu'ils estiment, mais la belle imitation des peintres qui l'ont imitée. Ils ne sentiraient ni Racine, ni Molière eux-mêmes, s'ils n'avaient été précédés par ces grands hommes. C'est cette espèce de gens de goût qui de tout temps ont fait la loi dans nos théâtres; et c'est pour cette raison que ce même Molière, ce même Racine, qu'aucun modèle n'avait précédés, ont eu à lutter contre le siècle dont ils ont été l'honneur ; c'est pour cette raison que les beautés de Shakspeare ont tant de peine à trouver grâce devant nos amateurs, malgré celle qu'y ajoute notre illustre Ducis, comme pour leur servir d'égide; c'est pour cette raison que le drame le plus pathétique et le plus moral de notre théâtre, *la Mère coupable*, est attaqué tout à la fois comme bizarre et comme immoral; c'est pour cette raison, enfin, que *Falkland*, ou, pour donner à la pièce le nom de la chose qu'elle représente, que *le Remords*, sujet neuf au théâtre, sujet âpre et doux, touchant et terrible à la fois, ne trouve aucun appui dans l'esprit de nos juges de spectacles. Ne sachant à quoi le comparer, ils ne savent comment le juger. Mais craignant beaucoup plus de se compromettre par l'éloge que par la critique, et naturellement plus disposés à gouverner un coin du parterre par des quolibets, qu'à laisser dominer la pièce par ses beautés, ils en détruisent tout l'effet sur cette grande masse de spectateurs qui viennent franchement chercher au théâtre des impressions, et qu'on appelle le public.

Falkland mérite d'autres critiques et aussi d'autres éloges, que les critiques et les éloges de ces petits dominateurs. C'est au journaliste qu'il appartient de réclamer pour le public la liberté de juger par lui-même; et nous le ferons avec d'autant plus de zèle, que des hommes de talent nous annoncent des drames d'un genre nouveau, qu'il est bon de mettre à l'abri de fâcheuses influences; telle est *la Conspiration de Portugal*, où le ridicule des conspirateurs sera peint avec l'odieux qui les accompagne toujours; *Louis XI*, qu'on nous montrera déguisé et en faction durant la nuit, à la porte de son palais, pour observer, comme satellite de lui-même, ce qu'il ne peut observer du haut de son pouvoir. Tâchons d'empêcher que la licence des quolibets ne surmonte les hardiesses du talent, et ne nous ferme une source nouvelle d'instruction, de morale et de plaisirs.

A la suite d'une rixe violente, lord Falkland a tué d'un coup de couteau Tirrel, son voisin;

il a été soupçonné du crime, accusé, mais absous. Les Houkins, fermiers de celui-ci, protégés de Falkland, sont accusés à leur tour. Ils peuvent prouver que Falkland est le meurtrier; mais la reconnaissance des bienfaits qu'ils ont reçus de lui les porte à s'accuser eux-mêmes, pour prévenir le retour des soupçons sur leur bienfaiteur. Falkland, instruit de leur aveu, les laisse condamner; ils périssent sur l'échafaud, laissant un enfant en bas âge, qu'ils ont fait mettre dans un hospice, et qu'ils recommandent à Falkland.

Quinze ans se sont écoulés depuis la mort des vertueux Houkins; et Falkland, coupable par faiblesse plus que par scélératesse, est tourmenté de remords toujours plus dévorants.

Depuis quelques mois, il a dans sa maison, à titre de secrétaire, William Caleb, le fils des malheureux Houkins, qui croit être et passe pour être fils de l'intendant de la maison. Une jeune orpheline est aussi élevée dans le château par la générosité du lord. Enfin, depuis quelques jours, un prêtre, nommé Andrews, est introduit en qualité de chapelain et de maître de musique. Telles sont les circonstances où l'action commence.

Andrews, ancien ami des Houkins, a résolu de les venger, et de forcer Falkland à l'aveu de son crime, par l'ascendant de la conscience. Les incidents qu'il amène dans cette vue, et les soulèvements qu'il produit dans l'âme du coupable, jusqu'au moment où le secret de celui-ci force, si on peut le dire, le passage, et où il se donne la mort, composent la pièce.

Andrews a d'abord un entretien avec Falkland, qui l'interroge sur son état, ses liaisons, sa vie passée... Andrews a passé sa jeunesse chez des bienfaiteurs généreux... il fut protégé du père, il fut l'ami du fils... « Qu'est devenu le père? demande Falkland. — Mort. — Et son fils? — Mort : le fils et le père sont morts ensemble. — Le même jour? — A la même heure. — Qui a causé leur mort? — Leur misère! — Et qui a causé leur misère? — Un seigneur féroce, dont ils étaient les tenanciers. — Et ce seigneur, qu'est-il devenu? — Mort. — Après vos maîtres? — Avant. » On voit qu'il s'agit des Houkins et de Tirrel, et l'on sent ce que cette scène a de terrible.

Andrews fait chanter par sa jeune élève, devant Falkland, une romance de *Macbeth*, qui le replace dans toute l'horreur de sa situation. Des accusateurs traduisent devant lui, en l'absence des autres juges du canton, un assassin qui s'accuse lui-même avec courage, et demande la mort. Le jeune Caleb, l'esprit plein des défiances que lui inspire Andrews, mais attaché à Falkland par la reconnaissance et par l'idée de sa bonté, contenu par la considération dont il jouit, observe toutes les actions, toutes les paroles du lord, avec cette inquiétude mêlée d'intérêt et d'horreur qui embarrasse bien plus un coupable qu'une accusation directe et véhémente. Pendant le jugement de l'homicide traduit devant Falkland, Caleb n'a cessé de tenir les yeux attachés sur lui, et Falkland a senti ses regards pénétrer dans sa conscience.

Falkland a caché dans un réduit secret de son cabinet, avec les cendres des Houkins, des papiers qui prouvent leur innocence et son crime; Caleb l'a surpris dans ce réduit, et le trouble de tous deux s'augmente à chaque instant par ce souvenir.

Andrews apprend à Caleb qu'il n'est point le fils de l'intendant. Le jeune homme veut savoir sa destinée. « Observez, répond Andrews; observez, vous la saurez... Votre destinée est là, vous la touchez, » ajoute-t-il en l'appuyant contre le lambris que le jeune homme a vu entr'ouvert. Resté seul, il veut en forcer le secret; Falkland entre en ce moment... Il se croit découvert... Il s'emporte, il devient furieux. Caleb lui demande avec embarras de sortir de sa maison... Falkland lui déclare qu'il n'en sortira jamais. « Si vous faites un pas qui puisse m'alarmer, ajoute-t-il, j'en aurai vengeance. » A ce mot, on entend sortir des lambris la répétition terrible du mot *vengeance!* C'est Andrews qui suit son plan, et s'est introduit, par une entrée inconnue de Falkland même, dans le réduit où reposent ses victimes.

Falkland enfin, surmonté par la honte, par le remords, s'enferme avec Caleb dans son cabinet: « Vous avez voulu savoir, lui dit-il d'un air sinistre, ce que j'étais, et qui vous êtes... Je vais vous le dire... L'assassin de Tirrel, c'est moi. Le bourreau des Houkins, c'est moi... Le malheureux enfant de l'un d'eux, c'est vous... — Il meurt empoisonné.

Tel est le fond de cette pièce.

On voit que l'idée en est hardie, que le fond en est moral, que les situations en sont dramatiques, et les développements terribles; et ce sont là des mérites assez peu communs au théâtre pour qu'on en doive tenir compte à l'auteur.

Un rôle a été particulièrement loué dans ce drame; c'est celui d'Andrews. J'oserai le blâmer, et sans ménagement. L'auteur n'a fait d'Andrews qu'un méchant homme, et il veut qu'on voie en lui un homme vertueux. En vain nous dit-il qu'Andrews était l'ami des Houkins : ce titre ne l'autorisait pas à venir irriter les tourments, consommer le supplice d'un coupable repentant, qui, depuis seize ans, avait cherché un refuge dans la bienfaisance et la vertu contre le souvenir d'un crime sans remède. Le devoir d'Andrews était de pleurer ses amis, et non de jeter dans le désespoir l'homicide qui les pleurait lui-même. Le devoir d'un prêtre est de pardonner, non de venger; de réconcilier les coupables avec la nature et avec eux-mêmes, non de les vouer aux plus affreux supplices.

Andrews était nécessaire, sans doute, pour imprimer à l'action le mouvement convenable, mais il fallait tout simplement le donner pour ce qu'il est, pour un méchant; le rôle de Falkland n'aurait été que plus pathétique et plus terrible; on aurait mieux vu en lui ce qu'il est réellement, un grand criminel, qui n'était pas un scélérat, et ses remords auraient eu bien plus de vérité et d'intérêt.

Le rôle de Caleb serait parfait, si l'auteur avait fait plus ressortir, dans l'inquiète curiosité qui tourmente ce jeune homme, le sentiment confus des liens du sang qui l'unissaient aux Houkins. Quelle douceur et quelle inquiétude dans ce caractère! quelle candeur et quelle pénétration! quels aimables mouvements de bonté, et quelles sinistres défiances! Est-il rien de plus touchant que ce commencement du cinquième acte, où Falkland annonce qu'il va lui apprendre l'affreuse vérité? « Non, s'écrie Caleb, dont la curiosité cesse par la crainte de voir rougir son bienfaiteur, non, je ne veux rien savoir; non, milord, ne me dites rien. » Comme ce bon jeune homme et la jeune orpheline, que la même maison rassemble, contrastent, l'un par sa candeur, l'autre par son ingénuité, avec ce Falkland, dont l'âme recèle le souvenir d'un grand crime, et qui va succomber aux remords ! Combien leur opposition ajoute à l'intérêt des situations, qui sont le principal mérite de l'ouvrage !

Si des situations neuves et fortes, si des caractères nouveaux, bien peints et bien contrastés, si des développements d'un intérêt toujours croissants ne suffisent pas pour faire trouver grâce à quelques erreurs de goût (1),

et à quelques fausses combinaisons de détail, il faut que les auteurs dramatiques posent la plume, et qu'ils aillent dans la foule admirer *le Moine*, *l'Enfant du bonheur*, et *le Petit Jean-Baptiste*.

Nous pourrions encore produire, en témoignage du mérite de *Falkland*, la manière à peu près parfaite dont la pièce est jouée par Molé, Monvel, Talma surtout, par ces hommes qui ne sont de bons acteurs que parce qu'ils sont aussi de bons juges, et aussi par le citoyen Dublin, qui a mis une intelligence parfaite dans un rôle de valet qu'il a su rendre trop court, et a, dit-on, donné les charmants costumes qui embellissent la représentation de cet ouvrage.

(Journal de Paris, du 17 prairial an vi.
— 3 juin 1798.)

---

(1) Par exemple, on rencontre souvent des expressions telles que celles-ci :

Vague de l'incertitude; faire remonter le monde vers le chaos, l'abîmer dans le néant; mon existence flétrie; tomber avant son déclin; et puis on voit *le criminel tournant autour de ses pensées, comme l'insecte autour de la flamme jusqu'à ce qu'il en soit dévoré.*

Ce n'est là ni du langage familier, ni du langage passionné; c'est de l'enflure en mauvais français; il y a, de plus, une image fausse dans la dernière phrase. Jusqu'à présent, on a placé le remords dans le cœur, au fond, au plus profond du cœur, pour le mordre et le remordre; car remords vient de *remordu.* C'est sur le cœur qu'on applique le vautour, c'est dans les parties les plus intimes du cœur qu'on enfonce son bec acéré. Voilà les images reçues, les images vraies et frappantes. Au lieu de cela, l'auteur fait rôder le cœur autour du remords, comme le papillon qui va se brûler à la chandelle, et qu'on écrase avec les mouchettes ! Cela est mauvais ; et Molé, qui s'en va dessinant avec sa main le tournoiement de l'insecte autour de la flamme, ne déguise pas cette erreur de goût, qu'il serait si simple de faire disparaître !

OPUSCULES.

PARAGRAPHE TROISIÈME.

ROMANS.

I. — EXTRAITS RAISONNÉS DE QUELQUES ROMANS PUBLIÉS DE 1795 A 1802.

LES SOUFFRANCES MATERNELLES,

ou

HISTOIRE DE Mme HALLER, ÉCRITE PAR ELLE-MÊME ;

Traduite de l'allemand.

Ce roman renferme les aventures d'une famille entière, composée de sept enfants, de cinq filles et deux garçons, tous de caractères différents, tous jetés dans des événements particuliers qui font ressortir leur caractère. C'est la mère elle-même de cette famille, madame Haller, qui, dans sa vieillesse, raconte ces aventures à ses enfants, et leur apprend les rapports qu'elles ont eus avec sa propre histoire, qui forme le lien de l'ouvrage et lui donne de l'unité. Les caractères sont tracés avec vérité : l'action en est variée et animée, le langage en est simple, naturel et touchant ; la morale en est pure et douce : la lecture peut en être agréable et utile aux mères de famille, ainsi qu'aux enfants, mérite assez rare dans ces sortes d'ouvrages.

Une femme s'est demandé, après avoir lu celui-ci, pourquoi les romans anglais et allemands avaient un caractère plus sentimental que les romans français ; car la *Nouvelle Héloïse*, le plus passionné des romans, appartient à la littérature helvétique par ses mœurs, quoiqu'il soit une des richesses de la littérature française par le langage. Sa réflexion l'a ame-

née à ce résultat, dont nous ne garantissons pas la justesse, mais qui mérite d'être examiné : que les mœurs françaises sont aussi éloignées, par leur frivolité, des sentiments profonds que des sentiments vertueux ; qu'en nous, l'existence est, pour ainsi dire, tout à la surface ; que dans nos peines, dans nos plaisirs, dans nos vices, dans nos vertus, la vanité est toujours de moitié, au lieu que les Allemands et les Anglais, plus recueillis en eux-mêmes, renferment une sensibilité plus concentrée : moins usés d'ailleurs par le contact des objets extérieurs, ils en reçoivent plus facilement les impressions ; ils trouvent des peines et des jouissances plus nombreuses dans tous les détails de leurs habitudes, dans tous les accidents de leur vie privée ; ils approfondissent davantage leurs affections ; en un mot, ils semblent avoir au fond de leur âme des sources plus vives et plus abondantes de chaleur et d'existence.

Si cette observation était vraie, il ne faudrait pas s'étonner de la supériorité de leurs romans sur les nôtres. Comment des hommes qui connaissent mieux les affections de l'âme n'en exposeraient-ils pas mieux les diverses situations, et n'en parleraient-il pas mieux le langage ?

(*Journal de Paris*, du 13 germinal an III.— 2 avril 1795.)

CARITE ET POLYDORE.

Le roman de *Carite et Polydore*, par Barthélemy, avait déjà été imprimé en 1760. On en a peu parlé alors. Barthélemy n'y avait pas mis son nom. Son nom ne fit donc rien pour la gloire de l'ouvrage; et l'ouvrage, perdu par cette raison entre les romans que rien ne recommandait à l'attention des gens de lettres, ne fit rien pour la gloire de Barthélemy.

J'ai lu ce roman avec un extrême intérêt. Il présente peut-être trop d'événements, trop de situations diverses, et pas assez de développements; les situations sont belles, vives, attachantes; les incidents sont heureux et parfaitement liés.

Un autre mérite de ce roman, c'est de transporter le lecteur au milieu de la Grèce, de faire revivre sous ses yeux, et le charme du pays et celui des mœurs propres à ses habitants, et celui de ces aimables fictions qui ont composé la mythologie des Grecs. Sous ce rapport, c'est un tableau historique, où tout est vrai et instructif, excepté le nom et les aventures des individus qui figurent sur l'avant-scène.

Je ne vous dis rien du style, ou plutôt que ne vous en ai-je pas dit en vous nommant l'auteur?

Peut-être l'intérêt qu'on éprouve à la lecture de cet ouvrage, est-il encore augmenté par celui du nom de l'auteur d'*Anacharsis*, ainsi que du négociateur sage et éclairé dont l'auteur d'*Anacharsis* a été l'oncle et le modèle...
....
Je me charge de vous porter la charmante collection des œuvres de *Gesner*, imprimée chez Dufart, et ornée d'un grand nombre de jolies gravures. Je ne sais pourquoi des sensations physiques se mêlent aux idées que me rappelle cette collection; mais il me semble qu'elle offre une lecture rafraîchissante pour ces jours d'été où la chaleur, trop grande, défend de lire les poëmes de l'abbé Delille............
(Journal de Paris, du 10 messidor an IV. —
28 juin 1796.)

DE PLUSIEURS OUVRAGES POSTHUMES
DE DIDEROT.

Il sort de toutes parts des ouvrages posthumes du fécond et illustre éditeur de l'*Encyclo*-pédie. Le *Supplément aux voyages de Bougainville*, la *Conversation du philosophe avec la maréchale de Broglie sur la religion*, le dithyrambe sur l'abdication de la royauté; enfin, *Jacques le fataliste*, et la *Religieuse*. Voilà les productions de Diderot, qui ont vu le jour depuis quelques mois. On pourrait ajouter plusieurs contes insérés dans la collection des idylles de Gesner, dont l'un, plein d'intérêt, a fourni le fond de la charmante pièce de *Félix*, et qui tous ont acquis un prix nouveau pour les amis de Diderot, depuis qu'ils savent qu'il en est l'auteur.

Nous ne parlerons ici que de *Jacques le fataliste* et de *la Religieuse*.

Jacques le fataliste, sans être une imitation de *Tristam Shandi*, a beaucoup de ressemblance avec cet ouvrage, au moins pour la forme. Jacques est un valet spirituel, avisé, de bonne humeur, qui s'entretient familièrement avec son maître, lui raconte ses aventures, et obtient aussi que son maître lui raconte les siennes. Comme c'est en voyageant ensemble qu'ils se racontent leur histoire, leur récit est coupé par cent autres histoires qui leur arrivent ou qu'on leur raconte, lesquelles s'entre-coupent encore, de manière cependant que le fil se retrouve toujours, et que l'intérêt de chaque aventure est suspendu sans être détruit.

Entre ces aventures, il en est de sérieuses, d'attachantes, telles que celle de madame Lapommeraye, qui serait à elle seule un conte parfait; mais il en est aussi de très-gaillardes, dont l'auteur n'a déguisé ni voilé aucune circonstance, et dans le récit desquelles il a nonseulement négligé la décence, mais encore affecté le mépris des délicatesses qu'elle impose pour l'intérêt même des plaisirs qu'elle couvre.

Plusieurs journalistes ont fait à ce sujet de justes reproches à Diderot; plusieurs aussi en ont fait d'outrées. Un récit, pour être libre, n'est pas immoral et corrupteur; comme, pour être décent, il n'est pas nécessairement exempt de danger.

Ce qui excuse cette censure qui n'excuse rien, c'est une page où Diderot veut ériger en principe le cynisme du style. Il valait mieux dire comme la Fontaine, dans la Préface de ses Contes :

« Je confesse qu'il faut garder des bornes, et que les plus étroites sont les meilleures : aussi faut-il m'avouer que trop de scrupule gâterait tout. Qu'on ne s'y trompe pas, l'extrême pudeur et la bienséance sont deux choses bien différentes. Cicéron fait consister la dernière à dire ce qu'il est à propos qu'on dise, eu égard au lieu, au temps et aux personnes qu'on entretient. Ce principe une fois posé, ce n'est pas une faute de jugement que d'entretenir les gens d'aujourd'hui de contes un peu libres; je ne pèche pas en cela contre la morale. S'il y a quelque chose dans mes écrits qui puisse faire impression sur les âmes, ce n'est nullement la gaieté de ces contes; elle passe légèrement. Je craindrais plutôt une douce mélancolie, où les romans les plus chastes et les plus modestes sont très-capables de nous plonger, et qui est une grande préparation pour l'amour. »

Au reste, la censure aura produit un effet tout contraire à son objet; elle fera cacher le livre, sans doute, mais elle l'aura fait acheter.

Encore un mot sur cet ouvrage. Plusieurs journaux ont supposé que c'était l'Institut national qui l'avait fait imprimer sur le manuscrit du prince Henri. Le fait est que ce manuscrit n'était point encore arrivé il y a un mois. Il n'est pas même vrai, comme le dit un journal littéraire qui en toute occasion affecte de dénigrer l'Institut, que cette société ait demandé *gravemen* JACQUES LE FATALISTE au prince Henri. L'Institut n'a fait qu'*accepter* avec gratitude le manuscrit offert par le prince avec honnêteté.

(Journal de Paris, du 28 brumaire an v. —
18 novembre 1796.)

JACQUES LE FATALISTE ET SON MAITRE,

PAR DIDEROT.

On se rappelle que l'Institut national, ayant demandé au prince Henri de Prusse un manuscrit de Gresset, dont on le croyait possesseur, le prince répondit qu'il ne connaissait pas l'ouvrage de Gresset, mais qu'il possédait un manuscrit de Diderot, intitulé *Jacques le fataliste*, et qu'il l'offrait à l'Institut.

L'Institut a accepté l'offre du prince, qui bientôt a annoncé, par une seconde lettre, l'envoi du manuscrit.

D'après ces faits, plusieurs papiers publics ont supposé que c'était l'Institut national qui avait fait imprimer et publier *Jacques le fataliste*. Ils se sont trompés. Le manuscrit envoyé par le prince Henri n'est pas encore arrivé; l'Institut ne connaît point l'ouvrage; et c'est sur une copie qui existait à Paris que le libraire Buisson a imprimé l'édition dont nous parlons. Il peut être bon pour l'Institut, pour Diderot et pour le prince Henri que ce fait soit connu.

Qu'est-ce que l'ouvrage? Ces mots, *Jacques et son maître*, annoncent un roman. Cet autre mot, *le Fataliste*, annonce du dogme. L'ouvrage est-il donc un roman dogmatique ou philosophique? Nullement; il n'y est question de *fatalisme* que dans un refrain de Jacques, qui, par habitude, par tic, et nullement par doctrine, s'écrie, à tout ce qui lui arrive : *Cela était écrit là-haut.*

Au fond, l'ouvrage est un assemblage d'anecdotes, d'historiettes, d'aventures toutes véritables, toutes connues des contemporains de Diderot. Plusieurs ne méritaient peut-être pas d'être racontées; plusieurs autres offrent des scènes très-libres. Ce n'est pas un de ces livres qu'un père ou une mère de famille puissent laisser traîner sur leur cheminée; mais ce qui est libre n'est pas pour cela obscène, licencieux, ni surtout immoral. L'écrit libre peut exciter des désirs, mais l'écrit obscène les tourmente; l'écrit licencieux désordonne l'imagination; l'écrit immoral la corrompt. L'image vive des plaisirs de l'amour peut, en tombant dans les mains de trop jeunes gens, allumer des passions anticipées : c'est le danger des écrits libres; mais ils rendent aux hommes qui sont sur le déclin de la vie des plaisirs par les souvenirs, et ce n'est point un mal. Les lectures joyeuses sont les bonnes fortunes des vieillards. Ainsi, sans approuver cette espèce de livres, sans la condamner, contentons-nous de dire aux hommes mûrs de n'en pas trop faire de bruit devant la jeunesse, et de ne pas les laisser trop exposés à sa curiosité.

Quant à la forme, figurez-vous cent anecdotes, historiettes et aventures, entées les unes sur les autres, et enchevêtrées de telle sorte que l'histoire de Jacques et celle de son maître, qui n'occupent pas en tout cinquante pages, sont disséminées dans plus de six cent qu'on est obligé de lire pour arriver au dénoûment. Mais il faut ajouter tout de suite que, malgré la surcharge et l'interruption des événements, l'intérêt de chacun se soutient et le fil de tous se retrouve. L'auteur a poussé aussi loin qu'il est possible l'art de tourmenter la curiosité sans l'affaiblir, et de s'en jouer sans la lasser ; art qui suppose sans doute beaucoup d'esprit, mais au fond peu louable, et dont l'exemple même peut être dangereux ; car il ne serait pas étonnant, vu notre inclination actuelle pour les choses bizarres, que mille romans ne se fabriquassent dans le cours d'une année sur ce modèle : qui pourrait répondre même qu'on n'en portera pas l'imitation jusque dans l'art dramatique, et que quelque jour Phèdre n'interrompra pas son entretien avec Hippolyte pour lui proposer d'aller voir Caïus Gracchus, et entendre *la Marseillaise !*

Le style de *Jacques le fataliste* n'est pas toujours d'un goût délicat. Mais il a partout de la couleur et du mouvement : une couleur toujours vive et vraie, un mouvement toujours rapide et naturel. Ce que l'auteur raconte, il le peint ; ce qu'il met en scène, il l'anime. L'épisode de madame Lapommeraye est un chef-d'œuvre.

Quand on considère à quel point Diderot avait l'esprit observateur, gai, moral, satirique, et l'imagination dramatique, on ne voit pas ce qui lui eût manqué pour être un excellent poëte comique ; et l'on est étonné qu'il n'ait pas cultivé le talent de mettre des caractères au théâtre ; surtout après avoir fait un heureux essai de ce talent dans son *Père de Famille*, où le rôle de commandeur est l'image fidèle du *Tracassier*.

Voici quelques-unes des petites histoires qui se trouvent répandues entre les plus importantes :

« Si je vous disais (c'est Jacques qui parle à son maître) qu'un limonadier, décédé il y a quelque temps dans mon voisinage, laissa deux pauvres orphelins en bas âge. Le commissaire se transporte chez le défunt, on appose un scellé. On lève ce scellé, on fait un inventaire, une vente ; la vente produit huit à neuf cents francs. De ces neuf cents francs, les frais de justice prélevés, il reste deux sous pour cha-que orphelin ; on leur met à chacun ces deux sous dans la main, et on les conduit à l'hôpital. — *Le Maître :* Cela fait horreur. — *Jacques :* Et cela dure. »

Qu'aurait dit le maître de Jacques s'il avait vu le législateur, la loi même, plus impitoyables mille fois que les commissaires et les huissiers d'autrefois, conduire, traîner à l'hôpital, non pas seulement les orphelins de l'artisan malaisé, mais les citoyens opulents, les femmes, les vieillards les plus habitués à l'abondance, après les avoir fait dépouiller par des scélérats qu'ils ont nourris ? Nous avons vu cela, nous... *et cela dure !*... et même on cite des gens qui voudraient ramener sur nos têtes les mêmes iniquités qui pendent sur nos fortunes. Mais... nous saurons nous préserver. Nous avons une grande ressource !... celle de cet enfant dont parle Jacques dans un autre endroit :

« Un jour, dit-il, un enfant, assis au pied du comptoir d'une lingère, criait de toute sa force. La marchande, importunée de ses cris, lui dit : Mon ami, pourquoi criez-vous ? — C'est qu'ils veulent me faire dire A. — Et pourquoi ne voulez-vous pas dire A ?... — C'est que je n'aurai pas sitôt dit A, qu'ils voudront me faire dire B. »

De même lorsqu'on voudra nous faire recommencer l'alphabet révolutionnaire, lorsque quelque orateur nous proposera ces mots *suspects* et *exclus*, nous crierons à tue-tête, et nous assourdirons la France entière, pour ne pas être bientôt obligés de dire *réclus* après *exclus*, et *assassinés* après *réclus.*

(Journal d'économie publique, du 30 vendémiaire an v. — 21 octobre 1796.)

LA RELIGIEUSE,

PAR DIDEROT.

Une religieuse échappée de son couvent, poursuivie par ses supérieures, cherchée par la police, dénuée de parents et d'amis, réfugiée à Versailles chez une femme compatissante, près de laquelle elle n'a d'autre titre que sa détresse, adresse à un M. de Croismare, qui habite la Normandie, l'histoire des vœux qui l'ont enfermée malgré elle dans le cloître, et des persécutions qu'elle y a éprouvées. Ce M. de Croismare s'était intéressé pour elle, sans la connaître, dans un procès qu'elle avait soutenu avant son évasion, pour obtenir la cassation de ses vœux, et dans lequel elle avait échoué. Instruite de cette conduite généreuse, elle a eu recours à lui pour être placée, comme gouvernante ou simple domestique, et c'est à cette occasion qu'elle a écrit ses mémoires.

Suzanne (c'est le nom de l'infortunée) est d'abord placée comme pensionnaire au couvent de Sainte-Marie. La supérieure, femme artificieuse, confidente des vues des parents de Suzanne, emploie toute son adresse à la gagner. Un père Séraphin, son confesseur, l'exhorte à embrasser la vie religieuse. Elle y répugne, elle s'afflige des instances qu'on réitère près d'elle. Cependant elle consent, à force d'obsession, à entrer en noviciat, se réservant de ne pas s'engager plus loin.

Écoutons ce qu'elle nous dit d'abord de ce temps d'épreuve; ici déjà se développe le caractère du régime monastique.

« Si l'on observait, dit Suzanne, toute l'austérité du noviciat, on n'y résisterait pas; mais c'est le temps le plus doux de la vie monastique. Une mère des novices est la sœur la plus indulgente qu'on a pu trouver. Son étude est de vous dérober toutes les épines de l'état, c'est un cours de séduction la plus subtile et la mieux apprêtée. C'est elle qui épaissit les ténèbres qui vous environnent, qui vous berce, qui vous endort en vous séduisant, qui vous fascine. La nôtre s'attacha à moi particulièrement. Je ne pense pas qu'il y ait aucune âme jeune et sans expérience, à l'épreuve de cet art funeste. Le monde a ses précipices; mais je n'imagine pas qu'on y arrive par une pente aussi facile. Si j'avais toussé, j'étais dispensée de l'office, du travail, de la prière, je me couchais de meilleure heure, je me levais plus tard; la règle cessait pour moi. Imaginez, monsieur, qu'il y avait des jours où je soupirais après l'instant de me sacrifier. Il ne se passe pas une histoire fâcheuse dans le monde qu'on ne vous en parle; on arrange les vraies, on en fait de fausses; et puis ce sont des louanges sans fin et des actions de grâces à Dieu, qui nous met à couvert de ces humiliantes disgrâces. Cependant approcha ce temps que j'avais quelquefois hâté par mes désirs. Alors, je devins rêveuse, je sentis mes répugnances se réveiller et s'accroître... »

Le temps des vœux arrive. La mère de Suzanne, le père Séraphin, la supérieure n'épargnent rien pour la décider; sa mère ordonne et menace; le moine représente, la supérieure séduit. Suzanne, obsédée, déclare enfin qu'elle consent à ce qu'on exige. La cérémonie est annoncée. Les cloches sonnent pour apprendre à tout le monde qu'on va faire une malheureuse. La victime est préparée. On la conduit à l'autel. Tout le monde était debout; il régnait un profond silence. L'évêque qui présidait à la profession, dit : Marie-Suzanne Simonin, promettez-vous de dire la vérité? — Je le promets. — Est-ce de votre plein gré et de votre libre volonté que vous êtes ici? — Non. Celles qui accompagnaient Suzanne répondent, Oui. — Marie-Suzanne Simonin, promettez-vous à Dieu chasteté, pauvreté et obéissance? — ... Non, monseigneur. — Il recommence : Marie-Suzanne Simonin, promettez-vous à Dieu chasteté, pauvreté et obéissance. — Non. — Mon enfant, remettez-vous, et écoutez-moi. — Monseigneur, vous demandez si je promets à Dieu chasteté, pauvreté et obéissance; je vous ai bien entendu, et je vous réponds que non... Le voile de la grille tombe; les religieuses entourent Suzanne, l'accablent de reproches, on l'enferme dans sa cellule; après un mois de réclusion, sa mère vient la chercher, et l'emprisonne à son tour dans une chambre de sa maison; elle l'y tint six mois. Enfin, un confesseur commun de la mère et de la fille découvre à Suzanne, dans un entretien particulier, les motifs secrets qui font souhaiter à ses parents qu'elle entre en religion, et les risques qu'elle court à s'y refuser. Une conversation que Suzanne a ensuite avec sa mère, la décide; elle se résigne à être religieuse.

On la conduit à Longchamp. La supérieure, madame Demoni, est une femme rare, qui unit la bonté à la sagesse, la chaleur de l'âme à la force de l'esprit. Elle était née pour être prophétesse; elle en avait le caractère. Ses pensées, ses expressions, ses images pénétraient jusqu'au fond du cœur; d'abord on l'écoutait, peu à peu on était entraîné, on s'unissait à elle, l'âme tressaillait, et l'on partageait ses transports. Son dessein n'était pas de séduire, mais certainement c'est ce qu'elle faisait toujours. Elle aime bientôt Suzanne, et bientôt Suzanne lui donne toute sa confiance.

Le temps du postulat se passa doucement. Suzanne fit ensuite son noviciat sans dégoût. Quand un sentiment triste l'affectait, elle avait recours à sa supérieure, qui l'embrassait, développait son âme, exposait ses raisons, se prosternait, priait haut avec tant d'onction, d'éloquence, d'élévation et de force, qu'on l'eût crue inspirée de l'esprit de Dieu... Mais le temps de la profession s'approchant, l'invincible aversion de Suzanne est prête à surmonter ses résolutions. Des scènes du plus touchant intérêt se passent entre elle et sa vénérable supérieure; celle-ci fait d'inutiles représentations à la mère de Suzanne. Le jour fatal est arrivé : Suzanne devenue stupide, réduite à l'état d'un automate, est conduite à l'église; la cérémonie se fait sans qu'elle y prenne part; son esprit est absent. Elle dispose d'elle-même à son insu, ses vœux sont prononcés.

Elle est plusieurs mois dans une sorte d'aliénation ou plutôt de léthargie, et dans cet intervalle sa supérieure meurt, ainsi que sa mère.

A la mère Démoni succède la sœur sainte Christine, caractère petit, tête étroite et brouillée de superstitions, donnant dans les opinions de ce temps-là, prenant parti dans les questions du jansénisme, du molinisme, favorisant, disgraciant les religieuses selon leurs opinions, rigoriste, prescrivant le cilice, la discipline, et surtout ennemie de celles qui avaient été aimées de la supérieure précédente. Suzanne tracassée, humiliée, tourmentée de mille manières par cette femme méchante, méditant sans cesse quelques moyens de s'arracher la vie, résolue enfin à se jeter dans un puits du jardin, ne se résigne à conserver la vie qu'en voyant ses compagnes, devenues ses ennemies, souhaiter sa mort.

Bientôt relevée de son abattement, elle conçoit le projet de faire résilier ses vœux. On la pénètre, au seul changement de sa physionomie; on exerce sur elle toutes sortes d'inquisitions; on veut savoir ce qu'elle a fait du papier qui lui a été donné pour écrire sa confession, et sur lequel on soupçonne qu'elle a écrit le mémoire de ses griefs; on la fouille, on visite sa cellule; on la déshabille. Elle avait confié son écrit à une jeune sœur; on exige d'elle la révélation de ce qu'il contient; elle la refuse. La supé-

rieure menace, Suzanne refuse toujours; elle est condamnée à aller *en paix*. De cruelles compagnes se saisissent d'elle; on lui arrache son voile; on la dépouille sans pudeur; on se saisit du portrait de son ancienne supérieure, qu'elle portait sur son sein; on la couvre d'un sac, et on la conduit, la tête et les pieds nus, à travers les corridors semés de verres cassés, dans un souterrain, où on la jette sur une natte à demi pourrie. On la laisse là trois jours.

Rendue à ses exercices religieux, elle fait parvenir son mémoire à un avocat; et bientôt sa demande est signifiée juridiquement à sa supérieure.

Ici commencent des persécutions infernales. Après quelques jours de prières pour la *religieuse abandonnée de Dieu;* après quelques cérémonies funèbres dont elle est l'objet, et pendant lesquelles, étendue dans un cercueil au milieu du chœur, elle est considérée comme un cadavre, trempée d'eau bénite, etc., la communauté entière se sépare d'elle. On lui refuse à manger; l'entrée de l'église lui est interdite. Couchée à la porte du chœur, au moment des offices, ses compagnes la foulent aux pieds en entrant et en sortant. On dégarnit sa cellule, même son lit; elle couche sur la dure. On lui ôte son bréviaire, on lui défend de prier Dieu! On l'épie le jour, la nuit, jusque dans son sommeil; on lui suppose toutes sortes de crimes. Enfin, on la déclare *possédée;* et en conséquence, on demande un grand vicaire pour l'exorciser et visiter la maison.

A l'approche de la visite, on emploie toutes les méchancetés qu'il est possible d'imaginer pour réduire au désespoir cette malheureuse, et lui faire perdre l'esprit; on l'exténue par le jeûne et les veilles; on la met à toutes les épreuves de la douleur. Quel tableau que celui où la supérieure, accompagnée de religieuses aussi cruelles qu'elle, portant l'une un crucifix, l'autre un bénitier, les autres des cordes, entourent leur victime dans sa cellule! Levez-vous! lui dit la supérieure d'une voix forte. — Elle se lève. — Mettez-vous à genoux, et recommandez-vous à Dieu. Elle croyait qu'on venait la supplicier. L'effroi la saisit; elle tombe. Qu'on la mette debout, dit la supérieure. « On me prit sous les bras, dit Suzanne dans son récit, et l'on me releva. La supérieure ajouta : Puisqu'elle ne veut pas se recommander à Dieu, tant pis pour elle ; vous savez ce que vous avez à faire, achevez. Je crus que ces cordes étaient destinées à m'étrangler, je les regardai. Mes yeux se remplirent de larmes. Je demandai le crucifix à baiser, on me le refusa. Je demandai les cordes à baiser, on me les présenta. Je me penchai, je pris le scapulaire de la supérieure, et je le baisai. Je dis : Mon Dieu, ayez pitié de moi ! Chères sœurs, tâchez de ne pas me faire souffrir... Et je présentai mon cou. »]

On l'assied sur sa paillasse, on lui lie les mains derrière le dos. On lui place un grand Christ de fer sur les genoux.

La supérieure, absente un moment, revient bientôt avec ses satellites. On fait lever la malheureuse, qui croit qu'on la conduit au supplice ; on la menait au grand vicaire. Les unes la poussent, les autres la tirent en arrière, comme si elle eût répugné à entrer à l'église... Le grand vicaire l'interroge : — Renoncez-vous à Satan et à ses œuvres ?—Au lieu de répondre, elle fait un mouvement en avant, et jette un cri perçant, qui effraye tout le monde. Le grand vicaire se trouble, et s'attend à quelque chose d'extraordinaire : — Ce n'est rien, monsieur, lui dit la malheureuse ; c'est une de ces religieuses qui m'a piquée vivement avec quelque chose de pointu. — L'archidiacre, homme sage, fait éloigner les religieuses. Il reprend ses questions. Suzanne y répond avec justesse, candeur, onction ; elle évite d'accuser ses plus méchantes compagnes, même sa supérieure. L'archidiacre est éclairé par ses réponses sur les horreurs exercées et tramées contre elle ; il réprimande la supérieure, et Suzanne éprouve des traitements moins affreux.

Cependant son procès allait mal. Elle le perd.

Le lendemain de la nouvelle, la communauté tient conseil. Suzanne est condamnée à un mois d'affreuses pénitences, à une amende honorable répétée trois jours de suite. Sa santé ne peut résister à tant d'épreuves ; elle tombe malade. Dans cette nouvelle situation elle éprouve quelque douceur : une jeune sœur, la même à qui elle avait confié son mémoire, de qui elle avait reçu plusieurs bons offices et d'utiles avertissements dans ses persécutions, lui

fait goûter toutes les consolations de l'amitié la plus tendre, les jours qu'elle est d'infirmerie. On ne peut lire sans une vive émotion tout ce que fait, tout ce que dit de généreux et de sensible la jeune sœur Sainte-Ursule, la seule âme douce et compatissante qui se soit trouvée entre tant de caractères endurcis par la vie monastique.

Suzanne sent que ses forces l'abandonnent ; tout annonce sa mort prochaine. Elle demande la satisfaction de voir la communauté réunie près d'elle.

Quel spectacle attendrissant ! Toutes ses persécutrices sont autour de son lit. Elle leur distribue les petits meubles de sa cellule dont elle peut disposer. Elle donne ce qui a le plus de prix, à celles qui lui ont servi de satellites lorsqu'on l'a conduite au cachot. — Chère sœur, souvenez-vous de moi dans vos prières, dit-elle à celle qui la tenait par la corde dans son amende honorable. Et en lui présentant son rosaire et son Christ : Soyez sûre que je ne vous oublierai pas devant Dieu.

Elle tombe en léthargie ; on la croit morte... Cependant elle est rendue à la vie. Mais sœur Sainte-Ursule est attaquée de la même maladie que son amie ; et celle-ci lui rend les soins qu'elle a reçus d'elle.

Combien ce contraste de l'amitié compatissante et de la haine envenimée, au sein d'un cloître où toutes les affections sont concentrées par la solitude, donne de charme à l'une et ajoute à l'odieux de l'autre ! Sœur Sainte-Ursule succombe à la violence du mal ; elle meurt entre les bras de Suzanne, après lui avoir fait tirer, d'un double fond placé dans un tiroir de son oratoire, un paquet de papiers dont elle n'avait jamais pu se séparer, et qui contenait sans doute le secret de son cœur. Voilà donc Suzanne retombée seule dans le monde, et ne connaissant plus personne qui s'intéresse à elle !

Cependant son avocat a obtenu qu'elle serait transférée dans une autre maison, et elle est conduite au couvent d'Arpajon.

C'est un autre monde pour Suzanne que ce couvent. Là, la discipline monastique est plus que relâchée ; les mœurs y sont déréglées. Une supérieure dissolue a introduit dans la maison ces désordres qui sont, entre les personnes d'un même sexe, la fausse image et le triste supplément de l'amour. Elle a obtenu de l'imagination d'une jeune religieuse, des affections que la nature ne lui permettait pas d'obtenir de son cœur; à peine Suzanne est arrivée, et déjà elle a fixé la prédilection de la supérieure, excité les alarmes et la jalousie de sœur Sainte-Thérèse.

Quelques scènes de désordre, quelques peintures assez vives de l abandon de la supérieure, se rencontrent dans cette partie. Elles ont servi de prétexte à des reproches injustes contre Diderot. Ses tableaux sont vrais, mais ils devaient l'être; car sa tâche était de peindre les vices ainsi que les malheurs du cloître. Sans doute, ils devaient aussi être voilés; mais ils le sont, et ils le sont d'une manière parfaite. C'est Suzanne, c'est l'innocence même qui les peint : la chasteté de son cœur, de ses regards, de sa plume, sa candeur, son ingénuité, sont toujours entre les objets qu'elle indique et l'attention de ses lecteurs; l'on peut assurer que le langage de Suzanne intéresse plus les âmes délicates, que les choses dont elle parle ne peut les occuper. Et d'ailleurs cette supérieure elle-même n'est-elle pas aussi malheureuse? n'est-elle pas très à plaindre? Ses fautes sont-elles sans intérêt, sans excuse? ou plutôt ne sont-elles pas encore une accusation très forte contre la vie monastique, qui, contrariant tous les penchants de la nature et tous ses besoins, réduit les victimes de serments inconsidérés, à lui donner le change par tous les moyens qui sont en leur pouvoir?

Quoi qu'il en soit, le confesseur de Suzanne lui ordonne de se refuser désormais à toute intimité avec sa supérieure; il lui défend de la voir seule; il lui fait horreur des caresses qu'elle en a reçues et qu'elle avait jugé innocentes, parce que son âme n'en avait point été complice.

La supérieure est désolée de l'éloignement que lui montre Suzanne; la malheureuse passion qui la consume dérange sa raison, sa santé. Elle passe de la mélancolie à la piété, et de la piété au délire. Dans le premier de ces états, tantôt elle cherchait, tantôt elle évitait Suzanne; traitant quelquefois la communauté avec sa douceur accoutumée, et passant subitement à une rigueur outrée; faisant sonner pour descendre au chœur, et un moment après faisant sonner pour se renfermer chez soi. En-

suite elle passe des semaines entières sans sortir de chez elle, ou bien elle erre dans les corridors; elle va frapper aux portes des religieuses, leur disant d'une voix plaintive : «Sœur une « telle, priez pour moi. » Elle attache au voile de la grille un écrit portant ces mots : « Chères « sœurs, vous êtes invitées à prier pour une re- « ligieuse qui s'est égarée de ses devoirs, et « qui veut retourner à Dieu. » Une autre fois elle écrit : « Chères sœurs, vous êtes priées « de demander à Dieu d'éloigner le désespoir « d'une religieuse qui a perdu toute confiance « dans la miséricorde divine. » Elle jeûnait, se macérait. Elle entendait l'office dans les stalles inférieures. Il fallait passer devant sa porte pour aller à l'église : là, on la trouvait prosternée le visage contre terre; elle ne se relevait que quand il n'y avait plus personne. Un jour Suzanne, sortant de sa cellule, la trouva prosternée, les bras étendus et la face contre terre; et elle dit à Suzanne : «Avancez, marchez, fou- « lez-moi aux pieds; je ne mérite pas un autre « traitement. » Elle fait une confession générale; bientôt elle devient silencieuse, ne dit plus que oui ou non; elle se promène seule, se refuse les aliments; son sang s'allume, la fièvre la prend, et le délire succède à la fièvre... Elle voyait Dieu, le ciel lui paraissait se sillonner d'éclairs, s'entr'ouvrir et gronder sur sa tête; des anges en descendaient en courroux... Le moment d'après, elle avait tout oublié... On ne tarda pas à la séquestrer... Après avoir vécu plusieurs mois dans cet état déplorable, elle mourut...

Une femme superstitieuse la remplace. — Suzanne est accusée devant elle d'avoir ensorcelé sa devancière. Les persécutions se renouvellent.

C'est dans ces circonstances qu'elle s'évade de son couvent, et c'est là que finissent ses mémoires.

L'extrait que nous en présentons n'en donne qu'une faible idée. Ce sont les détails qui font tout l'intérêt d'un pareil ouvrage, c'est la vérité des discours et des tableaux qui en fait le charme; et ces beautés ne peuvent passer dans un extrait.

Voici ce qu'a écrit, relativement à l'exécution de l'ouvrage, une plume élégante et judicieuse : « Cette production est une preuve de plus de la beauté du talent de Diderot. Elle a la pureté de celles qu'il n'a point tourmentées : les personnes qui ont eu le bonheur de vivre dans son intimité savent que lorsque l'imprimeur, le temps le pressaient, il faisait toujours bien ; que lorsqu'il composait rapidement et sans ratures, rien ne troublait la netteté de ses idées, et n'altérait le charme de sa diction ; que ses défauts naissaient de ses corrections, et que la perfection, qui quelquefois a prévenu ses vœux, s'est constamment refusée à ses efforts. » (*Nouvelles politiques*.)

Quelques personnes qui ont parlé de ces mémoires ont regretté qu'à la fin, l'éditeur eût révélé au public qu'ils n'étaient qu'une fiction. Pourquoi ce regret ? La vérité des détails et du style est si parfaite qu'on n'en croit pas l'éditeur ; et on a bien raison. Certes, si tous les événements rassemblés dans ces mémoires, si tous les sentiments qui y sont développés n'ont pas appartenu à l'existence d'une seule et même personne, ils ont composé celle de dix ou de vingt ; et ce roman est à la tête de ceux dont on peut dire qu'ils renferment plus de vérité que l'histoire.

Un mérite particulier à cet ouvrage, c'est d'être exempt de vaines déclamations contre les couvents, et surtout d'exagération dans les choses qui les accusent. On y voit une supérieure digne du plus profond respect ; des ecclésiastiques vertueux ; plusieurs religieuses aimables, bonnes, compatissantes. L'institution y est traitée comme les vices mêmes qui en procèdent, avec l'indulgence de la raison, bien différente de celle de préjugés complices. Nous remarquerons comme une preuve de l'impartialité qui a caractérisé Diderot, et qui convient si bien à un philosophe, qu'il rend à la religion chrétienne un grand hommage, lorsque, peignant Suzanne assise sur son lit, les mains liées derrière le dos, un grand Christ de fer sur ses genoux, il lui met dans la bouche ces paroles : « Ce fut alors que je sentis la « supériorité de la religion chrétienne sur tou- « tes les religions du monde, et quelle pro- « fonde sagesse il y avait dans ce que l'aveu- « gle philosophie appelle la folie de la croix ! « Dans l'état où j'étais, de quoi m'aurait servi « l'image d'un législateur heureux et comblé de « gloire ? Je voyais l'innocent couronné d'épi- « nes, les mains et les pieds percés de clous, « expirant dans les souffrances ; et je me disais :

« Voilà mon Dieu, et j'ose me plaindre ! » Le véritable philosophe ne craint point d'accorder aux erreurs mêmes, les avantages qui leur appartiennent, parce qu'il sait ce qui les balance aux yeux de la raison.

Quelques personnes ont paru croire que *la Religieuse* avait perdu de son intérêt par la suppression des couvents. Malheureusement l'état de l'opinion laisse encore à cet écrit le mérite d'une très-grande utilité. Les couvents n'existent plus ; mais combien de gens en sont venus à les regretter ! combien de vœux osent se déclarer pour leur rétablissement ! L'ouvrage de Diderot semble avoir été mis en réserve par la philosophie, pour réprimer la dernière tentative d'une superstition impie ou d'une hypocrisie barbare.

Au reste, *la Religieuse* peut avoir encore une autre utilité que celle de montrer les maux attachés aux vœux monastiques. Quelle est, en effet, l'origine à laquelle l'auteur fait remonter le malheur de Suzanne ? Comment, par quels faits explique-t-il la dureté de son père, la barbarie de sa mère, l'aveu que donnent des amis communs à la résolution de l'un et de l'autre pour la profession de cette infortunée ? Par une circonstance qui n'influe que trop souvent sur la destinée des familles : l'illégitimité de sa naissance ; elle doit le jour à une infraction de la foi conjugale. L'infidélité de la mère de Suzanne est connue de sa famille, au moins soupçonnée de celui que les lois lui ont donné pour père, et oubliée du père que lui ont donné la nature et l'amour. Ainsi, c'est une action que nos mœurs corrompues nous permettent à peine d'appeler du nom de *faute*, c'est une infidélité commise en faveur d'un amant ingrat, qui a fait un époux malheureux et une mère criminelle, et a voué l'enfant le plus aimable et l'innocence la plus pure, à tous les supplices que peut endurer une créature humaine ! Importante et terrible instruction, qui pénètre profondément les lecteurs les moins attentifs ! La peinture des maux soufferts par Suzanne n'est pas moins une leçon de morale que de police publique ; elle n'est pas moins éloquente contre l'adultère que contre le cloître ; car quand il n'aurait pas existé de couvents, on sent que Suzanne en aurait toujours trouvé les principales amertumes dans une famille dont elle était le rebut. L'ouvrage de Diderot enseigne aux femmes que celles-là seules sont assurées d'être constamment bonnes mères, qui ont été fidèles épouses ; il les rappelle à la vertu par le double intérêt auquel la nature a voué leur âme tout entière.

La Religieuse restera, parce que c'est un monument des mœurs des cloîtres et une leçon de vertu pour les gens du monde, parce que tous les événements qu'il renferme sont pleins d'intérêt, que leur enchaînement est naturel, leur développement facile et vrai, et que le style est admirablement d'accord avec le sujet.

(*Journal d'économie publique*, 30 brumaire an v. — 20 novembre 1796.)

HENRY.

Traduction de l'anglais.

Henry est un enfant de l'amour, et il est digne de cette céleste origine. Il est beau, il est brave, il est sensible : il est tout ce qu'il faut pour plaire aux femmes ; mais il est modeste, il est chaste, et c'est de quoi embarrasser plusieurs d'entre elles pour le triomphe d'une seule.

Les parents de Henry sont d'illustre naissance. L'amour les égara un moment dans leur tendre jeunesse, et la colère paternelle les sépara pour jamais. Cécilia Adamant, sa mère, fut mariée, un an après la faute à laquelle il doit le jour, à mylord Crowberry, homme dur et vil, mais riche seigneur, avec qui elle traîne une vie malheureuse. Dilayport, père de Henry, inconsolable de la perte de Cécilia, est allé à la Jamaïque chercher plutôt la mort que la fortune ; mais la fortune et l'amour l'ont ramené en Angleterre, où il mène une vie errante sous un nom emprunté.

Henry ignore à qui il doit la vie. Confié dès sa naissance à un pasteur vertueux, il vient de le perdre, et se voit réduit à aller chercher un maître au marché de la ville voisine : telle est sa situation au moment où le roman commence.

Un accoucheur de village, qui est en même temps apothicaire, loue Henry pour piler des drogues dans sa boutique. Il se trouve que cet homme est précisément celui qui a assisté à l'accouchement secret de Cécilia. Il n'est pas longtemps sans soupçonner Henry d'être l'enfant qu'il a vu naître ; il le reconnaît, et sert à la suite à le faire connaître à ses parents.

Cet accoucheur a une femme d'une espèce heureusement rare en France, mais qui ne l'est pas autant en Angleterre : elle est dévote, ivrogne et libertine. Elle veut que Henry l'aime ; tandis que d'un autre côté sa servante Suzanne, tout à la fois agaçante et ingénue, et très-innocemment disposée à la perte de son innocence, fait tout ce qui dépend d'elle pour gagner le nouveau venu. Henry, dont le cœur est réservé à de plus nobles amours, repousse avec indulgence et ménagement les avances de la première, qui le révoltent, et avec un peu de sévérité les provocations de l'autre, qui ne sont pas sans attrait pour lui ; mais il ne fait qu'accroître l'amour de ces deux femmes par son opposition, et chacune, suivant son caractère, réitère plusieurs fois ses tentatives.

Henry sort de chez l'apothicaire, résolu de se faire soldat. Il lui survient différentes aventures qui toutes naissent les unes des autres. Voici la principale : Le juge de paix, amoureux de Suzanne, et, par cette raison, jaloux de Henry, apposte des scélérats pour l'assassiner. L'un des assassins tombe lui-même dans l'embuscade, et est tué. Le magistrat poursuit Henry comme coupable du meurtre, et le fait comparaître à son tribunal. Un prédicateur de la contrée prend la défense de l'accusé ; il parle avec une force vraiment admirable ; il fait pâlir le juge sur son tribunal, et le force d'acquitter Henry.

Les aventures de Henry font du bruit. Elles parviennent aux oreilles de lady Crowberry, qui soupçonne le fils né de ses amours d'en être le héros. Elle a une entrevue avec lui : elle le reconnaît, et cette reconnaissance ramène de fréquentes entrevues entre eux. Mylord Crowberry en prend de l'ombrage ; il soupçonne, il accuse sa femme d'infidélité, et, unissant la jalousie à l'indifférence, il fait succéder les persécutions aux mauvais procédés ; d'affreuses avanies se répètent chaque jour ; la santé de milady Crowberry en est sensiblement affectée. Mylord poursuit aussi Henry, et lui suscite de toutes parts de mauvaises affaires.

Un oncle de milady, sir Roger Menstock, gentilhomme du plus noble caractère, dont le château est l'asile des mœurs antiques, y reçoit Henry. Sir Roger a une fille charmante : c'est pour elle, c'est pour Isabelle qu'est réservé le cœur de Henry, et c'est d'elle qu'il doit être aimé d'un amour durable. Mais combien d'obstacles à leur bonheur! Henry, qui connaît sa naissance, n'ose espérer; Isabelle, pour qui Henry n'est qu'un inconnu plein de charmes, Isabelle, fille soumise et tendre d'un père respectable, mais enchaîné à des préjugés de naissance, ose bien aimer Henry, mais non autoriser son amour.

Cette situation, dont plusieurs incidents font sentir tout l'embarras, amène un grand nombre de scènes pleines de délicatesse et de sensibilité. Un de ces incidents est l'amour qu'inspire Henry sous les yeux d'Isabelle même à miss Claypole, nièce du pasteur de la contrée, et qui se trouve, ainsi que son oncle, établie au château. Cette miss Claypole, jeune, jolie, spirituelle, mais vive et emportée dans tous ses désirs, veut, à tout prix, devenir l'épouse de Henry. Elle veut obtenir ce titre, s'il se peut, de son amour, sinon de sa probité : si elle n'est point assez sûre de séduire son cœur, elle aura pour ressource d'égarer ses sens et sa raison; en un mot, elle a résolu de lui sacrifier son honneur, pour être en droit de lui en demander le dédommagement, et elle se conduit en conséquence. Henry se défend de ses piéges, mais non de l'art qu'elle met à faire croire qu'il y est tombé, et Isabelle le croit engagé à miss Claypole. Henry et elle sont au désespoir de cette erreur; mais elle n'ose se plaindre, et il n'ose se justifier.

Cependant milady Crowberry, insultée, maltraitée chaque jour par son mari, dévorée de chagrins, a tout à fait perdu la santé, et sa vie est en danger. Ses médecins lui ordonnent un voyage à Lisbonne, et ce voyage est résolu.

Alors Dilayport se fait connaître à Henry. Il fait aussi savoir son retour à la malheureuse lady; son fils et lui se déterminent à la joindre dans la route et à l'accompagner à Lisbonne.

Miss Claypole fait un dernier effort pour retenir Henry; et, à la suite d'une scène très-vive où elle a inutilement employé tous les avantages de la beauté et toutes les ressources de la coquetterie, elle venge ses charmes dédaignés par un coup de couteau que Henry reçoit dans le bras, et qui devient pour lui une justification muette près d'Isabelle. Furieuse de l'indifférence de Henry, mais surtout tourmentée du désir d'être mariée, miss Claypole court au château de Crowberry aussitôt que milady en est partie, et compte prendre sa place auprès de milord dès qu'il sera veuf, ce qui paraît ne devoir pas tarder.

Henry, au moment de son départ, s'enhardit à déclarer son amour à Isabelle, qui lui fait l'aveu du sien. Il lui révèle, par l'ordre de milady Crowberry, le secret de sa naissance; mais sans laisser à Isabelle la liberté de le découvrir à sir Roger, voulant préserver de toute atteinte l'honneur de sa mère.

Henry et Dilayport rejoignent milady à Falmouth. L'état de la malade empire. Elle fait ses dernières dispositions. Elle veut reconnaître Henry pour son fils, et lui donner son bien. Henry refuse et son legs et sa déclaration; il ne veut pas que l'aveu d'une faute ternisse la mémoire de celle à qui il doit le jour. Dilayport dédommage Henry en le reconnaissant authentiquement pour son fils et en l'instituant son héritier. Milady donne ses biens à Isabelle, dans l'espérance qu'elle s'unira à Henry. Elle meurt à Falmouth.

Henry retourne vers Isabelle et sir Roger. Isabelle entend ce que signifie le legs que lui a fait milady Crowberry; mais sir Roger ne peut se résoudre à donner sa fille à un homme dont la naissance lui est inconnue. Cependant, le mérite de Henry, la considération qu'il s'est acquise par des actions d'éclat, le touchent. Bientôt la déclaration que fait Henry Dilayport en sa faveur en lui donnant ses biens l'ébranle. Enfin, un événement singulier dans lequel Henry sauve l'honneur et la vie à Isabelle, et la découverte d'une lettre par laquelle sir Adamant, le père de la malheureuse lady, s'est accusé en mourant d'avoir causé le malheur de sa fille par son injuste et cruelle opposition au mariage qu'elle voulait contracter avec Henry Dilayport, décident sir Roger à permettre l'union d'Henry et d'Isabelle.

On apprend en même temps que milord Crowberry ayant entrepris un voyage pour se soustraire à l'obligation d'épouser miss Claypole qu'il a déshonorée, celle-ci s'est mise à sa poursuite et l'a poignardé : ainsi finit ce roman, où l'on voit le vice puni et la vertu récompensée!

La décence et la morale sont partout respectées dans ce roman, souvent même elles y sont énergiquement enseignées à l'esprit, et doucement communiquées au cœur; ce mérite est devenu rare dans les romans. Henry est un modèle de vertu délicate ; sir Roger en est un de cette vertu héréditaire et habituelle qui ne s'étend pas toujours à tous les devoirs, mais qui n'est jamais en défaut pour ceux qu'elle embrasse ; le prédicateur qui défend Henry de l'accusation d'assassinat, et qui se retrouve dans tout le cours du roman, est un modèle de vertu enthousiaste et passionnée ; Isabelle, enfin, serait un modèle d'innocence et de pureté, si l'innocence et la pureté pouvaient avoir des modèles.

Il ne faut pas conclure de cet éloge que le roman de Henry, ni même aucun autre roman, puisse être mis indistinctement entre les mains de tout le monde. Nous croyons que la lecture des romans doit être absolument interdite aux jeunes personnes du sexe, parce que leur vie sédentaire et inoccupée, et leur ignorance de toutes choses, rendent leur imagination susceptible d'impressions trop profondes, et que les romans ont au moins le défaut d'échauffer les passions que la nature a déjà rendues assez vives; de sorte que rien n'est perdu de leurs tableaux, et que rien ne reste de leur morale et de leurs leçons. Mais les bons romans sont une lecture utile aux âmes froides, et surtout aux âmes refroidies par le malheur ou les affaires; ils peuvent y ranimer la sensibilité, y ouvrir en quelque sorte une issue par où les peines secrètes puissent s'écouler avec les larmes, y rappeler ces sentiments intimes et doux qui ne disposent pas moins à l'indulgence qu'à la vertu, et à la bonté qu'au bonheur.

Le mérite littéraire de *Henry* consiste moins dans de beaux développements de situation, de caractères et de sentiments, que dans la diversité, l'heureux choix et la bonne disposition des événements. L'intérêt y est soutenu par la curiosité.

Les lecteurs français pourront s'étonner que de quatre femmes qui figurent dans ce roman, trois fassent des avances extraordinaires à Henry, et que la quatrième, Isabelle elle-même, se permette habituellement des entretiens particuliers avec lui. Cette conduite, qui blesserait nos usages, est conforme aux mœurs anglaises. En Angleterre, il y a plus de galanterie chez les filles ; en France, il y en a plus chez les femmes.

Si vous demandez ce qui vaut le mieux, nous répondrons qu'en Angleterre les mères de famille sont condamnées quelquefois à gémir sur le déshonneur de leur fille, mais que les maris sont ordinairement heureux , les enfants bien soignés, les ménages bien gouvernés ; et qu'en France c'est le contraire : là, les mères savent préserver leurs filles de tout écueil par une vigilance et une sévérité d'autant plus outrées de la part de quelques-unes, qu'elles croient s'acquitter ainsi envers la décence, pour leurs propres déréglements; mais les maris y sont trahis, les fortunes dérangées, les enfants abandonnés.

Si vous demandez pourquoi cette différence, nous répondrons : C'est que, par une suite heureuse de l'esprit de liberté qui règne depuis longtemps en Angleterre, les filles se marient elles-mêmes ; et qu'en France, par une suite nécessaire du régime de vanité et de domination qui a été si longtemps le nôtre, les femmes sont mariées par leurs parents et pour eux. Le mariage est pour une femme anglaise le terme de tous les désirs, le but de l'existence ; il faut qu'elle y trouve son bonheur : pour les femmes françaises, c'est la plupart du temps un état de délivrance, où le besoin qui se fait le plus sentir est celui de s'indemniser, ou même de se venger de la contrainte passée. Mais revenons à *Henry*.

On doit dire à l'éloge de ce roman, qu'il a aussi le mérite de peindre avec beaucoup de fidélité les mœurs anglaises; et ce mérite, qui caractérise les bons romans, fait leur principale recommandation près des moralistes, qui les regardent, avec raison, comme des mémoires descriptifs de la vie privée des citoyens. Pour le moraliste, il y a plus d'histoire dans les romans que dans l'histoire même, et *Henry* en est la preuve : vous liriez cent volumes de l'histoire d'Angleterre, que vous n'auriez pas une idée aussi exacte des mœurs anglaises que celle qui vous en reste après la lecture de ce roman.

Au reste, nous observons que jamais en France, on n'a si peu lu d'histoire et tant lu de romans; le commerce de la librairie fait foi de cette vérité, qui mérite peut-être d'être expliquée. En serait-il de l'histoire comme de la tragédie? On demandait, en 93, à Chamfort pourquoi le public ne prenait plus d'intérêt à la tragédie? il répondit : « C'est qu'elle court les rues. » De même, notre indifférence pour l'histoire ne viendrait-elle pas de ce que nous sommes trop occupés à la fournir pour trouver de l'intérêt à la lire, et que les choses que nous faisons pour elle, sont plus grandes que ce qu'elle peut nous raconter des autres?

Signé : ROEDERER.

Le 17 brumaire an VI, aux verreries de Saint-Quirin, département de la Meurthe; et non en Suisse, comme le suppose la liste des émigrés de Poultier.

(*Journal de Paris*, du 29 brumaire an VI. —19 novembre 1797.)

LES ENFANTS DE L'ABBAYE,

PAR MADAME REGINA-MARIA ROCHE.

Traduit de l'anglais par André Morellet.

Ce roman mérite d'être distingué dans le nombre de ceux qui encombrent aujourd'hui la librairie. On n'y voit ni revenants, ni diables, ni monstres, ni extravagances d'aucun genre. Ce sont tout simplement des scènes touchantes de la vie humaine, des événements naturels, quoique peu ordinaires; des personnages tels qu'on en rencontre dans la société, mais de ceux qui s'y font remarquer; des sentiments conformes aux personnes et aux situations, mais vifs et profonds; en un mot, c'est un roman fait avec de l'amour et des malheurs par une âme sensible et un esprit raisonnable.

Les principaux personnages sont Oscar et Amanda sa sœur; mais Amanda y joue le grand rôle. Elle est la beauté et la vertu mêmes. Elle aime avec passion le lord Mortimer, et elle en est aimée. Mais elle est pauvre, et lord Cherbury, père du jeune Mortimer, s'oppose à leur union. Le dérangement de ses affaires, non moins que sa vanité, lui fait désirer pour son fils l'alliance du marquis de Rosline. Celui-ci, de son côté, serait flatté de voir lady Euphraria, sa fille, unie à Mortimer, et il a aussi un intérêt personnel à éloigner d'Amanda le jeune lord, et à la retenir ainsi dans la pauvreté et l'abandon. Il sait que la fortune que lui a apportée sa femme, et dont il jouit, devrait appartenir à Amanda, ou du moins à son frère Oscar, seul héritier légitime du comte de Dunréath son aïeul; Oscar en a été dépouillé par l'artifice d'une seconde femme du comte de Dunréath, qui a soustrait le testament fait au moment de sa mort en faveur du jeune homme, dont elle avait fait exhéréder sa mère; et cette seconde femme est la mère de la marquise de Rosline, qui a ainsi hérité du patrimoine d'Oscar. Cette coupable marâtre existe encore; mais elle a laissé percer ses remords devant sa fille et son gendre, de qui elle a reçu de mauvais traitements; elle les a menacés de déclarer la vérité, et de produire le dernier testament du comte de Dunréath. Ceux-ci, après d'inutiles perquisitions, ont pris le parti de l'enfermer dans l'ancien château de Dunréath, sous la garde de domestiques affidés, et de lui interdire toute communication avec le reste de la terre. Le marquis de Rosline et sa famille craignent qu'Amanda, délivrée du poids de la misère, et unie à un homme puissant, ne fasse des recherches, et ne découvre la vieille comtesse de Dunréath, et par elle le testament. Ainsi, un double motif porte cette famille à conspirer avec lord Cherbury, pour éloigner lord Mortimer d'Amanda.

Le moyen qu'ils emploient à cet effet n'est pas une persécution ordinaire : ils font tout ce qu'ils peuvent pour jeter cette malheureuse, devenue orpheline, dans le désordre et le vice, ou du moins pour la faire paraître la plus vile des femmes; ils veulent assurer la ruine de son bonheur par celle de son honneur; ajouter aux tourments de son amour les tourments de la honte; et éloigner d'elle Mortimer par le plus offensant mépris.

Belgrave, un libertin consommé dans l'art de tromper et d'avilir les femmes, a osé porter ses coupables vues sur elle. Il la poursuit partout. Il a trouvé dans la vertu d'Amanda une invincible résistance, mais il s'est flatté qu'en lui ravissant l'honneur, qui est le prix de la vertu, en attirant sur elle la calomnie par des démarches qui paraissent l'accuser, il la réduira à chercher un refuge dans ses bras.

La conduite de ce scélérat fournit à la famille des Rosline et à lord Cherbury, de nombreuses occasions de nuire à Amanda dans l'esprit de Mortimer, et le moyen de l'y perdre enfin. Mais les amants se rapprochent; une explication éclaircit les nuages élevés dans l'esprit du jeune lord ; tous ses doutes sont dissipés ; et il est sur le point d'épouser Amanda, lorsque lord Cherbury, qui a achevé de se ruiner au jeu, qui y a même perdu le bien d'un jeune homme dont il était tuteur, et qui, amoureux d'Euphraria, est près d'obtenir sa main, si lord Mortimer ne s'unit à elle, s'introduit déguisé près d'Amanda, lui expose sa situation, lui déclare qu'il est prêt à se donner la mort si son fils, renonçant à la main d'Euphraria, la remet à son pupille, à qui il sera obligé, par cela même, de rendre compte de sa fortune dissipée ; il presse Amanda, au nom de l'humanité, de fuir Mortimer, et de lui faire perdre ainsi tout espoir d'être uni à elle. Amanda craint d'être cause de la mort ou du déshonneur de lord Cherbury ; elle consent au sacrifice qu'il lui demande ; elle part, et laisse Mortimer convaincu qu'elle est allée rejoindre Belgrave.

Elle va en Irlande ; elle entre au service d'une maîtresse d'école, dure et acariâtre, et l'aide à l'enseignement des enfants. Elle obtient par ce moyen l'amitié de mistriss Duncan, mère d'une de ses élèves. Mistriss Duncan, touchée de la situation d'Amanda, lui propose de la placer chez sa tante, concierge du château de Dunréath : c'est justement l'abbaye où est renfermée la vieille comtesse de Dunréath, mère de la marquise de Rosline.

Amanda, en errant un jour dans les ruines du château, entre par une brèche récente dans la chapelle, dont la concierge lui avait toujours tenu l'entrée exactement fermée, ainsi que celle des appartements voisins. Elle y voit le portrait de sa mère, déshéritée par les manœuvres de la comtesse de Dunréath, sa belle-mère ; la curiosité la conduit de la chapelle dans une galerie, de cette galerie, dans une chambre sombre, où elle est tout à coup frappée des sons plaintifs d'une voix défaillante. C'était la comtesse de Dunréath, qui lui découvre et lui remet le testament de son aïeul en faveur d'Oscar, son unique héritier.

Amanda, munie de ce titre, court à Londres pour y chercher son frère, et lui remettre le testament. Pendant qu'elle s'informe, lord Cherbury meurt, après avoir révélé à son fils, lord Mortimer, tout ce qu'il a fait, des trames ourdies contre Amanda, et ce qu'il a éprouvé personnellement de sa vertu. Morti-

mer, qui, heureusement, est demeuré libre, cherche, retrouve Amanda, et lui offre de nouveau sa main. Oscar fait reconnaître ses droits, recouvre la fortune de ses pères, partage avec sa sœur les propriétés qui composent son héritage, et scelle par ce don l'union qu'elle contracte avec lord Mortimer.

Tel est le fond de ce roman, où l'innocence, toujours accusée par les apparences, toujours flétrie par des soupçons ou des accusations presque avouées par la justice et la raison, est jointe au plus tendre et au plus pur amour, à la candeur de la jeunesse, à une beauté ravissante. Il y a des longueurs dans les deux premiers volumes ; mais dans les autres, et surtout dans le cinquième, nombre de pages font couler tour à tour les larmes les plus amères et les plus douces.

Le style de la traduction est plus châtié que ne l'est communément celui des traductions de ce genre d'ouvrages. On y reconnaît la plume, longtemps exercée, d'André Morellet, à qui nous devons plusieurs ouvrages plus sérieux, et qui pourrait nous en donner encore d'importants en économie publique, si nos alternatives continuelles de convulsions violentes et de frivolité imbécile, nous laissaient la faculté de lire.

(*Journal de Paris*, du 11 germinal an VI. — 5 mars 1798.)

ADÈLE DE SENANGE,

ou

LETTRES DE LORD SYDENHAM.

Adèle est un enfant de seize ans, mariée à un vieillard infirme. Vous allez croire qu'elle a été forcée à cette union, et qu'elle déteste son mari : vous vous tromperez, elle l'aime tendrement. Vous allez dire que cet attachement passe les bornes du romanesque même, et vous vous tromperez encore ; rien de plus naturel : le sentiment d'Adèle est celui d'une fille sensible pour un père tendre, qui la dédommage des duretés d'une mère sans bonté.

Adèle a passé son enfance au couvent, entre les amusements de l'innocence et les occupations qui préparent à la vertu. Là, elle a autant d'amies que de compagnes ; et, contente au milieu d'elles, son cœur ne connaît pas d'autre besoin. Sa mère la destine à la vie religieuse, afin de réserver à un fils préféré une fortune trop modique pour être partagée. Elle instruit de son projet M. de Senange, son ancien ami. Le vieillard s'en afflige, et, malgré le plaisir qu'Adèle trouve dans son couvent, il craint pour elle les regrets tardifs, que le temps ne manquerait pas d'amener à la suite. Depuis longtemps il se repentait de ne s'être pas marié, pour lever une substitution qui devait grever sa fortune, tant qu'il resterait garçon : l'intérêt que lui inspire Adèle le décide à proposer pour elle sa main à sa mère, qui l'agrée sans hésiter. M. de Senange va voir Adèle à son couvent ; il gagne les pensionnaires par sa bonté, par les récréations qu'il obtient de la supérieure, par les amusements qu'il procure, par les fleurs et les bonbons dont il remplit le parloir. Adèle, ignorant que sa mère voulût la faire religieuse, et ne craignant rien au monde que d'être retirée du couvent, mariée, et séparée pour jamais de ses jeunes compagnes, épouse M. de Senange pour l'amour de celles-ci, pour s'assurer le plaisir de les revoir quand elle voudra, et de leur renouveler elle-même les petites fêtes dont elle a été l'occasion depuis que M. de Senange est venu la voir.

Voilà l'histoire de ce mariage, que M. de Senange raconte ainsi lui-même : « Assuré, dit-il, « que le cœur d'Adèle n'avait point d'inclina- « tion, et qu'elle m'aimait comme un père, ré- « solu à la traiter comme ma fille..., satisfait « de son amitié, et sans prétention à son « amour..., persuadé que je la laisserais libre « avant que l'âge eût développé en elle aucune « passion ; et qu'en tout cas, un lien qui ne « doit pas être long, vaut toujours mieux que « le voile et des vœux éternels... je me décidai « à l'épouser. »

Peu avant son mariage, le hasard a fait rencontrer à Adèle un jeune Anglais ; peu après, le hasard le ramène chez elle ; c'est lord Sydenham. M. de Senange reconnaît en lui le fils d'une femme qu'il a tendrement aimée en Angleterre ; il l'accueille, s'attache à lui, et l'emmène à la campagne avec madame de Senange ; ils y passent ensemble trois ou quatre mois.

C'est à ce moment que l'intérêt du roman commence. Sydenham a un cœur honnête,

Adèle est l'innocence même ; M. de Senange réunit la plus parfaite bonté à une raison courageuse : tous trois sont pleins d'intérêt l'un pour l'autre ; mais ils sont dans une situation délicate. Le vieillard veut qu'Adèle goûte un jour le bonheur d'une union mieux proportionnée ; mais il veut, pour assurer ce bonheur, que, se respectant elle-même dans son premier lien, elle soit à jamais respectable dans celui qui succédera. Lord Sydenham est résolu à ne point troubler le bonheur de son ami ; mais il sent que le bonheur d'Adèle pourra bientôt demander une autre existence, et que le sien dépendra du bonheur d'Adèle ; il craint de trahir l'amitié, l'hospitalité. Enfin, Adèle veut tout ce qui peut rendre heureux et son mari et son jeune ami, sans se douter qu'il puisse y avoir de l'incompatibilité entre leurs intérêts.

Tels sont les personnages que l'auteur du roman met en action, telle est la situation où il les place ; c'est l'histoire des trois ou quatre mois qu'ils passent ensemble à la campagne, qui compose la plus grande partie de l'ouvrage.

C'est un spectacle plein d'intérêt que de les voir si rapprochés dans une vie commune, entre les jouissances d'une amitié réciproque, et le danger d'un amour prêt à tout troubler ; de voir les soins de la reconnaissance qui attache les deux jeunes gens au vieillard, toujours si près de devenir pour eux les premières communications de l'amour, et leurs empressements vertueux, si exposés à dégénérer en une liaison coupable. On jouit, on s'effraye, tour à tour, de la prévoyance du vieillard, des pressentiments et des résolutions généreuses du jeune homme, de l'aimable ignorance, de l'innocent abandon d'Adèle, qui, à tout moment, paraît se jeter, sans le savoir, dans le malheur d'un amour anticipé, mais qui, sans le savoir aussi, rentre toujours, par le pur instinct d'un cœur excellent, dans les sentiments auxquels est attaché son devoir.

Peu après leur arrivée à la campagne, la santé de M. de Senange a décliné ; et, malgré leurs soins et son bonheur, il succombe. Le roman finit par le mariage de lord Sydenham et d'Adèle.

Les détails, les incidents qui font ressortir le caractère, et servent à développer les affections des personnages, sont tous pris dans les circonstances de la vie ordinaire. Point d'intrigue, point de grand événement, point de secousses. L'auteur (Mme de Flahaut) n'a pas eu besoin de mettre ses personnages en convulsions pour saisir et peindre la situation de leur âme; elle n'a pas même eu besoin, pour intéresser, de peindre une passion toute formée : elle a su démêler et exprimer les mouvements doux et simples d'une passion naissante dans des âmes pures et dans le cours ordinaire de la société; elle n'a pris de l'amour que sa naissance, et l'a laissé où les autres romanciers le prennent d'ordinaire.

Nous avons peine à comprendre qu'on ait trouvé *immorale* la situation de madame de Senange, entre un jeune homme et un vieux mari. Cette critique serait juste, si l'on s'intéressait plus à l'amour du jeune homme qu'au bonheur du vieillard; mais, au contraire, l'ouvrage porte tout l'intérêt sur M. de Senange, et fait dépendre, du respect d'Adèle pour lui et pour elle-même, le bonheur dont cet excellent homme veut qu'elle jouisse un jour avec lord Sydenham. On voit bien l'amour naître dans l'âme des jeunes gens, mais il naît de leur émulation de respect et de tendresse pour M. de Senange; on voit bien deux jeunes cœurs qui se cherchent, mais il semble que ce soit uniquement pour faire quelque bien au cœur de l'ami commun, ou se récompenser de celui qu'ils lui ont fait; on s'attend bien que ces deux cœurs vont se donner, mais à peine est-il sûr qu'ils se soient donnés, quand la mort de M. de Senange leur laisse leur liberté, et il est sûr que s'ils s'étaient donnés plus tôt, ils auraient sû souffrir, plutôt que de ne pas respecter son bonheur. Enfin on voit bien que M. de Senange démêle le sentiment qui doit unir un jour Adèle et lord Sydenham; mais, loin d'en être malheureux, comme le suppose la critique, il s'intéresse à la pureté de cet amour, en père attentif et tendre qui veut en assurer la durée.

Mais nous justifierons mieux le roman par quelques citations que par nos réflexions.

Peut-on rien lire d'un intérêt plus doux et plus aimable que la scène qui est le sujet de la lettre quinzième? M. de Senange a donné à Adèle une île qui dépend de son domaine, et lord Sydenham l'arrange en jardin anglais. Un jour ils s'y promenaient tous trois; parvenus à un endroit sauvage et sombre qui paraît être le bout du monde, M. de Senange, attristé, dit à Adèle : *Vous devriez ériger ici un tombeau, il vous ferait ressouvenir de moi.* « La pauvre « petite, dit lord Sydenham, fut frappée de ces « paroles comme si elle n'avait jamais pensé à « la mort : elle rougit, pâlit, et nous quitta « aussitôt. M. de Senange m'envoie la cher- « cher. Je la trouvai qui pleurait, et j'eus bien « de la peine à la ramener, car elle craignait « que la vue de ses larmes n'augmentât en- « core l'espèce de pressentiment qui avait frappé « M. de Senange. Elle revint cependant, crut « qu'il était plus délicat de ne pas chercher à « le rassurer, et s'occupa à le distraire. A peine « dans le salon, elle se mit au piano, joua les « airs qu'il préfère, chanta les chansons qu'il « aime, voulut qu'il jouât aux échecs avec moi. « Il se prêta à tout ce qu'elle voulut, écouta « la musique, joua aux échecs, mais fut préoc- « cupé le reste de la soirée, et, pour la pre- « mière fois, se retira immédiatement après le « souper. Je restai seul avec Adèle; ses pleurs « recommencèrent à couler. *Si vous saviez,* « me disait-elle, *combien il est bon, tout ce que* « *je lui dois, et quel tourment j'éprouve quand* « *je considère son grand âge! Il est heureux,* « *il est bon; je donnerais ma vie pour le con-* « *server!...* La pauvre petite était toute saisie. « Je voulus qu'elle descendît dans les jardins, « espérant qu'une courte promenade et la frai- « cheur de la nuit dissiperait ces noires idées. « Je lui donnai le bras; je la sentais soupirer; « elle marchait doucement, appuyée sur moi : « pour la première fois, elle avait besoin d'un « soutien. Combien sa peine me touchait! Ce- « pendant, ne pouvant arrêter ses larmes, je « traitai sa tristesse de vapeur, je ne voulus ni « l'écouter, ni lui répondre plus longtemps; « et, doublant le pas, je la traînai, malgré elle, « jusqu'à la faire courir. Ce moyen me réussit « mieux que tous mes discours; car, moitié « riant, moitié se fâchant, je lui fis faire le tour « de la terrasse; dès qu'elle fut distraite, sa « gaieté revint... »

Quel naturel dans les détails! quelle vérité et quelles nuances dans les caractères? quelle délicatesse dans la situation! Cette scène si simple et si touchante a, de plus, le mérite d'être liée à l'action du roman; elle fait pressentir l'amour qui doit unir les deux jeunes gens, et présager la mort du vieillard. En effet, M. de Senange tombe malade, et lord Sydenham fait à ce sujet une réflexion que tout l'esprit du monde, séparé d'une bonté de cœur très-exercée, n'aurait jamais suggérée : « Dans « la vieillesse, dit-il, les inquiétudes de l'es- « prit ne sont jamais qu'une suite des maux « du corps, comme, dans la jeunesse, les ma- « ladies sont presque toujours le résultat des « peines de l'âme ; et celui qui, vraiment com- « patissant, voudrait soulager ses semblables, « risquerait peu de se tromper, en disant au « jeune homme qui souffre : *Contez-moi vos* « *chagrins* ; et au vieillard qui s'afflige : *Quel* « *mal ressentez-vous ?* »

Qu'il est aimable, ce lord Sydenham, lors- qu'il écrit à son ami en Angleterre, qu'au mo- ment où il sentira l'amour surmonter en lui le devoir, il fuira la maison de M. de Senange ; et quand il ajoute : « Je ne troublerai point la fin « de la vie d'un homme qui peut se dire : *Il* « *n'y a personne à qui j'aie fait un moment de* « *peine.* » (Ce sont des paroles de M. de Se- nange.)... « Je suis révolté quand je vois dans « le monde, avec quelle légèreté on fait de la « peine à un vieillard ou à un malade ; sait-on « si l'on aura le temps de réparer ? »

Outre les morceaux de sensibilité qui sont répandus dans cet ouvrage, on en rencontre d'une raison éclairée.

Dans une préface, qui est une agréable théo- rie du roman, l'auteur distingue trois genres : le roman philosophique, le roman satirique, et le roman sentimental. En traitant de ce der- nier, l'auteur fait cette réflexion : « L'amour « a presque toujours été choisi pour être l'a- « gent principal de ces grandes compositions, « parce qu'il est la plus active et la plus bril- « lante de toutes les passions ; parce que c'est « la seule qui ne prenne qu'une époque dans « la vie, et que tout ce qui finit porte toujours « sa morale avec soi. » Il y a plus de philoso- phie dans cette ligne-là, que dans tout le grand ouvrage de la Harpe sur les romans.

C'est une réflexion d'une grande vérité que celle de lord Sydenham, à l'occasion de l'in- différence qu'il éprouve, à l'aspect des monu- ments des arts : indifférence qu'il attribue au malheur de les avoir vus trop tôt « C'est, dit- « il, un malheur de voyager trop jeune. Les « objets perdent leur nouveauté sans laisser

« d'empreinte dans l'esprit. Rien n'est plus « nouveau, et tout est inconnu. A l'âge où l'on « pouvait s'instruire, la curiosité est détruite, « elle n'existe plus pour aider et exciter le tra- « vail de l'esprit. »

Enfin, il y a dans ce roman des mots plai- sants et même comiques.

C'est un mot comique, et en même temps une bonne épigramme, que celui de lord Sy- denham, mourant d'ennui dans une loge à l'O- péra, où il n'entend pas une syllabe de ce qu'on y chante : on lui propose un livre où sont les paroles de la pièce ; il refuse, et ajoute : « *Je* « *ne suis pas venu ici pour lire, on m'a dit que* « *ce spectacle m'amuserait. C'est l'affaire de* « *ces messieurs qui chantent là-bas, je ne dois* « *pas me mêler de cela.* » Ce mot fait rire, et on ne sait si c'est à cause de la pompe et de l'importance qu'on donne à un spectacle dans lequel on entend trop souvent des cris au lieu d'accents, et du fredonnement au lieu de paro- les ; ou à cause de l'ennui et de la mauvaise humeur du spectateur, qui refuse d'apprendre, moyennant un livre de 30 sous, ce qu'on a voulu lui dire avec 10,000 francs de musique et 20,000 francs de machines.

(*Journal de Paris*, du 11 floréal an VI. — 30 avril 1798.)

———

DE DEUX ROMANS NOUVEAUX.

(MARIE DE SAINCLAIR ET MARIA.)

Oui, il y a de l'instruction et du plaisir à pui- ser dans un bon roman. Outre les tableaux d'usages et de mœurs qu'on y rencontre tou- jours, et qui appartiennent plus à l'histoire que la plupart des histoires mêmes, on y voit sou- vent des caractères qu'il est utile de connaître, parce qu'on les retrouve dans la société, et des passions qu'il est plus utile encore d'étudier, soit parce qu'on peut un jour les trouver en soi-même, et avoir un grand intérêt à les bien conduire, soit parce qu'il est des âmes dans les- quelles elles ne peuvent que faire d'irrépara- bles ravages, et qui n'ont de salut à attendre que de la prudence qui sait en préserver. On a trop séparé l'étude des passions de l'étude de la nature. Les passions sont de la nature de l'homme ; toutes les affections de l'entende- ment sont autant de phénomènes d'histoire naturelle. Entre les *Passions du jeune Werther*, ou *la Nouvelle Héloïse*, la *Théorie des sentiments moraux de Smith*, et les *Lettres de la citoyenne Condorcet sur la sympathie*, le *Traité des sensations de Condillac*, et l'*Entendement humain de Locke*, la *Physiologie de Haller*, et enfin l'*Anatomie de Sabatier*, je ne vois qu'une même chaîne de connaissances. Le romancier recueille et expose les phénomènes; le métaphysicien les rapproche, les classe et les ramène à une origine commune; le physiologiste et l'anatomiste en cherchent, en montrent le mécanisme et les causes; tous opèrent sur le même sujet, tous sont occupés d'une même étude, l'étude de l'homme. Le temps n'est pas loin où cette chaîne simplifiée, dégagée des anneaux inutiles, entrera facilement de toute sa longueur dans les têtes les moins vastes, et où les plus voluptueuses jouissances de la sensibilité, et les plus utiles instructions de l'esprit, s'attireront les unes les autres, et s'uniront pour se féconder mutuellement.

En réfléchissant sur les sensations produites en nous par deux romans nouveaux, et sur les vérités qui en sont les résultats, nous nous sommes confirmé dans l'opinion que nous venons d'énoncer sur les romans en général. Nous croyons que nos lecteurs n'en liront pas la notice sans quelque intérêt.

Ils sont d'un genre bien différent; mais il y a plusieurs circonstances communes à l'un et à l'autre. L'un est intitulé *Marie de Sainclair*, l'autre, simplement : *Maria*. Ils forment tous deux un volume in-12; tous deux sont des productions originales, faites sans souvenirs d'autres romans, et enfin ils sortent tous deux de la plume d'une femme : *Maria* est l'ouvrage d'une Anglaise, de Marie Wolstonecraft, depuis madame Godwin, que nous avons vue en 1792 à Paris, où ont commencé la passion et les malheurs qui ont amené sa mort prématurée. *Marie* est celui d'une Française aimable, qui, paraît vouloir dérober au public un nom trop cher à sa société et aux amis du talent, pour n'être pas cité bientôt entre ceux des auteurs de *Pauline*, d'*Adélaïde et Théodore*, de *Calixte*, des *Trois Femmes*, d'*Adèle de Senange*, toutes aimables héritières des Graffigny et des Riccoboni.

Au fond, comme on va le voir, *Maria* et *Marie* ne se ressemblent point.

Maria est un roman mixte, c'est-à-dire sentimental et philosophique. L'objet de madame Wolstonecraft-Godwin a été de prouver que les institutions sociales, loin de protéger les femmes, pèsent toutes sur leur triste existence; opinion qu'elle a déjà établie en 1792, dans un livre fort singulier, intitulé *Défense des femmes*. Voilà en quoi ce roman est philosophique. Il est sentimental par les faits qui en composent le tissu, par le mouvement et la couleur du style. Maria a été mariée à un homme vil, qui la néglige, se jette dans la crapule et dérange ses affaires. Dans la détresse où il s'est mis, il veut faire trafic de sa femme, et la livre aux séductions d'un homme riche, de qui il emprunte de l'argent. Maria est instruite de l'infâme marché dont elle doit être le prix. Elle fuit la maison de son mari; il la cherche, la découvre, la fait arrêter, non par la justice, mais par des hommes affidés, qui, après l'avoir endormie par un breuvage, la jettent dans une *maison de fous* (1). Voilà bien un exemple de l'oppression à laquelle est exposée une femme d'une fortune aisée, d'une éducation honnête, d'une famille considérable, en un mot, placée dans la situation la plus favorable au bonheur.

Maria est confiée à la garde d'une sorte de servante geôlière, qui se nomme Jémima: cette Jémima, enfant de la débauche, rebutée dès sa naissance par des parents misérables, a passé par tant de misère et d'infamie avant de parvenir à l'odieux emploi dont elle est chargée, qu'elle

---

(1) Il paraît qu'en Angleterre, les maisons où l'on traite les fous sont des établissements particuliers que la police surveille mal, ou ne surveille point, et où la tyrannie domestique peut, au moins pour quelque temps, ensevelir ses victimes. En France, plus malheureux encore, nous avons longtemps manqué de maisons où l'on traitât véritablement les fous. On les enchaînait, on les maltraitait, on les exposait comme des bêtes farouches à la curiosité de la populace, et nos petites-maisons n'étaient qu'une ménagerie. L'établissement et surtout la *régénération* de l'hospice de Charenton, sous la nouvelle administration qui y consacre des soins éclairés, ont fait cesser cette calamité déshonorante. Les amis de l'humanité, les familles dans lesquelles il y a des esprits dérangés, pourront apprendre du citoyen *Coulmier*, régisseur général de l'établissement de Charenton, les détails du traitement employé dans cette déplorable maladie, et ils en seront touchés et satisfaits.

le regarde comme une fortune ; sa vie est une suite non interrompue de maux et de turpitudes qui s'engendrent les uns les autres, sans qu'il lui soit possible de l'empêcher. Une main de fer la repousse loin du bonheur et de l'honnêteté, une main de fer la conduit par le vice dans la misère, et par la misère dans le vice : c'est un exemple des malheurs attachés pour les femmes à la pauvreté.

Le séjour de Maria dans la maison de fous où elle est gardée par Jémima, compose tout le roman ; et c'est dans leurs entretiens qu'on apprend les événements qui les y ont conduites l'une et l'autre, la première comme victime, la seconde comme agent. L'action qui se passe dans la prison, et qui s'entremêle aux récits des deux femmes, tempère par sa douceur ce qu'il y a de sombre et d'affligeant dans les détails de leur histoire. Maria et Darnfort, jeune homme aimable, jeté comme elle par abus de pouvoir dans la maison qui la renferme, ont ensemble des intelligences qui deviennent un tendre sentiment.

Leur correspondance dans la prison, leurs entrevues, leur amour, non-seulement reposent l'imagination, mais même attachent le cœur par leur opposition avec le lieu, le temps, les circonstances, les causes de leur réunion dans ce lieu de désolation. Dans tout ce qui se rapporte à cet amour, l'intérêt du discours se joint à l'intérêt de la situation. Le style est toujours animé, toujours vrai, parce que l'auteur écrit de sentiment, et non avec de froides réminiscences ; parce qu'en exprimant ce qu'elle sent, elle peint avec fidélité ce qu'elle voit, au lieu que tant d'autres se bornent à écrire ce qu'ils ont lu, à répéter ce que d'autres ont senti. Voici deux traits qui nous ont paru dignes d'être remarqués, l'un par sa délicatesse, l'autre par sa force et sa chaleur :

Lorsque l'auteur montre Maria et Darnfort dans cette délicieuse situation où deux âmes commencent à s'unir par leur sympathie, et où l'attrait du plaisir tend à les confondre, elle peint ainsi Darnfort : « Il saisit la main de « Maria, qui ne fait point de résistance : leur « conversation s'anime ; ils parlent avec viva- « cité de leur situation... Il l'attire doucement « vers lui à deux ou trois reprises. Maria était « très-émue ; Darnfort sentit la chaleur de son « haleine ; il brûlait de poser ses lèvres sur la « bouche qui respirait tant de volupté... Il « n'osa en approcher ; *l'ange de la pudeur* « *semblait la garder.* »

Voici une partie de la scène absolument neuve où Maria déclare à son époux qu'elle se tient pour dégagée des liens qui les ont unis ; c'est elle qui la raconte à Jémima : « Je fermai « la porte, et lui remettant la lettre (par laquelle « il la livrait à un de ses amis), je lui de- « mandai s'il l'avait écrite, ou si elle était sup- « posée... Je ne saurais vous peindre sa con- « fusion... Il balbutia le mot de *plaisanterie*... « Après un moment de silence, je repris d'un « ton imposant : ... Le ciel m'est témoin que « j'ai respecté mes serments quand vous tra- « hissiez les vôtres... Délaissée par vous, je « n'ai point cherché ailleurs des consolations ; « et vous avez l'infamie de mettre à prix l'hon- « neur de la mère de votre enfant !... Puis me « tournant vers M. S..., j'ajoutai : Je vous « prends à témoin que j'abjure son nom aussi « solennellement que je l'ai reçu. — En même « temps, j'ôtai mon anneau et le posai sur la « table...—Ils restèrent d'abord muets d'éton- « nement ; M. Vénables (c'est le nom du mari) « s'efforça de sourire... Mais bientôt ses re- « gards étincellent de rage... Après quelques « menaces... il sort, et m'enferme à clef. »

Il semblerait que Maria dût s'indigner, se révolter de se voir ainsi détenue ; non. Son âme, dégagée de devoirs trop pénibles, se sent libre ; il ne lui en faut pas davantage. Elle s'abandonne à ce sentiment, sa détention ne la touche point, on dirait presque qu'elle l'ignore. La peinture de cet état de son âme est véritablement sublime :

« Est-il possible ! m'écriai-je involontaire- « ment, suis-je libre en effet ? Je n'eus plus « d'incertitude à cet égard dès que je cessai « d'en avoir sur la conduite que je devais te- « nir... Je me levai... Je crus sentir mes chaînes « tomber. L'air me parut chargé des plus doux « parfums ; la voûte céleste s'embellissait à mes « yeux à mesure que je la fixais davantage ; « les nuages eux-mêmes, prévenant mes désirs, « se dissipaient, comme pour donner plus d'es- « pace à mon cœur qui se dilatait ; je crus un « moment que j'avais changé de nature, que, « devenue un être aérien, j'allais être emportée « sur les ailes des vents, et suivre le soleil dans « sa carrière ! »

Cet enthousiasme paraîtra faux et froid aux âmes vulgaires qui savent toujours se soustraire aux devoirs qui leur paraissent pénibles; mais, j'ose le dire, il sera partagé par tous les cœurs fidèles à leurs engagements, et qui ne sortent des plus affreux devoirs que par un affranchissement légitime.

(*Journal de Paris*, du 1er prairial an VI — 20 mai 1898.)

MARIE DE SAINCLAIR.

Nous avons annoncé que nous reviendrions sur cet ouvrage. — Quoi! nous dit-on, toujours des extraits de romans! — Eh! mes amis, les romans sont votre histoire, celle de votre femme, de votre fille, de votre jeune fils. Vous aimeriez mieux les nouvelles de la veille? Mais les romans sont des nouvelles du jour, du lendemain, de tout votre avenir peut-être. Vous aimeriez mieux de petites discussions politiques? Hélas! nous n'avons que trop voulu régler l'État; réglons nos mœurs, celles de nos familles. Laissons la politique à ceux qui sont appelés à en exercer le sacerdoce, et attachons-nous à la morale, dont nous devons tous être ministres dans nos maisons, avec nos voisins et nos amis. C'est à ce titre que nous vous parlons quelquefois de romans de choix, qui présentent ou des caractères ou des passions bonnes à observer : il faut étudier les passions sous quelque forme qu'elles soient présentées, si l'on veut apprendre à les juger et à les conduire. Ah! nous serons encore d'assez grands politiques, si nous devenons un peu moralistes, et surtout un peu moraux. Venons à *Marie*.

Il est certainement des sympathies qui nous attachent à un objet aimé par des liens plus forts que tous les principes, toutes les convenances, tous les intérêts. Le secret de cette puissance n'est ni dans le magnétisme, ni dans les philtres, ni dans aucun agent physique extérieur; il est dans l'accord de certains traits, de certaines manières, d'un certain langage dont nous sommes frappés, avec ce besoin qui s'établit en nous lorsque notre âme a été longtemps fatiguée par les tourments secrets et confus de diverses craintes et de divers désirs. Il y a des êtres dont les dehors promettent si complétement, si abondamment toutes les garanties que nous croyons nécessaires à notre faiblesse, toute l'indulgence que nous croyons nécessaire à nos défauts, toutes les jouissances dont nous avons longtemps éprouvé, renfermé, concentré l'avidité, et dont nous n'osons ni démêler la nature, ni exprimer le désir, ni même concevoir l'espérance, que quand nous les rencontrons, c'en est fait de notre liberté; nous nous enchaînons aveuglément à l'objet de qui nous croyons pouvoir attendre tous les biens que nous brûlons d'obtenir, et que nous ne pouvons même demander. Les femmes étant tout à la fois le sexe le plus disposé à l'amour, et le plus condamné à la retenue, le plus faible et le plus exposé dans la société, sont par ces raisons plus susceptibles que les hommes d'être affectées, dominées, subjuguées par ces sympathies; et Marie de Sainclair est un exemple de cette vérité.

Le hasard lui fait rencontrer un jeune homme aimable, et aussitôt elle en est éprise. Le jeune homme, sans se douter de sa conquête, se marie; il épouse Hortense, cousine de Marie, et pupille de son père, dans le château de qui le mariage est célébré à la campagne. Marie est invitée à la cérémonie; elle arrive lorsque les époux sont à l'autel; elle y reconnaît celui dont l'image est restée dans son cœur. Son trouble est extrême, et présage une passion funeste.

Son père la retient à la campagne. Malgré la nécessité de renoncer à l'objet qu'elle aime, elle se plaît à demeurer près de lui; elle jouit de sa vue, de son entretien, et bientôt même de sa confiance. Chaque jour, chaque moment attise son amour. Une multitude de petits incidents qui naissent de la liberté de la campagne, des rapprochements inévitables dans une même famille et dans une même maison, du concours nécessaire de toutes les personnes qu'elle réunit aux communs amusements, font passer Marie par une foule d'épreuves auxquelles son honnêteté résiste, mais auxquelles sa santé succombe. Elle se tourmente, se consume, s'épuise, et meurt. Voilà le fond du roman. Il est renfermé dans vingt ou trente lettres où Marie apprend à une amie la naissance, les progrès, les ravages de sa passion, et qui sont suivies d'un récit de sa mort.

Cet ouvrage se fait lire tout d'une haleine, et se fait sentir longtemps après qu'on l'a lu.

Si indifférent qu'il vous ait trouvé, il vous laisse un poids sur le cœur et du trouble dans les idées.

Dans la première partie, les progrès de la passion sont marqués par une heureuse gradation de nuances délicates dans les expressions et dans les idées : Marie ne s'avoue point encore qu'elle aime, mais elle ne peut déjà plus le cacher à son amie. Elle voile son amour de toute l'honnêteté de ses pensées, de toute la sagesse de ses résolutions ; mais il se décèle par les reflets qui se répandent toujours plus vifs sur ces pensées et ces résolutions même.

Dans la seconde, Marie ne se déguise plus sa passion ; elle s'y abandonne ; elle recherche tout ce qui peut en augmenter l'ardeur ; elle saisit tout ce qui peut l'alimenter et tout ce qui peut l'attiser. Rien de ce qui l'approche n'est perdu pour ce sentiment. En elle-même tout se confond avec lui : sa vie, son sang, sa pensée, tout devient amour, tout, jusqu'à sa raison, je dirais presque : et son honnêteté, si le bonheur d'expression et de mouvement qui se trouve dans cette partie, ne forçait d'y admirer le mérite si difficile de la parfaite retenue dans le parfait abandon.

Enfin, arrive le moment où la santé de Marie s'altère et où ses forces succombent. C'est la dernière partie du roman. Là, même vérité, avec plus de profondeur de traits que dans ce qui précède. Là est peint l'affaissement douloureux, mais non sans douceur, d'une amante presque consumée, à qui sont également interdites la possession de l'objet aimé et le pouvoir de s'en distraire, la douceur de l'espérance et les ressources du désespoir ; mais à qui s'offre la sublime consolation d'assurer à sa mémoire une place dans ce cœur qu'elle ne put occuper elle-même, et d'y fixer son image par le grand témoignage d'amour qu'y portera sa mort.

Nous le répétons, ce roman laisse dans l'âme une impression profonde. On le lit encore après l'avoir fermé, et il reste du trouble dans l'âme alors même qu'on n'y songe plus.

S'il est vrai, comme le grand Locke et son lumineux interprète Condillac l'ont avancé, que le désir soit toujours composé d'espérance, la morale a quelque chose à reprendre dans l'amour de Marie, puisqu'elle ne peut désirer la possession de l'objet qu'elle aime, qu'en espérant de le détacher de la jeune épouse à laquelle il a uni sa vie. Il faut bien que la métaphysique ait ici raison ; car, nous l'avouerons, dans la seconde partie du roman, celle où Marie s'abandonne à son amour, nous avons éprouvé un peu de soulèvement contre elle, et nous avons craint qu'elle ne troublât une union que son devoir était de respecter.

On pourrait dire aussi que l'exemple de Marie ne serait pas sans danger pour de jeunes cœurs émus de passions désavouées par le devoir. Dans de semblables situations, les jeunes personnes se persuadent qu'elles ne peuvent manquer de mourir d'amour et de vertu ; et cette idée ajoute tellement à l'enthousiasme de l'amour, que bientôt il fait oublier et la vertu et le sacrifice qu'on lui avait promis. On ne meurt point, et l'on vit pour le vice.

Enfin, l'exemple de l'enthousiasme de l'amour est contagieux pour les cœurs très-passionnés et très-attaqués, et celui de Marie serait pernicieux à des lecteurs de cette espèce. En un mot, il est toujours dangereux d'intéresser pour une passion qui sort des règles du devoir.

Il ne faudrait pourtant pas outrer cette censure. Une passion telle que celle de Marie ne pourrait faire titre qu'à bien peu d'âmes. Une telle passion sort peut-être de la classe des affections morales qu'on a le droit de louer ou de blâmer, pour rentrer dans celle des maladies qu'on ne peut que plaindre.

Quelques personnes comparent *Marie* à *Adèle de Senange* : ces deux romans ne se ressemblent qu'en un point, c'est qu'ils sortent tous deux de la plume d'une femme. Ce qui caractérise ce dernier, c'est la finesse des idées mêlée à la délicatesse des sentiments. Ce qui caractérise Marie, c'est la passion. Dans Adèle, on voit un amour naissant au sein de l'innocence ; dans Marie, un amour ardent qui trouverait dans son ardeur même l'excuse de toutes ses fautes. Dans un de nos journaux où l'on rencontre peu de littérature, mais où l'on ne lit rien que le goût et la raison n'avouent, Adèle a été jugée peu morale, et Marie irréprochable. Nous sommes d'une opinion différente, et nous en serions fâché si Adèle avait été blâmée par l'homme de talent qui a loué Marie sans réserve, ou si Marie avait été louée, par la femme d'esprit qui a blâmé Adèle sans ménagement.

(Journal de Paris, du 29 prairial an VI. — 17 juin 1798.)

LA DOT DE SUZETTE,

OU

HISTOIRE DE MADAME DE SENNETERRE, RACONTÉE PAR ELLE-MÊME.

Voici encore un de ces jolis romans français dont l'intérêt, la délicatesse, la grâce, contribueront, plus que la critique des journaux, à faire rebuter les monstrueux romans de Londres qui, depuis trois ou quatre ans, ont fait une *descente* si fâcheuse dans notre littérature. On croirait, à la douceur du ton, à la facilité du style, à la simplicité du sujet, au charme des détails, que *la Dot de Suzette* est encore l'ouvrage d'une femme, si la préface ne semblait annoncer un écrivain exercé, et un appréciateur attentif des divers genres de plaisirs que les romans peuvent procurer, ainsi que des divers talents qui peuvent se croire appelés à la composition de ce genre d'ouvrages. Tout ce que dit l'auteur, une femme d'esprit et de goût l'aura senti et l'approuvera ; mais elle ne l'aurait pas écrit. Les femmes n'observent en elles que les sentiments qu'elles ont intérêt d'exprimer ; elles font bien des romans, mais elles laissent aux hommes le soin de fixer l'art d'en faire ; elles respectent bien et font toujours bien sentir l'autorité du goût, mais elles laissent aux hommes le soin de la maintenir : contentes de devenir quelquefois des modèles, elles regardent l'enseignement ou la perfection des préceptes comme un droit réservé à une puissance supérieure. Elles feront vingt poëmes, plutôt qu'une poétique, et mille pages bien écrites, plutôt que vingt lignes sur l'art d'écrire.

L'auteur se plaint dans cette préface de l'opinion qui attribue plus d'*imagination* à l'écrivain capable de rassembler dans un roman, entre des ruines et au fond d'affreux souterrains, des sorciers et des revenants, et de les faire mouvoir à coups de tonnerre, qu'à celui qui fait développer sans effort, et les uns par les autres, des intérêts et des caractères tels qu'on en rencontre dans la société. C'est dans la fidèle représentation du vrai, bien choisi, dit l'auteur, qu'il y a de l'imagination, et non dans la honteuse et facile invention d'êtres et d'événements bizarres, monstrueux, qui, sans modèles dans la nature, également étrangers à son système et à ses désordres, ne représentent que le dérèglement de l'esprit qui les a conçus.

Suzette, orpheline à l'âge de onze ans, sans parents et sans bien, mais de la plus jolie figure du monde, est recueillie par madame de Senneterre, qui la place chez le concierge de son château. Là, Suzette embellit chaque jour, et chaque jour devient plus intéressante. Le jeune Adolphe, fils de madame de Senneterre, en devient amoureux, et Suzette s'attache à lui : mais tout cela le plus innocemment du monde ; Adolphe croit n'être que bienveillant pour une infortunée, Suzette croit n'être que reconnaissante pour un bon maître. Cependant, ils se cherchent et se trouvent sans cesse, et chacun voit qu'ils s'aiment.

Madame de Senneterre a un entretien à ce sujet avec son fils ; elle lui dévoile les sentiments qui déjà le dominent, et bientôt vont l'entraîner, loin des lois de la morale et de la convenance, dans une séduction coupable ou dans une mésalliance honteuse. Elle le conjure, par le respect qu'il garde à la mémoire de son père, de surmonter sa passion. Adolphe prend la résolution de s'éloigner de Suzette ; il part pour Paris.

Madame de Senneterre s'adresse ensuite à Suzette, et, sans supposer aucun obstacle à ses vues, elle lui propose de la marier. Suzette répond ingénument que M. le comte lui a défendu de se marier jamais sans sa permission. « Mais si j'étais d'accord avec mon fils !... » reprend madame de Senneterre. Suzette se met à pleurer ; mais elle finit par assurer qu'elle fera de bon cœur tout ce qu'ordonnera la mère de M. le comte.

Madame de Senneterre la marie avec un M. Chenu, marchand de bestiaux, et lui donne une dot de 1,200 livres.

Adolphe apprend à Paris le mariage de Suzette : au désespoir, il voudrait mettre le monde entre Suzette et lui ; il va à Saint-Domingue chez son oncle, riche colon. Le régime de la terreur s'établit en France, il est déclaré émigré. Madame de Senneterre est incarcérée, ses biens séquestrés, sa famille ruinée, dispersée, tuée. Lorsque les prisons lui sont ouvertes, après dix mois de détention, elle n'a de ressource que celle de servir. Augustine, une de ses anciennes femmes de chambre, dont elle refuse de partager les modiques moyens de subsistance, lui cherche une maison, en trouve une qu'elle croit convenable; elle procure à madame de Senneterre une lettre de recommandation pour la femme jeune, honnête et bonne qui en est la maîtresse. Madame de Senneterre s'y présente. C'est un hôtel somptueux, meublé avec magnificence. Après avoir traversé de grands appartements, elle est introduite dans la chambre à coucher de madame de Préval (la maîtresse de la maison), qui était encore au lit; elle lui présente sa lettre en tremblant. Madame de Préval se lève, s'excuse avec aménité de s'habiller devant elle, endosse une robe du matin garnie de riches dentelles, ouvre la lettre, la parcourt, jette un cri perçant, et tombe aux pieds de madame de Senneterre, en répétant : *Madame de Senneterre! ô ciel! madame de Senneterre!* Madame de Senneterre la regarde... C'était Suzette, c'était la femme de M. Chenu, enrichi dans les affaires, et revêtu d'un nom nouveau, comme sa fortune.

« Elle était sans connaissance; je la porte sur son lit (c'est madame de Senneterre qui parle). Je sonne, on accourt. On lui prodigue des secours dont j'avais presque autant besoin qu'elle, car j'étais retombée sur un fauteuil, ne pouvant ni parler ni agir. Son mari, les personnes qui se trouvaient chez lui, tous les gens de la maison étaient accourus, et attendaient avec inquiétude qu'elle reprît ses esprits. Bientôt elle ouvre les yeux et me cherche; la foule me cachait; elle me demande et j'approche. « Oh! madame, ma bienfaitrice! » s'écrie-t-elle. Je lui mets la main sur la bouche, en lui recommandant le secret. « Impos- « sible, impossible, madame! Comment ca- « cherais-je ma joie? Pourquoi rougirais-je de « ma reconnaissance? Pourquoi rougiriez-vous « de vos malheurs, vous dont la vie fut un acte « continuel de vertus et de bienfaisance? Mon- « sieur, dit-elle à son mari, vous ne la recon- « naissez donc pas? Elle est si changée! Vous « ne reconnaissez pas madame de Senneterre! » Son mari s'approcha de moi avec autant d'em-

barras que d'empressement, et me fit un compliment qui me prouva ce qu'il est si facile de vérifier chaque jour, que, chez les femmes, la sensibilité et le goût suppléent à l'éducation; tandis qu'un homme qui a eu le malheur de n'en pas recevoir, n'est jamais plus mal placé que dans une situation qui fixe les regards sur lui. »

Une foule de détails pleins d'intérêt, et qui font couler les plus douces larmes, composent la suite de cette scène. Madame de Préval s'afflige du titre de *madame*, que lui donne encore madame de Senneterre; elle revendique le nom de Suzette; elle veut que sa bienfaitrice demeure chez elle honorée comme une mère; qu'elle reprenne à son service Augustine, son ancienne femme de chambre. Elle lui demande, en rougissant, des nouvelles d'Adolphe; elle lui montre à son doigt un anneau que madame de Senneterre lui a donné autrefois de la part de son fils...

M. Chenu, ou M. de Préval, approuve la reconnaissance de Suzette, et tout ce qu'elle fait pour madame de Senneterre. C'est un fort bon homme; mais, plus vain qu'amoureux de sa femme, plus vain de sa fortune qu'en état d'en jouir, il voit des sociétés sans choix, il rassemble dans sa maison des gens sans mérite, des jeunes gens sans éducation et sans mœurs. Sa femme est obligée de se prêter à toutes ses fantaisies; mais elle ne partage aucun de ses goûts, elle échappe à tous ses ridicules, elle se préserve de la contagion des mœurs qui l'entourent : tant est puissante en elle la force du bon naturel et de la première éducation! Son plaisir est de vivre quelques heures de chaque jour retirée dans l'appartement de madame de Senneterre, de cultiver, en s'entretenant avec elle, sa raison et ses talents. Là, elle se délasse par des récits, quelquefois très-plaisants, de l'ennui, du chagrin qu'elle a essuyé la veille, dans la société grotesque et corrompue des enrichis avec lesquels son mari la force de vivre. Là aussi elle recueille les larmes que madame de Senneterre verse en silence sur un fils dont elle ignore la destinée; là, elle promet à cette tendre mère le bonheur de revoir un jour celui qu'elle ne pourrait, elle, revoir sans crime. Elle est la consolatrice d'une douleur moindre que la sienne, et que madame de Senneterre voudrait lui cacher; elle donne des espérances quand elle ne peut en concevoir pour elle-même ; elle répand des consolations que la délicatesse interdit de lui rendre: combien, dans cette situation si touchante, Suzette a de charmes et d'intérêt !

Cependant la colonie de Saint-Domingue a été ravagée, les colons tués, dispersés. Adolphe s'est sauvé à Philadelphie, après avoir perdu son oncle et la fortune qu'il en attendait; de Philadelphie il est venu à Londres, où il a gagné l'estime et l'amitié d'un riche négociant. Suzette, par intérêt pour madame de Senneterre, a fait prendre de toutes parts des informations sur Adolphe, par les amis et les correspondants de son mari. Enfin l'un d'eux vient lui apprendre qu'Adolphe existe, qu'il vit considéré dans une maison respectable; on présume même que la fille de M. Birton (c'est le nom du négociant) s'est éprise d'amour pour lui, et qu'il est au moment de l'épouser. Tous ces détails sont donnés par le voyageur à madame de Senneterre et à Suzette réunies. On juge de la souffrance de Suzette à ce récit, mais on est moins étonné que ravi de l'élévation où monte cette âme pure, excellente, lorsqu'elle a réfléchi un moment sur ses devoirs, et arrêté ses regards sur la joie de son amie, de sa bienfaitrice, de la mère d'Adolphe. Suzette à ce moment devient sublime... Elle conçoit le généreux dessein de réunir madame de Senneterre avec son fils, elle se résout à se séparer d'elle ; elle arrange avec M. de Préval tout ce qui est nécessaire pour la faire passer commodément à Londres, et elle vient ensuite apprendre toutes ses dispositions à son amie, que tant de marques d'une amitié noble et généreuse font balancer longtemps entre son fils et elle, et qui se sent condamnée au plus douloureux sacrifice, soit qu'elle se détermine à partir ou à rester.

Cependant elle part : Suzette et son mari l'accompagnent jusqu'au lieu de l'embarquement ; le mari d'Augustine courait devant la voiture, et Suzette avait aussi arrangé qu'il suivrait madame de Senneterre à Londres. Enfin, les amies se séparent; mais une autre marque de l'attachement de Suzette attendait encore madame de Senneterre. « A peine fus-je « placée dans le vaisseau, dit-elle, que le mari « d'Augustine me remit un paquet cacheté.

« Madame de Préval lui avait ordonné de ne « me le rendre qu'au moment où les éléments « nous auraient séparées. Je l'ouvris, et je vis « une boîte dont la richesse aurait fixé mon « attention, si elle n'eût été absorbée par le « portrait de cette amie chérie, non telle que « je venais de la quitter, mais sous ses habits « villageois, symbole de la pureté qu'elle avait « conservée dans l'opulence. Je l'ouvris, et je « m'aperçus que ce présent n'était qu'une « nouvelle invention de sa reconnaissance; en « effet, la boîte contenait plusieurs billets de « banque, et ce peu de mots écrits de sa main : « *La dot et le cœur de Suzette.* »

Madame de Senneterre arrive à Londres. Elle serre son fils entre ses bras... Adolphe, toujours plus occupé de Suzette, ne songeait guère à s'unir avec la fille de M. Birton.

Une correspondance suivie remplaçait, mais imparfaitement, pour les deux amies, leurs intimes conversations de Paris, lorsqu'un événement inattendu change tout à la fois la destinée de madame de Senneterre, de son fils et de Suzette. M. de Préval est tué, par accident, au milieu des préparatifs qu'il faisait pour donner une fête à sa femme. Suzette, appelée en Angleterre par l'amitié, par l'amour, est quelque temps retenue par le deuil et même par le chagrin, suite naturelle de la mort d'un époux de qui elle n'avait jamais eu qu'à se louer; mais enfin elle se réunit à madame de Senneterre, et bientôt lui appartient à un titre plus doux encore que celui d'amie.

Tel est le fond de ce roman, qui offre une moralité qu'on aurait su gré à l'auteur de faire ressortir. C'est que ce régime était bien contraire aux mœurs et au bonheur, qui réputait indigne d'un jeune homme d'une certaine naissance, de devenir l'époux d'une femme comme Suzette; qui interdisait, comme une mésalliance, l'union de deux cœurs sensibles et honnêtes, de deux esprits raisonnables, de deux caractères sympathiques, c'est-à-dire la plus sainte des alliances. Sans doute les mœurs républicaines ne feront pas confondre toutes les différences d'éducation et de bonne renommée, qui peuvent se trouver entre des familles; mais elles préserveront des préjugés de l'orgueil et des vanités de la richesse, et c'est ce que demande le bonheur de la société.

Et il ne serait pas inutile peut-être de fixer

son attention sur le caractère de Suzette, et sur les circonstances de sa vie qui peuvent l'avoir formé. Lorsque nous rencontrons, dans le monde ou dans les livres, des caractères dignes d'être observés, ce serait une étude utile que celle des événements au milieu desquels ils ont pris naissance. On en tirerait de bonnes instructions pour améliorer l'espèce humaine, et perfectionner l'éducation.

Nous avons des milliers de volumes qui ont pour objet de surprendre ce qu'on appelle *les secrets du génie :* faisons quelque chose pour surprendre les secrets de la vertu.

Comment donc s'est formée cette Suzette, si naïve, si aimable, si constante dans ses bonnes qualités, d'une sensibilité si pure, d'une raison si incorruptible, en qui tous les moyens de plaire, et même le désir de plaire, viennent d'un bon cœur, et n'empruntent rien de la vanité, en qui l'innocence et la vertu sont sous la sauvegarde d'une bonté toujours vive, toujours pressante? Quel est le principe de cet heureux caractère?

Ne serait-ce pas que Suzette est née entre l'abandon et les empressements de la bienfaisance, entre la misère et les largesses de la bonté généreuse? Elle s'est toujours trouvée trop près du malheur dans son enfance pour n'être pas sensible au bien-être, et toujours trop près de l'abandon pour n'être pas reconnaissante envers la bienfaisance et la bonté; d'un autre côté, elle a toujours été trop accueillie dans son infortune pour avoir contracté l'âpreté, la défiance, la jalousie, la haine et les autres défauts qui naissent du malheur. Au lieu de recevoir, comme tant d'autres qu'on dit être bien élevés, des mots pour tout précepte, ses premières idées de devoir lui sont venues mêlées à ses premiers sentiments de peine et de plaisir. Enfin, préparée à la vertu par la première expérience qu'elle a faite de la vie, elle y a aussi été guidée par de bons exemples, et y a été attachée par les deux plus puissants liens qui puissent être ajoutés aux bons principes, l'imitation et l'habitude.

(Journal de Paris, du 1er fructidor an VI. — 18 août 1793.)

DES BARONS DE FELSHEIM.

AUX AUTEURS DU JOURNAL DE PARIS.

Pourquoi, citoyens, ne nous avez-vous rien dit des barons de Felsheim? Ce ne sont pas les plus aimables des hommes, mais ce ne sont point les moins originaux; et on peut dire la même chose des gens avec qui ils vivent ou se rencontrent. Tous les personnages que leur histoire présente ont des caractères distincts, saillants et vrais. Pas un ne ressemble à l'autre; pas un ne diffère un moment de lui-même; pas un, pourtant, qui ne soit toujours dans la nature. Si l'intérêt de leurs aventures n'est pas très grand, un piquant extraordinaire y supplée. Si parfois les incidents et le style tombent un peu trop bas, la vérité et la variété des tableaux, ainsi que des portraits, empêchent de trop remarquer qu'ils manquent alors de noblesse.

Il y a des détails historiques dans le roman dont ils sont les héros; et les parties où la vérité se mêle à la fiction sont écrites d'une manière digne de l'histoire. Presque toute la vie de Tékéli ferait honneur au meilleur historien. Le portrait du grand Frédéric est plein de vie. La manière de parler et d'agir du prince, rappelle et confirme toutes les idées que Voltaire a données de son esprit, de son caractère. Enfin, il y a, dans tout le cours du roman, un certain Brandt, personnage d'imagination, qui est assurément un caractère original et plaisant. C'est *l'homme de cœur* sans éducation. Intrépide hussard, intrépide buveur, intrépide amoureux, intrépide ami de ses maîtres; toujours combattant, jamais battu; toujours buvant, rarement ivre; toujours ardent au plaisir, malgré l'excès du plaisir même; servant les intérêts de ses maîtres sans s'embarrasser des moyens, et leurs passions, sans les juger; enfin, sans choix ainsi que sans frein dans toutes ses affections, si ce n'est pour ce qui intéresse l'honneur d'un soldat, honneur qui est sa première passion.

Certainement Pigault-Lebrun, auteur de ce roman, est peintre; il peut faire d'excellents romans, et mieux que des romans, puisqu'il sait peindre les hommes et les grands hommes. Vous devez, citoyens, distinguer dans chaque partie de la littérature, si frivole qu'elle puisse être,

les talents originaux. Je vous recommande Pigault-Lebrun.

(Journal de Paris, du 12 floréal an vii. —
1er mai 1799.)

MARIE ET CAROLINE.

Ce petit ouvrage est agréable, mais il doit
surtout être utile. Il est destiné à l'éducation
des jeunes filles et à l'instruction des institu-
trices; il montre à celles-ci comment on doit
enseigner, il enseigne aux premières beaucoup
des choses qu'il faut apprendre. Les vertus y
sont doucement persuadées; les défauts ordinaires à l'enfance y sont attaqués avec l'autorité
des exemples et la force de la raison.

L'auteur s'est surtout attachée aux défauts
qui, en changeant d'objet avec l'âge, dégénè-
rent en vices; et c'est à ceux-là en effet qu'il
faut que les instituteurs donnent toute leur attention. Tout régler, tout asservir, tout traiter
avec une égale importance, les manières, le
langage, l'esprit, le cœur, toutes les affections
et toutes les idées, c'est rendre l'éducation accablante, et non profitable. L'éducation soi-
gneuse, fort différente de l'éducation minutieuse, tâche d'inspirer les vertus fécondes,
d'éloigner les vices capitaux, et laisse le reste
se faire de soi-même.

L'auteur de *Marie et Caroline* est cette aimable et infortunée Marie Wolstonecraft-Godwin, que nous avons vue à Paris en 1792 et 93.
L'ouvrage original est en anglais. Le traducteur est le citoyen Lallemant, à qui nous devons
l'intéressant *Voyage* de Mungo Park dans l'intérieur de l'Afrique, publié par Tavernier. Ces
deux ouvrages sont traduits avec élégance. Il
paraît qu'en donnant le dernier, le citoyen Lallemand a payé un tribut à l'amitié. Heureux
ceux qui peuvent s'acquitter envers elle par de
si aimables présents !

(Journal de Paris, du 19 floréal an vii. —
8 mai 1799.)

CLÉMENCE DE VILLEFORT,

Par l'auteur de *Marie de Sainclair.*

Clémence, jeune veuve, est le principal personnage de ce roman; c'est une femme tendre,
sensible; un ange de douceur, capable d'une
seule passion, celle de l'amour, mais de l'amour
dévoué et sans réserve. Elle aime Saint-Elme;
Saint-Elme, veuf lui-même d'une femme qu'il
n'aimait point, et dont il a cependant eu un
enfant, est un de ces hommes qui peuvent
plaire sans savoir aimer, séduire sans s'abandonner, en qui un goût vif est bientôt réprimé
par une raison calme, la sympathie par la personnalité, l'émotion d'un moment par les calculs de l'intérêt.

Clémence a eu le malheur de céder aux perfides promesses d'un amour constant; elle est
à Saint-Elme par tout ce qui engage le cœur
d'une femme faible, honnête, et qui ne connaît
d'autre besoin que celui d'aimer.

Saint Elme s'est bientôt lassé d'un bonheur
dont il n'était pas digne; il a résolu de se marier.
C'est à ce moment que le roman commence.

Le sujet de cet ouvrage est la peinture de
Clémence menacée de perdre son amant, craignant, espérant, se résignant, se désolant tour
à tour. Son inquiétude au premier bruit qu'elle
entend du projet de Saint-Elme; sa douleur
lorsqu'il le lui avoue; ses espérances lorsqu'il
l'assure que, toujours plus amoureux d'elle, il
ne fait que céder à la volonté d'un oncle de qui
il attend sa fortune; la conviction de son ingratitude, ses résolutions de l'oublier, ses tentatives pour le ramener, les méprises de son
cœur sur le sens des paroles qu'il lui dit pour
la calmer, ses illusions sur la faible amitié qu'il
a conservée pour elle, ses efforts pour se distraire, ses retours vers l'objet de ses peines,
son besoin de le voir, de le pardonner, sa douleur, son repentir lorsqu'elle craint de l'avoir
offensé par ses reproches, sa résignation à un
événement qui doit, sans doute, faire le bonheur de celui qu'elle aime; enfin, son égarement quand son malheur est consommé par
le mariage de Saint-Elme; voilà le fond du
roman.

Les incidents qui servent au développement
des pénibles affections de Clémence sont très-
simples, et sont tirés de la vie ordinaire.

Les personnages sont peu nombreux. Clémence a une amie d'un cœur assez tendre pour
l'amitié, pas assez sensible pour l'amour; d'ailleurs vive et ferme dans ses résolutions. Cette
amie irrite quelquefois les douleurs de Clémence, mais elle soutient son courage. L'en-

fant que Saint-Elme a eu de son premier mariage, la caressante Annah, est souvent avec Clémence; elle fait couler ses larmes, et les essuie tour à tour; Clémence, en la comblant des soins de son amour, accroît toujours ses droits sur Saint-Elme, et le rend toujours plus ingrat. Une femme respectable par son âge et ses malheurs, chérit dans Clémence la douce image d'une fille qu'elle a perdue; elle voudrait adoucir ses peines, et la distraire, par un attachement heureux, de celui qui fait son supplice. Enfin, un jeune homme aimable que cette femme présente à Clémence, se passionne pour celle-ci, et la trouve inaccessible à ses vœux. Tels sont à peu près tous les personnages, et la part qu'ils ont à l'action.

L'imagination, comme on voit, a peu fourni à la composition de ce roman. Mais, avec de l'âme, l'auteur en a fait un bon ouvrage. Pour elle, le sujet était assez abondant.

Il existe, sans doute, des cœurs tout dévoués à l'amour, tels que Clémence, et à qui une rupture artificiellement préparée et longuement opérée, telle que celle de Saint-Elme, peut causer une mortelle blessure. L'amant parjure n'a besoin que d'assurer qu'il est le plus malheureux des hommes, qu'il cède à d'impérieuses circonstances, qu'il s'immole, qu'il succombera à un affreux devoir; il n'a besoin que de ces fausses protestations, pour faire de l'amante trahie une amante inconsolable. En ménageant l'amour, il désarme l'amour-propre; en caressant une aimable faiblesse, il éloigne la force; en entretenant l'espérance, il dérobe à la fois et les secours de la raison et les ressources du désespoir; enfin, et c'est ce qu'il y a de plus cruel, en demandant pour lui-même la compassion dont il feint d'avoir besoin pour la souffrance qu'il joue, il fixe, il concentre sur lui l'attention qu'il devait en distraire; il nourrit, il fortifie, il échauffe l'amour qu'il devait éteindre. C'est par cette compassion que l'amante trahie et abandonnée s'attache, comme à un devoir, à l'amour même qui la mine et la tue; c'est par cette compassion qu'elle s'en fait un honneur, et qu'elle repousse l'idée de l'oubli comme un crime. Eh! comment songerait-elle à s'éloigner d'un amant dans la peine, qui souffre pour elle? Ne serait-elle pas ingrate et lâche? Ainsi, le poison circule dans ses veines, consume et détruit son

existence. Combien de cœurs aimants ont éprouvé ce cruel sort! combien de cœurs froids et perfides ont fait souffrir cet affreux supplice! Cette manière de tuer n'a point de nom; mais n'est-elle pas le plus coupable des empoisonnements?

On doit savoir gré à l'auteur de *Clémence* d'avoir peint ce cœur malheureux, dans toutes les situations où la perfidie de son amant a pu la faire passer, depuis les premiers aveux du dessein qu'il a formé jusqu'à son accomplissement. Le fracas des événements est remplacé, dans cet ouvrage, par le mouvement de la passion. L'intérêt de l'action est suppléé par le charme des détails. S'il y a peu de diversité dans les situations, il y a une foule de nuances entre les affections qui en résultent; la délicatesse de l'âme s'y montre avec les grâces de l'esprit; il y règne un fond de mélancolie touchante, d'où s'échappent des choses très-pathétiques; enfin tout y répond à cette obstination d'amour qui caractérise l'intéressante victime dont l'auteur du roman a peint le malheur.

(Journal de Paris, du 12 prairial an VII. — 31 mai 1799.)

LA CHAPELLE D'AYTON,

ou

EMMA COURTENEY.

Emma, l'héroïne de ce roman, est une de ces têtes vives dans lesquelles l'imagination domine, où tous les sentiments sont romanesques, et où la raison ne se représente que quand elle a de grands combats à livrer, de grandes résolutions à décider, et qu'elle peut devenir romanesque elle-même. Emma est née pour aimer; son éducation, négligée par son père, mal dirigée par des parents chez qui elle a passé son enfance, a développé ses dispositions à l'amour. Elle se passionne pour un cousin à la vue de son portrait, qu'elle a continuellement sous les yeux chez sa tante.

Ce jeune homme, qui voyage, est devenu amoureux d'une belle Napolitaine, et a pris avec elle des engagements. Il revient dans sa famille, voit Emma, et bientôt lui rend amour pour amour; mais des incidents singuliers amènent de la jalousie : les amants se brouillent; et Auguste (c'est le nom du jeune homme) retourne à sa belle Pascaline et l'épouse. Emma est au désespoir; elle va chercher des consolations près d'une ancienne maitresse d'Auguste, abandonnée comme elle. Là, elle rencontre un ancien ami de son père, M. Montaguë: cet homme sage et bon, mais d'un âge très-disproportionné avec celui d'Emma, lui sert d'abord de père; il obtient la reconnaissance de sa pupille, et finit par devenir son époux.

Cependant Auguste est revenu avec Pascaline dans le voisinage du lieu qu'habite Emma... Ce rapprochement, les éclaircissements qui s'ensuivent, font renaitre en eux l'amour plus ardent que jamais. Pascaline est infidèle, se laisse enlever par son amant; Auguste veut venger son honneur outragé; il est blessé à mort par son rival, et vient rendre son dernier soupir chez Emma.

Emma a résolu de ne point lui survivre; mais elle est mère, et nourrit son enfant... Une circonstance inattendue met en son pouvoir la vie du meurtrier d'Auguste; elle assure son salut; et ce qu'elle fait pour le soustraire aux poursuites qui le menacent la compromet aux yeux de son mari, qui attribue à l'infidélité les soins de sa générosité. Il quitte Emma, l'abandonne.

Emma au désespoir fuit la maison où elle est délaissée. Elle erre éperdue dans la campagne; elle a perdu l'esprit. Des éclaircissements ramènent vers elle son mari repentant. Les soins qu'il lui prodigue, l'intérêt de l'amour maternel la rendent à la raison, à la vie, et à cette existence calme qui devient le bonheur, quand de violentes et de nombreuses secousses en ont fait sentir le besoin.

Tel est le fond de ce roman; les situations y sont, comme on voit, très-diverses; mais ce qu'on ne peut juger que dans l'ouvrage même, c'est le parti que l'auteur en a tiré. Un roman, alors même que le fond n'en est pas excellent et la contexture parfaite, peut tirer de ses développements un prodigieux intérêt. La peinture animée d'un amour vif et malheureux intéresse toujours, quelles que soient les imperfections du cadre. Emma, témoin du mariage d'Auguste, accablée de ses mépris, forcée par son abandon à se donner à un autre, rendue par son retour à toutes les an-

goisses d'une passion combattue par le devoir, recevant son dernier soupir, sauvant ensuite son meurtrier, et devenant pour Montaguë l'objet de honteux soupçons, oppresse souvent l'âme du lecteur, et souvent aussi la soulage, en faisant couler les plus abondantes larmes.

Ce roman est en partie imité de l'anglais : nous disons en partie, car le roman anglais est en deux volumes, et celui-ci est en cinq.

Il est, dit-on, l'ouvrage d'une jeune personne. En effet, la main d'un homme n'a pas habituellement autant de légèreté et de délicatesse, et, d'un autre côté, il y a dans celui-ci une force et une chaleur peu ordinaires dans les ouvrages de femmes. Ceci pourra amener dans la littérature une distinction nouvelle entre les styles : comme on les a distingués par le sexe et *par la barbe* (expression de madame de Sévigné), on pourra peut-être distinguer dans le style des femmes mêmes celui des femmes mariées et celui des femmes qui ne le sont point. Gresset aurait peut-être été plus loin, et aurait fort bien pu dire :

> *Style* de fille est un feu qui dévore,
> *Style* de nonne est cent fois *mieux* encore.

(*Journal de Paris*, du 24 thermidor an VII. — 11 août 1799.)

L'ENFANT CHÉRI DES DAMES.

Les cinquante premières pages de ce roman promettent quelque chose; la suite n'y répond pas. Il y a des scènes de plaisir assez vives; du sentiment, très-peu. Les mêmes situations sont vingt fois répétées. L'*enfant chéri*, on ne sait comment, ne fait que passer de prison en prison. Une lady l'enlève, et le tient en prison; une autre femme l'enlève à milady, et le tient en prison. Il s'échappe, et la police le met en prison. Milady le retrouve, et le met en prison. Son père le découvre, et le met en prison. Toujours épris de milady, malgré de nombreuses infidélités, il ne veut pas épouser une jeune personne qui lui est destinée; l'affaire s'arrange en prison, où on l'enferme aussi.

Il y a tant d'emprisonnements dans cet ouvrage, que le lecteur s'y trouve comme emprisonné lui-même, et qu'il se hâte de lire le livre pour prendre l'air et rentrer en liberté.

(*Journal de Paris*, du 24 prairial an VIII. — 13 juin 1800.)

ATALA.

La *Critique d'Atala* par le citoyen Morellet, a le même débit qu'*Atala*. On en prépare une seconde édition. L'ouvrage fait lire la critique, la critique fait lire l'ouvrage. Le goût, la raison, la sensibilité, se trouvent bien de l'une et de l'autre lecture. Quoique l'on ait voulu faire du succès d'*Atala* une affaire de parti, et de ses beautés un article de foi; quoique l'esprit de parti ordinairement ne reconnaisse rien de défectueux dans les ouvrages qu'il adopte, il n'est personne qui ose soutenir que les suppressions, les corrections indiquées par le critique, feraient perdre au roman une seule de ses beautés; ainsi l'auteur pourrait, sans danger, céder aux observations très-nombreuses des gens dont le goût est blessé par plusieurs de ses tours et de ses expressions. Les hommes sensés doivent, au reste, savoir gré au citoyen Morellet de son zèle pour la pureté de la langue, et de son courage à défendre les idées raisonnables. Depuis quelque temps le mauvais goût emploie un singulier stratagème pour se dérober à la critique. Un barbouilleur ne fait pas un mauvais tableau, un poëte ne fait pas de mauvais vers, et un auteur dramatique une mauvaise pièce, un comédien ne joue pas de travers une tragédie, qu'à la moindre critique dont on ose s'aviser, ils ne s'écrient : « Tout est perdu, c'en est fait du goût; il n'y a plus de sensibilité, plus d'imagination; la froide raison se mêle de tout, flétrit tout, met partout son scalpel! » etc. A entendre ces messieurs, il serait presque honteux de s'avouer raisonnable. Eh! messieurs, si la sensibilité est un attribut de l'homme, la raison en est un autre, également noble, également nécessaire : permettez-nous de n'y pas renoncer, et de croire que tout ce qui n'est pas de bon sens, n'est pas non plus de bon goût.

— Il y a des gens qui, en parlant de *Denné*, le libraire qui a mis en vente la critique d'*Atala*, par André Morellet, l'appellent *gaiement* le libraire *Danné* (Damné).

(Journal de Paris, du 6 prairial an IX. —
20 mai 1799.)

DELPHINE.

Sur un article du Mercure *sur le roman de* Delphine (*de madame de Staël.*) 11 nivôse an XI. — 1er janvier 1803.

Nous allons présenter, sans réflexions, quelques phrases extraites d'un article inséré dans le dernier numéro d'un journal longtemps distingué pour l'élegance du style, la finesse et l'urbanité de la critique. Cet article concerne le roman de *Delphine*.

Le journaliste enseigne d'abord à se défier des femmes dont la prétention est de paraître extrêmement passionnées. Il les donne pour des hypocrites : « Regardez-les, dit-il, elles sont grandes, *grosses*, *grosses*, *fortes*; leur figure est *enluminée de trop de santé*.» (P. 71.)

« Ces femmes sont tout bonnement des égoïstes exaltées, *caractère né dans le siècle dernier*. » (Page 72.)

« ... On ne dit *d'aucune personne* qu'elle a du génie, à moins qu'elle, etc. » (*Ibid*.)

« ... Autrefois on appelait *des commères* ces femmes insupportables qui veulent toujours dominer la conversation. » (*Ibid*.)

« Une femme tendre n'a jamais qu'un amant; mais les femmes passionnées *sont sujettes à recommencer*. » (Page 73.)

« J'en suis désespéré pour les *dames* qui font aujourd'hui des romans; *mais elles ont moins de pudeur que les hommes qui en ont fait*. » (*Ibid*.)

« ... L'imagination du lecteur ne retrouve jamais dans Delphine l'héroïne *printanière* dont on lui avait fait le portrait. » (Page 74.)

« ... Si le nom de l'auteur n'était pas connu, on ne l'aurait certainement pas attribué à une femme qui, *quoique née dans la finance*, doit savoir ce qui se passait dans la haute société. » (Page 76.)

« ... Delphine trouve très-mauvais que Mathilde amène un confesseur à sa mère, quoiqu'elle en ait véritablement besoin. Le prêtre est renvoyé, et Delphine *monte à califourchon sur le sublime pour conduire au ciel l'âme un peu noire de madame de Vernon.* » (Page 78.)

« Delphine a trouvé très-indécent qu'un mari s'emportât en voyant *sa moitié* dans les bras *d'un tiers...* » (*Ibid*.)

« Delphine et Léonce,. *s'entrelacent dans les bras l'un de l'autre.* » (*Ibid.*)

« Il est sans exemple qu'un amant, *tel fougueux qu'on le suppose,* se permette de refuser le salut à un homme qui..., etc. (Page 79.)

« Il devient indispensable que Delphine perde encore connaissance pour éviter un sacrilége, et qu'elle tombe malade pour sauver *le matériel de sa vertu.* » (*Ibid.*)

« Que madame de Staël calomnie la religion, c'est son *métier*... mais lorsqu'elle *peint*... une prise d'habit, qu'elle *peigne* du moins avec vérité *le matériel* de la cérémonie. » (Page 80.)

« Delphine est déiste, et rien n'est si plaisant que sa manière de vivre avec *son Être suprême;... c'est le plus drôle de ménage qu'on ait jamais rencontré.* On sent combien il est aisé de se faire une morale, *quand on est déjà en arrangement réglé avec Dieu.* » (Page 82.)

« Il est permis à madame de Staël de n'avoir point de patrie..., elle est née *dans un pays qui n'est plus...* elle n'a jamais eu une patrie *que par illusion.* » (Page 83.)

Comment un article écrit de ce style se trouve-t-il dans le *Mercure*, à côté d'un morceau signé *de la Harpe*, et sous la lettre initiale d'un nom cher aux amis du goût et de la décence (1)?

CHARLES ET MARIE,

PAR MADAME DE FLAHAUT.

On sera peut-être étonné de ne trouver dans cette jolie production ni métaphysique, ni politique, ni théologie, trois nouvelles muses dont nos écrivains ne peuvent presque plus se passer, et qui depuis quelque temps semblent vouloir remplacer toutes les autres. Mais on ne sera pas fâché d'y retrouver toutes les grâces réfugiées près d'une compagne digne d'elles, et on les reconnaîtra au charme inexprimable qu'elles ont répandu sur ses moindres paroles. On verra là nature observée avec intérêt et sentie avec délicatesse, qui n'a pas besoin pour plaire, de tout ce qui n'est pas elle, qui

s'embellit de sa simplicité, qui ne dit son secret qu'à ses vrais amis, et à qui tous les cœurs répondent, lorsqu'elle trouve une voix qui parle son langage.

Le lecteur voudra donc bien se passer pour cette fois de bourreaux, de victimes, de ruines, de fantômes, de cachots, de chaînes, de guichets, de tempêtes, de naufrages, de casse-têtes, de calumets, de bûchers, de caciques, de capucins, de serpents, etc., etc. Qu'on ne s'attende pas même à ces réflexions profondes, à ces détails étonnants qui annoncent une connaissance de l'homme si bonne à cacher; ceci est une miniature, et non une anatomie; notre auteur montre, et ne démontre pas. Qu'on ne cherche point non plus ces images hardies, ces traits sublimes, ces mouvements victorieux qui se glissent jusque dans nos plus légères brochures; on devine, dès les premières lignes, que l'écrivain est plutôt une Omphale qu'un Hercule, et que son pouvoir n'est pas dans la force, mais dans ce qui la subjugue. Malheur, en fait de littérature, à la femme forte ! Je craindrais que son style ne fût hommasse; et dans ce genre, la femme ne doit pas plus se mesurer avec l'homme, que la sensitive avec le chêne.

Ce petit recueil de lettres est l'histoire toute simple d'un jeune homme et d'une excellente jeune fille, qui s'aiment tout de suite et qui s'aimeront toujours.

Charles est rappelé de l'université pour rendre des soins à une mère mourante. Il la trouve morte, et reste pour la consolation d'un père affligé. Dans les premiers embrassements, une larme de cet excellent père est tombée sur la main de son fils. *Je la sens encore,* dit-il, *cette larme de mon père, qui est tombée sur ma main !*

Quelques jours après, le jeune homme, promenant sa tristesse aux environs du château, entre la nuit dans un parc voisin; il entend des accents dont la mélancolie s'accorde avec la sienne. (C'est alors, ou jamais, que l'oreille est le chemin du cœur). A mesure qu'il approche il est plus touché. La romance finit, il entend applaudir; les applaudissements lui déplaisent. Il voudrait que la voix n'eût chanté que pour lui.

Son père le mène, peu de jours après, dans le château du lord Seymours, dont ce parc

------

(1) L'article est signé F.-M. de Fontanes a jugé convenable de le désavouer, quoique personne ne l'eût soupçonné d'en être l'auteur. Il était fort clair que l'auteur était Fiévée.

dépend. Le jeune Charles y voit une mère intéressante, mais infirme, accompagnée de ses trois filles ; et le premier regard lui dit que cette voix qu'il croit toujours entendre appartient à la troisième. La première est une étourdie qui n'aime que le bruit, la chasse, les chevaux et les chiens, et ce sont là ses titres à la prédilection marquée de milord. La seconde est un bel esprit manqué, précieuse, dédaigneuse, et surtout jalouse de la troisième. La troisième est la véritable, c'est Marie, Marie vraiment pleine de grâces. Elle n'aime ni la chasse, ni l'esprit, mais elle aime sa mère ; elle la sert, elle se plaît à tous ses devoirs, elle s'embellit de toutes les vertus, et ne trouve de plaisir que dans le bien qu'elle fait. Charles ne croit pas encore l'aimer, mais il dit : *C'est la fille que ma mère aurait choisie.*

Marie ne tarde pas à sentir qu'elle est aimée de Charles, Charles ne tarde pas à sentir qu'il est aimé de Marie. Le père de l'un, la mère de l'autre, le savent ; tout le reste de la famille le voit, car ces bons enfants n'y mettent que de la décence et point de ruse. Ils se voient souvent, ils se cherchent toujours, ils craignent un peu, mais ils espèrent beaucoup ; et même des Bohémiennes ont prédit leur union : ainsi comment en douter ?

Mais la calomnie vient éveiller la jalousie dans le cœur de Charles, et changer le nectar dont il s'enivre en poison. Charles, jaloux, n'en est que plus amoureux ; Marie, soupçonnée, n'en est que plus touchante. La calomniatrice était notre bel esprit qui, en essayant d'éteindre le feu, n'avait fait que le souffler. Marie en est quitte pour une petite confession générale, et cette confession est celle d'un ange.

Le père de Charles, la mère de Marie étaient depuis longtemps d'accord, il ne manque plus que le consentement du lord Seymours ; mais on sait qu'il ne mariera jamais la cadette avant les aînées, et milady jouit dans la maison de tout le discrédit que la femme la plus sensible doit avoir auprès de l'homme le plus farouche. Il faut donc que le jeune couple se résigne à ce qui coûte le plus à l'amour et à la jeunesse... la patience.

Ici l'on trouve dans les lettres de Charles une lacune de plusieurs mois ; en voici la cause : Un soir, revenant à cheval à la maison paternelle, ne pensant à rien, ou plutôt ne pensant qu'à une chose, son cheval l'a emporté... Il n'en sait pas davantage par lui-même. On lui a, depuis, raconté qu'il avait été trouvé sans connaissance, et porté dans son lit. On lui a dit encore que la connaissance lui était revenue quelque temps après, mais non la raison, et que dans son délire il n'a jamais articulé que deux mots. Le premier avait été : *Mon père !* il en remercie le ciel ; mais l'autre était : *Marie* ; jamais que *Mon père* et *Marie !* Comme il n'avait pas d'autres affections, il n'a pas eu d'autres idées, et tout son esprit, pour un temps, s'est tenu renfermé dans son cœur. Cependant sa raison reparaît enfin, et, revenu comme d'un long sommeil, il avait son père, il avait lady Seymours auprès de son lit. Tous deux se sont jetés aux pieds de lord Seymours, qui a cru devoir demander à Marie si elle voulait joindre sa destinée au sort d'un fou ; la bonne Marie a été au comble de ses vœux. Ses sœurs, loin de lui disputer sa conquête, en ont été charmées, d'autant plus que par ce mariage elles voyaient cette importune Marie, qui leur avait enlevé jusque-là tant d'hommages, comme établie aux Petites-Maisons. Ainsi donc, plus d'obstacles ; et l'heureux Charles recouvre à la fois sa raison et sa maîtresse, tandis que tant d'autres, en pareil cas, seraient obligés de choisir.

Cet ouvrage ne serait rien, s'il n'était pas charmant d'un bout à l'autre. C'est un arbuste dont on ne voit ici que la tige et les branches ; mais en lisant le roman on s'apercevra bientôt que ces tiges et ces branches ont passé par les mains de Flore.

(Journal de Paris, du 30 nivôse an x.
— 20 janvier 1802.)

LES DEUX AMIS,

CONTE IROQUOIS, PAR SAINT-LAMBERT.

De vrais amis se partagent, dans l'occasion, le logement, la table, le lit ; mais jamais le lit de leur femme ou de leur maîtresse. L'amitié n'accorde pas deux amants rivaux ; l'amour entre eux détruit l'amitié. L'intérêt de la société civile a autorisé en ce genre la préférence de soi sur son ami ; il a même commandé l'exclusif à l'égoïsme et à l'orgueil des hommes ; et l'opinion a flétri ceux mêmes qui consentiraient trop manifestement à ne pas voir les partages que les femmes font quelquefois d'elles-mêmes, l'intérêt de leur vanité étant quelquefois de posséder seules plusieurs hommes. La nature a jeté dans le cœur des hommes les semences de jalousie que l'état social y a développées. En faisant de l'amour le principe des plaisirs les plus *vifs*, elle lui a donné un grand ascendant sur l'amitié, qui n'est la source que des plus *doux* et des plus *nobles*.

Aussi, chez les peuples civilisés, on ne peut voir l'amitié et l'amour aux prises dans un même cœur que pour faire un sacrifice ; jamais pour un partage. L'ami héroïque cède sa maîtresse à son ami, l'ami ordinaire la dispute tout entière ; nous ne pouvons admettre un autre arrangement.

Beaucoup de gens connaissent cette anecdote d'un matelot anglais : Sa femme l'ayant cru mort à la suite d'une traversée d'Angleterre en Amérique, se remaria. Quatre ou cinq ans après cette nouvelle union, le premier mari reparut tout à coup, et revendiqua près de sa femme ses droits d'époux. De son côté le second mari ne voulant pas céder les siens, il s'ensuivit un petit arrangement qui, dit-on, fit le bonheur des trois personnes.

Cette histoire ne peut s'expliquer que par la bassesse d'âme des trois personnages, ou par un égal mépris de la part des deux hommes pour la femme qui se partageait entre eux.

Cependant on peut concevoir un état de société barbare, dans lequel l'amitié des hommes entre eux sera plus puissante que dans la civilisation, parce qu'elle y sera liée à toutes les idées religieuses et à toutes les habitudes, et où l'amour le sera moins. L'amour, dans nos mœurs, reçoit tous les genres de consécration imaginables ; le contrat civil, l'engagement religieux *scellent les promesses* des amants, et ni la loi ni la religion ne font rien pour l'amitié. De plus, dans des mœurs très-civilisées, l'amour est plus que l'amitié, attendu qu'il est aussi l'amitié. Mais il en est tout autrement entre des demi-sauvages dont la religion consacre les amitiés, et ne fait rien pour leur amour ; où l'homme, toujours en guerre avec l'homme et avec la nature entière, a plus be-

soin du secours d'un ami que dans aucune situation de la vie civilisée.

Aussi, là, un spectacle tout étranger pour nous peut s'offrir. Les idées du partage, qui sont repoussées par toutes nos idées, doivent trouver accès parmi les leurs ; et comme les sacrifices absolus, dont on met au théâtre ou dans les romans les préliminaires, ont un grand intérêt pour nous, les préliminaires et les circonstances d'un partage doivent en avoir aussi. C'est ce qu'a vu Saint-Lambert, c'est ce qu'il a essayé de montrer dans le conte des *Deux Amis*. C'était une tâche difficile à remplir ; elle demandait une profonde connaissance du cœur humain, de la nature des passions, de leur langage, et des modifications qu'y apportent les grandes circonstances de l'état social où vivent les personnages. Il fallait de plus une extrême délicatesse de pinceau, pour reculer ou voiler à propos les situations, et montrer les phénomènes de l'âme sans trop laisser voir les circonstances physiques qui en ont été l'occasion. C'est à quoi le talent ne suffisait peut-être pas ; une sorte de bonheur était nécessaire au succès. Voyons comment le savoir, le talent, le bonheur, ont servi Saint-Lambert.

On trouve, à la fin du 5e volume des œuvres philosophiques de Saint-Lambert, un conte iroquois aussi intéressant par le fond qu'il est touchant par la manière dont il est traité. Chacun sait quel talent cet illustre écrivain a mis dans ce genre de contes qu'on peut regarder comme des essais sur les mœurs de l'homme sauvage, et quel succès ont obtenu *Ziméo* et... Le conte des *Deux Amis* est le développement d'une grande idée philosophique.

Le prodige de la civilisation était sans doute de montrer dans toute sa force l'amour de deux hommes pour la même femme, et de nous faire voir ces deux amants, également comblés des faveurs de la même maîtresse, vivre heureux et amis. Il existe cent romans dont le fond roule sur l'idée contraire. Saint-Lambert est le premier, je pense, qui ait voulu nous montrer ce prodige, non chez l'homme civilisé, mais chez le sauvage, c'est-à-dire chez l'homme où la raison ne peut avoir d'empire sur les passions. C'est, de toutes les manières de résoudre une question, choisir la plus difficile. En voilà assez pour dire qu'il fallait du talent et du bonheur pour traiter ce sujet ; nous allons tâcher de faire voir que Saint Lambert n'a manqué ni de l'un ni de l'autre.

Talho et Mouza, deux jeunes Iroquois du village d'Ontaio, furent liés dès leur plus tendre enfance par les nœuds de l'amitié.

Le temps et l'âge, loin d'affaiblir ce lien, ne firent que le resserrer davantage ; et lorsqu'ils eurent assez de force et d'expérience pour attaquer dans la forêt le loup, le carcajou et le tigre, ils pensèrent à se choisir un *manitou*. Disons que les Iroquois, ainsi que tous les sauvages, adorent un Être suprême, et que le *manitou*, c'est le génie que le *Grand-Esprit* donne à chacun des sauvages pour veiller sur eux et les protéger dans tout le cours de leur vie ; et ils croient qu'ils sont les maîtres d'attacher ce génie à tout ce qu'ils veulent. Chacun des deux amis attacha donc son génie à la personne de son ami. Mouza fut le manitou de Tolho, et Tolho fut le manitou de Mouza.

Dès ce moment leur amitié leur devint sacrée ; les soins qu'ils se rendaient avaient quelque chose de religieux ; chacun d'eux était pour l'autre un objet de culte, un être divin. Ils trouvèrent un courage plus ferme, une audace plus intrépide ; ils attaquèrent avec succès les animaux les plus féroces, et tous les jours ils revenaient dans Ontaio chargés de proie et de fourrures.

Les jeunes filles des sauvages aiment beaucoup les bons chasseurs, qu'elles préfèrent même aux guerriers, parce que, chez les femmes sauvages, l'abondance vaut mieux que la gloire. Parmi les jeunes filles qui tentèrent la conquête de Tolho et de Mouza, Érimé était la plus aimable : elle avait dix-sept ans ; vive et gaie, elle aimait le travail et le plaisir ; elle était coquette avec les jeunes gens, respectueuse et attentive avec un oncle nommé Chériko, qui avait pris soin de son enfance.

Érimé essaye de plaire alternativement à chacun des deux amis. Mais les Iroquois étaient menacés d'une guerre avec les Ontaionis. Le moment des grandes pêches arrivant, Mouza et Tolho, soumis au préjugé des sauvages qui leur défend les plaisirs de l'amour avant vingt ans (ils n'en avaient que dix-huit), occupés des préparatifs de leur pêche, parurent faire peu d'attention aux agaceries de la jeune fille. Ils s'embarquèrent sur le fleuve Saint-Laurent, et abordèrent sur le rivage qui borde la partie du fleuve la plus abondante en poissons. C'est là qu'ils se surprennent mutuellement l'aveu de la passion qu'ils ressentent pour la même femme, pour Érimé, et qu'ils se peignent en détail la manière dont ils la sentaient. Ni l'un ni l'autre n'imaginaient encore de la combattre et de la vaincre. Tolho avait dans le caractère plus de fierté et d'impétuosité que Mouza : celui-ci était plus tendre ; ils étaient également généreux, l'un par élévation d'âme, l'autre par tendresse. Ils avaient au même degré le courage, l'amitié et l'amour.

Après plusieurs discours par lesquels ils se rappelaient la conduite des jeunes sauvages qui avaient vaincu leur passion, ils forment le projet de ne retourner dans Ontaio que lorsqu'ils seront l'un et l'autre en état de revoir Érimé sans émotion. Ils se construisent donc une cabane sur le bord de la mer, et ils vécurent de leur chasse et de leurs fruits. De temps en temps ils se demandaient des nouvelles de l'état de leur âme, et d'ordinaire ils ne se répondaient que par un soupir.

Ils étaient plongés dans la plus profonde mélancolie, lorsqu'un jour Mouza adressa ces mots à son ami : « Je me suis interrogé, et je « me suis dit : Si Tolho goûtait dans les bras « d'Érimé les plaisirs de l'amour, pourquoi « mon âme en serait-elle affligée ? mon âme « qui est heureuse des plaisirs de Tolho ? C'est « parce qu'Érimé serait à Tolho et ne serait « pas à moi. Mais si Érimé le veut, ne pouvons- « nous pas être heureux l'un et l'autre ? elle « serait à nous, et alors... » Tolho a aussi interrogé son cœur ; il parle comme celui de Mouza, et si Érimé donne le sien à l'un et à l'autre, ou si elle leur laisse ignorer qui des deux elle préfère, Tolho et Mouza seront heureux du bonheur l'un de l'autre.

Cette disposition prise, ils s'embrassèrent et se disposaient à retourner à leur village, quand ils rencontrent dans leur chemin une troupe d'Otaionis, emmenant des prisonniers iroquois ! Bouillant d'ardeur, ne respirant que la vengeance, nos deux jeunes gens, sans consulter le nombre, se précipitent sur leurs ennemis et les dispersent. Tolho court délivrer les prisonniers. Quel est son bonheur quand il reconnaît Érimé parmi ceux qu'il vient de sauver !

Mais Mouza, en poursuivant avec trop d'acharnement les Otaionis, a été fait prisonnier. Tolho, au désespoir, court à la peuplade des Iroquois, demande des secours. On s'arme, et Chériko, oncle d'Érimé, commande la troupe, qui, bientôt, se met en route. Érimé, qui ne voulut plus quitter les pas de son libérateur, cueillait des fruits et les présentait à Tolho. Elle lui parlait et le consolait sans cesse. Celui-ci, touché et attendri, lui dit combien elle lui était chère : Érimé rougit. « Garde-toi, lui dit « Tolho, de me répondre; ne jette point sur « moi les yeux du mépris; ne me regarde point « des yeux de l'amour; garde-toi d'expliquer « ton cœur. Si Mouza et Tolho se retrouvent « encore sur la même natte, ils viendront à « toi, te parleront; tu nous répondras alors; « jusque-là, gardons-nous d'expliquer nos « cœurs. »

Les Iroquois ont pénétré pendant la nuit au principal village des Ontaïonis, dans la place destinée au supplice des prisonniers; ils sont entrés dans la loge où Mouza, pâle et couvert de plaies que des barbares vainqueurs lui ont faites, attendait la mort avec fermeté. Les deux amis sont dans les bras l'un de l'autre. On les ramène en triomphe à la peuplade; où Mouza et Chériko, quoique dangereusement blessés, guérissent promptement.

Mouza et Tolho révélèrent alors leur passion et leurs desseins à Chériko. Ils osèrent le conjurer de leur être favorable. Le vieillard fut d'abord opposé à une sorte d'union qui, sans être contraire au caractère et aux mœurs des Iroquois, n'était pas dans leurs usages. Il sentit que cette union avait des dangers, et il ne se détermina à les servir avec chaleur qu'en songeant que sa nièce aurait pour appui les deux plus braves guerriers de la nation : « Tous « deux méritent ton cœur, lui dit-il; qu'ils le « possèdent également. Ne souris point à l'un « sans sourire à l'autre. Réponds à leur amour; « ne le préviens jamais. » Érimé, après un silence, répondit qu'elle devait tout aux deux amis, et qu'elle ne serait point coupable d'un si grand crime, l'ingratitude.

Tolho et Mouza avaient décidé qu'ils ne verraient leur épouse en particulier que la nuit; mais ils n'avaient point décidé auquel des deux appartiendrait la première. Mouza céda le premier à la générosité de son cœur. Tolho voulut être généreux à son tour; il refusa. Cette lutte de générosité entre les deux amis ne termine rien, et il fallut s'en rapporter à Chériko sur ce point. Celui-ci nomma Mouza... Après s'être abandonné à son ivresse, Mouza dit à Érimé : « Tu es la seule femme qui soit belle pour mon « ami et pour moi; c'est pour moi que tu es « belle aujourd'hui; tu le seras demain pour « mon ami. Dis-moi que tu aimes Tolho, et » demain garde-toi d'oublier Mouza. »

Tolho, pendant cette nuit, éprouvait les atteintes de la jalousie; il était triste et agité; il s'impatientait, lorsqu'au point du jour il se vit dans les bras de son ami. « Tolho, sois con-« tent, lui dit-il; Érimé nous aime l'un et l'au-« tre. » Et ils entrèrent dans la cabane. Tolho reprit sa gaieté, et ils passèrent ensemble une journée délicieuse. Cependant, vers le soir, Mouza parut un peu rêveur. La nuit vint, et Érimé parut répondre avec autant d'empressement à l'amour de Tolho qu'à celui de Mouza. On n'a point su lequel des deux époux lui était le plus agréable; elle était plus tendre avec Mouza, plus passionnée avec Tolho. « Érimé, lui dit celui-ci après que ses trans-« ports furent un peu calmés, tu es l'âme de « nos âmes; nous vivons en toi : s'il est un de « nous qui soit plus cher que l'autre à ton « cœur, cache bien ce secret; un mot de ta « bouche ôterait la vie aux deux amis. Règne « sur Tolho, règne sur Mouza, et qu'ils con-« servent jusqu'au tombeau les sentiments « qu'ils ont l'un pour l'autre et pour toi. »

C'est ainsi qu'amoureux, ardents, passionnés, mais toujours amis généreux, Mouza et Tolho aimèrent Érimé, qui, de son côté, fut toujours vigilante, douce, attentive, laborieuse, et le modèle de la fidélité conjugale.

II. — CONSIDÉRATIONS GÉNÉRALES SUR LES ROMANS.

LETTRE DE... A...,

SUR UN USAGE AUQUEL ON POURRAIT FAIRE SERVIR LES ROMANS.

Je vous remercie, mon cher ami, de m'avoir procuré la visite et la connaissance de madame ..... S'il y a des esprits qui ne font profit de rien, il en est d'autres, en revanche, qui tirent parti de tout, et madame ,..., est de ce nombre A peine eûmes-nous lié connaissance, ce qui ne fut pas long, grâce au bien que votre indulgente amitié lui avait dit de moi et au bien que sa réputation m'avait appris d'elle, qu'aussitôt la conversation tomba sur l'assemblée constituante. Nous parlâmes des principaux personnages qui ont eu le malheureux honneur d'y figurer, de Barnave, de Mirabeau, de la Fayette, de la Rochefoucauld, etc. Elle les peignit tous avec des traits si justes, des couleurs si vraies, des nuances si délicates, avec tant d'ordre et tant d'effet, que je ne pus m'empêcher de l'interrompre, pour lui demander où elle avait pris cet art de peindre, auquel le talent seul ne pouvait atteindre. — Dans les romans, me répondit-elle. Les romans font ma lecture favorite; j'y trouve de l'intérêt pour le cœur et de la nourriture pour l'esprit. Il est rare de ne pas rencontrer, je ne dis pas dans les plus mauvais, mais dans les plus médiocres, quelques caractères originaux, soit en bien, soit en mal. Je les observe, je les étudie, je recueille les peintures qu'en font les auteurs; je les peins moi-même d'après les actions et la conduite qu'ils leur prêtent. Quelquefois j'ajoute un trait, quelquefois j'en supprime un, suivant que l'ensemble me paraît l'exiger, et d'après les observations que je fais dans la société sur les originaux. Quant à l'ordre que j'observe, lorsque je ne trouve pas mes portraits tout faits, le voici : les grands traits d'abord, ensuite les traits accessoires, ensuite le coloris, enfin le jeu de toutes les parties dans quelques positions propres à les faire toutes ressortir. C'est là tout le secret de cet art que vous voulez bien me supposer et louer.

— Ah! répondis-je, c'est savoir faire profit de tout, que de tirer un tel parti des romans : que feriez-vous donc d'une tragédie, ou d'une comédie? — D'une tragédie, d'une comédie moderne? Peu de chose. D'une comédie de Molière? Il n'y a rien de mieux à en faire que de la savoir par cœur; car à quoi bon resserrer dans le portefeuille les caractères qu'il a traduits sur la scène? Mais des tragédies de Corneille j'en ai extrait plusieurs caractères grands, forts, imposants. Racine m'en offre aussi de tels, mais agités et développés par une passion tendre qui en fait encore ressortir les traits et ajoute à leur intérêt; je les ai recueillis, et leur ai donné le nom que j'ai cru leur convenir.

— S'il y a longtemps que vous exécutez ce travail, vous devez avoir un portefeuille à peu près assorti de tous les caractères qui peuvent se rencontrer dans le monde.—Un portefeuille! dites une galerie de portraits, qui plaisent par leur variété, qui amusent par l'application qu'on ne manque jamais d'en faire à quelques gens de sa connaissance (et il n'en est guère auxquels on ne finisse par donner un nom propre), qui d'ailleurs retracent le souvenir des plus agréables lectures, sont le résultat des observations les plus utiles, et enfin forment un petit ouvrage littéraire et moral, dont on s'attribue au moins quelque chose. — Cette galerie doit être à peu près complète? — Que dites-vous! Il y a deux ans que j'y ajoute chaque jour; j'ai réuni de deux à trois cents portraits, à peine ai-je les caractères principaux : les variétés sont infinies; le même vice, la même vertu offrent des nuances toutes différentes, suivant ceux auxquels il s'associe dans la même personne, suivant leurs passions, leurs goûts, leur tempérament, leur âge. D'ailleurs, il y a deux côtés à chaque vice et à chaque vertu; chaque vice a son côté odieux et son côté ridicule; chaque vertu, son côté aimable et son côté touchant : vous voyez combien de variétés naissent de cette circonstance.

— Ce doit être un amusement aussi utile qu'agréable de considérer cette galerie, d'en rapprocher les différents morceaux, de suivre les gradations qui mènent d'un genre à un autre? On peut apprendre là à connaître la nature humaine? — Sans doute; mais ce qui est bien plus utile encore que de considérer cette galerie, c'est de la faire, c'est d'en composer les portraits par la réunion des traits épars dans tout un livre; c'est de les mettre en ordre, de les classer, pour ainsi dire, par familles; de ranger, suivant leur degré de parenté, ceux qui appartiennent à la même, et de ranger ensuite les familles diverses suivant leur affinité et la gradation de leur importance; on apprend par là à tout mettre à sa place, et à tout priser à sa valeur dans le monde moral. Comme les peintres conservent dans leurs ateliers des figures ou *études* qui représentent les quatre grandes passions de l'âme, pour en emprunter quelques traits au besoin, le moraliste peut trouver de l'avantage à réunir des *caractères* qui représentent les principales combinaisons des qualités de l'esprit et du cœur. En apprenant par l'étude des éléments qui composent chaque vice et chaque vertu, quelle est sa nature, on se met sur la voie qui conduit à leurs principes, et par conséquent aux moyens de porter remède aux uns et de propager les autres.

— Ce serait certainement une facilité bien précieuse pour la connaissance de l'homme, que d'avoir, sous chaque mot applicable à un caractère moral, une sorte d'empreinte ou d'effigie, qui rassemblât sous la vue de l'esprit tous les traits dont ce mot est l'expression abrégée! Ce serait un dictionnaire d'une espèce nouvelle, qui vaudrait bien ceux où l'on entasse des définitions froides, incomplètes, souvent même fausses et ridicules! — Les mœurs pourraient gagner aussi à la publicité d'une collection complète de portraits bien faits. En mettant, pour ainsi dire, en peinture le sens des mots qui servent à désigner les qualités des hommes, en empêchant ainsi l'abus de ces mots dans la société, elle pourrait empêcher d'usurper les qualifications honorables qu'on mérite le moins, et de se soustraire aux qualifications odieuses qu'on mérite le mieux. Les arts eux-mêmes ne pourraient-ils pas retirer de grands avantages de ce trésor d'observations? Ne fournirait-il pas à nos auteurs dramatiques une foule de nouveaux sujets et une grande abondance de moyens pour les traiter? N'offrirait-il pas des traits au peintre

d'histoire, et ne contribuerait-il pas à assurer la vérité de son expression? Nos acteurs même n'y trouveraient-ils pas des indications précises, qui les préserveraient de ces écarts ou de ce vague où ils tombent si souvent en jouant les pièces de caractères? Je pense depuis longtemps que si nos acteurs avaient étudié les *Caractères de la Bruyère*, nous n'aurions pas vu si souvent confondues au théâtre toutes les nuances; jouer l'*Inconstant* comme le *Volage*, le *Misanthrope* comme le *Bourru*, le *Tartuffe* alternativement comme le *Fanatique* et le *Patelin*, etc.—Rien de plus frappant que ce que vous dites là. Ce serait même pour les artistes qu'une bonne collection de portraits aurait sa plus grande utilité littéraire, ce serait par eux qu'elle atteindrait à sa plus grande utilité morale. Des portraits ne peuvent mieux influer sur les mœurs, qu'étant exposés et mis en action sur la scène. Il a fallu que l'hypocrisie, l'orgueil, l'avarice même y fussent traduits, pour que le mépris de ces vices devînt un sentiment général, et le plaisir de s'en moquer, un plaisir populaire. — Les *Caractères de la Bruyère* formeraient le premier volume d'une collection complète en ce genre? — Sans doute, et ce serait vraisemblablement la partie la mieux exécutée. Mais la Bruyère a peint beaucoup de défauts, peu de vices, point de qualités aimables. D'ailleurs, il n'a peint les vices que du côté ridicule : leur côté odieux est pourtant celui qui se présente le plus naturellement, et c'est le plus nécessaire à connaître.

— Je serais bien curieux de voir votre collection......, s'il n'y avait pas d'indiscrétion à vous la demander... — Très-volontiers. Il n'y a point de secret à cela. Si au portrait d'un sot vous reconnaissez B..., à celui d'un fou, A..., à celui d'un intrigant, D..., à celui d'un méchant, C..., ce ne sera ni ma faute, ni la vôtre, ni celle du portrait; ce sera la leur.

— Ainsi, quand vous rencontrez dans la société quelque original qui mérite d'être observé, vous savez tout de suite où trouver son portrait, ou à peu près? — Oui. — Vous pouvez tout de suite pénétrer son caractère, le définir, le dépeindre? — Cela m'arrive quelquefois. — A la faveur de ce que laisse voir le personnage, vous voyez ce qu'il voudrait cacher? — Très-souvent. — Quelques mots échappés vous découvrent une longue chaîne de ses

pensées? — Sans doute. — Et vous êtes difficilement dupe des efforts qu'on fait pour vous
tromper? — Je m'en flatte. — Allons, je vais
essayer de suivre votre exemple; il vaut mieux
que celui de Lavater. Je vais, dès aujourd'hui,
faire un petit livret de papier blanc, qui ne me
quittera point tant que je lirai des romans, et
qui sera toujours prêt à recevoir les portraits
que je voudrai y consigner. Je vais même lire
exprès des romans : c'est la première fois peut-
être qu'on en aura lu par projet d'utilité.
Mais cette besogne n'a-t-elle pas plus de difficultés qu'elle n'en présente au premier coup
d'œil? — Elle n'en a point du tout. Un recueil
de portraits a encore cela de bon, que c'est un
ouvrage que tout le monde peut faire sans
peine, à bâtons rompus, et presque sans y
songer.

Voilà, mon cher ami, un précis de ma conversation avec madame ... Ne trouveriez-vous
pas bon de le publier, dans ce moment où la
lecture des romans est si à la mode? Ne serait-il
pas plaisant d'amener tant de désœuvrés à tirer quelque utilité de leur futilité?

J'oubliais de vous dire qu'entre les romans
nouveaux, dont madame ... a tiré des portraits,
qu'elle m'a lus pour me donner des exemples
de ce travail, je trouve celui de CAMILLA, par
miss Burney. Il y a là un *homme usé,* mais
bon humain, en opposition avec trois jeunes
filles qui éprouvent les premières impressions
de l'amour, l'une avec un *esprit gai et un cœur
tendre,* l'autre avec une *tête vaine et un cœur
froid,* l'autre avec *une âme sensible et un
esprit sérieux.* Ce que j'ai vu de ces trois caractères me fait désirer de suivre dans le livre

toutes les épreuves par où ils ont passé. Je
vous prie de me l'envoyer.

(Journal de Paris, du 11 pluviôse an vi. —
30 janvier 1798.)

———

DES DOULEURS ROMANESQUES.

Quand je considère cette immense quantité
de romans, qui forme à elle seule une grande
bibliothèque, je me dis : Voilà les archives des
souffrances les plus sensibles aux hommes; et
en effet, un roman n'est-il pas l'histoire de
quelque peine du cœur? Y a-t-il un de ces volumes qui ne présente au moins un malheureux? Cette idée m'afflige.

Mais si je mets la tête à ma fenêtre, je vois
passer en une heure des milliers de personnes
à qui tous ces maux seront éternellement
étrangers; ces voituriers, ces porte-faix, ces
fiacres, ces marchands, ces gens d'affaires qui
se suivent, se croisent et se heurtent dans les
rues, n'en sentiront jamais la moindre atteinte; toutes ces personnes qui ont passé
trente ou quarante ans, ne les souffriront plus.
Qu'est-ce donc que ces peines? Les infirmités
de la jeunesse, le tourment du loisir, l'occupation des esprits actifs qui n'ont rien à faire.
De tels maux ne sont que des contrariétés
éprouvées dans l'habitude du bonheur. Quel
est l'être assez favorisé par les circonstances,
pour n'être pas bien plus près de les envier
que de les plaindre?

(Journal de Paris, du 21 germinal an viii.
— 10 avril 1800.)

OPUSCULES.

PARAGRAPHE QUATRIÈME.

VOYAGES.

1. — NOTICES SUR QUELQUES OUVRAGES QUI ONT PARU DE 1796 A 1804.

D'UN GENRE DE CONQUÊTES PARTICULIER, ET D'UN CONQUÉRANT MODERNE QUI N'EST PAS ASSEZ CONNU.

C'est à la vue des victoires, des triomphes, des conquêtes, c'est au bruit des nouveaux combats où conduit l'intérêt de la paix, qu'il sied à la morale de rappeler les principes de la modération et les vues d'utilité que des vainqueurs doivent se proposer. C'est à des guerriers triomphants, à des gouvernants glorieux, qu'elle se plaît à montrer un genre de conquêtes qui s'exerce dans la paix, et doit être le dernier résultat de toute guerre; qui demande, non un courage héroïque, mais un long courage; qui, sans détruire, produit; sans dépouiller, enrichit; sans envahir, étend et fortifie; sans changer les limites des empires, change leurs rapports de puissance; et sans éblouir, immortalise.

Le hasard, qui me fait tomber entre les mains un petit livre de 200 pages, m'offre un exemple de ces conquêtes.

Ce sont les *Voyages* et la *Vie* de Pierre Poivre.

Voici une page de ses exploits : il a apporté des Moluques à l'Ile de France, et y a naturalisé le muscadier et le géroflier; de Ceylan, le canellier; de Madagascar, le mûrier à gros fruit vert; des Moluques, le sagoutier; d'Yolo, le maran, le magoustan, le meilleur fruit du monde; de la Chine, le savonier, le thé, *l'arbre*

à *suif*; il y a fait connaître aussi le *rimu* ou *arbre à pain*; enfin, *le riz sec*, de la Cochinchine, ce riz, le meilleur et le plus fécond de tous, qui mûrit quinze jours plus vite que les autres, croît dans les terres sèches, sur les plus hautes montagnes, et ne demande ni inondation, ni même arrosement.

Héros de nos armées, nous vous honorons, nous vous chérissons. Mais qui de vous ne serait jaloux de voir sur sa tombe une pareille page pour épitaphe !

(*Journal de Paris*, du 30 messidor an iv. — 18 juillet 1796.)

VOYAGE DE J. DUSSAULX A BARÉGES
ET DANS LES HAUTES-PYRÉNÉES.

Je viens de lire ce voyage, et il m'en reste de vives et d'agréables impressions. J'ai assisté aux plus grands spectacles de la nature avec un des hommes les plus louables de la société, avec un vieillard, homme d'esprit et de talent, avec un citoyen vertueux, avec Dussaulx. Je l'ai suivi dans ses contemplations et dans ses périls; et mon plaisir s'est accru tout à la fois par l'intérêt que m'inspirait l'auteur et par l'idée que je partageais ses émotions.

Cet ouvrage me parait offrir une lecture non-seulement agréable, mais encore utile. D'autres avant Dussaulx ont observé les Pyrénées; les uns les ont décrites en naturalistes, les autres en poëtes; Dussaulx, quoique poëte aussi, paraît s'être donné encore une autre tâche: il a observé, décrit, dépeint tous les divers états de l'âme à la vue de ces montagnes, ou dans les périls que font rencontrer leur escalade ou leur descente. Son livre est un recueil d'observations sur l'homme étonné, enthousiasmé, inquiet, étourdi, épouvanté. C'est une source d'instruction pour le moraliste, car il lui offre des faits, et c'est ce que demande tout esprit sage qui ne veut pas prendre de vaines combinaisons de mots pour des principes.

C'est une très-bonne peinture de l'*effroi* et la *terreur*, que le chap. VII du premier volume, intitulé *De mes perplexités sur le torrent de la montagne de Liens*. Des philosophes, dit Montaigne, se sont étudiés jusque dans les bras de la mort. Dussaulx a fait la même chose dans un moment où il s'attendait à une mort violente. Il a fait l'histoire de sa peur avec une précision parfaite; il en montre la marche, les progrès, la suspension, la fin, selon les circonstances qui l'occasionnent. On voit dans ce tableau comment toutes les idées se confondent, comment tous les soutiens de la raison s'ébranlent à la fois par l'effet d'une seule sensation. Là, peut-être, on puisera quelque indulgence pour tant d'hommes qui, plus malheureux que les simples victimes de la *terreur*, ont été contraints par la terreur elle-même à se rendre complices au moins de son langage et de son appareil.

La marche de l'ouvrage est facile; le style en est pittoresque, animé. Les réflexions y naissent toujours naturellement des faits, et la chaîne des faits n'est point rompue par les réflexions. Rien qui soit digne de remarque ne laisse passer indifférent; rien n'arrête trop ni trop peu. Le poëte et le moraliste s'y montrent tour à tour avec une égale convenance et un parfait accord; et ce qui ajoute au charme de l'un et de l'autre, c'est qu'en eux, comme je l'ai déjà dit, se montre toujours l'homme de bien.

(*Journal de Paris*, du 10 frimaire an V.— 30 novembre 1796.)

VOYAGE DANS L'INTÉRIEUR DE LA CHINE

ET EN TARTARIE,

Fait dans les années 1792, 1793 et 1794, par lord Macartney, ambassadeur du roi d'Angleterre auprès de l'empereur de la Chine, etc.

Rédigé sur les papiers de lord Macartney, sur ceux de sir Erasme Gower, commandant de l'expédition, par sir Georges Staunton, de la Société de Londres, secrétaire de l'ambassade d'Angleterre, et ministre plénipotentiaire auprès de l'empereur de la Chine.

On sait que lord Macartney a eu le rare avantage de traverser la Chine dans toute sa longueur, et de faire le chemin de Canton à Zhé-Hol, maison de campagne de l'empereur, située au delà de la grande muraille, en Tartarie. Quoique la défiance du gouvernement chinois ne permette pas un grand essor à la curiosité des étrangers, tant d'hommes, tant de choses, tant de faits s'offrent à la vue dans un si long trajet, qu'il ne faut que des yeux pour recueillir les plus importants détails; et l'ambassade de lord Macartney était composée d'observateurs éclairés et d'hommes versés dans des connaissances de tout genre.

Le premier volume de l'ouvrage renferme le récit du trajet de l'Angleterre à la Chine. On y trouve des détails utiles sur les colonies espagnoles, portugaises et hollandaises, et d'autres plus utiles encore sur la navigation dans l'Océan indien, la mer Orientale et la mer Jaune. Les trois autres volumes sont entièrement consacrés aux arts, aux mœurs, aux lois de la Chine, et à l'histoire naturelle du pays.

On sent qu'un pareil ouvrage n'est pas susceptible d'extrait, dans une feuille aussi resserrée que celle où nous écrivons; elle ne nous laisse guère que l'espace d'une notice.

Prenons au hasard quelques détails.

Nous avons déjà osé dire qu'à tort on attribue au despotisme la stabilité du gouvernement de la Chine et la prospérité de ce pays; cet hommage est dû à plusieurs institutions républicaines, qui, dans la constitution chinoise, surmontent et font fléchir les institutions despotiques. Voici une anecdote du voyage de Macartney, qui prouve à quel point l'égalité de naissance y est consacrée:

« Il y avait, parmi les présents destinés à l'empereur, un volume de portraits de la principale noblesse d'Angleterre. Afin que l'empereur eût plus d'agrément en parcourant ce volume, un mandarin se chargea de tracer sur les marges, en caractères chinois, le nom et le rang des personnages qui y étaient représentés. Quand ce mandarin en fut à l'estampe représentant un duc anglais, gravé d'après le portrait peint par sir Josué Reynolds, *lorsque ce duc était encore enfant*, on lui dit que l'original était un *tazin*, c'est-à-dire, un homme d'un rang élevé, et même d'un très-haut rang. Le mandarin concevait si peu *qu'un enfant possédât par droit héréditaire une pareille distinction*, qu'il jeta un regard de surprise; et, posant le pinceau avec lequel on trace les caractères chinois, il s'écria *qu'il ne pouvait pas mettre une telle inscription à ce portrait, parce que l'empereur savait fort bien distinguer un homme d'un rang élevé, d'un enfant.*»

Notre horreur actuelle en France pour les distinctions de naissance, est moins républicaine peut-être que cette ignorance totale d'une institution telle qu'une dignité héréditaire; et cette impuissance de comprendre ce que c'est.

Les femmes de Paris savent très-bien, par leurs éventails, que les Chinois cachent absolument la forme de leurs corps dans leurs robes larges et flottantes; et qu'à cet égard il n'y a aucune différence entre les vêtements des deux sexes. Mais ce qu'elles ignorent, c'est que la pudeur, la modestie, la décence, l'aversion pour tout ce qui *accuse le nu*, sont le principe de cet usage; le voyage de Macartney assure positivement qu'il y a encore de tous ces travers-là à la Chine : « tellement, dit-il, que la délicatesse chinoise s'offense à la vue des ouvrages de l'art qui imitent le corps humain, soit nu, soit couvert, et seulement des draperies qui suivent et déploient ses contours. » Bien plus : ce lord Macartney, ou sir Staunton, ont la pédanterie de faire à ce sujet les réflexions suivantes : « Si la décence n'est ni un sentiment naturel, ni un sentiment nécessaire, c'est au moins un heureux artifice de la société: elle n'exclut pas toujours le vice, mais elle cache sa turpitude; elle ajoute au charme et à la délicatesse des jouissances naturelles... Ce sentiment s'accroît en général avec les progrès de la civilisation et le perfectionnement des mœurs. » Si cela est vrai, où en sommes-nous donc ?

Il paraît qu'on a beaucoup exagéré le sacrifice des enfants à la Chine. A en croire les détracteurs de ce pays, on les jette par milliers à la rivière, et le gouvernement est complice de ces effroyables parricides. Lord Macartney rectifie les idées à cet égard. D'abord il n'est pas exact de dire qu'à la Chine on *jette* les enfants à l'eau pour les noyer : on en *expose* sur l'eau, mais de manière que la tête surnage, et que ces innocentes créatures puissent intéresser la pitié. En second lieu, *le gouvernement entretient des personnes pour dérober ces victimes à la mort.* Et puis ces victimes, c'est la misère seule qui les dévoue, et non une superstition féroce, comme on l'a dit. Enfin, le nombre des enfants exposés n'est pas aussi considérable qu'on l'a supposé. Lord Macartney a su d'un missionnaire, *qu'à Péking on exposait chaque année environ deux mille enfants.* Il faut savoir qu'à Péking on compte seize millions d'âmes. Barbares que nous sommes ! nous mettons notre vertu à outrer les vices et les crimes des autres ; nous traitons les Chinois de parricides : eh bien, à Paris, où il n'y a que sept cent mille âmes, les enfants exposés en 1772 furent au nombre de 7,676, et depuis 1772 jusqu'en 1786, de 6,000 par année. Ne calomnions pas, et tâchons de valoir mieux.

Au reste, il faudrait que ceux qui s'indignent si violemment de la cruauté des pères pour les enfants à la Chine, y admirassent aussi le respect des enfants pour les pères. Le sort réservé à la vieillesse, importe bien plus à la sécurité et au bonheur de l'existence, que celui des enfants. Aucun peuple n'a offert un spectacle aussi touchant des mœurs patriarcales ; et le voyage de lord Macartney donne sur ce sujet des détails pleins d'intérêt. Combien il nous serait nécessaire, dans notre corruption, de contempler la vie domestique des Chinois, pour apprendre à honorer nos pères ! Nous nous applaudissons d'être compatissants pour l'enfant qui perd, à quatre mille lieues de nous, une vie qu'il ne connaissait point, et nous abrégeons, par notre délaissement et nos mépris, celle des vieillards à qui nous devons la nôtre, notre fortune, notre éducation !

La déformation des pieds des femmes chinoises n'est ni aussi cruelle, ni aussi générale qu'on s'est toujours plu à le dire. C'est le privilége des *dames*, et les femmes des artisans n'osent prétendre à une si belle distinction. Le *Voyage* de lord Macartney explique fort bien comment s'opère et en quoi consiste cette espèce de mutilation : elle se borne à ployer quatre doigts et à les coucher sous la plante des pieds. Les *bons* cordonniers de Paris en feraient presque autant.

Les Chinois excellent en plusieurs arts. Mais nous nous garderons bien de dire ici comment ils impriment, comment ils font leurs belles étoffes, comment ils travaillent l'ivoire et préparent leur excellente poterie, comment ils suppléent au verre par la préparation de la corne, comment ils vernissent les bâtiments, comment ils élèvent les eaux, construisent les canaux, et y naviguent. Avec de ces détails-là, par le temps qui court, on n'est pas sûr de faire beaucoup rechercher un livre, et on fait sûrement rejeter avec ennui le journal qui les contient. Pour ne pas trop nous éloigner des grands intérêts qui paraissent occuper en ce moment la *belle compagnie* de Paris, nous dirons seulement que le *Voyage* de Macartney prouve très-bien que la Chine est le pays du monde où l'on prend le plus de thé, où l'on mange le plus de glaces et de confitures, où il y a le plus de beaux jardins *anglais*, et où l'on tire les plus magnifiques feux d'artifice.

Terminons par une citation relative à ce dernier objet.

En Chine, on fait des feux d'artifice pour le jour comme pour la nuit. L'ambassade en vit tirer un de la première espèce. On assure qu'il fit plus d'effet que ceux de nuit. Voici une des pièces de ce spectacle : « Une grande boîte fut enlevée à une hauteur considérable ; et le fond s'étant détaché, comme par accident, on vit descendre une multitude de lanternes de papier. En sortant de la boîte, elles étaient toutes pliées et aplaties ; mais elles se déplièrent peu à peu, en s'écartant l'une de l'autre. Chacune prit une forme régulière, et tout à coup on y aperçut une lumière admirablement colorée. On ne savait si c'était une illusion qui faisait voir ces lanternes, ou si la matière qu'elles contenaient avait réellement la propriété de s'allumer, sans qu'elles eussent aucune communication extérieure. La chute et le développement des lanternes furent plusieurs fois répétés ; et chaque fois il y eut de la différence dans leur forme, ainsi que dans la cou-

leur de la lumière qu'elles renfermaient. Les Chinois semblent avoir l'art d'habiller le feu à leur fantaisie. De chaque côté de la grande boîte il y en avait de petites, qui y correspondaient, et qui, s'ouvrant de la même manière, laissèrent tomber un réseau de feu, avec des divisions de formes différentes, brillant comme du cuivre bruni et flamboyant comme un éclair, à chaque impulsion du vent. Le tout fut terminé par l'éruption d'un volcan artificiel dans le plus grand genre. »

Avis à Ruggiéri !

(Journal de Paris, du 21 floréal an VI. — 10 mai 1798.)

VOYAGE A BOTANY-BAY,

AVEC UNE DESCRIPTION DU PAYS, DES MOEURS, DES COUTUMES ET DE LA RELIGION DES NATIFS,

Par le célèbre Georges Barrington.

(Traduit de l'anglais sur la 3e édition.)

Barrington est un voyageur d'un genre tout particulier ; ce n'est ni un savant, ni un curieux, ni un ambitieux, ni un cosmopolite inquiet ou capricieux, encore moins un philosophe ; c'est un voleur déporté, mais un voleur homme d'esprit, et d'esprit cultivé. Grand artiste en filouterie plutôt que simple filou, légiste savant et subtil, et non menteur honteux devant les tribunaux, il a su mieux qu'aucun homme tirer de chaque poche ce qu'elle renfermait de précieux, et de la législation ce qu'elle renfermait de plus favorable à la liberté et à la sûreté individuelle qu'à la propriété. Nul n'a mieux connu la limite que le crime peut franchir sans rencontrer la loi pénale, et celle que la loi ne peut franchir sans être plus coupable que le crime même. Il savait, si on peut le dire, enfreindre les lois sans les violer, comme vider les poches sans les déchirer. Il savait dérober à la justice l'indulgence qu'elle lui refusait, comme aux particuliers les bijoux qu'il n'eût osé leur demander. Tout ce qu'a pu longtemps la police de Londres contre cet homme, a été d'avertir le public par des affiches, à la sortie des théâtres, que chacun eût à prendre garde à soi, parce que Barrington se trouvait au spectacle. Un pareil homme aurait été fort utile et fort considéré à Lacédémone : on l'eût récompensé, non parce qu'il narguait la police publique, mais parce qu'il en exerçait une admirable sur les négligences individuelles, et devait finir par apprendre aux citoyens à bien garder ce qui leur appartenait.

Un seul homme en France aurait pu disputer la primauté à Barrington, c'est feu l'abbé Terray. On disait à Louis XV qu'un de ses gardes, qu'on lui nommait, allait mourir sur-le-champ, pour avoir fait la mauvaise plaisanterie d'avaler un écu de six livres : — Ah bon Dieu ! dit le roi, qu'on aille chercher Andouillet, Lamartinière, Lassonne.—Sire, dit le duc de Noailles, ce ne sont point les gens qu'il faut. — Et qui donc ? — Sire, c'est l'abbé Terray. — L'abbé Terray ! comment ? — Il arrivera, il mettra sur ce gros écu un premier dixième, un second dixième, un premier vingtième, un second vingtième : le gros écu sera réduit à 36 sous, comme les nôtres ; il s'en ira par les voies ordinaires, et voilà le malade guéri.

Quoi qu'il en soit de la prééminence des talents entre le ministre français et le voleur anglais, c'est le voyage de Barrington à Botany-Bay, où la justice, peut-être plus lassée que légalement convaincue, l'a enfin déporté ; c'est l'histoire de son séjour dans cette colonie et parmi les sauvages du pays que nous annonçons. Cet ouvrage a été écrit en anglais en 1773, et il est à sa troisième édition, comme son titre l'annonce.

Barrington raconte d'abord un événement qui, dans la traversée, lui gagna la confiance et l'estime du capitaine chargé de le transporter avec deux cents autres condamnés. Ceux-ci s'étaient révoltés ; il arrêta leur révolte à son premier mouvement, et sauva ainsi tous les officiers de l'équipage. Ce service courageux ne fut pas perdu pour lui ; le capitaine en instruisit, à son débarquement, le gouverneur de Botany-Bay, et celui-ci créa Barrington surintendant de la colonie.

On s'attend à trouver dans son voyage des détails sur le régime de cette colonie, sur ses dépenses, sur les travaux, les produits de la partie du sol exploitée par les déportés, sur les mœurs de ces malheureux, sur les rapports qui s'établissent entre eux, sur le genre de société dont sont susceptibles ces gens qui, au premier aspect, semblent ne pas pouvoir plus se confier les uns aux autres que s'estimer eux-

mêmes, mais qui peut-être aussi trouvent, ou dans les peines attachées à une défiance réciproque, un motif pour revenir d'un commun accord à la probité ; ou dans le sentiment d'une condamnation légitime, un motif de repentir ; ou dans le partage d'une peine commune, un motif d'intérêt réciproque ; ou, enfin, dans la seule rupture d'habitudes perverses où ils ont pu être jetés à leur insu, une régénération des sentiments d'honnêteté qui sont plus ou moins naturels à tous les hommes.

Je me rappelle que, sous l'ancien régime, un ministre de la marine voulut établir, dans les ports où la justice envoyait des galériens, deux habits différents ; l'un pour les malfaiteurs proprement dits, l'autre pour les *contrebandiers*, ou pour les soldats qu'un égarement passager avait pu entraîner à la désertion. Les forçats de Toulon se soulevèrent au premier bruit qui leur annonça ce changement ; les malfaiteurs (c'était apparemment le plus grand nombre) déclarèrent qu'ils ne souffriraient pas qu'on les *déshonorât* ; ils l'écrivirent même au ministre, et l'innovation projetée n'eut pas lieu. En effet, tous se donnaient les uns aux autres, et aux habitants de Toulon, pour des contrebandiers, et le projet leur enlevait cet avantage. Mais pourquoi en étaient-ils si jaloux ? C'est ce qu'il serait curieux de savoir. Mettaient-ils quelque prix à la considération de leurs semblables ? Ou bien étaient-ils attachés à une moindre mésestime de la part du public, par l'espérance d'obtenir plus facilement des secours sous le titre de contrebandiers que sous celui de malfaiteurs ? Ou bien enfin, y avait-il dans leur âme un peu de respect involontaire pour cette puissance vague et indéfinie, qu'on appelle l'*opinion ?* Ces questions mériteraient d'être résolues : car nous n'aurons véritablement de morale, que quand nous pourrons rendre compte de tous les phénomènes des mœurs. Barrington était à portée de faire toutes les observations nécessaires pour les éclaircir, et nous apprendre s'il est encore dans l'homme voué à l'infamie un point par lequel il tienne à l'opinion, ou puisse y être rattaché ; mais son voyage renferme peu de chose qui se rapporte à cet objet, et c'est le reproche qu'on peut lui faire.

Tout ce qu'il dit des mœurs des condamnés et de la police qu'ils observent pendant leur exil, se réduit à très-peu de mots nullement instructifs.

De leur existence, de leur vie après le terme de leur exil, il n'en parle que pour nous apprendre les circonstances que voici : Le temps de l'exil fini, le gouvernement anglais donne trente acres de terres pour un homme seul, cinquante pour celui qui est marié, et dix de plus pour chaque enfant. Pendant dix-huit mois les magasins du roi fournissent à ces colons des provisions, des vêtements; de plus, ils donnent les outils nécessaires à la culture, et les semences de la première année, deux cochons, et quelques volailles. C'est à Prospect-Hill, près de Paramatta, que les fermes ont commencé à s'établir. Il y a environ mille acres de terres ainsi exploitées dans ce canton, dont le sol n'est pas mauvais, puisque deux acres bien cultivés suffisent à la subsistance d'un homme.

Il semble que Barrington ait d'autant plus évité de parler de l'existence des condamnés, qu'il était plus en état de la peindre fidèlement; et on conçoit qu'il ait répugné à arrêter sa pensée et à fixer celle de son lecteur sur des hommes dont il partageait l'ignominie.

Ceux qui seront curieux de connaître l'origine, l'organisation, le régime et les mœurs de la colonie de Botany-Bay, ne trouveront rien de mieux à cet égard que le *Voyage à la Nouvelle - Galles du Sud, à Botany-Bay, au port Jackson*, en 1787, 1788, 1789, par John White, traduit par Charles Pougens.

Ce qui est intéressant dans l'ouvrage de Barrington est la description des mœurs des *natifs*, et c'est ce que son titre promet particulièrement.

Barrington appelle *sauvages* les natifs de Botany-Bay, parce qu'en effet ils ne forment que des hordes errantes. Mais cette dénomination nous paraît impropre, puisqu'ils forment sous ce titre de véritables sociétés, et que plusieurs sont assez avancées pour avoir des arts, un langage, des usages, et même des modes. La mode, par exemple, fait que tous les natifs de Botany-Bay arrachent à leurs enfants, dans une cérémonie publique, deux dents du devant, et leur coupent deux phalanges du petit doigt de chaque main. Une mode si contraire à la nature, si puissante contre elle, ne peut être produite et soutenue que par une

force d'opinion qui suppose une société ancienne, et dépravée par quelque superstition héréditaire.

Mais sauvages ou barbares, peu importe : on lit, avec un grand intérêt, le détail des soins toujours plus attentifs et toujours plus inutiles que n'ont cessé de prendre le gouverneur et ses subordonnés pour les gagner, et particulièrement pour s'attacher deux natifs. Quelque intérêt que l'on donne à la bonté, à la douceur, aux vues sages et louables de ce gouverneur pour engager ses deux hôtes à la vie civilisée, on aime à voir les difficultés qui l'empêchent d'y réussir; on ne peut se défendre d'un sentiment d'admiration, peut-être aussi d'un retour secret vers le sentiment de l'indépendance naturelle, lorsqu'on voit Banalong et Coalby (ce sont les noms des deux natifs) dédaigner l'aisance de la vie européenne, la facilité de satisfaire amplement à tous leurs besoins, à toutes leurs fantaisies, se dépouiller des habits qui les ont d'abord flattés, renoncer à la nourriture excellente qui leur a été prodiguée, dédaigner les amusements qu'on a multipliés autour d'eux, oublier, ce qui est plus difficile, les caresses et les empressements dont ils ont été chaque jour l'objet, pour retourner, nus, pendant la nuit, dans les cavernes ou sous les huttes de leurs semblables; chercher, avec eux, des combats contre des hordes ennemies; braver le fer, la faim, la soif, et enfin le froid et la chaleur, qui, dans ce climat, se succèdent excessifs d'une heure à l'autre.

Les impressions que l'on reçoit de ce tableau deviennent plus vives encore lorsqu'on voit une jeune native, la douce Araboo, élevée dès sa tendre jeunesse chez l'aumônier et par sa femme, instruite aux usages des femmes européennes, notamment à l'usage des vêtements et à la décence qui en est la suite, déclarer un jour, « avec cette naïveté qui ne peut rougir d'un aveu qu'elle ignore être criminel, qu'elle a besoin d'être mariée, » s'en aller ensuite, se marier sans doute, revenir quelques jours après, avec plusieurs natifs, faire une visite à la colonie, et revenir toute nue : tant la pudeur, qui se désapprend si aisément, est difficile à apprendre aux femmes elles-mêmes, quand l'exemple ne leur en a pas fait une espèce de religion dès la plus tendre enfance !

Après avoir admiré cet attrait de la liberté pour toutes les âmes que n'a point détrempées l'habitude de la dépendance, on est agréablement ramené à considérer l'attrait que la société et la civilisation ont à leur tour pour les âmes les plus libres, lorsqu'elles ne leur présentent ni chaînes ni oppression. A peine Banalong et Coalby se sont-ils évadés de la colonie, que, contents de ne plus y être dépendants et comme prisonniers, ils reviennent sans cesse y faire des visites, y embrasser des amis, y faire des échanges, y chercher des remèdes pour leurs blessures ou leurs maladies, s'y confier à tous les soins de l'hospitalité.

C'est un spectacle curieux que ce combat de l'amour de la vie sauvage, avec l'amour de la vie civilisée; du goût de l'indépendance et de l'égalité absolues, avec l'esprit de soumission à des devoirs résultant de l'égalité des droits! Ce combat prouve qu'il y a dans l'une et l'autre existence des choses très-d'accord avec notre nature, et en même temps un instinct de défiance, au fond très-raisonnable, pour toutes les institutions inventées par les hommes pour les concilier.

Le caractère qui distingue le plus l'homme civilisé de l'homme naturel et du barbare, n'est pas la *direction* raisonnée que le premier donne habituellement à des volontés que l'autre laisse aller où les conduisent les circonstances du moment; c'est la *mesure* que l'homme civilisé sait garder dans ses mouvements, l'empire qu'il sait prendre sur ses passions, l'art avec lequel il se préserve de leurs emportements. C'est cet avantage porté au plus haut degré, que Tacite apprécie avec tant de justesse dans la *Vie d'Agricola*, quand il dit d'Agricola lui-même : *Retinuit*, QUOD DIFFICILLIMUM, *ex sapientia*, MODUM. Barrington peint fortement l'impétuosité des natifs dans leurs passions, comme dans leurs mouvements, et c'est peut-être ce qu'il y a de mieux dans son ouvrage. On ne se fait pas aisément une idée, dans nos mœurs, de ce qu'est la vengeance dans l'âme d'un sauvage offensé, non plus que des mouvements de repentir et de douleur qui suivent ses actes de vengeance immodérés.

L'histoire de Balderry peut donner quelques notions à cet égard. Ce natif était venu un jour dans un canot neuf, dont il était tout fier, venant

dre du poisson à Paramatta. Des condamnés méchants et imbéciles brisèrent le canot, pendant que Balderry était au marché. Dès qu'il s'aperçut du dommage et de l'injure qu'on lui avait faits, il entra en fureur, agita ses lances, se peignit la figure et les cheveux en rouge, annonça qu'il tuerait les hommes blancs. Le gouverneur l'apaisa, en lui promettant de faire mettre à mort les coupables. Cependant quand la procédure commença et qu'on les interrogea, Balderry montra une extrême impatience, et il répétait sans cesse que c'était à lui, qui avait reçu l'injure, qu'appartenait le droit de se venger. Un des coupables fut fouetté devant lui : cette punition ne le satisfit point. On lui dit ensuite que l'autre avait été mis à mort; mais soit qu'il ne le crût pas, ou que le spectacle de cette mort fût nécessaire pour l'apaiser, il vengea son canot sur un condamné qu'il rencontra quelque temps après dans un lieu écarté. Il eût tué de même les accusés, devant la garde de la colonie, si on l'eût laissé faire; rien ne l'en eût détourné, ni la persuasion, ni la menace, ni l'aspect de cent soldats qui l'auraient couché en joue; et c'est ce qu'on voit par l'opiniâtreté de Banalong, à battre une jeune fille d'une horde ennemie, qu'il avait faite prisonnière, malgré les menaces du gouverneur, et les baïonnettes des soldats tournées contre lui.

Mais aussi, quelle persévérance dans les sollicitations de ces mêmes hommes, pour obtenir leur pardon quand ils se sont vengés!

Banalong, après s'être rendu coupable envers le gouverneur, dans une autre occasion, fit tant de choses, rendit tant de services pour obtenir sa grâce, qui pourtant lui était si peu nécessaire, à lui qui n'avait pas voulu renoncer à la vie sauvage, qu'enfin il devint impossible de la lui refuser. Balderry fit de même solliciter son pardon auprès du gouverneur; poursuivi et menacé d'une sévère punition, il n'osait se présenter lui-même; mais il se montrait de loin, et faisait entendre ses supplications par ses gestes. Étant tombé malade, son intercesseur Banalong obtint du gouverneur le retour de son amitié. Le gouverneur envoya le chirurgien de la colonie à ce malheureux, qui était attaqué d'une fièvre très-violente. « La première question que fit Banalong au chirurgien, fut pour s'informer si le gouverneur était encore fâché, et s'il lui permettrait d'aller se faire guérir à l'hôpital ?» Touchante confiance, à laquelle le gouverneur répondit comme il le devait. Balderry arriva donc, l'air d'abord inquiet et chagrin, mais bientôt rassuré, quand le gouverneur lui eut pris la main, et lui eut promis de le garder avec lui après sa guérison.

Que Voltaire a eu raison de le dire ! les sauvages et les enfants ont le même esprit et le même caractère. Aussi, pour observer l'homme de la nature, il n'est pas nécessaire de traverser les mers, il suffit d'observer nos naissantes familles. Nous n'irons pas chercher au loin des sujets d'observations, quand nous aurons les yeux observateurs.

La dernière partie de l'ouvrage renferme le récit d'une rencontre intéressante, qui paraît avoir amené une époque de douces jouissances entre les amertumes de la vie habituelle de Barrington. Il a le bonheur de donner des consolations et des secours à une native jeune et belle, qu'il trouve désolée sous un rocher, près de son frère mourant d'un coup de lance, à la suite d'un combat avec un autre natif. Il paraît que la reconnaissance de cette femme a payé Barrington de sa bonté. Mais cet événement appartient moins peut-être à l'histoire des mœurs du pays, qu'à celle de ce déporté, et, plus intéressante qu'instructive, elle veut être lue dans l'ouvrage même.

L'ouvrage est terminé par quelques hommages rendus au gouverneur Philip. « Je n'ai raconté, dit l'auteur, avec tant de détails, les soins continuels, et l'inépuisable patience que mit cet homme respectable à gagner la confiance et l'amitié des natifs, que pour faire connaître à la postérité, si ces hordes encore errantes se civilisent jamais (si cette portion du globe, plus grande que l'Europe, enfin sortie des ténèbres, offre un jour le spectacle imposant d'un puissant empire), à qui cette partie du monde devra ses lumières, ses richesses et sa gloire. » Après cet hommage, qui ne prouve pas moins dans Barrington le sentiment des grandes choses, que dans le gouverneur la pratique des vertus éclairées, le lecteur apprend que ce digne commandant, dont la santé s'affaiblissait, part, accompagné des regrets et des bénédictions de la colonie, pour l'Angleterre... « Pour l'Angleterre ! re-

prend douloureusement Barrington, pour ce pays que je ne reverrai donc plus, pour ma patrie d'où mes fautes m'ont à jamais banni ! Ah ! vous à qui j'adresse cet ouvrage, vous ne pouvez savoir la force du sentiment que chaque homme porte dans son cœur pour le lieu qui l'a vu naître, et tout ce que souffre l'infortuné condamné à ne plus le revoir. Il faut l'avoir perdue pour éprouver combien on l'aime ! Hélas ! combien de fois, le cœur oppressé, et les yeux tournés vers le nord, ne suis-je pas resté immobile, accablé de douleurs et de regrets... etc. »

Telles sont à peu près les dernières lignes de cet ouvrage, qui, au mérite du fond, joint celui de la forme, et présente les objets non-seulement sous les couleurs qui leur sont propres, mais encore dans l'ordre nécessaire pour soutenir et accroître l'intérêt.

Au moment que nous finissons cet extrait, on nous fait lire dans le *Moniteur* du ... thermidor, qu'à Botany-Bay, la colonie vient d'établir un théâtre, ce qui annonce un grand progrès dans l'aisance et dans le bien-être des colons, depuis le moment où Barrington écrivait. Dans un *Moniteur* plus récent, celui du 23 du même mois, nous lisons que Barrington est en chemin pour revenir à Londres, le temps de son exil étant fini. C'est un double sujet d'observation, que la manière dont sera considéré à Londres, et la conduite que va y tenir cet homme que le malheur, l'autorité dont il a joui dans la colonie, ses services envers le gouvernement anglais, et enfin son ouvrage, honoré de trois éditions à Londres et d'une traduction à Paris, semblent avoir élevé au-dessus de lui-même, et placé au-dessus des défiances ainsi que des mépris.

(Journal de Paris, des 6 et 11 fructidor an VI.
— 23 et 28 août 1798.)

VOYAGE A CONSTANTINOPLE.

Tel est le titre d'un ouvrage nouveau en un volume in-8°, qui paraît depuis quelques jours.

Comme la conduite de la Sublime Porte pourrait bien quelque jour forcer plus d'un Français à un voyage à Constantinople, il n'est personne qui ne doive être bien aise de faire connaissance avec ce pays-là. Le livre que nous annonçons est très-propre à en donner de justes idées : le voyage qu'il décrit est de 1790, 1791 et 1792.

Ce livre est par lui même une lecture très-agréable : il rassemble une grande diversité d'objets, tels que descriptions de lieux, peintures de mœurs, portraits de personnages célèbres. Il est brillant d'esprit; il est plein de sentiments vifs et profonds. Le style en est tour à tour léger et serré. Il est semé d'heureuses réminiscences des meilleurs poëtes anciens et modernes. Le goût pourrait y blâmer quelques jeux de mots; la logique et la grammaire y trouveraient difficilement quelque chose à reprendre.

L'homme d'État peut y recueillir des faits importants : par exemple, un tableau qui se trouve à la page 52, montre que l'Autriche, par où passe le voyageur pour aller en Turquie, ne contient que 20,558,000 hommes sur 31,654 lieues carrées; tandis que la France, à la fin de l'ancien régime, comptait 24,577,000 habitants sur 24,960 lieues carrées; ce qui fait une différence à l'avantage de la France de plus de moitié pour la lieue carrée.

Voici quelques mots sur l'esprit des Turcs dans leurs négociations politiques : « Leur amitié est un commerce qui demande beaucoup de mises dont les rentrées sont incertaines. Celui qui peut le plus compter sur eux, est celui qui s'en fait le mieux craindre. »

L'auteur peint avec les traits suivants le peuple de Constantinople et le Grand-Seigneur :

« Le peuple imite cette mer qu'il habite la moitié du jour, la moitié de l'année : tantôt aussi respectueux devant son maître que ces flots qui se courbent devant ses saïques dorées, tantôt plus furieux que ces vagues qui se brisent à la pointe du sérail, il passe de l'excès de la bassesse à l'excès de l'insolence; plus il rampait, plus il exige. Son maître lui jette la tête de son ministre ou de son favori, comme on jette des quartiers de chair aux lions de sa ménagerie.

« Ici, l'avant-coureur d'une catastrophe est une catastrophe même. Il est une heure du matin; on ne parle que d'incendies. Toute la ville est en proie aux menaces vagues de quelques scélérats que la terreur universelle fait oser, et l'impunité réussir.

« .... Ce matin, le feu était au sérail. Le sultan, qui a toujours un cheval sellé dans ses écu-ries, pour se porter aux incendies, n'ose plus sortir de chez lui. Cette seconde cour où personne n'ose entrer, il n'ose en sortir. »

L'auteur, après avoir parlé de la grossière ignorance des Turcs et des hommes appelés à les gouverner, fait les réflexions suivantes :

« Si les Turcs étaient mieux, nous serions plus mal.

« .... C'est une belle idée sur le papier que de voir les Russes à Constantinople y rétablir l'empire grec. Mais les Grecs modernes n'ont conservé des anciens que les vices sur lesquels ils ont enchéri; ils sont deux fois plus fanatiques que les Turcs, et seraient par cette raison mille fois plus cruels, s'ils devenaient, je ne dis pas maîtres, mais libres. Déjà notre commerce à Constantinople se ressent de l'établissement des Russes en Crimée... Ne souhaitons pas de voir la Russie à Constantinople, et croyons qu'il vaut beaucoup mieux que les Turcs y soient, et pour eux et pour nous. »

Voici une anecdote racontée par notre voyageur :

« Le prince R... était ambassadeur à la Porte. Des janissaires insultèrent des Russes de sa suite. Il se plaignit au grand vizir. Le ministre turc ne fit qu'un geste horizontal : quelques minutes après on apporta un sac, et sept têtes roulèrent aux pieds du prince. »

La lettre trente-sixième, où l'auteur décrit son arrivée dans la Turquie d'Asie, est écrite avec beaucoup de sentiment et de philosophie; elle renferme des descriptions pleines de charme. Voici comment l'auteur parle de Scutari :

« Les sites les plus beaux, les plus étendus, d'où l'on domine sur cette mer aussi vivante, aussi habitée que ses bords, ne sont point destinés ici à des palais ou à des jardins. L'ombre sérieuse et toujours verte des majestueux cyprès, annonce qu'une habitude religieuse les a consacrés partout aux sépultures. Cette exposition, cette confusion mélancolique d'arbres, de tombes, de gazons, d'ombrages, loin de porter les yeux à se détourner, d'inspirer à l'âme un sentiment de répugnance, font des cimetières les promenades les plus fréquentées et les plus pittoresques. A chaque pas, un tableau nouveau parle à l'âme et l'attendrit. Dans les premiers jours du printemps, une femme inclinée, arrose la terre qu'elle a semée de fleurs : son air religieux, ému, décèle une mère qui vient pleurer sur le tombeau de sa fille. Ici deux Turcs, avec un soin superstitieux, plantent et assurent un jeune cyprès. Les vivants communiquent sans cesse avec les morts. Un cyprès, plein de séve et de verdure, naît des cendres de l'ami qu'on a pleuré : il ombrage, après sa mort, ceux qui viennent penser à lui.

« La raison qui rend le cimetière de Scutari aussi vaste, est peut-être digne de remarque. La plupart des Turcs riches et puissants s'y font transporter de Constantinople, *dans la persuasion où ils sont qu'on les chassera un jour d'Europe.* »

L'auteur revient en France par Malte et la Sicile. Il peint avec vigueur le caractère dissimulé et vindicatif des Siciliens ; voici une anecdote qui prouve que les Siciliens d'aujourd'hui n'ont pas dégénéré de ceux qui firent les Vêpres siciliennes :

« Un Sicilien fut assassiné ; le frère du mort jura de le venger : le meurtrier prit la fuite. Son ennemi commença dès lors, sans affectation, à se rendre plus assidu aux églises, plus fidèle aux devoirs extérieurs de religion. Peu à peu sa dévotion fut remarquée. On s'aperçut, avec édification, de ses aumônes, de son recueillement et de sa vie exemplaire ; on le vit communier tous les jours. Pendant trois ans il fut sans cesse au pied des autels ; les moins crédules étaient touchés de son changement. Enfin, un ami du meurtrier crut pouvoir lui écrire qu'il n'avait rien à craindre, que son ennemi ne pensait qu'à son salut. D'après des assurances pareilles, l'homme revient dans la ville. Le perfide ne l'a pas plutôt vu et reconnu, qu'il fond sur lui en lui disant : *Traître, tu m'as fait avaler un boisseau d'hosties !* et il le poignarde. »

Nous nous bornons à ces citations. Elles suffisent pour donner une idée de l'ouvrage, et justifier l'opinion que nous avons énoncée en commençant.

(*Journal de Paris*, du 15 pluviôse an VII. — 3 février 1799.)

SUR LA NOTICE D'UN VOYAGE DANS L'EMPIRE OTTOMAN.

C'est une chose curieuse que la théorie enseignée avant-hier par je ne sais quel régent

d'histoire, dans un journal où les articles littéraires sont ordinairement spirituels et bien écrits. Il défend aux voyageurs de recueillir aucun détail d'histoire naturelle et de statistique. Il assure qu'un voyageur doit bien se garder d'enrichir son pays d'instructions acquises dans un pays éloigné. Savez-vous ce qu'un voyageur doit aller chercher en Grèce ? Des *souvenirs* et des *réflexions mélancoliques.* Et ce qu'il doit en rapporter et en transmettre à ses lecteurs ? Des *réflexions mélancoliques* et des *souvenirs.* Est-ce donc pour chercher des réflexions et des souvenirs mélancoliques que Cook, Bougainville, Marchant, la Pérouse, Baudin, ont parcouru toute la terre ? Serait-ce pour faire venir des antipodes les *délices de la mélancolie* que le gouvernement ferait annuellement un fonds destiné aux voyageurs de l'Institut national ? Monsieur le professeur d'histoire, vous plairait-il nous dire, d'après votre manière d'envisager les voyages, quels sont vos principes pour la composition des romans ?

Au reste, ce qui est le plus plaisant dans l'article du professeur d'histoire, c'est une phrase où il s'érige en professeur de grammaire, et où il critique le style du voyage de *l'empire ottoman.* Il dit que le citoyen *Olivier,* auteur de ce Voyage, *a ses défauts, que son style n'est pas toujours très-correct ;* mais en revanche, il reconnaît, « qu'à la qualité d'écrivain sage, il joint celle *de ne point se permettre de peinture épisodique,* et que, « d'ailleurs, *la pureté et l'élégance* de la diction ne sont pas le mérite *par excellence* qui « doit caractériser les récits d'un voyageur. » Que signifie *par excellence,* et qu'est-ce que le *mérite de ne point se permettre?* Jamais professeur de grammaire n'écrivit ainsi ; jamais on n'a vu faire la guerre aux barbarismes avec des barbarismes. **Viator.**

(*Opuscules*, tome II, page 312.)

NOTICE

DU TABLEAU HISTORIQUE, POLITIQUE ET MODERNE DE L'EMPIRE OTTOMAN.

(Traduit de l'anglais de W. Eton, par le citoyen Lefebvre.)

Si l'on veut bien connaître le nouvel ennemi

auquel nous avons affaire, il faut lire cet ouvrage. On verra la prochaine destinée de l'empire ottoman, dans les détails de son existence actuelle. W. Eton ne prévoyait pas, quand il écrivait, que les Turcs et les Anglais seraient sitôt et si étroitement unis, et qu'ils le seraient pour faire la guerre à la France; et il s'est abandonné à toute sa véracité, en parlant de cette nation ottomane, alors alliée à la France qu'il déteste, qu'il injurie et qu'il calomnie sans ménagement. On peut aujourd'hui rétorquer à l'Autriche, peut-être à l'Angleterre même, tout ce que l'auteur disait de la caducité d'un pareil allié, et de la terrible prépondérance que pourrait acquérir la Russie, dans la balance de l'Europe, en s'ouvrant, par son accord avec la Porte, ou par l'envahissement de la Turquie d'Europe, un passage dans la Méditerranée.

Le premier objet que traite l'auteur, est le gouvernement de la Turquie. Quelle est la nature de ce gouvernement? Despotique incontestablement. Mais quel est son genre de despotisme? Ce n'est pas purement le despotisme militaire, ce n'est pas le despotisme théocratique; c'est le despotisme religieux, qui s'appuie d'un côté sur la force militaire, de l'autre sur la superstition populaire.

Ce despotisme est-il illimité? Il n'en est point de tel. L'*uléma* balance le pouvoir du sultan. C'est un corps de prêtres légistes, héréditaires, indestituables, en qui se confondent les attributions sacerdotales et judiciaires. Les successions des membres de l'uléma passent à leurs héritiers. L'uléma a ses biens et son trésor particulier. Le mufti, ou grand prêtre, en est le chef; il est seul nommé par le sultan, et seul révocable à sa volonté. L'interprétation des lois appartient à ce corps, il en est de même de leur sanction. Tout acte émané du gouvernement a besoin, pour obliger les fidèles, d'être revêtu du *fetva*, ou ordonnance sacrée du mufti, qui déclare, d'après l'avis des chefs de l'*uléma*, que l'acte du sultan est conforme au Koran. Si le sultan voulait se passer du *fetva*, ou prétendait faire exécuter une loi sur laquelle le *fetva* aurait été refusé, il serait déclaré infidèle par le mufti, et il n'en faudrait pas davantage pour soulever la populace.

Mais quel obstacle met l'*uléma* aux caprices, aux fureurs du sultan? Aucun. Tirant, comme le prince, son autorité, de la superstition populaire, tout ce que cette superstition permet au prince, l'*uléma* ne peut le lui défendre; et la superstition ottomane permet au sultan d'exercer sur les personnes le plus arbitraire pouvoir.

En quoi donc l'*uléma* limite-t-il la puissance du sultan? Il la limite pour ce qu'il pourrait vouloir de bien; il la limite pour l'établissement de toute instruction publique, pour l'établissement de la justice. En Turquie, comme dans tout autre État despotique, le despote est, à beaucoup d'égards, l'esclave de la canaille sur laquelle il s'appuie.

Avant que l'*uléma* fût si puissant, c'étaient les janissaires qui disposaient du sultan. Il n'a fait que changer de tutelle.

En considérant l'*uléma* et sa puissance, on sent que si la division des pouvoirs est toujours nécessaire à la liberté publique, elle est bien loin d'y suffire et de l'assurer toujours; et cette remarque n'est point échappée à W. Eton.

L'auteur donne des notions très-claires sur l'état des revenus et des dépenses du gouvernement. Le trésor du sultan et celui de l'État sont distincts, chose singulière dans un État despotique. Le revenu de l'empire, appelé *miri*, est de cent huit millions de notre monnaie. L'*hasné*, ou trésor du sultan, est bien plus considérable. On frémit en voyant de quoi son revenu est composé : il ne l'est que de spoliations. L'or y arrive presque toujours avec le sang.

Les revenus de l'empire diminuent tous les jours, parce que les exactions des pachas ne font qu'augmenter. « Il est plus que probable « qu'une grande crise se prépare, et ne peut « être éloignée : le sultan, malgré toutes les rai « sons qu'il a d'en agir autrement, se verra « forcé d'ouvrir les trésors du sérail, et même « d'avoir recours, pour dernière ressource, « aux dépôts sacrés que renferment les mos « quées et aux richesses de l'*uléma*... Quel dé « sordre, quelle confusion, quelles alarmes ne « doit-on pas redouter de ces moyens, extrêmes « et indispensables ! Quels mouvements révo « lutionnaires ne produiront-ils pas dans les « provinces? et à quoi ne doit-on pas s'atten « dre, en considérant la détresse, et par con « séquent la faiblesse de la Porte? Une anar

« chie universelle sera la suite nécessaire de « ces mouvements. »

Le détail des forces militaires de l'empire ottoman est fait avec beaucoup de soin dans l'ouvrage dont nous parlons. Il en résulte que le nombre des hommes que le sultan peut opposer à l'ennemi sur le champ de bataille, se réduit à 186,400.

Les Turcs ne savent pas manœuvrer le canon, et ont peu d'artillerie. Leurs fusils sont lourds et incommodes; leurs sabres, bons, mais fragiles, et l'infanterie manie mal cette arme. A la prise d'Oczakow, un lieutenant de la flotte russe, originaire anglais, nommé Fox, armé seulement d'un tronçon de sabre, tua dans une action beaucoup de Turcs, sans recevoir une seule blessure. « Pas un de ceux qu'il com-« battit ne lui parut avoir la moinde idée de « la parade. »

Les opinions religieuses des Turcs sont l'objet d'un chapitre. Les Turcs se croient un peuple favori du Tout-Puissant; ils regardent les autres nations comme le rebut de la Divinité. Cette folie est ce qui caractérise le plus particulièrement les Turcs.

C'est elle qui détermine leur conduite dans toutes leurs relations avec les étrangers. Pas un seul ambassadeur n'est reçu près du sultan que comme vassal de l'empire. Les présents qu'on lui offre sont des tributs qu'on lui paye. Les traités qu'il fait ne sont que des trèves qu'il accorde, en attendant un moment plus favorable pour servir la cause de Mahomet. « Quand un ministre veut obtenir une audience « du sultan, il faut qu'il se présente dès qua-« tre heures du matin. Après beaucoup de « vaines cérémonies, le vizir fait passer au « sultan une courte note appelée *talkish*, dont « le sens est que l'infidèle de telle cour, après « avoir été suffisamment nourri et décemment « habillé par la grâce spéciale de sa sublime « majesté, demande humblement la permis-« sion de lécher la poussière sous son trône « illustre. »

C'est aussi leur doctrine religieuse qui les rend si cruels dans la guerre. Ils tuent les femmes, les enfants, les prisonniers, et croient servir Dieu en détruisant des infidèles.

L'auteur a écrit un chapitre étendu sur les arts, les sciences, le commerce et les mœurs des Turcs.

Point d'enseignement, point ou peu de livres. « Toute la jurisprudence et la théologie « consistent en commentaires sur le Koran. « Leur astronomie n'est qu'astrologie; leur « chimie, qu'alchimie. L'histoire et la géo-« graphie des autres nations leur sont tout à « fait inconnues. » On a vainement essayé à plusieurs reprises d'introduire l'imprimerie en Turquie. Les arts les plus grossiers y sont mal exercés, ou ignorés. Il n'y a pas deux carrosses à roues à Constantinople. Le sultan seul en a un, lequel est semblable à nos anciens corbillards, et c'est pour lui une affaire d'État que d'y monter. Ce que les Turcs font de mieux, c'est le café, et l'auteur en donne la préparation.

Trois chapitres sont consacrés à des calculs sur la population de la Turquie et à des remarques sur la peste; à une notice exacte de l'état des provinces, de leurs rapports avec la capitale d'un côté, avec les Tartares de l'autre; de la situation politique de la Grèce, et enfin de la vocation des Grecs pour la liberté.

Le chapitre dixième a pour objet les rapports de l'empire ottoman avec les puissances étrangères. Il y a des obscurités et des digressions inutiles dans ce chapitre. Mais il y a aussi des choses extrêmement claires, et dont il serait bon que la Porte Ottomane eût sous les yeux une traduction littérale. Telle est cette proposition : que la Russie et l'Angleterre sont les puissances les plus naturellement alliées ensemble. La Russie a besoin de la protection des Anglais sur mer; les Anglais ont besoin des armées russes sur le continent. L'ambition la plus constante de la Russie est la conquête de la Turquie d'Europe : l'ambition la plus constante de l'Angleterre est l'humiliation de la France.

Il y a quelques années, l'Angleterre ayant demandé 65 mille Russes contre la France, l'impératrice y avait consenti, à la condition, *sine qua non*, que la Grande-Bretagne ne s'opposerait pas à ses desseins contre les Turcs. Il était convenu, de plus, d'affranchir la Grèce de la domination ottomane, de l'ériger en république sous la protection des deux puissances, et de faire de cet État nouveau le centre de leurs mutuelles relations. La mort de Catherine II a seule empêché l'exécution de ce plan. L'auteur invite Paul Ier à reprendre un si vaste et si noble dessein, et l'y invite par une espèce d'adresse qui contient une véhémente déclamation contre les Français, ainsi que contre les mahométans, qu'il appelle *les frères aînés du jacobinisme.* Cette invitation, ces invectives, qui paraissent avoir été écrites sous la dictée du gouvernement anglais, ne datent pas de plus loin que 1798 : et c'est l'année d'après que l'on voit la Sublime Porte se livrer à ses ennemis, leur ouvrir ses trésors, ses conseils, ses États !

Le même chapitre renferme quelques réflexions qui pourraient être utiles à l'empereur.

« On regarde encore, dit l'auteur, la Russie « comme une puissance nouvelle. On paraît ne « pas s'apercevoir que cette puissance étend « peu à peu son influence sur les affaires du « continent ; qu'elle combine dans le secret du « cabinet et poursuit avec une infatigable per-« sévérance l'exécution de projets vastes et « merveilleux par leurs effets, non-seulement « sur ses voisins et pour le moment actuel, « mais sur les régions les plus lointaines et « pour les siècles à venir. Il y a peu de temps, « la politique profonde et envahissante de cet « empire frappa quelques esprits. Son inter-« vention récente dans le traité de Westphalie « conclu avant que la Russie *n'eût* une exis-« tence politique, le droit que cette interven-« tion lui assure, de s'immiscer dans la confé-« dération germanique, les suites probables « qui en résulteront ; tout cela a surpris mo-« mentanément, et a tiré les cabinets de l'Eu-« rope de leur apathique irréflexion : mais ce « fut un éclat de lumière passager, *et depuis il* « *semble qu'on soit tombé dans un aveugle-* « *ment plus profond.* »

L'auteur fait les réflexions suivantes sur le système diplomatique qui convient à la Prusse : « La Prusse doit choisir pour alliée la puis-« sance qui la mettra le plus à même, non-« seulement de conserver ce qu'elle possède, « mais de faire prospérer ses continuels projets « d'agrandissement. Jusqu'à présent elle peut « opter entre la France et la Russie ; *mais elle* « *ne doit point compter sur la cour de Saint-* « *Pétersbourg.* Des événements passagers peu-« vent unir momentanément leurs intérêts... « une alliance solide est impraticable. Le par-« tage de la Pologne a semé entre les deux

« puissances un germe de division qui, tôt ou « tard, se développera. La Prusse n'a rien à « craindre de la France sous ce rapport. C'est « la nation qui peut lui procurer le plus d'a-« vantage......... L'agrandissement de la Prusse « doit s'opérer aux dépens de la maison d'Au-« triche, et le système de la Russie ne sera « jamais d'y coopérer. »

On peut juger par ces observations que l'ouvrage d'Éton n'est pas purement historique ou statistique. C'est aussi un ouvrage de politique raisonnée ! En France, tous les bons esprits pardonneront sans peine la violence et l'injustice des déclamations de l'auteur contre la république, en faveur des vues utiles et des faits intéressants qu'il a rassemblés ! Ce n'est pas trop acheter l'instruction que d'endurer, pour l'obtenir, la lecture de quelques pages dictées par des préventions que l'avenir dissipera, et dont, peut-être, il ne tardera pas à nous venger.

Il y a, dans la traduction, des incorrections, même des fautes graves contre la langue.

A la page 142 du premier volume, on lit cette phrase : « Les formalités *qui* s'observent « à la cour ottomane, *qui*, ainsi *que* dans les « autres, sont le manteau de la mauvaise foi, « manquant de ce vernis *qui* les rend suppor-« tables, ne peuvent paraître *que* grossières et « indécentes *pour* les représentans des princes « chrétiens. »

A la page 156, tome II, l'auteur dit : « Le « mécontentement était égal parmi les paysans « *comme* parmi les nobles. »

A la page 244 du même volume on trouve cette phrase inintelligible : « Les principes in-« solemment absurdes de sa religion réprou-« vent l'habitude des voyages, cette source fé-« conde des connaissances et des lumières, *et* « *n'ose* point étendre ses relations avec les « étrangers qui se trouvent dans son pays *au* « *delà de ceux* qui sont immédiatement à son « service, tant ces relations sont vues de mau-« vais œil dans les particuliers non revêtus « d'un caractère public. »

Il semble que chaque jour on s'occupe moins de la pureté du style. C'est surtout dans le langage de la politique, que cette négligence est déplorable : comment parleront les orateurs obligés d'improviser à la tribune nationale, si les politiques qui écrivent à tête reposée, font des solécismes ? Et que deviendra la langue, si les discours et les écrits qui embrassent les plus grands intérêts des citoyens, contribuent à sa corruption ?

(*Journal de Paris*, du 26 ventôse an VII. — 16 mars 1799.)

CONSTANTINOPLE ANCIENNE ET MODERNE,

ET DESCRIPTION DES CÔTES ET ÎLES DE L'ARCHIPEL ET DE LA TROADE,

Par Jacques Dallaway.

Traduit de l'anglais par André Morellet.

Voici le troisième ouvrage sur Constantinople qui paraît depuis trois mois ; mais aucun ne ressemble à l'autre, quoique tous s'accordent très-bien. Ils diffèrent seulement par le choix des objets auxquels l'attention des voyageurs s'est appliquée. Ainsi, ce sont tous trois de vraies acquisitions pour l'histoire. Le *Voyage anonyme*, publié en un volume par Maradan, est le coup d'œil d'un homme du monde, homme d'esprit. Le *Tableau de l'empire ottoman d'Eton*, traduit par Lefebvre, est l'ouvrage d'un politique et d'un moraliste. Le livre de J. Dallaway, que vient de traduire André Morellet, est celui d'un profond mais aimable antiquaire, et en même temps d'un observateur doué du talent de peindre.

Dallaway a plus remarqué les choses que les personnes, les arts que les lois, les beautés du pays que ses intérêts ; mais il abonde en descriptions intéressantes. Les antiquités qui se rencontrent à chaque instant sous ses pas lui rappellent les grands événements historiques ; il les retrace vivement : sous sa plume, toutes les ruines se relèvent et se repeuplent de leurs anciens habitants ; on revoit parmi les kiosques turcs les monuments élevés par les empereurs romains, et Rome apparaît encore dans les beaux lieux que n'a pu gâter la barbarie musulmane. Ainsi, les tableaux de l'antiquité, mêlés à ceux du pays tel qu'il est, ajoutent encore à la variété de ceux-ci. Lire cet ouvrage, c'est parcourir un de ces beaux jardins où les Anglais ont su rassembler un grand nombre de sites charmants que la nature avait dispersés, et où des monuments ressuscitent pour l'imagination les temps les plus éloignés.

On doit savoir gré à André Morellet d'être revenu de la traduction des romans à celle d'ouvrages plus substantiels, et il faut espérer que la traduction d'ouvrages utiles le ramènera au dessein de finir ses propres ouvrages, et de produire pour être traduit à son tour.

(*Journal de Paris*, du 14 floréal an VII. — 3 mai 1799.)

AU CITOYEN C***,

SUR LE VOYAGE SENTIMENTAL EN FRANCE, SOUS ROBESPIERRE.

Par Vernes (de Genève).

Je vous renvoie, citoyen, *le Voyage de Vernes*, et vous en remercie. Je l'ai lu avec beaucoup de plaisir. Connaissant l'auteur et sa famille, vous avez dû prendre un intérêt particulier à l'ouvrage ; je puis vous dire qu'il m'a inspiré beaucoup d'intérêt pour l'auteur. On y voit partout une âme excellente, un esprit éclairé, une imagination vive et flexible, enfin, un talent distingué.

Mais il manque à ce talent un peu plus d'art et de correction.

Il y a des ouvrages qui ne peuvent être bien écrits qu'à Paris ; un *Voyage sentimental* est du nombre ; et l'on sent trop souvent que Vernes a écrit dans le voisinage de la Suisse.

Pourquoi le goût n'est-il pas partout pur comme peut l'être l'âme, et le style exact comme peut l'être l'esprit ? Pourquoi faut-il être à Paris pour écrire très-bien ce que l'on sent, ce que l'on conçoit peut-être beaucoup mieux à Genève ? Je n'en sais rien, les raisons qu'on donne de l'excellence du goût de Paris ne m'ont jamais satisfait ; mais c'est un fait.

La division de l'ouvrage en quatre parties est très-simple et très-naturelle : la première est le voyage de Genève à Paris, par Lyon ; la deuxième, un séjour à Paris pendant quelques mois ; la troisième, un emprisonnement de quelques autres mois ; enfin, la quatrième, le retour de Paris à Genève par le Jura.

Les détails qui remplissent chacune de ces parties sont très-variés. Mais trop souvent ils sont détachés du fond du sujet, qui est un *Voyage*, et séparés de l'intérêt du voyageur ; ce sont, pour la plupart, des histoires de personnages que le hasard amène sur la scène. C'est surtout dans les deux dernières parties, que se fait sentir ce défaut. Elles sont plutôt un assemblage de contes touchants que la fin d'un roman. Un roman doit avoir de l'unité, et s'il est permis d'y faire entrer quelquefois des épisodes, il faut qu'ils se lient toujours par quelque chose au sujet, et qu'ils ne soient pas trop multipliés. Un roman épisodique doit au moins, comme les pièces de théâtre dites *à ti-roir*, faire concourir les incidents qu'il accumule, à un petit intérêt qui fait le fond du sujet.

Mais ces critiques de formes s'évanouissent à la lecture des épisodes mêmes qu'elles ont pour objet. Ils sont tous intéressants. L'histoire de Félix et Lina, dont le sujet est pris dans le siége de Lyon, celle de Valnery et Célestine, celle d'Amélie, ou l'école du malheur, sont d'un intérêt profond. Celles du galérien et de son pivoine, des aveugles de Franconville, sont touchantes aussi ; mais elles sont d'un genre plus doux et plus aimable ; le rire et les larmes se mêlent ensemble à leur lecture.

Ces derniers morceaux conviennent mieux au genre sentimental ; les premiers appartiennent au genre pathétique. Les romans, comme les ouvrages de théâtre, se divisent en genres différents. Les romans passionnés, les romans délicats, les romans d'imagination, les romans historiques, les romans satiriques, etc., sont autant de genres distincts. Voilà ce qu'il faudrait considérer quand on veut faire des romans, même en juger, même en lire.

Vous vous rappellerez, sans doute, les querelles littéraires auxquelles donna lieu le *Voyage sentimental* de Sterne, quand sa traduction parut en France. C'était en 1786. Les beaux esprits déclarèrent que cet ouvrage était plat. Une femme le vengea par une lettre insérée au *Journal de Paris*, les 18 et 19 juin (1). Mais tandis qu'elle combattait les beaux esprits, les gens accoutumés aux grandes émotions disaient que le livre était froid ; et personne ne répondit à ceux-ci. Cependant ils avaient tort comme les autres. Sterne avait créé un genre nouveau ; ce genre n'était destiné ni aux esprits froids, ni aux âmes passionnées ; il s'adressait à ces lecteurs assez nombreux qui joignent à une raison gaie et exercée, une sensibilité douce et calme ; qui ont connu l'amour, mais ne sont plus que légèrement émus de ses souvenirs, et chez qui le besoin d'aimer s'est converti en ces aimables affections des bons cœurs qui font le charme de la dernière moitié de la vie. Voilà ce qu'on ne vit que longtemps après la publication du *Voyage* de Sterne, et ce qui a fixé sa réputation.

Vernes me paraît être fort en état de soutenir l'honneur du genre sentimental, de lui donner même un nouveau prix. Avec l'abondance des sentiments que renferme son âme, et la variété des formes auxquelles se prête son imagination, il a tout ce qu'il faut pour réussir. Mais il est nécessaire qu'il soit averti d'une vérité : c'est que ce genre d'écrit n'entraînant le lecteur ni par la curiosité ni par les passions, toute négligence de style, toute tache de mauvais goût, y est plus sensible qu'ailleurs. Chaque page, chaque ligne doit porter son intérêt ou son charme, pour conduire l'esprit à la ligne, et à la page suivante, jusqu'à la fin du livre ; c'est ce qui me faisait vous dire qu'un pareil livre devrait être écrit à Paris.

Il est un défaut dont il faut surtout se garder dans sa composition ; c'est de se répéter, et de s'imiter soi-même. Il est nécessaire que chaque sentiment soit nouveau dans l'âme de l'auteur, pour que l'expression en soit fraîche et vive dans son ouvrage. Il faut écrire avec des sensations et jamais avec des combinaisons ; il faut raconter ce qu'on vient de voir, jamais ce qu'on a appris, ou ce qu'on se rappelle de trop loin. Il ne faut pas, enfin, prétendre tirer d'un fait plus d'idées aimables qu'il n'en offre.

Par exemple : lisez le petit conte d'*Annette et Colas*, dans le premier volume. L'auteur rencontre ces deux enfants, s'entretient avec eux, leur demande ce qu'ils vont faire de l'argent qu'ils ont gagné. Ils répondent : — Le porter à notre mère. — Vivez-vous seuls avec elle, reprend l'auteur ? — Tout seuls avec elle *et notre ânon*, répondent-ils. « En disant « ces mots, continue le narrateur, chacun « d'eux passa un bras autour du cou de la « pauvre bête, qui les regarda d'un air si bé- « nin, que *je vis bien qu'il était aussi de la* « *famille*. »

____

(1) Cette lettre fut attribuée à madame Suard.

D'abord, ce n'est point une naïveté aimable dans des enfants, que de placer sur la même ligne leur ânon et leur mère. Mais passons : ce que je veux vous dire, c'est que la phrase qui suit est une contre-épreuve peu agréable, d'un trait charmant que j'ai lu dans un autre voyage sentimental du même auteur. Voici ce que je m'en rappelle :

Un jeune homme raconte que la misère ayant forcé ses parents à vendre un mouton qu'ils avaient élevé dans leur maison avec leurs enfants, et le menant chez le boucher, il rencontra une personne de connaissance, qui lui demanda où il allait ? — Hélas ! répondit-il, je vais à la boucherie vendre un pauvre mouton que nous avions élevé, et que nous aimions tant. — C'est celui-là ? — Mon Dieu oui, c'est lui. Comme je disais *C'est lui*, continue le jeune homme, le mouton tourna la tête vers moi, et me regarda, comme s'il me disait : *Oui, c'est moi.*

Voilà qui est charmant. Mais qu'a de commun un ânon avec ce mouton élevé dans la famille, qu'on envoie à la boucherie, et qui dit : *C'est moi*, comme un ami résigné à nourrir ceux qui l'ont nourri ?

J'ai marqué au crayon, sur les marges du livre, la plupart des choses qui m'ont paru blesser le goût. J'y ai marqué surtout les fautes de langue. A la page 2, vous trouverez le mot *astriction*; page 6 : il se mit à fumer *d'un air à regretter*, pour dire : d'un air à faire croire qu'il regrettait. Page 44 : savourer *le fumet* du vin. Le fumet ne se dit que des viandes. Page 52 : les coteaux qui *surplombent* Nantua. Surplomber est un verbe neutre, etc.

Mais vous trouverez aussi beaucoup de choses notées comme très-agréables par l'expression ainsi que par la pensée; et c'est à cause de celles-là que j'ai noté, avec tant de scrupule, les défauts. On ne prend la peine de remarquer les fautes que quand elles déparent des beautés auxquelles on prend de l'intérêt.

. . . Ubi plura nitent in carmine... ego...
. . . *Multis* offendar maculis....

(*Journal de Paris*, du 26 germinal an VII. — 15 avril 1799.)

———

(*Note de l'éditeur.*) Le morceau suivant est inédit. Il est de premier jet, et n'a été ni revu, ni corrigé par l'auteur; et néanmoins dans cet état même il m'a paru présenter trop d'intérêt pour ne pas le comprendre dans cette collection. C'est un tableau fort exact d'une époque importante.

<h3 style="text-align:center">VOYAGE A PARIS VERS LA FIN DE 1795.</h3>

A M. F. DE B***,

OU

SOUVENIRS DE MON DERNIER VOYAGE A PARIS.

L'objet de l'auteur est de peindre la France telle qu'elle était quand il l'a revue; il a cru utile de conserver le souvenir de ce moment, qui diffère et de ceux qui l'ont précédé et de ceux qui l'ont suivi.

Il croit devoir d'abord exposer ses principes sur les révolutions en général, afin de n'induire personne à erreur par les préventions à travers lesquelles il regardera peut-être les objets; et l'on doit lui savoir gré de cette franchise.

« Je déteste, dit-il, et je détesterai toujours « les révolutions; le mal qu'elles produisent « est certain; le bien qui peut en résulter tient « à une suite de chances trop périlleuses, trop « indépendantes des calculs de notre sagesse « et de notre prévoyance. » Bien d'autres que l'auteur parlaient ainsi en 1795; on était alors placé si près de tout ce que la révolution française a fait de cruel, qu'il était excusable et de ne plus voir ce qui l'a rendue nécessaire et terrible, et de ne pas voir encore ce qui pourrait dans l'avenir dédommager ou du moins consoler de ses ravages. Au reste, l'auteur, par une conséquence toute naturelle de sa haine pour les révolutions, croit sage de s'attacher à l'ordre de choses existant, sauf à le perfectionner; et, en cela, il se rallie aux plus zélés républicains.

Mais ce qui est particulier à une classe d'hommes intéressés à l'ignorance publique, ou de vils courtisans de l'opinion qu'ils ont rendue dominante, c'est d'attribuer à la *philosophie* tout ce qu'il y a d'affreux comme ce qu'il y a eu de grand dans la révolution, et l'on est fâché de voir l'auteur entrer dans cette opinion.

Il réduit les fruits qu'on peut attendre de la révolution à deux choses : à l'établissement d'un système représentatif et à l'abolition de toute espèce de droit héréditaire; encore croit-il que ce système est une erreur. Notamment,

« parce que le principe d'hérédité lui paraît
« tenir à la puissance même des choses, et
« surtout à la série naturelle de nos sentiments
« et de nos affections. »

Après ce préliminaire, l'auteur rend compte
de tout ce qui frappe ses regards dans la route
de Bourg-Libre à Paris.

Il remarque d'abord le bon état des chemins,
et même leur bon entretien; à ce sujet, il admire, et non sans raison, et la force et la solidité de ces grands ouvrages que les anciennes
institutions administratives ont entrepris, et la
force de ces institutions mêmes, qui agissent
encore alors même que rien ne paraît plus les
soutenir.

Il remarque aussi que l'agriculture n'a pas
dépéri : en cela il ne dit point assez. Il est démontré qu'elle s'est étendue depuis la révolution.

La multitude des enfants qu'il rencontre partout frappe aussi son attention; il revoit avec
étonnement le même nombre de châteaux;
enfin, rien ne paraît manquer à la France, si
ce n'est les cloches et les croix. Il regrette les
cloches. « Leur son, dit-il, nous rappelle, dans
« la plus profonde retraite, que nous ne 'som-
« mes pas seuls; qu'il est encore des hommes
« autour de nous. »

Rien n'est plus vrai; mais il résulte de là
seulement que les cloches, au lieu d'être abolies ou rendues au culte, doivent être employées au service des institutions civiles et
politiques.

Les regards de l'auteur cherchent à démêler
ce qui peut lui faire connaître la condition actuelle du peuple. Il voit partout les mêmes
signes de l'ancienne inégalité; cependant, en
1793, il ne pouvait voir que la parfaite égalité de
misère, car telle était la condition générale.
Il fait à ce sujet une digression sur l'inutilité
des tentatives qu'on a faites pour établir l'égalité en France; elles n'ont réussi qu'à détruire
ou à faire exporter à vil prix d'immenses richesses mobiliaires. Il établit à ce sujet que la
classe essentiellement reproductive des richesses est la classe mitoyenne; que la classe des
riches est conservatrice; mais que celle des
prolétaires est destructive, parce qu'elle n'a
ni l'habitude de posséder, ni l'art de jouir.

L'auteur reconnaît cependant que les propriétés sont plus divisées en France qu'autre-

fois, et que, peut-être, n'y a-t-il pas plus de
propriétaires, les biens des riches dépouillés
ayant passé aux mains de quelques parvenus,
de quelques fermiers, et une grande partie
étant invendue. L'auteur ajoute que les salaires du journalier, du fermier, ne sont pas
payés comme ceux du ci-devant seigneur; notez que les ci-devant seigneurs n'exploitant leurs
terres que par leurs fermiers, n'ont jamais
employé de journaliers. — Rien, selon l'auteur, ne tient lieu pour le pauvre des aumônes
des gens d'Église.—Il est cependant fort connu
que les évêques ne distribuaient pas dans les
campagnes la centième partie de ce qu'y prenaient les capucins et autres moines mendiants;
et il est aussi certain que le revenu des évêques se tirait des campagnes, et qu'il y demeure maintenant.

L'auteur remarque la dureté des fermiers,
qui, à l'époque où il écrivait, refusaient inhu-
mainement de donner leur blé pour des assignats, c'est-à-dire le fruit de leurs sueurs pour
rien ! Il met sur leur compte une disette qu'il
était si simple de mettre sur celui du papier-
monnaie, et qui a cessé avec cette grande
cause de disette et de victoires; et sa philosophie conclut qu'il y a un énorme *danger à laisser trop de force et de pouvoir entre les mains
d'un ordre d'hommes de qui dépendent les
subsistances;* il ne voit point *de despotisme
plus opprimant, ni d'avarice plus impitoyable, que celle d'un fermier.* C'était justement là
le langage de Saint-Just, c'était aussi celui des
intendants. *Il faut,* dit l'auteur, *protéger le
laboureur et non pas l'enrichir; on ne peut
l'enrichir sans rendre misérable ce qui l'environne, et sans corrompre ses vertus.*

Sans doute il ne faut pas *enrichir* le laboureur, car l'État ne doit enrichir personne; mais
il faut qu'il puisse s'enrichir, ou bien il n'y a
pour lui ni propriété, ni liberté, ni émulation,
ni courage; et il n'a de vertu que dans la richesse, car elle seule anime ses exploitations
et le passionne pour ses travaux; et ce n'est
que par la vigueur de ses travaux qu'il répand
l'abondance tout autour de lui et loin de lui.

L'auteur a observé les dispositions du peuple à l'égard du nouveau régime. Ce qui l'a le
plus généralement frappé, c'est l'air du malaise, de la fatigue, de l'inquiétude. « La mul-
« titude, semblable en tout pays à l'âne de la

« fable, dit : *Que m'importe à qui je sois?... Pau-*
« *cis humanum vivitur genus* (Ce n'est que
« pour le petit nombre qu'existe le genre hu-
« main)..... Le royaume des cieux est aux
« hommes doux, mais ce monde appartient
« aux violents. La plus grande puissance de
« ceux qui gouvernent est dans la patience et
« l'inertie habituelle de ceux qui sont gouver-
« nés. Les hommes sont comme un grand
« troupeau de moutons. Les folies de la capi-
« tale sont comme un coup d'électricité qui se
« communique subitement d'une extrémité
« du royaume à l'autre. » L'auteur ajoute
que, d'après le nombre des votants qui ont
accepté librement la constitution et celui des
citoyens qui n'ont pas voté, « il serait aisé de
« prouver mathématiquemnt que la majorité
« n'est rien moins qu'attachée au régime ac-
« tuel. » Cependant il ajoute que la grande
masse du peuple ne voit qu'un fléau dans une
révolution, et qu'après s'être laissé entraîner
à un premier mouvement, elle ne demande
bientôt plus que le repos. Cela ne prouve pas,
à la vérité, de l'attachement pour le nouveau
régime, mais cela prouve au moins une adhésion de raison et d'instinct plus forte peut-être
que l'enthousiasme.

Au reste, l'auteur a été très-frappé « de la
« douleur d'un beau vieillard, *de plus de* 70
« *ans passés,* perclus de la moitié du corps,
« mais conservant encore, *à son âge*, et *mal-*
« *gré ses infirmités* (je souligne toutes les ré-
« dondances de style), l'œil très-vif et le teint
« frais *de la santé.* Dans un antique fauteuil
« *à bras,* au coin d'un grand feu, ce digne
« vieillard paraissait exercer *tout l'empire* de
« son autorité domestique, *avec le caractère*
« *le plus imposant....* » Après quelques mots
de nouvelles, ce vieillard raconte *le martire* de
son seigneur sous le régime révolutionnaire,
c'est-à-dire sa décapitation. Sans doute, il est
bon d'entretenir l'horreur que les assassinats
révolutionnaires doivent inspirer ; mais est-ce
la peine quand on vient de Suisse en France
pour y voir les traces de la révolution, quand
on se trouve entre des milliers de veuves et
d'orphelins, quand on entend à chaque pas
toutes les affections réclamer un objet chéri,
tous les grands intérêts de la société réclamer
un homme utile et quelquefois un grand homme, est-ce bien la peine d'y noter la douleur

d'un ancien fermier de grand seigneur et d'y
noter ses 70 *ans*, et *ses infirmités*, et *son âge*,
et *son œil vif*, et *son teint frais de la santé?*
Est-ce pour faire voir qu'on regrette précisément un *seigneur?* Quel misérable soin! Vaut-
il la peine de venir tout exprès de la Suisse
dans le *royaume* de France ?

C'est le 22 septembre 1795 que l'auteur arrive enfin à Paris. Il fait bien d'en marquer le
jour ; car il semble que, différent des observateurs qui ne recueillent de la révolution que ses
grands traits, ses grands résultats, et ses effets
durables, il ait pris à tâche de remarquer et
de fixer sur le papier toutes ses circonstances
d'un jour.

Il s'étonne d'abord, en revoyant *un séjour
dont il a été idolâtre,* de retrouver encore le
matériel de Paris subsistant, même embelli.
Il se promène, et assez longtemps, dans le
quartier neuf de la Chaussée-d'Antin, dont il
décrit tous les agréments et tous les avantages ;
ensuite vient une évaluation de la population
de Paris.

A en juger par l'affluence qu'on rencontre
dans les rues, on la croirait doublée ; à en juger par les consommations, elle est, dit-il,
diminuée de moitié. (Nous serions curieux de
savoir comment l'auteur a pu juger des consommations de Paris depuis qu'il ne se perçoit
plus de droits d'entrée.) D'ailleurs il voit que
les laquais sont diminués, et croit que les ouvriers de luxe ont quitté la France.

Ce qui l'afflige le plus, c'est la vue de tant
de beaux hôtels à vendre et à louer, et qui,
dit-il, ne seront ni vendus ni loués ; c'est leur
dépouillement, leur dégradation intérieure et
extérieure. Qu'est-ce que tout cela va devenir,
dit-il, avec la république française? et que deviendront bien d'autres richesses ? « Ne fau-
« dra-t-il pas même renoncer aux chefs-d'œu-
« vre de Corneille, de Racine, de Voltaire, de
« Bossuet, de Fénelon? Ne réfléchissent-ils pas
« trop vivement l'éclat de la magnificence royale
« pour ne pas blesser les yeux d'un peuple
« libre, ou *pour ne pas risquer* de séduire ceux
« d'un peuple qui ne l'est pas encore, et qui,
« *selon toute apparence, ne le sera jamais que*
« *par force ?* » C'est pousser loin les appréhensions et la sollicitude, et l'admiration pour
l'éclat de la magnificence royale ; il était bien
plus naturel, et tout aussi juste, de trouver

l'*esprit* de nos rois réfléchi dans les écrits de Racine et de Corneille, que leur magnificence. Pourquoi l'auteur n'a-t-il pas eu cette idée? elle plairait fort à ces hommes réellement fort nombreux en France, qui ne *seront libres que par force*, et à qui l'on se plaît d'appliquer l'expression de l'auteur, qui, à leur égard, est très-plaisante.

Après les *hôtels dégarnis*, ce que l'auteur déplore le plus, c'est le silence des nuits à Paris. Pas un carrosse, pas un homme à pied dans les rues passé onze heures; *c'est le silence des tombeaux*. L'auteur ferait volontiers la satire du repos de Paris, comme Boileau fit autrefois celle du tapage dont on y était assourdi.

Le jour même, très-peu de voitures de maîtres, très-peu de fiacres; quelques cabriolets de plus.

La grande occupation de Paris est l'agiotage et le négoce. Tout y est marchand : *« cette cité « n'est plus qu'une immense friperie. Les rues « sont encombrées de meubles à vendre ou ven- « dus;* vous ne rencontrez personne qui ne « chemine pour aller vendre ou acheter. On « vend tout, jusqu'aux fonds de terres les plus « considérables. On achète sans voir, on vend « de même; on est plus occupé de traiter vite « que de traiter avec avantage. On trouverait, « comme dit Pline, que le temps d'agir est « passé, si on attendait qu'il fût venu. »

La misère, la cupidité, la dépréciation du papier, sont les causes de ce désordre, qui est assez bien dépeint par l'auteur.

Vient enfin le tableau de la famine qui a désolé la France; l'auteur raconte, à peu près comme toutes les gazettes du temps, de quelle manière on distribue le pain à Paris, combien on en donne, ce qu'il coûte, ce qu'il vaut, etc. Ce qu'il y a de saillant dans ce chapitre est un passage ironique où l'auteur parle des sacrifices imposés alors à la nation pour nourrir Paris : « Ne devait-elle pas en effet, dit-il, ces « sacrifices aux habitants? » (Page 103.)

A ce coup d'œil sur *les choses* succède l'attention que l'auteur donne aux personnes. Au moment de son arrivée, la moitié de Paris sortait de prison; l'empreinte du malheur était encore sur toutes les figures; toutes annonçaient l'inquiétude, la défiance; quelques-unes avaient même un air agité et convulsif. Mais pour ceux qui ont vu la terreur, et pour ceux

qui voudront en lire l'histoire, peu importent les figures qui en exprimaient le souvenir un an après; c'est ce que l'auteur aurait dû voir.

L'habillement des hommes lui paraît assez raisonnable ; c'était déjà l'habit carré, l'habit des paysans, qui, malgré cela, dure encore. Celui des femmes ne manque à ses yeux ni de goût ni d'élégance. Il les félicite de l'usage des souliers plats, de celui des ceintures rattachées sous le sein. Les perruques blondes trouvent elles-mêmes grâce devant l'auteur; il trouve que les blondes adoucissent les physionomies des brunes, et rendent piquantes les physionomies des blondes. Il aimerait assez les bras nus jusqu'à l'épaule, sans les gants qui les couvrent jusqu'au coude.

Un spectacle étrange, en effet, et qui méritait peut-être d'être décrit, c'est celui de ces mêmes femmes courant à pied dans les boues de Paris, retroussées jusqu'à mi-jambe ou embarrassées de leurs robes (On les voit avec des sans-culottes sales, car il en restait encore, soit seules ; se rencontrant avec de vieux abbés en catogan et de vieux militaires en cheveux ronds. Ce qu'il y a de curieux pour l'observateur dans ce spectacle, c'est la renaissance de cette suprême puissance des Français, le goût de la parure, ce goût si longtemps étouffé sous le poids du terrorisme , et qui dans les femmes se confond avec celui de cet empire qui leur est propre : celui de la mode.

A peine la liberté est rendue, que ces femmes, qui semblaient ne devoir jamais se relever de leur accablement, oubliant les pertes qui semblaient les condamner à un deuil éternel, étalent tous les ornements qui leur paraissent devoir aider leur beauté et ressaisir leur puissance ancienne.

L'auteur ne perd pas son temps à admirer ce phénomène ; une chose le frappe davantage : c'est la prodigieuse quantité de femmes grosses qu'il rencontre. Jamais, dit-il, on n'en a tant vu ; et c'est une remarque dont nous lui devons savoir gré, car nous ne l'avions pas faite. Il ne veut pas regarder comme le signe de l'amélioration des mœurs, cette grande fécondité; il n'y croirait qu'autant que ces femmes enceintes seraient modestes, car, dit-il, et ceci n'est pas une des opinions les moins remarquables du livre : « une femme grosse «

perdu, ce me semble...» (*Citation incomplète.*) (Voir page 127 de l'ouvrage.)

Au reste, l'auteur attribue la fécondité des femmes à la terreur qui a resserré des ménages désunis, à la longueur des nuits, et au défaut de lumière, et aux réunions de nombre d'infortunés des deux sexes dans les prisons. Nous remarquons ces choses, parce que voilà en peu de mots l'art de peupler un pays tout trouvé.

L'auteur, au reste, a remarqué sur la plupart des visages le besoin et la faim; il a vu une artiste mendier; mais nous tous qui le lisons nous n'avons sans doute rien vu de tout cela, puisqu'il prend la peine de nous le dire.

Ces vues générales de l'auteur l'amènent à quelques détails sur le jardin et le château des Tuileries. Il reconnaît le génie du peintre David dans les décorations des salles occupées par la Convention dans le château; mais il ne remarque le génie de personne dans les discours qu'il entend prononcer à la tribune, pas même dans ceux de Boissy-d'Anglas, quoiqu'ils ne fussent pas de ce député, Il loue cependant la sagesse de quelques discours de Daunou, Thibaudeau, Pontécoulant; mais dans tout cela rien d'aussi extraordinaire qu'un propos équitable de Chénier sur la Harpe, qu'il regarde comme un illustre écrivain, mais comme un mauvais politique; sur quoi l'auteur observe que cependant la Harpe était un célèbre jacobin.

De Chénier il vient, on ne sait pourquoi, à Vergniaud et au procès de Louis : il dit que Vergniaud entraîna par son avis la majorité pour la mort du roi, en réunissant par son exemple quinze ou vingt suffrages à cette opinion. Le fait est que Vergniaud, président de l'assemblée, opina le dernier. Le jugement était donc fait quand Vergniaux parla; son exemple n'entraîna donc personne.

Ici, l'auteur s'aperçoit qu'il n'a encore écrit que des choses pénibles, il veut reposer sa *pensée sur des rapports plus doux.*

Il contemple avec une satisfaction parfaite un juge de paix en fonction; ce juge est un simple emballeur, mais homme de bien et homme de sens; l'auteur accorde quelques éloges à l'institution de la justice de paix.

Il remarque avec le même intérêt l'ordre qui règne dans les bureaux du comité de salut public. Il ne voit pas un ordre semblable dans les finances; il ne croit pas qu'il y ait de réformes possibles avant la paix. Mais il rend hommage aux assignats, non comme à un instrument d'ordre et de prospérité intérieure, mais comme terrible machine de guerre.

Il se représente d'une manière assez exacte les ressources de la France contre ses ennemis, le courage des Français, leur industrie; il voit les sciences qui leur offrent des moyens de gloire inouïs, les nouvelles méthodes de fabriquer le salpêtre, les aérostats, le télégraphe,

Enfin, il s'abandonne à une admiration assez vive pour le Muséum; mais ses éloges, qui ne sont pas neufs, n'ajoutent rien aux souvenirs qu'en ont ceux qui l'ont vu, ni au désir de ceux qui aspirent à le voir,

Les spectacles ont attaché particulièrement l'attention de l'auteur.

Il est d'abord frappé du grand nombre des théâtres qui s'offrent à sa vue, et ensuite de l'affluence des spectateurs qui se rencontrent à chaque théâtre; cela l'entraîne dans une digression sur le caractère français, qu'il dit être toujours le même, puisque toujours la grande affaire du Français est le plaisir et le spectacle; et il trouve une raison de cet étonnant phénomène dans cette *elasticité qui le rend tout à la fois si léger, si* CONSTANT *et si mobile*, Explication qui est l'*obscurum per obscurius*: ce que l'auteur a senti, car après avoir expliqué l'union de sa constance et de sa mobilité, par l'*élasticité*, il explique de suite l'élasticité par la constance et la mobilité !

Mais ce qu'il y a de plus curieux, c'est qu'après avoir établi que le Français est toujours le même, puisqu'il va toujours au spectacle, l'auteur nous dit ensuite que les personnes qu'il y a rencontrées, hormis à celui de la salle Feydeau, ne sont pas les mêmes qui y allaient autrefois; que ce sont des hommes d'un autre monde, en qui il n'a rien trouvé de cette *mobilité* qui l'avait tant frappé à ses voyages précédents, Et en effet, comme il le dit lui-même, en 1795, les théâtres étaient remplis d'artisans, parce que les assignats n'avaient plus guère de valeur qu'au spectacle, que la lumière et le bois étaient chers et rares, et qu'il y avait de l'économie à passer la soirée au spectacle.

Quoi qu'il en soit, l'auteur a été frappé de l'indifférence du peuple grossier pour les chefs-d'œuvre de notre théâtre, et l'explication qu'il en donne paraît juste : c'est qu'un théâtre aussi pur, aussi noble, aussi délicat, aussi fin que le nôtre, ne peut être senti que par des âmes exercées à sentir, et des esprits capables de comparer. Nous sommes loin de croire, comme l'auteur, que cette indifférence du peuple pour notre théâtre doive abâtardir notre scène ; l'effet qu'elle produira et qu'elle a déjà produit, ce sera d'écarter le peuple du théâtre ; et il n'y va plus depuis qu'il n'y est plus attiré par l'extrême modicité du prix d'entrée ; et voilà tout. Les pièces de circonstances dont on a accablé la scène pendant une année sont déjà oubliées, et depuis deux ans on n'en a pas vu de nouvelles en ce genre.

Au reste, l'auteur ne paraît pas très-frappé de la crainte de voir la révolution faire proscrire les chefs-d'œuvre de la scène française ; car, quelques pages plus loin, il appréhende que les chefs-d'œuvre de la scène française ne nuisent à jamais à la révolution : « Il y a, dit-il, une « grande difficulté à établir solidément un « nouveau régime politique et de nouvelles « mœurs chez un peuple dont la langue et la « littérature ont été portées au plus haut degré « de perfection qu'elles semblaient pouvoir « atteindre. » (P. 205.)

Nous ne voyons pas ce que Corneille, Voltaire et Racine ont d'incompatible avec la république. Ils mettent des rois sur la scène ; mais l'histoire de France tout entière, mais nos gazettes de chaque jour nous parleront tous les jours de rois. Ils montrent les rois toujours dans le malheur ou dans le crime. Ce n'est pas là ce qui peut exciter beaucoup d'enthousiasme pour la royauté. Ils ont d'ailleurs beaucoup de pièces républicaines ; et si la royauté a laissé quarante ans jouer *Brutus* et *la Mort de César*, peut-être la république aura bien la force nécessaire pour ne rien craindre des *Amours de Titus* ou des *Douleurs d'Andromaque*. Tous les grands poëtes de la Grèce, dont les nôtres ont bien plus hérité qu'ils n'ont emprunté de la *magnificence royale*, n'étaient-ils pas républicains ? les grands poëtes de Rome, ainsi que les grands orateurs, n'étaient-ils pas nés sous la république ? Est-ce de la royauté qu'ils tenaient leur génie ? est-ce eux qui l'ont établi ? Au reste, s'il était vrai, comme le dit l'auteur, « que la religion « de notre théâtre fût comme celle des autels,

« parmi les circonstances qui ne peuvent man« quer de conserver encore longtemps en « France des germes d'aristocratie, » l'indulgence du gouvernement actuel serait un crime, et les prohibitions de Robespierre un bienfait ! L'horreur qu'inspire cette conséquence, dispense de bien des réflexions sur le principe.

Un spectacle plus important que celui des théâtres paraît avoir fait sur l'auteur de fortes impressions : c'est celui du 13 vendémiaire. L'auteur en fait l'histoire avec précision, et à beaucoup d'égards d'une manière fort judicieuse. Il remarque avec beaucoup de raison que « l'insurrection sectionnaire n'avait pas les « deux conditions les plus essentielles au suc« cès de toute entreprise de ce genre : point de « chefs assez téméraires pour la conduire, « point de populace assez aveugle pour la de« vancer ou la soutenir.

« On ne peut plus s'empêcher de voir que si « quelque hasard l'eût fait triompher, il n'en « fût résulté de nouveaux malheurs ; le parti « sectionnaire, sans être ni de l'une ni de l'au« tre faction, n'eût vaincu que pour retomber « sous la puissance des chouans ou des terro« ristes. »

L'auteur remarque la modération dont usa le parti victorieux ; les jugements à mort qu'il fit prononcer, mais toujours contre des contumaces ; et dont aucun ne fut suivi d'exécution. « Pendant quelques jours, dit-il plaisamment, « on ne rencontrait sur les grandes routes, aux « environs de Paris, que de ces jugés à mort « qui ne s'en portaient que mieux. »

Quoique le récit de vendémiaire appartienne à l'histoire et non à un voyage qui ne doit comporter que des tableaux, l'auteur, comme on le voit, a trouvé le moyen de faire oublier que ce récit était déplacé dans le cadre où il l'a montré.

L'auteur s'est attaché à recueillir l'opinion de différents partis sur la nouvelle constitution, et il commence par observer qu'elle est la quatrième dont la révolution nous a gratifiés, car il compte le régime révolutionnaire comme une constitution, et comme la plus forte de toutes ; et il a raison, si l'on peut toutefois appeler *fort* un régime qui a eu la puissance de tout faire, hormis se conserver. Il jette un coup d'œil sur la constitution de

1791, sur celle de 1793, et ce qu'il en dit les caractérise assez bien. Il avait annoncé leur chute dès qu'elles ont vu le jour, et ses prédictions ont été accomplies. Il n'ose prédire de même ce que deviendra celle de l'an III. Il y trouve un excellent fonds ; mais il en critique quelques accessoires qui paraissent devoir nuire à sa stabilité et au repos public. Il croit que le titre de citoyen est accordé à des conditions trop faciles, ainsi que celui de représentant. Il voudrait pour celui-ci une propriété considérable, et n'excepterait de cette nécessité que les membres de l'Institut national. Il voudrait, de plus, qu'on ne parvînt à la législature qu'après avoir exercé des fonctions municipales et administratives ; c'est le système de Rousseau, de Mirabeau, des meilleurs esprits du comité des onze de la convention. Il craint la trop grande fréquence des élections. Il souhaiterait qu'il existât hors du corps législatif un pouvoir autorisé à l'ajourner. Il voudrait que le pouvoir exécutif eût seul l'initiative des lois, et trouve que cette idée « est « une des plus grandes qu'il ait trouvées dans « les écrits de l'immortel Sieyès » (lequel est l'objet d'une note fort étendue) ; l'auteur finit par exposer l'opinion des royalistes et des jacobins sur cette constitution : « Les uns, dit-il, en « sont aussi mécontents que les autres. Comme « il n'y a point de constitution pour les uns hors « de la monarchie absolue, il n'y en a point « pour les autres hors de la dictature populaire. Ce qui plaisait aux uns par-dessus tout, « c'était l'impunité par la faveur du monarque ; « ce qui plaisait aux autres par-dessus tout, « c'était encore l'impunité, mais par la faveur « du peuple. »

Il remarque que les « *plus profonds politiques parmi les jacobins, comme parmi les chouans,* se récrient surtout contre l'organi- « sation du directoire et contre l'étendue de « ses pouvoirs, contre le revenu de ses mem- « bres, trop faible selon les uns, trop consi- « dérable selon les autres. » Il voit, et, pour être juste, nous devons dire qu'il paraît voir à regret le parti qu'on peut tirer dans des clubs de ces circonstances pour agiter les esprits et troubler encore l'ordre public. Et il n'hésite pas à prononcer que le gouvernement, dans ces circonstances, ne doit pas se priver de renoncer aux ressources extraordinaires qui peuvent être

nécessaires pour son maintien ; et il loue franchement dans les directeurs une grande énergie de résolution et de volonté.

L'ouvrage est terminé par des considérations sur les sociétés de Paris avant la révolution. C'est un morceau plein d'observations fines et d'expressions délicates, et qui serait digne de Duclos. Mais il fait regretter que l'auteur n'ait pas dit avec plus de détail ce qu'il y avait de funeste dans leur influence, comme il a dit ce qu'il y avait d'utile ; qu'il ne nous ait pas fait voir aussi ce qui était irrévocablement perdu pour nous de leurs avantages, et ce qui pouvait racheter ce dont il nous fallait faire le sacrifice dans nos mœurs nouvelles. L'auteur avait pourtant senti les inconvénients, puisqu'il dit à son début qu'il y trouve une réunion de vices et de vertus que *la sagesse qui savait en jouir n'oserait désirer de voir renaître aujourd'hui* (p. 284). Et même, pour que ce morceau fût placé dans un ouvrage dont l'objet est de faire connaître Paris depuis la révolution, il aurait fallu qu'il ne fût que le premier terme d'une comparaison, dont le second terme aurait été l'état actuel de la société et son état à venir.

Le dernier chapitre est celui qui a le plus d'intérêt. C'est une peinture raisonnée de la société de Paris avant la révolution. Elle était, dit l'auteur, d'un charme inexprimable ; et ce charme résultait d'abus et d'avantages, de vices et de vertus, dont la sagesse a pu jouir, et que pourtant elle n'oserait regretter ; en voici une esquisse :

La France était partagée en un grand nombre de classes, et cette variété a introduit celle des manières et du langage.

Les hommes puissants, entourés de respects et de jouissances, avaient, dans toutes leurs habitudes, de la noblesse et de l'élévation. Les gens de lettres et les grands artistes, par les occupations habituelles de leur esprit à dater de leur enfance, s'étaient élevés au même ton de noblesse et de dignité ; et l'institution des académies, en les réunissant avec les grands, les avait à plusieurs égards placés sur la même ligne.

Entre les gens de lettres et les grands, s'étaient introduits les gens aimables. « *Il suffi- « sait,* dit l'auteur, *de ce seul titre pour être « admis dans les cercles les plus brillants, et*

« *s'y voir accueillir de la manière la plus*
« *flatteuse.* »

Cependant, il ajoute que dans ces réunions
« la liberté la plus facile et *la plus familière*
« se mêlait aux *égards*, aux *attentions* aima-
« bles qu'inspire à tout homme bien élevé
« l'usage du monde, ou le sentiment naturel
« *des bienséances* de chaque âge *et de chaque*
« *condition.* On avait banni toute étiquette em-
« barrassante et fastidieuse ; mais chacun *se*
« *tenait* le plus naturellement du monde à *sa*
« *place, pour ne pas avoir besoin d'être averti*
« *de s'y mettre ;* » cela veut dire, si nous entendons le français, que *la liberté la plus fa-*
milière des gens de lettres, ou des gens aimables, avec les grands, dans les sociétés de ce
temps-là, consistait à bien se garder de toute
familiarité avec eux, ou, comme le dit Duclos,
à repousser leur familiarité à force de respects.
Quoi qu'il en soit, l'auteur voit naître de ce commerce de soins et de ménagements, de *sacrifi-*
ces et de préférences, ce qu'on appelait *le ton*
de la bonne compagnie.

L'habitude de ce ton, joint au *point d'hon-*
neur, ont donné à l'esprit français *un essor plus*
brillant et *plus ingénieux ;* la contrainte qu'ils
imposaient, au lieu d'*émousser le trait, le ren-*
dait plus fin et plus délicat ; et la mesure avec
laquelle on le laissait échapper, l'adressait encore plus sûrement au but

Ce n'étaient ni les sentiments du cœur, ni
les affaires, qui rassemblaient ces sociétés :
c'était le besoin d'occuper son loisir. Aussi,
on n'y portait que le désir de s'amuser, de
briller, ou de plaire, et l'on y trouvait des
moyens de remplir ce triple objet que rien ne
peut suppléer ; *car*, comme dit la Bruyère, *il*
est des choses que l'on dit encore plus finement
qu'on ne peut les écrire.

———

VOYAGE EN SYRIE ET EN ÉGYPTE,

EN 1783, 1784 ET 1785.

—

LES RUINES, OU MÉDITATIONS SUR LES TOMBEAUX ;

SUIVIES DU

CATÉCHISME DU CITOYEN FRANÇAIS.

Par Volney, de l'Institut national.

Nos nouvelles relations avec l'Égypte et la
Syrie ont attaché au voyage de Volney, non-
seulement un nouvel intérêt, mais encore une
grande authenticité. Les Français qui reviennent de ces contrées, les lettres nombreuses
qui en arrivent tous les jours, confirment les
notions qu'en a données l'auteur. Volney a
été, pour nos savants et pour nos militaires,
un guide sûr en Égypte ; ils sont pour lui, en
Europe, des garants irréprochables de sa véracité : digne récompense de l'exactitude de
ses observations et de la fidélité de ses tableaux. La durée de son succès, opposée à la
chute de tant d'autres faiseurs de voyages,
avertit ceux-ci qu'aucune charlatanerie ne
supplée le double talent de voir et de peindre ;
et que quand on ne trouve pas dans la vérité
de quoi intéresser, il faut s'abstenir d'écrire.

La troisième édition, que nous annonçons,
est augmentée : 1° de la traduction de deux
manuscrits arabes, qui fournissent de nouveaux détails statistiques sur l'Égypte, et sur
l'organisation régulière de la poste aux pi-
geons ;

2° D'un tableau exact du commerce du
Levant ;

3° Des considérations sur la guerre des
Russes et des Turcs, en 1788 ;

4° Enfin, de deux gravures nouvelles, représentant les Pyramides et le Sphinx, etc.

L'ouvrage des *Ruines* a été, depuis deux ou
trois ans, l'objet de nombreuses attaques. On
sait que cet écrit a pour objet de faire sortir
des ruines de l'antiquité la révélation des grandes erreurs, des passions malfaisantes qui ont
détruit les plus florissants empires, et tendent
encore à détruire ceux qui existent. Le despotisme d'un côté, de l'autre les religions, sont
les principales causes du renversement des
empires, et la religion chrétienne est du nombre de celles que l'auteur passe en revue. Le
docteur Priestley, qui a quitté la physique, où
il avait eu le bonheur de se faire une réputation, pour jouer, en Amérique, le rôle partout suspect, et là méprisé, de fondateur de
secte, a publié, il y a quinze mois, à Philadelphie, un pamphlet âcre et tout à fait sacer-
dotal contre *les Ruines.* Quelque temps après,
il a eu la douleur de se voir surpassé en injures
par la sainte inquisition de Madrid, qui a déclaré « *les Ruines* plus infectées de malignité
que les écrits des Hobbes, des Spinosa, des
Rousseau, des Voltaire, et autres *libertins* de

tous les temps : étant au fond un pur *athéisme*, fatalisme, *naturalisme*, et matérialisme. » Observez qu'*athéisme et naturalisme* sont l'équivalent de *athéisme et déisme*, et jugez par là du reste du mandement.

Pour nous, les déclamations du docteur et celles de l'inquisition, ne nous empêcheront pas de trouver *les Ruines* instructives et éloquentes.

Le *Catéchisme du citoyen français* est un cours abrégé et familier de morale. D'Alembert a terminé ses éléments de philosophie par le souhait de voir un citoyen philosophe écrire un catéchisme de morale. Depuis d'Alembert, voilà le troisième écrit publié sous ce titre ; les deux précédents sont ceux du baron d'Olbach et de Saint Lambert. Tous les trois portent sur les mêmes principes, mais ils diffèrent dans l'exécution : ils diffèrent par l'objet auquel chacun s'est spécialement attaché, et par le style. Volney a donné plus d'étendue que Saint-Lambert aux devoirs de l'homme envers lui-même, mais moins que Saint-Lambert, et trop peu aux devoirs de famille. Il a traité des vertus et des relations sociales, auxquelles Saint-Lambert paraît avoir destiné un autre travail. Le style de Volney est plus précis ; celui de Saint-Lambert plus touchant. Le premier imprime mieux son idée, l'autre communique mieux ses affections. L'un et l'autre ont laissé loin derrière eux le baron d'Olbach, qui, au reste, a eu le mérite de les précéder. L'art de faire des catéchismes avance ; des noms illustres dans les lettres et dans la philosophie ont fait, pour la gloire de ce genre d'ouvrages, ce que les meilleurs livres en ce genre n'auraient pas fait pour la gloire de leurs auteurs : tant nous sommes ingrats envers le pur talent d'instruire et de persuader, tant nous avons besoin d'être étonnés, pour estimer ! Encore un effort, et nous touchons au but.

L'impression de la nouvelle édition de Volney est très-soignée ; la gravure en est très-belle : elle prépare aux pensées du livre, quand on ne l'a pas lu ; elle les rappelle et les reproduit, quand on le connaît.

(Journal de Paris, du 2 prairial an VII. —
21 mai 1799.)

VOYAGE DANS LES ÉTATS-UNIS D'AMÉRIQUE,

FAIT EN 1895, 1796 ET 1797.

Par La Rochefoucauld-Liancourt.

Cet ouvrage est divisé en quatre parties : la première renferme le voyage de l'auteur au nord-ouest et au nord, en 1795 ; la deuxième, son voyage au sud, en 1796 ; la troisième, son voyage à Fédéral-City, à Bethléem et dans le Jersey, en 1797 ; la quatrième, enfin, renferme des observations générales sur les États-Unis. Dans ses trois voyages, l'auteur part de Philadelphie ; de belles cartes donnent le moyen de le suivre dans toutes ses courses.

Avez-vous besoin d'oublier quelques moments la corruption européenne, le fracas des guerres, la perfidie des intrigues politiques ? aimez-vous la nature sauvage, maîtresse encore d'un immense territoire, mais attaquée, vaincue sur une multitude de points par l'industrie humaine ? aimez-vous à voir les antiques forêts s'abaissant devant la charrue, des ponts jetés sur des torrents, des chemins tracés dans des déserts, des villes sortant, çà et là, d'une terre presque vierge ? vous sentez-vous quelque intérêt pour des hommes qui de la société ont passé à la solitude, des voluptés au travail, de la vie du monde à la vie de famille, et ont absorbé toutes leurs passions et toutes leurs habitudes dans l'amour de la propriété et l'agriculture, tandis que d'autres, nés dans le pays et déjà enrichis par les travaux de leurs pères ou les leurs, rassemblés dans les villes, se lassant peu à peu des loisirs de la propriété, se tournent vers les passions et les habitudes que leurs pères ont domptées et détruites ? êtes-vous capables de remarquer ce grand spectacle d'un pays où tous nos vices d'Europe vont se résoudre en une même vertu, et où cette vertu se hâte de céder la place à tous nos vices ; de sorte qu'on peut calculer la somme de sagesse que doit encore produire l'Amérique, et la durée qu'aura cette sagesse par les acres de bonnes terres incultes, dont l'exploitation offre encore de grandes fortunes à l'industrie ? en un mot, aimez-vous à voir dans un même tableau l'histoire vivante de la génération des richesses et des vertus dans les sociétés humaines, et celle des progrès des vices, et de leur influence sur le bien-être particulier et sur les fortunes individuelles? Prenez et lisez l'ouvrage de Liancourt.

Il est impossible de réunir plus de détails instructifs sur l'état du pays et sur les mœurs des habitants. C'est tout à la fois une géographie agricole, commerçante, descriptive, et un tableau historique, politique et moral.

Dans chaque contrée l'auteur note exactement le produit des terres, le prix des denrées, celui de la main-d'œuvre; et toujours à côté de ce détail est celui des canaux, des chemins, des ponts, des marchés qui favorisent le commerce : sans s'en apercevoir, on apprend dans ces détails l'origine et le principe des *valeurs*, dont la théorie paraît si abstraite dans nos livres d'économie publique : on y apprend aussi à quel point la richesse particulière dépend des travaux publics, et combien est vraie cette maxime : Que, dans tout pays où le produit de l'impôt est *bien employé*, la contribution, loin d'être une charge pour le citoyen, n'est qu'un fonds placé au plus haut intérêt à son profit.

La forme de l'ouvrage étant celle d'un journal, les détails moraux et politiques sont mêlés avec les détails économiques; et ce mélange met une agréable variété dans l'ensemble. Chaque page ayant été écrite à la vue des objets, transmet aussi plus vivement l'impression qu'a reçue l'auteur. Chaque tableau a la couleur et le mouvement qui lui conviennent, parce qu'il est écrit de sentiment et non de mémoire. La forme du journal est sans contredit celle où le style doit avoir le plus d'originalité, de naïveté, d'intérêt. Elle n'est pas la plus favorable à la description d'un pays très-civilisé, et où se rencontre une grande complication d'objets, d'idées, d'opinions et d'habitudes diverses. Là, pour être clair, il faut diviser sa matière; et pour ne pas trop s'étendre, il faut tout réduire en idées générales; mais dans un pays tel que l'Amérique, où tout est simple, où il n'y a qu'un intérêt dominant, celui de la culture et de la propriété, le voyageur n'a rien de mieux à faire que de montrer les objets dans l'ordre où il les a vus et regardés.

Entre les tableaux intéressants qui se rencontrent dans l'ouvrage de Liancourt, il en est

qui élèvent l'esprit, d'autres qui touchent le cœur.

Conçoit-on rien de plus beau, de plus ennoblissant que la description des établissements formés par le capitaine Williamson vers le lac Ontario? Cet homme acquiert, il y a quelques années, un million cinq cent mille acres de terres incultes, c'est-à-dire un immense pays. Il passe six mois à le parcourir et à le reconnaître. Il rentre chez lui, et conçoit un vaste plan pour le mettre en valeur. Il trace des chemins, et jette les fondements de six villes. Il met en vente des terrains environnants; il n'en cède qu'à la condition que l'acquéreur y établira, dans un an ou deux, un certain nombre de familles. Partout où de nouveaux colons bâtissent quatre maisons, il en bâtit une cinquième plus belle que les premières, et qui sert de modèle pour en bâtir de nouvelles. Il visite chaque année les habitations établies dans ses domaines. Il ne quitte jamais ses possessions, toujours accessible aux acheteurs, toujours juste, toujours accommodant avec ceux qui ont acquis de lui. Il fonde, il dote des écoles publiques dans tous les cantons habités; il établit des pharmacies, et les entretient dans tous les chefs-lieux. Il forme des haras et offre des prix pour des courses de chevaux. Il fait venir d'Angleterre des modèles de toutes les machines utiles à l'agriculture et aux arts de première nécessité. Il fait venir des animaux domestiques des plus belles races. Cependant ses terres acquièrent une valeur immense par ses sacrifices; il s'enrichit par ses dépenses; il accroît chaque jour sa fortune par sa renommée, sa renommée et ses bienfaits par sa fortune; et enfin, ne voit plus de bornes au bien qu'il peut faire et à celui qu'il peut recueillir. Quelle destinée est comparable à celle de Williamson?

En opposition à ce tableau, on voit les malheureux efforts de plusieurs Français, pour fonder aussi une colonie dans une contrée qui paraît rebelle à leur industrie. Nous parlons de la petite ville d'Asylum, bâtie sur la rive droite de la Susquehannah. Liancourt fait connaître cet établissement, et en apprécie, avec justesse, les avantages et les inconvénients.

Une des choses qui répandent le plus d'intérêt sur l'ouvrage, c'est que l'auteur, sans vouloir s'y montrer jamais, s'y laisse toujours voir; il n'a point cherché à s'y peindre, et c'est pour cela qu'on le voit tel qu'il est, et qu'on aime à le suivre des yeux. Ceux qui l'ont connu à Paris, savent qu'il était bon : on voit, dans son livre, que l'infortune l'a rendu meilleur. On lui connaissait l'amour du bien : on voit que c'est maintenant sa seule passion. A l'assemblée constituante, il a fait d'excellents rapports sur la mendicité. Dans ses propriétés, il a fait d'utiles essais d'agriculture. Ce qu'il aimait le mieux de ses possessions, ce n'en était pas le domaine, c'en était la culture; et si on peut s'exprimer ainsi, c'était moins ses terres qu'il affectionnait que la terre elle-même, la terre nourrice des hommes, la terre offrant ses bienfaits à l'industrie et au travail. C'est ce goût qui l'a rendu si soigneux de remarquer, et si capable d'apprécier, toutes les entreprises agricoles de l'Amérique.

Une anecdote curieuse du premier voyage de Liancourt, c'est qu'étant au bord du lac Ontario, fort loin de toute habitation, dans des déserts où pied d'homme civilisé n'avait peut-être jamais posé, ayant pour toute compagnie un guide et son chien, il reçut une lettre du prétendant de Vérone, pour lui ordonner de donner la démission de sa charge à la cour. Conçoit-on rien de plus propre à faire sentir l'étrange surprise que dut lui causer une telle lettre, que le rapprochement de l'ordre qu'elle renfermait, du lieu d'où elle était datée, de celui où elle fut remise à son adresse, et de la situation de l'homme à qui elle était destinée ?

Liancourt n'a négligé aucune occasion de faire connaître et d'entretenir les bonnes dispositions du peuple américain à l'égard de la nation française; il a su aussi défendre la république contre les ennemis qu'il a trouvés dans le gouvernement des États-Unis. On doit lui savoir gré du morceau où il établit que le traité de commerce fait, il y a quinze ans, avec l'Angleterre, est tout à la fois préjudiciable à l'Amérique et injuste envers la France. Exilé de sa patrie, il est bien de soutenir ses intérêts contre les erreurs du gouvernement même de qui l'on a reçu l'hospitalité.

(Journal de Paris, du 7 prairial an vii. —
26 mai 1799.)

VOYAGE DANS LA TROADE,

ou

TABLEAU DE LA PLAINE DE TROIE, DANS SON ÉTAT ACTUEL.

Par le citoyen Lechevalier.

On sait que c'est le citoyen Lechevalier qui le premier a reconnu, en 1785, la plaine de Troie. Dans trois voyages successifs, il y a retrouvé les principaux objets qui ont été décrits par Homère, dans l'*Iliade*, et les positions indiquées par Strabon, dans sa *Géographie*. Depuis le siècle d'Homère, la Troade n'a point changé de face. Les promontoires, les fleuves, les vallées, les collines, les sources et les tombeaux des guerriers se voient encore au même lieu où le poëte les a placés. Le peintre Cassas accompagnait Lechevalier dans ses deux derniers voyages. C'est ensemble qu'ils ont levé les plans et pris les dessins joints à l'ouvrage. Plusieurs voyageurs célèbres ont vérifié leurs découvertes depuis quinze années, et les ont confirmées par de nouveaux détails; les universités d'Édimbourg et de Gottingue y ont applaudi : elles sont donc très-certaines.

La connaissance de la Troade est utile, non-seulement à la géographie, mais aussi à l'histoire. Elle fait rentrer au nombre de nos plus précieux monuments historiques, cette *Iliade*, où il y a tant de leçons utiles aux hommes. C'est ainsi que l'érudition la plus futile en apparence, arrive jusqu'aux intérês de la politique et de la morale, les premiers intérêts de l'humanité.

L'ouvrage de Lechevalier est écrit avec clarté, méthode, élégance. Il joint à l'intérêt qu'il tire de son sujet, tout le piquant qui peut naître de la finesse, de la critique, et du bonheur des rapprochements.

(Journal de Paris, du 3 thermidor an vii.
— 21 juillet 1799.)

NOTICE RAISONNÉE

SUR UN ÉCRIT INTITULÉ

TABLEAU DU CLIMAT ET DU SOL DES ÉTATS-UNIS D'AMÉRIQUE;

SUIVI D'ÉCLAIRCISSEMENTS SUR LA FLORIDE, SUR LA COLONIE FRANÇAISE DU SCIOTO, SUR QUELQUES COLONIES CANADIENNES, ET SUR LES SAUVAGES.

Par C. F. Volney.

L'auteur nous apprend d'abord que l'ouvrage offert au public sous ce titre n'est qu'un démembrement d'un ouvrage plus considérable qu'il avait projeté. « Il a senti, dit-il, que « le temps et les forces lui manquaient, pour « porter ce travail à son terme. Il s'est décidé « à ne publier que ce tableau, qui, sans nuire « *au reste* (c'est-à-dire à ce qui *reste à faire*), « peut en être détaché. »

Nous y distinguerons deux parties : l'une que nous appellerons *physique*, et l'autre qui contient plus particulièrement des considérations politiques et morales. La première, qui est aussi la principale, consiste en douze chapitres dont voici le précis :

Le territoire des États-Unis égale près de quatre fois celui de la France. Il n'existait en 1801, sur sa vaste surface, que 5,214,801 habitants. On peut le diviser en climat froid, moyen et chaud. L'aspect en est sauvage. C'est presque une forêt universelle. On y trouve cinq grands lacs. A l'ouest, sont d'immenses prairies. Dans le centre, une chaîne de montagnes dont les sillons courent parallèlement au rivage. A l'est et à l'ouest, des fleuves d'un cours plus long, d'un lit plus large, d'un volume d'eau plus considérable que dans notre Europe. Dans les plages du sud, des marécages ; dans la partie du nord, des neiges pendant quatre ou cinq mois. Sur une côte de trois cents lieues, dix à douze villes construites en briques ou en planches peintes. Dans la campagne, des fermes bâties de troncs d'arbres (*log houses*) ; un ciel capricieux et bourru, un air si variable qu'un même jour offre les frimas de Norwége, le soleil d'Afrique et les quatre saisons de l'année.

Quant à la situation intérieure du sol, l'auteur la divise en quatre régions bien distinctes : le *granit* ; des *grès* ; une *région calcaire* ; des *sables marins* évidemment apportés par l'O-

céan ; enfin, des *alluvions fluviatiles*, dont le Mississipi offre encore journellement l'exemple. Il assigne à chacune de ces régions son domaine.

Il croit, en outre, que les eaux des fleuves énormes qui coulent dans les États-Unis, étaient autrefois contenues dans de grands lacs qui n'existent plus. Suivant lui, l'effort de ces eaux est parvenu à percer les chaînes principales d'*Allegueny*, de *Bleue ridge*, etc. Il dit avoir reconnu la brèche qu'a faite le *Potomak* dans la deuxième de ces chaînes. Tel est l'aperçu des cinq premiers chapitres.

Dans le sixième, l'auteur parle du saut de *Niagara*, et de quelques autres chutes remarquables. D'après ses observations, l'endroit de la chute recule d'âge en âge, l'eau usant insensiblement le banc de roche calcaire d'où elle se précipite. Ainsi se prépare pour l'avenir, dit-il, « l'un de ces grands desséchements, dont « les vallées du *Potomak*, de l'*Hudson* et de « l'*Ohio* nous ont offert des exemples dans le « passé. »

Dans le chapitre septième, l'auteur parle des tremblements de terre auxquels l'Amérique est sujette, et des volcans qui y ont existé. Nul doute dans son opinion que le bassin du lac *Ontario*, d'une profondeur à laquelle la sonde se refuse, ne soit un cratère de volcan.

Le chapitre huitième traite plus particulièrement du *climat*. Sous cette dénomination, l'auteur n'entend pas précisément la latitude, mais la température qui subit diverses modifications, suivant que la surface du sol est aride ou aqueuse, nue ou boisée, élevée ou basse. Ce sont là les diverses causes qui agissent sur le climat. Il faut y joindre encore l'exposition, et par-dessus tout l'espèce et la qualité des courants de l'air.

Mais l'un des chapitres qui a le plus d'étendue et d'importance est le neuvième, dans lequel l'auteur établit une théorie des vents des États-Unis. Le premier caractère de l'atmosphère de cette partie de l'Amérique est son extrême *variabilité*. L'auteur avance que, dans une résidence de trois ans, il n'a jamais vu qu'un vent régnât trente heures de suite. Le nord direct y est le plus rare. Les trois dominants sont, le nord-ouest, le sud-ouest et le nord-est. Tous sont alternativement secs ou humides, froids ou chauds, suivant les surfaces qu'ils traversent. Le sud-ouest, selon l'auteur, « n'est que le vent alisé des tropiques, dévié et « modifié. » Il constitue l'atmosphère du pays d'ouest, et fait que la température y est plus chaude de trois degrés, que celle de la côte atlantique. Il attribue au même vent alisé le courant du Mexique produit par le reflux des eaux que ce vent accumule contre le rivage. Cette espèce singulière de fleuve marin prolonge toute la côte des États-Unis, dans une largeur moyenne d'environ vingt lieues, et ne perd sa force et son caractère que vers le grand banc de *Terre-Neuve*. Son volume augmente et sa vitesse diminue à mesure qu'il s'éloigne de son origine. Il est vraisemblable qu'il s'est creusé un lit profond. Il ronge la côte des États-Unis. Les îles de *Bahama* et autres atterrissements voisins paraissent être des dépôts qu'il a amoncelés. Sur chacun de ses côtés il forme un *eddy*, ou contre-courant. L'entrée sur son domaine est marquée par le changement de couleur de l'eau, qui devient d'un bleu indigo. Enfin, son atmosphère est plus tiède que celle de l'Océan. Au moyen de ces données, l'auteur explique fort heureusement la présence des produits fossiles du tropique dans des latitudes plus avancées, et jusqu'en Irlande. Il présume que les morues sont attirées vers Terre-Neuve par les substances végétales et animales dont ce courant est le véhicule, et il trouve dans la tiédeur de ses eaux, plus disposées par cela même à une grande évaporation, une explication naturelle des brouillards dont ces parages sont constamment couverts.

Dans le chapitre suivant (le dixième), l'auteur compare le climat des États-Unis à celui de l'Europe. Les différences qu'il y trouve se déduisent ingénieusement de sa théorie. Ainsi, il pleut davantage dans les États-Unis, parce qu'à l'exception du nord-ouest, tous les vents qui y dominent viennent de quelque mer, où ils se sont chargés de vapeurs. Les pluies y sont plus vives et plus brusques, parce que « les qualités des vents y sont plus contrastantes en chaud et en froid ; ce qui est un premier moyen de dissolution. » L'évaporation y est plus considérable, parce que la planimétrie du terrain n'apporte point d'obstacle aux courants d'air, et que l'un de ces courants, savoir, le nord-ouest, vent très-sec, domine pendant les deux cinquièmes de l'année. Les orages, enfin,

y sont plus fréquents et y font plus de ravages, parce que l'électricité y est plus abondante : effet dû à la rapidité des courants d'air, à la célérité de l'évaporation, et à la sécheresse de l'atmosphère.

L'auteur ne pense pas que la lune influe sur l'atmosphère et sur le cours des vents, quoi qu'en aient dit nos ancêtres, dont on renouvelle aujourd'hui l'opinion, regardée longtemps comme un préjugé populaire. C'est le soleil qu'il regarde comme régulateur suprême dans cette partie, « s'il n'est pas même l'unique. » D'après les faits et les témoignages qu'il a recueillis, il croit que les saisons ont changé aux États-Unis, depuis l'établissement de la colonie anglo-américaine. L'hiver y est moins long et moins rude, et le printemps plus variable. La chaleur de l'été, plus supportable, s'y prolonge plus longtemps. L'auteur attribue ces différents effets aux défrichements. Une chose qui paraîtra extraordinaire, c'est que le pays n'en est devenu que plus insalubre ; que les maladies y sont plus fréquentes et plus graves, et qu'il s'y en est introduit d'inconnues jusqu'alors. L'auteur en prend occasion de parler de celles qui y dominent aujourd'hui. Il s'étend principalement sur la terrible fièvre jaune, laquelle s'y est montrée pour la première fois en 1749 et 1762, mais dont les apparitions se sont multipliées avec des ravages épouvantables depuis 1790. Quoiqu'il convienne qu'elle est contagieuse, il doute que dans les dernières épidémies, elle ait été importée. Telle est l'analyse succincte de tout le premier et du commencement du second volume de l'ouvrage.

Les naturalistes pensent que les opinions de M. de Volney sur la composition intérieure du sol, ne sont pas suffisamment justifiées, et que plusieurs de ses idées sur le climat et les vents le placent, selon son désir, plus près de MM. Bernardin de Saint-Pierre et Lamarck, que de MM. de Buffon et Laplace. Il est loin, en effet, de partager et même de respecter la supposition principale, sur laquelle le plus éloquent de nos naturalistes avait fondé son système ; nous voulons dire l'hypothèse de l'incandescence primitive du globe, et de son refroidissement successif, « *vieille rêverie* reléguée, dit-il, au rang des *vieux* contes mythologiques, » et à laquelle il préfère l'opinion (plus *jeune* sans doute) qui fait du globe une masse cristallisée, essentiellement froide, dont la superficie seule est chauffée par les rayons du soleil. » N'ayant pas le droit de porter un jugement sur cette partie de l'ouvrage, nous nous bornons à transmettre au public celui que nous avons recueilli. Il serait d'ailleurs difficile de prendre un parti au milieu de ces *célébrités* discordantes, s'il est permis de parler ainsi.

Toutefois, nous observerons que la méthode suivie par l'auteur, pour la description de l'Amérique, est neuve, et plus satisfaisante qu'aucune de celles dont nous avons connaissance. Elle embrasse tout ce qu'il faut savoir pour avoir une idée nette et complète de ce grand pays : rien d'omis, rien de négligé. S'il se trouve des erreurs dans les détails, le temps y substituera des vérités; mais toujours leur place est marquée d'avance, et celle qu'elles y doivent occuper est déterminée par leurs relations avec le système général. Supposez un homme qui tire une ligne verticale du point le plus élevé de l'atmosphère jusqu'au centre de la terre, et qui ensuite, descendant du sommet, s'arrête de toise en toise, pour faire des notes sur les divers courants d'air, sur les inclinaisons du sol, sur les eaux, les forêts ou les cultures qui le couvrent, sur les couches de terre ou de pierre qui se rencontrent dans l'intérieur; enfin, sur les causes évidentes ou probables de chaque phénomène, et vous aurez une idée juste de la méthode de M. de Volney. Elle est éminemment instructive ; et, quels que soient les résultats de ses observations en physique, elles feront du moins sentir aux politiques que, pour s'entendre en discutant la question de l'influence des climats sur les mœurs et les caractères des hommes, il faut d'abord apprendre, par beaucoup d'études et d'observations préliminaires, quel est le *climat* du pays dont on veut parler, et ce que c'est qu'un *climat*.

Après avoir rendu compte de la première et principale partie du *Tableau du climat des États-Unis*, c'est-à-dire de la *partie physique*, nous allons parler de la *partie morale et politique* qui est rejetée dans des morceaux accessoires. On la trouve dans la préface qui est étendue, dans des espèces de Mémoires sur *Gallipolis*, sur le *poste Vincennes*, et sur les *Sauvages*.

La préface contient une censure des États-Unis. (Censure est le mot de l'auteur, pag. 11.) Il y déclare que, depuis 1783 jusqu'en 1798, « il n'a régné aux États-Unis *ni plus d'éco-* « *nomie dans les finances* (Affaire d'Alger et « construction des frégates, à 1,700,000 fr. la « pièce), *ni plus de bonne foi dans les tran-* « *sactions* (Traité JAY, comparé à celui de Pa- « ris), *ni plus de décence dans la morale* « *publique* (Affaire de M. Lyons en plein « congrès), *ni plus de modération dans l'es-* « *prit de parti, ni plus de soin dans l'éduca-* « *tion et l'instruction* (Scandaleux désordre « du collége de Princetown et nullité des au- « tres), *que dans la plupart des États de la* « *vieille Europe ; que ce qui s'y est fait de bon* « *et d'utile,* QUE CE QUI Y A EXISTÉ *de liberté* « *civile, de sûreté de personne et de propriété,* « *a plutôt dépendu des habitudes populaires et* « *individuelles, de la nécessité du travail, du* « *haut prix de toute main-d'œuvre, que d'*AU- « CUNE *habile mesure, d'*AUCUNE *sage police* « *du gouvernement : que, sur presque tous ces* « CHEFS, *la nation a* RETROGRADÉ DES PRIN- « CIPES *de sa formation.* »

L'auteur aurait développé et motivé cette censure, si le temps et sa santé le lui eussent permis ; et, par un tel service,

« *Il eût cru rendre,* dit-il, *un hommage* « *d'admiration à l'institution qui en ce mo-* « *ment honore le plus les États-Unis,* LA LI- « BERTÉ DE LA PRESSE *et des* OPINIONS: *Depuis* « *l'avénement de M. Jefferson,* observe M. de « Volney dans une note, *les fédéralistes n'ont* « *cessé de l'*ASSAILLIR D'INVECTIVES DANS *les* « *papiers publics ; et telle est la solidité des* « *principes* SUR *les quels il* OPÈRE, *qu'il a tout* « *laissé dire sans que son caractère en fût* « *ébranlé* DANS L'OPINION PUBLIQUE : *peut-être* « *même s'y est-il affermi.* »

L'auteur présente quelques doutes sur l'affection qu'on a supposée aux Anglo-Américains pour les Français :

« J'ai cru m'apercevoir, dit-il, qu'ils conser- « vent *envers nous* une forte teinte des préju- « gés nationaux de leur métropole originelle : « préjugés fomentés par les guerres du Ca- « nada, faiblement *altérés* par notre alliance « dans l'insurrection, très-fortement *ravivés* « dans ces derniers temps par les déclama- « tions en congrès, par les adresses des villes

« et des corporations au président M. John
« Adams, à l'occasion des pillages de nos cor-
« saires ; enfin, encouragés jusque dans les
« colléges, par des prix d'amplification et des
« thèses diffamatoires contre les Français.
« (NOTA. Ces thèses furent publiées en 1797
« et 1798, au milieu de la guerre.) *L'on ne
« peut* d'ailleurs *nier qu'il existe entre les
« deux peuples un contraste d'habitudes et de
« formes sociales :* les Anglo - Américains,
« taxant les Français de légèreté, d'indiscré-
« tion, de babil, et les Français *leur* repro-
« chant une roideur, une sécheresse de ma-
« nières, et une taciturnité qui portent les
« apparences de la *morgue* et de la *hauteur ;*
« enfin, une telle négligence de ces attentions,
« de ces égards auxquels nous attachons du
« prix, que sans cesse on croit y voir *l'in-
« tention de l'impolitesse,* ou le caractère de
« la *grossièreté.* Il faut qu'en effet ces plaintes
« ne soient pas sans fondement, puisque je
« les ai également recueillies *de la part* des
« Allemands et des Anglais. Pour moi, à qui
« les Turcs ont de bonne heure *fait une édu-
« cation peu exigeante sur les formes,* je me
« suis plutôt attaché à rechercher la cause
« qu'à sentir les effets de celle-ci, et il m'a
« semblé que cette incivilité nationale tenait
« moins à un système d'intention, qu'à *l'in-
« dépendance mutuelle,* à l'isolement, au dé-
« faut de *besoins réciproques* où les circons-
« tances générales placent tous les individus
« aux États-Unis. »

Il nous semble que M. de Volney prend
pour bases d'une censure bien générale, des
faits bien particuliers. Un voyageur peut-il se
croire autorisé à juger de l'économie et de
l'ordre d'un gouvernement par le prix d'une
frégate ; de sa probité par un traité fait au milieu des dangers d'une guerre violente ; de ses
sentiments pour la France par les harangues
des orateurs et les amplifications des colléges
contre les Français, au milieu des plus furieuses
animosités de cette même guerre ? Est-il en
droit de juger de la morale publique, par une
rixe survenue dans une assemblée nationale,
et par les désordres d'un collége? Nous ne le
pensons pas, surtout quand il s'agit d'un peuple sobre, économe, qui s'élève à tous les
genres d'industrie, également navigateur et
agriculteur, qui construit des vaisseaux avec

un succès étonnant sur toutes ses côtes, qui
n'a d'obstacle à craindre pour l'agrandissement de son commerce maritime, peut-être
pour le négoce exclusif de l'Inde, que la puissance de l'Angleterre ; qui défriche et cultive
avec ardeur toutes les bonnes terres ; dont la
plus grande partie vit dispersée sur le territoire qu'elle cultive, loin des villes et sans
autre distraction que le travail, qui, en Amérique, est la passion universelle, et qui partout est la plus sûre garantie de l'ordre général et du bonheur particulier.

Sans doute on peut reprocher aux manières
américaines un peu de froideur, et même de
dureté. Mais à cet égard M. de Volney nous
paraît mieux justifier les Américains des reproches dont ils sont l'objet en France, qu'il
ne justifie les Français du reproche *de légèreté,
d'indiscrétion et de babil*, qu'on leur oppose,
dit-il, en Amérique. Cependant, comme il attribue la roideur américaine à *l'indépendance
mutuelle*, et à l'isolement des personnes, ce
qui nous paraît juste, il pouvait attribuer *le
babil* français à cette habitude de communication, et à cette confiance mutuelle que leur
réunion permanente en hameaux, en villages,
en grandes cités, a établies parmi nous. Ce
ne sont donc pas les Américains qui auront à
se plaindre de cette partie de l'ouvrage.

L'opinion de l'auteur concernant la liberté
de la presse, et l'usage qu'en fait en Amérique le parti de l'opposition, méritent d'être remarqués. Il se pourrait que les lecteurs de
M. de Volney fussent séduits par l'aspect de
cette liberté, comme les lecteurs de feu Brissot le furent à la vue du tableau des terres du
Scioto.

En Amérique, la liberté illimitée de la presse
est sans danger, parce que la grande masse
de la population est dispersée dans des habitations isolées ; parce qu'il n'y a pas de très-
grandes villes ; parce que les principales villes
étant commerciales et maritimes, sont peu
susceptibles d'agitations politiques ; parce que
le siége du gouvernement est au milieu d'une
très-petite cité ; parce que la population américaine est presque toute propriétaire et laborieuse ; parce que les Américains ainsi que les
Anglais, ayant toujours été divisés en partis
dont le système était de s'injurier quand ils
avaient cessé de se battre, ne sont pas sensibles à

ce qu'on appelle en France le *point d'honneur*, résultat de l'unité de l'esprit national, parce que chez eux un homme n'est pas déconsidéré pour avoir laissé une insulte sans vengeance, ni le gouvernement perdu pour avoir été soupçonné de faiblesse ou de pusillanimité ; enfin, parce qu'en Amérique, où le gouvernement n'a pas besoin d'une grande force, parce qu'il n'a pas besoin d'armées, et où il est réellement faible, il est naturel à tous les citoyens d'appréhender la dissolution du gouvernement, plutôt que de tendre à la licence de l'anarchie.

Mais il est manifeste qu'aucune de ces circonstances ne se rencontre en France. Il est reconnu, je crois, que les injures n'y soutiennent pas les chefs du gouvernement ; et assurément, si les outrages y faisaient le soutien des princes, Louis XVI serait aujourd'hui bien plus puissant que ne l'ont été Louis XIV et Louis XI. M. de Volney trouvera donc bon que nous prévenions les conséquences qu'on pourrait tirer en France de son admiration pour la liberté de la presse en Amérique, et nous espérons que le chef du gouvernement ne croira pas nécessaire à l'affermissement de sa puissance, d'autoriser ou de provoquer contre sa personne quatre années d'injures, à l'exemple de celles dont s'est si bien trouvé M. Jefferson.

Nous observerons, d'ailleurs, que personne ne voudrait en France de la liberté de la presse pour les feuilles publiques, non plus que pour les affiches qui sont placardées au coin des rues. Nous rappellerons à M. de Volney l'honorable animadversion que témoigna le public contre le journal dit *des Hommes libres*, lorsqu'il se permit d'insulter ce sénateur lui-même, et le contentement qu'éprouvèrent tous les citoyens attachés au gouvernement, lorsqu'il vengea le magistrat insulté.

Du reste, nous invitons les partisans de la liberté *illimitée* de la presse à examiner si la *prohibition absolue des livres*, même des plus hardis contre le gouvernement, ne serait pas aussi illusoire quand l'opinion serait disposée à les accueillir, que la liberté illimitée et la licence effrénée seraient dangereuses en tout temps. Pourquoi, depuis quatre ans, ne circule-t-il pas de livres contre le gouvernement ? C'est qu'il est respecté ; c'est qu'aucun écrit ne

pourrait démentir le bien qu'il fait, ni en affaiblir le sentiment ; c'est que la masse de la nation est contente, et qu'un livre contre le gouvernement serait une mauvaise spéculation. Mais si le gouvernement avait tenu une conduite odieuse, ou s'il perdait l'affection des Français, n'en doutons pas, tout l'art de la police serait impuissant pour empêcher la circulation des écrits de tout genre, que le mécontentement inspirerait chaque jour. Il est prouvé par l'expérience que rien ne peut empêcher la circulation d'écrits provoqués ou accueillis par l'opinion publique ; et cette vérité connue des gens instruits, ôte beaucoup de son importance à la question tant agitée des inconvénients et des avantages de la liberté de la presse. Il n'y a que le despotisme aveugle et l'anarchie plus aveugle encore, qui puissent supposer la possibilité d'opprimer complétement la presse. Chez une nation civilisée comme la France, qui a des bibliothèques, et où chaque citoyen a des livres qui font connaître les droits et les intérêts des peuples, la presse tient d'elle-même et de ses œuvres une liberté *suffisante*, qu'aucune puissance humaine ne peut lui ravir. Les livres existants feront toujours éclore ceux qui seront nécessaires ; ils recèlent le feu sacré d'où s'échappera toujours une lumière terrible aux gouvernements tyranniques, utile aux nations ; et les efforts employés pour empêcher la publicité des réclamations légitimes, seront punis eux-mêmes par des écrits vengeurs. Il ne faut donc pas tant s'inquiéter du sort de la presse ; et nous pouvons nous reposer sur elle-même et de son salut et du nôtre, quand l'un et l'autre seront réellement compromis.

Voici comment l'auteur parle de son arrivée à Gallipolis, ou *colonie française* sur l'Ohio :

« Je fus frappé, dit-il, de son aspect sau-
« vage, du *teint hâve, de la figure maigre*; de
« l'air malade et souffrant de tous les habi-
« tants ; ils ne recherchaient point ma conver-
« sation !... »

Le fait est qu'ils avaient fait une fausse spéculation, qu'ils avaient été trompés ; qu'ils étaient établis sur des terres infertiles, dans un climat insalubre, où la fièvre règne plusieurs mois chaque année, et que la conversation de M. de Volney n'aurait pas été un remède à tant de maux. L'auteur déclare qu'il a cru d'ailleurs s'apercevoir,

« Que les Français n'ont pas la même apti« tude à former en Amérique des établisse« ments agricoles, que les émigrants d'Angle« terre, d'Irlande et d'Allemagne... Que tous « les établissements *en masse de villages*, en« trepris ou formés par des Français sur les « frontières de Canada ou de Louisiane, ont « langui et fini par se détruire quand ces Fran« çais ont été abandonnés à leurs seules forces; « tandis que de simples individus irlandais, « écossais ou allemands, s'enfonçant seuls, « avec leurs femmes, dans les forêts et jusque « sur le sol des sauvages, ont généralement « réussi à fonder des fermes et des villages « solides. A l'appui de mon opinion, continue « l'auteur, ou plutôt des faits, je vais citer « l'exemple de la colonie française du *poste* « *Vincennes*. »

Le lendemain de son arrivée au poste Vincennes, il se rend à une audience des juges du canton.

« Dès mon entrée, dit-il, je fus frappé de « voir l'auditoire partagé en deux races d'hom« mes totalement diverses de visage et d'habi« tude de corps : les uns ayant les cheveux « blonds ou châtains, le teint fleuri, la figure « pleine, et le corps d'un embonpoint qui an« nonçait la santé et l'aisance; les autres ayant « le *visage très-maigre, la peau hâve et tan« née*, et tout le corps comme exténué de « jeûne, sans parler des vêtements, qui annon« çaient la pauvreté. Je reconnus bientôt que « ces derniers étaient les colons français éta« blis depuis environ soixante ans dans ce lieu, « tandis que les premiers étaient des colons « américains qui, depuis quatre à six ans seu« lement, y avaient acheté des terres qu'ils cul« tivaient. »

Ce début dit assez que la colonie n'a pas mieux réussi que celle du Scioto. L'auteur indique plusieurs causes de ce mauvais succès; savoir : les mœurs des colons autrefois soldats, ignorants au dernier point, dissipés, jaseurs, dépensiers, étrangers aux usages, aux lois de la vie civile, et surtout le *maudit caractère* de légèreté, d'inconsidération, de présomption qui paraît être, aux yeux de l'auteur, le caractère français. Voici le parallèle que M. de Volney fait entre le colon américain au teint

fleuri, et le colon français qu'il a trouvé *maigre comme un Arabe* :

« Le colon américain de sang anglais ou « allemand, naturellement froid et flegma« tique, calcule à tête reposée un plan de fer« me; il s'occupe sans vivacité, mais sans « relâche, de tout ce qui tend à sa création ou « à son perfectionnement.

« Le Français, au contraire, avec son acti« vité pétulante et inquiète, entreprend par « passion, par engouement, un projet *dont* « *il n'a calculé ni les frais ni les obsta-* « *cles;* plus ingénieux peut-être, il raille son « rival allemand ou anglais, sur sa lenteur, « qu'il compare à celle des bœufs. Mais l'An« glais et l'Allemand lui répondent, avec leur « froid bon sens, que pour le labourage, la pa« tience des *bœufs* convient mieux que la fou« gue de *coursiers* fringants et piaffants : et, « en effet, il arrive souvent qu'après avoir « commencé et défait, corrigé et changé; « après s'être tourmenté l'esprit de désirs et « de craintes, le Français finit par se dégoûter « et par tout abandonner.

« Le colon américain, lent et taciturne, ne « se lève pas de très-grand matin; mais une « fois levé, il passe la journée entière à une « suite non interrompue de travaux utiles : dès « le déjeûner, il donne froidement des ordres « à sa femme, qui les reçoit avec timidité et « froideur, et qui les exécute sans contrôle. « Si le temps est beau, il sort et laboure, « coupe des arbres, fait des clôtures, etc.; si « le temps est mauvais, il inventorie la mai« son, la grange, les étables, raccommode les « portes, les fenêtres, les serrures, pose des « clous, construit des tables ou des chaises, et « s'occupe sans cesse à rendre son habitation « sûre, commode et propre.

« Le colon français, au contraire, se lève « matin, ne fût-ce que pour s'en vanter; *il* « *délibère avec sa femme sur ce qu'il fera, il* « *prend ses avis;* ce serait miracle qu'ils fus« sent d'accord : la femme commente, con« trôle, conteste; le mari insiste ou cède, se « fâche ou se décourage; tantôt la maison lui « devient à charge, et il prend son fusil, va à « la chasse, ou en voyage, ou causer avec ses « voisins. Tantôt il reste chez lui, et passe le « temps à causer de bonne humeur, ou à que« reller et gronder. Les voisins font des visites

« ou en rendent ; *voisiner et causer sont, pour* « *des Français, un besoin d'habitude* si impé- « rieux, que sur toute la frontière de la Loui- « sianè et du Canada l'on ne saurait citer un « colon de cette nation, établi hors de la por- « tée et de la vue d'un autre. En plusieurs « endroits, ayant demandé à quelle distance « était le colon le plus écarté : *Il est dans le* « *désert,* me répondait-on, *avec les ours, à* « *une lieue de toute habitation,* SANS AVOIR « PERSONNE AVEC QUI CAUSER.

« Ce trait lui seul est l'un des plus caracté- « ristiques et des plus distinctifs des deux « nations. »

Ainsi, suivant M. de Volney, les mauvais succès des Français en Amérique viennent en grande partie de leur caractère. Concevoir des projets et s'y arrêter sans réflexion, tout en- treprendre inconsidérément, voisiner et cau- ser quand il faudrait travailler avec persévé- rance, enfin, consulter sa femme et délibérer avec elle, au lieu de la faire concourir au suc- cès de l'entreprise, tels sont les traits que M. de Volney remarque dans le caractère des Français, et auxquels il attribue la langueur de leurs établissements en Amérique. S'il s'é- tait borné à tirer de ces remarques, justes ou non, les conséquences qui en découlent natu- rellement, il en aurait conclu seulement que le caractère des Français n'est pas propre à la fondation des colonies dans les déserts, ni à la vie presque sauvage ; et cette conclusion n'au- rait rien d'humiliant pour nous. Nous nous consolerions de notre inaptitude à la fondation de colonies et à la vie de l'homme primitif, par notre excellence dans la vie sociale ; nous nous consolerions de ce besoin de conversa- tion, qui ralentit en Amérique la hache des défrichements, par le plaisir qu'il met dans les relations de la société ; nous nous dédomma- gerions des terres d'Amérique que nous ne savons pas disputer aux sauvages, et dépouil- ler de leurs forêts, par la fécondité des nôtres, par la fécondité de nos paroles mêmes, au sein de nos opulentes cités, où les charmes de notre conversation attirent les étrangers de toutes parts, et où l'on peut dire, par cette rai- son, que notre *babil* prétendu se vend au poids de l'or, qu'il a une véritable valeur en métal, et qu'il est enfin l'objet d'un commerce qu'on peut dire excellent, puisque la matière

première n'en coûte rien ; et que la façon en est un plaisir.

Mais M. de Volney ne se borne pas à nous accuser d'inaptitude à la vie demi-sauvage ; il semblerait, à l'entendre, que nous sommes condamnés à rester éternellement inférieurs aux peuples de l'Europe, dont nous avons quelque raison de nous croire au moins les égaux ; et, selon lui, nous sommes bien loin de pouvoir nous consoler, par notre existence en Europe, de l'affligeante condition de nos colons en Amérique. Voici en effet, comment M. de Volney s'explique sur la différence que met, entre les Français et les nations du nord de l'Europe, le *babil* des premiers et la taci- turnité des autres :

« Plus j'y ai réfléchi, dit-il, plus je me suis « persuadé que *le silence domestique* des Amé- « ricains, ce qui s'entend aussi des Anglais, « des Hollandais et des autres peuples du Nord, « dont ils dérivent, *est l'une des causes les* « *plus radicales de leur industrie, de leur ac-* « *tivité, de leur réussite en agriculture, en* « *commerce, en arts ;* avec le silence, ils con- « centrent leurs idées et se donnent le loisir « de les combiner, de faire des calculs exacts « de leurs dépenses et de leurs rentrées ; ils « acquièrent plus de netteté dans la pensée, « et par suite dans l'expression ; d'où résulte « plus de précision et d'aplomb dans tout leur « système de conduite publique ou privée. Par « inverse, *avec la causerie et le perpétuel ca-* « *quet domestique,* le Français ÉVAPORE SES « IDÉES, les soumet à la contradiction, suscite « autour de lui des tracasseries féminines, des « médisances et des querelles de voisins, et « finit par avoir gaspillé son temps sans résul- « tats utiles à lui et à sa famille. L'on croit que « ces détails sont des bagatelles ; mais ils sont « l'emploi *du temps ;* et le temps, comme l'a « dit *Franklin, est l'étoffe dont nous fabri-* « *quons la vie* (1). »

Il semblerait, à la lecture de ce morceau, que les arts, le commerce et l'agriculture, très florissants en Hollande et même en Alle- magne, sont chez nous dans le néant ; or cette opinion est assurément contraire à l'évidence,

---

(1) Franklin ne dit pas, *dont nous fabriquons la vie,* car la vie n'est pas de fabrique humaine. Il dit : *C'est l'étoffe dont est faite la vie.*

et n'a pas besoin d'être discutée. Dans le fait, c'est une exagération indigne d'un esprit raisonnable, de présenter les Français comme des *machines à paroles*, et de leur reprocher *un perpétuel caquet domestique.* C'est une idée fausse ou au moins contestable, que l'esprit acquiert plus de netteté par le silence que par la conversation, et s'assure mieux de la vérité par le seul exercice de la méditation que par la contradiction. Enfin, c'est une fausse opinion en morale et en politique, de croire qu'il est bon de réduire les femmes à l'obéissance passive et à la soumission aveugle, au lieu de les admettre au partage des soins domestiques, et même, comme le dit Montesquieu, au gouvernement de la famille, qui est leur partage naturel. Si les mœurs françaises sont distinguées par leur aménité, c'est au commerce des femmes que nous en avons l'obligation; si la société est plus polie, plus douce en France que partout ailleurs, c'est au rang que les femmes y occupent qu'il faut attribuer cet avantage. Et enfin, pour rentrer dans les idées de profit qui ont occupé M. de Volney, si les modes françaises mettent chaque année à contribution tous les pays étrangers, et exercent un inconcevable empire sur les nations les moins frivoles, c'est que le sceptre de la mode est chez nous entre les mains de ces femmes charmantes à qui toutes les femmes des autres pays voudraient ressembler, à qui tous les hommes voudraient plaire, et dont partout ils aiment à rencontrer au moins des copies.

La dernière partie de l'ouvrage de M. de Volney contient des observations sur les sauvages de l'Amérique.

L'auteur expose une opinion curieuse sur la couleur *cuivrée* et sur le défaut de barbe de ces sauvages. Presque tous les voyageurs ont regardé ces deux circonstances comme des signes caractéristiques des Américains indigènes. L'auteur, au contraire, prétend qu'ils naissent blancs, et qu'ils ne manquent de barbe que parce qu'ils se l'arrachent soigneusement. «N'y ayant, dit-il, de couleur que par la « lumière, la teinte ou les nuances de la peau « des différents peuples ne sont dues qu'à des « modifications de ce fluide... et, tôt ou tard, « il sera démontré que le noir des Africains « n'a pas d'autre origine. » Ces observations

méritent qu'on prenne la peine de les vérifier.

L'auteur s'est fort étendu sur les mœurs des sauvages d'Amérique. Ce qu'il en dit confirme ce que tous les voyageurs ont dit de tous les sauvages du monde. Il les représente « isolés « dans leurs villages, pleins de méfiances, de « jalousies, d'*embûches* secrètes, de *vindette* « implacables... Ils vivent sans morale et sans « gouvernement. » Le mot de sauvage disait tout cela.

L'auteur oppose ses observations au fameux discours de J.-J. Rousseau, et s'est attaché à le combattre. Sa réfutation pourra paraître superflue, le système du philosophe genevois étant au moins suranné, supposé qu'il ait obtenu un moment de crédit.

Les sauvages d'Amérique ont rappelé à M. de Volney les Corses, qui n'en diffèrent pas beaucoup à ses yeux; et les Corses lui ont rappelé Paoli, ses projets de principauté de famille, sa manie de s'asseoir *dans* un trône, son *amitié d'homme d'État*, et sa politique italienne. Il trouve que la Corse persiste dans un état de barbarie et de *demi-sauvagerie;* ce qu'il attribue en grande partie aux propriétés communales, et au système d'abrutissement suivi si longtemps par l'ancien gouvernement génois.

Cependant il reconnaît qu'il ne manque à la nation corse,

« Que *cinq* ou *six* institutions fondamentales « *calculées* sur la situation, pour en faire un « peuple aussi policé qu'aucun autre. Il a des « moyens intellectuels, continue l'auteur, aussi « parfaits que j'en aie rencontré dans aucun « pays, et son sol est beaucoup plus productif « que l'on n'en a communément l'opinion. « Mais trouver en trois siècles trente années « continues d'un gouvernement pacifique et « législateur, *voilà le bienfait dont les dieux* « *furent toujours avares.* »

Des sauvages et des Corses, l'auteur passe aux *anciens peuples* si vantés *de la Grèce et de l'Italie.* Et, chose assurément inattendue, il trouve une *frappante analogie* entre eux et les sauvages du nord de l'Amérique.

« Je retrouve, dit-il, dans les Grecs d'Homère, surtout dans ceux de son *Iliade*, les « usages, les discours, les mœurs des Iroquois, « des Delawares, des Miâmis. Les tragédies de « Sophocle et d'Euripide me peignent presque « *littéralement* les opinions des *hommes rou-*

« ges, sur la nécessité, sur la fatalité, sur la mi-
« sère de la condition humaine, et sur la du-
« reté du destin aveugle. »

Il trouve, dans le commencement de l'histoire de Thucydide, une grande *variété et une
réunion remarquable de traits de ressemblance
entre les sauvages et les Grecs qui ont existé
avant et depuis la guerre de Troie* JUSQU'AU
SIÈCLE OÙ ÉCRIVAIT CET HISTORIEN.

Après en avoir cité plusieurs passages, qu'il
juge tous applicables aux sauvages de l'Amérique, il fait la réflexion suivante :

« On ferait un ouvrage extrêmement instruc-
« tif, si l'on considérait et si l'on représentait
« sous ce point de vue de comparaison l'his-
« toire de l'ancienne Grèce et de l'ancienne
« Italie...; on sentirait que les *anciens* Grecs
« furent de vrais sauvages de la même espèce
« que ceux d'Amérique... Par ces comparai-
« sons, on expliquerait... les mœurs et les cou-
« tumes de ces temps inhospitaliers, où tout
« étranger était un ennemi, où tout brigand
« était un héros; où il n'existait de lois que la
« force, de vertu que le courage guerrier; où
« toute tribu était une nation, toute réunion de
« barraques une métropole. L'on verrait, dans
« cette époque d'anarchie et de désordre de la
« vie sauvage, l'origine de ce caractère d'or-
« gueil et de jactance, de perfidie et de cruauté,
« de dissimulation et d'injustice, de sédition et
« de tyrannie que montrèrent les Grecs dans
« le cours entier de leur histoire : et l'on y
« verrait la source de ces fausses idées degloire
« et de vertus, accréditées par les poëtes et les
« rhéteurs de ces temps farouches, qui ont fait
« de la guerre et de ses lugubres trophées le
« but le plus élevé de l'ambition humaine, le
« moyen le plus brillant de la renommée, l'ob-
« jet le plus imposant de l'admiration de la
« multitude ignorante et trompée : et parce
« que dans ces derniers temps surtout nous
« avons pris à tâche d'imiter ces peuples, et
« que nous regardons leur politique et leur
« morale, à l'égal de leurs arts et de leur
« poésie, comme le type de toute perfection,
« *il se trouve en dernier résultat que c'est aux
« mœurs et à l'aspect des temps sauvages et
« barbares que notre culte et nos hommages
« sont adressés.* »

Toute cette partie de l'ouvrage porte sur
une erreur très-frappante : c'est celle de supposer que les anciens peuples si VANTÉS de la
Grèce et de l'Italie, ces mœurs, ces vertus anciennes, cet esprit *auxquels notre culte et nos
hommages sont adressés,* sont les peuples, les
esprits, les mœurs des Grecs des temps chan-
tés par Homère, célébrés par Sophocle et Euripide, décrits dans le commencement de l'Histoire de Thucydide. Or ce ne sont ni les Grecs,
vainqueurs de Troie, ni les Romains, ravisseurs
des Sabines, qui sont *si vantés parmi nous,* et
les *objets de notre culte;* ce sont les Grecs de
Salamine, de Platée, des Thermopyles; les
Grecs cultivant la philosophie et les arts; ce
sont les Romains des beaux jours de la république, les Romains conquérants, législateurs
et polis (1). Que les premiers Grecs et les pre-

(1) M. de Volney cite l'article VI de Thucydide,
comme très-applicable aux sauvages. Cet article commence par ces mots : — « Sans défense dans leurs demeures, sans sûreté dans leurs voyages, les Grecs ne
quittaient point les armes. » —Cet article se rapporte à
des temps fort éloignés de celui où vivait Thucydide;
l'article précédent, dont celui-ci n'est que la continuation, commence par *anciennement...* L'article VI
lui-même porte la preuve que Thucydide ne parlait
que d'usages très-anciens de son temps, puisqu'on y
lit ces mots : « — Les endroits de la Grèce où les coutumes sont encore en vigueur, prouvent *qu'il fut un
temps* où des coutumes semblables y régnaient partout. » — En effet, dans l'intervalle de cette époque à
celle où écrivait l'historien, le luxe, fruit de la civilisation, avait déjà lui-même varié et subi l'empire des
modes. — « Il n'y a pas encore longtemps, dit Thucydide, que chez eux les vieillards de la classe des
riches ont cessé de porter des tuniques de lin, et d'attacher des cigales d'or dans les nœuds de leur chevelure, rassemblée sur le haut de la tête. »

M. de Volney cite une partie de l'article X de Thucydide, pour prouver que Sparte ressemblait à une
peuplade de sauvages; et voici sa citation : — « Sparte
n'est pas composé de bâtiments contigus; mais la population y est distribuée par bourgades, suivant l'ancien usage de la Grèce. » — Si M. de Volney avait lu
l'article en entier, et sans distraction, il y aurait vu
tout autre chose. Voici comme il faut le lire : « Comme
la ville n'est pas composée de bâtiments contigus, dit
Thucydide, *comme on ne recherche la magnificence, ni
dans les temples ni dans les autres édifices* (l'auteur
avait dit plus haut, art. VI : *Les Lacédémoniens furent les premiers à prendre des vêtements simples, tels
qu'on les porte aujourd'hui :* par où l'on voit qu'ils
s'étaient fait une loi de la simplicité), et que la population y est distribuée par bourgades, suivant l'ancien usage de la Grèce, *elle paraîtrait bien au-dessous
DE CE QU'ELLE EST... C'est moins l'apparence des villes*

niers Romains aient ressemblé aux hommes rouges et aux Iroquois, cela peut être ; mais il n'y a rien de commun entre ces sauvages et les Miltiade, les Socrate, les Périclès, les Scipion, les Paul-Émile, les Cicéron et les Caton. Que dans la politique ou dans les guerres des Romains et des Grecs policés, on retrouve quelquefois des traces de barbarie, peu importe encore ; la civilisation des États ne les tire pas de l'état de pure nature dans leurs relations réciproques ; surtout elle ne préserve point les peuples de ces passions violentes où ils s'affranchissent de tous les liens de la raison et de la morale ; mais dans les occurrences où ces passions se déchaînent ainsi, ce n'est pas la corruption du sauvage, c'est la nature humaine qui se montre. Quel est le degré de civilisation où les sociétés politiques, sans autre lien que leur propre volonté, se soumettront à une paix perpétuelle ; où les hommes seront toujours modérés dans la guerre ; où les enfants naîtront soumis aux règles, aux bienséances, et ne seront pas, comme des sauvages, capiicieux, vindicatifs et oppresseurs, quand ils pourront être les plus forts ? Quel est le degré de civilisation où il faudra parvenir pour que le dévouement de sa vie à la défense de son pays, soit assez facile et assez général pour n'être pas glorieux ? Nous l'ignorons. Si le respect et l'admiration pour l'héroïsme militaire étaient, comme le pense M. de Volney, chez les Grecs et chez les Romains, des traces des mœurs et de l'esprit sauvages, il faudrait que nous nous accusassions nous-mêmes de ces mœurs et de cet esprit ; et c'est à quoi nous aurions peine à nous résoudre. En attendant que M. de Volney nous dise à quel degré de perfection doit parvenir un peuple pour mériter ce titre de *nation civilisée*, qu'il refuse aux Grecs et aux Romains, nous sommes autorisés, par la raison et la justice, à le garder et à le leur conserver.

---

qu'il faut considérer, que leur force. » — Thucydide, dans l'article cité, a donc eu pour objet d'épargner à la postérité l'erreur même où M. de Volney est tombé. Au reste, dans l'article suivant, il parle des arts, des vaisseaux, et de l'opulence de Corinthe dans des temps déjà *fort anciens*, alors qu'il écrivait. Ainsi tout concourt à éloigner l'application que M. de Volney s'est cru en droit de faire.

Avant de passer à l'examen du style de l'ouvrage, nous rapporterons un morceau curieux et instructif sur les idées religieuses des sauvages. L'auteur soupçonne à ces idées une origine commune avec celles des nations orientales, et cette origine, il l'indique dans la nature de l'homme, qui, étant la même sur toute la terre, a dû produire des opinions semblables concernant les causes des biens et des maux répandus sur la vie.

« Il me paraît, dit l'auteur, que les sauva-
« ges composent assez généralement leur théo-
« logie de la manière suivante :

« Un grand *manitou* ou *génie* supérieur qui
« gouverne la terre et les météores aériens,
« dont l'ensemble visible compose tout l'uni-
« vers pour un sauvage.—Ce grand *manitou*,
« placé en haut sans qu'on sache trop où, ré-
« git le monde sans prendre beaucoup de
« peine, donne la pluie, le beau temps, le
« vent, selon sa fantaisie, fait quelquefois du
« bruit (du tonnerre) pour se désennuyer, ne
« s'inquiète pas plus des affaires des hom-
« mes que de celles des autres êtres vivants
« qui peuplent la terre ; il fait le bien sans y
« attacher d'importance, laisse faire le mal
« *sans en troubler son repos* ; et au demeurant,
« livre le monde à une destinée ou fatalité dont
« les lois sont antérieures et supérieures à tout.
« La plupart de ces peuples lui donnent le
« nom ou l'épithète de *Maître de la vie*, ou
« de *celui qui nous a faits* ; mais cette dénomi-
« nation pourrait bien venir des missionnaires.
« Sous son commandement sont d'innombra-
« bles *manitous* ou *génies* subalternes qui peu-
« plent l'air et la terre, président à tout ce qui
« arrive, et ont chacun leur emploi distinct.
« De ces génies, les uns sont bons, et ceux-là
« font tout ce qui se passe de bien dans la na-
« ture ; les autres sont méchants, et ceux-ci
« causent tout le mal qui arrive aux êtres vi-
« vants. C'est à ces derniers *génies* de préfé-
« rence, et presque exclusivement, que les
« sauvages adressent leurs prières, leurs of-
« frandes propitiatoires, et ce qu'ils ont de
« culte religieux ; leur but est d'apaiser la
« malice de ces *manitous*, comme l'on apaise
« la mauvaise humeur des gens hargneux et
« envieux ; ils n'offrent rien, ou que très-peu
« de chose, aux bons génies, parce qu'ils n'en
« feront ni plus ni moins de bien, ce qui prouve

« combien *Lucrèce* a eu raison de dire : *Pri-*
« *mus in orbe deos fecit timor.*

«C'est la peur qui d'abord peupla de dieux le monde.»

« Cette peur des mauvais génies est une de
« leurs pensées les plus habituelles, et qui
« les tourmente le plus ; leurs plus intrépides
« guerriers sont, à cet égard, comme les fem-
« mes et les enfants ; un songe, un fantôme vu
« la nuit dans le bois, un cri sinistre, alar-
« ment également leur esprit crédule et su-
« perstitieux : mais comme *partout où il y a*
« *des dupes il croît des fripons* (1), l'on trouve
« dans chaque tribu sauvage quelque *jongleur*
« ou prétendu *magicien* qui fait le métier d'ex-
« pliquer les songes, et de négocier avec les
« manitous les demandes et les affaires de
« chaque *croyant*. Les missionnaires ont une
« aversion particulière pour ces jongleurs,
« qu'ils traitent de *charlatans*, d'*imposteurs*,
« de *fripons*; et les jongleurs, qui les appel-
« lent *supplanteurs envieux*, leur rendent les
« mêmes sentiments. »

Nous passons à l'examen du style. Il n'est
pas aussi correct qu'on avait droit de l'attendre d'un membre de la classe qui, dans l'Institut, remplace l'Académie française. C'est surtout dans la partie politique et morale que
cette imperfection se fait sentir.

On y trouve beaucoup de néologismes : tels
sont les mots d'*alacrité*, de *sauvagerie*, d'*a-
pologiser*, de *panégyriser*, d'*immigration*, de
colonisement.

On pourrait y citer plusieurs barbarismes,
tels que le mot de *détractation*, que l'auteur
emploie au lieu de *détraction*.

Beaucoup de verbes neutres sont employés
comme verbes actifs. *Le Français évapore ses
idées;* la nation américaine a *rétrogradé des
principes de sa formation :* cela peut être appelé des solécismes. C'est un solécisme et une
battologie de dire que les sauvages, dans les
supplices, accusent leurs ennemis d'*ignorance
à savoir tourmenter*. C'est un solécisme de
dire, « Je vais entrer dans les détails nécessaires *à faire* connaître leur marche respective. »
C'en est un de dire, « Je considérais les habi-

tudes, les mœurs *résultant* de ces occupations. » C'en est un de dire, « Suivant la méthode que je crois la plus riche en résultats
(*celle par ordre de matières*), je considérais, etc. » *Celle par ordre*, est une faute.
Celui, celle étant des *adjectifs démonstratifs*
qui n'indiquent qu'une chose ou une personne
en général, ne peuvent jamais être séparés du
mot *qui* ou *que; celui qui, celle qui* ou *que*.
Tous les grammairiens sont d'accord sur ce
point, et l'on ne trouvera jamais dans nos
bons écrivains *celui* ou *celle* joints à un nom
ni substantif ni adjectif. C'est un solécisme,
enfin, de dire que les Anglo-Américains conservent *envers nous* une forte teinte des *préjugés* de leur métropole originelle.

Il y a des mots employés à contre-sens : tel
que celui-ci qui se trouve à la suite de la phrase
dont nous venons de citer le premier membre :
« *Préjugés*, reprend l'auteur, fomentés par les
guerres du Canada, faiblement *altérés* par
notre alliance dans l'insurrection : » *altérés* ne
se prend qu'en mauvaise part ; il fallait *atté-
nués*. C'est un contre-sens de dire : «Le brillant
succès de mon Voyage en Égypte me donne la
présomption de la défaveur » ; il fallait l'*appréhension;* ou si par *présomption* l'auteur voulait
dire : me donne lieu de présumer, ou me fait
regarder comme présumable, il fallait dire : *est
à mes yeux une présomption de défaveur;* car
me donne la présomption, veut dire me donne
un sentiment présomptueux. Dans la même
phrase l'auteur dit : « Trop d'éloges accumulés
sur un livre finissent par lasser la bienveillance
sur l'auteur.» Les éloges peuvent être accumulés *sur* un livre, les lauriers *sur* une tête ; mais
la bienveillance ne pose, ne pèse ni ne se lasse
sur les personnes. La bienfaisance agit *sur* les
personnes, la bienveillance s'intéresse *pour*.

On rencontre souvent des expressions impropres, telles que celle-ci : «Les Américains
chérissent l'usage du thé très-chaud. » On peut
aimer le thé chaud ; on *chérit* ses parents, ses
amis, sa maîtresse.

On rencontre des expressions qui joignent à
l'impropriété l'affectation, et qui se trouvent
encore embarrassées dans des constructions
vicieuses. L'auteur, parlant des motifs de son
voyage en Égypte, dit « qu'il n'en avait pas
d'autres que d'employer le temps d'une jeunesse inquiète et active à se procurer des con-

---

(1) Les fripons viennent avant les dupes : l'auteur
aurait dû dire : *partout où il y a des hommes disposés à être dupes*, etc.

naissances d'un genre neuf, et à embellir par elles le reste de sa vie, *d'une auréole de considération et d'estime.* » L'on accorde une auréole à la gloire, parce que le propre de la gloire est de briller; mais la considération a plus de solidité que d'éclat. L'estime est dans ceux qui l'accordent, comme la considération et la gloire dans ceux qui l'ont obtenue ; on ne voit donc pas comment un auteur peut *briller de l'estime* de ses lecteurs. On conçoit bien qu'un auteur ait une auréole; mais comment placer une auréole autour *de la vie et du reste de la vie?* Enfin, la construction de la phrase peut nuire à la clarté du sens, en liant ces mots, *le reste de sa vie d'une auréole,* au lieu de lier ceux-ci : *embellir d'une auréole.*

Autre exemple de mots impropres dans des constructions incorrectes : L'auteur, après avoir dit dans sa préface qu'une *épidémie d'animosité* contre les Français, lui imposèrent la loi de quitter les États-Unis, ajoute : « Ce serait peut-être ici l'occasion de me plaindre des *violentes attaques publiques, dirigées* contre moi, dans les derniers temps de mon séjour, sous l'influence d'un personnage tout-puissant. Mais l'élection de 1801, en faisant justice de celle de 1797 (c'est-à-dire, M. Jefferson ayant été nommé à la place de M. Adams), *m'a rendu une indemnité suffisante.* » Les trois adjectifs *violentes, publiques, dirigées,* qui sont accumulés sur le substantif *attaques,* sont une incorrection que l'auteur aurait évitée en disant : Les violentes attaques, publiquement dirigées, etc. *M'a rendu une indemnité,* n'est pas français. On *rend* justice, mais on *paye* une indemnité.

On rencontre des liaisons de mots qui sont très-malheureuses. Par exemple, celle-ci : « Mon opinion sur la Louisiane a reçu la plus haute *des approbations.* » Elle rappelle ce vers :

S'il n'est pas des plus beaux, il est des *agréables.*

Voici une phrase où l'oreille est étrangement offensée : Dans la préface, l'auteur découvre le vaste tableau qu'il *aurait pu* tracer des mœurs américaines, s'il avait eu le loisir nécessaire. Il aurait montré « *que ce qui s'y est* fait de bon et d'utile (dans les États-Unis), *que ce qui y a existé de* liberté civile, de sûreté *de personne* et de propriété, a plutôt dépendu des habitudes populaires et individuel-

les, de la nécessité du travail, du haut prix de toute main-d'œuvre, que *d'aucune habile* mesure, *d'aucune sage* police du gouvernement : que *sur* tous ces *chefs* la nation a rétrogradé *des* principes de sa formation. » QUE CE QUI S'Y EST.... QUE CE QUI Y A EXIS.... sont des hiatus insupportables. Nous ne disons rien de sûreté *de personne,* pour sûreté *des personnes,* ni *d'aucune habile, d'aucune sage;* ni enfin de *rétrogradé des principes sur des chefs.*

Il y a des phrases où la logique semble peu respectée. L'auteur opposant les motifs de son voyage en Amérique, à ceux de son voyage d'Égypte, s'exprime ainsi : « Dès l'an III, au contraire, lorsque je m'embarquais au Havre, c'était avec *le dégoût et l'indifférence* que donnent le spectacle et l'expérience de *l'injustice et de la persécution.* » (L'auteur avait été dix mois en prison, jusqu'après le 9 thermidor). Cette phrase présente des idées contradictoires : d'abord, *le dégoût et l'indifférence* sont deux états de l'âme qui s'excluent mutuellement ; ensuite était-ce pour l'Amérique que le spectacle et l'expérience de la persécution exercée en France avait donné *du dégoût et de l'indifférence* à l'auteur? Cela n'eût pas été trop juste. Et en ce cas, pourquoi aller en Amérique? Était-ce pour la France? C'eût été trop d'indulgence : car *le spectacle et l'expérience* de la persécution doivent produire indignation et soulèvement, et non dégoût et indifférence.

Il se trouve encore une mauvaise association d'idées dans cette phrase : « Depuis l'avénement de M. Jefferson à la présidence, les fédéralistes n'ont cessé de l'assaillir d'invectives dans les papiers publics; et telle est (continue l'auteur) « la solidité des principes *sur* lesquels il *opère,* qu'il a tout laissé dire, sans que *son caractère* en fût ébranlé *dans l'opinion publique;* peut-être même s'y est-il affermi. »

Le caractère de M. Jefferson est en lui, et ne peut être ébranlé qu'en lui : on ne conçoit pas pourquoi l'auteur le place dans l'opinion publique.

Que dirons-nous de l'orthographe que l'auteur s'est faite pour écrire tous les noms de personnes et de lieux en Amérique? Il s'est conformé, dit-il, à la prononciation anglaise ; et le nom de Washington ne se rencontre dans son ouvrage qu'écrit ainsi : Oua-chinn-tonn. Le but de M. de Volney a été de préserver les Français du danger de dire *Vazingueton;* mais il les a jetés dans un autre. Tous ceux qui liront son livre, ou le reliront sans se rappeler sa préface ou sans l'avoir lue, pourront très-bien ne pas se douter qu'il parle du héros de l'Amérique quand il parle de Oua-chinn-tonn. Les Anglais et Américains ne reconnaîtront jamais leur Washington à ce mot tartare ou chinois de nouvelle fabrique; car s'ils lisent ce mot à l'anglaise, comme nous lisons Washington à la française, ils diront Ouai-cheinn-tonn. Il nous importe fort peu en France de prononcer à l'anglaise les noms anglais ou américains, et il nous importe beaucoup de suivre l'orthographe sous laquelle nous sommes assurés de reconnaître et de faire reconnaître aux étrangers ceux de leurs compatriotes dont nous parlons. Si l'opération que M. de Volney fait sur les noms américains, pour en assurer l'exacte prononciation en France, était avantageuse aux Américains, pourquoi ne la feraient-ils pas eux-mêmes sur leur propre nom quand ils sont chez nous? Or, certainement, M. Léwingston n'écrira jamais ses cartes de visite à Paris avec d'autres lettres que celles qu'il emploierait à Philadelphie. M. de Volney lui-même serait-il bien aise qu'en Amérique et en Angleterre, où son nom se prononce *Oual-net,* on ne le désignât plus dans les livres où l'on parlera de lui, et dans les traductions que l'on fera de ses livres, qu'avec cette orthographe? C'est par l'orthographe, et non par la prononciation, que les noms propres sont fixés, et ce n'est que par une orthographe identique dans toutes les langues que peut être constatée l'identité des noms. Chez toutes les nations, on lit et on écrit plus les noms des étrangers qu'on ne les prononce, et on les prononce mille fois plus devant ses concitoyens, de qui l'on est entendu quand on prononce à leur manière, que devant des étrangers, à qui l'on peut causer quelque surprise ou quelque méprise par une prononciation différente de la leur.

Quoique la correction soit la première condition du bon style, elle n'est pas la seule; ainsi, nous ne surprendrons pas en disant que l'ouvrage de M. de Volney renferme des beautés de style, malgré ses incorrections. Voici un morceau qui, par sa beauté, peut faire pardonner bien des fautes. C'est le résumé que l'auteur fait lui-même du chapitre où il décrit ce qu'il appelle la physionomie de l'Amérique. Nous en avons déjà cité plusieurs phrases.

« Une forêt continentale, presque univer-
« selle; cinq grands lacs au nord; à l'ouest, de
« vastes prairies; dans le centre, une chaîne
« de montagnes dont les sillons courent pa-
« rallèlement au rivage de la mer, à une dis-
« tance de vingt à cinquante lieues, versant à
« l'est et à l'ouest des fleuves d'un cours plus
« long, d'un lit plus large, d'un volume d'eau
« plus considérable que dans notre Europe, la
« plupart de ces fleuves ayant des cascades
« depuis vingt jusqu'à cent quarante pieds de
« hauteur, des embouchures spacieuses comme
« des golfes. Dans les plages du sud, des ma-
« récages continus *pendant* plus de cent lieues;
« dans les parties du nord, des neiges pen-
« dant quatre et cinq mois de l'année; sur une
« côte de trois cents lieues, dix à douze vil-
« les, toutes construites en briques ou en
« planches peintes de diverses couleurs, con-
« tenant depuis dix jusqu'à soixante mille âmes;
« autour de ces villes, des fermes bâties de
« troncs d'arbres, environnées de quelques
« champs de blé, de tabac ou de maïs, cou-
« verts encore la plupart de troncs d'arbres
« debout, brûlés ou écorcés. Ces champs, sé-
« parés par des barrières de branches d'arbres
« au lieu de haies; ces maisons et ces champs
« encaissés, pour ainsi dire, dans les massifs
« de la forêt, qui les englobe; diminuant de
« nombre et d'étendue à mesure qu'ils s'y
« avancent, et finissant par n'y paraître, du
« haut de quelques sommets, que de petits
« carrés d'échiquier bruns ou jaunâtres inscrits
« dans un fond de verdure. Ajoutez un ciel
« capricieux et bourru, un air tour à tour
« très-humide ou très-sec, très-brumeux ou
« très-serein, très-chaud ou très-froid, si varia-
« ble, qu'un même jour offrira les frimas de
« Norwége, le soleil d'Afrique, les quatre sai-
« sons de l'année; et vous aurez le tableau
« physique et sommaire des États-Unis. »

Assurément ce tableau a de la grandeur et de l'éclat, et il en coûterait peu à celui qui peut écrire ainsi, de mettre dans son style cette pureté qui a si souvent tenu lieu de tout autre mérite, à la médiocrité.

Il est temps de conclure enfin sur l'ouvrage de M..de Volney. Quelle opinion paraît devoir en rester dans le public ?.

La partie géographique, qui fait le fond du livre, sera toujours remarquable, sinon par la justesse ou la nouveauté des observations, du moins par la méthode qu'a suivie l'auteur; par la multitude infinie d'objets auxquels il a étendu ses remarques; par la manière dont il les a distribuées et classées; par la lumière qu'il fait réfléchir de toutes les parties sur un grand ensemble.

Dans la partie morale et politique, nous avons trouvé (qu'il nous soit permis de le dire) de l'humeur, de l'injustice, des paradoxes; mais cette humeur est souvent celle d'un homme de bien ; cette injustice est ordinairement celle d'un ami de l'humanité ; ces paradoxes sont en général ceux d'un esprit libre des préjugés dominants. S'il est vrai qu'en général les hommes sont les ennemis d'eux-mêmes, Chamfort n'avait pas tort de dire : *Quiconque n'est pas misanthrope à quarante ans, n'a pas aimé les hommes;* et M. de Volney trouvera l'excuse de son humeur dans cette maxime où Chamfort trouvait l'excuse de son caractère. S'il est vrai, d'un autre côté, qu'aujourd'hui l'audace et les clameurs de quelques sycophantes ont jeté la terreur dans tous les esprits, et que, par la licence effrénée de leurs écrits, ils exercent une véritable oppression sur les hommes qui se sont piqués de plus d'indépendance, il faut savoir gré à l'écrivain philosophe qui brave ces ennemis de la raison, et honorer en lui la hardiesse de l'*erreur* même.

A l'égard du style de l'ouvrage, nous répétons que les beautés y couvrent une grande partie des incorrections. Le talent de l'écrivain se fait encore sentir au milieu de ses négligences. L'auteur réussit mieux à faire des tableaux d'histoire naturelle qu'à manier les idées morales et politiques. Mais dans toutes les parties, sa méthode est belle; partout la distribution des faits et des idées est heureuse, tous ses développements ont de la grandeur. Il y a peu d'abandon, mais de la vigueur, dans ses mouvements; il y a de la dureté, mais du relief, dans ses couleurs. Son talent a plus de nerf quand il censure et quand il blâme, que de grâce quand il loue et de chaleur quand il approuve : le trait satirique se glisse quelque-

fois entre ses leçons de morale ou de politique; mais rarement ce qu'il écrit est au-dessous de la gravité du sujet, et de la dignité d'un écrivain qui sent en lui-même la force du talent, de l'instruction et du courage.

On nous reprochera peut-être d'avoir donné trop d'étendue à l'examen du nouvel ouvrage publié par M. de Volney. Voici nos raisons :

D'abord nous avons pensé que les fautes contre la langue étaient d'un dangereux exemple dans la bouche d'un académicien, et que des erreurs en morale et en politique pouvaient emprunter une funeste autorité de la considération d'un magistrat qui s'est distingué à l'assemblée constituante.

Nous avons cru aussi qu'il ne nous convenait pas de rendre compte d'un livre où sont attaqués les anciens qui sont nos modèles, les Américains nos amis, les Corses nos compatriotes, les femmes nos compagnes et souvent nos guides ; où le caractère des Français même et l'esprit national sont maltraités, sans opposer quelques réflexions à l'injustice de l'auteur. Trop ménager un livre qui nous maltraite, c'eût été nous maltraiter nous-mêmes.

D'un autre côté, le *brillant succès* du Voyage de M. de Volney en Égypte (nous nous servons de son expression), nous a paru condamner les journaux à un examen sévère du *Voyage en Amérique;* car les éloges donnés à ce premier ouvrage auraient trop puissamment accrédité le blâme que répand le second sur les principaux objets de nos affections; le bien qu'on a dit de l'un aurait donné trop de poids au mal que l'autre dit de tout le monde.

M. de Volney nous imposait cette sévérité par le langage même qu'il a tenu dans sa Préface. Il dit que « le *brillant* succès de son premier ouvrage lui donne *la présomption* de la défaveur pour le dernier ; que les éloges accumulés sur un livre lassent la bienveillance *sur* l'auteur; qu'en tout temps il existe de ces Athéniens qui donnent la coquille noire, uniquement par l'ennui d'entendre toujours dire du bien de ce pauvre Aristide. » M. de Volney, en tenant ce langage, a imposé aux journalistes l'obligation de montrer, par une critique fort développée, que les éloges accumulés sur son premier ouvrage, ont plutôt affaibli la sévérité qu'il aurait dû toujours exercer sur lui-même, que lassé la bienveillance de ses lecteurs pour sa personne ; que, trop confiant dans ses succès, il s'est relâché de son impartialité plutôt qu'il n'a lassé la justice du public ; que c'est pour n'avoir point imité Aristide, et non pour avoir trop ressemblé à ce grand homme, qu'il recevra la coquille noire ; et qu'enfin les Français qui la donneront ne sont pas, comme la populace d'Athènes, des ennemis aveugles de la justice et de la raison.

D'ailleurs, nous avons été bien aise de saisir une occasion si favorable de donner un exemple de critique à la fois sévère et bienveillante, dans un temps où l'on n'a pas rougi de mettre en principe qu'on devait juger les ouvrages par le personnel des auteurs, et où l'on a mis en pratique de calomnier d'avance les personnes, pour qu'il n'y ait point d'incertitude dans le jugement des ouvrages.

Enfin, nous avons considéré que le temps dont nous disposerions pour l'ouvrage de M. de Volney, écrivain célèbre, ne serait disputé ou réclamé par aucun autre ouvrage de quelque intérêt : car il faut le dire, les lettres sont en ce moment frappées de stérilité, tous les travaux littéraires sont arrêtés, toutes les plumes sont glacées, une sorte de terreur règne dans les esprits. Et faut-il s'en étonner ? La licence de quelques journaux perturbateurs, accueillis par l'esprit de parti qu'ils alimentent, exerce sur la presse une odieuse tyrannie. Tous les essais sont repoussés, tous les succès contestés, toutes les réputations attaquées, tous les établissements d'instruction publique assiégés, les lumières, la gloire du grand siècle qui nous a vus naître, décriées. On ne sait où prendre des modèles, on ne sait où trouver des juges. On ne peut, on ne veut désapprendre ce que cent années ont enseigné d'utile et de beau, et l'on sent d'un autre côté qu'il serait dangereux de laisser voir ces nobles richesses. Une espèce de tribunal révolutionnaire étouffe la raison, et fait avorter les talents entre le siècle qui vient de finir et celui qui commence, inspirant la double crainte et de partager les reproches dont il accable l'un, et d'attirer les persécutions dont il ose armer l'autre. Telle est aujourd'hui la situation de la littérature et des sciences.

On dit que, parmi les ennemis de la raison et de la gloire nationale, il se trouve des hommes consacrés au plus respectable ministère.

Certes, si la calomnie, l'injure, l'impudence ont des autels parmi nous, il est croyable que cette ligue en réunit les pontifes. Mais si l'on parle d'hommes consacrés à cette religion dont la morale ne respire qu'indulgence, bonté, amour des autres, ce ne peut être que d'indignes apostats.

(Journal de Paris, des 18, 19, 20, 24, 25
et 29 nivôse an XII. — 9, 10, 11, 12, 14,
15 et 20 janvier 1804.)

D'UN OUVRAGE SUR LA POLICE DE LONDRES.

Les Anglais et les Allemands observent, évaluent, recueillent et classent exactement tous les faits qui peuvent être saisis par la pensée. Aussi, entre les savants de ces deux pays, les questions de politique, les questions même de morale se vident plus aisément et plus complétement que parmi nous. Pour eux, les discussions aboutissent toujours à des calculs ; à ce terme, il est bien difficile de ne pas s'entendre ; et c'est ainsi que toute bonne discussion doit finir. On peut compter entre les ouvrages utiles que possède l'Angleterre en ce genre, celui qu'on annonce sur la police de Londres. En voici quelques résultats :

Ce qui est volé annuellement dans cette capitale est estimé 2 millions de livres sterling.

La part des filous et des escrocs, dans la masse des richesses mobiliaires de Londres, est à peu près du centième de leur valeur.

Tous les matins, 20,000 personnes se lèvent à Londres sans savoir où elles coucheront le soir, comment elles vivront le jour.

On compte 5,204 cabarets à bière ou à eau-de-vie qui servent de repaires aux filous.

On compte 3,000 boutiques dans les quartiers éloignés, où l'on vend les effets volés, depuis les clous jusqu'aux diamants.

On compte 50,000 femmes publiques, et 2,000 maisons de prostitution.

En quatre ans, il est sorti des prisons 12,000 personnes, qui toutes, dit-on, avaient mérité la potence, etc.

Si chaque nation, chaque ville, chaque village faisait ainsi son compte, on pourrait trouver, dans le rapprochement et la comparaison de ces tableaux, des règles assez sûres pour juger les mœurs des diverses agrégations d'hommes ; et par leurs mœurs, l'influence de leur constitution, de leur réunion en plus ou moins grandes masses, de leurs occupations, etc. Si nous avions un *état de Paris* bien calculé et bien authentique, nous pourrions en tirer un grand avantage indépendamment de toute comparaison : ou nous ressentirions un salu-

taire effroi à son aspect, ou nous jouirions avec un orgueil tranquille du bonheur de vivre dans une cité où les jouissances sont sans mesure, et où la corruption n'est pas au dernier terme.

(*Opuscules*, tome 1er, page 238.)

II. — RELATIONS DE QUELQUES VOYAGES DE M. ROEDERER (1).

AU DIRECTEUR DU JOURNAL DE PARIS.

Des montagnes des Vosges, département de la Meurthe, le 26 germinal an IV. — 9 avril 1796.

J'ai été étonné, dans mon voyage de Paris ici, de voir la culture aussi soignée, aussi étendue, aussi perfectionnée que je l'ai trouvée sur toute ma route. J'ai vu dans la partie de la Champagne, nommée autrefois *pouilleuse*, et surtout dans les montagnes où je suis, c'est-à-dire à cent lieues de Paris, plus de terres ensemencées qu'en 1789, et même des défrichements, que j'étais loin d'espérer dans des temps plus heureux.

Comment expliquer cet amendement de la culture au milieu d'une guerre désastreuse, et malgré une dépopulation effroyable ?

Par un seul fait, mais un fait important, qui sera le remède à bien des maux, et la source d'immenses avantages, si l'impéritie ou la férocité ne travaillent point à empêcher son heureuse influence : ce fait est l'enrichissement de l'agriculteur.

Et d'où vient l'enrichissement de l'agriculteur? Ceci n'est point un mystère. Il procède de causes bien connues, et de la division des grandes propriétés :

1° Depuis trois ans, il ne paye point d'impôts, ou n'en paye qu'en papier, ce qui revient au même ;

2° Depuis trois ans, il ne paye point de rente au propriétaire, car ici comme à l'impôt, je compte le papier pour rien ;

3° Depuis trois ans, il n'a vendu que la portion de ses produits qu'il a trouvé à vendre en numéraire métallique ; et il a élevé des bestiaux pour consommer les denrées qu'il a voulu soustraire au *maximum*, ou à l'échange contre des assignats.

Cette dernière source de sa richesse est incontestable. Il est notoire que, malgré l'énorme consommation de viande opérée depuis la guerre par douze cent mille hommes qui, en temps de paix, n'en mangeaient point, jamais il n'y a eu tant de bestiaux en France qu'à présent. On sait aussi que les bestiaux sont non-seulement une richesse par eux-mêmes, mais encore un moyen de fécondité pour les terres. Multiplication de bétail, c'est augmentation d'engrais, c'est augmentation de blé. Depuis trois ans donc l'agriculteur a accru son capital de presque tous ses produits, et l'a placé sur lui-même de la manière la plus avantageuse.

Je sais tout ce qu'on peut dire de l'injustice du fermier envers le propriétaire; mais cette injustice n'aura pas moins été profitable à l'État ; et cette vérité est bonne à répandre, parce qu'elle peut ravir aux ennemis de la république l'espérance de sa ruine, et rendre le courage et l'espérance de sa prospérité à ceux qui lui sont attachés. Il est utile qu'on le sache : si nous avons perdu beaucoup d'hommes, nous voyons déjà les ressources qui peuvent conserver ceux qui restent, et nous en rendre à la place de ceux qui n'existent plus.

Au reste, que la morale ne répugne point à entendre et à répéter cette vérité utile à la politique, elle n'est point intéressée à la repousser :

L'injustice du fermier envers le propriétaire n'est ni aussi caractérisée dans son principe, ni aussi funeste dans ses conséquences

(1) (*Note de l'éditeur.*) Tout ce qui est relatif aux voyages de mon père à Naples et en Espagne, est inséré à sa place dans le commencement de ce volume et dans le précédent.

au propriétaire, qu'elle le paraît au premier coup d'œil ; et c'est pour cela même que la politique peut y trouver son compte : car la morale et la politique ne peuvent être en opposition l'une avec l'autre, et le véritable homme d'État ne peut s'accommoder de résultats affligeants pour l'honnête homme.

1° La conduite du fermier a été autorisée par des lois positives ; elle n'a donc pas été un mépris formel et caractérisé de la justice. L'observation des lois est la seule morale dont le peuple soit susceptible, la seule qu'on puisse exiger de lui, puisqu'il a remis aux auteurs de ces lois le soin d'être justes dans leur rédaction, et qu'il s'est déchargé sur eux du devoir d'en peser les conséquences morales et politiques.

2° L'injustice du fermier porte avec elle-même un principe de réparation à l'égard du propriétaire ; elle n'est pour ainsi dire qu'une suspension passagère de droits qui, en définitive, doivent être reconnus, confirmés et sanctionnés par une ample indemnité.

En effet, ces loyers des terres, que la loi a autorisé le fermier à retenir, la nature, plus forte que la loi et la cupidité du fermier, l'a forcé de les restituer au sol qu'il exploitait. Dans les temps ordinaires, les grands propriétaires, quelque immenses que soient leurs revenus, n'en ont jamais assez pour subvenir aux dépenses où les entraînent les habitudes des grandes cités ; loin de rien faire pour leurs terres, ils ne travaillent qu'à les priver d'aliment par le pressurage des fermiers. Au contraire, les habitants des campagnes ne s'enrichissent de la terre que pour l'enrichir à son tour ; son aspect, qui jamais ne sollicite en vain leurs bras, ne sollicite pas sans succès leurs capitaux. Et comment lui refuser son argent, quand on lui prodigue ses sueurs ? Et comment ne pas se confier à son retour, étant comblé de ses largesses ? Et comment concevoir, près d'elle, des fantaisies qui ne s'associent pas à l'industrie dont elle est l'objet ? Comment ne pas placer son plaisir à améliorer des exploitations où la nature a mis des chances si favorables, mais si variées, et qui font autant jouer dans l'âme les ressorts de la crainte et de l'espérance ? Comment ne pas placer son luxe à la pompe, à la splendeur d'une contrée nouvellement enrichie ? Comment en-

fin, ne pas placer son honneur à des travaux qui ont la nature pour coopératrice, et dont l'abondance de la terre, la richesse, l'or, d'immenses moissons, rendent chaque année un éclatant témoignage ?

Ce qu'on appelle la spoliation du propriétaire par l'agriculteur, n'est proprement qu'une prime donnée par la révolution à l'agriculture, une prime immense telle qu'aucun peuple n'en a jamais donné, telle qu'aucune puissance politique n'aurait jamais osé la promettre et la garantir. Elle ne peut donc être considérée, au fond, que comme un placement fait, malgré le propriétaire, à son profit, et dont il recueillera les fruits, ainsi que d'une épargne volontaire. Les lois qui l'ont autorisée se résolvent en des lois somptuaires, ou plutôt économiques, qui ont imposé une contribution à la propriété pour sa propre fructification, et ont rendu les fermiers dépositaires et dispensateurs de son produit ; ou, si l'on veut, qui ont mis pour un moment les propriétaires habitants des villes, sous la tutelle un peu dure des habitants des campagnes. Ce n'était pas là le but des auteurs de la loi, mais c'est le résultat de leur ouvrage.

Le reproche de dureté, même d'inhumanité qu'on fait aux agriculteurs, tant propriétaires que fermiers, pour avoir refusé aux consommateurs des denrées en échange d'assignats, nous paraît encore moins fondé que celui auquel nous venons de répondre. Il faut être juste et vrai, ce refus n'est pas un crime de l'agriculteur ; c'est la faute de l'assignat, et il importe de faire ici une sérieuse attention aux principes.

Tout papier-monnaie est condamné, par sa nature, à la défaveur parmi les habitants des campagnes : la raison en est simple : c'est qu'ils doivent toujours craindre les contrefactions ou l'avilissement de cette monnaie. Un paysan n'a pas le temps d'étudier ni la capacité d'apprendre tous les signes caractéristiques du papier émis par l'État. Quand il aurait le temps et la capacité nécessaires, aurait-il une mémoire disposée à retenir tout ce qu'il aurait appris ? Ayant la mémoire nécessaire, aurait-il ce tact des yeux et de la main, sans lequel il est impossible de discerner sûrement le papier faux du vrai ? Et si les papiers-monnaies sont très-divers par les formes, par les sommes et par les dates de leurs créations, l'embarras des vérifications n'est-il pas extrême, même pour le plus habile? Et s'il est d'un département où l'on ignore la langue dans laquelle est écrit l'assignat, la vérification n'est-elle pas impossible pour lui? Enfin, à défaut de moyens propres pour se soustraire à la fraude, aura-t-il à sa portée et sous sa main des vérificateurs légaux ou au moins officieux? Aura-t-il même avec l'administration publique des relations assez promptes et assez constantes pour être instruit à temps des falsifications ou des contrefaçons les plus notoires?

D'un autre côté, si l'opinion de la principale commune de l'État a une fois établi une différence d'une obole entre le papier-monnaie et la somme métallique qu'il est censé représenter, le villageois, eût-il tous les moyens de vérification désirables, ne doit-il pas avoir une invincible répugnance à le recevoir? Car du fait seul que le papier-monnaie a perdu hier un millième d'unité pour cent de sa valeur, demain il peut perdre un, deux, trois, etc., après-demain dix, vingt, trente, etc.; et dès lors, privé d'une communication prompte avec la ville centrale, le paysan ne peut raisonnablement consentir à livrer le prix de ses sueurs pour un signe monétaire dont il ne connaît pas la valeur au moment de l'échange, dont il ne peut prévoir la valeur au moment de l'emploi : et dont il ne sait positivement qu'une chose, c'est qu'il s'avilit ou peut s'avilir à chaque minute.

Il est donc fort naturel et nullement *contre-révolutionnaire* que les campagnes aient constamment mal accueilli l'assignat, surtout à une certaine distance de Paris; que celles qui l'ont reçu n'en aient plus voulu dès que les biens nationaux de leur territoire ont été achetés avec ce signe; que les départements, comme ceux du Haut et du Bas-Rhin, où l'on ne parle que l'allemand, l'aient constamment refusé; enfin, que le refus de tous ait été insurmontable du moment que la perte de ce papier à Paris a été constatée et déclarée.

Ces observations pourraient conduire à d'utiles conséquences pour l'administration actuelle des affaires publiques; mais il me suffit de remarquer pour le moment que cette richesse de l'agriculteur, contre laquelle l'ignorance et l'envie se déchaînent avec autant de rage que contre les fortunes faites par le vol et l'assas-

sinat, non-seulement est la plus abondante ressource de l'État, mais encore est moins impure, moins odieuse dans son principe, moins désastreuse au propriétaire, qu'on ne se plaît à le dire. Que le gouvernement se garde donc bien d'écouter les clameurs de l'impéritie et de la malveillance contre les fermiers; qu'il se défende même des suggestions du besoin, des conseils du moment, et qu'il sache ménager et faire fructifier le grand moyen de régénération qui nous reste, qui nous reste seul, mais qui dispense de tous les autres.

ROEDERER.

(Journal de Paris, du 2 floréal an iv. —
21 avril 1796.)

AU DIRECTEUR DU JOURNAL DE PARIS.

La lettre signée P***, qui m'est adressée dans votre feuille du 6, attribue le bon état de l'agriculture à d'autres causes que celles dont j'ai essayé de donner une idée dans la lettre que je vous ai écrite des Vosges, le 26 germinal.

Il en rapporte l'honneur à la levée du *maximum* (laquelle pourtant n'a été que la fin d'une horrible spoliation), à la cessation des réquisitions (qui pourtant n'ont pas cessé partout, ni depuis longtemps où elles ont cessé), et à la liberté du commerce des grains, qu'il dit rétablie (et qui pourtant ne l'est pas, quoique peut-être elle soit assurée de la protection du gouvernement, si d'autres circonstances en favorisaient le retour). A la bonne heure, j'ai mal vu, et l'auteur de la lettre a découvert la vérité qui m'était échappée.

Mais le don de l'invention l'a conduit un peu trop loin; car il lui a fait découvrir dans ma lettre même des assertions et des principes qu'il n'appartient qu'à lui d'y trouver.

Il suppose que *je recommande au gouvernement de n'écouter que moi et mes grands moyens de régénération*. Selon lui, j'avance *que la loi peut autoriser les injustices des fermiers,* RECTIFIER *leur conduite et leur morale; qu'il importe peu dans les mains de qui soient les richesses, que ce soit celles de celui qui les a gagnées honnêtement ou héritées, ou de celui qui les a envahies; que la politique n'examine pas cela.* Enfin, il me prie d'examiner *si l'avis que je donne au gouvernement de protéger les agriculteurs (de mauvaise foi) peut passer pour un plan général de gouvernement, etc.*

Je ne ferai d'autre réponse à ces suppositions que de prier les lecteurs, qui n'auraient pas lu ma lettre, de vouloir bien y jeter les yeux, et de voir s'ils y rencontrent rien qui ressemble à ce que je viens de rapporter.

Une répétition exacte de ce que j'ai dit serait fastidieux, et même, citoyen, vous auriez pu épargner à vos lecteurs et à moi la réclamation que je vous adresse, si vous aviez pris la peine de noter, au-dessous des phrases que je relève, qu'elles n'étaient pas conformes aux miennes.

R.

(*Journal de Paris*, du 9 floréal an IV. — 28 avril 1796.)

RÉCIT D'UN VOYAGE.

Oui, je répéterai volontiers par écrit ce que je vous ai dit. Il suffit de venir de cent lieues de Paris pour y être assailli pendant quinze jours de questions innombrables, qui pourtant se réduisent à trois ou quatre : — D'où venez-vous? Quel est l'esprit des départements que vous avez vus? Comment sont les chemins? Comment va la conscription? En peu de mots, voici mes réponses; cela sera dit une fois pour toutes.

Je viens de l'extrémité du département de la Meurthe, près de la limite intérieure du département du Bas-Rhin. — Est-on tranquille dans ce pays-là? — Tranquille comme vous l'êtes dans votre chambre. — Mais on a parlé, à Paris, de troubles, de factions renaissantes dans les départements du Rhin. — Je n'en ai pas entendu parler près des départements du Rhin; voilà ce que je puis vous dire. Ce que j'ai vu dans ce pays-là et sur toute la route, c'est une parfaite soumission au gouvernement, et même beaucoup d'intérêt pour lui quand on le voit menacé à Paris, le seul lieu de la république où ses ennemis puissent avoir maintenant quelque puissance. — Mais les troubles de la Belgique ! — Vous parlez d'un pays conquis ; il n'est pas étonnant que les Belges soient encore un peu moins Français que les Français. Mais ce qui prouve que l'aînesse met une différence de raison et de civisme entre ces nouveaux Français et les anciens, c'est le zèle avec lequel j'ai vu la colonne mobile de Metz courir à Luxembourg pour assurer la tranquillité du pays; c'est la surabondance de force qui y fut portée, et que le commandant fut obligé de faire refluer. Tout m'a prouvé que le gouvernement a, pour réprimer les désordres de quelques parties, l'insurmontable puissance du tout ; il a contre quelques fous des millions d'hommes raisonnables, contre une section de département tous les départements environnants, sans parler des troupes de ligne, qui, comme elles le doivent, n'entendent que la voix du gouvernement, confondue pour elles avec la voix de la patrie.

— Et comment sont les chemins? — De Sarrebourg à Paris il y a, à tout compter, quatre ou cinq lieues de chemin qu'on ne peut parcourir sans précautions; il y en a douze ou quinze de fort dures, mais non dangereuses; il y en a quatre-vingts de très-bonnes. Avec moins de quatre cent mille francs, et un mois de travail au printemps, le tout peut être en fort bon état.

— Et la conscription, comment va-t-elle? — Bien. Depuis Sarrebourg jusqu'à Paris, c'est-à-dire dans une route de cent dix lieues, c'est une procession qui marche du centre vers la frontière. Quelle fleur de jeunesse! Quelle vigueur! Quelle gaieté! Les premiers conscrits que je vis venir de loin me serrèrent le cœur ; je les voyais avec des yeux de père. Ils approchèrent : la gaieté de leur figure, la légèreté de leur marche me rendirent mon âme de citoyen. Je m'étais dit d'abord : Hélas! ils vont combattre, et peut-être périr ! En les voyant de près je n'ai plus eu d'autre idée, d'autre conviction que celle-ci : Ils vont combattre et vaincre.

(*Journal de Paris*, du 21 frimaire an VII. — 11 décembre 1798.)

OPUSCULES.

PARAGRAPHE CINQUIÈME.

PETITES CENSURES, PETITES CRITIQUES, PETITES RAILLERIES.

I. — RIDICULES.

D'UNE NOUVELLE MALADIE DE JEUNESSE NOMMÉE LE SEMSA OU SECSA (1).

Ce n'est pas sans raison que les philosophes se plaignent de la dégénération de l'espèce humaine, malgré le soin régulier que l'on prend journellement de croiser les races. Jusqu'ici j'avais regardé ces assertions comme des déclarations chagrines ordinaires aux vieillards, et, chaque fois que j'entendais ces doléances, je ne manquais pas de citer le trait de cet homme âgé, qui prétendait que de son temps les pêches étaient plus belles ; et celui de cette vieille qui, se regardant dans un miroir, trouvait que les glaces étaient bien changées. Depuis quelque temps, je commence à croire que ces plaintes pouvaient bien n'être pas trop mal fondées ; et des observations répétées m'ont convaincu qu'il se manifestait dans l'espèce humaine un abâtardissement sensible, dont les symptômes n'ont, que je sache, été décrits ni par Hippocrate ni par Linnéus.

On en jugera par ceux que je vais retracer, et qui paraissent affecter plus particulièrement la génération qui s'élève, raison déterminante pour un bon citoyen de sonner l'alarme et d'appeler l'attention publique sur un accident qui menace sa patrie dans la fleur de sa population.

Les signes pathognomoniques de cette génération sont, d'abord, un relâchement total du nerf optique, ce qui oblige le malade de se servir constamment de lunettes, dont la nécessité croît en raison de la proximité des objets, et un refroidissement de chaleur naturelle qu'il est difficile de vaincre à moins d'un habit boutonné très-serré, et d'une cravate sextuplée où le menton disparaît, et qui menace de masquer bientôt jusqu'au nez. Jusqu'à présent les jambes ont paru résister aux progrès du froid ; du moins remarque-t-on que le pied est presque découvert, et que l'habit, qui affecte une forme quadrilatérale, descend à peine jusqu'aux genoux. Outre la stature raccourcie, et la taille grêle, et la vue myope des individus, une autre preuve de l'affaiblissement de l'espèce est l'usage d'un bâton court et plombé, dont les deux extrémités sont d'une égale grosseur, et qui m'a paru remplir l'effet du contre-poids dont se servent les danseurs de corde.

Mais le diagnostique le plus caractérisé est la paralysie commencée de l'organe de la parole. Les jeunes infortunés qui en sont atteints évitent les consonnes avec une attention extrême, et sont, pour ainsi dire, réduits à la nécessité de désosser la langue. Les articula-

---

(1) Ce mot est une abréviation de ces mots : *Qu'est-ce que c'est que ça?* mots que les malades dont il s'agit prononcent *secsa*.

tions fortes, les touches vigoureuses de la prononciation, les inflexions accentuées, qui sont le charme de la voix leur sont interdites. Les lèvres parraissent à peine se mouvoir, et du frottement léger qu'elles exercent l'une contre l'autre résulte un bourdonnement confus qui ne ressemble pas mal au *pz-pz-pz*, par lequel on appelle un petit chien de dame. Rien de moins intelligible que les entretiens des malades. Les seuls mots qu'on distingue dans cette série de voyelles monotones et de sons inarticulés sont ceux de *ma paole supême*, *d'incoyable*, *d'hoïble*, et autres mots ainsi défigurés. Un homme doué d'une sagacité peu commune a voulu traduire en français ce qu'il croyait former des phrases; mais l'insignifiance de ce qu'il a deviné l'a dégoûté de continuer un travail aussi stérile.

Ce qui n'est pas moins affligeant, c'est que le même symptôme se manifeste dans les jeunes personnes du sexe; et il est triste de penser que ce sexe, qui fait ordinairement un usage aussi aimable de l'organe de la parole, soit à la veille de le perdre entièrement et de nous priver par là d'une de nos plus agréables jouissances.

Je suis pourtant loin de croire cette maladie incurable, et j'aime à rappeler ici que cette même jeunesse, dont l'infirmité me cause de civiques inquiétudes, a su, dans l'occasion, saisir un sabre, manier un fusil avec autant de vigueur que d'adresse, et faire entendre des sons mâles, des chants animés, des cris de guerre et de victoire. Mais les rechutes sont dangereuses, et comme la maladie me paraît être aujourd'hui dans son paroxysme, je la recommande aux soins patriotes et bienfaisants de nos plus habiles officiers de santé, ainsi que du citoyen Sicard; et, sans me permettre de rien prescrire en ce genre, j'estime que des douches sur la partie affligée, une répétition fréquente de la leçon de grammaire du *Bourgeois Gentilhomme*, et s'il se peut de quelques tirades les plus harmonieuses de Voltaire et de Racine, etc., pourront entrer pour beaucoup dans le régime curatif.

(*Journal de Paris*, du 23 messidor an III. — 11 juillet 1795.)

AUX AUTEURS DU JOURNAL DE PARIS.

CURE DES DEUX SURDITÉS IMAGINAIRES.

Citoyens, je suis médecin, et en cette qualité je suis exposé à voir les plus importants résultats des mœurs. Quand je repasse dans ma tête l'origine et les causes de toutes les maladies que j'ai occasion de traiter dans le cours d'une année, j'y vois l'histoire de la société tout entière; les phthisies pulmonaires, les pâles couleurs me rappellent les *nudités gazées* de nos femmes; les dartres, les galles me rappellent les veilles des joueurs; la goutte me rappelle l'intempérance des buveurs; quelques autres maladies me rappellent aussi des vertus ou des services; par exemple, les sciatiques me rappellent les bivacs de nos guerriers. En général, ce serait un bon cours de morale pour un jeune homme que de suivre un médecin une fois pendant un an chez chacun de ses malades, et d'apprendre la cause de la maladie. Mais je viens au fait pour lequel j'ai pris la plume; il est d'une nature différente de ceux dont je viens de parler, et il est curieux.

Dernièrement, je fus appelé à dix lieues de Paris, dans une campagne fort solitaire, habitée par le citoyen B... et sa femme, dont je suis le médecin depuis trente ans; ce sont des gens fort riches, vieux, mais sains et bien portants, ayant toujours mené une vie sage et régulière. Deux de leurs petits-fils étaient venus les voir depuis huit jours. L'un est un jeune homme de dix-huit à dix-neuf ans; l'autre en a vingt-sept ou vingt-huit. Le premier est petit, brun, assez joli; l'autre est grand, mince, sec et blond.

J'arrive au château. On me conduit à l'appartement de M. et de Mme B... Quoiqu'il fît fort beau et fort chaud, ils étaient seuls, assis vis-à-vis l'un de l'autre, dans un grand fauteuil, au coin du feu, l'air abattu, en bonnet de nuit, dans un morne silence. Les jeunes gens étaient à la chasse. Je considère mes deux personnages, et je leur trouve un assez bon visage. Je tâte le pouls; le pouls est bon.— Qu'avez-vous donc? — Ah! docteur, dit madame B..., la triste chose que la vieillesse! On ne peut pas éviter les infirmités. — Mais enfin, qu'avez-vous? — Docteur, nous sommes devenus sourds. — Sourds? Vous m'entendez pourtant bien ! — Ah ! nous avons quelques bons moments ; d'ailleurs, nous sommes accoutumés à votre parler, et nous entendons à demi-mot vos questions. — Dans le fait, dit le mari ; ce n'est pas pour nous que nous vous avons prié de venir ici. Cher docteur, il n'y a pas de remède aux infirmités des vieilles gens ; bien heureux encore d'être d'ailleurs aussi bien portants : c'est pour mon petit-fils Charles, qui, à force de crier pour se faire entendre de nous, a gagné une toux qui m'inquiète. Il est maigre et malingre. Vous savez que sa pauvre mère est morte de la poitrine ; je désire que vous lui prescriviez un régime convenable. Il doit partir incessamment pour l'armée ; nous serions inconsolables s'il allait être malade, et si nous pouvions penser que la complaisance de ce pauvre enfant pour nous a influé sur le mauvais état de sa poitrine.

Peu après cette conversation rentrèrent les deux jeunes gens, revenant de la chasse ; ils se jettent dans un fauteuil d'un air moitié fatigué, moitié maussade.

Leur grand-père leur demande s'ils ont fait bonne chasse ; ils répondent quelques paroles que les grands-parents n'entendent pas, ni moi non plus. La grand'maman fait une autre question : même manière de répondre. Mais elle insiste et répète sa question. Charles, impatienté, répète sa réponse, n'est pas plus entendu que la première fois, et se met à tousser. Les deux bonnes gens étaient le cou tendu et l'oreille au vent, n'attrapant ni un oui ni un non, et s'entre-regardant ensuite pour voir si l'un des deux avait été plus heureux que l'autre. Moi, j'allais craindre d'être aussi atteint de surdité ; mais j'avais appris par expérience qu'il y a d'autres raisons pour lesquelles on n'entend pas toujours les jeunes messieurs de la capitale, et je soupçonnai que les chers parents pouvaient bien être dupes de leur patience plutôt que victimes de leur âge.

Monsieur, dis-je à Charles d'une voix ferme et nette, madame votre grand'mère vous a demandé deux fois si la femme du garde Nicolas était toujours aussi malade. Il paraît qu'elle prend un vif intérêt à cette femme. Vous lui avez fait deux réponses qu'elle n'a pas entendues. Voudriez-vous me dire ce qu'il en est ; je tâcherai, ayant la voix plus forte

que vous, de lui transmettre votre réponse. Charles se lève, vient à moi, et me dit : *A ante e in-u-o-able, e ui ai it ingt ois ue ette emme a-oit o-ou ieux.* C'est-à-dire : Ma tante est insupportable ; je lui ai dit vingt fois que cette femme allait beaucoup mieux. Je devinai ce sens par l'habitude que j'ai de ce langage ; cependant je feignis de ne pas l'avoir saisi, et je marquai, par un mouvement de la tête et des yeux, que je n'entendais pas. Le jeune homme, impatienté, s'approche plus près de moi, se met face à face, presque nez à nez, et, ouvrant la bouche jusqu'aux oreilles, prenant une voix solennelle, détachant et marquant chaque son par une grimace distincte et un battement de tête, il me dit ces paroles : *Eu ous is, o-ieu éu oc-eur, eu a em-me e i-o-as a t-ès-ien.* C'est-à-dire : Je vous dis, monsieur le docteur, que la femme de Nicolas va très-bien ; et il se mit à tousser. L'impatience me prit à mon tour, et je lui dis : *Oieu, en uis armé ;* Monsieur, j'en suis charmé. Charles prit son chapeau ; frappa sa botte de trois coups de cravache, et s'en alla, emmenant avec lui son frère.

Quand ils furent partis, je me mis à rire aux éclats. Bonnes gens que vous êtes ! dis-je aux parents ; vous envoyez chercher le médecin pour guérir la toux de votre petit-fils que votre surdité fatigue ! Vous n'êtes pas plus sourds que moi, et s'ils font une grande dépense de voix pour vous parler, ce n'est pas votre faute, c'est la leur. Qu'ils *articulent ;* et ils seront dispensés de *crier.* Ils ont ôté de leurs paroles les *r,* les *t,* les *m ;* toutes les consonnes. Quelques mijaurées appellent cela adoucir la langue ou la *désosser :* c'est tout simplement la défaire, et réduire la parole à des gloussements de dindons ou à des sons de sourds et muets. Ils s'entendent entre eux, parce qu'ils ne parlent que d'un petit nombre de fadaises et qu'ils se répètent. Ne disant jamais que des choses usées, ils n'ont besoin que de mots abrégés. Comme en écrivant personne ne s'avise d'écrire en toutes lettres les mots qui reviennent sans cesse et qui ont peu de sens, comme *monsieur, madame,* de même, leurs paroles n'étant que des répétitions de perroquet, ils n'ont besoin que d'en faire entendre une ou deux voyelles.

Mais, docteur, me dit M. B., quel remède

à cela? — Vous moquer d'eux. — Mais ils partent demain pour l'armée! — Tant mieux, c'est une belle occasion. — Il m'entendit.

Le lendemain, les jeunes gens arrivent au déjeûner. Le grand-père avait fait espérer qu'il leur donnerait de quoi aider à l'achat d'un beau cheval, et le moment du départ était celui d'effectuer les promesses. En conséquence, les jeunes gens parlèrent beaucoup; leur parole était plus nette et plus polie que de coutume; le grand-papa, au contraire, avait l'air affaissé et ne laissait échapper que quelques monosyllabes. Le déjeûner fini, il leur donna à chacun quarante écus, enveloppés dans du papier; ils s'attendaient à quarante louis. Ils furent fort étonnés, et commencèrent une longue jérémiade en paroles très-claires, très-distinctes, très-bien articulées sur la cherté des chevaux, sur la cherté des équipages, sur la longueur de la route, la modicité de la solde. Rien de plus net ni de plus correct; aussi les grands-parents furent très-rassurés sur leur surdité. Mais le grand-papa répondit à tout cet étalage, en balbutiant comme un malade de mauvaise humeur à qui il en coûte de parler, *que ses fermiers le payaient mal, et qu'il était fâché de n'être pas en état de faire mieux...* Charles me demanda ce que disait son grand-papa, et voici ma réponse :

Il dit, Monsieur, que les langues ont été inventées pour faire entendre les pensées, et que c'est une impertinence très-grande de mal parler et de mal écrire; il dit qu'il est très-sot aux jeunes gens de prétendre qu'on les devine, quand c'est leur faire beaucoup d'honneur que de les écouter, et de prétendre qu'on les déchiffre, quand ils méritent à peine qu'on les lise. Monsieur votre grand-père ajoute que, quand vous aurez reçu à l'armée quelques leçons de prononciation de la part de vos camarades, il aura beaucoup plus de facilité à entendre vos représentations et à se prêter à vos besoins. Il vous souhaite un bon voyage.

Je ne fis jamais plus de cures en moins de temps; en deux jours je guéris deux vieillards de la surdité, et je rendis la parole à deux muets volontaires. Je vous prie d'instruire vos lecteurs de ce double succès.

Le docteur Philorthologue.

(*Journal de Paris*, du 17 floréal an ix.—7 mai 1804.)

Depuis trois mois, messieurs les jeunes gens (il y en a depuis 18 jusqu'à 45 ans) commencent à se faire entendre un peu mieux que l'an passé. Quelques-uns articulent déjà assez distinctement. Dans peu on pourra comprendre ce qu'ils disent, et l'on pourra apprendre d'eux qu'ils ont été au bois de Boulogne, ou qu'ils y vont.

Ce changement est un effet de la paix, qui a rétabli les communications entre les jeunes Français qui ont été à l'armée et ceux qui sont restés en France pour la consolation des dames. Les premiers disent si distinctement : *Tel jour j'étais à Marengo,* où *tel jour j'étais à Hohenlinden,* qu'à leur exemple il a bien fallu faire preuve de courage, et surmonter la terrible difficulté de prononcer enfin dans les mots les P, les T, les S.

(*Journal de Paris*, du 15 février an x.— 4 février 1802.)

FOURNIER (RELIEUR),

AU CITOYEN MERCIER, DE L'INSTITUT NATIONAL.

Citoyen, en reliant hier, pour une de mes pratiques, les trois derniers mois du *Journal de Paris*, je suis tombé sur un article de vous contre les relieurs et la reliure. Ingrat! me suis-je écrié dès les premières lignes, sans la reliure du *Journal de Paris*, ni votre lettre, ni le journal ne seraient venus jusqu'à moi, et n'auraient été loin dans la postérité. Parvenu à cet endroit où vous dites : « Quand j'achète ce « qu'on appelle un *bouquin*, VITE JE LUI CASSE « LE DOS, » je me sentis pénétré je ne sais de quel effroi que je ne pûs déguiser, dont ma mère, ma femme, ma fille s'aperçurent aussitôt, et dont il fallut leur faire connaître la cause en leur lisant votre article tout au long. Cette lecture, citoyen, a donné lieu à bien des réflexions que je vais vous transmettre. Vous observerez que ma femme est un peu lettrée, ayant l'honneur d'être parente d'un membre de l'Institut qu'on dit être bibliomane, et qui, étant son tuteur, n'a voulu la marier qu'à un relieur, afin de s'assurer d'un homme capable de faire honneur aux livres qu'il achète, et dont il est plus occupé que de ceux qu'il fait.

« Les livres, dites-vous en commençant,

« sont des amis qu'il faut pouvoir traiter fa-
« milièrement. » — Ma femme m'interrompit
dès ces premiers mots. Oui, dit-elle, il faut
pouvoir traiter familièrement ces amis-là, mais
non pas pouvoir les déchirer. D'ailleurs, la
plupart ont besoin d'être vêtus pour passer
leur premier hiver. Il est des livres fort bons
dont la reliure seule peut fixer la destinée, en
les recommandant pour les moments de loisir
et de réflexion, les seuls où l'on puisse en essayer la lecture.

« J'aime la lecture, reprend l'article, et la
« reliure est sa plus grande ennemie. » La reliure, dit ma femme, enrichit, il est vrai, quelques livres au point de les faire respecter et
jamais lire ; mais elle les conserve tous, les
rend portatifs, maniables. Ce qu'on appelle un
vade-mecum est toujours relié ; et si quelquefois on dit d'un livre relié : *Il est bien plat, il
est bien mince*, c'est encore la preuve qu'il a
gagné à la reliure ; car, avant que la presse du
relieur en eût fait sortir le vent, on disait en
le voyant : Qu'il est lourd ! qu'il est épais !
quelle masse ! combien de matière !

« Lorsque l'on dit d'un livre : *Cela est bien
relié*, c'en est fait, dites-vous, on ne l'ouvre
« plus. » Citoyen, j'observe ici qu'on n'accorde
les honneurs d'une magnifique reliure qu'aux
ouvrages qui ont eu les honneurs de nombreuses éditions, et dont le propriétaire a plusieurs
exemplaires.

« La profession de relieur ajouté à la cherté
« des livres et nuit à leur usage. Avec ce que
« coûtent les reliures, on aurait une autre bi-
« bliothèque. » Il n'est pas possible, citoyen,
que la reliure renchérisse les livres puisqu'elle
les conserve. Si, depuis deux cents ans, on n'a-
vait eu que des brochures, tous les anciens livres
seraient si rares, qu'ils coûteraient vingt fois plus
cher qu'ils ne coûtent. Si on ne reliait pas les
livres, il faudrait qu'un homme renouvelât sa
bibliothèque deux et trois fois dans sa vie.
Avec une reliure de dix sous on conserve cinq
cents ans un volume d'un écu, qu'il aurait
fallu acheter dix fois dans cet espace de temps ;
ainsi dix sous en épargnent plus de cent dans
un siècle. Avec ce que coûtent les reliures
d'une grande bibliothèque on en achèterait
une petite : oui, mais on perdrait la grande, et
voilà un beau profit !

« Un Horace tout neuf, dites-vous ensuite,

« ne peut appartenir qu'à un sot ! » Dites donc
un Horace broché, car la brochure est une
preuve qu'on ne se soucie pas qu'il dure longtemps. « Les livres sont comme les olives, les
« pochetées sont les meilleures. » Citoyen,
nous nous sommes tous récriés à cette comparaison ! Les olives pochetées sont les meilleures, parce que la poche les bonifie ; mais les
livres pochetés ne sont les meilleurs que parce
qu'ils étaient reconnus les meilleurs avant d'ê-
tre pochetés, car la poche les dégrade au lieu
de les bonifier. Donc, citoyen, vous auriez dû
dire : « Les livres ne sont pas comme les oli-
« ves, qui se bonifient à la poche. Brochés, ils
« s'y détériorent, s'y chiffonnent ; ils se dé-
« chirent en y entrant, en en sortant. » Le seul
moyen d'éviter cette détérioration, c'est la reliure. La reliure qui rend le livre portatif est
donc l'amie, et non pas, comme vous le dites,
la plus grande ennemie de la lecture.

« A moi, vous écriez-vous, faciles et com-
« plaisantes brochures ! » A cette exclamation
ma fille fit un mouvement de peur. Mais arrivés à ces mots qui m'avaient troublé : « Quand
j'achète un *bouquin*, vite, je lui casse le dos, »
ce ne fut pas ma fille seule, ce fut toute la
boutique qui jeta un cri d'effroi, comme si on
avait réellement entendu craquer tous ces pauvres dos. Je crus d'abord que c'était l'expression d'un intérêt tout à fait naturel dans des
âmes de relieurs pour des livres disloqués ;
mais c'était celle d'un intérêt plus sérieux.
Vite, je leur casse le dos ! répéta douloureusement ma fille, et elle ajouta : A la manière
dont ce citoyen-là casse le dos d'un livre, il
est sûr qu'il aurait grand plaisir à casser le
dos d'un relieur. Et n'est-ce pas lui qui, l'an
passé, cassait le dos des peintres ? Il est toujours sur le dos de quelqu'un.

« On m'objectera, dites-vous, la conserva-
« tion des livres : mettez-les dans des cartons
« ou dans des cassettes de bois. » Citoyen,
c'est ainsi que sont les livres chinois ; allez
en voir à la Bibliothèque nationale où l'on
m'en a montré ; et vous saurez que, quand
on a besoin d'un volume d'un grand ouvrage,
il faut défaire tout un ballot, et chercher ce
volume entre vingt ou trente autres, et ensuite tout retourner encore pour remettre en
place ce volume quand on n'en a plus affaire.
Et puis, coffres ou non, les brochures tiendront

toujours le double de la place que prennent des livres reliés; il faudrait doubler l'espace des bibliothèques si l'on renonçait à la reliure.

« D'ailleurs, » ajoutez-vous, et c'est ainsi que vous finissez, « quelque chose que vous « fassiez, dans cinq ou six cents ans au plus « les vermisseaux auront mis en poudre les « vers de l'abbé Delille, et, qui pis est, la *Phi-* « *losophie de la nature* d'un autre Delille, et « tous mes tomes. »

Ma femme observa, sur cette dernière phrase, que la reliure pouvait bien ne pas préserver les vers de l'abbé Delille des insectes, mais que nous devions nous souvenir de ce libraire qui nous avait envoyé à relier la *Philosophie de la nature*, entamée en masse par les souris, ce qui prouve que la reliure est très-bonne contre les plus redoutables ennemis des livres.

Au fort de la querelle est entré dans ma boutique le citoyen ***, imprimeur-libraire, homme pour qui je travaille beaucoup. Quoique aveugle, il a le coup d'œil juste, lui. Il me demanda le sujet de nos débats, et je lui lus votre lettre. « Ah! nous dit-il, on doit plus qu'on ne pense à la reliure; elle aura presque autant fait que les livres pour la philosophie et la liberté. C'est parce qu'il y a des milliers d'exemplaires de Rousseau, de Voltaire, de Montesquieu, de Condillac, reliés et dorés avec plus ou moins de magnificence, et occupant la belle place dans toutes les bibliothèques des gens du monde, que beaucoup de ces gens-là n'auront pas renoncé aux idées libérales, au milieu de tant d'événements qui pouvaient les en dégoûter. Ils se sont mis en face de leur bibliothèque et se sont dit : Non, je ne contribuerai pas à avilir un si beau mobilier. Et cette élégance ou cette magnificence de reliure qui frappait leurs yeux, rappelant à leur esprit les temps de la plus haute faveur des livres, les ramenait encore au respect pour les auteurs. Au reste, a ajouté le citoyen ***, le procès des livres reliés contre les livres brochés est facile à résumer en peu de mots.

« Les brochures se gâtent, se jaunissent, se remplissent de poussière dans la bibliothèque, s'écornent dans les mains, se coquillent devant le feu, dans les poches; et les livres sont exempts de tous ces inconvénients. Les brochures tiennent le double de la place des livres reliés. On ne peut les faire entrer dans un rayon serré que par le dos, au lieu qu'un livre relié y rentre par la tranche, et laisse toujours voir son étiquette. On ne peut prêter ni louer la brochure à personne, à moins de se résoudre à la revoir en lambeaux; et le prêt et là location des livres, ces deux manières d'en multiplier les lecteurs, sont des services auxquels se prêtent très-bien les livres reliés. Si une goutte d'eau ou d'huile tombe sur une brochure, elle la perce et la tache de part en part; la couverture du livre relié, qui reçoit la tache, s'en charge et la garde. La brochure confond l'excellent, le bon, le médiocre et le pire; elle confond la bonne et la mauvaise édition; la reliure distingue ordinairement tout cela.

« La brochure offense la vue par son délabrement et sa malpropreté; la reliure fait plaisir à la vue; elle favorise l'arrangement et l'ordre des bibliothèques, qui favorisent à leur tour l'arrangement et l'ordre des idées. Elle élève les livres au rang des plus riches meubles; elle leur attire le respect des sots, la curiosité des ignorants, l'attention de la jeunesse. Elle y attache le propriétaire; elle fait la sûreté de celui qui prête, de celui qui donne à louer. Voilà en peu de mots à quoi se réduit la défense de la reliure contre la brochure. »

Je vous la transmets, citoyen, dans la persuasion où je suis que vous reviendrez sur cet objet, ainsi que vous êtes revenu sur plusieurs autres, et que vous serez plus juste à notre égard.

Mais ce n'est pas tout. Comme vous avez une grande bibliothèque, où il n'y a pas, dites-vous, un seul livre de relié, je me flatte que vous me donnerez de l'ouvrage pour un an au moins. Et, afin que la tentation de casser des dos de livres ne vous reprenne pas sur mes reliures, je ferai, à tous les auteurs que vous me désignerez, ce que nous appelons des *dos brisés*. — Vous savez que par ce moyen les livres dociles restent tout ouverts à la page où on les veut. C'est un genre où je puis me flatter d'exceller.

Veuillez me donner votre pratique et agréer mon respect.   FOURNIER.

(*Journal de Paris*, du 27 pluviôse an VII. — 15 février 1799.)

———

LE JOURNAL DES DÉBATS (1833).

On racontait ces jours derniers que le ministre de la liste civile, étant allé au bureau du *Journal des Débats*, s'y était rencontré avec un pair doctrinaire qui y rédigeait un article à sa propre louange et à celle de quelques pairs ou ministres de ses amis. Un jeune poëte, présent à ce récit, imagina d'en faire le sujet du dialogue suivant :

Dialogue entre un abonné du Journal des Débats *et le Gérant.*

L'ABONNÉ.

D'articles complaisants votre journal est plein.

LE GÉRANT.

Il est sage et poli.

L'ABONNÉ.

Poli ! mais à l'extrême !
Tout faiseur de journal doit tribut au malin,
Le vôtre est louangeur.

LE GÉRANT.

Que voulez-vous ? on l'aime.

L'ABONNÉ.

Vos éloges, du moins, sont faits de bonne main.
Des ministres, des pairs l'adulateur suprême
Doit vous coûter fort cher...

LE GÉRANT.

Il ne me coûte rien ;
Chacun d'eux fait ici son éloge lui-même.

II. — MOEURS.

Un patriote curieux, même inquiet, a observé hier l'esprit du spectacle où se rendent en plus grand nombre ces jeunes *oisifs* qui affectent une vieille et ridicule élégance ; ces jeunes efféminés dont le menton, emmailloté dans de triples cravates, rappelle le capucin qui, pour jouer avec gloire le rôle de Zaïre, fourra sa barbe dans un étui de taffetas rose ; grands enfants qui, au reste, ne sont pas *la jeunesse française* dont nous parlions avant-hier : il s'agit du théâtre de la rue Feydeau. On jouait *le Cercle,* cette petite pièce dans laquelle Poinsinet a passablement réussi à peindre le *ridicule de la frivolité.* La citoyenne Contat et Fleury en ont rempli les principaux rôles avec la perfection qui leur est ordinaire. Eh bien ! rien de ce qui était autrefois en possession d'exciter le rire ou les applaudissements ne les a excités hier ; le public a eu du plaisir, mais il l'a dû aux acteurs, et la part d'auteur dans le succès de la pièce a été presque nulle. Que prouve ce changement auquel ne s'attendaient ni les acteurs ni les spectateurs ? À quoi l'attribuer ? Vient-il de ce que le *ridicule de la frivolité,* peu important dans nos anciennes mœurs, toujours plus propre à exciter le rire que la risée, toujours ménagé par la frivolité même qui est la grande dispensatrice du ridicule, est devenu tout à fait indifférent depuis que le ridicule du vice est lui-même effacé par celui de la scélératesse, que nous avons enfin le loisir de remarquer et la force de sentir ? Ou bien sommes-nous en droit de dire que la frivolité, attribut de l'esprit monarchique, ce caractère qui ne saisit les défauts, les vices, la scélératesse que du côté ridicule, a fait place en nous à ce caractère grave, solide, et vraiment républicain, qui, non-seulement dans le crime, mais même dans les défauts des manières, ne s'occupe jamais que du côté sérieux ? Sommes-nous dignes de cette dernière interprétation ?

(*Journal de Paris,* du 10 ventôse an iii.
— 28 février 1795.)

DE L'USAGE DES PARIS.

PREMIÈRE LETTRE DE R. AUX AUTEURS DU JOURNAL DE PARIS,

sur les paris qui ont lieu en Angleterre.

Je crois utile de vous parler un moment d'un usage d'Angleterre qui me paraît y influer à beaucoup d'égards sur les mœurs et dispenser de beaucoup de lois.

Toute ma vie j'ai fait métier d'observer et de recueillir tout ce qui peut servir à l'art de conduire les hommes sans les gouverner, et surtout sans les contraindre.

Bien des gens m'ont souvent dit que c'était un travail de fourmi d'emmagasiner tant de petites choses. Fourmi, soit. La fourmi est républicaine, prévoyante, active ; et comme chacune sert d'exemple aux autres, et que toutes apportent au tas, à la fin la république se trouve au-dessus de ses affaires. Pour moi, je pense depuis longtemps que la grande question de savoir *quel est le meilleur des gouvernements* ne vient que fort loin après celle-ci : *Jusqu'à quel point faut-il du gouvernement?* car il me semble fort clair qu'il ne faut charger l'autorité que des choses impossibles à faire par les mœurs.

Je dis donc qu'il existe en Angleterre un usage d'une grande utilité.

C'est celui des *paris* ou *gageures*. Jamais, que je sache, il n'a obtenu l'honneur de l'observation.

Il y a des paris de différents genres.

On parie pour un coq contre un autre, pour un cheval contre un autre cheval, pour un dogue contre un taureau, etc. Faire de tels paris, c'est jouer.

On parie aussi dans certaines occasions et dans certains lieux ; par exemple, aux eaux de Bath, pour un *bâilleur* contre un ou plusieurs autres : il s'agit de savoir lequel fera bâiller un plus grand nombre d'assistants ; pour un *siffleur* contre un autre : il s'agit de savoir lequel sifflera imperturbablement un air convenu, en face d'un *grimacier* qui fait toute sorte de contorsions pour lui arracher un sourire et faire manquer l'air. Ceci est encore jouer.

Ce n'est pas de ces sortes de paris que je veux parler. Cependant je pourrais vous dire que l'usage de ces paris n'a pas peu contribué en Angleterre au perfectionnement des chevaux, des coqs et des dogues ; et, si je voulais me prévaloir d'une plaisanterie du *Spectateur*, j'ajouterais que les paris des *siffleurs* n'ont pas été ou pourraient ne pas être inutiles pour perfectionner la gravité anglaise.

Mais une grande partie des gageures, en Angleterre, ont un autre objet, et c'est de celles-ci que je parle. S'élève-t-il quelque dispute dans la société, dans une taverne, dans un lieu public, dans des gazettes entre des savants ou des gens qui prétendent l'être, entre des gens de sang froid ou des têtes échauf-

fées : un pari est aussitôt proposé et accepté ; des arbitres jugent le cas, adjugent la somme engagée, et il n'est plus question de la difficulté. De tels paris sont des clôtures de disputes.

D'où vient cet usage? Cet usage, s'il ne naît pas tout naturellement de l'égalité, du moins la suppose. Dans notre ancienne politesse monarchique, où tout était dépendance ou subordination, il était réputé impertinent de proposer un pari à quelqu'un de tant soit peu supérieur, et trop familier même avec ses égaux, si l'on n'était en même temps amis. Ces lois-là étaient faites pour la sottise, qui n'aime pas d'être jamais embarrassée ; elles ont la même origine que cette autre loi de la civilité, qui défend les questions, même entre les égaux qui sont de simples connaissances. Qu'est-ce qui conserve cet usage, comment l'introduirait-on dans un pays où il n'existe pas? Je n'en sais rien, absolument rien. Mais je remarque ses bons effets, et j'en suis fort touché.

1° Je vois que, dans les contestations sur lesquelles il y a des gageures, on en vient toujours à des termes plus précis, et que, par la seule nécessité de poser la question pour la soumettre aux juges du pari, les disputants sont souvent amenés à l'éclaircir.

2° Je vois que les gens présomptueux doivent être moins hardis lorsqu'ils ont à craindre ou d'être arrêtés par un pari, ou de payer leur présomption de quelques cents guinées.

3° Les disputes sont nécessairement moins obstinées, moins âcres, lorsqu'un des disputants peut appeler son adversaire devant un arbitre, et se soumet à perdre une certaine somme s'il est condamné ; celui qui nie peut toujours dire à celui qui affirme : Si tu te sentais en droit, tu parierais ; et celui qui offre un pari peut toujours dire à celui qui dispute : Si tu te sentais fort, tu accepterais.

4° Les disputes, au moyen des paris, amenant toujours des décisions, l'instruction publique peut s'augmenter, au lieu que des disputes qui restent toujours indécises ne font que multiplier et perpétuer les doutes.

5° Il est de certaines querelles qui, soit à raison de la qualité des personnes, ou du vague dans lequel on laisse les questions, ne peuvent être portées aux tribunaux, ni vidées par la justice, Un pari en fait raison.

Et, par exemple, un homme dans une certaine place, où il a le droit de tout dire, vous calomnie, vous insulte du haut de son inviolabilité: Point de tribunal ne vous est ouvert contre lui. Eh bien: l'usage des paris vous sauve. Vous offrez de parier cent guinées contre qui voudra, contre l'*inviolable* lui-même, qu'il est un menteur, un coquin. S'il refuse de gagner vos cent louis, il avoue et tout est fini.

Voici un autre cas. Un méchant écrivain, soit périodique, soit pamphlétaire, a l'art de jeter sur vous des soupçons, sans articuler aucun fait pour lequel vous puissiez le citer devant le juge, ou bien il essaye de jeter sur vous du ridicule, chose encore que la loi ne s'est point chargée de punir... Eh bien ! dans ce dernier cas, vous pariez cent guinées qu'il est un sot, dans l'autre qu'il est un lâche, et la question s'éclaircit, soit qu'il accepte ou qu'il refuse.

6° Un bon citoyen, un homme de cœur, qui souffrirait impatiemment des désordres préjudiciables à l'État, qui verrait un homme en place s'enrichir de la ruine publique, faire des lois pour ses spéculations, ou des spéculations sur des lois qu'il aurait faites, ne pourrait-il pas parier cent guinées, mille guinées, non que cet homme en place est un prévaricateur (ce serait une injure), mais qu'il prouvera que cet homme en place est un prévaricateur et un fripon, s'il permet seulement d'avancer cette proposition.

7° Enfin, il me semble que l'usage des paris éloigne toujours l'idée de se faire justice à soi-même pour quoi que ce soit, puisqu'un pari se réduit à la stipulation d'une peine pour celui qui a tort, et d'un tribunal du choix des parties pour appliquer cette peine.

Je le répète donc, je regarde l'usage des paris en Angleterre comme un excellent auxiliaire des lois, même comme un supplément nécessaire. Il tient lieu de police en nombre de cas où l'autorité publique n'a rien à voir.

Je voudrais de tout mon cœur que cet usage s'établît dans la république française. Je connais bien des gens qui ne tarderaient pas à s'en prévaloir. Mais, après tout, rien n'empêche en France de proposer des paris. Les usages n'ont-ils pas commencé par un premier exemple ? et n'y a-t-il pas maintenant bien des occasions où l'on pourrait introduire celui-ci avec un merveilleux succès (1) ?

(Journal de Paris, du 17 messidor an IV.—
5 juillet 1796.)

2

DEUXIÈME LETTRE AUX AUTEURS DU JOURNAL DE PARIS.

Observations du citoyen Mollier sur la lettre précédente.

Vous voulez, citoyens, ouvrir votre journal aux idées et aux discussions de morale propres à régénérer les mœurs de la république française; et un anonyme, ou anglais, ou anglomane, ou soudoyé de l'Angleterre, ose vous proposer, pour remplir ce but sublime, l'*usage des paris*, qu'on peut à si juste titre classer parmi ceux qui ont le plus concouru à la perversité des mœurs de cette autre Carthage !

Quel moment pour proposer aux Français une imitation odieuse que celui où ils sont à peine réchappés de l'*hécatombe jacobine* dont les Anglais ont été les fondateurs! car ce sont les Anglais qui, les premiers, ont formé des sociétés politiques pareilles aux jacobins; ce sont eux qui, les premiers, en 1714, donnèrent chez eux le nom de *jacobites* ou *jacobins* au parti précédemment appelé *Toris*, et opposé à celui des *Whigs*.

Je ne combattrai pas la prétention d'introduire en France l'*usage des paris*, bien persuadé que la loyauté et l'urbanité françaises en ont d'avance fait justice; je me bornerai à démontrer combien cet usage anti-social a contribué en Angleterre à y corrompre les mœurs.

D'abord, dans la conversation la plus triviale, commerçante, politique, littéraire ou scientifique, un Anglais vous propose toujours, immédiatement après son argument, un pari de 10, 20, 30, 100 guinées à l'appui de son assertion; il est évident que c'est là un abus de l'esprit mercantile, qui, dépravant jusqu'à la

---

(*Nota.*) Cet article a produit un pari de physique, dans la feuille du 22 messidor; celui qui le propose observe que l'usage du pari ne serait pas moins utile à la physique qu'à la morale.

conversation, fait du raisonnement un honteux trafic.

En second lieu, c'est cet esprit de trafic qui a introduit l'usage du *Boxing* ou *Boxe*, espèce de combats atroces, qui se répètent vingt fois par jour sur le pavé de Londres, et dont voici le faible tableau.

Après avoir déposé en main tierce un pari d'un scheling ou du prix d'un pot de bière, les deux champions se mettent nus jusqu'à la ceinture; et les plus grands seigneurs de l'Angleterre, même l'héritier présomptif de la couronne, ainsi que le peuple, hommes et femmes, se font un amusement délectable de cerner le champ de bataille. Les uns y assistent comme co-adjudants ou secondaires, pour relever l'assailli, pour essuyer ses plaies, pour lui rafraîchir la bouche avec un citron, pour l'aguérir de nouveau au combat, à peu près de la même manière qu'on agace les chiens qui se battent; d'autres, pour proposer de nouveaux *paris* pour ou contre la force de l'un des combattants; d'autres, pour applaudir par des *bravo* aux coups mortels que le plus vigoureux porte à son adversaire; d'autres, enfin, pour assister comme témoins passifs, pour ne pas dire comme complices de l'assassinat, à un spectacle sanguinaire, pour avoir le barbare plaisir de voir couler le sang de leur frère, palpiter ses entrailles déchirées, ou le voir succomber aux coups meurtriers du plus fort.

Et des philosophes souilleront leur plume à préconiser les mœurs d'un tel peuple ! ! !

J'espère bien que personne n'aura l'odieuse folie d'approuver de pareilles épreuves, de pareilles lois, de pareilles mœurs, de pareils usages.

Salut et fraternité.

MONIER aîné, *conseil public.*

(*Journal de Paris*, du 28 messidor an IV.—16 juillet 1706.)

5.

TROISIÈME LETTRE AUX MÊMES.

Réponse aux observations du citoyen Monier.

Souffrez, citoyens, que je réponde quelques mots, non aux injures, mais aux observations du citoyen Monier.

Les paris sont, dit-il, un abus de l'esprit mercantile, qui fait du raisonnement un trafic.

Ils sont plutôt une précaution de l'esprit républicain qui, craignant de voir les disputes aller trop loin, dans un pays d'où l'égalité a banni la *courtoisie* (laquelle plus que l'*urbanité* atténue les disputes dans les monarchies); impose une amende à l'obstination mal fondée.

Les paris sont une peine imposée à l'entêtement et à la passion, ces grands ennemis du raisonnement et de la conversation; ils ne sont donc rien moins que le trafic du raisonnement et de la conversation.

Quand aux *boxes* ou *boxing*, le citoyen Monier en a une très-fausse idée.

1° L'objet de ces combats n'est point de *faire couler le sang*, ni de voir *palpiter des entrailles déchirées*. Le *boxing* est un combat à *coups de poings*, à *coups de tête*, qui finit ordinairement par une lutte de corps à corps, dans laquelle un des deux adversaires cherche à terrasser l'autre. Ce combat se passe suivant toutes les règles *du point d'honneur*. Dès que l'un des combattants s'avoue vaincu, ou qu'il est terrassé, le combat cesse, à moins que le battu ne veuille recommencer. Il est interdit au vainqueur de porter plus d'un coup à son adversaire à terre. Voilà la police de ces combats, police toujours maintenue par les spectateurs.

2° Le *boxing* n'est nullement l'effet de l'esprit de *pari*, mais bien de l'esprit de *défi* (il est faux que les boxes soient précédés de paris); or ces deux esprits sont l'opposé l'un de l'autre. Le *pari* est un appel devant un juge auquel on se soumet d'avance, et qui éclaire des incertitudes ordinairement raisonnables. Le *défi* est, au contraire, un appel à la force qui n'éclaircit rien, si ce n'est, sans doute, que le plus fort ou le plus adroit est aussi le plus raisonnable.

Les *paris* seraient le remède aux *défis* loin d'en être *la cause.*

Il est évident que le *boxing* du peuple anglais ressemble bien plus au duel des Français qu'aux paris des Anglais raisonnables. Le *boxing* est le duel de la canaille; mais il ne ressemble que de loin au duel de nos gens polis, car l'épée et le pistolet sont plus meurtriers que la tête et le poing.

Si donc le *boxing* prouvait la férocité du

peuple anglais, notre duel prouverait bien mieux celle de la partie la plus polie du peuple français... J'avoue que je voudrais voir le *duel* réduit parmi nous à l'usage des poings, s'il ne peut être aboli ; et l'usage des *paris* dût-il amener l'usage de ces *défis*, ce que je ne crois pas, je m'applaudirais encore, malgré le citoyen Monier, d'avoir écrit sur les paris.

(*Journal de Paris*, du 1ᵉʳ thermidor an IV.
— 19 juillet 1796.)

DES FEMMES DE PARIS.

Nous venons de lire, avec un intérêt très-vif, dans les *Nouvelles politiques* du 2 de ce mois, un morceau excellent de Lacretelle le jeune, sur la honteuse folie qui déshonore aujourd'hui une foule de femmes de Paris ; sur le luxe, la bizarrerie, l'indécence de leurs vêtements, si tant est qu'elles soient encore vêtues. Elles ont donc résolu d'enlever aux jeunes vierges tous les voiles de la pudeur, et de débarrasser les mères du soin de veiller sur une inutile vertu. Ainsi, les jeunes hommes ne trouveront plus à qui offrir le prix de la modestie, de la chasteté, de l'innocence... Mais examinons le tableau crayonné par Lacretelle. Il est intitulé : *Une soirée de Paris.*

« Voici l'heure où le malheureux rentier, fatigué de présenter des pétitions, d'importuner les bureaux, rentre au sein de sa famille à laquelle il n'apporte point d'aliment. Voici l'heure où, dans les ténèbres, il médite sur sa misère et songe peut-être à s'en affranchir par la mort. Dans ce moment peut-être il expire, et ses voisins contribuent à former une petite somme pour le porter au lieu de sépulture, *sans honneur et sans deuil.* Voici l'heure où les brigands se rassemblent de tous côtés et s'indiquent la maison opulente qui va devenir leur proie. Tout semble appeler les alarmes et commander la douleur. L'observateur (s'il est un homme qui ait aujourd'hui le courage d'observer) médite sur les derniers smoments d'une révolution où ce n'est plus le fer, mais la faim, qui frappe en silence les victimes. Observateur, un autre lieu vous appelle ; quittez le théâtre de la misère, venez parcourir le théâtre de la folie et du luxe.

« On donne un concert à l'Opéra où, depuis dix jours ; toutes les places sont retenues, parce qu'elles sont doublées. Comptez cette multitude de voitures élégantes et fastueuses qui en embarrassent l'entrée ; tout un peuple nouveau s'offre à vous. Ouvrez les yeux, vous êtes dans le pays des merveilles. Voyez dans les loges éclater partout l'or et les diamants. Sommes-nous dans le pays où croît l'or ? Avons-nous été transportés dans un palais du Mexique ? Si vous croyez que tant de luxe annonce la prospérité d'une nation, je vous avertis qu'il n'annonce pas même la prospérité des personnes qui l'étalent. Puisque vous osez réfléchir dans un lieu qui ne permet pas la réflexion, songez combien la source des richesses est suspecte après sept années de révolution. Femmes qui nous montrez tant d'or et de diamants, n'est-ce pas des dépouilles que vous étalez ? Je vous ai entendu nommer, et je n'en doute plus.

« Cependant, tandis qu'on exécute un concert que personne n'écoute, toutes les passions veillent dans les loges. De tant de femmes brillantes, laquelle sera la plus remarquée, fixera le plus les regards ? La beauté ne comptera pour rien dans cet important jugement ; il faut, pour exciter l'admiration, beaucoup de bizarrerie, de nouveauté, et quelque peu d'indécence. Cette femme est à la grecque : elle est parvenue, à force de soins et de consulter des artistes distingués, à ressembler assez bien à une courtisane grecque. Telle autre paraît sous le costume des dames du temps de François Iᵉʳ. Malheureusement le cortége qui l'environne, ces hommes si niais, si gauches, ne me rappellent pas tous des chevaliers français. Celle-ci se fait remarquer par un vêtement à l'espagnol du temps de la reine Isabelle. La victoire est indécise, lorsque tout à coup entre, au milieu du concert, une femme vêtue en sauvage. La surprise et l'admiration éclatent de tous côtés. Tous les honneurs, tous les applaudissements sont dûs à la femme qui a eu l'idée neuve et piquante de paraître en sauvage. Peuple dégradé, tu t'es peint toi-même en décernant ainsi le prix. Oui, tout, jusqu'à notre luxe, appartient à une nation sauvage, et point à une nation civilisée. Oh ! quelle femme amie de ses devoirs concevra jamais l'idée de se travestir ainsi, d'attirer, par la bizarrerie de ses vêtements, et quelquefois même par sa nudité, les applaudissements ou les murmures du public?

« Non, je ne connais point là les femmes qui ont illustré par leur courage et leur héroïsme l'époque la plus sanglante de notre révolution ; celles qui brûlaient de se sacrifier à côté de leur époux ; qui entraient volontairement dans les prisons pour y consoler leur mère et mourir avec elle ; qui se précipitaient au travers des bourreaux pour arracher leur vieux père de leurs bras teints de sang. Ces femmes, satisfaites d'avoir rempli leurs devoirs, vivent aujourd'hui solitaires et recueillies ; elles sont encore la consolation et l'honneur de leurs familles. Chaque jour elles s'exercent au courage des privations ; elles les supportent avec orgueil, et peut-être, à force d'épargnes, se ménagent-elles encore les moyens d'entrer, en apportant quelques secours, dans une chaumière, dans un grenier où le pauvre les attend ; dans ces demeures que vous ne visitez point, riches du jour, vous qui n'êtes sortis de l'indigence que pour la dédaigner et pour lui insulter à chaque instant. »

Ceux qui connaissent Paris savent qu'un très-grand nombre de femmes, que le public s'attendait à voir longtemps couvertes d'un honorable deuil, mais qui sont jeunes et *riches*, rivalisent de luxe et d'indécence avec les enrichies, qui se vêtissent de dépouilles et de rapines, et on ne sait de quel côté le scandale est le plus révoltant. Ce n'est sans doute que pour exercer sur les premières une censure détournée, que Lacretelle affecte de ne voir dans nos fêtes que les secondes. Mais il faut le dire nettement : les mœurs des femmes ont besoin d'une réforme générale, et il est temps de la demander au législateur.

Helvétius disait habituellement : *Il y a trois grandes charlataneries dont il faut que les hommes cessent d'être dupes : celle des rois, celle des prêtres et celle des femmes.* Les deux premières ont cessé. Si elles renaissent jamais, la troisième n'y aura pas nui.

Les femmes exercent parmi nous un empire qui soumet tous les autres ; c'est celui de la mode.

On demande sans cesse pourquoi nous n'avons pas proprement de *mœurs* : c'est que nous avons la *mode*. La *mode*, qui devrait se borner à régler les manières, s'étend à toutes les habitudes de la vie ; et, comme elle est mobile et varia-

ble de sa nature, elle rend impossible cette permanence d'habitudes bonnes ou mauvaises qu'on appelle *mœurs*. Un peuple efféminé n'a point de *mœurs* ; il a des *modes*, et c'est tout.

C'est l'indépendance des *mœurs* des femmes qui leur a donné l'autorité de la *mode*. Dans un pays où elles sont l'objet d'un culte et n'ont nul besoin d'estime, où elles ont une cour et point de familles, des esclaves et point d'amis, leurs mœurs doivent être de n'en point laisser aux hommes.

Tant que la parure et la beauté oisives seront promenées dans des chars pompeux, comme les magistratures ; tant que les femmes seront spectacle dans les spectacles, nymphes dans les promenades, déesses dans leurs palais, il n'y aura pas de république en France. La constitution aura vainement établi l'accord dans la distinction des pouvoirs politiques ; il y aura toujours un pouvoir opposé à tous les autres, et ce sera celui de la *mode*. La mode combattra toujours les lois, car les lois, par cela seul qu'elles seront toujours une chose sérieuse, ne pourront jamais être à la mode.

On peut attribuer les *mœurs* des républiques européennes de la Suisse, de la Hollande, à l'impuissance où sont les femmes d'exercer l'empire de la mode.

L'admirable constance des mœurs chinoises n'est peut-être due qu'à la vie habituelle que les femmes sont obligées de mener à la Chine. Là les femmes sont bornées à l'existence domestique ; elles sont forcément sédentaires. Leurs mœurs sont peut-être l'objet de l'entorse incurable qu'on leur donne dès leur tendre enfance. Le moyen est odieux, l'objet estimable ; il faut le remplir chez nous par des moyens exempts de cruauté et d'injustice.

Lorsque le sénat de Rome, encore attaché aux anciennes mœurs de la république, voulut, sous Auguste, rétablir leur austérité, il proposa de réprimer le luxe des femmes.

Sous Tibère, des sénateurs proposèrent de défendre aux gouverneurs de province de mener leurs femmes dans leurs gouvernements, à cause des dérèglements qu'elles y apportaient.

« La galanterie, dit Montesquieu, produit l'oisiveté des hommes, elle fait que les femmes corrompent avant d'être corrompues ;

elle donne du prix à tous les riens, elle rabaisse ce qui est important, elle fait qu'on ne se conduit plus que sur les maximes du ridicule que les femmes s'entendent si bien à établir.

« Les bons législateurs, dit-il encore, ont exigé des femmes une certaine gravité de mœurs; ils ont proscrit de leurs républiques non-seulement le vice, mais l'apparence du vice. »

Qu'attendez-vous de bon et de grand d'une foule de jeunes hommes qui ont passé dix ans de leur vie en servile complaisance, en ridicule imitation, en imbécile adoration près de femmes vaines, frivoles, froides, capricieuses? Quel service pourra en tirer la république?

Quelle contradiction! Vous refusez aux femmes toute existence politique, ce qui est très-juste, et vous souffrez que toutes nos habitudes se composent à l'exemple des leurs! Vous donnez aux deux sexes une tâche différente, et vous laissez celui qui a été chargé de la plus difficile prendre pour modèle celui qui en a été jugé incapable!

D'où provient cette puissance exercée parmi nous par les femmes? Quel serait le moyen de la détruire?

La nature est pour beaucoup, sans doute, dans les causes de notre servilité envers elles. D'abord elle leur a donné la beauté, et à nous le double désir de captiver ce qui est beau et de l'imiter. En second lieu elle leur a refusé la force, qu'elle nous a départie, ce qui a fait naître en elles le désir de plaire, et à nous une tendresse compatissante, que notre fierté même se plaît à ressentir, et qui, par cette raison, nous entraîne facilement au delà des bornes.

Mais nos institutions civiles ont ajouté infiniment à ces causes naturelles de l'empire des femmes et de la dégradation des hommes. Elles ont entouré de prestiges décevants le charme de leur beauté; de leur intérêt de plaire elles ont fait leur art de séduire et de corrompre; du besoin que les deux sexes ont de s'unir, elles ont fait la *galanterie*, c'est-à-dire un régime d'association dans lequel les femmes gouvernent les hommes, non-seulement par le ridicule, comme le dit Montesquieu, mais surtout par la *mode*, dont il ne parle pas, et dont pourtant le ridicule ne sert qu'à assurer la police. Et comment nos institutions

civiles ont-elles changé et perverti ainsi les dispositions de la nature? C'est en associant dans les femmes la puissance de la richesse à celle de la beauté, et à la puissance, plus grande encore, de la faiblesse. C'est en les dispensant de tout travail pour acquérir et de tout soin pour conserver; c'est en leur donnant un immense superflu pour leur parure, pour leurs ameublements, pour leurs maisons, pour leur service domestique, pour leur table; c'est en leur permettant la recherche de toutes les voluptés, le perfectionnement de toutes les délicatesses et l'art de toutes les illusions; c'est en leur permettant de rassembler autour d'elles tout ce qui peut leur servir d'attrait, et pourtant arrêter les hommages à cette distance où les désirs s'irritent, et où la soumission se prépare par le jeu prolongé de la crainte et de l'espérance. La galanterie n'est qu'une combinaison de la beauté, de la faiblesse et du luxe.

Cette vérité une fois reconnue, le moyen de détruire cet empire déplorable est de mettre un frein au luxe des femmes, et rien n'est plus aisé. Il ne faut pour cela ni défenses, ni prohibitions du législateur, ni avanies de la police, ni même restauration de l'ancienne autorité maritale. Il suffit d'écrire cette demi-ligne dans notre code civil: *Les femmes seront mariées sans dot.* Pour détrôner les plus puissants rois il ne faut que leur retrancher leur *liste civile.*

Rien d'inhumain, rien d'injuste dans cette loi. Les hommes étant doublement dotés, par la raison que les filles ne le seraient pas, les ménages commenceraient toujours avec le même capital.

Les hommes pouvant faire travailler librement tout leur capital, dont ils ne devraient compte à personne, les revenus communs en seraient plus considérables; ils seraient surtout plus assurés; car, ce qui a le plus ruiné d'établissements, ce sont les riches dots des femmes.

D'ailleurs, refuser une dot aux femmes ce n'est pas les déshériter. Il faut, sans doute, qu'elles partagent également avec leurs frères la succession de leurs parents. La loi n'aurait qu'un objet, ce serait d'empêcher que les femmes ne fussent en même temps riches et jeunes, riches et belles.

Dans toutes les républiques modernes, en Suisse, en Hollande, dans les villes libres de l'Allemagne, les femmes ne sont point dotées. Elles sont moins adorées qu'en France, mais plus honorées, plus chéries, et par conséquent plus heureuses.

Quant à l'intérêt de l'État, nous avons tout dit, et nous résumons tout en deux mots : le luxe des femmes est incompatible avec la modestie, la simplicité, la laboriosité des hommes; il est incompatible avec des *mœurs*, quelles qu'elles soient, par conséquent avec de bonnes mœurs, par conséquent avec la république.

(Journal d'Économie publique, de morale et de politique, n° x, du 10 frimaire an v.—31 octobre 1796.)

Je retrouve, citoyen, entre quelques notes écrites en 1786, un récit que j'ai entendu faire, le 13 avril de la même année, par le célèbre abbé Delille, à dîner chez Marmontel, son confrère; je l'ai mis exactement en écrit en les quittant.

Il forme un petit tableau de plusieurs usages alors établis avec une grande autorité dans ce qui s'appelait exclusivement *la bonne compagnie;* usages consistant en mille puérilités, appelées gravement le *savoir-vivre*, et en mille bizarreries, qu'on réputait *des délicatesses;* toutes choses heureusement surannées aujourd'hui. Il m'a semblé que le changement survenu depuis deux ans dans nos mœurs donnait du prix à ce petit monument d'une partie de notre existence passée, auquel le nom de l'abbé Delille ajoutait d'ailleurs de l'intérêt, et je vous l'adresse.

Voici à quelle occasion l'abbé Delille nous raconta ce que vous allez lire. On parlait de la multitude de petites choses qu'un honnête homme était obligé de savoir dans le monde, pour ne pas courir le risque d'y être bafoué. Elles sont innombrables, dit Delille, et, ce qu'il y a de fâcheux, c'est que tout l'esprit du monde ne suffirait pas pour faire deviner toutes ces importantes vétilles. Dernièrement,

ajouta-t-il, l'abbé Cosson, professeur de belles-lettres au collége Mazarin, me parlait d'un dîner où il s'était trouvé quelques jours auparavant avec des gens de la cour, des cordons bleus, des maréchaux de France… chez l'abbé de Radonvilliers, à Versailles. Je parie, lui dis-je, que vous y avez fait cent incongruités. — Comment donc ! répartit vivement l'abbé Cosson fort inquiet, il me semble que j'ait fait la même chose que tout le monde. — *L'abbé Delille :* Quelle présomption ! Je gage que vous n'avez rien fait comme personne. Mais voyons; je me bornerai au dîner. Et d'abord que fîtes-vous de votre serviette, en vous mettant à table ? — *L'abbé Cosson :* De ma serviette ! Je fis comme tout le monde : je la déployai, je l'étendis sur moi et l'attachai, par un coin, à ma boutonnière. — Eh bien ! mon cher, vous êtes le seul qui ayez fait cela; cela ne se fait point. On n'étale point sa serviette. On la laisse sur ses genoux. Et comment fîtes-vous pour manger votre soupe ? — Comme tout le monde, je pense… Je pris ma cuiller d'une main et ma fourchette de l'autre… — Votre fourchette ! Bon dieu ! Personne ne prend de fourchette pour manger sa soupe. Après votre soupe, que mangeâtes-vous ? — Un œuf frais. — Bon. Et que fîtes-vous de la coquille ? — Comme tout le monde je la donnai au laquais qui me servait. — Sans la casser ? — Sans la casser. — Eh bien, mon cher, on ne mange jamais un œuf frais sans casser la coquille. Et après votre œuf ? — Je demandai du *bouilli.* — Du bouilli ! Personne ne demande *du bouilli;* on demande *du bœuf*, et point du bouilli. Et après votre bouilli ? — Je priai l'abbé de Radonvillers de m'envoyer d'une fort belle volaille. — Malheureux ! De la volaille ! On demande du poulet, du chapon, de la poularde; on ne parle de volaille qu'à la basse-cour… Mais vous ne me dites rien de votre manière de demander à boire ? — J'ai, comme tout le monde, demandé du Champagne, du Bordeaux, aux personnes qui en avaient devant elles. — Comme tout le monde, *du Champagne, du Bordeaux !* Sachez donc que tout le monde demande DU VIN *de Champagne*, DU VIN *de Bordeaux*… Mais dites-moi quelque chose de la manière dont vous mangeâtes votre pain? — Certainement à la manière de tout le monde. Je le coupai proprement avec mon couteau (1)... — Eh ! on rompt son pain, et on ne le coupe pas... Et le café, comment le prîtes-vous ?— Oh ! pour le coup, comme tout le monde ; il était brûlant, je le versai par pctites parties de ma tasse dans ma soucoupe... — Eh bien ! vous fîtes comme ne fit personne. Tout le monde boit son café dans sa tasse et jamais dans la soucoupe... Vous voyez donc, mon cher Cosson, que vous n'avez pas dit un mot, pas fait un mouvement qui ne fût contre l'usage.

L'abbé Cosson était confondu, continua l'abbé Delille. Pendant six semaines il s'informait à toutes les personnes qu'il rencontrait de quelqu'un des usages sur lesquels je l'avais critiqué. Au reste, ajouta encore l'abbé Delille, lorsque je lui donnai l'importante instruction que je viens de vous rapporter, il n'y avait pas quinze jours que je l'avais reçue moi-même de madame... M'étant senti plusieurs fois embarrassé dans le monde, ne sachant ni comment on s'y présentait, ni comment il fallait s'y prendre pour boire et pour manger, je m'avisai de lui demander un jour si je n'étais pas bien ridicule... Infiniment, me répondit-elle ;

---

(1) (*Note de l'éditeur.*) Le *confortable* a fait de grands progrès depuis cette époque. On n'en était pas encore arrivé alors à changer de couvert en changeant d'assiette ; il n'était pas même d'usage, du moins généralement, de mettre sur table des couteaux pour tous les convives, chacun apportait le sien. Témoin cette anecdote, si connue, de madame Geoffrin ayant à souper un abbé qui racontait fort longuement, et qui, ayant à découper un gigot, y procédait fort péniblement avec son couteau trop petit. Elle s'impatienta et lui dit vivement : « *L'abbé, pour réussir dans le monde, il faut avoir de petites histoires et un grand couteau.* »

L'abbé Morellet avait conservé jusque dans les dernières années de sa vie l'habitude de porter son couteau plus que demi-séculaire, qu'il plaçait dans un gousset ménagé le long de sa cuisse droite. Jamais chez mon père, où il venait régulièrement dîner une fois par semaine, et où les couteaux ne manquaient pas, il ne se servait que du sien, qui était ployant, fort long et fort étroit, avec un manche d'ivoire bien jaune et bien rance.

On conçoit que tous les couteaux des convives, n'étant pas toujours tenus très-proprement, faisaient crier le pain et grincer les dents des voisins. De là l'attention nécessaire de ne pas le couper, mais de le rompre.

et ensuite elle me donna les leçons dont j'ai répété une partie à l'abbé Cosson.

Votre histoire me vient bien à propos, dit Marmontel. J'ai un cadre où je me propose de la placer, et où elle fera fort bien.

Je ne sais si Marmontel en a fait usage, comme il se l'était proposé ; mais j'ai trouvé bon d'écrire ce qu'il jugeait bon à retenir et à répéter, et le voilà. Ne trouvez-vous pas que nous sommes heureux d'être délivrés de tant de petites tyrannies, qui n'étaient que les accessoires et l'appui d'une plus grande ? Je vous salue, mon cher R.

Nous ne sommes pas tout à fait de même avis que l'auteur de cette lettre sur les usages dont il parle, ni en général sur les petites attentions qui composent l'*usage du monde*. Il n'y en a peut-être aucune qui n'ait une assez bonne raison en sa faveur. Les unes ont pour objet d'épargner des dégoûts et des répugnances aux personnes d'une organisation délicate ; les autres ont pour but de leur épargner une multitude de petites peines, ou de leur procurer de petites jouissances qui n'ont pas de nom. L'usage a voulu que l'on cassât son œuf à table afin qu'il ne roulât pas sur le voisin, quand on rend son assiette. On rompt le pain parce qu'il crie souvent sous le couteau. On n'étale pas sa serviette parce que, dès qu'on a commencé à s'en servir, elle est sale et dégoûtante, etc. On pourrait justifier ainsi tous les petits usages du monde poli. C'est, je crois, madame de Sévigné qui dit qu'une des plus grandes épreuves à laquelle deux amis, et même deux amants, puissent se mettre, c'est de faire tête à tête, dans la même voiture, un voyage de deux cents lieues. Voltaire lui-même n'a-t-il pas dit :

Et sans la propreté, l'amour le plus heureux
    N'est point amour; c'est un besoin honteux,

J'ai entendu dire à un homme de beaucoup d'esprit, à l'occasion de la *philosophie de l'univers*, de la *philosophie de la nature*, de la *philosophie du bonheur*, qu'il voulait quelque jour faire, lui, la *philosophie de la civilité puérile et honnête* (1), et il ajoutait très-sérieu-

---

(1) C'est le titre d'un petit livre que, dans quelques écoles de femmes, on met entre les mains des enfants.

sement qu'il croyait très-facile de démontrer que ce qu'on appelle la *politesse*, *l'usage du monde*, le *savoir-vivre*, n'étaient pas autre chose que la bonté appliquée aux petits détails de la vie, et attentive à toutes les délicatesses inséparables de mœurs très-civilisées, ou, si l'on veut, efféminées et amollies. Ainsi, loin de regarder les usages reçus dans l'ancien régime comme des bizarreries dont il est trop heureux d'être délivré, nous désirons qu'il s'en conserve une partie dans la république, et nous ne croyons pas qu'ils y soient encore tout à fait oubliés.

Ce qui était odieux dans l'ancien régime, c'était non ces usages en eux-mêmes, mais l'absurde vanité, la plate insolence, qui faisaient regarder ce luxe de la civilisation comme un attribut exclusif d'une certaine caste, et comme la condition rigoureuse d'une existence honnête ; qui faisaient regarder avec mépris le citoyen étranger à ces manières ; qui condamnaient l'homme de talent, l'homme de génie, le poëte, le philosophe, à en faire une sérieuse étude et à se sentir humiliés de les avoir ignorées. C'est de cette insolence et de cette vanité qu'il est bon d'être débarrassé dans nos mœurs nouvelles ; et comme elles étaient soutenues dans la monarchie par des étais qui sont tombés avec elle, on peut croire qu'à cet égard nous n'avons plus rien à désirer.

(*Journal d'Économie publique*, du 20 pluviôse an v. — 8 février 1797.)

AU CITOYEN REICREM (MERCIER),

SUR SA LETTRE INSÉRÉE DANS LE JOURNAL DU 9 GERMINAL.

Vous vous plaignez citoyen, de rencontrer dans nos promenades publiques des statues de marbre ou de bronze toutes nues ; vous n'avez donc pas vu, dans les spectacles, dans les bals, dans la société, une foule de figures, qui ne sont ni de marbre ni de bronze, encore plus nues que ces statues ?

Au théâtre, un acteur en pantalons blancs tricotés ; dans une promenade, une femme à moitié nue, et du reste vêtue de gaze, sont plus que nus. Pour les femmes d'aujourd'hui le bel air est d'être au grand air ; pour elles

il n'y a plus d'hiver ; pour elles Paris est en Asie, et la décence est d'un autre monde.

Vous savez bien, citoyen, que nos belles dames ont banni de leur toilette aérienne l'usage des poches. On serait curieux de savoir où elles mettent leurs clefs en sortant de chez elles, et si elles confient celles de leur secrétaire et de leur portefeuille à leur fille ou à leur mari.

Vous croyez que la pudeur a une liaison étroite avec plusieurs autres vertus ; moi, je crois bien plus : je pense qu'elle est le lien le plus étroit peut-être de la vie sociale, et le gage le plus sûr de la civilisation. Nos pères n'ont tant poli leurs mœurs et leurs manières, n'ont introduit tant de finesses et de délicatesses dans leur langage, n'ont exercé leur âme à tant d'aménité et leur esprit à tant de souplesse, en un mot, ils n'ont mis tant de charme dans leur commerce que pour franchir, par les communications de l'esprit et les insinuations du cœur, la barrière qu'opposaient à leurs désirs les vêtements des femmes.

Les femmes ont abusé des vêtements pour ruiner et opprimer les hommes, quand elles ont ajouté à l'empire de leurs charmes, l'illusion de la parure et l'ascendant de la magnificence ; mais, en abusant de la nudité, elles perdent, elles risquent du moins l'empire et les droits de leurs charmes mêmes.

Des femmes nues ne seront, chez nous comme à Sparte, que la proie du besoin, jamais l'idole du désir.

C'est parce que les femmes ont vu leur domination s'évanouir en France avec la monarchie qu'elles ont risqué jusqu'à leur existence. Elles n'ont pas voulu du modeste bonheur d'une Américaine, d'une Suisse, d'une Genevoise ; elles ont fait, pour regagner tout ce qu'elles avaient perdu, un *va-tout* où elles ont mis jusqu'à leur santé ; et ce *va-tout* sera bientôt perdu.

Cependant il faut convenir que les artistes ont aussi contribué à cette révolution. A la naissance du système républicain, ils ont beaucoup parlé des *filles grecques* ; et nos dames les ont pris au mot, de peur qu'on ne vînt à leur parler ensuite des *dames romaines*.

Elles étaient si aimables, ces filles grecques, et si ennuyeuses, ces dames romaines ! On peut bien élever sa fille en dame romaine ;

mais on aime mieux, soi, être fille grecque.

Dans la vérité, citoyen, il y a quelque chose de bien dur et de tyrannique dans l'autorité des peintres. Il y a quatre ans, ils voulaient nous faire changer d'habits, parce que les nôtres ne sont pas pittoresques; ils arrangeaient la nation pour la peinture, au lieu d'arranger la peinture pour la nation. Maintenant ils s'amusent à habiller nos femmes en modèles, à les transir, à les enrhumer, pour avoir plus de facilité à observer, dans leurs tableaux, la pureté des formes?

L'art gagnera-t-il à cela? J'en doute. Il est fort agréable, je le conçois, d'avoir à dessiner de beaux contours; mais ne l'est-il pas d'avoir à exprimer la pudeur, la chasteté, leurs triomphes, leur embarras, leur abandon? Peintres de talent! c'est dans ces vertus, et non dans la licence de la nudité, qu'il y a pour vous des trésors.

(Journal de Paris, du 13 germinal an VI.
— 2 avril 1798.)

D'UNE CONVERSATION DE PAPHOS (1),

ET, PAR OCCASION, DE LA VIE MATINALE.

On nous racontait hier une chose assez curieuse. Deux femmes de marchands étaient tristement à *Paphos*, avec leurs maris d'assez mauvaise humeur, buvant de la bière et mangeant des échaudés. Une des deux femmes, pour égayer la conversation, poussa tout à coup un profond soupir, et dit : «Hélas! mon Dieu, comme tout renchérit depuis trois mois. — Tout! s'écrie son mari; nous ne vendons rien, et nous vendons pour rien! — Je ne parle pas de ce que nous vendons, répond la *dame*, je parle de ce que nous achetons; je parle des légumes, des fruits, du lait qu'on vend à la Halle; et le *citoyen* (en montrant l'autre mari) sait bien ce que je veux dire, car *madame* lui a fait plusieurs fois, en ma présence, les plaintes que je fais en ce moment. — Oh! oui, répond fort sèchement le personnage, je sais par expérience ce que dit

la citoyenne; mais j'en sais bien aussi la raison : c'est que *ces dames* ont pris l'habitude d'aller au spectacle, et que les spectacles se sont mis à jouer à sept heures du soir, au lieu de cinq et demie ou six au plus tard, qui était l'heure accoutumée...» A ces paroles les dames éclatèrent de rire, ainsi que les habitués de *Paphos*, qui, faute de conversation entre eux, prêtaient l'oreille à la conversation des voisins. «Mais, dites-moi, reprend la femme de l'orateur, qu'y a-t-il de commun entre l'heure de l'ouverture des spectacles et le prix des denrées à la Halle?...» Le mari, blessé par la risée qu'il avait excitée, s'écrie avec véhémence : «Ce qu'il y a de commun, madame, je vais vous le dire. Autrefois vous étiez sur pied à six heures du matin en été, et vous alliez à la Halle; depuis que la fureur du spectacle vous a prise, vous y envoyez votre domestique, et il faut bien que vous payiez le voyage. Quand le spectacle commençait à six heures, il était fini à neuf heures, neuf heures et demie; et du moins le lendemain vous vouliez que votre servante fût revenue du marché à huit heures, au moment de votre lever; mais depuis que le spectacle commence à sept heures, il finit vers onze; vous n'êtes couchée qu'à minuit; vous ne vous levez qu'à dix heures; votre domestique ne se lève qu'à neuf, et va au plus vite et au plus près acheter votre provision de la troisième main, au lieu d'aller à la Halle l'acheter de la première. Voilà, voilà, madame, comment tout renchérit pour vous depuis trois mois! La paresse des maîtres produit celle des domestiques; et une foule de revendeuses, qui ne vont point aux spectacles, elles, et par cette raison sont bien éveillées, s'interposent entre le consommateur et les vendeurs, qui arrivent de la campagne à la Halle lorsque vous revenez, vous, de la comédie, dans votre maison..» Le mari termina par dire que, le spectacle ayant donc le double inconvénient de manger son souper et de renchérir son dîner, il voulait que sa femme cessât d'y aller...

Cette petite querelle amusa, dit-on, infiniment *Paphos*, et la bière y coula à plus grands flots.

La personne qui nous l'a racontée ne sera pas peu surprise, je pense, des profondes réflexions que nous a fait naître le discours du mari grondeur, et que nous allons consigner

---

(1) Paphos est un lieu de délices où l'on entre pour quinze sous, et où on boit de la bière *gratis*. Ce Paphos est au boulevard du Temple.

ici pour l'amusement des lecteurs qui ne sont point gâtés par les délices de *Paphos*.

Ce mari, j'ose le dire, voit très-bien la chose; et je conclus du fait qu'il a avancé que le retard de l'heure des spectacles est, pour une grande partie de Paris, une cause du sur-haussement des denrées; que c'est un véritable impôt sur les subsistances, ajouté aux droits de passe dont on se plaint si douloureusement.

Mais ce n'est pas tout : on se plaint de la taxe des pauvres, qui est d'un sou pour livre du prix des billets de spectacle. Eh bien! le retard d'une heure pour l'ouverture est un impôt additionnel de quarante sous sur le spectacle, tant en hiver qu'en été, pour les personnes qui en sont éloignées. La preuve est claire. En hiver, quand le spectacle commençait à cinq heures et demie ou six heures, on pouvait y aller de jour, et on allait à pied; on ne prenait un fiacre que pour revenir. Maintenant on ne va plus au spectacle que vers sept heures; alors la nuit est noire, et il faut un fiacre comme pour revenir. Voilà bien la taxe additionnelle de quarante sous pour l'hiver. En été, on sortait autrefois du spectacle à neuf heures ; alors la nuit n'était pas encore obscure, ni les boutiques fermées; on retournait à pied, comme on était venu. Maintenant on sort à onze heures; pour sa sûreté autant que pour sa commodité, il faut prendre une voiture : autre taxe de quarante sous pour l'été.

Et je n'ai pas tout dit : ce grave sujet s'étend par la méditation.

Il est évident que le retard des spectacles concourt puissamment avec les autres causes qui tendent à faire parmi nous de la nuit le jour et du jour la nuit, ce qui est un autre principe de dépense; en cela donc le retard des spectacles est encore un impôt.

En 1784, Francklin adressa au *Journal de Paris* une lettre, qu'on a depuis réimprimée dans *la Décade philosophique*, lettre où il établissait, par le calcul, que, depuis le 20 mars jusqu'au 20 novembre de chaque année, la ville de Paris consommait pour quatre-vingt-seize millions soixante-quinze mille livres tournois de chandelle ou de bougie, qu'on aurait épargnées en dormant la nuit et en veillant le jour. Francklin s'est amusé à exagérer son calcul. Mais si l'on en fait un sérieux pour

l'hiver, on trouvera que Paris épargnerait près de douze millions, sur sa consommation actuelle en lumières, si tout le monde se couchait de neuf à dix heures du soir et se levait à sept heures du matin (1). De cette dépense de douze millions il faudra désormais en imputer moitié au retard des spectacles, car sûrement l'heure de leur sortie est maintenant la principale règle de l'heure du coucher à Paris.

Mais ce retard ne coûtera pas seulement à la bourse; il coûtera aux mœurs, et ceci est plus sérieux. Tout ce qui contribuera à faire de la nuit le jour et du jour la nuit est pernicieux.

Comment un jeune homme pourra-t-il être à ses exercices le matin si le spectacle l'a empêché de se coucher avant minuit? Comment sera-t-il au réveil des plantes, dans le jardin de botanique, si la veille il n'a pu voir *Bérénice* et *Andromaque* qu'à onze heures ? Comment se feront ses exercices de gymnastique, s'il ne peut les commencer, en été, qu'à la chaleur du jour? Comment la jeunesse sera-t-elle matinale, si les parents veillent le soir dans les spectacles, au lieu de veiller au lever du soleil sur leur famille ?

Et si l'on compare les effets de la vie matinale, sur la masse entière des habitants, à ceux de la vie opposée, on trouvera déplorable tout usage qui tend à favoriser celle-ci aux dépens de la première.

L'homme vaut mieux le jour que la nuit, le matin que le soir, et surtout qu'à midi.

Il vaut mieux le jour que la nuit, parce que le jour il peut se mettre en harmonie avec tout ce qui l'environne; parce que tout l'avertit de l'existence des personnes et des choses dont il a besoin, et qui ont besoin de lui; parce que de jour il a cinq sens, dont l'un, qui est la vue, peut saisir les objets à deux lieues de distance,

---

(1) Supposons seulement cent mille personnes sur pied chaque jour à Paris, et une chandelle ou bougie par personne jusqu'à minuit. Depuis neuf heures du soir jusqu'à minuit, il y a trois heures; il en coûte donc à chacun au moins six sous pour ces trois heures. Cent mille fois six sous font 30,000 livres par jour, par mois 900,000 livres, par an 10 millions 800,000 livres. Voilà donc un impôt d'environ 11 millions établi sur ceux qui font de la nuit le jour pour leur plaisir, ou par complaisance, ou par dépendance.

au lieu que la nuit, devenu myope, ne voyant pas à plus de dix pieds, et encore à l'aide d'une lumière artificielle, il n'a plus que quatre sens; de sorte que l'exercice qu'il leur donne alors rompt la proportion que la nature a voulu mettre entre les fonctions de tous, et celle des idées, des plaisirs et des habitudes qu'elle à voulu que nous tinssions de chacun d'eux. Nous valons mieux de jour, non-seulement parce que plus de choses et de personnes sont sous nos yeux, mais aussi parce que nous sommes sous les yeux de plus de personnes. Nous avons plus de conscience de jour que de nuit, ou du moins celle que nous avons est plus éveillée, parce que plus nous sommes regardés, et plus nous nous regardons attentivement nous-mêmes. Les bonnes actions se font de jour, les mauvaises se font de nuit. Il en est des facultés intellectuelles comme des facultés morales: l'homme a plus d'esprit le jour que la nuit. Quelques bons vers ont été faits la nuit; jamais un bon ouvrage. Je m'en rapporte aux poëtes: leurs plus heureuses inspirations ne sont pas celles qui le soir les empêchent de dormir, mais celles qui les réveillent matin.

L'homme vaut mieux le matin qu'à toute autre heure du jour; le matin l'air est pur, vif, frais, élastique; il donne du ressort au système nerveux, du mouvement au fluide; tout, à ce moment, excite l'homme au travail, et le sentiment de sa force, et l'exemple de la nature entière, et l'aspect du réveil des animaux et des plantes au lever du soleil, et l'aspect du soleil lui-même, dont on voit commencer la course. A midi, au contraire, et le reste du jour, l'air est chaud, lourd, imprégné des exhalaisons putrides que la chaleur elle-même excite, et que le soleil attire; il est accablant pour toutes les facultés du corps et de l'esprit; à midi tout languit; tout est abattu, les plantes, les animaux, les hommes; à midi, les habitants des zones tempérées sont, par leur mollesse, leur relâchement, leur incurie, leur tendance au repos, très-semblables aux hommes vivant entre les tropiques.

Le genre de vie qui retient au lit jusqu'à dix ou onze heures du matin condamne donc au repos pendant la partie du jour où la nature rend le plus propre au travail, et condamne au travail pendant le temps où la nature ne rend propre qu'au repos! Ainsi les habitudes sociales donnent aux habitants d'une zone tempérée les inclinations vicieuses et l'impuissance de vertu que la nature a imposée aux seuls habitants des zones brûlantes! Ainsi nos usages nous dépaysent en quelque sorte dans nos propres foyers, et nous font hommes du Midi, en ne nous permettant de commencer chaque jour à vivre qu'à midi! Combien de désordres naissent, sans qu'on s'en doute, de ce désordre! Combien de choses doivent être faites à contre-sens chez un peuple où une grande partie des citoyens ne travaille qu'à contre-temps, et par cela même à contre-cœur!

On me dira que les spectacles ne font que céder aux usages de la société, et ne les ont pas introduits; que l'heure du dîner est généralement retardée jusqu'à cinq heures; et que ce retardement est venu de la longueur des séances du corps législatif et des audiences des autorités constituées.

Mais peu m'importe la cause; je vois les résultats, et je m'en afflige. D'ailleurs, je vois bien le préjudice que les usages du corps législatif peuvent porter aux spectacles; mais je ne vois pas ce qui autorise les spectacles à porter préjudice aux mœurs. Si d'un côté les services publics ne laissaient aller aux spectacles qu'à dix heures du soir, et que, de l'autre, la morale publique exigeât que les spectacles fussent fermés à neuf, je dirais: Cette opposition est un malheur qui doit tomber, non sur les affaires ou sur les mœurs publiques, mais sur les plaisirs de quelques personnes, et sur les spectacles.

Si pourtant ce n'était pas pousser la licence trop loin, nous pourrions demander s'il ne conviendrait pas que les affaires commençassent dans l'État de meilleure heure, et s'il ne vaudrait pas mieux faire rétrograder les séances de travail public vers le matin que prolonger les plaisirs particuliers dans la soirée. Nous croirions volontiers que les discussions seraient plus nettes et plus paisibles, l'effervescence ou la paresse moins à craindre, dans une grande assemblée, le matin qu'à midi; qu'il se ferait plus de travail dans les bureaux de tous les services publics, et qu'il se ferait mieux, si les séances étaient, comme autrefois, coupées en deux parties par un intervalle de repos pris au milieu du jour, qu'étant fixées comme elles le sont à six ou huit heures consécutives, qui tombent juste dans les moments de la plus grande chaleur de la journée, et forment un espace de temps disproportionné avec les forces de l'attention. Nous dirions qu'à la Chine c'est à quatre heures du matin en été, et à sept heures en hiver, que l'empereur donne ses audiences solennelles et célèbre ses fêtes; que c'est en plein midi qu'il fait tirer ses feux d'artifices, et que le peuple chinois, à l'exemple du prince, est le peuple le plus laborieux de la terre, ce qui en fait en même temps le peuple le plus moral. Nous dirions que la corruption des mœurs, en France, date du moment où les rois ont commencé à se coucher à minuit, et remonte précisément à cette Marie, sœur du roi d'Angleterre, qui fut en même temps la femme de Louis XII et la maîtresse de son successeur, François Ier, de *libertine* mémoire; à cette Marie qui enterra Louis XII après deux mois de mariage, en lui faisant changer toutes ses habitudes, et, comme dit la chronique, *en le faisant dîner à midi, où il souluit (1) dîner à huit heures, et* COUCHER A MINUIT, *où il soulait se coucher* A SIX HEURES DU SOIR. Nous dirions que parmi nous il suffirait aux fonctionnaires publics de donner leurs audiences au moment de leur lever, qui sûrement a lieu de bonne heure, pour que la nation entière devînt matinale, et que les plus paresseux rougissent de rester habituellement au lit jusqu'à l'heure des plaisirs, ou au moins jusqu'à l'heure de s'y préparer. Nous dirions, enfin, que cette seule innovation ferait, par la seule autorité de l'exemple, un changement dans les mœurs publiques plus avantageux que ne pourraient le faire vingt lois somptuaires des plus rigides, et plusieurs institutions des plus savamment combinées...

Mais nous nous apercevons que tout cela touche à la politique, et nous ne voulons plus nous mêler d'une chose à laquelle nous entendons si peu. Nous faisons nos représentations aux spectacles; que les spectacles, s'il y a lieu, fassent les leurs à l'autorité publique.

(*Journal de Paris*, du 26 thermidor an VI. — 13 août 1798.)

____

(1) Ancien mot, tiré du latin *solebat*, que nous ne pouvons remplacer que par ces deux mots, *avait coutume.*

DÉCOUVERTE D'UN NOUVEAU POUVOIR SOCIAL.

En vérité, on ne connaît pas la moitié des pouvoirs qui gouvernent le monde. On parle sans cesse du pouvoir exécutif, du pouvoir législatif, du pouvoir judiciaire, du pouvoir de l'exemple, du pouvoir de l'habitude, des sens, des passions, de l'imagination; on parle aussi quelquefois du pouvoir du temps. Eh bien! nous avons tous un maître qui nous fait faire plus de choses à lui tout seul que tous ceux-là, et qui même seul nous fait faire la plupart des choses que ceux-là nous commandent : c'est le pouvoir du *dernier moment.*

Rien de bien ne se ferait au monde s'il n'y avait pas un *dernier moment* pour tout. L'écocolier n'apprend sa leçon qu'au dernier moment. L'ouvrier ne fait sa tâche que quand le dernier moment ne permet pas de différer. Le magistrat ne se rend au tribunal que quand le dernier moment l'y appelle. On ne paye son créancier que quand le dernier moment est venu. On ne rend justice au mérite que quand le dernier moment y contraint. On ne met ordre à ses affaires que quand le dernier moment ne laisse point de répit. On n'appelle le médecin que quand le dernier moment y condamne. On ne se retire du vice que quand le dernier moment ne permet pas d'aller plus loin.

S'il y a la puissance du dernier moment, il y a aussi celle du premier; et si le dernier moment fait faire quelque bien, le premier fait faire beaucoup de mal.

Pour mille choses, c'est le premier moment qui étourdit, c'est le premier moment qui étonne, c'est le premier moment qui trompe. Dans la peine, c'est le premier moment qui coûte; dans le plaisir, c'est le premier moment qui entraîne. Qu'est-ce qui décide le jeune homme? le premier moment. Qu'est-ce qui décide le cœur et souvent la vertu des belles? le premier moment. Qu'est-ce qui emporte les caractères bouillants et impétueux? le premier moment. Qu'est-ce qui égare les esprits faibles et les cœurs chauds? le premier moment. Qu'est-ce qui fait qu'on sacrifie le bonheur d'un long avenir à un peu de plaisir? la puissance d'un premier moment. Qu'est-ce qui fait qu'on est toute sa vie un vaurien, un maraud? C'est qu'il y a eu un premier moment qui a égaré ou corrompu.

Puisque la puissance du premier moment fait faire tant de sottises ou de maux, et que celle du dernier moment fait faire tant de bonnes choses, ne pourrait-on pas arranger les divisions du temps de manière que le dernier moment devînt le premier, et que le premier moment ne vînt plus que le dernier?

Le plus savant horloger que je connaisse, Bréguet, que j'ai consulté sur ce sujet, m'a assuré qu'il ne servirait à rien de renverser l'ordre des heures sur ses cadrans; il m'a renvoyé aux horlogers de la raison humaine, et m'a prouvé que c'était au dedans de cette machine qu'il fallait travailler. — Et qui sont ces horlogers? ai-je demandé. — Ce sont les moralistes. — Et où sont ces moralistes? — Je ne sais. Ces gens-là n'ont ni boutique, ni enseigne, ni jour, ni heure pour le débit de leur marchandise; cela vient, dit-on, de ce qu'ils n'ont pas de pratiques.

(Journal de Paris, du 1er vendémiaire an vii.
— 22 septembre 1798.)

ADIEUX AUX JARDINS-SPECTACLES.

Adieu, Paphos, adieu, Idalie, adieu, l'Élysée, adieu surtout, nymphes, naïades, dryades, hamadryades, faunes, sylvains et satyres, dieux célestes et infernaux de Tivoli; adieu vos feux d'enfer qui ne sont pas éternels, et vos fleuves qui ne coulent point, et vos rochers de toile peinte, et vos cavernes de sapin; adieu vos volcans innocents et vos cascades d'eau de puits, qui tombent si doucement du haut de ces roches où les a fait monter un cheval étique; adieu, merveilles de l'art à jamais inimitables pour la nature; adieu pour un siècle. Ainsi le veut l'inexorable équinoxe, précurseur de l'hiver, qui a déchaîné sur nous ces vents froids et pluvieux contre lesquels ne peuvent rien ni les aérostiers, ni Garnerin, ni Blanchard, ni les flottes anglaises, ni même Jérôme Lalande, brillant de toute sa gloire au plus haut de l'observatoire de Gotha.

Hélas! votre absence nous cause une douleur d'autant plus amère que nous craignons de vous perdre pour jamais. Déjà votre acte d'accusation a été porté devant deux divinités du Parnasse, Thalie et Melpomène; déjà l'on a osé insinuer à leur cour que vous aviez causé la désertion des théâtres, et qu'elles avaient à venger les longs dédains qu'elles ont essuyés lorsque vous avez obtenu la préférence de leurs adorateurs. Mais ce n'est là qu'un prélude aux accusations effrénées que la vengeance prépare. Nous en avons surpris l'épouvantable secret, nous en avons trouvé l'horrible canevas dans l'antre d'un écrivain de ses charniers, qui ne sont pas les charniers des Innocents.

Dieux puissants, qui protégez Tivoli, et que Tivoli protége, nous vous le présentons; daignez en peser toute la force, en calculer tout le venin, et en détourner la maligne influence.

L'auteur du projet de libelle commence par ces mots : « Pour affecter dans le début une perfide modération, on exposera d'abord les circonstances qui peuvent avoir favorisé l'établissement des jardins-spectacles. On dira... Des circonstances impérieuses faisaient déserter depuis longtemps les promenades publiques et les spectacles. Les promenades, ouvertes par la Révolution à tout le monde indistinctement, ont été peuplées de pauvres et de mendiants. Quelques-unes ont été des dépendances d'autorités terribles pendant la Terreur, toutes ont été des points de réunions factieuses. On s'y souvenait toujours, malgré soi, d'y avoir vu l'appareil des armes et de la terreur, et les violences de l'anarchie. Aux spectacles, les anciennes pièces sont usées, et les nouvelles froissent inévitablement quelque parti. Si l'on y peint un ridicule du jour ou un crime de la veille, mille voix crient que l'on décrie la Révolution. Si l'on peint ceux de l'ancien régime, de longs murmures font entendre qu'on appelle la proscription sur de malheureux Ex, échappés à la Terreur.

« Voilà ce qu'on peut dire pour excuser l'établissement des jardins. Mais si des causes trop réelles ont fait quitter les promenades publiques, on peut dire que c'est l'établissement des jardins qui en a prolongé l'abandon, et a perpétué des répugnances ou des aversions que le temps commençait à user ou à vaincre.

« Les gens riches et dépensiers ayant mis à la mode de se promener exclusivement à Tivoli ou à Bagatelle, les rentiers appauvris, les mères de famille économes n'ont plus été rappelés par rien aux Tuileries, ou plutôt ont continué d'en être éloignés, par la crainte de n'y trouver que des enfants, des bonnes et des pauvres. Ne voulant pas se promener avec les riches, faute de l'argent nécessaire pour payer le *droit de passe* à l'entrée des *jardins-spectacles*, ils ont renoncé à se promener.

« Il est résulté de là une chose fort opposée aux mœurs républicaines. Les riches, les pauvres, les gens de fortune médiocre, au lieu de se réunir dans la propriété commune, de s'y mêler, de s'y confondre, d'y jouir également de leurs droits à cette possession, se sont divisés en trois classes : celle des familles assez riches pour payer un écu par tête le plaisir de se promener ; celle des pauvres, qui se sont emparés des promenades publiques ; celle des gens peu aisés, qui, dupes de la mode, ne pouvant ni la mépriser ni la suivre, restent chez eux.

« La mode, qui a porté les gens du bon ton aux *jardins*, a aussi prolongé la langueur des spectacles et la léthargie des auteurs. La carrière dramatique est sans doute embarrassée d'épines pour quelque temps, mais elle est réellement agrandie comme nos destinées. Il ne manque à nos auteurs que des spectateurs. On conviendra bien que la bonne comédie et la bonne tragédie sont des sources fécondes d'utile instruction et de bons sentiments ; ainsi les jardins qui leur portent préjudice en portent par là aux mœurs des citoyens.

« Mais le grand reproche qu'on peut faire à ces *jardins-spectacles* n'est pas seulement d'empêcher beaucoup de bien, c'est de faire positivement beaucoup de mal, c'est d'être corrupteurs et dépravateurs.

« Qu'est-ce, en effet, que le plaisir qu'on y va chercher et qu'on y trouve ? le plaisir d'être vu et de voir ceux qui veulent aussi l'être ; car, au fond, les *jardins* ne sont pas autre chose qu'un spectacle que les spectateurs se donnent l'un à l'autre, et auquel l'entrepreneur ne fournit que le terrain et la lumière ; ils le payent, et ils acquittent sa dette ; ce sont eux qui improvisent la pièce du jour, font les frais des habits, exécutent tous les mouvements nécessaires, vont, viennent, marchent, dansent, parlent, chantent, s'enrouent, s'enrhument, s'exténuent pour desservir l'argent qu'ils ont apporté à la recette du possesseur. Qu'arrive-

t-il de là ? Ces femmes, ces jeunes gens, réunis par la vanité, et nullement par l'intérêt d'aimables communications, apportent dans ces lieux la prétention d'étonner tous les yeux, de captiver tous les regards, une extrême émulation de parure et de magnificence, une affectation absurde de ton, d'airs, de manières ; et comme on y veut être jugé par les autres sur son extérieur, c'est aussi sur leur extérieur qu'on s'y habitue à juger les autres. Là on méprise sans ménagement ou l'on admire avec enthousiasme une certaine figure, une certaine taille, une certaine forme de vêtement ; là est la domination des apparences et le néant des réalités ; là s'évanouissent, devant les idées souvent fausses et bizarres d'élégance et de ridicule, toutes les idées de vertu, d'esprit, de mérite, de sottise et de bassesse. Là le malheur ne sert pas d'excuse à un habit sans fraîcheur, ni le génie à une coiffure raisonnable ; là l'empire de la mode s'établit à la place de celui des mœurs, là s'élève la royauté des femmes à la place de la dignité des hommes ; là s'efface de l'esprit de la jeunesse toute règle pour juger les autres, se juger elle-même, et se guider dans une carrière honorable.

« .... On insistera sur un autre vice de ces spectacles, celui de faire de la nuit le jour et du jour la nuit...

« .... On parlera aussi de leur influence sur la santé ; on montrera combien ils doivent y être funestes, en exposant à la fraîcheur de la nuit des femmes à peine vêtues pour soutenir les ardeurs du soleil ; et l'on citera à ce sujet le discours du docteur Desessarts, qui a vu mourir plus de jeunes filles, depuis le système des *nudités gazées*, que dans les quarante années précédentes, etc. Cependant, il faudra traiter cet article avec un peu de légèreté, vu que les fluxions de poitrine et autres incommodités de cette espèce sont maintenant comptées pour très-peu de chose par l'héroïsme de la nudité. »

Voilà, dieux de Tivoli, le texte sur lequel on doit faire une ample dénonciation des *jardins-spectacles*. Il vous est bien aisé d'en inspirer une réfutation victorieuse. Il est clair que toutes ces calomnies sont suggérées par de vils actionnaires des spectacles dramatiques, faibles amis et même détracteurs secrets de la république, et qui se décèlent par ce mot

très-propre à défavoriser une de nos contributions nationales : que l'écu payé par l'amateur
des jardins n'est pas autre chose qu'*un droit
de passe* payé pour y être à la fois spectateur
et spectacle.

. (Journal de Paris, du 18 vendémiaire
an vii. — 9 octobre 1798.)

LETTRE DE LA CITOYENNE ZIGUETTE

AUX AUTEURS DU JOURNAL DE PARIS.

On m'a conseillé, citoyens, de recourir à
vous pour dénoncer à la république un grand
abus dont je suis victime, ainsi qu'un grand
nombre de mes pareilles, pour ne pas dire toutes. Il faut que vous sachiez, citoyens, que je
suis l'une des femmes de chambre d'une four-
nisseuse dont j'étais tout simplement la servante lorsque son mari, peu auparavant laquais, n'avait encore fait que les affaires d'un
particulier.

L'abus dont je veux vous parler est criant ;
il met le trouble dans toutes mes occupations,
dans mes repas, dans mes digestions, dans
mon repos, dans mes plaisirs, quand il m'en
laisse. Cet abus, citoyens, c'est l'usage des
sonnettes.

Il n'y a pas, dans la maison où je suis, une
seule pièce, un cabinet, une garde-robe, une
cheminée, une alcôve, où il ne pende un cordon, où il ne brille un petit ressort qui répond
à autant de sonnettes qu'il y a de lieux de la
maison où je puis me trouver : sonnette pour
moi dans l'antichambre, sonnette dans la cuisine, dans l'office, dans ma chambre, au-dessus de mon lit, dans mon oreille.

Je ne sache pas qu'il se rencontre un moment dans les vingt-quatre heures de la journée où je sois sûre de n'être pas appelée par
la maudite sonnette. Madame m'eût-elle donnée elle-même l'occupation la plus sérieuse,
comme d'épier la sortie de son mari ou l'arrivée de son amant, si son mouchoir est tombé
à ses pieds, s'il faut déployer son bras pour
prendre son gant, crac, la sonnette m'appelle.
Madame est-elle seule : elle tire la sonnette, et
appelle cela s'occuper. A-t-elle du monde : la
sonnette pour faire voir une de ses femmes,
et, par elle, une robe, une parure, un chif-
fon. La nuit, est-elle seule : elle a peur des

esprits : la sonnette ; est-elle deux : elle a peur
du mari : la sonnette, toujours la sonnette, la
maudite sonnette.

Mais ce n'est pas tout. Madame Gros-Grelots
a deux jeunes filles qui chacune ont aussi
leur sonnette, et, de plus, sont toujours pen-
dues à celle de leur mère.

Dernièrement j'allai voir jouer *le Malade
imaginaire* ; je faillis à me trouver mal en
entendant le malade sonner à tour de bras, et
accompagner le bruit de sa sonnette d'un drelin, drelin, qui m'a fait cent fois tressaillir.
Au premier moment je me jetai précipitamment vers la porte de la loge, comme pour
aller répondre à madame Gros-Grelots. Je m'ap-
perçus aussitôt de mon erreur et me remis à
ma place ; mais la cause qui avait produit ce
mouvement machinal continua à agir sur
moi, et je fus horriblement tourmentée tant
que la sonnette s'agita.

Quelle différence, citoyens, quand la citoyenne Gros-Grelots n'était qu'une simple
particulière, qu'elle habitait une maison où il
n'y a point de sonnettes, que j'étais plutôt son
aide de ménage que sa femme de chambre, et
que je partageais le soin de sa famille au lieu
d'être la servante de ses enfants ! Quand je compare ces deux états, pour elle, pour ses enfants
et pour moi, en vérité, citoyens, je suis profondément pénétrée, non-seulement de l'insolence et de l'inhumanité des sonnettes, mais
encore de leur immoralité.

Quand il n'y avait pas partout un ressort de
sonnette, nos jeunes demoiselles se servaient
elles-même et pourvoyaient à beaucoup de
leurs petits besoins ; aujourd'hui elles croient
que la nonchalance est une partie indispensable du bon ton, et, si elles pouvaient marcher autrement que par elles-mêmes, elles
marcheraient par mes jambes depuis la maudite sonnette.

Madame, autrefois bonne mère de famille,
était entourée de ses enfants et servie par
eux, et ce commerce de petits soins entretenait infiniment les affections mutuelles. Avait-
elle besoin d'un gobelet d'eau, d'une bûche,
d'un livre, d'une chandelle, tous les enfants,
grands, petits, garçons et filles, étaient en l'air;
tout courait à la fois ; c'était à qui apporterait la chose demandée, rendrait le service nécessaire, et la maman payait tout cela par des

Merci, ma fille ; merci, mon fils, et des baisers à tous.

Et moi, pauvre fille, outre qu'on ne me faisait pas valeter à tous propos, c'est qu'on venait m'appeler tout doucement sur l'escalier; c'était une petite voix doucette qui me criait : *La bonne, bonne Ziguette, bonne amie, viens, maman t'appelle...* Oh! cela s'entend, cela est humain; ce sont des voix qui parlent à des oreilles et auxquelles on peut répondre. Mais cette voix de fer ou d'airain qui me commande sans me parler, cette machine qui fait tomber sur ma tête un ordre de venir, auquel je ne puis seulement répondre ni : *J'ai la crampe,* ni : *Mon pot s'enfuit,* ni : *Ce que vous voulez est dans votre poche ou sous votre main ;* oh! je trouve cela bien dur, citoyens journalistes.

On m'a dit que dans les républiques anciennes et modernes on connaissait fort peu les sonnettes, qu'il n'y a pas dans toute la Suisse et dans toute la Hollande autant de sonnettes que dans une section de Paris, que cet usage ne date même pas de bien loin en France (1), qu'il y est un signe de la perte totale de l'esprit de famille et des mœurs domestiques. Je le crois ainsi.

Si cela est, citoyens, ne pourriez-vous pas un peu sonner le tocsin contre les sonnettes dans votre journal, où vous ne faites pas autant de grâce aux mauvaises mœurs qu'aux mauvaises pièces de théâtre et aux mauvais acteurs? Et même ne trouveriez-vous pas convenable de proposer aux législateurs, qui sont quelquefois embarrassés de trouver des impôts propres à réprimer le luxe, d'imposer les sonnettes? Je réponds qu'ils peuvent établir la taxe des sonnettes en sûreté de conscience. On a aboli les cloches comme perturbatrices du repos public, on peut bien brider un peu les clochettes perturbatrices du repos domestique.

Signé Catherine ZIGUETTE.

(*Journal de Paris,* du 1er pluviôse an VII.— 20 janvier 1799.)

---

(1) (*Note de l'éditeur.*) L'érudition de la demoiselle Ziguette n'est point à dédaigner; en voici la preuve : En parlant de l'abbé Fleury, depuis cardinal, et longtemps premier ministre de Louis XV, Saint-Simon dit : « Il ne bougeait de chez M. de Croissy, puis de « chez M. de Torcy, où, à la vérité, il était comme « ailleurs sans conséquence, *et suppléait souvent aux* « *sonnettes avant qu'on en eût l'invention.* »

LE CITOYEN BOURRU

AUX AUTEURS DU JOURNAL DE PARIS.

On ne parle dans votre journal que d'augmenter les *pouvoirs* des femmes ; il vaudrait mieux qu'on réformât leurs mœurs.

Il y a dans la république quelques centaines de petites royautés : ce sont les femmes qui les exercent. Elles font empire dans empire, et leur empire est le *pire empire* des empires.

Qui sont leurs sujets? — La fleur des jeunes citoyens, pas moins que cela. La conscription de ces dames me fait pardonner l'autre.

Quels sont les ministres de leur autorité?— Elles font beaucoup de choses par elles-mêmes, mais beaucoup aussi par leurs marchandes de modes.

Qu'est-ce qu'une marchande de modes fait pour les femmes? — Elle fait leur parure, elle forme leur goût, elle crée leur langage...

Donnez-moi une idée de cela par un exemple. — Ma foi, je vous citerai la citoyenne Lisfrand. Il n'y a rien de si curieux que les annonces imprimées de la citoyenne Lisfrand, premier ministre du pouvoir des femmes de Paris. Les mots qu'elle crée, ceux qu'elle accouple sont les mots du bon ton. Qui lit ou entend la citoyenne Lisfrand sait par cœur les dames les plus élégantes de Paris, possède toutes les règles et toutes les expressions du bon goût.

Demandez à la citoyenne *** comment se nomme la robe qu'elle avait hier; elle vous répondra : « *Robe à la Gertrude ;* elle est ex-« trêmement *recherchée*. Le devant passe par-« dessus la tête, fait la pointe de fichu, et « vient dessiner le buste très-élégamment, en « se terminant en bavette à l'enfant, s'atta-« chant avec deux nœuds. Elle est *on ne peut* « *plus jolie.* » Vous n'y comprenez rien, ni moi; mais c'est ainsi que parlera la citoyenne ***, et c'est justement ce que dit l'affiche de la citoyenne Lisfrand.

Faites-vous expliquer ce que c'est qu'une *chemise à la Circé.* On vous dira : « La taille « est fixée par trois froncés, surmontés par « une ceinture à l'algérienne. Le devant en « revers turcs, et *le milieu est garni du haut* « *en bas. Elle est d'une grande tournure.* » Eh bien! c'est tout comme la citoyenne Lisfrand.

Voulez-vous donc savoir comment parlent nos belles : lisez la citoyenne Lisfrand. Voulez-vous savoir comment parlent les jeunes adorateurs de nos belles : lisez la citoyenne Lisfrand.

Elle fait surtout de belles *robes à la Zulime*, « ce vêtement qui tient en partie des costumes « égyptiens, mais qui *est dirigé dans l'élé-* « *gance du goût français.* »

Il y a au reste d'autres *modistes* que la citoyenne Lisfrand ; mais celle-ci, qui imprime, n'est pas la moins agréable dans son langage.

Il n'y a pas d'éloquence de ce genre-là en Hollande, en Suisse, en Amérique ; les femmes n'y connaissent que la langue des épouses et des mères ; elles ont beaucoup d'autorité dans leur maison et sur leur famille, mais aucune dans les lieux publics, non plus que sur la jeunesse du pays. C'est ce que je vous souhaite.

Signé BOURRU.

(*Journal de Paris*, du 4 germinal an VII. — 24 mars 1799.)

LA VIE D'UN FIACRE.

On croirait que la vie d'un fiacre est fort extraordinaire ; point du tout ; c'est, à peu de chose près, la vie de tout le monde.

Il se lève à la pointe du jour ; en passant son gilet, il va à la porte de l'écurie, regarde quel temps il fait. *Au diable la journée*, dit-il en bâillant ; *il fait le plus beau temps du monde !* ou bien : *Vive la joie ! il fera tout le jour un temps du diable !* N'est-ce pas là ce que dit le fournisseur, en lisant la gazette ? Annonce-t-elle la paix : il suffoque ; la guerre : il se frotte les mains.

Le fiacre panse ses chevaux en jurant, attelé en menaçant, et s'en va sur la place en fouaillant. Mais, par ménagement pour la voiture qui ne sent rien, il l'a lavée en sifflant. C'est ainsi que dans le monde on respecte ses meubles et qu'on tue ses gens.

Un citoyen arrive sur la place ; on voit de loin qu'il a besoin d'une voiture. Six fiacres prennent le galop pour se jeter au-devant de lui. Il prend le mieux attelé ; mais il le prend à l'heure, et le fiacre peut à peine aller au pas. C'est ainsi qu'on court après les emplois, et qu'on s'endort en fonctions.

Le citoyen fait une visite ; en sortant il trouve les chevaux débridés ; le cocher est au cabaret. N'est-ce pas comme dans les bureaux ? Que le supérieur ait un moment l'œil ailleurs : le commis n'est plus là, les plumes sont emportées, les canifs cassés, l'encrier à sec.

Le fiacre est accroché à droite par un fort roulier ; mais il accroche à gauche le faible cabriolet. Voilà bien les coups de coude que nous donnons et que nous recevons.

Quant à ses courses, n'est-il pas clair qu'il ne va qu'où l'on va, et qu'on ne va qu'où il mène ? A neuf heures, il a à choisir entre une femme qui sollicite la radiation de son amant et une fourniture pour son mari ; l'étranger curieux qui va au Jardin des Plantes et revient par la Grève au Muséum ; le candidat de l'Institut, qui se hâte de distribuer dans cent quarante-quatre visites, non les livres qu'il a faits, mais le prospectus de ceux qu'il fera ; le courtier qui court offrir du papier pour de l'argent et demande de l'argent pour du papier.

A midi, autres affaires : les vieux amateurs sont appelés aux répétitions des théâtres ; deux Titus ont affaire à Bagatelle pour un duel au pistolet.

A trois heures, il y a une cuisse cassée ou un mort à ramener de Bagatelle, deux chirurgiens à conduire chez Méot, quatre ou six témoins à rendre aux soins de leur toilette. Tout cela regarde les fiacres.

A cinq heures, les dîners. A ce moment, heureux les fiacres qui sont au faubourg Germain : ils sont sûrs d'avoir des courses pour le quartier d'Antin.

A sept heures, les spectacles. Maudit feu de l'Odéon ! Quand les Français étaient là-haut, il y avait tous les soirs cent fiacres en course pour mener à *Misanthropie et Repentir*, et ramener ceux qui y arrivaient trop tard à *Comment faire ?*

A onze heures, la sortie des spectacles. Les visites jusqu'à minuit ; les bals vers une heure ; le jeu toute la nuit. Rien de tout cela ne se fait sans les fiacres.

Comme on voit, il ne se passe rien de grand et d'important dans la principale ville de la république française que les fiacres n'y concourent. Ajoutez qu'ils rivalisent maintenant avec les équipages de maîtres, qu'ils entrent dans les cours, qu'ils entrent presque dans les chambres. Les maîtres des modernes carrosses et les vieux cochers de fiacre sont d'anciennes connaissances qui n'ont que des raisons de s'estimer mutuellement.

Signé PIÉMOUILLÉ.

(*Journal de Paris*, du 23 germinal an VII. — 12 avril 1799.)

FRASCATI.

Ce n'est ni Carchi, ni ses excellentes glaces, ni son orchestre, ni son jardin; en un mot, ce ce n'est pas Frascati qu'on va chercher à *Frascati*, c'est Paris tout entier.

Quand je dis tout entier, je dis bien : Frascati est le *Panorama* vivant et mouvant.

On y voit des gens de tout âge, de tout état, de toute fortune; et le rentier qui vient sous de beaux lambris se rappeler son opulence, et le riche traitant qui vient y étaler la sienne, et le créancier qui vient oublier son débiteur insolvable, et le débiteur solvable qui vient oublier son créancier, et le militaire mutilé avec sa jambe de bois, et le réquisitionnaire myope avec ses besicles, et le vieux sage, et le vieux fou, et le vétéran voluptueux, et l'adolescent honteux de son tardif noviciat.

L'assemblage des femmes n'est pas aussi varié. Il n'y a plus de vieilles, plus de laides. Celles qui n'ont pas de figure ont une si belle gorge! celles qui n'ont pas de gorge ont de si beaux bras! Là, tout est jeunesse, depuis seize ans jusqu'à soixante. La fausse pudeur qui autrefois habillait les femmes faisait dépendre leur beauté d'une ride et d'un bouton à la figure. Depuis qu'elles *ont les bras nus jusqu'à la ceinture*, leur beauté a acquis un si grand développement qu'elles sont bien malheureuses si elles ne se sauvent des critiques de détail par l'imposant de l'ensemble.

Je remarquais hier que les habits des femmes s'étaient d'autant plus allongés par le bas qu'ils étaient plus raccourcis par le haut. Les robes ont des queues avec lesquelles on ferait d'autres robes; il semble qu'elles soient plutôt destinées à vêtir l'ombre que le corps. Les allées de Carchi ont été hier balayées par tant de queues de mousseline qu'elles étaient ce matin lisses et lustrées comme du satin. Les jardiniers conviennent que, pour adoucir les allées d'un jardin, il n'y a rien de mieux que deux ou trois mille robes de femmes.

Comme il y a foule chez Carchi, et que chacun marche malgré soi sur la robe qui traîne devant ses pieds, on entend à tout moment craquer et déchirer les ceintures de ces robes. On se flatte que, quelque jour, des belles se trouveront ainsi déshabillées, sans s'en apercevoir, par le rang qui les suivra.

On a bien du plaisir chez Carchi; mais on y a aussi de pénibles spectacles.

J'ai vu des femmes employer jusqu'à trois chaises pour elles, leurs pieds et leurs chiens, tandis que cent autres tombaient de lassitude. Peut-on être plus impitoyable?

Mais j'ai vu pis encore. J'ai vu une femme de quarante ans, fort respectable, assujettie pendant quatre heures de suite dans une position qui, à la longue, devait être un supplice. Elle avait le corps en avant, incliné sur une table placée devant elle un coude très-pointu appuyé sur cette table fort dure, et la main toujours occupée à sa figure. Cela a duré ainsi depuis huit heures du soir jusqu'à minuit. Quelle autorité cruelle a condamné cette femme, quatre heures de suite, à cette pénible attitude? L'autorité de deux diamants assez beaux qu'elle avait à ses doigts, et qui, étonnés de s'y trouver ensemble, voulaient s'y montrer. Pauvre coude! cruels diamants!

Pierre L'ÉTONNÉ.

(*Journal de Paris*, du 15 fructidor an VII. — 1er septembre 1799.)

DE QUELQUES OPINIONS SUR LES AMÉRICAINS.

On trouve mauvais que, dans les États-Unis d'Amérique, chacun mesure exactement son estime pour les autres sur leur richesse. Mais pourquoi donc? si, dans un pays anciennement habité, les grandes fortunes sont pour la plupart *héritées* et ne prouvent rien pour les possesseurs; si les grandes fortunes qui *s'y font* sont pour la plupart le fruit de l'intrigue ou de la rapine, au contraire, dans les pays nouveaux, la plupart des fortunes sont *acquises*, et le sont par le travail et l'économie. L'estime accordée à la richesse dans ces pays est donc juste et fondée.

Au reste, si en Amérique on demande habituellement d'un inconnu : *est-il riche?* en France on demande quelle figure il fait et *quelle mai-*

son il tient. Toute la différence qu'il y a entre ces deux questions est bien légère. La première se réduit à demande : *quel est le revenu de tel homme?* et l'autre, *quelle est sa dépense?* Permis à vous de trouver que l'une est une question d'avare; mais passez-moi que l'autre est une question de parasité.　　*L'Observateur.*

(*Journal de Paris*, du 25 floréal an VIII. — 15 mai 1800.)

LETTRE DU CITOYEN D***,

Marchand miroitier,

AUX AUTEURS DU JOURNAL.

Vous avez très-bien fait sentir, citoyens, l'utilité des articles des modes pour les modistes, et celle des modistes pour la ville de Paris. Je vous en fais mes sincères remercîments, car les modes font vendre les *miroirs*, comme les miroirs à leur tour font vendre les modes. En reconnaissance je veux vous faire voir combien les miroirs ont d'influence sur les mœurs. C'est ce que bien des gens, d'ailleurs doués de beaucoup d'esprit, sont fort loin de soupçonner. Quand, dans le siècle passé, feu l'Institut de première création, et de glorieuse mémoire, a proposé la question de savoir quelles sont les institutions les plus propres à fonder la morale d'un peuple, il ne pensait guère qu'on pourrait y comprendre les miroirs; et cependant les miroirs fourniraient le meilleur chapitre de l'ouvrage. J'ai été fort surpris de voir que, dans les ouvrages envoyés au concours, aucun n'avait parlé de la fabrication et du commerce des miroirs. Non-seulement le commerce des miroirs est une institution économique et politique de première ligne, mais il est aussi une institution profondément et éminemment morale. — Vous riez! Regardez-vous au miroir; vous dit-il que ce rire-là ait l'air spirituel? Eh bien! vous ne répondez pas? vous ne riez plus? Est-ce que ce miroir vous aurait dit franchement que votre rire?... Eh bien! s'il vous a dit cela, il vous a dit une vérité que votre amour-propre vous cachait. Il est donc très-moral! Et ce que votre amour-propre vous cachait, votre conscience ne vous le disait pas, parce que ce qui ne regarde que l'esprit n'est pas affaire de conscience. Il est donc très-moral! Il faut donc avoir la main sur la conscience pour les choses qui intéressent la probité, les yeux sur le miroir pour ce qui regarde l'esprit. Le miroir est donc un avertissement de modestie.

Tous les jours, dans la conversation, on fait, sans s'en apercevoir, l'éloge de la moralité des miroirs. Quand on parle d'un bon miroir, on dit : C'est un miroir vrai, c'est un miroir fidèle; on prend, dit-on encore, conseil de son miroir. Madame de Staal (mademoiselle Delaunay) dit, en parlant de l'esprit juste, net et rapide de madame la duchesse du Maine : Frappé vivement des objets, il les rend *comme la glace d'un miroir les réfléchit*, sans omettre, sans ajouter, sans rien changer.

Un miroir est le symbole de la sincérité, de la véracité; or, comme il est reconnu qu'un ami vrai est le plus beau présent que puisse nous faire le ciel, il est très-clair que le second de ses bienfaits est de nous avoir donné des miroirs.

Depuis quand les manières se sont-elles *policées en France* au point où nous les voyons? C'est depuis la multiplication des miroirs sous le ministère de Colbert.

Pourquoi était-on poli en Italie avant qu'on le fût en France? C'est qu'on fabriquait des glaces à Venise avant qu'on n'en fabriquât à Saint-Gobain.

Pourquoi est-on plus poli à Paris qu'en province? C'est qu'en province les glaces sont moins communes qu'à Paris.

Pourquoi, depuis dix ans, nos femmes sont-elles mieux vêtues et mieux chaussées qu'auparavant? Pourquoi ont-elles aboli les talons de quatre pouces et les vertugadins? C'est que, depuis dix ans, on a vendu des glaces mobiles dans lesquelles les femmes ont pu se voir depuis les pieds jusqu'à la tête.

Quand un enfant est méchant, colère ou pleureur, sa bonne lui présente un miroir et lui dit : *Voyez comme il est laid;* et il s'apaise.

Ce qui fait que les hommes et les femmes, même des grandes villes, ne portent pas sur leurs figures l'empreinte de leurs vices, et ne sont pas la plus hideuse espèce de la nature, ce sont les miroirs, qui leur ont appris à se composer.

Si les miroirs ont appris à se déguiser, c'est qu'ils ont appris à se connaître.

Ce n'est pas seulement de belles apparences que nous devons à nos miroirs, c'est aussi un meilleur fonds.

Quand nous avons observé l'impression que la physionomie des autres faisait sur nous, nous avons été bien aises de connaître l'impression que nous devions faire sur les autres: Nous nous sommes regardés au miroir; et en apprenant comment les autres nous voyaient, nous avons réfléchi sur ce que nous étions réellement, et sur ce que nous devions être pour paraître tels que nous voulions être vus.

Il y a des gens qui se sont faits doux parce qu'ils se sont vus laids dans la colère.

Il y a des gens qui se sont faits bons parce qu'ils se sont vus beaux dans la bonté.

Comme la conscience est le miroir de nos pensées, un miroir est la conscience de notre extérieur : l'un réfléchit sur l'autre.

Les miroirs ont pourtant quelques torts envers la morale : ils ont rendu les belles, orgueilleuses, et les beaux, fats; mais, en revanche, ils ont appris aux laids qu'ils ne pouvaient se passer de mérite, et aux laides à être modestes; et pour un beau visage il y en a cent qui ne le sont pas.

Au reste, les miroirs n'ont pas seulement le mérite de contribuer à l'amélioration de l'espèce humaine, ils sont encore un moyen de consolation pour certaines peines, et une source de plaisirs véritables, même assez vifs.

Vous jugerez du plaisir qu'ils vous font en en supposant la subite privation. Qu'on dégarnisse votre appartement des glaces qui le décorent, même pour le décorer mieux, pour y mettre de beaux tableaux, par exemple; ce sera pour vous la même chose que si l'on bouchait une fenêtre. Pourquoi les religieuses sont-elles sorties avec tant d'empressement de leur clottre en 90? C'est parce que dans les couvents il n'y avait point de miroirs, et qu'elles s'y rappelaient celui de leur chambre dans la maison paternelle.

Voulez-vous égayer la cellule, la chambre, la prison, où vous êtes seul : mettez-y une glace, et vous serez deux. Voulez-vous agrandir votre chambre trop petite : mettez-y une glace, vous en doublerez l'étendue.

Sentir qu'on existe est une jouissance pour peu que l'existence ne soit pas douloureuse. *Voir* son existence est une autre manière de la sentir qui est toute différente : c'est une augmentation d'existence.

Se comparer à d'autres, quand on n'est pas difforme, est un plaisir. Devant son miroir, on a soin de ne pas se comparer à de plus beaux que soi, et l'on s'en rappelle ou l'on s'en figure toujours de plus laids.

Les architectes n'ont pas encore bien saisi le secret d'employer les glaces le plus convenablement. On les juche sur des cheminées, sur des consoles; elles ne représentent, ainsi placées, que le buste des personnes; les corniches et les plafonds des appartements. Ce n'est qu'à fleur de terre qu'elles font illusion et qu'elles font plaisir.

Toutes les portes d'appartement devraient être en glaces, du haut en bas. Elles figureraient une suite d'appartements tout ouverts, et communiquant les uns avec les autres.

Dessinez au fond d'un salon un vaste portique; remplissez de glaces tout l'intervalle des chambranles, à partir de terre et en montant jusqu'au cintre; éclairez ce salon, ouvrez-le à une société brillante; ce sera comme si vous aviez ouvert une suite d'autres salons contigus à celui là.... A la vérité cela ne trompe qu'une fois; mais cela plaît toujours.

Je ne finirais pas si je voulais vous dire tout ce qu'on peut faire d'agréable avec des glaces.

Je conclus donc que les miroirs sont une invention d'une suprême utilité. J'en tiens dans tous les prix, dans toutes les grandeurs, d'étamées et en blanc, à trente pour cent au dessous du tarif. Ma demeure est rue des Bourdonnais, n. 3945.

(*Journal de Paris*, du 29 floréal an VIII. — 19 mai 1800.)

AUX AUTEURS DU JOURNAL DE PARIS,

SUR LES MOEURS DU JOUR.

1

Dans *le Publiciste* d'hier 8, un Bordelais écrit de Paris à son ami, à Bordeaux, une lettre assez curieuse sur les mœurs actuelles des femmes de la capitale. Il lui dit d'abord que les femmes auteurs se querellent et se sont faites auteurs tout à fait. Bientôt, ajoute-t-il, on ne sera pas plus étonné *de ce qu'une* femme fait des livres *que de ce qu'elle* fait des enfants.

«Est-ce un bien, est-ce un mal ? se demande-
« t-on *sans cesse;* moi, je trouve cela tout na-
« turel. De quoi veut-on qu'elles s'occupent ?
« de leur toilette ? Le sujet est bien borné. Plus
« de parure, moins de vêtements, voilà la rè-
« gle; il ne faut pas beaucoup de réflexions
« pour la comprendre, ni de temps pour s'y
« conformer. »

Ce rapport n'est point du tout exact; j'en
appelle à madame Germon et à madame Raim-
baud, nos deux plus illustres couturières, et
au citoyen Leroi, qui est notre marchande de
mode la plus distinguée (1). Elles attesteront,
j'en suis très-sûr, que jamais on n'a mis plus
de soin et fait plus de dépense qu'aujourd'hui
pour la parure; c'est une vérité qui saute aux
yeux de tout le monde, et surtout des maris
qui payent les mémoires. Au lieu de dire à son
correspondant : *Plus de parure, moins de vêtement,* le Bordelais aurait dû écrire : *Point de
vêtement, prodigieusement de parure.* Je crois
que, quand une femme est vêtue d'une tunique
de dentelle de 100 à 500 louis, on peut bien
dire qu'elle n'est pas vêtue et qu'elle est pa-
rée. Mais passons sur cet article.

Le Bordelais continue ainsi :

« D'intrigues, d'amour ? Ah ! mon ami, de
« nos jours le misérable passe-temps qu'une
« intrigue ! C'était autrefois l'affaire de la vie
« d'une femme; je défie qu'à présent elle y
« trouve l'emploi de plus d'une heure de sa
« journée. Rien de plus libre que les entrées,
« de plus simple que la sortie, de moins mys-
« térieux que les rencontres; point de précau-
« tions à prendre, point de craintes à concevoir.
« De là un sujet de conversation absolument nul,
« et le tête-à-tête le plus tendre raccourci au
« moins d'un tiers. Voulait-on autrefois se re-
« trouver au spectacle : que de conventions à
« faire, de combinaisons à former ! Il ne s'a-
« git plus maintenant que de louer une loge,
« ce qui est plus commode et sans doute bien
« plus tôt fait. Plus de tracasseries de société, de
« ces anecdotes si secrètes pendant deux jours,
« jusqu'à ce qu'elles fussent publiques le troi-
« sième; rien à s'apprendre, rien à se confier;

____

(1) Je dis *marchande,* et non marchand, parce
qu'un homme qui vend des chiffons n'est qu'une
marchande. L'autorité des modes doit toujours être
en quenouille.

« une nouvelle du jour dont on parle par em-
« barras de se taire, une visite qu'on prolonge
« par embarras de la finir. Pendant ce temps-
« là on calcule; la bienséance exigerait encore
« quelques instants, et, comme de coutume,
« on accorde à la bienséance la moitié de ce
« qu'elle demande. Joignez à cela ce qu'on ga-
« gne d'ailleurs sur les moments de trouble,
« d'inquiétude, d'attente, qui, à la vérité, n'é-
« taient pas perdus pour tout le monde; sur
« les longues rêveries du jour et les mauvais
« rêves de la nuit; et vous verrez que, dans
« l'arrangement de sa vie, une femme ne peut
« plus regarder l'amour, ou, ce qui est à peu
« près la même chose, la galanterie, que comme
« un accessoire. »

En langage de Gascon cela veut dire qu'à
Paris les femmes sont très-faciles et les hommes très-heureux. Eh bien! je proteste contre
ce langage, et je vous prouverai demain que
jamais les femmes n'ont été plus sages, ni les
mœurs plus régulières qu'aujourd'hui, et qu'il
s'est fait une grande révolution à cet égard.
Mon témoignage est d'autant plus croyable que
j'enrage de la vérité qui me l'arrache.

LÉANDRE.

2

Oui, citoyens, je vous soutiens que les mœurs
des femmes sont meilleures que jamais. Vous
avez sans doute pensé, en lisant mon nom,
qu'amant infortuné de quelque infidèle, ou
adorateur exténué d'une inhumaine, je n'avais
pour preuve de la sagesse de toutes les belles
que la rigueur de quelques-unes. Non, citoyens, non, je ne suis pas l'homme que mon
nom semble annoncer; je suis, en même temps,
un métaphysicien qui observe et médite, un
géomètre qui calcule; je suis, par conséquent,
un célibataire à toute épreuve.

Or, voici mes observations et mes calculs.

D'abord, il n'y a pas plus de dérangement
qu'autrefois dans toutes ces femmes qu'on appelle de la bourgeoisie, qui sont occupées de
leur commerce dans un comptoir, ou qui dans
leur chambre travaillent à l'aiguille ou au fu-
seau. Le travail est toujours le gardien des
bonnes mœurs, et, quand on a voulu en voir de
mauvaises, il a toujours fallu tourner ses regards vers les belles dames qui n'ont rien à faire.

Je distingue celles-ci en trois classes. Les

unes sont des dames de l'ancien régime, qui ont fait vœu de rester religieusement fidèles à ses maximes. Elles se sont jetées dans toutes les manières de la dévotion, et n'ont à la bouche que paroles d'homélie. Comme elles se déchaînent particulièrement contre le *divorce*, elles ne veulent pas que quelque mauvais plaisant leur réponde : *Et l'adultère !* Elles se conduisent en conséquence.

La seconde classe est celle de nos femmes d'enrichis. Comme elles n'ont apporté en dot à leurs maris que leurs grâces, qu'elles ne tiennent ni à des familles considérables, ni a des personnes puissantes, les maris peuvent, d'un moment à l'autre, s'en séparer ou les mettre à la pension, et faire ainsi qu'on n'en entende plus parler. Ces dames ont donc un grand intérêt à conserver la confiance et l'estime de leurs maris; elles ont arrangé leur conduite là-dessus, et se font de nécessité vertu. Vous savez bien que Montesquieu dit, dans l'*Esprit des lois*, que, dans les républiques, les femmes doivent être très-faiblement dotées, parce que celles dont la fortune est indépendante de leurs maris introduisent le luxe dans l'État et les mauvaises mœurs dans les familles. Il cite, à ce sujet Marseille, qui fut, dit-il, *la plus sage des républiques de son temps : Les dots ; selon Strabon, ne pouvaient y passer cent écus en argent et cinq en habits.* Vous voyez que la plupart des femmes de Paris d'*aujourd'hui* sont dans la nécessité d'être sages comme les femmes de Marseille d'*autrefois.*

Enfin la troisième classe de nos dames est composée des femmes de nos jeunes militaires de tous grades; et c'est la plus nombreuse. Ma foi ! celles-là ont de si bonnes raisons pour être fidèles à leurs maris, elles trouvent en eux tant de beauté, de jeunesse, de force, de gloire et d'amour, qu'elles seraient les plus folles de toutes les femmes et les plus dupes de toutes les folles si elles se permettaient la moindre distraction.

Voilà, citoyens, ce que m'a appris l'observation. Les gens qui ont connu l'ancien régime, et qui connaissent celui-ci, sauront bien vous confirmer qu'il y a une grande différence à l'avantage de ce dernier.

Salut.   LÉANDRE.

(*Journal de Paris*, des 10 et 11 prairial an IX.)

LETTRES SECRÈTES.

Un observateur de la police vient de découvrir une correspondance secrète qui a paru présenter un double sens assez curieux à démêler. Elle paraît renfermer un double projet d'émigration. On nous l'a communiquée secrètement, et c'est sous le plus profond secret que nous la communiquons aux dames.

LETTRE DE L'AIGUILLE A L'ÉPINGLE.

Ma chère cousine, j'ai beaucoup, mais infiniment à me plaindre de vous. Depuis quelque temps vous me dérobez tous mes honneurs et tous mes profits.

D'abord vous vous êtes fait peindre et graver partout; on voit votre image sur des ridicules, sur des cachets, sur des breloques, avec cette devise usurpée : *Je pique, mais j'attache.* Ma cousine, il est certain que je *pique* au moins aussi bien que vous, et que j'attache beaucoup plus. Vous n'attachez les choses qu'au moment que vous les traversez, et moi j'attache pour toujours celles que j'ai traversées une fois; vous attachez un point, j'attache les plus longs et les plus importants tissus; vous attachez le fichu ou les devants d'une robe croisée; moi, tous les lés de la robe. Quant au piquant, on sait que j'ai de la trempe, et vous n'en avez pas. Et si les camées, les petites peintures lascives, que l'on met sur la tête des épingles qui attachent la chemise des personnes élégantes des deux sexes, prouvent tout ce qu'on peut dire et faire avec un peu de galanterie sur une tête d'épingle, en revanche l'admiration que l'on a universellement pour une foule d'ouvrages, même d'articles de journaux, composés sur la pointe d'une aiguille, prouve assez que ma pointe passe pour aiguë, je dis, ma cousine, excessivement aiguë. Ajoutez à tous ces avantages que souvent, et tant qu'on veut, je fais fonction d'épingle, et personne, si mal avisé qu'il puisse être, ne dira qu'une épingle puisse faire le service d'une aiguille.

Mais l'usurpation des honneurs qui m'appartiennent est le moindre de vos torts et le moins sensible de mes griefs. Vous m'avez rendu presque inutile au vêtement des femmes, et tellement étrangère à leurs occupations que je suis ou emprisonnée dans un étui sans voir le jour et sans pouvoir respirer, ou délaissée à des mains mercenaires qui me tourmentent et ne me laissent aucun repos. Un lé de gaze ou de dentelle suffit au vêtement des femmes ; l'aiguille n'a point de part à la façon d'un tel habillement. Une épingle croise ce vêtement au-dessous de la poitrine, et la toilette est complète. Croiser sur le nu, attacher avec une épingle une robe ouverte de bas en haut est aujourd'hui tout le savoir des femmes. Les ingrates ! combien j'ai servi autrefois à leurs plus douces jouissances ! lorsque j'entrelaçais des chiffres, des fleurs pour des amants ! lorsque j'assemblais des nœuds d'épées et des cocardes ! Combien j'ai valu d'épîtres, de madrigaux, de chansons, de sérénades, et d'autres hommages encore plus solides, aux aimables ouvrières. Combien j'ai marié de filles et combien vous en avez perdues ! Combien j'en ai dotées et combien vous en avez ruinées. Les ingrates !!! Et quel danger pour leur honneur que de s'habiller avec une épingle ! faire dépendre leur honneur d'une tête d'épingle, qui peut être la plus mauvaise tête du monde, et qui certainement est la plus susceptible d'égarement ! Quel danger même pour toute espèce de vertu ! L'oisiveté n'est-elle pas la mère de tous les vices ? L'aiguille ne fait-elle pas la tranquillité des mères et la sûreté des maris ? N'est-ce pas une aiguille qui a sauvé l'honneur de Pénélope ? Ah ! l'aiguille et la sagesse des femmes sont inséparables ; l'oubli de l'une est la perte de l'autre.

Adieu, méchante et cruelle cousine. Jouissez de ma disgrâce et de votre triomphe. Je vais, avec ma compagne, chercher, dans les départements (1) éloignés de cet indigne Paris, un asile où nous puissions nous consoler.

RÉPONSE DE L'ÉPINGLE A L'AIGUILLE.

Que vous êtes injuste, ma chère amie ! Ah ! croyez-moi, je me ressens plus de votre disgrâce que je n'en profite.

Je suis réduite à trois services fort peu agréables. Ou je végète, pendant des mois entiers, sur une pelote ; ou j'attache, pendant des années, des mémoires de tapissier, bijoutier, sellier et couturières, mémoires qu'on met en-

semble, mais qu'on ne regarde ni ne paye ; ou enfin j'attache, comme vous le dites, sur le nu, une mauvaise robe ouverte tout du long, et si mince que je puis à peine y tenir.

C'est ce dernier emploi qui paraît vous faire envie. Hélas ! vous êtes, comme tant d'autres, dupe des apparences ; on ne m'emploie ainsi que pour me dévouer à une perte certaine ; quand les femmes paraissent me confier la garde de leur pudeur, c'est une insigne perfidie, qui n'a pour but que de constater mon impuissance. On m'orne la tête sans doute, mais comme on orne celle des victimes dévouées au sacrifice. On me décore de perles, de diamants, de camées, de peintures : c'est pour me désigner aux larcins des téméraires et les préparer aux plus importantes invasions. Le moment où je vous parais étaler ma couronne avec le plus d'orgueil est celui où je suis le moins en sûreté. Je ne tiens qu'à un fil alors que je suis le plus superbe. Autrefois la pudeur sauvait l'épingle la plus modeste ; aujourd'hui on a donné de la valeur à l'épingle pour qu'elle livrât la pudeur. En l'enrichissant, on l'a corrompue : c'est le sort de bien des gens. Vous voyez donc, ma chère amie, que plus que vous, et plus que jamais, je suis une malheureuse sans état ; qu'on m'emploie avec l'intention de me livrer, et qu'on me prend souvent pour me livrer à d'autres, et plus souvent encore pour me jeter avec mépris.

Plus de rancune, ma cousine, nous nous reverrons bientôt en province (2). Je suis lasse de mon existence, et d'ailleurs, au train que prend la toilette des femmes, bientôt je serai encore plus inutile ici que vous.

L'ÉPINGLE.

(Journal de Paris, du 21 fructidor an IX. — 8 septembre 1801.)

DES BANQUEROUTES.

AUX AUTEURS DU JOURNAL DE PARIS.

J'ai lu avec plaisir, messieurs, votre article sur les banqueroutes. On demande à chaque instant d'où proviennent celles que nous essuyons tous les jours ; n'est-ce pas des fausses

---

(1) Il paraît que les départements sont là pour les pays étrangers, pour la Suisse ou les États-Unis d'Amérique.

(2) Ce mot veut dire, comme dans la lettre de l'aiguille, en Suisse ou dans les États-Unis d'Amérique.

spéculations? Et d'où viennent les fausses spéculations?—des fausses dépenses et du luxe effréné. Après quelques études au Perron, on se croit au Pérou. A peine a-t on fait l'usure en prêtant sur gage qu'on tranche du banquier de cour. — Petit banquier, l'on veut être un *Samuel Bernard;* gros banquier, on se croit un *Lucullus.* Quand on s'est dérangé par de folles dépenses, on joue quitte ou double dans les affaires les plus hasardeuses. On a gagné un ambe, on dépense comme si on avait gagné un terne, et l'on se perd à jouer le quine.

Ô mœurs de notre ancien négoce ! qu'êtes-vous devenues ? Modestie, économie, prudence de nos anciens banquiers, vertus par lesquelles s'accumulèrent tant de capitaux et se constituèrent tant de fortunes qui devinrent serviables aux manufactures et à tous les genres de commerce (1), ne renaîtrez-vous plus ? Qu'à l'époque où toutes les distinctions non-seulement de naissance, mais d'état et de rang, ont disparu de la société, où toutes les autorités étaient sans considération et sans subordination, qu'à cette époque les gens qui avaient de l'argent se soient crus des êtres privilégiés, qu'ils se soient crus dispensés de toute modestie, qu'ils aient couvert leurs femmes de diamants et leur enfant au berceau de dentelles, qu'ils aient étalé et mêlé dans leur palais le luxe des temps les plus brillants de la Grèce, de Rome et de Paris, qu'ils aient rempli le monde du bruit de leurs bals et de leurs fêtes, ce scandale se conçoit. Mais quand tout rentre dans l'ordre, quand une sorte de hiérarchie morale s'établit par la force des bienséances, à côté de la hiérarchie politique, quand des places honorables obtenues par des services ont marqué des gradations sociales, quand l'opinion a rétabli l'utile distinction des hommes considérables et de ceux qui n'ont que le droit de le devenir, ce n'est ni au plus riche, ni au plus vain, qu'il appartient de faire le plus de bruit.

J'ai dit qu'on se ruinait par le faste ; je n'ai pas dit assez : on fait pis que se ruiner, on se ruine, on ruine ses créanciers, et l'on enrichit sa femme ; c'est-à-dire qu'on perd à la fois sa réputation de bonne conduite et sa réputation de probité.

(Opuscules, tome III, page 179.—13 fructidor an XI. — 31 août 1803.)

LETTRES DU COMTE ORLOBORLOF

AUX AUTEURS DU JOURNAL DE PARIS.

1

Paris, le 13 thermidor an XI.

Messieurs, quand j'étais à Paris, il y a trente ans, on disait souvent, d'après je ne sais quel philosophe, c'était, je crois, Fontenelle, que le livre de la littérature française qui renfermait le plus de vérités, c'était l'*Almanach royal.* Pour moi, je n'ai jamais été édifié de l'exactitude de cet ouvrage, et je souhaite qu'aujourd'hui l'*Almanach national* vous donne un peu moins de fausses adresses que son prédécesseur, et que vous ne soyez plus exposés, comme on l'était autrefois, à envoyer des mémoires, requêtes, placets, en un mot, ce que vous appelez aujourd'hui des *pétitions*, à un homme que votre affaire ne regarde pas, et qui jette votre papier au feu. Aussi, quand on me parlait des vérités de l'Almanach royal, je me disais : Je connais bien, moi, un autre livre dont chaque ligne est bien plus sûrement une vérité, dont chaque ligne, chaque jour contrôlée, est chaque jour scellée de nombreux écus : c'est *le Livre des Postes de France.* Mais, messieurs, voilà que je suis détrompé de ma bonne opinion sur ce livre. Ayant eu la curiosité de venir admirer de près votre grand consul, dont notre Alexandre parle avec tant d'estime, j'ai acheté à Francfort un livre des postes de France pour l'an XI. Muni de ce précieux ouvrage, je cherche d'abord, sur la carte qu'il renferme, ma route la plus directe pour me rendre à Paris ; je la trouve marquée de Mayence à Trèves, de Trèves à Luxembourg, de Luxembourg à Stenai, de Stenai à Reims. Les relais sont indiqués sur la carte, avec le nombre de lieues ; mêmes indications dans le livre, à une exception près. Je me mets en marche sur la ligne tracée. Quel est mon étonnement quand je me vois conduit, non sur des routes, mais dans

---

(1) Dans les temps les plus calamiteux de la Révolution, M. Perregaux, M. Delessert, M. Baguenault, et quelques autres maisons, ont toujours eu un capital considérable au service des manufactures, et au plus modique intérêt. C'était là la destination et le service habituel des anciennes maisons de banque ; c'est là la destination naturelle de la banque même.

des ravins et des précipices; obligé, ici, d'emprunter des bœufs pour monter une côte à pic dans un sentier creux; plus loin, de faire tenir ma voiture avec des cordes de peur qu'elle ne verse; et, de plus, des maîtres de poste, notamment à Luxembourg et à Longwy, qui me font payer une poste de plus qu'il n'est écrit pour leur relais. Mais, laissant de côté cet article qui ne regarde que la dépense, je me suis fait cet argument: Ou il n'y a point de chemins suivis de Mayence à Stenai, et en ce cas le livre de poste a tort, ou les postillons des relais de postes ne connaissent pas ces chemins, et alors ce sont des voituriers et non des postillons, et, en ce cas encore, le livre de poste, qui suppose des postillons, a tort.

Me voyant ainsi réduit, messieurs, à chercher de nouveau un livre rempli de vérités, et m'affligeant d'être *désenchanté* de mon livre de poste, un brave Champenois, que j'ai trouvé entre Reims et Villers-Cotterets, m'a tranquillisé. « Monsieur, m'a-t-il dit, autrefois il n'y avait rien de si difficile à trouver qu'un livre véridique, mais aujourd'hui ce n'est plus la même chose. Puisque vous aimez la vérité, achetez, en arrivant à Paris, mille cinq cents histoires de la Révolution qui viennent de paraître. Pas une qui ne soit vraie et pourtant pas une qui ressemble à l'autre, ce qui met de la variété dans la vérité. » Je vais profiter de cet avis; mais en attendant je ne veux pas laisser au livre des postes et relais la réputation qu'il a usurpée, et je craindrais d'avoir sur ma conscience les événements fâcheux auxquels les voyageurs pourraient s'exposer sur la foi des lignes bien droites et bien unies que les auteurs ont figurées sur la carte des postes, mais qu'aucun ingénieur ne paraît avoir même tracées sur le terrain.

J'ai l'honneur d'être, etc.

Le comte ORLOBORLOF.

P. S. Je profiterai de cette occasion pour vous dire que je ne m'attendais pas à trouver encore vos postillons vêtus en France de la veste bleue à collet rouge. C'était autrefois l'habit de la petite écurie du roi, aux galons près. Il me semble que les postillons devraient aujourd'hui être vêtus de vert, comme le sont les gens des ambassadeurs et ministres de France dans les cours étrangères.

2

Paris, le 16 thermidor an XI.

Messieurs, je vous remercie d'avoir inséré ma précédente lettre dans votre feuille du 13. Si mes observations ne vous déplaisent point, je continuerai à vous communiquer celles que je ferai pendant mon séjour à Paris. Il s'y passe journellement une foule de choses fort remarquables, qui ne sont pourtant remarquées de personne; l'intérêt de la postérité, l'intérêt de la perfectibilité humaine, l'intérêt des nations étrangères demanderaient que l'on recueillit et que l'on publiât tout ce qui se fait de beau et de bon chez la première des nations. Puisque l'habitude fait que les Parisiens voient sans attention une multitude de belles choses qui frappent l'œil surpris d'un étranger, il me paraît bon qu'un étranger consigne ses observations dans un papier public. Or donc, voici ce que j'ai vu dimanche dernier.

J'étais en cabriolet sur le pont de la Révolution. Là, je voulus jeter un coup d'œil sur le beau bassin que formé la Seine entre ce pont et le pont des Tuileries. A cet effet, je jetai ma tête hors de mon cabriolet, croyant planer sur la rivière ainsi qu'à mon précédent voyage, où je me promenais habituellement dans un cabriolet si élevé que je rentrais ordinairement à l'entre-sol, où je logeais, par la fenêtre. Quelle fut mon humiliation quand je vis que mon cabriolet m'élevait à peine à la hauteur du trottoir, et qu'il était de taille à remiser dans la première cave dont le soupirail serait ouvert, au lieu de remiser à l'entre-sol, comme ceux qui étaient de mode il y a quinze ans? Je me trouvai donc obligé, je ne dirai pas de descendre de ma voiture, mais d'en sortir, pour monter sur le trottoir, où je me mis en devoir de satisfaire ma curiosité. Ma vue errait à peine sur l'espace qu'elle embrassait lorsqu'elle fut fixée sur le quai de Bonaparte par un groupe de figures nues qui s'y promenaient. « Oh! oh! me dis-je; ce sont sûrement des dames de distinction que je vois là-bas; on dit que les dames vont toutes nues à Paris; sans doute, en voici la preuve. » Je laisse là mon cabriolet et je m'avance le long du quai. Bientôt mon erreur se dissipe, et je reconnais que ces dames-là sont des hommes d'une fort belle venue. Mais que font-là ces messieurs? Cette question m'embarrassait un peu lorsque je me trouvai entre deux dames, dont l'une venait de ce côté, et dont l'autre y allait. Je m'adressai à celle-ci, qui était une laide de cinquante ans. « Madame, lui dis-je, auriez-vous la bonté de m'expliquer?... — Monsieur, me dit-elle vivement, je suis très-pressée... et je n'ai pas le temps de bavarder. » Elle était déjà à vingt pas, et très-près de ces messieurs, lorsqu'elle prononça ce dernier mot. Celle qui venait, jeune, belle, marchait encore plus vite que la première, et avait l'air indigné... « Madame, lui dis-je, auriez-vous la bonté de m'expliquer?... — Ah! monsieur, s'écria-t-elle avec un accent qui me pénétra, c'est une horreur! laissez-moi fuir... » et elle court encore. Heureusement pour moi survint un monsieur qu'on m'a dit être un chimiste très-savant. « Monsieur, me direz-vous ce que c'est que cette procession? —Une procession! me répondit-il en riant; ce n'est pas là une procession : ce sont des messieurs qui font un exercice très-salutaire; ils sortent de la rivière, et ils se promènent en prenant un *bain d'air*. Vous n'avez peut-être pas entendu parler des *bains d'air?* monsieur; Rousseau pourtant en a dit quelque chose. C'est un tonique excellent. C'est...... c'est...... et puis l'hydrogène, l'oxygène, l'homogène, et surtout point de gêne, voilà les remèdes vraiment universels, la véritable *panacée*...... »

Jugez, messieurs, de ma reconnaissance pour cet illustre et sage chimiste. Il faut donc bien vite informer l'univers que c'est un remède excellent pour toute sorte de maux, de prendre des *bains d'air*, le dimanche, sur les quais des grandes villes. Il faut que l'opinion publique prévienne les obstacles que la police voudra peut-être apporter à cet usage, comme autrefois les parlements s'opposèrent à l'inoculation; et il faut surtout s'opposer aux clameurs des femmelettes semblables à celle que j'ai accostée la seconde sur le quai de Bonaparte. Je ne doute pas que ces bains ne réussissent très-bien en Russie. Je souhaite seulement qu'on n'en abuse pas en hiver.

Je suis, etc.   Le comte ORLOBORLOF.

5

Paris, le 10 fructidor an XI.

Ayant lu dans quelque feuille, monsieur, que l'hôtel Bourbon était ouvert au public,

j'eus ces jours derniers la fantaisie d'aller me promener dans son beau jardin. Je donne ordre à mon cocher de m'y conduire. Il m'arrête devant une porte que je reconnus fort bien pour être celle de l'hôtel. Mais quelle fut ma surprise quand je vis écrit au-dessus de cette porte : *Hameau de Chantilly. Hameau* où était écrit *Hôtel! Hameau* au milieu de Paris! *Hameau* dans l'enceinte d'un palais, et où l'on arrive par un portique d'ordre corinthien! *Hameau* écrit en lettres d'or sur un marbre noir! Si le hameau est là, Monsieur, dites-moi donc où est un hôtel, où est la ville, où est la capitale de toutes les villes?

Vous êtes bien gais, messieurs les Parisiens! Vous vous faites un jeu de tout; vous donnez aux choses des noms qui en expriment de toutes différentes; vous parlez sans cesse par antiphrase, et vous n'entendez jamais mieux ce qu'on vous dit, que quand on vous dit, par ironie ou par un autre amusement de l'esprit, le contraire de ce qu'on veut vous dire. Il faut que vous soyez bien sûrs de votre sagacité pour jouer ainsi avec la vérité, ou bien légers pour vous en moquer à ce point! Peut-être aussi est-ce par profondeur. Vous vous croyez peut-être en droit de dire à la vérité elle-même : *Et toi aussi tu n'es que vanité!*

Après m'être promené dans le Hameau de Chantilly avec beaucoup de bergères en habit grec et de Titus en guêtres de nankin, j'ai été à l'Opéra. Là, après un grand air chanté avec plus d'éclat que d'accent, messieurs de l'orchestre se mirent à battre leur violon de leur archet, ce qu'on me dit être un applaudissement. Bon! demandai-je tout surpris, l'orchestre applaudit le théâtre! Et depuis quand l'orchestre n'est-il pas, comme le chant, justiciable du parterre? L'orchestre n'est-il pas comme le théâtre devant le tribunal, et le tribunal n'est-ce pas le public? A-t-on jamais vu les plaideurs se juger entre eux à la barre à la face du juge? « Monsieur est étranger, » m'a-t-on répondu avec dédain; « quand il aura un « peu respiré l'air de l'Opéra, il en verra bien « d'autres. Par exemple, il verra dans un bal- « let fameux le maître des ballets qui vient « jouer sur le théâtre un concerto de violon en « présence de Kreutzer, qui se tient modes- « tement à l'orchestre. Il verra ensuite l'ac- « teur qui joue le principal rôle de la panto-

« mine lui exprimer par ses gestes qu'il joue
« admirablement du violon, et le maître de
« ballets lui répondre : *Moins bien que vous
« ne dansez, mon illustre camarade.* A quoi
« celui-ci réplique encore par geste : *Mais ce
« que vous jouez si bien, ce que je danse si
« bien, ce que je fais même en ce moment pour
« vous complimenter, tout cela c'est vous, mon
« illustre maître, c'est vous qui l'inventez.* »

« Je me réjouis de voir cela, monsieur, répliquai-je, et je vous remercie de m'avoir instruit d'avance de l'usage où les acteurs se sont mis de s'applaudir en plein théâtre, et les violons d'applaudir les chanteurs, en attendant que les acteurs et les chanteurs et les danseurs se mettent à applaudir le public ou à le siffler, suivant ce qu'il méritera. »

Après le chant est venue la danse. On dit que c'est une partie des beaux-arts très-perfectionnée depuis quelques années. Perfectionnée, soit; mais parfaite! On a mis dans la danse des mouvements et des attitudes qui me paraissent plutôt appartenir aux études qui se font chez Franconi ou chez Nicolet. Je demande si c'est de l'aveu de Terpsichore qu'une danseuse, se plaçant en face du parterre, lève devant elle une jambe aussi haut qu'il est possible, et gesticule avec son pied de même qu'avec ses bras? Est-ce un tour de force que l'on veut faire? C'est chez les danseurs de corde qu'il faut l'essayer. Si ce n'est pas un tour de force, ce doit être une imitation de la nature? Or, qu'est-ce qu'imite cette jambe tendue roide en avant? Ce n'est assurément ni un mouvement de marche, ni un mouvement de course. Le Petit-Poucet, pour faire usage de ses bottes de sept lieues, n'a jamais levé la jambe si haut, ni ne l'a soutenue si longtemps sur une ligne parallèle à l'horizon. Atalante, courant pour gagner le prix de la course, a une jambe levée, mais en arrière, et non en avant. Ce qu'on appelle *montrer les talons* consiste à laisser voir ses pieds par derrière ; ce n'est encore qu'à l'Opéra qu'on a pu imaginer de faire montrer les talons par devant. Si cette jambe, levée horizontalement en avant, représente quelque chose, ce ne peut être que l'action de donner des coups de pied dans le ventre ; on pourrait dire qu'à l'Opéra on *montre le pied* au public, comme on montre le poing à la halle, si cette figure ne rachetait, par sa parfaite indécence, tout ce qu'elle paraît avoir de menaçant. Qu'on examine tous les camées antiques qui ont été recueillis jusqu'à ce jour, et où des danses sont représentées, on ne verra pas une attitude semblable. Il y a mieux, je n'ai pas vu que la danseuse de l'Opéra la plus célèbre par la finesse et la pureté de son goût se la permît à l'Opéra même. Je parle de madame Gardel; elle ne croit pas, sans doute, comme mademoiselle Saulnier et autres, que les jambes aient été données pour gesticuler et pour relever des jupons jusque par-dessus la tête.

A la sortie de l'Opéra, j'attendais avec beaucoup de monde, dans le vestibule, que ma voiture fût arrivée. Tout d'un coup s'élève une rumeur assez forte près du poêle. On court, et moi avec les autres. C'était une petite dame fort jolie qui répétait, en frappant du pied: *L'animal, le butor, le grossier!* De quoi s'agissait-il? d'un grand monsieur qui avait un *claque* sous son bras, et qui, entendant annoncer sa voiture, s'était brusquement retourné pour gagner la porte, et avait donné à la jeune dame un large soufflet de son *claque*. Quand elle fut un peu revenue à elle-même, elle dit à une autre personne de sa société : *Regardez, ma chère; n'a-t-il pas bien dérangé* MON COUP DE VENT? — Que veut-elle dire avec son *couvent?* me demandais-je à moi-même, lorsque je vis l'amie, en lui répondant : *Mon dieu, oui,* se mettre en devoir de lui raccommoder une touffe de cheveux qui couvrait son front comme une huppe de poule noire! Je demandai à mon voisin comment il se pouvait que cette touffe s'appelât un couvent? — C'est *un coup de vent*, me répondit-il durement, c'est-à-dire un amas de cheveux qui sont censés réunis sur le haut de la tête par un coup de vent qui a soufflé au derrière et de bas en haut. Pendant que j'écoutais cette explication, la petite dame frappait des pieds en criant : *Oh! ciel, mon coup de vent est perdu... J'irai au bal avec mon coup de vent tout de travers!...* On m'avertit que ma voiture était là ; je me sauvai en disant, entre mes dents : Ma chère dame, ce coup de vent que vous avez sur la tête m'a bien l'air d'un coup de marteau.

Je suis très-parfaitement, messieurs, votre très-humble et très-obéissant serviteur,

Le comte ORLOBORLOF.

4

Paris, 21 fructidor an xi.

Après avoir satisfait ma curiosité pour les embellissements de Paris, et parcouru ses places, ses quais, ses rues, ses jardins, ses églises, ses palais, ses muséum, ses bains publics, il me reste, messieurs, à voir ce que vous appelez *la société*. On la dit exempte des préjugés, des abus, des ridicules, qui, avant la Révolution, la rendaient si souvent insupportable aux hommes de sens, et qui sont représentés sur votre théâtre ou dépeints par vos poëtes satiriques ou vos écrivains de morale. Mais si j'en crois les gens avec qui mes affaires m'ont donné l'occasion d'en parler, il commence à s'y introduire des usages qui ont aussi leur désagrément.

D'abord, un architecte, à qui j'avais demandé un plan pour une petite maison que je voudrais faire bâtir sur le bord du Volga, m'a assuré qu'à Paris un banquier du bon genre ne voulait pas moins de trois salons à son appartement. « Il lui faut, m'a-t-on dit, l'espace nécessaire pour recevoir, un jour de fête, de « mille à douze cents amis. Pas de milieu chez « lui entre la solitude et la cohue. On n'ouvre « pas pour dix ni pour vingt personnes ; quand « on n'a pas moins de mille amis, on ne veut « point faire de jaloux. » Je crois cela un peu exagéré ; cependant, à la manière dont certains banquiers payent aujourd'hui leurs dettes, on peut bien croire qu'ils ont pris un peu des habitudes des princes d'autrefois.

Mon marchand de chevaux m'a soutenu hier que c'était maintenant l'usage chez les traitants de dire : *Mon piqueux*, en parlant d'un mauvais palefrenier ; et mon maître d'hôtel m'a appris qu'il fallait dire : *Un de mes valets de pied*, pour parler d'un maussade laquais. Croirais-je que tout le monde à Paris prenne ainsi des airs de princes ?

Un cuisinier qui me sert depuis quelques jours, à qui je demandais un poulet et deux perdrix pour mon dîner, me répondit : Monsieur le comte, chez un homme du bon air, on ne sert la perdrix qu'en purée, et du poulet on n'en sert que les blancs.

Un marchand de vin est venu m'offrir ses services : Vin de Madère, vin de Laffitte, vin de Chambertin... — Et votre vin d'ordinaire, lui demandai-je, est-il bon ? — Mon vin d'ordinaire ! monsieur le comte ; l'usage est de boire du Madère dès la soupe, d'attendre de demi-heure en demi-heure un verre de vin de bordeaux ; et pour *le fond du dîner*, on boit du vin de Suresne. Du Madère, du Bordeaux et du vinaigre, voilà comment sont abreuvées nos bonnes tables aujourd'hui. — Peste ! ai-je dit, voilà du luxe bien entendu. — Monsieur le comte ne voit pas, a répliqué le marchand, que c'est une manière délicate de prohiber le vin d'ordinaire, dont la modestie républicaine n'ose encore s'affranchir.

Mon tailleur, à qui je demandais hier deux habits, me dit : « Puisque monsieur le comte a besoin, pour le moment, de deux habits, je m'en vais lui en faire quatre. — Et pourquoi quatre, quand j'ai besoin de deux seulement ? — C'est que, si monsieur le comte dîne souvent dans le grand monde, il lui faut beaucoup d'habits *de rechange*. Il arrive fort souvent qu'un habit ne sert qu'une fois. — Et d'où vient ?... — Monsieur le comte ignore que, pour dispenser les maîtresses de maison de faire les honneurs de leur table, des valets font faire la ronde à tous les plats, et vous en servent moitié sur votre assiette, moitié sur vorre manche. — Monsieur le tailleur, je veux voir cela par moi-même. En attendant, je m'en tiens à deux habits. »

Un jeune homme que j'ai pris pour secrétaire me disait très-gravement ces jours-ci : « On ose soutenir que les destinées de la république française sont fixées : je nie cela. Il subsiste toujours une grande querelle entre deux grandes puissances : la puissance des dîners et celle des spectacles. La première ne met sur table qu'à six heures et demie, la seconde veut qu'on lève la toile à sept heures : c'est trop tôt pour l'une, ou trop tard pour l'autre. » Quand je dînerai en ville, je jugerai encore ce procès-là.

Une marchande lingère à qui je demandais, ces jours derniers, par commission, un *trousseau* pour Pétersbourg, m'a dit des choses fort curieuses sur les châles et sur les voiles. « Monsieur, les châles de cachemire et les voiles de dentelles sont les deux choses qui distinguent aujourd'hui les femmes d'un certain *genre* de celles qui sont demeurées dans *l'espèce*. Une femme n'est rien dans le monde si elle n'a ces deux distinctions. Les femmes à *châles* et à *voiles* ont remplacé les femmes à *paniers* d'autrefois. Aussi on stipule le châle et le voile dans les actes de mariage. Il n'est rien qu'une femme ne fasse pour se procurer le voile, si elle s'est mariée sans le stipuler; il n'est rien non plus que le mari lui-même ne puisse obtenir de sa femme pour un voile. Ces voiles, au reste, sont d'une épaisseur admirablement proportionnée à la modestie des femmes qui s'en servent : ils ne voilent rien; ils font même beaucoup remarquer; témoin une belle dame qui dernièrement était à l'Opéra, aux premières loges, près du théâtre, un grand voile sur le visage. Tout le monde la nommait. Il est vrai qu'elle montrait à toute la salle des épaules nues jusqu'à la ceinture. »

Que je suis impatient, messieurs, de me répandre dans la société et de l'observer de plus près! Le caractère français n'est pas moins admirable dans la vie privée que dans les affaires publiques et sur les champs de bataille.

J'oubliais de vous dire que je ne répondrai pas à votre prétendu *vicomte Hurluberlu*, qui prétend que l'orchestre n'est pas justiciable du parterre parce qu'il lui tourne le dos, et que madame Gardel ne danse si bien qu'en vertu de cette maxime d'invention toute nouvelle : *Tel mari, telle femme.* A coup sûr, l'auteur de la lettre est un pseudonyme; il n'y a plus de vicomte en France. Dailleurs, j'ai un peu connu autrefois toute la famille *Hurluberlu*; il y en avait à la cour, à la ville, dans l'Église, dans l'épée, dans la robe, dans la finance, même dans la banque. Beaucoup ont émigré, plusieurs sont restés, quelques-uns sont rentrés, d'autres sont encore dehors. Il y avait bien parmi eux un gros vicomte; mais jamais dans cette famille il ne s'est trouvé un homme assez ennemi de lui-même pour citer une vieille maxime, ni assez téméraire pour en créer une nouvelle. Jamais un Hurluberlu n'a dit: *Tel père, tel fils*, la maxime de la famille ayant toujours été d'être sans cesse en contradiction avec soi-même, Et plus sûrement encore un Hurluberlu n'aurait jamais osé dire : *Tel mari, telle femme*, sentant très-bien que ce serait indignement méconnaître l'indépendance du sexe, et tout à fait ignorer l'histoire, le monde et les coulisses mêmes, où la femme pense, dit et veut

ordinairement tout le contraire de ce que veut son mari; ce qui peut-être prive les femmes de beaucoup de raison, mais souvent les préserve d'un peu de ridicule; car les femmes sont, en général, de meilleur goût que leurs maris.

J'ai l'honneur d'être très-parfaitement, messieurs, votre très-humble et très-obéissant serviteur.

Le comte ORLOBORLOF.

S

LETTRE DU COMTE OBLOBORLOF

A LA SOCIÉTÉ CHOISIE DES DAMES NATURALISTES,

Qui, le 27 fructidor, se sont trouvées à la réunion du Jardin des Plantes.

Je vous félicite, mesdames, *du spectacle curieux et nouveau en Europe qui sans doute vous a aussi singulièrement intéressées que les curieux et messieurs les savants, depuis midi jusqu'à quatre heures du soir*, au Jardin des Plantes, lorsque les deux éléphants se sont trouvés si prêts *à donner un démenti formel à tout ce que M. de Buffon et les naturalistes ont écrit sur la pudeur des éléphants.* Le journal des *Ébats* nous fait de leurs dispositions une peinture si chaste, si décente, si conforme au ton habituel de ses auteurs, et surtout au juste mépris qu'ils professent pour les *grossièretés* de l'histoire naturelle, que celles d'entre vous, mesdames, dont les filles n'avaient pu les accompagner, pourront leur offrir un dédommagement dans la lecture de cette feuille. Heureux pays où les papiers publics donnent l'exemple de la décence dans la critique, dans la censure, dans la discussion et dans les *descriptions!* Comment le peuple qui l'habite ne serait-il pas le plus décent et le plus aimable des peuples?

Rappelé à Moscow par des affaires particulières, et d'ailleurs un peu mécontent de Paris, où l'on me conteste ma qualité de comte russe parce qu'on a, dit-on, aboli les titres en France, je suis fort aise, mesdames, d'avoir trouvé une occasion d'offrir un dernier hommage à une partie de ce beau sexe de qui j'ai eu tant à me louer pendant mon séjour ici; daignez l'agréer. Je monte en voiture avec la consolation de penser que le journal des *Ébats* ne tardera pas à m'apprendre en Russie les heureux résultats d'une union opérée sous de si favorables auspices. *Adieu, Rome! je pars.*

J'ai l'honneur d'être très-respectueussment, mesdames, votre très-humble et très-obéissant serviteur.

Le comte OBLOBORLOF.

(Journal de Paris, des 13 et 16 thermidor,
10 et 21 fructidor et 1er complémentaire
an XI. — 1er, 4 et 28 août, 8 et 18 sep-
tembre 1803.)

LETTRE DE M. FADAÈS

AUX DAMES DE PARIS.

Savez-vous, mesdames, pourquoi vous mourez d'ennui au milieu des plaisirs; pourquoi vous êtes tourmentées de fantaisies et n'avez jamais de jouissances; pourquoi vous êtes accablées de créanciers, sans savoir même que vous faites une dépense scandaleuse; pourquoi vous ruinez vos maris en vous plaignant de leur lésine; en deux mots, pourquoi vous êtes ruineuses et ingrates, indigentes dans l'abondance, malheureuses au milieu de tous les biens? Je vais vous le dire : c'est que vous n'avez rien à faire, c'est que vous tuez le temps misérablement, et, pardonnez-moi le mot, c'est que vous ne vous occupez point de votre MÉNAGE.

Pas une de vous, mes belles dames, ne sait que le désœuvrement et le plaisir ne vont jamais ensemble; toutes ignorent ce que c'est que tenir une maison, avoir de l'ordre, empêcher le gaspillage, se faire honneur de ce qu'on dépense, régler sa dépense sur sa recette.

Qui de vous, mesdames, pourrait dire combien coûte sa table, combien sa toilette, combien l'entretien de ses meubles, combien ses enfants, combien ses domestiques, combien la cave, combien le feu, combien la lumière, combien l'écurie, combien les contributions? Qui de vous pourrait dire ce que coûte en tout sa maison, et à quelle somme doit être bornée sa dépense d'après les principes d'une sage économie?

Qui de vous, mesdames, pourrait dire depuis quand elle n'a pas payé M. Leroi, son marchand de modes; madame Germon, sa couturière; M. Foncier, son bijoutier; M. Du-

chesne, son sellier; M. Sandos, le tailleur de ses enfants; M. Bodard, son tapissier? Vous ne le direz pas, mesdames; mais eux, pour le dire, n'attendent pas peut-être qu'on le leur demande.

Est-il une de vous, mesdames, qui jette seulement un coup d'œil sur le compte de ce cuisinier qui lui fait de si mauvais dîners si chers; sur les mémoires de ce valet de chambre qui éclaire et chauffe si mal sa maison?

Je sais bien, et qui ne le voit pas? que vous avez toutes plus d'élévation et de grâces dans l'esprit que cette madame de Sévigné à qui les détails de la vie domestique étaient si familiers et dont elle parle avec tant de précision. Mais, enfin, puisque vous pensez, parlez et écrivez mieux qu'elle, il vous en coûterait encore moins qu'à elle pour faire le compte de votre dépense et mettre de l'ordre dans vos ménages.

Lorsque Voltaire maria mademoiselle de Varicourt au marquis de Villette, qui avait cent mille écus de rentes, il lui fit un singulier présent de noces; il la fit approcher de son lit, et, après lui avoir donné sa bénédiction, il lui présenta un livre relié en maroquin et doré sur tranche. La jeune personne l'ouvrit avec empressement : il était de papier blanc; seulement Voltaire avait écrit de sa propre main, sur le premier feuillet : *Registre de dépense pour madame la marquise de Villette*. Elle parut surprise; il lui dit : *Ma chère enfant, je n'ai rien à vous apprendre sur la manière de vous faire aimer de votre mari; mais je vous dirai qu'une femme qui veut être considérée dans sa maison et par son mari lui-même doit veiller sur sa maison.* A la vérité, mesdames, Voltaire était un homme de l'autre siècle; mais toutes jeunes, toutes belles et tout aimables que vous pouvez être, vous ne l'êtes pas plus que ne l'était *belle et bonne*.

J'ai ouï dire qu'une dame fort célèbre, se trouvant un jour à dîner avec le général Bonaparte, après ses premières campagnes d'Italie, se monta au ton de la poésie épique, lyrique, dramatique, et fatigua le héros d'éloges sans mesure. *Que peut-on être dans le monde, s'écria-t-elle dans son enthousiasme, quand on n'est pas le général Bonaparte?* Il lui répondit: *Madame, on peut être une bonne mère de famille.*

Vous ne direz pas, mesdames, que je vous cite ici une autorité surannée, que j'invoque un homme de l'autre monde, de l'autre siècle. Eh bien ! être bonne mère de famille, est-ce seulement donner des maîtres à ses enfants, se faire tutoyer et caresser par eux, surtout quand on a beaucoup de témoins, ou bien ménager leur fortune, leur donner l'exemple de l'ordre et de la bonne conduite ?

Je vous salue, mesdames, avec respect.

FADAÈS,

(Journal de Paris, du 1er brumaire an XII.
— 24 octobre 1803.)

MOBILIER.

On peut juger l'esprit et les mœurs d'un homme, d'une famille, sur son mobilier, et si j'avais un fils ou une fille à marier, je me contenterais, pour toute information sur le parti qui me serait proposé, d'un bon inventaire du mobilier de la famille et de celui du prétendu ou de la prétendue, et je ne demanderais pas de meilleur conseil qu'un *huissier-priseur*.

Il m'apprendrait, par le détail de l'écurie et de la remise, si la famille est sédentaire ou coureuse et dissipée; par le mobilier de la cuisine, par la cave surtout, le degré de gourmandise ou de sobriété des maîtres; par la bibliothèque, leur instruction; par leurs meubles d'appartements, la mesure et la nature de leur luxe; s'ils sont gens qui donnent plus au brillant qu'au solide, et à la vanité qu'à la commodité, et à la bienséance plus qu'à l'une et à l'autre, etc. Je pourrais étendre ce détail fort loin, mais j'en ai dit assez pour me faire entendre.

Maintenant, je m'élève à un plus haut intérêt, et je demande si l'inventaire d'une nation, depuis les charrues de diverses natures qui labourent les champs, et les chemins de fer sur lesquels on voiture jusqu'aux éventails et aux cure-dents, ne donnerait pas l'idée la plus nette de ses mœurs et de son esprit ?

Je demande aussi aux amateurs des méthodes analytiques s'il en est une plus simple, plus claire, plus familière, plus amusante, de connaître l'état d'une société civilisée et très-compliquée, que l'inventaire raisonné dont je présente l'idée ?

Je donnerais pour exemple trois genres de meubles dont on n'a pas remarqué les rapports avec les mœurs, et qui en ont de très-étendus :

1º Meubles d'éclairage; lampes, bougies, chandelles, lampes à courant d'air, gaz, réverbères;

2º Les montres et les horloges;

3º Les glaces et les miroirs.

Voici un sujet de proverbe, de parade ou de *comédie* bouffonne : ce sont *les désolations de la vie privée*. Je prends le mot *désolations* dans le sens ironique. Celles que je voudrais mettre en scène ou en *parade*, ce sont les contrariétés qu'on éprouve habituellement dans l'usage de la théière,

Du nécessaire de voyage,

Du quinquet,

Du briquet phosphorique,

De la veilleuse,

Des cheminées fumivores, pour la chaleur, contre la fumée, etc.

La moralité serait qu'il n'y a aucun raffinement, aucune recherche, aucune industrie suffisante pour nous épargner une multitude de petites contrariétés, et que le plus sûr moyen de les éviter est de réprimer les vaines délicatesses, de s'aguerrir aux petits inconvénients, de s'affranchir des besoins de fantaisie, des sujétions que la mollesse et les habitudes voluptueuses imposent; en un mot, de nous guérir d'infirmités volontaires, au lieu de vouloir que l'industrie y satisfasse.

Le lieu de la scène serait *une salle d'exposition* des produits industriels du pays.

Les interlocuteurs seraient des curieux de différent sexe, de différents âges et de différente condition, qui s'arrêteraient devant chacun des objets ci-dessus indiqués; et on mettrait successivement en scène des personnages dont le sexe et la condition seraient les plus propres à fournir des remarques gaies sur l'objet dont ils parleraient. Par exemple, ce serait une jeune et une vieille, ce seraient de vieux Anglais qui discuteraient sur la théière, le quinquet ; deux petits maîtres et un vieux général sur le nécessaire de voyage, etc.

On pourrait présenter le même sujet sous un autre aspect : ce serait la manie prise des Anglais du *confortable*, des petits raffinements de commodités en toutes choses, qui font qu'on se prive souvent du nécessaire pour se procurer tant de superflu. On pourrait supposer un maniaque de ce genre au milieu de tous ses meubles nouveaux. C'est le dernier jour du mois ; on lui en montre le mémoire qu'il faut payer. Il se trouve que, pour payer, il faut vendre un meuble nécessaire.

III. — LITTÉRATURE.

AUX AUTEURS DU JOURNAL DE PARIS.

Il n'y a plus de littérature en France ; bientôt il n'y aura plus de grammaire. On parle aujourd'hui sans loi, comme on agit sans foi. Les journaux sont, la plupart du temps, écrits avec une négligence indécente ; ils fourmillent de fautes de tout genre. Les journaux littéraires n'en sont pas plus exempts que les autres. Ils écrivent des colonnes sans fin sur un mauvais vers, et souvent sur l'incorrection d'une virgule, et les barbarismes, les solécismes, les contre-sens se pressent et se succèdent sans interruption dans toute l'étendue de cette colonne. Votre journal même, citoyens, le *Journal de Paris*, celui qui a pour lecteurs la partie de la république où l'on se pique le plus de bien parler, mérite de grands reproches. Dans un temps où les journaux tiennent lieu de livres, où ils sont la seule lecture des gens du monde et des jeunes gens, il serait bien nécessaire que les journalistes se fissent un cas de conscience d'offenser la langue aussi cruellement.

Vous allez trouver de l'exagération dans mes reproches et m'accuser de mauvaise humeur ? Eh bien ! permettez-moi de vous apporter de temps en temps la petite note des fautes de langage que j'aurai trouvées dans les journaux du jour, et vous verrez si j'ai tort de me plaindre.

Voulez-vous que je commence par les feuilles d'aujourd'hui ? J'y consens.

Je prends d'abord la vôtre, et je lis dans les *Mélanges*, à l'article où vous parlez du duel qui a eu lieu entre deux amants rivaux au bois de Boulogne, j'y lis que « l'amant outragé, *blessant* mortellement son adversaire, *revient* « avec le regret *d'avoir perdu* à la fois et sa maîtresse et *son ami*. » Cette phrase renferme deux contre-sens. Il fallait dire : « Après « avoir blessé mortellement, revient avec la « douleur de perdre, etc. »

Je passe à un autre journal. C'est le...... (1). On y lit ce matin : « Que le rôle de Constance « dans *les Deux Journées*, ce rôle, créé d'une « manière si intéressante par Mlle Scio, *comme* « *actrice* et *comme* cantatrice, ne pouvait être « confié, *après elle, en* de meilleures mains, « *qu'en* celles de Mlle Lesage. » Combien y a-t-il de fautes dans ce peu de mots ? Créé d'une manière intéressante....., une. Créé par Mme Scio comme..... deux. Confié, *après elle*..... trois. Confié en...., quatre. Confié en *des mains*..... cinq. En de meilleures mains qu'en celles, etc., six. Il fallait dire : « Ce rôle, « que Mme Scio a créé par la réunion de ses « talents d'actrice et de cantatrice, et qu'elle « a rendu si intéressant, ne pouvait être *confié* « ensuite *à* une meilleure actrice, ou *remis en* « de meilleures mains, *que* celles, etc. »

On trouve dans le journal...... un très-long morceau dont l'objet est de prouver que S. est un mauvais écrivain. Jugez le juge de S. par quelques phrases que je prends au hasard dans son article. « Les conversations de S., « dit-il, la conduite *qu'il a suivie* dans la Ré- « volution (il fallait qu'il a tenue),..... une « négociation bien *conduite* (conduite et con- « duite), tels sont les fondements de sa re- « nommée. Personne ne s'est *jamais* avisé de « ranger ses ouvrages parmi ses titres à la « gloire (ce jamais est un pléonasme)..... La

---

(1) (*Note des rédacteurs.*) Nous supprimons le titre de ce journal. Nous nous soumettons volontiers à la critique, mais nous croyons ne pas devoir faire les honneurs de nos confrères.

« première brochure qu'il fit paraître..... fut « le *signal de ce déluge* de pamphlets dont « nous fûmes *inondés* en 89, et l'on sut gré au « citoyen Sieyès *d'avoir ouvert la carrière.* » *Ouvert la carrière au déluge !* et *l'inondation du déluge !* et le signal du déluge !

Vous voyez, citoyens, que j'ai quelques raisons de réclamer....., J'adresse ma lettre à cinq de vos confrères ; je ne leur demande pas, non plus qu'à vous, de la publier : ce serait trop exiger. Mon désir est que vous la jugiez digne de quelque attention, et qu'à la suite le public trouve dans vos feuilles la pureté du style jointe à celle des principes.

(*Journal de Paris*, du 29 germinal an VIII, — 19 avril 1800.)

BIBLIOTHÈQUE FRANÇAISE.

Je vous suis très-obligé, citoyens, de m'avoir fait connaître, par votre feuille du 6 prairial, *la Bibliothèque française*, rédigée par Charles Pougens. C'est à bon droit qu'on l'a nommée française ; d'abord il y règne une galanterie parfaite. Les deux premiers extraits du premier numéro sont plus longs que les livres dont ils sont les extraits ; l'un de ces livres n'était lui-même qu'un extrait littéral de livres déjà extraits autrefois. La raison qui a fait étendre ces deux articles est sans doute que les auteurs des deux ouvrages sont des dames aimables. Vient un troisième extrait ; c'est celui des mémoires d'une autre dame fort célèbre, de madame Roland. Ensuite vient l'extrait d'un traité des signes et de l'art de penser, L'auteur de ce traité, dit-on, est un jeune homme ; et qui nous apprend cela ? C'est une jeune dame, et cette jeune dame fait l'extrait du traité. Rien n'est plus aimable, plus galant, plus français : les dames font l'extrait des livres des *cavaliers ;* les *cavaliers* font l'extrait de ceux des dames. En vérité, ce commerce d'extraits est charmant.

Ce qui ne l'est pas moins, c'est la facilité du style ; elle est digne du sexe qui travaille au journal, et pour qui le journal travaille. L'aimable femme qui a extrait l'ouvrage du jeune métaphysicien nous fait espérer une seconde partie à cet ouvrage. « Dans cette seconde « partie, dit-elle, l'auteur discutera les divers « moyens d'amélioration qui peuvent résulter « du langage. (*Elle ne dit pas de quelle amé-* « *lioration il s'agit, ce qui est fort piquant.*) « Après avoir suivi *son* histoire, il nous don- « nera sa prophétie (*c'est-à-dire la prophétie* « *du langage*) ; il n'est aucune science qui ne « puisse être présentée sous ces deux points « de vue différents (*le point de vue de l'his-* « *toire et le point de vue de la prophétie*) ; mais, « pour acquérir le droit de prévoir, il faut, « comme l'auteur, avoir beaucoup observé. « Le secret de *l'avenir* est dans *le passé....* « Qu'il serait grand, qu'il serait utile au genre « humain, le siècle qui va s'ouvrir, si pendant « son cours les hommes qui se livreront *aux* « *méditations de la pensée* (*délicieuse expres-* « *sion ! les méditations de la pensée !*) tra- « çaient dans toutes les sciences une *carrière* « *en avant* de l'époque où ils s'arrêteront ! (*Une* « *carrière en avant, comme un courrier en* « *avant ; jolie métaphore.*) Des conjectures plus « ou moins vagues, (*oh ! oui, vagues, voilà cel-* « *les qui avancent les sciences !*), plus ou moins « positives (*agréable chose que des conjectures* « *positives !*), présentent néanmoins une route « dans le lointain des temps ; cette route ex- « cite l'émulation, et ne lui offre jamais, *dans* « *l'avenir*, ni des obstacles insurmontables, ni « un terme au-delà duquel il n'y ait plus *de* « *base pour la pensée, ni d'espoir pour la pos-* « *térité.* » Concevez-vous rien de plus joli, de plus pittoresque, de plus romantique que cette route sans obstacles et sans terme, où la pensée trouvera toujours une base et la postérité un espoir, et qui sera ouverte par des *conjectures vagues* et des *incertitudes positi-* *ves ?* Ne vous semble-t-il pas voir un de ces sentiers si bien décrits par l'abbé Delille, dans le poëme des *Jardins ?*

Au reste cet agréable morceau remplit à merveille les espérances que donne l'*Introduction* de la Bibliothèque. Vous ne serez pas fâchés de la retrouver ici.

« Quelques Français, *jaloux de voir les na-* « tions étrangères plus attentives que nous à « recueillir tous les *faits* qui constituent leur « histoire littéraire, et même la nôtre, ont « conçu l'idée de ce journal, dont il paraîtra « chaque mois un volume d'environ 216 pa- « ges. »

Cette phrase est extrêmement piquante : *Jaloux de voir* signifie curieux, empressés de voir, etc. Ainsi, quand quelques Français vous déclarent qu'ils sont curieux, empressés de voir l'histoire littéraire des étrangers, même la nôtre, écrite *par les nations étrangères*, vous vous attendez qu'ils vont approuver, admirer, seconder cette entreprise, et vous murmurez de cette faiblesse qu'ils vous annoncent,..... Mais vous vous trompez, c'est une tournure épigrammatique ; *tout jaloux* qu'ils se disent *de voir* une si belle chose, ils ne veulent pas la *voir*, ils veulent en *faire* une opposée. Ainsi la phrase est véritablement l'équivalent de celle-ci : *Je suis jaloux ou curieux de vous voir, et par conséquent je ne veux pas vous voir.*

« *Tous* (TOUS *les* QUELQUES *Français dont il*
« *est question dans la première phrase*), ani-
« més du même zèle pour le progrès de la phi-
« losophie, des sciences et des lettres, ont juré
« de ne jamais violer les *préceptes sacrés d'une*
« *impartialité rigoureuse.* » Quel tableau ! ils ont juré ! juré de ne pas violer ! de ne pas violer les *préceptes sacrés d'une impartialité !* On ne connaissait pas encore le code de l'impartialité, ni les *préceptes* positifs et nombreux de cette qualité négative, ni la différence d'*une* impartialité et d'une autre.

(*Opuscules*, tome II, page 63, 12 prairial an VIII. — 1er juin 1800.)

4

J.-M.-B. CLÉMENT,

AUX RÉDACTEURS DU JOURNAL DE PARIS.

Tandis qu'un assez bon nombre de critiques anonymes, ou sans nom, s'amusent à déchiqueter deux ou trois fragments du grand poëme que j'ai imité du Tasse, un censeur plus amical s'est fait un plaisir généreux de contribuer en quelque chose à la correction d'un ouvrage si difficile. Le citoyen *Théveneau*, quoique savant mathématicien, possède un talent rare pour la poésie, qu'il cultive trop peu. On connaît de lui de très-beaux vers. Il n'a pas jugé les miens indignes de son attention. C'est à moi-même qu'il a bien voulu adresser ses remarques, avec une franchise et une cordialité que j'estime et que j'aime infiniment. Il les avait destinées pour moi seul ; mais si je dois

me taire sur les éloges qu'il me donne, je ne crois pas devoir lui garder le secret sur les changements qu'il me propose, et dont la plupart m'ont paru très-heureux. J'en vais rapporter quelques uns, qui pourront donner une idée de l'intérêt qu'il prend à mon ouvrage et du talent qu'il emploie à le perfectionner.

Au premier chant, j'ai dit de la Renommée :

Mais le monstre aux cent voix, au vol toujours errant,
Qui répand tous les bruits qu'il écoute en courant.

Le citoyen Théveneau ne reprend point ce second vers, mais il croit, avec raison, le rendre plus saillant par ce tour ingénieux :

Qui *sème* tous les bruits qu'il *recueille* en courant.

Herminie, au troisième chant, termine ainsi le grand éloge de Renaud :

Renaud est ce guerrier si craint dans les batailles ;
Oui, pour faire trembler nos plus fortes murailles,
Les béliers en fureur, dans leur choc redouté,
Ont des coups moins certains que son bras irrité.

Par un léger changement, mon habile censeur donne à ces vers plus de force et de vivacité :

Oui, pour faire *écrouler* nos plus fortes murailles,
Les béliers en fureur, dans leur choc redouté,
Frappent des coups moins sûrs que son bras irrité.

Au même chant, dans le récit du combat où Dudon périt sous les coups d'Argant, on lit ces vers :

L'altier Circassien, lui-même menacé,
A fuir devant Dudon se verra-t-il forcé ?
Il frémit ; sur ses pas il revient avec rage ;
A s'éloigner encore il contraint son courage ;
Mais, tournant tout à coup son coursier écumant,
D'un foudroyant revers de son glaive fumant,
Dans les flancs du héros, sa main terrible et sûre
Vient d'ouvrir une large et profonde blessure.
Dudon tombe, etc.

Dans ce morceau, mon aristarque ne change que deux mots, mais il les change bien ; c'est au commencement et à la fin :

L'altier Circassien, par Dudon menacé,
A fuir devant Dudon se verra-t-il forcé ?

Lui-même menacé était un peu dur ; la répétition du mot *Dudon* efface cette tache et ajoute au mouvement. *Vient* d'ouvrir, au dernier vers, est trop lent pour la situation ; c'est encore par une répétition qu'il anime cette image :

Dans les flancs du héros, sa main, terrible et sûre,
Sa main ouvre une large et profonde blessure.

Sa main ouvre serait dur en toute autre circonstance ; ici la dureté même donne de la force au terrible coup d'Argant.

Il suffira de lire ces autres vers pour sentir qu'ils sont heureusement corrigés. Au lieu de :

Que la pitié fléchisse un refus si sévère ;

Lisez :

Que la pitié *désarme* un refus si sévère.

On trouve plus loin :

Si ce chrétien, si fier contre un rival sans armes,
S'en retournait vainqueur, triomphant de nos larmes !

J'aime mieux : *Souriant à nos larmes.*
Au neuvième chant, j'avais mis :

Déjà loin des remparts l'impitoyable Argant,
Enflammé par les cris de la Discorde impie,
Et plus ardent encor de sa propre furie, etc.

Le censeur a très-bien vu qu'il était plus simple et plus naturel de répéter le mot *enflammé*, et de dire :

Encor plus enflammé de sa propre furie.

Ailleurs, en changeant une seule syllabe, il fait, d'un vers un peu traînant, un vers très-animé. C'est dans le discours d'Argillan à un Arabe, qu'il insulte à son dernier moment :

Emporte cet espoir, *qui* te coûte assez cher ;
Mais meurs, etc.

Voici comme il corrige :

Emporte cet espoir ; *il* te coûte assez cher.

Lorsqu'Herminie, au quinzième chant, découvre à Vafrin le complot formé contre Godefroi par des Sarrazins qui doivent prendre des cottes d'armes pareilles à celles des croisés, elle ajoute :

Ma main, complice ! hélas ! de leurs trames cruelles,
A formé le tissu de ces croix infidèles ;
J'ai servi, malgré moi, leurs barbares desseins ;
Mais j'eus horreur du crime et d'un camp d'assassins.

Je me garderai bien de ne pas adopter le changement que voici :

Ma main, complice, hélas ! de leurs trames cruelles,
Forma l'affreux tissu de ces croix infidèles ;
Je servis, malgré moi, leurs barbares desseins ;
Mais j'eus horreur du crime et d'un camp d'assassins.

Non-seulement cela est plus exact, mais plus soutenu.

Les bornes de votre journal ne me permettent pas un plus grand nombre de citations. Il me suffit d'avoir donné ici une preuve de ma reconnaissance pour les bonnes critiques. J'ai toujours été persuadé que le meilleur ami d'un auteur est celui qui l'éclaire sur ses fautes. Mais s'il est plus rare que jamais de trouver un censeur habile et sincère, il est plus rare encore que la censure, quelque juste qu'elle soit, rencontre un auteur raisonnable, docile et reconnaissant.

(*Journal de Paris*, du 30 prairial an VIII. — 19 juin 1800.)

2

SUR LES CORRECTIONS

ADOPTÉES PAR LE CITOYEN CLÉMENT,

Et, par occasion, sur les disputes grammaticales.

En parlant de la Renommée, le citoyen Clément a dit :

Mais le monstre aux cent voix, au vol toujours errant,
Qui répand tous les bruits qu'il écoute en courant.

Le citoyen Théveneau propose de changer ainsi le dernier vers :

Qui *sème* tous les bruits qu'il *recueille* en courant.

Ce tour ingénieux, dit le citoyen Clément, rend ce vers plus saillant. Je prends la défense du premier vers. *Sème et recueille* offrent deux idées fort bien liées ; mais qu'il *écoute en courant*, a certainement plus de sens et de force qu'il *recueille. Écouter en courant* est caractéristique de la renommée ; c'est pour cela qu'elle répand tant de sottises.

Le citoyen Clément, en parlant de Renaud, dit :

Les béliers en fureur, dans leur choc redouté,
Ont des coups moins *certains* que son bras irrité.

Certainement, *ont des coups* et des *coups certains* sont de très-mauvaises locutions, et il vaut mieux dire, avec le citoyen Théveneau :

Frappent des coups moins sûrs que son bras irrité ;

mais dans l'un et l'autre vers il y a une équivoque.

Le sens que les deux auteurs ont voulu exprimer est celui-ci :

Frappent des coups moins sûrs que les coups

PORTÉS *par son bras irrité ;* mais celui qu'ils expriment est le suivant : Frappent des coups moins sûrs que *n'est sûr* son bras irrité.

Qu'il est difficile d'être correct en français, soit en vers, soit en prose ! et cependant combien il importe à la république que la langue française regagne son ancienne considération ? Les écrivains du siècle de Louis XIV en avaient presque fait une langue universelle, et en cela ils avaient rendu à la France plus de services qu'aucun homme d'État par ses plus heureuses négociations. C'est une grande prime donnée au commerce d'une nation que l'avantage de trouver sur tout le globe des hommes qui parlent sa langue ; c'est un beau moyen de considération pour la diplomatie d'un peuple que le privilége de négocier dans sa langue avec des peuples qui en ont une différente ; c'est un noble moyen d'influence sur toutes les nations que de pouvoir se faire entendre d'elles par ses livres, ses ouvrages dramatiques, ses chansons. Qu'on nous pardonne donc, qu'on nous approuve même d'ouvrir ce journal aux discussions grammaticales. Depuis dix ans, la langue française, que la politique étrangère a eu tant de raisons de proscrire comme dangereuse, a été tellement dégradée, tant d'orateurs et tant d'écrivains l'ont déshonorée, des grammairiens si barbares en ont défiguré les principes, qu'elle serait peut-être au moment de se voir partout rebutée comme méprisable, si les bons esprits ne s'occupaient de sa restauration.

On parle du rétablissement de l'Académie française sous la forme de société libre, et il paraît certain qu'il aura lieu incessamment. Rien de plus utile pour la restauration de la langue que celle d'un corps qui joindra au savoir nécessaire pour raisonner ses décisions l'autorité nécessaire pour les faire recevoir. Pour guider les bons écrivains il ne faut que de bons grammairiens, parce que les écrivains raisonnent et sont grammairiens eux-mêmes. Pour guider les gens du monde il faut, de plus, que les bons grammairiens soient accrédités, parce que les gens du monde ne raisonnent point : ils demandent à savoir ce qui est décidé, et ils s'y conforment. Pour que le langage général d'une nation ait une certaine pureté, il faut absolument qu'elle possède un corps reconnu pour arbitre de la langue, et aux décisions duquel la confiance générale soit attachée.

(*Journal de Paris,* du 1er messidor an VIII. — 20 juin 1800.)

NOUVELLES LITTÉRAIRES.

On craignait beaucoup, il y a quelques jours, de voir donner des lettres de naturalité à deux familles barbares qui ont essayé, il y a quelques années, de chasser de leur domaine les paisibles héritiers de Dumarsais et de Condillac ; la première est la famille des *judiconde, judicateur et judicat ;* la seconde est celle des *compléments, complets et incomplets, prochains et éloignés, directs et indirects.* Ces craintes étaient mal fondées.

— Depuis que l'Institut s'est chargé de continuer le *Dictionnaire de la langue française,* on espère qu'on ne verra plus couronner des ouvrages pleins de fautes contre la langue, tels que le discours du citoyen Nicolas Ponce sur cette question : *Par quelles causes l'esprit de liberté s'est-il développé en France, depuis François Ier jusqu'en 1789?* Il y a cinq fautes graves dans les trente-six premières lignes. Dans la première phrase, la liberté est appelée au commencement un *sentiment,* et à la fin elle est personnifiée, elle est triomphante, vaincue, elle fait le tour du monde. Cela est incohérent. Voici la troisième phrase :

« Si, pendant les longues périodes où les « nations, surchargées du poids de leurs chaî-« nes, souffrant, sans se plaindre, la misère « et l'abjection, et ne donnant aucun sujet de « plainte à leurs tyrans, le sang des hommes « eût été respecté, la philosophie se console-« rait peut-être de ces calamités. » Le premier membre de cette phrase n'est pas fini ; *les nations* forment le substantif d'une phrase incidente qui n'a ni verbe ni régime.

Plus loin l'auteur dit : « *Ouvrez* les pages de l'histoire. » On consulte les pages, on ne les ouvre pas. Voici une autre phrase : « Les ravages des Normands, des Anglais, ceux des grands et petits vassaux, avaient fait désirer au peuple l'augmentation du pouvoir des rois, *espérant,* par ce changement, quelque adoucissement aux cruelles vexations, » etc. *Espérant,* ainsi placé, se rapporte aux ravages et fait contre-sens. « Mais, continue l'auteur, si on le vit (le peuple) sortir de l'esclavage de la féodalité, ce ne fut que pour retomber dans *l'esclavage royal.* » *Esclavage royal* exprime la condition d'un roi assujetti à ses devoirs ; cette condition est un royal esclavage ; c'est le contraire de ce qu'a voulu dire l'auteur.

— Un journaliste reproche au citoyen Girard, auteur du livre des *Tombeaux*, de ne pas demander fortement pour les sépultures les anciennes cérémonies du culte catholique. Il est vrai qu'elles étaient simples et nobles par elles-mêmes ; il est vrai encore qu'elles étaient pompeuses quand elles étaient bien payées par les familles. Mais, ce qui peut en avoir distrait l'attention de l'auteur, c'est que, par un abus trop ordinaire, quand il ne s'agissait que d'un particulier dont les funérailles étaient payées à la taxe,

> Le mort s'en allait tristement
> S'emparer de son dernier gite ;
> Le curé s'en allait gaiement
> L'enterrer au plus vite.

C'est ainsi que se pratiquaient la plupart des enterrements du temps de la Fontaine, et cet usage n'était pas beaucoup changé de nos jours.

— Un de nos correspondants nous écrit : « Je retire ma prose et mes vers contre M. de « la Harpe. Une considération aurait dû ren- « dre très-indulgent pour les personnalités « dont il a rempli ses quatre volumes : c'est « qu'à la page 16 de son Introduction il nous « en promet bien d'autres. Je me les réserve, « dit-il, pour l'histoire de la philosophie. »

— L'Institut se plaint depuis longtemps de la forme de son scrutin : c'est un véritable jeu de hasard. Aussi voyez ce qui en est résulté dernièrement. Il se trouve que la classe de littérature, malgré la présentation de la section de grammaire, n'a pu comprendre dans la liste de ses candidats un de nos écrivains les plus élégants, un de nos poëtes les plus brillants de gaieté et d'esprit, et ci-devant membre de l'Académie française. Nous parlons du citoyen Boufflers. Telle est la combinaison du scrutin que le citoyen Boufflers a eu pour lui

la majorité des votants et n'a pas eu celle des voix.

— Une députation de l'Institut national, composée des citoyens Delambre, Coulomb, Lacépède, Naigeon, Pougens et Andrieux, a présenté hier au premier consul le rapport sur lequel l'Institut a ordonné la formation d'une commission pour continuer le *Dictionnaire de la langue française.* Il a fait inviter la députation de l'Institut à assister à l'audience qu'il a donnée hier aux ambassadeurs.

— Le citoyen Fontanes déclare dans *le Mercure de France,* du 1ᵉʳ prairial, qu'il n'a plus de part à la rédaction de ce journal. Il sera difficile de le remplacer pour l'élégance du style et pour la politesse de la critique.

— Le citoyen Grégoire vient de publier une petite brochure qui a pour titre : *les Ruines de Port-Royal,* en 1801. La mélancolie douce qui règne dans plusieurs pages de cet écrit intéressant contraste un peu durement avec la sévérité un peu âpre de quelques autres. Sans considérer les opinions étrangères à la religion, et conséquemment à l'objet même de l'ouvrage, on le lit avec plaisir ; on y reconnaît ces sentiments de bienveillance universelle et de tolérance philosophique qui caractérisent tous les écrits de cet auteur. On partage aussi ses regrets sur les débris de cet établissement jadis si célèbre, et dont les ruines, ainsi que celles de plusieurs autres maisons monastiques, retentiront longtemps des noms souvent répétés des savants qui les illustrèrent. On trouve dans cette petite brochure les causes de la destruction de Port-Royal ; les motifs qui, en 1637, déterminèrent plusieurs hommes distingués à se réunir dans la maison *des Granges,* située près de l'ancienne abbaye ; les noms de quelques-uns de ces respectables solitaires, ou de ceux qui, à cette époque, manifestaient les mêmes opinions, et parmi lesquels on remarque ceux de Pascal, Arnauld, Nicole, d'Andilly, la Bruyère, Bossuet, Racine, Despréaux ; la liste de plusieurs de leurs ouvrages ; des réflexions sur quelques autres, et l'éloge de tous.

— Oui, certes, il faut avoir beaucoup de

courage pour réduire en un volume les lettres de Mme de Sévigné. Nous avons promis de revenir sur cette nouvelle production de l'épidémie abréviatrice et d'autant plus dangereuse que ceux qui en sont atteints n'ont pas toujours autant de goût que l'auteur de ce recueil. Je regarde comme à peu près nulles les raisons qu'il allègue dans sa préface pour justifier son *Abrégé*. La première, *c'est que neuf volumes de lettres deviendraient, à la longue, une lecture fastidieuse.* Comment peut-on avoir une semblable crainte ? Celle d'arriver trop tôt à la fin de cet ouvrage est la seule qu'on éprouve en le lisant.

La seconde raison de M. Lévizac n'est pas plus fondée ; c'est, dit-il, *qu'il y a une infinité de lettres qui ne peuvent, en aucune manière, convenir à la jeunesse.* Je ne connais pas une seule page dans les lettres de Mme de Sévigné qui puisse autoriser cette assertion.

Cet abrégé peut avoir cependant quelques avantages ; il peut servir à faire *deviner*, pour ainsi dire, l'instant où il faut remettre entre les mains des jeunes personnes la collection entière des lettres de Mme de Sévigné. Le plaisir d'une bonne lecture n'est pas, sans doute, celui du premier âge, et cette époque n'est pas la même pour tous. Les abrégés des ouvrages utiles, et celui de Mme de Sévigné est de ce nombre, peuvent, sous ce point de vue, offrir l'avantage de bien saisir l'instant qui sépare ce premier âge, où l'on n'a point assez d'attention, du temps où l'on commence à avoir celle que donnent le goût des lectures et la volonté de les choisir.

On trouve dans la préface quelques réflexions sur le *style épistolaire*, et une *Notice* sur la vie de Mme de Sévigné ; on y lira avec plaisir le portrait de cette femme célèbre par son amie, Mme de la Fayette. *Les Lettres choisies* sont suivies *des pensées, traits brillants, anecdotes, bons mots et jugements littéraires extraits des autres lettres.* J'en citerai quelques-uns :

« Les longues espérances usent la joie « comme les grandes maladies usent la dou-« leur. »

« Il n'y a de véritable mal dans la vie que « les grandes douleurs ; tout le reste est dans « l'imagination, et dépend de la manière dont « on conçoit les choses. »

« Rien n'est bon que d'avoir une belle et « bonne âme ; on la voit en toutes choses « comme au travers d'un cœur de cristal ; on « ne se cache point ; vous n'avez pas de dupe « là-dessus ; on n'a jamais pris l'ombre pour le « corps ; il faut être si l'on veut paraître ; le « monde n'a point de longues injustices. »

« La comtesse de Fiesque maintenait l'autre « jour à Mme Cornuel que Combourg n'était « point fou ; Mme Cornuel lui dit : *Bonne com-« tesse, vous êtes comme les gens qui ont « mangé de l'ail.* »

« La même (Mme Cornuel) était l'autre jour « chez B..., dont elle était maltraitée ; elle at-« tendait à lui parler dans une antichambre « qui était pleine de laquais. Il vint une espèce « d'honnête homme qui lui dit qu'elle n'était « pas bien dans ce lieu-là. *Hélas !* dit-elle, *j'y « suis fort bien ; je ne les crains point, tant « qu'ils sont laquais.* »

Cet ouvrage est terminé par une *Notice* sur la vie de Mme de Maintenon et par quelques-unes de ses lettres. Mme de Sévigné disait en parlant d'elle : « Je ne sais auquel des courti-« sans la langue a fourché le premier ; ils ap-« pellent tout bas Mme de Maintenon *Mme de « Maintenant.* » Ces lettres sont très-intéressantes ; on y remarque cette phrase dans celle qui est adressée à l'abbesse de Gomer-Fontaine : « Il faut parler à une fille de sept ans « aussi sensément qu'à une de vingt : c'est « en exigeant beaucoup de leur raison qu'on « en hâte les progrès. » Qu'elles lisent donc de bonne heure la collection entière des *Lettres de Mme de Sévigné* ; l'*Abrégé* de M. Lévizac ne peut longtemps leur suffire. Il pourrait peut-être leur être plus utile, considéré comme *souvenirs* d'une bonne lecture.

— *Séligny* ou *l'Accusé de Rapt*, suivi de *l'Homme à la mode* et *le Tocsin*, nouvelles par L... — La première laisse dans l'âme cette inquiétude toujours trop facilement excitée lorsqu'on voit, par des exemples dont l'imagination exagère encore le nombre, combien il est difficile à l'innocence calomniée de se mettre à l'abri des injustes abus du pouvoir. Puisqu'on est forcé de vivre dans la société, les romanciers ne devraient signaler que les écueils qu'il est possible d'y éviter sans être cependant contraint d'aller chercher un asile dans les bois, comme Séligny. Il est douloureux de penser, et il est au moins inutile de trop dire que, pour obtenir, en pareil cas, une justice complète, il faut souvent une réunion de circonstances heureuses qui se trouvent plus facilement dans les dénoûments de romans que dans ceux des événements ordinaires de la vie.—La seconde de ces nouvelles, qui a pour titre *l'Homme à la mode*, ne présente qu'un de ces événements trop communs dans les temps orageux de notre révolution ; mais il fallait changer le titre de cette nouvelle : un homme à pendre ne fut jamais *un homme à la mode*. *Le Tocsin* termine plus gaiement cette brochure, surtout dans *Séligny*, qui est la plus étendue de ces nouvelles, dont, en général, le style un peu froid annonce par les motifs plus de sensibilité qu'on n'en remarque dans les expressions. Les pensées ont de la justesse et quelquefois de la vigueur ; les détails ont beaucoup de charme, et le plus souvent de la bizarrerie ; les événements ont assez d'intérêt pour faire pardonner une teinte de misanthropie trop fortement prononcée.

— On lit dans *le Mercure : Des versificateurs encore plus ignorants qu'ignorés se vantent publiquement d'avoir* TUÉ *le célèbre et malheureux Delille.*—En vérité, il n'y a pas là de quoi se vanter, et *le Mercure* a tort de s'en fâcher. *Swift* disait plus gaiement en pareille circonstance : *Tue, tue ! j'en vivrai plus longtemps. Ils veulent me tuer*, ajoutait-il, *mais ils ne pourront m'enterrer.* Ceux qui ont la prétention de tuer *l'abbé Delille* font comme *ces nouvellistes* qui, en perruque ronde et le parapluie sous le bras, se promènent gravement sur la terrasse des Feuillants, en renversant des armées. La nouvelle de chacun d'eux est toujours la meilleure. — Morbleu, monsieur, disait un de ces *jaseurs*, la vôtre ne vaut rien. Comparons les dates du mois ; j'ai une lettre du 31 qui dit absolument le contraire. — Bon ! répondit l'autre, la mienne est du 32.—Ces bons critiques, qui veulent tuer *l'abbé Delille*, ont peut-être aussi des nouvelles du 32 ; il n'en mourra pas.

(Journal de Paris, du 3 prairial an IX. —
23 mai 1801.)

CONTINUATION DU DICTIONNAIRE DE L'ACADÉMIE FRANÇAISE.

AUX AUTEURS DU JOURNAL DE PARIS.

Citoyens, vous savez que la commission de l'Institut qui vient d'être nommée, pour la continuation du dictionnaire de la langue française, a été créée sur le rapport d'une première commission qui avait été chargée de proposer les moyens de faire ce travail. On vient de publier le rapport de cette première commission. Les personnes qui s'intéressent à la langue se sont empressées de le lire, et je crois qu'on ne peut trop hautement rendre hommage aux vues très saines qui l'ont dicté, à la netteté et à l'élégance de leur exposition.

D'après ce travail préliminaire, on ne peut que bien augurer de l'entreprise, et les espérances de succès deviennent des certitudes quand on apprend que le citoyen Andrieux est au nombre des *continuateurs* du dictionnaire.

Toutefois, on rencontre dans ce rapport quelques fautes assez graves contre la langue.

Par exemple, on y lit que « l'Institut ne peut « guère, *en corps de compagnie,* rendre de « plus grand service aux lettres qu'*en faisant* « le dictionnaire. » *En corps* ne suffisait-il pas ? et, pour la correction de ce qui suit, ne fallait-il pas dire : *ne peut mieux servir* les lettres qu'en *faisant*, etc., ou, ne peut rendre de plus grand service aux lettres *que celui de faire ?*

Plus loin l'auteur a voulu dire : *Nous vous proposons de nommer quatre membres de chaque classe pour former une commission de douze membres ;* et il exprime une tout autre idée ; il dit : « Nous nous bornons à vous pro- « poser *aujourd'hui* de former une commis- « sion de douze membres, *dont quatre seront* « *pris dans chacune des trois classes.* » Ici on peut demander où seront pris les huit autres ; car, *dont quatre seront pris dans chacune des trois classes* signifie qu'il en sera pris deux dans une classe et un dans chacune des deux autres. Je ne relève pas, au reste, la contradiction qui se trouve entre cette proposition et l'une des prémisses du raisonnement dont elle est la conséquence. Ce n'était pas la peine de dire : « L'Institut ne peut guère, *en corps de com-* « *pagnie,* rendre de plus grand service aux

« lettres qu'*en faisant le dictionnaire*, » pour en conclure qu'il faut charger de ce travail une commission de douze de ses membres. Mais ce n'est là qu'une faute de logique qui ne compte pas en grammaire.

Ailleurs on dit : L'Institut national *fera*, dès à présent, *part* au gouvernement de la délibération qu'*il* a prise relativement à la continuation du dictionnaire. Ces deux mots, *fera part*, ne peuvent pas être séparés ; *fera*, dès à présent, font contre-sens ; qu'*il a prise* fait amphibologie.

Je pourrais citer encore d'autres incorrections ; mais il ne faut pas prendre garde à ces taches légères. L'auteur du rapport est connu pour écrire très-élégamment. Jamais on n'a fait d'autre reproche à sa prose que celui d'être quelquefois rimée ; et d'ailleurs il a signalé, cette année, son respect pour la langue, par la critique grammaticale qu'il a faite d'un projet de loi qu'il avait à discuter comme tribun. On peut s'en rapporter à la délicatesse de son purisme, s'il donne à ce qu'il fait autant d'attention qu'à ce qu'il juge.   F... I.

(*Journal de Paris*, du 9 prairial an ix. — 29 juin 1801.)

NOUVELLES LITTÉRAIRES.

Plusieurs hommes instruits, et même quelques autres qui ne le sont guère, s'occupent en ce moment des monnaies. On discute, on dispute sur ce sujet. Les uns veulent une monnaie de haut billon, les autres n'en veulent pas. Celui-ci demande que l'or soit la monnaie à laquelle se rapportera la valeur des autres ; celui-là estime qu'à l'argent doit appartenir ce privilége. Est-il bon que l'État prenne un droit de seigneuriage sur la fabrication des espèces, ou cela est-il préjudiciable ? Faut-il incessamment une refonte ? peut-on la différer ? s'étendra-t-elle à toutes les espèces, ou seulement aux espèces d'argent ? Voilà les questions sur lesquelles on s'escrime. Les citoyens Mongez et Arnaud, les citoyens Beyerlé et Desrotours sont les principaux combattants que l'on voit dans l'arène ; il ne faut pas oublier le citoyen Bastèrèche, qui s'y est présenté un des premiers et a proposé la démonétisation de l'or. L'intérêt public est sans doute le principal motif de tous les combattants ; c'est le seul motif de quelques-uns. Malheureusement on s'occupe moins à lire ce qui s'écrit sur les espèces qu'à les rogner. Toutefois les rogneurs font mieux comprendre la nécessité d'une refonte que les écrivains.

—La commission chargée de la continuation du *Dictionnaire de la langue française* a délibéré sur le mot *administrativement*. Elle l'a, dit-on, rejeté. Cependant le mot est utile ; à tout instant il faut distinguer dans notre constitution entre la chose décidée *judiciairement* et la chose décidée *administrativement*. De plus, le mot est bien fait et suit bien l'analogie. Enfin il est usité, il est même d'un usage nécessaire. La commission ne peut pas refuser ce que l'*usage* admet. Il y a appel de son jugement à l'assemblée générale de l'Institut national.

—On ne parle dans les papiers publics que des abus de la métaphysique, de l'économie politique, de la philosophie, etc. Hélas ! notre jeunesse est bien loin d'abuser de tout cela : elle ne sait pas lire. La chose dont on abuse le plus aujourd'hui, c'est de la mode de crier à l'abus de toutes les bonnes choses.

— Il paraît une *Seconde lettre sur le projet du Code civil*. La forme de discussion adoptée par l'auteur n'est point heureuse. Il ne dénoue rien, il hache, et on ne voit pas ce que deviennent les fils qu'il a séparés. Il m'a paru que, dans une partie de son ouvrage, il regardait le divorce comme une institution vicieuse ; mais j'ai inutilement attendu et cherché les raisons de son opinion ; et ce qui déroute tout à fait, c'est que l'auteur établit à la fin de sa lettre une vérité très-certaine et très-importante : c'est que l'Église gallicane n'a jamais permis à l'Église latine de se mêler de la *solubilité* ou de la dissolubilité des mariages. *Depuis 236 ans*, dit-il, *l'Église latine a la prétention de faire adopter à l'Église gallicane sa doctrine nouvelle de l'indissolubilité, et cette prétention est toujours venue se briser contre le peu de sagesse qui restait au gouvernement français à l'aide des Pithou, des Dupuy, des Hotman, des Leschassier*. L'auteur pouvait ajouter Dumarsais, dont l'écrit sur les *Libertés de l'Eglise gallicane* est un chef-d'œuvre. Il devait ajouter aussi : A l'aide des maximes parlementaires qui furent toujours une digue insurmontable pour le système ultramontain. *L'Eglise gallicane*, continue l'auteur, *enseigne, ou du moins enseignait, avant la Révolution, que les questions d'indissolubilité, etc., sont essentiellement subordonnées à la législation civile; que, si le mariage est un sacrement ou mystère*, l'application de ce *sacrement ou mystère est dans une absolue dépendance du contrat civil, lequel contrat est uniquement dans la main du législateur; que, là où ce contrat cesse, le sacrement a cessé, etc.*

Il y a vingt ans, on aurait regardé comme un mauvais citoyen celui qui aurait élevé le moindre doute sur ces principes. Cent fois des parlements ont cassé des mariages bien célébrés par l'Église, et ont défendu à des personnes unies par le sacrement de *se hanter ni fréquenter*, sous les peines de droit; ce qui justifie bien les principes rappelés par l'auteur de la *Seconde lettre* sur le Code civil, d'ailleurs très peu instructive, et plutôt dure que piquante.

(*Journal de Paris*, du 15 prairial an **IX**. — 4 mai 1801.)

LETTRE DU CITOYEN ANDRIEUX,

Insérée dans le Moniteur *du 14 prairial an* IX.

Un citoyen qui ne se nomme pas a écrit une lettre dans le *Journal de Paris* sur le rapport que j'ai fait à l'Institut, relativement à la continuation du *Dictionnaire de l'Académie française*. Il commence par dire que ceux *qui s'intéressent à la langue* se sont empressés de le lire; qu'*on ne peut trop hautement rendre hommage aux vues saines* (rendre hommage à des vues!), *aux vues saines qui ont dicté ce rapport* (des vues qui dictent!), *à la netteté et à l'élégance de leur exposition* (l'exposition des vues)!

C'est par de semblables métaphores mal choisies et mal soutenues qu'on dénature le génie de notre langue, qu'on lui ôte le caractère de justesse et d'exactitude qui la distingue; c'est ainsi qu'on parle anglais ou allemand en français, qu'enfin on gâte et on perd la langue française beaucoup plus que par de prétendues incorrections du genre de celles que l'anonyme m'a reprochées.

Ses éloges, quoique mal exprimés, sont d'autant plus flatteurs qu'à en juger par le reste de sa lettre ils ne sont pas suspects.

« Toutefois, dit-il ensuite, on rencontre « dans ce rapport quelques fautes *assez graves* « contre la langue. » Heureusement, on sait que *fautes assez graves*, en style de critique, et de critique malveillante, veut dire fautes qui ne sont pas graves, fautes légères. Si elles étaient réellement *assez graves*, l'anonyme n'eût pas manqué de les appeler *fautes très-graves, fautes énormes*.

Je ne sais si je dois répondre à ses puériles arguties; il me sera trop aisé de faire voir combien elles sont toutes mal fondées.

Par exemple, il blâme cette expression : « L'Institut ne peut guère, *en corps de com-* « *pagnie*, rendre de plus grand service aux « lettres, etc... » *En corps* suffisait, dit-il; oui, à la rigueur; mais le rapport dont il s'agit a été fait pour être prononcé dans une assemblée assez nombreuse, où le mot *en corps*, frappant seul l'oreille, aurait pu être pris pour *encore*; et comme la première chose, quand on parle, doit être de faire en sorte d'être entendu, il valait mieux de dire *en corps de compagnie* (expression d'usage), pour être certain de n'offrir qu'un sens à l'esprit des auditeurs.

Ailleurs : *Nous vous proposons de former une commission de douze membres, dont quatre seront pris dans chacune des trois classes...* L'anonyme demande : *Où seront pris les huit autres ?* et il prétend que la phrase citée signifie qu'il en sera pris *deux dans une des trois classes, et un dans chacune des deux autres.* C'est aller chercher bien loin un sens absurde à une phrase qui en a un fort simple... En effet, dire que, sur douze commissaires, il en sera pris quatre dans *chacune* des trois classes, ce n'est pas dire qu'il n'y en aura que quatre pris dans les trois classes; c'est dire au contraire, très-clairement, que *chacune* des trois classes en fournira *quatre*, ce qui formera le nombre de *douze*.

J'ai dit que l'Institut pouvait, en corps de compagnie, continuer le Dictionnaire, et cependant j'ai proposé que ce travail fût continué, non point par les cent quarante-quatre membres de l'Institut, mais par douze commissaires seulement. L'anonyme trouve là une *contradiction et une faute de logique qui ne compte point en grammaire.* Je lui conseille, moi, de se défier de sa logique; car, après avoir dit qu'en général, dans les arts de l'imagination, les travaux et les succès sont individuels, qu'un dictionnaire est, peut-être, le seul ouvrage littéraire qui puisse être bien fait en commun, il n'y a pas la moindre contradiction à proposer que cet ouvrage soit fait en commun, non point par cent quarante quatre personnes, ce qui serait absurde et impossible, mais par douze seulement. Le rapport même en donne le motif : « Un plus grand « nombre serait peut-être incommode et peu « favorable au travail; un nombre moindre « pourrait être insuffisant. » Cette commission travaillera au nom de l'Institut et lui rendra compte tous les trois mois. Ce sera le Dictionnaire *de l'Institut* qu'elle fera, et ce sera l'Institut, en corps de compagnie, qui aura rendu ce service aux lettres. C'est ainsi que le Dictionnaire actuel porte le nom de *Dictionnaire de l'Académie française;* c'est à l'Académie qu'on le doit, et cependant tous les académiciens n'y travaillaient pas à beaucoup près, et ils n'étaient que quarante.

Autres fautes *assez graves! L'Institut national fera, dès à présent, part au gouvernement de la délibération qu'il a prise relativement à la continuation du dictionnaire.*

Ces deux mots *fera part* ne peuvent pas être séparés, dit l'anonyme. Pourquoi? C'est qu'il le décide ainsi.

Fera, dès à présent, font contre-sens, dit-il encore; au contraire, *dès à présent* est là nécessaire pour déterminer le sens de *fera.* Si l'on eût dit seulement : *L'Institut fera part au gouvernement,* on eût offert un sens vague, un futur indéterminé; cela pouvait signifier *fera part* dans six mois ou dans dix ans; il fallait dire ce qu'on a dit : *fera part dès à présent* au gouvernement, ce qui signifie aujourd'hui même, dès à présent, et avant de commencer son travail.

Enfin, *qu'il a prise* fait amphibologie, si l'on en croit l'anonyme, c'est-à-dire qu'il croit qu'on peut entendre la phrase de cette manière : *L'Institut fera part au gouvernement de la délibération que le gouvernement a prise*

relativement au dictionnaire... ce qui signifie, en d'autres termes, qu'on pourrait venir informer quelqu'un de ce qu'il aurait fait lui-même. En vérité, il faut avoir un esprit rare pour trouver de si belles choses.

L'anonyme assure que *j'ai signalé, cette année, mon respect pour la langue, par la critique grammaticale que j'ai faite d'un projet de loi que j'avais à discuter comme tribun. On peut,* ajoute-t-il, *pour finir par une épigramme, s'en rapporter à la délicatesse de son purisme, s'il donne à ce qu'il fait autant d'attention qu'à ce qu'il juge.*

L'anonyme ne sait point peut-être que j'ai combattu le fonds du projet de loi dont il parle beaucoup plus que la rédaction, et que le tribunat et le corps législatif ont adopté mon avis à une grande majorité. Il est bien question là de jeux d'esprit et de *critique grammaticale!* et c'est une excellente plaisanterie que celle qui est dirigée contre un homme parce qu'il a fait son devoir! Des fautes de rédaction sont d'une tout autre importance en matière de législation civile ou criminelle qu'en matière de littérature. Oui, sans doute, je donnerai toujours plus d'attention à ce que j'aurai à discuter et à juger comme magistrat qu'à ce que je ferai comme littérateur, et je croirai acquérir par là plus de titres à l'estime et à la bienveillance de mes concitoyens. Quoique de bons vers et de bonne prose vaillent beaucoup, de bons jugements, et surtout de bonnes lois, valent encore mieux, et sont plus utiles à la république.

ANDRIEUX.

<hr>

Une colonne et demie du *Moniteur* de ce jour est employée à la réfutation de la petite critique insérée dans notre feuille du 9 (voir ci-dessus, pag. 417, col. 2), concernant le rapport fait par le citoyen Andrieux à l'Institut national sur le Dictionnaire de la langue. Ce critique ne veut pas qu'on *rende hommage à ses vues,* ni que *ses vues aient dicté des phrases,* ni qu'on parle de *l'expression de ses vues.* Tout cela dit-il, est de *l'anglais* ou de *l'allemand.* En effet, ces locutions sont autorisées par le Dictionnaire de l'ancienne Académie française, qui était le dictionnaire de *Pitt* et *Cobourg.*

(*Journal de Paris,* du 15 prairial an IX.— 3 juin 1801.)

RÉPONSE A UNE LETTRE

DU CITOYEN ANDRIEUX,

Insérée dans le Moniteur du 14 de ce mois.

(Voir ci-dessus, page 419, col. 1.)

Je suis très-fâché du sérieux, de la gravité même que le citoyen Andrieux met à une petite querelle de grammaire dont tout l'effet devait être, ce me semble, d'égayer en lui le poëte aimable, et de dérober à sa bonté naturelle une de ces petites épigrammes, un de ces mots piquants dont il remplit ses jolis contes. Que je suis malheureux ou maladroit ! Ce que j'ai tiré de sa verve, c'est une longue discussion, ce sont ces deux colonnes de raisonnements élevées dans les déserts du *Moniteur !* O Muses ! pourquoi avez-vous mis à la main de votre favori l'équerre et la règle ? Il fallait lui montrer d'un regard l'épingle de vos fichus et la lui laisser prendre.

Mais ne nous plaignons pas. La grammaire aura gagné quelque chose à la discussion du citoyen Andrieux, si la gaieté y a perdu.

Je remarque d'abord que le citoyen Andrieux se défend très-faiblement des remarques qu'il a relevées, et, en second lieu, qu'il n'a pas relevé la principale ; il paraît qu'il passe condamnation sur cette phrase : L'Institut ne peut guère rendre de plus grand service aux lettres qu'*en faisant*, etc., et certes il a bien raison.

Je fais cette observation afin que les jeunes écrivains, pour qui l'autorité du citoyen Andrieux est respectable, sachent qu'il ne leur conseille l'usage d'aucune des locutions critiquées dans son rapport, et qu'il condamne tacitement la phrase dont il n'a pas essayé la justification.

Si je m'arrêtais aux petites récriminations du citoyen Andrieux contre moi, je lui dirais que le mot *vue,* dans une de ses acceptions reconnues, consacrées par l'Académie française, signifie *dessein, intention ;* qu'ainsi rien d'irrégulier *à rendre hommage aux vues, à exposer les vues qui ont dicté,* etc. Mais qu'importent les fautes d'un pauvre étranger comme moi, qui apprend la langue française? Quoi qu'en dise le citoyen Andrieux, ni mes lettres, ni les journaux qui voudront bien les publier, n'auront jamais le pouvoir de *gâter* ou de *perdre* la langue française : ni les journaux ni moi ne formons une autorité. Mais qui osera con-

tester celle d'un membre de l'Institut, de la classe de littérature, de la section de grammaire, constitué censeur des mauvaises locutions et des mauvaises expressions, établi continuateur du Dictionnaire de la langue, déclaré successeur de l'Académie française, et d'ailleurs distingué par son purisme comme orateur autant que par sa facilité et son naturel comme poëte?

C'est donc aux inadvertances du citoyen Andrieux que la critique doit s'attacher ; ainsi je ne commettrai pas la double impertinence de discuter devant le public les reproches qui me sont adressés sur mon langage, et de laisser passer sans attention les aveux exprès ou tacites du citoyen Andrieux sur les fautes qui lui sont échappées.

J'irai même plus loin, et mon respect pour un des législateurs de la langue m'oblige à rappeler son attention sur quelques-unes des expressions dont il s'est servi dans la discussion même de mes observations.

Le citoyen Andrieux prétend que les *éloges* que je lui ai donnés sont mal *exprimés.* J'ai plusieurs remarques à faire sur cette phrase.

D'abord, je suis vraiment fâché que mes *éloges* aient mal *exprimé mes sentiments, aient été une expression* imparfaite de mon estime pour lui. Je conçois qu'on trouve rarement assez clairs les éloges qu'on reçoit : c'est ce qui est arrivé dernièrement à madame de Genlis au sujet de ceux que lui a donnés madame de Staël ; mais je ne comprends pas l'excès de modestie qui fait trouver des défauts dans les éloges auxquels on ne peut reprocher ni équivoque ni obscurité, et d'ailleurs trop justes pour n'être pas sincères. Mais ceci ne regarde pas la grammaire : j'y reviens.

Je demande au citoyen Andrieux s'il est bien français de dire que des *éloges sont mal exprimés?* On exprime des vœux, des désirs, des affections, des sentiments ; on les exprime *par* des discours, c'est-à-dire par des critiques, par des *éloges ;* mais on n'exprime pas les *éloges,* les critiques, ni les discours. Les éloges ne sont pas autre chose que des expressions d'attachement, d'estime, d'admiration. On n'exprime pas des éloges parce qu'on n'exprime pas des expressions. Ni Racine, ni Voltaire, ni Fénelon, ni Bossuet, ni même Thomas, le grand faiseur d'éloges, n'ont parlé d'*éloges* bien ou mal *exprimés;* cette locution déplaît aux amis de la langue, et ils présentent contre elle, au citoyen Andrieux,

> Des vœux mal exprimés,
> Que, sans lui, des Français n'auraient jamais formés.

Je viens à une autre phrase. Il dit : Comme la première *chose,* quand on parle, doit *être* de faire en sorte d'*être* entendu, etc. Il s'est ici glissé un petit solécisme entre deux petites incorrections. Faire *en sorte de,* voilà le solécisme : on dit faire *en sorte que.* « Doit *être* de faire en sorte d'*être,* » solécisme à part, ces *être* sur *être* sont fort mal placés. Enfin quelque chose manque à cette phrase : « Comme la *première chose,* quand on parle, doit être *de faire,* etc » Pour former un sens, il faut ajouter un mot après la *première chose,* et dire : La première chose à laquelle on doit s'attacher, ou dont on doit s'occuper, c'est, etc.

Allons plus loin : le citoyen Andrieux nous dit qu'en général *dans les arts de l'imagination* les travaux et les succès sont *individuels.* Pardon, citoyen Andrieux, mais on ne dit pas, et l'on ne doit pas dire *les arts de l'imagination,* on dit *les arts d'imagination.* Voici pourquoi : c'est que les mots : *les arts de l'imagination,* supposeraient qu'il y a des arts qui se partagent *tout* le domaine de l'imagination et qui ne s'exercent que par l'imagination ; or il n'existe point de tels arts; mais il en est dans lesquels l'imagination entre pour beaucoup, où elle est nécessaire même, où elle domine, et ce sont les *arts d'imagination.*

Les grammairiens, notamment de Wailly, ont remarqué la différence qui existe entre les *ouvrages de l'esprit* et les *ouvrages d'esprit.* Les ouvrages de *l'esprit* sont *tous* les ouvrages que l'esprit tout entier peut produire; et par *ouvrages d'esprit* on entend seulement ceux où il entre *de l'esprit* en même temps que de la science, ou de tout autre mérite.

Cette différence répond assez précisément à celle qui distinguerait les arts d'imagination des arts de l'imagination, si l'imagination tout entière s'était concentrée dans quelques arts qui lui appartiendraient uniquement.

Je crois aussi que dans ces deux locutions, *arts d'imagination* et *ouvrages d'esprit,* les mots imagination et esprit sont pris dans une acception différente de celle qu'ils ont dans ces autres locutions, arts *de l'imagination* et ouvrages *de l'esprit.* Dans cette dernière, l'imagination, l'esprit sont représentés comme *facultés; les arts de l'imagination, les ouvrages de l'esprit* veulent dire les arts qu'exerce l'imagination, les ouvrages que crée l'esprit, au lieu que, dans la première, l'imagination, l'esprit sont considérés comme produits de l'esprit et de l'imagination.

D'ailleurs, j'invoque toujours l'usage et le Dictionnaire de l'Académie. Vous trouverez partout, vous entendrez partout parler des *actes d'imagination,* jamais des *actes de l'imagination.*

Au reste, je demande comment un poëte, parlant des arts d'imagination et des succès qu'ils peuvent procurer, peut écrire que ces succès sont individuels? Individuels ! C'est une vieille maxime que *les fautes sont personnelles.* Que penserait-on du novateur qui dirait : *les fautes sont individuelles?* Mais si les fautes sont personnelles, pourquoi les succès ne seraient-ils pas aussi *personnels?*

F... I.

(*Journal de Paris,* du 17 prairial an ix. — 6 juillet 1801.)

CHOIX D'ÉPIGRAMMES.

C'est très-bien, mon cher Colnet, vous ferez fortune. Vous vous chargez de fournir aux lecteurs malins tous les chefs-d'œuvre de la malignité des auteurs; vous aurez de la matière pour de nombreux volumes, et vous aurez de nombreux lecteurs.

L'avertissement de ce cher Colnet est tout à fait agréable. Il nous prévient franchement, bonnement, qu'il a dédaigné et rejeté toutes les épigrammes innocentes faites contre les ivrognes et les femmes. « Je n'ai, dit-il, in-« séré dans mon recueil que les traits lancés « contre les hommes de lettres et les hommes « en place; en un mot, je ne publie que les « *épigrammes personnelles.* » Le bon Colnet ! Et vous ne voulez pas qu'il gagne de l'argent !

Il *honore,* dit-il plus loin, *les talents,* et il *révère les principes* de l'*illustre* la Harpe; cependant les épigrammes faites contre la Harpe n'entreront pas moins dans le recueil. Colnet se sacrifie à l'impartialité. Ce pauvre Colnet, ce cher Colnet !

A la page 224 de la collection se trouve une épigramme de quatre vers contre M. de la Harpe, et le reste de la page est en blanc. On voit qu'on a fait là une petite suppression en corrigeant l'épreuve. Le cher Colnet aura senti quelque faiblesse humaine, il se sera relâché de son dévouement héroïque à sa divinité chérie, l'*impartialité*. Mais revenons à l'*avertissement*.

« Une foule d'épigrammes *ignorées* va pa-
« raître, dit-il, dans cette collection. (Charita-
« ble Colnet!) Le public les doit à la *bienveil-*
« *lance* avec laquelle *plusieurs littérateurs dis-*
« *tingués* ont daigné me guider *dans mes re-*
« *cherches*. Ils trouveront ici l'expression de
« ma reconnaissance » Ah! il méritait bien toute la *bienveillance des littérateurs distingués*, le brave Colnet; et pourtant quelle reconnaissance peut payer ces littérateurs distingués, *qui guident* le brave Colnet *dans ses recherches* parmi les journaux et les pamphlets du jour? Ne saurons-nous pas les noms de ces littérateurs distingués,

Qui sont au labyrinthe avec lui descendus,
Et se sont avec lui retrouvés ou perdus?

Cependant, ô mon ami Colnet, et vous, les nobles amis de mon ami, ne craignez-vous pas que ces épigrammes ne s'émoussent en se trouvant ainsi jetées les unes sur les autres? Ne craignez-vous pas que le lecteur, à force d'en lire, n'apprenne à les mépriser toutes, chose pourtant difficile pour un Français? Ne craignez-vous pas qu'en montrant tant de grands hommes se battant à coups d'épingles on ne passe du mépris des épingles à moins d'estime pour les grands hommes? Pour moi, je vous l'avoue, quand j'ai un peu feuilleté votre recueil, ce qui m'aurait humilié le plus aurait été, non d'y trouver dix épigrammes contre moi, mais d'en trouver une de moi, fût-elle la plus sanglante de la collection.

Bonjour, mon cher Colnet; faites-moi dîner quelque jour avec quelques-uns de vos littérateurs distingués.

(*Journal de Paris*, du 30 prairial an ix. —
19 juin 1801.)

La commission de l'Institut chargée de la continuation du dictionnaire est en pleine ac-

tivité. Elle a déjà prononcé sur le sort de plusieurs mots nouveaux compris sous la lettre A : le mot *activer* est du nombre. Il a été rejeté; il devait l'être pour deux raisons. D'abord, aucun écrivain de quelque distinction ne l'a employé; ce mot n'est même entré dans la conversation qu'entre clubistes. Secondement, ce mot, inventé pour signifier *donner de l'activité*, était mal fait. D'après les analogies, il signifiait *mettre en état actif*, par opposition à *mettre dans un état passif*. Ainsi, *activer* appelait *passiver*.

(*Journal de Paris*, du 13 prairial an ix.
— 2 juin 1801.)

NOUVELLES LITTÉRAIRES.

Un correspondant nous écrit ce qui suit concernant le Dictionnaire de la langue française :

« On a pris dans ce journal la défense du mot *activer*, rejeté par la commission de l'Institut.

« L'euphonie ne réclame pas sûrement en sa faveur; l'union des consonnes *c* et *t* donne de la rudesse à la prononciation : cette aspérité qui existe dans *actif* et *activité* ne doit pas être étendue sans nécessité.

« Une observation bien plus importante, qui n'échappera pas à la sagacité des commissaires, c'est que souvent, en évitant les périphrases, on se prive du nombre et de l'harmonie. Si nos orateurs de révolution, en introduisant des verbes nouveaux, n'ont pas craint d'offenser l'oreille, il faut penser que Bossuet, Fénelon, et avant eux Cicéron, avaient un principe différent. »

— Ces jours derniers, après une grande discussion sur le mot *activer*, il s'est trouvé que quatre personnes qui le défendaient l'entendaient chacune d'une manière différente. Selon le premier, il signifie *donner de l'action*; suivant le deuxième, il signifie *donner de l'activité*; suivant le troisième, *mettre en activité*; suivant le quatrième, *augmenter l'activité*. La dispute s'étant ainsi établie entre les partisans du mot, ses adversaires se sont retirés en disant : *Voyez comme ce mot était nécessaire pour éclaircir les idées!*

— Un journal remarque que la commission de l'Institut a fait une chose fort utile à la langue en confiant les doutes que lui ont fait naître quelques mots à des hommes de lettres qui en occupent ensuite le public. On dit que, dans l'ancienne Académie française, deux pédants s'indignèrent de la publicité donnée par leurs confrères aux grands débats qui ont eu lieu pendant cinq ans sur le mot *car;* ils déclarèrent qu'ils ne voulaient plus travailler si l'on divulguait leurs discussions; ils auraient voulu qu'on s'engageât par serment à ne rien révéler de ces grands mystères, même aux membres *du corps de la compagnie* qui se trouveraient absents. On berna ces deux messieurs, et l'Académie jugea que, de toutes les décisions qui pouvaient émaner d'une puissance humaine, celles pour lesquelles il importait le moins qu'elles fussent manifestées aux hommes avec la majesté d'un oracle étaient les décisions portées sur le sort des mots, des points et des virgules.

— Un autre journal publie aujourd'hui une lettre ainsi intitulée : *Monsieur Activer à monsieur Administrativement.* En voici la première phrase : «Je viens d'apprendre, mon cher confrère, que vous aviez reçu, ainsi que moi, votre audience de congé, et je vous offre une place dans ma voiture jusqu'à Calais, où je compte m'embarquer pour l'Angleterre. Que votre taille, mon cher *Administrativement,* ne vous fasse point rejeter ma proposition. Ma voiture est vaste et commode, et vous pourrez vous étendre tout à votre aise. »

— Nous apprenons à l'instant que le mot *administrativement* n'est pas rejeté.

— Un homme de mauvaise humeur se plaignait des querelles littéraires et grammaticales. On ne peut jamais être tranquille! s'écriait-il. — Eh quoi! lui a-t-on répondu, vous ne voyez pas que ces petites guerres sont les jeux de la paix?

Mais, reprenait l'homme de mauvaise humeur, cela éloigne de la littérature. — C'est le contraire, répliqua-t-on; tel qui n'ouvrirait pas un livre regardera le combat de deux auteurs; il prendra intérêt à la dispute, il étudiera pour la juger, et ensuite parce qu'il aura étudié il étudiera encore. Voulez-vous faire entrer la foule dans vos bibliothèques : faites qu'on voie deux hommes de lettres se disputer à la porte.

(*Journal de Paris,* du 21 prairial an IX. — 10 juin 1801.)

Madame de Genlis assure que l'on ne lit plus en France ni Voltaire, ni Rousseau. M. de Chateaubriant assure qu'en Angleterre on ne lit plus ni Hume, ni Locke, ni Pope, ni Milton, ni Driden, ni Adisson. C'en est donc fait de tous les grands écrivains du dix-huitième siècle dans toute l'Europe! Il reste à peine un souvenir du siècle de la philosophie. Heureusement nous avons devant nous le siècle du *Père Aubry* et du *Père la Bruyère!*

(*Journal de Paris,* du 23 messidor an IX. — 12 juillet 1801.)

(*Note de l'éditeur.*) Allusion à des ouvrages de M. de Chateaubriant et de madame de Genlis.

NOUVELLE PRODUCTION

DE MADAME DE GENLIS.

« Au nom du Père, et du Fils, et du Saint-Esprit. Ainsi soit-il. » C'est ainsi que commence le livre. Viennent ensuite les *prières du matin:*

« Mon Dieu et mon père, qui êtes dans le
« ciel, je vous aime et je vous remercie de
« m'avoir donné *la vie. Faites-moi la grâce de
« bien contenter mes parents et tous ceux qui
« ont soin de moi.* Bénissez-moi, mon Dieu,
« et bénissez aussi mon papa, maman, mes
« frères, mes sœurs, ma bonne et toute notre
« famille. Donnez-nous à tous la bonté et *la
« santé.* Donnez à mon pays la paix et l'abon-
« dance. Et je vous prie encore, mon Dieu,
« pour les hommes de tous les pays, qui sont
« aussi mes frères, puisqu'ils sont aussi vos
« enfants. Ainsi soit-il. (P. 6.)

« *Prières du soir.* Mon Dieu, je vous remer-
« cie de m'avoir *conservé* et nourri dans cette
« journée. Je vous demande pardon des fautes
« que j'ai commises; *faites-*moi la grâce *de ne
« plus les faire, et que nous passions tous une
« bonne nuit.* Ainsi soit-il. (P. 7.)

« *Prière de l'enfant malade.* Mon Dieu, qui
« n'aimez que les enfants obéissants, faites-
« moi la grâce *d'être assez raisonnable* pour
« prendre tous les remèdes qu'on me donne
« pour me guérir. Donnez-moi, mon Dieu, la

« douceur et l'obéissance, et *rendez-moi la*
« *santé*. Ainsi soit-il. (P. 8.)

« *Prière de l'enfant convalescent*. Mon Dieu,
« je vous remercie de ma guérison. Donnez-
« moi la reconnaissance que je vous dois, et
« faites-moi aussi la grâce *de ne jamais oublier*
« *la bonté* de tous ceux qui m'ont soigné pen-
« dant la maladie, etc. » (P. 8.)

Ensuite, *prières avant la messe; prières pen-*
dant la messe ; vêpres du dimanche; complies;
litanies du saint nom de Jésus; litanies de la
sainte Vierge; méditations et prières pour la
préparation à la première confession; prières
pour la confession; méditations pour la pre-
mière communion; méditations et prières pour
la semaine sainte; enfin, des *poésies* consistant
en un extrait de l'*Imitation de Jésus-Christ*,
par P. Corneille. Voilà ce que renferme le
nouveau livre de madame de Genlis, intitulé :
Nouvelles Heures à l'usage des enfants, depuis
l'âge de cinq ans jusqu'à douze.

Ces Heures, dit l'éditeur, ont été examinées
par un ecclésiastique, infiniment respectable
à tous égards, qui, après les avoir lues, a déclaré qu'elles sont parfaitement orthodoxes.

Elles sont sûrement un des ouvrages les plus
raisonnés du siècle, quoique sortant de la
plume et des presses de l'Europe les plus exercées à la fabrique des romans. Cependant il
n'est pas moins vrai que les âmes délicates en
dévotion y sont étonnées très-souvent par des
expressions et même des idées au moins différentes de celles que la religion a consacrées
dans ses prières. Nous ne ferons de remarques que sur le petit nombre de celles que
nous venons de transcrire littéralement.

D'abord on est un peu étonné que la religion
de madame de Genlis n'inspire à l'enfant malade
d'autre prière que celle de le guérir. Quelques
mots de résignation à la mort, quelques autres
pour demander à Dieu la grâce de bien mourir, si sa volonté est de rappeler à lui sa créature, conviendraient, ce semble, assez, dans
des prières d'enfants malades, puisqu'un des
bienfaits de la religion doit être de familiariser
avec l'idée de la mort et de régler la vie par
l'espérance du bonheur éternel, qui doit être
la récompense d'une vie pieuse.

Mais ce n'est pas tout. Dans les prières que
de saints ecclésiastiques, tels que le Père Grif-
fet, nous ont laissées, le chrétien demande

souvent à Dieu la grâce de permettre ou de
vouloir *qu'il* (lui chrétien) contente ses parents, qu'il ne retombe plus dans ses fautes,
qu'il devienne raisonnable, etc. Mais madame
de Genlis fait des prières bien différentes, et
demande des grâces bien plus étendues.

Les enfants, au nom de qui elle parle, prient
le bon Dieu de *contenter lui-même* leurs parents, *de ne plus faire les fautes* qu'ils ont
commises, *d'être assez raisonnables pour pren-*
dre les remèdes qu'on leur donne. Tel est le
sens exact de ces expressions littérales : *fai-*
tes-moi, mon Dieu, la grâce de bien contenter
mes parents ; je vous demande pardon des
fautes que j'ai commises, faites-moi la grâce
de ne les plus faire; faites-moi la grâce d'être
assez raisonnable pour prendre les remèdes
qu'on me donne pour me guérir. C'est comme
si l'on disait : Mon Dieu, chargez-vous du soin
de contenter mes parents...; ayez soin de ne
plus faire de certaines fautes auxquelles je suis
sujet; guérissez mes maladies et gardez pour
vous les drogues !

Ce ne sont pas là des hérésies, mais ce sont
des familiarités un peu libres et des espèces de
facéties dont il est étonnant qu'une personne
aussi exercée que madame de Genlis à toutes
les bienséances n'ait pas été choquée au moins
en corrigeant ses épreuves. Nous l'exhortons
à expier ces légèretés par la répétition fréquente et fervente de cette autre prière qu'elle
a imprimée à la page 16, et dans laquelle, au
lieu de dire à Dieu : *Faites-moi la grâce de ne*
plus faire de fautes; faites-moi la grâce d'être
raisonnable, elle s'exprime dans ces termes
vraiment pieux : « O mon Dieu ! faites-moi la
« grâce *de me corriger* et DE ME RENDRE raison-
« nable. »

ORTHODOXUS,

Secrétaire tachygraphe des prochaines conférences du concile avec les incommuniquants.

(*Journal de Paris*, du 13 thermidor an IX.
— 1er août 1801.)

RÉFLEXIONS SUR UN ARTICLE DE JOURNAL.

Le ridicule en toute chose n'est que l'effet
de la *prétention manquée*. Un homme marche
lourdement, salue brusquement, cela n'est
pas ridicule; mais s'il a la prétention de pa-

raître léger, et s'il se croit de la grâce, sa marche, son salut sont ridicules. Un homme prend la plume; il écrit dans un journal qu'il vend de la moutarde excellente, qu'il fabrique de jolies perruques; il fait un ou deux solécismes dans son article: il n'est pas ridicule pour cela. Mais un artiste fait de la faïence assez bonne, revêtue d'une couverte qui n'a rien de dangereux, et il appelle cette marchandise de *l'higyo-céramique :* cela est ridicule. Un savant fait un livre utile, il laisse échapper de sa plume des incorrections: cela n'est point ridicule; mais un écrivain de pamphlets relève avec dureté et insolence les incorrections du savant; et en les relevant il fait des solécismes et des barbarismes: il est ridicule... A quel propos, va-t-on dire, ces observations? A propos d'un article que je lis dans une feuille d'hier. On y rend compte d'un ouvrage intitulé : *Choix de remarques sur la langue française, extraites des meilleurs ouvrages* EN CE GENRE. L'auteur y traite fort mal tous les orateurs, tous les écrivains modernes; il prétend ramener le siècle qui commence aux règles de la langue, et le titre de son livre renferme une faute contre la logique et la langue: il est clair que le cher homme est ridicule. Le journaliste, en remarquant la faute du pédant, en fait lui-même d'assez singulières; il consent à trouver charmantes les modes *à la Louis XIV;* il dit que la Révolution est *le bouc d'Israël;* il dit : *En dernière analyse,* respectons la langue de Racine. Mais il a trouvé le secret de préserver tout cela du ridicule; il lui suffit d'annoncer *qu'il se fait gloire d'être un des barbares écrivains de son siècle;* ce qui achève de prouver que le ridicule n'est que l'effet de la *prétention manquée.*

(Journal de Paris, du 11 fructidor an x.—
29 août 1802.)

MODÈLE D'ÉLOQUENCE.

On se souvient peut-être que, le 7 fructidor dernier, une commission de l'Institut fut admise à présenter les mémoires de l'année au gouvernement.

La harangue prononcée à ce sujet est du citoyen Leblond; elle n'a été imprimée que dans *le Moniteur.* Elle mérite certainement une plus grande publicité. Par la forme, c'est un modèle d'élégance; au fonds, c'est un chef-d'œuvre de convenance.

Nous regardons comme un devoir de la recommander à l'attention de nos lecteurs. Le citoyen Leblond est membre de la classe de littérature; son discours a été prononcé au nom de l'Institut; ainsi il joint à l'autorité du mérite l'éclat de l'origine. Quels modèles contemplera la jeunesse si on ne l'arrête devant un semblable ouvrage?

Il faut d'abord faire attention à l'objet que l'orateur avait à remplir. Sa mission, dans toute sa simplicité, se réduisait à dire aux consuls: *L'Institut nous a chargés de vous présenter les nouveaux mémoires qu'il vient de publier;* mais des députés d'un corps savant, un orateur de la classe de littérature ne pouvaient pas se borner à ces paroles, en s'adressant aux premiers magistrats de la république. Certainement ce n'était pas le cas de se prémunir contre le danger de l'obscurité et de la diffusion, et de craindre pour un discours de quelque étendue cette leçon de la Bruyère à un parleur inintelligible: « Que dites-vous? Comment? Je n'y suis pas. « Vous plairait-il de recommencer? J'y suis « encore moins. Je devine enfin; vous voulez, « Acis, me dire qu'il fait froid. Que ne disiez-« vous : Il fait froid? Vous voulez m'apprendre « qu'il pleut ou qu'il neige; dites : Il pleut, il « neige. » Ce que l'orateur de l'Institut avait à dire n'était pas aussi indifférent que : *il pleut, il neige.* D'heureux accessoires se présentaient d'eux-mêmes pour donner de la grâce, ainsi que de la dignité, à son hommage, provoquer un témoignage d'estime et de bienveillance de la part de ceux à qui cet hommage était rendu, et, par une sorte de séduction décente, faire tomber sur l'offrande des sciences ces fleurs dont les mains du pouvoir doivent toujours être prêtes à les couvrir. C'est ce qu'a parfaitement senti l'orateur de l'Institut. Voici son début :

« Citoyens consuls, l'Institut national a chargé, par une délibération unanime, *ses bureaux réunis, ainsi que les commissaires à qui il a confié la publication des arts et métiers, et la rédaction des manuscrits de la Bibliothèque nationale,* de vous présenter les volumes qui contiennent ses *différents* travaux *annuels.*»

La phrase principale est : *L'Institut national*

nous *a chargés de vous présenter les volumes qui contiennent ses travaux annuels;* mais cette phrase, ainsi réduite, eût été simple comme : *il pleut.* Voyez comme elle s'amplifie noblement par les phrases incidentes de quatre grandes lignes qui séparent ces mots : *L'Institut national a chargé,* de ceux-ci : *de vous présenter,* etc. Qu'il est heureux d'avoir substitué au pronom *nous* (nous a chargés) ce détail important, animé, dramatique : *a chargé ses bureaux réunis, ainsi* QUE *les commissaires* A QUI (ainsi que... à qui!) à qui *il a confié* (Confié, expression touchante!) *la publication des arts et métiers* (Ellipse remarquable!), *publication des arts et métiers,* pour *publication de l'histoire ou des descriptions des arts et métiers!* (Alliance remarquable de la retenue dans l'abandon, de la sobriété des mots dans l'abondance des idées!) *et la rédaction des manuscrits de la Bibliothèque nationale.* (La rédaction des manuscrits! Quelle mention lucide d'une opération neuve et mal connue! On croyait que des commissaires étaient chargés du choix, de l'impression, peut-être de la *réduction* des manuscrits de la Bibliothèque nationale; point du tout, c'est de leur *rédaction;* on les *rédige;* on rédige les vieux manuscrits! L'art des moines du quinzième siècle est retrouvé.) Enfin, comment l'Institut a-t-il chargé la députation *de présenter,* etc. *Quomodò? Quandò? Par une délibération unanime!* Pas une voix n'a manqué. La loi, à la vérité, était formelle; mais la délibération, s'il y avait eu moins de zèle ou de sagesse, pouvait n'être pas unamine. La circonstance était donc bonne à noter. Enfin, nous remarquerons l'heureuse position du substantif *travaux* (*ses différents travaux annuels*), entre deux *différents* adjectifs *significatifs.*

« Cette commission est d'autant plus flatteuse « pour nous (continue l'orateur) que l'hom-« mage de l'Institut, en s'adressant aux pre-« miers magistrats de la nation, *s'adresse en* « *même temps à des confrères aussi chers* que « respectés, qui cultivent *eux-mêmes* les *arts,* « les lettres et les sciences avec *succès,* et qui « les protégent autant par goût que *par poli-* « *tique,* comme le *monument* le plus propre à « perpétuer la gloire de la nation et la mé-« moire des grands hommes qu'elle a produits.»

Ces paroles nous enseignent que les arts, les lettres et les sciences sont un *monument* pro-

pre à perpétuer, etc. On avait cru jusqu'à présent que les arts, les lettres et les sciences avaient seulement le pouvoir d'élever des monuments.

Ces paroles nous apprennent aussi que les consuls protégent les arts, les lettres et les sciences, *par politique,* ce qui est un autre motif que celui dont on fait un mérite aux hommes d'État ordinaires en disant qu'ils les cultivent, les lettres, *par principe de politique,* ou simplement par *principe.*

On aurait pu demander quels sont les *arts* que cultivent les consuls *eux-mêmes,* car on entend ordinairement, par *les arts, les beaux-arts;* mais on voit bientôt que l'auteur veut parler de *l'art de la guerre;* et ce qui lève l'incertitude à cet égard, c'est l'addition de ces mots : *Avec succès, qui cultivent avec succès;* addition assurément exempte d'exagération, mais que justifient assez bien les premières campagnes d'Italie, celle de l'Égypte, celle de Marengo, etc.

Enfin, l'on doit être extrêmement frappé de l'attention qu'a l'orateur de rappeler aux chefs du gouvernement qu'ils sont *ses chers confrères!* Le plaisir de présenter les mémoires de l'Institut à de chers confrères ajoute sans doute à celui de les présenter aux premiers magistrats. Jamais il ne faut manquer l'occasion de faire sentir l'égalité à ceux qui sont dans un rang supérieur. C'est ce que fit si heureusement Poisson, en s'adressant à M. de Colbert, de qui il désirait obtenir une place pour son fils. Tout le monde sait par cœur ce couplet familier :

> Ce grand ministre de la paix,
> Colbert, que la France révère,
> Dont le nom ne mourra jamais,
> Eh bien! tenez; c'est mon compère.

Eh bien! tenez, c'est mon confrère, n'est pas moins aimable que *c'est mon compère.*

Mais reprenons le fil de la harangue. «*Quelle* « *que soit* en effet, citoyens consuls, la célé-« brité d'un peuple parmi les nations contem-« poraines; *quelles que soient* les vertus, la sa-« gesse et les lumières des magistrats qui le « gouvernent; *quels que soient* même ces com-« bats décisifs où, après une guerre meurtrière « et opiniâtre, le génie d'un seul homme fixe en « même temps la victoire, le destin des na-

« tions et la limite des États, *tout est perdu*
« *pour la postérité, à moins qu'il ne se trouve*
« *des poëtes, des philosophes et des historiens*
« dignes de décrire les grandes actions des
« guerriers et les vertus des magistrats qui
« ont illustré leur patrie. »

C'est ainsi que finit le discours.

Pouvait-on mieux dire en prose ce que le citoyen Esménard avait dit en vers, il y a un an, dans son Ode au premier consul, après la bataille de Marengo?

Les peuples et les rois aux nymphes d'Aonie
Doivent le souvenir de leurs faits éclatants,
Et la gloire a besoin des ailes du génie
    Pour échapper au temps.

Un poëte ne doit jamais manquer l'occasion de dire à un héros : Vous avez besoin de moi pour parvenir à la postérité; un poëte doit toujours mettre en opposition la gloire du grand homme avec les ailes du génie, parce qu'indubitablement l'on peut être grand homme sans ailes de génie, au lieu qu'il en faut pour être poëte; et de plus un héros ne peut pas dire au poëte : « Vous avez besoin de mes « belles actions pour faire vos grands vers, » comme le poëte dit au héros : « Vous avez be- « soin de mes vers pour célébrer vos hautes « actions. » Car il est prouvé que, quand les grandes et belles actions sont rares ou peu accréditées, il se trouve encore des poëtes qui savent se rabattre sur les petites et sur les mauvaises, et en tirer un assez bon parti (1). Mais ce qu'un poëte a le droit de dire, pourquoi l'écrivain en prose ne le dirait-il pas? Si l'un fait des odes, l'autre n'écrit-il pas l'his-

---

(1) Horace a dit :

Vixere fortes ante Agamemnona
Multi, sed omnes illacrimabiles
Urgentur, ignotique longa
Nocte, carent quia vate sacro.
            ODE 9, LIV. IV.

Mais à qui Horace écrivait-il cela? C'était à Lollius, son ami, alors simple particulier, instituteur de Caïus César. Horace croyait les poëtes en droit de parler d'eux-mêmes avec enthousiasme à leurs amis, même à l'univers : *Exegi monumentum*, etc.; mais il aurait eu la bonhomie de regarder comme contraire à la bienséance, à la politesse, d'adresser ce langage à Auguste. En le louant, il aurait travaillé à faire des vers immortels; mais il n'aurait pas eu la noble assurance de les offrir comme des brevets d'immortalité à son héros.

---

toire? ne fait-il pas les harangues? ne rédige-t-il pas les gazettes? ne *rédige-t-il* pas les *vieux manuscrits de la Bibliothèque nationale?* Quand il n'y avait pas d'imprimeries, de gazettes, de gazetiers, sans doute il fallait des odes pour perpétuer les grands souvenirs; mais s'il avait été fait une gazette de la guerre de Troie, nous aurions assez de gens pour faire l'*Iliade*; et quand nous n'aurions pas d'*Iliade*, nous saurions qu'Achille était un héros, Hector un héros, Pyrrhus un héros. L'orateur a donc bien fait de traduire en prose les vers du citoyen Esménard, avec une petite variante en l'honneur des prosateurs.

Enfin, ce qu'on ne peut trop louer dans le discours prononcé au nom de l'Institut, c'est qu'en rappelant entre les consuls et l'Institut l'égalité par la confraternité, et ensuite en prouvant la supériorité de l'Institut sur les consuls par la différence des ailes, il dispense délicatement le premier consul de reconnaître ces avantages dans sa réponse. Et, en effet, connaissant son estime profonde pour les savants, son respect pour les sciences, son inclination pour les gens de lettres et son enthousiasme pour la poésie héroïque, l'orateur pouvait craindre qu'en rendant un simple hommage aux travaux, aux vertus du premier magistrat, celui-ci ne se crût obligé de répondre, avec urbanité : « Les consuls reçoivent en confrères recon- « naissants l'hommage qui est rendu aux pre- « miers magistrats de la république. Ils y met- « tent d'autant plus de prix qu'ils ne se flattent « pas que la gloire de bien gouverner puisse « se passer des plumes du génie pour échap- « per au temps, et qu'ils reconnaissent n'avoir « d'autre mérite que celui de faire ce que les « poëtes conseillent et d'exécuter le bien qu'ils « célèbrent. »   *L'Admirateur.*

(*Journal de Paris*, du 18 fructidor an IX. — 5 septembre 1801.)

L'ÉPLUCHEUR DE L'ÉPLUCHEUR DES JOURNAUX (1).

Il est fort heureux pour la langue française qu'il se soit établi dans *le Publiciste* un *éplu-*

---

(1) Cette plaisanterie a été imprimée dans le *Journal de Paris*, du 23 frimaire an XI, au sujet d'une

cheur des journaux. Les journaux sont aujourd'hui toute la littérature française ; on ne pense, on n'écrit plus que pour les journaux, et cependant les uns sont rédigés avec une négligence indécente, les autres le sont par des gens qui n'ont pas les premiers principes de la grammaire. Il convient qu'une critique saine, piquante, soignée, exempte de toute incorrection, toujours claire, toujours élégante, redresse les journalistes négligents, écarte les journalistes incapables. L'écrivain qui s'annonce dans *le Publiciste* ne tardera pas sans doute à remplir toutes ces conditions. En se déclarant *puriste* il prend l'engagement d'être *pur*, et en se constituant *éplucheur* il promet de ne point fournir d'*épluchures*. On pourra trouver quelque chose à redire dans son article du 22 frimaire an xi ; mais il faut considérer qu'il n'est encore qu'à son troisième numéro. Dans le quatrième, le mieux sera sensible, et il lui en coûtera peu pour être parfait au vingtième ou au cinquantième. On pourrait répondre, par exemple, qu'en l'an iii il ne fera plus une phrase comme celle-ci : « Je « ne sais pourquoi ce passage (de Montaigne) « me revient *en mémoire en lisant* un article « très-spirituel d'un journal qui... (du *Journal* « *de Paris*). » De deux fautes qui sont dans cette phrase, il en fera tout au plus une l'année prochaine. Laquelle ? Je n'en sais rien. Dira-t-il encore : *Ce passage me revient* EN *mémoire*, comme s'il y avait en lui plusieurs espèces de mémoires, et comme on dit d'un domestique : Il entre *en* maison, en laissant indéterminée la maison où il entre ? Ou bien dira-t-il : *Ce passage* ME *revient* A LA *mémoire*, parce qu'il n'a qu'une mémoire, et comme on dit : *Il revient* A LA *maison* et non *en* maison, parce qu'on parle d'une maison déterminée, et non de toute maison indéfiniment ? Si *l'éplucheur* retombe dans sa première faute, du moins évitera-t-il de dire : *Je ne sais pourquoi ce passage me revient en mémoire, en* LISANT. Un passage qui revient *en lisant !* Un passage lisant ! L'éplucheur dira quelque jour tout bon-

nement : *Je ne sais pourquoi ce passage me revient à la mémoire quand je lis,* etc. ; et il évitera ainsi ces deux *en en* qui me reviennent *en* mémoire *en* lisant son article.

Je ne parle pas de quelques petites erreurs de sens qui se trouvent dans ce même n° 3. C'en est une de dire qu'un hypercritique attire l'attention par les combats *qu'on lui livre :* ce sont, sans doute, ceux qui lui livrent combat qui attirent sur lui l'attention. C'en est une autre de donner comme chose de *mauvais ton* cette locution tout au plus de mauvais style : *Le nombre du genre humain s'est accru,* etc. ; mais les fautes de sens ne comptent pas dans les critiques des *puristes,* et il importe peu à l'Éplucheur que vous trouviez à rogner dans ses pages, pourvu qu'il ne se trouve rien à éplucher dans ses mots.

L'ÉPLUCHÉ.

(Journal de Paris, du 23 frimaire an xi. —
14 décembre 1803.)

BUCOLIQUES NOUVELLES.

> .... L'Églogue quelquefois
> Rend dignes d'UN CONSUL les forêts et les bois.

a dit Boileau.

C'était pour elle le moment de renaître ; et j'entends les doux accents de la poésie pastorale. Écoutons Corydon qui soupire des vers charmants près de l'indifférent Alexis ! Écoutons, jouissons, environs-nous de cette ravissante harmonie.

> « Insensé ! pourquoi fuir nos bois et *nos vergers ?*
> Le fils de Dardanus, *les dieux* furent bergers.
> Pallas, *qui les bâtit*, peut habiter les villes ;
> Nous préférons des bois les verdoyants asiles.
> Le lion *suit* le loup, le loup *suit* la brebis ;
> La brebis, le gazon ; Corydon, Alexis.
> Chaque *être a son* plaisir dont l'ascendant *l'emporte.*
> Vois *ces socs* renversés que le taureau *remporte,*
> Les ombres s'allongeant à la fuite du jour :
> L'amour *partout* me brûle... Ah ! rien n'éteint l'amour.
>
> Corydon ! Corydon ! quels transports te *saisissent !*
> Tes ceps demi-taillés sur les ormeaux languissent....,
> Insensé ! prends ta serpe... ou que le jonc, l'osier,
> Dociles sous la main se tressent en panier.
> Va, d'un autre Alexis moins dédaigné peut-être,
> *Il* mettra son orgueil à t'avouer pour maître. »

Est-ce Virgile, est-ce Delille que nous venons d'entendre ? Non, c'est mieux : c'est

---

critique insérée dans *le Publiciste* de la veille, sous ce titre : *l'Éplucheur des journaux.* Cet article était de M. Suard, et tombait sur deux articles précédemment insérés dans le *Journal de Paris*, l'un par M. de Boufflers, l'autre par M. Devaines.

Urbain Domergue. Je l'avais reconnu à ce vers qu'il nous a récité avant ceux qu'on vient de lire :

Berger d'un beau troupeau, je suis plus beau moi-
même.
Formosi pecoris custos, formosior ipse.

Un de ses confrères a dit de lui qu'il

Joint l'esprit du rudiment
Aux grâces de la syntaxe.

Ce malin confrère voulait faire une épigramme, ce qui ne s'aperçoit pas au premier coup d'œil. Les vers que vous venez d'entendre prouvent bien que cette épigramme est calomnieuse ; car ils ne sont d'accord ni avec la syntaxe, ni avec le rudiment, tant ils sont poétiques ! Pauvre épigramme, en vérité, que celle dans laquelle, au premier coup d'œil, on trouve un sincère éloge, et, avec de l'attention, une calomnie !

Reprenons ces beaux vers de Domergue ; ils nous sont donnés pour une traduction de la deuxième églogue de Virgile. Voyons comme le traducteur l'emporte sur l'original.

Quem fugis ? ah demens ! Habitarunt di quoque silvas,
Dardaniusque Paris.

Virgile dit que *des* dieux, *quelques* dieux, ont habité les forêts. N'est-il pas bien plus beau de dire, comme Domergue : *les dieux,* tous les dieux ? Virgile s'en tient à la vérité ; mais Domergue, plus poëte, préfère l'hyperbole.

Virgile dit :

Pallas quas condidit arces
Ipsa colat.

Que Pallas habite elle-même les citadelles qu'elle a bâties. Domergue, toujours plus poëte que Virgile, suppose que Pallas a bâti les villes, toutes les villes, et que c'est une bonne raison pour habiter toutes les villes du monde en même temps : Pallas, qui les bâtit, peut habiter LES villes.

Virgile a dit :

Torva leæna lupum sequitur, lupus ipse capellam ;
Florentem cytisum sequitur lasciva capella ;
Te Coridon, o Alexi.

Un digne rhéteur ne trouvera dans ces vers qu'un contre-sens, comme l'abbé d'Olivet dans ce vers de Racine :

Grâce aux dieux, mon malheur passe mon espérance.

Il demandera comment Corydon, parlant à l'objet de son amour, peut lui dire : Je te poursuis comme la lionne farouche poursuit le loup, comme le loup poursuit la chèvre. Ne sait-il pas que la lionne, le loup poursuivent pour dévorer ? Le rhéteur aura bien raison (1). En vain lui dira-t-on : « Ces vers pleins de passion, et surtout de douleur, sont de ceux que l'âme seule peut entendre. Celui-là seul qui a éprouvé le tourment de l'amour méprisé sentira que Corydon exprime ici, non son idée, mais celle qu'il suppose à Alexis. C'est une manière de la lui reprocher ; c'en est une de lui montrer l'insurmontable empire de la passion, qui ne peut être affaibli par l'injustice même de l'objet aimé. Le sens de ses paroles est : Tu regardes mes empressements pour toi comme l'ardeur de la lionne ou du loup à la poursuite de leur proie : je le sens ; et pourtant je te poursuis comme eux : *te Coridon, o Alexi!* Je ne puis m'en défendre, *trahit sua quemque voluptas...; me...urit amor; quis enim modus adsit amori?*

Domergue n'a eu garde de tomber dans une pareille erreur. Écoutons :

Le lion *suit* le loup, le loup *suit* la brebis ;
La brebis, le gazon ; Corydon, Alexis.

Quelle gracieuse image : le lion *suit* le loup ! Que ce *suit,* au lieu de *poursuit,* est délicat ! C'est par amour que le lion *suit* le *loup.* Et quel coup de maître d'avoir substitué le lion à la lionne de Virgile, pour rendre cet amour plus remarquable ! Et la brebis qui *suit le gazon !* Ne semble-t-il pas voir le *gazon* qui s'enfuit ? Quelle jolie image que celle de ce *gazon* substi-

---

(1) Gresset a pensé ainsi, et il a voulu sauver, dans son imitation de la même églogue, ce qu'il a trouvé de défectueux dans la comparaison. Après avoir dit :

Le loup cherche sa proie autour des bergeries ;
Le jeune agneau se plaît sur les herbes fleuries ;

Il ajoute :

Pour moi, charmante Iris, par un penchant plus doux,
Je sens que mon destin m'a fait naître pour vous.

Par un penchant plus doux est là pour adoucir ce que la comparaison a paru avoir d'odieux.

tué au *florentem citisum*, au citise en fleurs du poëte latin ! Et comme Domergue l'emporte sur Virgile par la rapidité de son mouvement ! On ne conçoit pas une plus heureuse ellipse que la suppression du *suit* dans ce second vers : *La brebis, le gazon; Corydon, Alexis.* Cela est autrement passionné et autrement clair que cette apostrophe : *te Corydon, o Alexi !*

Trahit sua quemque voluptas est traduit bien délicieusement par ce vers de Domergue :

Chaque être a son plaisir dont l'ascendant *l'emporte,*

Chaque *être* est une des expressions les plus poétiques de l'*Essai* de Locke *sur l'entendement humain. A son plaisir !* jolie idée ! On a son plaisir comme on a un écu dans sa poche. Dont l'ascendant *l'emporte;* métaphore neuve et hardie. Jusqu'à présent on a dit que l'ascendant domine, écrase, mais *l'emporte !* L'image est frappante. Ascendant veut dire, dans le sens propre, *force qui agit en dessus.* Ainsi l'ascendant emporte Domergue comme le cavalier emporte le cheval.

Virgile continue ainsi :

Adspice, aratra jugo referunt suspensa juvenci,
Et sol crescentes decedens duplicat umbras.
Me tamen urit amor : quis enim modus adsit amori !

Domergue rend ainsi le premier vers :

Vois ces socs renversés que le taureau remporte.

Ce vers vient immédiatement après celui :

Chacun a son plaisir dont l'ascendant l'emporte.

Remporte et *l'emporte;* la rime est riche ! Malherbe défendait de faire rimer ensemble deux mots semblables; mais, du temps de Malherbe, la poésie française était dans son enfance, et Domergue lui a fait faire bien du chemin. Mais comme l'idée est heureusement rendue ! Virgile avait dit : *Referunt suspensa jugo,* ramènent les charrues suspendues au joug; mais Domergue donne bien plus de corps à l'image en mettant la charrue renversée sur le dos des jeunes taureaux, et en traduisant *referunt, ramènent,* par *remportent.* Voilà la poésie dans toute sa puissance !

Dans Virgile, Corydon, après avoir dit à Alexis : Regarde les jeunes taureaux qui retournent à l'étable, et le soleil faisant place à la nuit, dit : *Me tamen urit amor,* et cependant l'amour me brûle.... *Quis enim modus adsit*

amori, en effet, quel est le terme où finit l'amour ?

Domergue ne s'est pas attaché à la liaison de ces idées !

Vois ces socs renversés que le taureau remporte,
Les ombres s'allongeant à la fuite du jour.
L'amour PARTOUT *me brûle.* Ah ! rien n'éteint l'amour.

Ce *partout* ne vaut-il pas mieux que *tamen, cependant ?* Il ajoute à l'idée des détails très-piquants. L'amour partout me brûle; c'est partout pays, c'est partout mon corps, c'est depuis l'extrémité des pieds jusqu'à la pointe des cheveux. Le divin *partout !*

L'*églogue* de Virgile finit par un retour de Corydon sur lui-même. Le berger tâche de recouvrer sa raison, et il se dit en finissant :

Invenies alium, si te hic fastidit, Alexim.

Tu trouveras un autre Alexis, si celui-ci te dédaigne.

Voici la traduction de Domergue ; c'est de ce passage que je tire une réfutation victorieuse de l'imputation qui lui attribue tout l'esprit du rudiment et les grâces de la syntaxe. Il n'y en a pas trace ici.

Va, d'un autre Alexis moins dédaigné peut-être,
Il mettra son orgueil à t'avouer pour maître.

Je pose en fait que cet *il* ne sera justifié par aucune règle de rudiment ni de syntaxe. Le nominatif de la phrase est Corydon se parlant à lui-même. Ainsi, après ce vers : « Va, d'un autre Alexis moins dédaigné peut-être », on attend un *tu* pour amener cette idée : *tu vivras plus heureux,* ou *tu seras plus tranquille,* ou tout ce que Domergue voudra. Mais *il !* cet *il* rompt tout sens; on ne sait à qui il se rapporte. Le nominatif de la phrase, *moins dédaigné,* n'a point de verbe auquel il appartienne; la première partie de la phrase n'a point de fin, la seconde n'a point de commencement. Si c'est là de la syntaxe, si ce n'est pas du désordre poétique, je n'y connais rien. Non, non, calomniateurs ! Domergue ne brille pas *par les grâces de la syntaxe,* et en plus d'une occasion il en montre un noble mépris.

Au commencement d'une autre églogue, on lit ces vers divins :

Vois ces bois si touffus, aimable Lycoris;

Vois ces ruisseaux si frais, vois ces prés si fleuris.
An! *qu'avec toi j'y vive*, Et *qu'avec toi j'y meure!*

Ah! qu'avec, et qu'avec tant de talent pour écrire, il est généreux de s'abaisser jusqu'à la grammaire et jusqu'à la continuation du *Dictionnaire de l'Académie française!* Avec un talent si supérieur à celui que demande la prose, qu'il est grand d'écrire quelquefois en prose! Avec un génie si supérieur aux vers même, qu'il est noble d'écrire en vers! Jusqu'à présent la littérature ne nous a montré que des talents partagés entre la prose et les vers. Quand Chapelain faisait de mauvais vers, Boileau disait de lui : *Que n'écrit-il en prose!* Quand Andrieux a fait de la mauvaise prose, on a dit : *Que n'écrit-il en vers!* Mais voici un écrivain d'un mérite nouveau, qu'on ne peut pas renvoyer de la prose aux vers, ni des vers à la prose, et qui plane si haut, par-dessus la prose et les vers, qu'on ne peut demander moins à son génie, à qui l'univers doit déjà le *Judicande*, le *Judicateur* et le *Judicat*, qu'une manière d'écrire nouvelle, qui ne sera ni des vers, ni de la prose.

(*Opuscules*, tome II, page 291. — 23 messidor an x. — 12 juillet 1802.)

NÉOLOGISME.

1

(*Note de l'éditeur.*) Dans le salon du Bois-Roussel, mon père avait placé une espèce d'album en tête duquel il avait écrit :

« REGISTRE DE MOTS NOUVEAUX.

« Les personnes qui rencontrent dans leurs « lectures des mots nouveaux, à l'usage de la « morale ou de la politique, sont invitées à « les inscrire dans ce registre. »

Il y avait mis pour épigraphe la phrase suivante de la Bruyère (*De la société et de la conversation*) : « *Combien de ces mots aventu-* « *riers qui paraissent subitement, et que bien-* « *tôt on ne revoit plus!* »

Il y écrivait souvent lui-même. Voici quelques-uns des exemples qui s'y trouvent :

« *Linguistique*, science des langues.

« *Collision*, pour choc, opposition.

« *L'époque*, les besoins de l'époque, com-« prendre son époque.

« *Le retentissement*, l'écho : Ces paroles « causent du retentissement d'une chambre « à l'autre, de la capitale dans les provinces, « de notre siècle à la postérité.

« *Exceptionnel*. — C'est là une loi excep-« tionnelle, un cas exceptionnel.

« *Spécialités*. — M... une des premières « spécialités de la chambre.

« *Idéalisation*. — Vague du mot *nature*.

« *Individualisation du ministère*.

« *Notre industrie artielle*, pour distinguer « les beaux arts des arts mécaniques.

« *Formuler*, pour rédiger, réduire.

« *Prescription*, pour ordre. Obéir à une « prescription.

« *Renier ses convictions*, pour : Aller con-« tre sa conscience, ou désavouer ses prin-« cipes.

« *La prostitution des convictions*.

« *Passer inaperçu*.

« *Le passé se déroule*, l'avenir se réveille.

« On ne dit plus : *Une chose extraordinaire*; « on dit : *Une anomalie*.

2

« On ne dit plus : *Mes prédictions* ni *ma* « *prévoyance*. On dit : *Mes prévisions*.

« On croyait que la métaphore était assez « hardie de dire : *A la vue des miracles de* « *Jésus-Christ. A la vue de ce qui se passe* « *en Amérique, à la Chine, à Constantinople...* « Elle n'est plus suffisante; il faut dire : *En* « *présence de...* On dira bientôt : *En présence* « *de tant d'absences!* »

3

COLLOQUE DE BAL.

A. Avec qui viens-tu de danser là?

B. Avec une *sommité*. — Et toi?

C. Avec une *anomalie*.

A. Et pourquoi vas-tu faire un choix pareil?

C. J'ai cédé à une *exigence*.

B. Si tu avais eu un peu de *prévision!*

C. Eh bien?

B. Tu aurais dit que tu étais engagé.

A. Ça ne m'est pas venu. J'étais dans la *préoccupation*.

4

PHRASE FOLIE, EN LANGAGE A LA MODE.

Permettez-vous, monsieur, que je vous

formule, en passant, un petit bonjour? Je sais quelle préoccupation doit vous causer l'urgence des exigences des circonstances toujours palpitantes au milieu de nous; et ce n'est rien encore pour une tête comme la vôtre, dont les prévisions lui révèlent tant d'avenir. En vous la sagesse et la raison n'ont pas attendu le chiffre des années ; votre sagacité découvre toutes les tendances. Vous êtes toujours en présence des circonstances qui nous gouvernent. Nous comprenons votre position. Notre siècle, notre pays, la recrudescence des maux déjà éprouvés, même les moins rationnels, ne vous étonnent point; plusieurs cependant sont aujourd'hui des *anachronismes,* d'autres sont des *anomalies.* Vous jugez les hommes et les choses *consciencieusement ;* vous vous tirez de là. Pour moi, je suis dans le *paupérisme* jusque par-dessus les yeux, et je n'en sors que pour entrer dans l'intimidation du système pénitentiaire.

5

AUTRE.

Eh bien ! vous nous quittez ? — Mes jardins m'appellent. — Ne peuvent-ils végéter sans vous ? — Ils exigent que je végète avec eux ! Vous ignorez les exigences de la terre et de la nature entière. — Quoi ! faut-il vous enterrer tout vif pour avoir des choux et des raves ? — Que puis-je faire de mieux quand vous vous aériformez dans les dissipations du monde? — Quand je m'aériforme! — Oui, quand vous vous évaporez. — Ah! j'entends. Que ne disiez-vous tout de suite *évaporez ?* — C'est que c'est moins juste : aériformer exprime mieux mon idée. Elle vous présente dans votre système physique et dans votre système moral en même temps, car quand vous dansez, par exemple, vous *ballonnez;* c'est encore mieux : vous ne touchez pas la terre; vous êtes vaporeuse, aérienne; vous êtes une véritable anomalie que je ne puis mieux rendre que par aériformez : vous vous formez en air. — Je vous entends : je suis comme une figure gazée ? — Non, non, belle dame; vous êtes gazeuse, et point gazée; vous décolorez ma pensée.

* * *

IV. — LITTÉRATEURS.

1

SUR LA DEUXIÈME SATIRE DU POÈTE
CAMPAGNE.

Voyez, jeunes littérateurs, à quel point la vanité peut dégrader un homme !

Ce pauvre Campagne avait composé, l'an passé, une ridicule satire; il désirait que le *Journal de Paris* en fît l'éloge; il vint me voir pour me la recommander. Je lui dis qu'elle me paraissait mauvaise; que, d'ailleurs, elle traitait avec injustice un jeune poëte dramatique que j'aimais, et dont j'estimais les talents. Croiriez-vous qu'il n'eut pas honte de me répondre ces paroles : « Je ne savais pas que vous fussiez des amis d'Arnault. Mais il ne faut pas que cela vous empêche de rendre un compte favorable de ma satire. Comme toute l'édition n'est pas encore tirée, je pourrai mettre un autre nom à la place d'Arnault. » Je me levai avec vivacité. J'étais indigné. « Cela suffit, lui dis-je, monsieur; je rendrai compte de votre satire, ou je prierai un de mes collaborateurs de s'en charger. »

Je remis la satire à mon collaborateur sans lui en dire mon sentiment; il en fit un extrait qui fut inséré dans le *Journal de Paris.* Cet extrait était plein de moquerie pour Campagne. Campagne accourt au bureau du journal; il demande qui a rédigé l'extrait. Il apprend que ce n'est pas moi, et il ne désespère point encore d'être vanté dans le *Journal de Paris.* En conséquence, il m'écrit une lettre dans laquelle il se met à genoux devant mes *rares talents,* pour obtenir l'éloge des siens, et où, pourtant, il me menace tout doucement de sa prochaine satire, s'il n'obtient pas ce qu'il me demande; de sorte que je resterai un homme de *rares talents* si je le loue, et que je serai un objet de satire si je ne le loue pas.

Mais lisez vous-même sa lettre; la voici :

« Je ne puis concevoir, monsieur, d'après la

« conduite honnête et franche que j'ai tenue
« vis-à-vis de vous, comment vous avez pu
« donner entrée dans votre journal à une criti-
« que pareille à celle que l'on a faite de ma
« satire. Cet ouvrage, sans doute, n'est pas
« exempt de défauts, mais c'est une mauvaise
« foi impardonnable de dissimuler ses beautés
« pour ne représenter que ses côtés faibles.
« Je pense que cet article n'a été imprimé dans
« votre feuille qu'à votre insu, car assurément
« vous n'auriez pas souffert que des vers qui
« ont le suffrage des gens de lettres les plus
« distingués *aient* été analysés avec si peu de
« de goût. Vous auriez trop senti que cette cri-
« tique compromettait votre journal, et faisait
« tort à la confiance que vos *rares talents* lui
« ont acquise. J'espère donc, monsieur, que
« vous voudrez bien démentir en partie cette
« critique. Croyez-moi, il n'est jamais prudent
« de se brouiller avec un auteur satirique. En
« rendant immortels, par un ridicule, les mau-
« vais auteurs qui n'ont pu encore atteindre
« la célébrité, je saurai toujours distinguer
« ceux qui, comme vous, méritent une place
« honorable dans toute critique judicieuse.

« J'ai l'honneur d'être, monsieur, avec tous
« les sentiments que vous êtes fait pour inspirer,
« votre très-humble serviteur.

« **J.-V. Campagne.** »

Je n'ai point répondu à cette lettre ; je n'ai
point rempli l'attente de l'auteur. En conséquence, il m'a attaqué dans une seconde satire, où il me refuse non-seulement le talent,
mais même la probité. Quel trafic ignoble que
celui de louer pour être loué ! et quelle basse
vengeance que d'insulter un honnête homme
parce qu'on n'a pu obtenir ses éloges pour de
mauvais hémistiches ! Mes amis, gardez-vous
de la vanité !

(*Journal d'Économie publique*, n° XIV, t. III,
pag. 239, — 20 nivôse an V. — 9 Janvier 1797.)

2

Le citoyen Campagne vient d'écrire à Paul Ier
une vigoureuse épître. Elle a l'air d'être en
vers, et ces vers, *si c'en est* ou *si c'en sont*,
sont très-bien raisonnés. L'intention est fort
louable. Il menace Paul des droits de l'homme
en ces mots :

Ces droits bravent ta rage ; ils sauront lui survivre.

L'auteur, dans une préface, se plaint avec
amertume de l'injustice criante qui a, dit-il,
étouffé, à cause de vingt hémistiches faibles,
une ancienne satire de lui, où se trouvaient
cinq cents vers d'*une force supérieure*.

(*Journal de Paris*, du 25 vendémiaire an VIII.
— 17 octobre 1799.)

M. de la Harpe vient d'imprimer ce qui suit :
« *J'allai*, comme tout le monde, *voir Jean-
« not*, dans le temps de sa gloire et dans la
« pièce qui fit sa célébrité. *Il me fit tant rire
« que j'y voulus revenir une seconde fois, car
« le rire m'a toujours fait du bien*. Il m'en-
« nuya... Il en est de même des bouffons et
« des mimes de société : au bout d'un quart
« d'heure *ils m'ennuyaient à la mort.* »
(*Cours de Littérature*, t. M. CC., p. 308.)

L'univers et la postérité liront sans doute
avec une véritable satisfaction, dans le douze
centième volume du *Cours de Littérature* de
M. la Harpe, cours où sa modestie lui a si rarement permis de parler de lui-même, *qu'il a
été voir Jeannot dans le temps de sa gloire*
(dans le temps de la gloire de Jeannot, qui
était aussi celui de la gloire du philosophe).
Il est si agréable de voir dans ses passe-temps,
et en déshabillé, un philosophe aussi distingué que M. de la Harpe !

« Il me fit tant rire, ajoute-t-il, que j'y vou-
« lus revenir une seconde fois. » *Il me fit tant
rire* : quelle gloire pour Jeannot ! *que je voulus y revenir une seconde fois* : quel aimable
aveu d'une aimable faiblesse !

« Car le rire, continue M. la Harpe, m'a
« toujours fait du bien. » Touchant éloge du
rire ! Quel caractère dur et farouche ne se ré-
conciliera pas avec le rire, en apprenant qu'il
a toujours fait du bien à M. de la Harpe ? L'art
dramatique fera registre de ce témoignage ;
la médecine en prendra note ; l'histoire en
fera mention. Eh ! qui ne sera bien aise de
savoir que le rire est une des causes qui, sans
nuire au bon appétit de M. de la Harpe, ont
concouru à entretenir jusqu'à soixante-six ans
cet esprit éminent dans toute sa force, cette
âme excellente dans toute sa bonté, ce carac-

tère si aimable dans toute sa modestie et son aménité ?

Malheureusement Jeannot ne réussit pas si bien à la seconde visite. « Il m'ennuya, » dit M. de la Harpe. *Il m'ennuya!* L'univers et la postérité apprendront avec peine que Jeannot ait trompé l'espérance de M. de la Harpe ; mais elle ne sera pas moins touchée du soin qu'il prend de lui apprendre lui-même le désagrément inattendu qu'il a éprouvé. Toutefois, l'intérêt qu'on lui porte universellement méritait cette marque d'attention.

« *Il m'ennuya,* Il en est de même, continue « l'auteur, des bouffons et des mimes de so-« ciété ; au bout d'un quart d'heure ils m'en-« nuyaient à la mort, » Autre fait historique. M. de la Harpe devait à l'univers et à la postérité de déclarer hautement, fortement, solennellement, sans respect humain, sans miséricorde, que les bouffons l'ennuyaient à la mort au bout d'un quart d'heure ! Plus de grâce aux bouffons, ni aux mimes de société !

Leur condamnation est méritée par les dangers de mort auxquels ils ont exposé M. de la Harpe. C'en est fait... La mort aux bouffons !

... Mais, que dis-je ! où m'entraîne mon zèle trop passionné pour M. de la Harpe ? Les bouffons, il est vrai, ont failli à le faire mourir de mort subite ; mais enfin, il vit ; il se porte bien ; il écrit ; il vient de fustiger Marmontel, Voltaire, comme poëtes ; il va les anéantir comme philosophes ; il va foudroyer Diderot, Rousseau, Montesquieu, et pulvériser la philosophie moderne. Il est évident qu'il a plus profité de Jeannot qui fait rire que de Jeannot qui ennuie... L'histoire, en racontant les joies et les ennuis de M. de la Harpe chez Jeannot, doit donc réserver à la postérité le jugement de Jeannot.

Signé : A. P.,
Archiviste et historiographe.

(*Journal de Paris,* du 11 thermidor an ix. — 30 juillet 1801.)

V. — MODES.

DES VOITURES ANGLAISES.

Les modes sont sujettes aux lois de la végétation. D'abord on en voit le germe ; ensuite ce germe grandit, et chaque jour le développement en est sensible. Ensuite la décroissance et la fin. Quand vous voyez de petites boucles aux souliers, de petits boutons aux habits, soyez sûrs que bientôt vous verrez des tableaux aux boutonnières et des boucles de harnais sur les pieds.

Il en est de même des voitures. Il y a trente ans, nous avons vu les caisses à deux pieds de terre ; ensuite elles se sont élevées à la hauteur du premier étage des maisons. Et comme des grandes boucles et des larges boutons on est revenu aux grelots et aux agrafes des sandales de capucins, de même les voitures vont redescendre de la hauteur de leurs ressorts dans la boue.

Déjà elles ont beaucoup perdu, en France, de leur élévation ; mais elles vont se trouver à terre tout à l'heure, car à Londres c'est ainsi qu'elles sont maintenant, et l'émulation de la mode est grande entre Paris et la capitale de l'Angleterre.

Pour accélérer ce grand événement, nous allons publier une lettre adressée au rédacteur du *Morning-Post* par une dame anglaise. Cette lettre prouve l'humilité actuelle des voitures ; cette humilité, notre vanité ne peut pas se dispenser de l'imiter sans retard, d'autant qu'elle est fort ridicule. Voici la lettre.

« Monsieur l'éditeur, au nom de Dieu, employez tout votre crédit pour *faire tomber* ces abominables voitures *basses* qui traînent aujourd'hui dans les rues de la capitale leurs formes massives et grotesques... Il est absolument impossible, quand on est dans un de ces tombereaux, d'éviter les regards impertinents du moindre batteur de pavé. Dans un char plus élevé, nous pourrions regarder du haut de notre grandeur nos adorateurs, et les voir passer sans être assujetties à la fatigue de leur rendre le salut. Aujourd'hui, si nous faisons semblant de ne pas les apercevoir, ils peuvent aisément, par le geste ou la voix, nous avertir de leur présence. Je vous en supplie, mon très-cher monsieur, délivrez-nous d'un pareil esclavage; en discréditant une mode si détestable, vous obligerez éternellement, etc.

« Lucrétia LOFTY. »

(*Journal de Paris*, du 30 germinal an VIII. — 20 avril 1800.)

———

— Il y a deux ans, les voitures étaient si élevées que de la portière on pouvait entrer, sans lever la jambe, au premier étage d'une maison. Aujourd'hui, les voitures sont si basses que la caisse traîne à terre, pour peu que les roues entrent dans une ornière.

— Au lieu de siéges énormes pour asseoir les cochers, on a maintenant de petits siéges semblables à un carricle; de sorte que, pour mener un carrosse, il faut aujourd'hui que le cocher soit en cabriolet.

— On ne rencontre plus aujourd'hui un postillon qui ne vous dise qu'il a été *piqueux* chez quelque prince; point de *piqueux* qui n'ait été *écuyer* de quelque princesse; pas un *laquais* qui n'ait été *valet de chambre;* point de valet de chambre qui n'ait été *maître d'hôtel.* Un homme modeste n'ose presque se faire servir.

Mais aussi on entend très-souvent un citoyen un peu riche vous dire, comme un ci-devant prince : *Mon écuyer,* quand il devrait dire simplement : *Mon piqueur;* et : *Mes valets de pied,* quand il devrait dire : *Mes domestiques.* Cette folie n'est pas neuve; Lafontaine a dit :

Tout petit prince a des ambassadeurs,
Tout marquis veut avoir des pages.

(*Journal de Paris*, du 21 ventôse an X. — 12 mars 1802.)

———

DES CONTRE-SENS.

Je ne vois, je n'entends partout que contre-sens.

J'entre chez un tapissier : Combien ces chaises? — Un louis pièce; voyez comme elles sont légères.—Elles étaient peintes *en bronze.*

Je veux prendre un fiacre : je vois une diligence très-leste, très-élégante; sur les panneaux sont peints deux chevaux de course, au galop, ventre à terre : elle est attelée de deux vieux hongres, dont l'un est poussif, l'autre boiteux.

Je descends dans un cabinet littéraire; on m'offre des *journaux,* on ne me donne que des *gazettes.*

Je prends la feuille des spectacles, et je lis qu'au milieu des spectres, des fantômes, des revenants et de toutes les jongleries de la fantasmagorie, on entendra l'*harmonica de Franklin,* c'est-à-dire le plus délicieux des instruments, inventé par le plus sage des hommes.

J'avais à midi rendez-vous aux Tuileries, sur la terrasse des Feuillants, avec un de mes compatriotes, vieillard respectable, et sa fille, à qui il montre Paris. Je vois au loin, devant moi, un homme en habit noir, à cheveux blancs, et une grande femme mince, en robe blanche et en cheveux noirs. Je me dis : Bon, voilà mes gens! Je double le pas pour les rattraper. Comme vous courez, mes amis! leur dis-je en approchant d'eux. Ils se retournent tout étonnés, et moi, plus étonné encore, je vois dans mon homme à cheveux blancs un adolescent de dix-huit ans, couvert de poudre, et dans la belle aux cheveux noirs, une jouvencelle de cinquante. J'espérais voir le père et la fille, et point du tout, je rencontre un fils et sa mère.

Dans un café j'entends une grande dispute sur les impôts; je prête attention. L'un des discoureurs dit : « Il ne faut pas imposer le sel; c'est un objet de première nécessité. Passe pour imposer les fenêtres! » C'est-à-dire l'air et la lumière!

Je lis dans *le Moniteur* une grande dissertation dont l'objet est de prouver que chaque membre du corps législatif peut prendre le titre de *représentant,* comme s'il représentait le peuple à lui tout seul; et dont l'auteur se fonde sur la constitution, où il n'est parlé que *des représentants* au pluriel, c'est-à-dire de ceux qui représentent ensemble, et par leur agrégation, la nation qu'aucun d'eux ne représente séparément.

Je vais au spectacle : je vois dans les loges cinq cents perruques sur cinq cents têtes, entre lesquelles il n'y en a pas une de chauve; et de ces perruques il n'y en a pas une brune qui ne soit sur la tête d'une blonde, pas une blonde qui ne soit sur la tête d'une brune.

Je soupe en société; après le souper s'établit le *jeu*. Quel *jeu!* On voyait bien à la figure des acteurs que ce *jeu-là* était une grosse *affaire.*

Après une longue séance quelques joueurs disent : Il est temps de nous retirer; il est *fort tard*... Oui, *fort tard!* il était six heures du matin.

C'est la tour de Babel que votre Paris. Les mots n'y vont jamais à la chose.

DIALECTICUS,
Professeur de logique à Gœttingue.

(*Journal de Paris*, du 16 ventôse an VII. — 6 mars 1799.)

SUR LES MEUBLES A LA MODE.

1

LETTRE DU C*** AU C***.

Paris, le 10 germinal an IX.

Quelle fête c'eût été pour moi, mon bon ami, d'être reçu par vous dans cette maison réparée, remeublée par vos soins, quand j'y rentre après dix ans d'absence! Maudit procès qui vous éloigne de Paris au moment que j'y arrive! Gagnez-le bien vite, et venez recevoir mes tendres remercîments. J'ai trouvé ma maison charmante, plus charmante que jamais. L'œil de l'amitié a mieux valu pour elle que n'eût valu l'œil du maître. Votre attention l'a conservée; votre excellent goût l'a rajeunie. Les nouvelles distributions m'ont ravi; les décors m'ont charmé. Je ne vous parlerai pas des meubles : je suis persuadé que, dans le choix que vous en avez fait, vous avez cru devoir sacrifier à la mode plus qu'à la commodité, et au goût dominant plus qu'au bon goût. Vous avez jugé que votre ami, esclave de la mode lorsqu'il a quitté Paris, y rentrerait toujours son esclave, et vous avez choisi pour moi comme vous avez supposé que je choisirais moi-même. Sur ce point, mon ami, votre amitié s'est trompée, et, pour vous prouver que j'en suis plus digne que jamais, je vais troquer tous les meubles grecs que vous m'avez achetés pour de bons meubles bien français. Je veux que vous rendiez justice à la solidité de mon esprit, et que vous en jugiez, tout en entrant chez moi,

sur le témoignage des antiquailles qui en déposeront à la place des antiques que la mode y a mis. Je vous embrasse, mon cher ami, et vous attends avec impatience.

2

RÉPONSE.

Lyon, 15 germinal.

Puisse ma lettre, mon cher ami, arriver assez tôt pour t'empêcher de faire une sottise. Tu ne connais pas le prix de tes meubles; tu vas faire un sacrifice immense. Tu ignores que tu possèdes la collection la plus complète qui ait encore été faite d'un mobilier à l'antique; que tous tes meubles ont été faits sur les dessins les plus purs; que leur ensemble, leur accord est le fruit de recherches, d'examens et de comparaisons faites dans les plus beaux monuments de l'antiquité. Plus de dix mille estampes, de cinq cents médailles, de deux cents camées ont été mis à contribution pour former ce beau tout. Chacun de tes appartements est meublé de pièces qui appartiennent justement au même temps, à la même année et au même peuple; car les Grecs avaient aussi des modes changeantes et diverses comme nous. Pas un seul anachronisme, pas une seule erreur de géographie dans plus de sept cents *articles* qui composent ton mobilier. Point de mélange de l'athénien avec le lacédémonien; point de confusion entre les meubles d'une olympiade et ceux d'une autre. Prends garde, encore une fois, à ce que tu vas faire. Attends seulement un mois, et je te ferai connaître le prix de ce que tu possèdes. Mon procès se juge à la fin de germinal; je t'irai embrasser le lendemain du jugement.

3

RÉPONSE A LA LETTRE DE LYON,

DU 15 GERMINAL,

Paris, le 20 germinal an IX.

Il n'y a, mon bon ami, ni géographie, ni chronologie, ni antiquité, ni médailles, ni camées qui tiennent. Je ne veux pas de ces meubles, qui sont lourds, durs, laids, incommodes; je veux des meubles faits pour moi, et ne veux pas me refaire pour mes meubles. Être bien couché, bien assis, voilà ce que je demande à mon lit, à mon fauteuil. De quel droit mon lit et mon fauteuil me demanderaient-ils de me gêner pour eux? Ils veulent être pittoresques quand j'exige qu'ils soient commodes; ils veulent me représenter la chambre de Cimon ou de Thémistocle, quand je les prends pour garnir la mienne! Apparemment les tapissiers qui travaillaient pour Thémistocle et pour Cimon ne leur firent pas, malgré eux, des meubles égyptiens; il me paraît juste que les tapissiers s'accommodent aux besoins, aux délicatesses, aux habitudes de ceux qui payent leurs mémoires.

Vous allez me dire que, s'ils ne travaillent pas pour nos délicatesses, ils travaillent selon notre goût; que, s'ils consultent peu nos besoins et nos habitudes, ils se conforment exactement à notre respect pour les caprices de la mode, respect qui est aussi une de nos habitudes et un de nos besoins.

Eh bien! mon ami, j'aurai l'audace de m'attaquer à la mode elle-même; je lui dirai qu'elle est folle, absurde, et, si cela ne suffit pas pour la détruire, je lui dirai qu'elle est vieille, qu'il y a déjà deux ans qu'elle dure; et ceci sera sans réplique : une mode de deux mortelles années! Oh! il est temps que la mode vienne de dire du mal de cette mode-là, et de la remplacer par une autre.

Convenez-en, mon cher, on n'est plus assis, on n'est plus repose. Pas un siége, chaise, fauteuil ou canapé, dont le bois ne soit à nu et à vive arête. Si je m'appuie, je presse un dos de bois; si je veux m'accouder, je rencontre deux bras de bois; si je me remue, je rencontre des angles qui me coupent les bras et les hanches. Il faut mille précautions pour ne pas être meurtri par le plus tranquille usage de vos meubles. Dieu préserve aujourd'hui de la tentation de se jeter dans un fauteuil! on risque de s'y briser; Dieu garde d'y jeter un autre, car on pourrait bien l'y estropier pour le reste de sa vie. Qu'une pareille espèce de meubles soit devenue d'un usage général, cela me confond. Ne pas rencontrer dans Paris un seul siége où l'on puisse s'endormir commodément, si ce n'est quelque fauteuil de l'Académie, hérité par l'Institut! Cela passe les bornes d'un asservissement raisonnable au pouvoir de la mode. Je n'en serai pas dupe, quoi qu'il arrive, et, dussé-je me pourvoir de meubles dans quelques galetas, j'aurai, je vous jure, avant peu, de bons fauteuils français, bien rembourrés et bien garnis.

Vos lits sont encore pires que vos siéges. D'abord pour y arriver il faut monter un degré; sans une machine, comment en descendre un pauvre malade? sans une machine, comment l'y monter doucement?

Que ferez-vous d'une femme vaporeuse devant ce marche-pied? Ira-t-elle tomber au pied du lit? Une femme en santé ne pourra donc plus arriver à son lit par un faux pas, souvent si commode! Tout cela révolte.

Et ce lit où il est si difficile d'arriver, le dossier en est de bois, bien poli, il est vrai, mais froid et dur! et, de plus, une large barre, bien anguleuse, est au-devant du lit dans toute sa longueur, menaçant de sa vive arête le tibia quand on y monte, et servant ensuite à vous encaisser dans vos draps lorsque le poids du corps a comprimé les couchers; si bien que la tête risque sans cesse d'aller s'entailler dans cette traverse, soit dans l'agitation d'un rêve, ou dans la maladresse d'un réveil.

Qu'est-ce que ce petit socle que je vois à côté du lit et près du chevet?—C'est... c'est... Vous n'osez me dire ce que c'est... Fi, Grecs de mauvais goût! Vous faites parade d'un meuble de garde-robe qui autrefois disparaissait le jour, et qui le soir était caché dans les rideaux!

Dans les rideaux! Oh! l'on n'a garde d'en avoir aujourd'hui des rideaux!

Les rideaux servaient autrefois aux malades. Le jour, l'air, la lumière les incommodaient-ils : on fermait les rideaux, et les amis, les parents étaient dispensés d'étouffer dans la chaleur et l'obscurité. Leurs lits étaient de petites chambres dans d'autres chambres. Un malade était-il bien aise qu'on l'amusât par un peu de conversation, qu'on l'endormît par une lecture : il fallait de l'obscurité pour lui, et en même temps un peu de lumière pour les causeurs et les lecteurs; les rideaux conciliaient tout cela. Aujourd'hui, sans doute, on a décidé qu'il n'y aurait plus de malades.

Sans doute aussi il n'y aura plus de paresseux; sans cela je réclamerais pour eux le lit dont parle si poétiquement Boileau dans *le Lutrin* :

Dans le réduit obscur d'une alcôve enfoncée

S'élève un lit de plume à grands frais amassée.
Quatre rideaux pompeux, par un double contour,
En défendent l'entrée à la clarté du jour.
Là, parmi les douceurs d'un tranquille silence,
Règne sur le duvet une heureuse indolence.

Dans deux ans on n'entendra plus ces charmants vers. Et sans doute aussi il n'y a plus ni chastes amours, ni amours voluptueux ; car ces lits sans rideaux ne permettent que les plaisirs grossiers dont parle Chapelle dans sa chanson, plus gaie que délicate, contre les rideaux.

O charme des rideaux ! ils donnaient aux lits un air mystérieux qui plaisait également à la volupté et à la décence ; ils rassuraient la pudeur et enhardissaient l'amour ; ils étaient comme un voile commun à deux époux, à deux amants.

Décence et pudeur à part, croit-on que le lit de madame de Pompadour n'invitait pas autant au plaisir du repos, au repos du plaisir, que celui de Laïs ou d'Aspasie ?

Qui me délivrera des Grecs et des Romains !

Les Grecs, que nous voulons imiter en tout, ne savaient pas faire une serrure ; ils fermaient leur porte avec une barre de fer ou de bois, comme on ferme nos portes de grange : supprimerons-nous pour cela nos serrures ?

Les Grecs ne savaient pas faire de verre : supprimerons-nous pour cela nos vitres ?

Les Grecs ne savaient pas faire de miroirs : n'admettrons-nous pour cela que des draperies dans nos salons ?

Les Grecs ne savaient pas faire une mortaise : faut-il pour cela que nous ne puissions avoir une porte de chambre sans que les panneaux en soient assemblés par de gros clous de bronze ?

Les Grecs élevaient leurs lits sur une estrade en bois, parce que leurs chambres étaient pavées : est-ce une raison de les jucher ainsi chez nous, qui avons des parquets, et sur ces parquets des tapis ?

Les Grecs, qui n'avaient point de croisées et qui habitaient un climat chaud, n'avaient point de lits à pavillon : est-ce une raison de n'en point avoir, pour nous, hommes du Nord, que les fluxions et les rhumatismes accablent, et qui sommes bardés de flanelle tout le long de l'année ?

Oh ! si on laisse faire nos *artistes*, adieu les *artisans*. Athènes était le pays des artistes, des chanteurs, des danseurs, des orateurs, des peintres, des sculpteurs, etc. ; daignons, en admirant leurs successeurs, demeurer néanmoins aussi la patrie des menuisiers, des serruriers, des vitriers et des fabriques de soie.

Je vous prie, mon cher ami, de m'acheter à Lyon douze pièces de damas vert et jaune ; vous en trouverez sûrement encore dans quelque fonds de magasin, et je veux en faire des rideaux, en dépit de tout le Péloponèse.

Je vous embrasse tendrement.   ***

(Journal de Paris, des 7 et 8 floréal an IX.
— 27 et 28 mars 1801.)

———

AUX AUTEURS DU JOURNAL.

Deux mots, citoyens, sur un article de votre feuille de ce jour, 24 ventôse, que je viens de lire en ouvrant ma boutique.

« Les jeunes garçons de boutique de la rue « Saint-Denis continuent à porter le chapeau « russe, et entre eux ils appellent cela le cha « peau à la mode ; mais les jeunes militaires, « la jeunesse française portent le chapeau « français. »

Vous êtes mal informé, citoyen, et dans cet article de cinq lignes il y en a au moins quatre d'injurieuses et fausses.

Les jeunes garçons de boutique de la rue Saint-Denis, occupés de leur état, retenus à leur comptoir du matin au soir, n'ont pas de temps à perdre dans l'étude des modes, et s'ils avaient à s'en occuper, tout, même leur intérêt, les porterait à préférer les modes françaises. S'ils portaient le chapeau russe, la faute en serait à vous, citoyens, à vous qui nous donnez gravement deux fois par décade un article *Modes*, et qui nous appreniez, il y a quatre jours, que le chapeau russe était passé des sociétés dans la ville.

Il y a plus que du ridicule dans l'affectation à distinguer les jeunes garçons de boutique des jeunes militaires, *de la jeunesse française*. Un très-grand nombre d'entre nous étaient hier dans les rangs de vos défenseurs, beaucoup y sont encore ; les autres peuvent y être demain. Il est sorti des boutiques et des ateliers au moins autant de bons soldats que des salons. Nous croyions n'être plus dans le temps où le travail était un titre au mépris, et nous pensions qu'après douze années de révolution il ne restait plus entre les hommes de distinctions personnelles que celles des vertus et des talents, de distinction sociale que celle des fonctions publiques. Nous avons encore l'orgueil de croire que des jeunes gens occupés, laborieux, qui se destinent à une profession intimement liée aux progrès de l'industrie et à plus d'un genre de prospérité publique, ne sont pas la partie la moins intéressante de *la jeunesse française*.

Votre article pourra faire dédaigneusement sourire dans quelque salon où l'inutilité et le désœuvrement sont en honneur; mais dans nos boutiques on ne le trouve ni juste ni poli; et comme assez ordinairement, citoyens, votre feuille réunit ces deux qualités, je crois devoir vous en avertir, en vous priant d'insérer ma lettre dans un de vos prochains numéros.

Je vous salue.

Y.,

Garçon de boutique, rue Saint-Denis.

2

OBSERVATIONS DU RÉDACTEUR DES PETITES
NOUVELLES.

Le citoyen Y. a raison. Nous nous sommes aperçus trop tard qu'il manquait un mot à notre chapitre *des chapeaux*. Au lieu des jeunes garçons de boutique de la rue Saint-Denis, nous avons voulu dire les jeunes garçons *de boutiques de chapeaux* de la rue Saint-Denis, etc. En effet, l'invention des chapeaux russes est due uniquement aux chapeliers. Ces citoyens, pour faire mettre au rebut les chapeaux achetés chez eux la veille, ont fait porter à leurs garçons des chapeaux de ce nouveau modèle, les ont envoyés ainsi au bal et au boulevard, et ensuite ont fait crier : *C'est la mode.* Cette ruse est usitée depuis longtemps dans le commerce des chapeaux. On pourrait la définir : *l'art de faire vieillir en deux jours les chapeaux neufs.* Réparation aux jeunes garçons de boutique. Toutefois nous sommes bien aises que notre *lapsus calami* leur ait donné occasion de désavouer aussi cette vilaine forme de chapeau, qu'il faut laisser aux garçons chapeliers, pour châtiment de leur complaisance à servir d'échantillons (1).

(*Journal de Paris*, du 17 ventôse an x. —
12 mars 1802.)

———

— On danse peu cet hiver ; il y a peu de bals ; ceux qu'on donne ne sont pas animés. Pourquoi? C'est que, pour danser, il faut trop bien danser. On danse pour les autres, non pour soi. Les bals sont devenus des spectacles, et ne sont plus des amusements. Le *bien danser* tuera la danse.

— Ce qu'on appelle aujourd'hui une danseuse, en société, est une artiste qui *travaille* le matin les pas qu'elle doit exécuter le soir. Mme..... a mal dansé hier; c'est qu'elle n'avait pas eu le temps de *travailler* avant le bal.

— Les danseurs ont aussi la prétention d'être admirés. Une dame disait à l'un d'eux : « Vous avez dansé hier à merveille. » Il répondit : « *Étiez-vous bien placée ?* »

— Les bals ne redeviendront un plaisir que quand ils cesseront d'être un spectacle; ils ne cesseront d'être un spectacle que quand les mères de familles diront aux maîtres de danse de leur fille : « Monsieur, je ne veux pas que « ma fille danse comme une femme de théâ- « tre » ; et diront à leur fille : « Mademoiselle, « c'est être immodeste que de se faire regar- « der. »

(*L'Observateur.*)

(*Journal de Paris*, du 15 pluviôse an x.
— 4 février 1802.)

———

— Les curieux ont été voir, ces jours derniers, chez M. Leroi, *marchande de modes à la mode,* des robes de cour qu'il a faites pour l'infante d'Espagne, qui épouse le prince héréditaire de Naples. Une dame, trop jeune pour avoir vu des habits de cour en France, étonnée de la longueur des queues et de l'ampleur des paniers sur lesquels doivent être portées les

---

(1) (*Note de l'éditeur.*) Les deux articles ci-dessus et celui qui y a donné lieu, et dont les termes sont rapportés dans le premier, sont tous trois de mon père.

robes de la façon de M. Leroi, lui adressa naïvement cette question : Monsieur, *c'est donc l'usage de porter les robes de cour sur des paniers? — Oui, madame,* a répondu gravement M. Leroi, *et cela est d'une très-bonne politique.*

— Les gens du peuple sont choqués de voir les voitures si basses ; ils l'ont moins été de les voir excessivement élevées. *La belle voiture!*

disait hier une femme du peuple en voyant passer une berline anglaise ; *c'est dommage qu'elle soit trop basse. — Pourquoi trop basse?* demanda un passant. — *C'est*, répondit cette femme, *parce qu'elle est* BASSE. — Il semble qu'en France ce mot n'ait besoin d'explication pour rien ni pour personne.

(Journal de Paris, du 7 fructidor an x. — 25 août 1802.)

VI. — ABUS.

SUR LES MOYENS DE CHAUFFER LES APPARTEMENTS.

Un journaliste nous a appris, il y a deux jours, qu'il faisait froid, et que même il était tombé un peu de neige la veille ; cette nouvelle a justement consterné Paris. En la rapprochant d'une des calamités les plus affligeantes qui se sont répandues sur la France, celle de la rareté toujours croissante du bois, on y trouve un ample sujet de réflexion. Dans un pays où l'hiver se met à revenir au milieu du printemps, et quelquefois au milieu de l'été, il est extrêmement urgent de pourvoir aux moyens d'économiser la chaleur artificielle, et, s'il se peut, de l'augmenter. Les poêles russes, les cheminées à la Rumfort, à la Désarnod, à la Francklin, les tuyaux de chaleur, tout cela a besoin d'être mis en vogue, et même perfectionné.

Mais on pourrait, dès ce moment, faire une chose fort utile au chauffage des appartements, et qui est fort simple : ce serait d'interdire de la société les hommes qui se mettent devant les cheminées et interceptent toute la chaleur. M. de Fleury se plaignait devant Francklin d'être nommé au ministère des finances. — Il n'y a, disait-il, que du mal à attraper dans cette place. — Ah! monsieur, répondit Francklin, *quand on fait le feu on se chauffe.* — Nous voulons bien que ceux qui veulent se chauffer fassent le feu ; mais, le feu rangé, qu'ils se rangent.

Signé : FRIGIDUS.
(Journal de Paris, du 19 ventôse an VIII. — 8 mars 1800.)

SUR L'ABUS DES MÉMOIRES DES AVOCATS ET DE L'ALMANACH NATIONAL.

AUX AUTEURS DU JOURNAL DE PARIS.

Comment se fait-il que, dans un temps de régénération tel que celui-ci, dans un temps où les journaux exercent leur censure avec tant de sévérité sur les spectacles, sur les femmes nues, sur les grandes culottes et les petits habits, sur les chevaux anglais, sur la chasse furieuse de pauvres bêtes privées qu'on tenait dans sa basse-cour ; dans un temps où l'on juge si familièrement une colonne de 160 pieds de haut, où l'on fait si bien justice du *mouton* qui en mécanique emploie tant de bras à enfoncer les pieux ; dans un temps où l'on ne fait grâce ni aux livres de philosophie, ni aux livres de prières, ni aux tragédies, ni aux vers fugitifs, ni au Code civil, ni aux petits journaux, ni enfin à l'esturgeon de Coupigny...? comment se fait-il qu'il ne soit encore venu dans l'esprit de personne de venger la société de deux abus qui se sont introduits dans deux parties capitales de la littérature? Je veux parler des mémoires ou *factums* des avocats, et de l'*Almanach national.* Je remets à un autre jour l'Almanach, pour vous entretenir seulement des *factums.* Concevez-vous l'habitude que MM. les avocats ont prise de faire autant d'alinéas qu'ils écrivent de mots? Autrefois, quand la méthode des grands orateurs suffisait aux talents de notre barreau, quand on se contentait des formes de discours employées par Démosthènes, Cicéron, Cochin, d'Aguesseau ; quand on lisait un peu sa grammaire, ne fût-ce que celle d'Urbain Domergue, on séparait les membres d'une même phrase par une virgule; les phrases subordonnées par un point et virgule, ou deux points; les phrases principales par un point; un groupe de phrases liées entre elles pour former un raisonnement ou la prémisse d'un raisonnement, par un alinéa; enfin, une certaine masse d'alinéas par des divisions en parties : exorde, fait, état de la question, discussion, première question, seconde, troisième question, conclusion. Cette méthode, indiquée par la logique, aidait l'esprit du lecteur à saisir les rapports des détails avec l'ensemble, à classer chaque chose dans sa tête, à ne pas confondre ce qui n'est que le préliminaire, l'accessoire, le développement ou la preuve d'une proposition subordonnée, avec une proposition principale et fondamentale. Aujourd'hui, sous prétexte de tout distinguer, on confond tout; sous prétexte de mieux frapper la pensée, on lui ôte ses guides; on veut faire un relief, on fait une mauvaise rocaille. Ces messieurs ont une opinion un peu différente de celle qu'avait Buffon sur la clarté et la force du style. Buffon disait que le style n'était clair que quand des pages entières pouvaient être lues et entendues facilement sans ponctuation. C'était là son épreuve. Eh! messieurs du barreau, faites que vos idées ressortent par leur sage enchaînement, par la beauté de l'expression, par l'heureux choix des accessoires;

D'un mot mis à sa place apprenez le pouvoir,

et vous ne ferez pas tant d'alinéas ridicules. Vous pouvez très-bien dire en un seul alinéa : « Pierre possède un pré à Nanterre; primidi dernier, il arrive pour le faucher; il y trouve Jacques son voisin, qui en avait coupé l'herbe et l'enlevait. Il se fâche; Jacques fait l'insolent; la colère les met hors d'eux-mêmes; ils se l'attent, et Pierre, après avoir reçu des coups violents, a le malheur de porter un coup mortel à son adversaire : *voilà le fait*. Peut-on accuser Pierre d'être un assassin? *voilà la question*. » Pour faire entendre cela, est-il besoin de hacher ainsi votre discours :

Pierre possède un pré.

Il le possède à Nanterre.

Il veut le faucher.

Il s'y décide primidi dernier.

Il arrive sur les lieux.

Il y trouve Jacques.

Jacques est son voisin.

Jacques avait fauché le pré.

Jacques enlevait le foin coupé.

Pierre se fâche, etc.

En honneur et en conscience, cela n'est bon qu'à doubler les frais d'impression pour les pauvres clients; ce n'est que l'art de mettre peu d'idées sur beaucoup de papier; c'est l'art d'écrire, en lettre moulée, la *grosse* des anciens procureurs. Messieurs, messieurs, mettez votre force dans les lignes que vous tracez sur le papier, et non pas dans les blancs que vous y laissez. Considérez d'ailleurs que cette manière d'imprimer vous fait contracter des habitudes de style très-vicieuses. Que vous employiez l'incise pour l'exposition d'un fait compliqué, cela peut fort bien convenir, parce qu'alors il ne s'agit que d'être clair; mais la discussion du barreau, la discussion oratoire, exige la période, qui seule permet cette dignité du ton, cette magnificence du langage, cette vigueur de logique nécessaire pour attacher l'attention et décider le jugement. Montesquieu au barreau n'aurait pas produit autant d'effet que Gerbier, et vous ne pouvez pas vous flatter tous d'être des Montesquieu. Adieu, messieurs, je vous parlerai un autre jour des attentats de l'*Almanach national*.

Abusifuge.

P. S. Je vous prie d'observer qu'il n'y a pas un seul alinéa dans ma lettre, et je pense que ce n'est pas là ce qui empêchera de l'entendre.

Journal de Paris, du 6 fructidor an IX. — 24 août 1801.)

LETTRE AUX AUTEURS DU JOURNAL DE PARIS,

Sur le prospectus que le bureau de deuil ne manque pas de joindre aux billets par lesquels il annonce les décès, de la part des familles, aux amis et connaissances des défunts.

Paris, le 9 floréal an XI.

Après avoir lu et conféré, messieurs, tout ce qui a été écrit, et surtout depuis six ans, sur les inhumations, je suis convaincu qu'il n'y a rien de si difficile que de contenter les trépassés. Être embaumé et fourré dans une pyramide, comme une momie; être vitrifié et fondu en petite statue transparente, comme le propose le citoyen Giraud ; être mis en terre dans un cimetière, comme un savetier, ou dans le caveau d'une église, comme un chartreux, ou côte à côte d'un autre mort, comme l'a rêvé Patru, ou à côté de cent autres, comme sur un champ de bataille, tout cela paraît également désagréable, e' les morts ne sont jamais contents.

Vous savez bien comment on enterrait dans le glorieux siècle de Louis le Grand.

> Un mort s'en allait tristement
> S'emparer de son dernier gîte ;
> Un curé s'en allait gaîment
> Enterrer ce mort au plus vite.
> Notre défunt était en carrosse porté,
> Bien et dûment empaqueté,
> Et vêtu d'une robe, hélas ! qu'on nomme bière.
> . . . .
> Le pasteur était à côté,
> Et récitait à l'ordinaire
> Maintes dévotes oraisons,
> Et des psaumes et des répons.
> Monsieur le mort, laissez-nous faire :
> On vous en donnera de toutes les façons ;
> Il ne s'agit que du salaire.
> Messire Jean Chouart couvait des yeux son mort,
> . . . .
> Et des regards semblait lui dire :
> Monsieur le mort, j'aurai de vous
> Tant en argent et tant en cire,
> Et tant en autres menus coûts.
> Il fondait là-dessus l'achat d'une feuillette
> Du meilleur vin des environs.
> Certaine nièce assez proprette
> Et sa chambrière Paquette
> Devaient avoir des cotillons, etc....

En vain voudrait-on essayer aujourd'hui de peindre les beautés poétiques des anciens enterrements, comme on nous a peint celles de l'Extrême-Onction : les jolis vers du véridique la Fontaine attesteraient le mécontentement des morts de son temps.

Nous avons vu comment on enterrait, il y a quatre ou cinq ans, à Paris, et l'on peut dire qu'il n'y a rien de plus *sérieux* que cette méthode : les morts s'en sont plaints hautement.

Depuis trois ans, les choses vont-elles mieux à leur gré ? Il s'est établi une société d'entrepreneurs de deuils à la cour de la Sainte-Chapelle, n° 22 ; c'est véritablement la belle institution dont le plan se trouve dans le *Mercure galant.* C'est une société dont chaque membre a tant à s'applaudir de ses respects pour la cen-

dre des morts qu'il peut se dire : *Je suis heureux à force de trépas.* Assurément rien de plus convenable et de plus consolant que tout l'attirail que fournit la compagnie. Tristes voitures, tristes cochers, tristes chevaux, *jurés-pleureurs*, *désolés experts*, rien n'y manque. On fournit de tout : on écrit les billets de mort aux parents, aux amis ; on fait parvenir ces billets à domicile, bien proprement et à jour marqué. Que peut-on désirer de mieux ? Eh bien ! messieurs les morts se plaignent encore ; et de quoi, s'il vous plaît ? Vous allez voir s'ils sont raisonnables.

Un de mes anciens amis, qui maintenant est là-bas ou là-haut, m'écrit hier qu'un grand nombre de trépassés, arrivés l'hiver dernier dans l'autre monde, s'étaient plaints, en débarquant, du parent ou de l'ami qui l'avait précédé, et lui avait fait de vifs reproches de ce qu'il l'avait attiré à lui, comme s'il n'avait pas pu trépasser tout seul. Les défunts d'ancienne date furent très-longtemps à comprendre ce reproche. Enfin ils apprirent, par différentes explications, que, depuis environ un an, il ne meurt pas à Paris une personne de *bonne compagnie* sans qu'aussitôt *messieurs du bureau de deuil de la Sainte-Chapelle* ne fassent part aux parents et aux amis du défunt de son trépas, et n'adressent à chacun d'eux une petite invitation de se faire enterrer eux-mêmes promptement par la société. « J'étais « malade, disait un des derniers venus, lors-« qu'on m'apporta, avec le billet de ton père « qui m'apprenait ta mort, ce petit avertisse-« ment de messieurs du bureau de deuil, et il « m'a tué. » En parlant ainsi, le défunt présenta un papier qu'il tenait à la main. Un mort, désigné par les autres à cause de sa voix de *basse-contre*, se mit en devoir de le lire, et voici ce qu'on entendit :

« Le bureau de deuil, cour de la Sainte-« Chapelle, n° 22, en activité depuis le 1er ven-« démiaire an II, prévient ses concitoyens... » (Ici le lecteur renfla sa grosse voix, et les ombres pâlirent) « prévient ses concitoyens qu'il « n'a pas JAMAIS cessé d'être en activité... » (Mouvement d'effroi ; les morts ont peur de remourir encore) « et qu'il continue à fournir, « au prix le plus modéré, » (Ici le lecteur prit une voix douce et flûtée) « les objets néces-« saires relatifs aux funérailles et à leur pom-

« pe, » (*allegretto*) « tels que tentures pour « les églises et les maisons des décédés. » (Après une pause, le lecteur reprit *maestoso*) : « La compagnie continue à fournir chapelle « ardente, catafalque, (*forte*) mausolée, dais « en tout genre, (*crescendo*) cercueils de chêne « et de plomb, habits, manteaux, et généra- « lement tous les accessoires convenables aux « cérémonies funèbres. » Eh bien ! s'écria le plaignant après cette lecture, n'était-ce pas là une sommation de me faire enterrer ? J'étais malade en la recevant ; je fus frappé ; je crus entendre le *Caron t'appelle* d'Alceste ; je mou-rus, et ma voilà...

Mais, riposta le prédécédé, est-ce que je suis cause de l'envoi de ce vilain papier ? — *Si ce n'est toi, c'est donc ton père ?* a répondu le nouveau débarqué... — « Ce n'est pas non plus « mon père, a repris le premier. Ne voyez-« vous pas que ce sont ces vilains entrepre-« neurs de deuil qui ont l'impudence d'insérer « leur adresse dans les billets qu'on les charge « de faire parvenir ? Certes, je m'en suis plaint « assez souvent quand j'étais encore sur la « terre. Quoi ! ai-je dit plus d'une fois, ces « marauds sont chargés de m'apprendre la mort « d'un ami, d'un parent, et, en me donnant une

« si triste nouvelle, ils m'offrent leurs servi-« ces pour enterrer quelque autre parent, quel-« que autre ami, pour m'enterrer moi-même ! « Ils m'occupent de leurs viles spéculations ; « ils m'invitent à satisfaire leur cupidité ; ils « me requièrent de faire prospérer leur com-« merce, leur entreprise, lorsqu'ils font un « message de douleur pour lequel ils sont « bien payés ! Cela est de la dernière indé-« cence. »

Je vous le disais bien, messieurs, les morts ne sont jamais contents. Les voilà qui cher-chent chicane à cette respectable société du bureau de deuil, qui a toujours la larme à l'œil, tant elle est affligée de la mortalité extraordinaire qui a eu lieu cette année. L'in-gratitude de ceux qu'elle a si agréablement enterrés ne peut que lui causer un sur-croît de douleur. Elle finirait peut-être par en mourir et s'enterrer elle-même, si elle ne trou-vait de la consolation et du soulagement dans les sociétés de médecine, qui, protectrices nées des sépultures, ont solennellement pro-mis de ne jamais l'abandonner.

(*Journal de Paris*, du 9 floréal an xi. — 29 avril 1803.)

(*Nota*.) Cette plaisanterie a fait cesser l'abus.

VII. — ADMINISTRATION, POLITIQUE, ETC.

DES CHEMINS DROITS ET DES CHEMINS DÉTOURNÉS.

Ces jours derniers, dans une de mes prome-nades solitaires, je suivais un sentier sur lequel aboutissent de petites propriétés de différents genres, des prés, des vignes, des terres à blé, etc.

Il était tombé beaucoup de pluie les jours précédents, et le sentier était boueux dans toutes les parties creusées et enfoncées.

A chaque mauvais pas, un autre chemin était tracé sur le champ d'à côté, les passants ayant tous jugé plus commode de violer les proprié-tés particulières que de se crotter dans le che-min public.

Plusieurs champs étaient ensemencés depuis plusieurs jours, et de loin en loin des hommes et des femmes travaillaient aux leurs.

Dans les champs récemment cultivés, je re-marquai des précautions prises contre les em-piétements des passants : l'un est coupé de pe-tits fossés parallèles, creusés à angle droit sur la ligne du chemin et de trois à quatre pieds de longueur ; l'autre est bordé d'une espèce de mur d'un pied ou deux de hauteur, formé de pierres et de boue ramassées dans le chemin ; un troisième est bordé d'épines sèches, etc.

Mais aucune de ces précautions n'avait ga-ranti le champ, là où le chemin était mauvais. Le sentier d'emprunt était tracé derrière la haie, derrière le mur, derrière les fossés ; de sorte que le propriétaire n'avait réussi qu'à forcer le piéton à agrandir le détour et à augmenter le dommage.

Je réfléchissais sur ces écarts des passants, et sur l'inutilité des moyens employés par les propriétaires pour y mettre obstacle. Je m'affligeais pour la propriété, plus encore pour la culture, de l'obstination des piétons à dégrader l'une et l'autre par leurs déviations ; et cependant je ne me dissimulais pas combien il était fâcheux pour le piéton de ne pouvoir suivre le droit chemin sans s'embourber. Je cherchais un moyen de mettre d'accord le propriétaire et le passant, le champ et le chemin, lorsqu'à vingt pas de moi j'entends un paysan, qui venait de semer son champ, s'emporter contre une jeune fille qui en empruntait la largeur d'un demi-pied pour éviter le maudit chemin. — Mon Dieu ! disait cet homme, ils ont la rage de fouler mon champ ; ils ne peuvent se tenir d'y passer tout à ma barbe. Il faut, sacredieu ! que je mette ici un traquenard qui prenne par la jambe le premier qui y passera... et c'est que je m'y bouterai moi-même en sentinelle ; et il faudra bien que celui que j'y prendrai vienne devant le juge et paye l'amende...
— Citoyen, lui dis-je dès que sa colère fut apaisée et que la jeune fille eut gagné pays, il me vient une idée pour préserver votre champ. — Oh bien ! me répond-il, c'est de faire une muraille qui coûtera plus que le champ ne vaut. — Point du tout, citoyen ; ce que j'ai en tête serait fort bon marché : il ne faut ni fossé, ni haie, ni palissade, ni muraille, ni piéges, ni amendes, ni juges, ni sentinelle. — Oh, diantre ! dites donc vite votre secret ! — Citoyen, il est fort simple : c'est de raccommoder le chemin.

Mon homme fut frappé de cette idée et m'en remercia.

Oh ! si nos législateurs apprenaient enfin à rendre agréables les voies droites, et s'ils employaient, à cet effet, la centième partie de ce qu'ils dépensent en haies, en épines, en fossés, en piéges et en sentinelles pour préserver le domaine de la loi, certes il n'y aurait bientôt plus à craindre d'écarts que des fous.

(Journal de Paris, du 10 brumaire an IV. —
1er octobre 1795.)

DES SOTS DANS LES RÉPUBLIQUES.

(Nota. Cet article a été imprimé en l'an IV (1), et renferme plusieurs allusions à de petits tyranneaux de ce temps-là. — J'ai eu principalement Louvet en vue : il persécutait.)

D'abord qu'est-ce qu'un sot ? C'est une bête à prétentions.

Je ne sais qui disait d'un sot : Il n'a pas assez d'esprit pour n'être qu'une bête, c'est-à-dire pour ne pas ajouter un ridicule à un malheur.

On a beaucoup parlé du danger de la corruption des mœurs dans une république ; point encore du danger de la sottise.

Nous savons tout ce qu'on peut dire des royalistes et des anarchistes dans une république ; voyons ce qu'on peut dire des sots, et le procès de ses ennemis sera complet.

La monarchie enfanté les sots, parce qu'elle sème partout la vanité.

La république enfanté les hommes d'esprit, parce qu'elle leur garantit la nourriture propre à l'esprit, la liberté et l'égalité.

Mais les révolutions dévorent toujours un grand nombre de gens d'esprit, soit qu'elles convertissent une république en monarchie, ou une monarchie en république.

La raison de cela est que le grand nombre des gens d'esprit préfèrent les réformations aux révolutions, et parce qu'ils préfèrent les réformations, les révolutions les tuent.

La république naissante a donc dû hériter en France de la plupart des sots de la monarchie et perdre beaucoup de ses gens d'esprit, et elle n'a pas encore eu le temps de remplacer ceux-ci.

Le sot n'est que ridicule dans la monarchie, il peut être dangereux dans la république.

Les sots sont mal nourris dans la monarchie : elle n'a semé pour eux que la vanité, elle ne leur donne que la vanité pour vivre ; quand ils arrivent à la république, ordinairement ils dévorent.

Parlons donc des sots.

Nous avons dit ce que c'est qu'un sot, disons à quoi on peut le reconnaître.

Il prétend à tout et ne réussit à rien. Voilà son signalement.

---

(1) Dans le Journal de Paris, du 8 messidor an IV. —26 juin 1796.)

Cela s'entend des prétentions à tous les genres de *mérite*, et non des prétentions aux *places*; des prétentions à la *considération*, et non à l'*importance;* car de places et d'importance, le sot n'en manque pas toujours.

Il prétend au talent d'écrivain, et il se fait journaliste de cabaret; à l'invention, et il estropie ce qu'il répète; à la plaisanterie, et il se fait bouffon; à la gravité, et il se fait pédant.

Il prétend aux talents politiques, et il ne voit qu'en agent de police; à la prévoyance de l'homme d'État, et il se fait prophète d'almanachs; à la sagacité, et il se fait inquisiteur; à l'activité, et il se fait brouillon; à l'audace, et il se fait hargneux; au courage et à la force, et il se fait arrogant et rogue.

Dans une république naissante, deux espèces de sots se font remarquer; les sots qui prétendent la *décrier*, les sots qui prétendent la *gouverner*.

Les uns y veulent tout faire, les autres y tout dénigrer; tous sont trop heureux d'y être.

A voir le zèle que ces derniers mettent à venger la monarchie ou à préparer son retour, on croirait que l'affaire de la royauté est pour eux une affaire personnelle, ou au moins une affaire de famille.

A voir la sollicitude des autres pour tout ce qu'ils appellent les affaires de la république, on dirait que la république n'a d'autre intérêt que leur intérêt, d'autre appui que leur appui.

Dans une république qui a un gouvernement et des colléges, on peut, sans conséquence, négliger les petits sots royalistes : ils ne réussiront ni à vaincre la génération qui les précède, ni à gâter celle qui les suit. Leur fortune est de passer, avec le temps, de la fonction de jeunes sots à la dignité de vieux sots, et leur pouvoir est également nul dans leur exercice et dans leur vétérance.

Dans une république, quel que soit son gouvernement, il y a plus à craindre du sot qui prétend tout conduire que du sot qui veut tout dédaigner : on peut dédaigner celui qui dédaigne; mais il importe d'*éconduire le sot* qui veut *conduire*, car sa destinée est de perdre tout.

Tel sot qui, dans la monarchie, croyait avoir rempli sa haute destinée en se faisant fat, dans la république n'est content que dans la suprême impudence. Content là d'être mauvais copiste, ici il se fait grand orateur; petit tri-

gaud dans la monarchie, infatigable intrigant dans la république.

Si dans des temps de désordre il attrape par hasard quelque emploi, malheur au pays! Le sot qui se sent du pouvoir croit se sentir un surcroît de mérite, et, se sentant un si grand mérite, il ne peut craindre de faillir dans l'usage du pouvoir, et il se croit trop en deçà des bornes alors même qu'il a excédé toute mesure.

Un sot en autorité est bien plus dangereux qu'un méchant, homme d'esprit. L'homme d'esprit, parce qu'il est homme d'esprit, s'entoure de bons, fait le bon lui-même, le devient à la longue; le sot en pouvoir, parce qu'il est sot, ne peut rassembler autour de lui, en hommes d'esprit, que les méchants.

Un homme d'esprit méchant, en place, n'est qu'un homme d'esprit; un sot en place est mille méchants.

D'ailleurs, il peut y avoir de bonnes bêtes, et il n'y a point de bon sot.

Enfin, en politique, rien ne ressemble tant par les conséquences à une méchanceté qu'une sottise.

Un sot en autorité a besoin de devenir méchant. Privé du savoir avec lequel on gouverne et de la considération avec laquelle on est presque dispensé de gouverner, il a besoin de la force, avec laquelle on contraint, et de la violence, avec laquelle on réduit.

Le sot en pouvoir n'est jamais content des pouvoirs qu'il a, parce que, ne sachant en user sans en abuser, il lui en faut toujours un peu plus pour couvrir l'abus de celui qu'il a eu.

Après avoir remué pour acquérir du pouvoir, il remue pour en acquérir davantage; et quand il en a un très-grand, il veut détruire ce qui rivalise avec lui. Il a commencé par être intrigant, il se donne à la fin les airs d'être factieux.

Et quand ce sot en pouvoir, croyant céder à la surabondance d'esprit qui l'oppresse, se dit : Laissons là mon pouvoir, et exerçons l'ascendant de mon esprit; alors il se jette avec une merveilleuse présomption dans toutes les occasions de faire ou de dire les plus énormes sottises. S'il y a sur la scène du monde un homme imposant par des lumières ou de l'esprit, il ne manque pas de s'attaquer à lui, et il est conspué; s'il s'agite une question embarrassante pour les plus grands esprits, il ne manque pas de la trancher, et la tranche tout de travers. S'il se présente un événement sérieux, qu'il faille détourner ou accélérer, il ne manque pas d'y mettre la main, et il dérange tout...., Voilà l'histoire des sots.

(*Opuscules*, tome II, page 355. — 1801.)

CONSEILS FAMILIERS AUX GENS MÉDIOCRES,

PAR UN DE LEURS PAIRS.

Mes amis, il n'y a rien qui exige plus de science et donne plus de peines, pour moins de profit, que de gouverner sagement et de faire de bonnes lois. Il n'y a rien qui fasse plus de renom, à moins de frais, que de détruire. Mes amis, penser, discuter, raisonner, amender, améliorer, perfectionner, tout cela est ouvrage de dupes. Déclamer, agiter, révolutionner, détruire, voilà ce qui est facile et honorable. Voyez à quoi diable conduisent ces longs et pénibles travaux des Gilbert-Desmolières, des Dupont et des Barbé-Marbois sur la finance, des Portalis sur la presse, des Dumas sur l'armée, des Siméon, des Thibaudeau sur l'ordre intérieur! Tout cela sert à asseoir tristement la liberté, à établir un ordre monotone dans les affaires, à faire payer d'ennuyeux rentiers, à assurer la tranquillité du marchand dans sa boutique, de l'artisan dans son atelier, du laboureur à sa charrue, du propriétaire dans sa maison! Ces pauvres députés auront sué sang et eau pour faire un triste bonheur à des gens qui parleront d'eux tout au plus, avec estime, deux ou trois fois par décade. Le beau résultat! Pour nous, mes amis, nous avons bien mieux à faire. Laissons là l'étude, la pensée, la réflexion, la méditation, les vues; montons sur les tréteaux, enflons nos poumons, ouvrons la bouche jusqu'aux oreilles, apprenons à l'univers entier que la Terreur fut terrible, Robespierre un monstre, la Révolution sanglante, les lois révolutionnaires atroces; annonçons la vengeance et non la réparation; remuons les passions au lieu de secourir les infortunés; et surtout ayons soin de confondre ensemble le crime et la faiblesse, même les oppresseurs et les victimes, afin qu'on ne voie que nous dans la ligue des vengeurs. Insultons, injurions, menaçons, do-

minons, et ensuite... ébranlons... Mes amis, voilà le secret d'attirer les yeux sur nous, de les y attacher par de grandes craintes, par de vives espérances, et de nous faire une grande renommée; c'est ainsi que les Marat et les Robespierre ont pu, sans talents, se rendre immortels. N'en doutez pas, c'est le grand bruit et non pas les grandes choses qui font les grands noms. Que nous manque-t-il pour faire du bruit? Est-ce l'abondance des mots? Est-ce la force de la poitrine? La longueur de nos bras et la grosseur de nos poings ne suffiraient-elles pas, au défaut de nos voix, pour frapper des coups terribles... sur notre estrade? Et les idées de renversement, de fracas, de bouleversement ne sont-elles pas aussi familières à notre esprit qu'il est nécessaire pour faire mouvoir nos bras et nos poumons?

Courage donc, amis; déclamons, agitons, révolutionnons. Et, après tout, que risquons-nous? On ne tue plus en France, on hue, on conspue; pour des gens comme nous c'est peu de chose que cela.

(*Journal de Paris*, du 20 prairial an V. — 8 juin 1797.)

Un de nos journaux les plus républicains appelle Mallet-Dupan l'*écrivain le plus serré peut-être et le plus sagement méthodique dont le royalisme s'honore*. Cet éloge donnerait envie de le lire. Mais qu'on ne s'y trompe pas; au lieu de *serré*, il fallait dire *étroit*, et au lieu de *sagement méthodique*, il fallait dire *méthodiquement sage, ou sage avec méthode;* c'est-à-dire sage tant que l'argent du gouvernement anglais ne lui commande pas d'insulter à la France, et violent quand M. Pitt le veut, ce qui est selon la parfaite *sagesse* et la *méthode connue* des gazetiers vénaux. Le journal français qui loue Mallet insinue qu'on le contrefait et qu'on le mutile à Paris.

Une chose semble excuser la méprise du journaliste: c'est que dans deux numéros consécutifs Mallet-Dupan parle un langage tout opposé au sujet des propositions de paix faites par la France à l'Angleterre. Pour entendre ceci, il ne faut que recourir à la *sage méthode* de Mallet-Dupan. Lorsqu'il a écrit le premier de ces deux numéros, il était probable que le gouvernement anglais accueillerait les ouvertures de Bonaparte. Milord Greenville et M. Pitt les ayant fait rejeter, il a fallu que ce pauvre Mallet, pour gagner son argent, chantât la palinodie. Voilà ce que c'est que d'être *sagement méthodique.*

(Journal de Paris, du 22 ventôse an viii. — 13 mars 1800.)

COPIE D'UNE LETTRE

ÉCRITE PAR UN JEUNE HOMME A UN DE SES AMIS A ROUEN.

Tu me demandes comment vont les bals à Paris; ma foi, charmants! Mais au bal de l'Opéra d'hier on ne parlait que d'aller donner le bal aux Autrichiens, et nous t'attendons pour être de la partie. Tu m'annonces que tu viens d'acheter deux beaux chevaux de selle, à la foire de Caen; j'en suis charmé, tu m'en céderas un. Tu espères, dis-tu, qu'on te remarquera cette année sur le chemin de Longchamps. Mon ami, Longchamps, cette année, est sur le chemin de Dijon; nous irons ensemble. Je me suis inscrit pour être volontaire, et je compte sur toi pour compagnon. On nous donnera un uniforme très-élégant. Nous marcherons avec Bonaparte; et, ma foi, sais-tu que, si nous ne finissons pas cette année-ci cette diable de guerre, l'année prochaine, au lieu de marcher comme volontaires et d'être à cheval, nous marcherons comme conscrits, à pied, et le sac au dos. Nos plus jolis et nos plus élégants danseurs veulent être des volontaires de Bonaparte. Il y a trente de nos amis qui se sont enrôlés. P.... a déjà pris une humeur si martiale que, ce qu'il craint le plus aujourd'hui, c'est qu'on ne fasse la paix. La mère de S...., faisait de grands hélas pour permettre l'enrôlement de Frédéric; mais le vieux général L..p l'a décidée en lui disant: «Madame, ma foi, il sera honteux, dans deux ans d'ici, à un Français de vingt-deux ans, de n'avoir été de rien dans toute la guerre. Votre fils sera-t-il là comme une poupée, entre tant de jeunes gens qui auront deux, trois campagnes à raconter, et des blessures à montrer? Et pardieu! ajouta-t-il, le moment est bon. La guerre n'est pas encore sûre; votre fils, en se présentant aujourd'hui, aura tous les honneurs du dévouement sans courir peut-être une minute

les dangers de la guerre. Et puis combattre avec Bonaparte! Allons, allons, madame, envoyez votre fils, il y a presse. »

Ma foi, la chère dame a pris son parti, et nous cherchons un bon cheval pour Frédéric. On dit qu'il y aura des bals à Dijon et des fêtes charmantes; je l'espère. C'est comme cela qu'on doit ouvrir une campagne, et Bonaparte entend cela. Il nous traite bien comme des Français. Nous l'aimons beaucoup aussi. Tâche d'arriver pour la parade du 25, ou au moins pour la grande revue du 26. Cela sera superbe. On dit que ses braves guides vont partir pour prendre les devants. Le général Murat reste à Paris; il en pleure comme un enfant, et pourtant il a la plus charmante petite femme! C'est une maladie, je te dis, que l'envie de s'en *allez-en guerre* avec Bonaparte. *Il reviendra-t-à Pâques ou zà la Trinité.* Ça m'est égal: je ne reviendrai qu'avec lui. Bonjour. Dépêche-toi.

P. S. — J'oubliais de te dire que d'anciens officiers généraux de l'ancien régime sont venus demander à Bonaparte d'être ses aides-de-camp. Chacun veut entrer dans la révolution, depuis qu'on voit le dévouement du Premier Consul pour la République et son talent pour la servir.

(Journal de Paris, 22 ventôse an vii. — 15 mars 1800.)

DE LA LIBERTÉ DE TRAVAILLER,

SE REPOSER ET SE MARIER LE JOUR QU'ON VEUT (1).

Ainsi donc, citoyens, on aura à l'avenir la liberté de travailler tant qu'on pourra, de se

---

(*Note de l'éditeur.*) Les consuls venaient de prendre un arrêté, sur le rapport du conseil d'État, dont voici un extrait. Mon père présidait alors la section de l'intérieur :

Art. 1er. — Les jours de décadi sont les seuls jours fêtés et reconnus par l'autorité nationale.

Art. 2. — L'observation des jours fériés n'est obligatoire que pour les autorités constituées, les fonctionnaires et les salariés du gouvernement.

Art. 3. — Les simples citoyens ont le droit de pourvoir à leurs besoins et de vaquer à leurs affaires tous les jours, en prenant du repos selon leur volonté, la nature et l'objet de leur travail, etc...

Tel était le but auquel mon père avait tendu dans

reposer quand on voudra, de se marier quand on trouvera ! Enfin, voilà donc de la liberté et de la république ! Malheureux que nous étions ! Il y a dix ans, un père de famille qui avait besoin d'un écu, un jour de dimanche, se mettait-il à pousser le rabot ou la lime dans son atelier, on lui disait : *Tu profanes ce saint jour. Croise tes bras, ou vas au cabaret ; sinon, à l'amende, et en prison si tu continues.* Il y a deux ans, autre tyrannie ; on institue le décadi, on le fait héritier de tous les prétendus droits du dimanche, et l'on commande trois fois par mois, de par la liberté et la république, l'oisiveté à tous les citoyens, c'est-à-dire la débauche aux ouvriers qui ont un écu à dépenser, la mendicité à ceux qui n'ont pas une obole pour nourrir ce jour-là leurs femmes et leurs enfants. On fait plus : à la tyrannie de commander l'oisiveté le jour où le travail peut être nécessaire, on ajoute celle de commander le travail le jour où l'ouvrier, accablé de travail, peut avoir besoin de repos. Uniquement parce qu'il a existé une oppression qui, le dimanche, a défendu le travail, il en vient une autre qui, ce jour-là, le commande ; de sorte que, sous le régime qu'on disait être celui de la liberté par excellence, on avait sept jours d'oppression par mois au lieu de quatre que consacrait l'ancien régime. Aujourd'hui, grâce au ciel, il ne nous reste rien ni de la domination ultramontaine, ni de la domination révolutionnaire.

Il est probable que, dans le premier moment, les anciens dimanches seront chômés ; mais l'exemple des autorités constituées l'emportera sur l'ancien usage. D'ailleurs, viennent la paix et le travail, et vous verrez bientôt l'intérêt solliciter l'industrie, l'appeler tous les jours, sans distinction, dans les ateliers, et lui faire préférer de répartir sur chaque jour d'œuvre une portion du repos qui était d'usage le décadi ou le dimanche, à soutenir un travail forcé chaque jour, pour une journée par décade de repos ennuyeux ou de débauche ruineuse.

C'est ainsi que le peuple en use à la Chine. « Les Chinois, dit lord Macartney, t. III, p. 267 « de son voyage, n'ont point de jour fixé pour « un repos périodique. Ils n'ont point de di- « manche, ni même de divisions qui aient quel- « que rapport avec nos semaines. Leurs tem- « ples sont ouverts chaque jour pour recevoir « les dévots. Le travail ordinaire du peuple « n'est pas souvent interrompu. »

A la Chine, donc, l'état naturel des hommes est le travail, et le repos n'est qu'une exception qui doit être cachée pour ne pas aller de pair avec la règle.

Et qu'on ne dise pas que les jours de repos périodiques servent à unir les citoyens entre eux et avec l'État. Comme nous l'avons dit dans la *Décade philosophique* (n° 32 de l'an VI), ce sont les ateliers qui unissent les hommes, et les cabarets qui les divisent ; c'est le travail, et la division du travail, qui fait sentir à la multitude la dépendance réciproque de tous les citoyens, et ce n'est pas l'oisiveté, mère de tous les vices, où la raison s'égare et où l'homme s'abrutit. C'est l'aisance, fruit d'un travail soutenu et bien payé, et non le désœuvrement commandé, qui apprend au peuple à chérir sa famille, sa patrie, la liberté, la république.

Le travail ! le travail ! C'est là le grand régulateur des mœurs, la sublime Providence qui pourvoit à nos besoins, qui fournit à nos plaisirs.

Nous finissons par une remarque : c'est que la liberté de travailler et de se reposer, quand on le juge à propos, a été reconnue, consacrée par la Convention nationale, à qui pourtant on a tant d'oppressions à reprocher, et que l'obligation de travailler le dimanche et la défense de travailler le décadi sont de l'invention de l'ancien Directoire.

(*Journal de Paris*, du 11 thermidor an VIII. — 30 juillet 1800.)

2

(*Note de l'éditeur.*) Voici l'article mentionné dans celui qui précède, et qui avait été imprimé dans la *Décade philosophique*, n° 32 de l'an VI.

C'est à mes yeux un grand malheur que la discussion du conseil des Cinq Cents sur les moyens de faire fêter le décadi et d'empêcher qu'on ne fête le dimanche. C'était au gouvernement, c'était surtout à l'instruction à amener l'abolition du dimanche. En mettant au décadi le jour de repos des autorités, on faisait déjà

---

une série de petits articles antérieurs qui se trouvent fondus dans celui-ci, et que, par ce motif, je ne reproduis pas.

beaucoup pour la réforme. En défendant aux notaires de stipuler suivant un autre calendrier que le calendrier républicain ; en défendant aux journalistes, aux imprimeurs d'affiches et placards d'indiquer d'autres divisions des mois que celles du nouveau style ; en y assujettissant tous les corps savants, les écoles centrales et primaires ; en s'entendant avec les spectacles pour qu'ils n'ouvrissent pas les dimanches, pendant quelque temps, et qu'ils ouvrissent les décadis *à meilleure heure* et *à meilleur marché* ; en excitant le travail, les dimanches, par quelque prime dans les ateliers publics ; en y portant quelques marchands par quelque faveur particulière ; en réglant les jours de marchés sur le nouveau calendrier ; en *taxant moins*, dans les rôles des contributions, les marchands qui auraient ouvert leurs boutiques tous les jours que ceux qui l'auraient fermée quatre fois dans le mois, ces derniers devant être présumés, par cela seul, plus riches que les autres ; surtout en laissant oublier les prêtres et même en en gagnant plusieurs ; enfin, en faisant aimer la république et ses institutions, je crois fermement qu'on aurait obtenu avant quatre ans tout l'effet désiré ; et je pense qu'au contraire la violence et les persécutions entraîneraient la ruine du décadi, et peut-être bien pis.

C'est, dis-je, un malheur que la discussion seule de cet objet dans une assemblée publique ; car, cette discussion une fois entamée, il n'est plus possible d'en sortir par un ordre du jour, et il est très-difficile d'en sortir par un décret parfaitement sage.

Le fait-on violent et intolérant : il sera une arme pour le fanatisme révolutionnaire, et préparera beaucoup de crimes nouveaux, et par ces crimes il ramènera avant deux ans le fanatisme religieux, plus cruel et plus puissant que jamais.

Fait-on le décret modéré, tolérant : les prêtres s'en prévaudront, en feront trophée, et leur orgueil, enflé par leur folle joie, les entraînera à des fautes qui ramèneront contre eux à des rigueurs.

Il faut, je crois, dans des temps de parti, éviter les querelles et surtout les triomphes de parti, car tous les partis abusent. Je n'appelle point parti les hommes qui *désirent* vivement que le système décadaire l'emporte sur l'hebdomadaire ; mais ceux qui le *veulent* à tout prix et sans ménagements sont à mes yeux un *parti*, et un parti dangereux à la république.

S'il est encore un moyen de sortir sans mal encombre de la discussion commencée, je crois que le voici :

Ce serait d'abolir tout jour de repos périodique, et de dire : « Les travaux des hommes « étant diversement pénibles, les forces des « hommes étant aussi très-différentes, chacun « se reposera quand il sera las ; nul ne sera « obligé de se reposer quand il voudra tra- « vailler.

« Le marchand étant pour l'ouvrier et le « consommateur un intermédiaire nécessaire, « n'étant d'ailleurs assujetti qu'à un service peu « fatigant, est censé avoir contracté envers « l'ouvrier et le consommateur l'engagement « de subvenir aux besoins de l'un et de l'autre, « besoins qui ne souffrent point de délai. En « conséquence, il ne sera point délivré de pa- « tente au marchand, s'il ne se soumet à tenir « constamment sa boutique ouverte au public, « à peine de déchéance de cette même patente, « et d'être obligé d'en racheter une nouvelle « à chaque contravention qui serait jugée sans « excuse. » Cette loi ne serait qu'une extension de celle qui concerne les bouchers et les boulangers.

La loi pourrait aussi dire : « La taxe per- « sonnelle de tout marchand qui fermera sa « boutique plus d'un jour dans le mois sera « double de celle du marchand dont la boutique « sera toujours ouverte, celui qui se repose « quatre jours sur trente étant présumé plus « riche que celui qui travaille sans relâche. »

Une loi faite à peu près sur ces principes aurait, outre l'avantage de ne donner de triomphe à aucun parti, celui d'augmenter le travail national, ou au moins de ne pas le diminuer comme tout autre système ; car le système décadaire est à cet égard tout aussi vicieux que l'autre ; il est prohibitif du travail pendant *trois jours* du mois et même pendant six, puisqu'il permet le repos à la mi-décade.

A la Chine, c'est-à-dire chez le peuple le plus laborieux du monde, et le plus moral, il n'y a point de jour de repos fixe ; point de dimanche, point de décadi ; les dévots vont chaque jour passer une heure dans les temples, mais chaque jour ils travaillent. (*Voir l'article qui suit celui-ci.*)

En ordonnant de fêter les décadis, on s'impose de faire trois fois le mois ce que les anciens évêques, lieutenants de police, curés, juges et baillis faisaient pour le dimanche. Si une maison croule, il faut une permission pour l'étayer, ou payer l'amende; si l'on fauche, si l'on moissonne le décadi, procès - verbal, amende, galères, déportation! Grand Dieu! qu'on défende l'oisiveté le dimanche tant qu'on voudra, mais qu'on ne nous la commande pas le décadi. Les hommes raisonnables disaient autrefois aux prêtres et aux peuples superstitieux : *Eh! mes amis, travailler, n'est-ce pas sanctifier le dimanche?* Les cafards répondaient : *Non, nous voulons que ce soit le profaner;* et on allait au cabaret. Direz-vous au père de famille qui, dans sa boutique, un jour de décadi, gagnera le pain de ses enfants : *Tu profanes le décadi?* Il vous répondra : Eh mais! autrefois vous me disiez que *travailler pour mes enfants c'était sanctifier le dimanche.*

Savez-vous à quoi le peuple passera les décadis? à boire, comme il passait les dimanches, Et les primidis? à se battre, ou à battre sa famille, ou à faire des émeutes, comme autrefois les lundis. La police vous dira que le soir des dimanches et les lundis ont toujours été les grands jours de désordre public, et en ont ordinairement produit autant que le reste de la semaine. Voilà à quoi servent les jours de repos fixes et périodiques. Cependant on a dit quelquefois que ces jours servaient à unir les citoyens entre eux et avec l'État. Rien de plus faux et de plus absurde. Ce sont les ateliers qui unissent les hommes, et les cabarets qui les divisent; c'est le travail et la division du travail qui fait sentir à la multitude la dépendance mutuelle de tous les citoyens, et non l'oisiveté, mère de tous les vices, où la raison s'égare et où l'homme s'abrutit. C'est l'aisance, fruit d'un travail soutenu et bien payé, qui apprend au peuple à chérir sa famille, sa patrie, sa liberté, la république. L'oisiveté d'un mois, d'un an, de la vie entière, a toujours commencé par l'oisiveté *d'un jour.* L'oisivité d'un jour n'est pas dangereuse quand elle est commandée par la fatigue, et que l'homme qui se repose est entouré de gens qui travaillent; mais quand l'homme qui ne fait rien est en état de faire, et qu'il est entouré de gens qui, comme lui, ne font rien, sans être fatigués par ce qu'ils ont

fait, l'oisiveté d'un jour, si elle n'engendre pas bien des vices, suffit pour enfanter bien des fautes et des malheurs.

Au reste, qu'il y ait une fête nationale une fois le mois. Plus elles seront rares, mieux elles seront célébrées. Une fête par mois et le travail tous les jours; voilà de quoi les faire valoir l'une par l'autre, surtout si la fête qui succédera au travail est en l'honneur du travail. Je ne voudrais pas plus de fêtes que douze par an, en l'honneur des arts et métiers, et une aux jours complémentaires, en l'honneur de la liberté et des grandes époques de la Révolution. Du reste, le travail, le travail! c'est là le grand régulateur des mœurs, la sublime Providence qui pourvoit à nos besoins et fournit à nos plaisirs. Défendre le travail! faire du travail un crime! attacher une peine au travail! De quelque manière qu'on le fasse, c'est blesser tous les intérêts, tous les droits, c'est confondre toutes les notions de bien et de mal, d'utile et de préjudiciable.　　　　A. B.

⁂

EXTRAIT DU VOYAGE DE MACARTNEY EN CHINE,

CONCERNANT LES JOURS DE REPOS (1).

« Les Chinois n'ont point de jour fixe pour « un repos périodique. Le travail ordinaire « du peuple n'est pas souvent interrompu. » (Tome III, page 267.)

« Les Chinois n'ont point de dimanche, ni « même de divisions qui aient quelque rapport avec les semaines. Leurs temples sont « ouverts chaque jour pour recevoir les dévots. » (Tome III, page 268.)

Il s'ensuit de là qu'à la Chine les ouvriers se reposent quand ils sont las, que rien ne les oblige à se reposer tandis qu'ils peuvent travailler, et que les marchands, dont le métier,

---

(1) (*Note de l'éditeur.*) Bien que cet article soit signé A. B., il est certainement de mon père, qui a fort étudié les mœurs et le gouvernement de la Chine, comme on le verra dans la suite de cette collection. On retrouve d'ailleurs dans cet article les idées sur lesquelles il a tant insisté dans ceux qu'il a écrits sur le même sujet; on y retrouve sa manière et ses mêmes expressions. — Enfin, l'article inséré dans la *Décade philosophique,* rapporté ci-dessus, y est également signé A. B.

exempt de fatigue, n'exige point de repos, tiennent leurs boutiques ouvertes tous les jours sans exception. Les Chinois sont le peuple le plus laborieux de la terre et par cela même le plus moral. — S'ils donnaient des patentes à leurs marchands, ils ne les donneraient qu'à condition que les marchands seraient tous les jours au service des consommateurs, et à la charge de déchéance lorsqu'ils auraient manqué à leur obligation sans cause valable, ce qui les obligerait à racheter une autre patente; ils n'ordonneraient point aux autres ouvriers le travail, parce que les divers travaux et les divers degrés de force des travailleurs exigent des repos différents; mais ils regarderaient comme un attentat sur la liberté et la morale de défendre le travail un seul moment de l'année. Ils ne le défendraient ni trois jours, ni quatre jours, ni six jours par mois; ils ne feraient pas un partage du temps tel qu'il y eût la part du cabaret et la part des ateliers, la part de la débauche et celle de la vie active, les jours où l'on gagne sa subsistance et celle de sa famille, et ceux où l'on triple la consommation sans rien gagner. — A la Chine, l'état naturel des hommes est le travail, et le repos n'est qu'une exception qui doit être cachée, afin de ne pas aller de pair avec la règle.

(*Journal de Paris*, du 10 thermidor an VI. — 28 juillet 1798.)

CRITIQUE DU CALENDRIER (*républicain*).

En ce que les noms des mois ne répondent à la saison qu'ils doivent désigner, qu'en France, et qu'en d'autres climats *floréal* est le mois des neiges (1).

Une lettre de Palerme, insérée aujourd'hui dans un papier public, fait sentir un inconvénient de la dénomination donnée par le nouveau calendrier de la république aux douze mois de l'année. Il est évident qu'elles ne peuvent être justes pour le nord et le midi de l'Europe, qu'elles n'y répondent point à l'état des saisons, qu'elles ne peuvent même qu'y paraître ridicules. La lettre de Palerme commence ainsi : « Laissez donc votre nouveau calendrier « en écrivant à un habitant de Sicile. Quand j'ai « ouvert votre lettre de frimaire, j'ai cru qu'elle « arrivait d'un autre monde. Il serait tout aussi « aisé d'accommoder le régime spartiate aux « mœurs de ce pays-ci que le calendrier fran- « çais à son climat. Imaginez que, dès le mois « de novembre, que vous appelez *frimaire*, « nous mangeons déjà des oranges et des figues « parfaitement mûres.... En *floréal*, il n'y a « plus de fleurs en Sicile, et la constante sé- « cheresse de l'air devient très-difficile à sup- « porter, etc. »

La division du temps est une de ces institutions qui doivent être communes entre toutes les nations, comme devraient l'être les poids et mesures, pour faciliter leur commerce, et ce qu'on peut appeler la *société humaine*. Par une conséquence naturelle du même principe, les dénominations de chacune de ces divisions devraient, sinon être les mêmes, du moins avoir leur équivalent dans toutes les langues.

(*Journal de Paris*, du 2 floréal an VIII. — 22 avril 1800.)

LE ROI D'ANGLETERRE
ET SON VALET DE CHAMBRE BARBIER.

Le duc de Cambridge venait d'arriver. L'heure de faire la barbe à S. M. était venue. Les princes de son sang étaient réunis dans son cabinet de toilette pour entendre le récit des exploits du duc de Cambrige. — Waht, Waht, dit Sa Majesté, ces coquins de Français sont entrés dans l'Hanovre ! — Non-seulement, Sire, ils y sont entrés, répond le duc de Cambridge, mais ils m'en ont fait sortir, avec votre puissance, votre autorité, vos lois; tout cela vient de passer la frontière, et votre armée est sous le séquestre dans un petit coin de votre électorat. — Waht, Waht, les puissances du continent (si puissance il y a autre que la mienne) ne souffriront pas cela. Le traité de Lunéville!..... En ma qualité d'Altesse Sérénissime Électorale de Hanovre, je suis en paix avec la France; mon Électorat est garanti par tous les autres! Comme électeur de Hanovre, je suis un des meilleurs amis du grand consul. — C'est vrai, mon cher papa,

---

(*Note de l'éditeur.*) Je puis ajouter pour le midi de l'Europe, notamment pour l'État romain, que les *moissons* y sont généralement terminées vers le milieu de mai, sans attendre jamais que le mois de *messidor* soit arrivé.

dit le duc de Clarence, comme électeur de Hanovre, vous n'avez jamais dit de mal du grand consul. Aussi toute l'Europe séra indignée. — Il est certain, dit S. A. le duc de Cumberland, que, même étant en guerre comme roi de la Grande-Bretagne, vous étiez en droit, comme électeur de Hanovre, d'aller tranquillement vous promener aux Tuileries, au bois de Boulogne, au bois de Vincennes, de pousser même jusqu'à Charenton. On n'aurait pu troubler vos promenades sans blesser le traité de Lunéville, le droit des gens, et même le premier consul n'aurait pu, sans injure, se refuser à l'honneur de vous donner des fêtes et de vous mener dans sa loge à l'Opéra, pendant que vous auriez pris les navires du commerce français. — Le duc de Cambridge interrompit ici son frère et dit : —Quoiqu'il me convienne très-bien, à moi qui n'ai pas abusé de la force des armes, d'invoquer la force des traités et du droit des gens, j'ai pourtant quelque doute à proposer à Votre Majesté sur l'opinion de monsieur mon frère. J'ai peu agi, mais beaucoup réfléchi, etc....— Au fait, au fait ! mons de Cambridge, s'écria S. M. — Au fait, Sire, reprit le Cambridge. quand S. A. Électorale d'Hanovre fait faire une levée en masse, quand elle met une armée de vingt mille hommes en activité, quand elle donne à cette armée un général de ma force, précisément au même moment que S. M. le roi d'Angleterre déclare la guerre à la France, il paraît bien que l'électeur d'Hanovre a au moins des intelligences avec le roi d'Angleterre......— Waht, Waht, dit le roi, j'ai déclaré que j'étais neutre de la main gauche quand j'attaquais de la main droite ; et une preuve de la neutralité de ma main gauche, c'est que je t'avais chargé d'en faire la fonction... (A son valet de chambre.) Allons ! qu'on me fasse la barbe. — Le valet de chambre savonne S. M., et le duc de Cambridge répond à S. M.— Mon papa, V. A. Électorale me dit des injures, j'en appelle à V. M. Britannique, et je dis que les Français ont bien pu appréhender l'électeur d'Hanovre d'après ses préparatifs. N'est-il pas connu que V. Majesté Britannique a pour principe de commencer la guerre avant de finir la paix, et même de méditer la guerre quand elle fait un traité de paix !.... — Ah! coquin ! (Le roi s'échauffe et s'emporte.) Ah! misérable ! toujours tu confondras la tête et les

principes du roi d'Angleterre avec ceux de l'électeur de Hanovre.... Oh! je veux te faire voir... — Ici le roi s'agite de telle manière que son valet de chambre lui fait une estafilade à la joue droite.... S. M., tout en sang, se lève, et, s'armant de son fauteuil, veut assommer le barbier. Le duc de Cambridge se jette entre deux avec courage.... — Mon cher père, dit-il, à la fin vous allez trop loin. Je ne souffrirai pas que cet homme *essuie* la colère que je vous cause....—Ah ! Monseigneur, s'écrie le barbier, fidèle à son emploi, laissez-moi du moins *essuyer* la barbe de S. M. — Non, répond fièrement le duc, je te défends d'en approcher. — Mais, dit le barbier, S. M. n'est rasée que d'un côté ! — C'est assez ; ton office est rempli. Là finit ton devoir.... Tu viens de raser le roi d'Angleterre ; les Français ont rasé l'électeur d'Hanovre : retire-toi. .. — Le barbier se retire. Les frères sont ébahis ; le roi suffoque de colère... Heureusement arrive alors un message des ministres ; ils requièrent S. M. de quitter à l'instant Windsor, de se rendre à Londres où ils ont besoin de lui. Le roi obéit et part. En entrant au conseil il dit : — Messieurs, vous serez étonnés de me voir rasé d'un seul côté ; je dois vous expliquer .... — Quoi, Sire, dit M. Addington, vous êtes donc épilé de l'autre!...... — On attend avec impatience le résultat du conseil.

(*Journal de Paris*, du 30 prairial an xi. — 19 juin 1803.)

(*Note de l'éditeur.*) L'article suivant est sans date, mais j'ai la certitude qu'il est du temps du consulat. Je n'ai rien trouvé qui pût expliquer cette mystérieuse allégorie. Peut-être que quelques recherches dans les événements de cette époque en donneraient la clef.

NOUVEAU SPECTACLE.

Il s'élève à Paris un nouveau spectacle. Comme la mélancolie est déclarée la première des vertus et le premier des plaisirs, il s'appellera : théâtre des *mélancoliques*. On n'y jouera que des drames, et des drames faits pour ce théâtre. La société des entrepreneurs n'est encore composée que de cinq ou six personnages, qui même jouent encore dans de grands spectacles. Ils seront en même temps auteurs et acteurs. On dit que l'un d'eux, qui a excellé il y a quelques années dans les *drai-*

des sur un fameux théâtre, vient de secouer le manteau de nullité dont il couvrait sa vaste gloire et s'essaye avec succès dans les *bardes*. Il y a parmi eux un beau petit jeune homme à grandes culottes et à petit habit ; il jouera les *troubadours de robe courte*, et fera, pour toutes les catastrophes, de jolies romances, sur l'air : *J'ai vu mon oncle*.

La plupart de ces hommes ont joué un rôle dans la Révolution, et c'est de la Révolution qu'ils veulent tirer le sujet de leurs pièces ; ils traiteront avec mélancolie tous les sujets de joie, mais ils mettront une gaieté douce dans les sujets affreux. Ils montreront dans le bonheur public une grande calamité, et dans les conservateurs de l'ordre des parricides armés contre la liberté ; mais aussi des plus fameux massacres ils tireront des scènes gaies, et ils chanteront la bonté des Marat et des Danton.

On espère le plus brillant succès pour une entreprise si noble et si bien conçue.

Cependant, ces jours derniers, il est arrivé à la répétition de leur première pièce un petit incident qui a un peu dérangé la troupe.

Cette pièce est intitulée : *La sainte réaction de la Terreur sur la horde des pacificateurs et conciliateurs*.

Dans le premier acte, les réacteurs se rassemblent, s'excitent mutuellement à l'insurrection, arrangent un vaste plan pour rentrer dans leur *vaste gloire*.

Ils conviennent de faire une guerre à outrance à tous *les vauriens* qui ont concouru à l'homicide restauration, et de combattre jusqu'à ce qu'ils se soient mis à leur place.

Afin de donner un éclat plus imposant à leur entreprise, ils arrêtent que l'on commencera par se rendre solennellement en *manteau de vaste gloire* à l'égout Montmartre, qu'on en forcera le cadenas, qu'on y fera pénétrer quatre braves accoutumés aux coups *de mains républicains*, et qu'on en retirera le divin Marat pour le reporter au Panthéon.

L'acte second commence par un chœur de *guerriers de la Terreur* rassemblés pour l'expédition ; un barde survient pour échauffer leur zèle et consacrer leurs bannières.

Il était au plus fort de sa harangue lorsqu'un jeune et *turbulent modéré*, qui s'était ménagé des intelligences avec les garçons de théâtre, sort tout à coup d'une trape sous la forme de Mirabeau : c'était le masque, la grosse chevelure du défunt et son habit vert rayé ; il était en bottes, et tenait une longue cravache à la main : on eût dit Mirabeau lui-même revenant de sa maison d'Argenteuil à l'Assemblée constituante.

Il se trouve en face du barde, et d'une voix forte, levant sa cravache, il lui adresse ce discours :

« Retire-toi, saltimbanque, ou crains ma « colère ; les scélérats qui travaillent depuis « longtemps à faire descendre le chef de l'État « jusqu'à eux, ne pouvant s'élever jusqu'à lui, « l'ont mal informé ; il ne fut jamais moins disposé à relever de leur infamie les hommes « sur qui la France a reversé l'opprobre qu'ils « avaient attiré sur elle. Retire-toi, dis-je, ou « ma cravache va te faire entrer vivant dans « cette sépulture où ton héros Marat n'est entré que mort. »

Il dit, et à l'instant la figure du barde s'enfonça dans son manteau, le manteau s'affaissa et tomba à plat ; les gardes accoururent, on leva la guenille du barde, on le trouva réduit en poussière.

Cette poussière, on la balaya.

Elle descendit, avec les ordures de la salle, dans le ruisseau.

Et le ruisseau la conduisit justement à l'égout Montmartre, où elle alla se coller au buste de Marat.

La troupe est à la recherche d'un autre *barde*.

LE CHEMIN ET LE ROULAGE (1833).

I.

DIALOGUE.

Le Chemin. — Maudit roulage !

Le Roulage. — Maudit chemin !

Le Chemin. — Abominable anarchie !

Le Roulage. — Détestables entraves !

Le Chemin. — Des voitures qui sont des montagnes de plomb !

Le Roulage. — Des chemins de pâte molle ! La France est le pays de l'Europe où le prix des transports et des voyages est le plus bas.

Le Chemin. — Preuve que les chemins ne sont pas si mauvais que tu le dis !

Le Roulage. — Preuve que mes voitures ne sont pas aussi destructives que tu le prétends.

Le Chemin. — Les moyens de me réparer ne peuvent suivre tes progrès dans la destruction.

Le Roulage. — Pourquoi tes moyens sont-ils insuffisants pour la résistance ?

Le Chemin. — Pourquoi ne te règles-tu pas sur mes moyens ?

Le Roulage. — Parce que les routes sont faites pour le roulage, et non le roulage pour les routes.

Le Chemin. — Les routes sont faites pour un roulage modéré, et non pour enrichir un roulage sans mesure.

Le Roulage. — Le roulage en grand est le principe du bon marché des transports, comme la grande culture, comme les grandes machines sont le principe du bon marché des productions et des fabrications.

Le Chemin (dédaigneusement). — Chanson !

Le Roulage (haussant le ton). — Je représente le commerce et la consommation !

Le Chemin. — Je représente... l'administration des ponts et chaussées !

Le Roulage. — Cette administration est, comme les chaussées et les ponts, établie pour le commerce et pour le roulage, agent du commerce.

Le Chemin. — Elle est, dans cette partie, l'économe du trésor public.

Le Roulage. — Je suis l'économe du consommateur, l'économe de la nation.

Le Chemin. — Six millions, dix millions de plus par année ne suffiraient pas pour réparer le dommage que cause l'anarchie du roulage.

Le Roulage. — Si la nation en gagne 25, par le bas prix des transports, elle ferait un bon marché à donner 10 millions de plus aux ponts et chaussées... — Mais elle les donne effectivement, et plus, puisque le roulage des voitures en paye 12.

Le Chemin. — Va, marche ; je t'attends à mes ponts à bascule.

Le Roulage. — Va, je t'attends à la bascule de tes ponts et de tout ton système.

2

Étrange spectacle ! des chambres législatives occupées à régler la largeur des jantes du roulage !

A protéger les chemins contre ceux pour qui ils sont faits !

A protéger les chemins par des peines contre les voitures, sans protéger les voitures contre le mauvais état des chemins !

VIII. — MÉLANGES.

Un arrêté du 13 fructidor ordonne, en exécution de la loi du 3 brumaire, que, le 1er vendémiaire, l'anniversaire de la fondation de la République sera fêté dans toutes les communes ; il y aura un programme particulier pour Paris.

En attendant, le DIRECTEUR GÉNÉRAL *de l'instruction publique* prévient qu'il y aura des courses de chars au Champ-de-Mars ; que les concurrents *se fourniront* de chars et de chevaux ; que la forme des chars se rapprochera le plus qu'il sera possible de celle des chars antiques ; que, pour être admis à concourir, il faudra se faire inscrire, avant le 30 fructidor, A LA DIRECTION GÉNÉRALE *de l'Instruction publique*, rue de Grenelle.

Le tout signé : *Le* DIRECTEUR GÉNÉRAL *de l'instruction publique*, GINGUENÉ.

C'est au sujet de cet avis qu'un de nos abonnés, homme instruit, homme de goût, qui *sent les arts*, et n'est ni *journaliste* ni *Morose*, comme le suppose la *Décade philosophique*, s'est plaint, un peu durement à la vérité, de ce qu'on voulait faire rétrograder en France l'art des voitures jusqu'aux chars antiques, qui n'étaient ni solides, ni roulants, ni doux, ni commodes (feuille du 1er septembre 1796). La *Décade* prétend qu'il est possible de conserver les *formes* antiques, et par conséquent les roues basses et d'une seule pièce, c'est-à-dire les *roulettes* des temps où l'on ne savait pas faire une grande roue, et cependant rendre les nouveaux chars plus *commodes* et plus *roulants*. C'est ce que n'avoueront pas les cochers, qui, sans *sentir les arts*, sentent fort bien les secousses des voitures montées sur des roues basses, et jugent fort bien de la peine que leurs chevaux ont à les traîner.

La *Décade* demande, au surplus, si le *journaliste Morose* non-seulement connaît et sent les arts, mais encore s'il aimerait mieux voir du haut de wiskis *se casser les bras et quelques têtes;* elle ajoute encore une foule de questions à son sujet : *Sait-il?... Croit-il?... Connaît-il?... Ignore-t-il?...* Voilà bien du *régentisme* exercé sur un journaliste qui n'a aucune part à l'article dont il s'agit.

Oh! qu'un journaliste Morose aurait eu autre chose à reprendre que la forme des chars de course, dans cet *avis du* DIRECTEUR GÉNÉRAL, qui suppose une *cinquième roue* attachée au char de l'administration publique, et un double siége de *direction générale* à côté du *directoire exécutif,* seule *direction générale* de quelque partie de l'administration que ce soit. Le journaliste Morose aurait-il été mal venu à demander s'il peut exister dans l'État d'autre signature publique que celle du *magistrat dont la place est constituée par une loi spéciale?* et si la *direction générale de l'instruction publique* n'est pas un petit débris du *char antique* des abus de l'ancien régime?

(Journal de Paris, du 27 fructidor an IV.
— 13 septembre 1796.)

(*Note de l'éditeur.*) Dans la suite, en relisant cet article, mon père le trouva un peu dur, et y ajouta en marge les mots suivants, qui dénotent son esprit de justice et la bonté de son cœur :

« J'eus grand tort de répondre par une attaque personnelle à M. Ginguené, homme de bien, homme de sens, ami de la liberté, littérateur distingué. J'avais à lui reprocher un peu de morgue et de pédanterie; il fallait m'en tenir à un peu de moquerie.

« Le dernier alinéa est condamnable, et a servi à me prouver que, la plume à la main, on fait, comme avec les fleurets, plus de mal qu'on n'avait voulu. On commence avec le bouton ; on en vient à ôter le bouton ; on prend ensuite l'épée, etc. Pauvre raison ! »

JACQUES L'ÉCOURTÉ

AUX PROPRIÉTAIRES DU JOURNAL DE PARIS.

1

N'auriez-vous pas besoin, citoyens, d'un collaborateur de plus? Je vous offre mes services.

On dit que vous devriez bien prendre couleur ; mais, pour cela, vous n'auriez pas besoin de teinturier, et ce n'est pas à ce titre que je me propose.

Les lecteurs aiment beaucoup les articles de deux lignes : c'est à quoi j'excelle.

Si, par malheur, il m'en échappait un de six, je le couperais en deux parties, que je séparerais par un autre article.

Je me flatte de mettre tant de papillotage dans un journal qu'on ne puisse pas couper une papillote qui ne porte un sens complet.

Je suis à tout, je m'introduis partout, je vois tout, je veille sur tout, je dis tout.

Les halles, le palais; les prisons, les salons; Frascati, la Grève ; les carrefours, les ruelles; l'Institut, le Vaudeville ; les conseils, le directoire, tout est de ma juridiction.

Quand on me fait sortir de quelque maison par la fenêtre, j'écoute à la porte.

Je veille sur les mœurs des femmes célèbres, sur la gloire des armées, sur les élections de l'Institut, sur le bon état des statues et monuments publics, sur les boues et lanternes, sur l'allure des cabriolets, sur l'état du baromètre et du thermomètre, sur la prosodie des opéras nouveaux, sur les factieux qui mettent la patrie en danger, sur le gouvernement qui laisse les factieux en sécurité.

Quand je n'ai rien à dire du présent, je parle de l'avenir. Quand je n'ose parler d'un mal actuel, je parle du mal qui doit en résulter.

Par exemple, si je vois en place, dans les départements, des administrateurs dangereux, je dis : Songez à leur influence sur les élections de germinal.

Si je vois toutes les fortes taxes de l'emprunt forcé ne rien produire, je fais remarquer que les taxes modérées imposées sur les fortunes médiocres sont les seules payées.

Je mets ainsi de la prudence à tout. Je suis l'homme qu'il vous faut. Je ne vous coûterai pas cher. Je serai exact. Donnez-moi de l'emploi ; cela vous portéra bonheur pour le reste de l'année.

Jacques L'ÉCOURTÉ.

(Journal de Paris, du 8 vendémiaire an
VIII. — 30 septembre 1799.)

2

EXTRAIT DES LETTRES DE JACQUES L'ÉCOURTÉ.

Je n'entends pas comment, dans un pays policé, il pourrait être permis à un homme d'annoncer au public que tel jour, à telle heure, dans tel lieu, il se tuera pour de l'argent. Par cette raison, je n'entends pas comment la police de Paris souffre qu'un citoyen annonce que tel jour, en tel lieu, il courra, pour de l'argent et sans utilité pour le public, le risque de se tuer. Le spectacle de dangers utiles est un spectacle utile, parce que la présence d'un grand nombre de spectateurs ajoute au courage nécessaire pour affronter ces dangers ; mais le spectacle d'un danger inutile, tel que celui d'une ascension sans essai de direction, ou d'un vol aérien de haut en bas, tandis qu'il ne peut être utile de voler si l'on ne peut voler de bas en haut, de tels spectacles n'offrent que le scandale de la cupidité, provoquant la curiosité des mauvais cœurs.

(*Journal de Paris*, du 16 vendémiaire an viii.
— 8 octobre 1799.)

3

On désire impatiemment que l'Apollon du Belvédère soit enfin exposé aux regards des amateurs. On espère que ses formes et son attitude apprendront à sentir tout le charme de la contenance actuelle de nos jeunes élégants. Sans doute l'Apollon a les épaules bien élevées et bien anguleuses, les bras bien serrés au corps, et les coudes bien reculés en arrière, comme des jambes de cigale ; car voilà *la tournure* à la mode.

(*Journal de Paris*, du 20 vendémiaire an viii.
— 12 octobre 1799.)

4

J'ai vu hier une cotisation à l'emprunt forcé, expédiée par l'administration de Beauvais. Elle porte ces mots : «N..., comme tutrice de son deuxième fils, *ex-noble*, payera 2,000 fr. » (Somme plus forte que le revenu.) Notez que cet *ex-noble* est un enfant de six ans, né quatre ans après l'abolition de la noblesse, né dans la république pendant la Convention, dont son père était membre. Ainsi on peut naître *ex-noble !* Ainsi l'on taxe comme ex-nobles les enfants des ex-représentants exceptés de toutes les sujétions qui regardent les ex-nobles ; ainsi on fait des rôles de nobles pour l'emprunt forcé, quoique la loi n'en parle pas ! Bons et judicieux administrateurs !

(*Journal de Paris*, du 24 vendémiaire an viii.
— 16 octobre 1799.)

VOYAGE SENTIMENTAL A SAINT-GERMAIN EN LAYE, ET RETOUR.

En passant, hier matin, au marché de la rue Traversière, pour aller prendre une voiture devant les Tuileries, je vis de très-beau raisin de Fontainebleau, et je cédai au désir d'en acheter. On m'en enveloppa une grappe bien dorée dans une feuille de papier imprimé. Je jetai les yeux sur ce papier : c'était une partie de la correspondance de Voltaire et du cardinal de Bernis. Pauvre librairie ! voilà comment se fait aujourd'hui le commerce des livres.

— Arrêté à la barrière de Neuilly pour payer le droit de passe, je vis un âne auquel on avait coupé les oreilles, comme à un cheval anglais. Je demandai à la femme qui le menait pourquoi cette mutilation ; elle me répondit gaillardement : C'est qu'il braillait trop. Verbeux perturbateurs, si cette raison-là allait être trouvée bonne !...

— En revenant ce matin à Paris, j'ai eu la curiosité de voir les prisonniers russes qui sont à la caserne de Ruelle.

En approchant de la grille, je me rappelais ce vers d'Horace, qui était à la mode dans un certain monde, il y a quatre mois, *O Rus* (ô Russe), *quando te aspiciam !* Messieurs, eh bien ! les voilà arrivés. Vos vœux sont accomplis.

Ils sont environ six cents hommes, car ce sont des hommes ; féroces peut-être à la guerre, mais point du tout farouches.

Leur langue paraît être fort douce à l'oreille, et, à juger de leur langage par leur physionomie et leur contenance, il est celui de tous les hommes sans lumière. Pour être barbare il n'est pas nécessaire d'être Russe.

Ils sont gardés par des hommes de la garnison de Corfou, qu'ils avaient gardés eux-mêmes, il y a quatre mois.

Nous avons causé avec trois de leurs officiers : ils parlent bien le français. L'un d'eux est un très-joli jeune homme, très-poli et très-gai. Il espère bien qu'il aura le plaisir de venir à Paris, et on peut présumer qu'il ne s'y déplaira pas.

Le général Lefevre a ordonné qu'on pourvût convenablement à leurs besoins.

— Combien on voit de choses quand on voyage ! En rentrant à Paris par la barrière des

Champs-Élysées, j'ai remarqué qu'on creusait des fondations entre les deux loges des préposés, au droit de barrière, à peu près vers le milieu du chemin, de sorte que le bâtiment qui s'élèvera en cet endroit sera juste aligné sur un des deux chevaux de Marly et sur la *Renommée* du Pont-Tournant, comme pour les masquer. « Que va-t-on faire là? ai-je demandé au commis du droit de barrière. — Citoyen, c'est une loge pour les commis de l'octroi de bienfaisance. — C'est dommage, ai-je répliqué, qu'on ne l'ait pas mise juste au milieu du chemin, de manière qu'elle se présentât devant la statue de la liberté. L'impôt est si beau à voir qu'il faut toujours le montrer en face, et jamais de côté. »

(Journal de Paris, du 28 vendémiaire an VIII.
— 20 octobre 1799.)

6

LES AMIS DE LA PAIX.

A. Oui, vous dis-je, je suis bien revenu de mes anciennes folies; je désire ardemment la paix.

B. Heureux changement! Mais comment vous y prenez-vous pour la donner?

A. D'abord, je fais choix d'un grand et illustre général.

B. De Bonaparte?

A. Oui.

B. Vous l'employez comme négociateur?

A. Je lui donne une armée.

B. J'entends; pour donner du poids à...

A. ...A son bras... Je l'envoie en Italie....

B. Où vous assemblez un congrès?

A. Où je relève tous les patriotes opprimés...

B. Par des stipulations d'amnisties?

A. Pour relever ensuite les républiques cisalpine, romaine, etc.

B. Ne suffirait-il pas de rendre, d'une manière ou de l'autre, l'Italie indépendante de la maison d'Autriche, et les plénipotentiaires de Russie et de Prusse ne se chargeraient-ils pas d'une bonne partie de cette besogne? N'y seraient-ils pas aussi intéressés que la France?

A. Il nous faut des républiques, et pour les avoir il n'y a d'autorités à employer que nos canons.

B. Les petites républiques refaites, comment les préserverez-vous, dans un an, dans dix ans?

A. Avec nos canons.

B. Les républiques recommencées, que devenez-vous?

A. L'armée franchit le Tyrol, et Bonaparte marche sur Vienne. J'arbore le drapeau tricolore sur les tours du palais impérial; j'oblige le tyran de l'Autriche à courber son front humilié... je... je...

B. Mon doux ami, c'en est assez; j'entends vos projets de paix. Maintenant, expliquez-moi comment vous auriez fait la guerre!

(Journal de Paris, du 4 brumaire an VIII.
— 26 octobre 1799.)

DES NOUVELLES.

L'émulation des nouvelles a produit des prodiges. Il est d'abord devenu misérable de dire les nouvelles de la semaine passée, ensuite de dire celles de la veille, ensuite de dire celles du jour; ce qu'il faut aujourd'hui, c'est dire les nouvelles du lendemain.

Malheureusement l'autorité n'aime pas qu'on prévienne ses décisions, et il arrive souvent que la nouvelle qui devait être vraie le lendemain se trouve fausse parce qu'on a voulu la dire la veille.

L'émulation des nouvellistes a eu encore un autre effet. Ç'a été à qui en dirait le plus, et, pour en dire plus que son concurrent, on a dit cent niaiseries qui n'importent à personne, et pour leur donner place, on a tronqué les nouvelles qui intéressent tout le monde. Les caquets des salons, les paquets des antichambres sont aujourd'hui des nouvelles; bientôt nous irons aux secrets des boudoirs.

Autre inconvénient : quand ce qu'on veut donner comme une nouvelle est la chose la plus plate du monde, on l'enfle, et, pour faire passer une sotte vérité, on insinue un gros mensonge, sans préjudice de ceux qu'on dit tout crûment.

Des badauds, selon l'ancienne coutume, en grimpant sur un tas de pierres, ont vu, par-dessus un mur, une belle voiture qu'on peint, qu'on dore dans une remise, près de l'hôtel Montmorency; on imprime aussitôt que c'est dans l'hôtel Montmorency, et on fait entendre que cette voiture est destinée à quelque grande cérémonie qui doit avoir lieu prochainement. *C'est la voiture du sacre!* Eh bien ! elle est tout simplement pour madame la duchesse d'Ossuna. Mais comment dire à l'univers que madame d'Ossuna fait faire une belle voiture pour son usage à Madrid ?.....

La manie des gazetiers en a engendré une fort extraordinaire dans les lecteurs de gazettes. Chacun à Paris veut en avoir au moins deux ou trois pour ses menus plaisirs, et l'on se fâche de retrouver dans toutes les mêmes nouvelles. On voudrait qu'elles racontassent ou des choses différentes, comme si elles étaient faites en différents pays, ou différemment les mêmes choses, pour leur donner plus de poids et de certitude.

La multiplicité des gazettes aura produit sur les mœurs le triste effet d'ajouter une curiosité malade, minutieuse, inquiète, inquisitive à nos autres défauts. Bientôt nous ne nous contenterons plus des événements qui intéressent tout le monde ; il faudra absolument savoir ce qui se passe chez le voisin, et il se trouvera des gens qui se chargeront de le dire.

(Journal de Paris, du 13 frimaire an VIII. — 4 décembre 1799.)

D'UN ART A CRÉER POUR UN VIEIL USAGE.

Quoique je me trouve dans l'âge où l'on ne peut plus guère marcher, je vois avec une extrême satisfaction que l'on décerne dans nos fêtes des prix à qui sait le mieux courir.

Mais cela ne suffit pas : je voudrais qu'on en établît aussi pour la supériorité dans un exercice plus usuel et plus nécessaire que celui de courir, je parle de celui de *marcher ;* je voudrais même que l'on créât l'*art de marcher.*

L'*art de marcher !* s'écrie un homme qui se croit conduit par la seule nature, parce qu'il s'abandonne à toutes les influences de l'exemple et de l'habitude ; l'art de marcher ! Vous verrez qu'on ne marche pas bien sans art ; que nos paysans, nos messagers, nos piétons ont appris l'*art de marcher !*

Oui, citoyen, nous verrons cela. Nous verrons qu'il y a des marcheurs, de taille, de force égales, d'habitudes semblables, dont les uns marchent vite et longtemps sans fatigue, tandis que d'autres s'exténuent sans avancer ; que les premiers usent, sans le savoir, de petites pratiques, de petites précautions, dont n'usent pas les autres. Recueillir et réduire en préceptes ces pratiques, ces précautions, c'est créer l'*art de marcher,* art qui n'a pas encore été écrit ni *enseigné* sans doute, et c'est ce dont je me plains, mais qui, au fond, a été appris par imitation, et suivi par habitude ; qui n'existe pas moins, et dont les préceptes n'ont besoin que d'être rédigés.

Et pourquoi n'existerait-il pas un art de marcher comme un art de danser ? Il y a peut-être en France des hommes à qui la nature a donné des moyens physiques de danser comme *Vestris*, et qui marchent de fort mauvaise grâce, parce qu'ils ont manqué des secours de l'art qui a développé et perfectionné le talent de *Vestris*. Demandez à cet incomparable danseur, et surtout à son père, cet incomparable maître dans l'art de la danse, si l'art qui leur a enseigné à faire un si étonnant usage de leurs jambes n'aurait rien à enseigner aux simples marcheurs.

Je lis dans l'*Histoire générale des Voyages* (t. III, p. 420) qu'*un cavalier bien monté suit à peine le pas d'un Hottentot*. Pourquoi un Hottentot a-t-il une allure si étonnante ? et pourquoi ne l'égalerions-nous pas ?

L'art de marcher ne serait pas la science de marcher contre les règles de la nature, mais, au contraire, le recueil des règles que la nature prescrit pour bien marcher, règles qui se puiseraient dans des observations faites sur les hommes qui marchent bien.

Cet art, loin d'être opposé aux pratiques des piétons et des paysans que vous invoquez, emprunterait beaucoup d'eux. C'est à la marche de vous autres gens de ville qu'il serait opposé, parce que votre marche est toute *factice*, tout *artificielle*, et qu'elle est fort opposée à la nature.

Pauvres citadins ! vous tordez le plus que vous pouvez les muscles de vos jambes, pour marcher les *pieds en dehors ;* les Hottentots marchent la pointe du pied *droit en avant ;* les Romains, les Grecs marchaient de même. Nos paysans, nos messagers marchent de même.

Or, c'est comme eux, et non comme vous, que notre art enseignerait à marcher. C'est vous qui avez un art contraire à la nature, c'est nous qui voulons vous ramener à elle.

Le grand Frédéric s'est occupé, mais en militaire, et pour son infanterie seulement, de l'art de marcher ; et tout le monde convient que son infanterie a été à cet égard le modèle de toutes celles de l'Europe.

Il a consulté pour cet objet Petit l'anatomiste et Novère le maître de ballets. C'était une question entre les militaires de savoir s'il était plus avantageux de marcher un bras pendant et ballottant que les bras ployés ou collés aux reins. On soutenait d'un côté que le bras battant faisait l'office de balancier et facilitait la marche ; on soutenait de l'autre que le bras pendant et mouvant était d'un poids fatigant. La question a été décidée pour le bras fixe.

Une autre question a été agitée : c'était de savoir s'il fallait faire marcher les pieds en dehors, à la française, ou droit en avant, comme les Grecs et les Romains. On prétendait d'une part que le marcheur avait plus d'assiette en posant ses pieds en dehors ; on a prouvé, de l'autre, que marcher droit en avant allongeait la marche d'un pas sur soixante et fatiguait moins. On a conclu que, comme l'objet de la marche est d'avancer, on ferait marcher le fantassin le pied en avant.

On a discuté aussi si l'on ferait poser le talon le premier à terre, ou d'abord la pointe du pied : on a reconnu que la nature voulait qu'on posât d'abord le talon, et qu'il n'y avait que peine et danger à présenter la pointe du pied en avant, comme dans les marches de l'opéra, parce qu'il n'est point doux du tout, ni sûr, de heurter une pierre avec la pointe du pied, etc.

Voyez donc si la gymnastique, qui enseigne à voltiger, à caracoler, à piaffer, à danser, ne pourrait pas faire pour la jeunesse d'une république ce que le roi de Prusse a fait pour son infanterie.

Oh! si je ne craignais de paraître un vieux fou, un vieux radoteur, je vous dirais bien que je crois possible, moi, de perfectionner tellement l'art de marcher qu'il donnerait aux plus faibles le moyen de faire un cinquième de chemin de plus que n'en fait aujourd'hui le meilleur piéton, et cela avec moins de peine, en moins de temps, surtout en

usant moins de souliers, et même sans se crotter ou se poudrer les pieds...

Ne pourrait-on pas élever les enfants à marcher sur nos grands chemins, comme font tant de nos poëtes et de nos orateurs modernes dans leurs ouvrages ; les premiers sans toucher la terre, comme les seconds sans toucher à leur sujet, en un mot, *sur des échasses*? Ne serait-ce pas un moyen simple d'aller vite, qui nous épargnerait bien des chevaux, et nous donnerait la nourriture de bien des hommes? car un cheval coûte **autant** à nourrir que trois citoyens !

Les Guanges, peuple d'Afrique, qui habite une île des Canaries, font la chasse aux bêtes féroces, non pas à travers les rochers, mais en sautant de rocher en rocher, à l'aide de longues perches qui leur font franchir d'immenses précipices; et ces perches leur servent de même à voler en plaine. L'art ne peut-il rien emprunter pour nous de ces usages qu'a enseignés la nature, dans des pays où son âpreté les rendait nécessaires?

Mais je reviens. Je vous disais donc que je voudrais des prix pour *la marche* comme pour *la course*.

Et je pense que ce serait une fort bonne institution, non seulement au physique, mais encore au moral.

Rousseau a écrit sur le grand rocher du désert d'Ermenonville ces paroles : *Celui-là seul est vraiment libre qui, pour se servir, n'a pas besoin de mettre les mains d'un autre au bout de ses bras.* N'aurait-il pas été mieux de dire : *Celui-là seul est vraiment libre qui n'a pas besoin d'attacher à ses jambes les jambes d'un cheval, ou à ses bras les bras d'un cocher, soit pour exercer le droit naturel et inaliénable de l'homme d'aller et venir, soit le droit de déserter la terre maudite où cette liberté est inutilement violée?*

Dans un temps où un carrosse est presque un opprobre qui dépose d'une fortune acquise par l'agiotage ou la rapine, quel citoyen honnête ne doit pas faire contracter à ses enfants l'habitude d'aller à pied, et leur faire apprendre l'art d'y aller le plus commodément?

Dans un temps où le besoin de subsistances est si extraordinaire pour les hommes, qui ne doit rougir du luxe qui affecte à la nourriture de chevaux inutiles des terres nécessaires à la subsistance de l'homme ? A la Chine, on ne voit de chevaux que pour les transports des marchandises que les hommes ne peuvent traîner.

Dans une république tout luxe d'ostentation est contraire aux mœurs ; le luxe des carrosses est le plus offensant de tous. Voulez-vous que les mœurs fassent aller à pied : faites que l'éducation apprenne à faire bon usage des jambes.

Par cela seul qu'on ferait de l'art de marcher une instruction particulière et un objet d'émulation, la marche serait un objet de vanité, et de bonnes jambes un honneur.

Je prie le lecteur de méditer sur ce sujet ; soit raison, soit folie, je le crois digne d'occuper des hommes raisonnables ; je voudrais même que nos législateurs, lorsqu'ils s'occuperont des institutions publiques, daignassent se persuader qu'il est bon de perfectionner les jambes des êtres animés qui n'ont pas d'ailes, et surtout dans un pays où ceux qui croient avoir des ailes ne sont pas pour cela des aigles.

Signé : *Un vieux Goutteux.*

(*Journal de Paris*, des 4 et 5 thermidor an IV. — 22 et 23 juillet 1796.)

LETTRE DE BIBLIOPHILE

AUX AUTEURS DU JOURNAL DE PARIS,

Sur la proposition de timbrer les livres, pour assurer la propriété des auteurs.

Vous ne serez sûrement pas fâchés, citoyens, d'imprimer quelques mots de réponse à l'étrange proposition de timbrer les livres, et de les imposer à 1 fr. par volume, pour le plus grand bien des auteurs. Cette proposition a plutôt l'air d'une plaisanterie amère contre l'impôt du timbre que d'un secours offert aux auteurs spoliés. Assurément, ce serait un grand opprobre pour la nation française qu'une taxe sur les livres ; le timbre serait la presse de la presse, la presse des auteurs, la presse de la pensée, et pas autre chose.

Pourquoi contrefait-on les livres ? C'est parce que la contrefaçon peut se vendre à plus bas prix que l'édition originale, celle-ci devant payer l'auteur et l'impression, tandis que la contrefaçon n'est chargée que de l'impression.

Ce serait donc aller directement contre le but que de renchérir encore le livre par un impôt de 1 fr. par volume. Ce serait dire au contrefacteur : « Vous gagniez 1 fr. à contrefaire ce volume, maintenant vous en allez gagner 2 ; vous n'aviez à frauder ci-devant que les droits de l'auteur : réjouissez-vous, vous allez frauder ceux du fisc ; et comme tout impôt est odieux, les citoyens vous absoudront de la contrefaçon qui lèse l'écrivain en faveur de l'adresse qui vous aura soustrait à l'impôt. »

D'ailleurs, citoyens, comme vous l'avez déjà observé au sujet des *Études de la nature*, contrefaites, la contrefaçon n'est pas un malheur qui arrive à beaucoup de livres ; ainsi, pour éviter un malheur très-rare, on propose aux auteurs le malheur général et certain de voir l'impôt éloigner de leurs livres les acheteurs, et faire pourrir leurs éditions chez l'imprimeur. Quelque bon que soit un ouvrage sérieux, il n'y a que le bon marché qui en assure un débit étendu.

Mais ce n'est pas tout : les livres que l'on contrefait ne sont pas toujours les meilleurs, et sont quelquefois pernicieux. Votre timbreur de livres veut-il que l'autorité publique, moyennant 1 fr., garantisse à un auteur répréhensible, qui aura blessé les mœurs, que nul n'aura contrefait impunément son livre ? Verrons-nous devant les tribunaux l'auteur du *Poëte*, par exemple, implorer avec succès les lois pour sa pernicieuse propriété ? Votre timbreur n'est pas assez timbré pour dire que oui ; mais qu'il dise non, je lui demanderai s'il a, pour prévenir un tel scandale, un autre moyen qu'une *censure*, et s'il ne faudra pas un jugement, ou préalable à l'application du timbre, ou postérieur, mais toujours portant sur le livre, pour que le tribunal puisse statuer sur la réclamation de l'auteur ?

Je suppose que je contrefasse *le Poëte* ; l'auteur me cite au tribunal ; ma réponse est simple : « *Le poëte est un livre licencieux* ; vous ne devez pas être admis à réclamer une telle propriété ; c'est une maxime de droit que « *Nemo auditur allegans propriam turpitudinem.* » Mon livre est irréprochable, répondra l'auteur, et la loi me doit justice. Il faudra donc que le juge prononce d'abord sur le livre, à moins qu'il ne dise : Tout obscène qu'il peut être, la loi garantit à son auteur les fruits de son travail, et il doit retirer en écus le prix de la peine qu'il a prise pour contribuer, autant qu'il était en lui, à la corruption des mœurs, comme s'il avait travaillé pour leur amélioration. Le projet du timbreur nous conduit donc à la *censure*.

Si l'on considère ce projet sous ses rapports avec le consommateur, on trouve qu'il se réduit à présenter un infaillible moyen de renchérir les livres (qu'il serait si bon de donner pour rien), et par conséquent de borner et de réduire l'instruction, qu'il serait si nécessaire de répandre à grands flots, comme le soleil répand la lumière.

Mais je reviens à mon premier argument, et je dis qu'un timbre n'empêcherait pas les contrefaçons, et il me suffit, pour le prouver, d'invoquer l'expérience. Les imprimeurs d'éditions originales ne mettent-ils pas tous les jours en tête de leurs livres *qu'il poursuivront les contrefacteurs*, et tous les exemplaires légitimes ne sont-ils pas souscrits de leur chiffre ou signature? Eh bien! qu'est-ce que ce chiffre, cette signature? Assurément, c'est bien un timbre, un timbre autorisé par la loi, un timbre dont le vengeur constitué par la loi est l'intérêt particulier, un timbre dont l'omission ou la contrefaçon est punie par la loi d'une amende infiniment plus forte que celle des droits du fisc. Eh bien, ce timbre empêche-t-il les contrefaçons? Nullement; et c'est ce dont se plaint Saint-Pierre; et s'il les empêchait, nous demanderions pourquoi en inventer un autre?

Voulez-vous savoir mon idée contre la contrefaçon et pour les auteurs? Elle est peut-être aussi creuse que celle d'un timbreur, mais à coup sûr elle n'est pas oppressive. Je remonte au principe des contrefaçons, et je dis : On contrefait parce qu'on peut vendre le livre contrefait à meilleur marché que le livre original.

Le remède serait donc que le livre original, quand il est bon, pût être vendu à meilleur marché que l'édition contrefaite, dès que celle-ci serait publiée. Où trouver ce remède? Dans la main du gouvernement; et il n'entraînerait pas une grande dépense. Il ne s'agirait que de donner à l'auteur une indemnité, au moyen de laquelle il pût baisser le prix de son livre au-dessous de celui de la contrefaçon. 1,500 fr. pour un bon volume in-8° suffiraient; car une

édition est ordinairement de 1,500 exemplaires; du moins Voltaire dit qu'on n'a jamais tiré ses ouvrages à un plus grand nombre. Dans un temps d'aisance et de crédit, une association libre d'auteurs, de libraires et de capitalistes, qui sauraient indemniser à propos les écrivains, et se chargeraient de leurs livres, pourrait faire merveilleusement, et très-fructueusement pour les associés eux-mêmes, la police de la librairie à l'égard des contrefaçons.

Signé, BIBLIOPHILE.

(*Journal de Paris*, du 2 ventôse an VII. — 20 février 1799.)

SUR LES CONTREFAÇONS.

Bernardin de Saint-Pierre, dans une lettre à un journaliste, se plaint, avec autant de raison que d'amertume, du brigandage des contrefaçons.

La première édition de ses *Études de la nature* n'est pas encore épuisée, et dix éditions contrefaites ont été vendues ou circulent dans le commerce de la librairie. Plusieurs portent au titre le nom de *Didot, le jeune*, imprimeur de l'édition originale; d'autres, une permission de vendre, signée de l'auteur, et qui n'en est pas moins fausse. L'auteur, distribuant des prix avec le ministre de l'intérieur, dans une maison d'éducation nationale, s'est trouvé avoir remis lui-même à un élève, pour prix de morale et de vertu, les *Études de la nature* contrefaites!

Il espère que le gouvernement réprimera ce désordre; nous désirons vivement que cela soit possible; mais certainement ce n'est pas chose aisée. L'opinion prête peu de force à l'autorité publique contre les contrefaçons, encore qu'elles soient un vol manifeste commis sur la plus sacrée des propriétés, et ordinairement sur des propriétaires sans fortune. Et d'où vient cette indifférence répréhensible? D'une cause très-naturelle : c'est que le malheur d'essuyer des contrefaçons est réservé à peu d'écrivains; c'est qu'il est un malheur très-honorable et très-envié; c'est qu'il suppose à l'auteur beaucoup d'admirateurs, parmi lesquels doivent se rencontrer des amis, des protecteurs qui le dédommagent à plusieurs égards; enfin, c'est que le lecteur s'intéresse au bon marché des

livres d'autant plus qu'ils lui plaisent davantage.

Ajoutez que la police des contrefaçons est
très-difficile à exercer, parce qu'elle entraîne
des procédures à travers lesquelles la mauvaise
foi a toujours le temps de s'échapper.

Il n'appartient peut-être qu'à la morale de
faire respecter la propriété des auteurs, et elle
n'y réussira que par une nouvelle consécration
du droit de propriété. Les journalistes pourraient la seconder puissamment en se faisant
un devoir d'annoncer, sur la demande des écrivains distingués, toute édition contrefaite qui
serait mise en vente, d'en éloigner les acheteurs par des considérations tirées de la justice
et quelquefois de l'intérêt dû à la position de
l'auteur, et d'en flétrir les éditeurs et les marchands par quelques-uns de ces mots qui se
marquent en rouge sur le front des hommes à
qui la cupidité a laissé quelque pudeur.

Pour nous, encore que la date de la lettre de
Bernardin de Saint-Pierre, écrite *au Palais national des sciences et des arts*, atteste que, s'il
a des ennemis, comme il le dit trois fois en
quinze lignes, il a aussi des amis; encore qu'il
ne nous paraisse pas fondé à regarder précisément comme ses *ennemis* les contrefacteurs
qui veulent vivre à ses dépens, même ceux qui
suppriment sa théorie des marées, nous ne
pouvons lire sans intérêt pour lui, sans indignation contre eux, ces paroles de sa lettre :
« Je suis un père de famille vivant en grande
partie du fruit de mes travaux, et on me l'arrache. » Nous ne balançons pas à le dire : tout
libraire qui, étant averti, vendrait une édition
contrefaite des *Études de la nature*, serait un
malhonnête homme, et tout particulier qui
l'achèterait serait au moins un homme sans
délicatesse.

(Opuscules, tome Ier, page 175.)

ARTICLE DEMANDÉ PAR LE PREMIER CONSUL.

On a répandu que les filles publiques qui
ont été enlevées, il y a quelque temps, au palais
Egalité, devaient être transportées en Égypte.
C'est un bruit injurieux pour l'armée, c'est
une accusation de tyrannie dont le consul
Bonaparte particulièrement s'est montré offensé. Le magistrat peut vouloir mettre obsta-

cle au débordement des mœurs, mais non
violer les lois pour sévir sans mesure contre
des fautes qui blessent les mœurs ; et la république n'a point à craindre que, pour faire
cesser un désordre qui n'est ni nouveau ni
absolument destructif de la société, ses consuls aillent offenser la liberté publique et me-
nacer la sûreté particulière.

(Journal de Paris, du 20 frimaire an VII,
12 décembre 1799.)

(*Note de l'éditeur.*) On peut voir à la page 304 du
troisième volume, deuxième colonne, la conversation
que mon père avait eue deux jours auparavant avec
le premier consul, qui lui demanda expressément de
publier, sur le bruit qui s'était répandu de la déportation des filles publiques, un article au *Journal de
Paris, non pas de deux lignes, mais bien détaillé, afin
que la chose restât...* J'aurais dû placer cet article immédiatement après celui qui le provoquait ; il ne
m'est pas tombé à temps sous la main.

ACADÉMIES DE PROVINCES.

Quand je fus nommé directeur général de
l'instruction publique (le 12 mars 1802), dix
académies me nommèrent entre leurs membres : je ne remerciai point d'un honneur qui
était déféré à ma place.

LAPSUS LINGUÆ.

Une jeune dame anglaise se promenait aux
Tuileries avec un ecclésiastique, et s'entretenait avec lui de la révolution religieuse qui
vient de s'opérer en France; elle lui dit entre autres choses fort solides : *Il est certain,
monsieur, qu'il faut un refrein aux passions !*

(Journal de Paris, du 22 fructidor an X. —
9 septembre 1802.)

SUR LE PAUVRE CHIEN.

Cet hiver, tout Paris a vu, sur la glace, au
milieu de la Seine, au-dessous du Pont-Neuf,
un chien couché sur un peu de paille pendant
plusieurs jours consécutifs, sans prendre de
nourriture, et ne relevant sa tête que pour pleurer son maître qui, en cet endroit, était tombé
dans la rivière. Plusieurs journaux célébrèrent
la fidélité de cet intéressant animal. Mais un
peintre, que je ne prendrai pas pour peindre la
bonté et la fidélité, écrivit dans le *Journal de*

Paris que ce chien était resté là par pure obéissance à la volonté d'escrocs qui espéraient le faire payer cher à quelque spectateur enthousiasmé. Je lui fis, quelques jours après, la réponse suivante :

Je réclame pour le chien. « Il était, dit le citoyen Beujearriese (1), attiré par de la viande que des escrocs avaient placée sur la rivière. » Mais si celui-là était attiré par de la viande, pourquoi d'autres ne l'étaient-ils pas? Mais personne ne l'a vu manger; mais il est resté là des jours et des nuits; mais il était toujours couché; mais il n'y avait point de viande près de lui; mais on l'a tué, parce qu'il ne buvait, ni ne mangeait, ni ne quittait la place, et qu'il pouvait devenir enragé. S'il n'avait été attiré que par de la viande, la viande mangée, pourquoi serait-il resté? On ne peut expliquer sa persévérance que par la perte d'un bon maître, ou par une extrême docilité au commandement d'un maître brutal qui lui aurait donné quelque chose à garder sur la glace, et qui aurait espéré de le vendre cher à la faveur de cette supercherie; mais cette dernière supposition est très-improbable; car que pouvait demander l'escroc pour aller chercher le chien? 12 fr., 24, s'il n'y avait pas de danger. Or, quel chien

assez docile pour exécuter si fidèlement un si cruel commandement ne se vendrait pas 12 ou 24 fr., sans tant de peine? S'il y avait assez de danger à aller sur la glace pour que le marchand du chien fût fondé à demander un haut prix de sa peine, il risquait bien plus de perdre son chien qu'il ne courait la chance de le bien vendre, et il faisait trafic de sa vie plutôt que de son chien.

Le citoyen Beujearriese trouve qu'il n'y a rien d'extraordinaire dans un chien fidèle. Est-ce là sa raison pour ne pas croire à celui qu'on cite?

Il a soupçonné un genre d'escroquerie vraiment inouï. Est-ce pour cela qu'il veut qu'on y croie?

Au reste, il nous donne un homme et un chien à mépriser; nous aimons mieux la première histoire. D'ailleurs, nous avons besoin de chiens mourant près des hommes morts, et se gelant près des hommes noyés, pour nous consoler de voir, d'un autre côté, dans ces gros hivers, des loups fouiller, en hurlant, la tombe où reposent des hommes enterrés.

(*Nota.*) Cet article a paru dans le *Journal de Paris,* à côté d'une nouvelle lettre de Dulaure contre Montesquiou.

(*Journal de Paris,* du 6 pluviôse an v. — 25 janvier 1799.)

---

(1) *Journal de Paris,* du 4 pluviôse an v. — 13 janvier 1799.

OPUSCULES.

—

PARAGRAPHE SIXIÈME.

—

PHILOSOPHIE, MÉTAPHYSIQUE.

EXTRAITS RAISONNÉS D'OUVRAGES NOUVEAUX, OU NOUVELLEMENT RÉIMPRIMÉS QUI ONT PARU DE 1795 A 1803.

ESQUISSE D'UN TABLEAU HISTORIQUE DES PROGRÈS DE L'ESPRIT HUMAIN;

OUVRAGE POSTHUME DE CONDORCET.

Cet ouvrage est divisé en dix époques. Les neuf premières peuvent se rapporter à trois grandes périodes.

La première comprend tout ce qui appartient à l'origine des sociétés jusqu'à la formation du langage articulé. Cette partie est une suite d'observations faites sur le développement de nos facultés, et aidées des récits des voyageurs qui ont vu des peuples barbares.

La seconde période comprend l'intervalle de la formation du langage articulé à l'invention de l'écriture alphabétique. Ici quelques monuments historiques viennent à l'appui des observations métaphysiques, et donnent au philosophe un guide de plus.

La troisième période renferme les progrès de l'esprit humain et ses vicissitudes, depuis l'époque où l'écriture alphabétique a été connue dans la Grèce jusqu'à nos jours.

Dans les deux premières parties, l'auteur suit à peu près les mêmes voies que Condillac dans l'*Essai sur l'origine des connaissances humaines;* mais il marche à plus grands pas, avec plus de rapidité; il saisit et entraîne dans sa marche une foule d'objets importants que Condillac laisse en arrière. Celui-ci ne fait que l'histoire abstraite des premiers développements de l'entendement; Condorcet en fait l'histoire réelle, et montre comment les facultés de l'esprit se sont introduites dans les sciences et s'y sont appliquées.

Sous la troisième période, toutes les parties importantes de l'histoire des sciences sont rassemblées des plus longues distances de temps et de lieux; elles sont disposées dans l'ordre le plus propre à faire sentir leurs rapports mutuels, et présentées sous les aspects les plus frappants. Dans le tableau de la Grèce, l'auteur a marqué toutes les routes de l'erreur; il a ouvert et élargi toutes les routes de la vérité. Il montre jusqu'à quel point des notions reçues sans examen, les travers d'une fausse dialectique et l'influence pernicieuse d'une mauvaise didactique peuvent égarer. Il est impossible de mieux prémunir l'esprit contre les écarts ou les abus de l'esprit.

Cette partie est sans doute d'une grande utilité. Cependant, qu'il nous soit permis de le dire, elle ne remplit pas entièrement l'objet que Condorcet semblait avoir en vue, et qu'il était plus que tout autre en état de remplir.

En traçant les principes qui doivent régler la marche des esprits dans les sciences, il était possible de tracer ceux qui doivent régler la marche des volontés dans les affaires de la vie sociale; en indiquant les éléments et les méthodes propres à toutes les sciences, il était possible d'indiquer les éléments particuliers des sciences morales et politiques; en contemplant tous les phénomènes de l'intelligence, il était possible de considérer les affections de l'âme; à l'histoire des idées il était facile de joindre celle des mœurs, et cette addition était nécessaire pour compléter le système des connaissances, d'où dépend la rectification ou le perfectionnement de nos habitudes sociales. Il appartenait à Condorcet d'embrasser tous ces éléments, et sans doute il eût reconnu la nécessité de le faire, si sa destinée eût été d'exécuter le grand ouvrage dont celui-ci n'est que l'esquisse.

La dixième époque qu'a considérée l'auteur, c'est l'avenir dans son immensité; cette partie de l'ouvrage offre le tableau des progrès qui sont réservés aux générations futures, et que la constance des lois de la nature semble leur assurer. Condorcet voit disparaître dans un avenir prochain les inégalités de nation à nation, et se rapprocher les inégalités d'homme à homme dans un même peuple; il voit aussi l'individu se perfectionner chaque jour, acquérir sans cesse de nouvelles facultés de jouir et de nouveaux moyens de jouissance. Il ne connaît point de borne au progrès du bonheur humain, convaincu comme il l'est qu'on n'en peut assigner aucune au progrès de l'esprit, et que notre perfectibilité physique est elle-même sans limites certaines et connues. On voit que l'auteur s'est livré avec complaisance à la contemplation d'un avenir où il trouvait tant de dédommagements de nos peines présentes; mais il ne s'y est point abandonné en enthousiaste aveugle; c'est en philanthrope éclairé, c'est en sage d'un esprit supérieur, qu'il a considéré cette consolante perspective. Il appartenait sans doute à l'homme qui a su tracer, comme il l'a fait, l'histoire des progrès passés de l'esprit humain, de prévoir et de prédire ceux qui l'agrandiront encore.

Le style de l'ouvrage est simple, serré, précis; il paraîtra peut-être sec et austère à ces lecteurs qui, plus avidés de plaisirs que de vérités, exigent dans toute espèce d'ouvrage de la couleur et du mouvement. Le philosophe, soigneux du seul intérêt qui l'anime, celui d'instruire, ne cherche ni n'admet dans son style ces métaphores dont le moindre danger est de distraire la raison en frappant l'imagination; il n'évite pas moins ces mouvements extraordinaires toujours si propres à jeter la pensée hors des sentiers étroits de la vérité. Condorcet, toujours sage dans ses vues, souvent neuf dans ses idées, n'a jamais cherché d'autre mérite en écrivant que celui d'être clair et précis.

Cependant le morceau qui termine l'ouvrage dont il s'agit ici est du plus noble et du plus touchant caractère. En l'écrivant, l'auteur faisait, sans s'en apercevoir, un secret retour sur lui-même, sur ses ennemis, sur ses malheurs; et son langage emprunte de ces circonstances un intérêt qu'il semblait vouloir lui refuser. Ce morceau, qui rappelle tant d'infortunes, et qui surtout marque si bien cette modestie du malheur, plus difficile peut-être que celle de la prospérité, et qui n'appartenait pas moins à Condorcet que celle des talents, tient lieu de bien des pages éloquentes sur sa triste destinée. Eh! n'a-t-il pas aussi son éloquence ce sublime silence de Condorcet sur lui-même, lorsque tout le sollicitait à en parler?

Que d'autres se justifient avec éclat, terrassent leurs calomniateurs, peignent des infortunes jusqu'alors inconnues aux hommes, révèlent les impressions si neuves qu'ils en ont reçues; qu'ils ouvrent dans les âmes sensibles de nouvelles sources de larmes; qu'ils donnent aux amis de la patrie de nouveaux motifs de haine contre ses oppresseurs, aux philosophes de ces observations profondes qui font mieux connaître l'homme que ne le fait l'histoire de plusieurs siècles : Condorcet, plus grand, plus imposant encore, ne vous dit rien de lui-même; il s'est élevé au-dessus de toutes ses souffrances, de tous ses ressentiments, de toutes ses haines, et, ce qui était plus difficile à son âme douce et tendre, au-dessus de ses plus chères affections. Il s'est délaissé, oublié, pour s'unir tout entier aux éternelles destinées de la nature humaine. Archimède, qui traça des figures de géométrie sous la hache fatale qu'il ne s'était pas donné le temps de voir, Archimède, à qui l'on a comparé Condorcet, en donne une faible idée. N'est-il pas plutôt Socrate, Socrate sur son lit de mort, parlant de l'immortalité de l'âme à ses amis, à sa famille en pleurs? Mais non ! celui-là n'a point de modèle, qui, pendant huit mois, tient la ciguë d'une main et la plume du philosophe de l'autre; qui écrit dans un tombeau; qui écrit, non sur l'immortalité de l'âme, mais sur l'immortalité bien plus certaine de la raison humaine. Il la montra dans sa puissance quand tout déposait de sa faiblesse; il annonça ses progrès quand tout semblait couvert de ses ruines; il montra qu'elle serait le bonheur des générations à venir, tandis que la génération actuelle et lui-même succombaient, périssant au milieu de tous les désastres déchaînés par tous les crimes.

O puissance de la méditation et de la vertu ! à quelle hauteur tu peux élever l'âme humaine! de quels maux tu sais l'affranchir ! quelles consolations tu sais lui réserver ! quelles sources de gloire et de bonheur tu sais ouvrir dans ses profondeurs ! O dernier monument de l'esprit et du caractère d'un grand homme! livre sacré, écrit au sein du malheur, et aux dernières limites de la vie; derniers adieux d'un ami à ses amis, d'un père au plus aimable enfant, d'un époux à une femme honorée et chérie; derniers adieux d'un citoyen vertueux à sa patrie; les âmes sensibles et généreuses n'auront pas besoin de t'ouvrir et de parcourir tes pages pour te voir avec émotion et te considérer avec respect !

(*Journal de Paris*, du 21 germinal an iii. — 10 avril 1795.)

LETTRE A DUPONT (DE NEMOURS)

SUR SON LIVRE DE LA PHILOSOPHIE DE L'UNIVERS.

J'ai beau faire, mon cher confrère, ma raison ne peut se faire à votre théologie, ni embrasser votre nouvelle religion, ni ce nouveau dieu que vous avez imaginé pour gouverner la nature, et que pourtant vous faites naître et

dépendre d'elle; ce dieu dont elle aurait bien pu se passer, puisque, selon vous, il n'agit que selon ses lois et dans les limites qu'elle a marquées à sa puissance; ce dieu tout intelligent, que vous croyez nécessaire pour ordonner la matière, laquelle pourtant a, dites-vous, des propriétés éternelles, qu'il est tenu de respecter lui-même;

Ni votre palyngénésie idéale, vos intermédiaires entre l'homme et dieu, comme entre la pierre brute et l'homme;

Ni votre métempsycose, qui, après avoir récompensé en nous, par l'existence humaine, notre bonne conduite dans une autre existence moins considérable, comme celle d'honnête chien ou de cheval docile, nous récompensera encore de notre bonne conduite dans l'état d'homme, par des figurés, des ailés, des âmes d'anges, et des béatitudes à l'avenant.

Tout cela quoique entouré de tout ce que l'imagination peut rassembler d'aimable et d'imposant, de touchant et d'élevé; quoique soutenu de votre nom, qui est cher à tous les amis de la vertu, de l'esprit et du savoir; quoique lu dans des circonstances qui disposent l'âme très-favorablement pour votre système; enfin, quoique renfermé dans un livre à la tête duquel mon amitié se plaît à lire un témoignage de la vôtre, tout cela, dis-je, n'a pu occuper ma tête que comme un rêve, et sans s'y arrêter. Je ne serais pas même en état de vous en faire la critique, tant les idées m'en paraissent dénuées d'appui, et pour ainsi dire *volatiles*. Il faudrait les assujettir à l'étau pour les considérer avec quelque attention; et cela me paraît impossible. Si j'osais, mon cher ami, je vous dirais que votre système de *la Philosophie de l'univers* me semble être un recueil de vos *Poésies fugitives en prose*, et qu'il ne faut le juger que par le plaisir que donne sa lecture.

Mais il pourrait être l'objet d'un travail plus utile qu'une critique : ce serait de rechercher comment un homme tel que vous a pu laisser maîtriser à ce point sa raison, qui est tout à la fois très-éclairée, très-forte et très-exercée, par son imagination, tout active qu'elle peut être? La méthode des hommes de talent mérite toujours d'être observée, soit qu'ils s'égarent, soit qu'ils marchent dans les voies de la bonne logique. Si leur marche est régulière, il est avantageux de la connaître ; s'ils se sont écartés du bon chemin, il est utile de remarquer le point où ils l'ont quitté, parce que là sans doute la route est trompeuse et l'esprit facilement en défaut.

Votre esprit, mon cher confrère, me paraît se plaire dans les hasards et se soucier peu d'assurer sa marche. Vous ne marchez pas, vous allez par élans ; vous essayez déjà les ailes que vous croyez sentir à vos épaules, en vertu de la métempsycose.

Condillac explique fort bien comment, en remontant des effets aux causes, l'esprit arrive à l'idée d'une cause première, qui est *Dieu*. Sa marche se conçoit ; il remonte des idées les plus simples aux idées composées, et procède par voie d'analyse et d'induction.

Mais vous, mon cher Dupont, dites-moi par quel procédé vous parvenez à l'idée d'un dieu qui n'est que cause seconde, qui est subordonné à la nature, laquelle est toute matière, de sorte qu'après avoir trouvé la nécessité de ce dieu pour gouverner la matière vous trouvez ensuite dans la matière des lois suivant lesquelles elle se gouverne elle-même et gouverne encore ce dieu ; ce qui est, malgré vous, du matérialisme tout pur.

D'où vient que votre dialectique s'est jouée à ce point de votre logique naturelle ? C'est, je crois, parce qu'au lieu de raisonner votre imagination s'est fait une galerie d'objets fantastiques, que vous les avez classés suivant l'ordre dans lequel ils se sont présentés à vous, et que vous avez voulu les peindre au lieu de les juger. Mon ami, dans tout cela, vous avez été poëte, et non pas philosophe.

Mais je ne vous ai encore parlé que de la partie théologique de votre ouvrage, et il renferme une partie morale très-étendue, qui peut dédommager l'amitié des critiques qu'elle se voit forcée à faire de l'autre.

Vos observations morales, toutes judicieuses, et présentées sous des formes quelquefois ravissantes, sont très-précieuses pour le législateur et pour l'homme privé. Vous avez remarqué des vérités du plus haut intérêt. Pendant que votre système théologique s'évanouira, les observations morales qui en sont l'accessoire prendront une place distinguée, et se conserveront dans le système général des sciences morales et politiques.

C'est une observation utile d'avoir reconnu dans la faculté d'aimer plutôt que dans l'intérêt individuel, non-seulement le principe de la société, mais encore la cause des différents degrés de sociabilité propres à tous les êtres animés. Il est très-utile d'avoir dit comment l'état social, qui dépend de cette faculté, peut l'étendre encore. Votre observation pourra conduire à la perfectionner dans les hommes de tous les âges, à la cultiver dans la jeunesse, à en assurer les heureux fruits pour l'âge mûr, et enfin à combiner les deux sentiments par lesquels elle s'exerce, l'amour et l'amitié, de façon qu'ils se fortifient mutuellement, au lieu de s'entre-nuire. Je pense que cette seule observation peut être plus profitable à la morale que bien des volumes.

Votre plume est éloquente et féconde lorsque vous exposez tout ce qui vous a frappé dans ce beau phénomène de la nature. J'ai été enchanté du morceau où vous parcourez l'échelle des diverses puissances d'amour et d'attachement qui ont été départies par la nature entre les divers animaux, à commencer par ceux qui sont bornés à la puissance d'aimer leur famille, et à finir par les cœurs les plus aimants de l'espèce humaine, c'est-à-dire ceux dont les affections peuvent embrasser presque toute la nature. Quelle richesse d'images, quelle abondance de sentiment dans la partie où vous montrez que la puissance d'aimer a non-seulement uni des individus d'une même famille, mais même de différentes espèces dont la nature avait fait des ennemis ! Avec quel intérêt on voit, dans votre livre, le chien, avide de gibier, ne le poursuivant que pour l'apporter à son maître, et, ennemi naturel des troupeaux, les gardant pour un peu de mauvais pain et quelques caresses du berger ; le cheval s'attachant à l'homme qui l'a soigné et caressé, et combattant pour lui avec le plus ardent courage ; le chien et le cheval se liant d'une amitié réciproque ; la chèvre et la biche donnant leur mamelle à l'enfant, et conservant toute leur vie beaucoup de tendresse pour leur nourrisson ; l'éléphant mourant de douleur parce qu'il a perdu son cornac, et se ployant à l'obéissance pour un enfant qu'il aime !

C'est, je crois, Aristote qui, le premier, a distingué, dans sa *Politique*, l'animal *sociable* de l'*insociable*. Il appelle sociables ceux qui vivent en troupe, comme les abeilles, les fourmis, les castors; insociables, ceux qui, dans l'état de nature, vivent séparés. Cette distinction, qui a fourni souvent aux écrivains politiques des exemples abusifs et des conséquences dangereuses, est absolument fausse : vos observations le prouvent. Les animaux vraiment sociables sont ceux qui, quoique en état de vivre seuls, cependant vivent avec leurs semblables, et encore avec d'autres espèces. Ceux que rassemble l'instinct d'un seul et même besoin, et qui, égaux en talents et en moyens, font tous et toujours la même chose, parce qu'ils ont tous un seul intérêt qui est toujours le même, sont en *agrégation* et non en société; ils travaillent tous ensemble à la vérité, mais chacun pour soi, et sans réciprocité de service. Et au contraire ceux qu'unit la faculté d'aimer se servent sans cesse, et font servir à leur mutuelle assistance, à leurs plaisirs réciproques, les dons divers qu'ils ont reçus de la nature. Les animaux *agrégés* (ce mot veut dire formant *troupeau*) trouvent dans leurs ressemblances mêmes qui les mettent d'accord un obstacle à des affections mutuelles, parce que chacun se suffit à soi-même. Au contraire, les animaux sociables sont unis de plus près par toutes leurs *différences*, parce que chacun trouve dans les autres un supplément de soi.

Cette observation ne sera pas inutile à ceux qui voudraient épouser les systèmes *monachiques* ou *monacaux*, par horreur pour les opinions *monarchiques*, et substituer le régime des *ruches* à celui des *sociétés*.

Il y a aussi un bon parti à tirer pour l'usage ordinaire de la vie, pour le choix d'un serviteur, d'un ami, d'une maîtresse, d'une femme, de ce résultat si doux à lire dans votre livre même:

« C'est, dites-vous, ce besoin d'être aimé, d'être estimé, beaucoup plus puissant, plus développé, plus affectueux chez l'homme que chez les autres animaux, en raison de sa plus grande intelligence, qui élève notre moralité fort au-dessus de la leur;

« Cela est si vrai que, parmi les hommes mêmes, tous ne sont pas également moraux, et que ceux dont la morale est la plus pure sont toujours ceux qui savent le mieux aimer,

et qui sont le plus émus quand on les aime.

« Plus sensibles que les autres, ils connaissent mieux de combien de manières on peut être blessé ou rendu heureux, et, jugeant par leur cœur de ce qui doit se passer dans celui d'autrui, ils donnent plus d'étendue et de soin à l'application de cette règle de justice que dicte la nature, et qui renferme toutes les vertus sociales, toutes les lois obligatoires pour l'humanité : *Ne faites pas aux autres le mal que vous ne voudriez pas qu'on vous fît; faites-leur le bien que vous désireriez qu'ils vous fissent.* »

Quiconque lira votre ouvrage, mon cher Dupont, ne s'étonnera pas, quelque peu qu'il vous connaisse, que vous ayez placé le bonheur dans l'*amitié* et la *bonne conscience*; vous n'avez qu'à gagner à être regardé de près par les autres et par vous-même. C'est pour vous surtout que vous êtes en droit de dire que, si la reconnaissance des hommes venait à manquer à l'homme de bien, si sa considération était flétrie, si l'amitié pouvait lui échapper et s'anéantir, *la conscience*, la conscience pure et sans tache saurait le défendre encore contre le désespoir, et lui offrir un asile où la paix, au défaut du bonheur, pourrait du moins adoucir son existence.

Et le lecteur ne vous en croit que mieux lorsque, vous adressant à vos amis, Lavoisier et sa digne épouse, vous ajoutez : « Je vous en dis là plus que je n'en peux faire. La conscience elle-même ne me ferait pas survivre à l'amitié. Mais il y a des hommes qui valent mieux que moi, et, pour caresser mes faiblesses les plus chères, je ne calomnierai pas *la conscience.* »

Adieu, mon cher confrère et cher ami; je vous remercie tendrement d'avoir écrit sur la première page de ce livre, plein de choses excellentes et de beaucoup d'autres qui sont charmantes, ces mots dont je m'honore, et qui ont remué mon cœur : *A Rœderer, de la part de son ami et collègue.*

SUR LA NOUVELLE ÉDITION DES ŒUVRES D'HELVÉTIUS,

PUBLIÉE PAR LAROCHE,

Légataire de ses manuscrits.

Les amis des lettres et de la philosophie éprouvent toujours un mouvement de joie et de reconnaissance lorsqu'on leur présente une nouvelle édition d'un livre utile ; on se plaît à voir multiplier et à voir reproduire sous différentes formes l'ouvrage dont on a fait une étude. Il semble que les éditeurs rendent un hommage, non-seulement à l'auteur qu'on aime, mais encore à ceux qui l'ont affectionné, qui ont la tête remplie de ses idées, le cœur échauffé de ses sentiments. Nous avons éprouvé ces impressions en voyant cette nouvelle édition des œuvres d'Helvétius, complétée par un ami de ce philosophe, et imprimée par un des premiers artistes de la typographie (Didot). Helvétius n'est pas l'écrivain de ce siècle qui ait le plus étonné les esprits éclairés ; il est peut-être celui qui a éclairé le plus grand nombre d'esprits, étendu le plus d'esprits bornés. Ce n'est pas lui qui a donné la plus forte commotion à l'opinion, mais c'est lui peut-être qui en a le plus étendu et assuré le mouvement. Il a moins fait que Voltaire et Rousseau contre certaines erreurs et certains abus ; il a plus fait qu'eux pour tous les principes, pour toutes les vérités ; il a moins accablé les ennemis de la philosophie, mais il a initié toute la jeunesse à ses préceptes et lui a gagné plus d'amis. S'il n'a rien ajouté aux découvertes de Pascal, de la Rochefoucauld sur le cœur humain, ni à celles de Locke sur l'entendement, il a eu le talent de les démontrer, de les répandre, de donner à leur étude un grand intérêt, et de les faire servir à la morale et à la politique. Répandre une science ce n'est pas l'avancer, sans doute, mais c'est mettre un plus grand nombre d'esprits en état de l'avancer, et l'appliquer à un usage nouveau ; c'est fonder une science nouvelle, c'est créer ; et si cet usage est important, c'est mériter la double couronne réservée au génie et aux bienfaiteurs de l'humanité. Ombre d'Helvétius, salut !

(*Journal de Paris*, du 3 nivôse an v. — 23 décembre 1796.)

D'UN NOUVEL OUVRAGE DE MADAME DE STAEL.

Il paraît un nouvel ouvrage de madame de Staël ; il est intitulé : *De l'influence des passions sur le bonheur des individus et des nations,* avec cette épigraphe : *Quæsivit cœlo lucem, ingemuitque reperta.* Pourquoi *ingemuit?* C'est que sans doute l'auteur n'a rencontré que d'affligeantes vérités : il n'y en a peut-être pas d'autres. Mais voyons celles qu'elle nous a communiquées.

L'ouvrage est partagé en trois sections.

Dans la première, l'auteur parle de l'amour de la gloire, de l'ambition, de la vanité, de l'amour du jeu, de l'avarice, de l'ivresse, de l'envie et de la vengeance, de l'esprit de parti, de l'amour du crime.

Dans la seconde, l'auteur traite *des sentiments qui sont l'intermédiaire entre les passions et les ressources qu'on trouve en soi-même ;* de l'amitié, de la tendresse filiale, paternelle et conjugale, de la religion.

Dans la troisième il est question des ressources qu'on trouve en soi, c'est-à-dire de la philosophie, de l'étude et de la bienfaisance.

L'auteur appelle passions toutes les affections qui, plaçant au dedans de nous un tyran, nous rendent des sujets nécessaires au dehors, et nous asservissent à la puissance des autres.

Son but est de prouver que le bonheur est incompatible avec les passions ; que leur caractère est d'imprimer leur mouvement à toute la vie, et leurs jouissances à peu d'instants ; que, si leur absence n'assure pas le bonheur, elle exempte du moins de grands maux ; que d'ailleurs elles ne sont pas nécessaires pour donner à l'âme un mobile, chaque circonstance qui nous environne suffisant pour déterminer l'âme à une préférence ; et enfin, que la vertu est aussi capable de porter aux grandes actions que la plus noble des passions.

L'auteur n'excepte que la pitié de la guerre qu'elle leur a déclarée.

Voici quelques idées recueillies dans cet ouvrage qui en est si riche ; la plupart sont puisées dans le chapitre *de l'amour de la gloire.*

« Dans les républiques populaires, la liberté de la presse, la multiplicité des journaux rendent la gloire impossible. Là, le peuple juge ; il ne s'abandonne point à l'enthousiasme. Le mérite obtient de l'estime, il n'obtient point de gloire.

« Les progrès des lumières diminuent l'empire individuel de l'homme. Le genre humain hérite du génie, et les grands hommes rendent leurs pareils moins nécessaires aux générations suivantes.

« Tant que dure le premier éclat des grandes réputations, les amis ne cessent d'agir en faveur de ceux qui les ont obtenues; et quand les ennemis arrivent avec des armes toutes nouvelles, les amis ont émoussé les leurs en les faisant inutilement briller autour du char de triomphe.

« C'est par les circonstances, jamais par le talent seul, que quelques hommes ont échappé à l'inconstance de la faveur publique.

« L'admiration est une sorte de fanatisme qui veut des miracles; on ne consent à accorder à un homme une place au-dessus des autres, à renoncer à l'usage de ses propres lumières pour le croire et lui obéir, qu'en lui supposant quelque chose de surnaturel. Dès qu'il lui devient nécessaire de raisonner sur ses défaites, de les expliquer par les obstacles, de les excuser par des malheurs, c'en est fait de l'enthousiasme. La pompe du génie, c'est le succès.

« S'il se mêle des torts aux revers de la fortune, quel vaste champ pour les découvertes des esprits médiocres ! Parce qu'il y a une bataille perdue, ils pensent qu'ils l'ont gagnée.

« Aux yeux de la multitude, un ridicule détruit l'éclat d'une vertu.

« Comme il n'y a jamais rien de suffisant dans les plaisirs de la gloire, l'âme ne peut être remplie que par leur attente; ceux qu'elle obtient ne servent qu'à la rapprocher de ceux qu'elle désire.

« Quelle opposition plus terrible que la possession ou la perte de la gloire ! Un amant n'a de larmes à verser que sur les traces de ce qu'il aime; tous les pas d'hommes retracent à celui qui jadis occupait l'univers l'ingratitude et l'abandon.

« Aimer n'est plus un bonheur accordé à celui que la passion de la gloire a dominé longtemps; son âme est trop vaste pour être remplie par un seul objet. »

Voici quelques réflexions prises dans le chapitre *de l'ambition.*

« Obtenir et conserver le pouvoir, voilà tout le plan d'un ambitieux.

« Le feu de cette passion dessèche; il est âpre et sombre comme tous les sentiments qui, condamnés au secret par notre jugement sur leur nature, sont d'autant plus *éprouvés* que jamais on ne les exprime.

« Une réflexion sollicite un peu d'indulgence pour l'ambition; c'est que le pouvoir est la moins malheureuse des relations qu'on puisse entretenir avec un grand nombre d'hommes.

« L'ambitieux est obligé de courber tous ses sentiments. Il soutient une opinion ou fait une action que son humanité condamne, que sa fierté repousse, se réservant d'expliquer sa conduite quand il aura atteint le but, et ne voyant pas que les actions sont toujours plus en relief que les commentaires, et que ce qu'on a dit ou fait sur le théâtre n'est jamais effacé par ce qu'on écrit dans la retraite.

« L'ambition est la passion qui, dans ses malheurs, éprouve le plus le besoin de la vengeance ; preuve assurée que c'est celle qui laisse après elle le moins de consolation.

« L'ambitieux déchu ne vit plus qu'à ses propres yeux. Il a joué, il a perdu : telle est l'histoire de toute sa vie. »

Dans le chapitre *de l'amour,* on lit ce qui suit :

« C'est hors de soi que sont les seules jouissances indéfinies. Si l'on veut sentir le prix de la gloire, il faut voir ce qu'on aime honoré par son éclat; si l'on veut apprendre ce que vaut la fortune, il faut lui avoir donné la sienne; enfin, si l'on veut bénir le don inconnu de la vie, il faut qu'il ait besoin de votre existence...

« L'amour est la seule passion des femmes. L'ambition, l'amour de la gloire même leur vont si mal qu'avec raison un petit nombre s'en occupent. Pour une qui s'élève, mille s'abaissent au-dessous de leur sexe en en quittant la carrière.

« Mais les inconstances, les infidélités, la mort... »

Mais les bornes de ce journal ne nous permettent pas d'étendre plus loin cet extrait. On voit avec quelle sagacité et quel talent madame de Staël fait l'analyse de toutes les passions qu'elle décrit, et avec quelles armes elle les poursuit; elle ne fait grâce qu'à la pitié : c'est le seul sentiment auquel elle permette de se livrer sans réserve; aussi elle en parle de manière à en donner envie. Dans une introduction fort étendue, elle jette ses idées sur les rapports des passions avec le bonheur public; mais elle se réserve de les étendre dans un second ouvrage qu'elle promet. — Le système des passions décrites par l'auteur est-il complet? toutes les notions sont-elles justes et précises, leur enchaînement naturel et exact? Il serait difficile de l'assurer avant d'avoir encore médité ce livre, trop riche en idées neuves et importantes pour qu'une lecture donne le droit de le juger.

Mais c'est d'abord une chose fort surprenante qu'une femme se soit élevée à un sujet pareil et qu'elle s'y soit attachée sérieusement, réunissant en elle tous les titres désirables pour s'abandonner à la futilité, c'est-à-dire étant jeune, riche et *française;* et ce qui est plus étonnant encore, c'est qu'elle se soit soutenue à la hauteur de son sujet. Plusieurs femmes se sont distinguées en France dans la littérature; mais elles se sont toutes bornées à des sujets frivoles, ou de morale domestique; aucune n'a seulement osé aspirer au succès en morale politique.

En Angleterre même on ne citerait guère que madame Mackaulay qui se soit hasardée dans cette carrière; mais elle a écrit l'histoire de son pays, elle a peint des hommes; et madame de Staël, plus hardie, a entrepris l'histoire du cœur humain, et elle a peint des passions. Pour faire un pareil ouvrage il a fallu naître non-seulement avec un esprit extraordinaire, mais encore dans des circonstances toutes nouvelles; il a fallu assister au spectacle d'une grande révolution qui ait donné à toutes les passions toute la vie et le mouvement dont elles sont susceptibles, y avoir été intéressée par tous les liens du cœur, par toutes les habitudes du caractère, par toutes les inclinations de l'esprit; avoir suivi, avec une longue et vive inquiétude, les événements qui devaient décider de l'existence de citoyens vertueux, d'amis honorables, d'un père illustre; enfin, du sort de la morale, de la liberté et de la patrie.

Il nous reste à parler du style. Le talent d'écrire brille de toutes parts dans cet ouvrage, mais partout aussi on y rencontre de l'incorrection. La composition et la première édition d'un tel ouvrage ne pouvaient être mieux faites qu'en Suisse. C'est à Paris que les amis du goût et de la philosophie sollicitent l'auteur de faire la seconde.

(Journal de Paris, du 2 frimaire an v.
— 22 novembre 1796).

(*Note de l'éditeur.*) C'est aux dernières lignes de l'article ci-dessus que M. Sainte-Beuve fait allusion dans sa *Notice* sur mon père, lorsqu'il dit...: « Les écrits de Benjamin Constant, de M. et de madame Necker, de madame de Staël, reviennent fréquemment dans les analyses de Rœderer. C'était le moment où madame de Staël publiait son livre *De l'influence des passions sur le bonheur.* Elle était alors en Suisse, en grand désir de pouvoir revenir à Paris; elle souhaitait qu'on y parlât d'elle et de son livre avec éloge et surtout avec bienveillance, de manière à lui rouvrir les voies du retour. M. Devaines et Rœderer lui avaient annoncé par lettres qu'ils avaient quelques objections sur sa manière d'écrire. Elle répondait en se louant un peu, mais en se justifiant assez bien : « Vous, mon cher Rœderer, et M. Devaines, vous êtes donc d'avis que je ne sais pas écrire. De ces deux lettres, les seules que j'aie reçues dans ce sens, je ne réponds qu'à la vôtre; car, si vous persistiez, je vous croirais. Qu'entend-on par le *style?* N'est-ce pas le *coloris* et le *mouvement des idées?* Où trouvez-vous que je manque ou d'éloquence, ou de sensibilité, ou d'imagination? Il est bien ridicule de vous dire que je ne le crois pas. » Et elle se justifie aussi sur les obscurités qu'on lui a reprochées; puis elle revient au point essentiel et qui la pique : « Mais je crois que l'ouvrage ne manque pas de *style,* c'est-à-dire de *vie* et de *couleur,* et qu'il y a dans ce qu'on peut remarquer *autant d'expressions que d'idées....* En vérité, ajoute-t-elle comme pour s'excuser de sa louange, je me crois sûre que l'auteur et moi nous sommes deux; femme, jeune et sensible, ce n'est pas encore dans l'amour-propre qu'on vit. Le temps ne viendra que trop tôt où mon livre sera le premier événement de ma vie. » Elle désire un compte rendu sérieux dans le *Journal d'Economie publique;* mais pour le *Journal de Paris* elle désire plus et demande tout naïvement à être louée; elle en a besoin pour ce qui est de sa situation en France. « Dans le *Journal de Paris* il m'importerait extrêmement qu'on saisît cette occasion pour dire une sorte de bien de moi. Dans le journal *rouge* (1), faites une analyse si vous m'en trouvez digne; mais, s'il se peut, le lendemain du jour où vous recevrez cette lettre, louez-moi tout bonnement dans le journal qui a une véritable dictature sur l'opinion publique (2); louez le livre de manière à empêcher de persécuter l'auteur. Voyez avec quel abandon je crois à votre amitié... » Le jour même où elle écrivait cette lettre (22 novembre 1796),

---

(1) Sans doute appelé ainsi à cause de sa couverture : c'est le *Journal d'Economie publique.*

(2) Le *Journal de Paris.*

Rœderer allait au-devant de son désir et donnait dans le *Journal de Paris* une analyse bienveillante qui se terminait en ces mots :

« Le talent d'écrire brille de toutes parts dans cet ouvrage, mais partout aussi on y rencontre de l'incorrection. La composition et la première édition d'un tel ouvrage ne pouvaient être mieux faites qu'en Suisse ; c'est à Paris que les amis du goût et de la philosophie sollicitent l'auteur de faire la seconde. » Elle était touchée et lui répondait : « Croyez que je vous aime de reconnaissance, de haute opinion et d'attrait. »

« Cette relation de Rœderer et de madame de Staël fut donc assez vive, de la part du moins de cette dernière, mais elle s'interrompit bientôt et ne tint pas. Rœderer écrivait trop souvent et avec trop de liberté pour ne pas rencontrer sans cesse sous sa plume madame de Staël, et surtout sa famille, ses amis ; elle était plus difficile et plus exigeante pour eux que pour elle-même. Avant que le 18 brumaire fût venu mettre entre eux une dissidence politique essentielle, le refroidissement s'était déjà prononcé. Madame de Staël, que quelque trait de plume avait blessée, s'en plaignait à lui en femme, avec bonne grâce, et lui disait un de ces mots qui n'accusent d'ailleurs autre chose en Rœderer que l'indépendance d'un esprit critique et judicieux : « Je ne suis pas le premier des êtres qui vous ont aimé qui se soient plaints de l'impossibilité de fixer dans votre cœur un jugement durable. » C'est qu'en effet ce qui mérite le nom de jugement durable ne se fixe point dans le cœur, mais dans l'esprit, et encore, pour peu qu'on cherche le vrai, la balance y recommence toujours (1). »

DE L'INFLUENCE DES PASSIONS

SUR LE BONHEUR DES INDIVIDUS ET DES NATIONS,

Par madame la baronne de Staël Holstein ;

avec cette épigraphe :

Quæsivit cælo lucem ingemuitque reperta.

Nous avons déjà parlé de cet ouvrage dans le *Journal de Paris*, mais en nouvelliste de la république des lettres plutôt qu'en moraliste, et les bornes de cette feuille ne nous permettaient pas davantage. Ici nous en ferons une analyse exacte, et nous en raisonnerons l'éloge et la critique.

C'est un devoir pour un journaliste de morale de décomposer et d'examiner partie par partie tout ouvrage neuf qui, comme celui de madame de Staël, doit ajouter des vérités ou retrancher des erreurs à la science sociale. Il doit séparer avec soin les observations justes de celles qu'il ne croit pas telles, en rectifier, restreindre ou étendre les conséquences, suivant que sa logique le lui indique, et enfin enregistrer à leur rang, à leur place, tout ce qui peut être reçu dans la science et y former une ligne de plus, et tout ce qui peut être admis à y combattre les erreurs reçues comme vérités. Notre tâche est moins de faire le journal des faits qui intéressent l'économie politique ; la morale et la politique, que celui de la marche des sciences auxquelles on a donné ces noms.

A la fin de notre travail, nous serons peut-être à portée de reconnaître et d'indiquer la place que madame de Staël doit occuper entre les moralistes illustres qui l'ont précédée ; mais il est déjà assez honorable pour elle, peut-être même pour la France, sa patrie, qu'elle se soit élevée si haut au-dessus de toutes les routes ouvertes à l'esprit de son sexe, et que son ouvrage soit, avec celui de sa mère sur le *Divorce*, le plus riche assemblage d'idées neuves qui ait paru depuis vingt ans en morale et en politique.

Nous présenterons à nos lecteurs un précis exact et non interrompu du livre avant d'en essayer la critique. Nous croyons cette méthode nécessaire pour la rédaction d'un extrait fidèle, et surtout d'une critique impartiale. Ce n'est pas être fidèle dans un extrait que de rompre à chaque instant soit par des critiques, ou même par des éloges, la chaîne des idées de l'auteur. Le journaliste né doit pas moins respecter leur contexture que leur expression. Son devoir est d'abord de *réduire* le tout ; et ce n'est qu'ensuite qu'il a le droit de séparer les parties pour les soumettre à l'examen. Commençons donc notre résumé.

Le titre de l'ouvrage annonce qu'il a deux parties : l'une concernant l'influence des passions sur le bonheur des individus, l'autre leur influence sur le bonheur des nations. Mais le livre qui paraît ne présente encore que la première, et une grande esquisse de la seconde.

Jetons d'abord un coup d'œil sur l'ensemble de cet écrit.

L'auteur appelle passions toutes les affections qui, plaçant au dedans de nous un tyran,

---

(1) Si je me détermine à publier quelques-unes des lettres de madame de Staël à mon père, celles qui se rapportent à cet incident seront du nombre.

nous font chercher des sujets dans les autres et nous asservissent à eux. Telles sont la passion de la gloire, l'ambition, l'amour.

Cependant elle reconnaît aussi des affections *égoïstes*, telles que l'amour du jeu, l'avarice, l'*ivresse*; et enfin des passions qui ne prétendent à aucune jouissance positive, mais seulement au soulagement du besoin de nuire, et qu'on pourrait appeler *passions négatives*. Telles sont l'envie, la vengeance, l'*amour du crime pour le crime*.

Après avoir traité de ces diverses passions, l'auteur parle dans une seconde section *des sentiments* qu'elle dit être l'*intermédiaire entre les passions et les ressources qu'on trouve en soi-même*, de l'amitié, de la tendresse filiale, paternelle et conjugale, de la religion.

Une troisième section traite des ressources qu'on trouve en soi-même, c'est-à-dire de la philosophie, de l'étude et de la bienfaisance.

L'auteur a eu pour but de prouver que le bonheur est incompatible avec les passions; que le caractère des plus douces est d'imprimer leur mouvement à toute la vie, et leurs jouissances à peu d'instants; que, si leur absence n'assure pas le bonheur, elle exempte du moins de grands maux; que la philosophie, l'étude, la bienfaisance sont les seuls abris qui s'offrent aux âmes trop disposées à éprouver la tyrannie des passions; que d'ailleurs elles ne sont pas nécessaires pour servir de mobile à l'âme, et que la vertu est aussi capable que la plus noble d'entre elles de porter aux grandes actions.

La pitié est la seule passion que l'auteur excepte de l'anathème qu'elle a prononcé, et des considérations étendues sur ce sentiment terminent le livre.

Telle est l'idée générale qu'il est possible de donner de l'objet de l'ouvrage et de la distribution de ses matières.

L'esquisse de la seconde partie, concernant l'influence des passions sur le bonheur public, se trouve dans une introduction fort étendue qui précède la première. Nous n'en ferons l'analyse qu'après celle-ci.

Voici les principales idées que nous avons recueillies dans le chapitre Ier, *de l'amour de la gloire.*

« Pour que l'amour de la gloire mérite le nom de *passion*, il faut qu'il absorbe toutes les autres affections de l'âme, qu'il soit parvenu à ce point où il ne souffre aucun partage.

« Après la sublime vertu qui trouve dans la conscience ses motifs et son but, le plus beau principe d'action est l'amour de la gloire; car la gloire ne consiste pas dans une vaine célébrité : c'est la couronne auguste que l'univers décerne, que la postérité confirme. Elle ne peut être que le prix du génie ou de la vertu.

« L'amant de la gloire a dit au genre humain : Je me dévoue à vos intérêts, je ne vous demande que de répéter mon nom.

« Il y a deux grands moyens de gloire dans la société : les écrits et les actions. La gloire des écrits se fait attendre, ainsi que leur effet; la gloire des actions les suit de tout près, ainsi que leur utilité. Celle-ci brille aussi de plus d'éclat que la première.

« Dans les monarchies où les distinctions héréditaires sont admises, toute ambition de gloire dans les hommes d'une naissance obscure est traitée d'insolence par les hommes d'une naissance supérieure, et de folie par les égaux. Là, l'enthousiasme populaire élève quelquefois l'homme obscur; mais cet enthousiasme ne peut se soutenir sans un peu de superstition.

« L'homme d'une illustre naissance rencontre lui-même dans la monarchie des obstacles à la vraie gloire. Il a besoin de popularité pour l'obtenir; mais il est difficile de déterminer jusqu'à quel point il faut se livrer à la popularité, en jouissant de distinctions impopulaires. L'opinion générale, certaine de sa toute-puissance, en a la pudeur, et veut du respect sans flatterie; la reconnaissance lui plaît, mais elle se dégoûte de la servitude; et, rassasiée de souveraineté, elle aime le caractère indépendant et fier qui la fait douter un moment de son autorité, pour lui en renouveler la jouissance. D'ailleurs, l'opinion regarde aisément comme duperie l'abandon des prérogatives, et l'enthousiasme cesse à cette idée. De là vient que la gloire des armes est à peu près la seule qu'il soit possible d'obtenir dans les monarchies.

« Dans la république aristocratique, l'esprit de modération qui domine fait de tous les membres d'une même classe un obstacle à la gloire de chacun d'eux; là, tout tend à cette unité, à cette perpétuité de choses qui est incompatible avec la puissance d'un homme.

« Dans les républiques populaires, la liberté de la presse, la multiplicité des journaux rendent la gloire impossible. Là, le peuple juge et ne s'abandonne point; là, le mérite obtient de l'estime, rarement de l'enthousiasme. D'ailleurs, les lumières générales, fruit du génie, rendent le génie moins nécessaire. Les sciences, en accumulant les richesses qu'il a produites, ont diminué le prix de celles qu'il peut produire encore. Chez un peuple éclairé, un homme est toujours moins utile par ce qu'il invente que par ce qu'il a appris.

« Dès qu'une réputation a franchi les premières difficultés, l'ambition parie pour ou contre. Tant que dure le premier éclat de la gloire, les amis ne cessent d'agir en sa faveur; et quand les ennemis arrivent avec des armes toutes nouvelles, les premiers ont émoussé les leurs en les faisant inutilement briller autour du char de triomphe.

« On se demande pourquoi l'amitié a moins de constance que la haine? C'est qu'il y a plusieurs manières de renoncer à l'une, et que, pour l'autre, le danger et la honte sont partout ailleurs que dans le succès.

« C'est par les circonstances, jamais par le seul avantage du talent, que quelques hommes ont échappé à l'inconstance de la faveur publique. Le grand homme qui arrive à la vieillesse a toujours parcouru plusieurs époques d'opinions diverses ou contraires. L'admiration veut des miracles. On ne consent à accorder à un homme une place au-dessus des autres, à renoncer à l'usage de ses propres lumières pour le croire et lui obéir, qu'en lui supposant quelque chose de surnaturel. Dès qu'il lui devient nécessaire de raisonner sur ses défaites, de les expliquer par les obstacles, de les excuser par des malheurs, c'en est fait de l'enthousiasme. La pompe du génie, c'est le succès. S'il se mêle des torts aux revers de la fortune, quel vaste champ pour les découvertes des esprits médiocres! Parce qu'il y a une bataille perdue, ils pensent qu'ils l'ont gagnée... Malheureusement, *la gloire contemporaine leur est soumise, car c'est l'enthousiasme de la multitude qui la caractérise; le mérite réel est indépendant de tout, mais la réputation acquise par ce mérite n'obtient le nom de gloire qu'au bruit des acclamations de la foule.*

« Quiconque a besoin du suffrage des autres a mis tout à la fois sa vie sous la puissance du calcul et du hasard, de manière que le travail du calcul ne peut lui répondre des chances du hasard, et que les chances du hasard ne peuvent le dispenser du travail du calcul.

« Aux yeux de la multitude, un ridicule détruit l'éclat d'une vertu; des promesses exagérées l'emportent sur des services prudents; les plaintes d'un seul, sur la silencieuse reconnaissance du grand nombre.

« Ordinairement la multitude marche par impulsion, non par un mouvement libre. Elle est susceptible de l'électricité des sentiments, non de la communication des pensées; et l'impulsion qu'elle suit, *c'est ordinairement un individu qui la donne: c'est l'injustice d'un homme exercée par l'audace de tous.*

« Qu'importe, dira-t-on, l'origine ou la durée de la gloire? Un jour de gloire est si multiplié par la pensée qu'il peut suffire à toute la vie, et le genre humain serait sans bienfaiteurs si l'ardeur de l'obtenir n'eût échauffé leurs efforts!

« On peut répondre que les plus grandes découvertes ont été faites dans la retraite du savant, et les plus belles actions dans le cours d'une vie inconnue. Et, au reste, c'est un contre-sens de dire que la gloire vaut mieux que le bonheur; en tout, le bonheur est le but : on risque sa vie pour être heureux, on se l'ôte parce qu'on ne l'est pas.

« Les amants, les ambitieux même ont un but; leurs espérances ont un terme qui leur est connu, et ils doivent être heureux du moins à l'instant où ils l'atteignent. Mais l'amant de la gloire parcourt un champ sans limites, et ses yeux ne trouvent pas un point sur lequel ils puissent s'arrêter. L'amour de la gloire ne connaît que l'avenir, ne possède que l'espérance. Les plaisirs qu'il obtient ne servent qu'à le rapprocher de ceux qu'il désire. Le plus grand charme de la gloire est l'activité qu'elle assure à chaque moment.

« Aucune passion n'expose à autant de douleurs que les revers de la gloire. Quelle opposition plus terrible que sa possession ou sa perte! Un amant n'a de larmes à verser que sur la trace de ce qu'il aime; tous les pas d'hommes retracent, à celui qui jadis occupait l'univers, l'ingratitude et l'abandon. Et une circonstance particulière à sa position, c'est qu'il finit toujours par s'accuser lui-même de son malheur, tant d'actions composant la vie d'un homme célèbre qu'il y trouve nécessairement quelque faute, et sa renommée dépendant de tant de monde qu'il ne sait qui accuser de sa disgrâce.

« L'homme qui fut comblé de gloire ne saurait se réduire aux relations particulières. Accoutumé à compter avec l'histoire, il ne peut être intéressé par les événements d'une existence commune. Il ne sent plus la vie, il s'y résigne. Aimer n'est plus un bonheur possible pour lui : son âme est trop vaste pour être remplie par un seul objet.

« Il a vu les autres de trop haut pour trouver à aucun de la grandeur et de l'importance. Le génie qui sut adorer et posséder la gloire repousse tout ce qui voudrait occuper la place de ses regrets mêmes ; il aime mieux mourir que déroger.

« Ainsi la passion de la gloire fait sortir l'âme de l'ordre naturel, et rien ne peut l'y ramener. Le crime seul dérange plus qu'elle l'équilibre de l'âme. »

Voici la substance du chapitre II : *De l'ambition.*

« L'ambition a pour objet la puissance, comme l'amour de la gloire, l'éclat de la renommée.

« Ce qui importe à l'ambitieux, ce n'est pas ce qu'on pense de lui dans le monde, mais ce qu'on en dit là où réside le suprême commandement.

« Les peines attachées à l'ambition sont d'une autre nature que les peines attachées à l'amour de la gloire. L'ambitieux n'a point d'imagination ; il n'est sensible qu'aux avantages positifs et matériels du pouvoir. Il ignore les peines qui naissent de l'exaltation de l'âme, mais il ignore aussi les illusions dans lesquelles les imaginations exaltées évitent la vie et se portent dans l'avenir.

« L'ambition est condamnée à employer une force égale à l'action et à la réserve, à l'abandon et à la retenue, tandis que l'amour de la gloire peut toujours s'abandonner à l'élan qui l'entraîne. L'enthousiasme d'un héros a souvent aidé son génie.

« L'ambitieux peut être satisfait ; l'amant de la gloire ne l'est jamais. Le premier possède, et son âme est remplie de sa possession ; les triomphes de la gloire laissent après eux un désir inquiet de nouveaux triomphes. Le pouvoir est aussi moins difficile à obtenir que la gloire.

« L'amour de la gloire a été réservé au génie, comme si la nature avait voulu ne pas séparer cette passion des moyens de la satisfaire. Mais l'ambition est à la portée de la médiocrité ; elle s'y unit même plus facilement qu'à la supériorité d'esprit. Il importe donc plus de détourner de l'ambition que de l'amour de la gloire. Cependant une réflexion sollicite un peu d'indulgence pour l'ambition : c'est que le pouvoir est la moins malheureuse des relations qu'on puisse entretenir avec un grand nombre d'hommes.

« Le pouvoir a cet avantage qu'on n'approche de celui qui en est revêtu qu'exempt de défauts. Voulez-vous aimer les hommes : jugez-les pendant qu'ils ont besoin de vous ; mais prenez garde que cette illusion d'un instant ne soit payée du chagrin de toute la vie.

« Est-ce un esprit borné qui s'adonne à l'ambition : il éprouvera incessamment le besoin d'imiter l'homme supérieur et la triste impuissance d'y réussir. Il faudra qu'il veille sans relâche sur lui-même, que par sa réserve il fasse illusion à ceux qui dépendent de lui, que par son exagération il trompe ceux de qui il espère ; toujours aussi agité par la crainte de déceler son ineptie qu'un coupable par celle de révéler son crime.

« Est-ce un esprit supérieur : il faudra qu'il courbe, qu'il enchaîne tous ses sentiments. Il soutiendra une opinion, il fera une action que son humanité aura condamnée, que sa fierté aura repoussée, se réservant d'expliquer sa conduite ou ses discours quand il aura atteint le but, et ignorant que les actions sont toujours plus en relief que les commentaires, et que ce qu'on a dit ou fait sur le théâtre n'est jamais effacé par ce qu'on écrit dans la retraite.

« Rien de si difficile à maintenir que les succès de l'ambition. Toujours un nouveau tirage est sollicité par les intérêts particuliers qui n'ont point eu de lot dans les résultats actuels du sort.

« Les places corrompent les hommes, et la corruption fait perdre les places.

« Pour demeurer en place, il en coûte toujours autant d'efforts que pour y arriver.

« Il n'est point d'homme qui ait été posses-seur paisible d'une place éminente ; cependant nul ambitieux, depuis Sylla jusqu'à Charles V, n'est descendu sans douleur d'un rang qui le plaçait au-dessus des autres hommes.

« Celui qui se livre à l'ambition se rend à ja-mais incapable de toute autre manière d'exis-ter. Il doit brûler le vaisseau qui pourrait le ramener à une vie tranquille, et se placer en-tre la conquête et la mort.

« L'ambition est la passion qui, dans ses mal-heurs, éprouve le plus le besoin de la ven-geance ; preuve assurée que c'est celle qui laisse après elle le moins de consolation.

« L'ambition dénature le cœur : quand on a tout rapporté à soi, comment se transporter dans un autre ! Pourquoi l'égoïsme est-il le défaut le plus ordinaire de la vieillesse ? C'est qu'on ne s'en corrige jamais.

« Les disgrâces qu'éprouve l'amant de la gloi-re ne lui font point perdre sa grandeur : on les contemple avec mélancolie ; on en répare une partie par un respect compâtissant, on ra-chète l'autre par des regrets et des inquié-tudes personnels. Mais l'ambitieux déchu n'a plus d'existence qu'à ses propres yeux : il a joué, il a perdu ; telle est l'histoire de sa vie ; et les avantages qu'il possédait, rendus à l'espoir de tous, font le gain du public. D'ail-leurs l'opinion, blâmant l'ambition, se refuse à plaindre l'ambition trompée, comme si la pi-tié devait toujours consulter l'estime.

« Les jouissances de la gloire, éparses dans le cours de la destinée, séparées par de grands intervalles, ne sont pas une habitude de tous les moments, au lieu que, la possession des pla-ces et des honneurs étant un état permanent, leur perte se fait sentir à tous les instants de la vie.

« L'amant de la gloire est fier, et sa fierté, sans lui donner peut-être de l'empire sur lui-même, l'affranchit du moins des autres. L'am-bitieux n'est que vain ; il a sacrifié toute di-gnité aux avantages du pouvoir ; ainsi il n'a rien en réserve pour en soutenir la perte.

« Pour aimer et posséder la gloire il faut des qualités éminentes, et ces qualités servent de ressources dans la retraite ; la passion du pou-voir, les moyens qu'elle emploie, sont nuls pour tout autre usage.

« La passion de la gloire veut la gloire, et la veut illimitée. L'ambition a besoin de la pre-mière, de la seconde, de la dernière place, cédant à l'horreur de la privation absolue du pouvoir.

« Dans les révolutions qui ont pour cause l'exaltation de toutes les idées de liberté, il reste encore des moyens d'acquérir du pou-voir ; mais l'opinion, dispensatrice de la gloire, n'existe plus. Le peuple *veut*, et il ne daigne plus juger. Ce qu'on appelle le public ne se montre nulle part. Nul ne se présente devant les étrangers et la postérité pour rendre un témoignage exact sur les choses et les per-sonnes. Mais quels sacrifices impose alors l'ambition, à quelle triste couronne elle as-pire ! Tout est dominé par la force conduite par la *fureur*. Nul n'est capable ni d'arrêter, ni de ralentir, ni de diriger le mouvement géné-ral ; l'ambitieux ne peut que se mettre à la tête de ceux que le mouvement entraîne, et disputer le pas dans la carrière du crime.

« Pour obtenir et conserver quelques mo-ments le pouvoir dans une révolution, il ne faut écouter ni son âme, ni son esprit même. Des cri-mes de tout genre, des crimes inutiles au succès de la cause, sont commandés ou par le féroce enthousiasme de la populace, ou par sa peur, car un peuple qui gouverne ne cesse jamais d'avoir peur ; il se croit toujours au moment de perdre son autorité, et n'a jamais pour les vaincus l'intérêt qu'inspire la faiblesse op-primée. Ainsi l'homme qui veut acquérir une grande influence dans ces temps de crise doit rassurer la multitude par sa cruauté. Il ne partage point les terreurs que l'ignorance fait éprouver, mais il faut qu'il accomplisse les affreux sacrifices qu'elle demande, qu'il com-mette des crimes sans égarement, sans fureur, sans atrocité.

« Et quel prix pour tant d'efforts ! Combien est tyranique et farouche la puissance qui couronne ! Tant de choses font sentir qu'on obéit, alors qu'on a l'air de commander ! Ces assassins, dont on est entouré, font si souvent frissonner pour soi-même ! Quel danger me-nace sans cesse ! Quel abîme est ouvert ! Quelle force y conduit et y précipite !... »

Le chapitre III est intitulé : *De la vanité.*

« La vanité est une passion qui s'attache à des avantages apparents, frivoles, passagers ; elle vit des rebuts de l'ambition et de l'amour de la gloire.

« Ses peines sont peu connues : ceux qui les ressentent en gardent le secret. Sans élévation dans ses succès, elle est sans dignité dans ses revers. Le public se plaît à dépriser ses possessions et à rendre ses pertes amères. Ses souffrances se mesurent sur l'idée que le public en prend. Croit-il qu'elles sont vives, extrêmes : elles deviennent, en effet, vives et extrêmes.

« La vanité n'a pas besoin pour s'exercer de produire l'effet qu'elle souhaite ; elle s'exerce pour elle-même. En voulant détromper l'homme vain de ses succès on l'agite, mais on ne le corrige pas.

« L'homme vain s'enorgueillit de tout lui-même, et encore de toutes les qualités qu'il se suppose et qu'il n'a pas.

« Un homme d'esprit disait d'un homme vain : *En le voyant, je crois contempler un bon ménage. Son amour-propre et lui vivent si bien ensemble !*

« La vanité détruit la possibilité d'aimer, parce qu'elle n'a pour but qu'elle-même.

« La vanité borne l'esprit et l'enferme dans un cercle étroit.

« En concentrant l'existence, elle diminue les moyens de jouir et rend d'autant plus accessible à la souffrance.

« La vanité des hommes supérieurs les fait prétendre aux succès auxquels ils ont le moins de droit ; on voit des écrivains célèbres ne mettre de prix qu'à leurs faibles succès dans les affaires publiques ; des guerriers, des ministres courageux et fermes, être avant tout flattés de la louange accordée à leurs médiocres écrits.

« La vanité souvent ne détruit pas la fierté ; et comme rien n'est si esclave que la vanité, et si indépendant que la fierté, il n'est pas de supplice plus cruel que la réunion de ces deux sentiments dans le même caractère. L'homme fier et vain voit le ridicule de sa vanité, et cède à son pouvoir.

« C'est dans les femmes que se développe parfaitement la vanité. Ce sentiment est en proportion avec leurs forces et leur destinée.

« Il est des femmes qui placent leur vanité dans la naissance ; elles ignorent que l'origine de toutes les femmes est céleste.

« Les femmes dissipent la magie de leurs charmes en s'occupant d'ambition et d'orgueil.

« Elles excitent contre elles les passions des hommes, au lieu de les captiver.

« Dans leur jeunesse, les intrigues politiques coûtent ordinairement quelque sacrifice à leur modestie ; dans leur vieillesse, le dégoût qu'elles inspirent nuit à leurs succès. La figure d'une femme, quel que soit son esprit, est toujours un obstacle ou un moyen dans l'histoire de sa vie.

« Quand la part que les femmes prennent aux affaires naît de leur attachement pour celui qui les dirige, elles ne s'écartent point de la route que la nature leur a tracée ! elles aiment, elles sont femmes ; mais quand elles se livrent à une active personnalité, quand elles rapportent à elles-mêmes les événements, à peine sont-elles dignes des applaudissements éphémères dont les triomphes de la vanité se composent.

« La sévérité des hommes à l'égard des prétentions des femmes vient de ce qu'ils ne trouvent aucune utilité à encourager leurs succès.

« Le bonheur des femmes perd à toute espèce d'ambition personnelle. Quand elles aspirent à la célébrité, leurs efforts, comme leurs succès, éloignent le sentiment qui, sous des noms différents, doit toujours faire le destin de leur vie ; et cependant leurs regrets douloureux, ou leurs prétentions ridicules, prouvent que rien ne peut les en dédommager.

« Il semble que les succès d'une femme célèbre offrent des jouissances d'amour-propre à celui qu'elle aime ; mais les critiques qui suivent toujours les éloges détruisent les illusions qui l'entourent. L'imagination ne donne rien à l'objet que tout le monde a jugé, et l'amour est plus épris des charmes qu'il suppose que de ceux qu'il trouve.

« Une femme célèbre est surtout en butte à la jalousie des autres femmes. Celles qui ont l'avantage de la beauté se jouent des distinctions qu'ambitionne l'esprit ; celles qui prétendent à la sagesse d'esprit veulent passer pour avoir rejeté ce qu'elles n'ont jamais compris. Les mères de famille voient attaquer avec plaisir des succès qu'elles se piquent de regarder comme frivoles. Au fond, les femmes manquent toujours du calme et de la force de tête qui caractérisent les hommes célèbres. Sensibles et mobiles, elles unissent toujours l'erreur avec la vérité ; elles ont de ces heureuses inspirations qui peuvent servir d'oracles à l'univers, et manquent du plus simple conseil pour elles-mêmes. Enfin, il en est peu, dans la carrière de la gloire, dont le sort vaille la plus obscure vie d'une femme aimée et d'une mère heureuse.

« L'agitation que fait éprouver aux femmes le besoin de plaire par les agréments de la figure est un des tourments de la vanité. C'est un spectacle curieux qu'une femme au milieu d'un bal où elle veut remporter le prix de la beauté, et qui craint de ne pas réussir : on la voit inquiète, étudiée, contrainte, multipliant sa peine par sa peine, et toujours s'éloignant du but en proportion de ses efforts pour y atteindre.

« La vanité a joué le premier rôle peut-être dans la révolution française. Ce petit mobile a été l'une des causes du plus grand choc qui ait ébranlé l'univers. Le désir des applaudissements, le besoin de faire effet, cette passion native de France, la rivalité des orateurs, ont singulièrement influé sur la marche de la Révolution. D'abord on n'accordait aux applaudissements que des phrases, bientôt on a cédé des principes ; et ce qu'on a fait pour plaire à la foule ayant égaré son jugement, on a fait ensuite de nouveaux sacrifices à ce jugement égaré.

« C'est une importante question, qu'il faut soumettre aux philosophes, de savoir si la vanité sert ou nuit au maintien de la liberté dans une grande nation. D'abord il paraît qu'elle nuit à l'établissement d'un nouveau gouvernement : il suffit qu'une constitution ait été faite par tels hommes pour que tels autres ne veuillent pas l'adopter. L'envie, sous le nom de défiance, détruit l'émulation, éloigne les lumières, ne peut supporter la réunion du pouvoir et de la vertu. Mais quand de longs malheurs ont abattu les passions et fait sentir le besoin des lois, il est possible que la vanité, alors qu'elle est l'esprit général d'une nation, serve au maintien des institutions libres. Comme elle fait haïr l'ascendant d'un homme, elle soutient les lois constitutionnelles, qui, au bout d'un certain temps, ramènent les hommes les plus puissants dans une condition privée. Elle appuie les lois, parce qu'elles sont une autorité abstraite à laquelle tout le monde est soumis. Elle sème de tels obstacles, de telles peines dans la carrière publique de chacun, qu'au bout d'un certain temps personne ne se soucie d'y entrer, si ce n'est par amour pour la patrie et par dévouement pour l'humanité. »

Voici la substance du chapitre IV : *De l'Amour.*

« L'amour est le dévouement absolu de son être aux sentiments, au bonheur, à la destinée d'un autre.

« Le but dans les autres passions paraît toujours au-dessous des efforts ; en amour, il semble les surpasser tous. On ne cesse point de mesurer ce qui se rapporte à soi ; mais les qualités, les charmes, les jouissances, les intérêts de ce qu'on aime, n'ont de terme que dans notre imagination. C'est hors de soi que sont les seules jouissances indéfinies. Si l'on veut sentir le prix de la gloire, il faut voir ce qu'on aime honoré par son éclat. Si l'on veut apprendre ce que vaut la fortune, il faut lui avoir donné la sienne. Si l'on veut bénir la vie, il faut qu'il ait besoin qu'on la lui sacrifie.

« Gloire, ambition, fanatisme, votre enthousiasme a des intervalles ; le sentiment seul enivre à chaque instant. Rien ne lasse de s'aimer ; tant qu'on ne voit, qu'on n'éprouve rien que par un autre, l'univers entier est lui ; le printemps, la nature, le ciel, ce sont les lieux qu'il a parcourus ; les plaisirs du monde, c'est ce qu'il a dit, ce qui lui a plu.

« L'amour est la plus haute idée de félicité qui puisse exalter l'espérance de l'homme.

« L'amour élève l'âme comme le fait la philosophie ; il fait échapper au monde par des intérêts plus vifs que tous ceux que le monde peut donner ; il fait jouir du calme de la pensée et du mouvement du cœur ; il dégage des remords et des incertitudes auxquelles on est condamné quand on n'a pour but que son propre avantage. Quel est l'esprit supérieur qui ne trouve pas dans l'amour un plus grand nombre de pensées que dans aucun écrit qu'il puisse composer ou lire ? Ces émotions que le grand écrivain, le conquérant s'efforcent d'obtenir quelquefois, l'amour les jette comme par torrent dans la vie.

« Dans quelque situation qu'une profonde passion place, jamais elle n'éloigne de la vertu. Tout est sacrifice, oubli de soi, dans le dévouement de l'amour, et la personnalité seule avilit. Tout est bonté, tout est pitié dans l'être qui sait aimer, et l'inhumanité seule bannit toute moralité du cœur de l'homme.

« Mais est-il dans l'univers deux êtres qu'un sentiment parfait réunisse jusqu'à la mort? Il est, sans doute, des cœurs faits pour s'entendre toujours; mais le hasard, les distances, la nature, la société les séparent, et les attachent souvent à d'autres cœurs indignes d'eux.

« L'amour, malgré ses délices, est de toutes les passions la plus fatale au bonheur de l'homme. Les jouissances qu'il donne décolorent l'existence qui les suit; le bonheur qu'il accorde pendant quelques instants est sans aucun rapport avec l'état habituel de la vie; et l'on ne sait pas mourir.

« Il n'y a que les hommes capables de se tuer qui doivent tenter cette grande route de bonheur.

« Au reste, il s'agit ici de ce véritable amour dont peu d'hommes et même peu de femmes ont une idée; car Newton a plus de juges que la véritable passion de l'amour. Tant de mouvements passagers ressemblent à l'amour, tant d'attraits d'un tout autre genre prennent l'apparence de ce sentiment, que ces ressemblances avilies ont presque effacé le souvenir de la vérité même.

« Il n'est pas vrai, malheureusement, qu'on ne soit entraîné que par les qualités qui promettent une ressemblance certaine entre les caractères et les sentiments. La beauté, la grâce excitent puissamment l'enthousiasme de l'amour, sans en garantir toutefois le bonheur, ni la durée; et rien n'égale le désespoir d'avoir aimé un objet indigne de soi. L'opinion qu'on en a, quand on est détrompé, se rejette sur les temps où l'on était déçu; on se rappelle avec amertume les circonstances qui devaient éclairer, et les regrets tiennent du remords.

« Lorsqu'on a goûté le bonheur d'être aimé d'un être sensible, généreux, et qu'on éprouve son inconstance, quelle ressource contre un tel malheur?

« Mourir même est alors impossible : aucune douceur n'en accompagne la cruelle résolution; car ce n'est ni affliger, ni rattacher l'objet par qui l'on est trahi, et c'est le laisser à celui qu'il a préféré.

« La jalousie est un état de véritable frénésie. Ce n'est pas le même sentiment que le regret de n'être plus aimé. La jalousie a besoin de vengeance, le regret ne demande que la mort. Les affections douloureuses qui naissent de l'orgueil et de la tendresse sont les plus cruelles de toutes. La tendresse affaiblit le ressort de l'orgueil, mêle une insupportable amertume aux douceurs que portent avec elles les peines du cœur, alors même qu'elles tuent.

« Entre les malheurs de l'amour, ceux qui naissent de la contrariété des circonstances extérieures méritent à peine d'être comptés. Dans une séparation forcée, le cœur souffre, mais on peut rêver et se plaindre; la douleur n'est point attachée à ce qu'il y a de plus intime dans la pensée; elle peut se prendre au dehors de soi. Cependant des âmes d'une *vertu* sublime ont alors trouvé dans elles-mêmes des combats insurmontables.

« L'extrême malheur d'un cœur passionné, c'est la perte sanglante de ce qu'il aime. Mais non; cette douleur sans bornes est la moins redoutable de toutes : comment survivre à l'objet dont on était aimé!...

« L'amour est la seule passion naturelle aux femmes. L'ambition, l'amour de la gloire même leur vont mal; pour une qui s'élève, mille s'abaissent au-dessous de leur sexe en en quittant la carrière. Oh! femmes, vous, les victimes du temple où l'on vous dit adorées, écoutez :

« L'amour est l'histoire de la vie des femmes, ce n'est qu'un épisode dans celle des hommes. Réputation, honneur, estime, tout dépend pour les femmes de la conduite qu'à cet égard elles ont tenue, tandis que les hommes peuvent passer pour bons, et leur avoir causé les plus affreuses douleurs; passer pour vrais, et les avoir trompées; se dégager de toute reconnaissance envers elles pour les plus importants services, et se trouver justifiés en les attribuant à l'amour, comme si un sentiment et un don de plus diminuaient le prix des autres. Il est peu d'hommes à qui la crainte du ridicule permit d'annoncer, dans les liaisons du cœur, la délicatesse de principes qu'une femme se croirait obligée d'affecter, si elle ne l'éprouvait pas.

« Qu'on se garde de regarder comme inutile à l'amour l'association des idées de devoir. Les liens de la morale confirment les penchants;

et il est plusieurs époques, dans le cours d'un attachement, où les principes resserrent les nœuds qu'un écart de l'imagination pouvait relâcher. Les liens indissolubles attentent à la liberté du cœur ; mais l'indépendance absolue rend presque impossible une tendresse durable.

« Un autre désavantage des femmes, c'est qu'elles sont liées par les relations du cœur, et que les hommes ne le sont pas. Les hommes sont sûrs des femmes, parce qu'ils les estiment, parce qu'elles ont besoin de l'appui de l'homme qu'elles aiment. Cette certitude, qui serait si douce à la faiblesse, est souvent importune à la force : la faiblesse s'y repose ; la force croit s'y enchaîner. L'homme, fait pour régner, aime à trouver des obstacles ; les femmes, au contraire, se défiant d'un empire sans fondement réel, cherchent un maître.

« La beauté n'a pas un ascendant éternel. Un caractère élevé, un esprit distingué, attirent par leur éclat, mais détachent à la longue les hommes d'un ordre inférieur ; souvent même les hommes hésitent entre l'ennui que leur cause la médiocrité et l'importunité de la distinction.

« L'infidélité avilit une femme, et l'amant trompé se guérit par le mépris. Au contraire, dans une femme trahie, la fierté aggrave les malheurs de l'amour.

« Il est encore une inégalité profonde dans les rapports des femmes avec les hommes : c'est que les affections des premières se renouvellent rarement. Égarées dans la vie, quand leur guide les a trahies, elles ne savent ni renoncer à un sentiment qui ne laisse après lui que l'abîme du néant, ni renaître à l'amour dont leur âme est épouvantée. Les unes se dégradent, les autres se jettent dans une dévotion exaltée ; toutes sont marquées du sceau fatal de la douleur ; et pendant ce temps les hommes commandent les armées, dirigent les empires, et se rappellent à peine le nom de celles dont ils ont fait la destinée.

« Êtres malheureux ! êtres sensibles ! restez dans la vertu ; là il est des lois qui sont pour vous ; là votre destinée à des appuis indestructibles. La nature a marqué votre place dans vos familles ; elle vous a donné des enfants, et a imprimé à vos cœurs le sentiment sublime de la maternité. »

Passons au chapitre V, *Du Jeu, de l'Avarice, de l'Ivresse*, etc.

« Ces passions affranchissent du besoin de l'opinion, mais elles font dépendre de la fortune ; elles laissent plus de liberté, mais ne donnent pas plus de bonheur que les autres.

« Leur principe est le besoin d'émotion et l'égoïsme.

« L'état d'émotion plaît à l'âme ; dans l'émotion il n'y a plus de jugement ; tout est crainte et espérance ; et l'on échappe au sentiment pénible de la vie.

« Le grand jeu de la gloire est difficile à préparer : un tapis vert, des dez y suppléent ; les émotions qu'on y trouve sont à la portée de tout le monde.

« Mais le moment qui succède aux stériles émotions du jeu est très-pénible.

« L'avarice est le fruit de l'extrême personnalité. L'avare s'aime tant qu'il finit par immoler lui à lui-même. Il s'aime tant demain qu'il se prive de tout chaque jour pour embellir le jour suivant.

« Les avares craignent la mort comme s'ils avaient su jouir de la vie. Il est naturel qu'après avoir sacrifié leurs jours présents à leurs jours à venir ils éprouvent une sorte de rage en voyant s'approcher le terme de l'existence.

« Les peines attachées aux passions égoïstes ne bouleversent pas l'âme, mais elles sont sans consolation. Le dégoût qu'elles inspirent aux autres passe jusqu'à celui qui les éprouve. On souffre sans pouvoir s'aider de sa pensée, sans oser méditer sur les causes de son infortune, sans se relever par de grands souvenirs. »

Chapitre VI. *De l'Envie et de la Vengeance.*

« L'envie et la vengeance sont des passions négatives, sans but, sans espoir, sans avenir. C'est le besoin d'un soulagement.

« L'envie n'a point de terme, parce qu'elle n'a point de but. Chaque jour accroît ses motifs par ses effets. L'envieux irrite ce qu'il hait, et il hait ce qu'il a irrité.

« Il y a tant de maux sur la terre qu'il semblerait que tout ce qui arrive dans le monde doive être une jouissance pour l'envie ; mais elle est si difficile en malheur que, s'il reste de

la considération à côté des revers, un sentiment à travers mille infortunes, une qualité
parmi des torts; si le souvenir de la prospérité
relève ou soutient dans la misère, l'envieux
souffre et déteste encore.

« L'envie prend sa source dans ce terrible
sentiment de l'homme qui lui rend odieux le
spectacle du bonheur qu'il ne possède pas, et
lui ferait préférer l'égalité de l'enfer aux gradations dans le paradis.

« Vainement l'envieux fait des victimes : aucun de ses succès ne le rassure; il se sent inférieur à ce qu'il détruit; il est jaloux de ce
qu'il immole.

« La vengeance doit sa naissance à une grande
douleur qu'on croit adoucir en la faisant partager à celui qui l'a causée. Elle s'appuie sur
la justice; mais ses actes n'en sont ni plus heureux, ni moins coupables; car la tâche de la
raison est de combattre les mouvements condamnables, et la raison n'est pas moins dans
la nature que l'impulsion.

« L'opposition de la peine qu'on ressent et de
la félicité de celui qui l'a causée produit dans
le sang un véritable soulèvement. La vengeance, comme tout ce qui excite à l'action,
trompe le malheur.

« Mais, après s'être vengé, on reste seul avec
sa douleur; on a rendu à son ennemi par la
vengeance une espèce d'égalité avec soi; on
l'a sorti de dessous le poids de son mépris; et
si l'effort qu'on a fait contre lui a été inutile,
on lui a fait gagner de plus l'avantage qu'on
prend toujours sur les volontés impuissantes.

« Les âmes généreuses qui se sont livrées à la
vengeance ont fait plus de mal, par la latitude
qu'elles ont donnée à l'idée de la vertu, que les
scélérats méprisés dont les actions ont exalté
l'horreur qu'inspire le crime.

« Il n'est point de fléau politique plus redoutable que la vengeance. Cette passion pourrait
perpétuer le malheur depuis la première offense jusqu'à la fin de la race humaine.

« Une révolution surtout ne peut cesser que
quand nul n'est plus agité par le besoin de
prévenir ou d'éviter les vengeances.

« On se persuade à tort que la crainte d'être
punis peut empêcher les hommes violents de
se porter à de certains excès : la peur excite
les caractères impétueux au lieu de les contenir.

« Il y a de l'homme jusque dans les scélérats,
et cependant on ne se sert jamais de la connaissance de soi pour s'aider à les deviner. On
dit qu'il faut contraindre, humilier, punir; et
l'on sait néanmoins qu'une exaspération irréparable serait le résultat de pareils moyens
employés sur soi.

« La vengeance est la passion la plus destructive du bonheur des peuples libres; dans
les pays libres, la masse des hommes n'étant
point comprimée, comme dans les pays asservis, et chaque homme ayant une valeur et une
puissance particulière, les individus peuvent
finir par haïr tous les individus; et le lien du
parti se rompant à mesure qu'un nouveau
mouvement crée de nouvelles divisions, après
un certain temps il peut ne point exister
d'homme qui n'ait des motifs pour détester
tout ce qu'il a connu dans sa vie.

« Le plus bel exemple qui pût exister de re-
nonciation à la vengeance, ce serait celui que
donnerait la France, si la haine cessait d'y
renouveler les révolutions. »

Voici la substance du chapitre VII : *de l'Esprit de parti.*

« Sa puissance ne se signale pas également
dans tous les temps et dans tous les pays;
elle n'existe tout entière que dans ces grands
débats où l'imagination peut puiser, sans mesure, tous les motifs d'enthousiasme ou de
haine.

« L'esprit de parti est composé de deux éléments : le fanatisme et la foi.

« Le pur fanatisme n'existe que dans les esprits crédules et violents, qui ont besoin de se
placer à l'extrême de toutes les idées pour y
mettre à l'aise leur jugement et leur caractère.

« L'exaltation de ce qu'on appelle la philosophie est une superstition comme le culte des
préjugés. L'homme éclairé qui embrasse une
vérité avec l'esprit de parti perd la faculté de
raisonner, ainsi que le partisan de l'erreur, et
bientôt il emploie des moyens semblables. On
a vu prêcher l'athéisme avec l'intolérance de
la superstition; la liberté, avec la fureur du
despotisme.

« Les aristocrates et les jacobins ont constamment tenu le même langage, aussi absolus
les uns que les autres, et aussi intolérants dans
leurs opinions. De toutes les passions, la plus

uniforme dans ses effets, c'est l'esprit de parti.

« Il s'empare de vous comme une espèce de dictature ; il fait taire toutes les autorités de l'esprit et du sentiment ; il rend ceux qu'il domine inébranlables jusque dans le choix de leurs moyens. Il faut que les moyens soient de la nature de la cause, parce que, cette cause étant un objet de foi et paraissant la vérité même, elle doit triompher seulement par l'évidence et la force. Un triomphe acquis par une condescendance est une défaite pour l'esprit de parti. Il aime mieux tomber en entraînant ses ennemis que triompher avec quelqu'un d'entre eux. L'intégrité du dogme lui importe encore plus que le succès de la cause.

« Plus l'esprit de parti est de bonne foi, moins il admet de conciliation ou de traité d'aucun genre. Il tient pour suspect celui qui raisonne, celui qui appréhende l'ennemi, et propose le moindre sacrifice pour assurer la plus grande victoire.

« L'esprit de parti unit les hommes par l'intérêt d'une haine commune, mais non par l'estime ou par l'attrait du cœur. Il rejette tout motif d'affection et ne s'attache qu'aux rapports d'opinions. Avoir sauvé la vie à un homme de parti, c'est avoir moins fait pour lui que d'être de son avis.

« Il n'est point de passion qui doive plus entraîner au crime ; elle y conduit par le sentiment de la vertu, écartant ainsi les craintes et les remords.

« L'esprit de parti est exempt de craintes, non pas seulement parce qu'il exalte le courage, mais parce qu'il inspire une confiance de béat dans les résultats de ses entreprises.

« Quelques nuances distinguent l'esprit de parti de ceux qui, dans la révolution de France, défendent les anciens préjugés, de celui qui anime les partisans des nouveaux principes : les premiers sont de meilleure foi ; les seconds sont plus habiles. La haine des uns est plus profonde, celles des autres plus agissante. Les aristocrates *s'attachent* plus aux hommes, les novateurs plus aux choses ; les premiers sont plus implacables, les seconds plus meurtriers ; les premiers regardent leurs adversaires comme des impies, les seconds les considèrent comme des obstacles ; en sorte que les premiers détestent par sentiment, tandis que les autres détruisent par calcul, et qu'il y

a moins de paix à espérer des partisans des anciens préjugés, et plus à redouter de la guerre faite par leurs ennemis.

« Malgré ces différences, les caractères généraux sont toujours pareils. L'esprit de parti est une sorte de frénésie qui ne tient point à la nature de son objet.

« Quoique l'esprit de parti soit étranger au sentiment du crime, ses effets n'en sont pas moins affreux. Il n'est point de passion qui puisse au même excès borner la pensée et dépraver la moralité.

« Les hommes d'esprit entraînés par l'esprit de parti se réduisent aux idées qui leur sont communes avec les esprits les plus bornés de leur parti. Un cercle magique est tracé autour du sujet de ralliement ; tout le parti le parcourt, personne ne peut le franchir. Jamais vous ne déciderez l'homme de parti à quitter un moment l'idée extrême sur laquelle il s'est porté ; il croirait que vous lui proposez une trahison si vous l'engagiez à voir la question sous un autre rapport.

« L'esprit de parti, quand il infecte une nation, y détruit l'émulation, parce que les réputations n'ont plus de rapport avec le mérite, et que l'homme vertueux ne peut même espérer de recours vers la postérité.

« L'esprit de parti est la plus absolue de toutes les passions. Les sentiments égoïstes permettent quelquefois à l'âme un partage momentané ; mais l'esprit de parti ne permet jamais d'hésiter entre les incommensurables espérances qu'il offre, et quelque bien actuel que ce puisse être.

« C'est la seule passion qui se fasse une vertu de la destruction de toutes les vertus, qui mette sa gloire à sacrifier l'amitié et à fouler aux pieds la pitié.

« Si l'on considère le bonheur que peut se promettre l'esprit de parti, on trouve qu'il supplée très-bien à l'usage des liqueurs fortes ; mais on reconnaît aussi que quand l'égarement a cessé, l'homme qui en sort est le plus infortuné des êtres.

« L'esprit de parti ne peut jamais obtenir ce qu'il désire. Le combat des partis ne finit jamais que par le triomphe de l'opinion intermédiaire qui les sépare. L'esprit de parti n'est qu'un esprit de guerre, et la victoire la plus complète d'un parti détruit nécessairement toute l'influence de son fanatisme. Rien n'est, rien ne peut rester comme il le veut.

« C'est au pressentiment des derniers résultats qui attendent les partis qu'il faut attribuer leur aversion pour les opinions modérées. Les deux factions opposées regardent ceux qui les professent comme des ennemis communs qui doivent recueillir tous les avantages de la victoire sans s'être mêlés du combat.

« Les victoires d'un parti, loin de servir ses chefs, leur sont très-contraires. Les subalternes, qui les applaudissaient lorsqu'ils croyaient être préservés par eux de quelques dangers, veulent les juger lorsque le péril est passé ; et ils sont des juges d'autant plus sévères qu'ils ont été complices.

« Quel moment pour un homme honnête que celui où il sort de l'esprit de parti et se reconnaît coupable d'actions condamnables ! Quel supplice que de réunir ensemble un cœur honnête et des actions coupables, d'avoir besoin de considération et d'être accablé de mépris, d'être capable de pitié et de s'entendre accuser de tant de pleurs et de tant de sang répandus ! Tel est pourtant le sort qui attend la portion la moins odieuse des hommes qui se sont livrés à l'esprit de parti. Quelle sera donc là destinée des autres ! »

Extrait du chapitre VIII : *du Crime*.

« L'amour du crime pour le crime est aussi une passion. Après avoir été longtemps le moyen d'autres passions, il devient lui-même but.

« Quand un homme, devenu indifférent à l'opinion publique, est tombé dans l'impuissance de s'estimer lui-même, la réflexion et le raisonnement lui sont insupportables ; une sorte de fièvre passe dans son sang : c'est le besoin du crime. Ce besoin s'est déclaré dans Robespierre par des *mouvements convulsifs* des mains et de la tête. Tous les excès occasionnent une certaine *tension* ; ils mettent en *contraction*, et c'est cette contraction qui soutient le scélérat, et non plus la passion qui le commande.

« Le crime appelle le crime ; le crime ne voit de salut que dans de nouveaux crimes. Il fait éprouver une *rage* intérieure qui force à agir sans autre motif que le besoin d'action. C'est le goût du sang propre aux bêtes féroces, alors

même qu'elles n'éprouvent ni la faim ni la soif.

« S'il peut se former un raisonnement dans la tête d'un scélérat, c'est pour lui apprendre que ses crimes l'exposent à de grands et continuels dangers. Il se figure la haine qu'on a pour lui plus forte qu'elle n'est réellement ; ce qu'il sait de lui-même l'épouvante plus que ce qu'en savent les autres.

« L'inconséquence des scélérats prouve que leur état est une *frénésie sans motifs, sans direction, une passion qui se meut sur elle-même.*

« Dans le crime, l'homme est condamné à un mouvement perpétuel. Il faut qu'il aille toujours en avant ; non qu'au-devant de lui l'espérance apparaisse, mais parce que l'abîme est derrière.

« En vain la crainte d'être puni conseille aux scélérats des moyens doux et sûrs de se soustraire au châtiment ; une certaine fureur les en détourne.

« Moins les scélérats étaient nés pour le crime, plus il leur est nécessaire quand ils ont commencé à le commettre ; ils sont d'autant plus affectés du mépris des autres, et inquiets d'eux-mêmes, qu'ils avaient plus de moyens d'être bien avec leur conscience et leurs concitoyens. Quel que soit leur sort, ils sont des ennemis nécessaires de l'ordre social. Ils détestent tous les hommes comme des témoins de leur vie.

« Les plus énergiques finissent par devenir avides de haine, comme on l'est d'estime. On veut étonner par le crime quand il n'y a plus de grandeur possible que dans son excès. On croit s'agrandir par l'effroi qu'on inspire. Les hommes sont là pour craindre, s'ils ne sont pas là pour aimer. La terreur qu'on inspire flatte et rassure, et en avilissant les victimes semble absoudre le tyran.

« Il n'est point de tyran qui ne voulût recommencer sa vie avec la vertu. Mais comment persuader à un coupable qu'on l'absout ! Sa conscience a moins de pitié pour lui que l'opinion.

« Il faudrait accueillir la première lueur du repentir comme un engagement éternel, et l'accueillir comme par un mouvement involontaire ; mais comment déterminer un grand nombre d'hommes à faire un tel effort sur eux-mêmes, et mouvoir la multitude par un motif dont chacun doit garder le secret?

« On demande comment les criminels ne se tuent pas : c'est qu'ils ont des craintes vagues d'une autre vie; c'est qu'ils craindraient de laisser, par leur mort, du repos à leurs ennemis; c'est qu'ils sont acharnés à nuire; c'est que l'orgueil défend, au moins aux grauds coupables, de s'avouer leur malheur; enfin, c'est que le courage qui fait braver la mort n'a point de rapport avec la disposition qui décide à se la donner. On se jette dans les périls par enivrement; on ne les attend, on ne méprise la mort que par réflexion, et le scélérat en est incapable. »

Le chapitre qu'on vient de lire termine la première section de l'ouvrage. La suivante concerne les sentiments intermédiaires entre les passions et les ressources qu'on trouve en soi; elle est composée de trois chapitres : l'un concerne l'amitié; l'autre, la tendresse filiale, paternelle et conjugale; le troisième, la religion. Nous allons extraire les principales idées contenues dans chacun, et nous remarquerons d'abord que, ce qui paraît à l'auteur distinguer ces affections des passions qu'elle a précédemment décrites, c'est que les premières, tout en faisant dépendre le bonheur d'un retour de la part des autres, cependant ne font pas perdre tout empire sur soi-même, comme les secondes.

Voici d'abord la substance du chapitre *de l'Amitié.*

« L'amitié a besoin de retour, et, par cette raison, elle expose à la plupart des peines de l'amour, sans promettre des plaisirs aussi vifs. L'homme est placé dans cette alternative, ou de mettre son bonheur à être aimé, et par là de se vouer à l'extrême malheur, ou de renoncer à être aimé, et de s'interdire ainsi la suprême félicité.

« Les attachements purs et vrais, nés du besoin de communiquer ses sentiments et ses pensées, et du plaisir de confondre son existence dans celle d'un autre, sont une source de bonheur. Mais combien de douleurs peuvent naître de la poursuite d'un tel bien?

« Entre deux amis, hommes de talent, qui parcourent une même carrière, quelle abnéga-

tion d'amour-propre il faut pour qu'en se confiant l'un à l'autre ils ne se comparent et ne se mesurent jamais !

« Entre deux amis qui ont besoin l'un de l'autre, combien il faut de force d'âme pour que des efforts sans succès n'influent pas sur leur confiance mutuelle et n'affaiblissent pas leur attachement ! Sans doute, il serait prudent de séparer toujours les intérêts du monde et ceux du cœur, de ne jamais mêler les affaires de l'amitié. Mais quel serait le charme d'une amitié dans laquelle on n'oserait partager son existence tout entière?

« Les anciens ont célébré l'amitié; mais leurs modèles étaient tous choisis entre des guerriers qui, habitués à mépriser la mort et à défendre celle de leurs compagnons d'armes, tiraient leur générosité du courage plus que de l'amitié.

« Si l'on observe l'amitié dans les hommes placés hors de la carrière de l'ambition et des armes, on verra qu'elle est un tourment pour les âmes ardentes. On veut que ce sentiment suffise à la vie, on est agité du vide qu'il laisse, on en accuse le peu de sensibilité de son ami, on se fatigue par une exigence réciproque.

« Les femmes font habituellement de la confidence le premier besoin de l'amitié, et ce n'est plus alors qu'une conséquence de l'amour. La conversation de deux amies n'est ordinairement qu'un sacrifice fait par celle qui écoute à l'espérance de parler à son tour. Que devient cependant le plaisir de se confier, si l'on aperçoit de l'indifférence, si l'on surprend un effort dans celle à qui l'on s'adresse, et si l'œil pénétrant de la délicatesse voit un instant l'amitié fatiguée?

« Deux grands obstacles s'opposent à l'intime union des femmes : le premier, c'est qu'il y a dans leurs relations avec les hommes un art qui n'est pas de la fausseté, mais un certain arrangement de la vérité dont elles ont le secret, et dont elles détestent la révélation; le second, c'est qu'il y a pour ce sexe une espèce de fortune commune en agréments, en esprit, en beauté, et que chaque femme se persuade qu'elle hérite de la ruine de l'autre. Le premier de ces obstacles ne peut s'aplanir que par le sacrifice du sentiment de l'amour; le second, que par une grande supériorité d'esprit et de caractère dans l'une des deux amies.

« Une contrariété d'un autre genre nuit à l'amitié des hommes avec les femmes ; si deux amis, d'un sexe différent, sont engagés chacun de leur côté par l'amour, leur commerce mutuel est froid ; s'ils ne le sont point, une sorte d'exigence naturelle fait demander par degrés, et sans s'en apercevoir, ce que la passion seule peut donner, quelque éloigné que l'un et l'autre soit de la ressentir ; ce qui jette hors des bornes de l'amitié.

« L'amour se passerait bien plutôt de réciprocité que l'amitié : là où il existe de l'ivresse, l'erreur supplée à tout ; mais l'amitié compare et mesure, et jamais elle ne trouve son compte.

« Loin que ces tristes réflexions doivent détourner des affections de l'âme, elles montrent au contraire la nécessité de les épurer de tout égoïsme. Contentez-vous d'aimer, vous qui êtes nés sensibles ; c'est là le seul bonheur dont on ne soit jamais détrompé. Le seul trésor intarissable, c'est son propre cœur. Celui qui consacre sa vie au bonheur de ses amis et de sa famille ; qui, prévenant tous les sacrifices, ignore à jamais où se serait arrêtée l'amitié qu'il inspire ; qui trouve dans les jouissances qu'il donne le prix des sentiments qu'il éprouve ; dont l'âme est si agissante pour les objets de sa tendresse qu'il ne lui reste aucun de ces moments de vague où la rêverie enfante l'inquiétude et le reproche ; celui-là peut sans crainte s'exposer à l'amitié.

« Mais un tel dévouement est sans exemple entre des égaux ; l'enthousiasme le produit quelquefois dans des inférieurs, presque jamais l'amitié, dont la nature, encore une fois, est d'inspirer le besoin d'un parfait retour. »

Le chapitre III de la section II⁰ est intitulé : *De la Tendresse filiale, paternelle et conjugale.* En voici les principales idées.

« Il y a un bonheur certain attaché à l'accomplissement des devoirs qu'imposent les relations d'enfants et de parents ; ce bonheur naît de la conscience. Mais si l'on examine quelles jouissances de sentiment les pères et les enfants peuvent attendre les uns des autres, on reconnaît bientôt que leurs affections subissent le sort de tous les attachements du cœur ; du moment qu'elles rendent la réciprocité néces-

saire, le repos cesse, et le malheur commence.

« Il y a dans ces liens une inégalité naturelle qui ne permet jamais une affection de même genre, ni au même degré ; l'une des deux est toujours plus forte, et par cela même trouve des torts à l'autre.

« Les parents s'enveloppent toujours, par inclination ou par calcul, dans une certaine dignité qui fait sentir leurs droits, alors même qu'ils ne les montrent pas, et empêche de mesurer leur attachement, alors même qu'on l'éprouve. L'amour des enfants ne peut souffrir cette barrière entre eux et les objets de leur tendresse ; le cœur veut l'égalité. Celui qui aime ne croit rien devoir ; il se dégage de la soumission qu'impose la simple reconnaissance ; il ne jouit plus des bienfaits s'il n'en possède l'inépuisable source. En vain les parents daignent-ils quelquefois se rapprocher des enfants par des sacrifices ; l'égoïsme seul peut jouir des sacrifices dont il est l'objet.

« Les penchants, les devoirs qui distraient toujours les enfants les plus attachés, donnent ordinairement à leurs parents une humeur secrète qui ne finit jamais. Alors les parents ne voient guère dans leurs enfants que des successeurs, des rivaux, des sujets devenus indépendants, et ils se retirent tout à fait dans leur autorité.

« Quand les parents aiment assez profondément leurs enfants pour vivre en eux, pour faire de leur avenir leur unique espérance, et que leur tendresse, satisfaite des soins dont elle est prodigue, sait se passer de toute espèce de retour, alors, sans doute, ils peuvent goûter les jouissances les plus vives et les plus pures de la passion sans en avoir à craindre les chagrins. Mais combien de temps peut durer un amour si désintéressé ? tant que dure l'enfance. Bientôt les parents voient les enfants élevés par eux grandir pour d'autres ; et quels sont ceux qui, alors, ont la force de considérer les passions de la jeunesse comme les jeux de l'enfance, et se résignent à ne pas plus prendre sur les unes que sur les autres ?

« La tendresse conjugale diffère de l'amour et de l'amitié : c'est la confusion de deux égoïsmes en un seul. C'est un lien qui unit les jouissances de la jeunesse pour en préparer des souvenirs communs à l'âge avancé. Mais, dans ce qu'on appelle le ménage, il se rencontre à chaque instant de certaines difficultés qui s'opposent à tout enchantement, et dans lesquelles même il faut apporter une sorte d'empire sur soi-même, de force et de sacrifice; de sorte que le sentiment dont il s'agit donne beaucoup plus les jouissances de la vertu que celles de la passion. »

Le chapitre suivant regarde *la Religion.*

« La foi, dit l'auteur, suffit à la vie et la remplit tout entière; elle ouvre une longue carrière à l'espérance; elle trace une route précise à la volonté; elle donne à toutes les actions de la vie un grand but et un grand intérêt; elle rend indifférent aux succès et aux revers. Le vrai chrétien n'est chargé que de ses devoirs; c'est le ciel qui l'est de son bonheur.

« La religion est d'une utilité souveraine dans les situations désespérées. Le remords n'a de refuge qu'en elle. Quel coupable peut espérer de racheter ses crimes par des actions vertueuses? Qui est assez puissant pour expier du sang ou des pleurs? La dévotion seule peut calmer des criminels repentants.

« La religion, nécessaire pour consoler du crime, peut seule en préserver les esprits ardents; elle a enseveli dans les cloîtres des hommes qui auraient bouleversé les empires.

« La religion tenait lieu d'un grand nombre de jouissances aux classes grossières du peuple, et on aura peine à la remplacer. La Révolution l'a suppléée quelque temps par l'agitation qu'elle a répandue dans le peuple, par le plaisir qu'elle lui a procuré en l'initiant aux affaires publiques, par les espérances qu'elle lui a données. Mais quand un gouvernement solide aura fait rentrer le peuple dans ses occupations, où seront ses plaisirs et ses espérances? Quel trésor pourra-t-on lui ouvrir qui se proportionne comme la foi religieuse aux désirs de tous ceux qui veulent y puiser?

« Dans les temps de calamité qui viennent de s'écouler, la religion a manifesté une immense puissance; nous avons vu des femmes nées timides, des jeunes gens à peine sortis de l'enfance, des époux qui s'aimaient, ne pas reculer, ne pas frémir devant l'abîme de l'éternité. Louis XVI, cet homme qui a manqué de la force nécessaire pour préserver son pouvoir et a fait douter de son courage tant qu'il en a eu besoin contre ses ennemis, s'est montré

capable de la plus étonnante des *résolutions :* celle de souffrir et de mourir.

« Malgré tant d'avantages attachés à la religion, faut-il compter la foi au nombre des meilleurs moyens de bonheur qui existent pour les hommes? Non.

« Les esprits éclairés sont sans cesse ramenés de la conviction au doute et du doute au scrupule.

« Quand la dévotion est la suite d'un amour malheureux, elle est sans doute une heureuse invention de la faiblesse pour moins souffrir; mais quand elle fait partie du caractère, au lieu d'en être seulement la ressource, elle est presque toujours incompatible avec les qualités du cœur. La sévérité de certains principes défend de se livrer à la bonté ou sert de prétexte pour exercer des défauts qui ne blessent aucune des lois dont les dévots ont adopté le code. La justice les dégage de la bienfaisance, la bienfaisance de la générosité; tout est calculé sur le devoir, rien n'est décidé par d'heureux mouvements.

« Ajoutez à ces réflexions que la foi, base de la religion, est un don du ciel; qu'elle ne dépend pas de nous; qu'elle nous soumet et à notre propre imagination et à celle de tous les hommes dont la sainte autorité est reconnue; qu'ainsi on ne peut l'admettre entre les ressources qu'on trouve en soi pour le bonheur.»

Après ce chapitre vient la IIIe section, qui termine l'ouvrage. Elle est composée de quatre chapitres.

Le premier est intitulé ainsi : *Que personne à l'avance ne redoute assez le malheur.*

« Ce mot terrible, dit l'auteur, s'entend, dans la première jeunesse, sans que la pensée le comprenne. Au sortir de l'enfance, l'image de la douleur est inséparable d'une sorte d'attendrissement qui mêle du charme à toutes les impressions qu'on reçoit. Mais il suffit souvent d'avoir atteint vingt-cinq années pour être à l'époque d'infortune marquée dans la carrière de toutes les passions. Alors le malheur est long comme la vie.

« Ceux-là connaissent bien peu le malheur, et ont l'âme bien peu sensible, qui parlent des charmes de la douleur, des plaisirs qu'on peut trouver dans la peine, des avantages des passions, du besoin de les éprouver. Ce langage, aussi faux que recherché, n'est jamais celui des âmes ardentes; celles-là connaissent trop les effets des passions, et reçoivent trop avant le trait de la douleur, pour ne pas les craindre et ne pas accueillir tous les moyens de les éviter. »

Voici ce que dit madame de Staël *de la Philosophie*, qui est l'objet du chapitre II.

« La philosophie offre aux âmes passionnées un utile secours; il faut se placer au-dessus de soi pour se dominer, au-dessus des autres pour n'en rien attendre.

« Lorsqu'on s'est dit qu'il est impossible d'obtenir le bonheur, on est plus près d'atteindre à quelque chose qui lui ressemble; comme les hommes dérangés dans leur fortune ne se retrouvent à l'aise que lorsqu'ils se sont avoués qu'ils étaient ruinés.

« Le philosophe, délivré du joug de la passion, affranchi du pouvoir d'un seul objet, jouit des douces impressions que chaque objet peut lui procurer.

« Le philosophe seul sait supporter le moment où la vieillesse commande une nouvelle manière d'exister. Ce n'est pas toujours un même coup qui porte atteinte à nos facultés et à nos désirs. Souvent l'activité de l'âme survit aux moyens de l'exercer, et c'est alors que la philosophie est nécessaire.

« Les passions rehaussent beaucoup toutes les valeurs; la philosophie réduit à son véritable prix ce que notre âme possède et ce qu'elle espère. Son tarif une fois arrêté, les années se succèdent tranquillement, et l'homme semble participer au calme universel.

« La philosophie soutient l'homme dans la vie sans trop l'y attacher, comme font les passions, et sans la lui faire haïr, comme font les passions encore.

« La philosophie n'est point un fruit de l'insensibilité; c'est souvent l'ouvrage des passions et de la réflexion. Elle donne donc le sentiment le plus distinct et le plus complet que l'homme puisse avoir de son existence et de ses facultés.

« La philosophie met le bonheur dans la possession de soi-même; mais elle n'a rien de commun avec l'égoïsme. L'égoïsme exige sans cesse un tribut de ce qui l'entoure, et il en dépend. Le philosophe ne dépend que de lui-même; il ne cherche et ne trouve de jouis-

sance que dans la seule propriété dont il veuille disposer, celle de lui-même. Élevé au-dessus de sa propre existence pour se regarder penser et vivre, il ne voit dans les événements que des instructions données à sa perfectibilité, et chaque jour il fait quelque découverte satisfaisante dans sa raison.

« Le philosophe aime la solitude : la solitude assure l'indépendance; elle laisse à l'âme la liberté de mieux se pénétrer de son bonheur, de choisir les objets de ses sensations, de ne laisser approcher d'elle que ceux qui se mettent d'accord avec sa situation, et de goûter, au sein de la nature, cette douce mélancolie qui, laissant à la méditation toute sa force et son activité, semble combler la destinée humaine. »

Le chapitre III concerne *l'Étude;* en voici le fond.

« Il y a dans le simple plaisir de penser, de féconder ses méditations par la connaissance des idées des autres, une sorte de satisfaction qui tient à la fois au besoin d'agir et de se perfectionner; elle rend une partie des plaisirs qu'on cherche dans les passions; et l'étude, comme toute autre espèce de travail, affranchit l'âme des passions dont les chimères se placent au milieu des loisirs de la vie.

« Toujours les difficultés de l'étude cèdent, et toujours son but grandit, en raison des efforts; ses progrès sont toujours assurés, sa route variée; les succès n'y sont suivis d'aucun revers. Ces jours si semblables pour le malheur, si uniformes pour l'ennui, offrent à l'homme studieux plusieurs époques diverses; ce qui distingue ses jouissances de toutes les autres, c'est que les avoir éprouvées un jour est une certitude de les retrouver le lendemain. La curiosité naît de l'instruction, comme l'instruction, de la curiosité.

« L'étude fait éprouver à l'esprit le sentiment de sa justesse ou de son étendue, et, reculant chaque jour les limites où il était renfermé la veille, elle lui donne un sentiment vif de bonheur. La lassitude même qui suit les fortes occupations de l'esprit est un état doux qui dispose à un genre de repos inconnu aux hommes occupés d'autres travaux, à un repos dont l'âme a le sentiment, ou plutôt goûte la volupté, au lieu d'en être engourdie.

« L'étude de l'histoire, en nous environnant

de tant d'êtres sensibles et malheureux, nous aide à supporter le sentiment de nos maux. L'aspect d'un joug commun à tous nous préserve de ces accès de rage où jette un sort sans exemple.

« L'exercice des facultés intellectuelles donne à l'esprit le moyen de se porter au delà même de l'existence matérielle par un plus vif espoir de l'immortalité de l'âme.

« L'attention qu'exige l'étude, en détournant de songer aux intérêts personnels, dispose à les mieux juger; car, s'occuper trop d'une affaire personnelle, c'est souvent dénaturer l'idée qu'on doit en prendre. La sage modération des philosophes studieux dépend, peut-être, du peu de temps qu'ils consacrent à rêver aux événements de leur vie, autant que du courage qu'ils mettent à les supporter.

« Dans le goût de l'étude il n'y a de naturel que ses plaisirs. Elle satisfait l'espérance et la curiosité, seuls mobiles nécessaires à l'homme. L'esprit a plus de disposition au mouvement que l'âme; c'est lui qu'il faut nourrir, c'est lui qu'on peut animer sans danger.

« Exercer son esprit, c'est en prolonger la force; perdre la force de son esprit, c'est perdre la puissance de regretter cette perte. Il n'y a donc aucun danger, et il y a un grand avantage à l'étude.

« Mais, quelles que soient les ressources de l'étude, il est impossible à l'homme passionné d'en jouir s'il ne sait se préparer par de longues réflexions à retrouver son indépendance. L'homme passionné et le stupide ne peuvent trouver dans l'étude que l'ennui. L'étude n'est point un plaisir d'esclave. »

Le chapitre IV, *de la Bienfaisance*, renferme les idées suivantes :

« La bienfaisance est une jouissance qui reste à tous les caractères et à tous les esprits, dans toutes les situations. Elle appartient presque autant au cœur que les affections les plus tendres et les plus passionnées.

« La bienfaisance est la bonté en action. La bonté est la vertu primitive. L'homme bon est de tous les temps et de toutes les nations.

« La bonté est une vertu innée et non acquise. Elle fait partie de la vie. Elle agit sans se connaître; ce n'est que par la comparaison qu'elle apprend sa propre valeur.

« La triste connaissance du cœur humain fait, dans le monde, de l'exercice de la bonté un plaisir plus vif; on se sent plus nécessaire en voyant tant de maux, et si peu d'émules qui contribuent à les réparer.

« La bonté, tout en recueillant les jouissances du sentiment, n'en connaît pas la dépendance; sa félicité est tout entière en elle-même. Elle n'a besoin d'aucun retour; elle ne jouit que de ce qu'elle donne.

« La bonté met du prix à la reconnaissance qu'elle excite; mais elle reçoit les promesses de celle-ci sans avoir besoin de leur accomplissement.

« La bonté différente de ces vertus difficiles et pénibles, qui peut-être ne sont pas nécessaires, donne des jouissances si naturelles et si simples que leur impression est indépendante de toute réflexion. Cependant, si on pouvait la soumettre au calcul, on verrait qu'elle sert à fonder d'utiles espérances. Le bien qu'on a fait est une égide qu'on croit voir entre le malheur et soi; et lors même qu'on est poursuivi par l'infortune, on compte se réfugier dans le bonheur qu'on a procuré par ses bienfaits.

« Il n'est au pouvoir d'aucun événement de rien retrancher aux plaisirs que vaut la bonté. Ne voulant jamais que les plaisirs de ses actions, elle ne peut jamais être trompée dans ses calculs.

« La bonté est difficile aux passions qui ont avec elle le plus de rapport. Le bonheur qui naît des passions tendres, est une distraction trop forte; le malheur qu'elles produisent est une occupation trop sombre. Mais ces passions sont peut-être nécessaires pour préparer à toutes les jouissances de la bonté. Celui qu'ont tourmenté des affections tendres connaît tous les genres de douleur, et trouve à les soulager un plaisir inconnu à ces hommes qui ne semblent créés qu'à moitié, et doivent leur repos seulement à ce qui leur manque.

« La bienfaisance donne le sentiment de la perfectibilité, celui de l'indépendance, celui des facultés. Elle remplit le cœur, comme l'étude occupe l'esprit. Elle étend l'existence, en donnant à celui qui l'exerce un des attributs du pouvoir : l'influence sur le sort des autres. Un homme généreux peut se créer, pour ainsi dire, un gouvernement, malgré les bornes de son autorité. Eh ! ne fait-il pas beaucoup plus pour l'infortune que le ministre le plus puissant ? Il y consacre sa pensée tout entière.

« Toutes les vertus dérivent de la bonté, et si l'on voulait faire un jour l'arbre de la morale comme on a fait celui des sciences, c'est de la bonté que procèderait tout ce qui inspire de l'admiration ou de l'estime. »

Voici en abrégé la conclusion qui termine l'ouvrage.

« Les passions ne sont point nécessaires, comme mobile des actions humaines. Chaque objet, chaque circonstance, mérite une préférence et suffit pour motiver un souhait.

« Les passions sont le tourment de la vie. Ce qui les caractérise éminemment, c'est le besoin des autres ; or, dès qu'un retour est nécessaire, un malheur est assuré.

« Le seul système propre à écarter la douleur, c'est de diriger sa vie d'après ce qu'on peut faire pour les autres, mais non d'après ce qu'on peut attendre d'eux.

« Je dis *écarter la douleur*, parce que ce système ne donne pas le bonheur ; mais le bonheur est une chose dont les alchimistes seuls, s'ils se mêlaient de morale, pourraient se croire le secret. La philosophie, l'étude, la solitude ne sont guère que des ressources contre les souffrances dont les caractères passionnés sont menacés ; mais ce sont les seules.

« A quel point est-il possible aux âmes passionnées d'en profiter ? C'est ce qu'il est impossible de déterminer. Il n'y a de justesse dans les opinions relatives au bonheur que quand on les fonde sur autant de notions particulières qu'il y a d'individus ; mais tous les individus sont-ils maîtres de se vaincre ?

« Le seul sentiment auquel les hommes puissent s'abandonner sans danger, c'est la pitié. Ce n'est point aux individus à calculer ses conséquences dans certains cas pour l'intérêt public ; les hommes pour lesquels il n'existe que des unités, des moments, des occasions, doivent rarement se refuser aux biens partiels qu'ils peuvent répandre.

« Les législateurs eux-mêmes gouvernent souvent à l'aide d'idées trop générales : ce grand principe, que l'intérêt de la minorité doit toujours céder à celui de la majorité, dé-

pend absolument du genre de sacrifice qu'on impose à la minorité. Ce n'est pas le nombre des individus qu'il faut compter, mais le nombre des douleurs. Il serait atroce de faire souffrir un innocent pendant un siècle, même pour le salut d'une nation entière.

« Il est presque toujours de la politique d'écouter la pitié : on n'obéit pas longtemps aux lois trop sévères. Le gouvernement qui les maintient a tous les inconvénients de la rigueur et ceux de la faiblesse. Il use sa force et la compromet en se présentant comme ennemi devant ceux qui ne devraient voir en lui qu'un chef.

« Dans les crises révolutionnaires, on entend crier sans cesse que la pitié est puérile et funeste à l'intérêt général ; c'est, au contraire, au milieu d'une révolution que la pitié devrait être écoutée. Alors la passion tourmente toutes les âmes, et on ne peut lui opposer qu'un sentiment qui ait ses caractères principaux. Alors la pitié est encore nécessaire pour mettre un terme aux dissensions intestines. Il n'y a point de fin aux ressources du désespoir ; les discussions les plus habiles, les victoires les plus sanglantes ne font qu'augmenter les haines ; les élans de la pitié seule peuvent arrêter leur déchaînement. »

Telle est assez exactement la substance du livre de madame de Staël.

Nous n'avons pas toujours conservé l'expression de l'auteur, mais nous croyons en avoir fidèlement rendu le sens.

Après une lecture attentive de cet ouvrage, on se demande d'abord : qu'a-t-il de vrai ? qu'a-t-il de neuf ? qu'a-t-il d'utile ? et c'est seulement ensuite qu'on en examine le mérite littéraire.

Pour répondre à ces premières questions, distinguons le fond des accessoires. Le fond a pour objet de montrer : 1º que le bonheur parfait est une chimère ; qu'il est incompatible avec les passions, parce qu'elles nous mettent dans la dépendance d'autrui ; qu'il est pourtant impossible sans passions, parce qu'elles seules sont des sources de vives jouissances, et qu'au reste nos passions sont absolument indépendantes de nous ; 2º qu'il peut exister pour les caractères exempts de passions ardentes un demi-bonheur, lequel se trouve dans l'étude, la philosophie et la bienfaisance.

Tout est-il juste, qu'y a-t-il de juste dans ce système ?

C'est à nos yeux une notion fausse du bonheur que d'en faire une chose absolue, et une notion encore plus fausse de le faire consister dans le délire et dans l'enivrement d'une seule passion, comme le fait madame de Staël, qui ne trouve qu'un inconvénient dans cette situation, celui de ne pas toujours éprouver un retour suffisant de la part des objets auxquels l'âme s'est attachée tout entière.

Le bonheur est une longue succession de plaisirs.

Les plaisirs sont relatifs aux personnes ; donc il n'y a pas de bonheur absolu, c'est-à-dire consistant en tels plaisirs particuliers.

La vivacité de chaque plaisir est aussi différente dans divers individus. Il est des personnes dont la sensibilité succombe à chaque sensation ; il en est à qui aucune jouissance n'a jamais causé une impression intime et profonde. Donc le bonheur ne peut consister dans une mesure certaine et absolue de plaisir. Il ne serait pas plus raisonnable de dire que l'homme qui s'enivre au premier verre de vin, et devient malade ou s'endort au second, a plus de plaisir à boire du vin que celui qui peut être tout un jour à table sans que sa raison s'altère. Une femme nervalle, vaporeuse, que le retour d'un amant jette en défaillance, n'a pas plus de plaisir à le revoir qu'il n'en a à revoir sa maîtresse, tout maître de lui qu'il restera après ses embrassements.

Les plaisirs de l'ivresse ne peuvent être longs, ni se succéder sans intervalle, ni s'allier avec les intérêts de la vie ; donc, quelque vifs qu'ils soient, ils ne peuvent être propres au bonheur, qui se compose d'une suite longue et non interrompue de plaisirs.

Une seule passion ne peut occuper la vie entière, ni même occuper de longues années. (Je dis une seule *passion*, et non pas un seul *attachement*.) Les plaisirs d'une seule passion ne peuvent donc être durables ; ils ne peuvent donc constituer le bonheur.

Une seule passion ne peut donner qu'un seul plaisir, qu'un même plaisir ; elle empêche même tous les autres. Cependant elle n'absorbe pas à tout instant tous les goûts ; elle ne domine pas à tout instant tous les besoins ;

et ces goûts, ces besoins réclament, sollicitent quelquefois contre elle, et sont alors au moins très-importuns.

Madame Duchâtelet, dans son petit traité, ou, pour mieux dire, dans ses petits calculs *sur le bonheur*, nous paraît avoir énoncé des idées plus justes que celles de madame de Staël. Elle veut *des passions*, mais elle se garde bien de consentir à la tyrannie d'une seule. Elle veut des *illusions*, mais point de folles superstitions qui subjugent et entraînent toutes les facultés.

Eh ! ne peut-on concevoir, en effet, un bonheur composé de voluptés diverses, que la raison et l'imagination avouent également ? Les limites que la raison accorde à l'imagination ne sont-elles pas infiniment plus étendues que celles où l'enferme une passion exclusive, laquelle tout à la fois restreint les objets de jouissance et détruit les facultés de jouir ? Ne peut-on croire qu'au lieu de diminuer les plaisirs la raison et l'imagination les varieraient, les multiplieraient, les étendraient par leur accord ; que ceux dont elles feraient don seraient purs et féconds ; qu'ils déposeraient de doux souvenirs dans les âmes où ils passeraient, et y exciteraient de douces espérances pour l'avenir ; qu'ils exerceraient l'âme à jouir, au lieu de l'épuiser, attireraient toujours de nouveaux objets de jouissance, au lieu de les repousser, et que, marchant comme la vie, suivant pas à pas les âges, ils uniraient les trois grandes périodes de l'existence, la jeunesse, la maturité et la vieillesse ? N'est-il pas très-sensible, au contraire, qu'un plaisir, un seul plaisir extrême de sa nature, passager, par cela seul qu'il est extrême, un plaisir exclusif, qui possède tellement l'âme que l'âme ne peut ni le comparer, ni le mesurer, ni le goûter, ni en assurer la durée, ni en préparer la renaissance, qui la rend incapable de tout autre sentiment et ne la quitte qu'en la frappant d'une longue paralysie ; n'est-il pas évident, disons-nous, qu'un tel plaisir n'est point un élément de bonheur ? C'est un plaisir et un plaisir funeste, voilà tout.

Nous ne pouvons point admettre indéfiniment cette autre opinion de madame de Staël : que nos passions sont absolument indépendantes de notre volonté. Il est vrai que, dans la première jeunesse, elles naissent sans con-

sulter la raison, et que leur intensité dépend
alors de notre organisation. Mais la jeunesse
ne compose pas toute la vie, quoi qu'en dise
madame de Staël, pour qui toute la partie de
l'existence qui succède à l'âge des passions
n'est qu'un commencement de mort; opinion
qui n'est ni philosophique ni raisonnable, qui
même paraît manquer d'une certaine décence
et blesser la dignité de la nature humaine.
Comme l'observe madame Duchâtelet, les passions, passé trente ans, ne nous emportent
plus avec la même impétuosité; on ne peut pas
tout sur soi, mais on peut beaucoup. Elle
pouvait ajouter que, passé trente ans, et avec
un peu d'expérience, on sent naître les passions, et qu'on les voit pour ainsi dire venir;
de sorte qu'il n'est pas impossible de les combattre avec succès, ou du moins de les modérer et de les conduire.

Le fond de l'ouvrage de madame de Staël
est-il neuf? Non; mais c'est un avantage pour
elle, s'il est erroné, comme nous le croyons,
car la nouveauté n'est pas un mérite pour une
erreur, et l'ancienneté lui sert d'excuse.

Le système est-il utile en soi? Un système,
en morale, est susceptible de deux sortes d'u-
tilités : d'une utilité pratique dans la conduite
de la vie; d'une utilité relative aux progrès de
la science appelée morale. Quel parti peut-on
tirer, pour la conduite de la vie ou pour des
théories de morale, de cette opinion : qu'on
ne peut être heureux que la première moitié
de la vie, et qu'il faut compter tout le reste
pour rien; qu'on ne peut être heureux que
dans des passions qui rendent infailliblement
malheureux; qu'on ne peut tirer de l'étude,
de la philosophie, de la bienfaisance, qu'un
demi-bonheur, qu'un bonheur approchant de
celui des passions effrénées; et qu'au reste
nous appartenons à nos passions, et non pas
nos passions à nous? Certes, c'est faire trop
beau jeu aux passions, non-seulement de reconnaître si solennellement leur indépendance,
mais encore de proclamer si haut leur toute-
puissance. Ce serait faire trop beau jeu à toutes
que de reconnaître seulement l'indépendance
de quelques-unes; ce serait mettre les plus
coupables et les plus viles sous la protection
des plus généreuses. C'est aussi trop puissamment les recommander que d'accorder à elles
seules le parfait bonheur. De quelques écueils

qu'on semât la route qui y conduit, le but serait trop séduisant pour qu'on ne s'y hasardât
pas. L'aspect de quelques écueils entre soi et
le bonheur parfait ne pourrait qu'irriter le
désir d'y atteindre. Enfin, c'est aussi attirer
une trop humiliante disgrâce sur l'étude, la
philosophie, la bienfaisance, que de les réduire
à des jouissances incomplètes, d'un ordre inférieur, et de timbrer, pour ainsi dire, du sceau
de l'impuissance, les hommes qui savent s'y
borner. Quoique l'auteur ajoute que la nature
seule donne des passions, il n'y a personne qui, dans le système dont nous parlons,
ne dût essayer de s'en donner à lui-même, ne
fût excusable de s'en croire, et même de feindre qu'il en est possédé.

Nous dirons donc, sans hésiter, que les résultats généraux du livre de madame de Staël
ne peuvent être d'aucune utilité; nous ajou-
terons même qu'ils ne pourraient être que
dangereux, si les principes purs et les sentiments vertueux qui sont répandus dans tout
l'ouvrage n'étaient le correctif des erreurs
qu'il renferme.

Nous avons parlé des vues générales; venons aux détails.

C'est d'abord une distinction vraie, neuve et
utile, que celle que l'auteur a faite entre les
passions asservissantes et celles qui laissent
l'indépendance; on peut seulement lui reprocher d'avoir plutôt remarqué que marqué
précisément cette distinction, puisqu'elle a désigné ces dernières sous le titre vague *de ressources qu'on trouve en soi-même.* C'est aussi
une classification utile et juste que de séparer
les passions asservissantes en deux parties,
dont la première comprend celles qui placent
notre existence dans l'existence d'un autre, et
nous livrent tout entiers aux objets de leur attachement, et la seconde, les passions qui ont
besoin de faire entrer l'existence des autres
dans la nôtre, et méritent le titre de passions
égoïstes que leur donne madame de Staël.
Bien distinguer les choses renfermées dans le
sens d'un mot, c'est donner à l'esprit le moyen
de les voir et de les apprécier sainement. Or,
en morale, bien voir conduit à bien faire. La
distinction dont il s'agit a aussi le mérite de
la nouveauté, car elle n'a rien de commun
avec celle que Smith a marquée entre ce qu'il
appelle les passions sociables, les passions in-

sociables, et les passions qui tiennent le milieu entre les précédentes.

Nous ne dirons pas que les subdivisions de madame de Staël soient exactes, que sa nomenclature des passions soit complète, qu'elle n'en ait pas supposé qui n'existent point, qu'elle n'en ait pas confondu plusieurs sous le même nom et distingué d'autres qui s'appartiennent, qu'il y ait un véritable ordre dans la distribution de ses chapitres, ou même dans les idées de chaque chapitre. Madame de Staël paraît avoir peu étudié l'origine commune de toutes les passions, et leurs caractères principaux; de là est venue la confusion de plusieurs idées, la répétition de plusieurs autres, l'omission d'un plus grand nombre qui naissaient les premières de son sujet. Ce qui est vraiment bon, utile et précieux dans son ouvrage, ce sont les détails, ce sont les observations faites sur les différents phénomènes des passions; et, entre les observations, celles qui regardent les passions en action dans la société doivent encore être distinguées de celles qui sont faites sur le mouvement et leur jeu dans les âmes qui les renferment. Elle paraît avoir mieux vu *leur conduite* dans le monde, que *leurs combinaisons* dans l'entendement; avoir mieux connu leurs effets que leur nature, leurs pratiques, que leurs vues et leurs besoins. Par exemple, le chapitre de l'esprit de parti est incomparablement meilleur que celui de l'amour de la gloire, parce que l'esprit de parti est toujours en action, et l'amour de la gloire souvent en observation ou en recueillement. On ne peut pas dire que cet ouvrage soit une bonne histoire du cœur humain; mais assurément ce sont d'excellents mémoires qui aideront à la faire un jour.

Un mérite plus recommandable encore, qui se reproduit en toute occasion dans cet ouvrage, c'est l'intérêt que l'auteur donne à toutes les observations qui peuvent tendre à ramener en France, non-seulement la justice, mais aussi la concorde, à les unir l'une avec l'autre, et à montrer la nécessité de cette alliance, malgré les obstacles qui s'y opposent à la suite d'une révolution, et à cause de ces obstacles mêmes. La fin du chapitre qui concerne l'esprit de parti, et tout ce qui regarde la pitié, est excellent.

Dans ces morceaux on trouve une sensibi-lité exquise, une sagesse profonde; là se montre l'âme d'une femme pleine de bonté et l'esprit d'un homme plein de lumières; là se déploie une philosophie touchante, quelquefois supérieure; là brille un véritable amour de la république, un zèle ardent pour la patrie; là sont de grands titres pour l'auteur à l'estime, à la considération publique, à une inscription honorable entre les citoyens qui ont bien mérité de leur pays, à un ostracisme, à une proscription plus honorable encore de la part de la scélératesse puissante, si jamais elle doit encore l'être.

Quand on compare la beauté des détails à la défectuosité de l'ensemble et aux erreurs du fond de l'ouvrage, on se convainc que l'auteur a plus observé que réfléchi, plus regardé les faits que médité leurs causes et leurs grandes conséquences; qu'elle a fait un système pour lier ses idées plutôt que ses idées ne l'ont amenée à faire un système; qu'elle avait de quoi composer un excellent *recueil de pensées*, et qu'elle a eu tort de vouloir faire un *traité*. Ce tort a accrédité ce mot, néanmoins plus piquant que juste : que madame de Staël a plus d'esprit qu'elle n'en peut mener.

Voilà ce que nous avons à dire du fond des choses.

A l'égard du style, il était difficile qu'il ne fût pas souvent obscur et embarrassé dans un ouvrage dont les vues générales n'étaient pas assez méditées; aussi celui de madame de Staël a-t-il ces défauts. Nous avons déjà dit que nous n'avions pas exactement rapporté ses expressions dans notre extrait; et en effet, forcés très-souvent de l'étudier pour la comprendre, nous avons cru devoir quelquefois la traduire, pour épargner la même peine à nos lecteurs. Selon Boileau : *Ce que l'on conçoit bien s'énonce clairement;* selon Condillac, on ne conçoit bien que ce qu'on peut énoncer clairement; de sorte que, suivant Boileau, la pensée précède l'expression et la crée, et, suivant Condillac, c'est l'expression qui crée et fixe la pensée. C'est Condillac qui a raison. Nous ne pensons en morale qu'à l'aide des mots; ainsi, n'avoir pas assez médité ses pensées, c'est ne les avoir point assez *parlées* en soi-même, c'est donc n'être point en état d'en bien parler aux autres.

Nous savons bien que la critique abuse sans

cesse du mot obscur, que la paresse et la légèreté appellent ainsi tout ce qui demande quelque attention; nous savons que l'ignorance appelle ainsi tout ce qui demande quelque savoir.

« Il est une foule de gens qui ne reconnaissent pour clair que ce qui leur est familier; pour simple que ce qui est plat, pour naturel que ce qui est commun, pour développé que ce qui est délayé, pour précis que ce qui est tranchant; comme il en est d'autres qui regardent comme tranchant tout ce qui sort du vague et du doute, comme délayé tout ce qui n'est pas sec et écourté, comme bas et commun tout ce qui n'est pas faux et guindé, comme faible et plat ce qui n'est pas tourmenté de faux mouvements et chargé d'images.

Mais il est des principes qui assurent la justesse des jugements en cette matière. Condillac a réduit l'art d'écrire à une seule règle : *la plus grande liaison des idées.* Dans cette règle sont comprises et les lois de la logique, et celles de la grammaire, et même celles de l'éloquence et de la poésie; car elles ne font, l'une et l'autre, que serrer étroitement et rendre plus frappantes les idées que la logique ordonne, et que la grammaire expose avec précision et netteté. Un ouvrage est clair quand les idées naissent bien les unes des autres, que les expressions répondent aux idées, que la contexture du discours et des phrases est régulière, ce qui remplit les conditions de la logique et de la grammaire. Un ouvrage est non-seulement clair, mais frappant, lorsque ses mouvements sont animés et ses images heureuses, ce qui remplit les conditions de l'éloquence; de sorte que l'éloquence n'est que le complément de la logique et de la grammaire, celles-ci pouvant quelquefois se passer de l'éloquence, et l'éloquence ne pouvant exister sans elles.

Jugeant sur ce principe le style de madame de Staël, on est autorisé à dire qu'il n'est pas toujours clair. Ses idées sont souvent en mauvais ordre, ses phrases sans correction. Toutes les incorrections ne sont pas des obscurités, sans doute, mais c'est le sort du grand nombre. A ces causes principales se joignent une longue continuité de tours elliptiques ou forcés, une multitude de mots inusités, ou même tout à fait nouveaux, des métaphores incohé-

rentes. En voilà plus qu'il n'en faut, sans doute, pour rendre pénible la lecture des meilleures choses.

Au reste, c'est un fait qu'à chaque pas on est arrêté par quelque chose qu'on n'entend pas, après avoir été entraîné par des paroles pleines d'intérêt; qu'à tout instant un embarras détruit ou affaiblit l'impression qu'un morceau heureux avait commencée.

Ce n'est pas, cependant, qu'à chaque page ne perce un admirable talent; mais ce talent n'est ni développé, ni assuré dans sa marche. L'auteur possède toutes les parties rares et difficiles de l'art d'écrire; elle en a négligé les premières conditions... Nous disons ces choses sans détour, parce que, si elles sont justes, elles seront confirmées à madame de Staël par le public, par ses amis, par des hommes de lettres qui s'intéressent à ses succès, et qui, ne la connaissant point assez, ont peut-être craint de la blesser par leur franchise; nous les disons, parce qu'il est bon, pour les lettres, pour la philosophie, même pour la république, que madame de Staël perfectionne son talent d'écrire, le rende digne de ses idées et de ses sentiments, et assure aux unes toute l'autorité, aux autres tout l'intérêt nécessaire pour les répandre et les rendre utiles.

(*Journal d'Économie publique*, tome II. — 12, 20, 30 frimaire et 20 nivôse an v. — 30 novembre, 10 et 20 décembre 1796 et 9 janvier 1797.)

OUVRAGES POSTHUMES D'ADAM SMITH.

Agasse, imprimeur-libraire, vient de publier des œuvres posthumes d'Adam Smith, précédées d'un précis de sa vie et de ses écrits, par Dugald Steward; traduit de l'anglais par P. Prévost, professeur de philosophie à Genève.

N'est-ce pas une témérité au traducteur et à l'éditeur de cet ouvrage d'oser reproduire aujourd'hui en France le nom de Smith, et de présenter de nouveaux ouvrages de sa plume? Smith était un philosophe; il a été une des lumières de ce siècle, et peut-être la plus utile. Comment l'illustre auteur de la *Théorie des Sentiments moraux* figurera-t-il parmi les grands théologiens et les illustres ultramontains du jour, entre nos Patouillet et nos Chaumeix, qui sont revenus à la place des Robespierre et des Chaumette ? Comment l'illustre auteur des *Recherches sur la Richesses des nations*, un admirateur des encyclopédistes, et même un émule des plus savants économistes, figurera-t-il entre les hommes d'État qui nous enseignent aujourd'hui à mépriser les Turgot et les Malesherbes, et prétendent substituer la spoliation organisée sous le titre d'impôts indirects à la spoliation anarchique dite révolutionnaire ; faire oublier les rapines des jacobins par les rapines des gardes de tabac et des commis aux aides ; et consoler des orgies passagères des sans-culottes par le faste de nouveaux Bourvalais, toujours renaissant et toujours pullulant ?

Disons néanmoins à l'oreille des amis des lettres et de la philosophie en quoi consiste cette collection des œuvres posthumes de Smith.

Une grande partie du premier volume présente la vie de l'auteur, avec une notice fort précise de ses grands ouvrages, c'est-à-dire de ses *Recherches sur les Richesses*, le plus utile des livres qui aient jamais été faits, et de sa *Théorie des Sentiments moraux*, le premier ouvrage où les vraies bases de la morale aient été rassemblées, et où l'analyse se soit fait jour à travers tous les phénomènes du cœur humain pour saisir les principes qui les dirigent ; ouvrage plein de détails ravissants par leur nouveauté, leur frappante justesse et la beauté du style.

La seconde partie du premier volume est remplie par une *Histoire de l'Astronomie*, ouvrage qui appartient non-seulement à la science que le titre désigne, mais encore bien plus à l'esprit humain. L'auteur y montre le vrai principe qui détermine l'esprit dans toutes les recherches philosophiques. C'est ainsi qu'un homme supérieur peut servir dans un même écrit plusieurs sciences à la fois.

Le second volume renferme une exposition des *Principes qui fondent et dirigent les recherches philosophiques éclaircies et rendues sensibles par l'histoire de l'ancienne physique ;* un discours sur *la nature de l'imitation qui a lieu dans les arts qu'on nomme imitatifs ;* un morceau sur *certains vers anglais et italiens ;* un autre sur *les sens externes ;* enfin des lettres aux auteurs du journal d'Édimbourg, où Smith passe en revue les ouvrages de plusieurs

philosophes et économistes illustres, que leur valetaille insulte aujourd'hui sans pudeur comme sans raison.

Le volume est terminé par des réflexions du traducteur, M. Prévost, sur les œuvres posthumes d'Adam Smith ; réflexions judicieuses, dans lesquelles l'auteur a pour principal objet de marquer les différences qui distinguent ce qu'il appelle les trois écoles de la philosophie morale, savoir : l'école écossaise, l'école française et l'école allemande. Il reconnaît pour fondateur de la première *Hutcheson*, et pour son plus illustre maître Adam Smith. Il fixe à Condillac l'origine de l'école française, quoique Condillac doive son système à Bacon, à Locke, à Descartes, ce que ne nie pas M. Prévost. C'est à Leibniz qu'il fait remonter l'école allemande, dont Kant est aujourd'hui le grand maître, et il indique avec beaucoup de netteté les idées principales qui distinguent la doctrine de cet homme célèbre, qui peut-être aura encore plus apporté d'embarras que de nouveauté dans la science sur laquelle il a déjà tant écrit.

On annonce une nouvelle traduction de la *Théorie des Sentiments moraux*, accompagnée de notes pleines de finesses et d'intérêt. C'est l'ouvrage d'une femme célèbre par sa beauté, et digne de l'être par son esprit. C'est bien mériter de la patrie que de transporter, multiplier et répandre parmi nous des écrits dont les Anglais sont moins jaloux que de leurs chevaux et de leurs laines, dont, en tout cas, l'exportation est plus facile, et l'appropriation plus fructueuse encore.

(*Journal de Paris*, du 20 thermidor an v. — 7 août 1797.)

THÉORIE DES SENTIMENTS MORAUX,

OU ESSAI ANALYTIQUE SUR LES PRINCIPES DES JUGEMENTS QUE PORTENT NATURELLEMENT LES HOMMES, D'ABORD SUR LES ACTIONS DES AUTRES, ET ENSUITE SUR LEURS PROPRES ACTIONS ;

Suivie d'une

Dissertation sur l'origine des langues, par Adam SMITH ; traduite de l'anglais, sur la 7ᵉ et dernière édition, par Sophie GROUCHY, veuve CONDORCET, qui y a joint huit lettres sur la *Sympathie*.

Il y a dans l'histoire de certains livres, comme dans celle de certains hommes, des bizarreries qui paraissent inexplicables.

Là plupart des livres ne se lisent ni ne se vendent; ce n'est pas là ce qu'on peut appeler une chose bizarre; c'en est une toute naturelle, et les auteurs, s'ils mettaient la main sur la conscience, nous en diraient bien la raison.

Mais il en est plusieurs qui se vendent, s'achètent, se font proprement relier, magnifiquement dorer, et ensuite se placent sur un rayon de bibliothèque, pour n'avoir plus de commerce qu'avec *l'époussetoire*. Ce sont des livres médiocres, qui ont été vantés par quelques hommes de mérite, et dont on juge que la possession est un titre de recommandation pour le possesseur; on veut moins les voir dans sa bibliothèque que pouvoir les y montrer.

Mais ce qui paraît le plus étrange dans l'histoire commerciale des livres, c'est qu'il en est qu'on vend, qu'on lit, dont on épuise plusieurs éditions, et dont on ne trouve pourtant ni critique, ni éloge, ni citation, ni réfutation dans aucun autre ouvrage, pas même dans ces livres, toujours si nombreux, qui, comme disait Champfort, sont faits avec des livres. Telle a été jusqu'à présent la destinée de la *Théorie des Sentiments moraux*, traduite de l'anglais d'Adam Smith. La voilà à sa troisième édition en France, et beaucoup de nos moralistes ignorent encore que c'est le plus beau recueil d'observations dont la science de la morale ait été enrichie jusqu'à présent.

En 1770, Briasson en imprima la première traduction, en 2 vol. in-8°; mais il eut la ridicule charlatanerie d'ajouter au titre de Smith celui de *Métaphysique de l'âme*. En conséquence, le livre fut acheté par les amateurs de la pneumatologie ou psychologie scolastique, qui n'étaient pas dignes de le lire, et dédaigné par les philosophes, pour qui il était fait.

En 1773, l'abbé Blavet, bibliothécaire du prince de Conti, et premier traducteur des *Recherches sur les causes et la nature de la Richesse des nations*, ignorant qu'il existât déjà une traduction de la *Théorie des Sentiments moraux*, en entreprit une seconde, qu'il publia l'année suivante. Malgré le contentement qu'Adam Smith, mutilé par Briasson, témoigna à l'abbé Blavet, cette seconde édition traîna longtemps, et fut annoncée au rabais.

Mais enfin l'éclat que les discussions de l'assemblée des notables donnèrent aux *Recherches sur la nature et les causes de la Richesse*

rejaillit sur la *Théorie des Sentiments moraux*. Ce que ce livre n'avait pu faire en France pour la réputation de son auteur, la réputation de l'auteur le fit pour ce livre : on acheta celui-ci par égard, par reconnaissance pour l'autre, et par curiosité pour l'esprit de Smith, qu'on aimait à voir dans une autre carrière que l'économie publique. Mais les hommes appliqués aux discussions économiques étaient ou peu propres à apprécier un ouvrage de pure morale, ou trop occupés des affaires publiques; et comme la première édition était tombée entre les mains des scolastiques et y avait péri, la seconde périt entre les mains des économistes et des gens de finance.

Le peu d'exemplaires qui tombèrent entre les mains des gens du monde eurent le sort de toutes les choses sérieuses pour lesquelles ils se sentent condamnés à l'estime : ils évitèrent d'en parler, et l'oublièrent.

Les philosophes, les moralistes eux-mêmes ne parurent pas s'apercevoir de l'existence de ce livre. Nous avons eu plusieurs traités de morale en France depuis qu'il a été publié; les moralistes antérieurs sont cités ou au moins rappelés dans ces traités; et le nom de Smith ne s'y rencontre jamais. On ne le trouve ni dans la *Morale universelle* du baron d'Holbach, ni même dans cette belle galerie des moralistes anciens et modernes que Saint-Lambert a placés au-devant de ses *Principes des Mœurs, ou Catéchisme universel*, ouvrage important par les préceptes purs, les vérités utiles et la courageuse philosophie qu'il renferme, et qui, par le moment où il a été composé, par le moment où il est publié, par le nom de l'auteur, son âge vénérable, la considération attachée à ses talents, à ses qualités personnelles, à ses ouvrages, à sa vie entière, devient une protestation solennelle et imposante en honneur de la philosophie du dix-huitième siècle, et contre les invocations des scélérats qui ont mêlé son nom à tous les crimes, et contre les abjurations des gens qui, après en avoir été les hypocrites prôneurs, en sont devenus les cruels ennemis. Comment Smith a-t-il pu être ignoré ou méconnu de Saint-Lambert? Comment le profond analyste des affections morales n'a-t il pas été placé par lui tout à côté de Locke, le grand analyste de la pensée?

La raison en est sans doute que Smith a

fondu toutes ses observations dans un système faux ; c'est qu'il a cherché la faculté d'où procèdent tous les phénomènes de nos affections morales hors du système de l'entendement, au lieu de montrer comment elle en fait partie ; c'est qu'il a supposé que cette faculté primitive, originale, étrangère à toutes celles dont on a reconnu, dont lui-même avoue que l'esprit de l'homme est composé, nous transporte dans les autres, nous fait jouir et souffrir en eux ; c'est qu'il a prétendu que nous ne parvenions à des idées de devoir et à des principes de morale que par le secours de cette sympathie mystérieuse. Suivant qu'elle prend part aux affections de nos semblables dans les diverses occasions de la vie, ou qu'elle s'en éloigne et y répugne, nous jugeons convenables ou disconvenables, estimables ou mésestimables, les actions, les opinions ou les sentiments qui inspirent ces affections ; de sorte que c'est seulement après avoir observé les impressions que font sur nous les autres que nous acquérons des règles pour nous juger nous-mêmes et nous conduire : tel est le système de Smith.

On sent combien il est erroné ; et, d'ailleurs, on voit qu'il se détruit lui-même ; car, après avoir accordé à Smith que c'est de nos sympathies et de nos antipathies que naît en nous le sentiment du devoir, on peut demander d'où procèdent nos sympathies et nos antipathies. Vous dites que nous aimons la vertu par sympathie avec les hommes vertueux ; mais d'où vient cette sympathie avec eux ? Si je distingue l'homme vertueux de celui qui ne l'est pas, j'ai donc le sentiment de la vertu ; ce sentiment s'exerce donc, se manifeste donc dans ma sympathie même ; mon discernement du vice et de la vertu est donc antérieur à ma sympathie ; je n'ai donc pas besoin de cette sympathie pour avoir ce discernement.

Sans doute cette partie systématique de la *Théorie des sentiments moraux* a nui à Smith dans l'esprit de nos moralistes éclairés, et leur a inspiré des préventions que les circonstances de la Révolution n'ont pas permis de vaincre ou de dissiper jusqu'à présent. D'ailleurs, c'est le sort des erreurs, non-seulement d'être toujours louches, mais encore de jeter de l'obscurité autour d'elles ; c'est le sort des systèmes faux, enfantés par des hommes d'esprit, d'être énoncés avec embarras ; et, en effet, *il n'est*

point d'erreurs, comme dit Vauvenargues, *qui rendues clairement ne tombassent d'elles-mêmes*. Enfin, par un malheur commun à toutes les traductions, et particulier aux ouvrages abstraits, surtout aux systèmes erronés, le sens de Smith a été souvent manqué par les deux premiers traducteurs, et un grand nombre de mots de l'original qui n'ont pas d'équivalent dans notre langue ont été forcément traduits par des mots malheureux, auxquels nos usages donnent des acceptions très-éloignées de tout sens philosophique : tels sont les mots de *sympathie* et de *propriété des actions*. Toutes ces circonstances ont probablement contribué à la froideur des hommes instruits pour la théorie des sentiments moraux.

Cependant quels trésors de faits, d'observations et d'analyse cet ouvrage offre à la science de la morale, non-seulement pour la composition de ses préceptes, mais encore pour l'insinuation de ces mêmes préceptes dans toutes les volontés et pour la direction des habitudes ! Quelle sagacité de perception, quelle finesse de vue, quelle précision d'analyse, quelle délicatesse de style dans toutes les parties où l'auteur considère la nature et la mesure des affections que nous éprouvons à la vue de diverses affections de nos semblables !

Il était réservé à la citoyenne Condorcet d'établir cet important ouvrage dans tous ses droits et dans toute son utilité. La nouvelle traduction qu'elle publie, enrichie des additions considérables faites par l'auteur dans les dernières éditions anglaises, est exempte, non-seulement des contre-sens des précédentes, mais encore de ce vague, de cette incertitude d'expressions qui défigurent un système abstrait plus encore que ne le font les contre-sens mêmes. Quant aux défauts du fond de l'ouvrage, les lettres de la citoyenne Condorcet en sont une véritable correction ; elles expliquent très-bien l'origine de la sympathie que Smith a cru être l'origine de tout et ne dépendre de rien ; elles l'attribuent, avec raison, à la mémoire et à l'imagination, et la ramènent avec justesse et précision au principe commun de la sensibilité physique ; elles rallient ainsi tous les phénomènes recueillis par Smith avec ceux qu'elles rassemblent elles-mêmes, à la science de l'entendement ; enfin, elles font rentrer la grande famille des sentiments moraux dans la grande famille des idées. Sans le savoir peut-être, ou du moins sans y prétendre, la citoyenne Condorcet est une médiatrice éclairée entre Smith et Locke, entre l'un et l'autre et nos savants moralistes.

Avant de donner la notice des lettres de la citoyenne Condorcet, indiquons quelques exemples des beaux détails de Smith.

Il faut croire que les secrets dont la révélation nous plaît davantage sont ceux de nos propres sentiments et des causes qui les produisent; car Smith, sans mouvements, sans figures, sans chaleur, sans poésie, sans artifice oratoire, par la seule clarté de ses explications, par la seule facilité de ses développements, donne quelquefois un plaisir inexprimable. Par exemple, on est ravi, en lisant, dans les chapitres IV et V de la section 1re de la 1re partie, l'origine des vertus aimables et celle des vertus respectables, c'est-à-dire des vertus qui se rapportent à l'humanité, à la bonté, à la douceur, à l'urbanité, et de celles qui se rapportent à la force, au courage, à l'empire sur soi-même, dans le plaisir ou dans la peine. Avec quel plaisir on observe l'effort que fait l'homme tendre et bon pour marquer à l'homme souffrant un intérêt égal à sa peine, et l'effort que l'homme souffrant fait, au contraire, pour adoucir l'aspect de sa peine aux yeux de celui qui y prend part! Qu'on aime à voir comment l'empire que celui-ci prend sur lui-même augmente l'attendrissement de l'autre, et comment cet attendrissement augmente à son tour le courage du malheureux; comment celui-ci se console par l'élévation de son âme, comment l'autre redouble d'intérêt par l'admiration qui lui est imposée; en un mot, comment le malheureux devient plus fort, et l'indifférent plus sensible, par l'action mutuelle qu'ils exercent l'un sur l'autre!

S'il y a moins d'intérêt dans l'analyse des principes de l'ambition et de la distinction des rangs, il y a des rapprochements si heureux, des résultats si inattendus, si surprenants, et néanmoins si frappants par leur vérité, qu'ils donnent une autre sorte de plaisir, celui de la curiosité fortement excitée et pleinement satisfaite.

Dans la troisième partie, où l'auteur examine la nature de la *conscience* et du *remords*, il explique, avec une vérité plus terrible que toutes les fictions des poëtes, comment un coupable, s'identifiant avec l'honnête homme que frappe et révolte l'idée d'un grand crime, partage l'horreur de celui-ci; s'accable de sa propre exécration, et se couvre lui-même d'ignominie. La certitude du secret ne le préserve pas de ses tourments; son imagination frappée, empreinte du jugement de tous les gens de bien sur son action, a fait de lui-même son juge et son bourreau; et telle est l'horreur de sa situation que la certitude de n'être point reconnu pour l'auteur du crime lui devient même insupportable; il va s'accuser lui-même, il va révéler au juge ce que la sagacité humaine n'aurait jamais pu découvrir; il va s'offrir aux châtiments des lois, à la vengeance de ses concitoyens, se dévouer à l'expiation la plus cruelle, par l'unique espérance d'obtenir d'eux quelque pitié dans ses supplices, et par le besoin de voir remplacer dans leur cœur le sentiment des gens de bien, qui crient vengeance, par celui des hommes sensibles, qui crient miséricorde.

Tout le livre de Smith est plein de ces tableaux savants qui nous apprennent tout ce que la nature humaine renferme de favorable à la morale et à la vertu.

(*Journal de Paris*, du 21 messidor an VI. — 9 juillet 1798.)

2

DES LETTRES DE LA CITOYENNE CONDORCET SUR LA SYMPATHIE.

Dans sa première lettre, la citoyenne Condorcet recherche les causes de notre sympathie avec les maux physiques dont nous remarquons l'impression dans les autres. Elle montre, par une suite d'observations clairement exposées, que cette sympathie consiste uniquement dans une fonction de l'imagination, qui, à la vue d'un être souffrant, nous retrace, non pas précisément la douleur qu'il éprouve, mais le mal-être général qui accompagne et suit toute douleur assez vive pour affecter l'organisation entière, mal-être connu de tout être sensible qui a quelque peu vécu, car nul n'a vécu plus d'un jour sans souffrir. Ainsi, la *sensibilité physique* et *l'imagination* sont les deux facultés auxquelles la citoyenne Condorcet rapporte nos *sympathies* avec les douleurs physiques. De cette première notion découle cette vérité, confirmée par l'expérience, que l'école de la douleur et de l'adversité rend les hommes plus compatissants et plus humains; et elle semble conduire à cette importante consé-quence, non, comme le dit la citoyenne Condorcet, que les pères et mères, et instituteurs, doivent *montrer* aux jeunes gens *la douleur des autres*, mais que l'éducation doit, avec une sage mesure, mêler quelques peines, au moins quelques contrariétés, aux plaisirs de la jeunesse; conséquence que la tendresse paternelle, et l'amour maternel surtout, auront toujours peine à concevoir, mais qui pourrait être doucement pratiquée par une institution publique, où les jeunes gens feraient un essai tempéré de la vie sociale, et commenceraient cette expérience de peines que la société complète souvent trop tard pour triompher des passions et des habitudes.

La seconde lettre a pour objet de montrer comment les sympathies morales naissent des sympathies physiques. « L'idée la plus abs-traite des douleurs physiques,... renouvelant plus ou moins fortement l'impression générale de la douleur sur nos organes, l'idée d'une douleur morale produit aussi le même effet. » La raison en est simple : c'est qu'une peine morale n'est autre chose qu'un faisceau qui rassemble l'appréhension ou le souvenir de plusieurs peines physiques. L'auteur pense que nous ne parvenons à partager les peines mo-rales, communes à tous les êtres de notre es-pèce, que par l'intérêt qui nous unit d'abord à notre nourrice, ensuite à nos parents et à nos amis. C'est donc dans la vie privée que nous faisons l'apprentissage des affections qui em-brassent l'humanité : grande raison pour veil-ler aux mœurs domestiques.

La citoyenne Condorcet a dit des choses neuves, justes, intéressantes, sur les motifs qui nous font chercher le spectacle des grandes souffrances, soit au théâtre ou dans la société. Jusqu'à présent les moralistes se sont bien trompés sur les motifs qui font courir le peu-ple aux exécutions, et les rhéteurs sur ceux qui conduisent les esprits cultivés à la tragé-die. L'empressement de voir les malheureux se confond d'abord avec ce sentiment sublime qui fait courir à leur secours, qui leur fait tendre les bras alors même qu'on a le moins le pouvoir et l'espérance de leur être utile;

ensuite, « il y a en nous, comme le dit l'au-teur, une secrète impulsion qui nous porte à connaître les maux d'autrui dès que nous soup-çonnons leur existence, et en général à appro-fondir toute combinaison d'idées, tout fait, dont nous n'avons qu'une notion incomplète. »

Cette impulsion, c'est la curiosité qui porte tout naturellement à observer et les maux dont nous pouvons être atteints, et les res-sources de notre nature pour les supporter. La multitude est aussi portée aux exécutions par la crainte de l'ennui, par le besoin d'émo-tions, faute d'idées et de sensations, faute de sentiments. Enfin, un intérêt secret dit à tous que, pour féconder la sensibilité, source de toutes nos jouissances, il faut lui donner de temps en temps de fortes secousses,

Nous observons, à ce sujet, que c'est injus-tement qu'on traite de barbares les gens du peuple qui entourent ordinairement les écha-fauds. A la vérité, dans des temps de troubles civils et de dissentions intestines, le peuple montre quelquefois de la férocité à ces specta-cles, mais c'est à l'égard de ceux qu'il croit être ses ennemis; car il n'est que plus ému des coups qui peuvent tomber alors sur son parti. Alors le fanatisme, la peur, la haine, la ven-geance l'aveuglent et l'entraînent hors tous les sentiments naturels. Dans les temps calmes, lorsque la loi et la justice seules envoient des hommes à l'échafaud, le sentiment qui fait courir la plus grande partie des spectateurs aux exécutions n'est nullement le ressenti-ment du crime, ni le besoin de la vengeance; c'est tout au contraire la compassion pour le coupable. On va à la place publique comme on accourt au bord de la mer quand on aper-çoit de loin un naufrage, comme on étend les bras vers des malheureux qui sont à une lieue de soi; on y va, non par l'*étrange empresse-ment* DE VOIR *des malheureux*, mais par le be-soin de leur compatir, de s'attendrir sur leur sort, de leur offrir peut-être le spectacle con-solateur de la pitié. Et qu'on demande à tous les coupables condamnés à des peines capitales pour des crimes contre lesquels le peuple n'est pas soulevé par quelque fanatisme ou quelque passion momentanée, qu'on leur demande ce qu'ils préfèrent, ou de perdre la vie dans le si-lence et dans l'obscurité de leur prison, ou de la perdre sur la place publique, en présence du peuple : nous sommes convaincu qu'ils demanderont la place publique, qu'ils trouveront quelque adoucissement à s'offrir à la pitié, à imprimer dans le souvenir d'une grande multitude l'idée de leur résignation et celle de leur supplice; et nous osons dire, malgré l'autorité du préjugé, que le peuple, qui, le jour d'une exécution capitale, ordonnée dans un temps paisible par la justice, pourrait déserter et laisser vide la place où cette exécution aurait lieu, serait peut-être plus féroce que celui qui, dans des temps de fureurs intestines, danserait autour des cadavres du parti vaincu. Celui-ci pourrait n'être qu'égaré; l'autre serait froid, glacé, incapable d'un bon sentiment.

Les rhéteurs nous ont assuré jusqu'à présent que c'était le besoin d'être ému et de sentir notre existence qui nous menait à la tragédie. On dirait donc qu'on y est attiré surtout par la catastrophe; et c'est précisément le contraire. On y va pour jouir des images de bonheur et de plaisir que la crainte ou le pressentiment d'une catastrophe imminente fait ressortir, rend plus vives et plus intimes. Ce que dit à ce sujet la citoyenne Condorcet est bien d'accord avec l'opinion que nous énonçons ici, et semble y conduire.

La troisième lettre concerne les sympathies que la citoyenne Condorcet appelle individuelles, telles que l'*amitié*, l'*amour*.

Nous nous proposons de revenir sur le principal sujet de cette troisième lettre dans un article séparé, où nous rapprocherons les idées de l'auteur sur l'*amour* avec celles de trois autres femmes *moralistes*, qui en ont parlé d'une manière fort différente, savoir : madame du Châtelet, madame Necker et madame de Staël.

La quatrième lettre combat diverses opinions de Smith. La citoyenne Condorcet croit qu'il n'a pas indiqué la vraie raison qui fait plaindre les rois détrônés. Elle conteste que nous sympathisions faiblement avec les jouissances de l'amour. Elle recherche le principe de la sympathie qui nous fait rire quand nous voyons rire; elle le découvre dans le plaisir attaché au mouvement des organes du rire même, et elle découvre la première cause du rire, à la vue des objets ridicules, dans la légère convulsion que cause la présence d'une chose plaisante et inattendue. Elle explique l'action sympathique qu'exer-

cent les orateurs sur les auditeurs et les auditeurs les uns sur les autres, dans les grandes assemblées. Enfin, elle pénètre le secret des grands écrivains qui font passer leurs opinions dans l'esprit de leur lecteur; ce qui l'amène à un parallèle de Rousseau avec Voltaire : morceau neuf et saillant.

Les deux lettres qui suivent montrent dans un ordre clair, et avec une grande précision de langage, la génération des idées morales, des notions du bien et du mal, du juste et de l'injuste, des droits et des devoirs. L'auteur prouve, contre l'opinion de Smith, que toutes ces idées procèdent immédiatement de la sensibilité physique. D'un autre côté, elle établit, malgré les prétentions et l'intolérance des opinions religieuses, que la morale trouve dans notre organisation tout à la fois son origine, ses mobiles et sa garantie! C'est dans le perfectionnement de l'intelligence, dans le sage exercice de l'imagination, en un mot, dans les bonnes habitudes de la raison et la sensibilité, et non dans l'assujettissement de toutes les facultés à une puissance invisible dont chaque imposteur se fait l'interprète, qu'elle fait consister l'art d'améliorer l'espèce humaine et d'augmenter son bonheur; vérités qui, trouvant encore des contradictions, ont encore besoin d'être répétées.

La septième lettre a pour objet d'établir que tous les vices ont eu pour principe nos mauvaises lois et nos institutions despotiques. L'auteur établit que les crimes sont tous nés parmi nous de l'amour, de la cupidité, de l'ambition, de la vanité; que les crimes de la cupidité sont venus des lois qui favorisaient l'inégalité des fortunes; ceux de l'ambition et de la vanité, des lois qui accordaient tout à une certaine naissance; ceux de l'amour, des lois qui enchaînaient dans des unions indissolubles et contractées comme les plus vils marchés, par la vanité ou l'avarice.

Cette lettre est jusqu'ici une fort bonne censure de notre ancienne organisation politique. Mais l'auteur soutient ensuite qu'en amour *les fautes des femmes sont l'ouvrage des hommes, comme les vices des peuples sont les crimes de leurs tyrans.* Nous sommes loin de penser qu'en France les fautes des femmes soient venues jusqu'à présent de leur servitude et de la tyrannie des hommes; il nous semble, tout au contraire, que leurs fautes, et même une grande partie des nôtres, sont venues de leur domination et de notre servitude. On dirait donc avec plus de justesse : Les fautes des femmes sont l'ouvrage des hommes, comme les vices des tyrans sont les crimes des peuples ; et c'est à quoi la république doit se hâter d'apporter remède.

La huitième et dernière lettre présente le tableau satisfaisant d'un peuple chez lequel toutes les causes de désordres précédemment rappelées n'existeraient pas ; elle finit par une peinture vive et intéressante du bonheur attaché à la vie domestique, resserrée par l'heureuse ignorance ou le parfait oubli de tous les intérêts de vanité qui la troublent ou l'en éloignent.

Toute juste que nous trouvons la censure de nos anciennes institutions, tout utile qu'en sera certainement l'abolition, la citoyenne Condorcet nous paraît trop compter sur la simple abolition des anciennes institutions pour régénérer la morale du peuple. Certes, les deux premières années de la république ont dû la convaincre que, chez une nation corrompue, il ne suffit pas de savoir abolir, et qu'il faut aussi savoir fonder et pouvoir le faire sans intervalle, si l'on ne veut ouvrir la porte à la plus dévorante anarchie et aux vices qui en sont l'inévitable suite.

Nous avons fait connaître l'objet de l'ouvrage de la citoyenne Condorcet ; on voit qu'il est important. Nous en avons indiqué les principales idées ; on voit qu'elles sont pour la plupart justes et neuves. Les bornes de notre feuille ne nous permettent pas davantage. Nous en avons dit assez pour exciter la curiosité du lecteur ; c'est au livre même à la satisfaire.

Nous devons avouer, au reste, qu'il a été l'objet de quelques critiques littéraires. On a trouvé étrange que l'auteur y eût employé les formules épistolaires, quoiqu'il n'y eût rien d'épistolaire au fond, ni même dans la forme ; qu'elle eût pris le ton de quelqu'un qui instruit, enseigne, redresse, quoiqu'elle s'adressât à Condorcet, qui savait à peu près tout ce que les lettres lui apprennent. Nous l'avouons, ce reproche nous semble mérité, et une seconde édition pourra l'éviter.

On a aussi reproché au style de l'ouvrage de n'avoir ni toute la grâce qu'on trouve d'ordi-naire dans ce qui sort de la plume des femmes, ni toute la correction qu'on exige des hommes. Cette critique nous paraît tout à fait sans fondement. La citoyenne Condorcet a dû prendre le style de son sujet, et non le style de son sexe, dans une discussion philosophique où il ne s'agit ni d'énoncer des opinions frivoles, ni d'exprimer des sentiments passionnés. Malheur aux ouvrages de discussion morale et métaphysique dont l'auteur a voulu commander l'attention en même temps qu'éclairer la pensée ! ce qu'il a fait pour plaire a presque toujours nui à ce qu'il a voulu faire pour instruire. Dans les discussions épineuses, presque toujours les mouvements nuisent à la suite des raisonnements, et les images à la précision des idées. Ce n'est pas avec les tours de madame de Sévigné que madame du Châtelet a écrit sur la physique, et ce n'est pas du style de ses lettres que madame de Sévigné elle-même eût écrit sur la science de l'entendement et sur les principes des sentiments moraux. Le style de la citoyenne Condorcet, sans être tout à fait *pur*, est ordinairement *correct* ; il est clair, il est simple et sans prétention. Il a souvent de l'intérêt, toujours de la noblesse. On serait seulement en droit de dire qu'il aurait pu être un peu plus familier, sans tomber pour cela au-dessous de son sujet.

Il y a neuf ans que nous avons vu le manuscrit de la citoyenne Condorcet entre les mains d'un bon juge en métaphysique, Ém. Siéyès ; *C'est un ouvrage étonnant*, nous dit-il alors. Il l'était, en effet, à plus d'un titre ; en 1789, la citoyenne Condorcet n'avait pas vingt ans, et on peut croire qu'alors sa beauté n'avait pas moins d'éclat et de charme qu'aujourd'hui. C'est un phénomène dont on ne citerait pas beaucoup d'exemples que celui d'une femme qui joint à cet avantage, dont il est si naturel de jouir et même de s'occuper un peu, un goût décidé pour les occupations utiles, une heureuse aptitude aux plus difficiles recherches, et la puissance d'une forte application aux plus fatigantes études.

(*Journal de Paris*, du 26 messidor an VI, 14 juillet 1798.)

DE LA PHILOSOPHIE MODERNE,

PAR RIVAROL.

I

Voici un ouvrage qui est beaucoup vanté, beaucoup célébré, et auquel je crois impossible de donner un éloge raisonnable. S'il a le pouvoir de se faire lire, il n'a pas de même celui de se faire entendre. Je voudrais, pour la peine de ses admirateurs, qu'ils fussent obligés d'en présenter la substance, ou seulement les propositions principales, en peu de paroles. Je soutiens qu'en présentant nues, mais exactement, les opinions de Rivarol, ils seraient honteux de leur difformité, de leurs disparates, de leur inconciliation ; souvent même ils seraient fort étonnés de ne trouver que du vide sous des formes de style fort imposantes, et de voir s'évanouir la sublime pensée de l'auteur au moment que, pour la saisir, ils en ouvriraient l'enveloppe. Une seule chose est claire dans cet ouvrage : c'est l'intention de nuire non-seulement à la Révolution, mais à la philosophie, à la raison humaine, au bon sens ; c'est un zèle passionné non-seulement pour une contre-révolution politique, mais aussi pour le rétablissement de toutes les oppressions par toutes les absurdités, pour la restauration d'un régime dans lequel Louis XIV ne serait pas assez despote ni Charles IX assez superstitieux, et où le trône n'exigerait pas moins qu'un Philippe II et son grand inquisiteur. Voilà ce qui séduit et charme les âmes *douces et bonnes* qui se sont enthousiasmées de l'ouvrage de Rivarol.

Ce qu'il appelle la philosophie moderne, c'est le système de pillage et de massacre suivi pendant le règne de la Terreur ; cependant il serait difficile de citer un mot de Voltaire, de Rousseau, de Montesquieu, qui autorisât le pillage et le massacre.

Robespierre, selon Rivarol, n'a fait que traduire en action la philosophie moderne. Cependant il se trouve que Robespierre a égalé, même surpassé Rivarol en déclamations contre la philosophie moderne ; et pour lui Rivarol était un philosophe, comme il était un philosophe pour Rivarol.

Rivarol assure qu'en détruisant toute religion les philosophes ont au moins préparé ce système de destruction. Cependant Rousseau,

Voltaire et Montesquieu ont tous professé la religion naturelle et célébré la religion chrétienne. C'est d'ailleurs au nom de Jésus, nommé par les furieux de la Révolution *le premier des sans-culottes*, qu'ils ont déshabillé et égorgé les prêtres catholiques. Enfin Robespierre, après avoir rétabli le culte de l'Éternel un moment aboli, n'a pas moins abattu de têtes qu'auparavant.

Il est vrai que Billaud-Varennes, Collot-d'Herbois et quelques autres ont invoqué quelquefois le nom de la philosophie en faisant des lois sanguinaires ; mais les chefs de la Saint-Barthélemy n'ont-ils pas invoqué le nom de la religion en commandant leurs massacres, n'ont-ils pas imprimé des croix sur leurs bannières et répandu les bénédictions sur les poignards ? Les Billaud et les Collot-d'Herbois n'ont-ils pas invoqué le nom de la vertu comme celui de la philosophie ? Fera-t-on pour cela le procès à la vertu ? Comment interdire l'hypocrisie au crime qu'on ne peut empêcher ?

Ce que l'auteur appelle la philosophie ancienne, la philosophie respectable, c'est l'abus invétéré ; c'est le crime permanent. Pour lui le mal est un bien, pourvu qu'il soit fixe ; le bien est un mal, s'il doit passer.

Ce que l'auteur appelle la religion, c'est toute religion quelle qu'elle soit : celle de Moïse, celle de Mahomet, celle de Jésus, le paradis et l'enfer, le tartare et l'élysée, Dieu et le diable, les anges, les houris, la jument de Mahomet, etc. Tout cela lui est égal ; dans tout cela il voit des inventions également bienfaisantes ; et vous pensez bien que par cette raison même il ne croit à rien de tout cela. Mais ce qu'il y a de plaisant, c'est qu'il le déclare. Selon lui instruction et croyance sont deux choses incompatibles ; pour lui il n'y a qu'une religion malgré la diversité des cultes : c'est la religion naturelle, celle des philosophes qu'il décrie ; et il le dit formellement après s'être déchaîné contre les philosophes pour l'avoir dit.

Disons quelque chose du style de cet ouvrage. Il manque d'ordre, parce qu'il n'y a point d'ordre pour des idées fausses. Il manque de ce beau désordre qui suit et peint les grands mouvements de l'âme, parce qu'il n'y a de grands mouvements que pour les sentiments vrais. On y trouve de l'agitation qui ne produit point de chaleur, des images qui ne laissent aucune idée. Il est plein de traits brillants et ne renferme pas une page qui ne soit obscure. Si l'auteur élève quelquefois l'imagination, aussitôt il offense le goût; il réunit dans quelques lignes les choses les plus disparates. Il commence une phrase comme Bossuet et la finit comme Scarron. En général, Balzac et Voiture sont simples auprès de ce qu'il y a de moins affecté dans le style de Rivarol. En un mot, son style annonce partout du talent, et c'est un mauvais style.

Les bornes de cette feuille m'empêchent de justifier cette opinion par quelques citations. J'ai discuté l'ouvrage entier dans *la Décade philosophique;* ma discussion y paraîtra dans le numéro prochain.

(Journal de Paris, du 26 fructidor an vii.
— 12 septembre 1799.)

2

A R. SUR SON EXTRAIT DE RIVAROL.

Il ne faut qu'un léger sentiment des convenances de temps et de lieux pour comprendre que vous avez pu et dû attaquer l'ouvrage de Rivarol sur la philosophie moderne; mais qu'il y aurait du danger, ou tout au moins un grand désavantage, à rétorquer votre critique! Aussi n'avez-vous pas trouvé d'adversaire qui soit encore entré en lice, et peut-être même le *Journal de Paris* ne s'ouvrirait-il pas de bonne grâce à un champion antiphilosophe.

Qu'il soit permis toutefois à quelqu'un qui a lu l'ouvrage de Rivarol et votre extrait d'y relever une erreur de fait qui vous a échappé. Dans deux endroits de votre extrait, vous accolez le nom de *Montesquieu* à ceux de Rousseau, de Voltaire, d'Helvétius et de Diderot, et par là vous laissez entendre que Rivarol, qui cite ces derniers seulement comme les auteurs de la Révolution et de ses malheurs, leur assimile *Montesquieu,* tandis que le nom de ce savant publiciste, de ce sage philosophe, n'est pas même cité dans l'ouvrage de Rivarol.

Les principes philosophiques que vous défendez vous donnent assez d'avantages sur Rivarol sans lui supposer le tort d'avoir compris dans son anathème contre les précurseurs de la Révolution le nom de Montesquieu, dont la philosophie et les principes politiques servent,

au contraire, de texte à tous ceux qui détestent la Révolution et ses conséquences.

A défaut d'insertion de ma lettre, mettez au moins un *errata* relativement au nom de Montesquieu si mal à propos cité. Ce sont ces malheureuses finesses polémiques qui irritent sans cesse ceux qui voudraient ne voir en vous qu'un simple antagoniste d'opinion.

Réponse. Rivarol n'a pas fait la liste des écrits et des écrivains dont il entendait parler, en se déchaînant contre la philosophie et les philosophes modernes, et c'est un de ses torts. Il n'a nommé qu'accidentellement, et comme en passant, quatre hommes du siècle, qui ont eu le titre de philosophes, savoir: Voltaire, Rousseau, Diderot et Mably; mais il n'a pas annoncé qu'il bornait à ces quatre noms la liste des écrivains qu'il accusait. Je ne vois pas pourquoi on exclurait Montesquieu de cette liste, ni comment on peut marquer la ligne qui sépare, dans l'esprit de Rivarol, tels philosophes modernes de tels autres. Montesquieu a plus contribué que Rousseau à la Révolution et surtout que Mably. Mably a fourni plus d'un texte à ceux qui l'ont dénaturée; mais Montesquieu a bien plus conduit ceux qui l'ont commencée.

(Journal de Paris du 3e jour complémentaire an vii. — 19 septembre 1799.)

3

DE LA PHILOSOPHIE MODERNE,
ET DE LA PART QU'ELLE A EUE À LA RÉVOLUTION FRANÇAISE;

Ou examen de la brochure publiée par Rivarol sur la Philosophie moderne.

La brochure de Rivarol intitulée : *De la Philosophie moderne,* est extraite du discours qui doit précéder le *Dictionnaire de la langue française,* annoncé depuis longtemps par l'auteur. Ce discours, imprimé à Hambourg, il y a deux ans, a été jusqu'ici prohibé en France, à cause de la partie que l'auteur en publie aujourd'hui. Voyons si ce morceau méritait l'importance que le gouvernement lui a donnée, et n'avait pas plus à craindre de l'étalage que de la clandestinité.

L'auteur commence par définir ce qu'il entend par la philosophie moderne; onze pages sont employées à cette définition. Il pouvait être plus bref; nous allons voir comme il est judicieux, clair et éloquent.

Mais, préliminairement, nous voudrions que le lecteur recueillît ses propres idées sur la *philosophie moderne*, et s'arrêtât sur les circonstances qui lui paraissent la caractériser et la distinguer de la philosophie ancienne. Pour moi, voici à peu près ce que j'entends par la philosophie moderne.

D'abord, elle a de commun avec l'ancienne d'être l'amour de la sagesse et la recherche de la vérité; ensuite, ce qui me semble la distinguer de celle-ci, c'est la sûreté de ses méthodes pour la direction de cette recherche, c'est aussi l'étendue de ses découvertes. Une connaissance plus approfondie de l'entendement et de l'origine des idées a fait remonter aux vrais moyens d'en acquérir et de les vérifier. Ainsi l'expérience et l'observation ont remplacé dans toutes les sciences l'arbitraire des hypothèses et la manie des systèmes. La morale et la politique même ont trouvé des bases solides; elles ont fait sortir de nos besoins nos droits, et de nos droits nos devoirs. Ainsi la sûreté des méthodes, l'étendue des résultats me paraissent être les caractères de la philosophie moderne.

Rivarol y trouvera-t-il autre chose, de plus grandes choses, de meilleures, ou n'en trouvera-t-il que de moindres et de pernicieuses? Voyons le résumé de ses onze pages de définition.

Selon lui, la philosophie moderne c'est « l'ignorance hardie... C'est l'esprit d'indépendance joint au despotisme des décisions. C'est l'esprit d'analyse, qui emploie partout les dissolvants et la décomposition... qui tue et dissèque les hommes vivants pour les mieux connaître... C'est cet esprit malfaisant qui trouve tout mal, et qui ne se soucie point de faire le bien... qui ne cherche que le pouvoir, au lieu du souverain bien..., qui détruit tout, la politique, la morale, la religion, et surtout les rois... et qui, cependant, se confondant avec la mode, capte et range sous ses enseignes les courtisans et les rois... qui bâtit entre le tombeau des pères et les berceaux des enfants, accorde l'amour au futur et à l'inconnu, voue la haine aux contemporains... rit des droits de la propriété... et finit par ne trouver qu'un labyrinthe au fond d'un abîme... »

Voilà ce que l'auteur appelle *une pâle copie de tout ce que le monde voit* dans la philosophie moderne. Si c'est là une copie de quelque chose, c'est assurément une copie brouillée d'un assemblage bien bizarre de choses bien disparates. Personne, je pense, n'y reconnaîtra un système de philosophie; ce ne peut être que la copie d'un rêve de l'auteur.

Il est bien vrai pourtant que l'esprit d'*analyse* s'est introduit dans la philosophie moderne, et même la caractérise; mais qui, par ces mots, a jamais entendu l'esprit de destruction? « L'analyse, dit l'auteur, opère en sens contraire de la nature; toujours la première décompose, et la nature compose toujours. » Quelle idée! Le travail de la nature consiste en décompositions comme en compositions; la moitié du monde périt tandis que l'autre croît. Et l'analyse ne consiste pas seulement à décomposer, elle consiste aussi à recomposer; car nulle analyse n'est complète que par la recomposition qui la vérifie, et qui apprend les rapports et les proportions des parties décomposées. D'ailleurs, le but des décompositions analytiques est uniquement la composition. L'analyse ne décompose que pour avoir le secret des bonnes compositions. L'horloger ne prend la peine de décomposer une montre que pour la raccommoder, que pour apprendre à en faire une meilleure. Le chimiste n'analyse les substances naturelles que pour apprendre à composer des remèdes, des aliments, des substances artificielles, utiles et agréables, ou pour empêcher que les substances naturelles, mal employées, ne nous nuisent et ne nous détruisent. L'anatomiste ne dissèque, n'*analyse* que pour apprendre l'art de guérir et de conserver. Le politique, le moraliste, le logicien, que décomposent-ils? Est-ce, comme le dit Rivarol, les choses, les sociétés, l'homme vivant? Ils décomposent les idées et les mots, voilà tout; et pour quel objet? pour composer des jugements qu'ils comprennent, des discours qu'ils entendent, des plans dont ils puissent se rendre compte, et pour faire ensuite ce qui est bien; car pour faire le bien il faut, ce semble, savoir d'abord ce qu'on fait, savoir ce qu'on dit, et savoir ce qu'on pense. Je pourrais demander à l'auteur comment il sait que l'analyse décompose, si ce n'est par l'analyse; et que la nature compose, si ce n'est par l'analyse ; et comment il peut nous le dire, si ce n'est par l'analyse ; et pourquoi il n'a pas remarqué que l'analyse compose aussi, n'a même d'autre but que la composition, et que la nature ne cesse de décomposer, si ce n'est faute d'analyse.

De la définition de la philosophie moderne, l'auteur passe aux folies, aux sottises, aux crimes qu'il lui impute.

« On peut, dit-il, réduire à un seul tous ses « sophismes : au miracle d'une clarté subite « dans toutes les têtes, et à la propagation « *universelle* des lumières *chez tous les peu-* « *ples.* »

Personne n'a cru au miracle de l'illumination subite de toutes les têtes. Quant à la propagation des lumières chez tous les peuples, qui autorise à la croire impossible ? « Les lu- « mières, dit l'auteur, gagnent en hauteur, « pas en surface ; elles élèvent les sciences, « elles n'éclairent pas le peuple. » Les lumières gagnent en tout sens ; elles n'élèvent ni n'abaissent les sciences, car les lumières et les sciences sont la même chose. Plus les sciences se perfectionnent et se simplifient, ou, ce qui revient au même, plus les lumières ont d'éclat, plus elles frappent d'esprits.

Un autre reproche que l'auteur fait aux philosophes modernes, c'est d'avoir, dit-il, proclamé « l'*égalité indéfinie* parmi les hommes, d'avoir décrété *que les hommes étaient naturellement égaux sans restriction.* » Les constitutions de 91 et de l'an III ont proclamé l'égalité des droits, jamais l'égalité naturelle ni l'égalité indéfinie. Aucun philososophe n'a proclamé l'égalité naturelle ; il aurait parlé contre le fait le plus évident de la nature. Sieyès a dit, tout au contraire, dans sa belle *exposition raisonnée des droits*, que, ce qui a rendu nécessaire la garantie de l'égalité de droits par l'état social, c'est l'*inégalité des moyens*. « La loi sociale, a-t-il ajouté, n'est point faite pour affaiblir le faible et fortifier le fort, mais pour mettre le faible à l'abri des entreprises du fort, couvrir de son autorité tutélaire l'universalité des citoyens et garantir à tous la plénitude de leurs droits. »

L'auteur, au reste, attribue l'erreur (où ne sont pas tombés les philosophes) de croire tous les hommes égaux à la confusion qu'on a faite de la ressemblance avec l'égalité. « Les hom-

mes naissent en effet *semblables*, dit-il, *mais pas égaux.* » Étrange distinction ! la ressemblance sans doute approche plus de l'identité que l'égalité. L'égalité est une condition de la ressemblance, la ressemblance n'en est pas une de l'égalité. Ainsi l'auteur explique une erreur dans laquelle personne n'est tombé par l'ignorance d'une erreur dans laquelle il voudrait que l'on tombât.

Un autre crime de la philosophie, c'est, selon l'auteur, « la destruction de toute religion. » On peut lui répondre que la philosophie a réuni à son domaine quelques parties dont la religion avait voulu s'emparer, telles que la politique et la morale, mais sans condamner pour cela toutes les religions, et sans en détruire aucune. Elle s'est chargée de tout ce qui intéresse le bonheur des hommes, sans exclure absolument le concours de toute idée religieuse. L'auteur dit qu'il n'y a qu'une religion malgré la diversité des cultes, et cette religion est la religion naturelle. C'est aller plus loin que n'ont fait Voltaire et Rousseau, qui ont souvent professé un profond respect pour la religion chrétienne.

« Quand on ne considérerait, dit Rivarol, les religions que comme des superstitions fixes, elles n'en seraient pas moins les bienfaitrices du genre humain. » Mais peut-on bien les considérer comme des superstitions fixes ? n'ontelles pas toutes été très-mobiles, ainsi que toutes les opinions des hommes ?

« Toutes les opinions, continue l'auteur, sont bonnes quand elles sont fixes. » En partant de ce principe, l'auteur devrait peu estimer les idées religieuses, et, au lieu de combattre aujourd'hui les opinions irreligieuses, il devrait aider à les fixer.

« Ce n'est pas la meilleure loi, c'est la plus fixe qui est la bonne. » Ainsi, pour rendre notre constitution excellente, il n'y a qu'à la maintenir ; ainsi, ce n'est pas parce que vous la trouvez mauvaise que vous l'attaquez, vous l'attaquez pour vous croire en droit de la trouver mauvaise.

« Il n'y a de légitime que ce qui est fixe, » et, par conséquent, tout ce qui est fixe est légitime ; c'est-à-dire que l'injustice durable est justice, que la fin de l'injustice est crime.

L'auteur déclare au reste que « les prêtres se sont trompés, comme les philosophes, dans l'art sublime de gouverner les hommes, les prêtres *pour avoir pensé que la classe instruite croirait toujours*, et les philosophes pour avoir pensé que les peuples s'éclaireraient... Ils n'ont pas entendu l'état de la question. Il ne fallait pas plus prouver la religion que l'attaquer... Il ne s'agissait pas de savoir si elle était vraie, mais nécessaire... Tout ce qui a pu tirer l'homme de l'état sauvage était admirable ; enfer ou paradis, ange ou diable, n'importe... Les prêtres sont les fondateurs des nations. »

Comment établir la religion dans le peuple sans en prouver la vérité ? comment la faire recevoir comme nécessaire si on ne l'accrédite comme vraie? Elle ne peut être nécessaire qu'autant que le peuple y croit; il ne peut y croire qu'autant qu'on la lui dit vraie; il faut donc prouver sa vérité pour établir sa nécessité. Si vous disiez au peuple : Il faut que tu sois dans l'erreur, il pourrait vous répondre : Je le crois bien; mais, en ce cas, faites-donc que j'y sois; trompez-moi donc, prouvez-moi donc le mensonge.

Or, quand la religion a été une fois annoncée au peuple comme vraie, quoique au fond ses apôtres ne l'eussent crue que nécessaire, il a été tout simple que ceux qui en ont soupçonné ou découvert la fausseté ne la crussent plus nécessaire, du moment qu'elle ne leur paraissait plus vraie. Le bon sens suffisait pour les faire penser ainsi. On a donné la religion pour nécessaire, parce qu'elle était supposée vraie; puisqu'elle est démontrée fausse, elle est donc nuisible, ou du moins elle n'est pas nécessaire. Cet argument n'a pas eu besoin de la philosophie du dix-huitième siècle pour frapper bien des esprits.

Au fond, il est absurde de dire que toute religion est admirable, parce qu'elle a tiré l'homme de l'état sauvage. L'histoire est toute contraire à cette dernière assertion : les religions ne sont venues qu'après la formation des sociétés, et, si elles les avaient précédées, il s'ensuivrait qu'elles peuvent s'accommoder avec l'état sauvage. Mais il est absurde de trouver également admirable toute manière de tirer l'homme de l'état sauvage. Sans doute toutes les associations humaines n'ont pas eu des principes également heureux; comment confondre toutes les causes et tous les moyens d'associations?

Mais si c'est un crime des philosophes modernes d'avoir attaqué les religions vraies ou fausses, pourquoi leur censeur, pourquoi Rivarol s'en rend-il aussi coupable? En blâmant les prêtres d'avoir cru que la classe instruite croirait toujours, il prononce assez nettement que croyance et instruction sont incompatibles; il ne croit donc pas, lui; il déclare donc la religion fausse. Il dit au peuple : Les prêtres vous trompaient, mais ils devaient vous tromper. Parler ainsi, c'est détromper; c'est donc faire ce qu'il reproche à la philosophie d'avoir fait, c'est donner un scandale en combattant le scandale. D'où vient cette faute, qu'il est bon de faire remarquer à Rivarol, et qui le rendra peut-être un peu plus indulgent pous les philosophes modernes? C'est qu'on n'aime pas à paraître crédule quand on est éclairé; c'est qu'on craint de manquer au respect qu'on se doit, en feignant d'être atteint de quelque infirmité d'esprit, quand on a la conscience de la pleine raison ; c'est qu'on a la noble faiblesse de ne vouloir pas déguiser son bon sens. Hélas! quand on voit que le censeur de Voltaire, de Rousseau, de Montesquieu, a la vanité de vouloir aussi paraître un esprit fort dans un livre fait contre les esprits forts, n'est-on pas bien disposé à pardonner ceux qu'il accuse?

Une autre raison du zèle de l'auteur pour les religions (malgré son incrédulité philosophique et le scandale de sa manifestation), « c'est que, dit-il, Dieu est toujours présent dans l'ordre physique, et toujours *absent dans* l'ordre moral. » (*Absent dans!*) Ainsi, selon Rivarol, il n'y a point de lois naturelles ! point de morale naturelle ! Jamais les théologiens n'ont été aussi loin. Mais continuons.

« Dieu ne préside, dans l'ordre moral, que par la puissance intermédiaire des religions. » Notez que l'auteur ne parle que des religions instituées : ici il n'admet pas plus de religion naturelle que de morale naturelle, quoiqu'il ait déclaré plus haut que, malgré la diversité des cultes, il n'y avait qu'une religion, la religion naturelle.

« Dieu meut et règle la Nature par *des lois visibles;* ce n'est que par la religion qu'il nous *propose* l'ordre, la règle, le bonheur, l'*attrait* de la vertu et la haine du vice. » Ainsi l'ordre, la règle, la vertu ne nous sont nullement recommandés par les dangers, les maux, la vie misérable attachés au crime, au vice, au désordre!

« Dieu punit les *fautes*; c'est-à-dire, selon l'auteur, les contraventions aux lois physiques; mais il abandonne le châtiment *des crimes* à la justice humaine et à la religion. » Où est, dans ce système, la part d'autorité qui dans toute société appartient incontestablement aux mœurs, à l'opinion publique et à la conscience des particuliers? Ne sont-ce pas là des puissances morales préposées à la récompense de la vertu, au châtiment du vice et du crime?

« *Le crime* est quelquefois heureux sur la terre; c'est qu'il a été commis *sans faute*. » Le crime sans doute est quelquefois heureux; mais jamais le criminel, soit qu'il ait une religion ou qu'il n'en ait pas.

« Cette théorie, dit l'auteur en finissant, donne une base inébranlable à la justice et à la religion; je n'en connais pas de plus *vraie* et de plus *imposante*. » Singulier moyen d'asseoir la justice, et de lui donner une base inébranlable, que de la priver de l'appui des lois naturelles! Étrange moyen de fortifier l'espèce humaine dans la sagesse et la vertu que de lui contester les principes de morale qui lui ont été intimés par la nature, et de ne lui en accorder que par l'enseignement d'une doctrine religieuse! Qui donc a jamais méconnu les rapports de notre intérêt avec l'intérêt de nos semblables? Qui a méconnu dans l'homme la puissance de calculer ces rapports et d'en induire des règles de sagesse et de justice? Qui en a méconnu le sentiment vif et prompt? Qui n'a pas observé, qui du moins peut nier cet admirable phénomène de l'imagination, qu'on appelle sympathie ou compassion, qui nous fait jouir et souffrir dans les autres, qui nous unit à leurs craintes et à leurs espérances, à leurs joies et à leurs peines; cette pitié qui, née du sentiment de notre intérêt, paraît lui être si supérieure, et souvent si contraire; cette pitié qui nous fait tendre les bras et courir vers le malheureux qui se noie, nous précipite dans les flammes pour sauver les victimes qu'elles dévorent? Peut-on nier cette étonnante identification de nous avec nos semblables, qui nous pénètre pour nous-mêmes de l'horreur que nous leur inspirons, lorsque nous avons

commis quelque faute capable de les révolter; qui, en récompense, nous fait partager le plaisir qu'ils prennent à l'approbation de nos bonnes actions ou de nos bons sentiments; qui nous arme contre nous-mêmes de ces yeux de lynx que nous connaissons aux autres, pour pénétrer dans les parties gâtées de notre âme, ou nous donne ces yeux bienveillants qui y regardent avec faveur les affections douces et pures; qui nous fait éprouver l'horreur de nous-mêmes, où la douce volupté de nous sentir, avec tous les gens de bien, dans cette harmonie, dans cette intelligence muette, mille fois plus douce que le bruit des éloges et l'éclat de la célébrité?

« La morale sans la religion, continue Rivarol, c'est la justice sans tribunaux. » Sans conscience, oui; sans religion, non; car la religion elle-même a besoin de l'appui de la conscience dans le cœur des hommes.

« La religion répond des masses, la philosophie ne répond que des individus. » Si la philosophie ne répond que des individus, pourquoi donc la chargez-vous des crimes des masses? Et si la religion répond des masses, pourquoi en a-t-elle si mal répondu à la Saint-Barthélemy et pendant la terreur de 1793?

« La philosophie divise les hommes par les opinions; la religion les unit dans les mêmes dogmes. » Il fallait dire : Les opinions divisent les hommes dans la philosophie, quand elle est imparfaite; mais que la religion unisse par les mêmes dogmes, c'est ce que ne prouve pas la nomenclature des innombrables sectes, des innombrables cultes, des innombrables guerres élevées sur chaque dogme de chaque religion. La *croyance* est de sa nature bien plus propre à diviser les hommes que la *connaissance*; la philosophie a ses contrôles dans la nature, la foi n'en a que dans la doctrine de pontifes intéressés.

Après avoir fait le parallèle de la religion avec la philosophie, l'auteur relève longuement quatre erreurs de métaphysique qu'il lui plaît d'attribuer à la philosophie moderne, et qui sont au contraire de ces sottises surannées dont la philosophie moderne a tellement fait justice que leur réfutation ne peut plus que paraître ridicule. Ces erreurs supposées sont que l'homme est naturellement libre, juste, bon et solitaire.

Depuis Locke, tout le monde sait que la liberté naturelle consiste dans la puissance de faire ce qu'on veut, et de choisir, pour vouloir, entre une détermination et une autre; et dès longtemps avant Locke il était reconnu de tout le monde que la liberté naturelle n'est pas le but de l'existence, mais un moyen de conservation, et l'on savait aussi qu'elle a pour borne la liberté de nos semblables, qu'il faut respecter pour qu'ils respectent la nôtre.

Quant à la justice et à la bonté, personne, que je sache, n'a jamais pensé qu'elles fussent des qualités de l'homme isolé et dans l'état de nature sauvage; qu'il y eût une justice là où il n'y a point d'occasion d'être juste; qu'il y eût de la bonté là où il n'y a pas lieu à l'application d'un bienfait; qu'il y eût des vertus relatives là où il n'existe pas de relation, et des vertus sociales là où il n'existe point de société. Quand on a appelé la justice et la bonté des qualités naturelles de l'homme, on n'a pas voulu dire des qualités attachées à l'état de nature sauvage, mais attachées à la nature de l'homme en société.

Enfin, l'auteur a-t-il trouvé écrit quelque part que l'homme solitaire fût l'homme de la nature, que l'homme ne fût pas fait pour la société? Qui a jamais douté du contraire? Qui a jamais eu la folie d'annoncer quelque incertitude à cet égard? Rousseau, à qui l'on a reproché d'avoir préféré l'état sauvage à la vie civile, n'a jamais parlé de l'état sauvage que comme d'une hypothèse propre à faire entendre ses idées sur les vices de la société. « Si je « me suis étendu si longtemps, dit-il (page 112 « de l'édition de Kehl), *sur la supposition de* « *cette condition primitive*, c'est qu'ayant des « anciennes erreurs et des préjugés invétérés « à détruire, j'ai cru devoir creuser jusqu'à la « racine, etc. » Dans le préambule de son discours il se plaint des philosophes anciens, parce qu'ils ont cru que l'état de nature avait pu exister, et il ajoute : « Il n'est pas même « venu dans l'esprit de la plupart des nôtres « de douter que l'état de nature eût existé, « tandis qu'il est évident, par la lecture des « livres sacrés, que le premier homme, ayant « reçu immédiatement de Dieu des lumières « et des préceptes, n'était point lui-même dans « cet état, et qu'en ajoutant aux écrits de « Moïse la foi *que leur doit tout philosophe*

« *chrétien*, il faut nier que, même avant le dé- « luge, *les hommes se soient jamais trouvés* « *dans le pur état de nature*, à moins qu'ils « n'y soient retombés par quelque événement « extraordinaire : *paradoxe fort embarrassant* « *à défendre*, ET TOUT A FAIT IMPOSSIBLE A « PROUVER. » (Page 62.) Si donc c'est à Rousseau qu'en veut Rivarol, il s'est mal adressé. Si c'est à un autre philosophe, qu'il nous indique le nom, l'ouvrage et les paroles de ce philosophe, car il serait difficile de soupçonner sur quel écrit du dix-huitième siècle tombe une telle imputation.

Qu'il y ait, au reste, dans les nombreux écrits de la littérature ou de la philosophie moderne, quelque phrase bien absurde et bien ignorée qui prête à la critique de Rivarol, cela nous importe peu; pour qu'il pût accuser la philosophie d'une doctrine absurde, il faudrait qu'il la trouvât énoncée, déduite, dans les ouvrages de nos principaux philosophes, et qu'il n'en trouvât la réfutation dans aucun; mais il n'aura jamais cette satisfaction, et c'est contre sa conscience qu'il a accusé les philosophes modernes d'avoir combattu les idées triviales qu'il croit avoir rappelées et mises dans un nouveau jour.

Cette accusation, méprisable par son absurdité, devient odieuse par toutes celles que l'auteur y ajoute comme autant de conséquences, quoiqu'aucun rapport ne les unisse.

« Ce n'est pas pour avoir ignoré ces vérités, « dit-il, que je prends à partie les nouveaux « philosophes, mais pour les avoir combat- « tues, pour avoir, le jour même de leur toute- « puissance, composé leur déclaration des « droits de l'homme, cette préface *criminelle* « d'un livre impossible... » Ceci semblerait s'appliquer aux membres de l'assemblée constituante; mais autre chose est la philosophie moderne, autre chose la politique de l'assemblée constituante, autre chose les philosophes modernes, autre chose les Constituants.

D'ailleurs, quelle relation entre l'erreur supposée que l'homme est libre, juste, bon, solitaire, *dans l'état de nature*, et la déclaration de ses droits dans l'état de société? Déclarer ses droits, n'est-ce pas déclarer ses devoirs? Déclarer ses devoirs, n'est-ce pas supposer que sa liberté a pour bornes les droits d'autrui, que la justice et la bonté sont des vertus sociales? Déclarer ses droits et ses devoirs dans l'état social, n'est-ce pas le supposer fait pour l'état social? Comment donc attribuer le *crime* de la déclaration des droits à la méconnaissance des vérités que cette déclaration suppose? Enfin, comment cette préface est-elle criminelle, qui est formée des principes professés par les plus illustres moralistes, même par les moralistes religieux les plus austères et les plus rigides? Comment cette préface est-elle criminelle, et le préliminaire d'un livre impossible, qui depuis vingt années se trouve à la tête des constitutions les plus sages du monde, celles des États-Unis d'Amérique? Mais reprenons les accusations que l'auteur a liées à ses critiques de métaphysique.

« Il accuse les philosophes pour avoir mé- « connu la loi des proportions dans un em- « pire. » Quelle est cette loi? qui l'a déterminée? Est-elle la même chez un peuple qui a l'usage de l'écriture, de l'imprimerie, des grands chemins, des postes et des télégraphes, que chez une nation demi-barbare, privée de quelqu'un de ces avantages?

Il les accuse « pour avoir confondu sans « cesse la souveraineté avec la propriété. » Au contraire, l'assemblée constituante a mérité le reproche de ne les avoir pas assez unies. Mais qu'ont de commun ces griefs avec des opinions relatives à la liberté, à la justice, à la sociabilité, d'où l'auteur les déduit?

Il les accuse « pour avoir cru ou feint de « croire qu'il y avait dans le peuple plus de « malheureux que d'ignorants et plus de mi- « sère que de vice. » Qui a jamais songé à établir ces rapports de plus ou de moins entre le vice et la misère, l'ignorance et le malheur? L'assemblée constituante, sans s'occuper d'une question si oiseuse, a cru que ces choses naissaient l'une de l'autre, et elle a voulu porter remède à toutes deux. Mais n'eût-elle fait que la moitié de sa tâche, pourrait-on lui faire un crime de s'être occupée des malheureux, parce qu'ils étaient ignorants, et de la misère, parce qu'elle était vicieuse? Au reste, ceci regarde encore la politique de l'assemblée constituante, et point la philosophie moderne.

Il les accuse « pour avoir, en semant la dé- « mocratie dans leur constitution, établi *un* « *long et sanglant duel* entre la population et

« le territoire. » Comprendra qui pourra ce grief. Je soupçonne que l'auteur veut déclarer ici, pour la centième fois, la France trop étendue et trop peuplée pour être constituée en république démocratique; mais ce qui me passe, c'est que la population et le territoire si bien d'accord, dans son système, contre la république, se battent pourtant en duel.

Il les accuse « pour s'être dissimulé que le « plus énorme des crimes, c'est de compromet- « tre l'existence des corps politiques. » Encore une fois qu'a cela de commun avec la philosophie moderne, et qui même, entre nos politiques, a jamais nié ce principe?

Mais ne cherchons pas de liaison entre les idées de l'auteur; arrêtons-nous à son objet. Il veut mettre sur le compte de la philosophie, non-seulement la révolution de 89 et celle de 91, ce qui ne la déshonorerait pas, mais aussi la Terreur de 93, Tout Constituant, dit-il, était gros d'un jacobin; il devait ajouter : Et tout philosophe était gros d'un Constituant. Cette addition était nécessaire pour exprimer sa pensée tout entière, et pour fonder son accusation contre la philosophie; mais si ce n'ont été là ses paroles, c'en est le sens. Prenons donc pour complément des outrages faits à la philosophie moderne quatre grandes pages que l'auteur a employées à peindre le régime de la Terreur, et voyons ce qu'on peut y répondre.

Malgré la conviction où je suis que la philosophie avouerait les grands et durables résultats de la Révolution, je crois qu'il est facile de prouver que ce n'est pas précisément elle qui l'a faite, que le règne de la Terreur n'a été la conséquence ni des principes de l'assemblée constituante, qui a réduit l'autorité royale, ni de ceux de l'assemblée législative, qui l'a détruite.

La philosophie avait amené, préparé une réformation financière, militaire, civile, morale et religieuse, et pas une révolution politique. Ce qui a fait la Révolution, c'est la colère publique excitée par la plus odieuse résistance à la plus juste réformation; c'est l'enthousiasme excité par les premières victoires de la liberté sur le pouvoir arbitraire. La philosophie avait rendu le bonheur du peuple nécessaire, mais sans l'attacher à une nouvelle organisation des pouvoirs publics; elle s'était même plus adressée aux rois qu'aux peuples; elle avait plus guidé les premiers à la sagesse que provoqué les autres à l'insurrection; elle avait du moins laissé aux gouvernements les plus despotiques l'alternative de rendre les peuples plus heureux ou de voir les peuples se charger eux-mêmes de leur destinée. Montesquieu, il est vrai, avait fait connaître, admirer et chérir dans toute l'Europe la constitution anglaise; mais Voltaire et Rousseau lui-même avaient adressé les principaux ouvrages que leur a dictés la philosophie à des hommes puissants, jamais à des opprimés. C'est la royauté que Voltaire avait chargée de distribuer les biens dont la philosophie avait offert le tableau: jamais il n'avait conseillé au peuple de s'en saisir; il voulait que la royauté fût dotée de toute la puissance propre à la bonté et aux lumières: c'était vouloir l'affermissement et non la ruine de la monarchie. En effet, pourquoi Louis XVI a-t-il vu la philosophie se tourner enfin contre la royauté? C'est qu'il ne l'a pas voulue pour la royauté; et ce qui prouve incontestablement cette vérité, c'est l'exemple de la Russie, c'est surtout celui de la Prusse. Frédéric, l'ami et le panégyriste de Voltaire, le plus zélé partisan de la philophie moderne, ne cessa pas un instant d'être le monarque le plus affermi dans son autorité, parce qu'il fut aussi le premier philosophe de ses États. Que répondront à l'exemple de ce prince, qui n'eut jamais de cour, ceux qui veulent une puissante noblesse autour de la royauté; de ce prince qui n'eut jamais de conseil, ceux qui veulent environner les rois de tant de ministres et de tant de magistrats; de ce prince sans culte, ceux qui veulent au trône l'appui du sacerdoce et un nombreux clergé? Frédéric, qui ne croyait ni au paradis, ni à l'enfer, ni à l'immortalité de l'âme, et qui le disait en prose et en vers à la face du monde entier, n'obligeait personne à avoir un culte; mais il voulait que toute croyance fût tolérée ainsi que tolérante, et tous respectaient en lui le protecteur de la liberté des opinions et des consciences. Frédéric était obligé à quelques égards envers la noblesse de ses États: l'on sait ce que c'est que la noblesse allemande; mais il ne regardait point la naissance comme un titre aux emplois publics; elle n'était à ses yeux ni une preuve ni une dispense de talent;

et il savait honorer, élever le talent sans naissance comme délaisser la naissance sans talent. Ses soldats le tutoyaient, l'appelaient leur vieux camarade, leur vieux Fritz, et ils ne se sentaient pas d'une espèce inférieure aux comtes et aux barons. Il mettait quelquefois de l'arbitraire dans l'exercice de son pouvoir; mais il ne le faisait peser que sur des hommes puissants, ou sur des militaires. La justice était scrupuleusement rendue au faible contre le puissant, contre le roi lui-même; témoin ce meunier de Sans-Souci, qui se fit fort contre lui de l'autorité du tribunal. Ses rigueurs envers les grands, regardées dans les rangs inférieurs comme une satisfaction donnée à la faiblesse humiliée, étaient véritablement populaires. Il levait des tributs arbitraires, mais il était économe, et il employait bien son argent. Il levait des milices nombreuses, mais il les entretenait avec soin, les traitait avec honneur, les conduisait avec sagesse et talent; et elles étaient d'ailleurs nécessaires à l'indépendance de son pays. En un mot, ce que la philosophie proposait pour le bien public, il le faisait. On conçoit que, toujours empressé de déférer au vœu de la philosophie, il lui fut facile de s'en servir pour sa puissance; que, soigneux de tous les intérêts, il éloigna aisément des esprits l'idée de la liberté. En se faisant premier ministre de la philosophie, comme d'autres princes s'étaient faits pontifes de la religion, il eut sur ceux-ci l'inestimable avantage de faire jouir, tandis que les autres se bornaient à faire espérer pour une autre vie. Si Louis XVI eût imité Frédéric, s'il se fût mis à la tête des philosophes, s'il eût rempli le vœu du vénérable Malesherbes, qui voulait l'élever à la gloire de régénérer la France, il règnerait encore.

On m'entendrait, au reste, fort mal si l'on croyait que je suppose à la philosophie moderne plus de faveur pour la monarchie que pour la république, et pour un bon roi que pour une bonne constitution: ce serait absolument le contraire de ma pensée. Je ne prétends avancer ici qu'un fait: c'est que, contente d'améliorer sensiblement la condition des peuples, elle n'avait pas aspiré, avant 1789, à la rendre incontinent la meilleure qu'il fût possible. S'il y avait de l'aveuglement à espérer une longue suite de bons rois, il y avait aussi de la prudence à éviter les dangers de leur résistance à l'émancipation du peuple; il était pardonnable de préférer le bien qui pouvait s'obtenir à titre de concession paisible à un mieux qui ne pouvait être que le prix d'une lutte violente et de chances désastreuses. D'ailleurs, pour instruire le peuple, il n'y avait pas de voie plus courte que l'organe des rois eux-mêmes; il leur était plus facile de répandre la vérité parmi les hommes, par les édits, qu'aux philosophes par leurs écrits.

Quand, en 89, le gouvernement royal, condamné à être juste et bon, voulut se soustraire à une obligation si pénible; quand il en fut puni par l'indignation publique; quand la nation exigea, non-seulement un retour à la justice, mais une garantie contre de nouveaux écarts; quand elle fit, moins à l'aide de discussions philosophiques que des constitutions anglaise et américaine qu'elle avait prises pour modèles, cette constitution de 1791 qui a si peu duré, alors même il dépendait encore de la royauté de se maintenir; elle n'avait qu'à s'attacher à la constitution, elle aurait du moins enrayé cette révolution qu'elle n'avait pas su prévenir. Mais au lieu de s'y fixer elle en conjura elle-même la perte; elle l'attaqua d'un côté tandis que l'anarchie l'attaquait de l'autre; et les amis de la liberté, obligés de prendre parti dans le combat, préférèrent celui qui leur offrait l'espérance de sauver cette liberté, objet de leurs affections et de leurs sacrifices.

Il me paraît donc assez clair que la Révolution n'est pas née immédiatement de la philosophie : la philosophie l'avoue, l'affectionne, comme l'ennoblissement d'une nation nombreuse et susceptible de tous les genres de gloire et de bonheur; mais elle n'en a pas tout l'honneur.

Cela posé, quand le régime de la Terreur aurait été une conséquence nécessaire de la Révolution et l'ouvrage des Constituants, il ne s'ensuivrait pas qu'il eût été l'ouvrage de la philosophie. Mais si la Révolution n'a pas été un produit nécessaire de la philosophie, la Terreur a encore moins été un produit nécessaire de la Révolution, et encore moins un fruit de la philosophie elle-même. La Terreur a été une véritable contre-révolution, et non une suite ou un complément de la Révolution; ç'a été l'exercice d'une tyrannie farouche et sanglante,

et non un abus ou un accès de la liberté. Le parti de la Gironde, qui a abattu la royauté, a péri par la Terreur, et le chef de cette Terreur a été ce Robespierre qui, dans les premiers jours d'août 92, se portait encore pour défenseur de la royauté. La Terreur n'a donc pas été la suite et l'effet nécessaire de la Révolution; elle a été l'ouvrage de quelques scélérats survenus dans son cours, ou qui s'y sont rencontrés, et s'en sont emparés à la faveur des circonstances? Et faut-il les rappeler, ces circonstances? faut-il retracer la souffrance de ce peuple impatient et aveugle, à une époque où les revers militaires se succédaient rapidement, et où les subsistances, poursuivies par des assignats avilis, se dérobaient à ses besoins? Alors il appartenait, par ses appréhensions et par ses fureurs, non à ceux qui pouvaient le mieux le servir, mais à ceux qui savaient le mieux le flatter; alors son sort était de se livrer à des scélérats subalternes qui n'avaient pas même besoin d'être des factieux hardis; et c'est ainsi que la Révolution est tombée dans les mains qui devaient la déshonorer. Le secret de l'organisation de la Terreur, ce secret ignoré de ceux qui en ont tiré le plus de parti, a consisté uniquement en ces trois choses : le resserrement des subsistances par l'émission désordonnée des assignats, l'irritation du peuple par la crainte de la famine, sa corruption par les assignats mêmes et par la spoliation des proscrits. Voilà les circonstances à l'aide desquelles un petit nombre de scélérats, revêtus de l'autorité nationale, ont pu oser tous les crimes. On a attribué à l'ascendant de leur génie un pouvoir qu'ils ne durent qu'au malheur du peuple et à sa profonde ignorance. Les circonstances qui ont favorisé la Terreur ne naissaient point immédiatement de la Révolution; elles étaient étrangères à ses chefs. Ces hommes, qui n'avaient pas fait la république et qui ont fait périr ses auteurs, ne peuvent pas être considérés comme ses continuateurs nécessaires, comme les fidèles observateurs de l'esprit et des intentions dans lesquels elle a été fondée. Encore une fois, leurs crimes sont un affreux accident dans cette grande histoire, et n'entraient pas dans la marche naturelle des événements.

Si les crimes de la Terreur ne sont pas une suite de la Révolution, non plus que la Révolution l'ouvrage immédiat de la philosophie, il faudrait qu'ils eussent été immédiatement commandés par elle pour que Rivarol fût fondé à les lui attribuer. La philosophie a-t-elle commandé la Terreur? Voilà donc ce qui nous reste à examiner.

Avoir prescrit la Terreur, ce serait avoir prescrit tous les crimes; la question se réduit donc à savoir où, comment, par quel organe, par la voix ou par la plume de quel philosophe moderne, la philosophie a prescrit la spoliation, le pillage, la proscription, le meurtre, le massacre. Ainsi réduite, il est plus difficile de concevoir comment on a pu la proposer que de la résoudre. Est-ce Montesquieu, est-ce Voltaire, est-ce Rousseau, est-ce Diderot, est-ce Mably, que Rivarol prétend accuser? Mais tout le monde connaît comme lui leurs ouvrages, et personne n'y citerait une ligne propre à accréditer le système de la Terreur. On a reproché à Diderot d'avoir prêché l'abolition de la propriété; mais, outre qu'abolir la propriété serait toute autre chose qu'autoriser l'envahissement des propriétés et la proscription des personnes, il est reconnu faux que Diderot soit l'auteur de ce *Code de la Nature* dont on lui a fait un crime. Quant à Mably, il a véritablement déclamé contre les richesses, contre la propriété; mais ç'a été en politique spéculatif et nullement en orateur séditieux; ç'a été contre la doctrine qui a fait des riches et non contre les riches; ç'a été contre les législateurs de tous les temps, et non contre les lois sur lesquelles reposaient, dans son pays, la propriété et la sûreté des citoyens. Au reste, les ouvrages de Mably ne sont pas la philosophie moderne, tous les philosophes modernes ne sont pas dans Mably. Mably fut publiciste plutôt que philosophe. Jamais on ne l'a mis sur la ligne de Montesquieu, de Voltaire, de Rousseau, ni pour le talent, ni pour le genre de ses ouvrages. Tout le monde connaît son déchaînement continuel, dans la société, contre Voltaire, et les deux vers pleins de mépris par lesquels Voltaire le punit de vingt années d'injures.

Mais quelle preuve encore que Mably ait dirigé les principaux agents de la Terreur? Est-ce la citation que plusieurs ont faite de quelques-unes de ses phrases? Mais autre chose est le motif du crime, autre chose la couleur que le scélérat veut y donner avant de le commettre,

ou l'excuse dont il se sert après l'avoir commis. Que quelques conspirateurs dans le procès de Babeuf, que quelques orateurs du comité de salut public de la Convention, aient cité Mably, cela n'accuse pas plus ses ouvrages que Cartouche n'eût accusé l'*Imitation de Jésus-Christ*, s'il l'eût citée pour prouver le néant et le danger des richesses. C'est une exagération puérile d'attribuer à de vaines opinions, rencontrées par peu d'hommes dans les pages d'un livre sans autorité, la puissance d'inspirer les desseins accomplis par la Terreur, et d'en organiser le régime. Il est ridicule d'attribuer à trois pages de Mably un pouvoir que n'eurent jamais l'Évangile ni l'Alcoran. Ce qui a enfanté les crimes de la Terreur, je le répète, c'est la souffrance populaire poussée jusqu'à la frénésie par des scélérats qui avaient le besoin du crime et une grande autorité politique. Ce qui a enfanté les Billaud, les Collot, les Babeuf, c'est le même concours de circonstances qui ont fait des scélérats dans tous les temps, et qui en ont élevé plusieurs à des places éminentes, d'où ils pouvaient répandre les calamités aux plus longues distances. S'ils ont invoqué la philosophie, ç'a été comme des scélérats de cour ont invoqué autrefois la religion pour des proscriptions religieuses; s'ils ont entouré la hache révolutionnaire de sentences philosophiques, c'est comme des assassins royaux ont écrit dans d'autres temps le nom de Dieu sur leurs drapeaux, comme les pontifes qui les conduisaient ont répandu les bénédictions sur leurs poignards. Ils auraient invoqué l'Évangile comme le plus respecté des livres, s'il n'était entré dans leurs vue d'en frapper les ministres; quelques-uns d'entre eux n'ont-ils pas même essayé de placer *Jésus* à leur tête (1)? S'il était un écrivain auquel on pût attribuer le régime de la Terreur, ce serait Machiavel: je m'engage à montrer que les feuilles de Marat sont pleines de ses vues et de ses principes; eh bien! l'ont-ils jamais cité? ont-ils jamais invoqué son nom? Ils s'en sont bien gardés, parce que ce nom était généralement abhorré. Eh! comment interdire l'hypocrisie à la scélératesse toute-puissante? S'il était possible d'empêcher qu'elle ne prît un

____

(1) *Jésus* fut proclamé réellement *le premier des sans-culottes* dans plusieurs écrits révolutionnaires.

masque, ne serait-il pas possible de l'empêcher d'être ? · . . .

· Un seul argument appuie l'accusation de Rivarol au sujet de la Terreur : c'est que Robespierre, *le plus obscur satellite de la philosophie moderne*, s'est, dit-il, élevé au trône de la Terreur par un sentier que les philosophes lui avaient ouvert de leurs mains et *pavé de leurs têtes*. Certes, il y a dans ce peu de mots beaucoup de mauvaise logique (sans parler du mauvais goût). Si l'auteur avait dit : « La preuve que la Terreur est née de la philosophie, c'est que Robespierre, le plus éminent des philosophes, s'est élevé au trône par un sentier que les philosophes avaient pavé de la tête des ennemis de la philosophie, » on entendrait ce raisonnement ; il n'y manquerait que la vérité de fait. Mais comment entendre sans un peu de pitié accuser les plus grands philosophes des crimes de leur plus vil satellite, et les en accuser, surtout, parce que leurs têtes lui ont servi de pavé ? Quoi ! vous prouvez qu'ils ont été ses complices parce qu'ils ont été ses victimes ? Mais des nobles, des prêtres, n'ont-ils pas aussi péri sous les coups de la Terreur ? Pourquoi donc ne diriez-vous pas tout aussi bien que la Terreur a été l'ouvrage volontaire du patriciat et du sacerdoce ?

· Une preuve que la philosophie n'a pas enfanté les crimes de la Terreur, c'est que Robespierre en les ordonnant était le détracteur de la philosophie, l'ennemi des philosophes, le vengeur de l'Éternel, tout comme M. de Rivarol. Il a égalé M. de Rivarol en injures contre les hommes les plus respectés ; comme lui, les a accusés d'athéisme ; comme lui, a accusé l'athéisme de tous les maux qu'il voulait réparer. Rivarol était philosophe pour Robespierre, comme Robespierre l'est pour Rivarol. « Les philosophes, a dit Robespierre (1), étaient pour la plupart des charlatans ambitieux ; ils déclamaient quelquefois contre le despotisme, et ils étaient pensionnés par les despotes ; ils faisaient tantôt des livres contre la cour, et tantôt des dédicaces aux rois, des discours pour les courtisans, des madrigaux pour les courtisanes. Ils étaient fiers dans leurs écrits, rampants dans les antichambres ; ils rédui-

____

(1) Rapport du 18 floréal de l'an II.

saient l'égoïsme en système, regardaient la société humaine comme une guerre de ruse, le succès comme la règle du juste et de l'injuste, la probité comme une affaire de goût ou de bienséance, le monde comme le patrimoine des frippons adroits.....

« Les philosophes se sont tous déshonorés dans la Révolution, reprend Robespierre, et, à la honte éternelle de l'esprit, la raison du peuple en a fait seule tous les frais. Hommes petits et vains, rougissez ! Les prodiges qui ont immortalisé cette époque de l'histoire humaine ont été opérés sans vous et malgré vous ; le bon sens sans intrigue, le génie sans instruction, ont porté la France à ce degré d'élévation qui épouvante votre bassesse et qui écrase votre nullité. » L'anathème lancé par Robespierre contre la philosophie, l'hommage qu'il fait au peuple de la Révolution, à ce peuple que Rivarol appelle *anthropophage*, qu'il dit être inaccessible à la philosophie, sont des témoignages irrécusables de cette vérité trop constante, que c'est principalement le peuple qui a fait la Terreur, effarouché qu'il était par la guerre et la famine.

Qu'il me soit permis de revenir ici sur une réflexion que j'ai faite plus haut. Si la philosophie ne peut jamais parvenir jusqu'au peuple, comme le prétend Rivarol ; si les lumières ne descendent jamais ; si le peuple est condamné à être toujours brute, féroce, anthropophage ; si, d'un autre côté, la religion peut seule, suivant lui, mener les masses, comme la philosophie les individus ; si la religion seule peut contenir le peuple, se saisir de ses passions et les refréner, il faut que le détracteur de la philosophie moderne et le prôneur de toute religion nous explique deux choses : la première, comment il peut mettre sur le compte de la philosophie, qui n'arrive jamais au peuple, les crimes populaires de 93 ; la seconde, comment la religion, qui, l'ayant une fois saisi, le conduit toujours, l'a si subitement et si généralement abandonné à la même époque, et est devenue elle-même l'objet des outrages populaires comme ses ministres sont devenus l'objet des plus cruelles persécutions ; en un mot, il faut qu'il nous dise comment la philosophie d'un demi-siècle, la philosophie qui n'a point d'accès dans le peuple, lui a fait commettre tant de crimes, et comment la religion, forte de dix-huit siècles d'antiquité, la religion, qui pénètre si avant et serre de si près, en a si peu empêché. Après qu'elle a servi de prétexte à l'assassinat de cent mille Français dans la nuit de la Saint-Barthélemy, et qu'elle n'a pas servi d'obstacle à l'assassinat de cent mille autres Français pendant la Terreur, il est permis de retrancher quelque chose aux idées qu'on veut nous donner de sa toute-puissance pour le bonheur des hommes. Robespierre, après avoir rétabli le culte de l'Être-Suprême, a encore assassiné pendant quatre mois consécutifs.

Mais terminons cette longue dispute. Le témoignage de tous les hommes raisonnables et éclairés suffit contre Rivarol : loin qu'un homme de quelque sens ait jamais accusé la philosophie moderne des excès de la révolution française, j'ai ouï, au contraire, un grand nombre de gens, même très-pieux, trouver aussi odieuse et aussi absurde l'accusation portée contre la philosophie pour les atrocités commises sous son nom en 93 que celle portée contre la religion chrétienne pour le massacre des protestants. J'ai ouï dire souvent que notre révolution politique n'avait eu ses excès que faute de philosophie, comme les révolutions religieuses que faute de religion. J'ai ouï accuser l'imprévoyance de l'assemblée constituante et condamner ses fautes ; mais la philosophie est autre chose que l'assemblée constituante, l'imprévoyance autre chose que la scélératesse. Voilà le langage des honnêtes gens, des gens de bon sens. Ce n'est pas parce qu'il a plu à Billaud et à Saint-Just de dire : Nos crimes sont autorisés par la philosophie, que Rivarol pourra dire : La philosophie est coupable des crimes de Billaud et de Saint-Just. Il y a de la démence à répéter le langage de ces monstres, pour accuser les hommes dont ils ont souillé le nom. Accuser la philosophie des crimes de 93, c'est absoudre les scélérats qui les ont commis, c'est absoudre la scélératesse pour écraser la vertu dont elle a pris le masque. Si un assassin osait, au milieu de ses complices ou devant le tribunal, rapporter ses attentats à la vertu, serait-on fondé à dire pour cela au tribunal : Poursuivez la vertu, et punissez les hommes qui l'ont enseignée ?

Quelles sont donc les espérances des détracteurs de la philosophie, dans ce moment extrême où seule elle peut servir de ralliement aux esprits que la Révolution a si violemment divisés, où seule elle peut modérer des passions funestes, dissiper des préjugés nouveaux déjà substitués aux anciennes erreurs ? Est-ce de nous ramener à la barbarie ? Vaine et odieuse prétention. Il n'appartient ni à Rivarol, ni aux rhéteurs peu nombreux qui sont entrés dans la même carrière que lui, d'effacer le souvenir des grands hommes qui ont illustré le dix-huitième siècle. Ils nous offrent le combat avec une assurance non moins ridicule qu'insolente. Ce n'est pas contre nous, ce n'est pas contre les disciples de la philosophie moderne qu'ils ont à se mesurer, c'est contre ceux qui l'ont créée, enseignée : ces grands hommes vivent tout entiers dans leurs écrits. Montesquieu, Voltaire, Rousseau, Diderot, d'Alembert, tiendront toujours plus de place dans l'opinion que deux ou trois écrivains polémiques. Quand les hommes qui pensent ne se rangeraient pas du côté des philosophes comme près du parti le plus sage, ils s'y attacheraient comme au parti le plus considérable et le plus fort. Et il n'est même plus besoin de cette illustre phalange pour la sûreté de la philosophie : la philosophie n'est plus renfermée dans les livres des sages ; elle en est sortie comme la lumière s'est échappée du soleil ; comme la lumière, elle est aujourd'hui répandue sur toute la terre ; elle brille fort haut par-dessus toutes les têtes ; elle est réfléchie dans la plupart des institutions sociales, mêlée à l'air que nous respirons. Elle peut être un moment altérée par quelque alliage impur, obscurcie par quelques nuages ; mais sa destinée est de se remonter toujours et de reparaître incessamment dans toute sa splendeur.

Il me reste à parler du style de l'auteur.

Son ouvrage manque absolument de méthode, parce qu'il n'y a point de méthode qui serve à l'arrangement d'un système absurde. Il n'y a point de place marquée par la logique pour les idées fausses, ni même pour les idées vraies, quand on veut en inférer des conséquences fausses. Le sophisme a besoin des ténèbres ; la méthode tuerait l'erreur ou la fausseté en l'éclairant. Ainsi, nul enchaînement, nul accord entre les principes de Rivarol ; nulle suite entre ses principes et ses conséquences. Il commence, comme on l'a vu, par réduire les erreurs de la philosophie à un seul sophisme : *au miracle* d'une clarté subite dans les esprits, et à la propagation *universelle* des lumières *chez tous les peuples* (locutions vicieuses, car un miracle n'est pas un sophisme, et la propagation *universelle* dispensait d'ajouter *chez tous les peuples*); et immédiatement après, lorsqu'on s'attend à voir décomposer cette idée qui doit renfermer toutes les autres, il accuse la philosophie de cent crimes qui n'ont rien de commun entre eux. Tel est le crime supposé d'avoir proclamé l'*égalité indéfinie*; ensuite, celui d'avoir proclamé l'athéisme; ensuite, celui d'avoir assuré que l'homme est naturellement libre, juste, bon et solitaire; ensuite, celui d'avoir fait la Révolution; ensuite, celui d'avoir pavé de la tête des philosophes le chemin que les chefs de la Terreur se sont ouvert au trône. Quelle relation y a-t-il entre toutes ces choses? Quel art pouvait lier des idées si disparates et enchaîner tant de discussions diverses dans une même discussion?

L'auteur n'a pas suppléé au défaut de méthode par ce beau désordre qui suit et peint les grands mouvements de l'âme, par ce désordre qui n'est qu'apparent, qui n'est que l'absence de la didactique, et qui suit la marche déterminée par le sentiment profond de la vérité. Les grands mouvements sont réservés aux écrivains sincères et convaincus.

Si l'on considère cet ouvrage dans ses détails, on y trouvera quelques beautés, mais encore n'en est-il aucune qui soit pure. La description de la Terreur a du mouvement et offre de belles images; mais ce mouvement est mal soutenu, et ces belles images sont souvent mal entourées. Nulle gradation dans les idées, nul progrès dans les sentiments; des répétitions, des longueurs, des réflexions froides sont jetées entre les choses touchantes. On voit dans les distributions de ce tableau l'impuissant travail de l'art, et rien de l'heureux abandon d'une âme profondément affectée. Il étonne quelquefois et n'entraîne jamais.

Ce qu'on vante le plus dans le style de l'auteur, c'est la couleur. En effet, il en met partout, et souvent elle jette beaucoup d'éclat; mais, outre que les images dont il se sert sont rarement justes et précises, qu'elles servent plus à donner le change sur la vérité que l'auteur suit toujours qu'à fixer l'idée fausse qu'il

voudrait communiquer, elles sont presque toujours incohérentes et disparates.

Nous avons noté un assez grand nombre d'expressions qui assurément blessent le goût, et il est bon de remarquer qu'elles se rencontrent toujours à côté de quelque trait brillant, comme pour l'affaiblir et en expier le mauvais usage. Il semble que ce soient des taches multipliées par la crainte de trop bien servir une mauvaise cause, ou par la honte de l'avoir trop servie.

Dans son avertissement l'auteur dit, en parlant des philosophes, que, *pour avoir ignoré le poison des germes qu'ils semaient, une effrayante complicité pèse sur leur tombe, et leur épitaphe se mêle à celle d'un grand empire.* Ignorer un poison, une complicité qui pèse sur une tombe, une épitaphe qui se mêle à une épitaphe; tout cela est de l'amphigouri.

L'auteur cite comme un mot mémorable cette prétendue parole d'un philosophe moderne mourant de ses propres mains: *Hélas! nous n'avons trouvé qu'un labyrinthe au fond d'un abîme.* On peut supposer un abîme au fond d'un labyrinthe; il est ridicule de mettre un labyrinthe au fond d'un abîme. Au fond de l'abîme est le néant, et non l'égarement.

Il dit à la page 15 : « La philosophie, étant le fruit des longues méditations et le résultat de la vie entière, ne doit ni ne peut être présentée au peuple, qui est toujours au début de la vie. » Cela est bien, sauf le sophisme. Mais quand l'auteur ajoute : « Les paysans, par exemple, sont chargés de la première digestion du corps politique, » il offre une image grossière.

« L'esprit est le côté partiel du cœur, le cœur est tout. » Qu'est-ce qu'un côté partiel? Qui dit côté dit partie d'une surface.

« La politique, dit-il page 36, demande des leçons à la morale et des forces à la religion; elle emprunte des lumières à la philosophie même. » Jusqu'ici la phrase est noble. « Enfin, continue l'auteur, elle prend des brides de toutes mains. » Ceci est au moins disparate.

En parlant des animaux, page 56, il s'exprime ainsi... « Nous vivons de leur chair, nous buvons leur sang. Que dis-je? *nous leur tendons une main* perfidement protectrice; nous leur prodiguons la nourriture; et, tantôt favorisant leurs amours, tantôt les privant et des sources et des plaisirs de la génération, nous multiplions et nous perfectionnons nos victimes. *La faim et l'amour, ces deux grands bienfaits de la nature, ne sont* ENTRE NOS MAINS QUE DES PIÉGES *toujours tendus à ces malheureux compagnons* de notre séjour sur la terre.

A la page 61, l'auteur prend à partie les philosophes, entre autre choses, pour avoir, *en semant* la démocratie dans leur constitution, *établi un long et sanglant duel entre la population et le territoire de l'empire.* » Le duel de la population et du territoire établi par la *démocratie semée* offre une image bizarre et incohérente, et, au fond, l'auteur dit le contraire de ce qu'il veut dire; car la population et le territoire sont, selon lui, d'accord pour réclamer contre la constitution de la république.

Page 62, il appelle les sociétés politiques de vastes corps *dont les hommes et la terre sont les deux moitiés.* On peut dire que la *nature* et l'homme sont en société, sont de moitié, pour la fructification de la terre; mais la terre ne peut pas être en *société politique* avec l'homme, ni former un corps avec l'homme.

Page 63, après avoir dit que, dans l'état social, l'homme a l'étoile polaire à sa disposition, ce qui est beau, il ajoute : *et le temps dans sa poche;* ce qui est ridicule.

Page 64. Il est du destin de nos philosophes de ne lire ni dans les archives du temps, *ni dans les patentes de la nature.* Autre disparate de même genre.

Page 73, l'auteur s'arrête à la vue d'un vaste empire qui crie, *de toutes ses proportions,* à la monarchie, etc.

D'après ces exemples, je me crois autorisé à répéter ici ce que j'ai dit, dans le *Journal de Paris,* du style de l'ouvrage de Rivarol.

On y trouve une certaine agitation qui ne communique point de chaleur et des images qui ne laissent aucune idée. Il est plein de traits brillants et ne renferme pas une page qui ne soit obscure. Si l'auteur élève quelquefois l'imagination, aussitôt il offense le goût. Il réunit dans quelques lignes les expressions les plus disparates. Il commence une phrase comme Bossuet et la finit comme Scarron. Son style annonce partout du talent, et c'est un mauvais style.

Un de mes amis, distingué entre nos poëtes tragiques, m'avait dit que le livre de Rivarol était écrit du style de Balzac; j'ai relu Balzac après avoir lu Rivarol, et je l'ai trouvé simple en comparaison de celui-ci. Pour mettre le lecteur à même d'en juger, je vais transcrire ici les phrases de Balzac sur lesquelles je suis tombé en ouvrant son livre ; elles sont extraites d'un morceau intitulé *le Romain,* et adressées à la marquise de Rambouillet. Elles m'ont paru aussi bonnes à citer à Rivarol qu'à ses lecteurs.

« La république, dit-il en parlant du vrai citoyen romain, ne peut le perdre, quelque négligente qu'elle soit à le conserver. Il souffre non-seulement avec patience, mais même avec gaieté, ses mépris et ses injustices. Jamais il ne lui est venu en l'esprit de se venger d'elle par une guerre civile, et il trouve bien plus honnête le nom d'innocent banni que celui de coupable victorieux. On lui a persuadé dans son enfance, et depuis il n'en a pas douté, qu'un fils ne se peut jamais acquitter de tout ce qu'il doit à sa mère, voire à une mauvaise mère qui est devenue sa marâtre, et qu'un citoyen est toujours obligé à sa patrie, voire à son ingrate patrie qui l'a traité en ennemi. » On peut défier Rivarol d'extraire de son ouvrage un morceau aussi irréprochable, sous tous les rapports, que celui-là.

Je finis par une réflexion. S'il n'est pas toujours accordé à la vérité d'être éloquente et forte, il n'appartient pas non plus à la passion, à l'humeur, aux préventions irréfléchies, de l'être contre la justice et la vérité. La passion injuste ou basse a trop de vues à cacher, et a trop besoin d'art pour se permettre l'abandon. La passion farouche produit des fureurs et point d'enthousiasme. L'humeur est privée de l'abondance des haines légitimes, et ses dénigrements n'ont pas la hauteur du mépris. Des préventions n'échauffent pas comme la conviction; elles n'ont jamais en audace ce que le sentiment de la vérité peut avoir en courage. En un mot, le secret des succès n'est pas dans le talent seul; il est dans l'union du talent avec la probité.

(*Opuscules,* tome II, page 1, an VIII.)

———

DES SIGNES ET DE L'ART DE PENSER
CONSIDÉRÉS DANS LES RAPPORTS MUTUELS,
PAR J.-M. DE GÉRANDO.

Il y a plus d'un exemple dans l'histoire littéraire qu'une question proposée par une société savante ait donné l'éveil à un jeune talent et inspiré un de ces ouvrages qui doivent rester. Telle est l'obligation que nous aurons à l'Institut d'un meilleur Traité de métaphysique. Il avait appelé les esprits méditatifs à déterminer l'influence des signes sur la formation des idées. Le sujet était immense. Le citoyen de Gérando, en le traitant, n'avait pu se restreindre dans les bornes ordinaires des mémoires présentés au concours. Après avoir remporté le prix, il a encore voulu revoir son ouvrage; il en a réellement fait un autre, plus complet et plus étendu, qu'il vient de donner au public.

L'auteur a voulu surtout donner à la métaphysique une clarté, une simplicité, une familiarité qui lui manquent presque toujours, et une utilité publique que bien des préjugés lui refusent.

Il divise son ouvrage en deux parties: l'une consacrée à recueillir les lumières de l'expérience, l'autre à les appliquer; l'une qui renferme l'histoire de ce que les signes ont été pour notre esprit; l'autre, l'examen de ce qu'ils peuvent devenir.

La première partie, la seule qui soit publiée, se subdivise en deux sections: l'une qui expose la formation de nos idées et l'institution de nos signes; l'autre qui explique les opérations que nous exécutons sur nos idées, et l'usage que nous faisons de nos signes.

Pour juger de l'influence des signes sur les idées, l'auteur commence par distinguer nos différentes espèces d'idées et les différentes espèces de signes qui y correspondent; et, pour rendre cette distinction plus sensible, il montre la génération des unes et des autres.

Il fait marcher de front l'histoire des idées et celle des signes, qui ne font qu'une même histoire. Il montre comment nos premières perceptions distinctes ont précédé nécessairement toute espèce de signes; comment les premiers signes, les signes naturels, ont appelé et fixé les premières idées, les idées des objets sensibles; et comment ces idées ont donné naissance aux premiers signes institués, aux signes du langage. Il montre ensuite comment ces signes institués ont donné naissance à des idées d'une deuxième et troisième classe, aux idées abstraites et générales; comment, enfin, ces idées ont produit à leur tour de nouveaux signes au moyen desquels nous avons formé cette multitude d'idées complexes, de différents ordres et de différente nature, qui font la grande richesse et la grande prééminence de l'esprit humain.

C'est ainsi que l'auteur parvient à une classification des idées plus exacte qu'aucune de celles que l'on connaît, à une indication précise des fonctions que chaque espèce de signes remplit à l'égard de chaque espèce d'idées.

Il insiste particulièrement sur deux branches de nos idées et sur les deux chaînes de signes qui y correspondent. Ce sont, d'une part, les idées complexes, formées d'idées abstraites de différente nature et de différents degrés de composition : telles sont les idées morales. De l'autre, les idées complexes formées d'idées abstraites de même nature : telles sont les idées complexes de nombres.

Il fait voir avec une précision scrupuleuse pourquoi celles-ci peuvent être exprimées par un système de signes simples, analogues avec l'idée et analogues entre eux, précis, mémoratifs, tandis que les premières semblent se refuser aux mêmes avantages.

C'est l'identité des éléments, et l'analogie qu'elle permet de prendre pour guide dans les combinaisons, qui rendent les idées complexes des nombres susceptibles d'une expression simple et précise.

Les autres idées complexes, sont composées d'idées si diverses, ces idées se prêtent mutuellement si peu de lumière, elles sont si inégalement familières à notre esprit, elles se présentent à un degré d'abstraction si différent, qu'il est très-difficile de faire un dénombrement exact des éléments qu'elles renferment, de donner à chacun une attention suffisante, et par conséquent de les exprimer avec précision par un signe.

La deuxième section de la première partie, qui forme le deuxième volume, renferme l'intéressant détail des différentes opérations que nous exécutons sur nos idées : les unes par lesquelles nous comparons ces idées entre elles,

les autres par lesquelles nous les rapportons aux faits extérieurs comme à leur modèle; les premières qui fondent les vérités abstraites, les autres qui fondent les connaissances positives.

L'auteur analyse tour à tour ces deux sortes d'opérations, indique leurs rapports et leurs liaisons, examine leurs conditions, les vices dont elles peuvent être atteintes, la fonction que les signes remplissent à leur égard.

En étudiant la nature et la certitude de nos jugements abstraits, il montre que chaque science a nécessairement une métaphysique particulière, à laquelle elle doit une partie de ses progrès; il explique l'origine de l'abus que les scolastiques avaient fait de la métaphysique, et combat les modernes qui, trop souvent, l'ont déclarée inutile; comme si l'étude des opérations de l'esprit ne conduisait pas à l'art de se conduire dans toutes les occupations qui peuvent intéresser notre existence! Enfin, l'auteur étudie la nature et les règles des calculs numériques et algébriques, et montre que leurs avantages et leur fécondité ne sauraient jamais être transportés aux raisonnements abstraits relatifs à des idées d'une autre espèce, ainsi que Condillac nous en a si longtemps flattés.

L'auteur examine ensuite l'influence que les diverses espèces de signes exercent sur le développement des facultés de l'esprit humain. Il applique les maximes qu'il a obtenues aux divers systèmes de langage et aux diverses langues; à cette occasion il traite des effets des beaux-arts, et particulièrement de la peinture et de la musique. Il montre que les caractères de l'écriture sont, de tous, les plus propres à seconder les progrès de l'esprit philosophique.

Après avoir expliqué l'action du langage sur les facultés intellectuelles, il observe la réaction que les facultés exercent à leur tour sur le langage. Ici il cherche à montrer comment les révolutions du langage se sont liées, dans tous les temps et dans tous les pays, aux dispositions de l'esprit humain; et, remontant aux premières causes, il étudie l'influence du climat, des mœurs, des institutions, des circonstances locales, des écrivains, etc., etc.

Il termine par une analyse entièrement nouvelle de ces jugements que nous portons sur les faits éloignés de nous. Il les rapporte à trois classes : les jugements de probabilité, les jugements d'analogie, les hypothèses. Il montre que ces trois espèces de jugements se rapportent en effet à une seule; il examine la certitude dont ils peuvent jouir, les défauts dont ils peuvent être atteints, la fécondité dont ils sont susceptibles, enfin la part qu'y prennent les signes du langage.

Cette première partie, où sont rassemblés les principaux phénomènes de la pensée, prouve que cette science, si mal nommée la *métaphysique*, ou science surnaturelle, est au contraire une partie de l'histoire naturelle de l'homme, la plus belle et la plus importante portion de l'histoire de la nature.

Cette première partie fait vivement désirer la seconde, qui sera une suite d'applications des principes que l'autre a posés, et qui offrira ainsi à l'esprit un code complet de bonnes leçons, appuyées de bons exemples.

Dans les développements d'une métaphysique élémentaire, le citoyen de Gérando trouve le moyen d'épancher les sentiments de son âme. Partout où il entrevoit, même dans une perspective éloignée, l'idée d'un service à rendre à l'humanité, l'idée d'une réforme utile dans les lois, dans les mœurs, dans les opinions (et l'étude de la métaphysique conduit à tous ces objets), son style prend du mouvement et de la couleur; son âme travaille avec son esprit, le soutient, l'échauffe, le féconde, et l'on reconnaît en le lisant que le talent d'analyser les secrètes opérations de l'entendement est étroitement lié au plaisir qu'un homme vertueux trouve toujours à descendre en lui-même.

(Journal de Paris, du 13 floréal an VIII.
— 3 mai 1800.)

OPUSCULES.

PARAGRAPHE SEPTIÈME.

HISTOIRE.

EXTRAITS RAISONNÉS D'OUVRAGES QUI ONT PARU DE 1795 A 1803.

LEÇONS D'HISTOIRE

PRONONCÉES A L'ÉCOLE NORMALE EN L'AN III,

Par C.-F. VOLNEY, membre de l'Institut.

Extrait raisonné.

Entre les heureux fruits qui resteront de l'institution pourtant si informe, et même, on peut le dire, si bizarre, des écoles normales, on peut compter les discours de Volney sur l'histoire.

Ce n'était pas l'histoire même qu'il s'agissait d'enseigner à l'école normale, c'était l'art de l'étudier, qui se confond avec l'art de la faire et l'art de l'enseigner. Volney a considéré sa tâche sous ces divers rapports, et l'a remplie, sinon dans tous ses détails, du moins dans toute son étendue ; et on doit lui savoir gré de la publicité qu'il vient de donner à ses leçons.

L'idée qu'il s'est faite de l'histoire est très-heureusement exprimée dans ces paroles : *C'est un cours d'expériences que le genre humain subit sur lui-même*, et dont la collection bien ordonnée présente pour résultats des principes ou des règles de conduite, morale et politique, propres à assurer le bonheur des individus et des sociétés civiles.

Mais comment recueillir ces expériences et s'assurer de leur exactitude ? Comment tirer de la nuit des temps reculés la vérité qui si souvent se dérobe à nos yeux et à nos oreilles ?

Telles sont les premières questions qui se présentent à l'auteur. C'est à l'art de la critique qu'il appartient d'en donner la solution. Cet art embrasse deux parties principales : l'appréciation des faits, celle des témoins qui en déposent. L'appréciation des faits a pour règles leur disparité ou leur analogie avec des faits connus, leur conformité ou leur discordance avec l'ordre naturel des choses. L'appréciation des témoins a pour mesure les circonstances politiques qui ont pu influer sur la véracité de leurs discours ou de leur silence, et les préjugés civils, moraux ou religieux qui ont pu influer sur leur manière de voir, et faire en quelque sorte de leur esprit un miroir de vérités ou *une fabrique d'erreurs*. Mais quel est *l'ordre naturel* des choses humaines ? Quelle est, hors de nous, la mesure du croyable et de l'incroyable, du vraisemblable et de l'invraisemblable ? Les bornes de l'un et de l'autre ne varient-elles pas suivant l'état des esprits qui considèrent les faits ? Si c'est par l'histoire que nous devons apprendre la nature de l'homme, comment la connaissance de ce qui est naturel à l'homme, l'ordre naturel des choses humaines, nous servira-t-elle à apprécier la certitude des faits historiques ?

L'auteur écarte cette difficulté sans la résoudre, et, il faut le dire, faute de l'avoir résolue, il laisse le lecteur dans le doute s'il existe des moyens de s'assurer de la vérité, des histoires que nous possédons, et, par conséquent, s'il peut se rencontrer une véritable utilité à leur étude.

Cependant cette difficulté n'est pas insoluble. Si la nature de l'homme ne pouvait être connue que par l'histoire, sans doute il serait impossible de prendre dans la connaissance de l'homme les motifs d'admettre ou de rejeter les faits que l'histoire présente. Mais on peut étudier l'homme social dans quelques parties d'histoires récentes, dans les mœurs des romans anciens, qui sont toujours assez fidèlement exprimées, enfin dans les lois. On peut étudier l'homme naturel sur les peuples barbares où sauvages qui restent encore disséminés sur quelques points du globe. Sans aller si loin, on peut l'observer sur soi-même, sur ses enfants, sur les familles naissantes qu'on a sous les yeux ; les enfants sans contrainte sont les uns à l'égard des autres ce que sont les hommes entre eux dans l'état sauvage de pure nature ; les familles naissantes sont la fidèle image des premières sociétés. Il n'y a de moins dans leurs passions qu'un élément : c'est l'amour.

Serait-ce une idée fausse ou inutile de dire que l'histoire de l'enfance, que l'histoire de l'homme, son histoire physique et morale, sont un préliminaire nécessaire de l'étude et surtout de la rédaction de l'histoire des hommes ; que, sans ce préliminaire, il n'y a en nous aucune mesure à laquelle on puisse rapporter la crédibilité des faits, et qu'ainsi l'on est toujours entre les caprices de la défiance ou l'abandon de la crédulité ?

L'art du critique s'étend à un troisième objet, *les traditions*. C'est par les traditions seules que les faits historiques ont pu se conserver avant l'invention de l'écriture alphabétique ; or, comment les faits ont-ils été vus par des hommes très-ignorants ? comment ont-ils été transmis à d'autres hommes qui ne l'étaient pas moins ? quelles observations n'ont pas été inexactes ? quelles vérités et quelles erreurs même n'ont pas été altérées dans leur transmission ? Et depuis l'invention de l'écriture jusqu'à celle de l'imprimerie, combien d'obstales encore à la fidélité des récits historiques ? L'écriture manuelle était trop lente et trop pénible pour multiplier ces récits ; ils étaient donc rares, et de plus ils restaient ensevelis dans des archives de famille ; ainsi ils ne pouvaient ni se rectifier par la contradiction, ni se compléter ou se suppléer par leurs différences.

Comment donc se défendre, à la lecture de l'histoire ancienne, de ce scepticisme raisonnable qui, comme dit l'auteur, *regarde autour de chaque fait avant de l'adopter ?* Mais, en portant cet esprit dans l'étude de l'histoire, que retiendra-t-on des volumineuses compilations qui la composent? Quelques pages, quelque lignes peut-être ! Il y aura donc des siècles entiers d'état social perdus pour notre instruction ! Cette affligeante réflexion a conduit récemment la philosophie à chercher de nouvelle sources de vérités pour l'histoire des temps reculés.

C'est parmi les monuments qui subsistent encore dans les contrées autrefois habitées par de grands peuples que Volney propose de rechercher leur histoire. On sait quel parti il a su tirer des ruines qu'il a rencontrées en Syrie et en Égypte pour y reconstruire en quelque sorte les plus anciennes constitutions politiques et retrouver les mœurs les plus éloignées des mœurs connues. Ses résultats en ce genre sont une bonne caution de la justesse de ses vues.

Mais c'est surtout dans l'analyse des langues anciennes qu'il compte retrouver l'état des connaissances des peuples qui les ont parlées ; et, en effet, les vocabulaires des peuples, les mots, sont-ils autre chose que les signes des idées acquises, et par conséquent ne sont-ils pas des témoins irréprochables du système de connaissances et de mœurs établi dans l'esprit des hommes qui les emploient ?

On doit à Court de Gébelin cette idée importante de chercher l'histoire dans les vocabulaires ; mais Volney l'a présentée sous un jour nouveau, et l'a même étendue dans une des leçons. Il en a indiqué une vaste application aux peuples qui paraissent avoir été les pères des autres. La sagacité et la sagesse d'esprit qu'il montre dans cette partie de son cours, jointes au courage et à la patience qu'il a mis à observer une partie de l'Asie, font espérer qu'un jour il pourra offrir le modèle du genre d'histoire dont il vient de tracer l'ébauche.

Après avoir examiné les difficultés qui appartiennent à l'art de constater les faits de l'antiquité, l'auteur se demande : *Quelle utilité sociale et pratique doit-on se proposer, soit dans l'étude, soit dans l'enseignement de l'histoire ?*

D'abord on ne peut méconnaître l'influence de l'histoire sur les individus et sur les empires. Sa puissance est fondée sur cette propriété, ou plutôt sur cette infirmité de l'esprit humain qui nous porte toujours à l'imitation, parce que l'imitation semble nous dispenser de la peine de réfléchir, et placer entre la censure et nous une autorité ou une barrière qui arrête les reproches loin de nos actions.

Cette puissance de l'histoire s'est signalée par de grandes calamités, par de terribles fléaux. C'est Homère qui, en offrant Achille pour modèle à Alexandre, a ravagé le monde avec celui-ci. C'est l'histoire d'Alexandre qui a fait revivre son ambition dans l'âme de César, et a détruit la liberté romaine. C'est Quinte-Curce qui a donné un autre Alexandre à l'Europe moderne, dans Charles XII. C'est l'histoire de l'intolérance des Juifs qui a excité nos croisades. C'est à l'imitation de Samuël que les papes sacrent des rois. Enfin, c'est à l'exemple des Grecs et des Romains que nous devons attribuer en partie le fanatisme qui vient de tourmenter et d'ensanglanter la France ; car, comme le dit Volney, les gouvernements si vantés de Sparte et de Rome ne diffèrent point essentiellement de celui des mameloucks d'Égypte et du dey d'Alger. « Il ne manque à « ces Grecs et à ces Romains tant prônés que « le nom de Huns et de Vandales pour nous « en retracer tous les caractères. Guerres « éternelles, égorgements de prisonniers, mas-« sacres de femmes et d'enfants, perfidies, « factions intérieures, tyrannie domestique, op-« pression étrangère ; voilà le tableau de la « Grèce pendant cinq cents ans, tel que nous « le tracent Thucydide, Polybe et Tite-Live. »

Ces observations font sentir combien il importe de déterminer l'objet de l'histoire, afin de la désarmer, si on peut le dire, de toute arme dangereuse, et lui assurer un maniement plus libre et plus sûr de celles qui doivent la rendre utile.

L'histoire, suivant Volney, doit servir : 1° à la morale ; 2° à la politique ; 3° aux sciences et aux arts.

Les livres historiques lui paraissent se classer dans un ordre correspondant à cette division : les uns contiennent les faits individuels, tels que les Vies de Plutarque et les Confessions de Rousseau ; les autres contiennent les faits des gouvernements, tels que l'histoire générale d'un peuple, d'un État, considérés comme un simple individu naissant, croissant, dépérissant, suivant les lois communes aux êtres animés et moraux ; enfin, les troisièmes contiennent les faits de l'entendement, c'est-à-dire l'histoire des découvertes, des sciences et des arts, et des méthodes qui se rapportent à leur exposition.

Nous nous permettrons quelques réflexions sur cette division. Est-elle exacte ? La morale et la politique sont-elles deux sciences séparées ? Il nous semble que la politique n'est pas l'art abstrait d'organiser des gouvernements, mais l'art d'organiser les sociétés bien plus par les mœurs que par les gouvernements. D'un autre côté, la morale et la politique sont aussi des sciences et des arts auxquels les spéculations ou les habitudes de l'entendement n'ont pas moins fourni de faits importants à combiner, à rapprocher, à systématiser, qu'aux autres parties des connaissances humaines. On pourrait aussi dire que l'instruction morale individuelle ne se tire pas moins des histoires nationales, où ce sont toujours des individus qu'on voit en scène, que des histoires personnelles, et que l'instruction politique ne se tire pas moins des vies des grands hommes d'État que de l'histoire générale à laquelle ils ont eu part. Mais laissons cette division des livres historiques pour revenir à celle des rapports sous lesquels il faut en faire d'autres ou étudier ceux qui existent.

Si l'histoire est *un cours d'expériences que le genre humain a faites sur lui-même*, pourquoi ne la diviserait-on pas suivant les trois facultés de l'entendement auxquelles se rapportent ces expériences : la sensibilité physique, l'imagination et la raison ? Dans ce système, elles se rangeraient en trois classes, savoir : les expériences physiques, les expériences morales, les expériences intellectuelles; en d'autres mots, les expériences des arts et sciences physiques, celles des mœurs et des passions, celles des idées, des systèmes et des méthodes de raisonnement qui ont été successivement en usage.

Les expériences des arts et sciences physiques comprendraient, outre les faits qui appartiennent à chaque art ou chaque science en particulier, ceux dont le concours et la combinaison ont composé l'*économie* publique de chaque peuple à des époques différentes. Les expériences des mœurs et des passions comprendraient les faits produits par les institutions morales, civiles et politiques des nations. Les expériences des idées, des systèmes et des méthodes de raisonnement, comprendraient les notions et les théories, tant des sciences politiques, morales et religieuses, que des sciences physiques ou mathématiques. Les théories sont elles-mêmes des faits qui constituent en grande partie l'histoire de l'esprit humain.

L'auteur distingue quatre manières de présenter les faits historiques. On peut : ou suivre l'ordre des dates, comme l'a fait le président Hénault; ou prendre la forme dramatique, comme l'ont fait Hérodote et Barthélemy ; ou diviser les matières et les traiter séparément, comme l'ont fait Bailly dans l'histoire de l'astronomie, Forbonnais dans ses *Considérations sur les finances*, Goguet dans le *Traité de l'origine des lois;* ou enfin analyser tout le système physique, moral et politique d'un peuple, travail dont on n'ose citer ni un modèle, ni même un passable exemple.

L'ordre chronologique a le défaut de séparer, d'isoler les faits les plus dépendants les uns des autres; il semble stériliser les événements les plus féconds en conséquences. La forme dramatique, qui a l'avantage d'attacher le lecteur, a, en revanche, l'inconvénient de laisser trop de carrière aux hypothèses et aux écarts de l'imagination; ajoutons : d'attacher plus l'imagination que la réflexion, de donner plus de sensation que d'instruction. La rédaction par ordre de matières a l'avantage d'enchaîner dans chaque partie les causes et les effets, et d'en montrer partout la filiation.

La méthode analytique et philosophique diffère de la précédente en ce qu'au lieu de ne présenter que l'histoire d'une ou de plusieurs parties de l'existence d'un peuple, elle considère d'abord ce peuple en masse, et prend ensuite l'histoire de toutes ses parties pour les considérer séparément, et montrer enfin les rapports qu'elles ont entre elles et avec l'ensemble.

C'est cette dernière méthode que préfère l'auteur; c'est celle que doit préférer tout homme qui, comme lui, a l'esprit assez étendu pour considérer les grands objets, et assez net pour en distinguer toutes les parties. Il envisage l'histoire comme une étude physiologique des lois d'accroissement et de décroissement d'un corps politique. Décrire d'abord l'état physique du pays, le sol, le climat; dénombrer ensuite la population et y distinguer toutes les espèces qui la composent; exposer en troisième lieu l'état du gouvernement et l'ordre de l'administration; enfin, faire connaître les mœurs, le caractère, les opinions civiles et religieuses, et montrer ce qu'elles empruntent, non-seulement de la température du climat, à laquelle Montesquieu a eu tort d'attribuer une influence qu'elle n'exerce qu'en concurrence avec d'autres causes, mais encore la qualité du sol, et surtout la nature et l'abondance des productions comestibles auxquelles il est le plus propre; telle est la marche qu'indique Volney, et, encore une fois, c'est celle du talent éclairé.

Ici le fond des idées arrêtera un moment notre attention. Déjà, dans son *Voyage d'Égypte*, Volney avait montré, et par les faits, et par le raisonnement, que la forme des gouvernements ne dépend aucunement du climat, comme le pensait Montesquieu; déjà il avait avancé que la fécondité du territoire et la nature des productions auxquelles il est le plus propre influent seules sur leur condition politique; mais il n'a pas établi cette dernière proposition, et dans son cours d'histoire il l'énonce encore sans l'établir.

Il est si important de constater s'il est des causes physiques qui déterminent les formes de gouvernements convenables aux hommes des différents pays, et de faire connaître ces causes, que la philosophie est en droit d'exiger le développement et la preuve de toute proposition mise en avant sur ce sujet par un écrivain instruit et réfléchi; nous proposerons donc à Volney quelques questions qui s'y rapportent.

Nous lui demandons si la condition politique des peuples ne dépend pas plutôt de leur nourriture habituelle, de la suffisance ou de l'insuffisance du produit de leurs terres pour leurs consommations, et du genre de culture auquel ils les emploient, que de la fécondité du sol et de son aptitude particulière à certaines productions.

L'opinion de Volney ne suppose-t-elle pas que c'est la *nature* et la *mesure* du travail agricole d'une nation qui déterminent son gouvernement? Et cette supposition, quel fait, quel raisonnement peut la justifier? Au contraire, l'opinion que nous proposons à la place de celle de Volney, et que nous devons aux réflexions que lui-même nous a fait naître, n'est-elle pas susceptible de quelques preuves assez fortes?

Nous disons que la nourriture habituelle d'un peuple, que la suffisance ou l'insuffisance des produits de son territoire pour sa consommation, et la nature de sa culture, influent sur son gouvernement. Et, en effet, jetez les yeux sur tous les peuples de l'Europe; classez-les en deux parts; d'un côté, rangez ceux dont le territoire suffit à leurs besoins; de l'autre, ceux qui ont un territoire insuffisant à leur consommation, soit à raison de son peu d'étendue, soit à raison de son infertilité.

Essayez ensuite de classer ces mêmes peuples suivant leur nourriture et leur culture habituelles; les uns mangent plus de viande et de laitage, les autres plus de pain. Vous trouverez, en les distinguant, que tous se partagent exactement suivant la division précédente. Les peuples les plus riches en terre sont en même temps les plus grands cultivateurs de blé, les plus grands consommateurs de pain; les moins riches en terres sont les plus grands cultivateurs de pâturages, les plus grands consommateurs de viande et de laitage. Ces deux divisions se réduisent donc à une.

Cela posé, examinez la condition politique, la constitution de chacune de ces divisions. Vous verrez les peuples renfermés dans la première vivant en monarchie ou en oligar-

chie; les seconds, au contraire, tous en république. Les villes libres et hanséatiques de l'Allemagne, Genève, la Suisse, la Hollande, tous États dont le territoire est insuffisant à la consommation des habitants, sont dans ce dernier cas; l'Allemagne, la Pologne, les parties les plus fertiles de l'Italie, sont dans le premier; la France y a été quatorze siècles, et si elle a cessé d'y être, c'est que des influences ne sont pas des puissances irrésistibles; c'est qu'elles ne gouvernent que ceux qui s'y abandonnent; c'est que les circonstances physiques, qui conduisent les hommes négligents de leur bonheur dans les voies de l'infortune, cèdent à leur volonté éclairée, qui est aussi une puissance de la nature. Mais comment la marche naturelle des choses a-t-elle donné des maîtres aux peuples riches et *panivores* et la liberté aux peuples pauvres et *carnivores?*

Exposons d'abord l'influence de la richesse; c'est parce que, dans tout pays où le territoire est vaste et fertile, le peuple imprévoyant a cru faire un bon marché de payer un chef avec des terres, et que les produits de ces terres ont bientôt mis ce chef en état d'exiger des impôts; et que, d'un côté, un tel pays est nécessairement peuplé, à la longue, de propriétaires, et de riches propriétaires, c'est-à-dire d'une foule d'hommes qui peuvent vivre et jouir sans travailler, qui se font un honneur du désœuvrement, et à qui le désœuvrement fait ensuite un besoin d'occupations frivoles ou désordonnées, telles que les soins de la vanité, les intrigues de la cupidité, lesquelles les précipitent à leur tour dans les habitudes de la domination et de la servilité, de l'adoration et de l'insolence, habitudes qui s'entretiennent l'une par l'autre.

Dans les pays pauvres, au contraire, dans ces pays où nul n'a rien sans travail, où les capitaux mêmes ne produisent que par le travail, où le travail est le besoin général, l'habitude commune, où cette sorte de communauté de peine établie entre le riche et le pauvre entretient l'esprit d'égalité, où le revenu du prince, au lieu d'être assuré par une immense dotation de terres, ne pourrait se former que de contributions, et où enfin les contributions ne s'accordent jamais aveuglément, parce qu'il n'y existe pas un écu qui n'ait coûté de la peine à acquérir; dans un tel pays, la domination a dû toujours être difficile à introduire.

Le travail est républicain, et l'oisiveté est royaliste; voilà une vérité bien opposée aux idées de nos républicanistes modernes; et, par ce mot, je n'entends pas seulement nos barbares clubistes, mais encore plusieurs philosophes très-honorables d'ailleurs, notamment Rousseau et Mably, dont nos Scythes indigènes ont emprunté l'autorité pour soutenir que la république française ne pouvait devenir florissante tant que nous aurions du commerce et des manufactures.

Expliquons maintenant l'influence de la nourriture habituelle.

C'est une vérité de fait que l'habitude de vivre de pain rend le peuple toujours inquiet sur sa subsistance. Le blé se cache, se transporte, s'exporte, etc.; il n'est jamais en évidence sous les yeux du consommateur. A la moindre difficulté d'avoir du pain, le peuple craint d'en manquer tout à fait; dès que la rareté se déclare, le moindre mouvement de denrée est un *accaparement*, un *vol fait au peuple*, une *manœuvre pour l'affamer!* Bientôt toute circulation l'irrite; il est prêt à l'empêcher par tous les genres d'excès. L'habitude du pain pour toute nourriture est donc un levain d'anarchie. Cette première vérité reconnue, il est facile de sentir que plus un gouvernement est populaire, plus aussi la police des subsistances lui est difficile, plus les obstacles qui s'opposent à la libre circulation sont puissants et fréquents, plus les émeutes sont violentes et multipliées.

Or, quelle est la destinée naturelle d'un peuple toujours en émeutes, et par suite toujours en pénurie des subsistances? Quelle est la destinée naturelle de l'anarchie et de la famine? La servitude. Le peuple se donne des maîtres pour avoir du pain et du repos, après avoir éprouvé longtemps qu'un gouvernement faible est incapable d'assurer l'un et l'autre.

Au contraire, le peuple qui vit de viande est disposé à la sécurité. D'un territoire égal, il retire une nourriture plus abondante en viande qu'en pain. Tous les sols se prêtent avec plus ou moins de facilité aux nourris des bestiaux, au lieu que tous ne se prêtent pas à la culture du blé. Ainsi la première nourriture est plus également répartie que la seconde par la production même. Le bétail est toujours sous les yeux du consommateur; il ne peut être ni caché, ni exporté clandestinement. Et enfin, quand la circulation en est nécessaire, elle est moins coûteuse que celle du blé, parce que le bétail fait lui-même une partie des frais de son transport.

Dans un pays qui se nourrit de viande ou de laitage, la police publique est donc plus facile que dans un autre; elle n'a pas autant besoin d'un centre de puissance énergique qui puisse porter sur quelques points, en un moment, des forces redoutables, etc.; de tels pays ont donc dû se laisser aller naturellement à des gouvernements très-populaires.

Voilà, ce semble, les causes physiques qui ont concouru à déterminer la nature des gouvernements.

Mais, nous le répétons, elles n'ont donné de direction à la politique des peuples que quand les peuples se sont abandonnés au cours des choses, et il ne faudrait pas en conclure que des lois immuables déterminent partout la condition politique des hommes. Il est même évident que les causes physiques dont nous avons parlé ont été mises en action par les hommes mêmes. Il est bien vrai qu'une loi de la nature veut que telle nourriture et tel système de culture combiné avec tel degré de richesse territoriale emmènent ou favorisent tel gouvernement; mais l'homme, et surtout l'homme éclairé par l'état social, peut choisir entre diverses cultures et diverses nourritures, il peut préférer aujourd'hui ce qu'il rebutait hier; ainsi il est le maître, non de vaincre la nature, mais de se servir à son gré, et selon ses besoins, des moyens divers par lesquels elle exerce sa puissance.

Il est évident que substituer la culture anglaise à la culture française, convertir une partie de nos sillons en terres labourables, de nos granges en étables, de nos gerbes en bestiaux nourriciers, faire de l'agriculture une occupation agréable, intéressante pour le propriétaire, l'attirer, le faire vivre dans sa ferme par le spectacle d'une population nombreuse d'animaux de toute espèce, exciter son industrie par les chances attachées à de nombreux nourris, ce sont là des choses qui dépendent de nous; et cette révolution, que tout prépare, que tout accélère dans notre agriculture, sera, si on peut le dire, une réquisition donnée à la nature elle-même pour concourir au succès de notre révolution politique. Cette réquisition ne sera point vaine ; tout autorise à en espérer le succès, et ce résultat satisfaisant nous fera aisément absoudre par Volney de notre prédilection pour une opinion différente de la sienne, plutôt qu'elle n'y est contraire.

Les vues de Volney sur l'enseignement de l'histoire ne sont pas moins saines que ses vues sur sa rédaction ne sont élevées et philosophiques. L'histoire de quelques arts conviendrait seule aux écoles primaires ; mais elle n'existe pas encore. L'histoire des faits politiques est au-dessus de la portée des enfants : ils ne pourraient en retenir que des mots qu'ils auraient peut-être la maladie de répéter en perroquets ; mais des notices biographiques bien faites pourraient agir utilement sur ce *désir d'imitation* qui est si naturel à l'homme, de ce désir sur lequel ont si bien compté les charlatans ambitieux qui ont composé la *Vie des Saints*, et dont Plutarque a si bien su faire profiter l'esprit humain par ses *Hommes illustres*.

Dans le second degré de l'instruction, il n'est pas si difficile, mais il n'est pas sans danger d'enseigner l'histoire. Car, quelle histoire enseignera-t-on ? sur quels principes sera-t-elle rédigée ? N'a-t-on pas à craindre que l'effervescence de la jeunesse ne prenne d'intérêt qu'au mouvement des batailles ou des révolutions, ne se passionne que pour des héros, et que les vertus et le bonheur de la paix ne lui paraissent insipides, quoi qu'on fasse pour les recommander à son esprit et à son âme ?

« Il est en morale, dit l'auteur, une vérité profonde à laquelle on ne fait point d'attention : c'est que le spectacle du désordre et du vice laisse toujours de dangereuses impressions, qu'il sert moins à en détourner qu'à y accoutumer par la vue et y enhardir par l'excuse que fournit l'exemple. C'est le même mécanisme physique qui fait qu'un récit obscène jette le trouble dans l'âme même la plus chaste, et que le meilleur moyen de maintenir la vertu, c'est de ne pas lui présenter les images du vice. »

L'auteur, comme on voit, voudrait que, pour introduire l'homme à l'étude de l'histoire, son esprit fût déjà formé, sa raison éclairée, et par les mêmes raisons il ne croit pas qu'elle convienne à toutes les classes de citoyens et qu'elle

puisse faire un sujet d'études vulgaires. Cependant il trace le plan que devraient suivre des instituteurs pour l'enseigner avec le plus de fruit et de facilité, et le moins de danger qu'il est possible.

Tel est en substance le cours d'histoire professé à l'école normale par Volney. Nous avons interverti l'ordre de ses idées dans le compte fidèle que nous avons tâché d'en rendre, parce que ce sont ces idées qui, mûries dès longtemps, ont un prix réel, et que son plan, exécuté trop à la hâte, ne nous a pas paru le plus convenable à leur assemblage et à leur déduction. Nous avons présenté avec plus de détail les objets qui se rapportaient davantage à l'intérêt du moment, sans considérer s'ils étaient les morceaux les plus brillants de l'ouvrage. Nous avons cru que l'auteur nous approuverait d'avoir fait, en parlant de son ouvrage, ce qu'il a fait en traitant son sujet, c'est-à-dire d'avoir songé à l'utilité publique, et non à la gloire de son talent.

(Journal de Paris, des 27, 28, 29 et 30 prairial
an III. — 15, 16, 17 et 18 juin 1795.)

ŒUVRES POLITIQUES DE J. HARRINGTON,

CONTENANT LA RÉPUBLIQUE D'OCÉANA, LES APHORISMES ET LES AUTRES TRAITÉS DU MÊME AUTEUR,

Précédées de l'histoire de sa vie, écrite par Jean TOLAND.

L'*Océana*, le plus important ouvrage de ce recueil, est un plan de république qu'Harrington a rédigé à la sollicitation de quelques-uns, pour forcer Cromwell à donner à l'Angleterre le gouvernement qu'il lui promettait depuis longtemps. « L'auteur, dit Montesquieu, a examiné dans cet ouvrage quel était le plus haut point de liberté où la constitution d'un État pût être porté. » C'était un assez grand problème à résoudre, et il fallait une haute portée de talent, il y a un siècle, je ne dis pas pour le résoudre, mais pour se le proposer.

M. Adam, cet ami éclairé de la liberté, ce sage défenseur des constitutions américaines, cite souvent Harrington comme une autorité respectable ; et, en effet, plusieurs idées de ce politique, que le raisonnement accrédite, ont aussi reçu la sanction de l'expérience. C'est d'Harrington que les États-Unis d'Amérique ont tiré ce principe, qui n'est pas au reste le plus juste de ceux qu'ils ont suivis, savoir : que le degré des pouvoirs doit être proportionné à celui de la richesse.

Le traducteur, dont l'esprit paraît aussi familier avec les plus hautes idées de la politique que sa plume est exercée dans l'art d'écrire, remarque que le système de l'*Océana* pour la formation de la loi est à peu près celui qu'a proposé à la Convention le plus profond de nos législateurs. On peut établir, observe ce traducteur, la délibération et la formation des lois, dans l'un ou l'autre de ces deux emplacements, ou le sanctuaire d'un temple, ou le théâtre d'un spectacle. Les orateurs, les comédiens politiques, les charlatans doivent préférer le théâtre...

Il est fâcheux que la traduction d'Harrington ne soit pas venue trois mois plus tôt; on eût peut-être reçu d'un étranger mort des vérités qu'il eût été trop pénible de recevoir d'un citoyen vivant.

Mais éloignons ces idées décourageantes. Réservons pour l'étude, pour la méditation solitaire, les instructions qui nous sont offertes; et, comme citoyens, réunissons-nous autour de la Constitution qui nous est proposée, embrassons-la avec ardeur, suppléons à ce qui lui manque peut-être de force par notre zèle pour la chose publique; sauvons la difficulté des premiers temps, marchons, avançons de concert; l'habitude, cette puissance trop peu remarquée par les politiques, l'habitude fera le reste.

(*Journal de Paris*, du 15 fructidor an III. — 1er septembre 1795.)

D'UN MANUSCRIT DE RULHIÈRES

SUR LA RÉVOLUTION DE RUSSIE, DE 1762.

Fontanes, dans un morceau très-piquant concernant Catherine II, réclame la publication d'un manuscrit de Rulhières, qui contient l'histoire de la révolution en 1762. Plusieurs gens de goût, dit-il, qui ont entendu cet ouvrage, le regardent comme un de nos meilleurs morceaux d'histoire. Peu de lectures, ajoute Fontanes, m'ont aussi fortement atta-

ché, et on doit souhaiter que ce manuscrit soit publié.

Je viens de voir ce manuscrit, dont j'avais aussi entendu lire un fragment. Il est entre les mains de Desenne, et je suis fort aise de pouvoir annoncer que le public ne tardera pas à en jouir.

En y jetant les yeux, j'y ai rencontré, à la suite l'une de l'autre, les deux anecdotes suivantes.

« Pierre III commença son règne par rendre un édit où, de son plein pouvoir despotique, il accordait à la noblesse russe *les droits des peuples libres;* et, comme si en effet les droits des peuples dépendaient de pareilles concessions, cet édit causa des transports de joie si immodérés que cette nation vaine proposa de lui élever une statue d'or massif. Mais cette liberté, dont pour la première fois on entendait le nom, et dont un tel prince était incapable de rédiger les droits, ne fut que l'illusion d'un moment. La volonté du souverain, sans aucune forme, continua d'être l'unique loi; et la nation, frappée de l'idée confuse d'un bien qu'elle ne connaissait pas, s'affligea d'avoir été trompée. »

« L'artiste qui devait graver les nouvelles monnaies vint en présenter les dessins à l'empereur. On avait tâché, en conservant le fond de ses traits, de leur donner quelque noblesse; une branche de lauriers ornait légèrement de longues boucles de cheveux flottantes. Il rejeta ce dessin en s'écriant : *Je ressemblerais au roi de France !* Il voulut être représenté dans sa difformité naturelle, coiffé en soldat, d'une manière si peu convenable à la majesté du trône que les monnaies devinrent un objet de risée, et, en se répandant par tout l'empire, portèrent la première atteinte au respect des peuples. »

Ce morceau prouve, ce semble, deux choses bonnes à retenir :

La première, c'est que la liberté des peuples n'est jamais assurée que par une constitution libre, quel que soit le relâchement des despotes;

La seconde, c'est que, pour gouverner avec honneur, il ne suffit pas d'être plus mal peigné qu'un roi de France.

(*Journal de Paris*, du 8 pluviôse an V. — 27 janvier 1797.)

PENSÉES DU CARDINAL DE RETZ,

PRÉCÉDÉES D'UN DISCOURS, PAR ADRIEN LEZAY.

Le discours d'Adrien Lezay a pour objet de faire sentir l'utilité des pensées extraites des grands ouvrages. Il regarde ces extraits comme propres à faire connaître l'état de chaque science, à épurer et à perfectionner les connaissances. « Peut-être, dit-il, suffirait-il en ce moment de travailler sur les connaissances acquises ; ce que le temps présent invente est pour un autre temps ; ce qu'il perfectionne est pour lui. »

On lit dans les *Pensées du Cardinal* un morceau qui est à peu près l'histoire de notre révolution. On jugera, par cette seule citation, de l'intérêt du petit recueil que nous annonçons.

« Qui eût dit, trois mois avant la petite pointe des troubles, qu'il y en eût pu naître dans un État où la maison royale était parfaitement unie, où la cour était esclave du ministre, où les provinces et la capitale lui étaient soumises, où les armées étaient victorieuses, où les compagnies paraissaient de tout point impuissantes, qui l'eût dit eût passé pour un insensé, je ne dis pas dans l'esprit du vulgaire, mais je dis entre les Senneterre et les d'Étrées.

« Il paraît un peu de sentiment, une lueur ou plutôt une étincelle de vie. Ce signe de vie, dans les commencements presque imperceptible, ne se donne point par Monsieur, il ne se donne point par monsieur le Prince, il ne se donne point par les grands du royaume, il ne se donne point par les provinces ; *il se donne par le parlement*, qui, jusqu'à notre siècle, n'avait jamais commencé de révolution, et qui, certainement, aurait condamné par des arrêts sanglants celle qu'il faisait lui-même, si tout autre que lui l'eût commencée. *Il gronda sur l'édit du tarif ;* et aussitôt qu'il eut murmuré tout le monde s'éveilla. On chercha en s'éveillant, comme à tâtons, les lois ; on ne les trouva plus. On s'effara, l'on cria, l'on se les demanda ; et, dans cette agitation, les questions que leurs explications firent naître, d'obscures qu'elles étaient, et vénérables par leur obscurité, devinrent problématiques, et, à l'égard de la moitié du monde, odieuses. Le peuple entra dans le sanctuaire ; il leva le voile qui doit toujours couvrir tout ce qu'on peut dire et tout ce qu'on peut croire du droit des peuples et de celui des rois, qui ne s'accordent jamais si bien ensemble que dans le silence. »

On trouve avec les *Pensées du Cardinal* d'admirables portraits de Richelieu, de Mazarin, de Turenne, du prince de Condé, de madame de Chevreuse, etc.

C'est une galerie où l'on voit tous les personnages de la Fronde, peints de main de maître, et un manuel de politique où l'on peut apprendre à juger et à conduire à la fois et les hommes et les choses.

(Journal de Paris, du 24 ventôse an v.
—14 mars 1797.)

LES PENSÉES DU CARDINAL DE RETZ,

PRÉCÉDÉES D'UN DISCOURS PRÉLIMINAIRE, PAR ADRIEN LEZAY.

Le cardinal de Retz occupe une place distinguée entre les écrivains politiques et les historiens ; il observe les choses comme Machiavel et peint les hommes comme Salluste.

Un homme digne d'apprécier ses divers talents, Adrien Lezay, vient de faire l'extrait de ses mémoires ; et c'est cet extrait que nous annonçons sous le titre de : *Pensées du cardinal de Retz.*

Lezay les a fait précéder d'un discours dans lequel il montre combien il serait avantageux pour toutes les connaissances humaines d'extraire et de réunir dans un petit espace les idées principales qui sont renfermées dans chaque ouvrage, afin de faciliter, si on peut parler ainsi, l'enregistrement méthodique de toutes les vérités acquises dans l'entendement, le rejet des erreurs et la révision des opinions douteuses. De pareils extraits ne tiendraient pas lieu, sans doute, des ouvrages mêmes, pour celui qui aurait besoin d'étudier les éléments d'une science : rien ne peut suppléer, pour l'ignorant, les livres didactiques ; mais ils donneraient le moyen d'en faire d'excellents, et ils serviraient aux hommes qui, après avoir beaucoup appris, veulent nettoyer leurs idées, se débarrasser du superflu, se purger du faux, et former de ce qui reste un système régulier et complet, sur lequel ils puissent ou reposer leur esprit, comme sur un fond suffisant pour fournir aux besoins de leur vie, ou l'exercer comme sur un capital avec lequel l'exploitation de la science serait utilement continuée.

Voici quelques-unes des idées développées dans ce discours préliminaire.

« Au point où en sont arrivées les connaissances humaines, l'essentiel n'est pas de les étendre, mais de les vérifier.

« Telle est maintenant leur étendue que nous n'en connaissons même plus les bornes ; et comment toutefois les reculer avec certitude avant de savoir où les prendre? Pour aller méthodiquement à de nouvelles découvertes, il faut savoir d'abord ce qui a été découvert et fixer avant tout le point d'où il faudrait partir, sinon on risquera toujours de marcher sur les traces de ce Tartare qui, ne connaissant pas les limites de son empire, s'en allait conquérant ses provinces, croyant en conquérir d'étrangères.

« Posséder une mine d'or, ce n'est pas en jouir ; il faut d'abord qu'on ait tiré l'or de la mine, ensuite qu'on en ait séparé l'alliage ; enfin qu'on l'ait converti en monnaie : jusque-là c'est la mine qui est riche, et non celui qui la possède.

« Lorsque, dans la circulation d'un pays, il s'est glissé de la fausse monnaie, on la reçoit d'abord avec autant de confiance que si elle était bonne ; quand, par la suite, le mal a été reconnu, le doute qui en naît fait qu'on reçoit les bonnes pièces avec la même défiance que si elles étaient mauvaises ; et, quoiqu'il y en ait peut-être à peine une de mauvaise sur mille de bonnes, cette seule suffit pour altérer le crédit de toutes, par la difficulté qu'il y a de les en distinguer. Ce qu'il y aurait à faire alors, si on voulait arrêter ce désordre, serait, non de jeter de nouvelles pièces dans la circulation, mais, au contraire, d'en tirer les mauvaises... Le moyen qu'on emploierait pour épurer cette circulation est également celui qui se présente pour les épurer elles-mêmes.

« Ce que le temps présent invente est pour un autre, ce qu'il perfectionne est pour lui... La gloire est pour les inventeurs, l'avantage pour ceux qui les suivent.

« L'Institut national pourrait former la législature des sciences, et distribuer à chacune de ses classes la vérification des connaissances qui leur sont propres. Ce serait une belle chose pour la France nouvelle que d'avoir, dans ses premières années, jeté les fondements de la liberté et ceux de la certitude ; il est vrai que ceux qui ont traité la première de chimérique traiteront l'autre de même... Le monde abonde en hommes qui croient l'impossible et ne croient pas le croyable ; absurdes dans leur croyance, ils le sont encore dans leur incrédulité... »

Nous ne citons rien en ce moment du cardinal de Retz ; mais nous aurons occasion d'en rapporter plusieurs pensées dans les observations que nous nous proposons de faire sur l'ouvrage de M. Necker.

(Journal d'Économie publique, du 20 ventôse
an v. — 10 mars 1796.)

VIE DE CATHERINE II, IMPÉRATRICE DE RUSSIE.

Vous qui détestez les agitations des gouvernements libres, prenez ce livre ; vous y verrez ce que c'est que les agitations de la servitude. Vous êtes inquiets dans la république française ; voyez si l'on est tranquille sous le despotisme russe. Depuis quelque temps on renverse la maxime : Inquietam libertatem potius quam quietum servitium ; et l'on dit : Plutôt un tranquille esclavage qu'une liberté orageuse. Mais il n'y a point de tranquille esclavage. Montesquieu a appelé le repos de la servitude la paix des tombeaux ; c'est flatter la servitude ; la paix des tombeaux n'atteste que la mort de ceux qui les habitent ; la paix de la servitude atteste la terreur de ceux qui y sont soumis ; et la terreur, c'est le tremblement secret, la convulsion des parties les plus intimes de nous-mêmes : c'est l'opposé du repos.

Quel spectacle que ce peuple russe ! Les hommes y sont une propriété. On y mesure la richesse des grands, moins sur leurs arpents de terre que sur le nombre de leurs hommes. On vend les hommes, on les achète, on les donne. L'impératrice en a donné de nombreux milliers à ses amants, à ses favoris, à ses courtisans. On les prend comme on les donne. Une fantaisie de guerre rend-elle des recrues nécessaires : on rassemble tous les hommes en âge de porter les armes sans distinction ; on les déshabille, on les met nus, afin qu'ils ne puissent cacher ni leur force ni leur faiblesse; on en prend un sur trente-cinq, quelquefois plus! Catherine avait, en 1796, une armée de 400,000 hommes; ils ne lui coûtaient qu'environ 28 millions (1) d'entretien par année. Chaque année d'un favori lui coûtait à peu près 14 millions, c'est-à-dire autant que moitié de l'armée. Ainsi l'existence de 200,000 hommes dévoués à mourir au besoin et les vaines jouissances d'un favori étaient estimées à la même valeur et payées au même prix.

Douze des amants de l'impératrice lui ont coûté, de compte fait, environ 450 millions de livres.

L'armée, la marine, et les autres dépenses ordinaires de l'État, se montaient annuellement à la modique somme de 55 millions; mais les dépenses de la cour passaient 170 millions. Cela veut dire qu'on payait fort mal et qu'on donnait beaucoup; rien par justice, tout par faveur: c'est la maxime du despotisme.

On dit que le despotisme se fait servir à meilleur marché que la liberté : cela est vrai, si l'on ne compte que ce qu'il paye; mais il ne se fait obéir réellement que par ce qu'il donne.

L'impératrice, ses amants, ses favoris, ses généraux, sont très-bien peints dans cette histoire, et toutes leurs actions bien exposées. Il y a dans les détails, outre l'intérêt qui leur est propre, une précision qui les fait contribuer à l'intérêt de l'ensemble. Le portrait de Potemkin est de la main de Ségur l'aîné; les traits caractéristiques y sont fortement exprimés. Le portrait de l'impératrice est dans tout le livre : il s'en trouve quelque chose à chaque page. Cette femme eut beaucoup de force et de grandeur dans l'esprit; l'histoire paraît décidée à lui reprocher trois grands crimes : la mort de Pierre III, celle du prince Iwan, celle de l'officier qui se prêta à le faire mourir. Ne peut-on pas rejeter la plus grande part de ces crimes sur la férocité et l'ambition de ses amants? Non-seulement elle avait en elle ce qui est le plus grand préservatif de la scélératesse, la force et la grandeur de l'esprit, mais encore elle avait de la bonté de cœur. Elle fut faible pour tous ses amants; elle aimait les enfants, et

ses appartements en étaient pleins. Elle aimait et recherchait l'approbation des hommes éclairés de l'Europe entière; enfin, et c'est ce qui a détruit le plus en nous l'impression des reproches qu'on lui fait, elle a régné trente-quatre ans avec dignité, et, ce qui est plus remarquable, avec sérénité, tandis qu'Orloff est mort dans les angoisses d'une conscience bourrelée. Si Catherine fut une scélérate, il faut mettre en principe que la conscience est un organe dont il est possible qu'un être raisonnable soit privé; et c'est une triste découverte dans la nature humaine.

(*Journal de Paris*, du 12 vendémiaire an VI. — 3 octobre 1797.)

VIE DE JULIUS AGRICOLA,

PAR TACITE.

Traduction nouvelle par DESRENAUDES.

Cette traduction, qui a paru à la fin de l'an V, s'est comme perdue dans les événements de fructidor. Le calme lui rend aujourd'hui l'intérêt qui lui est propre, et notre situation politique du côté de la Grande-Bretagne lui en donne un qu'elle n'aurait pas dans d'autres temps. Au milieu du mouvement qu'imprime aux esprits l'attente d'une invasion en Angleterre, sous le commandement d'un général signalé par tant de victoires, il semble que l'avenir et les espérances qu'il nous offre ne nous suffisent pas; nous avons besoin de retourner dans le passé, pour jouir tout à la fois des humiliations préparées à cette île orgueilleuse et de celle qu'elle a déjà subies; pour voir en quelque sorte, dans les triomphes des grands capitaines qui l'ont conquise, ceux du héros qui doit la conquérir encore; pour unir ainsi dans l'imagination la gloire de ce jeune guerrier à une gloire antique, et l'étendre, pour ainsi dire, dans le passé, comme elle s'étendra sur l'avenir. Quel tableau plus propre à satisfaire les esprits agités de ces nobles idées que celui où le pinceau de Tacite a peint la réduction de la Bretagne, et la vie d'Agricola qui l'a soumise ? et quelle copie plus fidèle de ce tableau que celle qui est offerte en ce moment au public par le citoyen Desrenaudes?

On sait que ce fut J. César qui, le premier, entra en Bretagne avec une armée; mais,

---

comme le dit Tacite, il montra plutôt qu'il n'acquit ce pays aux Romains.

. Les guerres civiles ayant presque aussitôt désolé la république la Bretagne fut comme oubliée. Des lieutenants à qui la garde en fut confiée, les uns négligèrent sa défense, d'autres en furent incapables ; et bientôt elle devint difficile aux meilleurs chefs. Elle était au moment d'échapper au pouvoir de Rome ; la révolte était partout ; et déjà les troupes romaines avaient essuyé des défaites lorsque J. Agricola y fut envoyé comme gouverneur. Voici comment Tacite parle de sa première expédition.

« Agricola y arriva au moment où les sol-
« dats, comme si la campagne eût été ter-
« miminée, se tournaient impatients vers le
« repos ; les ennemis, au contraire, vers l'oc-
« casion de se venger...

« Alors, bien que la saison fût passée, que
« les troupes fussent dispersées dans la pro-
« vince, que les soldats eussent compté sur le
« repos pour le reste de la campagne, qu'ainsi
« tout se réunît pour retarder ou contrarier
« l'ouverture de la guerre, et que le grand
« nombre jugeât qu'il valait mieux se borner
« à surveiller les endroits les moins sûrs, Agri-
« cola résolut d'aller au-devant du danger...
« et, à la tête de son armée, pour qu'en par-
« tageant les dangers de tous il communiquât
« à tous son courage, monta à l'ennemi (*erexit*
« *aciem*). »

Il réduit l'île de Mone, à l'aide de ses auxiliaires (les Bataves) ; il remporte d'éclatantes victoires.

« Connaissant bien le naturel des Bretons,
« et en même temps instruit par l'expérience
« des autres que le succès des armes profite
« peu lorsqu'il est suivi de l'injustice, il réso-
« lut de déraciner entièrement les causes des
« guerres...

« On le vit écarter entièrement des affaires
« publiques et ses affranchis et ses esclaves ;
« n'avancer aucun soldat, ni par des affections
« privées, ni même sur la recommandation ou
« les prières des centurions, mais trouver tou-
« jours, dans le plus homme de bien le plus
« digne de sa confiance ; tout savoir et ne pas
« tout poursuivre ; accorder de l'indulgence
« aux fautes légères, réserver la sévérité pour
« les grandes ; ne pas toujours vouloir la pu-

« nition, le plus souvent être satisfait du re-
« pentir ; préposer aux charges et aux admi-
« nistrations ceux qui ne prévariqueraient pas,
« plutôt que d'avoir à punir ceux qui au-
« raient prévariqué ; adoucir enfin, par l'éga-
« lité de la répartition, l'accroissement des
« taxes sur le blé et des autres tributs, après
« avoir retranché de toutes parts les inventions
« de la cupidité, plus intolérables que le tri-
« but même.

« ... Lorsqu'il l'avait assez épouvanté (l'en-
« nemi), redevenu indulgent, il faisait briller
« à ses yeux ce qui pouvait exciter vivement
« en lui le désir de la paix.

« ... Du reste, Agricola n'intercepta jamais,
« en homme avide, la gloire des services d'au-
« trui : soit centurion, soit préfet, tous avaient
« en lui le témoin le plus pur de leurs actions.
« Auprès de quelques-uns il passait pour trop
« amer dans ses reproches : plein d'aménité
« envers les bons, il était repoussant pour les
« méchants ; mais de sa colère il ne restait
« rien (*ex iracundia nihil supererat*). Vous n'a-
« viez à redouter ni ses intentions secrètes, ni
« son silence. Il croyait plus honnête d'offen-
« ser que de haïr. »

Pendant sept campagnes de suite Agricola signale ses armes dans la Bretagne. Enfin, à la huitième année de son gouvernement, 30,000 Bretons, résolus à vaincre ou à périr, se réunissent sous le commandement de Galgacus. Tout le monde connaît l'admirable harangue que ce barbare adresse à son armée, et ses invectives contre les Romains... « Les
« ravageurs du monde, dit-il (*raptores orbis*),
« lorsque la terre manque à leurs dévastations,
« vont tourmenter les mers. Leur ennemi est-
« il riche, ils sont avares ; est-il pauvre, ils
« sont ambitieux. Rien n'a pu les assouvir, ni
« l'Orient, ni l'Occident. Seuls entre tous les
« hommes, ils poursuivent avec une égale cu-
« pidité la pauvreté et la richesse. Dans leur
« langage imposteur, voler, égorger, piller, ils
« l'appellent *empire* ; réduire un pays en soli-
« tude, ils l'appellent *paix*. (*Auferre, truci-*
« *dare, rapere, falsis nominibus,* IMPERIUM ;
« *atque ubi solitudinem faciunt,* PACEM ap-
« *pellant...*). »

On voit que l'éloquence bretonne n'a pas toujours été du style des manifestes d'aujourd'hui. Agricola, instruit de la résolution des derniers guerriers qui restent à la Bretagne, se met en défense.

Et voici le langage que, de son côté, il parle à ses troupes :

« ... Compagnons... au milieu de tant d'ex-« péditions et de combats, soit qu'il ait fallu « de la vigueur contre les ennemis, soit de la « patience et des efforts contre la nature même, « nous n'avons eu à nous repentir, ni moi de « vous avoir pour soldats, ni vous de m'avoir « pour chef ; car, ayant outre-passé, moi les « bornes que n'ont pu franchir les anciens « lieutenants, vous celles qui ont arrêté les « précédentes armées, nous occupons... etc. « Souvent, dans ces marches que rendaient « si pénibles les marais, les montagnes et les « fleuves, j'ai entendu s'écrier les plus braves « d'entre vous : Quand nous montrera-t-on « l'ennemi ? quand les armées seront-elles en « présence ? (*Quando dabitur hostis ? quando* « *acies ?*) Le voici cet ennemi...

« Voici le champ ouvert à vos vœux et à vo-« tre valeur. Vainqueurs, tout s'aplanira pour « vous ; mais, vaincus, tout vous deviendra « contraire... Nous n'avons ni la même con-« naissance des lieux, ni la même abondance « de vivres que l'ennemi ; mais nous avons nos « bras et nos armes, et, en eux, nous avons « tout... »

Des batailles sanglantes suivent bientôt ces puissantes exhortations. Les Romains complè-tent leurs victoires. Dans une dernière action, dix mille Bretons restent sur le champ de ba-taille, le reste fuit. Les vainqueurs passent la nuit ivres de joie et richés de butin. « Mais, dit « Tacite, ce fut le jour suivant qui découvrit « la grandeur de la victoire. Partout un vaste « silence, des collines désertes, des toits fu-« mant au loin, nul homme rencontré par nos « coureurs... » Ainsi fut achevée et assurée la conquête de la Bretagne.

Pourquoi fallut-il qu'Agricola ne vînt qu'a-près la ruine de la république et sous le règne d'un tyran ? et pourquoi sa destinée ne put-elle être ce que sera celle du héros républicain dont il aura été le modèle à tant d'égards ? Sa gloire excita la jalousie de Domitien, et, « de « peur que son entrée dans Rome ne reçût « trop d'éclat par le concours du peuple qui se « porterait en foule au-devant de lui, voulant « se dérober même à l'empressement de ses

« amis, il vint la nuit dans la ville, et, suivant « l'ordre qu'il en avait reçu, la même nuit « dans le palais, où, ayant été accueilli d'un « baiser précipité et sans un seul mot, il se « trouva à l'instant perdu dans la foule des « serviteurs.

« Du reste, Agricola, pour tempérer par « d'autres vertus l'éclat de ses exploits mili-« taires, qui pesaient tant à ceux qui n'avaient « rien fait (*ut militare nomen, grave inter* « *otiosos, aliis virtutibus temperaret*), se voua « entièrement à l'obscurité d'une vie paisible « et retirée : simple dans ses vêtements, uni « dans ses discours, accompagné seulement « d'un ou de deux amis ; de telle sorte que la « multitude, accoutumée à n'estimer les hom-« mes grands que par ce qui les entoure, après « avoir vu et considéré Agricola, cherchait en « lui sa renommée et peu savaient le deviner « (*viso aspectoque Agricola, quærerent fa-* « *mam, pauci interpretarentur*). »

Sa retraite n'empêcha pas qu'il ne fût fré-quemment accusé ; mais il fut absous par le tyran. « Domitien se sentait adouci par sa sa-« gesse et sa modération : jamais, en effet, « Agricola, ni par une résistance insultante, « ni par une vaine ostentation de liberté, ne « provoqua la renommée et la mort.

« Qu'ils sachent, ceux qui ont coutume de « n'admirer que ce qui est révolte, que même « sous de mauvais princes il peut exister « de grands hommes ; que la déférence et la « réserve, lorsqu'on y joint le talent et la vi-« gueur, peuvent élever à ce degré de gloire, « où plusieurs sont parvenus, qui, à travers « des précipices, mais sans aucun bien pour la « république, se sont illustrés par une mort « ambitieuse. »

Cependant Agricola périt à cinquante-cinq ans, et le bruit courut qu'il avait été empoi-sonné. Tacite paraît l'avoir pensé ainsi, lors-que, peignant d'un seul trait l'air d'affliction qu'affecta Domitien en apprenant la mort d'A-gricola et ses sentiments secrets, il dit : « Il « montra sur son visage, et dans tout ce qui « pouvait peindre son âme, les apparences « d'une douleur réelle, rassuré désormais sur « l'objet de sa haine, et bien plus maître de « dissimuler la joie que la crainte. »

Voici comment Tacite parle de l'extérieur d'Agricola : « Il était bien proportionné, plu-

« tôt que grand. Rien sur son visage qui ins-
« pirât de la crainte ; un air affable dominait
« tous ses traits. Aisément vous le croyiez un
« homme bon, volontiers un grand homme... »

L'étendue que nous avons donnée à cet extrait nous dispense de parler longuement du
mérite et des imperfections de la traduction.
Le lecteur peut la juger par nos citations. Nous
dirons seulement qu'elle nous a paru laisser
encore quelque chose à désirer, et particulièrement dans les passages où nous avons rap-
proché le texte de la version.

Par exemple : *Auferre, trucidare, rapere,
falsis nominibus,* IMPERIUM ; *atque ubi solitudinem faciunt,* PACEM *appellant ;* cette phrase
est ainsi traduite : *Dans leur langage imposteur,* voler, égorger, piller, ils l'appellent *empire ;* réduire un pays en solitude, *ils l'appellent paix.*

Cette version est-elle fidèle, est-elle même
d'un français bien correct ? Ne pourrait-on pas
dire :

« Voler, égorger, piller, dans leurs fausses
« dénominations, ils appellent cela *gouverne-
« ment ;* et faire un désert, *pacification.* »

Quando dabitur hostis ne serait-il pas mieux
rendu par : Quand nous livrera-t-on l'ennemi ?
que par : Quand nous montréra-t-on l'ennemi ?
Dans cette phrase : *La multitude... cherchait
en lui sa renommée, et peu savaient le deviner,* deviner n'affaiblit-il pas l'idée que Tacite veut donner de la grossièreté de la multitude ? Il dit : *Pauci interpretarentur :* Peu l'expliquaient, le concevaient.

La critique la plus vétilleuse ne pourrait
trouver dans la traduction dont il s'agit que
des imperfections du genre de celles qu'on
vient de voir. Mais de quelle estime les admirateurs de Tacite et les hommes jaloux de la
puissance de la langue française ne payeront-
ils pas cet ouvrage ? Tacite y respire partout ;
c'est son esprit en même temps que son langage. A chaque page on est saisi par quelqu'une de ces expressions fortes qui impriment, comme au balancier, sa pensée dans
l'esprit du lecteur.

Pour traduire ainsi Tacite, il ne suffit pas de
savoir en grammairien la valeur des mots qu'il
emploie, il faut la savoir en philosophe, en
homme d'État ; il faut avoir le sentiment de
toutes les idées que l'auteur associe, qu'il joint

en si peu d'espace, et qu'il fait concourir avec
tant d'autorité à l'impression de sa pensée. Il
faut plus encore, il faut connaître toutes les
ressources de la langue française, et apporter
dans leur usage toute la délicatesse nécessaire
pour ne lui faire aucune violence ; il faut, en
un mot, être penseur profond et excellent
écrivain.

Verreries de Saint-Quirin, le 11 frimaire.

(*Journal de Paris,* du 21 frimaire an VI. —
11 novembre 1797.)

ESSAI

SUR LES CAUSES QUI, EN 1649, AMENÈRENT EN ANGLE-
TERRE L'ÉTABLISSEMENT DE LA RÉPUBLIQUE ; SUR
CELLES QUI DEVAIENT L'Y CONSOLIDER ; SUR CELLES
QUI L'Y FIRENT PÉRIR ;

Par BOULAY (de la Meurthe), représentant du peuple.

L'ouvrage est divisé en trois parties : dans
la première, l'auteur montre les causes immé-
diates et *saillantes* de l'établissement de la république ; dans la deuxième, il remonte aux
causes éloignées de cet événement ; dans la
troisième, il fait connaître les fautes qui l'ont
détruite et ont ramené la monarchie.

La première partie est très-courte ; c'est un
tableau abrégé des abus du pouvoir royal, associé à la tyrannie religieuse ; abus couronnés
par les massacres d'Irlande, que Charles Ier
paya de sa tête.

La deuxième développe avec beaucoup de
justesse et de clarté les causes qui, dès longtemps auparavant, avaient miné les deux soutiens de la royauté, savoir : l'oligarchie nobiliaire et l'aristocratie sacerdotale, en élevant
sous le nom et la forme de *régime municipal*
le système démocratique. Ces causes furent
d'abord les défiances de la royauté elle-même,
à qui les seigneurs féodaux étaient redoutables, et que le clergé humiliait sans cesse ; ce
fut aussi le droit de représentation donné aux
communes dans le parlement ; ce furent enfin
les intérêts de religion qui s'associèrent aux
intérêts politiques et donnèrent aux âmes une
vive impulsion. Comme les communes avaient
généralement embrassé la doctrine la plus morale, et formaient le parti le plus nombreux,
sous le nom de *calvinistes,* de *puritains,* de

presbytériens, elles écrasèrent le parti *royal* et le parti *romain*, et la république fut proclamée.

Ainsi, comme le remarque l'auteur, « lorsque la république fut proclamée en Angleterre, elle était non-seulement dans la force des choses, mais encore dans celle de l'opinion... et une foule de circonstances heureuses concouraient à consolider ce gouvernement. » D'abord, la situation physique de l'Angleterre la dispensait d'une force militaire capable d'inquiéter la liberté. En second lieu, la majorité du peuple, qui avait voulu la république, réunissait la plus grande partie des richesses, des talents et des vertus du pays. Outre la connaissance de ses droits à la souveraineté, elle en avait le sentiment, et à quelques égards l'habitude; elle possédait les connaissances nécessaires pour organiser la république; car on agita dès lors toutes les questions les plus importantes de la politique : N'y aura-t-il qu'une seule assemblée représentative? sera-t-elle divisée en deux branches? y aura-t-il un conseil des *anciens*, un conseil des *jeunes?* l'autorité exécutive sera-t-elle remise à un conseil ou à un seul homme? aura-t-elle un *veto?* y aura-t-il un *jury constitutionnaire* ou *conservateur de la liberté*, pour prononcer sur les débats qui pourront s'élever entre les grands pouvoirs constitués, etc.? L'argent ne manquait pas plus que le savoir; les biens du clergé et ceux de la couronne furent mis en vente. Assurée au dedans, la république était respectée au dehors. « N'ayant point affiché la prétention de renverser les monarchies, ne les inquiétant pas sur leur existence politique, celles-ci n'avaient aucun intérêt à l'inquiéter sur la sienne... Même toutes les cours de l'Europe briguaient à l'envi la faveur de la république : la France lui avait cédé Dunkerque; les puissances du Nord lui obéissaient sur un seul mot de ses ambassadeurs; le commerce espagnol avait été ruiné par elle; la Hollande avait été réduite à consentir au fameux *acte de navigation*; heureuse encore de conserver à ce prix son indépendance... Le prétendant, proscrit, fugitif, pauvre et misérable, pouvait à peine trouver un asile en Europe, où il se voyait l'objet de l'indifférence et même du mépris universel... » Telles étaient les principales circonstances qui favorisaient l'affermissement de la république en Angleterre. Comment se sont-elles évanouies? C'est ce que l'auteur examine dans la troisième partie.

Il rapporte à six causes générales le renversement de la république.

La première fut la division des patriotes en deux partis, dont l'un, pur dans ses vues et sage dans ses moyens, retint le nom de *presbytériens;* l'autre, violent, avide, ambitieux, prit le titre d'*indépendants*. Quoique les presbytériens eussent les premiers attaqué et réduit l'autorité royale, ils furent accusés de royalisme par les *indépendants*, qui leur reprochèrent « de « n'avoir pas voté la mort du roi, et même de « l'avoir désapprouvée. » Ils furent exclus de toutes les places civiles et militaires, et les indépendants s'en saisirent. Cette division et le triomphe des *indépendants* furent la principale cause de la chute de la république. La richesse territoriale et mobilière, l'industrie, la vertu, les lumières, enfin, l'avantage du nombre, tout était du côté des presbytériens. « Les confondre avec des royalistes, les exclure comme eux des places et en quelque sorte de la république, c'était évidemment les placer dans la minorité, et dans le dénûment de toutes les ressources qui font la base d'un gouvernement solide. »

C'est un spectacle curieux que celui du *parti indépendant*, de son intolérance et de sa tyrannie. L'auteur les considère comme la seconde cause du renversement de la république. C'est l'objet d'un chapitre particulier dont voici les principaux traits.

Les indépendants se divisèrent eux-mêmes en deux classes. Les uns voulurent l'abolition de toute espèce de sacerdoce, et attribuèrent à chacun le droit de prêcher quand il se sentirait inspiré. « Les églises furent fermées, les prêtres persécutés, sans aucune distinction de ceux qui étaient patriotes d'avec ceux qui ne l'étaient pas... Les femmes se mirent à prêcher aussi bien que les hommes... De là une confusion qui effraya la nation autant qu'elle la dégoûta... Au lieu de la détacher de sa religion et de ses prêtres, on les lui rendit plus chers.

Les autres « se prêtèrent à l'aveu de l'existence de Dieu... mais ils imaginèrent de nouveaux systèmes de morale... Et, voyant que la nation ne se prosternait pas devant les rêves sublimes de leur imagination, ils devinrent furieux, persécuteurs, et firent cause commune avec les autres pour tyranniser la presque totalité du peuple. »

Les indépendants furent aussi nommés *aplanisseurs*, *niveleurs*. « On les accusa de vouloir le partage égal des biens ;... l'abolition des autorités... Les distinctions de mérite ne leur étaient pas moins odieuses que celle des fortunes et des états. Ils se réunissaient en *clubs*; de là ils menaçaient toutes les puissances de la terre,... et adressaient leurs ordres à toutes les autorités constituées. »

« Après avoir chassé de la chambre des communes les presbytériens, qui en formaient la majorité,... ils entreprirent de gouverner la nation... Ils formèrent un conseil exécutif de trente-huit membres,... lequel devint un pouvoir révolutionnaire et tyrannique... On vit alors des arrestations arbitraires ; les prisons furent remplies de gens suspects ; des tribunaux extraordinaires furent créés,... les lois de trahison inventées,... des échafauds partout dressés et ensanglantés, enfin la terreur universelle,... le tout au nom de la justice et de la vertu, que des *propagandistes* étaient chargés de prêcher partout. »

« Cependant... ce parti odieux et ridicule au dedans se montra grand et redoutable au dehors : il conduisit la guerre avec des succès constants ; mais ces succès, qui amenèrent d'abord sa domination, contribuèrent ensuite à préparer sa ruine. Malgré la vente des domaines nationaux, malgré les nombreuses confiscations faites sur le parti royaliste, il se vit forcé de mettre sans cesse de nouveaux impôts sur le peuple... qui fit enfin entendre son mécontentement... et, après quatre ans, l'assemblée fut dissoute par la force armée, et succomba sous le pouvoir militaire, dont elle avait fait jusque-là le principal instrument de son despotisme. »

Ici sont dépeintes la dictature de Cromwell, la tyrannie militaire, la dégradation de la représentation nationale, toutes circonstances que l'auteur indique comme troisième et quatrième causes du retour de la royauté.

On sait comment Cromwell se défit de l'assemblée qu'il avait d'abord convoquée lui-même et composée, à dessein, sans doute, des plus furieux *levellers*. Il la congédia après

avoir été l'instigateur secret des subversions par lesquelles elle avait soulevé tous les esprits. Il la remplaça par une seconde, qu'il épura d'abord, et qu'il cassa ensuite ; par une troisième, qu'il épura et cassa encore ; par une quatrième, qu'il cassa encore après l'avoir épurée.

Après sa mort, Richard, son fils et son successeur, convoqua un nouveau parlement de *levellers*, qui bientôt le força à se démettre du protectorat et créa son président chef de la force militaire. « Les officiers ne pouvaient se résoudre à plier sous des hommes de loi. » Lambert, nommé général par le parlement, le ferma. Les membres de ce corps appellent Monck au secours de l'autorité nationale ; l'armée abandonne Lambert, l'arrête et se met sous le commandement de Monck. Le parlement reprend ses fonctions, mais avec plus d'intolérance que jamais ; il pousse au dernier excès la persécution contre les presbytériens. Il se défie de Monck, et veut s'en débarrasser ; Monck fait rentrer les presbytériens dans la chambre, et ôte ainsi l'avantage de la majorité aux indépendants ; mais les presbytériens ne font autre chose que d'ordonner la convocation d'un parlement régulier, en prononçant toutefois l'exclusion des assemblées politiques contre les royalistes reconnus, et notamment contre tous ceux qui avaient porté les armes pour Charles Iᵉʳ ou son fils.

Ce fut à cette époque que le parti royaliste recueillit le fruit de sa perfide prudence, pendant les désordres dont il avait été le témoin, et de ses intrigues muettes, pour augmenter le mal. Il avait favorisé les divisions des patriotes, et rendu leur réconciliation impossible en exerçant sur eux l'art d'envenimer les préventions, les haines et les vengeances ; il s'était attaché au parti le plus violent, l'excitant à tous les actes qui pouvaient rendre la révolution odieuse ; il avait contribué puissamment à la mort du roi, dans l'idée que « ce prince, tombé du faîte des grandeurs dans l'abîme de l'infortune, et périssant sur un échafaud par la main de ceux qui naguère se regardaient comme ses sujets, devait, malgré la justice de sa condamnation, devenir l'objet d'une compassion générale, laquelle se changerait naturellement en sentiment d'horreur contre les auteurs de sa mort. »

Ce ne furent pas seulement les royalistes avisés qui armèrent les indépendants de haines et de vengeance; ce furent aussi ces royalistes lâches qui, craignant d'être suspects au parti républicain, cherchaient sans cesse à se signaler par des propositions odieuses, et s'étaient fait, comme dit Burnet, *républicains à toute outrance*.

Sous le protectorat, les royalistes corrompirent les patriotes par les exemples de servitude qu'ils donnèrent. Le palais de Cromwell fut une véritable cour. Ils profitèrent de la faveur qu'il eut d'abord pour rendre du crédit au gouvernement d'un seul; ensuite ils aidèrent à la férocité du protecteur, pour que l'esprit de la nation, rendu à la royauté, voulût un autre chef. Enfin, par l'effet de leurs insinuations, « ce fut la partie la plus fanatique du parti des indépendants qui déserta la première la cause républicaine. Elle chercha à négocier avec le prétendant; lui envoya une adresse signée de plusieurs milliers d'entre eux, pour se jeter à ses genoux, implorer sa clémence et sa pitié, etc. »

La situation du peuple, dans cette fluctuation des pouvoirs et des partis, était et devait être malheureuse; et c'est la dernière cause à laquelle l'auteur attribue le renversement de la république. « La masse des impôts allait toujours croissant. La manière inégale et arbitraire dont la plupart des taxes étaient assises était encore plus insupportable que leur poids... La justice était également soumise à l'arbitraire... Les arrestations, les commissions et les lois extraordinaires étaient les moyens les plus habituels de chaque parti dominant... L'institution des jurés avait reçu des atteintes; il n'y avait, en fait de religion, de liberté que pour les fanatiques novateurs... Enfin, il y avait tant de bouleversements et de coups d'État qu'on se croyait condamné à la perte de tout repos... Dans cet état de lassitude, de dégoût, de souffrance, le peuple ne savait où trouver le remède à ses maux... »

« Voilà les principales causes qui opérèrent la contre-révolution en Angleterre. »

« Combien les patriotes auraient été sages, observe l'auteur, si, avant que l'accablement se fît sentir, ils avaient oublié leurs querelles et s'étaient réunis pour asseoir un gouvernement libre, ramener l'ordre et répandre sur le peuple plus de bonheur qu'il n'en avait eu sous le régime monarchique! »

Telle est assez exactement la substance de cet ouvrage, qui paraît avoir été dicté par l'amour de la liberté, par le regret de l'avoir vue fuir d'une terre si propre à la faire fructifier, et enfin par le désir d'assurer sa conservation parmi nous. Le dernier acte de la révolution d'Angleterre est un grand avertissement pour nous. En rappelant Charles II, les patriotes aveuglés s'étaient flattés qu'elle serait terminée par une amnistie. Ils obtinrent en effet cette amnistie; mais la royauté, après l'avoir accordée, les égorgea.

(Journal de Paris, du 18 prairial an VII,
— 6 juin 1799.)

DES SUITES DE LA CONTRE-RÉVOLUTION DE 1660, EN ANGLETERRE,

PAR BENJAMIN CONSTANT.

Boulay (de la Meurthe) a prouvé dans son ouvrage que les fautes des républicains, et particulièrement celles des patriotes violents, emportés, désorganisateurs, avaient amené la chute de la république d'Angleterre. Cette leçon était urgente.

Aujourd'hui, B. Constant montre aux patriotes chancelants, à ceux qui inclineraient vers la royauté après s'être un moment engagés à la république, qu'il n'y aurait point de pardon pour eux si la royauté pouvait se rétablir; et ses preuves sont tirées des suites qu'eut la destruction de la république dans cette même Angleterre où tous les écrivains ont affecté de taire les vengeances de Charles II. « Je veux prouver, dit B. Constant, que « des conditions entre la république et la « royauté ne sont jamais que des stipulations « mensongères pour désarmer ceux qu'on veut « punir; que les transactions avec les rois sont « toujours sans garantie; que la même impul- « sion qui porte à relever la puissance monar- « chique porte inévitablement à renverser tou- « tes les barrières dont on veut entourer cette « puissance, et que la nation qui ne sait pas « vivre sans un maître sait encore moins le « contenir. »

A la restauration du trône, Charles II publia une amnistie pour l'Angleterre, et cependant il envoya à l'échafaud non-seulement les juges qui avaient condamné Charles Ier, Harrison, Thomas Scott, mais encore plusieurs de ceux qui avaient blâmé sa condamnation et refusé d'y prendre part; tel fut le chevalier Vane, dont tout le crime était d'avoir été secrétaire de la marine pendant la république. Sa défense et sa mort donnent la mesure de la vengeance royale. « Je n'ai commis, dit-il, « aucun crime pour défendre la république; « j'ai servi mon pays avec zèle et succès; j'ai « affronté la tyrannie de Cromwell. » La royauté ne l'en jugea que plus coupable; et comment en effet l'être plus envers elle qu'en consacrant à la république d'éclatantes vertus?

En Écosse, où il n'y avait pas d'amnistie, le sang coula par torrents. « On ne prenait en « considération, disent Burnet et Hume, ni les « crimes des accusés, ni leur fortune. On ne « demandait aucune preuve, on ne faisait au- « cune vérification, on n'écoutait aucune ré- « clamation Les dénonciateurs se présentaient « devant une commission secrète, et elle con- « damnait. »

A la fin, l'Écosse obtint aussi une amnistie, mais les vengeances n'en furent ni moins générales, ni moins cruelles. Vingt ans après l'amnistie accordée à l'Écosse, des tribunaux ambulants recherchaient dans tout le pays ceux qui avaient donné asile aux rebelles ou *conversé* avec eux; car avoir *conversé* avec un rebelle, c'était être un rebelle soi-même.

Les vengeances ne frappèrent pas seulement sur les opinions politiques, mais aussi sur les opinions religieuses; les presbytériens, c'est-à-dire les hommes les plus sages et les plus modérés de la révolution, furent immolés. Un officier qui avait servi longtemps en *Russie* fut chargé d'exécutions militaires contre ces infortunés. Ce monstre fit pendre un fils pour avoir refusé de déclarer où était son père.

En Irlande, autre guerre non moins sanglante contre les acquéreurs de domaines nationaux...

En Angleterre, la vengeance royale sembla quelque temps bornée, par l'amnistie, aux têtes éminentes du parti républicain; mais bientôt elle eut recours à l'artifice pour éluder la loi; elle attribua des délits imaginaires aux coupables qu'elle voulait punir de crimes publiquement pardonnés; elle supposa des sédi-

tions pour étouffer des proscrits. Les persécutions religieuses se mêlèrent, comme en Écosse, aux persécutions politiques : on procéda de la même manière contre les suspects; on employa les mêmes supplices. Le règne de Jacques II fut une continuation d'horreurs. « Après l'insurrection de Montmouth, deux « monstres, Jefferies et Kirck, parcoururent « l'Angleterre; ivres toujours et furieux, ils « unirent partout les supplices à la dérision : « c'était au son de la musique qu'ils faisaient « périr à la fois plusieurs centaines de con- « damnés. Innocents ou coupables furent li- « vrés aux soldats; le pays entier fut couvert « de têtes et de membres déchirés. Chaque vil- « lage contempla les cadavres de quelques- « uns de ses habitants. Une femme, connue « pour sa bienfaisance, avait donné asile à un « fugitif; le malheureux la dénonça : elle fut « brûlée vive. »

Quelque étendu que fût un extrait, il ne pourrait donner une idée complète de la longue suite des crimes dont le récit nous a été transmis par les historiens anglais les plus impartiaux, et que B. Constant a réunis dans les soixante-quinze premières pages de sa brochure. Les persécutions, les vengeances de la royauté contre les patriotes furent si diverses qu'aucune ne donnerait l'idée de l'autre, et il n'est pas de mots généraux qui puissent présenter l'idée de toutes. Chacune demandait donc son tableau séparé; c'est à quoi a satisfait l'effrayante galerie que B. Constant présente aujourd'hui aux Français.

A la partie historique succèdent environ trente pages de réflexions. L'auteur y montre d'abord que la contre-révolution en France serait inévitablement plus meurtrière encore que ne l'a été celle d'Angleterre. « La nation an- « glaise eut un grand bonheur pendant ses « guerres civiles : c'est que jamais les étran- « gers ne s'introduisirent dans son sein... Le « parlement, misérablement timide, qui rap- « pela Charles II, était au moins composé d'An- « glais; les généraux, les troupes qui l'aidèrent « à remonter sur le trône, étaient anglaises... « Nous, au contraire, nous voyons aujourd'hui « des hommes que l'Europe policée regarde « encore comme des sauvages nous offrir un « joug étranger... Un prétendant, esclave des « Russes, attend, loin des combats qui se li-

« vrent pour sa cause, que la mort, le pillage
« et l'incendie lui aient frayé une route san-
« glante dans cette contrée qui le repousse de
« son sein... Revêtu d'un pouvoir conquis par
« d'autres, monarque tributaire, triomphateur
« dépendant, libre seulement dans ses ven-
« geances, mais instrument lui-même des ven-
« geances de ses alliés, il dicterait à des Fran-
« çais les lois que lui dicteraient les Russes.
« Ces lois, destinées d'abord à frapper le cen-
« tre des idées républicaines, le seraient bien-
« tôt à détruire un empire puissant dans la ba-
« lance de l'univers. La main des étrangers,
« dans sa fureur habile, étoufferait toutes nos
« ressources en nous enlevant notre liberté;
« les premiers efforts seraient contre nos lu-
« mières, mais leur seconde pensée serait
« contre notre force, et leur prévoyance des-
« tructive exigerait du roi leur sujet des ga-
« ranties de faiblesse et d'asservissement éter-
« nel. »

Après cet énergique tableau, l'auteur se
demande comment l'esprit public peut rester
engourdi, ainsi qu'il paraît l'être au milieu des
dangers qui nous environnent, et il en trouve
plusieurs raisons principales.

La première est l'impéritie et l'aveuglement
des dictateurs directoriaux, de qui d'ailleurs
il éloigne, et avec justice, ces imputations de
trahison « à la faveur desquelles la haine pré-
« pare des persécutions nouvelles, au moment
« même de la chute des anciens persécu-
« teurs. »

La seconde est l'imperfection de nos institutions politiques. Les deux pouvoirs sont sans
garantie l'un contre l'autre. Pour se soutenir,
ils sont obligés de violer la Constitution, en
affichant néanmoins pour elle une vénération
profonde. Cette vénération dérisoire et ces
violations éversives semblent très-propres à
faire revenir le peuple de son respect pour la
loi constitutionnelle comme d'une ridicule erreur. B. Constant est loin de demander qu'on
change les bases de la Constitution, mais il
souhaite qu'on en remplisse les lacunes, et
qu'on fasse promptement cesser une instabilité
qui ébranle toutes les opinions républicaines
et en détache les affections.

A ces causes de langueur dans l'esprit public, l'auteur ajoute les menaces de persécution
qui se renouvellent plus que jamais contre les
meilleurs citoyens. « Des fragments de factions
« ressuscitées remplissent, dit-il, les airs de
« dénonciations confuses. La calomnie, qui,
« depuis dix ans, parcourt en tous sens ce vaste
« empire, pour y moissonner les lumières, les
« talents, le dernier espoir d'une génération
« décimée, exerce sans interruption sa des-
« tructive influence... Elle ne respecte ni les
« exploits de nos généraux, ni leur effort, ni
« leur mort glorieuse. J'ouvre ces innombra-
« bles libelles, qui semblent conspirer de nou-
« veau contre la liberté de la presse; j'y vois
« inscrits, au nombre des traîtres, les noms
« des héros qui ont ramené vers nos frontières
« des armées que l'ignorance avait dispersées;
« les noms des législateurs qui, vainqueurs de
« la tyrannie, pensent que la nation doit être
« de quelque chose dans leurs discours et dans
« leurs lois; les noms des écrivains qui osent
« réclamer les principes dont l'oubli, durant
« dix-huit mois, a causé tous nos malheurs.

« Que prétendez-vous donc, délateurs per-
« pétuels? N'avez-vous pas précipité dans la
« tombe assez d'hommes illustres, assez de ci-
« toyens vertueux?...

« Vous nous parlez d'esprit public; mais si
« l'esprit public est mort, c'est vous qui l'avez
« tué... L'amitié, la confiance, l'enthousiasme,
« vous nous avez tout ravi. Chacun craint de
« s'attacher à quiconque peut tomber votre
« victime. On s'éloigne du talent parce que
« l'on sait qu'il vous fait envie; on s'éloigne de
« la vertu parce que vous menacez de la dé-
« chirer; on s'éloigne du courage parce que
« seul il vous affronte, et que l'on craint d'être
« entraîné dans sa perte. Chacun se tait, cha-
« cun s'isole. Celui que vous attaquez baisse
« la tête, dans l'espoir insensé de vous désar-
« mer par son silence. Celui que vous n'atta-
« quez pas encore vous ouvre un libre pas-
« sage, se flattant d'être ménagé par vous.
« Faiblesse infructueuse ! inutile lâcheté ! »

L'ouvrage de B. Constant, dicté par un patriotisme éclairé et courageux, est écrit avec
un talent digne de ses motifs. Nous en termi-
nerons l'extrait par ces lignes généreuses.
« Quel que soit le succès de mes efforts, a-t-il
« dit en finissant sa préface, un sentiment qui
« m'est doux ne pourra m'être enlevé; j'aurai
« pris envers la république un engagement de
« plus. Si le danger dont on nous menace n'é-

« tait pas exagéré, l'ambition d'un républicain
« serait de réclamer sa part de la proscription
« qui se prépare, et de profiter du temps qui
« lui reste pour marquer encore mieux sa place
« entre les amis de la liberté. »

(Journal de Paris, des 24 et 27 messidor
an VII. — 12 et 15 juillet 1799.)

DE L'ESPRIT DE L'HISTOIRE,

OU LETTRES POLITIQUES ET MORALES D'UN PÈRE A SON FILS,

Sur la manière d'étudier l'histoire en général, et particulièrement l'histoire de France ;

Par Antoine FERRAND, ancien magistrat.

Voici un ouvrage fort loué dans *le Mercure;*
on peut présumer qu'il est sage et bien écrit.
Voyons.

L'auteur nous apprend, dans l'avertissement
qui précède ses lettres, qu'il les a composées
pour l'instruction d'un fils qu'il a eu le malheur
de perdre. *Elles devaient,* dit-il, *former son
esprit et son cœur.* Le jeune homme les a écrites sous sa dictée, et a plus d'une fois *bondi
sur son siége* en écrivant *les phrases heureuses*
qui s'y trouvent en grand nombre. Ces détails
de *l'avertissement* promettent, ainsi que les
éloges du *Mercure,* une lecture intéressante.

L'objet de l'auteur n'a pas été de faire une
histoire universelle, mais seulement *un cadre
où ceux qui ne la savent pas encore peuvent
apprendre à l'étudier* (l'auteur a sans doute
voulu dire un *tableau,* car on n'a jamais rien
appris dans un cadre), et où ceux qui n'en savent que les faits peuvent apprendre à en tirer de l'instruction pour le bonheur de l'humanité.

L'ouvrage est divisé en quatre parties. Les
deux premières sont destinées à donner une
idée des lois et des gouvernements des anciens ;
la troisième fait connaître les changements survenus parmi les peuples qui ont formé les monarchies d'Europe ; dans la quatrième, l'auteur
passe en revue les révolutions arrivées chez
quelques-uns de ces peuples, les erreurs, les
avantages de la politique moderne, et fixe les
principes d'après lesquels on doit la juger.

L'auteur s'arrête à l'année 1748, époque de
la paix d'Aix-la-Chapelle, et des *derniers beaux
jours des Français.* Il a voulu éviter les temps
qui approchent de la Révolution et tout ce qui
a pu la préparer. Il a pris le parti de n'en point
parler ; il s'est constamment refusé à la mettre
en parallèle ou en opposition avec le passé ; il
a même souvent effacé des lignes qui lui paraissaient n'être que *trop dignes d'être lues,*
parce qu'elles semblaient se prêter à des allusions. C'est là, du moins, ce qu'il assure.

Cependant il ne répond pas que ses lecteurs
ne fassent des applications : et comment en répondre ? « J'avais, dit-il, à parler des vertus,
« des fautes, des passions, des crimes de tous
« les siècles ; et ces crimes si effroyablement
« *dépassés* de nos jours, » (l'auteur n'a-t-il pas
voulu dire *surpassés ?*) « ces mêmes vertus,
« ces mêmes *fautes,* ces mêmes passions qui
« aujourd'hui cherchent, les unes *à échapper
« au chaos de la Révolution,* les autres à se re-
« plonger dans son gouffre, voudront trouver
« dans mon ouvrage des applications, des rap-
« prochements qui ne seront peut-être que *dans
« leur imagination,* ou dont au moins elle
« était frappée d'avance. »

Heureusement l'auteur ne s'est point effrayé
de *ces crimes,* de *ces fautes* qui, en cherchant
à échapper au chaos de la Révolution, ont *leur
imagination* (l'imagination des crimes et des
fautes) pleine de rapprochements et d'applications toutes préparées ; sûr d'avoir *maîtrisé
son intention,* et fort de sa sagesse, il entre
en matière.

Il commence par quelques conseils sur la
méthode à suivre pour classer les faits et les
distribuer sous différentes époques. Ce sont des
notions rebattues, mais qu'il était sans doute
nécessaire de rassembler à la tête de l'ouvrage.
L'auteur recommande l'étude des tables de
Lenglet-Dufrenoy. Tel est l'objet de sa première lettre.

La seconde est une esquisse de toute l'histoire ancienne. Par cela seul qu'elle est resserrée en huit pages, elle a de la grandeur. Elle
indique toutes les parties auxquelles doit s'attacher l'attention dans cette période. L'auteur
conseille de commencer par les parcourir rapidement et dans l'ordre qu'il indique, et, après
cette *étude volumineuse,* de revenir sur ses pas
et de considérer séparément chaque histoire
particulière.

La troisième lettre présente des réflexions
sur l'histoire des Juifs. L'auteur y trouve bien

quelques faits difficiles à concilier entre eux ou avec les histoires profanes; mais un esprit sage n'en conteste rien, parce que cette histoire, qui n'est pas bien prouvée, fournit à la religion chrétienne des preuves sans réplique.

L'auteur admire toutes les lois de Moïse. Il remarque celle qui admet les esclaves; encore plus celle qui rend esclaves les débiteurs insolvables; et encore plus l'établissement d'une dîme pour les lévites; et encore plus celle qui défend au mari de reprendre sa femme divorcée ou répudiée, et mariée à un autre; et encore plus la maxime que *l'autorité qui régit l'État vient de Dieu seul.* L'auteur pèse sur tous ces objets de manière à prouver combien il a écarté de son esprit tout ce qui appartient à la Révolution. Ce qui suit le prouve encore mieux.

« Il ne faut point séparer, dit-il, l'histoire « des Juifs des prophéties qui en sont une par- « tie principale. »

Voici quelques prophéties choisies avec discernement et enchaînées avec habileté par l'auteur pour éviter tout rapprochement de l'histoire ancienne avec l'histoire moderne. « C'est là, dit-il, c'est dans les prophéties « qu'on peut voir à quoi tiennent les révolu- « tions... Ce n'est que là qu'on trouve l'expli- « cation de ces conseils ineptes ou perfides qui « entraînent un État vers sa chute. Il est dit « que les hommes les plus sages ne donneront « que des conseils insensés : *Sapientissimorum* « *consilia fatua erunt...* Dieu même les frappe « d'aveuglement : *Jehova immisit in eos sum-* « *mam mentis alienationem.* Il ne veut pas « que, ni parmi les grands, ni parmi le peuple, « il se trouve un homme qui puisse proposer « ou prendre un parti prudent : *Non erit, vel* « *inter superiorum aut inferiorum ordinum* « *homines, qui sciat prudens dare aut expedi-* « *re consilium...* (Tout cela n'a rien d'applicable à l'assemblée constituante et à la première assemblée législative, et l'auteur était bien loin d'y songer.) « Alors le souverain arbitre « des destinées appelle ceux qui devaient servir « ses desseins : *Vocavi heroas meos, quos huic* « *rei destinavi.* Ce sont les verges de sa co- « lère; il les a armées dans son indignation : « *Virgæ iræ meæ, quas indignatio mea arma-* « *vit.* Et ces ministres de sa vengeance s'élan- « cent avec orgueil pour exécuter ses ordres :

« *Superbe exultantes ad exequendam iram* « *meam.* » (Ceci ne rappelle pas le moins du monde les jacobins.)

« Malheur au peuple sur lequel ils viennent « fondre ! il est bientôt l'agent et la proie de « l'iniquité; *Improbitas exarcet tanquam ignis;* « *populus fit ut pabulum ignis.* Ce peuple in- « fortuné est réduit à se déchirer lui-même : « *Alter alteri non parcet; omnes in propria* « *sua viscera sæviunt.* L'un s'abreuve de sang « et en est encore altéré; l'autre dévore ses « victimes et n'est pas rassasié : *Hic cædit ad* « *dexteram, et esurit; ille devorat ad sinis-* « *tram, nec satiatur,* etc. » (Cela n'est pas rapporté pour remettre sous nos yeux le régime révolutionnaire.)

« Et qui a pu attirer tant de calamités sur les « habitants de cette terre *désastreuse?* » (L'auteur a sans doute voulu dire : couverte de désastres.) « C'est qu'ils ont transgressé leurs « lois; *ils ont changé leur gouvernement, ils* « *ont violé un pacte qui devait durer éternel-* « *lement : Quippe leges transgressi sunt; mu-* « *tarunt statuta; violarunt fœdus in æternum* « *duraturum.* » (Ils ont changé leur gouvernement ; cela n'a aucun rapport avec la constitution de 1791, ni avec la révolution de 1792.)

« Au milieu de cette affreuse combustion, « les auteurs de tant de maux méconnaissent la « main qui les fait mouvoir; ils s'attribuent à « eux-mêmes le succès de leurs entreprises : « *Virtute mea, qua valeo, hæc effeci.* Ils s'ap- « plaudissent d'avoir, suivant leur caprice, « *changé les bornes des empires, pillé les tré-* « *sors des peuples, chassé plusieurs souverains* « *de leurs États : Pro arbitrio terminos po-* « *pulorum muto, eorum thesauros prædor, re-* « *ges multos regnis suis privo.* » (On chercherait en vain dans *le Moniteur* à quoi ce passage pourrait faire allusion.)

« Mais eux-mêmes ont été maudits d'avance « par la justice céleste : *ils ont porté des lois* « *tyranniques; ils ont jugé avec iniquité pour* « *enlever aux veuves, aux enfants même leur* « *dernière ressource : Væ illis qui leges ferunt* « *iniquas, et qui injuste pronuntiant ut vi-* « *duas diripiant et pupillos deprædentur !* » (Qui aurait le mauvais esprit d'appliquer ce passage aux lois faites contre les émigrés?)

« ... Mais Dieu a dit à ces cruels tyrans : « Quand vous aurez achevé de tout détruire,

« vos complices vous détruiront eux-mêmes : « *Cum absolveris vastationes tuas, et ipse vas-* « *taberis...* Et à l'instant ils cessent d'être ces « hommes violents qui abusaient de leur au- « torité, ces magistrats pervers qui insultaient « à leurs victimes, ces êtres dont toute l'occu- « pation était de méditer ou d'exécuter de nou- « veaux crimes : *Desiit esse violentus; con-* « *sumptus est irrisor; excisi sunt ad scelera* « *patranda intenti.* » (A la lecture de ces mots, le 10 thermidor ne viendra à l'esprit de per- sonne.)

« Cette voix (de Dieu) avait dit aux minis- « tres des autels de se séparer, de s'éloigner « de cette terre immonde : *Discedite, migrate* « *hinc; immundum ne tangite, qui vasa sacra* « *portatis.* Elle les rappelle, et leur dit qu'ils « peuvent revenir en sûreté : *Salvi reduc-* « *mini.* » (L'émigration des prêtres et leur re- tour ne sont pas indiqués ici.)

L'auteur, comme on voit, a poussé jusqu'au scrupule le soin d'écarter tout ce qui peut faire allusion à la Révolution. Obligé, comme il l'é- tait dans l'esquisse de l'histoire des Juifs, de citer les prophéties de Daniel et d'Isaïe, qui étaient là si nécessaires, il a du moins choisi, comme on voit, les passages qui se refusaient le plus à l'application, et il les a présentés dans l'ordre le moins propre à rappeler la marche des événements dont il fallait éviter le souve- nir. Était-il possible, dans cette partie de l'ou- vrage, et à l'occasion du peuple juif qui a tant de ressemblance avec la nation française, de moins réveiller dans l'esprit de ses lecteurs des idées affligeantes pour les uns, humilian- tes pour les autres, propres à rétablir la dis- corde entre tous ? Était-il possible de mieux répondre à l'esprit de paix et d'union qui rè- gne maintenant en France, et de se séparer plus fortement de ces esprits ingrats et pressés de mal faire qui se sont promis de saisir le moment même où la Révolution leur accorde une amnistie pour commencer son procès ? Certes, si les lecteurs de M. Ferrand font des applications de son livre à la Révolution, il n'aura rien à s'en reprocher, et ce sera sûre- ment, comme il le dit, la faute de l'*imagina- tion de leurs crimes et de leurs fautes.*

Reprenons la suite de l'ouvrage. La qua- trième lettre regarde les Phéniciens et les Car- thaginois, et renferme une dissertation contre le système de l'égalité absolue, qui n'a jamais été soutenu en France qu'en 1793.

La cinquième lettre regarde l'Égypte. La royauté, le sacerdoce et le service des armes y étaient héréditaires; aussi *les législateurs les plus célèbres de l'antiquité allaient ap- prendre la sagesse en Égypte.* Comment les prêtres d'un peuple si sage ont-ils dégradé la religion ? C'est qu'ils étaient cupides, répond l'auteur. Mais pourquoi étaient-ils cupides dans un gouvernement si sage ? Comment cet empire si sage a-t-il péri ? C'est parce qu'il a divisé le gouvernement, répond l'auteur. Mais pourquoi ce peuple sage a-t-il divisé le gou- vernement ?

La sixième lettre est relative aux Assyriens et aux Perses. L'auteur remarque chez ces peuples l'unité et l'hérédité du pouvoir su- prême, et la puissance paternelle.

La lettre septième concerne les Grecs et renferme des principes de législation. L'au- teur y examine longuement ce que peut être une déclaration de droits, et il attaque les principes qui ont été adoptés sur ce sujet en Amérique et surtout en France, car il n'ou- blie pas qu'il a promis de ne point parler de la révolution française.

Sans nous occuper plus que l'auteur de ce qui regarde la Révolution, nous observerons que tout ce qu'on a écrit pour et contre les déclarations de droits n'est que dispute de mots. Tout le monde, excepté les furieux de 1793, est d'accord au fond que tout citoyen a un droit égal à la liberté individuelle, et un droit égal, non pas à une propriété égale, mais à la propriété, c'est-à-dire à conserver ce qui lui appartient, à en jouir sans empêche- ment, et à acquérir ce qui lui manque par l'u- sage légitime de sa force ou de son talent. Voilà sur quoi tout le monde s'accorde, et sur quoi il est bon de s'accorder. Ces droits sont ce qu'on appelle les *droits civils.* Les droits politiques n'ont été considérés que comme la garantie des droits civils; mais leur mesure a été et a pu être un objet de débats fort éten- dus. Cependant on s'est encore réuni sur quel- ques principes à cet égard. L'assemblée cons- tituante n'a jamais cru à l'égalité des droits politiques, puisqu'elle a fait des citoyens et de simples Français, et qu'elle a établi des condi- tions de propriété pour l'électorat. Les auteurs de la constitution de l'an VIII n'y ont pas cru davantage, puisqu'ils ont créé une triple éligibilité, correspondante aux trois degrés entre lesquels ils ont partagé les emplois publics. Le sénatus-consulte organique n'a pas plus embrassé cette chimère, puisqu'il attache aux plus grandes fortunes de chaque département le droit de présenter les candidats. Ainsi, l'on pourrait dire que toute réfutation des opinions de 1793, concernant l'égalité civile et politique, est aujourd'hui oiseuse et surannée, si l'on pouvait supposer que M. Ferrand eût eu la moindre intention de s'en occuper. On serait même en droit de dire qu'elle a quelque chose de calomnieux, parce qu'elle supposerait que ces opinions ont fait corps avec les opinions vraiment nationales qui ont eu cours pendant la Révolution, et rien n'est plus faux.

Après la théorie des droits, l'auteur établit *les grands principes de la législation;* et, pour animer sa leçon, il se place devant le législateur d'un grand empire, et il lui adresse ses paroles.

Combien d'excellentes choses on retrouve ici dans cinquante pages! Pourquoi ont-elles été dites si souvent dans tant d'autres livres? Elles sont si bien à leur place dans le livre de M. Ferrand! Citons-en quelques-unes.

« Le législateur étudiera d'abord la nature « humaine, qu'on peut modifier, mais qu'on « ne changera jamais... »

« ... Il ne prétendra pas traiter un ancien « empire comme une société naissante, *comme* « une *terre vierge* nouvellement découverte, « ou *même nouvellement créée!* »

« ... Le peuple, *toujours* peuple, *partout,* « obéit bien plus par habitude que par prin- « cipe. »

« ... Une classe contre laquelle le législa- « teur doit diriger son attention est celle des « égoïstes..., ces membres parasites de la so- « ciété, intéressés à s'isoler de tout ce qui les « entoure, *uniquement occupés à rapporter* « *tout à eux-mêmes.* » Ce dernier trait était échappé à ceux qui ont peint les égoïstes.

« ... Le législateur sentira que, parmi les « préjugés, il en est de bons et d'heureux qui, « de siècle en siècle, sont *devenus* chez les « hommes une *habitude* INNÉE. » Une habitude innée!

« ... Il ne prendra point toutes les parties

« ensemble, parce que l'esprit humain ne pour- « rait y suffire; il les examinera successive- « ment, toujours avec le désir de conserver et « le talent d'améliorer, toujours en imitant la « nature, qui ne produit qu'avec le temps, et « qui ne donne qu'avec les années les fruits « de l'arbre qu'elle fait naître. »

« ... En entourant le souverain de la néces- « sité d'être juste, il imposera aux sujets l'ob- « ligation d'être soumis. »

Voici cependant un morceau qui diffère beaucoup de ce qui précède; ce n'est assuré- ment pas un lieu commun, et il est permis de penser qu'il ne le deviendra jamais.

« Si l'État qui lui demande (au législateur) le « bienfait de sa restauration sortait d'une ré- « volution terrible, le législateur sentira qu'il a « affaire à un convalescent dont le traitement « demande la plus grande prudence. » Ce pré- cepte paraît fort judicieux; mais comment l'auteur traite-t-il les *convalescents*, et qu'en- tend-il par *prudence?* « Il (le législateur) com- « mencera par maintenir, vis-à-vis des enne- « mis du dehors, l'ascendant que l'état révolu- « tionnaire s'était acquis. » A merveille! Rien de plus convenable; mais cette attention ne doit pas être particulière aux temps de conva- lescence. Et ensuite? « S'il se trouve au de- « dans des *ennemis connus par leurs principes* « *destructeurs*, il réunira tous les partis contre « celui qui bouleverse la société humaine...; « *ce parti une fois terrassé*, il aura pour but « d'éteindre partout les haines, les vengeances, « le souvenir des animosités personnelles. » Ici on pourrait demander à l'auteur ce qu'il veut dire. S'il se trouve des ennemis de l'État qui tendent actuellement, *par leurs actions ou leurs discours*, à bouleverser la société hu- maine, c'est fort bien fait de les terrasser; mais si ces ennemis ne sont reconnus ennemis que *par des principes destructeurs qu'ils au- ront professés dans les temps orageux de la révolution*, et c'est à ceux-là que paraît s'ap- pliquer la phrase; ne serait-ce pas un peu abuser de la convalescence du malade, courir risque de recommencer la maladie, se jouer de la prudence, que de prétendre à les *terras- ser?* N'est-ce pas aussi une recommandation dérisoire, dans cette hypothèse, que celle d'éteindre les haines et les vengeances, quand on a étouffé les ennemis?

Au reste, il se trouve à la suite de ce passage quelques lignes où l'auteur paraît s'être oublié. Les voici :

« Persuadé que cette nation, si elle a sub« sisté longtemps avec gloire, n'a dû qu'à son « esprit et à ses anciennes lois ce tempéra« ment politique, qui, dans une vieillesse avan« cée, cachait encore, sous la rouille du temps, « tous les symptômes de la vigueur, le législa« teur cherchera à rétablir cet esprit dans *tout* « son entier. *Mais il ne prendra dans les an*« *ciennes lois que ce qui peut convenir aux* « *circonstances. Parmi tout ce que la révolu*« *tion aura abattu, il peut se trouver des cho*« *ses qu'il serait imprudent, inutile et dange*« *reux de relever ; il profitera de leur destruc*« *tion, et par là il tirera un bien du mal même* « *qui aura été fait.* »

Probablement ces paroles ne sont pas de la même date que l'ouvrage ; elles paraissent se sentir de l'impression du temps présent, comme la plus grande partie du livre paraît se ressentir de l'impression du passé. Il aurait fallu, au moins pour l'unité de ton, que le livre ne fût fait qu'à l'époque où il a été corrigé et imprimé, ou qu'il eût été corrigé avec l'esprit du temps où il a été fait.

Les lettres huitième, neuvième et dixième concernent la Grèce. On y rencontre quelques assertions que démentent les monuments les plus respectables. L'auteur nous apprend que les Lacédémoniens avaient admis *le partage égal* des terres : Xénophon nous avait dit qu'au contraire ils avaient établi la *communauté* des terres. Il est impossible d'entendre les lois de Sparte, de comprendre ses mœurs, ses usages, son histoire, quand on confond deux choses aussi opposées ; ainsi Xénophon les entendait mal, et M. Ferrand les entend fort bien. Du reste, l'auteur ne parle de la Grèce que comme d'un petit pays, peuplé de petits brouillons, qui ont duré quelques jours et qui n'ont laissé que de faibles traces de leur passage dans le monde. L'auteur n'a été frappé ni de la grandeur des actions, ni de celle des hommes que la Grèce a produits ; il n'a vu là que deux choses également abominables aux yeux de Dieu et des hommes : le polythéisme, *ou l'athéisme*, dit-il, *car l'un mène à l'autre*, et des républiques.

Alexandre, qui est le sujet de la onzième lettre, est mieux traité ; l'auteur a daigné tra-

cer pour lui quelques lignes assez bien écrites.

L'histoire romaine fournit à l'auteur la matière de huit chapitres, depuis le douzième jusqu'au vingtième. Il voit Rome heureuse et pacifiée pendant 230 ans sous ses rois ; ambitieuse, conquérante, tyrannique au dehors, agitée au dedans, pendant environ 500 ans qu'a duré la république ; il la voit redevenir pacifique en redevenant monarchie, et durer en cet état pendant 475 ans à Rome et 1480 ans à Constantinople. Malheureusement c'est ce que tout le monde savait à merveille.

L'objet principal que l'auteur s'est proposé dans ces huit chapitres a été de déprimer la république romaine et d'élever la monarchie ou l'empire romain. « Vous entendez souvent, « dit-il, vanter la république romaine ; ne « croyez point sur parole à ces réputations « *transmises par une tradition* qui se dispense « de l'examen... Dans le tableau que l'étude « de l'histoire romaine doit *dérouler* à vos « yeux, vous apprendrez à connaître cette ré« publique que l'on ne peut *chercher à singer* « dans ses vertus sans l'imiter dans ses cri« mes. Partout où elle a pénétré, elle a dé« solé, elle a opprimé l'humanité ; et c'est « elle qu'une *philanthropie bouffie bien plus* « *que nourrie de bienfaisance* veut sans cesse « offrir pour modèle. C'est avec ce nom de « Romain que la perfidie assourdit sans cesse « les oreilles de la sottise. »

Ici la patience échappe, et il est impossible de s'en tenir à l'ironie.

Que M. Ferrand préfère le système monarchique bien organisé au gouvernement républicain ; qu'il croie qu'il y a sous la monarchie plus de liberté, plus de bonheur et plus de stabilité que dans la république, cette opinion, susceptible de contradiction, mais non de censure, puisqu'elle a été celle de beaucoup de grands politiques, cette opinion est aujourd'hui avouée par un grand nombre de citoyens qui ont contribué avec ardeur à l'établissement de la république française, mais dont les uns ont vu leurs espérances républicaines trompées par l'expérience (1), et dont les autres n'ont réellement embrassé le système

<hr>

(1) (*Note de l'éditeur.*) Mon père était du nombre ; il le déclare dans la *Chronique de 50 jours.* « J'ai en effet passé comme beaucoup « d'autres par les folles idées de république ; mais je n'ai pas eu l'ab-«surde présomption de résister *à l'expérience,* etc... » (Note 2, p. 259, t. III de cette collection.)

de la république que comme le seul moyen d'arracher la nation française au pouvoir d'une dynastie dégradée, à celui d'une noblesse dégénérée, à celui d'une foule d'anoblis sans noblesse qui s'étaient partagé tous les genres d'autorité, et surtout comme le moyen de rajeunir la monarchie au sein des lumières du dix-huitième siècle, et de lui donner une nouvelle splendeur.

Mais que, pour établir son opinion sans l'énoncer, M. Ferrand méconnaisse dans les républiques de la Grèce et de Rome, une grandeur qui toujours a été l'étonnement du monde; qu'il se croie en droit de passer sans respect, sans admiration, devant cette foule de grands hommes dont leur histoire offre l'imposant tableau; qu'il détourne ses regards dédaigneux de tant de vertus héroïques et d'actions sublimes qui ont été données en exemple à toute la terre depuis tant de siècles; qu'il retranche des annales de deux nations immortelles et écarte de l'instruction de son fils tous les beaux modèles qui peuvent enflammer les âmes de l'amour des grandes choses; qu'il ne reçoive de l'histoire que ce qu'il en peut faire entrer dans ses systèmes antirévolutionnaires et satisfaire son antipathie pour tout ce qui porte le nom de république; et qu'enfin, sans respect pour ces siècles nombreux qui ont admiré Rome et la Grèce, il se croie le droit de fixer le rang de ces républiques fort au-dessous de celui qu'elles occupent, comme s'il était le premier qui eût parlé d'elles, comme si personne n'en devait parler après lui..., cette méthode peut paraître plus digne d'un écrivain de pamphlet que de l'auteur d'un ouvrage historique. Un historien ne peut, sans se montrer indigne de sa mission, rejeter ainsi les tributs que l'histoire offre à la morale. Que la république soit ou ne soit pas le pire des gouvernements, les vertus qui s'y font remarquer, l'amour de la patrie, l'amour de la famille, en sont-ils moins des exemples dont tous les hommes peuvent profiter, et que l'histoire doit présenter avec chaleur et dignité?

Quand il serait vrai que les monarchies procurent aux peuples plus de bonheur que les républiques, pourrait-on nier que les républiques ne donnent aux hommes plus de grandeur et de force? et ne serait-ce pas ce qui explique ce phénomène, toujours rejeté sur l'instabilité des choses humaines, que, dans la monarchie concentrée, le gouvernement tend toujours au relâchement et tombe souvent dans l'anarchie, tandis que, dans la république, le gouvernement va toujours du grand nombre au petit, et du petit nombre à l'unité? Par la raison que les princes se dégradent dans la puissance absolue, la puissance les fuit et retourne à la multitude; et parce que, dans les tourments de l'anarchie, il arrive toujours un homme grand et fort, tout conspire à lui donner un pouvoir dans lequel chacun trouve un refuge.

Aux yeux de M. Ferrand, la république romaine n'a pas seulement eu le tort d'être une république, c'était une *république militaire, obligée d'être conquérante sous peine de ne pas exister.* Il ne serait pas facile peut-être de dire ce que c'est qu'une *république militaire.* Une *république militaire* serait celle où tout citoyen serait soldat, où tout fonctionnaire serait un militaire en grade, et où les chefs de l'État délibéreraient avec un droit égal, et régleraient à la pluralité des suffrages tous les objets du commandement militaire, en même temps que ceux auxquels s'applique l'autorité civile; en d'autres mots, ce serait celui où le gros des citoyens serait l'armée, où les officiers seraient les magistrats, et dont un corps de généraux serait le général : voilà ce que serait une république militaire. Mais on n'a jamais parlé de chose pareille, du moins je le crois. On entend bien ce que c'est qu'un despotisme militaire, même une monarchie militaire; on en peut citer des exemples. On entend bien aussi ce que c'est qu'une république *guerrière,* qui a des institutions et des mœurs militaires. Mais une organisation militaire ne peut jamais être républicaine, une organisation républicaine ne peut être militaire; car on peut faire *gouverner* un État par un ou plusieurs, mais on ne fait *commander* les armées que par un seul.

Mais ce n'est pas sans dessein que l'auteur du livre a appelé Rome une république militaire. Voici comment il continue :

« L'aveugle apathie, l'incroyable lâcheté « avec laquelle toute cette Asie, excepté Mi- « thridate, attendit et reçut des fers, présente- « raient à l'observateur de grandes réflexions, « *si une partie quelconque de la terre se re-*

« *trouvait jamais dans la même position ; si*
« *une république formidable menaçait encore*
« *tout ce qui l'avoisine d'une oppression uni-*
« *verselle.* C'est alors qu'il faudrait rechercher
« *toutes les fautes des États asiatiques* lorsque
« les Romains s'en approchèrent, et se con-
« vaincre qu'en commettant les mêmes fautes
« on éprouvera le même sort. »

Et quelles sont *ces fautes* des princes de l'A-
sie dont M. Ferrand veut parler ? C'est de ne
pas avoir su faire une bonne *coalition*, une
coalition solide, contre cette *république militaire* ; c'est de s'en être détaché après l'avoir
formée, etc. Ici le livre présente dix pages où
il est évident que les mémoires sur lesquels
l'auteur écrivait cette portion de l'histoire romaine étaient *le Moniteur de la République
française.*

« La réunion de l'Asie, continue l'auteur,
« présentait des forces bien plus considéra-
« bles qu'il ne fallait pour arrêter les *Romains,*
« et on n'en peut douter quand on voit ce que
« fit Mithridate seul... Mais toutes ces nations
« se laissèrent successivement attaquer, sans
« que l'exemple de celles qui venaient d'être
« vaincues fit sortir les autres de leur inertie.
« A la vérité la politique *romaine* entretenait
« cette inertie avec grand soin ; elle faisait
« jouer entre ces nations les mécontente-
« ments, les jalousies, les espérances d'agran-
« dissement aux dépens *l'une de l'autre*, en-
« fin toutes les *marottes politiques* que se
« renvoient mutuellement la fausseté, la ter-
« reur et l'ineptie. *Et sans doute, dans les con-
« seils des cours de l'Asie, il se trouva de ces
« ministres, prétendus grands hommes, qui
« présentaient à leur souverain la ruine d'un
« État voisin comme un avantage pour le
« leur ;* qui lui disaient que les Romains, ne
« pouvant garder tant de conquêtes, auraient
« besoin d'avoir des alliés, et qu'en évitant de
« les irriter, en prenant tous les ménagements
« ordonnés par des circonstances impérieuses,
« on recueillerait un jour le fruit de cette con-
« duite sage et mesurée... »

Quel Français pourra lire patiemment ces
reproches indirectement adressés par un Français aux ennemis de sa patrie ? Qui ne verra
avec indignation qu'il prenne à tâche de les
faire rougir de la tiédeur de leur haine pour
elle, de l'impuissance de leurs attaques, de

l'inutilité de leur résistance, du peu d'accord
de leurs moyens, de leur facilité à transiger ?
Qui, parmi nous, ne sera révolté de leur voir
imputer la gloire des armes françaises comme
le crime de leur ineptie, et les assurer qu'il ne
tient qu'à eux de venger leurs affronts ? Certes,
on conçoit que M. Ferrand n'aime pas les
Romains : plus d'un citoyen de la république
a bien pu blâmer l'ambition du sénat ; plus
d'un orateur, plus d'un écrivain a bien pu s'é-
lever avec courage contre les fureurs de la
guerre, représenter hautement, fortement, aux
consuls, au sénat, au peuple romain, les maux
que l'ardeur des conquêtes faisait à la patrie ;
mais j'assurerais que jamais un citoyen de
Rome ne donna aux puissances étrangères des
instructions contre Rome, ne songea à leur
faire honte de leurs jalousies et de leurs més-
intelligences, et à les rallier par la haine de la
république.

Le règne d'Auguste a profondément occupé
M. Ferrand.

« Lorsque les armes de la république, dit-il,
« ne devaient plus rencontrer d'ennemis, cette
« république, *jusque-là toujours* ennemie des
« rois, toujours si orageuse, toujours si impa-
« tiente d'elle-même, s'abaisse, s'humilie, se
« soumet sous ce pouvoir souverain dont elle
« avait poursuivi le nom avec tant d'ardeur. Ce
« n'est plus tout un peuple qui va être le maî-
« tre du monde, c'est un seul homme ; ce peu-
« ple sera lui-même le premier sujet du po-
« tentat le plus absolu... »

« Que devait donc être cet Auguste, pour
« qui Rome a travaillé sept siècles ? Que de-
« vaient donc être ses successeurs, souverains
« de cet empire, qu'on n'a pu fonder qu'a-
« près 700 ans de guerres continuelles ? Le
« temple de Janus n'a point été fermé depuis
« Numa ; il va l'être sous Auguste. C'est sans
« doute pour donner à l'univers une paix
« achetée au prix de tant de sang ? c'est pour
« établir une paix universelle sous la juste et ir-
« résistible fermeté d'une monarchie toute-puis-
« sante ? Non : c'est pour contenter et assouvir
« les caprices, les débauches, les cruautés de
« Tibère, de Caligula, de Claude et de Néron... »

Si l'empire est resté uni sous de tels empereurs, c'est par un miracle de la religion chrétienne, qui est née presque avec l'empire.
« C'est, dit M. Ferrand, parce qu'une religion

« universelle devait prendre racine dans un
« empire universel. » Cette idée est de Bossuet.

La personne d'Auguste ne déplairait pas
trop à M. Ferrand ; mais sa conduite lui paraît
pécher en deux choses : d'abord c'était un
usurpateur ; et, en second lieu, il n'a pas su
rendre son usurpation *légale*, en fondant une
monarchie héréditaire. « Entraîné par la for-
« tune, dit l'auteur, il ne la maîtrisa jamais ;
« elle avait même de la peine à le suivre.
« Elle fit beaucoup pour lui ; elle le mit à
« portée de faire davantage ; mais il attendait
« tout des occasions, des événements ; il ne sa-
« vait point aller au-devant. Quoique d'un es-
« prit fin, délié, habile à profiter du mérite et
« des défauts de ceux qui étaient pour ou
« contre lui, il fit petitement de grandes cho-
« ses.

« …Soit que ses vues politiques ne fussent
« pas assez étendues pour découvrir tout ce
« qu'il pouvait et tout ce qu'il devait ; soit que,
« peu entreprenant par caractère, il ne se
« sentit pas la force d'abattre ce qu'il prenait
« encore pour de grands obstacles ; soit qu'é-
« levé au milieu des idées républicaines il
« craignit encore, malgré son ambition et ses
« victoires, de donner lieu à une réaction qui
« ramènerait les anciennes idées, il conserva
« le simulacre du gouvernement qu'il venait
« de détruire ; il en laissa subsister les formes ;
« il n'anéantit que quelques lois républicaines
« absolument inconciliables avec sa nouvelle
« autorité… Sous prétexte de détruire tous les
« partis en les confondant tous, il choisit in-
« différemment parmi eux ses principaux
« agents, politique qui n'aurait été bonne
« qu'autant qu'il aurait légalisé le pouvoir su-
« prême qui seul devait diriger, presser, arrê-
« ter leur action… Il y avait toujours deux
« consuls… Il y avait toujours des comices, qui
« étaient le corps législatif ; un sénat, conser-
« vateur des anciennes lois de la république ;
« un tribunat, défenseur des droits du peuple ;
« mais ce tribunat, autrefois créé et soutenu
« par des factions, ne fut plus rien dès qu'il
« ne lui fut plus possible d'être factieux… Au
« milieu de ces noms républicains et de ces
« formes monarchiques, ce ne fut pas l'auto-
« rité monarchique, mais l'autorité militaire,
« qui s'empara et décida de tout. On fut obligé
« de récompenser tous ceux dont on s'était

« servi pour vaincre et pour régner ; ils senti-
« rent leurs forces, et bientôt ils en abusèrent.
« C'est le sort de l'humanité… »

Telle est l'opinion de l'auteur sur le gouvernement… d'Auguste.

On ne comprend pas bien en la lisant pourquoi M. Ferrand traite sans cesse Auguste
d'usurpateur ; ni pourquoi, le regardant comme
un usurpateur, il lui reproche si vivement de
n'avoir pas fondé l'hérédité de sa puissance ;
ni enfin sur quoi il juge qu'Auguste aurait eu
tant de facilité à former cette institution.

M. Ferrand, qui regarde toute république
comme contraire au bien de l'humanité, et la
souveraineté du peuple comme une chimère
désastreuse, devrait, pour être conséquent,
traiter de libérateur, et non d'usurpateur,
l'homme qui a tiré sa patrie de l'état de république.

Dans le système de M. Ferrand, sur qui
donc peut avoir usurpé Auguste ? A-t-il usurpé
la souveraineté sur le peuple romain ? Mais si
le peuple n'est pas souverain, comment Auguste aurait-il usurpé la souveraineté sur le
peuple ? L'a-t-il usurpée sur le sénat ? Mais,
dans le système de M. Ferrand, le sénat n'é-
tait-il pas lui-même usurpateur ? Ne s'était-il
pas établi, pour le malheur du peuple, sur les
débris du trône ? La souveraineté, n'étant donc
ni au peuple, ni au sénat, ne pouvait être qu'au
premier occupant… Mais non : il existait certainement, dans quelque coin du monde, un
rejeton des Tarquins ; c'était là, sans doute, le
souverain légitime qu'Auguste devait découvrir et couronner ; c'est là l'homme à qui, sans
doute, appartenait le suprême pouvoir ! et c'est
pour l'avoir méconnu qu'Auguste est qualifié
d'usurpateur.

Auguste ayant donc bien mérité ce titre
odieux, il reste du moins à expliquer pourquoi
M. Ferrand lui reproche de n'avoir pas rendu
le suprême pouvoir héréditaire dans sa famille.
C'est reprocher à un homme de n'avoir pas été
assez criminel, d'avoir laissé des ressources à
sa victime, et rendu possible, pour la suite,
la réparation qu'il ne voulait pas faire actuellement.

Mais qui assure qu'Auguste ait bien volontairement mérité le reproche de M. Ferrand,
et qu'il lui eût été si facile de se constituer
monarque héréditaire ? M. Ferrand compare

Auguste à Charlemagne; il ne voit dans le premier que faiblesse et tâtonnements; il admire la marche rapide et la conduite vigoureuse du second. « Charlemagne, dit-il, ne « craignit point de déployer toute la force « d'une autorité à laquelle il savait attacher le « bonheur des peuples; et cependant Charles « avait devant les yeux l'élévation récente de « son père, *au préjudice de la famille qui* « *avait fondé la monarchie.* Il aurait pu croire, « comme Auguste, que les circonstances exi- « geaient quelques ménagements. Si Auguste « devait une partie de sa fortune à plusieurs « grands personnages de la république, Pepin « était redevable de la couronne au choix des « principaux membres de l'État, devenus trop « puissants par la faiblesse des derniers rois. « Cela n'empêche pas Charlemagne d'étendre « également sur tous l'autorité dont il était re- « vêtu. Il se montra toujours juste, toujours « ferme, et il fut tout-puissant. » M. Ferrand voit bien aussi quelque tache d'usurpation dans la conduite de Charlemagne, mais au moins il estime sa manière de consolider son pouvoir; et en cela il ressemble à Machiavel, qui, s'il est permis de se servir de cette expression, n'estime dans la conduite des hommes d'État que le *bien joué*, sans égard à l'objet, à l'intention, et même à la nature des moyens. Cependant est-il vrai que la position de Charlemagne fût moins favorable que celle d'Auguste à l'institution de l'hérédité, comme l'a cru M. Ferrand? Elle l'était évidemment davantage. Auguste prenait le pouvoir monarchique après cinq cents années de république, et Charlemagne le trouvait établi. Auguste avait à surmonter les opinions, les affections, les habitudes de tout le peuple romain; et, au contraire, les opinions, les affections, les habitudes françaises conspiraient pour Charlemagne, qui n'avait d'opposition à prévoir que de la part d'une famille royale dégénérée. Une république de cinq cents ans tient bien autrement à sa liberté qu'une nation monarchique ne tient à une famille de *rois fainéants*, quand elle voit à sa tête un chef équitable et puissant. Charlemagne et Auguste ont fait tous deux ce qu'ils ont dû faire en faisant deux choses totalement différentes; et si l'un des deux devait servir d'exemple dans quelque ancienne monarchie d'Europe récemment formée en ré-

publique, sous l'autorité suprême d'un grand homme, ce serait à Charlemagne, nullement à Auguste, qu'appartiendrait cet honneur.

Mais Charlemagne n'est pas plus qu'Auguste le héros de M. Ferrand. Le héros de M. Ferrand, c'est Monck. « Honneur à cet homme « immortel! honneur à ce célèbre Monck! » C'est ainsi que commence le 84ᵉ chapitre du livre de M. Ferrand. « Ce n'est pas seule- « ment, dit-il, pour avoir rendu à son pays « son gouvernement légitime qu'il a droit à la « vénération de la postérité; c'est pour être « parvenu à ce but si désirable sans violence, « sans secousse, par la seule sagesse de sa con- « duite, par son habileté à profiter des événe- « ments qui se présentaient; et à faire naître « ceux qui pouvaient lui être utiles. »

M. Ferrand, après ce préambule, fait l'histoire de Monck et du couronnement de Charles II; et on peut dire dans tous les sens qu'il la *fait*, car il ne s'accorde en rien avec l'histoire reçue et avouée. M. Ferrand assure que Monck médita le rétablissement de la royauté et prépara le couronnement de Charles II du moment qu'il eut quitté l'Écosse; il arrange toutes ses actions, toutes ses paroles d'après cette supposition. Nous avons la *Vie de Monck* par Gumble; elle est bien loin d'autoriser ce système; et M. Hume, qui trouve assez vraisemblable qu'après la déposition de Richard Monck ait regardé comme nécessaire le rétablissement de la royauté, néanmoins dit positivement qu'on « n'a pas de certitude sur le « temps auquel il forma des vues pour le ré- « tablissement du roi. » (*Histoire de la maison de Stuart*, tome XVI, p. 279.)

A juger Monck par l'ensemble de sa conduite, c'était un homme capable de commander, et non de gouverner; d'assister à la clôture d'une révolution, de faciliter celle que les circonstances favorisaient, non de l'accélérer, ni d'en marquer le moment, ni d'en déterminer le dernier événement. C'était un de ces caractères modérés auxquels chacun s'attache vers la fin de longs troubles, où l'on a eu le temps de se lasser des passions qu'on a vues et de celles qu'on a éprouvées, et qui alors peuvent avoir un parti dans l'État n'ayant ambitionné que le commandement d'une armée; mais c'était aussi un de ces esprits médiocres qui ne se laissent aller aux événements politiques que lorsqu'ils n'en prévoient pas de trop fâcheux et qu'ils entrevoient quelque chance heureuse; qui savent profiter des circonstances sans prétendre les maîtriser, sans s'occuper de les faire naître. C'était un de ces hommes qu'une nation désorganisée prend volontiers pour guide dans quelques circonstances désespérées, mais ne regarde jamais comme chef; à qui l'on peut demander le rétablissement de l'autorité publique, et jamais d'en être lui-même le dépositaire et le premier agent.

Tel était Monck. En couronnant Charles second, il fit ce qu'il pouvait faire de plus grand et de plus hardi. Sa médiocrité, le sentiment qu'en avait l'Angleterre, celui qu'il en avait lui-même, l'empêcha de prétendre jamais au pouvoir. Quand il se décida pour Charles second, il n'avait rien ajouté ni à la gloire ni au domaine de l'Angleterre; il n'était que général d'une petite armée; il la commandait sous les ordres d'un parlement qu'il craignait; pour se soustraire au parlement il avait été obligé de se liguer avec la Commune de Londres, et de s'excuser devant elle des rigueurs qu'il avait exercées sur elle-même. Un tel homme, dans de telles circonstances, avait-il rien de mieux à faire que de rétablir la royauté, de bien mériter de l'héritier du trône, et de s'assurer une *fortune*, ne pouvant s'élever au suprême pouvoir? Au reste, Monck, devenu premier sujet de Charles II, manqua de la probité ou du crédit nécessaire pour faire tenir l'amnistie qu'il avait promise et fait promettre par le roi, et pendant de longues années le sang coula pour assouvir la vengeance royale.

« Lorsque l'homme sensible, dit M. Ferrand, arrive à cette grande époque (du couronnement de Charles II), au milieu des « jouissances et des sensations qu'il éprouve, « il a peine à se défendre d'un regret : c'est de « n'avoir pu être témoin de la première entrevue de Charles et de Monck; c'est de n'avoir « pu participer à ces premiers épanchements « entre le *sujet restaurateur* et le monarque « *restauré !* Il eût été à désirer que la reconnaissance de Charles ou la véracité de Monck « eût confié à quelque ami fidèle ce trésor précieux que l'histoire aurait répandu dans la « postérité !... »

M. Ferrand ne se plaint pas d'une manière aussi touchante de ce que l'histoire raconte des proscriptions qui suivirent la restauration. « Il faut, dit-il, croire à une Providence, à « une divinité protectrice et vengeresse des « gouvernements légitimes; il faut croire à « cette maxime conservatrice de la société humaine : *Raro antecedentem scelestum deseruit « pede pœna claudo,* » Cette maxime, rappelée par l'auteur à l'occasion de la triste fin des juges de Charles Ier, s'applique naturellement à toutes les personnes qui ont pris part à la révolution française, et rappelle une petit brochure répandue en Europe il y a quelques années, et dont l'auteur, dit-on, n'était pas inconnu à M. Ferrand; on y posait en principe que Louis XVIII ne pouvait se dispenser à son retour de faire pendre au moins un homme par municipalité... Mais revenons au livre de M. Ferrand.

Après avoir exprimé le regret de ne point lire dans l'histoire les détails de la première entrevue de Charles et de Monck, il continue ainsi : « Si jamais pareil événement se répétait « dans les annales humaines, *s'il devait exister « un mortel* ASSEZ HEUREUX POUR ÊTRE MONCK « SECOND...; lorsque, couvert de larmes et de « gloire, il se jetterait au cou de son roi, et « que son roi se précipiterait dans ses bras, je « les conjure tous les deux, au nom de l'humanité, de ne pas se contenter de conserver « gravé dans leur cœur tout ce qu'ils auront « dit, et encore plus tout ce qu'ils auront « pensé dans ce moment, mais de le graver « sur l'airain, pour la consolation de la géné-« ration présente et pour l'instruction des « générations futures. »

Ces invitations sont bien pathétiques, sans doute; lorsqu'il se trouvera quelque part au monde un *sujet restaurateur* et un *monarque restauré*, ils ne manqueront sûrement pas de rédiger dramatiquement tous les détails de leur entrevue, et ils n'auront rien de plus pressé à faire que de les communiquer à M. Ferrand.

Mais dans quel pays, dans quel temps M. Ferrand imagine-t-il que pareille scène puisse jamais se renouveler? Dans quel empire l'imagination de M. Ferrand peut-elle se figurer un Monck second rétablissant un roi sur son trône! A quelle nation prévoit-il qu'il manquera un chef? Où présume-t-il que l'amour du peuple et l'intérêt public puissent jamais en réclamer un autre que celui qu'elle a ? Où prévoit-il qu'il pourra se trouver un État sans gouvernement, et ballotté entre un parlement et une municipalité, comme l'était l'Angleterre dans le temps de Monck ? Dans quel pays abandonné à l'anarchie se trouvera un général, commandant comme Monk, sous des autorités rivales, et incapable de gouverner lui-même ? A quelle malheureuse nation, enfin, peut être réservée la longue effusion de sang que Monck accorda à la vengeance royale ?...

Aujourd'hui l'Europe entière est gouvernée ; chaque État destiné à être régi par un chef suprême a un chef avoué, reconnu, consacré. Entre ces chefs, il n'en est aucun qui ne porte une couronne héritée de ses pères. Je me trompe : il faut en excepter un, un seul, mais qui a reffermi des couronnes qu'il pouvait ôter, qui en a donné qu'il pouvait prendre pour lui-même, et dont les titres pour gouverner, anciens comme les droits du courage, du génie et de la vertu, ont été plus librement avoués, plus sollennellement reconnus au dedans, au dehors, par sa nation, par les étrangers, qu'aucun de ceux qui ont jamais donné des couronnes en aucun temps et en aucun pays du monde... Non, dans l'Europe rien n'est disposé pour offrir à M. Ferrand le spectacle dont il désire si ardemment d'être le témoin.

Mais il est temps de finir ; je rougirais d'aller plus loin : j'ai assez parlé de M. Ferrand et de son livre.

Ce livre, en quatre volumes, portant le titre imposant d'*Esprit de l'Histoire*, adressé par un père à son fils, et ensuite publié, dit l'auteur, pour l'instruction de la génération naissante ; ce livre, qui devait être le recueil, le dépôt des leçons de tous les âges et de tous les pays, pour l'amélioration des hommes et l'accroissement de leur bonheur ; ce livre, en un mot, où devait respirer l'amour de la vérité, n'est qu'un énorme et scandaleux pamphlet contre l'ordre de choses qui s'est établi en France et en faveur de celui qu'il a remplacé ; un pamphlet écrit pour un homme contre une nation, écrit sans bonne foi ou sans raison ; où l'histoire, dénaturée depuis la première page jusqu'à la dernière, est tout entière produite en faux témoignage par l'esprit d'intrigue en faveur de l'esprit de parti.

Si quelques personnes pensent encore que la presse est opprimée en France, la libre circulation de cet ouvrage, l'éloge outré qu'en ont fait quelques journaux, et particulièrement *le Mercure*, les détromperont sans doute.

L'ancien gouvernement a prohibé l'*Encyclopédie*, qui pourtant était une compilation sans cohérence, où le théologien plaçait sa doctrine à côté du sceptique, où l'économiste, ardent zélateur de la monarchie et du *despotisme légal*, écrivait à côté du grand admirateur des républiques grecques et romaine, et où personne, pas même les admirateurs des Grecs et des Romains, n'ont jamais attaqué l'autorité royale. L'ancien gouvernement ne permettait pas qu'un journal discutât des questions de politique, soit intérieure ou extérieure. Aujourd'hui l'on publie sans obstacle des livres positivement opposés aux principes sur lesquels tout repose en France, et il se trouve une grande et nombreuse société de journalistes qui chaque jour distribue à toute la France et la substance de ces livres, et tout ce que leurs propres portefeuilles et leurs propres pensées peuvent leur fournir dans le même sens.

La liberté de la presse existe donc ; elle existe, et j'y crois intimement, puisque j'attaque aussi hautement et aussi fortement que je le puis des livres et des journaux qui me semblent en abuser.

Les attaquerais-je si je croyais que la police dût les prohiber ou en inquiéter les auteurs ? Quoi qu'il en soit, en les attaquant, je deviens plus intéressé que leurs auteurs mêmes à leur impunité même à leur libre circulation. Les prohiber serait m'accuser d'avoir compromis, par ma faiblesse, la cause que j'ai embrassée. Donner à ma critique l'appui de l'autorité serait dire qu'elle manque de l'appui de la raison. Enfin, faire dégénérer en accusation juridique une agression littéraire et politique qui, par sa nature, doit mettre également en péril les erreurs des deux combattants, et dont j'ai voulu courir les risques, serait la marquer d'un sceau honteux. Je ne crains pas que l'autorité veuille payer de cet indigne prix un acte de dévouement à la cause de la raison et à l'intérêt public.

(*Opuscules*, tome III, page 45. — 1802.)

OPUSCULES.

PARAGRAPHE HUITIÈME.

HISTOIRE CONTEMPORAINE.

EXTRAITS RAISONNÉS D'OUVRAGES QUI ONT PARU DE 1795 A 1804.

AUX AUTEURS DU JOURNAL DE PARIS,

Paris, le 29 pluviôse, l'an III de la république.

Citoyens,

J'achète le Rapport de Courtois sur les papiers trouvés chez Robespierre. J'y vois à la page 113 une lettre ainsi intitulée :

Lettre du citoyen G*** *à Robespierre;* Paris, le 18 juin, an II de la République, etc. G***, *rédacteur en chef de l'article Convention nationale du Moniteur au citoyen Robespierre.*

Je laisse à d'autres le soin de qualifier cette lettre et son auteur ; mais je me crois obligé de déclarer publiquement qu'elle n'est point de moi.

J'étais alors rédacteur du *Moniteur,* mais pour tout ce qui était étranger à la convention nationale, et je n'ai jamais eu d'influence sur cette partie.

Dans cette lettre, on se vante d'avoir éclairé l'opinion sur la révolution du 2 juin ; et à cette même époque, dans les *séances de la Commune,* qui m'étaient impérieusement envoyées au nom de Pache et de Chaumette, je retranchais obstinément, au péril de ma tête, tout ce qui était en faveur de cette journée ; et dans

la *Feuille villageoise,* dont j'étais alors seul auteur, j'osais, seul peut-être de tous les gens de lettres en France, proclamer qu'une assemblée influencée par la force des armes n'avait point fait, n'avait point pu faire de lois ; que tout ce qu'elle avait fait dans cet état était nul, et n'enchaînait ni elle-même ni le peuple qu'elle représente, et que tout citoyen pouvait, la Déclaration des Droits à la main, refuser d'obéir. (Voy. troisième année de la *Feuille villageoise,* n° 40.)

Cet honnête et infortuné Rabaud, dont on ose parler avec mépris, était mon ami ; nul n'a donné plus que moi de regrets à sa perte, nul n'a rendu, alors et depuis, de plus hauts témoignages à ses talents, à son patriotisme, à ses vertus.

Enfin, l'on dit qu'on va *changer de rédacteur pour la partie politique;* et, quoiqu'il y eût un rédacteur particulier pour la politique, c'était moi que l'on désignait ainsi ; et fatigué d'une lutte trop inégale, que j'avais soutenue pendant plus de deux mois, je me retirai en effet, non sans emporter avec moi la certitude de la haine de Robespierre, et de son frère, et de sa horde, qui m'a depuis atteint, incarcéré et tenu sous la hache pendant quatre mois.

Voilà, citoyens, ce que je crois nécessaire

de rendre public, et ce que je vous prie instamment d'insérer sans délai dans votre journal.

GINGUENÉ, *adjoint à la commission exécutive de l'instruction publique.*

2

NOTE DES AUTEURS DU JOURNAL

EN RÉPONSE A CETTE LETTRE.

Il n'est pas inutile de rapporter ici quelques lignes de la lettre de Granville : c'est ainsi que se nomme l'auteur de la lettre à Robespierre. Cette lettre est du 18 juin, l'an II.

« ...Il n'y a que deux mois qu'on avait l'opinion qu'un journal devait également publier tout ce qui s'est dit dans une séance, pour et contre; en sorte que nous étions forcés, sous peine d'être dénoncés, sous peine de perdre la confiance de nos abonnés, de publier les diatribes les plus absurdes des imbéciles ou des intrigants du côté droit. *Cependant vous devez avoir remarqué que toujours le Moniteur a rapporté avec beaucoup p'us d'étendue les discours de la Montagne que les autres. Je n'ai donné qu'un court extrait de la première accusation qui fut faite contre vous par Louvet, tandis que j'ai inséré en entier votre réponse.* J'ai rapporté presque en entier tous les discours qui ont été prononcés pour la mort du roi, et je ne citais quelques extraits des autres qu'autant que j'y étais indispensablement obligé *pour conserver quelque caractère d'impartialité.* Je puis dire avec assurance que la publicité que j'ai donnée à *vos deux discours, et à celui de Barrère en entier,* n'a pas peu contribué à déterminer l'opinion de l'assemblée et celle des départements. »

Quelles réflexions font naître ces abominables paroles! Ainsi donc, sous la tyrannie, non-seulement la liberté de la presse est violée, mais encore la presse devient elle-même un instrument de corruption et de déception publique! Ainsi, quand les journalistes ne sont pas libres, ils deviennent les ministres de la tyrannie! Ainsi la tyrannie a pu nous réduire à maudire l'invention de l'imprimerie et à blasphémer contre elle! Mais écartons ces tristes idées, entre lesquelles cependant il s'offre à nous un rapprochement assez plaisant. Un de nos abonnés se plaignait dernièrement de ce

que, disait-il, pour remplir notre journal, nous faisions quelquefois des *errata* de deux pages pour une faute d'une virgule. Assurément cet homme ne se plaindra pas de la lettre de *Granville,* qui, en dix lignes, forme un *erratum* complet de dix-huit mois du *Moniteur,* ou plutôt un *deleatur* de toute la partie de cet ouvrage qui concerne la Convention.

(*Journal de Paris,* du 1er ventôse an III. — 19 février 1795.)

3

Suivant un avis de *Granville,* qui, à la satisfaction des amis de la vérité, rédige encore *le Moniteur,* quand il a prévenu Robespierre qu'il trompait ses lecteurs et lui a promis de toujours mieux les tromper à la suite, c'était Robespierre qu'il trompait; cette assertion, qui est prouvée *par pièces,* est elle-même une belle preuve que Granville ne trompe pas aujourd'hui le public, et qu'il ne le trompera jamais.

(*Journal de Paris,* du 3 ventôse an III. — 21 février 1805.)

HISTOIRE DU TEMPS.

L'ouvrage de Louvet, sur lequel nous avons promis de revenir, est une histoire des événements qui ont précédé et suivi immédiatement la journée du 31 mai. C'est aussi un tableau, toujours intéressant et souvent pathétique, des malheurs que l'auteur a personnellement éprouvés, et des dangers qu'il a courus à la suite de cette fatale journée. On y voit les véritables sentiments de ces républicains ardents que l'envie, aidée de la tyrannie, a persécutés et proscrits sous le nom de *Girondins.* L'écrit de Louvet peut être considéré comme le pendant des mémoires de Riouffe, compagnon volontaire des infortunes des Girondins, ou plutôt ce sont deux parties de la même histoire; mais ces deux morceaux ont chacun un caractère particulier.

L'ouvrage de Louvet est rédigé avec plus de correction et de méthode, celui de Riouffe avec plus de force et de trait. Louvet possède l'art d'écrire, Riouffe sait s'en passer. La notice du premier servira à l'histoire de la Révolution; elle y servira même par ces conjectures auxquelles on a reproché d'être hasardées sur des rapprochements plus ingénieux que naturels, et que le temps confirmera peut-être. Les mémoires du second enrichiront l'histoire du cœur humain de plusieurs observations faites dans ses plus ténébreuses profondeurs.

Un journal a écrit dernièrement que l'on reconnaissait dans la notice de Louvet l'aimable auteur du roman de *Faublas*; il a cru en faire l'éloge : c'était au contraire faire de cet ouvrage la seule critique qu'il fût juste de s'en permettre. On peut trouver en effet que l'auteur parle trop d'amour dans les crises du patriotisme; qu'il parle trop de son amour dans des circonstances qui rappellent à chacun de ses lecteurs les angoisses du leur; enfin qu'il parle le langage passionné de l'amant qui désire, et qui place le terme de ses maux dans les jouissances de sa tendresse plutôt que le langage auguste d'un époux condamné à faire le malheur d'une femme généreuse à laquelle il est consacré par les liens de la reconnaissance.

C'est en cela peut-être que les habitudes de l'écrivain et son art d'écrire ont mal servi l'homme sensible, et le citoyen courageux qui n'avait qu'à s'abandonner à ses souvenirs pour donner à son ouvrage tout l'intérêt dont il était susceptible.

Nous y remarquons au reste un mérite qui ne doit pas être perdu devant les amis de la paix, qui seuls sont aujourd'hui les amis de la république : c'est qu'il a évité de parler de plusieurs hommes dont il n'aurait pu parler qu'avec amertume, et dont il sent qu'il importe de conserver les talents à la nation, après tant de pertes qui l'ont presque réduite à l'indigence. Louvet n'a pas accordé une ligne à son ressentiment contre des hommes vivants; belle leçon à ces faux patriotes qui se déchaînent aujourd'hui avec fureur contre des hommes vertueux et éclairés, dernière ressource de la patrie.

L'ouvrage se vend chez Louvet, au Palais-Royal; il n'est pas inutile d'avertir que d'infâmes spéculateurs ont mis en vente une édition contrefaite. Les hommes honnêtes aimeront sans doute à acheter le livre chez l'auteur, puisqu'ils s'assureront par là qu'ils ne participent point à la spoliation la plus odieuse.

(Journal de Paris, 13 ventôse an III. —
3 mars 1795.)

PROSCRIPTION D'ISNARD.

On s'étonne, en parcourant cette brochure, d'y trouver une partie intitulée : *Moyens de défense*, et de trouver dans cette partie le langage de la *défense*. Quoi ! la *défense d'Isnard* ! Et contre qui ? contre des accusateurs trop heureux aujourd'hui de n'être point accusés ! Un patriote vertueux, que réclame la représentation nationale, se défendre contre des hommes que la nation respue et conspue ! Une honorable victime du 31 mai se défendre contre les auteurs abhorrés de cette journée ! Un écrivain capable de rassembler et peindre, dans deux pages éloquentes, tous les crimes et tous les malheurs qui l'ont suivie, se défendre devant ceux qui l'ont faite ! Un homme enfin qui, sur l'échafaud même, devait paraître encore un redoutable accusateur, se défendre aujourd'hui contre ses assassins ! Certes, d'un autre qu'Isnard il serait permis de croire que son âme, aigrie par le malheur, a besoin de calomnier le temps présent. Que, par amour pour la paix, il consente maintenant à n'accuser point; qu'il sacrifie à l'intérêt de l'avenir le ressentiment du passé; qu'il retrace ses malheurs sans rappeler son injure; qu'il nous intéresse à sa réintégration, aux succès de ses talents et de son patriotisme, sans nous occuper de ses affreux ennemis : c'est ce qu'il veut sans doute, c'est ce qu'il doit, c'est ce qu'il fera. Mais qu'il ne porte pas plus loin son sacrifice : la dignité de l'innocence en serait dégradée, et la puissance de l'opinion publique pourrait s'en offenser.

Le morceau le plus intéressant de cet ouvrage est une note dans laquelle l'auteur fait connaître les habitudes que son âme avait prises dans la solitude. Les malheureux qui, dans ces derniers temps, ont été comme lui capables de faire des observations sur l'état de leur âme, dans les diverses situations par où ils ont passé, seront plus utiles à l'état social que les plus fidèles narrateurs des événements historiques : ceux-ci ne feront connaître que tels ou tels hommes; ce sont les premiers qui aideront à connaître l'homme. Que de phénomènes nouveaux dans l'âme humaine au milieu de circonstances si nouvelles et si diverses ! O vous qui nous donnez l'histoire des prisons, donnez-nous surtout celle de vos affections.

Croyez que cette ouverture de vos âmes ne nous sera pas moins intéressante que celle de vos guichets; que nous nous placerons encore plus volontiers entre vos pensées et vos sentiments qu'entre vous et vos compagnons d'infortune.

« J'en étais venu à ce point, dit Isnard, qu'insensible à tout ce qui m'était personnel je ne souffrais que des maux d'autrui; et j'ose dire que, si l'aspect des risques que couraient mes courageux et fidèles gardiens, l'image de mes enfants et de leur mère ne m'avaient souvent déchiré, les plus beaux jours de ma vie auraient été ceux que j'ai passés *hors la loi*, parce que, entièrement écarté de la triste scène du monde, je pouvais me livrer tout entier aux méditations de mon goût. J'ai senti le bonheur naître de l'infortune; la nature a voulu que celle-ci eût ses utilités et même ses charmes. *Montaigne* le savait bien lorsqu'il disait : *La mélancolie est friande.*

« Oui, sans le souvenir de ce qu'ont souffert ma famille et mes amis, je rendrais grâce aux auteurs de ma proscription. Le même décret qui me mit *hors la loi* sembla me mettre aussi *hors des peines de la vie* et m'introduire dans une existence nouvelle et plus réelle. Si je n'eusse jamais été proscrit, emporté comme tant d'autres par une sorte de tourbillon, j'aurais continué d'exister sans me connaître; je serais mort sans savoir que j'avais vécu. Mon malheur m'a comme fait faire une pause dans le voyage de la vie, durant laquelle je me suis regardé et reconnu; j'ai vu d'où je venais, où j'allais, le chemin que j'avais fait et celui qui me restait à parcourir, les faux sentiers que j'avais suivis et ceux qu'il me convenait de prendre pour arriver au vrai but.

« Il m'est impossible d'exprimer quelles jouissances m'ont procuré ce silence, ce recueillement absolu, cette possession continuelle de ma pensée, cette étude suivie de mon être, ces fruits de sagesse et d'instruction que je sentais éclore en moi, cet abandon de la terre, ce lointain d'où j'apercevais et jugeais les criminelles folies des hommes, cette adoration sincère et croissante de la vertu, cette élévation intellectuelle vers les objets grands et sublimes... »

Ce morceau, plusieurs de ceux qu'on lit avec tant de charme dans les *Mémoires d'un*

détenu (Riouffe) (1), et enfin l'expérience de tant d'autres malheureux, ne feront-ils pas réfléchir sur la puissance de la solitude et sur le parti que les institutions sociales pourraient en tirer? N'est-il pas possible de régler l'exercice de cette puissance de manière qu'elle fortifie l'âme sans la roidir et qu'elle l'élève sans l'isoler?

La défense d'Isnard est précédée d'une adresse à ses commettants. En voici un extrait:

ISNARD A SES COMMETTANTS.

« Français,

« Vous venez de voir, dans ma lettre à la Convention, que j'ai offert ma tête pour satisfaire aux lois, si je suis coupable, et que j'ai réclamé *mes droits*, qui sont *les vôtres*, si je suis innocent. En vrai républicain j'ai demandé et je demande encore *justice* ou *la mort*. Il a été jugé à propos de ne m'accorder ni l'une ni l'autre.

« On détruit en moi ma qualité de député à la Convention, comme si la représentation nationale n'était pas *une et indivisible*, tout de même que la république; comme si ces deux *unités* n'étaient pas liées entre elles et dépendantes l'une de l'autre; comme si les mandataires pouvaient détruire le mandat du peuple et refondre l'ouvrage immédiat du souverain dont l'autorité suprême est supérieure à la leur. On oublie que c'est de lui seul que je tiens mon caractère de représentant, et que lui seul a droit de m'en dépouiller.

« Mon innocence est tacitement reconnue, et je continue d'être puni; le nuage du soupçon m'enveloppe; le dard de la calomnie reste enfoncé dans mon cœur; je me trouve comme flottant entre l'estime et la haine, entre la vie et la mort. Hier j'étais *hors la loi*, aujourd'hui je suis *hors la justice*; hier il était ordonné à tous les tribunaux de m'envoyer au supplice sans m'entendre, aujourd'hui il leur est défendu de me condamner ou de m'absoudre. O ciel! un citoyen français, un représentant de la nation *hors de la justice...!* Et nous nous disons un peuple libre...! »

(*Journal de Paris*, du 15 ventôse an III.— 5 mars 1795.)

---

(1) Voir l'article suivant.

MÉMOIRES D'UN DÉTENU, ETC.,

PAR RIOUFFE.

Déjà, à l'occasion des Mémoires de Louvet (1), nous avons parlé de cet ouvrage plein de charme et de philosophie, et nous nous plaisons à en reparler encore, à l'occasion des changements et des additions très-étendues que renferme la nouvelle édition dont il s'agit.

Cet écrit n'est pas l'histoire de Riouffe dans les prisons où il a été jeté; c'est l'histoire de la Conciergerie, de cette prison où toutes les autres dégorgeaient chaque jour les victimes que dévorait le lendemain la proscription; et telle a été dans cette période la destinée de la France que l'histoire de cette prison est la moitié de son histoire.

Ce n'est pas seulement un tableau dans lequel une imagination vive et profondément frappée a rassemblé et peint avec fidélité les plus illustres victimes de la tyrannie, où elle les a groupées de la manière la plus propre à faire ressortir leur caractère, où elle a distribué les dernières scènes de leur malheur dans l'ordre le plus propre à en approfondir l'impression dans toutes les âmes; c'est aussi un riche assemblage d'observations prises aux plus grandes profondeurs de l'âme humaine; de ces observations qui servent bien plus à l'histoire de l'homme que les plus vastes compilations de faits historiques proprement dits. Enfin il offre souvent de ces réflexions de morale éternelle qui ne se présentent guère qu'à l'extrémité de la vie, d'où l'auteur les a rapportées, et d'où les hommes et les choses sont vus à leur place et à leur mesure.

Entre les portraits que renferment les Mémoires, on remarque une esquisse des portraits de Barrère et Robespierre, une autre de celui de Danton, et, dans un genre opposé, ceux de la citoyenne Roland et des principaux Girondins. Nous ferons ici une critique honorable à l'auteur : c'est que son pinceau est moins fidèle quand il peint des hommes hideux de vices et de crimes que quand il représente des hommes grands, beaux et forts de raison et de vertu. Renfermé, à son arrivée à la Conciergerie, avec un assassin et un fabricateur de faux assignats, après avoir observé la férocité

du premier, la bassesse du second, assigné à chacun la part de sentiments qui leur est due, à celui-ci plus d'horreur, à celui-là plus de mépris, *l'un est Robespierre*, dit-il, *l'autre est Barrère*. Ce dernier trait ne représentera Barrère qu'à ceux qui se seront bornés à le considérer du côté de sa lâcheté : mais sa lâcheté n'était que la moitié de son caractère; à la lâcheté il a uni la plus absurde vanité. De là son émulation pour le crime, son ostentation de scélératesse, son étude tantôt à en traduire les préceptes en mots saillants de gaieté atroce ou de scélératesse éhontée, tantôt à en chanter les prodiges sur le ton de l'ivresse; genre d'attentat plus coupable qu'aucun autre qui a plus contribué à la corruption du peuple et a plus fait couler le sang des citoyens que les déclamations les plus violentes des Collot et des Robespierre, et les fusillades auxquelles Barrère avait encore le plaisir de participer. Il se donna autant de soin pour paraître un scélérat que Robespierre pour l'être. Il sembla vouloir se faire une parure des crimes dont celui-ci ne songeait qu'à faire son profit; et il nous réduisit à douter s'il était poussé à la cruauté par l'ambition du pouvoir plutôt que par l'ambition littéraire d'être, comme on l'a dit, l'*Anacréon de la guillotine* ou le Tacite des nouveaux Nérons, parmi lesquels il tenait dignement sa place.

Le portrait de Danton nous paraît aussi faiblement ébauché, et son parallèle avec Robespierre inexact; l'auteur réduit ce qu'il dit de leur caractère politique à ces mots : *Danton fut démagogue, Robespierre délateur.* Ils furent tous deux démagogues et tous deux délateurs; mais Robespierre fut *factieux* et Danton *séditieux*. Danton eut de l'audace, Robespierre de l'opiniâtreté. Robespierre eut l'âme atroce, Danton ne l'eut que violente et emportée. Robespierre ne parlait que d'humanité quand il voulait faire passer des lois féroces; Danton faisait des propositions atroces pour avoir ensuite la liberté d'être humain : voilà quelques-uns des traits qui caractérisent et distinguent ces deux personnages! Que la liberté était à son aise entre eux! Quand elle échappait à l'un, elle tombait dans les mains de l'autre!

Je ne connais pas de tableau plus touchant que celui des derniers moments de la vie des

<hr>

(1) Voir à la page 550.

Girondins, et du vide affreux qu'ils ont laissé dans leur prison après leur mort.

« C'est la première fois, dit Riouffe, qu'on a massacré en masse tant d'hommes extraordinaires : jeunesse, beauté, génie, vertus, talents, tout ce qu'il y a d'intéressant parmi les hommes fut englouti d'un seul coup... Nous étions tellement exaltés par leur courage que nous ne ressentîmes le coup que longtemps après qu'il fut porté. Nous marchions à grands pas, l'âme triomphante de voir qu'une belle mort ne manquait pas à de si belles vies, et, qu'ils remplissaient d'une manière digne d'eux la seule tâche qui leur restât à remplir, celle de bien mourir. Mais quand ce courage emprunté du leur fut refroidi, nous sentîmes quelle perte nous venions de faire. Le désespoir devint notre partage ; on se montrait en pleurant le grabat que le grand Vergniaud avait quitté, pour aller, les mains liées, porter sa tête sur l'échafaud. Valazé, Ducos et Fonfrède étaient sans cesse devant nos yeux ; les places qu'ils occupaient devinrent l'objet d'une vénération religieuse... et l'aristocratie même se faisait montrer avec empressement et respect les lits où avaient couché ces grands hommes. »

C'est après ces images que vient la citoyenne Roland.

Les détails qui la concernent ont un charme particulier, qui est le secret de la nature autant que celui de l'auteur. On voit en elle un grand homme, mais c'est en elle, c'est dans une femme qu'on le voit, et l'on croit voir bien autre chose ! Lisez, après ce qu'en dit l'auteur, l'écrit où elle a tracé elle-même son apologie, et vous concevrez comment l'esprit de cette femme célèbre a suffi pour établir deux réputations également difficiles à rendre, je ne dis pas honorables, mais éclatantes : celle de Roland, son époux, et la sienne.

Les bornes de notre journal ne nous permettent pas d'étendre l'extrait de cet ouvrage ; cependant, remarquons-y encore une erreur et un mérite.

Dans la préface qui le précède, l'auteur cherche à expliquer les quatorze mois de cruauté inouïe dont nous avons été les témoins et les victimes, et les derniers progrès qu'elle avait faits : il les attribue au fanatisme et au machiavélisme profond des chefs de la tyrannie, et à la religion du maratisme dont ils s'étaient faits les prêtres. Il y a des rapprochements ingénieux dans cette partie, mais elle manque de justesse. C'est faire trop d'honneur aux scélérats dont il s'agit que de leur accorder un plan régulier et des vues désintéressées. Si Riouffe avait eu le malheur de connaître les Robespierre et les Collot, il saurait que leurs crimes leur furent inspirés uniquement par l'exécrable jalousie qui les portait à se disputer la faveur d'un peuple stupide et cupide, dont on ne pouvait se faire un appui qu'en flattant ses préjugés et en lui donnant la France à dévorer. Et si Robespierre a semblé le premier revenir à des maximes humaines, au moins envers une classe de la société, c'est qu'après avoir jeté la terreur dans toutes les âmes, après s'être fait haïr de tous les Français pour avoir le droit de les traiter tous en ennemis, il a le premier reconnu que ce droit s'était détruit en s'étendant, que les moyens de l'exercer s'affaiblissaient par son exercice même, qu'en faisant trembler tout le monde il n'avait plus personne pour l'aider à faire trembler celui qui se rassurerait le premier, et que, comme le sceptre de la tyrannie avait appartenu pendant quinze mois au plus cruel, il devait désormais passer au plus clément. Telle est l'histoire de ces décemvirs si fameux, qui sont bien moins étonnants que ne l'a été le peuple français devant eux, par la férocité d'une partie des citoyens, et par la lâcheté de l'autre.

Le dernier mérite que nous avons à relever dans l'ouvrage de Riouffe, c'est le ton sur lequel il parle de lui-même quand il lui arrive d'en parler ; il a su s'exempter de cette ostentation du malheur qui est si naturelle et si excusable dans les hommes qui ont autant souffert, mais qui nuit tant à l'effet que devrait produire leur infortune. Il n'a point ce langage exigeant, impérieux, de la douleur qui semble vouloir forcer à la compassion, commander ou au moins solliciter l'intérêt. C'est toujours en souriant qu'il parle de ses souffrances ; il vous permet de ne vous en occuper que comme d'un rêve pénible qu'il aurait à vous raconter ; et cette réserve discrète, qui est un talent de conduite autant qu'un secret de l'art d'écrire, est bien récompensée par l'abandon avec lequel son lecteur se livre et s'attache à lui dans les diverses situations où sa destinée l'a placé.

(*Journal de Paris*, du 22 germinal an III. — 11 avril 1795.)

CAMPAGNE DU DUC DE BRUNSWICK

CONTRE LES FRANÇAIS, EN 1792.

La première partie de cet ouvrage fait connaître les mœurs des émigrés en Allemagne, les moyens qu'ils employèrent pour engager la Prusse dans leur querelle, les mensonges avec lesquels ils parvinrent à déterminer le plan de campagne du duc de Brunswick. Les émigrés ne formaient que des rassemblements parasites et oiseux à Trèves et à Coblentz : l'intrigue était l'occupation de quelques personnages principaux ; la multitude n'en avait d'autre que celle de faire bonne chère, de corrompre les femmes. A Worms, une mère et ses sept filles se trouvèrent en même temps grosses de leurs œuvres. Il n'y en avait pas en 1792 plus de douze ou quinze cents sous les armes. La police des oisifs était au reste fort curieuse ; ils avaient leurs *suspects* qu'ils chassaient.

Ils en avaient tellement imposé à toute l'Allemagne sur les dispositions de la France que le duc de Brunswick, à qui l'on ne peut refuser de la sagesse d'esprit et des talents militaires, ne fit aucune disposition pour assurer les vivres de son armée ; les vivandiers seuls pourvoyaient aux besoins ; on s'attendait qu'une fois le pied en France rien ne manquerait à des troupes attendues comme des libératrices du pays, que tout le monde s'empresserait à offrir tout ce qui leur serait nécessaire, utile, agréable. L'armée croyait aller à un festin, ou tout au plus, comme l'avait dit Calonne, *faire une promenade* ; et le duc de Brunswick semblait aller bien plutôt prendre le commandement momentané d'une armée de Français contre quelques factieux que marcher contre les Français.

Viennent ensuite des détails curieux sur la reddition de Longwi et de Verdun. L'auteur a eu plusieurs entretiens avec des paysans, avec des ouvriers des villes : il les a trouvés tous patriotes ; il indique plusieurs signes et rapporte plusieurs discours (entre autres ceux d'un ferblantier de Verdun) auxquels il a re-

connu que la révolution de 89 avait déjà profité aux campagnes, aux arts et au commerce, ainsi qu'à la morale et à l'esprit des Français.

Après quelque temps de séjour à Verdun, le bruit se répand que Louis XVI est arrivé à Châlons. Ce bruit avait pour objet de précipiter la marche des Prussiens vers Châlons. Mais dans le même temps les officiers de l'armée apprennent que la France entière est indignée du manifeste du duc de Brunswick ; quelques papiers publics annoncent que l'esprit de la nation est loin de ressembler à celui qu'on a supposé ; enfin, continue l'auteur, *plusieurs sarcasmes des Parisiens, qui couraient de bouche en bouche, ne présageaient rien de bon* (1). Alors aussi la dyssenterie, triste résultat de la mauvaise saison, plus encore de la mauvaise nourriture, devint une épidémie dans l'armée prussienne... De ce moment, souffrante et inquiète, elle ne marche plus que par obéissance.

La seconde partie des Mémoires comprend la marche de l'armée depuis Verdun jusqu'en Champagne. L'auteur y raconte, d'une manière philosophique et piquante, l'impression que produisit sur les soldats prussiens le premier combat qui s'engagea entre eux et les troupes françaises à Grandpré.

« Il fallait voir, dit-il, tous nos soldats s'incliner profondément, quand le boulet passait sur nos têtes, et se quereller entre eux lorsque, dans ce mouvement précipité, l'un marchait sur le pied de l'autre. Ils s'écriaient presque tous : *Seigneur Jésus!* Plusieurs s'empressaient de se défaire de la viande qu'ils avaient volée la veille, et engageaient fortement leurs camarades à en faire autant : ils craignaient que Dieu ne les punît pour ce vol. Telle est la philosophie militaire ; ces bonnes gens faisaient dépendre les événements physiques des causes morales. »

L'auteur fait quelques réflexions sur les manœuvres qu'il serait bon de prescrire à l'infan-

---

(1) C'est à cette époque que Chamfort, dînant chez le ministre Lebrun avec plusieurs personnes très-alarmées de l'arrivée des Prussiens, dit ces paroles, où la pusillanimité trouve de la sottise, et qui sont pleines de dignité, ou, si l'on veut, de morgue républicaine : Oui... oui... vous avez raison... On dit qu'il y a des Prussiens!

terie exposée au feu du canon, Il entrevoit cette vérité, que l'on traitait de folie il y a dix ans, et que nos troupes ont justifiée depuis deux, savoir : *que le canon ne fait de mal qu'à ceux qui en ont peur, et qu'il faut foncer sur les batteries au lieu de leur tourner le dos.* Cette vérité apportera un grand changement à l'art des batailles, et peut-être à la politique universelle ; car il fait dépendre le sort des combats de la valeur et du courage, qui dépendent eux-mêmes de l'enthousiasme de la liberté, et ne peuvent avoir un autre principe.

Il transcrit ensuite deux lettres de Gorani au duc de Brunswick, lettres qui, par les détails qu'elles donnent relativement à l'esprit dont les Français étaient animés au mois d'août 1792, servaient très-bien de commentaire à la *canonnade* française qui avait fait périr et trembler tant de Prussiens à Grandpré. Cette canonnade, ces lettres, la nouvelle que les *nouveaux Francs* rassemblés en Alsace allaient entrer en Allemagne, déterminèrent la fameuse retraite du Clermontois.

Et en effet la campagne de Custine justifia que les troupes allemandes auraient mieux fait de garder l'Allemagne que d'entrer en France. L'auteur raconte plusieurs particularités du camp de la Lune. Il fait ensuite d'utiles observations sur les hôpitaux militaires.

La troisième et dernière partie renferme des réflexions judicieuses sur le sort à venir de la révolution française, L'auteur pressent que, le despotisme ayant été plus écrasant et plus persévérant en France qu'en Amérique, la réaction de la liberté y sera aussi plus violente. Qu'on ne s'étonne pas, dit-il, si Hercule y frappe des coups terribles. « A Sparte même, la liberté fut illimitée ainsi que l'esclavage (Plutarque), et là aussi la puissance qui assujettit tout précéda les lois qui arrangent tout. » Observons, sur ces paroles dont le régime décemviral pourrait se prévaloir, que, l'Hercule dont il s'agit ici, c'est le peuple en insurrection, et non Barrère, Collot ou Billaut, assis et *trônant* sur la guillotine. L'auteur, au reste, a soin de distinguer lui-même les violences, même les excès révolutionnaires antérieurs à 92, des fureurs atroces qui ont suivi. Il déteste les derniers excès ; il excuse les autres, mais sans y applaudir, sans prétendre même les justifier.

Il examine ensuite à qui doit rester la victoire, du *nouveau Franc* ou de son ennemi, des princes ou des peuples. Une analyse très-déliée des éléments qui constituent la force politique, une comparaison exacte et méthodique des uns et des autres, amènent sur la question une solution très-plausible, et permettent de croire que la raison, pour triompher en Europe, n'aura pas besoin de la force des armes.

Cette partie renferme quelques observations neuves qui méritent d'être pesées.

Les dernières lettres qui composent ce volume renferment les détails de la retraite de l'armée prussienne depuis le camp de la Lune jusqu'à Luxembourg : la pluie, le froid, le vent, la misère, les maladies accablaient cette armée, qui se traînait plutôt qu'elle ne marchait. Tout ce qui périt, en hommes, en chevaux, en munitions de guerre, est incalculable. Et où se retirait l'armée ? dans le pays de Luxembourg, pays *autrichien*, pays fanatique.

Quel refuge pour des Prussiens, pour des hérétiques !

Cependant que faisait *le comte d'Artois* à Trèves ?

« Malgré le 10 août, qui avait mis fin à la liste civile, il n'en entretenait pas moins deux cents chevaux et tout le train de son ancienne cour. Des parfums, des dames pour amuser monseigneur, une table de Sybarite, rien n'était interrompu. Une seule chose inquiétait ce grand prince : c'était de savoir si la marche sur Paris était déjà effectuée ; en attendant, pour se désennuyer, monseigneur alla à Spa pour y visiter la banque. Là il hasarda un jour, en riant, un va-tout de cinquante mille ducats ; il perdit. Il recommença, il perdit encore ; et, riant de son malheur, il s'en alla en sautillant!... » Royalistes ! voilà les gens que vos vœux rappellent et à qui vous voulez rendre la clef du trésor public ? Nous avons eu, il est vrai, dix-huit mois de pillage depuis la république ; mais aimez-vous mieux voir recommencer un pillage de quinze cents ans sous la royauté ?

Les mémoires finissent par l'histoire de l'établissement de Custine à Mayence et à Francfort.

Nous aurions dû dire en commençant cet extrait qu'ils sont l'ouvrage d'un officier prussien, qu'ils ont été composés en allemand, et que nous en devons la traduction à un Suisse.

C'est par cette raison qu'ils renferment des anecdotes qui sont nouvelles pour nous. Depuis deux ans nous ne savons que fort mal et fort tard la plupart des choses qui se passent en France même; nous n'avons rien appris de ce qui se passe chez l'étranger. L'ouvrage que nous annonçons répare, à plusieurs égards, les lacunes de notre propre histoire, et, de plus, il jette sur les principes de notre révolution des lumières utiles qui méritent d'être recueillies par la philosophie et par la politique.

(*Journal de Paris*, du 26 germinal an III.
— 15 avril 1795.)

LES CRIMES DES TERRORISTES,

Poëme,

Par GRANGER, artiste du Théâtre italien.

On trouve dans ce poëme des vers heureux qui expriment des sentiments honnêtes ou des idées très-justes; par exemple, celui-ci, où le poëte peint l'état des Français sous le terrorisme :

Une moitié gémit et l'autre est abusée...

et ceux-ci, où il peint le retour de la justice :

...La justice enfin ramène le bonheur!
Pardonnons à l'erreur, au repentir sincère;
Dans un homme égaré cherchons encore un frère;
A son cœur combattu montrons la vérité.

Il y a aussi des morceaux pathétiques par les images qu'ils rassemblent, par le mouvement qui les anime. Tel est celui où l'auteur représente les proscrits du 31 mai errant dans les forêts, cherchant un asile dans les rochers, ou traînés à l'échafaud, ou réduits à se donner eux-mêmes la mort.

Cette production de Granger n'a été annoncée par aucune autre; on ne connaissait à cet artiste qu'un talent distingué pour le théâtre; son coup d'essai a excité de la surprise, et cette surprise a servi à son succès. C'est un poëte né au sein des malheurs publics; c'est un homme honnête et sensible, inspiré par l'horreur de tant de crimes, et pressé d'exhaler la plainte de tant de maux.

D'ailleurs (et nous hasardons cette conjecture, non moins pour l'honneur de l'art du comédien que pour celui de Granger), le talent d'un acteur distingué est peut-être plus près du talent du poëte qu'on ne le croit communément. Il est rare, disons mieux, il est impossible que l'artiste qui rend fidèlement au théâtre les beautés de l'auteur dramatique n'en ajoute pas beaucoup de son propre fonds et ne devienne par conséquent auteur lui-même. Sans doute, les grandes conceptions, la belle ordonnance des scènes dramatiques appartiennent exclusivement au talent du poëte; mais serait-il absurde d'avancer que le Kain avait autant de *verve tragique* que Voltaire, et Préville autant de *vis comica* que Destouches ou Regnard? Le grand acteur n'exprime-t-il pas autant de choses, et d'aussi belles, dans son langage d'action, que le poëte dans son discours articulé? Est-il sans exemple qu'un grand acteur ait donné à un grand auteur une idée plus belle, plus forte, plus grande, plus juste, d'un rôle, que cet auteur ne l'avait conçu lui-même? Le poëte a sur l'acteur l'avantage de l'avoir inspiré, et d'avoir arrêté et fixé son expression de manière qu'elle peut être transmise à de longues distances de temps et de lieux; mais, au fond, et en comparant l'expression de l'un à celle de l'autre, ne peut-on pas dire qu'il n'y a entre eux de différence que celle de la langue dans laquelle chacun a traduit ce qu'il avait à dire?

(*Journal de Paris*, du 9 floréal an III. —
28 avril 1795.)

LES PREMIERS JOURS DE PRAIRIAL,

PAR L'AUTEUR DES JOURNÉES DES 12 ET 13 GERMINAL.

Ce titre arrête peu l'attention des curieux. Tout Paris a eu part aux événements des premiers jours de prairial, ou au moins en a été témoin; toute la France en a lu les détails au moment de leur conflagration; et personne n'a besoin encore de repasser cette histoire ailleurs que dans ses souvenirs.

Mais si le désœuvrement fait lire vingt lignes de l'écrit dont il s'agit, un intérêt vif et soutenu le fait lire tout entier sans interruption. Non-seulement il offre des particularités ignorées ou peu connues, qui rappellent la curiosité vers des objets sur lesquels elle croyait s'être épuisée, mais même il reproduit ces journées avec une vérité si parfaite que l'on croit s'y retrouver encore; il en enchaîne les faits principaux dans un ordre si exact, il en rapproche les circonstances avec tant de bonheur, il en peint les personnages avec tant de fidélité, qu'on démêle dans ce tableau ce que tous les yeux n'ont pas vu dans l'action même, c'est-à-dire les causes qui ont agi sur ses commencements, conduit sa marche et amené son dénoûment.

La diction est en général correcte, quelquefois élégante, plus souvent énergique; mais ce qui distingue surtout le style de l'auteur, c'est son mouvement, tellement naturel que le lecteur croit plutôt s'abandonner à ses propres pensées que suivre le cours d'une lecture. L'auteur s'avance d'abord à grands pas, comme la curiosité, vers les événements qui s'annoncent; il s'arrête bientôt, comme l'effroi, devant les catastrophes qui se préparent; il marche mal assuré, comme l'égarement, au milieu des désastres; il s'arrête de nouveau, comme l'étonnement, devant des ressources inattendues; il s'élance enfin, comme l'espérance, vers la victoire, et s'élève, comme l'enthousiasme, dans les jouissances du plus glorieux triomphe et dans les présages du plus heureux avenir.

L'ouvrage est suivi de notes anecdotiques et politiques. On dit que l'auteur est jeune encore. S'il nourrit sa pensée, il pourra un jour prendre une place distinguée entre les historiens. Puisque nous ne sommes pas destinés au bonheur de vivre dans des terres stériles pour l'histoire, félicitons-nous du moins de voir naître des hommes capables d'observer et de recueillir pour elle les événements dignes de l'occuper.

(Journal de Paris, du 10 fructidor an III.
— 27 août 1795.)

MEILAN,

REPRÉSENTANT DU PEUPLE, DÉPUTÉ PAR LE DÉPARTEMENT DES BASSES-PYRÉNÉES,

C'est une histoire précise, exacte, judicieuse, de la convention nationale, depuis son ouverture jusqu'au 9 thermidor. Tous les faits importants y sont rappelés; on y voit en action tous les personnages qui ont eu part aux événements; on y trouve le développement de toutes les combinaisons du crime et de toutes ses théories. Tout y annonce un esprit sage et éclairé, une âme honnête, pure et exempte de passions. Le style en est simple, clair, noble. Cet ouvrage servira plus à l'histoire que beaucoup d'autres qui ont été entrepris avec la prétention d'en tenir lieu, et qui ne sont que des plaidoyers déguisés en faveur de quelques hommes, de quelques passions, et même de quelques crimes.

(Journal de Paris, du 6 nivôse an IV.
— 27 décembre 1795.)

DE LA MINORITÉ DE LA NOBLESSE,

ET DU MANUEL RÉVOLUTIONNAIRE, DE TOULONGEON.

C'est une terrible engeance que cette *minorité de la noblesse*, dont on a tant parlé et dont on devrait tant parler encore! On ne conçoit pas comment la république a tenu depuis deux ans contre la *minorité de la noblesse!* On sait que, ce qu'on appelle de ce nom, c'est les cinquante-trois membres de la noblesse qui, dans l'assemblée constituante, se sont réunis les premiers au tiers état. Cinquante-trois membres! quelle *masse effrayante!* qui se sont réunis au tiers état, quelle cause de suspicion aux yeux de la république! Il est vrai qu'aujourd'hui plus de la moitié n'existe plus, que la Rochefoucauld a été assassiné, Alexandre Bauharnais, Custine, Victor Broglie, etc. assassinés; que le *traître* la Fayette, le *traître* Latour-Maubourg périssent dans les prisons de leurs amis les Autrichiens; que deux ou trois autres meurent de faim en Suisse, deux ou trois à Hambourg, deux ou trois à Philadelphie. Il est vrai que les deux intrigants qui ont été signalés dans cette minorité sont, l'un, marchand libraire à Londres, l'autre, chevalier d'industrie, on ne sait où; de sorte qu'on retrouverait difficilement dans toute la France plus de dix ou douze membres de cette minorité de la noblesse; et plus de cinq à Paris. Et encore assure-t-on qu'ils évitent jusqu'aux hasards qui pourraient les faire rencontrer ensemble.

Mais n'importe! ces hommes suffisent chacun séparément à tout ce qui peut tendre au renversement de la république. Savez-vous de quoi ils s'avisent maintenant pour troubler l'État? L'un cultive son champ, un autre fait un livre ! — Un livre! — Oui, et un livre philosophique, un recueil d'observations sur les mouvements et les circonstances d'une révolution, sous le titre de *Manuel révolutionnaire*. — Et l'esprit de faction y perce, sans doute, à chaque page? — On le voit dès la première ligne : l'ouvrage est précédé d'une épître dédicatoire *aux factions*. « Je vous dédie mon ouvrage, leur dit l'auteur, comme jadis les Athéniens dédièrent un temple aux bonnes déesses; comme eux je reconnais la suprématie de votre puissance; et, comme eux, tandis que je rends grâces aux autres dieux du bien qu'ils font, je vous remercie, vous, du mal que vous ne faites pas. Je reconnais, avec gratitude, que la patrie vous doit son existence; car, si elle n'a pas été détruite, c'est, sans doute, que vous ne l'avez pas voulu, puisqu'il est incontestable que vous l'avez pu. »

— L'auteur feint de se jouer des factions; mais sans doute il est bien perfide royaliste, et il fait par ses insinuations plus qu'il ne ferait par des intrigues? Il soutient, je le parie, qu'après des victoires une république doit faire la paix! — Pas tout à fait; mais il avance quelque part qu'une république ne peut la faire après une défaite, ce qui n'est que plus astucieux. Voici sa phrase :

« Les républiques ont presque toujours vaincu. Outre l'énergie qu'elles donnent, une autre cause les force à vaincre : c'est qu'elles ne peuvent poser les armes qu'après la victoire. Le parti qui, dans une assemblée délibérante, proposerait la paix après une défaite, serait renversé par le parti opposé, qui profiterait de la circonstance pour le perdre devant le peuple. Les dangers de la guerre sont loin de la tribune, et la roche tarpéienne est à côté. »

—Je suis bien sûr que c'est un grand prôneur de *réactions*, et qu'il aime la *compression* des partis vaincus.—En doutez-vous? Voici sa maxime XIV : « En révolutions, il faut que le plus fort cède une fois le premier, sous peine de les éterniser. Le vaincu ne cède jamais ; il n'a pas caution suffisante à donner. Auguste ne termina qu'en cédant à Cinna coupable et convaincu. » Il dit plus loin : « Ni la justice, ni le droit, ni la raison ne peuvent terminer les révolutions; c'est au raisonnement seul qu'il appartient d'en finir. La justice dit de juger tout, et cela ne

finit pas; le droit dit d'exiger tout, et cela ne finit pas; la raison dit d'apprécier tout, et cela ne finit pas. Le raisonnement seul dit d'effacer tout. » Plus loin encore on lit : « Les révolutions ne finissent ni par l'épée, ni avec la plume; c'est avec l'éponge. »

Quelle espèce tracassière et dangereuse que ces gens de la *minorité de la noblesse!*

(Journal de Paris, du 24 prairial an iv.
— 12 juin 1796.)

SUR LE SERMENT DES PRÊTRES.

Félix Faucon vient de faire imprimer son opinion sur la loi du 3 brumaire.

On lit à la page 11 la déclaration suivante, à laquelle j'adhère comme ex-constituant.

ROEDERER.

« Je déclare dans cette enceinte, où la loi qui « impose un serment aux prêtres fut rendue, « et où moi-même je contribuai à la rendre, « je déclare, dis-je, hautement, et je ne crains « point d'être démenti par mes anciens collè« gues, que jamais les premiers représentants « du peuple français n'auraient fait mention « du serment s'ils avaient pu prévoir que ce « serment, dont ils avaient fait une obliga« tion purement facultative, servirait un jour « de prétexte pour proscrire en masse et tour« menter outre mesure une classe entière de « citoyens, parmi lesquels tous les hommes « probes s'honorent de compter des amis. »

(Journal de Paris, du 8 brumaire an v.
— 29 octobre 1796.)

D'UN NOUVEL OUVRAGE DE M. NECKER.

Il paraît un ouvrage de M. Necker, intitulé : *de la Révolution française*, divisé en cinq parties, qui forment quatre volumes in-8°.

La première concerne les préliminaires de la convocation des états généraux, leur formation, la séance royale du 23 juin 1789, la réunion des trois ordres.

La seconde regarde la révolution du 14 juillet, l'assemblée constituante et l'assemblée législative, les événements du 20 juin, ceux du 10 août, le jugement et la mort de Louis XVI, la Convention, son asservissement et sa tyrannie.

La troisième embrasse l'administration et les lois de la Convention, la révolution du 10 thermidor, la perturbation du 13 vendémiaire, l'examen de la constitution de 1795.

La quatrième contient une discussion sur le système de république fédérative, telle que celle des Américains, et une autre sur la monarchie tempérée, telle que celle de l'Angleterre.

La cinquième, enfin, qui est entièrement distincte des précédentes, est intitulée : *Réflexions philosophiques sur l'égalité*.

Cet ouvrage sera l'objet de plusieurs articles. Aujourd'hui nous nous bornerons à quelques mots sur la première partie, celle qui concerne les préliminaires des états généraux.

Elle est du plus grand intérêt. M. Necker y prouve fort bien qu'une réformation était nécessaire; que le vide du trésor public la sollicitait; que la mesure autant que la nature des contributions établies l'exigeaient; qu'elles étaient inégales d'homme à homme, de province à province; qu'elles étaient vexatoires, oppressives par leurs moyens de perception; que l'autorité royale était insuffisante pour renverser les priviléges des provinces, vaincre l'opposition des cours et opérer une réformation générale, etc.; que cette réformation était provoquée par ceux-là mêmes qui regardent aujourd'hui comme un crime d'y avoir songé; que la convocation des états généraux a été votée par les notables, par les parlements; que le doublement du tiers, auquel l'aristocratie a attribué sa défaite, a été voté par le bureau de *Monsieur*, dans la dernière assemblée des notables, etc.

Ces choses n'étaient pas ignorées, mais elles s'oubliaient. Tant d'événements se sont pressés depuis 1789; tant d'institutions, de lois, d'usages ont été changés; tant d'idées se sont effacées de l'esprit, tant d'autres s'y sont profondément imprimées; enfin, tous nos souvenirs se sont tellement dénaturés à mesure que la Révolution s'est dénaturée elle-même, que nous croyons être à cent années de cette époque, et que le tableau qui reproduit fidèlement, dans leur ensemble et dans un bel ordre, toutes les circonstances qui ont amené la Révolution et accompagné ses premiers mouvements, a encore quelque chose d'étonnant et d'imposant pour ceux mêmes à qui les détails en ont été le plus familier.

D'ailleurs, tant d'écrivains subalternes, tout à fait étrangers aux affaires en 1789, se mêlent aujourd'hui d'en faire l'histoire; on est si las de se laisser apprendre chaque jour une foule de superfluités, qu'on sait très-bien, par ces gens qui les savent fort mal, qu'on est bien aise de voir enfin un des acteurs de cette grande scène en retracer le tableau à ses contemporains, et l'offrir sous leur garantie à la postérité.

Enfin la première partie de l'ouvrage de M. Necker importe à tous les bons citoyens; elle est la défense de tous ces vrais Français qui se sont montrés les premiers et sont restés les derniers attachés à la patrie; c'est la justification des sincères patriotes de 1789, de ces hommes de bien que l'envie ou la vengeance voudrait aujourd'hui faire confondre avec les hommes de sang de 1793. On voit par l'ouvrage de M. Necker qu'en 1789 toute la France ayant pris part à la Révolution, personne n'est en droit d'en censurer maintenant les préliminaires et les commencements, si ce n'est peut-être cette jeunesse qui se désole dans les bals de chaque soirée des malheurs de la république, avec laquelle ils sont nés.

Le morceau dont nous parlons est écrit avec simplicité et dignité, ou, pour mieux dire, avec cette sérénité qui nous parait être le plus beau caractère d'un écrit où se trouvent des détails apologétiques, et que les littérateurs nous pardonneront peut-être d'appeler le style de la bonne conscience.

(Journal de Paris, du 24 pluviôse an v. — 12 février 1797.)

DE LA RÉVOLUTION FRANÇAISE,

PAR M. NECKER, 1796,

Nous allons donner un abrégé plutôt qu'un extrait de la première partie de cet ouvrage; elle est la plus importante et la plus utile des quatre. L'auteur a été témoin et auteur de tous les faits qu'elle renferme, et il les retrace avec fidélité, intérêt et grandeur. Ces faits sont la censure des anciens abus, la critique de la conduite tenue par les ordres privilégiés en

1789, et l'excuse du zèle, trop ardent peut-être, qu'ont montré les amis de la patrie au commencement de la Révolution. Ce volume est tout à la fois un monument historique et une grande instruction de politique. Les volumes suivants seront l'objet d'un seul extrait. Nous ferons, après, quelques observations sur le tout.

Le premier objet qui occupe M. Necker, c'est la recherche des causes qui ont amené la Révolution.

Il ne veut point imiter, dit-il d'abord, ces écrivains philosophes qui, pour expliquer les causes des événements modernes, se transportent aux âges les plus reculés. Ils paraissent placer leur génie à une grande hauteur, et pourtant, plus on établit de distance entre les objets de sa méditation, plus il est aisé de les unir par des liens arbitraires ; et il résulte très-peu d'utilité de ces rapprochements fantastiques.

Voici tout ce que l'auteur déclare avoir vu des avant-coureurs de la Révolution :

D'abord, la grande force de l'opinion publique, qu'il appelle une puissance née de nos jours ; et il attribue cette force nouvelle au goût que Louis XIV prit à la louange, à l'essor qu'il permit aux esprits qui le célébraient, à l'émulation qui s'éveilla entre eux, au besoin de gloire qu'ils contractèrent en chantant celle de leur héros, à l'habitude que prit le public de décerner à tous des applaudissements ; à la multiplicité des livres sérieux et hardis où l'on a agité toutes les questions de l'ordre public, où l'on a censuré tous les hommes en place ; à la révolution d'Amérique, qui a fait étudier et la constitution des États-Unis et celle d'Angleterre ; à la présomption des jeunes gens, qui, dans le monde, se sont mis à décider de tout ; à l'envie de paraître et de faire effet, qui a poussé les jeunes magistrats des parlements à attaquer les plus anciennes prérogatives de leurs compagnies.

En second lieu, l'énormité des contributions publiques, leur inégale répartition, le vide du trésor royal, sa mauvaise administration, les alarmes des créanciers de l'État ; toutes circonstances qui donnèrent à l'opinion une forte direction vers les affaires publiques.

Ajoutez à ces causes de subversion l'esprit philosophique qui s'est appliqué à ruiner les fondements de tous les devoirs, en se jouant des opinions religieuses, à substituer l'exagération de la liberté à la sagesse des freins, et les confusions de l'égalité aux prudentes gradations dont l'ordre social se compose.

Et il n'y avait à la tête du gouvernement, pour résister à l'influence des nouveaux systèmes, qu'un roi honnête homme, mais faible, et du caractère le moins propre à être opposé à de grandes circonstances.

Cependant le retour à une administration sage pouvait prévenir le débordement des esprits ; mais le roi appelle M. de Calonne au ministère des finances ! M. de Calonne, accablé de sa responsabilité, propose au roi la convocation d'une assemblée des notables. L'assemblée des notables est convoquée. Bientôt ses incertitudes font sentir le besoin d'une assemblée nationale, investie des pouvoirs nécessaires pour opposer une résistance efficace aux désordres des finances.

M. de Calonne est renvoyé. M. de Fourqueux lui succède et est renvoyé trois semaines après. M. de Brienne succède à M. de Fourqueux, M. de Brienne, attiré vers la liberté par système, impérieux par caractère, accroît le mécontentement général en renvoyant précipitamment les notables sans leur laisser le temps de constater régulièrement la situation des finances et les besoins de l'État. Le parlement refuse deux édits bursaux sur l'enregistrement desquels M. de Brienne avait compté pour subvenir à la détresse publique, et il demande les états de recette et dépense qui avaient été refusés aux notables. Les édits sont enregistrés en lit de justice. Le parlement proteste contre cet acte arbitraire : il est exilé à Troyes. Le peuple lui marque un vif intérêt : le roi le rappelle. M. de Brienne propose alors un emprunt. Le roi porte lui-même au parlement l'édit qui l'autorise ; l'édit est enregistré. M. le duc d'Orléans et des magistrats sont exilés pour y avoir apporté une trop vive opposition. Enfin M. de Brienne imagine l'institution d'une cour plénière qui partageait entre les courtisans le pouvoir législatif, en dépouillant les cours souveraines de leurs antiques prérogatives.

Alors le mécontentement public est au comble. Plusieurs associations se forment en Bretagne, en Béarn, en Dauphiné. Les lettres de cachet sont expédiées contre les députés de la noblesse de Bretagne et ne font qu'augmenter la fermentation.

La cour plénière est abrogée ; mais le parlement se déclare incompétent pour voter des contributions, et il demande la convocation des états généraux. La voix publique répète fortement ce vœu. Le gouvernement essaye d'abord d'y fermer l'oreille ; ensuite il prend un délai de deux ans ; enfin, pressé par la clameur publique et par les circonstances, il annonce une convocation pour le 1er mai 1789 ; et M. de Brienne, sans ressources pour payer les créanciers de l'État, devenu l'objet de leur fureur, est forcé de se retirer.

C'est dans ces circonstances que M. Necker est rappelé au ministère.

On lui a reproché de n'avoir point empêché la convocation des états, et l'on voit que la convocation a précédé son rappel.

On lui reproche de n'avoir pas trouvé le moyen de rendre vaine cette convocation. Mais, assisté par l'opinion, sans laquelle il ne pouvait rien faire de bon, devait-il la repousser? D'ailleurs le roi n'a jamais mis en question s'il trahirait sa parole, et quel ministre eût osé le lui proposer? En troisième lieu, lorsque la nation attachait toutes ses espérances aux états généraux, quel homme pouvait se promettre de les suppléer, et n'eût pas porté la peine d'une telle prétention s'il eût pu la concevoir? Enfin M. Necker espérait lui-même (et qui n'espérait pas?) de grands avantages de l'assemblée des états. On s'attendait à voir les deniers publics mis en sûreté, le peuple désormais compté pour quelque chose, la liberté individuelle respectée, les contributions réformées, les rigueurs attachées aux unes, et les inégalités établies dans la répartition des autres, abolies ; on s'attendait enfin à voir les prétentions de la cour et celles des parlements fixées ; l'obstacle qu'elles apportaient à toute innovation raisonnable levé ; l'impuissance du monarque, pour faire prévaloir les principes d'une bonne administration, suppléée. Peut-on faire un crime à M. Necker d'avoir partagé l'attente générale pour une réformation dont, plus qu'un autre, il devait connaître l'importance?

Après avoir ainsi montré les causes et les circonstances qui ont amené les états géné-

raux, M. Necker examine ce qu'on a fait et ce qu'on a dû faire pour leur composition.

C'était une question très-susceptible de controverse entre les hommes les plus instruits de l'histoire que celle de savoir comment les anciens états avaient été composés, et c'en était une très-problématique pour les politiques de savoir comment les nouveaux devaient l'être. M. de Brienne, pendant son ministère, avait invoqué sur ce sujet les lumières des administrations municipales et provinciales et des corps savants.

Tout à coup le parlement réclama les formes de 1614.

Il était évident que ces formes ne convenaient plus au temps présent. Depuis 1614 l'étendue et la population de la France étaient changées. En 1614, les bailliages avaient nommé un nombre à peu près égal de députés ; et en 1789 leur population variait d'un à trente. Aux états de 1614, le tiers état avait été offensé, humilié. Ces états avaient duré quatre mois, et ils n'avaient produit, pour les premiers ordres, que la confirmation de leurs prérogatives, pour le troisième, que la honte et la douleur de n'avoir apporté remède à aucun des maux de la patrie.

La proposition du parlement de Paris produisit un mécontentement général, et le gouvernement crut nécessaire de rappeler les notables pour les consulter sur la forme et la composition de la prochaine assemblée. M. Necker fait remarquer à cette occasion que ce ne fut pas une grande preuve de ce profond esprit de démocratie qu'on lui a reproché de consulter sur ce sujet cette assemblée composée essentiellement de princes du sang, d'évêques, de grands seigneurs, de chefs des cours souveraines.

Les notables font d'utiles recherches, présentent des vues sages. Une commission de quatre conseillers d'État, et d'un maître des requêtes est nommée pour résumer leurs avis et proposer une résolution définitive, en tablant toutefois sur ces deux principes que le roi avait décidés dans son conseil d'État, le 27 décembre 1788, savoir : 1º que les députés du tiers seraient égaux en nombre aux députés des deux premiers ordres réunis ; 2º que l'ancienne institution des trois ordres appelés à délibérer séparément serait conservée.

M. Necker reconnaît qu'il a eu une grande part à cette décision, et il s'attache à la justifier.

Était-ce trop, au tribunal de l'équité, demande-t-il, d'accorder aux quatre-vingt-dix-neuf centièmes parties de la nation un nombre d'interprètes égal à celui qu'on accordait à la centième ?

Qui pouvait prévoir les suites de cette égalité et le concours des autres causes qui l'ont rendue si désastreuse ? Ceux qui réclamaient contre elle parlaient-ils, en 1788, au nom de l'intérêt public ou au nom de leurs prérogatives ?

Et, dans le fait, les députés du tiers, aux états de 1614, n'avaient-ils pas été, suivant les bailliages, tantôt en nombre égal, tantôt en nombre supérieur aux députés des deux premiers ordres ? Aux états de Blois de 1576 et de 1688, la proportion des députés du tiers à ceux des deux autres ordres n'avait-elle pas été à peu près égale, et, à ceux de 1614, n'avait-elle pas été de 8 à 11 ?

Le tiers état n'avait-il acquis aucun droit à une représentation plus nombreuse par son industrie et son commerce, qui étaient devenus une des sources les plus abondantes de la richesse nationale ; par son éducation, ses lumières et ses mœurs, devenues plus respectables que celles des autres classes ; par ses richesses mobilières et ses capitaux, qui l'associaient à la fortune publique et à toutes les fortunes particulières ?

Et si les lettres de convocation avaient été selon l'ancien style, les bailliages n'auraient-ils pas envoyé un bien plus grand nombre de députés du tiers ?

D'ailleurs le roi était-il libre de régler arbitrairement la députation des trois ordres ? M. Necker n'a point parlé dans son rapport de la *nécessité* qui exigeait du roi une représentation égale ; mais cette nécessité existait-elle moins ? Le témoignage des hommes du temps présent ne fait-il pas foi de la véhémence avec laquelle on prenait part, en France, à une décision attendue chaque jour de la part du conseil ?

A-t-on oublié que le parlement de Paris, qui avait demandé les formes de 1614, fut forcé lui-même, par l'ascendant de l'opinion générale, de déclarer que sa demande ne s'appli-

quait point à la fixation du nombre respectif des députés des trois ordres, ce nombre, dit-il, *n'étant déterminé par aucune loi, ni par aucun usage constant pour aucun ordre*, et rien n'empêchant la sagesse du roi de faire les modifications que la *raison*, la *liberté*, la *justice* et le *vœu général* pouvaient indiquer ?

A-t-on oublié que le premier bureau des notables, que *Monsieur*, personnellement, avaient voté pour la représentation égale ; que la majorité des autres bureaux n'avait été que de dix pour le système opposé, et que l'immense majorité de la nation s'était si fortement prononcée contre cette faible majorité des notables qu'on ne peut douter qu'elle n'eût changé d'avis, comme le parlement, si leur assemblée ne se fût séparée avant l'explosion de l'opinion ?

Enfin ignore-t-on que le roi n'avait sur ce sujet qu'un droit d'indication, ou, si l'on veut, de direction, et que, les états ayant seuls le jugement des élections, le gouvernement n'avait aucun moyen d'annuler celles qui auraient excédé ses règlements ?

Une autre question se présente à la discussion. On demande pourquoi le gouvernement n'a pas du moins exigé une propriété importante pour l'éligibilité dans les trois ordres.

M. Necker fait plusieurs réponses à cette question.

Jamais la propriété n'avait été imposée aux députés du tiers état, non plus qu'à ceux du clergé.

En second lieu, les roturiers riches, pour éviter l'humiliation de la *taille* et du droit de *francfief*, n'achetaient de terres qu'après s'être anoblis par des charges. Ainsi, exiger des roturiers une propriété, c'eût été exclure les plus considérables de la représentation nationale.

On voudrait que, du moins, le gouvernement eût exigé une certaine fortune mobilière pour condition d'éligibilité.

Mais à quel signe pouvait-on légalement reconnaître la propriété mobilière ?

La taille était tarifée suivant les états et professions, et non suivant les fortunes. La taille n'était pas établie partout ; elle était abonnée dans plusieurs provinces.

On se plaint aussi de ce que la représentation de la noblesse n'a pas été bornée aux seuls possesseurs de fiefs.

Mais la haute noblesse l'aurait-elle voulu ainsi? Une grande partie des fiefs de la France était passée dans les mains des anoblis; les grands seigneurs auraient-ils vu volontiers ceux-ci jouir d'un privilége si éminent sur les cadets des plus illustres familles?

On blâme, enfin, que l'éligibilité du clergé n'ait pas été bornée aux possesseurs de grands bénéfices.

Mais était-il possible d'introduire une telle distinction dans un ordre qui n'en avait jamais connu aucune?

Était-il, d'ailleurs, présumable que tant de curés l'emporteraient, dans les élections, sur les prélats?

Enfin le roi pouvait-il croire qu'il eût à redouter les curés?

Ce n'était pas arbitrairement qu'il convenait de déterminer le lieu où les états généraux tiendraient leurs séances. On a critiqué amèrement le choix de Versailles, ce lieu étant trop près de Paris et trop ouvert aux séditions qui pouvaient s'élever au sein de cette grande cité. M. Necker expose les raisons du parti pris à cet égard.

D'abord, en 1789, les provinces menaçaient les créanciers de l'État, dont le grand nombre habitait Paris; le gouvernement a voulu les sauver de l'influence des provinces.

Ensuite, on a considéré qu'un déplacement de l'administration entraînerait des dépenses énormes, et la pénurie du trésor royal imposait l'économie.

Des exemples venaient à l'appui de ces circonstances : c'était à Paris qu'avaient été tenus les états de 1614.

Enfin les communes annonçaient en 1788, comme dans tous les temps, un profond dévouement au roi, et le roi, mécontent alors de la noblesse de Bretagne, croyait devoir fortifier son autorité de l'attachement des communes. Était-ce une vue si nouvelle dans un roi de France; et les circonstances qui l'autorisaient étaient-elles si nouvelles elles-mêmes? Le tiers état n'avait-il pas maintes fois signalé son zèle pour l'autorité du roi, tandis que la noblesse et le clergé la trahissaient? Et, si l'on jette les yeux au dehors, on voit que ce fut la bourgeoisie qui, en 1660, conféra la puissance suprême au roi de Danemark, et la noblesse qui, en 1756, avilit la royauté en Suède.

Telles sont les réflexions de M. Necker sur les avant-coureurs et les préparatifs des états généraux. Entrons maintenant avec lui dans l'examen de leurs premières opérations. Et d'abord, rapportons en substance ses observations générales sur l'état de la France à l'époque de leur ouverture.

«La France était entièrement changée lorsque les états généraux s'assemblèrent. C'était toujours le même pays, la même nation; mais ce n'étaient plus les mêmes lumières, les mêmes mœurs, les mêmes richesses.

« Autrefois les rois, riches de leurs domaines, n'avaient à demander aux états généraux que de modiques suppléments de revenus. Louis XVI n'avait pas 10 millions de revenus fonciers; en 1789, c'était pour la somme entière des dépenses publiques et des intérêts attribués à une dette immense, c'était pour un revenu de 500 millions qu'il se trouvait forcé de recourir aux concessions des états, par la déclaration faite dans les cours souveraines de leur incompétence pour voter tout impôt et tout emprunt. Quelle force ne devaient pas tirer de cette circonstance les représentants du plus grand nombre des contribuables? Le clergé et la noblesse auraient perdu eux-mêmes leur antique ascendant dans une délibération à ce sujet, quand les rapports de ces ordres avec le tiers état n'auraient pas d'ailleurs éprouvé un grand changement, qu'il faut considérer avec attention.

«Le tiers état, depuis deux siècles, s'était fait une nouvelle situation. Par ses talents et ses capitaux florissait le commerce, l'un des fondements de la puissance publique. Une éducation proportionnée à son aisance avait étendu ses lumières. Enfin il venait d'être appelé à l'administration dans les assemblées provinciales. Ce n'était donc plus le tiers état d'autrefois. Comparez les orateurs les plus renommés des états de 1614 avec les Mounier, les Thouret et les Barnave : vous sentirez la différence.

« Pendant que le tiers état s'élevait, les deux autres perdaient de leur considération. Le respect pour la religion était affaibli, et les prélats, qui s'en ressentaient, n'en menaient pas moins à Paris une vie au moins irrégulière.

« Tous les yeux, dans la détresse générale, étaient fixés sur leurs richesses, et les dévoraient comme l'unique moyen de sauver les fortunes particulières.

« L'ordre de la noblesse n'était pas moins déchu de son ancienne considération. Richelieu, en attirant les nobles à la cour, avait affaibli le respect de leurs vassaux pour eux ; il avait tout aplani autour du trône. Les habitants des campagnes ne virent plus de la grande noblesse que ses châteaux, ses riches propriétés et ses imprudents régisseurs. De plus, la haute noblesse, non contente de faire salarier ses services, se fit combler de grâces; elle devint un sujet de jalousie et de mécontentement général. De son nouveau genre de vie résulta la dégradation de ses mœurs, le goût de l'intrigue et l'habitude de la bassesse. Mais ce n'est pas tout. La noblesse devint vénale, et près de la moitié de l'ordre fut bientôt composée d'anoblis ou de nouveaux nobles; ce qui, sans nuire individuellement aux nobles de haute race, fit tort au corps de la noblesse : le discrédit d'une portion affaiblit le crédit de l'ensemble. Quel ascendant pouvait avoir sur le tiers état un ordre qui s'y mêlait par sa partie inférieure?

« Les mésalliances, que le besoin d'argent multiplia, et qui unirent la haute noblesse à la finance, aidèrent aussi à effacer la séparation des deux ordres.

« Enfin, à la même époque, la cour elle-même avait perdu de la magie de son pouvoir, en s'affranchissant de l'étiquette et en permettant trop de familiarité avec elle.

« Alors, ce qui convenait le mieux à la France, ce n'étaient pas les états généraux, mais une constitution approchante de celle de l'Angleterre.

« Une chambre de pairs reprenait tout l'éclat perdu par la noblesse.

« Les Communes reprenaient tous les anoblis et les nobles, hormis les pairs.

« Enfin les délibérations étaient remises à deux Chambres au lieu de l'être à trois ordres, ce qui favorisait l'action nécessaire aux circonstances.

« Mais le roi avait de l'aversion pour toutes les institutions politiques de l'Angleterre. Il changea d'opinion à la suite ; il n'était plus temps.

« Nous aurions aujourd'hui le gouvernement d'Angleterre perfectionné, si le roi, la noblesse et le tiers état, qui l'ont chacun désiré dans un certain moment, avaient pu le vouloir à une même époque.

« Le moment de l'établir était celui où l'on voulut établir une cour plénière. Alors une représentation de cinq cents citoyens à côté de deux cents pairs eût été reçue avec acclamation.

« Mais écartons de vains regrets ! Les états généraux étant devenus inévitables, il aurait fallu, du moins, se faire un appui de l'opinion publique et la ménager avec habileté. Il fallait parler aux uns de sacrifices nécessaires, aux autres d'une modération généreuse. Il fallait parler d'ordre public à ceux qui voyaient tout dans la liberté, et de l'importance du pouvoir exécutif à ceux qui voyaient en tout la loi. Il fallait défendre le présent contre l'avenir, le certain contre le possible, et les idées réelles contre l'invasion des idées métaphysiques. Il fallait se montrer fidèle à la justice, à la bonne foi, aux principes.

« Les états s'assemblent. Depuis quelque temps on agitait la question de savoir si les trois ordres délibéreraient réunis ou séparés. La nation voulait la réunion. Il s'agissait du système entier des finances, et, au préalable, d'une Constitution dont on regardait l'établissement comme la condition sans laquelle les états ne devaient point voter d'impôts. Il fallait donc une action forte et rapide. Or la division en trois Chambres la rendait impossible.

« De plus, pour la répartition de 500 millions d'impôts, la nation devait-elle être soumise à la volonté de deux ordres en possession de toutes sortes de priviléges? La délibération en commun n'était-elle pas, d'ailleurs, établie dans les assemblées provinciales, composées aussi de trois ordres, et où le tiers état était en nombre égal aux deux autres ? »

M. Necker, dans le discours qu'il tint aux états le jour de leur ouverture, leur fit entendre qu'il serait possible et convenable que les trois ordres convinssent de délibérer en commun sur certaines questions et séparément sur d'autres, mais que, pour traiter cette question avec impartialité, il faudrait d'abord que les deux premiers ordres abdiquassent librement et séparément leurs priviléges.

On voudrait, d'un côté, que le roi eût défendu la réunion ; de l'autre, qu'il l'eût ordonnée.

Il ne pouvait la défendre; elle dépendait de la volonté des états : anciennement les états avaient plusieurs fois délibéré en commun. L'ordonner eût été agir durement envers les deux premiers ordres et leur enlever le mérite de céder librement.

Ce qui eût bien mieux valu, c'eût été que les deux premiers ordres, se montrant attentifs à la détresse du trésor public, déclarassent qu'ils étaient prêts à se réunir aux députés du tiers pour délibérer en commun sur les affaires générales de la nation; qu'ils renonçaient à toute espèce de privilége pécuniaire, et voulaient contribuer en proportion de leurs facultés. Cette déclaration eût concilié aux deux ordres supérieurs l'opinion publique, qui, alors, était pure et modérée ; elle leur eût donné une grande autorité dans la nation ; elle leur eût assuré l'alliance de tous les députés du tiers qui désiraient concourir au bien public par les voies les plus simples et les plus tranquilles; et, après tout, ces ordres n'eussent fait que devancer la loi de la nécessité.

Au lieu de cette conduite, la noblesse, dirigée par des légistes fort occupés des vieilles traditions, très-peu de l'esprit du présent, renferma longtemps la disposition où elle était de renoncer à ses priviléges pécuniaires ; elle voulait en faire un objet de compensation avec le tiers état, tandis qu'il fallait laisser le tiers état à l'écart pour traiter directement avec son maître, l'opinion publique. Elle se livra à des discussions sans fin sur la manière de vérifier les pouvoirs des députés des trois ordres ; le clergé et la noblesse voulaient chacun vérifier les pouvoirs de leur ordre ; le tiers voulait une vérification en commun. En 1614, elle s'était faite par le gouvernement, et par conséquent sans distinction d'ordres. Le gouvernement intervint inutilement dans ce débat. Cependant le clergé en vint à consentir une vérification par commissaires des trois ordres réunis, sauf le rapport à leur Chambre respective et la décision définitive du roi, en cas de dissentiment entre les Chambres; mais la noblesse refusa cet arrangement.

Alors le tiers état se déclara assemblée nationale. La nation, fatiguée des controverses qui retardaient la discussion des affaires publiques, goûta avec enthousiasme ce moyen d'activité qu'avaient saisi ses représentants, quoiqu'il fût une véritable usurpation. Elle supposa à la noblesse le désir secret d'arrêter la marche des états, et même le projet d'amener le roi à les dissoudre, le tout dans la vue d'assurer des priviléges dont rien n'annonçait l'abdication.

Cependant le clergé et la noblesse se tenaient en arrière ; le tiers état annonçait la volonté d'aller seul ; ainsi tout était en stagnation par le fait des uns, et près d'un mouvement irrégulier par le fait des autres. Le monarque ne pouvait différer d'intervenir dans cette grande querelle. Ce fut alors que M. Necker proposa une séance royale, mais sur un plan différent de celui qu'on suivit dans la séance du 23 juin 1789.

Quel parti les circonstances conseillaient-elles au roi?

Il était moralement impossible de dissoudre les états généraux. Trois assemblées traitant des affaires publiques sans concert ne pouvaient que les jeter dans la confusion. Le roi n'eût pu, sans compromettre son autorité, ordonner au tiers état de renoncer à une délibération commune; il ne pouvait convenir à sa dignité que cette réunion fût l'ouvrage du tiers état assisté de l'opinion publique. On savait, d'ailleurs, qu'une partie de la noblesse et du clergé ne tarderait pas à se réunir au tiers état. Le roi n'avait donc rien de mieux à faire que de favoriser avec prudence la réunion des trois ordres, de marquer avec éclat ses intentions, non-seulement pour rehausser le prix de son intervention, mais aussi pour rendre moins pénibles aux deux premiers ordres leur déférence aux circonstances. C'était d'ailleurs, pour le roi, une occasion de se déclarer contre les priviléges, et d'assurer en même temps les propriétés et les distinctions honorifiques des deux premiers ordres, en interdisant à tous d'en faire l'objet de discussions communes.

Ce fut dans ces vues que M. Necker rédigea un plan de séance dans lequel le roi *enjoignait aux trois ordres de se réunir pour délibérer en commun sur les affaires générales*. La cour substitua à cette injonction une simple exhortation, à la suite de laquelle, par une contradiction choquante, on laissa subsister ces paroles : *Je vous ordonne, messieurs, de vous séparer tout de suite, et de vous rendre demain matin chacun dans les chambres af-*

fectées à votre ordre, pour y reprendre vos séances.

Dans le projet de M. Necker, le roi se réservait aussi formellement le droit de sanction ou de réjection des lois civiles et politiques, et, de plus, il déclarait d'une manière positive qu'il refuserait son assentiment à toute espèce d'organisation législative qui ne serait pas composée *au moins de deux Chambres.* Au lieu de ces déclarations, la cour fit excepter formellement de toute délibération commune *la forme de constitution à donner aux prochains états généraux;* et le premier article de la déclaration suivante fut conçu ainsi : *Le roi veut que l'ancienne distinction des trois ordres soit conservée en son entier... que les députés librement élus par chacun des trois ordres, formant trois Chambres, délibérant par ordre, et pouvant, avec l'approbation du souverain, convenir de délibérer en commun, puissent seuls être considérés comme formant le corps des représentants de la nation.*

Ainsi les trois ordres séparés auraient dû former la loi, hors les cas où quatre volontés se seraient réunies en faveur d'une délibération commune. L'idée était-elle sage, la nation disposée à l'accueillir, le roi, le clergé et la noblesse assez forts pour la faire prévaloir?

Dans le plan de M. Necker, le roi abrogeait de la manière la plus décisive les priviléges pécuniaires, et la déclaration conseillée par la cour promit seulement la sanction de leur abolition lorsqu'il aurait plu aux deux ordres privilégiés de la voter. C'était dénaturer le but de la séance royale, c'était irriter la nation au lieu de la gagner à soi; c'était perdre l'autorité royale que M. Necker avait soignée autant qu'il était en lui, et qu'il aurait sauvée avec l'assistance de la justice et de la raison, peut-être aussi, à ce qu'il croit, avec celle de sa popularité.

Son plan avait d'abord été agréé au conseil du roi. Après plusieurs délibérations relatives au moyen de l'exécuter, les ministres, assemblés à Marly, convenaient du jour où la séance pourrait avoir lieu; un dernier mot du roi terminait le conseil, et déjà les portefeuilles se refermaient lorsqu'on vit entrer inopinément un officier de service. Il s'approcha du fauteuil du roi, lui parla bas, et, sur-le-champ, Sa Majesté se leva, en ordonnant à ses minis-

tres de rester en place et d'attendre son retour. Ce message surprit les ministres. M. de Montmorin, assis près de M. Necker, lui dit sur-le-champ : *Il n'y a rien de fait; la reine seule a pu se permettre d'interrompre le conseil d'État; les princes apparemment l'ont circonvenue, et l'on veut, par sa médiation, éloigner la décision du roi...* En effet, le roi, rentré dans le cabinet du conseil après une absence d'une demi-heure, suspendit sa décision et la remit à un conseil suivant. Deux jours après, ce conseil eut lieu à Versailles; mais, outre les ministres ordinaires, s'y trouvèrent quatre magistrats et les deux frères du roi. Il s'éleva une forte opposition sur la réunion des ordres; on ne conclut rien; et, à la veille de la séance, on obtint du roi de ne point l'exiger et d'adopter même un système absolument opposé. MM. de Montmorin et de Saint-Priest, de concert avec M. Necker, firent ce qu'ils purent pour ramener le roi à sa première résolution; ils ne gagnèrent rien.

Quel motif détermina cette variation? un prétendu respect pour ce qu'on voulait appeler la *constitution française,* c'est-à-dire pour une chose sans existence certaine, pour l'idée abstraite d'usages contradictoires, variables, qui n'étaient rassemblés nulle part, manquaient même pour la plupart d'authenticité, et étaient l'objet de débats sans cesse renaissants entre tous les dépositaires de l'autorité publique.

M. Necker n'assista point à la séance royale du 43 juin. Le lendemain il voulut se retirer du ministère; le roi, de concert avec la reine, lui demanda, le pressa d'y rester, tandis que, d'un autre côté, le peuple entourait sa maison pour l'en solliciter. Il se rendit aux volontés du roi; il l'annonça publiquement. Le calme se rétablit, et l'on considéra la séance comme une affaire d'intrigue.

Bientôt la clameur publique et le mouvement des Communes rendirent plus nécessaire la réunion des trois ordres. Quarante-sept députés de la noblesse et un plus grand nombre de députés du clergé s'étaient réunis au tiers état. Ils étaient applaudis partout où ils se montraient; les autres étaient menacés d'insultes. Il n'y avait plus un moment à perdre pour sauver la considération du trône. Le 27 juin, une invitation du roi au clergé et à la noblesse décida la réunion des trois ordres.

Cet événement causa une joie générale et éclatante. Les deux premiers ordres évitèrent par leur réunion un mouvement; mais le moment était passé, pour eux et pour le roi, de mettre à cette réunion des conditions utiles.

Après la réunion des ordres, l'assemblée nationale se divisa en bureaux et annonça le projet d'un travail assidu et fructueux.

Mais de nouvelles alarmes s'élevèrent. On apprit que la cour faisait approcher des troupes de Versailles, que le maréchal de Broglié était demandé à la cour, qu'il y arrivait.

Plusieurs ministres, et M. Necker était du nombre, n'eurent connaissance de ces ordres qu'au moment où il était devenu impossible de les dissimuler à personne; le ministre de la guerre en parla comme d'une précaution motivée par les mouvements séditieux qui avaient eu lieu à Paris et à Versailles. M. Necker déclare qu'il n'a jamais connu d'une manière certaine le but où l'on voulait aller, qu'il y eut des secrets et des arrière-secrets; il croit même que le roi n'était pas de tous. Le temps seul peut éclaircir complétement ce mystère. Au reste, c'était avec M. Necker surtout qu'on se tenait en réserve; et on le devait, puisque son éloignement était résolu.

On avait circonvenu le roi; on lui avait fait adopter un plan de conduite absolument opposé au système de ménagements conseillé par ses principaux ministres, dont on calomnia la prudence. Des ambitieux sans sagesse, sans principes, sans connaissance de l'état des choses, se présentèrent avec assurance; ils promirent tout, argent, crédit, amis, subsistances; ils répondirent de tout. « Le 11 juillet, « dit M. Necker, le roi m'écrivit de quitter le « ministère; on lui avait donné, je le crois, « des conseils plus violents, mais il résista « avec fermeté; et cette particularité, parmi « les événements que je me rappelle, est la « seule qui soit restée gravée au fond de « mon cœur; les autres ne tiennent qu'à ma « mémoire. » Le roi exigea qu'il quittât le royaume, mais sans le commander, doutant peut-être dès lors qu'il pût exercer un tel acte d'autorité.

« Je le dis avec vérité (c'est M. Necker qui « parle), lorsque je reçus l'ordre du roi, les « dangers attachés à cette résolution inconsi- « dérée fixèrent seuls ma pensée. J'hésitai

« même si je ne chercherais pas à entretenir « une dernière fois un prince que j'aimais, et « que je voyais égaré par des guides indignes « de sa confiance. Il me semblait, emporté « sans doute par mon zèle, qu'il était possible « encore de le désabuser, de l'arrêter sur les « bords du précipice. Je me trompais. Il aurait « cru, selon les idées communes, que c'était « de moi dont j'étais en peine, et il eût consi- « déré ma démarche comme le dernier *débat* « d'une ambition malheureuse. J'eusse été ca- « pable, cependant, de m'exposer au déplai- « sir d'une pareille interprétation, et j'eusse « trouvé de quoi la braver dans le sentiment « de ma conscience et dans la pureté de mes « motifs; mais je craignis, en différant d'o- « béir, de donner un commencement d'éclat « à l'ordre que j'avais reçu, et dont l'exécu- « tion prompte et silencieuse m'était recom- « mandée. Je me soumis donc avec résigna- « tion à ce coup de la destinée... J'étais à « trente lieues de Paris que personne à Ver- « sailles n'était instruit de mon départ, et sans « courrier, sans passe-ports, sans me faire « connaître, je fus d'un seul trait de Versailles « à Bruxelles.

« Cette conduite diligente et secrète me fut « inspirée par une idée de devoir; mais, comme « il arrive presque toujours, j'eus à m'en ap- « plaudir sous le rapport de mon intérêt per- « sonnel; car, si l'on m'avait reconnu, le peu- « ple, vraisemblablement, se serait attroupé; « l'on m'eût empêché de continuer ma route; « et les bons amis que j'avais laissés à la cour « n'auraient pas manqué d'attribuer ces obsta- « cles à mon savoir-faire. »

L'exil de M. Necker fut accompagné du renvoi de trois autres ministres. Le choix des successeurs qu'on leur donna, leur disgrâce, l'appel et l'approche des troupes excitèrent dans Paris une fermentation violente, et à laquelle les plus honnêtes gens prirent part. Plusieurs chefs d'intrigue en tirèrent parti. Le tocsin fut sonné, les sections s'assemblèrent, l'on arbora des signes de ralliement, les citoyens s'armèrent, accoururent sur les places publiques; la Bastille fut attaquée, prise; le commandant du fort et deux magistrats furent sacrifiés à l'aveugle emportement d'une multitude effrénée. Une nouvelle municipalité est formée par le vœu du peuple, sans aucune participation de l'autorité royale ; la garde nationale est sur pied sous le commandement de M. de la Fayette, et sans aucune relation avec le monarque. Bientôt cet exemple est suivi dans toute la France : quatre millions d'hommes, relevant uniquement des municipalités, sont sous les armes, et subjuguent ou séduisent la troupe de ligne, dont le ministre de la guerre ne peut plus diriger à son gré les mouvements, et qui se trouve ainsi prisonnière au milieu de l'armée de l'insurrection.

Ainsi fut détruite, en un instant, la force de l'autorité royale, par la conduite impolitique que des conseillers sans prévoyance firent tenir au monarque. Quelle faute d'avoir bravé l'opinion dans des circonstances si critiques ! Quelle faute d'avoir donné la mesure de la force militaire aux ordres du prince ! « Cette « force, en restant dans le vague, en demeu- « rant voilée, aurait servi l'autorité royale ; « mais lorsqu'une épreuve indiscrète eut dis- « sipé les illusions, eut fixé les incertitudes, « tout fut dit, tout fut connu, et le peuple ap- « prit en un jour que l'union des volontés « était la puissance suprême. » Quelle folie de prétendre imposer par l'appareil militaire à l'assemblée nationale établie près de Paris ! C'était à Compiègne, et à la portée des garnisons du Nord, qu'il fallait réunir la cour et les états avant d'engager le roi dans une querelle avec ceux-ci. Quelle folie encore d'entraîner un prince hors de son caractère, et de lui surprendre de demi-résolutions qu'il ne peut soutenir ! Quelle folie, enfin, de s'exposer à un mouvement populaire dans un moment où la disette rend le peuple irascible et l'indispose contre l'autorité !

L'insurrection est à peine déclarée que princes, seigneurs, courtisans, magistrats, tous les conseillers secrets qui avaient entraîné le roi s'enfuient ou se cachent. La cour en alarme, la cour en repentir promet tout ce qu'on veut. Le nouveau ministère est dispersé, le précédent rappelé, le roi obligé de se réfugier sous la protection de l'assemblée nationale, et d'aller à l'hôtel de ville constater la chute de son autorité.

« Toute cette révolution, dit M. Necker, s'ef- « fectuait pendant que je voyageais de Paris « à Bruxelles et de Bruxelles à Bâle. C'est là « que je reçus deux lettres, l'une du roi, l'au- « tre de l'assemblée nationale, pour m'inviter « à venir reprendre la place dont on m'avait « éloigné. J'obéis aux lois du devoir en me « rapprochant d'une cour dont j'avais éprouvé « les caprices, d'un peuple dont j'avais épuisé « la faveur, et d'une assemblée représentative « qu'un triomphe éclatant venait de rendre « encore plus superbe. J'obéis aux lois du de- « voir en me rapprochant, comme administra- « teur public, d'un trésor où il n'y avait plus « d'argent et d'une capitale surtout où la di- « sette devenait chaque jour plus menaçante... « Pouvais-je me conduire différemment sans « m'exposer à des remords continuels ? J'eusse « imaginé, dans ma retraite, que telle ou telle « faute aurait été prévenue par mes soins, telle « autre par mes conseils, telle autre par ma « vigilance ; et je me serais ainsi dévoré moi- « même... »

M. Necker revient, et ne voit sur sa route que des preuves de la chute de l'autorité royale. A Versailles il trouve tous les rapports changés entre le monarque, l'assemblée et le peuple. Le gouvernement avait laissé croire à sa malveillance et divulgué sa faiblesse.

Dans ces circonstances, que devait faire M. Necker ? tâcher de regagner l'opinion par une conduite prudente et irréprochable, et pourtant de calmer l'animosité populaire ; c'est ce qu'il fit. Convié à l'hôtel de ville, il y emploie la faveur qui l'y appelait à sauver la tête de M. de Besenval, que le peuple avait proscrit. « On m'avait prévenu, dit M. Necker, « que ma tentative compromettrait ma popu- « larité ; mais je n'ai jamais imité l'exemple « de plusieurs hommes marquants, qui, après « avoir acquis la popularité, n'ont songé qu'à « l'étendre et à l'agrandir, et se sont constam- « ment refusés, comme les avares, à la dé- « penser, à en faire un généreux emploi, ou « pour le bien de l'État, ou pour aucun of- « fice particulier. » Non-seulement M. Necker sauva le malheureux proscrit, mais il imprima à la Commune un mouvement dans lequel on prononça pour tous, et au nom de tous, les mots d'oubli, de paix et de rapprochement, et la place publique et tout Paris les répétèrent par une acclamation générale.

Ce fut M. de Mirabeau, tribun par calcul, patricien par goût, et toujours immoral, toujours homme d'esprit, qui s'opposa à ce premier retour vers l'ordre et la paix. « On le vit, « le soir même de cette heureuse journée, par-« courir les clubs, et présenter ce qui s'était « passé à l'hôtel de ville comme une compo-« sition faite avec l'aristocratie; il décria la « clémence, insulta la bonté, rappela les es-« prits à la dureté, à la vengeance, et posa, « sans le prévoir peut-être, les fondements du « système terrible dont on ne s'est jamais « écarté dans le cours de la Révolution. » La délibération de l'hôtel de ville fut déférée à l'assemblée nationale, qui, si on en croit les accusations du temps, jalouse d'un succès obtenu par un ministre du roi, la détruisit...

Ici, M. Necker relève les fautes des deux partis, et caratérise leur conduite de la manière suivante :

« Je le crois, et sans aucun doute, sans au-« cune incertitude : toutes les grandes fautes « politiques, depuis l'ouverture des états jus-« qu'au 14 juillet, appartiennent aux deux « premiers ordres; mais, après cette seconde « époque, le parti populaire, le parti triom-« phant dans l'assemblée nationale est de-« venu comptable à lui seul de toutes les dé-« libérations politiques qui ont amené la « destruction de la monarchie, et préparé le « triomphe des principes subversifs de l'ordre « public et de la liberté réelle. »

On cite sans cesse aux gouvernements étrangers la révolution de France pour les engager à déployer hâtivement les moyens de rigueur; M. Necker leur prouve que la révolution française est due à des actes inconsidérés d'autorité.

« Il faut gouverner sagement, dit-il, pour « ne rien risquer au développement indéfini « de l'autorité; mais si l'on a bouleversé les « finances, dissipé les revenus publics, » si l'alarme est partout, entre les créanciers, entre les contribuables, on doit condescendre avec prudence aux mécontentements dont on est cause.

Lorsque les chefs de l'assemblée nationale eurent constaté de toute manière que rien ne pouvait plus s'opposer à leur empire, c'était le temps de bien faire. Ils étaient alors les maîtres de fonder un gouvernement heureux. Tout les favorisait : l'esprit public, encore attaché à la royauté et en même temps entraîné vers la liberté, et le caractère du prince qui convenait parfaitement à une monarchie tempérée.

Mais la peur conduisait les uns, et l'ambition de la popularité gagna les autres. On prévit que la faveur publique départirait bientôt le pouvoir, et, alors l'émulation, la rivalité se mêlant au désir de l'acquérir, il n'y eut plus de mesure ni dans les discours, ni dans les actions qui se rapportaient aux deux choses dont le peuple s'occupait uniquement : la liberté et l'égalité.

Une fausse idée aida à toutes les sollicitations des passions : ce fut celle qu'on pouvait maintenir en France un gouvernement monarchique en plaçant un roi à la tête d'une constitution démocratique. On écarta même toute discussion sur l'institution du pouvoir exécutif, sur sa composition, sa création et sa vie, et l'on supposa qu'un roi pouvait subsister sans aucune des gradations de rang qui entretiennent les hommes dans l'habitude du respect, sans aucune des pompes qui relèvent la majesté du trône.

L'abolition des titres, des rangs, des distinctions honorifiques paraît à M. Necker avoir été la subversion du gouvernement monarchique. Il en représenta les conséquences au roi, sans s'embarrasser du tort qu'il se faisait auprès du parti populaire. Le roi, malgré l'avis de son conseil et son propre avis, sanctionna sans délai la loi d'abolition. Des suggestions secrètes lui faisaient apparemment croire qu'une prompte adoption d'un décret si contraire à ses intérêts constaterait aux yeux de l'Europe qu'il n'était pas libre. Peut-être aussi qu'animé par la piété il voulut réserver ses forces pour résister au décret destructif des instituts ecclésiastiques.

Lorsque le roi sanctionna l'abolition des titres, il était à Paris, et c'étaient les événements du 5 octobre qui l'y avaient amené. M. Necker ne parle pas des causes de ces événements; mais il rappelle la réponse faite par le roi sur les articles constitutionnels qui étaient présentés à son acceptation. Le roi les approuvait, mais à cette condition *que le pouvoir exécutif aurait son entier effet entre les mains du monarque.* L'insurrection du 5 octobre le força à une acceptation pure et simple.

Ceux qui avaient voulu que le roi s'établît à

Paris avaient très-bien calculé qu'ils affaibliraient la résistance de son conseil en le plaçant au milieu des périls que la fermentation générale pouvait faire naître au gré des chefs du parti populaire.

Malgré sa répugnance pour un éloignement qui le faisait paraître *un roi fugitif*, le roi résolut un moment de s'éloigner, lorsqu'il eut appris l'arrivée du peuple de Paris à Versailles; mais bientôt, la rumeur populaire étant devenue extrême, le roi, la reine, les princes balancèrent sur le parti à prendre. Un seul membre du conseil voulait le départ du roi; les autres tergiversèrent. Les principaux membres du conseil, et particulièrement M. Necker, furent d'avis que le roi se rendît à Paris.

D'abord à la tête de l'insurrection était M. de la Fayette, et l'on pouvait espérer le retour du parti populaire au respect dont il ne croyait même pas trop s'écarter à l'égard du roi.

2° On avait à craindre, et le roi craignait, d'après des notions particulières, que M. d'Orléans ne fût proclamé régent, si le chef de l'État s'absentait.

3° Partout les grains manquaient, et le roi n'aurait rencontré partout que des mécontents.

4° Le trésor public ne renfermait que l'argent nécessaire aux payements les plus urgents.

5° Le roi craignait de compromettre les personnes connues par leur attachement à ses intérêts.

Il se rend à Paris. De ce moment le peuple fut le maître; l'assemblée nationale elle-même passa sous sa domination. Heureuse encore, dit M. Necker, de pouvoir déguiser ses timides complaisances en feignant de vouloir la première ce qu'elle était obligée de faire.

A ce moment s'élève la société des jacobins, grande réunion d'agitateurs politiques sans responsabilité, qui jetèrent l'assemblée dans la démocratie outrée.

Bientôt après vint le papier-monnaie, institution qui, donnant la faculté de dépenser sans recevoir, dispensa l'assemblée constituante de voir que le gouvernement était sans force et de lui en donner.

C'est dans ces circonstances que fut composée, par une assemblée d'ailleurs trop nombreuse et occupée de trop de choses pour accomplir un aussi grand ouvrage qu'une constitution, c'est alors, dis-je, que fut composée cette constitution de 1791, qui fut cotée monarchique, quoiqu'elle dépouillât le roi de cette *ingénieuse autorité* qui permet de gouverner les hommes par des moyens doux, et dispense de recourir à tous les appareils de la tyrannie.

Cette Constitution qui porte tout entière sur cette opinion si fausse : qu'il suffit d'écrire des lois civiles, des lois pénales pour établir l'ordre; cette Constitution, où l'on trouve «un « désir glorieux d'originalité, une répugnance « vaniteuse et pusillanime pour toute espèce « d'imitation; enfin, une confiance *crédule* « aux *figures* tracées par la théorie, et un mé- « pris inconsidéré pour les *réalités* gravées « par l'expérience; » cette Constitution qui a péri parce qu'elle était *recommandée* au lieu d'être *garantie*, tandis qu'une constitution n'est nécessaire que pour contenir les réfractaires que le vœu le plus général rencontre toujours.

Avant de passer à l'histoire de l'assemblée législative, M. Necker fait un dernier retour sur sa conduite publique et sur les reproches qu'on lui a adressés.

Il y a dans cette partie des réflexions, un mouvement et des expressions que nous ne pouvons conserver dans un simple extrait. Nous nous bornons donc à présenter le fond de ce morceau.

La malveillance accuse M. Necker d'être l'auteur de la Révolution.

Elle lui reproche d'abord son esprit novateur, ses assemblées provinciales, la publicité de ses comptes de finance. Il répond que les assemblées provinciales et la publicité de ses comptes étaient des nouveautés, mais étrangères aux principes politiques. Ce fut M. de Brienne qui, en faisant élire les membres des administrations par les trois ordres, leur conféra un pouvoir représentatif. Il est, ajoute M. Necker, une vérité bien certaine : c'est qu'en perfectionnant l'administration d'un pays on soutient sa constitution politique, et les recherches des nations sur la contexture des gouvernements ne commencent jamais qu'avec leur mécontentement.

L'on a accusé aussi M. Necker d'avoir vécu avec les philosophes du siècle. « Je ne sais pas,

« répond-il, ce qu'on veut dire avec cette accu-
« sation de philosophie moderne ; *qu'on n'en-*
« *tend pas trop* soi-même. » Il oppose à cette
accusation son ouvrage sur les opinions religieuses. Il a souvent combattu les agresseurs
des vérités utiles ; jamais on ne l'a vu dans
leurs rangs.

On l'a accusé d'être avide de popularité et
toujours occupé de l'étendre et de la conserver. Il observe que, s'il en a obtenu, ce n'a
été que par les moyens qui concilient l'estime
publique ; il rappelle l'usage qu'il en a fait
pour l'intérêt de la justice et de la raison,
ainsi que l'empressement avec lequel il l'a hasardée toutes les fois qu'il a cru utile de le
faire. Ce qu'il dit à ce sujet est la récapitu-
lation des actes courageux dont on a vu le détail dans ce qui précède. Il ajoute que, dans sa
retraite même, il a donné des preuves de ses
préférences pour la vérité et la justice sur les
affections populaires. Il osé combattre le système de l'égalité et la constitution de 1791,
même sous le règne de l'assemblée constituante ; il s'est présenté pour défendre
Louis XVI, tout sûr qu'il était de compromettre
sa fortune ; et, en effet, tous ses biens ont été
séquestrés, ses deux millions déposés au trésor
royal honteusement retenus (et notez qu'ils le
sont encore).

On lui a reproché d'avoir apporté dans la
monarchie l'esprit de simple citoyen d'une république. « En m'examinant bien sur ce repro-
« che, répond-il, je dirai avec vérité que j'ai
« toujours aimé dans les autres tous les genres
« de grandeurs conventionnelles ; car, ne m'é-
« tant jamais senti imposé par aucune, et
« n'ayant pas la faculté de relever les hommes,
« à ma volonté, par des qualités morales, j'au-
« rais voulu, pour le charme de mon imagi-
« nation, et peut-être aussi pour ma plus grande
« aisance, leur donner une stature d'apparence,
« et leur prêter à tous, faute de mieux, des
« panaches ou des échasses. »

Enfin on a reproché à M. Necker d'être protestant. Il observe que le reproche qui le suppose bon calviniste est en contradiction avec
celui qui le suppose philosophe. Il rappelle son
respect pour les opinions religieuses et pour
toute piété vraie.

Cette apologie est terminée par le morceau
suivant, qui nous paraît exprimer une affection des plus vertueuses, de la manière la plus
éloquente.

« Ah ! je le dis aux ennemis que je n'ai pas
« mérités, je le dis pour leur faire plaisir : c'est
« en vain que j'ai défendu, que je défends en-
« core, et toujours de bonne foi, les diverses
« parties de ma vie publique ; c'est en vain que
« mes souvenirs me retracent le zèle et l'esprit
« pur dont je fus animé ; il me suffit d'avoir
« été placé, par la fortune, au milieu des an-
« técédents de tant de fureurs et de crimes
« pour être à jamais malheureux. Je me re-
« proche en ce moment jusqu'aux sentiments
« d'espérance que je partageais avec toute la
« France à la première aurore des états gé-
« néraux ; et combattant, par mes regrets, la
« distance de cette époque au temps présent,
« les difficultés de la prévoyance s'effacent in-
« sensiblement à mes yeux ; et il m'arrive de
« me demander compte de toutes les pensées
« que je n'ai pas eues, de tous les présages qui
« m'ont échappé... »

L'assemblée législative reçut la Constitution
avec une solennité éclatante. On jura sur cette
charte même de l'observer religieusement ;
quatre vieillards l'étaient allés chercher pompeusement aux archives pour cette cérémonie.
On la déclara la plus *parfaite possible*, et l'on
improuva le doute élevé par l'ex-capucin Cha-
bot sur la justesse de cette expression.

Mais bientôt la prétention de paraître et de
faire effet, l'ambition des louanges et des applaudissements, le souvenir des acclamations
prodiguées à l'assemblée constituante, fit adopter aux nouveaux députés, dans leurs relations avec le monarque, un nouveau proto-
cole et une nouvelle étiquette, et supprimer
toute marque de respect. Bientôt après on mit
en question si l'intervention d'un prince sans
pouvoir et sans considération valait la dépense
du trône, et si un gouvernement monarchique
où le roi n'était rien ne ressemblait pas à une
république, avec cette seule différence qu'elle
avait à sa tête un chef mécontent de sa part, et,
dès lors, l'ennemi naturel de cette constitution
populaire. Enfin on projeta décidément la destruction de la royauté. C'était le seul pas en
avant dont l'assemblée constituante avait laissé
la faculté, tant elle avait serré près de la
démocratie sa prétendue institution monarchique.

Dans cette vue on s'attacha à rendre Louis XVI suspect et odieux.

On présenta à sa sanction un décret qui séquestrait les biens des princes et condamnait les émigrés à mort s'ils n'étaient pas rentrés avant le 1er janvier 1793. Le roi refusa la sanction, voulant essayer auparavant un moyen de persuasion pour faire rentrer les princes et la noblesse émigrés. Aussitôt son refus est imputé à une coupable connivence. Cependant son refus prouvait sa liberté, et il fallait qu'il la prouvât pour que les émigrés et les princes pussent être ramenés à la France, une invitation libre de sa part étant plus propre à les faire rentrer qu'un décret dur, et méprisant. Le ton de celle qu'il leur adressa, ses remerciments à la ville de Francfort pour le refus qu'elle avait fait de vendre aux émigrés des armes et des munitions, enfin ces paroles de son testament : *Je pardonne aux personnes qui, par un zèle inconsidéré*, m'ont fait beaucoup de mal ; toutes ces circonstances sont autant de preuves que Louis XVI désapprouvait les rassemblements et les projets de Coblentz.

Cependant le projet de trouver chaque jour de nouveaux torts au roi le fit accuser d'avoir suivi trop longtemps un système d'égards envers l'empereur qui souffrait des rassemblements d'outre-Rhin ; « et lorsque, forcé par le vœu « de l'assemblée nationale, par le mouvement « public, par l'avis unanime de son conseil, de « demander une réponse décisive à la cour de « Vienne, les mêmes gens qui accueillirent « cette réponse d'un cri de guerre entrepri-« rent, aux premiers revers, de faire oublier « leur conduite ; et, en peu de temps, le peu-« ple crut, sur leur parole, que Louis XVI, « dirigé par des vues personnelles, avait mis « l'Europe en feu ! »

Deux autres circonstances adroitement ménagées par ce parti achevèrent de détruire le roi dans l'opinion populaire.

« Le ministre de la guerre osa proposer de « son chef, à l'assemblée, l'appel et le ras-« semblement, *dans la capitale* (nous verrons « qu'ici M. Necker est inexact), de vingt mille « hommes extraits des départements, et dont « l'inscription libre en apparence aurait été di-« rigée par tous les clubs de Jacobins. » Le roi refusa sa sanction à ce décret hostile ; et l'on dit aussitôt qu'il voulait ouvrir Paris à l'étranger.

Il avait pareillement rejeté un décret qui ordonnait l'emprisonnement de tout prêtre insermenté qui serait dénoncé *comme suspect* par vingt personnes ; et l'on répandit qu'il voulait la guerre civile pour seconder l'invasion de l'étranger.

Bientôt on licencie la garde que la Constitution lui avait accordée, et on le laisse sans défense.

Bientôt après une multitude armée arrive des faubourgs à son palais : c'était le 20 juin ; elle enfonce les portes ; le roi est en butte à tous les outrages ; sa vie, celle de la reine, de madame Élisabeth, du prince royal, sont mille fois menacées. On lui commande la sanction du décret concernant les prêtres : *Ce n'est*, répond le roi, *ni le moment de le demander, ni le moment de l'obtenir*. Deux jours après, il le refuse encore dans une proclamation courageuse.

Enfin arrive la journée du 10 août. Depuis le 20 juin, la faction ne dissimulait plus rien. Les délibérations publiques des jacobins, les adresses des sociétés affiliées, les pétitions des sections, les pétitions des fédérés, les clameurs des carrefours, toutes eurent une même fin, la déchéance. Dès l'aube du jour, toutes les rues, toutes les places adjacentes du palais des Tuileries sont couvertes d'hommes armés et de canons. A sept heures, toute résistance ayant paru inutile, le roi se rend avec sa famille au sein de l'assemblée nationale, laissant dans son palais sept à huit cents gardes suisses, qui, n'ayant pas reçu assez promptement l'ordre de se retirer, défendirent le château après la sortie du roi et furent les victimes du plus sanglant combat.

On répandit ce jour-là dans Paris que la cour avait conspiré contre le peuple, et qu'en massacrant les Suisses le peuple n'avait fait que prévenir sa propre destruction. Mais tous les antécédents du 10 août, et cent discours tenus depuis par les députés les plus marquants, prouvent assez que le parti avait seul médité une attaque, et que la cour n'avait eu d'autre projet que celui de se défendre.

L'assemblée législative suspend le roi de ses fonctions, l'envoie prisonnier au Temple, et convoque une convention nationale.

Cependant la Commune s'était renouvelée dans la nuit du 10 août et avait été composée des hommes les plus violents du parti populaire, des suprêmes directeurs de l'insurrection de ce jour. Elle s'arrogea des pouvoirs supérieurs à ceux du corps législatif; elle le fit trembler. Elle fit faire d'innombrables arrestations le 26 août, et d'innombrables assassinats le 2 septembre; elle disposa un massacre universel par une circulaire où elle recommandait à toutes les communes du royaume d'imiter les massacres du 2 septembre; elle envoya enfin des commissaires dans toutes les grandes communes pour écarter des élections tous les hommes probes et éclairés que quelque inadvertance des jacobins pourrait y laisser introduire. Ce fut sous ces auspices que finit l'assemblée législative et que commença la Convention.

Elle est à peine assemblée qu'un histrion propose en deux mots l'abolition de l'antique royauté qui durait depuis quatorze cents ans en France, et en deux minutes l'abolition de la royauté est décrétée. L'assemblée veut ensuite juger elle-même Louis XVI, et Louis XVI est accusé, jugé, condamné, mis à mort.

La mort de Louis XVI décida de toute la conduite de la Convention; elle s'engagea par ce crime à tous les crimes; elle eut besoin d'en commettre chaque jour pour s'étourdir sur le premier et pour qu'on ne lui en demandât pas compte. Ayant abdiqué solennellement toute justice, toute morale, il ne lui restait pour gouverner que le fanatisme, la guerre et la tyrannie.

Aussi l'assemblée se divisa-t-elle en deux partis, la majorité, qui avait voté la mort, et la minorité, qui ne l'avait pas votée; et la guerre s'alluma entre ces deux parties, qui, jusque-là, avaient semblé rivaliser de violence et de déchaînement contre l'ordre public. Ces derniers furent qualifiés de *modérés*, d'hommes d'État. En 1792, ce parti était nommé *la Gironde*; le 31 mai fut l'époque de sa ruine. Vingt-six de ses membres périrent à Paris sur l'échafaud, le 31 octobre 1793, d'autres à Bordeaux; d'autres se tuèrent; et soixante-treize autres furent emprisonnés pour avoir protesté contre les événements du 31 mai.

Le parti modéré étant écarté le 31 mai, on se met à faire, au plus vite, une constitution démagogique; on la fait jurer à la nation avec solennité, et aussitôt on en suspend l'exécution, et l'on crée le gouvernement révolutionnaire.

A la tête de ce gouvernement fut Robespierre, ce monstre qui, né pour le crime, avait divisé le monde vivant en deux parts, lui et l'espèce humaine, et était toujours prêt à immoler ce qui n'était pas lui.

Il avait inventé le 2 septembre; il inventa le tribunal révolutionnaire, l'armée révolutionnaire, la législation révolutionnaire. Bientôt les prisons ne suffirent plus pour contenir les hommes suspects; bientôt les échafauds ne suffirent plus pour faire place dans les prisons. Il fallait, pour que personne ne prétendît partager son empire, que personne ne pût l'égaler en crime, et il passa toutes les bornes connues.

Une chose particulière à sa situation, ce fut le besoin d'avoir pour complices une assemblée de sept cents députés qui donnât la couleur de loi à toutes ses institutions, et de jugement à tous ses caprices. Aussi, ce qui est remarquable dans sa conduite, c'est l'art qu'il a employé pour l'intimider, la tromper, la séduire, à l'aide d'un comité de salut public et de cet orateur *Barrère*, dont la charge parut être de ployer le langage de la vérité, celui de la vertu, à toutes les combinaisons du crime et de l'atrocité.

Tous les grands traits de cette époque sont exactement rapprochés et fortement marqués par M. Necker, qui, en finissant, s'adresse, comme on va le voir, aux législateurs témoins muets des maux qui ont désolé la France.

« Et vous, législateurs, vous vous assembliez « soir et matin, sans dire un mot des forfaits « qui se commettaient près de vous!... N'a- « vez-vous pas entendu le sombre roulement « de ce char funèbre qui traversait, chaque « jour, à la même heure, les rues de la ville « hospitalière où vous teniez vos séances? N'a- « vez-vous pas entendu les cris d'une popu- « lace effrénée... applaudissant au sacrifice de « soixante à quatre-vingts victimes désignées « par les juges infernaux pour consacrer la « fête du jour?... Législateurs, vous aviez à « l'avance interdit les habits de deuil, et la « frayeur, l'épouvante retenaient les larmes « de la pitié. Mais les cris de douleur et de dé-

« sespoir des mères, des épouses, des enfants
« et des frères... ces cris multipliés, ces cris
« déchirants, et qui ont retenti jusques aux ex-
« trémités de l'Europe, ne les avez-vous pas
« entendus? Vos souvenirs aujourd'hui vous
« poursuivent, mais serez-vous absous par vos
« regrets tardifs? le serez-vous par votre re-
« pentir? Le monstre qui faisait trembler la
« France, et qui vous épouvantait vous-mêmes,
« avait des pieds d'argile, et cependant vous
« n'avez osé l'attaquer qu'au moment où il était
« près de vous disperser. Sans doute le scan-
« dale éclatant de ses crimes vous a servi dans
« cette lutte, mais les ombres plaintives de cent
« milles victimes seront-elles consolées en
« apprenant que leur sacrifice a décidé votre
« triomphe? Ah! c'était pour les prévenir, ces
« crimes abominables, qu'il fallait vous mon-
« trer, qu'il fallait hâter votre courage! Quelle
« réparation offrirez-vous à la nation pour un
« si grand nombre de pertes? Quels adoucis-
« sements tenez-vous prêts pour tant de lar-
« mes? qu quels éminents services, quels traits
« de talent et de génie, en faisant affluer au-
« tour de vous les sentiments de reconnais-
« sance et d'admiration, pourront dérober à
« la sévérité de l'opinion publique votre lon-
« gue indifférence à tous les actes de barbarie
« dont vous avez été les témoins? Une tache
« de sang se présentera partout dans le tableau
« de votre administration, et rien de près, rien
« à distance n'en distraira les regards. »

La Convention rassemble dans ses mains des
biens de la valeur de 8 à 10 milliards : c'est plus
que le double de toutes les anciennes richesses de la France ; et elle fait banqueroute à
tous ses engagements ! Comment expliquer ce
prodige de dissipation? par l'oubli de toute
morale dans le gouvernement.

Il fallut soudoyer une multitude innom-
brable de clients et de satellites, acheter des
uns l'assistance nécessaire pour opprimer les
autres. Il est nécessaire de payer en argent ce
qu'on ne peut obtenir par estime et par confiance ; la morale fournit au meilleur marché
l'obéissance et la subordination.

Il fallut donner aux plus habiles et aux plus
avides l'exploitation des entreprises publiques,
afin que, s'opposant à toute bonne manuten-
tion, ils trouvassent dans les rapines de chaque
jour un moyen de rapine pour le jour suivant.

Le grand abîme, toutefois, c'est la guerre,
qu'une conduite sage et morale aurait prévenue. Ce n'est pas la liberté de la France, mais
son éclatante immoralité, que les États voisins
ont considérée comme un fléau dont ils devaient se préserver.

La seule immoralité des assignats servirait
d'explication à la plus désastreuse des calamités. La Convention, s'abandonnant à un système de tromperie, s'est servie, par la voie des
enchères, de la rivalité de la peur pour donner aux biens nationaux une valeur fictive ; et,
joignant l'hypocrisie à la fraude, elle a soutenu que les assignats, quoique multipliés à
l'infini, avaient toujours leur gage.

Les rentes, les droits d'héritage, les titres
de possession, les fruits d'un long travail, les
besoins de la vieillesse, garantis par cette
loyauté française dont on a fait tant de bruit,
tout a été méprisé ; l'autorité suprême s'est
jouée de toutes les propriétés.

Arriva enfin la chute de Robespierre, et
alors se déploya un singulier spectacle. Ses
camarades de crimes essayèrent d'élever un
mur de séparation entre eux et l'homme qui
n'était plus, et, comme on le pense bien, entre leurs vertus et ses iniquités ; et parmi ces
gens de bien étaient un Collot d'Herbois, un
Billaud-Varennes, un Barrère. Un seul député
éleva sa voix contre leur insolente prétention
à l'estime publique, et il fut déclaré *calomnia-
teur* par un décret de l'assemblée. C'est qu'elle
ne pouvait douter que ces hommes, pressés
dans leur dernier retranchement, n'appelas-
sent en cause l'assemblée elle-même ; ils auraient soutenu, et avec une logique éclatante,
que leur conduite avait été tracée ; ils auraient
commenté le mot du député Carrier, qui, interrogé de près au milieu de la Convention, dit
hardiment que, si toute l'assemblée était exa-
minée avec le même soin, *il n'y aurait que le
fauteuil et la sonnette du président qui pussent
se tirer d'affaire.* La Convention s'affranchit
de tout embarras en décrétant l'exportation
des trois grands coupables.

Lors du mouvement de germinal, elle ordonne l'emprisonnement de plusieurs des
siens, dont ensuite elle refuse d'ouvrir les lettres, après huit mois de captivité.

Elle sévit contre ceux des députés qui s'é-
taient montrés favorables à la révolte des pre-

miers jours de prairial; plusieurs furent envoyés prisonniers dans une forteresse; sept autres, jugés militairement, furent condamnés à mort; et toujours les formes sont violées.

Elle veut enfin achever de s'épurer : elle fait examiner la conduite des proconsuls, et, après avoir trop souvent rendu des décrets d'accusation sur de simples aperçus, elle se jette dans un autre extrême : elle se prête à écouter paisiblement les détails les plus honteux; ils sont consignés dans le recueil des débats. M. Necker en copie une partie, mais sans y annexer les noms propres. « Je n'aime point, dit-il, à me mêler de la punition des personnes, encore moins quand elle peut rejaillir sur leurs familles. »

Mais M. Necker, en ménageant les individus, ne ménage pas la masse. « Non, dit-il, ce n'est pas en masse que la Convention nationale peut se défendre. Elle l'essayerait en vain, soit qu'elle s'adjoignît à Robespierre, soit qu'elle s'en séparât; et les hommes dont cette assemblée se compose doivent nécessairement soigner leur fortune à part devant le tribunal de l'opinion publique.

« La postérité demandera plus librement que nous si ce n'est pas la Convention entière qui adoptait quelquefois avec humilité, souvent même avec enthousiasme, les projets de son comité suprême; si ce n'était pas elle qui disputait avec des tribunes corrompues l'honneur d'applaudir aux discours hypocrites de Robespierre; si ce n'était pas elle qui se levait spontanément, en signe de respect et d'admiration, à l'ouïe de quelques principes révolutionnaires servant de précurseurs aux proscriptions les plus féroces; si ce n'est pas elle encore, si ce n'est pas la Convention entière qui voyait périr chaque matin un nombre indéfini d'innocentes victimes sans se permettre, avec tout son pouvoir, je ne dis pas une observation, mais un simple gémissement, mais une simple expression de commisération et de pitié?

« La Convention veut expliquer sa longue retenue par la crainte que lui avait inspirée cet homme; et rien ne prouve plus combien elle a honte aujourd'hui de cette conduite, car l'aveu d'une grande faiblesse doit lui coûter aussi. Mais ce Robespierre, qui sert d'excuse à tout après sa chute, avait dans l'assemblée ses rivaux en dureté, et quelquefois même on l'a dé-

passé. Les soixante-treize députés qui avaient signé dans le secret une protestation relative à l'acte de tyrannie exercé le 31 mai auraient tous été décrétés d'accusation si Robespierre ne s'était pas déclaré contre cette mesure... On a vu quelques députés exprimer avec sécurité des sentiments généreux; on pouvait impunément se lever en masse pour les soutenir, et on ne l'a pas fait... Et on a applaudi quand il fut demandé que la Convention décrétât que le tribunal révolutionnaire n'avait cessé de bien mériter de la patrie. »

Était-ce d'ailleurs Robespierre qui obligeait ses collègues à se montrer des premiers dans les actes d'oppression étrangers aux grandes mesures révolutionnaires et à la politique du tyran? C'est de leur propre mouvement qu'ils interprétèrent le mot d'émigrer; c'est de leur propre aveu, de leur propre ignorance, que le système banqueroutier des assignats s'est préparé; c'est par un décret nominal que quarante fermiers généraux ont été envoyés au tribunal révolutionnaire, et par conséquent à la mort; c'est de leur propre goût qu'ils applaudissaient, qu'ils riaient au récit des insultes prodiguées à des ministres de la religion. Ce n'est pas Robespierre qui enjoignit aux représentants de la nation de se rendre tous ensemble à l'église métropolitaine, pour y consacrer le culte de la Raison; ce n'est pas lui qui leur enjoignit d'accueillir l'évêque de Paris et son clergé lorsqu'ils vinrent renier leur foi; ce n'est pas lui qui leur enjoignit d'accorder les honneurs de la séance et le baiser fraternel à un essaim d'écoliers qui vinrent à leur tour se parer du mépris pour les opinions de leurs pères. Elle n'était pas non plus commandée par Robespierre, cette scène scandaleuse du 30 brumaire (20 novembre 1793), où la section de l'Unité vint faire serment de ne reconnaître d'autre culte que celui de la Raison, d'autre divinité que la Liberté. *Nous le jurons! nous le jurons! s'écrie-t-on de toutes parts; et la salle retentit d'applaudissements.*

Toutefois, la chute de Robespierre devint le signal d'un nouveau règne. Les prisons s'ouvrirent; le tribunal révolutionnaire eut d'autres juges et d'autres jurés. Mais, au milieu des réparations les plus méritoires, jamais l'assemblée n'a montré cette plénitude de moralité qui attire l'estime publique et qui la cautionne.

Elle a renoncé aux confiscations, elle a rendu les biens des condamnés, mais elle ravit celui des parents des émigrés. Elle a fort bien dirigé la guerre, mais elle n'a pris aucun intérêt aux dilapidations ; elle a détruit le *maximum*, mais, lorsque cette disposition a fait baisser les assignats, elle n'a donné aucune attention à la détresse des rentiers et des autres créanciers de l'État.

Et Quiberon ! s'écrie M. Necker, où le nombre des victimes ne fut pas compté !... Et le démenti donné au récit des soins donnés aux enfants de CAPET, enfermés au Temple !... Et cet enfant à qui l'on criait : CAPET, *es-tu là ?...* Et le rachat de la fille de tant de rois !

Cependant la Convention va s'acquitter de tout ; elle va s'absoudre elle-même dans la mémoire des hommes : elle a entrepris, elle a fini la Constitution.

Avant de faire l'examen de cette constitution, M. Necker parle de sa présentation aux assemblées primaires.

Il importait sans doute au succès de la Constitution qu'un certain nombre des anciens députés fût admissible de droit au nouveau corps législatif. Il n'y aurait eu aucune opposition marquante à ces arrangements si la Convention avait joui de l'estime publique ; mais on s'effrayait d'une continuité de domination entre les mains des mêmes hommes qui avaient laissé répandre tant de sang, qui s'étaient joués si longuement de tous les principes de la morale. Les chefs n'existaient plus, mais bien encore les lieutenants, les sous-lieutenants et tous les témoins pacifiques des atrocités. Plus ces considérations avaient de force, plus la Convention se trouvait avertie de combattre pour obtenir une supériorité de suffrages utile à sa sûreté. C'est encore par la ruse et par la feinte qu'elle y est parvenue.

Elle s'adjuge par un décret les deux tiers des places. Ce décret, artistement accolé à la charte constitutionnelle, est soumis à la sanction du peuple. Le même jour où 958,226 citoyens ont donné leur vote sur la charte, 270,358 seulement se sont prononcés pour ou contre le décret des deux tiers. Le silence d'un si grand nombre d'assemblées primaires, sur une question d'un intérêt commun à toutes, était une particularité singulière, dont l'explication devait être donnée par la Convention ;

elle ne l'a point fait, et, de cette manière, laissant errer tous les genres de soupçon, on se demandait : Pourquoi la Convention n'a-t-elle point fait passer les procès-verbaux par les départements ? Pourquoi a-t-elle exigé qu'ils lui fussent adressés directement ? Pourquoi s'en est-elle réservé le dépouillement ? Pourquoi la promesse de publier les procès-verbaux n'a-t-elle été qu'une vaine parole ? Pourquoi, lorsque les assemblées primaires de Paris se sont présentées pour faire entendre leurs griefs, les a-t-on repoussées, sous prétexte que la constitution interdit les pétitions en noms collectifs ?... C'est là sans contredit une réunion de moyens très-suffisants pour entretenir sans fin le pouvoir le plus arbitraire.

Les Parisiens avaient été témoins de plus près des mesures astucieuses employées par les conventionnels pour garder l'autorité. Leur irritation fut au comble quand la Convention appela autour d'elle les *terroristes* comme ses défenseurs et amis, et qu'elle les investit du titre de *patriotes* de 1789. Les Parisiens, ou plutôt un petit nombre de sections seulement, se rassemblent le 13 vendémiaire (5 octobre 1795) ; elles n'avaient point de poudre, point de canons, point de chefs ; elles ne savaient encore ce qu'elles voulaient, ce qu'elles devaient faire ; et des batteries chargées à mitraille, dirigées contre cette foule en désordre et resserrée dans les rues, ont donné la mort en peu de moments à deux ou trois mille citoyens.

« C'étaient des royalistes, » a dit tranquillement la Convention pour s'abstenir d'aucun regret, et elle avait tenu le même langage aux troupes de ligne afin d'animer leur violence. Ce fut toujours le grand art des chefs populaires que cet emploi de certains mots pour guider la haine au gré de leur politique. Les sections de Paris acceptent sans aucune réserve la constitution républicaine, et toutes en même temps, toutes, à une près, rejettent un décret qui assure aux hommes dont elles sont mécontentes les deux tiers des places. Où est le royalisme en tout cela ? On peut aimer la république et haïr ses chefs, comme on peut aimer la monarchie et haïr le monarque ; orgueilleuse fatuité à la Convention d'imaginer qu'on ne saurait, sans être royaliste, se refuser à l'admirer et à la chérir.

« Elle touche à son terme, dit M. Necker,

au moment où je trace ces lignes. Puisse son esprit finir avec son nom, et ne pas se perpétuer avec les personnes dans le gouvernement nouveau. »

M. Necker examine la Constitution, d'abord considérée en général, ensuite dans quelques dispositions de détail.

« Voyez comment les législateurs de 1791 ont été traités par les parents de la première constitution de 1793, dont M. de Condorcet fut le rapporteur. Voyez comment ceux-ci furent bafoués par les auteurs de la constitution publiée la même année, sous le règne des nouveaux maîtres. Enfin, voyez comment tous ont été déclarés de pauvres hères en législation par les érudits de 1793. Tous les faiseurs de constitution, antérieurement au comité des onze, n'avaient pas le sens commun.

« Le choix des onze était bien fait, et l'on se montrerait injuste si, pour déprécier le talent de ces commissaires, on comparait le résultat de leurs combinaisons au chef-d'œuvre de la constitution d'Angleterre ou aux sages pensées des Américains. Ils n'avaient pas la liberté de prendre pour terme de leur méditation ni une monarchie tempérée, ni une république fédérative ; et dès qu'ils étaient obligés de donner à 25 millions d'hommes un gouvernement indivisible, sans admettre aucune gradation de rang, sans altérer le principe de l'égalité absolue, ils ne pouvaient, je crois, imaginer aucune organisation politique capable de résister au mouvement social et aux atteintes du temps. »

Le gouvernement de la France est composé de trois grands anneaux : d'un conseil de cinq cents jeunes gens, qui doivent rédiger les lois ; d'un conseil de deux cent cinquante anciens, qui doivent les approuver ou les rejeter ; et de cinq directeurs, qui doivent exercer en commun la puissance exécutive.

La disposition essentielle, c'est la séparation absolue de la puissance législative et de la puissance exécutive. Il n'y a point d'exemple de cette séparation, ni dans les temps anciens, ni dans les temps modernes.

Si le Directoire avait quelque part à la confection des lois, il aurait deux ambitions : celle de concourir à de bonnes lois, et celle d'en surveiller l'exécution ; il n'en a donc qu'une, et, pour attirer les regards, il usera bruyam-

ment de son droit de contrainte et de répression. Ce qu'on doit craindre également, c'est qu'il n'aime la guerre, afin de se donner une grande administration sans partage.

On veut que, des cinq membres du Directoire, *trois au moins assistent aux délibérations*. Cela se peut-il ? Toutes les affaires peuvent-elles se traiter collectivement ? Ils se partageront les affaires et se promettront tacitement une déférence mutuelle et un échange de signatures.

Qu'est-ce que leur responsabilité ? Quel acte administratif et quelles fautes, hors le cas de trahison, pourront décider à un décret d'accusation contre cinq hommes indivisibles, qu'il faut attaquer en masse ; qui sont en place pendant cinq années ; qui ne sortent qu'un à un ; dont le sortant sera protégé et l'entrant subjugué par les quatre autres ; qui, enfin, au moment où ils redeviendront des hommes privés, n'auront le plus souvent pour juges, dans la législature renouvelée en trois ans, aucun des témoins de leur conduite publique ?

On a rendu les ministres *respectivement responsables tant de l'inexécution des lois que de l'inexécution des arrêtés du Directoire*. Comment imposer deux responsabilités qui peuvent se trouver en contradiction ? Il fallait au moins désigner les occasions où l'une des deux doit céder à l'autre.

On a ordonné l'arrestation d'un directeur en cas de *flagrant délit* : c'est un manquement aux convenances. Pouvait-on supposer qu'il fût jamais arrivé à un directeur de commettre en public une action à laquelle le mot de *flagrant délit*, une expression si basse, pût être rapporté ?

Une autre inconvenance est de rappeler à l'administration suprême un directeur rabaissé dans l'opinion par le long cours d'une procédure criminelle, et absous par la haute cour nationale.

« Mais, dans les petites comme dans les grandes choses, dit M. Necker, les souverains législateurs de la France ont supposé constamment que les moralités n'étaient rien ; et cependant elles résistent à tout, même au despotisme. »

M. Necker n'approuve pas non plus que les directeurs sortants se trouvent confondus dans l'immense cohue des égaux : ailleurs ils sont replacés dans le premier conseil de l'État; ni que le Directoire ne puisse que proposer des mesures, *mais non des projets rédigés en forme de lois,* tandis que bien des lois s'appliquent et correspondent à des particularités de fait dont le gouvernement seul a connaissance.

Le conseil des Anciens ne peut dire que ces paroles : *Le conseil approuve; le conseil ne peut adopter.* Nulle explication ne lui est permise. En Angleterre, les deux Chambres nomment des députés qui confèrent ensemble et qui cherchent à l'envi des moyens de conciliation. Voilà la marche de la raison. Le style irritant qu'on a prescrit au conseil des Anciens, et l'interdiction de toute explication entre ce conseil et le conseil des Cinq-Cents, deviendront une source de discorde et de confusion.

Le conseil des Anciens ne peut rien proposer; il faut qu'il attende, et cependant qu'il soit là pour sanctionner à tout moment les décrets d'urgence. Que fera-t-il dans ses moments de loisir?...

Il fallait au moins donner l'initiative au conseil des Anciens. Le petit nombre est mieux appelé que le grand à préparer les lois, à revenir d'une première erreur, à n'être point offensé de l'improbation.

M. Necker critique aussi l'amovibilité des juges. Les tribunaux ne peuvent obtenir de l'éclat que par des degrés insensibles; souvent la vie n'y suffit pas; il faut même qu'un corps de magistrature hérite de la renommée de plusieurs générations avant d'en avoir une à lui. Voilà le raisonnement; et les grands juges d'Angleterre sont le meilleur des exemples. Les législateurs de France ont cru qu'en disant au peuple : Choisis, et choisis sans cesse, ils faisaient tout pour lui. Mais est-il un principe de gouvernement qui soit franc d'exception? Je ne le connais pas.

M. Necker passe de ces observations générales à l'examen de quelques dispositions particulières.

1º Tout citoyen doit ses services à la patrie et au maintien de l'égalité, de la liberté et de la propriété, toutes les fois que la loi l'appelle à les défendre.

Ainsi la législature a le pouvoir indéfini d'enrôler pour la défense du pays, pour celle des colonies, pour celle même de nos alliés,

telle classe et telle portion de la masse entière des citoyens qu'il lui plaira, et de les mettre à la disposition des directeurs, seuls en droit de parler de paix, lorsqu'une fois la guerre est résolue. Cette faculté indéfinie ne peut être confiée à aucune autorité dans l'État. C'est un pouvoir exagéré qu'un père ne donnerait pas à son fils, ni un fils à son père, et il est décerné en France à une troisième et quatrième génération d'élus; car le Directoire a été choisi par la législature; la législature a été choisie par les corps électoraux; les corps électoraux ont été choisis par les assemblées primaires; et peut-être, dans ces assemblées, les trois quarts des votants ont donné leurs suffrages sur l'avis d'un discoureur. Quelle extension de caractère représentatif! Il est déjà bien idéal, ce caractère, dès la première élection; que devient-il à travers plusieurs substitutions? On ne voit plus alors qu'un sommaire métaphysique, et qui ne peut servir de titre à l'exercice d'une autorité sans limites. Par une suite du principe de l'égalité, les enrôlements se font sans aucune distinction d'état, de fortune et d'éducation, et l'on se refuse à aucune espèce de rachat. Il y a donc une sorte de brutalité politique à ne voir dans les hommes que l'être vivant, et à détourner ses regards de toutes les moralités préparées par la nature et fortifiées par l'état social. Dans les anciennes républiques, les citoyens allaient à la guerre en personne; mais eux-mêmes en avaient pris la résolution. On ne connaissait pas alors ce système représentatif, qui, par une sorte d'escamotage, nous est présenté comme l'empreinte des volontés individuelles, et qui met tout une nation à la discrétion de cinq cents élus de troisième main, sans même exiger d'eux aucune preuve de propriété et de propriété importante. A-t-on jamais donné une autorité pareille avec si peu d'inquiétude, avec si peu de précautions?

2º Le droit de pétition. Voyez avec quelle adresse on l'a rendu presque nul. Voici l'article : « Tous les citoyens sont libres d'adresser « aux autorités publiques des pétitions, mais « elles doivent être individuelles; nulle asso- « ciation ne peut en présenter de collectives, « si ce n'est les autorités constituées, et seu- « lement pour des objets propres à leur attri- « bution. » Il semble, au premier coup d'œil, qu'en permettant les pétitions aux autorités constituées c'est assez pour l'intérêt général. Mais a-t-on pris garde à ces paroles : *Et seulement pour des objets propres à leur attribution?* Une telle restriction exclut tous les objets généraux ; les pétitions, par exemple, sur la paix, sur la guerre, sur les emprunts, sur les billets de monnaie, sur la liberté de la presse, sur le droit de pétition lui-même, et sur une multitude d'abus de pouvoir ou d'actions législatives qui, pour être hors du cercle d'une administration particulière, intéresseront peut-être d'autant plus gravement le destin de l'État. Remarquez encore que la plupart des autorités constituées sont révocables à la seule volonté du Directoire ; feront-elles des pétitions, même sur les objets propres à leur attribution ?

3° La liberté de la presse. Elle est annoncée avec solennité, mais avec la réserve d'une responsabilité *pour tous les cas prévus par la loi.* Ainsi le droit reste dans le vague, ou plutôt il n'existe pas jusqu'à ce que la loi se soit expliquée.

4° La suppression formelle des lois antérieures, et dont plusieurs sont en contradiction avec les principes de la liberté personnelle. Cette suppression formelle n'a pas été faite ; au contraire, le décret solennel de l'abolition de la loi du 22 prairial, sur l'emprisonnement des gens suspects, annonce tacitement le maintien de tous les autres décrets. Ainsi le Directoire conservera le droit de déclarer les villes en état de guerre, le droit d'exiler de la France les étrangers, le droit de renvoyer dans leurs communes les Français mêmes, le droit d'empêcher les Français de voyager hors de l'enceinte de la république ; et si le conseil des jeunes gens ne voulait pas mettre en délibération l'abolition de pareilles lois, l'abus n'aurait aucune fin.

5° Emprisonnement. On permet au Directoire des mandats d'arrêt contre les gens suspects, mais il doit, au bout de deux jours, les traduire *devant le juge de police.* Devant quel juge de police ? Si le Directoire a la faculté de choisir les juges, il en trouvera (peut-on en douter) qui voudront ce qu'il voudra. La Constitution n'en dit rien, non plus que du moment où le prévenu sera présenté au jury d'accusation et soumis au jury de jugement.

Ces déterminations méritaient une place au milieu des 377 articles de la Constitution, la plupart moins essentiels à la sécurité des citoyens.

6° On peut regretter aussi que l'acte constitutionnel n'ait pas désigné d'une manière irrévocable l'autorité appelée à former la liste des jurés criminels : aucune disposition n'était plus importante, surtout au milieu des souvenirs de la dernière tyrannie ; et qu'il n'ait pas établi une magistrature publique tenue d'écouter les plaintes des citoyens lésés par un abus d'autorité. Les administrations de département sont loin d'en tenir lieu, puisqu'elles sont dans la dépendance du Directoire.

7° Les administrations de département ont perdu leur première considération et leur consistance ; elles étaient composées de dix citoyens, tous hommes principaux dans l'opinion ; elles sont réduites à cinq ; le Directoire peut les destituer ; chacun des ministres a même le droit de suspension provisoire. Le peuple, appelé à nommer de pareils administrateurs, n'est-il donc appelé qu'à une sorte de comédie ?

8° La Constitution défend aux tribunaux de connaître des affaires soumises à l'autorité de ces administrateurs. Or, ces administrateurs répartissent les impôts directs et jugent les réclamations des contribuables. Ainsi, des hommes révocables à la volonté du gouvernement décideront des intérêts pécuniaires les plus importants et les plus continuels. Que diraient les Anglais, que diraient les Américains, s'ils ne trouvaient que des hommes d'administration pour juges contre les abus des agents de l'administration, et, pour dernier trait de forme asiatique, s'ils étaient obligés de payer leur taxe avant de se permettre aucune représentation ?

9° Le caractère représentatif qui doit dédommager de tout a été rendu indéfiniment précaire. Les électeurs sont tenus de se séparer au bout de dix jours, et s'ils n'ont pas complété leurs élections, et si les élus n'ont pas pu faire connaître leur acceptation, et si les élus refusent, voilà le droit représentatif d'un département restreint de fait et perdu pour l'année... On agrandit le territoire, tandis que le nombre total des représentants est fixé. On s'est mis dans la nécessité ou de n'accorder aucune députation à des pays conquis, ou de diminuer d'autant le nombre des représentants de l'ancienne France... On a autorisé le conseil des Cinq-Cents à délibérer au nombre de deux cents ; on devait du moins déclarer qu'une assemblée plus nombreuse serait indispensable pour résoudre une guerre, un nouvel impôt, un papier-monnaie.

On ne dit rien sur l'époque de la vérification des pouvoirs, ce qui tient indéfiniment le nouveau tiers en suspens.

On laisse à une majorité quelconque, même d'une seule voix, le pouvoir de terminer une discussion, le pouvoir d'enlever la parole à un député, le pouvoir de l'interrompre, le pouvoir enfin de forcer le président à être lui-même l'instrument de cette vexation.

Enfin, ce droit d'une nation à être représentée, ce droit tant célébré, comment s'exercera-t-il ? uniquement par l'élection des électeurs. Et si la plupart des citoyens ne se rendaient pas à l'assemblée primaire, que deviendrait en réalité le droit représentatif ? Il fallait du moins imposer une amende aux propriétaires d'une certaine classe qui se seraient absentés de ces assemblées sans une raison valable.

· 10° La révision de la Constitution. On la soumet à trois examens, à trois renvois, à trois ans de distance chacun. Ils ne sont applicables ni aux grandes corrections, ni aux petites ; aux grandes, parce qu'un doute prolongé sur la durée d'une disposition principale aurait plus d'inconvénients que son changement subit : aux petites, parce que jamais une législature ne voudra, pour un léger défaut, provoquer l'appel d'une assemblée de révision. Cependant, supposons-la convoquée. Elle doit se borner à la révision *des seuls articles qui lui ont été désignés par le corps législatif.* Qu'arriverait-il si elle manquait à sa consigne ? Obligée de se dissoudre dès que ses résolutions ont été adressées aux assemblées primaires, elle ne pourrait revenir d'aucune erreur. Cependant les assemblées primaires voudraient former un vote sur ces résolutions ; le corps législatif s'y opposerait, et il ne résulterait de tout cet appareil qu'un accroissement de désordre et de confusion. Ce serait une nouvelle comédie ; car c'en fut une de présenter à tout un peuple une constitution en 377 articles pour dire oui ou non sur une seule lecture, et d'appeler cela

une acceptation libre et solennelle. Tous les pays ont leur oracle de Delphes.

· 11° Enfin M. Necker demande ce qu'il doit arriver de l'indifférence qu'ont marquée les législateurs français pour l'établissement d'un culte et pour la perpétuité d'une religion : c'est que, cette indifférence s'étant communiquée par degrés à vingt-cinq millions d'hommes, il faudra nécessairement ou les contenir par le despotisme, ou les abandonner à tous les écarts d'une imagination déréglée.

M. Necker termine ce troisième volume par des *réflexions générales,* dont le résultat est qu'il était impossible que le comité des onze donnât une bonne Constitution dès qu'elle devait avoir pour base le principe de l'égalité absolue, qui réunit autour d'une seule passion vingt-cinq millions d'hommes solennellement affranchis des sentiments d'égards et des habitudes du respect.

L'égalité parfaite et l'indivisibilité du gouvernement sont inconciliables avec l'ordre et la liberté dans un grand État. Nous parlons toujours au nom de M. Necker.

Une autorité centrale dans un grand État a besoin des habitudes du respect pour se faire obéir. La séparation en différents États de pays peuplés d'hommes égaux, comme en Amérique, peut seule concilier l'égalité avec l'ordre.

La division fédérale sauve là le corps politique des convulsions que produit l'égalité ; elle lui conserve l'éclat propre à une grande nation, et les mœurs qui sont le partage des petites. Là ce sont tous les gouvernements particuliers de chaque État qui exercent la partie délicate de l'autorité civile et politique. L'autorité centrale est une sorte de tutelle commune et de garantie étrangère, à l'abri, par son objet, de tout démêlé avec les intérêts et les passions des particuliers.

L'autorité fédérative, soutenue par les autorités locales, s'y étend à un petit nombre d'intérêts, l'autorité locale à un petit nombre d'hommes.

Cet admirable système aurait dû être suivi par la Convention.

Le caractère national et les circonstances où se trouvait la France le rendaient encore plus nécessaire pour elle que pour l'Amérique ; l'impétuosité des français, leur inconstance, l'abolition des liens religieux, l'habitude du libertinage, l'attrait qu'a la France pour tous les vagabonds de l'Europe, tout rendait son gouvernement plus difficile.

Mais les Américains se contentent du bonheur ; il faut plus aux Français : il leur faut de la gloire et du bruit ; ils ont besoin d'un grand théâtre.

C'est l'intérêt de Paris qui oppose le plus puissant obstacle au système fédératif. Paris veut toujours être le centre du pouvoir, pour en recueillir de la première main toutes les faveurs.

On reproche au gouvernement fédératif d'être moins propre à la guerre que les gouvernements indivisibles. Jusqu'à présent ce n'est pas par l'indivisibilité que la république française a réussi dans la guerre, c'est par la tyrannie et la terreur. Qui peut dire ce qu'elle serait devenue sans ces deux moyens ?

Si la vanité française n'avait pu souffrir patiemment un chef pris entre les citoyens égaux, ayant difficilement supporté celui qu'elle avait autrefois, quoique issu de la maison de l'Europe la plus illustrée, il y aurait eu peu d'inconvénient à placer en plusieurs mains ou à leur faire passer successivement les affaires peu nombreuses dont aurait été chargée la suprême autorité.

Les Français tenant obstinément à l'indivisibilité et à l'égalité, ils devaient prendre pour modèle la monarchie tempérée de l'Angleterre.

Vouliez-vous l'ordre public sans despotisme : « Le principe de cet ordre n'est-il pas l'honneur qu'on porte à la loi et le respect qu'impose le pouvoir chargé de la faire exécuter ? N'est-ce pas l'habitude d'un peuple aux sentiments d'égards et la tendance de l'esprit public vers la morale ? N'est-ce pas enfin une sorte d'estime silencieuse, mais universelle, pour le gouvernement établi ? »

Eh bien ! l'on portera peu d'honneur à la loi en France, parce que la loi sera l'ouvrage de deux Chambres qui ne donnent aucune caution de leur intérêt à la chose publique, ni de leur éducation libérale, et dont l'une, réduite à improuver ou approuver les résolutions de l'autre, ne pourra soutenir sa considération ni son rang.

En Angleterre, au contraire, les lois sont l'ouvrage de trois volontés différentes, savoir : de la volonté de deux Chambres égales en droits, composées, l'une de propriétaires fonciers, l'autre de tout ce qui constitue la grandeur d'opinion, et ensuite de celle du roi, dont l'expression est relevée par tous les genres de majesté. Ainsi la propriété, les dignités et la majesté royale apposent le sceau aux lois anglaises. Quelle différence entre elles et les nôtres !

Le respect pour le pouvoir exécutif est aussi plus assuré en Angleterre qu'en France. Là il est exercé par un monarque héréditaire inviolable, qui participe à la formation de la loi par lui-même et par ses ministres, et qui est environné d'une majesté imposante. En France, au contraire, vous avez cinq directeurs pris dans la classe commune des citoyens, sans titre inhérent à leur personne, sans titre précurseur de leur élection ; cinq directeurs exposés à l'accusation du premier venu ; cinq directeurs toujours au moment de se désunir, car l'harmonie ne peut être longue entre cinq copartageants d'un même pouvoir. *Nulla fides regni sociis, omnisque potestas impatiens consortis erit.*

L'habitude des égards et des sentiments du respect est fondée, en Angleterre, sur la plus juste et la plus sage gradation des rangs ; le législateur y a établi toutes les distinctions nécessaires, mais sans les excéder. Les supériorités sont tellement adhérentes à l'intérêt social, et si étroitement renfermées dans son enceinte, qu'elles semblent ordonnées et décrites par une volonté générale. « La pairie est la seule distinction de naissance avouée par la loi, et l'éclat jeté sur deux ou trois cents magistratures suffit, par une heureuse combinaison, et pour relever la majesté du corps législatif, et pour donner au trône cet accompagnement qui achève en quelque manière la royauté. Était-il possible d'accomplir une si grande intention avec un si petit sacrifice de la part de tous les amour-propres et de toutes les vanités ? »

La pairie n'est pas une division de la nation en deux classes distinctes ; c'est seulement une magistrature héréditaire qui n'a rien de plus contraire à l'ordre social que la richesse patrimoniale. « N'est-ce pas une belle idée que d'avoir fait servir les supériorités de richesses à un avantage politique? Et n'est-ce pas aussi une pensée prudente que d'avoir mis en action, pour le bien de la patrie, l'esprit d'hérédité, et d'en avoir fait une sauvegarde de la liberté contre les invasions de l'esprit populaire et les tentatives ambitieuses du monarque? » Ce sont les pairies qui, en Angleterre, sont le lien secret de tout le système des égards.

Qu'a-t-on pour suppléer à ces avantages en France, où la vaste étendue du pays rendait le lien du respect encore plus nécessaire qu'ailleurs? Les élections du peuple? Mais si elles ne tiennent pas aux hasards de la naissance, elles tiennent à ceux des passions; et ce sont les plus dangereux.

Le gouvernement anglais veille à l'honneur et à l'entretien des idées morales et religieuses, tandis que le gouvernement français les traite avec indifférence et avec mépris; de sorte qu'en France l'édifice n'a plus de lien et que toutes les pierres chancellent. On n'y a pas seulement calculé « ce qu'était en plus ou en moins, dans l'ordre social, l'admission ou le rejet du serment, de cet engagement qui combat à lui seul contre tant de séductions. On n'a voulu tenir aucun compte de tout ce qui était vieux et sanctionné par l'expérience. On a nargué le temps; craignons qu'il ne se venge. »

Enfin l'Angleterre est habituée depuis un siècle à une estime silencieuse et universelle pour son gouvernement, et nul sentiment sans doute n'est plus propre à l'entretien de l'ordre social; au contraire, l'amour qu'on porte en France à la république est incertain, et s'il n'était soutenu par des intérêts tout à fait personnels, tels que l'acquisition des domaines dits nationaux et le sacrifice fait à la Révolution de tant de devoirs sacrés, on ne peut dire ce qui la soutiendrait. « Tant de crimes ont souillé les premières années de la république française qu'il est impossible à tout homme pur de cœur et d'esprit de la chérir autrement qu'en espérance et en imagination...

« Il n'y a eu d'assentiment universel à aucun système politique en France, après l'époque des premières espérances que l'assemblée constituante avait données. Aussi n'existait-il alors aucune limite à la liberté de la presse, et l'on ne proscrivait pas les gazettes étrangères.

On ne craignait ni les éloges ni les regrets donnés à l'ancien régime, et voilà le véritable *signal* de la confiance des novateurs dans le mérite de leur doctrine. »

Le gouvernement d'Angleterre est non-seulement propre à maintenir l'ordre public, il l'est aussi à maintenir la liberté. C'est une conséquence de la dignité attachée là à tous les pouvoirs publics. La majesté des pouvoirs diminue la somme des sacrifices demandés à la liberté au nom de l'ordre public. Là où le respect pour la loi ne peut être que de réflexion, et où il ne tire aucun appui de nos sentiments habituels, les dépositaires de l'autorité ont besoin de despotisme et de terreurs pour se faire obéir. Et voilà ce qui arrivera inévitablement à cette législature, au pouvoir exécutif de France, « revêtus l'un et l'autre d'une grande autorité, mais à l'improviste, aujourd'hui pour demain, et sans aucun préparatif de la part de l'opinion publique... »

« En France, on a voulu composer l'autorité toute de pouvoir. Était-ce bien saisir le principe de l'ordre public? Était-ce bien entendre le mystère de la liberté? N'était-ce pas inviter les uns à n'avoir du respect que par crainte, les autres à se sauver de l'oubli par le despotisme? »

Aussi quelle tyrannie n'a-t-il pas fallu endurer en France depuis la république? « Les républicains français, les Français républicains ont été jusques à présent asservis plus arbitrairement, plus tyranniquement que les Grecs de Constantinople, que les derniers sujets des soudans de l'Asie. »

Dans les États de peu d'étendue, de légères supériorités établies par l'opinion et reconnues de tous les citoyens suffisent au maintien de l'ordre social; « Mais dans les grands États il est indispensable de frapper les esprits par des *signaux* plus éclatants. »

La Constitution anglaise, en plaçant le pouvoir exécutif dans une seule main, et en l'y faisant parvenir par l'hérédité, condamné les ambitieux à la soumission. « En France, au contraire, on a considéré l'exercice du pouvoir exécutif comme une sorte d'aubaine politique qu'il fallait mettre en communauté, et par un partage et par une succession continuelle d'agents et de dépositaires. » De là procèdent deux grands maux: le premier, que l'ambitieux travaille sans relâche à renverser l'homme en fonctions pour le remplacer ; le second, que les moyens de gouvernement simples, doux, insensibles, sont toujours rejetés. On refuserait le gouvernement d'un ange, s'il s'en présentait un pour remplir à lui seul tant de fonctions qu'on regarde comme le patrimoine commun. « Entendez-vous, dirait-on, cet être superbe qui parle d'agir seul? Nous ne voulons, à ce prix, d'aucune intervention, et nous refusons une autorité à laquelle tous les citoyens ne sont pas appelés. Vous êtes, monsieur l'archange, vous êtes, nous le voyons bien, de la classe des aristocrates ; remontez au ciel, et diligemment, sinon nous allons vous traduire au tribunal révolutionnaire, ou vous faire courir sus par le peuple. » En Angleterre, au contraire, tout content qu'on eût été de l'autorité du roi, en vertu du principe même qui l'a fait instituer, le peuple, après avoir entendu la proposition de l'ange, aurait dit au roi : Vous nous coûtez quelque chose, et vos moyens sont *bornés*. Nous trouvons mieux. Retournez en Hanovre, ou vivez simple citoyen au milieu de nous... Cette double fiction ne montre-t-elle pas clairement que la Constitution anglaise tend toujours à adoucir le gouvernement, et la Constitution française à l'aggraver?

Le pouvoir exécutif d'Angleterre peut se passer, pour son maintien, de l'adhérence du corps législatif. Le pourrait-il en France? Le corps législatif et le pouvoir exécutif se soutiendraient-ils, même par leur réunion, s'ils ne paraissaient environnés de l'opinion de Paris, qui forme une sorte d'aristocratie départementale fort nécessaire à leur soutien et à leur crédit?

L'on objecte qu'en Angleterre le pouvoir exécutif est moins dangereux entre les mains d'un seul homme qu'il ne serait en France, où l'étendue du pays et ses frontières méditerranées exigent une force militaire immense.

On peut répondre d'abord par l'exemple de la force que l'opinion avait sur l'armée en France même, il y a dix ans, force que l'existence d'une chambre des représentants, d'une cour des pairs et d'une Constitution auraient augmentée, et à laquelle on aurait pu encore ajouter d'autres précautions.

En second lieu, la liberté serait encore plus en sûreté en France avec le système du gouvernement anglais qu'avec le système constitutionnel.

Supposez un usurpateur, un nouveau Robespierre, ayant à lutter contre des représentants propriétaires, des pairs, un monarque héréditaire, un gouvernement doux et protecteur; il ne saurait comment aveugler le peuple et le faire sortir de sa ligne pour seconder des desseins ambitieux. Quel parti, au contraire, il pourrait tirer de la Constitution française! Devenu directeur, il commencerait par irriter ses collègues contre le corps législatif; il les engagerait dans de fausses démarches; il les effrayerait ensuite par le tableau des persécutions auxquelles ils se trouveraient exposés, le jour où ils deviendraient particuliers ; il leur inspirerait alors le désir de se perpétuer au rang suprême; il leur montrerait les moyens et les probabilités de succès; il les lierait avec l'opposition du corps législatif; au moyen de cette opposition, il mettrait la division dans les deux conseils ; bientôt il les discréditerait dans l'opinion publique; il gagnerait les dernières classes du peuple par des invitations artificieuses et populaires; enfin ils agiteraient la nation... Et, aussitôt que le nouveau Robespierre aurait décidé ses collègues à un premier pas, il leur commanderait le second au nom de leur sûreté. Alors il deviendrait leur maître absolu, parce que seul il apaiserait leurs doutes et leurs inquiétudes, et que seul il en aurait le pouvoir...

Ajoutez, à la différence des moyens qui s'offriraient à l'ambitieux dans les deux Constitutions, celle des motifs. « Un roi d'Angleterre ne pourrait sans folie désirer une meilleure situation politique que la sienne, tandis qu'en France les gens assis au rang suprême se trouveront placés entre l'obscurité dont ils viennent de sortir et l'obscurité qui les attend. »

L'influence de la couronne en Angleterre sur le corps législatif a été fort exagérée. Le roi, il est vrai, contribue à l'élection de plusieurs membres; mais l'égalité de représentation empêcherait cet abus. Le roi gagne aussi par argent quelques suffrages de députés; mais cette corruption balance celle qui s'exerce par des applaudissements populaires; d'ailleurs elle ne peut aller bien loin, tous les députés étant propriétaires de trois à cinq cents louis de revenus. Et croit-on que les députés de la république française, à qui aucune fortune n'est imposée, seront plus difficiles à corrompre, et que le Directoire ne saura suppléer à la liste civile qui lui manque par des fonds obtenus pour dépenses secrètes, et qu'il appliquera à sa politique privée?

Enfin, en Angleterre la corruption est circonscrite par l'opinion publique, qui, dans un tel pays, conservera toujours son autorité. En France, dans une vaste démocratie, cette autorité s'évanouit. Sans doute elle est forte dans les mouvements révolutionnaires, dans les grandes circonstances qui la provoquent violemment. « Mais ce n'est point ainsi que l'opinion publique exerce une censure utile, une censure journalière. Elle ne peut remplir une si importante fonction que dans les États où les gradations de rang sont établies, dans les États où ces gradations prêtent de la force aux idées de considération et aux sentiments de mépris. »

On regarde le droit d'élire dans les assemblées primaires comme l'équivalent de l'opinion. Cependant, « cette prérogative si vantée est peut-être ce qu'il y a de moins pénétrant, de moins efficace dans la puissance morale d'une nation... Supposez en France de véritables propriétaires à la tête de la république, et dépositaires à eux seuls des pouvoirs législatif et exécutif, et appréciez, par un *calcul moral*, le degré de leur autorité dans la nation; vous le trouverez encore inférieur au degré d'autorité dont ils jouiraient sous une monarchie tempérée, sous un gouvernement où ils n'auraient, comme en Angleterre, qu'une part à la législation. C'est que, sous un gouvernement de ce genre, l'opinion publique serait dirigée par eux, par la masse des hommes de fortune et d'éducation, au lieu que, dans une démocratie représentative, les propriétaires, y eussent-ils momentanément toutes les places, ne seraient *pas moins* en respect continuel devant les préjugés et les passions de la multitude. Ainsi, mal défendus par une opinion publique errante ou en discrédit, leur autorité serait toute en apparence, et n'aurait aucune hardiesse, aucune stabilité.

« Voilà pour le pouvoir, voilà pour son action; et la surveillance, la censure sont de même altérées dans leur essence, lorsque l'opinion publique est déplacée; lorsqu'elle ne siége plus aux premiers rangs de la société; lorsqu'elle ne s'associe plus aux lumières; lorsqu'elle n'émane plus d'un généreux instinct. On impose encore aux hommes en autorité une responsabilité de vie et de mort; mais celle du déshonneur, celle de la honte sont presque évanouies, ou n'inspirent aucune frayeur.

« On ne peut trop le dire : rien ne peut égaler l'opinion publique en bons services et en services journaliers. Elle est vague dans son existence, mais ses effets sont précis, son action continuelle. Elle est plus forte que la loi, plus forte que les gendarmes, et pourtant on doit s'attendre aujourd'hui qu'après l'avoir rendue craintive, au milieu du tumulte de l'égalité, elle n'aura plus de confiance en elle-même et fera vide partout. »

M. Necker termine par des réflexions d'un autre genre.

Dans la monarchie tempérée, dit-il, un prince peut, en renvoyant un ministre, rendre le calme, la confiance au peuple mécontent. Dans une république, on ne peut apaiser la multitude à si peu de frais.

Dans la monarchie, la succession des princes, leur avancement en âge, leur déclin intéressent, occupent les craintes ou les espérances. Dans la république française, on doit éprouver de l'ennui à la vue de cette longue et monotone oligarchie composée de cinq personnes réunies sous un seul nom. Le Directoire! toujours le Directoire! et point d'images, point de variétés, rien au dehors, rien de figuré, rien de saillant, rien de mobile...

« Croyez que le Directoire apercevra le peu d'analogie du caractère national avec l'uniformité de sentiments que semble exiger, de la part des Français, l'uniformité d'une magistrature suprême, destinée à représenter une *éternelle abstraction*. Et alors, pour se varier lui-même dans l'imagination des spectateurs, il cherchera les événements, il appellera les inquiétudes ou il ne les éloignera point, et LA GUERRE, enfin, LA GUERRE LUI PLAIRA MIEUX QUE LA PAIX. »

Enfin, dans la monarchie tempérée, et cette réflexion s'adresse aux âmes sensibles, M. Necker remarque l'utile distinction établie entre l'être collectif qui mûrit les délibérations, en écarte l'arbitraire, et rassemble dans un foyer une plus grande étendue de lumières, et l'être unique, l'être simple que presse la véritable responsabilité, le véritable besoin de plaire, la véritable ambition d'une noble gloire. « C'est, continue-t-il, l'unité qui pompe tout, parce qu'elle jouit de tout ; c'est l'unité qui évalue, qui calcule tout, parce qu'elle souffre de tout. Enfin, ce que j'estime véritablement, c'est par l'unité seule que la compassion et la bonté sont représentées. Oui, ces précieuses vertus, ces vertus dans leur belle nature, sont rarement l'apanage des êtres collectifs. Le courage, l'audace et quelquefois le faux héroïsme conviennent mieux aux assemblées : chacun peut y prendre part, chacun le peut en paroles et à titre encore d'enchérissement ; mais la bonté est un sentiment d'un seul jet, la compassion de même, la générosité de même, et tous ces mouvements appartiennent privativement à l'être simple... Il y a donc une perfection de plus dans les gouvernements où, comme en Angleterre, on a su faire usage avec convenance et de l'être unique et de l'être collectif, et d'un roi et d'un parlement, et d'un parlement et d'une nation ; où l'on a su réunir ces divers agents avec harmonie, et où l'on n'a rejeté aucun des éléments dont l'ordre social se compose... »

OBSERVATIONS SUR L'OUVRAGE DE M. NECKER.

Nous croyons avoir assez exactement présenté dans ce qu'on vient de lire la substance de l'écrit de M. Necker sur la révolution française. Nous allons maintenant exposer les observations dont cet écrit nous a paru susceptible. Nous reviendrons dans un autre moment sur le discours relatif à l'égalité, que l'auteur a placé à la suite de son ouvrage sur la Révolution, et qui en est absolument distinct.

Trois objets différents semblent avoir occupé M. Necker dans la composition de son livre, et véritablement trois ouvrages sont renfermés dans le même.

Son premier objet a été l'histoire de la Révolution ; le second, l'apologie de sa conduite dans le ministère ; le troisième, la critique de la Constitution.

La partie historique peut être divisée en quatre : la première se rapporte aux événements qui ont amené la révolution de 1789 ; la seconde, aux événements qui ont amené celle de 1792 ; la troisième, à ceux qui ont produit et signalé la tyrannie de 1793 ; la quatrième, à ceux qui ont eu lieu ensuite.

On peut reprocher à M. Necker, dans la partie qui renferme l'exposé des circonstances auxquelles il attribue la Révolution, d'avoir marqué avec plus d'humeur que de justesse les bornes au delà desquelles il convenait d'étendre la recherche de ses causes, et d'avoir voulu jeter du ridicule sur ceux qui les ont cherchées *trop loin* dans le passé. Il n'y a pas un point de durée dont on puisse dire, d'une manière absolue, qu'il est trop loin ou trop près d'un si grand événement pour avoir part aux causes qui y ont contribué, et il n'est pas d'un esprit sage de s'enfermer dans un espace de temps très-borné pour y rechercher des choses qui peuvent être au delà. Qu'importent les distances des causes aux effets ? Dès que vous voulez connaître et indiquer celles-ci, cherchez-les où elles sont, et ne commencez pas par dire : Je ne les chercherai que là où je veux qu'elles soient. Allez jusqu'au déluge, si c'est là seulement qu'est ce que vous cherchez ; revenez à la dernière minute qui a précédé l'événement, si vous n'avez rien découvert en remontant. Il ne s'agit pas de trouver la vérité près ou loin, il s'agit de la trouver.

On peut encore critiquer dans cette partie que M. Necker exclue du tableau des causes de la Révolution non-seulement ce qu'il appelle des *rapprochements fantastiques*, mais encore des *abstractions*, deux choses fort différentes, et qu'il affecte de confondre. C'est comme s'il disait que ni le vice, ni la vertu, ni la sagesse, ni la folie, ni la crainte, ni l'espérance, ni la passion, ni la raison n'ont joué de rôle dans la Révolution ; car toutes ces choses ne sont que des abstractions, aucune n'ayant une existence matérielle, une existence propre et indépendante dans la nature. Des trois grandes causes auxquelles M. Necker attribue la Révolution, savoir : le désordre des finances, la force de l'opinion publique, et l'imprudence que la cour a faite de l'affronter, la première doit, ce semble, être retranchée, et la seconde expliquée. La première est assignée trop près des événements; la seconde n'est qu'une *abstraction* formée par emprunt de toutes les causes, et qui n'en explique aucune. Le désordre des finances a été l'occasion et non la cause de la Révolution ; lorsque le *déficit* fut connu, tout le monde s'écria : Le *bienheureux déficit!* La force de l'opinion ne pouvait rien sans sa direction ; mais d'où venait sa direction? Voilà ce qu'il faut expliquer, si on ne veut pas s'en tenir à un vain mot par la crainte de remonter trop loin dans le passé. Cette direction venait des lumières qui avaient éclairé sur les droits, et de la civilisation qui avait approfondi le sentiment des besoins. Ces lumières, d'où venaient-elles? De l'imprimerie, de la boussole, de la poste aux lettres, du commerce, etc., et de toutes les inventions accessoires. Les besoins, les droits, d'où procédaient-ils? De la nature. On ne risque rien, ce semble, à remonter jusque-là pour s'entendre ; la chaîne n'est pas bien longue, ni le premier anneau bien difficile à saisir.

La troisième cause que M. Necker indique méritait peut-être d'être plus observée qu'il ne l'a fait ; c'est l'irritation de l'opinion. On n'a point encore évalué la puissance de la colère dans la contrariété prolongée ; on a bien remarqué l'explosion de ses premiers mouvements, mais point ses effets permanents. Il y a mille choses qu'on ne peut expliquer ni par le sentiment des droits, ni par celui des besoins, ni par les vues de la raison ; ni même par celles des passions, et qui sont de purs phénomènes de la colère. C'est par elle que l'aristocrate modéré, maltraité à Coblentz, s'en revient être patriote enragé à Paris, et que le patriote modéré, maltraité à Paris, s'en va être aristocrate à Coblentz. M. Necker n'aime pas l'étude des causes éloignées, des causes abstraites, des causes morales ; il n'y a pourtant que celles-là d'utiles à connaître. Ce n'est pas tant l'histoire des individus qui est instructive que celle des passions qui les ont fait mouvoir. L'histoire digne des hommes d'État est celle dont on peut effacer tous les noms d'hommes sans qu'elle perde son intérêt.

Ce qui est bon, ce qui est utile dans cette première partie de l'histoire de la Révolution, ce qui est fidèle et éloquent surtout, c'est le tableau dans lequel l'auteur représente, d'un côté, l'existence importante, honorable, qu'a-

vait acquise le tiers état, par ses mœurs, ses connaissances, ses services continuels ; de l'autre, les préjugés, les prétentions qui le faisaient traiter avec mépris par les classes supérieures de l'État, toutes dégradées qu'elles étaient par tous les genres de corruption, et la cupidité qui faisait rejeter sur lui seul les charges publiques. Les pages consacrées par M. Necker à ce tableau sont tout à la fois le supplément ou la rectification de sa théorie des causes de la Révolution, et une réparation envers la *philosophie*, qu'il a aussi accusée d'y avoir contribué en ruinant les fondements de tous les devoirs. Certes M. Necker, en montrant, en philosophe sensible, à quel point l'ancien régime violait tous les droits particuliers et les intérêts publics, justifie bien la philosophie de la part qu'elle peut avoir prise à sa destruction.

M. Necker attribue, dans la seconde partie de son histoire, la chute de la royauté à l'abolition de la noblesse, à la constitution de 1791, qui n'a remplacé la noblesse par aucune institution équivalente à l'établissement des jacobins, au besoin qu'avait l'assemblée législative d'aller plus loin que l'assemblée constituante pour satisfaire l'opinion populaire dont la violence était devenue extrême.

Rien ne nous paraît plus juste que cette opinion, et nous nous empressons de le reconnaître, quoique nous en ayons eu longtemps une contraire sur plusieurs points.

Montesquieu l'avait dit : Point de noblesse, point de monarque ; l'événement l'a bien prouvé. Et M. Necker use bien de l'avantage que lui donnent et Montesquieu et l'abolition du trône, après celle de la royauté ; il use bien, disons-nous, de cet avantage sur l'assemblée constituante, pour la traiter, ainsi que son ouvrage, avec un insigne mépris.

Il faut l'avouer, elle n'a su faire ni la royauté ni la république. Les plus éclairés d'entre ses membres n'étaient que des écoliers dans la haute science d'instituer des sociétés politiques. Mais où étaient les maîtres plus habiles? M. Necker, sans doute, savait bien la maxime de Montesquieu : Point de noblesse, point de monarque ; mais il voulait, et il voudrait encore une noblesse sans privilèges, sans prérogatives réelles, une noblesse réduite à des décorations et à des distinctions honorifiques. Et, en cela, comprend-il bien Montesquieu? en cela, connaît-il bien la nature des choses? N'est-il pas aussi vrai de dire : Point de priviléges, point de noblesse, que : Point de noblesse, point de monarque?

Nous ne craignons pas d'assurer que ni Montesquieu, ni Blackstone, ni aucun défenseur de la noblesse n'ont jamais séparé l'idée de priviléges *utiles* de celle de distinctions honorifiques; nous ne serions pas embarrassés de citer plusieurs passages de leurs écrits qui le prouvent positivement. C'est, en effet, des priviléges réels qu'ils font dériver l'intérêt de la noblesse à la défense du trône contre les invasions du peuple, et du peuple contre les invasions du trône. Et, au fond, quand M. Necker suppose que les respects du peuple et ses égards ne sont déterminés que par des signes extérieurs d'une dignité purement honorifique, il juge le peuple plus dupe qu'il ne l'est. Ce qui impose au peuple dans les distinctions extérieures des grands, ce ne sont pas ces distinctions elles-mêmes, ce sont les avantages de fortune ou de puissance qu'elles supposent; du moment qu'elles ne seraient plus le signe d'aucune prérogative réelle, elles ne produiraient plus d'effet. C'est une erreur de croire que les yeux du peuple ne le conduisent que parce qu'ils le trompent, que l'éclat des rangs ne servent qu'à l'éblouir, et nullement à lui montrer les avantages qu'ils supposent.

L'erreur de M. Necker relativement à l'influence des distinctions d'appareil nous paraît être la même que celle des colons de nos îles d'Amérique, qui regardaient la blancheur de leur peau comme la seule cause de l'obéissance aveugle qu'avaient pour eux leurs nègres, tandis que leur empire était uniquement fondé sur leur savoir, sur leur police, sur leur richesse surtout, et qu'il n'y avait pas de maître plus rigoureusement obéi dans les colonies mêmes qu'un nègre devenu propriétaire, malgré sa noirceur, égale à celle de ses esclaves.

Si donc on peut prouver à M. Necker qu'abolir les prérogatives réelles de la noblesc c'est détruire les prérogatives d'opinion, il sera forcé de convenir, lui qui a toujours trouvé cette première abolition nécessaire, qu'il n'eût pas été meilleur organisateur d'une monarchie que l'assemblée constituante, et que, s'il eût été chargé de faire la Constitution, il eût tout aussi

bien que nous mérité l'éloge ou le blâme, non d'avoir établi la république, mais d'avoir puissamment préparé la chute de la monarchie.

L'histoire de l'assemblée législative et des commencements de la Convention nous a paru parfaitement exacte; le tableau des machinations employées contre la cour est tracé, nonseulement avec fidélité, mais aussi avec la force, l'intérêt et la grandeur qui conviennent au sujet. Seulement les amis de la concorde et de la paix regrettent que M. Necker n'ait pas remis à d'autres temps son récit du jugement et de la mort de Louis XVI. Plus ce récit est pathétique, plus il était dangereux au moment où il a été publié. Et qu'est-ce qui pressait de le publier? Était-il à craindre que cet événement ne tombât dans l'oubli? N'était-il pas au contraire très-désirable que les esprits restassent distraits de souvenirs qui ne pouvaient être encore que trop vifs? L'opinion avait-elle besoin d'être redressée, et de l'être sans délai, sur les prétextes de la mort de Louis XVI? Sa cause était-elle périclitante pour attendre, supposé, ce qui n'est pas, qu'elle eût besoin d'être plaidée pour être entendue et bien jugée? N'étaient-ce pas les ressentiments personnels, les ambitions et tous les sentiments de discorde qui devaient, plutôt que la justice et la morale, se saisir et profiter de l'intérêt ranimé par M. Necker sur cette grande catastrophe? Et, au fond, qu'importent les idées justes sur un événement irréparable, et peut-on dire de même : qu'importe l'amortissement de souvenirs qui ne peuvent exciter que des troubles? Quel serait le regret de M. Necker s'il s'en élevait en ce moment dont le fanatisme de la royauté fût la cause ou le prétexte (1)! Un homme de son caractère, de son esprit, de son âme, ne serait-il pas inconsolable qu'on pût

---

(1) M. Necker n'est sans doute pas instruit que, tout ce que craint la Montagne, c'est d'être punie de la mort du roi; que, ce qui la rend souvent furieuse, c'est cette crainte, et que rien n'est plus propre à faire renaître cette crainte, qu'un tableau éloquent des derniers moments du roi. L'ouvrage de M. Necker pouvait servir pour empêcher la réélection de ceux qui ont voté cette mort, et, comme un grand nombre d'entre eux ont été d'ailleurs très-coupables, ce pouvait être un bien; mais l'ouvrage a paru plus tôt qu'il ne fallait pour remplir cet objet, et assez tôt pour produire l'autre.

compter cinquante pages d'un de ses écrits, entre les mille histoires de la Révolution, où depuis trois mois on a fait aussi un récit pathétique de la mort du roi; entre cent journaux qui citent soigneusement de ces histoires ce qui se rapporte à la mort du roi; entre cent espèces de dessus de boîtes et de gravures d'éventails qui offrent aux yeux l'urne cinéraire du roi? D'autres auraient besoin de parler aussi de l'événement qui entraîna Louis XVI à la mort, et ils seraient excusables de l'avoir fait peut-être, après les calomnies qu'ont attirées sur eux l'ignorance parfaite où est la France des détails du 10 août, calomnies que leur silence peut avoir accréditées. Mais il faut savoir attendre le moment où il convient de parler de soi. L'intérêt personnel doit toujours s'ajourner, quand l'intérêt public l'exige.

L'histoire des *crimes* de la Terreur est parfaite. Rien de plus éloquent que les reproches que l'auteur adresse sur ce sujet à la Convention tout entière; mais l'histoire de la *Terreur* elle-même manque dans cette partie. C'était le sujet d'une grande instruction pour l'humanité de montrer comment, par quel déclin des principes, par quel progrès des erreurs qui paraissent d'abord le plus sans conséquence, par quels artifices, par quels attentats, et par quels concours d'agents et de circonstances on parvient à étendre la terreur sur un peuple; de dire ensuite tout ce qui la concerne et la fortifie; de faire voir enfin comme elle se détruit entre les mains de ceux qui l'exercent, dans deux cas fort différents, c'est-à-dire lorsque c'est un seul homme qui en dispose, ou que c'est plusieurs.

L'histoire du 9 thermidor; celle des temps postérieurs, où la justice reparut au sein de la Convention, mais toujours incertaine et timide; celle des événements de prairial, de Quiberon et de vendémiaire sont aussi écrites avec autant d'éloquence que d'exactitude; mais il y manque quelque chose comme à l'histoire des temps de la Terreur; il y manque l'histoire des principes de réaction qui alors se sont développés avec énergie. On dit qu'un ouvrage nouveau de B. Constant, intitulé : *des Réactions politiques*, suppléera à cet égard à l'omission des histoires connues de la Révolution. Quant à l'histoire de la Terreur, elle se trouve, et très-bien, dans deux chapitres d'un ouvrage

anonyme qui paraît en ce moment sous ce titre : *des Causes de la Révolution et de ses résultats* (1).

Il nous semble, pour nous résumer sur la partie historique du livre de M. Necker, qu'elle laissera plus de sentiments que d'utiles lumières; qu'elle sera plus fructueuse à la morale privée qu'à la morale publique; qu'elle aura plus de prix aux yeux des hommes vertueux et sensibles qu'aux yeux des hommes d'État. Si nous comparons ainsi cette partie telle qu'elle est avec ce qu'elle aurait pu être, ce n'est point par l'intention de faire remarquer ce qui lui manque, mais par l'étonnement de ne pas y trouver tout ce qu'on était en droit d'attendre de M. Necker.

La partie apologétique de son ouvrage porte avec elle un caractère particulier, qui nous paraît être, plus que l'éloquence passionnée, le signe d'une conscience sûre d'elle-même et forte de ses bonnes intentions. C'est une noblesse de diction et une sérénité de ton où l'on croit reconnaître plutôt un juge impartial, prêt à prononcer franchement entre ses adversaires et lui, qu'un accusé chargé du soin de se défendre. On y voit moins l'homme d'esprit, l'homme de talent, que l'honnête homme, le bon citoyen, le philosophe même; car, malgré le mépris trop affecté de M. Necker pour cet honorable titre, il réussit mieux à le mériter qu'à le déprécier.

La critique que M. Necker a faite de la constitution de 1795, à la fin de son troisième volume, nous a paru manquer de justesse dans les points principaux, et pointilleux dans les détails.

Le grand défaut qu'il y relève, c'est la séparation absolue de la puissance législative et de la puissance exécutive; mais cette séparation n'existe ni de droit ni de fait. Le Directoire a, par la Constitution, l'initiative de toutes les lois, à une seule condition, qui assurément ne porte aucun préjudice à la chose; c'est *qu'il ne présentera pas ses projets en forme de lois*. L'expérience a déjà prouvé que l'initiative du Directoire n'était point illusoire; qu'il savait soutenir son droit par des moyens propres à le faire valoir, ou, pour parler sans

---

(1) (*Note de l'éditeur.*) Voir les deux articles qui suivent celui-ci.

détour, qu'il savait ménager un parti à ses vues dans le corps législatif, soit par la persuasion de ses discours, soit par la promesse de ses faveurs.

Il nous paraît aussi très-contestable que le partage du pouvoir législatif entre les deux Chambres soit aussi désavantageux à celle des Anciens que le suppose M. Necker. Par cela même que la proposition des lois appartient exclusivement au conseil des Cinq-Cents, l'autre n'a point à craindre la défaveur qu'attirent les lois odieuses, telles que les lois de contribution, et il a l'honneur de leur rejet. D'un autre côté, sa rejection a d'autant plus de gravité que, n'étant exposé à aucune revanche, il n'est jamais présumé l'avoir prononcée par humeur.

C'eût été, ce semble, un contre-sens de donner, comme le voudrait M. Necker, la proposition des lois aux anciens et l'adoption aux jeunes. C'est dans les jeunes qu'est l'esprit d'amélioration et de réforme, et dans les anciens l'esprit de conservation. Mettre l'esprit inventif à la place où l'on ne peut que conserver, et l'esprit conservateur où il faut inventer, serait les détruire tous deux; ce serait arrêter le perfectionnement des bonnes institutions et empêcher la destruction des mauvaises.

Nous appelons pointilleuses toutes les critiques qui ne tombent que sur des accessoires de la Constitution, ou sur des possibilités éloignées, ou sur des imperfections dont l'amendement est très-facile; par exemple, c'est une crainte chimérique que celle de voir un directeur accusé rentrer en fonctions après avoir été acquitté par le tribunal. C'est d'abord une crainte chimérique que celle de voir même un directeur en accusation : nous aurons occasion d'en dire ailleurs les raisons. En second lieu, c'en est une autre de le voir acquitté quand il aura été accusé, précisément parce que, l'acquittement le remettant en place en face du corps législatif qu'il pourrait narguer à son aise, le corps législatif ne le mettra en accusation que quand la condamnation sera bien évidemment méritée. Ainsi, ce que M. Necker regarde comme le fâcheux résultat d'une accusation mal fondée n'est autre chose qu'un puissant obstacle à une accusation de cette nature.

La partie de l'ouvrage de M. Necker où il se montre homme d'État et législateur, c'est le dernier chapitre, où il compare le gouvernement d'Angleterre avec le gouvernement de la république; c'est là qu'il dit sur notre Constitution des choses vraiment importantes, et qu'il rassemble des observations profondes. A la vérité, il n'en résulte pas que nous devions remplacer le système républicain par la Constitution anglaise; mais on peut en conclure qu'il est nécessaire de réfléchir de bonne heure aux légers amendements dont notre organisation est susceptible; et nous croyons qu'il sera bientôt du devoir des écrivains politiques de s'en occuper et d'en écrire avec franchise.

Nous laissons aux journaux littéraires l'éloge et la critique du style de M. Necker. Notre tâche est remplie, puisque nous avons fait connaître sa morale et sa politique. Nous ne ferons qu'une observation sur la contexture de son livre : c'est que l'enchevêtrement des trois parties très-différentes que nous y avons distinguées, c'est-à dire de l'histoire de la Révolution, de l'apologie de l'auteur et de ses réflexions politiques, a partout entrecoupé le style de la narration par le style polémique, et l'un et l'autre par le style didactique, ce qui nuit à l'intérêt, et même fatigue l'attention, en obligeant l'esprit de changer souvent de marche et de mouvement. Ce défaut, au reste, nous a paru plus que racheté par des morceaux de logique forte et d'éloquence ravissante.

(Journal d'Économie publique, de Morale et de Politique, des 10 et 20 nivôse, 10 et 20 germinal an V, — 30 décembre 1796, 9 janvier, 30 mars et 9 avril 1797.)

DES CAUSES DE LA RÉVOLUTION

ET DE SES RÉSULTATS.

Cet ouvrage mérite d'être distingué, même entre les meilleurs écrits que le talent et l'amour éclairé de la liberté ont produits depuis quelque temps sur la révolution française, tels que l'*Histoire de la Révolution*, de Grainé, les *Vues philosophiques*, de Lachapelle, sur le même sujet, etc.

C'est une esquisse vigoureuse, hardie, et pourtant sage et judicieuse, de cette grande scène que personne n'a peinte encore. Jusqu'à présent on a cherché l'histoire de la Révolution dans celle de quelques hommes qui y ont figuré; on a pris des projets obscurs ou des manœuvres sourdes pour ses grands mobiles, et de misérables anecdotes pour des germes des grands événements qui se sont succédé depuis six années. C'était le moyen de satisfaire les passions; ce n'était pas le moyen d'être utile et juste.

Adrien Lezay, je le nommerai aussi, puisque tout le monde lui attribue les *Causes de la Révolution*, en a considéré le spectacle de plus haut; il en a mieux jugé les agents et les ressorts, et il a osé la retracer dans son ensemble. Il n'a pas nommé un seul homme, pas cité une seule anecdote; mais il a montré tous les intérêts qui ont agi, toutes les passions qui ont poussé, résisté, vaincu; il les montre dans toute leur force, dans tout leur caractère, chacun à sa place, et dans l'action qui lui a été propre.

« La Révolution, dit-il, ne doit à quelques hommes ni sa naissance, ni ses progrès. Qui s'en dira le père n'a qu'à se présenter : je veux le mesurer à son enfant. Que ceux qui s'en prétendent les conducteurs se nomment : je leur rappellerai l'humble posture où elle a tenu devant elle, sans préférence ni distinction, ses partisans et ses ennemis. »

Écrire l'histoire des passions nationales au lieu de celle de quelques ambitions privées, l'histoire du peuple français au lieu de celle de quelques gens de Paris, c'est le moyen de tracer en peu d'espace un tableau riche et complet de cette Révolution, de le tracer avec justice au milieu des préventions, des prétentions, des passions les plus désordonnées; avec justesse, malgré l'ébranlement de toutes les opinions établies dans la société et de tous les principes consacrés; c'est le moyen de le rendre instructif pour les hommes qui veulent apprendre l'art de gouverner et mettre à profit l'expérience du passé; cette expérience qui a d'autant plus besoin d'être étudiée que tout le monde croit l'entendre, et y trouve la justification de ses idées.

Mais aussi quel talent n'exige pas un semblable ouvrage? Observer la multitude n'est pas un travail si facile, n'est pas d'ailleurs un travail aussi souvent essayé que celui d'observer les individus.

Étudier les hommes est tout autre chose qu'étudier un homme. On peut étudier l'homme en soi-même; mais les hommes agissant en masse sont des hommes hors d'eux-mêmes.

Traduire en paroles les causes de ces mouvements populaires qui paraissent plus rapides que la pensée; énoncer les principes qui déterminent ces émotions qui paraissent l'effet du pur caprice ou du seul hasard, c'est, ce semble, la plus grande difficulté où puisse s'engager le talent décrire et l'art de penser. D'ailleurs il est facile d'intéresser le commun des lecteurs par des anecdotes relatives à des hommes connus; il ne l'est pas d'attacher les esprits médiocres à des causes dont il ne peuvent trop mesurer la force et l'étendue, et qui résident dans la multude.

Nous ne dirons pas à quel point l'auteur a surmonté les difficultés de son entreprise; nous invitons les hommes versés dans l'art d'écrire à en juger eux-mêmes par la lecture de l'ouvrage. Voici seulement quelques lignes qui pourront donner une idée de son style et de son ton. L'auteur, après avoir réfuté et les écrivains qui attribuent la Révolution à des causes fort reculées, et ceux qui l'attribuent à de petits événements de la veille, résume son opinion particulière en ce peu de mots :

« La Révolution eut pour cause le progrès
« des lumières, pour occasion la chute des
« finances.

« Tout pouvoir absolu, quand il ne peut
« plus payer, tombe : chez les peuples barbares,
« on lui aide à se relever; chez les peuples
« éclairés, on le laisse par terre. Ainsi tomberont
« toutes les monarchies absolues de l'Europe,
« lorsque les peuples auront connu leurs droits,
« et que les princes n'auront plus le moyen
« d'en payer l'oppression. »

Voici comment l'auteur parle de la Terreur, qu'il regarde, non pas comme nécessaire à la France, non pas même comme nécessaire à une révolution, ainsi qu'il plaît à la méchanceté de le dire, mais seulement comme inévitable dans une révolution faite par un peuple corrompu, et dont les principaux personnages se sont signalés par des crimes :

« Alors (quand la Terreur fut établie) il n'y
« eut plus qu'une règle pour tous : obéir ou
« mourir. Vingt et un membres du corps lé-
« gislatif voulurent s'élever contre la tyrannie
« naissante; ils moururent. Quelques départe-

« ments s'armèrent en leur faveur ; ils furent
« saccagés, Lyon et Toulon bombardés, une
« partie de leurs maisons rasées, de leurs ha-
« bitants fusillés ; le reste se contint, etc. Tout,
« jusqu'au crime, était crime alors. On ne sa-
« vait plus où trouver son salut ; car si, pour
« se sauver, on embrassait le crime, on était
« puni comme criminel, sinon comme inno-
« cent, etc. »

« La Terreur dura dix-huit mois, etc. Elle
« devait moins durer, et si elle dura si long-
« temps, c'est que chacun voulait la détruire.
« Comme elle avait atteint toutes les classes,
« elle était en horreur à toutes, et la grande
« popularité qu'eût obtenu celui qui l'eût dé-
« truite l'aurait facilement mis au-dessus des
« autres. Ainsi ce fut à la fois à qui la dé-
« truirait, et à qui empêcherait qu'un autre
« la détruisît. Camille Desmoulins proposa la
« clémence, il périt ; Danton la proposa, il
« périt ; Robespierre la proposa, il périt.
« Mais étant beaucoup plus puissant que les
« autres, et le comité de salut public étant
« divisé, il fallut intéresser l'assemblée natio-
« nale à sa perte, et la puissance ainsi disper-
« sée, la Terreur fut détruite. »

Voici comment l'auteur termine son chapitre sur la constitution française :

« Malgré tous ses défauts, j'en vois peu en
« Europe qui lui puissent être comparées ; et
« si les choses suivent leur cours naturel, on
« verra celle de l'Angleterre aller toujours en
« déclinant, et celle de la France toujours en se
« perfectionnant. La première est polie à force
« d'être usée ; si celle-ci est encore brute, c'est
« qu'elle est neuve. Ceux qui fondèrent la répu-
« blique française ne savaient pas ce qu'ils fon-
« daient. C'étaient pour la plupart des hommes
« perdus de crimes, qui avaient ouï dire que,
« dans les républiques, c'étaient les plus fu-
« rieux qui étaient le plus en crédit. Rome fut
« de même fondée par les brigands, et cette
« Rome devint la maîtresse du monde. »

Voici l'aperçu que l'auteur offre des derniers
résultats de la Révolution :

« Il restera de la Révolution un esprit de li-
« berté qui s'opposera désormais à toute ty-
« rannie durable, quand même la constitution
« républicaine de la France serait renversée.
« Ce résultat est le plus solide de tous, mais
« c'est aussi le moins brillant.

« Il en résultera pour tous les peuples, même
« pour ceux qui resteront sous le pouvoir le
« plus absolu, un grand adoucissement d'op-
« pression, de la part des rois, par l'exemple
« d'un roi détrôné ; de la part des peuples, par
« celui d'un peuple affranchi.

« Cette révolution avait diminué la popula-
« tion et fort ébranlé l'ordre. Un de ses prin-
« cipaux résultats devait être de fortifier l'or-
« dre et d'augmenter la population. Soit par
« des lois sur le partage des successions, soit
« par la vente à vil prix des biens nationaux,
« elle avait doublé le nombre des propriétai-
« res, c'est-à-dire des intéressés à l'ordre so-
« cial, et cette multiplication des propriétaires
« devait à son tour augmenter la population,
« bien plus que ne l'avaient diminuée les émi-
« grations et la guerre.

« Des émigrés des autres pays devaient aussi
« remplacer à la France ceux qu'elle avait per-
« dus. Comme les ennemis de la liberté l'a-
« vaient fuie, ceux de la tyrannie devaient y
« fuir, et cette espèce d'émigrés convenait
« mieux que l'autre à son nouveau gouverne-
« ment ; enfin, la justice et la paix devaient lui
« ramener tous ceux que la persécution ou la
« terreur avaient forcés de fuir.

« Les grands et continuels dangers dont
« chaque citoyen fut environné pendant sept
« ans accoutumèrent à les braver, et l'audace
« devint une vertu commune.

« La longue durée de la Révolution et la vio-
« lence avec laquelle toutes les classes la res-
« sentirent usèrent pour longtemps le goût du
« changement.

« La naissance de la république au milieu
« des victoires, et la puissance avec laquelle
« elle accabla de son berceau tous ses ennemis,
« donnèrent à son enfance la majesté des vieux
« empires et imposèrent la gloire à tout son
« avenir.

« L'éducation devait devenir plus soignée
« dans un pays où il n'y avait de différence
« entre les citoyens que celle qu'elle y mettait.
« Les arts et les sciences devaient donc s'y per-
« fectionner, et, par une autre conséquence, le
« sort du peuple s'améliorer.

« Mais il y avait bien d'autres causes, car tous
« les capitaux du luxe et du commerce exté-
« rieur ayant passé pendant trois ans à l'agri-
« culture, elle en avait tiré de grands moyens

« d'accroissement. Le solde, à vil prix, des
« rentes et des impôts, avait dû augmenter
« encore son capital; et la déperdition conti-
« nuelle du papier s'opposant aux thésau-
« risations, les agriculteurs avaient dû conver-
« tir la plus grande partie de leurs profits en
« biens moins périssables.

« La disette fit aux Français le plus beau
« présent que puisse recevoir un peuple : en
« lui enseignant l'économie des comestibles,
« ils s'accoutumèrent à chercher dans la so-
« briété le moyen de se passer de l'abondance.

« La loi du maximum, loi qui devait tout
« perdre, favorisa la multiplication des bes-
« tiaux, ce grand meuble de l'agriculture; car,
« ayant réglé le prix de la viande et ayant
« oublié de régler celui de la bête vivante, on
« conserva sur pieds les bestiaux, parce qu'il
« y avait à perdre à les tuer.

« Enfin, le haussement des salaires et la
« baisse des marchandises, ce dernier terme
« de la prospérité des nations, devait être le
« résultat de cette grande révolution. Le com-
« merce, étant affranchi de toute gêne, devait
« devenir plus étendu; et, ouvrant un plus
« grand marché, il devait, par la plus grande
« concurrence des marchandises, faire baisser
« leur prix.

« Ayant d'ailleurs besoin de plus de bras, à
« raison de sa plus grande étendue, il devait
« les faire payer plus cher qu'auparavant, en
« augmentant la concurrence parmi ceux qui
« les employaient. Ainsi, le double effet de
« cet affranchissement devait être de mettre
« les marchandises au rabais, et les bras à
« l'enchère.

« Il est vrai que l'abolition des maîtrises de-
« vait aussi ouvrir une plus grande concur-
« rence entre les ouvriers, mais la facilité de
« quitter un métier désavantageux devait les
« faire sortir de la dépendance des entrepre-
« neurs, et obliger ceux-ci à payer mieux,
« ceux qu'ils avaient envie de conserver.

« Bien des révolutions politiques ont agité
« le monde; la plupart ont échoué; quelques-
« unes ont eu une partie des résultats de la
« révolution française; aucune ne les a réu-
« nis... »

Il y a six semaines que cet écrit est imprimé.
Alors bien des esprits, revenus depuis à la république, ou du moins plus déclarés pour elle

qu'ils ne l'avaient été jusque-là, donnaient au
royalisme des espérances, et aux amis de la
paix et de la liberté de vives appréhensions.
Alors donc il y avait du courage à défendre la
Révolution, et c'est de quoi il nous sera du
moins permis de marquer à l'auteur de l'estime et de la reconnaissance. Nous honorerons
aussi en lui la fierté qu'il a unie à son courage,
cette hauteur d'âme, de ton, de langage, qui
lui a fait dédaigner de prendre dans cette défense aucune précaution, d'employer aucun
ménagement envers l'esprit du moment : il est
des temps et des circonstances où c'est se
montrer faible que de se montrer adroit. A la
vérité, il ne suffit pas, pour se présenter ainsi
au combat, d'être fort de sa conviction et de
son talent; il faut l'être aussi du sentiment
d'une probité sans tache et de l'ascendant
d'une considération bien établie. Sans doute
il n'appartenait pas à tout le monde de donner
du poids à une apologie de la Révolution; il
n'appartenait sans doute ni aux hommes qui
ont trempé leurs mains dans le sang, ni à leurs
témoins muets, ni à leurs spectateurs volontaires, ni à leurs amis, ni à leurs apolo-
gistes, *de laver*, comme le dit l'auteur, *le
tableau de cette révolution de la couche de sang
innocent dont ils l'ont couvert;* mais cet homme
avait le droit de le faire, et a pu le faire avec
succès, qui compte un grand nombre de parents, d'amis, et peut presque se compter lui-
même entre leurs victimes, et qui surtout
a osé les affronter dans leur puissance. C'est à
un tel homme qu'il convenait de dire, comme
l'a fait A. Lezay :

« J'appelle du jugement porté sur la Ré-
« volution; comme elle je serai condamné.
« Comme beaucoup n'ont vu en elle que ses
« désordres, ils ne verront non plus dans l'ex-
« plication que je fais de ses causes, et dans
« l'indication que je donne de ses résultats,
« qu'une apologie de ses horreurs. *Peu m'im-
« porte.* Si j'osai m'élever contre elle lorsqu'elle
« renversait tout, j'oserai la défendre lorsque
« tout la menace, et je défendrai ses principes
« avec la même ardeur que j'ai mise à attaquer
« ses excès. »

(Journal de Paris, des 24 et 25 floréal
an v. — 13 et 14 mai 1797.)

DES CAUSES DE LA RÉVOLUTION

ET DE SES RÉSULTATS,

Par Adrien LEZAY.

Voici enfin un écrit instructif et consolateur sur la Révolution, un écrit où ses fureurs et ses ravages sont énergiquement retracés, mais où ses causes et ses excuses sont équitablement présentées, et où, surtout, les avantages qu'il est possible d'en recueillir sont indiqués avec précision, évalués avec sagesse, et recommandés avec intérêt. Là brillent un pur amour de la patrie, un zèle éclairé pour la république, et un talent digne de ces nobles sentiments. On voit aisément que l'auteur a éprouvé les rigueurs de la Révolution ; mais il est plus évident encore que son amour pour la liberté a triomphé de ses souvenirs. Plus celle-ci a coûté, plus il met de prix à sa conservation. Si des pertes affligeantes lui font un besoin de répandre des larmes, c'est en secret et sur les tombeaux qu'il va les verser ; il ne répand que des vues utiles, des critiques profitables, des espérances, des encouragements, des consolations, sur ces pages qu'il offre aux regards des Français, et qu'il oppose avec courage, même avec fierté, aux perfides déclamations par lesquelles on voudrait nous faire sacrifier les biens et les espérances qui nous restent au vain souvenir des biens que nous avons perdus.

« Les malheurs sont finis, dit l'auteur dans « un avant-propos, les dédommagements com- « mencent. Détournons les yeux du passage, « et arrêtons-les sur le terme... Le tableau de « la Révolution ne m'inspira d'abord, je l'a- « vouerai, que de l'horreur. Je ne voyais que la « couche de sang sous laquelle il était caché. « Ayant osé le regarder d'un peu plus près, je « vis qu'il ne fallait que le laver pour avoir un « tableau magnifique.

« Du reste, si j'ai réussi à vaincre en moi « toute prévention, je ne puis me flatter d'ob- « tenir un pareil succès sur les autres. La Ré- « volution a été faite aux dépens de la généra- « tion vivante, et les vivants l'ont déclarée cri- « minelle envers eux. J'appelle du jugement « porté contre elle : comme elle je serai con- « damné. Comme beaucoup n'ont vu en elle « que ses désordres, ils ne verront non plus « dans l'explication que je donne de ses cau- « ses, et dans l'indication que je fais de ses

« résultats, qu'une apologie de ses erreurs. « Peu m'importe. Si j'osai m'élever contre elle « lorsqu'elle renversait tout, j'oserai la dé- « fendre lorsque tout la menace, et je sou- « tiendrai ses principes avec la même ardeur « que j'ai mise à attaquer ses excès. »

Telles sont les intentions qu'annonce l'auteur dès son début, et qu'il manifeste en- suite d'autant plus complétement qu'il ne montre jamais la prétention de le faire, et que chacune de ses lignes semble avoir suivi le cours naturel de ses idées et de ses réflexions.

Les deux premiers chapitres traitent des causes de la Révolution ; le premier en trace l'aperçu, le second en offre le développe- ment. Nous n'en consignerons ici que quelques traits.

L'auteur, après avoir jeté un coup d'œil sur les faits indiqués par quelques écrivains comme causes de la Révolution, entre dans leur examen par cette réflexion judicieuse :

« Je ne prétends point décider lequel est le « plus pénétrant ou du vulgaire qui prend tou- « jours l'avant-dernier événement pour cause « du dernier, ou de celui qui, pour s'en dis- « tinguer, affecte de placer des siècles entre « les effets et les causes ; mais je ne pense pas « qu'en ce point-ci ils se trompent moins les « uns que les autres. »

L'auteur passe ensuite en revue les princi- pales opinions qui ont été avancées sur ce su- jet. Il ne croit pas d'abord que l'oppression du peuple ait été assez forte pour le porter à la révolte, et assez générale pour l'y porter tout entier au même moment ; condition nécessaire pour qu'une révolte opère une révolution. Il observe que, d'ailleurs, ce qu'on a appelé *l'op- pression* en France était comme inné. « A « l'époque de la Révolution, les vivants, dit-il, « n'avaient rien perdu ; ils étaient ce qu'ils « étaient nés, et, n'ayant point connu d'autre « état, ils en connaissaient le malaise sans en « soupçonner un meilleur. Après tout, l'op- « pression était moins forte en France qu'en « Espagne, qu'en Portugal, qu'en Autriche, « qu'en Prusse, qu'en Turquie ; cependant ces « contrées sont restées fort tranquilles, et la « France a fait sa révolution. »

L'auteur rejette l'opinion qui attribue la Ré- volution à des événements publics ou domes- tiques. Il pense que l'influence des événements sur le peuple est toujours conforme à l'esprit dans lequel ils le trouvent, que les plus malheureux l'attachent au gouvernement quand il est content de lui, et que les plus heureux ne servent qu'à augmenter sa haine quand il ne l'est pas. Nous observerons qu'il y a ici équivoque. Les événements malheureux n'attachent le peuple au gouvernement que quand ils tombent plus directement *sur le gouvernement que sur le peuple*, comme un revers militaire, ou quand ils sont produits par une force supérieure que le gouvernement n'a pu détourner ou surmonter, quoiqu'il y ait mis tous ses efforts. Hors ces deux cas, les événements malheureux *pour le peuple* deviennent pour lui des griefs contre le gouvernement ; et, par exemple, ce n'est jamais sans courir un grand danger que le gouvernement expose le peuple à manquer de pain ou de travail.

« Enfin, continue l'auteur, les plus mal avi-
« sés de tous sont ceux qui regardent la Révo-
« lution comme l'effet des combinaisons et des
« menées des hommes qui l'ont servie... La Ré-
« volution ne doit aux hommes ni sa naissance,
« ni ses progrès. Qui s'en dira le père n'a qu'à
« se présenter : je veux le mesurer à son en-
« fant. Que ceux qui s'en prétendent les con-
« ducteurs se nomment : je leur rappellerai
« l'humble posture où elle a tenu devant elle,
« sans préférence ni distinction, ses partisans
« et ses ennemis. »

L'auteur présente son opinion dans ce peu de mots qui méritent d'être remarqués, et par les hommes versés dans la politique, et par les hommes versés dans l'art d'écrire :

« La Révolution eut pour cause le progrès des
« lumières, pour occasion la chute des finan-
« ces. Tout pouvoir absolu, quand il ne peut
« plus payer, tombe. Chez les peuples barba-
« res, on lui aide à se relever ; chez les peu-
« ples éclairés, on le laisse par terre. Ainsi
« tomberont toutes les monarchies absolues de
« l'Europe, lorsque les peuples auront connu
« leurs droits, et que les princes n'auront plus
« le moyen d'en payer l'oppression. »

Le second chapitre, qui, comme nous l'avons dit, est un développement du premier, offre aussi de grands traits dignes de leur sujet.

L'auteur y parle d'abord de l'abolition de la féodalité, qui fut une des grandes causes de la chute du trône ; vérité importante qui prouve contre M. Necker cette thèse que nous avons dernièrement opposée à son système : *Point de privilége, point de noblesse.*

« La féodalité n'avait pas moins entrepris
« sur l'autorité des monarques que sur la li-
« berté des sujets ; et comme les rois ne sont
« pas si patients que les peuples, ils l'attaquè-
« rent les premiers. Mais, trop faibles encore
« pour l'attaquer directement, ils ne virent
« pas de meilleur moyen de la restreindre
« que de favoriser les affranchissements ; et
« voilà comment s'établirent, à l'aide de la
« royauté, ces communes qui devaient la dé-
« vorer un jour. »

Pendant que la féodalité s'affaiblissait par les affranchissements, la royauté, observe l'auteur, se fortifiait par des réunions de domaines, et le monarque devint le principal propriétaire de l'État.

« Alors la royauté continua d'abaisser les
« seigneurs, mais sans y employer, comme
« avant, les communes, qui commençaient à
« lui porter ombrage ; et voulant abaisser les
« uns sans élever les autres, elle priva les sei-
« gneurs de tous les priviléges contraires à l'au-
« torité du monarque, et leur laissa tous ceux
« qui l'étaient aux droits des sujets... De deux
« sortes de droits qu'exerçaient les seigneurs,
« les droits de protection leur furent ôtés, et
« ceux d'oppression conservés. »

Alors, observe l'auteur, les sujets passèrent sous la dépendance du monarque ; et ils gagnèrent, non pas, comme il le dit, ce qu'on gagne à être opprimé par un fort plutôt que par un faible, puisque, les seigneurs ayant conservé leur droit d'oppression, les sujets étaient opprimés par un fort et par un faible tout à la fois ; mais, comme il l'ajoute, ils gagnèrent de n'avoir plus qu'un seul maître et de n'avoir plus besoin que d'une révolution pour être libres.

Après ces observations sur la destruction de la féodalité vient le tableau des effets produits sur l'esprit humain par l'imprimerie.

L'auteur montre ensuite l'influence exercée par le luthéranisme, qui éclata bientôt après, et dont la constitution est en tout point républicaine.

Il fait voir aussi comment l'établissement des milices permanentes, devenues nécessaires pour la défense de l'État, remise au prince seul, en aggravant les charges publiques et en donnant des moyens violents pour y subvenir, rendirent l'autorité royale odieuse; comment l'imprimerie et la poste facilitèrent aux sujets les moyens de se communiquer leurs mécontentements et de préparer leur vengeance.

« Depuis l'invention de l'imprimerie, les lumières et les malheurs n'étaient plus personnels comme avant. Ce qu'un homme « avait su ou souffert ne périssait plus avec « lui; ses souffrances ou ses connaissances survivaient dans les livres, et, sans bouger de « place, il se faisait entendre à l'univers. Pendant que des hommes souffraient, d'autres « hommes tenaient registre de leurs souffrances. Chaque cri que jetait l'humanité, les « presses de l'imprimerie le faisaient résonner « d'un bout du monde à l'autre, et rapportaient « de tous les coins du monde au malheureux « la promesse de sa vengeance.

« Une autre découverte du même siècle devait, par la suite, donner à cette correspondance une rapidité qu'elle n'avait point par « elle-même. La poste, cette invention d'un « des plus soupçonneux tyrans qui aient régné, « tourna contre la tyrannie. Par son moyen, « toutes les parties d'un grand empire purent « se communiquer en peu de jours leurs griefs, « et les murmures volèrent désormais aussi « vite que les volontés du tyran.

« Avec le temps il se forma contre les rois « un corps de plaintes qu'ils négligèrent au « commencement d'apaiser, et qu'à la fin ils ne « purent plus étouffer. Du sentiment des maux « on passa à la recherche de leurs causes, et, « dans cette recherche, on rencontra les droits. « Alors on put, sans un cœur inhumain, se « réjouir en voyant les princes dissiper en folles « dépenses et en guerres ruineuses les trésors « de l'État. Ce fut un vœu patriote que de souhaiter à son pays le comble de ses maux : « c'était lui en souhaiter la fin.

« Le trône seconda ce vœu. Le militaire et « le trésor, ces deux appuis uniques du pouvoir absolu, furent aussi peu ménagés l'un « que l'autre. La discipline allemande, qu'on « essaya d'introduire dans les troupes françaises, les révolta; les dépenses allèrent en « croissant; les impôts s'élevèrent au point de « ne plus pouvoir s'élever, et les deux derniers

« règnes se distinguèrent surtout par les dissipations des monarques et par les exactions « des ministres. Les parlements, la seule et « faible digue qui s'opposât aux débordements « du pouvoir, ne furent pas épargnés lorsqu'ils « refusèrent d'enregistrer les impôts. Les impôts ne suffisant plus, on voulut recourir « aux emprunts; les emprunts ne suffisant « pas, on proposa l'édit du timbre. Le parlement l'ayant rejeté, on l'exila. Alors on se « souvint qu'autrefois, dans des besoins semblables, les rois avaient tiré de grands secours « des états généraux, et on se hâta de les convoquer; mais les temps n'étaient plus les « mêmes. Les états généraux, après avoir été « jusque-là la ressource des princes, furent « cette fois celle des peuples. Une fois assemblés, la Révolution fut faite et ne fut plus que « l'application de celle qui dès longtemps était « consommée dans les esprits, comme le prouvèrent, sans équivoque, les communes, lorsqu'elles déclarèrent qu'elles n'étaient plus le « tiers état, mais tout l'État... Assembler un « peuple éclairé qui était asservi, c'était lever « le seul obstacle qu'il y eût à la Révolution, « car il n'eût pu ni se révolter tout entier, ni « se rassembler de lui-même. »

L'auteur termine ce chapitre par des observations très-justes, d'où il résulte que l'étendue de la France eût été un éternel obstacle à la Révolution, si le monarque ne se fût pas mis dans la nécessité de convoquer des états généraux.

Dans le troisième chapitre, l'auteur essaie d'expliquer pourquoi la Révolution a été si terrible.

« Les lumières et la corruption, dit-il, font leur progrès ensemble; c'est pourquoi toute révolution populaire, amenée par le progrès des lumières, est nécessairement violente.

« En effet, le propre de la corruption est de rendre le riche lâche et le pauvre cruel et avide; or c'est le pauvre qui, dans ces sortes de révolutions, tient le haut bout. Comme ni les uns ni les autres n'ont plus aucun principe, il ne reste plus rien qui soutienne dans l'adversité et qui retienne dans le succès. »

Pour admettre cette première explication, je voudrais y ajouter quelques mots à la suite de ceux-ci : Les lumières et la corruption font leur progrès *ensemble*; je dirais : Mais leur marche est très-inégale; celle des lumières est lente, celle de la corruption rapide; les lumières ont à peine fait connaître les droits que déjà la corruption a rendu impossible le sentiment des devoirs.

L'examen attentif de la conduite des partis dans la Révolution justifie cet aperçu général. Tous les hommes à qui la Révolution était contraire lui opposèrent, comme l'observe l'auteur, une résistance assez forte pour l'exciter, pas assez pour la modérer. Ils furent vaincus. Mais bientôt les vainqueurs se divisèrent, les vaincus reprirent de l'espérance et du courage, et de nouvelles violences sortirent de cet état de choses. « La popularité est la plus grande force des partis populaires, et la persécution du parti opposé, le plus grand moyen de popularité. Ils rivalisèrent donc de popularité, et cette rivalité rendit la guerre encore plus animée contre tous les ennemis de la Révolution. Chacun, pour se populariser plus que son rival, voulut le surpasser en violences, et le vaincu, pour se laver du soupçon de complicité dont ne manquait pas de l'accuser son adversaire, enchérissait ensuite sur sa rigueur.

« Cette lutte devait être d'autant plus vive que, le corps législatif résidant dans une capitale qui, par le nombre de ses habitants, avait beaucoup d'influence sur lui, il importait extrêmement à chaque parti de la faire déclarer en sa faveur, parce que celui qui n'avait rien à s'en promettre devait avoir beaucoup à en craindre, et que, sa population étant presque toute populace, le parti qui voulait se la concilier était forcé d'être violent comme elle.

« Comme, d'ailleurs, tout le pouvoir législatif était concentré dans un seul corps, et que, ce corps dominant tout le reste, on devenait maître de tout en devenant le sien, les ambitieux s'en disputaient l'empire avec fureur; et, après avoir été obligés d'employer la violence pour vaincre, ils l'employaient encore pour tenir à terre les vaincus.

« Enfin, les fautes qui se commirent contribuèrent autant que tout le reste à la violence de la Révolution. On en fit une énorme, ce fut de laisser à la tête du nouvel ordre de choses, c'est-à-dire d'une monarchie qu'on avait si fort limitée, un prince accoutumé à exercer un pouvoir absolu. C'était prendre pour général le général ennemi, et inviter tous les ennemis

à se ranger à ses côtés. En effet le roi se vit tout à la fois le chef de la révolution et de la contre-révolution.

« Il est vrai qu'on n'y courait aucun danger dans l'état où étaient les choses, et qu'on aurait pu en courir à détrôner le monarque avant que les peuples fussent déshabitués de la monarchie et habitués aux violences. Mais lorsque, par sa fuite à Varennes, il eut comme appelé et motivé sa déchéance, il eût été prudent de la lui prononcer. On s'épargnait le hasard d'un 10 août et l'horreur d'un 21 janvier.

« Les royalistes ne causèrent pas moins de mal en défendant la royauté que les patriotes en la conservant. Sans trésor et sans troupes, affaiblie déjà par ses pertes, en guerre avec un corps législatif d'une constitution à tout détruire et qui tenait le roi prisonnier, comme ensuite il le fut lui-même, dans une ville qu'on émeut en retranchant un sac de blé à la halle, la royauté ne pouvait plus tenir; la défendre, c'était exposer une place battue en brèche à toutes les horreurs d'un assaut.

« Après la faute d'avoir conservé la royauté, on fit celle de ne pas conserver la religion. Par le mal qu'elle a fait à la Révolution on peut juger des forces qu'elle lui eût prêtées, si celle-ci en avait fait son alliée. Les principes de l'Évangile et ceux de la Révolution étaient les mêmes; même dégénération de la pureté primitive dans l'Église et dans la société. Il fallait les y ramener ensemble, soutenir le fanatisme politique, qui s'éteint promptement, par le fanatisme religieux, et opposer à l'autorité que les nobles avaient sur les peuples celle qu'avaient sur eux les prêtres.

« J'ai fait remarquer qu'une révolution populaire qui a sa cause dans le progrès des lumières est nécessairement violente. Je ferai remarquer de même que, quand c'est à l'occasion de la chute des finances qu'elle éclate, sa violence doit beaucoup s'en accroître.

« En effet, pour qu'un prince soit réduit à la nécessité, toujours triste pour lui, de convoquer ses peuples, et de se rendre, en quelque sorte, faute de vivres, il faut qu'il ait épuisé tout moyen de couvrir les besoins de l'État, non-seulement par de nouveaux impôts, mais même encore par des emprunts. Je ne parle pas de l'économie, ressource lente et incompatible avec l'urgence du besoin.

« Mais les peuples ont beau s'assembler et la révolution se commencer sous les auspices les plus heureux, on ne pourra, pas plus qu'avant, augmenter les impôts, car on la décréditerait dès sa naissance ; ni ouvrir des emprunts, parce qu'alors le crédit ne peut être établi ; ni enfin faire la banqueroute, puisque le but est de la prévenir et qu'elle entraînerait un renversement général.

« Le seul moyen qui se présente alors est donc de créer un papier-monnaie : expédient indispensable, puisqu'il est l'unique, mais qui doit finir par corrompre et le gouvernement et les peuples ; soit parce que, fournissant au gouvernement de quoi se passer de l'impôt, il sentira peu la nécessité de ménager la classe qui le paye et de puiser avec économie dans un trésor si facile à remplir ; soit parce que le crédit public étant fort ébranlé par l'énormité des impôts et les désordres inséparables d'une révolution naissante, le papier de l'État ne peut tarder à s'avilir et devient l'arme la plus terrible contre le riche entre les mains du pauvre, tout papier-monnaie avili équivalant à une réduction de dette, terme général qui comprend le rachat à vil prix des rentes perpétuelles, la solde des rentes annuelles et celle de l'impôt.

« Si le gouvernement, rendu prodigue par la facilité qu'il a de créer ses ressources à l'instant même de ses besoins, se trouvait obligé de fabriquer de son papier pour de nouvelles sommes, ce papier, se multipliant, perdrait de sa valeur première en proportion de sa multiplication ; le produit de l'impôt perdrait de même de la sienne, et les ressources du gouvernement étant réduites à son seul papier, il se verrait forcé de le multiplier en si grande abondance, et cette abondance le rendrait si vil, qu'il ne suffirait plus.

« Que, dans ce malheureux épuisement, des besoins immenses surviennent ; que plusieurs guerres se déclarent presque au même moment ; qu'il faille créer sur-le-champ, payer, nourrir, entretenir une armée de six cent mille hommes, et tirer du dehors une partie de ses provisions, il faudra que l'État périsse ou que le gouvernement devienne atroce.

« Ayant besoin de plus d'argent que son papier n'en peut valoir et que l'impôt n'en peut fournir, il substituera la peine de mort au crédit et la confiscation à la contribution. Il fera du sang de ses ennemis intérieurs sa ressource contre ses ennemis du dehors, et, pour accroître ses ressources, il accroîtra le nombre des mécontents, mettra en fuite une partie de la population pendant qu'il en immolera une autre ; et c'est avec les dépouilles des citoyens qu'il repoussera l'étranger et fera des conquêtes. »

Le chapitre IV est intitulé : *De la Terreur.* L'auteur la regarde comme un renfort devenu nécessaire à la Révolution, à cette époque où celle-ci n'était plus soutenue par la ferveur du peuple, et pas encore défendue par sa lassitude, et où les factions intérieures et les ennemis étrangers l'assaillaient de toutes parts. L'enthousiasme de la liberté était usé ; il fut remplacé par celui de l'égalité, non de l'égalité de droits, qui est une condition de la liberté, mais de l'égalité de biens, qui appelle ceux qui n'ont rien à partager la propriété de ceux qui ont. C'était un effet inévitable de la corruption du peuple, comme l'éruption est une suite de la petite vérole.

Quelques ambitieux avaient vu de bonne heure la faveur que devait avoir l'*égalité* de biens : ils la prêchèrent. Ils l'établirent d'abord à l'aide de l'assemblée nationale sur toute la France, bientôt à l'aide de la France sur l'assemblée nationale ; de cette manière ils concentrèrent le pouvoir dans leurs mains.

« Alors il n'y eut plus qu'une règle pour tous : obéir ou mourir. Vingt et un membres du corps législatif voulurent s'élever contre la tyrannie naissante : ils moururent. Quelques départements s'armèrent en leur faveur : ils furent saccagés, Lyon et Toulon bombardés, une partie de leurs maisons rasées, de leurs habitants fusillés ; le reste se contint.

« Les partisans de la Révolution n'étaient pas plus épargnés que les autres ; car ceux qu'on ne craignait pas comme ennemis, on les craignait comme rivaux. La municipalité de Paris, puissance plus grande alors que ne l'était l'assemblée nationale, ayant eu l'air de se savoir puissante, fut envoyée à l'échafaud.

« Lorsque les factions virent que c'était là que menait la puissance, elles s'humilièrent, et toutes les ambitions cédèrent à l'ambition de vivre. Chacun trembla pour lui en voyant que la mort ne choisissait pas ; et quand on vit la promptitude avec laquelle elle frappait, la terreur redoubla. Si la forme des procédures eût été lente, la terreur eût été tempérée par l'espérance, et si la mort n'eût menacé que ceux qu'elle devait atteindre, elle n'eût contenu qu'eux : tous étant menacés, tous fléchirent.

« La distance ne préservait pas. La Terreur eut ses préposés, je ne dis pas dans chaque ville, mais dans chaque hameau. Chaque citoyen fut surveillé par tous les autres, et il était aussi responsable de ce qu'il taisait que de ce qu'il faisait. Au-dessus de ces préposés sédentaires on en avait établi d'ambulants, qui tenaient la Terreur sous eux, pendant que d'autres la tenaient sur leurs têtes. Dans cette hiérarchie terrible chacun faisait trembler en tremblant.

« Tout, jusqu'au crime, était crime alors; de vrais coupables furent immolés. On ne savait plus où trouver son salut; car si, pour se sauver, on embrassait le crime, on était puni comme criminel, sinon, comme innocent.

« Pendant que la Terreur était ainsi étendue sur la France, elle l'était également sur l'armée, et elle y rétablit la discipline, comme elle avait, au dedans, rétabli l'obéissance. Quand les soldats désobéissaient, ils étaient mis à mort; quand ils désertaient, leurs familles répondaient pour eux; quand ils fuyaient, ils étaient fusillés sur la place, et, sûrs de trouver la mort derrière eux, ils volaient à l'ennemi comme au moindre danger. Lorsque les généraux ne remportaient pas la victoire, on les faisait mourir; lorsqu'ils étaient vainqueurs, on leur laissait la vie pour récompense, et, pour que l'affection de leurs soldats ne les rendît pas trop puissants, on les changeait sans cesse d'une armée à une autre.

« C'est de cette manière que la Terreur passa des armées de la république dans les armées ennemies; elles ne résistèrent plus à des hommes qui croyaient fuir la mort en allant au-devant d'elle.

« Alors elle gagna jusqu'aux souverains. La Toscane demanda la paix; l'Espagne, Naples, Parme, la Hesse, la Saxe, la Sardaigne, la Hollande suivirent son exemple, les uns après avoir été conquis, les autres après avoir été à moitié envahis; et quelques-unes de ces puissances passèrent au service de la république.

« Il est vrai que beaucoup de ces choses se firent que la Terreur ne régnait plus; mais l'impression qu'elle avait faite durait toujours, comme il arrive qu'on tremble encore longtemps après que la fièvre est passée.

« La Terreur dura 18 mois; elle eût pu durer davantage dans les mains d'un seul homme; elle ne le pouvait guère dans celles de plusieurs; car, se craignant les uns les autres et ayant la puissance en commun, chacun devait chercher à la tirer à lui, pour s'en couvrir lui-même et pour en désarmer ceux qu'il craignait.

« La Terreur devait même moins durer, et si elle dura aussi longtemps, c'est que chacun voulait la détruire. Comme elle avait atteint toutes les classes, elle était en horreur à toutes, et la grande popularité qu'eût obtenue celui qui l'eût détruite l'aurait facilement mis au-dessus de tous les autres. Ainsi ce fut, tout à la fois, à qui la détruirait, et à qui empêcherait qu'un autre ne la détruisît. Camille-Desmoulins proposa la clémence : il périt; Danton la proposa : il périt; Robespierre la proposa : il périt. Mais, étant beaucoup plus puissant que les autres, et le comité de salut public étant divisé, il fallut intéresser l'assemblée nationale à sa perte, et, la puissance ainsi dispersée, la Terreur fut détruite. »

Je ne sais quel journaliste dit de l'ouvrage dont nous parlons qu'il est écrit d'un style très-noble, mais qu'il *n'est point éloquent*. Je serais curieux de savoir quel mot le critique emploierait pour caractériser les pages que je viens de rapporter.

Dans le chapitre V l'auteur montre comment la Révolution résista à tous ses ennemis et triompha de tous ses obstacles; comment ses ennemis, à force de l'irriter, la rendirent terrible; comment le roi, à force de se rendre suspect, se rendit odieux; comment, à la cruauté lâche qui le fit mettre à mort, succéda naturellement la rage dans la guerre dont cette mort fut la cause; comment les nobles, en émigrant et en livrant leurs biens, donnèrent des forces et des armes contre eux; comment la grandeur des dangers qui menaçaient la France fit découvrir des ressources inouïes; comment l'État fut, en un moment, couvert de soldats; comment, dans les combats, l'impétuosité suppléa à la tactique qui manquait à nos troupes et déconcerta celle des troupes ennemies ; comment l'audace tint lieu d'expérience à nos généraux ; comment enfin le despotisme de la Terreur prépara les voies à une constitution libre.

Il faut suivre l'auteur lui-même dans les développements qu'il donne à cette dernière idée.

« C'est ce despotisme qui devait préparer les voies à une constitution libre, et il n'est pas douteux que, s'il ne l'avait précédée, elle n'eût jamais pu s'établir.

« En effet, ce qui fait le premier succès des révolutions populaires est précisément ce qui met en danger leur issue ; j'entends l'impétueux déchaînement du peuple, qui rend à la fois très-propre à secouer le joug et tout à fait impropre à en reprendre un autre.

« Du despotisme il put passer à la liberté ; il ne l'aurait pas pu de l'anarchie, le joug semblant toujours assez léger à qui en portait un plus lourd, toujours trop lourd à qui doit le reprendre après avoir cessé de le porter. »

Dans le chapitre VI l'auteur traite de la constitution française.

« Le premier résultat de la Révolution, dit-il, fut la nécessité d'établir une Constitution ; le second, la nécessité d'établir une Constitution républicaine ; elle avait compromis tant d'hommes avec la royauté qu'ils ne pouvaient trouver de sûreté qu'en république. »

Mais ce qui était nécessité par les circonstances était-il aussi convenable à la nature des choses ? L'auteur paraît le penser ; il croit, contre les idées reçues, que la forme républicaine convenait mieux à la grande étendue de la France que toute autre forme de gouvernement.

Dans une grande monarchie, le prince dispose d'une forte armée avec laquelle il peut opprimer, d'un trésor considérable avec lequel il peut corrompre.

« Dans un pays étendu, le prince peut toujours ménager l'oppression, de manière qu'elle ne tombe que sur une classe ou sur une province à la fois ; par ce moyen il est comme assuré de les opprimer successivement toutes impunément. » On oppose l'exemple de l'Angleterre à ces vérités. On ne fait pas attention que l'Angleterre n'est point une *vaste* monarchie, et, en second lieu, qu'elle est une île, que son armée est sur ses vaisseaux, et par consé-

quent que la liberté publique est hors de sa portée.

Dans une république telle que la nôtre, le pouvoir est tempéré par son partage ; il ne tend pas à l'extension parce qu'il est à terme ; il y a plus d'unité d'exécution que dans la monarchie, parce que dans la monarchie le prince a son conseil, au lieu que dans la république les gouvernants sont leur conseil eux-mêmes ; les conseillers du prince ont une ambition à satisfaire, celle des chefs de la république ne peut plus croître. Dans la république les lois ont plus de stabilité, parce qu'il faut le concours de cinq volontés pour les détruire, au lieu qu'il n'en faut qu'une dans la monarchie.

« Il est vrai que, dans la république, le pouvoir, étant plus près des citoyens, éveillerait plus l'ambition ; l'esprit républicain étant plus remuant exciterait aussi plus aux conspirations ; mais ces conspirations s'y formeraient avec bien plus de peine, et s'y divulgueraient bien plus facilement que dans un État monarchique, parce qu'il faudrait pour conjurer un beaucoup plus grand nombre d'hommes. Elles seraient aussi plus incertaines, parce qu'où il y a plusieurs pouvoirs il n'y a rien de fait tant que tous ne sont pas renversés, au lieu qu'où il n'y a qu'un chef il ne peut y avoir qu'une espèce de conspiration, tandis qu'où il y en a plusieurs il se peut non-seulement qu'on conspire contre eux, mais encore qu'ils conspirent entre eux les uns contre les autres : espèce de conspiration sans contredit la plus dangereuse, et qui serait réellement redoutable si la pluralité des pouvoirs ne lui opposait, ainsi qu'à l'autre, un obstacle presque insurmontable.

« Ainsi, dans cette république, le pouvoir exécutif serait aussi fort, et il serait plus limité qu'il ne peut l'être dans une monarchie. »

Ce qui suit concerne la division des pouvoirs. L'auteur montre les freins qui retiennent les chefs de l'État ; mais, afin que ce qu'il dit ait un air plus impartial, il parle de ce qui est comme d'une simple hypothèse.

« C'est dans la distinction des pouvoirs, dit-il, que les chefs de l'État trouveraient leurs véritables freins ; car, le pouvoir législatif étant distinct du leur, ils ne pourraient rien entreprendre sur la liberté politique ; le corps législatif étant lui-même divisé, ils seraient à l'abri de ses invasions ; et le pouvoir judiciaire ne dépendant pas d'eux, la liberté civile serait en sûreté.

« Si la trésorerie était également hors de leur dépendance et que le corps législatif ne pût leur accorder des fonds qu'après qu'ils lui auraient justifié non-seulement l'emploi des anciens, mais encore la destination des nou veaux, ils seraient plus que jamais limités ; et, n'ayant qu'une très-faible liste civile dans un État très-étendu, ils ne pourraient ni corrompre les électeurs, ni acheter le corps législatif, comme le pratique le gouvernement anglais, et ils ne seraient pas, comme là, poussés à la rapine afin d'avoir de quoi payer l'impunité. Ils pourraient, il est vrai, faire servir leurs places à leurs fortunes ; mais que sont les timides déprédations d'un pouvoir responsable, près des larges et franches prodigalités d'un monarque?»

Après avoir ainsi comparé la république à la monarchie, l'auteur compare une république étendue avec de petites républiques.

Il trouve la liberté et la tranquillité mieux garanties dans la première que dans les autres.

« Dans les petites républiques comme dans les petites villes, tout fait révolution. Un ambitieux n'a qu'à vouloir pour se rendre maître de tout. S'il est riche, il achète les pauvres ; s'il n'est pas riche, il les émeut. Comme le territoire a peu d'étendue, il peut presque au même moment se faire voir partout, et, comme il y a peu d'habitans il peut se faire plus de partisans que le gouvernement n'a de soldats. Tout retentit dans ces petits États, tout tremble quand un point s'agite...

« Quelle liberté et quelle tranquillité peuvent se promettre des États qu'une armée peut bloquer, et où, en élevant la voix, on peut rassembler à l'heure même toute la population ? Agités au dedans, opprimés au dehors, une bataille ou une émeute suffit pour les renverser, et, incapables d'être vraiment libres, de tels États ne peuvent aspirer qu'au repos que donne la monarchie absolue.

« Mais il en est tout autrement des grandes républiques. Tandis que leur étendue leur fournit de puissants moyens de défense, elle les préserve en même temps de ces révolutions que causent les révoltes dans les petits États. Là, tous les habitants ne communiquent pas

ensemble en un seul instant ; de grandes distances et de grands intérêts les séparent. Tout est général dans les petits États, mais tout est local dans les grands. Les disettes, ces maîtresses causes d'émeutes, n'y sont jamais universellement ressenties, parce que le sol et le climat n'y sont pas uniformes. Si la sécheresse diminue la récolte dans les pays de montagnes, elle l'augmente dans les pays humides, en sorte que tout s'y compense ; tandis que, dans de chétifs États qu'une tempête peut couvrir, il ne faut qu'une pluie, une crue d'eau, un ouragan pour en changer la constitution. »

Ce qui vient immédiatement après ce morceau concerne la formation de la loi et la formation du corps législatif. Cette partie n'a pas moins de justesse et de précision que ce qu'on vient de lire, et n'est pas moins honorable à la Constitution française, malgré quelques critiques qui portent sur des défauts assez importants, mais très-faciles à réparer ou à balancer par de légers amendements.

«Cette Constitution, dit l'auteur en finissant ce chapitre, a été faite à la hâte et dans des temps fort difficiles ; elle porte d'ailleurs en elle ses moyens de réformation, avantage particulier aux gouvernements représentatifs. Ses défauts sont des défauts d'enfance, que l'âge mûr doit corriger.

« Malgré tous ses défauts, j'en vois peu en Europe qui lui puissent être comparées, et, si les choses suivent leur cours naturel, on verra celle de l'Angleterre aller toujours en déclinant, et celle de la France toujours en se perfectionnant. La première est polie à force d'être usée ; si celle-ci est encore brute, c'est qu'elle est neuve. »

Dans le chapitre VII et dernier l'auteur indique les effets de la Révolution. Il distingue entre les résultats particuliers et passagers, et les résultats généraux et durables. Le tableau des premiers est celui des maux dont nous sortons : nous ne le reproduirons point ici ; voici le tableau des résultats généraux et permanents.

« Il restera de la Révolution un esprit de liberté qui s'opposera désormais à toute tyrannie durable, quand même la constitution républicaine de la France serait renversée. Ce résultat est le plus solide de tous, mais c'est aussi le moins brillant.

« Il en résultera pour tous les peuples, même pour ceux qui resteront sous le pouvoir le plus absolu, un grand adoucissement d'oppression : de la part des rois, par l'exemple d'un roi détrôné ; de la part des peuples, par celui d'un peuple affranchi.

« Cette Révolution avait diminué la population et fort ébranlé l'ordre ; un de ses principaux résultats devait être de fortifier l'ordre et d'augmenter la population. Soit par les lois sur le partage des successions, soit par la vente à vil prix des biens nationaux, elle avait doublé le nombre des propriétaires, c'est-à-dire des intéressés à l'ordre social ; et cette multiplication des propriétaires devait à son tour augmenter la population bien plus que ne l'avaient diminuée les émigrations et la guerre.

« Des émigrés des autres pays devaient aussi remplacer à la France ceux qu'elle avait perdus. Comme les ennemis de la liberté l'avaient fui, ceux de la tyrannie devaient y fuir ; et cette espèce d'émigrés convenait mieux que l'autre à son nouveau gouvernement. Enfin, la justice et la paix devaient lui ramener tous ceux que la persécution ou la terreur avaient forcés de fuir.

« Les grands et continuels dangers dont chaque citoyen fut environné pendant sept ans accoutumèrent à les braver, et l'audace devint une vertu commune.

« La longue durée de la Révolution, et la violence avec laquelle toutes les classes la ressentirent, usèrent pour longtemps le goût du changement.

« La naissance de la république au milieu des victoires, et la puissance avec laquelle elle accabla, dès son berceau, tous ses ennemis, donnèrent à son enfance la majesté des vieux empires et imposèrent la gloire à tout son avenir.

« L'éducation devait devenir plus soignée dans un pays où il n'y avait de différence entre les citoyens que celle qu'elle y mettait. Les arts et les sciences devaient donc s'y perfectionner, et, par une autre conséquence, le sort du peuple s'améliorer.

« Mais il y avait bien d'autres causes ; car tous les capitaux du luxe et du commerce extérieur ayant passé pendant trois ans à l'agriculture, elle en avait tiré de grands moyens d'accroissement. Le solde, à vil prix, des ren-tes et des impôts avait dû augmenter encore son capital ; et la déperdition continuelle du papier, s'opposant aux thésaurisations, les agriculteurs avaient dû convertir la plus grande partie de leurs profits en biens moins périssables.

« La disette fit aux Français le plus beau présent que puisse recevoir un peuple : en lui enseignant l'économie des comestibles, ils s'accoutumèrent à chercher dans la sobriété le moyen de se passer de l'abondance.

« La loi du maximum, loi qui devait tout perdre, favorisa la multiplication des bestiaux, ce grand meuble de l'agriculture ; car, ayant réglé le prix de la viande, et ayant oublié de régler celui de la bête vivante on conserva sur pied les bestiaux parce qu'il y avait à perdre à les tuer.

« Enfin le haussement des salaires et la baisse des marchandises, ce dernier terme de la prospérité des nations, devait être le résultat de cette grande Révolution. Le commerce, étant affranchi de toute gêne, devait devenir plus étendu, et, ouvrant un plus grand marché, il devait, par la plus grande concurrence des marchandises, faire baisser leur prix. Ayant d'ailleurs besoin de plus de bras, à raison de sa plus grande étendue, il devait les faire payer plus cher qu'auparavant en augmentant la concurrence parmi ceux qui les employaient ; ainsi le double effet de cet affranchissement devait être de mettre les marchandises au rabais et les bras à l'enchère. Il est vrai que l'abolition des maîtrises devait aussi ouvrir une plus grande concurrence entre les ouvriers ; mais la facilité de quitter un métier désavantageux devait les faire sortir de la dépendance des entrepreneurs, et obliger ceux-ci à payer mieux ceux qu'ils avaient envie de conserver.

« Bien des révolutions politiques ont agité le monde ; la plupart ont échoué ; quelques-unes ont eu une partie des résultats de la révolution française ; aucune ne les a réunis. »

Quelques papiers publics ont déjà parlé de cet ouvrage très-distingué et y ont unanimement reconnu le mérite peu commun de la pensée. Quant au style, plusieurs y auraient voulu plus d'onction, d'autres plus de développement. Les critiques ou les louanges littéraires sont absolument étrangères à ce journal; cependant nous ferons deux observations sur la critique que nous rapportons.

La première, c'est que l'écrivain qui, par la justesse de son mouvement et la précision de ses paroles, sait, comme l'auteur des *Causes de la Révolution*, frapper fortement l'esprit du lecteur, l'obliger à penser, et le forcer à se développer à lui-même les idées qui lui sont offertes, est plus utile que l'écrivain qui, se chargeant du soin de tous les développements, ne laisse au lecteur que le plaisir passif de recevoir ce qu'il lui donne. Ce plaisir est sans doute moins vif et moins fructueux que celui de saisir soi-même et d'arranger dans sa tête les pensées d'un ouvrage, non par un travail forcé, tel que celui auquel condamne l'obscurité, mais par un travail libre, qui associe en quelque sorte le lecteur avec l'auteur, et l'anime par une sorte d'émulation à laquelle l'esprit se complaît.

Quant à l'onction, il nous paraît que ce mérite ne convient point à l'écrivain politique. Le pathétique est l'expresion des affections privées; le ton qui convient à l'homme qui énonce des vérités d'un intérêt général, c'est ce ton d'autorité que les hommes d'un esprit élevé et d'une âme pure prennent sans le vouloir après la méditation des grandes pensées, qu'ils font sentir sans le savoir quand ils les exposent, et qu'ils font sentir au point d'ôter à ceux qui les écoutent la liberté de s'en offenser, et même de le remarquer.

Il nous paraît que cette autorité est dans le style de l'ouvrage dent nous venons de parler, et rien ne nous semble plus propre à accréditer l'opinion des journalistes qui l'ont attribué à Adrien Lezay.

(Journal d'Economie publique, de Morale et de Politique, des 30 germinal et 10 floréal an v. — 19 et 29 avril 1797.)

(*Note de l'éditeur.*) « Le *Journal de Paris*, dont « M. Rœderer était propriétaire, dit M. Sainte-Beuve, « ne suffisait pas à son activité d'esprit; il entre« prit, en août 1796, la rédaction d'un recueil pério« dique qui paraissait tous les dix jours, sous le titre « de *Journal d'Économie publique, de Morale et de* « *Politique; il put s'y développer avec plus d'étendue* « et y offrir une place à ses amis : à l'abbé Morellet, « qu'il voulait bien appeler son maître, et qui lui « répondait : *discipulo supra magistrum*, surtout au « jeune Adrien Lezay... »

C'est là ce qui explique le redoublement de plu-

sieurs articles sur le même sujet dans ce recueil. Ainsi il y a deux articles sur l'ouvrage de madame de Staël *sur l'Influence des Passions* (pag. 470 et 473); — deux autres articles sur *la Philosophie moderne*, par Rivarol (pag. 502 et 503); — deux articles *sur les Pensées du cardinal de Retz*, extraites par Adrien Lezay (page 527); — deux articles sur l'ouvrage de M. Necker *sur la Révolution française*; — enfin, les deux articles qu'on vient de lire sur l'ouvrage d'Adrien Lézay intitulé : *des Causes de la Révolution et de ses résultats* (pag. 590 et 593).

PROCLAMATION DE SUWAROW.

C'est une pièce digne d'attention. Suwarow y promet sûreté et protection à deux classes d'hommes, *aux paysans et aux bourgeois*.

Or, qu'est-ce que Suwarow appelle paysans et bourgeois? En russe, paysan veut dire serf, et bourgeois veut dire canaille. En français, Suwarow entend par ces mots les gens qui n'ont rien. Ainsi c'est aux malheureux qui n'ont rien qu'il promet de ne rien prendre.

Mais s'il ne promet sûreté et protection qu'à ceux-là, il promet donc vol, viol et mort à tous les autres; car c'est pour lui le droit de la guerre, et il faut bien que quelqu'un défraie lui et son armée de femmes, de pain et de sang.

Quelque sens que vous supposiez attaché dans son esprit aux mots de paysans et de bourgeois, remarquez bien, *ex-nobles*, s'il est encore parmi vous beaucoup de gens qui se souviennent d'avoir été autrefois *tachés d'un peu de fumée*, remarquez bien que vous n'êtes pas compris dans la faveur de Suwarow. Et pourquoi le seriez-vous? Vous avez fourni de l'argent et des défenseurs à la patrie, et vous n'avez fourni ni argent ni défenseurs à l'armée de Condé. Vous avez dérogé, insulté à la noblesse en n'émigrant pas, comme les bourgeois se sont *ennoblis* et l'ont honorée en émigrant; vous avez nui à la cause de la royauté en obéissant à la république. Direz-vous que vous l'avez troublée? Où sont vos preuves? où sont les procès criminels qui vous accusent? Direzvous que vous n'avez rien fait pour elle que par contrainte? N'est-ce pas la servir que de ne pas la troubler? Vous vanterez-vous d'aimer la servitude?... L'on vous a surpris plus d'une fois, au moins en 1789, souriant à la liberté. Mais paroles inutiles que tout cela. Vous avez du bien; s'il est vrai que vous aimiez la royauté, sans doute vous l'avez gardé pour elle et ses défenseurs ; voilà dix ans que vous n'avez payé d'impôt à votre roi : acquittez les arrérages.

Et vous, propriétaires aisés, vivant noblement, vous serez nobles aussi ; car propriétaire, en russe, veut dire noble ; Suwarow n'admet pas ceux qui ont de l'argent à prouver leur roture. Vous êtes du ban et de l'arrière-ban. Vous payérez; vous marcherez. Pour votre mauvaise grâce vous serez dégradés de la noblesse que vous n'aviez pas, et ce qui s'ensuit.

Voilà certainement la traduction littérale de la proclamation de Suwarow. Mais ici se présente une réflexion; on se demande comment il se fait que les hommes traités par Suwarow en ennemis de la royauté soient traités par plusieurs de nos lois récentes en ennemis de la république. Pourquoi notre loi des otages et notre loi de l'emprunt ont-elles supposé attachés à Suwarow des milliers d'hommes que Suwarow menace comme une portion de ses ennemis? N'entrait-il pas dans les vues secrètes de nos instigateurs de les lui envoyer? et ne faut-il pas bénir l'indiscrète présomption du Russe qui les repousse loin de lui? Mais s'il renvoie à la patrie les infortunés que l'erreur et la surprise lui envoyaient, que la patrie baisse donc la hache élevée sur leurs biens et sur leurs têtes.

(*Journal de Paris*, du 16 fructidor an VII. — 2 septembre 1799.)

————

FAYOLLE, libraire, vient de mettre en vente un *ouvrage posthume de Saint-Just*, sous le titre de *Fragments sur les institutions républicaines*.

Grâces soient rendues au citoyen Fayolle et à l'éditeur de ces Fragments; enfin on pourra donc faire la différence de la *philosophie conventionnelle* et de la philosophie du dix-huitième siècle, et la malveillance n'aura plus aussi beau jeu pour rejeter sur l'une les fautes et les crimes de l'autre. Si les ennemis de toute philosophie persistent à les confondre, il suffira de prendre les ouvrages de Montesquieu ou de Voltaire d'une main, et celui de Saint-Just de l'autre. Si une invincible répugnance n'empêche pas de comparer des choses si opposées,

on reconnaîtra bientôt que la distance qui sépare Saint-Just et nos philosophes est toute celle qui sépare l'ignorance la plus abjecte du savoir, la folie et la férocité de la raison la plus élevée et la plus éclairée.

Toutefois, on pourrait faire quelques réflexions attristantes sur le respect religieux de l'éditeur pour l'un des plus exécrables bourreaux de la France. Il termine son introduction par cette phrase : « A peine âgé de vingt-sept ans, Saint-Just a été *moissonné* par une Révolution à laquelle il avait consacré son existence; *il a laissé de longs regrets* A LA PATRIE *et à l'amitié.* » Qui est donc cet éditeur qui voit la *patrie* dans les admirateurs de Saint-Just, et ose proclamer les regrets de cette *patrie* pour l'oppresseur de la république naissante ? Le ramas de fous furieux et de brigands que la tyrannie sanglante de 93 déclara être *la patrie* existerait-il donc encore? Les fous ne sont-ils par guéris et les brigands dispersés? Sont-ils donc irréconciliables avec un gouvernement pacificateur qui ne leur a enlevé que la puissance de nuire et n'a rien négligé pour leur en faire perdre la volonté? Prétendraient-ils encore à leur féroce domination?... Mais loin de telles appréhensions! Tous les jours un livre est publié sans que l'auteur ou l'éditeur ait le droit de compter sur dix approbateurs, peut-être sur dix lecteurs, à plus forte raison sur un parti. Bornons-nous donc à déplorer l'aveuglement de l'éditeur des Fragments de Saint-Just et à en prévenir le public.

Voici quelques propositions extraites de ces Fragments :

« Le bien même est souvent un moyen d'intrigue. *Soyons ingrats si nous voulons sauver la patrie.*

« La grossièreté est une sorte de résistance à l'oppression.

« La modestie d'un héros ne m'en impose pas ; si vous louez la modestie d'un homme, que ferait-il de plus dangereux pour la liberté s'il montrait de l'orgueil?

« Un gouvernement républicain a la vertu pour principe, *sinon la terreur;* que veulent ceux qui ne veulent ni vertu ni terreur?

« L'opulence est une infamie.

« Il faut détruire la mendicité par la distribution des biens nationaux aux pauvres.

« Le dix-huitième siècle doit être mis au

Panthéon. » (Je cite cette proposition pour son ridicule.)

« Combien ne doit-il pas exister de riches, puisqu'il y a en circulation quatre fois plus de signes qu'autrefois ? (Saint-Just parle des assignats.) Combien trois ou quatre cents millions (*d'assignats*) émis par mois ne jettent-ils pas de *corruption* dans la société ! Ce système de finances *pourrait faire fleurir une monarchie*, mais il doit perdre toute république. » Il ne voyait pas que les assignats, *d'abord corrupteurs*, devaient finir par n'être plus que principe de famine. Il propose « de lever tous les tributs en un seul jour, sur toute la France. »

Il propose « de donner à tous les Français les moyens d'obtenir les premières nécessités de la vie sans dépendre d'autre chose que des lois, et sans dépendance mutuelle dans l'état civil. » (C'est-à-dire sans travail et sur la rognure des propriétés des riches.)

« Tout homme âgé de vingt et un ans est tenu de déclarer dans le temple quels sont ses amis.

« Cette déclaration doit être renouvelée tous les ans pendant le mois de ventôse.

« Si un homme quitte un ami, il est tenu d'en expliquer les motifs devant le peuple, dans les temples, sur l'appel d'un citoyen ou du plus vieux. S'il le refuse, il est banni.

« Si un homme commet un crime, ses amis sont bannis.

« Celui qui dit qu'il ne croit pas à l'amitié, ou qui n'a point d'amis, est banni. » (Saint-Just était *l'ami* de Robespierre.)

« Je désirerais, dit-il quelque part, que, lorsqu'une idée aurait saisi tous les esprits jusqu'à la fureur, il y eût, sur la tribune aux harangues, une couronne civique pour celui qui, même en se trompant, la combattrait avec décence et générosité. » Cette phrase, écrite par un homme qui a fait tuer des milliers de citoyens pour leurs opinions, serait sublime si elle n'était le comble de l'hypocrisie, ou l'indice d'un pressentiment du sort qui attendait l'auteur.

Saint-Just avait de l'esprit. L'esprit n'empêche pas toujours d'être un monstre exécrable.

(*Journal de Paris*, du 18 prairial an VIII.
— 7 juin 1800.)

SUR UNE PRÉTENDUE CONVERSATION DE LOUIS XVI ET BAILLY,

INSÉRÉE DANS UN RECUEIL DE PIÈCES INÉDITES.

La conversation de Louis XVI avec Bailly est supposée. Il n'est pas indifférent de dévoiler cette petite supercherie, et surtout d'en indiquer l'objet et les motifs.

Je dis que la conversation est supposée, d'abord parce qu'elle est remplie de mauvaises locutions et de solécismes.

Si l'on n'en trouvait que dans les discours attribués à Louis XVI, on pourrait dire : Louis XVI n'était pas obligé à parler aussi correctement qu'un académicien ; mais les principales fautes se rencontrent dans les prétendues réponses de Bailly même, de cet académicien qui pouvait être cité pour la pureté de son langage. D'ailleurs Bailly recueillant des paroles du roi, qu'il aurait jugées dignes d'être conservées, les aurait rédigées correctement, et n'aurait pas cru que la fidélité l'obligeât à copier servilement les *lapsus linguæ* du monarque.

Dès les premiers mots la *fabrique* se fait sentir. Louis XVI débute par dire à Bailly : « MA BONNE VILLE DE PARIS *m'inquiète*. » Ma *bonne ville* est un langage d'édit et de lettres-patentes, dont le roi n'usait pas plus dans la conversation que de toute autre formule de sa chancellerie.

Bailly veut rassurer Louis, et lui fait entrevoir, est-il dit dans la prétendue conversation, que les émeutes *se perdront* à mesure que l'assemblée nationale avancerait dans ses travaux. Que signifie les émeutes *se perdront* ? A-t-on voulu dire qu'elles cesseraient, qu'elles s'apaiseraient ? Bailly était très-capable de trouver ces expressions.

Louis XVI reprend ; et, en parlant des factieux à l'occasion de la rareté des grains, il dit : « Ils m'accuseront de conspirer contre le peuple, *comme si j'étais sa seule providence*. » Ce mot emphatique n'est jamais sorti de la bouche de Louis XVI, dont le langage était très-simple, et même fort commun.

Je fus frappé de cette expression, dit Bailly. Si Bailly avait dit *étonné*, sa phrase aurait un air de vérité, parce qu'en effet le roi ne parlait jamais sur ce ton. Mais frappé ! Et pourquoi ? *Parce que*, continue-t-il, *les rois et toute espèce de gouvernement doivent être une espèce de providence à l'égard de ceux qu'ils gouver-nent.* Il est plaisant qu'on nous représente Bailly comme *frappé*, en 1789, d'une idée si vieille! L'expression même de cette idée n'é-tait plus neuve en 1789; M. Necker l'avait employée, je crois, dans son éloge de Colbert, et depuis elle avait été répétée jusqu'à satiété dans les discours des notables, dans les remon-trances des parlements, dans cent mille pam-phlets. Une expression usée pour tout le monde en 89 n'était certainement pas neuve alors pour Bailly.

Continuons. Louis XVI demande à Bailly : « A combien évaluez-vous la surface de la France? » Bailly répond que personne ne peut mieux ré-soudre cette question que S. M. elle même. «Je n'ignore pas, continue-t-il, qu'en géographie S. M. ne le cède à aucune *personne de l'art.* » La géographie est une science et non un art. Le savant géographe est un savant comme le savant géomètre, et n'est pas plus que lui un homme d'art.

Le maire de Paris aurait eu bien peu de tact si, voulant louer le savoir du prince, il avait rabaissé entre les arts la science qui en était l'objet.

Plus loin Louis demande à Bailly à com-bien il estime la portion du territoire français qui produit du blé. Bailly déclare que cette question l'embarrassa. « Je savais bien, dit-il, qu'il y avait annuellement en France, en cul-ture de grains, près de 21 millions d'arpents; mais j'ignorais, ajoute-t-il, combien l'arpent produisait de setiers, et je balbutiai sur la conclusion *que j'avais à faire.* » Qu'est-ce que *faire* une conclusion? Jamais Bailly ne dit ni n'écrivit rien de semblable.

J'arrive aux dernières phrases du premier entretien. Louis XVI dit à Bailly : «Les Anglais ensemencent moins de terre qu'en France, et ils y font parquer des troupeaux plus nom-breux.» Sur quoi Bailly écrit ces mots : «Je vou-lus *observer au roi* que cet avantage *tenait* de la nature *du lieu*, qu'il n'y avait pas de loups.» *Observer au roi* n'est pas français; il fallait dire simplement *je voulus observer*, ou *je priai le roi d'observer. Tenait* de la nature du lieu est une expression fausse; *venait, provenait, ré-sultait*, étaient les mots propres. *Du lieu* est impropre pour parler d'un *pays.*

Louis XVI réplique par cette épigramme :

« *Il y en a partout, monsieur Bailly, des loups;* l'Angleterre a les siens, comme la France. Mais ce n'est pas *des loups* DONT *il s'agit.* » Louis XVI n'était ni épigrammatique, ni métaphorique. Et *ce n'est pas des loups* DONT *il s'agit* n'est pas français; il faut dire : ce n'est pas *des loups qu'il s'agit.*

Les fautes de langage ne sont pas les seuls indices de la fausseté des deux entretiens; j'en trouve un plus concluant dans une petite inad-vertance de l'éditeur. La voici.

A la page 54, à la fin du deuxième entre-tien, il s'exprime ainsi : « Ici finissent les notes sur ces deux conversations intéressantes; l'in-fortuné Bailly *me les remit lui-même, écrites de sa propre main*; » et plus bas : « *Il me fit présent de ces deux conversations manuscrites.* » L'édi-teur ne s'est pas rappelé qu'à la tête de la pre-mière des deux conversations, page 37, il avait dit : « Voici l'entretien que Louis XVI et le maire de Paris eurent ensemble, *tel qu'on l'a trouvé dans les papiers de ce magistrat.* » Si le premier de ces deux entretiens a été *trouvé dans les papiers de Bailly*, Bailly ne les avait donc pas donnés tous deux; ou, si Bailly les avait donnés, il est faux qu'on en ait trouvé un dans ses papiers. Il y a évidemment un mensonge ici.

Partant je demande si l'éditeur qui ment sur l'origine de sa possession doit être estimé bien exact sur la substance de la chose possé-dée? Dès qu'un mensonge lui a paru néces-saire pour obtenir la confiance du lecteur, il me paraît clair qu'il était privé des vrais moyens de l'obtenir. S'il avait pu dire tout simplement : *J'offre de montrer aux incrédules l'original écrit de la main de Bailly*, il n'aurait pas eu besoin de dire d'où il le tenait.

Mais pourquoi a-t-on supposé ces entretiens? Pour affaiblir la vénération attachée à la mé-moire de M. Turgot; pour opposer à ce qu'on appelle les philosophes l'opinion de Louis XVI : comme si l'opinion d'un roi suffisait pour ren-verser les bonnes réputations bien méritées, et comme si le nom de M. Turgot n'était pas de ceux contre lesquels un roi ne peut pas plus qu'un autre homme et risque beaucoup da-vantage. Turgot et Malesherbes étaient deux philosophes; s'ils avaient été écoutés, Louis XVI n'eût pas été entraîné à sa perte : le premier, par ses améliorations, eût rendu toute révolu-tion inutile, et, par conséquent, impossible;

l'autre, quand elle fut arrivée, aurait rendu Louis XVI maître de son mouvement en le mettant à la tête des utiles réformations. On voudrait mettre à la mode la proscription des *philosophes* comme on a mis à la mode celle des prêtres ; heureusement le temps des proscriptions est passé. Ce que le gouvernement veut, c'est la réconciliation, l'union, le concours de tous les hommes capables de servir la patrie, et non l'oppression des uns par les autres.

S'il fallait, au reste, s'en rapporter aux anecdotes, j'aimerais autant celle-ci : Louis XVI, se rendant à l'assemblée législative le 10 août, un Provençal, grenadier de la garde nationale, qui faisait partie du cortége du prince et marchait à côté de lui, lui dit : *Sire, nous ne vous voulons pas de mal ; vous êtes un bon homme ; mais, sacredieu, chassez ces calotins qui font tout le mal.* Louis répondit : *Cela se peut bien.* Je tiens ce fait d'un témoin auriculaire (1).

(Journal de Paris, du 16 floréal an ix. — 6 mai 1801.)

LETTRE AUX AUTEURS DU JOURNAL DE PARIS,

AU SUJET DU JOURNAL DES DÉBATS.

On calomnie odieusement le *Journal des Débats.* L'envie et les passions révolutionnaires se sont attachées à nuire à ses collaborateurs. Plus je le lis, et plus j'y trouve de bon esprit de bonnes intentions, et surtout de talent. Toutes ces qualités me semblent merveilleusement réunies dans un article de la feuille qui vient de m'arriver (feuille du 28 brumaire) ; cet article est relatif à un ouvrage nouveau, qui a pour titre : LE CHATEAU DES TUILERIES, ou *Récit de ce qui s'est passé dans l'intérieur de ce palais, depuis sa construction jusqu'au 18 brumaire de l'an* VIII. Je ne connais pas ce livre, mais le journal en donne une idée fort nette et fort précise, et il le juge avec autant d'équité que de finesse. Voici des

---

(1) (*Note de l'éditeur.*) Ce témoin auriculaire était mon père lui-même. Il a rapporté cette anecdote dans la *Chronique de cinquante jours.* (Voir au tome III de cette collection, page 227, à la fin de la seconde colonne.)

observations qui m'ont paru marquées au bon coin.

« Ce qui caractérise particulièrement ce li-
« vre, » dit l'auteur de l'article (M. de M....e)
« c'est que des deux volumes qui le composent
« il ne s'échappe pas la plus faible *étincelle de*
« *sensibilité.* On *disserte paisiblement* au mi-
« lieu de débris encore *dégoûtants de sang* ; à
« la vue des tableaux les plus affligeants pour
« l'humanité, on se permet des plaisanteries,
« on conte des historiettes galantes. *Des an-*
« *thropophages ont souillé le lit de la fille de*
« *Marie-Thérèse ;* ils l'ont couvert du sang de
« leurs victimes ; et, à la vue de cette odieuse
« image, on *fait sans s'émouvoir l'odieux in-*
« *ventaire* des meubles qui étaient à l'usage de
« cette princesse. Il n'y a rien de comparable à
« cette *apathie* que celle de Fontenelle de-
« mandant des asperges à l'huile, *à côté de son*
« *ami mort.*

« *Est-ce donc la philosophie qui dessèche*
« *ainsi les âmes !* ou bien serait-il vrai que les
« *dons du cœur* sont aussi inégalement dépar-
« tis que ceux de l'esprit ? Y aurait-il réelle-
« ment des êtres privés de cette *sensibilité su-*
« *blime, de ce feu créateur que les poëtes ont*
« *sans doute voulu peindre lorsqu'ils ont re-*
« *présenté le cœur de Prométhée déchiré pour*
« *avoir dérobé quelques traits de cette flamme*
« *céleste.*

« *S'il est de tels hommes, qu'ils s'abstien-*
« *nent de décrire les scènes sanglantes de notre*
« *Révolution !* Qu'ils sachent que *le christia-*
« *nisme, en détruisant les erreurs du poly-*
« *théisme, a conservé, a consacré le culte que*
« *les âmes sensibles rendent au malheur.* Qu'ils
« sachent encore que, du fond de ces tombés
« où l'injustice a précipité ces victimes, il sort
« une voix qui *ordonne de n'évoquer leurs om-*
« *bres qu'avec une religieuse vénération !* »

Qu'il a raison, M. de M....e, de vouloir qu'on ne parle des événements du 5 octobre 1789 qu'en réveillant une sainte horreur ! Quelle odieuse *apathie* que d'en parler *paisiblement, sans s'émouvoir,* sans émouvoir ses lecteurs, sans ranimer toutes les douleurs, sans irriter tous les ressentiments, sans rappeler tous les griefs, sans rengager, sans envenimer la plus sanglante querelle ! N'est-ce pas un scandale que de voir des hommes calmes et modérés décrire froidement les scènes sanglantes de la

Révolution, et en quelque sorte les laisser oublier même en les décrivant? La France n'a-t-elle pas un intérêt évident et capital à ce que ses écrivains entretiennent dans tous les Français des souvenirs propres à préserver leurs âmes d'un engourdissement honteux? Nous sommes si tranquilles que nous semblons être anéantis; nous sommes si mal, et autrefois nous étions si bien, qu'il faut toujours ramener les esprits vers l'ancienne cour; il est si sûr que les choses ne peuvent pas rester comme elles sont qu'il ne faut pas oublier comment elles étaient. La religion chrétienne demande, comme la politique, que *les ombres* de Marie-Antoinette et de Louis XVI *ne soient évoquées*, surtout dans ces temps voisins de troubles, qu'avec une *religieuse vénération*, et qu'un *culte* soit rendu à leur malheur, etc. A quoi peuvent servir l'éloquence, ses mouvements, sa chaleur, ses images, si ce n'est à retracer vivement et profondément les souvenirs qui peuvent diviser les sociétés politiques? Est-il un soin plus digne de l'éloquence que celui d'échauffer et développer les semences des discordes publiques qui se sont trouvées un moment étouffées?

Rien n'égale la sagesse des pensées de M. de M...,e, si ce n'est la perfection du style qui les exprime.

On a souvent parlé des *étincelles du talent, du génie!* mais c'est à l'auteur qu'il appartenait de faire briller l'*étincelle de la sensibilité*. Et l'image n'est-elle pas heureuse? L'éclat, le brillant passager, ne sont-ils pas les caractères de la sensibilité?

Des débris dégoûtants de sang, c'est-à-dire d'où le sang dégoutte, comme s'ils étaient de chair : l'image est sublime. Seulement il aurait fallu dire dégou*t*tants, de dégou*t*ter, de *goutte*, et non pas dégoûtants, qui vient de dégoût.

Des anthropophages ont couvert le lit de Marie-Antoinette *du sang de leur victime, et,* A LA VUE DE CETTE TERRIBLE IMAGE, on *fait, sans s'émouvoir, l'odieux inventaire,* etc. Un logicien froid et apathique aurait dit : A la vue de ce terrible *spectacle*, et non de cette TERRIBLE IMAGE, attendu que ce n'est pas à la vue de l'image que l'auteur du livre fait son odieux inventaire, mais en faisant l'image même, et *parce qu'il la fait mal;* mais l'éloquence du dix-neuvième siècle passe par-dessus la logi-

que : la logique est une partie de la philosophie, et elle *dessèche* les âmes.

M. de M...,e appelle *apathie* l'état de l'homme qui fait *l'odieux inventaire*, etc.; dans le dix-huitième siècle on n'aurait pas appliqué le mot *d'apathie* à une action quelconque; on aurait cru l'expression au moins impropre. Le trait de Fontenelle était tout simplement attribué à son *insensibilité*.

L'auteur demande s'il y aurait des *êtres* privés de cette *sensibilité sublime*, de ce *feu créateur*. (Il y a une analogie frappante entre la *sensibilité sublime* et le *feu créateur*, et une opposition très-sensible entre le *feu créateur* et le froid récit des événements des 5 et 6 octobre), de ce *feu créateur que les poëtes ont sans doute voulu peindre lorsqu'ils ont représenté le cœur de Prométhée déchiré* (par un vautour) *pour avoir dérobé quelques traits de cette flamme céleste!* La belle idée, et quelle magnificence d'expressions! Le cœur de Prométhée déchiré par un vautour se trouve être l'emblème du feu créateur! et, en effet, comme un cœur rongé représente bien le feu créateur, la sensibilité sublime; et surtout quand il est déchiré *pour avoir dérobé quelques traits du feu créateur et de la sensibilité sublime!*

S'il est de tels hommes (des hommes sans feu créateur), *qu'ils sachent que le* CHRISTIANISME, *en détruisant les erreurs du* POLYTHÉISME, *a conservé le* CULTE *que les âmes sensibles rendent au* MALHEUR. On pensait, dans le dix-huitième siècle, que le polythéisme n'a jamais rendu de culte au *malheur*, et que le christianisme ne rend de culte qu'à un seul Dieu; ce sont apparemment les *beautés poétiques* du christianisme, découvertes dans le dix-neuvième siècle, qui ont fait du malheur une divinité et l'ont mis en possession de ses autels. Le sens de la phrase, réduit à sa plus simple expression, pourrait être rendu ainsi : *Le christianisme, en détruisant les erreurs du polythéisme, a conservé le culte que le polythéisme ne rendait pas au malheur !* Ou bien : *Le christianisme, en détruisant les erreurs du polythéisme, a établi une erreur qui manquait au polythéisme;* ce qui présente un sens admirable.

Encore une petite remarque sur ces mots : Qu'ils sachent (les écrivains privés du feu créateur) que, du fond de ces tombes, il sort une voix qui *ordonne de n'évoquer* leurs ombres qu'avec une religieuse vénération. Qui *ordonne de n'évoquer* est une manière neuve et brillante de dire : qui *défend d'évoquer*, etc.

Non, non, ce n'est pas ainsi qu'ont parlé ces mauvais écrivains du dix-huitième siècle, ces philosophes qui sont la honte de la nation française ; ce n'est pas ainsi que parlent les hommes élevés à leur école ; on peut *leur défier*, comme dit si élégamment M. F... (1), de parler avec autant de pureté, d'élégance et de force, la langue de Fénelon et de Bossuet.

(Journal de Paris, du 30 brumaire an xi.
— 21 novembre 1802.)

DIALOGUE

ENTRE M. A., DE L'ANCIENNE ACADÉMIE DES INSCRIP-
TIONS ET BELLES-LETTRES, ET M. B., REPRÉSENTANT
DES 3,799 AUTEURS D'HISTOIRES DE LA RÉVOLUTION
OU DE PARTIE DE LA RÉVOLUTION.

(*Note des Rédacteurs du journal.*) Nous imprimons avec empressement ce petit morceau qu'un singulier hasard a fait tomber hier entre nos mains. Il nous semble qu'il a le mérite de l'à-propos. Depuis six ans nous sommes accablés d'histoires de la Révolution ; en tête de chacune est une préface où l'auteur ne manque pas d'assurer que le temps présent est celui où les événements qui ont signalé cette grande époque peuvent être écrits avec le plus de vérité et d'intérêt, et où il est le plus utile d'en présenter le tableau ; et cependant, il n'est peut-être pas une seule de ces histoires qui, par ses faussetés, ses omissions, son ton et son langage, ne paraisse avoir pour objet de démentir cette proposition. Le dialogue qu'on va lire nous a paru propre à éclaircir si elle est vraie ou non.

A. Dites-nous, Messieurs, à quoi il sert que vous imprimiez tous les jours une histoire de la Révolution ou d'une partie de la Révolution.

B. Vous pourriez bien l'avoir oubliée.

A. Mauvaise, très-mauvaise plaisanterie ! Ce n'est pas à des hommes qui ont passé les quinze mois de la Terreur dans tous les supplices, et qui n'en sont sortis qu'après les plus sensibles pertes, qu'il faut tenir un pareil langage. Nous n'avons pas besoin qu'on nous fasse notre propre histoire.

B. Eh bien ! c'est pour que vos enfants ne l'ignorent pas.

A. Si vous n'écrivez l'histoire que pour nos enfants, vous vous pressez trop de la publier. Attendez qu'ils sachent lire.

B. Eh bien ! c'est pour que nous-mêmes nous ne courions pas le risque de l'oublier.

A. Vous vivriez cent ans que vous vous rappelleriez toujours ce qu'il y a de vrai et d'important dans la Révolution ; les journaux vous aideraient d'ailleurs à le retrouver.

B. Mais pourquoi n'écrirais-je pas aujourd'hui ce qui sera bon demain ou plus tard ? Témoins des faits, n'est-ce pas à nous à les transmettre à nos descendants ? Comment la vérité ira-t-elle à ceux qui n'ont pas vu, si ceux qui ont vu n'osent écrire ?

A. Écrivez aujourd'hui, je le trouve fort bien ; mais ne publiez votre ouvrage que quand il pourra paraître sans danger.

B. Et quel danger à publier aujourd'hui ce que tout le monde sait, et ce qui dans quelque temps devra être appris à ceux qui l'auront ignoré ?

A. Il y en a beaucoup ; et d'abord celui de rouvrir des blessures à peine cicatrisées, et de réveiller des haines envenimées. Tout le monde sait la Révolution, mais tout le monde ne l'a pas toujours présente ; et cela est fort heureux. Aujourd'hui vos tableaux, superflus pour instruire, sont très-propres à irriter ; donc ils sont dangereux.

B. Vous voudriez donc que je gardasse sur le crime un silence honteux ?

A. Je voudrais que vous gardassiez le silence sur le crime quand vos discours peuvent produire le crime, et que vous les missiez en réserve pour le moment où ils peuvent servir à en préserver.

B. L'historien doit être véridique et courageux...

A. Lieux communs étrangers à la question ! Nul doute que l'historien ne doive être véridique ; ce qui est douteux, c'est qu'il soit permis de se porter pour historien lorsqu'il est impossible d'être véridique sans être dangereux... D'ailleurs, c'est une autre question que de savoir si l'homme qui décrit une révolution flagrante est et peut être véridique.

B. S'il a de la probité....

A. Cela ne suffit pas ; la probité n'empêche ni les passions, ni les préventions, ni les faiblesses. Ceux qui écriront dans vingt ans n'oublieront rien ; ceux qui écrivent aujourd'hui

_____

(1) M. Fiévée.

peuvent inventer ou omettre beaucoup de choses. Les passions sont plus sujettes à mentir que la mémoire à oublier.

B. La postérité perdra donc les témoignages des contemporains?

A. Peu importent des témoignages suspects quand les monuments restent. D'ailleurs, je vous le répète, écrivez si vous le voulez, et dès à présent; mais prenez dix ans pour revoir votre ouvrage dans le silence de vos passions, pour consulter vos amis, et surtout votre conscience; assurez-vous qu'elle ne réclamera point contre des faits qui, peut-être, se seront trouvés dans votre imagination, et que vous aurez cru puiser dans votre mémoire.

B. Mais tant de réserve ne sera-t-elle pas imputée à lâcheté?

A. Mais votre déchaînement sera-t-il considéré comme courage? Quand vous peignez les anarchistes, on peut vous dire que le gouvernement n'a pas besoin de votre plume contre eux, et qu'il n'y a pas grande bravoure à venir au secours du plus fort. Quand vous offrez des tableaux que vous croyez propres à exciter de l'enthousiasme et du fanatisme pour Louis XVI, bien des gens pourront vous dire que ce n'est pas assez faire, et que vous restez à moitié chemin...

B. Mais, après tout, quels mensonges avez-vous donc remarqués dans nos histoires?

A. Mille et mille réticences aussi condamnables que les mensonges.

B. Par exemple?

A. Par exemple, les paroles qu'on met dans la bouche du confesseur de Louis XVI, au moment de sa mort: *Fils de saint Louis, montez au ciel.* Ces paroles ont été inventées par un des rédacteurs du *Républicain*, et imprimées de l'aveu des autres. Je m'en rapporte au confesseur de Louis XVI, et à M. Ilis, jeune homme d'une parfaite loyauté, alors propriétaire du journal *le Républicain* (1).

Autre exemple: on assure, dans une nouvelle histoire de la Convention, que jamais l'Angleterre n'a eu d'émissaires en France pour attiser la Révolution. M. de la Fayette peut dire si, entre les furieux qui avaient poussé la multitude à l'assassinat de Delaunay et de Berthier, il ne se trouva pas huit ou dix Anglais qui furent reconnus pour avoir puissamment manœuvré dans la révolution de Hollande.

Autre fait qui tient lieu de beaucoup d'autres: Deux libraires, entrepreneurs d'une de nos plus *belles* histoires de la Révolution, s'adressèrent, en 1795, à un homme de lettres, qui avait aussi été homme public, pour avoir de lui l'histoire d'une époque antérieure à la Convention, et qu'ils lui demandaient en deux volumes. Ils lui proposèrent magnifiquement, pour ce travail, 600 francs et un *Moniteur* complet. L'homme de lettres répondit qu'il dépenserait pour le faire mille écus en frais de copie et en acquisitions de livres, et qu'il ne pouvait supporter un tel sacrifice. (Alors nous avions les séquestres, la guerre et la famine, et il fallait vivre de son travail.) Les libraires eurent l'insolence de répondre à l'homme de lettres de prendre garde à ce qu'il refusait. « Si vous faites, lui dirent-ils, l'histoire que nous vous demandons, vous y parlerez de vous comme il vous plaira; si nous la faisons faire par un autre, il pourra bien parler de vous d'une manière qui ne vous conviendra pas. » L'homme de lettres les traita avec le mépris qu'ils méritaient. Ils s'adressèrent à je ne sais quel goujat, et, comme ils l'avaient fait pressentir, les deux volumes qu'ils ont fait faire ainsi sont pleins de calomnies contre l'homme de lettres qui a encore entre ses mains l'épître des deux drôles (1). *Et voilà comme on écrit l'histoire dans les temps de révolution?*

(*Journal de Paris*, du 30 floréal an xi. — 20 mai 1803.)

---

(1) (*Note de l'éditeur.*) Quelque temps après la Terreur, mon père, se promenant avec M. Ilis sur les boulevards, déplorait avec lui les horribles époques de la Révolution. Ils étaient près de la Madeleine, où reposaient les restes de Louis XVI; sa mort devint l'objet particulier de leur conversation. M. Ilis fut amené à prononcer les nobles et touchantes paroles dont il s'agit ici.

Telle est leur véritable origine.

Mon père et M. Ilis furent au même instant frappés du caractère de haute dignité que leur eût imprimé le pieux confesseur, qui, au moment suprême, les eût adressées à un fils de saint Louis roi, roi lui-même, subissant le martyre.

M. Ilis conçut aussitôt la pensée de les imprimer sous cette forme dans son journal. — J'ai entendu cent fois mon père raconter cette anecdote, et notamment peu d'instants après celui où cette scène venait de se passer.

(1) (*Note de l'éditeur.*) Est-il nécessaire de dire qu'ici c'est de lui-même que parle mon père?

OBSERVATIONS

SUR LE DISCOURS (*imprimé*) DU CITOYEN CARNOT CONTRE L'HÉRÉDITÉ.

I

> Ce n'est pas pour la famille régnante que l'ordre de succession est établi, mais parce qu'il est de l'intérêt de l'État qu'il y ait une famille régnante.
> (MONTESQUIEU, *Esprit des Lois*, liv. xxvi, chapitre 16.)

Le discours prononcé au tribunat par le citoyen Carnot, dans la séance du 11 floréal dernier, contre la proposition relative à l'hérédité du suprême pouvoir en France, m'a paru avancer beaucoup d'erreurs de principes, pour combattre des suppositions qu'il a faites, et qui sont de grandes erreurs de fait.

L'orateur suppose qu'établir l'hérédité du suprême pouvoir et le revêtir de la dignité impériale; *C'est rétablir l'ancienne monarchie française* (p. 2), *l'antique gouvernement héréditaire, en changeant seulement la dynastie* (p. 4); *c'est faire une propriété absolue et héréditaire d'un pouvoir dont le premier consul n'avait reçu que l'administration* (p. 6); *c'est faire de la France le patrimoine particulier du premier consul; c'est faire le sacrifice de la liberté publique* (p. 7). Le citoyen Carnot ajoute que, depuis l'établissement du consulat à vie, *une foule d'institutions évidemment monarchiques se sont succédé rapidement, pour préparer le changement qui s'opère aujourd'hui* (p. 2); et il appréhende qu'il ne s'en prépare d'autres plus *funestes encore, telles que l'institution de corps intermédiaires ou privilégiés qui, avec la perte de la liberté, entraîneraient celle de l'égalité* (p. 7).

Une autre supposition du citoyen Carnot, c'est que le pouvoir du premier consul était un *pouvoir absolu*, illimité, une véritable *dictature* (p. 6), qui, après *avoir retiré la France du bord de l'abîme*, à l'époque du 18 brumaire, devait cesser avec la crise de l'État, et ne pouvait être perpétué sans que la liberté fût anéantie pour jamais (p. 6).

Telles sont les assertions d'où part le citoyen Carnot pour s'opposer à la création de la dignité impériale et de l'hérédité.

Elles se réduisent à supposer que Bonaparte acquiert un pouvoir qu'il n'avait pas, étant dans l'obligation d'abdiquer celui qu'il a.

Avant de résumer et d'attaquer les prin-
cipes invoqués par l'orateur, il est bon de reconnaître les faits auxquels il les applique. S'il se trouve que le citoyen Carnot n'a pas une idée juste, ni de ce qu'est l'autorité consulaire, ni de ce qu'était l'ancienne autorité monarchique, ni par conséquent de ce que sera l'autorité impériale, ses principes de politique perdront beaucoup de leur importance, et ne demanderont pas une longue réfutation.

L'autorité consulaire ne ressemble en rien à une dictature et n'est nullement le pouvoir absolu. Sans doute, la crise où la nation se trouvait au commencement de l'an viii, grâce au gouvernement directorial, était assez sérieuse pour autoriser une dictature. L'anarchie avait recommencé. Pour reconstituer un pouvoir de fait, il était permis de regarder comme nécessaire un immense pouvoir de droit. Il en fallait trop pour qu'il y en eût assez. Mais Bonaparte offrit une Constitution, et ne demanda point de dictature. Le pouvoir de bien faire lui suffit, et il n'ambitionna pas celui de tout faire. L'autorité du suprême consulat fut chargée de l'exécution des lois; elle put en proposer, et non en faire aucune. Elle fut chargée d'opérer la recette des revenus publics et d'en ordonner la dépense; mais il fut statué que les revenus seraient votés et les dépenses autorisées par le corps législatif; et tel est l'état présent des choses. Ajoutons que l'intérêt de la Constitution a un organe toujours prêt dans le tribunat, et un juge toujours attentif dans le sénat; et qu'outre ces corps il en est un dont l'opposition, privée d'éclat, n'est que plus puissante, quand elle est fondée : c'est le conseil d'État, corps tellement organisé que, malgré son apparente dépendance, il ne peut connaître qu'un danger, celui de taire d'utiles vérités.

L'intention du peuple français n'a jamais été que ce pouvoir consulaire, ainsi constitué, fût diminué ni temporaire; et le citoyen Carnot est le premier qui l'ait considéré comme toléré pour un temps de crise, et comme devant finir avec elle. Ce n'a pas été pour la voir cesser à la paix que le peuple français a voté la constitution de l'an viii; ce n'a pas été pour que le premier consul abdiquât le pouvoir que le peuple français lui a conféré le consulat à vie; ce n'a pas été pour que le pouvoir consulaire pérît à la mort de Bona-

parce que la nation a voulu qu'il nommât son successeur. Il y a plus : le retour à l'unité monarchique (je ne dis pas à l'ancien système monarchique) n'avait pas besoin d'être approuvé, ni en l'an x, ni en l'an viii, par le vœu national exprimé dans les assemblées primaires, pour qu'il fût manifeste qu'il était conforme à la volonté des Français.

En effet, l'unité monarchique avait été unanimement votée par la nation en 1789, à l'époque de la Révolution ; elle l'avait été en 1790 par le serment de six cent mille Français, députés de tous les autres, au champ de la fédération du 14 juillet Certainement la déclaration faite le 22 septembre 1792 par la convention nationale ne peut être présentée aujourd'hui comme l'expression de la volonté générale, contre le système de l'unité gouvernante ; car tout le monde sait qu'on ne proscrivit la monarchie qu'en haine du monarque, et la plupart de ceux qui votèrent son abolition n'entendirent voter que celle de la dynastie régnante ; tout le monde sait que cette abolition ne fut précédée ni d'une délibération, ni même d'un discours qui la motivât ; enfin, on se rappelle que ce fut sur la proposition d'un misérable comédien de province qu'elle fut décrétée, tant était grande l'impatience d'éloigner les Bourbons du trône, et tant était profond le mépris qu'ils leur avaient inspiré.

Le partage du gouvernement entre plusieurs, n'a donc reçu aucun témoignage d'un acquiescement national ; l'unité, au contraire, a donc toujours conservé le titre de respect que lui avaient imprimé quatorze siècles d'expérience, que la Révolution elle-même avait consacré en 1789 et 1790, et les nouvelles confirmations qu'elle a reçues en l'an viii et en l'an x ont été surabondantes.

Nous dirons donc avec assurance que l'autorité du premier consul n'est ni arbitraire, ni absolue ; que l'intention du peuple français a été qu'elle constituât une magistrature durable, constamment une, constamment indépendante, toutefois dans les limites où elle était renfermée ; et nous en conclurons que Bonaparte aurait tout à la fois trahi l'intérêt public, et la volonté nationale, et ses engagements, s'il avait rétrogradé, s'il avait partagé le pouvoir en plusieurs mains, l'organisation qu'il eût

donnée à cette oligarchie eût-elle été aussi admirable que la pentarchie du Directoire, et composée d'hommes égaux en mérite aux membres du comité de salut public de la Convention. La première supposition d'où est parti le citoyen Carnot n'est donc pas exacte et n'est pas heureuse. Voyons la seconde, savoir : que l'établissement de l'hérédité impériale est le rétablissement de l'antique monarchie.

Il est facile de reconnaître d'abord que l'hérédité et la dignité impériale n'ajouteront rien à la prérogative consulaire, et ensuite que la prérogative consulaire ne ressemble en rien à l'ancienne royauté française.

L'hérédité n'augmente point la mesure ou l'intensité du pouvoir actuel, puisqu'elle n'affaiblit point les rapports qui sont établis par la Constitution de l'État entre le pouvoir exécutif et le pouvoir législatif, et qu'au contraire, s'il est permis de préjuger quelques modifications, d'après le message du sénat du 14 de ce mois, la discussion des lois aura désormais plus de solennité ; les décisions du corps législatif, précédées par les opinions des tribuns, et, quand il sera nécessaire, par celles des membres du corps législatif même, seront plus éclairées et acquerront par là plus d'autorité. Le corps législatif, ainsi que le tribunat, croîtront eux-mêmes en considération et en importance par leur association immédiate pour la formation de la loi, par leur réunion, qui donnera aux tribuns éloquents un auditoire illustre digne de leurs talents, et au corps législatif des séances brillantes et pompeuses où des orateurs déploieront pour lui un savoir et une éloquence dignes d'éclairer sa sagesse. D'un autre côté, la liberté individuelle et la liberté de la presse trouveront dans le sénat une sûreté nouvelle. Enfin, l'indépendance des membres du sénat, du corps législatif, du tribunat, sera garantie par l'institution de la haute cour la plus impartiale qu'il serait possible d'imaginer. Encore une fois, s'il est permis de regarder le vœu du sénat comme un heureux présage d'un avenir très prochain, la liberté publique va tout ensemble recevoir la dernière garantie qu'elle réclamait et rentrer dans une portion même des droits qu'elle avait confiés sans réserve et sans danger au dépositaire de l'autorité publique.

Le citoyen Carnot dira peut-être, avec un des

orateurs qui lui ont succédé à la tribune, que, si c'est un avantage attaché à l'hérédité du pouvoir de favoriser la conception des grands desseins, l'exécution des grandes entreprises, c'est aussi un de ses inconvénients d'exposer l'État au danger de voir *consolider et accroître le pouvoir par des moyens que ne peuvent avouer, ni l'intérêt public, ni la liberté publique* (1).

Nous lui répondrons que l'histoire dément la dernière partie de ce système, et que l'histoire des nations s'explique très-bien à cet égard par l'éternelle histoire du cœur humain. On a sans doute vu des princes travailler à dégager leurs successeurs du joug d'autorités rivales de la leur, et qui la menaçait ; mais jamais les princes n'ont songé à fonder le pouvoir absolu pour leurs successeurs en respectant la liberté publique pendant leur propre règne. Souvent, au contraire, ils ont voulu la tyrannie pour eux, et le pouvoir limité pour leurs descendants.

Le prince qui travaille toute sa vie à faire bénir sa mémoire ne veut pas léguer à ses successeurs le droit de la faire maudire.

Les princes qui ont fait le bonheur public ne veulent pas que leurs successeurs soient les maîtres de détruire un si noble ouvrage.

Tous les monarques qui ont été chéris des peuples ont enceint de leurs lois les droits de leurs successeurs. L'exemple même de leur modération a déjà été une barrière autour du pouvoir qu'ils laissaient à leur mort. Le despotisme de Louis XIV, les tentatives de despotisme de Louis XV ont été cent fois combattus avec avantage par quelque action ou quelque parole de Henri le Grand, de Louis XII, le père du peuple, de Charles le Sage.

La tyrannie est une chose si odieuse qu'on n'a garde de la fonder pour les autres, et que, quand on croit en avoir besoin pour soi, on tâche d'en tempérer l'aspect en offrant pour l'avenir la perspective de la liberté. On ne peut vouloir la tyrannie que pour en avoir les profits, et l'on ne peut s'en assurer les profits qu'en conservant l'honneur d'un peu de respect pour les droits des peuples.

La tyrannie est un état que les tyrans mêmes jugent très-critique pour eux. Un prince peut l'affecter pour se soustraire à d'autres dangers qu'il croit plus imminents ; jamais on n'en fait un système de famille, parce qu'on ne fonde pas sa stabilité sur un péril et qu'on ne bâtit pas sur un précipice.

On s'arroge la tyrannie, on ne fonde que le pouvoir régulier.

On ne prépare pas plus la tyrannie devant les peuples qu'on veut asservir que le poison devant des convives qu'on a voués à la mort.

S'il est vrai que le prince considère l'État comme une propriété de famille dans le système héréditaire, il faut en conclure que l'hérédité tend à donner au pouvoir la modération et la prudence qui conservent, au lieu de favoriser la violence qui aliène et détruit.

Les appréhensions du citoyen Carnot et celles de son collègue sont donc sans fondement, et il demeure pour constant que l'hérédité du pouvoir ne confère ni ne tend à conférer une augmentation de pouvoir au chef de la république. Mais ce n'est point assez dire, et nous restons fort en deçà de la vérité ; la vérité est que l'établissement de l'hérédité est une diminution de la prérogative consulaire.

Lorsque la nation, voyant les premiers travaux et les premiers succès de Bonaparte pour la restauration de la république, éprouva pour la première fois la crainte de voir la mort interrompre ou renverser son ouvrage, et que le sénat remplit le vœu général en donnant au premier consul le droit de nommer un successeur, des amis éclairés de la liberté remarquèrent avec quelque amertume que le sénatus-consulte donnait au chef de l'État *une prérogative bien plus grande que l'hérédité simple*, et qui laissait l'État exposé à des dangers dont l'hérédité simple pouvait seule préserver. Et, en effet, établir le droit de nommer un successeur, c'était donner l'hérédité au chef de l'État avec la faculté d'en déranger l'ordre naturel au gré de ses fantaisies.

Je dis d'abord que c'était donner l'hérédité, et l'histoire le prouve : l'empire est comme héréditaire dans la maison d'Autriche, par cela seul qu'elle peut faire par son influence un roi des Romains. Ce n'est qu'en nommant leur successeur, et en le faisant consacrer de leur vivant, que les trois premiers rois de la troisième race ont fait passer en usage, à l'égard de leurs descendants, l'hérédité, qui, au reste, n'a jamais été prononcée en France par aucune chute ;

<hr>

(1) Discours du citoyen Gallois au tribunat, dans la séance du 13 floréal.

car la loi salique regardait les terres saliques et non le pouvoir royal. Ainsi, d'abord, le sénatus-consulte de l'an x ayant autorisé l'hérédité, on ne peut pas dire que la loi qui, en l'an xII, l'instituera d'une manière absolue, ajoute rien à la prérogative du suprême consulat.

J'ai dit, en second lieu, que le sénatus-consulte avait donné plus que l'hérédité en donnant le droit de nommer un successeur; et certes on ne niera pas que le prince qui a le droit de choisir lui-même son héritier ne soit plus favorisé par la loi que celui qui est forcé de recevoir son héritier de la loi. L'établissement de l'hérédité pure et simple supprime ce droit; il retranche donc à la prérogative consulaire au lieu d'y ajouter, comme on le suppose. Il est inutile de faire remarquer ici ce que gagne la chose publique à ce retranchement. Tout le monde sait que le droit de nommer un successeur, quand il est exercé arbitrairement, peut faire sortir la discorde publique du sein des jalousies domestiques, au lieu que les successeurs appelés par l'hérédité pure et simple, telle qu'elle était établie en France, sont tous placés d'avance sous la protection de ces principes et de ces habitudes de famille qui, dans nos maisons, revêtissent des pouvoirs et des honneurs impartageables l'aîné des enfants du père décédé, et, à défaut d'enfants de son sang, l'aîné de ses collatéraux. Mais, quoi qu'il en soit de l'utilité du changement, le fait est qu'il retranche, loin d'ajouter à la prérogative consulaire, et c'est ce qu'il fallait démontrer.

La dignité impériale ajoutera-t-elle quelque chose au pouvoir consulaire? Nous répondrons sans hésiter : A l'autorité morale, beaucoup; au pouvoir politique, rien; et, au contraire, c'est parce qu'elle ajoutera beaucoup à la force d'opinion qu'il sera possible de retrancher quelque chose à la force politique. Tout le monde voit que le pouvoir n'aura besoin ni d'autant de vigilance, ayant fait cesser, d'une part, des espérances factieuses, de l'autre, des inquiétudes irritantes et pénibles; ni d'autant d'action, ayant plus de magie; qu'il pourra épargner la contrainte, inspirant plus de respect; diminuer la crainte, attirant plus d'espérance; s'inquiéter moins d'être obéi, étant plus sûr d'être prévenu. Le citoyen Carnot ne niera pas, sans doute, que, faire trouver du plaisir dans

une obéissance utile et limitée, ce ne soit plus faire pour la liberté que de dispenser de l'obéissance même.

S'il est démontré par ce qui précède que la dignité impériale héréditaire n'ajoute rien au pouvoir du consulat suprême, et, au contraire, en retranche quelques prérogatives, il ne nous reste qu'à demander au citoyen Carnot comment il retrouverait l'ancien gouvernement français dans le suprême consulat et dans la dignité impériale.

Y découvrira-t-il l'ancien système féodal, qui partageait le territoire de la France et les hommes attachés au territoire (les serfs de la glèbe) entre le monarque et de grands vassaux, aussi rois et surtout plus oppresseurs dans leurs domaines que le monarque dans les siens?

Y découvrira-t-il ce système dans lequel les seigneurs partagèrent avec le clergé, dans les états généraux, les deux tiers de la puissance nationale, dont ils étaient à peine la trois centième partie, et où les rois, qui méritaient le surnom de *Père du peuple*, étaient appelés, comme Louis XII, par une cour insolente, le roi de la roture (*roturarium regem*)?

Y reconnaîtra-t-il la misérable et insultante aristocratie qui, vers la fin du dernier siècle et jusqu'au moment de la Révolution, a été dotée du privilége de parvenir seule à tous les honneurs, à tous les pouvoirs, à tous les grades civils et militaires, à tous les bénéfices? Pourra-t-il nous montrer quelque trace de cet ordre de choses où, pour posséder une charge à la cour, il fallait être noble; pour devenir ministre, être noble; pour entrer au conseil du prince, être noble; pour rendre la justice dans un tribunal souverain, être noble; pour porter les armes comme sous-lieutenant d'infanterie, être noble; pour édifier le peuple dans la vie de chanoine, être noble? en un mot, où les roturiers, qui jamais n'étaient parvenus aux grandes dignités que par exception, se trouvaient exclus des grandes et des petites, presque sans exception?

Y verra-t-il la puissance de cette ancienne royauté, dont les volontés n'étaient limitées que par l'opposition de treize corps de magistrature, trop faibles, chacun séparément, pour former une barrière au despotisme, et trop gouvernés par des intérêts locaux pour n'être pas aussi souvent opposés entre eux qu'à l'intérêt général?

Craint-il d'entendre jamais un empereur des Français dire, comme les anciens roi de France: Je tiens mon pouvoir de Dieu et de mon épée?

Non, rien de ces antiques abus n'existe, aucun ne peut renaître.

Les Français forment un grand corps où sont confondus tous les ordres; les Français ne sont plus un assemblage d'hommes privilégiés et d'hommes dégradés; les Français forment une *nation* au-dessus de laquelle personne ne se trouve par sa naissance, au-dessous de laquelle personne ne peut tomber que par sa faute; il n'y a plus d'État dans l'État, d'empire dans l'empire; tous ont un droit égal à l'exercice de tous les pouvoirs, le pouvoir suprême excepté; tous ont un droit égal à la protection de tous les pouvoirs sans exception : il existe donc une *chose publique, res publica*. Le pouvoir suprême est limité : suprême pour l'exécution des lois, il s'arrête pour leur formation devant des corps tirés du sein de la nation tout entière; il gouverne seul, mais suivant des lois faites pour tous, au nom de tous, par les représentants de tous; maintenant donc le dépositaire du suprême pouvoir est le chef d'une *monarchie républicaine*, et non le possesseur d'une royauté féodale ou despotique; et si ses successeurs disaient un jour à nos neveux : *Nous tenons le sceptre de Dieu et de notre épée*, il serait bien entendu que ce n'est ni de la volonté de Dieu révélée au prince seul, ni de son épée tournée contre la nation pour l'asservir, mais de la volonté de Dieu manifestée par la voix du peuple, son seul organe (*Vox populi, vox Dei*), et de l'épée tirée contre les ennemis du peuple, pour le protéger et le défendre.

Lorsque le citoyen Carnot nous assure que des institutions toutes monarchiques ont préparé depuis deux ans, en France, l'institution de l'hérédité impériale, et que d'autres institutions plus monarchiques encore sont préparées pour la cimenter, il nous est impossible de deviner de quoi il veut parler. Le message du sénat n'annonce rien de semblable pour l'avenir, et dans le passé nous ne voyons rien qui autorise le langage de l'orateur. Nous dira-t-il que la Légion d'honneur a quelque ressemblance avec l'ordre de Saint-

Louis de l'ancien régime? Nous lui répondrons qu'elle en diffère en un point essentiel : c'est que la Légion d'honneur comprend tous les Français distingués par des services ou des talents de tous genres, civils et militaires, au lieu que l'ordre de Saint-Louis était uniquement composé de militaires. Nous lui répondrons que, quand elle ressemblerait à l'ordre de Saint-Louis, elle ne serait pas pour cela une institution monarchique; car l'ordre de Saint-Louis était considéré dans l'ancien régime comme une institution républicaine; et, en effet, il ne fallait d'autre titre que les services militaires pour y être admis, et la naissance n'y donnait aucun droit.

Nous ne pouvons donc concevoir comment l'ancien et le nouveau régime peuvent se confondre dans la pensée du citoyen Carnot. Comment n'est-il pas frappé de leur différence? Serait-ce qu'il ne connaissait pas l'ancien? Serait-ce qu'il ne connaît pas le nouveau? Serait-ce qu'il les connaît mal l'un et l'autre? Il suffirait, je pense, pour le faire revenir de son erreur, ou du moins pour l'en dégoûter, de lui dire qu'elle est celle des ennemis les plus déclarés de la Révolution : on les entend souvent répéter, comme lui, que l'ancien régime est tout à fait rétabli. C'est leur refrain à tous, à commencer par les *héros* revenus, dans ces derniers temps, d'Angleterre, et à finir par ces misérables journalistes qui, pendant deux ans, ont empoisonné l'opinion publique, et à la tête desquels il faut placer certains rhéteurs qui sont parvenus à se faire hommes d'État dans la république à force d'écrits et d'intrigues contre la république; qui, n'ayant jamais rien vu, parlent sans cesse de ce qu'ils ont lu; qui savent les historiens par cœur et ne sauront jamais l'histoire; qui ne cessent de rappeler de grands noms, ne comprenant rien aux grandes choses, et ont réussi à rendre ridicules les personnages les plus vénérables des anciens fastes de la nation, par la sotte manie de placer sans cesse leur image et d'invoquer leur autorité au milieu d'institutions, de mœurs, de lois entièrement opposées à celles des temps où ils ont mérité leur renommée.

(*Journal de Paris*, des 22 et 23 floréal an XII. — 12 et 13 mai 1804.)

(*Note de l'éditeur.*) La pièce suivante aurait dû être placée à la page 526 de ce volume, comme suite et complément d'un premier article sur *Harrington*. Je regrette beaucoup ces erreurs qu'explique cependant la difficulté de ne rien transposer dans la réunion d'un aussi grand nombre de pièces détachées; il n'y en a pas moins de 700 dans ce volume.

ŒUVRES POLITIQUES DE JACQUES HARRINGTON, ÉCUYER,

CONTENANT LA RÉPUBLIQUE D'OCÉANA, LES APHORISMES ET LES AUTRES TRAITÉS DU MÊME AUTEUR.

Précédées de l'histoire de sa vie,

Écrite par Jean TOLAND.

Nous avons parlé de la traduction des ouvrages d'Harrington dans une de nos feuilles précédentes. C'est sa personne que nous nous proposons de faire connaître aujourd'hui, d'après *Toland*.

Jacques Harrington, descendant d'une famille noble du comté de Rutland, naquit en 1611. Après ses premières études à Oxford, il suivit son goût dominant, celui de voyager pour apprendre à connaître les hommes, et pour devenir un jour capable de servir son pays.

La Hollande venait de s'affranchir du joug de l'Espagne et faisait les premiers essais de la liberté. Ce fut là qu'il commença à faire du gouvernement le sujet de ses méditations; car on l'entendit souvent dire qu'avant de quitter l'Angleterre il ne connaissait la signification de ces mots désagréables de *monarchie*, d'*anarchie*, d'*aristocratie*, de *démocratie*, d'*oligarchie*, et autres, que par ce qu'il en avait appris dans son dictionnaire. Le prince électeur le mena en Danemark; au retour, il lui confia la direction de toutes ses affaires en Angleterre. Harrington n'en suivit pas moins son plan, qui était de voyager et d'observer.

Il traversa la Flandre, vint en France, où il fit, sur son gouvernement, des remarques qu'il a semées dans ses ouvrages; de là il passa en Italie. Il préférait Venise à toutes les villes d'Italie, et son gouvernement à tous ceux de l'univers; il devait, selon lui, par ses causes visibles ou invisibles, ne finir qu'avec le monde. Il y acheta la collection des meilleurs livres italiens, surtout des traités de politique, et il y fit connaissance avec les personnes dont il pouvait tirer quelque avantage ou quelque instruc-

tion. Il vit encore quelques parties de l'Allemagne; après quoi il revint en Angleterre.

Le roi Charles Ier lui demanda un jour pourquoi, étant à Rome, il n'avait pas voulu baiser les pieds du pape; il répondit qu'ayant eu l'honneur de baiser la main de Sa Majesté il trouvait au-dessous de lui de baiser le pied d'aucun autre prince. Le roi, flatté de cette réponse, s'attacha dès lors Harrington en qualité de gentilhomme extraordinaire de sa chambre. Il aimait mieux causer avec lui qu'avec tout autre; ils conversaient souvent sur le gouvernement, mais, quand il venait à parler de république, le roi montrait beaucoup d'impatience.

Il fut obligé de quitter le service du roi pour avoir soutenu quelques arguments en sa faveur contre les commissaires du parlement. Comme on conduisait Charles à Windsor, Harrington demanda et obtint la permission de paraître à la portière du carrosse. Charles le serra dans ses bras; on lui permit de demeurer trois ou quatre jours avec lui; mais, ne voulant pas prêter le serment de ne pas aider ou cacher toute fuite qu'entreprendrait le roi, il fut non-seulement privé de sa place, mais encore mis en arrestation jusqu'à ce que le major général Ireton obtint sa liberté. Il trouva ensuite le moyen de voir le roi à Saint-James, et l'accompagna même jusque sur l'échafaud où ce prince eut la tête tranchée, le 9 février 1649.

Harrington avait alors trente-huit ans. Il vécut retiré dans sa bibliothèque. Ses amis crurent que c'était par mécontentement; il les détrompa en leur montrant une copie de l'*Océana*.

Le point saillant de l'*Océana* est ce principe que l'*empire suit la balance de la propriété*, soit que celle-ci se trouve entre les mains d'un seul, de plusieurs ou du plus grand nombre : d'un seul, c'est la *tyrannie*; de quelques hommes, c'est l'*oligarchie*; du peuple, c'est l'*anarchie*. Sans une loi agraire qui change la balance, il n'y a pas de remède; car l'un, ajoute-t-il, mangera l'autre; et le gouvernement, soit monarchique, soit aristocratique, soit démocratique, ne saurait être de longue durée.

Quelques partisans de Cromwell ayant appris qu'on livrait cet ouvrage à l'impression s'emparèrent du manuscrit.

Lady *Claypole*, fille favorite du protecteur, promit de le lui faire rendre, si toutefois cet ouvrage ne contenait rien de préjudiciable au gouvernement de son père. Harrington l'assura que c'était une espèce de roman politique qui ne renfermait rien de contraire au protecteur, et que même il avait le dessein de le lui dédier. Il le lui dédia en effet. Cromwell, après l'avoir parcouru, dit que l'auteur avait voulu lui faire quitter son pouvoir, mais qu'il n'abandonnerait pas pour *quelque straits de plume* ce qu'il n'avait acquis qu'à la pointe de l'épée; il ajoutait, avec sa dissimulation profonde, que, sans approuver le gouvernement d'un seul, il voulait, en faisant les fonctions du protectorat, maintenir la paix entre tous les partis, puisque tous ces partis, livrés à eux-mêmes, ne pourraient jamais convenir d'une forme certaine de gouvernement.

Il n'avait guère peur de la presse, celui-là; car l'*Océana* était, dans la vérité, un plan de république. Mais Cromwell avait son plan à lui, et il en laissait faire aux autres.

Avec toutes les épées il pouvait se rire de toutes les plumes, d'autant mieux que les plumes ne manquent jamais à celui qui a les épées. Les écrivains tombèrent sur l'auteur de l'*Océana*, lui causèrent des chagrins, et Cromwell mourut tranquillement dans son lit. Après la mort de Cromwell, Charles II, ou plutôt ses courtisans, n'en jugèrent pas de même. Harrington, suspecté soit pour son livre, soit pour ses liaisons, fut arrêté le 28 décembre 1661, conduit à la Tour de Londres, interrogé, non jugé, et, malgré l'*habeas corpus* que sa sœur, lady *Asthon*, lui avait obtenu, enlevé à ses juges, transféré, au bout de cinq mois, dans une autre prison, et de là à Plymouth. Ce fut là que le docteur *Dunstan* lui conseilla de prendre du gayac dans du café comme un remède certain contre le scorbut.

L'usage immodéré de cette liqueur lui dérangea l'esprit. Le roi accorda l'ordre de le remettre en liberté. Arrivé à Londres, il n'était plus qu'un squelette, incapable de marcher seul, ne pouvant dormir.

L'imagination troublée, prétendant que ses esprits vitaux s'échappaient sous des formes d'oiseaux, de mouches, ou d'autres animaux, il ne déraisonnait cependant que sur cet article. On lui fit cesser sa boisson; mais cette boisson et ses malheurs avaient produit un effet irrémédiable : sa tête ne se remit point. Il se maria dans cette situation, ne fut pas heureux, et, après avoir langui quelque temps, il mourut à Westminster, le 21 septembre 1677, âgé de soixante-six ans.

De là deux vérités de fait sur la presse : la première, c'est qu'elle fait communément peu de bien et beaucoup de mal aux écrivains; la seconde, qu'elle ne fait ni bien ni mal au gouvernement.

(*Journal de Paris*, du 16 messidor an IV. — 4 juillet 1796.)

FIN DU QUATRIÈME VOLUME.

TABLE

DES MATIÈRES CONTENUES DANS LE QUATRIÈME VOLUME.

FIN DE LA TABLE DES MATIÈRES.

ERRATUM.

(Note de l'éditeur.) Il m'est impossible actuellement d'entreprendre de relever les erreurs d'impression que renferme très-probablement ce volume, dont je ne veux pas retarder la publication. Je me réserve de joindre, s'il y a lieu, cet *erratum* au volume suivant.

Toutefois, je dois signaler ici une négligence dont je me suis aperçu trop tard, et qui aura pour fâcheux effet de rendre les recherches, dans ce volume, plus pénibles qu'elles n'auraient été si j'avais pu y remédier à temps. — Le titre courant placé au haut des pages aurait dû, à partir de la 126ᵉ, reproduire à chaque *verso* le titre général d'*Opuscules,* puis le *numéro du paragraphe;* — puis indiquer à chaque *recto* le *titre particulier* ou l'objet du *paragraphe* ou *sous-paragraphe.*

On suivra cette marche dans le cinquième volume, qui contiendra d'abord le complément de tous les articles de peu d'étendue, qui ne peuvent être considérés que comme des *opuscules.*